고전으로 분석한

춘추전국의

제자백가

上

고전으로 분석한

춘추전국의 제자백가

上

신동준 지음

인간사랑

차례⑨

저자 서문

　춘추전국시대는 일명 선진先秦시대로 불린다. 광의의 선진시대는 삼황 오제의 전설시대에서 시작해 진시황의 천하통일 이전 시기까지를 지칭하나, 협의로는 통상 춘추전국시대를 뜻한다. 이 시기는 동서고금을 통틀어 최고 의 난세에 해당한다. 그 기간도 무려 550년에 달한다. 아이러니하게 이때 사 람이 생각할 수 있는 모든 종류의 치국평천하 방략이 등장했다. 이른바 제 자백가諸子百家의 백가쟁명百家爭鳴이다. 이들 가운데 후대까지 가장 큰 영 향을 미친 것은 유가와 법가, 도가, 묵가이다. 이를 통상 선진4가先秦四家로 부른다.

　그러나 엄밀히 말하면 묵가는 유가에서 흘러나온 것으로 유가가 역설 한 왕도王道의 이상을 추구한 일종의 '유가좌파'에 해당한다. 맹자는 외양상 묵가를 비판했지만, 그 내막을 보면 사실 묵가의 사상적 제자에 해당한다. 본서가 맹자를 묵가로 분류하면서 공자사상의 정맥이 '유가우파'인 순자에 게 흘러갔다고 본 이유다. 이렇게 보면 유가와 법가 및 도가 등 이른바 '선 진3가'만이 제자백가의 중핵으로 꼽을 수 있다.

　굳이 '선진4가'를 꼽는다면 최근 중국 학계에서 각광을 받고 있는 상 가商家를 드는 게 타당하다. 통상 경중가輕重家로 불리는 '상가'는 제자백 가 가운데 유일무이하게 상업의 중요성을 역설한 학파이다. 일종의 정치경 제학파에 해당한다. 기왕의 통설과 달리 '선진4가'를 새롭게 정립할 필요가 있다. 관자사상을 중심으로 학위 논문을 쓴 바 있는 필자가 본서를 집필한 이유이기도 하다.

사상사적으로 선진시대 제자백가가 전개한 백가쟁명은 치국평천하의 근본 목적인 치도治道와 그 방법론인 치술治術을 둘러싼 논쟁에 해당한다. 순자가 제시한 치도의 분석틀을 적용할 경우 선진시대는 크게 왕도王道와 패도覇道가 대립한 시기로 해석할 수 있다. 왕도는 주나라가 찬역을 혁명으로 둔갑시킬 때 써먹은 천명론天命論에서 파생된 것이다. 백성에게 덕을 베풀어 민심을 얻는 덕치德治를 통해서만 천하를 하나로 만들 수 있다는 게 요지이다. 맹자가 처음으로 주장했다.

이와 정반대로 당나라 때 한유韓愈를 한자韓子로 높이는 바람에 한비자韓非子로 격하된 원래의 '한자'는 강력한 법치法治를 기반으로 한 패도를 통해서만 난세를 평정할 수 있다고 주장했다. 실제로 진시황은 그의 이런 주장을 채택해 천하통일에 성공했다. 난세에는 법가사상이 부합한다는 주장이 현실적으로 입증된 셈이다.

이를 통해 짐작할 수 있듯이 공자와 맹자는 엄히 구분할 필요가 있다. 맹자는 입으로만 공자의 사상적 후계자를 외쳤을 뿐이다. 그의 사상적 스승은 공자가 아닌 묵자였다. 묵자는 원래 유가를 공부하다가 도중에 독립해 묵가를 완성한 인물이다. 공자의 인仁에 의義를 접목시킨 장본인이다. 전적으로 그의 창견創見에서 나온 것이다. '인의'가 『논어』에는 단 한 번도 나오지 않고 있는데 반해 『묵자』에 29번이나 나오고 있는 게 그 증거다.

원래 『논어』에 나오는 '의'는 이利와 대비된 개념이다. 군자는 소인과 달리 불의한 이익은 결코 취하지 않는다고 역설한 게 그렇다. 그럼에도 맹자 등이 이를 이상하게 해석하는 바람에 격렬한 논쟁이 빚어졌다. 이른바 의리지변義利之辨이다. 맹자는 표면상 인의예지 등 4덕四德을 역설했지만 사실은 묵자처럼 '의'에 방점을 찍은 것에 지나지 않는다. 맹자의 '인의'가 묵가의 '인의'보다 훨씬 강고하고 과격한 성격을 띠고 있는 배경이다.

이에 대해 순자의 제자 한자는 설령 폭군을 만날지라도 무력을 동원해

방벌하는 식의 과격한 방법을 동원해서는 안 된다고 역설했다. 폭력이 폭력을 불러오듯이 더 큰 혼란을 초래한다는 게 이유다. 이는 공자의 주장과 궤를 같이 한다. 공자와 순자, 한자 등이 하나같이 춘추5패를 긍정적으로 평가한데 반해 오직 맹자만이 이들을 신랄하게 비판하면서 '3왕三王의 죄인'이라고 단죄한 사실이 이를 뒷받침한다.

당시 패도를 적극 수용한 순자는 3왕을 평가의 잣대로 삼아 춘추5패를 폄하하는 맹자의 행태를 크게 비판했다. 전설적인 인물에 지나지 않는 요순 등을 평가의 잣대로 삼아 패업을 완성한 일군의 패자들을 일언지하에 깎아내리는 것은 잘못이라고 지적한 것이다. 순자가 왕도를 앞세우면서도 어지러운 난세에는 패도로 천하통일을 추구하는 것도 가하다는 이른바 선왕후패先王後霸를 역설한 이유다. 그가 예치를 구체적인 대안으로 제시한 것도 바로 이 때문이다.

순자의 제자인 한자가 예치 대신 법치를 역설한 것도 같은 맥락에서 이해할 수 있다. 한자가 볼 때 예치는 천하통일에 별다른 도움을 줄 수 없었다. 전국시대 말기로 오면서 난세의 심도가 더 깊어진 탓이다. 그가 법치를 역설하면서 초점을 노자의 제도帝道에 맞춘 배경이 여기에 있다. 원래 그는 『도덕경』에 사상 최초의 주석을 가한 장본인이기도 하다.

실제로 사사로움이 전혀 없는 한자의 무사법無私法은 무위無爲를 통해 다스리지 않는 게 없는 노자의 무불치無不治와 통한다. 극과 극이 통하는 격이다. 원래 상앙과 신불해 등이 언급한 법가사상은 내용상 병가와 종횡가의 강도强道에 가깝다. 그 수준을 한껏 끌어올린 인물이 바로 한자이다. 후대에 법가가 유가와 어깨를 나란히 하게 된 것은 전적으로 한자의 공이라고 해도 과언이 아니다. 객관적으로 볼 때 법가사상은 난세 리더십의 정수를 담고 있다.

난세의 시기에 법가와 더불어 주목할 만한 학파는 관중을 효시로 하는 학파인 '상가'이다. 상업을 중시한 '상가'는 비록 선진시대에 구체적인 모습을 드러내지는 않았으나 분명 하나의 사상적 흐름으로 존재했다. 이를 집대성한 인물이 바로 전한 초기 『사기』를 집필한 사마천司馬遷이다. 그는 70편으로 구성된 「열전」의 맨 마지막 편에 「화식열전」을 편제했다. 농업을 중시하며 상업을 천시하는 시대 상황을 감안해 남의 눈에 띄지 않게 「열전」의 맨 마지막 편에 상가사상을 집대성코자 한 것이다. 「화식열전」이 통치의 수준을 크게 소박素朴을 내세운 도가의 도민道民, 백성을 이롭게 하는데서 정치의 목적을 찾은 상가의 이민利民, 백성을 가르치고자 하는 유가의 교민敎民, 백성을 가지런히 하는 법가의 제민齊民 순으로 열거한 이유다. 상가를 유가와 법가보다 위에 올려놓은 것이다.

사마천의 「화식열전」 편제는 한자가 역대 법가사상을 집대성한 방대한 분량의 『한비자』를 저술한 것에 비유할 만하다. 사마천이 거만의 재산을 모은 공자의 수제자 자공子貢을 두고 공부하며 치부한 이른바 유상儒商의 효시로 칭송한 게 그렇다. '상가'의 효시인 관자가 역설한 필선부민必先富民의 이치에 공명한 결과다. 상가사상의 가장 큰 특징이 바로 백성부터 부유하게 만드는 '필선부민'에 있다고 해도 과언이 아니다. 이는 공자가 『논어』「자로」에서 선부후교先富後敎를 역설한 것과 취지를 같이한다.

객관적으로 볼 때 치국평천하 방략을 둘러싼 백가쟁명은 크게 이상론과 현실론으로 대별할 수 있다. 나름 일리 있는 주장을 폈음에도 불구하고 일정한 한계를 지니고 있다. 선진시대 탐사를 통해 난세 타개의 지략을 찾고자 할 경우 반드시 제자백가사상을 두루 살펴야 하는 이유가 여기에 있다. 극히 이상적인 철인왕哲人王을 추구한 플라톤의 제자 아리스토텔레스가 귀족정과 민주정의 절충형인 혼합정混合政에서 해답을 찾은 것과 같다. 본서가 기존의 통설과 달리 맹자를 '유가좌파'로 보아 묵자의 사상적 후계자로 간주하고, 관중을 효시로 하는 정치경제학파 '상가'를 제자백가의 시원으로 파악한 것도 바로 이 때문이다. 맹자를 사상적 지주로 삼은 후대 성리학의 유폐遺弊를 통찰하고, 21세기 경제전쟁의 배경 등을 놀라울 만큼 절묘하게 설명하고 있는 상가사상의 요체를 널리 알리고자 한 것이다. 주지하다 시피 21세기의 G2시대는 난세의 전형에 해당한다. 중원의 주인공이 바뀌는 과거의 왕조 교체기에 비유할 만하다. 여러모로 어지러울 수밖에 없다. 게다가 한반도는 미중이 한 치의 양보도 없이 치열한 각축을 벌이고 있는 '총칼 없는 전쟁'의 한복판에 있다. 전 국민의 지혜를 하나로 모을 필요가 있다. 그래야만 코앞으로 다가온 한반도통일을 조기에 실현해 명실상부한 '동북아 허브시대'를 열 수 있기 때문이다. 본서가 이런 흐름에 앞장서고자 하는 모든 사람에게 나름 도움이 됐으면 하는 바람이다.

마지막으로 본서는 필자의 은사인 최명 서울대 명예교수의 『춘추전국의 정치사상』(박영사, 2004)과 은사가 번역한 샤오궁취안蕭公權의 『중국정치사상사』(서울대출판부, 1998)를 저본으로 삼았음을 밝혀 둔다. 『춘추전국의 정치사상』은 제자백가사상을 정치사상사의 관점에서 분석한 역저이다. 『중국정치사상사』 역시 선진시대 이래 민국시대에 이르기까지 반드시 검토하고 넘어가야 할 사상가들을 망라해 놓은 점에서 명성이 높다. 본서는 동양정치사상을 깊이 천착한 은사의 피땀 어린 노고가 있기에 가능했다. 서문을 통해 깊은 사의를 표하고자 한다.

2014년 여름 학오재學吾齋에서 저자 쓰다.

들어가는 글
선진시대와 백가쟁명

선진시대와 패자

주나라의 역사는 왕실이 서쪽 호경에서 동쪽 낙읍으로 천도한 것을 계기로 전사前史와 후사後史로 나뉜다. 전사를 서주西周, 후사를 동주東周로 부른다. 동주의 시대는 열국이 치열한 각축을 벌인 시기이다. 이를 통상 춘추전국시대春秋戰國時代 내지 '협의의 선진시대先秦時代'라고 부른다. '협의의 선진시대'는 다시 중원의 진晉나라가 권신에 의해 3분되는 기원전 403년을 기점으로 춘추시대와 전국시대로 나뉜다. 전국시대는 진시황이 천하를 통일하는 기원전 221년까지를 말한다.

주 왕실이 낙읍으로 천도하는 것을 계기로 선진시대가 개막할 당시 제후국들은 이미 1백여 개로 축소되어 있었다. 황하 연변에는 노魯, 정鄭, 위衛, 송宋, 기杞, 진陳, 채蔡, 조曹 등이 있었다. 중원에서 벗어난 곳으로는 동쪽의 제齊나라를 위시해 북쪽과 서쪽의 진秦, 진晉, 우虞, 괵虢, 양梁 등이 존재했다. 남쪽 장강과 한수 유역 일대에는 초楚, 수隨, 신申, 식息, 서徐, 등鄧, 교絞, 주州, 이己 등이 포진했다.

이들 나라 가운데 춘추시대 초기에 중요한 역할을 했던 나라는 중원지역에 위치해 있던 제후국들이었다. 이들 제후국들은 주 왕실과 가까운 지역에 위치한 까닭에 서주시대 이래 고도의 문화를 향유했다. 주 왕실의 권위가 나름 통했다. 춘추시대 초기에 중원지역이 국제정치의 중심지역으로 작동한 것은 바로 이런 지정학적 이유에 기인한 것이었다.

이들 중원의 제후국들은 동시에 황하 연안을 중심으로 상호 밀집해 있던 까닭에 주변으로 세력을 확장하는데 일정한 한계가 있었다. 문화적으로 선진지역이었던 이들 중원의 제후국들이 영토 발전과 국력 신장의 한계로 인해 춘추시대 중기에 이르러서는 마침내 소국으로 전락한 이유가 바로 여기에 있다.

반대로 중원에서 떨어진 여타 제후국들은 문화적으로 낙후돼 있었으나 그 덕분에 오히려 낡은 봉건질서와 관습에 얽매이지 않고 독자적인 정책을 수행할 수 있었다. 게다가 변방의 이민족과 경계를 접하고 있었던 까닭에 일찍부터 무력의 필요성을 절감하고 있었다. 이들이 점차 주변의 이민족을 무력으로 제압하면서 영토를 무한대로 넓혀 나간 배경이다. 춘추시대 중기에 이르러 천하의 패권을 장악한 제齊, 진晉, 초楚와 같은 대국이 출현케 된 이유가 여기에 있다.

당시 주 왕실은 그 세력이 더욱 약화돼 완전히 소국으로 전락해 있었다. 그럼에도 주왕은 비록 형식적이기는 하나 유일무이한 천자의 자격으로 매년 하늘에 대한 제사를 거행했다. 제후국들 역시 새 군주가 즉위할 즈음이면 주 왕실로부터 이를 공식적으로 인정받는 절차를 밟을 필요가 있었다. 봉건질서의 정점에 있는 왕실의 권위가 필요했기 때문이었다. 그러나 주 왕실의 이런 권위와 위엄도 점차 시간이 지나면서 무용지물이 되고 말았다. 이는 막강한 무력을 보유한 제후국이 주왕을 대신한 천하의 주인을 자처한 결과였다.

공경의 서열에서 가장 낮은 자작子爵에 지나지 않았던 초나라가 가장 먼저 왕을 칭한 게 그 실례다. 남방의 강자 초楚를 위시해 중원의 강자 진晉, 동방의 강자 제齊, 서방의 강자 진秦 등이 서로 치열한 각축을 벌이는 춘추5패가 등장케 된 시대적 배경이 여기에 있다. 이들 대국이 맹주 자리를 놓고 격렬한 싸움을 벌이면서 주변의 수많은 약소국들은 나라를 보존키 위해 모든 수단을 동원하지 않으면 안 되었다. 자국의 이해관계에 따라 결맹과 탈퇴를 일삼은 이유다. 수많은 동맹결성이 이뤄지고 이를 성사시키기 위한 외교활동이 활발히 전개되었다. 춘추시대 특유의 이른바 회맹會盟 체제가 등장한 이유다.

'회맹'의 회會는 제후들이 의제와 시간, 장소 등을 미리 정해 놓고 만나는 것을 말한다. 맹盟은 해당 안건에 합의한 뒤 삽혈歃血하며 결맹하는 것을 의미한다. '삽혈'은 회맹에 참여한 제후들이 차례로 희생犧牲의 피를 입술에 바르는 의식을 말한다. 회맹을 주도한 제후가 가장 먼저 삽혈했다. 이는 곧 회맹에 참석한 제후들의 지지를 받아 패자의 자리에 오르게 되었음을 의미했다. 회맹의 맹약은 모든 나라가 동일한 권리와 의무를 지는 매우 평등한 것이었다. 회맹에 참석한 각 제후국의 군주는 주 왕실로부터 부여받은 공公·후侯·백伯·자子·남男 등의 작호에도 불구하고 하나같이 군君으로 호칭되었다.

회맹에 참여한 제후들은 특정 의제를 서로 토론한 뒤 합의가 이뤄졌을 때에만 맹약을 체결했다. 맹약도 매우 다양했다. 삽혈을 생략한 채 구두로만 서약하는 서명胥命의 방식도 존재했다. '서명'은 통상 황성불맹荒成不盟으로 불렸다. 형식만 결맹일 뿐이라는 뜻이다. 배약자背約者에 대한 공동 토벌을 다짐하며 맹서盟書로 불리는 조약문을 만드는 방식이 가장 강력했다. 맹서문이 작성될 때는 맹주盟主가 희생으로 선정된 소의 왼쪽 귀를 절단해 그 피로 목편木片 또는 죽편竹片에 조약문을 작성했다. 이를 두고 흔히 '우이牛耳를 잡는다.'고 표현했다. 후대에 '우이'가 '패권'의 뜻으로 사용된 기원이다.

사가들은 춘추시대에 등장한 5명의 패자를 통상 춘추5패春秋五覇로 부른다. '5패'는 5패五伯로 표현하기도 한다. 패伯는 통상 '백'으로 읽으나 이때는 '패'로 읽어야 한다. 패覇 내지 패伯는 '으뜸'을 뜻하는 말로 제후들의 우두머리를 의미한다. 이를 처음으로 거론한 사람은 맹자이다. 『맹자』「고자하」의 해당 구절이다.

"5패는 3왕三王의 죄인이고, 지금의 제후는 5패의 죄인이고, 지금의 대부는 제후의 죄인이다. 천자는 명을 내려 성토하되 직접 정벌에 참여하지 않고, 제후는 군사를 이끌고 가 치되 직접 명을 내려 대상을 성토하지는 않는다. 그런데 5패는 멋대로 제후들을 이끌고 가 제후를 친 자들이다. 그래서 5패를 3왕의 죄인이라고 한 것이다. 제환공이 규구葵丘에서 회맹할 때 제후들은 현자를 높이며 인재를 육성하고, 노인을 공경하며 어린이를 보살피고, 손님과 나그네 대접을 소홀히 하지 않을 것 등을 맹서했으나 지금의 제후들은 모두 이를 어기고 있다. 그래서 지금의 제후들은 5패의 죄인이라고 한 것이다. 군주의 악을 돕는 것은 그 죄가 작고, 군주의 악을 앞장서 이끄는 것은 그 죄가 크다. 지금의 대부들은 모두 군주의 악을 앞장서 이끌고 있다. 그래서 지금의 대부들을 제후들의 죄인이라고 한 것이다."

맹자는 춘추시대의 패자들이 나름 현자를 존중하고 인재를 육성한 것 등을 평가한 셈이다. 이는 그가 왕도王道와 패도霸道를 엄히 구별한 뒤 패도를 일언지하에 폄하한 기본 입장과 사뭇 다른 것이기도 하다. 그러나 이를 근거로 그가 패도를 용인했다고 해석해서는 안 된다. 3왕三王의 왕도를 강조하기 위한 편의적인 수긍에 불과하기 때문이다.

객관적으로 볼 때 춘추시대에 패자로 칭할 만한 사람은 결코 5명에 그치지 않는다. 8-9명으로 볼 수도 있다. 굳이 5명으로 제한한 것은 대략 '음양5행'의 영향이 컸던 것으로 짐작된다. 문제는 과연 누구를 5명의 명단에 집어넣는가 하는 점이다. 예로부터 이에 관해 많은 논란이 있었다. 이에 관해서는 지금까지도 합의된 바가 없다. 현재 '춘추5패'와 관련해 『사기』를 비롯한 사서와 『순자』 등의 제자백가서 모두 그 내용이 다르다. 제환공齊桓公과 진문공晉文公에 대해서는 이론의 여지가 없다. 문제는 나머지 3명이다.

후한 초기 반고班固가 편제한 『백호통의白虎通義』는 진목공秦穆公, 초장왕楚莊王, 오왕 합려闔閭를 들었다. 여기서 문제가 되는 인물이 진목공이다. 진목공은 진문공 사후 잠시 커다란 위세를 떨쳤으나 남방의 강자 초나라를 제압한 적이 없다. 중원의 제후들을 모두 제압했다고 보기도 어렵다. 천하를 호령한 시기 역시 매우 짧다. 주 왕실이 그를 서백西伯으로 인정한 이유다. 확실히 후대의 학자들이 그를 '춘추5패'의 일원으로 꼽은 것은 문제가 있다.

『맹자』에 최초로 주석을 가한 후한의 조기趙岐는 「고자 하」에 나오는 '춘추5패'의 명단에 진목공, 초장왕, 송양공宋襄公을 들었다. 전국시대 말기에 나온 『여씨춘추』도 같은 입장이다. 이는 송양공을 '춘추5패'의 일원으로 끼워 넣은 점에서 『백호통의』보다 더 큰 문제를 안고 있다. 당시 송양공은 단 한 번도 중원의 제후들로부터 '패자'로 인정받은 적이 없다. 실력이 너무 미약했기 때문이다. 실제로 송양공은 '패자'의 기본조건인 실력을 갖추지 못했다. 춘추시대의 '패자'가 되기 위한 대전제는 막강한 '무력'이다. 후대의 성리학자들은 그의 인仁을 높이 평가했으나, 이는 정치를 도덕의 잣대로 재단한 것에 불과하다. 맹자가 '춘추5패'를 질타한 상황에서 일면 인의仁義의 상징으로까지 칭송한 송양공을 '5패'의 일원으로 뽑은 것은 자가당착이다.

반고의 『한서』는 진목공과 송양공을 동시에 꼽은 점에서 가장 큰 문제를 안고 있다. 중원의 패자를 자처한 진나라를 제압한 초장왕을 뺀 게 가장 큰 문제다. 맹자의 '왕도'에 입각해 인물을 선정한 결과다. 다만 눈길을 끄는 것은 오왕 부차夫差를 지목한 점이다. 이는 나름 일리가 있으나 그를 꼽을 경우 반드시 월왕 구천까지 함께 거론하는 게 타당하다. 진목공과 송양공을 모두 빼고 오왕 부차와 월왕 구천을 집어넣는 게 사리에 부합한다.

그런 점에서 『순자』와 『묵자』가 제환공과 진문공을 비롯해 초장왕과 오왕 합려 및 월왕 구천句踐을 든 게 역사적 사실에 가장 부합한다. 『묵자』 「소염」은 '군도'와 '신도'의 불가분성을 언급하는 대목에서 '춘추5패'를 거론한 점에서 매우 특이하다.

"제환공은 관중과 포숙에게 물들었고, 진문공은 구범舅犯과 호언에게 물들었고, 초장왕은 손숙오와 침윤沈尹에게 물들었고, 오왕 합려는 오자서와 문의文義에게 물들었고, 월나라 구천은 범리와 대부 종에게 물들었다. 이들 5명의 군주는 물든 것이 합당해 제후들 중 패자가 되어 공명을 후세에까지 전하게 되었다."

'구범'은 호언의 자인 구범咎犯의 오류이다. 구범 대신 조최趙衰를 넣어야 타당하다. '침윤'은 초장왕이 아닌 초소왕 때의 인물이다. '문의'는 사서에 이름이 나오지 않는다. 반면에 『순자』는 역사적 사실에 충실할 뿐만 아니라 선정 이유까지 상세히 설명해 놓았다. 『순자』「왕패」의 해당 대목이다.

"덕은 비록 지극하지 못하고, 예의도 비록 완전히 실현되지 못했지만 천하의 도리는 대략 구비되어 있는 경우가 있다. 정령이 반포되면 백성을 속이지 않고, 맹약을 맺으면 동맹국을 속이지 않는다. 이러면 비록 벽지의 소국일지라도 천하를 위세로 동요시킬 수 있다. '5패'가 바로 그들이다. 상하가 서로 신뢰하는 까닭에 천하에 감히 감당할 상대가 없다. 제환공, 진문공, 초장왕, 오왕 합려, 월왕 구천 모두 벽지의 소국에서 출발했음에도 그 위세를 천하에 크게 떨쳤고, 그 힘은 중원을 위태롭게 만들 정도였다. 이는 다른 게 아니라 천하의 신임을 얻었기 때문이다. 이것이 바로 신의를 지켜 패자가 되는 길이다."

다만 오왕 합려의 경우는 오왕 부차와 함께 한 인물로 간주하는 게 타당하다. 유가에서 주문왕과 주무왕을 한 사람으로 간주해 전설적인 하나라 시조인 우왕 및 상나라 건국주인 탕왕과 더불어 이른바 '3왕'으로 칭하는 것과 같다. 실제로 합려와 부차 부자의 패업은 하나로 통합해야 천하를 호령한 여타 패자들과 균형이 맞게 된다.

원래 춘추시대는 통상 '동천'이 이뤄지는 기원전 770년에서 시작해 기원전 403년에 진晉나라가 권신들에 의해 3분되기 전까지의 약 360여 년 동안을 말한다. 이는 크게 1백여 년 단위로 전기, 중기, 후기로 나눌 수 있다.

춘추 전기에도 '패자'에 버금하는 인물이 등장한 바 있다. 바로 정장공鄭莊公이다. 왕실의 경사卿士이기도 했던 그는 나름 막강한 무력을 기반으로 춘추 중기에 등장하는 '패자'와 유사한 행보를 보였다.

그러나 정장공은 기원전 707년 가을에 천자를 추종하는 채蔡, 위衛, 진陳, 괵虢 등 4국 연합군과 격돌한 까닭에 '패자'가 되지 못하고 이른바 '강자强者'에 머물게 됐다. 결정적인 것은 교전 와중에 정나라 대부 축담祝耼이 쏜 화살이 천자인 주환왕이 타고 있는 수레의 덮개를 뚫고 들어가 주환왕의 어깨를 꽂힌데 있다. 주환왕은 다행히 속에 갑옷을 받쳐 입은 까닭에 큰 상처를 입지는 않았으나 이는 제후의 군사가 천자를 향해 화살을 날린 최초의 사건에 해당한다. 선진시대를 통틀어 전무후무한 일이었다. 그가 '패자'가 되지 못하고 오직 무력만을 보유한 '강자'로 낙인찍힌 이유다.

춘추5패는 춘추 중기에 들어와 비로소 등장하기 시작한다. 그 효시가 바로 제환공이다. 그는 정장공과 달리 죽을 때까지 나름 주 왕실을 존중하는 존왕尊王의 모습을 보였다. 여기에 이적의 침공으로부터 중원을 지키는 양이攘夷의 공까지 세웠다. 패자의 기본 전제조건이 '존왕양이'로 규정된 배경이 여기에 있다. 이를 계기로 그의 뒤를 이어 패자가 되기 위해서는 반드시 '존왕양이'의 행보를 보여야만 했다. 객관적으로 볼 때 정도의 차이는 있으나 그의 뒤를 이어 나름 이를 실천한 인물로 진문공과 초장왕을 꼽을 수 있다. 이들 모두 춘추 중기에 활약했다. 비슷한 시기에 활약한 진목공과 송양공은 '존왕양이'를 충족시키지 못한 까닭에 '패자'의 명단에 포함시키기가 어렵다.

그렇다면 나머지 두 명은 춘추 후기에서 찾는 게 옳다. 이에 부합하는 인물이 바로 오왕 합려 및 부차와 월왕 구천이다. 합려와 부차는 한 사람으로 묶어 보는 게 옳다. 이는 유가에서 통상 주나라의 문왕과 무왕을 한 사람으로 간주해 '3왕'으로 취급하는 것과 같다. 합려가 '패자'의 행보를 보이다가 도중에 전사한 까닭에 뒤를 이은 부차와 한 묶음으로 평가해야만 '존왕양이'의 기준에 부합하게 된다.

오월이 천하를 호령하는 춘추 후기는 이른바 '오월시대'로 분류할 수 있다. 합려가 초나라 도성을 점령하는 기원전 506년부터 전국시대가 시작되는 기원전 403년까지 1백 년의 기간이 이에 해당한다. 사서에서는 오나라를 병탄한 월왕 구천이 사망하는 기원전 465년 이후 월나라가 천하의 패권을 계속 장악했는지 여부에 관해 침묵을 지키고 있다. 여러 기록을 종합해 볼 때 구천 사후 천하는 일종의 핵분열 양상을 일으킨 것으로 관측된다. 이 어간에 진나라가 3분되는 일이 빚어진 게 그 증거다. 순자가 오왕 합려와 월왕 구천을 '5패'의 일원으로 삽입시킨 것은 바로 '오월시대'의 이런 특징을 간취한 결과로 볼 수 있다. '오월시대'는 춘추시대가 전국시대로 넘어가는 과도기에 해당한다.

선진시대의 분석틀

춘추5패가 주 왕실을 대신해 천하를 호령하는 회맹체제가 가동할 당시 회맹의 규모와 성격은 희생犧牲의 규모와 비례했다. 천자가 참여하는 경우는 소와 말, 제후들만 참석할 경우는 개와 돼지, 제후들을 대신한 대부들이 모일 때는 닭의 피를 쓰는 게 원칙이다. 그러나 여러 대국이 각기 천하의 주인을 자처한 춘추시대에는 통상 제후들의 회맹에서도 개와 돼지 대신 소와 말을 희생으로 썼다. 맹약은 주요 현안에 대한 타결, 상호 군사동맹 체결, 우호증진 합의, 강화협상을 포함한 평화보장 등이 대종을 이뤘다. 경우에 따라서는 통혼과 무역, 흉년이 들었을 때의 곡물 수출입 등도 포함되었다. 회맹은 각국의 제후들이 직접 만나 당면 현안을 협상하고 조약을 체결했다는 점에서 오늘날의 정상외교와 매우 유사한 모습을 보이고 있었다.

회맹체제에서는 조빙朝聘이 매우 중요했다. '조'는 한 나라의 군주가 다른 나라의 군주를 직접 방문하는 것을 말한다. 상대국 군주는 최고의 예를 갖춰 이를 맞이해야 했다. 결례는 곧 상대국에 대한 도발을 의미했다. 상호 간의 결속과 친목을 표시하는 최대의 예의가 바로 '조'였다. '조'가 주로 우호국 간에서만 행해진 이유다. 이에 대해 '빙'은 사자를 보내 우호를 다짐하는 것을 말한다. '빙'은 '조'보다는 한 단계 낮았다. 회맹에 참여한 각국의 제후들은 명실상부한 패자가 등장했을 경우 거의 예외 없이 '조'를 행했다. 맹주국은 이에 대한 답례로 사자를 보냈다. 이를 보빙報聘이라고 했다. '보빙'은 모든 '빙'에 대해 거의 예외 없이 이뤄졌다. 조미수교조약이 체결된 이듬해인 1883년 5월 조선은 미국의 특명전권공사 푸트가 부임하자, 2달 뒤 미국에 보빙사報聘使를 파견한 바 있다. 내심 미국보다 더 높은 위치에 서고자 했던 것이다. 춘추시대에는 상호 대립이 거듭되고 동맹 결성과 평화협상 등을 둘러싼 정치적 대화가 필요했기 때문에 '회맹'과 '조빙'은 널리 활용되었다.

회맹체제가 가동할 당시 사자는 임무와 성격 등에 따라 크게 행인行人과 사使로 나뉘었다. 지금의 외교관에 해당하는 행인은 거의 예외 없이 밀사의 성격을 띠고 있었다. 행인이 대개 고관 가운데 선발된 이유다. 행인의 관직은 곧 상대국에 대한 예의의 정도를 가늠하는 척도가 되었다. 21세기의 외교 관행과 하등 차이가 없다. 주요 임무는 회맹 준비에 있었다. 그밖에도 자국 군주의 뜻과 국가정책 등을 전달하고 상대국의 반응 및 의견을 받아오는 것도 매우 중요한 임무 중 하나였다. 국가안위와 관련된 중대 사안의 경우에는 태자를 비롯한 조정의 최고위직 대신이 행인으로 나섰다. 이들은 중사重使라고 했다. 요즘의 '특명전권대사'에 해당한다.

당시 모든 제후국은 회맹과 조빙 등을 통해 우호조약을 맺어 전쟁을 미연에 방지하거나, 전쟁을 중도에 종식시키는 강화협상을 추진했다. 경우에 따라서는 영구평화를 다짐하는 조약 등을 체결키도 했다. 나라의 크기와 상관없이 나라를 보위하고 맹주국의 패권을 유지하기 위한 기본적인 외교행사이기도 했다. 그러나 시간이 지나면서 점차 회맹과 조빙은 껍데기만

남게 됐다. 이는 맹주국의 수탈과 출병 요구가 심해지면서 약소국의 부담이 전례 없이 커지게 된데 따른 것이었다. 대등한 수평관계가 상하 수직관계로 바뀐 이유다. 그 결과 대등한 국제관계가 맹주국의 정치적 이해관계에 따라 수시로 파기되거나 단절되었다. 춘추시대가 후기로 진행되면서 이런 경향은 더욱 가속화했다. 대국이 소국을 병탄하는 약육강식이 출현한 이유다. 수단과 방법을 가리지 않고 패권을 차지한 '오월시대'는 전국시대의 예고편에 해당했다.

선진시대를 분석할 때 남북대립의 분석틀은 매우 유용하다. 이는 춘추 5패와 전국7웅의 지리적 위치에 주목한데서 나온 것이다. 예컨대 춘추시대의 첫 패자인 제환공齊桓公은 주나라가 동천한 지 1백여 년이 지난 춘추시대 중기에 태어났다. 그의 치세 때 나타난 가장 큰 특징 중 하나는 사방을 대표하는 제후국이 일시에 부상한 점이다. 동쪽의 제환공을 위시해 중원의 진문공晉文公, 서쪽의 진목공秦穆公, 남쪽의 초성왕楚成王이 바로 당사자들이다.

이들 모두 같은 시기에 등장해 천하의 패권을 놓고 치열하게 다퉜다. 비록 불완전한 형태이기는 하나 〈제환공 → 초성왕 → 진문공 → 진목공〉의 순서로 서로 돌아가면서 패권을 장악했다. 과거에는 초성왕 대신 송양공을 집어넣은 뒤 초장왕을 비롯해 오월시대의 합려와 부차 및 구천 중 1, 2명을 더 끼워 넣는 식으로 춘추5패의 명단을 확정하는 견해가 주류를 이뤘다. 이런 잘못된 분류가 아직도 성행하고 있다. 이는 왕도를 맹종하는 성리학이 횡행하던 시절의 잘못을 답습하고 있는 것이다.

춘추5패의 구체적인 명단에 대한 논란과 상관없이 그 누구도 남북을 아우르는 명실상부한 패자로 군림한 적이 없었다는 점에 주목할 필요가 있다. 이들이 행사한 패권은 황하와 장강의 사이에 있는 회수淮水 일대의 경계선을 넘지 못했다. 중원의 진晉과 동방의 제齊, 서방의 진秦, 남방의 초楚가 차례로 패권을 장악했지만 가장 오랫동안 패권을 쥔 중원의 진나라가 남방 유일의 강국인 초나라와 계속 대치하는 모습을 보인 배경이 여기에 있다.

결과적으로 보면 제환공과 진문공 및 진목공 등은 북쪽 세력을 대표하고, 초성왕과 초장왕은 남쪽 세력을 대표한 셈이다. 마치 삼국시대의 위나라와 오나라가 회수 일대를 놓고 치열하게 다툰 것과 닮았다. 비록 춘추시대 말기에 들어와 오월이 일시 천하를 진동시키기는 했으나 전국시대가 개막하기 이전에 차례로 소멸해 초나라 영토에 편입된 까닭에 남쪽 세력의 일환으로 분류할 수 있다. 남북대립의 기본 틀이 이때 마련됐다고 볼 수 있다.

이는 중원의 진나라가 셋으로 쪼개져 위魏와 조趙 및 한韓 등 이른바 3진三晉이 출현하고, 제나라의 주인이 강씨姜氏에서 전씨田氏로 바뀌는 전국시대에 들어와서도 크게 변하지 않았다. 3진이 춘추시대의 패자인 진나라와 마찬가지로 중원의 중심세력으로 기능했고, 제나라 역시 성씨만 바뀌었을 뿐 이전의 제나라와 마찬가지로 동방의 대국으로 군림한 까닭이다. 다만 전국시대 말기에 이르러 북쪽의 연나라가 일시 제나라를 격파하는 등 세력을 떨쳤으나 춘추시대 이래의 남북대립 기본 틀을 깬 것은 아니다.

진시황이 천하를 통일한 후 20세기 초에 청조가 패망할 때까지 왕조교체의 혼란기 때마다 남북대립의 기본 틀이 계속 반복해 나타났다. 삼국시대를 통일한 서진이 들어설 때까지는 장성 이남의 판도를 놓고 한족끼리 다투는 양상으로 진행됐다. 그러나 북방민족에 의해 서진이 남쪽으로 내려가 동진을 세우는 남북조시대 개막 이후에는 북방민족이 장성 이남으로 내려와 회수와 장강 일대를 경계로 남방의 한족과 치열하게 다투는 구도로 바뀌었다. 선비족의 북위, 거란족의 요, 여진족의 금, 몽골족의 원, 만주족의 청 등의 등장이 그것이다.

현재 중국 학계에서는 남북조시대를 마무리 지은 수당의 황실을 북방민족과 한족의 혼혈정권으로 간주해 한족의 역사로 간주하고 있으나 이는 지나치다. 북위의 후신인 수당의 황실은 선비족의 전통을 잃지 않기 위해 고유어를 사용했고, 과거에 급제한 한족의 인재들은 중앙조정으로 진입하지 못하고 지방관원을 전전했다. 선비족 귀족들이 중앙권력을 장악한 탓이었다. 측천무후가 선비족 귀족세력을 제압하기 위해 한족 관원을 대거 중앙으로 끌어올렸으나 이 또한 일시적인 현상에 지나지 않았다. 수당의 역사는 선비족이 세운 북위의 연장으로 보는 게 역사적 진실에 부합한다. 이같이 볼 경우 한족의 역사는 중국의 전 역사에서 절반에도 미치지 못한다. 중국사를 한족의 역사가 아닌 동아시아의 역사로 보아야 하는 이유가 여기에 있다.

그런 점에서 선진시대에 남북대립의 기본 틀이 마련됐다는 것은 커다란 역사적 의미를 지닌다. 이는 춘추시대 당시 중원의 진과 동쪽의 제 및 서쪽의 진 등이 남만南蠻으로 간주한 초와 장성 밖에 있는 북쪽의 이적夷狄을 치지도외置之度外한 가운데 오직 중원의 패권만 놓고 다툰 사실과 무관치 않다. 남만인 초나라가 중원의 역사에 본격적으로 포함되기 시작한 것은 초장왕이 중원의 진나라를 제압하고 왕실로부터 패권을 승인받은 이후이다. 중원의 제후국들은 여전히 초나라를 '남만'으로 간주했으나 이를 기점으로 황하문명과 장강문명이 서로 뒤섞이는 계기가 마련된 것은 부인할 수 없는 사실이다. 초나라의 막강한 힘이 심리적인 화이華夷의 경계선을 허문 셈이다.

그러나 한민족을 포함해 선비족과 거란족, 만주족, 몽골족의 뿌리에 해당하는 요하문명은 여전히 이적의 문명으로 간주됐다. 요하문명이 중원의 황하문명과 뒤섞인 것은 남북조시대 이후이다. 북중국을 통일한 북위의 효문제는 강회江淮 이북의 한족을 효과적으로 다스리기 위해 성씨를 모두 중국식으로 바꾸는 등 강력한 한화漢化 정책을 펼쳤다. 주 왕조의 수도 호경과 천하통일을 이룬 진나라의 수도 함양, 서한의 장안 등이 있던 지금의 서안을 중심으로 서북쪽의 감숙성 일대를 수비하던 선비족 군인들이 '한화'에 반발하며 반란을 일으켜 세운 왕조가 바로 수당이다. 수당의 건립은 요하문명이 중원의 황하문명과 하나로 융합된 결과로 볼 수 있다.

이를 통상 호한융합胡漢融合이라고 한다. 선진시대 이래로 남북대립 구도가 확대되어 개편된 결과로 볼 수 있다. 호한융합의 가장 큰 특징은 장성의 경계가 무너진데 있다. 장성 안팎을 모두 차지한 원나라와 청나라는 말할 것도 없고 송나라와 대치한 요나라와 금나라 역시 장성 이북을 포함해 장성 이남의 북중국까지 판도에 넣은 사실이 이를 뒷받침한다. 장성을 경계로 삼은 것은 오직 한족이 세운 명나라밖에 없었다. 그러나 명나라도 요동에서 만주로 이어지는 긴 회랑을 통해 이른바 위소衛所를 설치해 장성 이북지역에 대한 간접 지배를 꾀한 점에서 '호한융합' 이후 장성의 경계는 사실사라진 것으로 보는 게 옳다. 오직 한족만이 이를 심리적인 '화이'의 경계선으로 삼았을 뿐이다. 마치 선진시대에 강회 일대를 남방 오랑캐인 초나라와 구별되는 심리적인 경계선으로 삼은 것과 닮았다.

주목할 점은 진시황의 진제국이 천하통일 후 15년 만에 망하자 최초로 반기를 든 진승 및 오광을 위시해 항우와 유방 등이 모두 초나라 유민들이었다는 점이다. 이는 서쪽 오랑캐로 취급받던 진나라가 춘추시대 중기에 들어와 중원의 일원으로 수용된데 반해 초나라만큼은 초장왕 이후 전국시대 말기까지 막강한 국세를 과시했음에도 계속 남만 취급을 받았음을 반증한다. 이는 한족의 '화이' 관념의 뿌리가 그만큼 깊었음을 뒷받침하는 것이다.

『논어』를 보면 공자도 생전에 '화이'에 대해 깊은 관심을 기울인 사실을 알 수 있다. 그러나 공자가 말하는 '화이'는 호한융합에서 말하는 식의 민족개념에 입각한 게 아니라 문화개념에 입각한 점에 주의할 필요가 있다. 중원의 한족일지라도 예제를 제대로 좇지 않으면 곧 이夷가 되고, 이민족일지라도 예제를 존숭하면 화華가 되는 식이다. 남북조시대 이후 여러 북방민족이 장성 이남으로 내려와 한족을 다스릴 때 공자의 '화이' 개념을 적극 원용한 이유가 여기에 있다.

이들 북방민족이 말하는 '화이'에서 '화'는 말할 것도 없이 북방민족을 의미한다. 실제로 남북조 당시 북조를 세운 호인들은 남쪽의 한족을 '남만'

으로 취급했다. '문명'과 '야만'의 개념이 완전히 뒤집힌 것이다. 송과 대립한 요나라와 금나라는 물론 그 뒤를 이은 원나라 모두 이들의 관점을 그대로 이어 받았다. 수당 역시 겉으로만 호한융합을 내세웠을 뿐 사실은 '호인'을 '한족'보다 우위에 두는 북위의 전통을 답습했다.

요와 금, 원 등이 지배세력인 거란족과 여진족 및 몽골족을 피지배세력인 한족과 엄격히 분리한 것도 이런 맥락에서 이해할 수 있다. 특히 원나라 때 몽골족의 한족에 대한 멸시는 극에 달했다. 남송 치하에 있던 한족이 '만자蠻子'로 불리며 인간 이하의 대접을 받은 게 그 증거다. 청나라 때 들어와 한족에 대한 차별 대우가 대폭 완화되기는 했으나 기본 관점이 바뀐 것은 아니다. 장성이 그 의미를 상실해 한족과 호인이 마구 뒤섞이기 시작한 후 '화이'에 대한 호한의 우선순위가 뒤바뀐 것은 중화인민공화국이 들어선 이후이다. 남북조시대 이후 근 1700년 만의 일이다. 그런 점에서 선진시대의 전체 흐름을 남북대립의 잣대로 파악하는 것은 그 의미가 자못 크다.

『춘추』는 초나라의 군주를 '초왕'이 아닌 '초자楚子'로 기록해 놓았다. 이는 왕이 아니라 자작에 불과하다는 취지를 드러낸 것이다. 유가는 『춘추』의 이런 역사해석 방식을 춘추필법春秋筆法으로 미화했다. 사마천도 '춘추필법'을 좇아 『사기』에 그같이 기록해 놓았다.

'초자'는 주나라가 건국될 당시의 상황을 반영한 것이다. 몸에 문신을 하는 등의 남만南蠻의 모습을 보인 게 주요 원인이었다. 그러나 이후 초나라의 확장은 놀라운 바가 있었다. 기원전 9세기 초에 이미 장강과 한수 일대를 장악했다. 제후들 중 가장 넓은 지역을 확보한 것이다. 작위를 올려서 왕실에 충성토록 만드는 게 합리적이었다. 그런데도 계속 자작의 나라로 묶어두었다. '초자'도 화가 날 수밖에 없다. 당시 '초자'로 폄하된 웅거熊渠는 대군을 일으켜 지금의 호북성 악성현 일대인 악鄂 땅 주변지역을 병탄한 뒤 이같이 호언했다.

"나는 중원의 제후국들이 사용하는 국호와 시호를 쓰지 않겠다!"

그러고는 3명의 아들을 각각 구단왕句亶王, 악왕鄂王, 월장왕越章王에 봉했다. 제후국들 중에서 최초로 왕을 칭한 것이다. 그러나 중원의 제후들이 합세해 협공을 펼칠까 두려운 나머지 이내 왕호를 폐기했다. 그로부터 1백여 년 뒤인 기원전 7세기 말 초무왕楚武王 웅통熊通이 조카를 제거하고 보위에 올랐다. 웅통이 바로 춘추시대 제후들 중 사상 최초로 왕호를 공식적으로 사용한 인물이다. 그가 즉위하기 10여 년 전인 기원전 707년, 주평왕의 뒤를 이어 보위에 오른 주환왕周桓王이 춘추시대 초기에 막강한 무력을 보유한 정나라를 쳤다가 정장공鄭莊公에게 여지없이 패한 일이 일어났다. 그는 도주하던 중 몸에 화살을 맞는 치욕을 당하기도 했다.

초무왕은 보위에 오른 후 활발한 정복 활동을 펼쳤다. 북쪽으로 강회 일대의 소국들을 부용국附庸國으로 거느리고 남쪽으로도 멀리 지금의 광동에 이르는 지역까지 판도에 집어넣었다. 그의 시호가 '무武'인 배경이다. 하루는 그가 군신들을 불러 모아놓고 이같이 말했다.

"과인은 앞으로 왕을 칭할 생각이오. 이를 어찌 생각하오?"

초나라의 집정에 해당하는 영윤令尹 투백비鬪伯比가 만류했다.

"우리 초나라가 왕호를 중지한 지 이미 오래 되었습니다. 이제 다시 왕호를 칭하면 세상 사람들이 놀랄까 두렵습니다. 천하의 제후들을 굴복시킨 뒤에라야 왕을 칭할 수 있을 것입니다."

"그리 하려면 어찌해야 하오?"

"한수 동쪽의 소국들이 모두 수隨나라를 대국으로 섬기고 있습니다. 잠시 군사를 이끌고 수나라 가까이 가서 동맹을 청하십시오. 수나라가 복종하면 한수와 회수 일대의 모든 나라가 이내 순종할 것입니다."

'수'나라는 훗날 수문제가 세운 수제국의 근거지가 된 지역이다. 수문제는 선진시대의 '수'나라가 초나라의 부용국으로 전락한 것이 꺼림칙한 나머지 국호를 '수隨'자에서 '착辶'변을 뺀 '수隋'로 정했다. 당시 초무왕은 투백비의 말을 좇아 친정에 나섰다. 싸움이 되지 못했다. 수나라 군주가 곧 강화를 청하자 초무왕은 조건을 달아 이를 수락했다. 수나라가 장차 소국 군주들을 이끌고 주 왕실로 가 초나라 작위를 높여달라고 청하는 조건이었다. 수나라 군주가 약속한대로 왕성으로 올라가 이를 청하자 주장왕周莊王이 일언지하에 거절했다. 초무왕이 이를 보고받고 대로했다.

"선군 웅거가 일찍이 왕호를 쓴 적이 있다. 주 왕실이 작위를 높여주지 않으면 과인은 이제부터 선군이 쓰던 왕호를 쓸 것이다!"

그가 사상 최초로 왕을 칭한 배경이다. 그러나 당시 중원의 제후들은 여전히 그를 '초자'로 낮춰 불렀다. 『춘추』의 기록은 바로 이를 반영한 것이다. 그러나 초무왕은 이에 아랑곳하지 않고 재위 기간 중 대대적으로 영토를 확장했다. 주변의 소국 군주들이 모두 그를 조현朝見하며 신하를 칭했다. 주 왕실의 권위가 추락한 것은 말할 것도 없다. 남방 강국 초나라의 기틀은 이때 만들어졌다.

얼마 후 주 왕실이 수나라 군주를 불러 초무왕에게 조현한 것을 질책하자 수나라 군주는 이후 초나라에 조현을 가지 않았다. 대로한 초무왕이 대군을 이끌고 수나라 토벌에 나섰으나 공교롭게도 원정 도중 병사했다. 아들 웅자熊貲가 뒤를 이어 초문왕楚文王으로 즉위했다. 객관적으로 볼 때 당시 초무왕은 주 왕실을 대신해 왕을 칭할 만한 위치에 있었다. 춘추시대의 첫 패자인 제환공이 보위에 오르기 5년 전인 기원전 690년 봄의 일이다.

초문왕과 제환공은 8년 동안 같은 시기에 보위에 있었으나 서로 부딪치는 일은 없었다. 제환공이 상대한 인물은 초문왕의 아들 초성왕楚成王 웅운熊惲이었다. 두 사람은 무려 29년 동안 같은 시기에 보위에 있으면서 천하를 반쪽으로 쪼개 각각 북쪽과 남쪽의 패자로 군림했다. 제초 두 나라는 직접 접전한 적도 없다. 단지 무력시위를 통한 기세 싸움에서 중원의 제후 연합이 약간 이득을 얻었을 뿐이다. 제환공의 뒤를 이어 패권을 장악한 진문공은 초성왕과 직접 접전을 벌여 작은 승리를 거두기는 했다. 그러나 이 또한 초성왕이 더 이상의 접전을 피한데 따른 것으로 만일 전면전으로 나아갔다면 승패가 어떨지 알 수 없었다.

　남북의 패자가 본격적인 접전을 벌여 명실상부한 승리를 거둔 것은 오히려 초나라 쪽이었다. 초성왕의 뒤를 이은 초장왕은 막강한 무력을 배경으로 주 왕실이 있는 호경까지 밀고 들어갔다. 주 왕실의 권위를 상징하는 구정九鼎의 무게를 물었다는 이른바 '문정問鼎'의 일화가 이를 증명한다. 『춘추좌전』과 『사기』 등에 나오는 제환공과 진문공, 진목공 등의 패업에 대해 재평가가 요구되는 이유다. 중원을 중심으로 한 불공평한 평가라는 것이다. 남북대립의 분석틀을 이용해 오월시대가 전개되기 이전에 전개된 패권의 흐름을 사서의 기록을 토대로 도식화하면 다음과 같다.

〈오월시대 이전의 춘추시대 패권의 흐름〉

	북	남	기원전	접전시기 및 장소
제1기	제환공	초성왕	672년–643년	656년 봄, 채蔡
제2기	송양공	초성왕	643년–637년	638년 겨울, 홍수泓水
제3기	진문공	초성왕	636년–628년	632년 여름, 성복城濮
제4기	진목공	초목왕	628년–621년	없음
제5기	진영공	초목왕	621년–614년	없음
제6기	진경공	초장왕	614년–591년	597년 여름, 필邲

　진문공 사후 진목공은 중원의 패권을 놓고 진양공晉襄公과 접전을 벌여 승리를 거뒀으나 영토가 서쪽에 치우쳐 있었던 까닭에 당시 남방의 패자인 초목왕楚穆王과 싸울 일이 없었다. 진목공 사후 중원의 패권은 다시 원위치로 돌아갔다. 당시 진영공晉靈公은 나이가 어린 탓에 권신 조돈趙盾이 사실상의 대권을 장악했다. 조돈은 진초 두 나라의 한가운데 위치한 정나라를 놓고 기세 싸움을 벌였으나 초나라의 공격을 받은 정나라를 구원하는 시늉만 한 채 이내 철수했다. 기세 싸움에서 패한 것이다.

이를 통해 제환공이 초성왕에게 기세 싸움에서 승리한 기원전 656년부터 초장왕이 사망하는 기원전 591년까지 약 60여 년 동안 남북이 서로 돌아가며 천하의 패권을 장악했음을 알 수 있다. 주목할 것은 접전이 벌어질 때마다 북쪽은 제후들의 연합세력으로 맞섰으나 남쪽은 초나라가 거의 단독으로 출전한 점이다. 이는 초나라의 국력이 북쪽 제후들의 전체 역량을 합친 것만큼이나 막강했음을 반증한다.

'초자'라는 표현은 현실과 동떨어진 것이다. 얼마나 중원 위주의 왜곡된 표현인지를 뒷받침한다. 그 절정은 제환공 사후 군소제후에 불과한 송양공이 중원의 패자를 자처하며 초성왕과 맞섰다가 참패한 이른바 홍수지역泓水之役이다. 자신의 역량을 헤아리지도 못한 채 명분에 휩싸여 대사를 그르치는 것을 뜻하는 송양지인宋襄之仁의 성어가 나온 배경이다. 초성왕을 '초자'로 얕본 후과이다. '초자'라는 비현실적인 용어는 중원의 모든 나라가 '왕'을 칭하는 전국시대에 들어와서야 비로소 사라진다.

그렇다고 중원의 열국이 초나라를 얕잡아보는 풍토가 사라진 것은 아니다. 선진시대의 전 시기에 걸쳐 남북대립 구도의 분석틀을 들이대는 이유가 여기에 있다. 당시의 상황을 정확히 파악키 위해서는 객관적으로 남북대립의 균형추가 어느 쪽으로 기울어졌는지를 시기별로 엄밀히 분석할 필요가 있다. 남북대립의 분석틀을 이용해 약 180년간에 달하는 전국시대 전 기간을 서쪽 진나라의 변법이 완성되는 기원전 338년을 기점으로 둘로 나눌 경우 대략 다음과 같이 정리할 수 있다.

〈전국시대 패권의 흐름〉

	북	남	기원전
전기	3진, 제	초	403년-338년
후기	진	초	338년-221년

전기의 약 70년간 지속된 전반기는 대략 위魏나라를 중심으로 한 3진三晉과 전씨田氏가 주인이 된 제나라가 위세를 떨친 가운데 남방의 초나라와 힘겨루기를 하는 양상으로 진행됐다. 그러나 서쪽의 진나라가 상앙의 변법을 통해 군사강국으로 등장한 후 진시황의 천하통일이 이뤄질 때까지 약 110년간에 달하는 후기는 남북대립 양상이 동서대립 구도로 진행됐다. 진나라가 축적된 힘을 동쪽으로 내뿜은 결과이다. 진목공이 주 왕실로부터 서쪽의 패자를 뜻하는 서백西伯의 칭호를 받은 지 무려 3백 년 만의 일이다.

이후 초나라를 포함한 동쪽의 나머지 6국이 서로 합세해 진나라의 동진을 막는 합종合縱을 할 수밖에 없었다. 생존을 위한 불가피한 선택이었다. 이때 합종의 두 축은 동쪽의 제나라와 남쪽의 초나라였다. 서로 대국을 자처한 까닭에 제대로 된 합종을 이루기가 어려웠다. 진나라가 유세객의 연횡連橫 계책을 구사해 일거에 합종을 무너뜨린 배경이 여기에 있다. 초나라를 포함한 6국의 합종은 애초부터 일정한 한계가 있었던 것이다.

진시황이 3진을 병탄한 뒤 60만 대군을 동원해 초나라를 격파한 것은 동서대립의 구도 역시 춘추시대 이래의 남북대립 구도의 변형에 지나지 않았음을 시사한다. 실제로 진시황은 초기에 20만 대군을 동원했다가 초나라에 대패하고 말았다. 비록 전국시대 후기에 들어와 진나라에 영토를 야금야금 빼앗기는 식으로 피폐해지기는 했으나 서주 때부터 남방 유일의 강대국으로 군림해온 초나라의 저력이 그만큼 막강했다. 진시황이 진나라의 모든 군사력을 총동원한 최후결전의 승부수를 띠운 후에야 비로소 승리를 거머쥘 수 있었던 배경이 여기에 있다. 초나라 정벌로 사실상 천하통일은 완성된 것이나 다름없었다. 나머지 북쪽의 연나라와 동쪽의 제나라는 상대가 되지 않았다. 진시황이 초나라를 무너뜨린 뒤 제나라 정벌까지 2년의 시간을 소요한 것은 휴식을 취하기 위해서였다. 막강한 무력을 자랑했던 진나라조차 초나라와의 결전을 그만큼 힘들어했다는 것을 반증한다.

백가쟁명의 흐름과 특징

선진시대에 제자백가가 벌인 이른바 백가쟁명百家爭鳴은 치국평천하의 근본목적인 치도治道와 그 방법론인 치술治術을 둘러싼 논쟁을 지칭한 말이다. 치도의 분석틀을 적용할 경우 선진시대는 크게 왕도王道와 패도覇道의 대립으로 볼 수 있다. 쉽게 말해 왕자王者의 길과 패자覇者의 길을 뜻한다. 왕도는 주나라가 찬역을 혁명으로 둔갑시킬 때 써먹은 천명론天命論에서 파생된 것이다. 백성에게 덕을 베풀어 민심을 얻는 덕치德治를 통해서만 천하를 하나로 만들 수 있다는 게 요지이다. 맹자가 처음으로 주장했다. 이와 정반대로 한자는 법치法治를 기반으로 한 패도를 통해서만 난세를 평정할 수 있다고 주장했다. 진시황이 이를 채택해 천하통일에 성공했다. 한자의 주장이 현실적으로 입증된 셈이다.

백가쟁명의 내막을 제대로 파악키 위해서는 먼저 제자백가의 면면을 일별할 필요가 있다. 제자백가의 종류를 두고 일찍이 사마천은 『사기』「태사공자서」에서 크게 유가와 묵가, 도가, 법가, 음양가, 명가 등 6부류로 나눴다. 후한 초 반고는 『한서』「예문지」에서 종횡가와 병가, 잡가, 농가 등 4가를 추가했다. 이들을 통칭해 흔히 '9류10가九流十家'라고 한다. 원래 10진법에서 9와 10은 자연수의 최대치를 상징한다. 꼭 아홉과 열을 의미하는 게 아니다. '9류10가' 자체가 세상의 모든 학문과 사상을 총망라했다는 뜻을 담고 있다.

'패자'의 패覇는 비에 가죽으로 만든 갑옷과 안장 등을 적신다는 뜻의 박䨝에 달빛을 좇아 야간에 행군한다는 취지의 월月 자를 결합시켜 만든 것이다. 우두머리를 뜻하는 백伯의 의미로 전용됨에 따라 음도 '박'에서 '패'로 바뀌었다. 춘추시대를 호령한 5명의 제후를 5패五覇 또는 5패五伯로 쓰는 이유다.

주나라는 건국 당시 천명을 내세우며 덕치를 표방했으나 낙양천도 후 제후들이 막강한 위세를 떨치기 시작하면서 권위가 땅에 떨어지고 말았다. 덕치를 근간으로 한 왕도가 실종되고 힘을 배경으로 한 제후들의 패도가 횡행케 된 이유이다. 이후 7웅이 왕을 칭하는 상황에 이르러서는 패도마저 실종되고 말았다. 전국시대에 약육강식의 강도強道가 위세를 떨치게 배경이 여기에 있다. 법가와 병가, 종횡가가 횡행한 것도 이런 맥락에서 이해할 수 있다.

주목할 것은 수천 년 동안 같은 유가로 분류된 공자와 맹자를 엄히 구분해야 하는 점이다. 맹자는 입으로만 공자의 사상적 후계자를 외쳤지만 사실은 묵가의 사상적 후계자에 해당한다. 묵가는 인격신에 가까운 천지天志를 상정했다. 묵가사상의 가장 큰 특징이 여기에 있다. 인격신인 하늘이 인간 세상에 적극 개입해 화복을 내리는 '천지'를 발동한다고 주장한 게 그렇다. 하늘이 '천지'에 부합하는지 여부에 따라 인간 세상에 복을 내리기도 하고, 징벌을 가하기도 한다는 것이다. 기본 취지에서 선악논리에 입각한 서양의 기독교사상과 별반 차이가 없다.

묵가는 탄생 시점인 전국시대 초기부터 소멸 시점인 말기에 이르기까지 서양의 중세 수도승처럼 스스로 의식주를 해결하는 집단생활을 영위하며 평화운동인 비전非戰과 일종의 검약운동인 비악非樂을 역설했다. 열국의 백성들이 크게 호응한 덕분에 묵가는 맹자가 활약하는 전국시대 말기에 도가와 더불어 가장 큰 세력을 떨치는 제자백가가 되었다. 원래 묵자는 유가를 공부하다가 도중에 독립해 묵가를 완성한 인물이다. 공자사상을 상징하는 인仁을 의義와 접목시킨 것은 전적으로 그의 창견創見이다. '인의'가 『논어』에는 단 한 번도 나오지 않고 있는데 반해 『묵자』에 모두 29번이나 나오고 있는 게 그 증거다. 『논어』에 나오는 '의'는 '이利'와 대비된 개념이다. 군자는 소인과 달리 불의한 이익은 결코 취하지 않는다고 역설한 게 그 증거다. 그럼에도 맹자 등이 이를 이상하게 해석하는 바람에 격렬한 논쟁이 빚어졌다. 이를 이른바 의리지변義利之辨이라고 한다.

묵자가 '인의'라는 매우 독창적인 용어를 만들어낸 데에는 나름 속사정이 있다. 이들은 스스로 의식주를 해결하며 '비전'과 '비악'에 방점을 찍었지만 그 취지는 사뭇 다르다. 기본적으로 '비전'은 끊임없이 이어지는 전쟁으로 온갖 부세賦稅에 시달리는 백성의 염원을 반영한 것이다. 이에 반해 '비악'은 후장厚葬 관행을 포함한 관혼상제의 복잡한 예식에 관한 지식으로 먹고사는 속유俗儒들의 농간으로 인해 더욱 곤궁한 삶을 살 수밖에 없었던 서민들의 절망을 투사한 것이다.

'비전'이 정치외교 및 군사 분야에 관한 서민들의 이상론을 담고 있고, '비악'이 경제사회 및 문화 등에 관한 서민들의 현실개선 의지를 반영한 이유다. '비전' 즉 평화로 상징되는 서민들의 이상은 위정자들이 내세운 이상과 별반 다를 바가 없다. 열국의 모든 제후들이 백성들을 동원할 때 평화를 얻기 위해 전쟁을 한다고 떠벌였다. 힘이 곧 정의로 통하던 난세의 시기에 명분과 현실이 괴리된 대표적 사례다. 그러나 '평화'는 양두구육에 지나지 않았다. 고금동서의 역사를 볼지라도 '평화'를 기치로 내걸고 천하가 하나로 통일된 적이 없다. 선진시대에 무력을 배경으로 한 패자가 횡행한 이유다. 난세의 시기에 평화는 말 그대로 하나의 이상에 지나지 않는다.

그러나 '비악'의 경우는 차원이 다르다. 위정자가 마음만 먹으면 얼마든지 실현할 수 있는 것이다. '비전'과 달리 정책 문제에 불과하다. 물론 여기에도 걸림돌은 있다. 많은 땅과 노비를 보유한 고관세족과 지방토호들의 반발이 그것이다. 그러나 이 또한 전혀 타개할 방법이 없는 것도 아니다. 군주가 솔선수범하며 발 벗고 나서면 결코 불가능한 것도 아니다. 서민을 대변한 묵가가 비록 '인의'를 역설했지만 '인'보다 '의'에 방점을 찍은 이유다.

그렇다고 묵가가 '인' 개념을 낮게 평가한 것은 아니다. 공평무사한 '하늘'은 천지만물에 고루 어질어야 논리적으로 들어맞는다. 이들은 '천지'를 거스르는 나라와 인간에게는 천화天禍를 내리는 반면 이를 좇는 정의로운 자에게는 천복天福을 내린다고 주장했다. 인간 세상에 적용되는 상과 벌의 효용을 최대한 활용한 셈이다. 학술단체라기보다는 일종의 교단敎團 성격을 띤 묵가는 '의'에 입각한 '천화'에 방점을 찍으면서도 반대급부의 보상원리인 '천복'을 설명하기 위해 '인' 개념을 적극 활용했다. 묵자가 '인'과 '의'를 하나로 묶은 '인의'를 천지의 작동원리로 제시한 배경이다.

실제로 묵자 스스로 종교적인 교단에 준하는 무리를 형성한 뒤 거자鉅子를 자칭하며 일사불란한 반전운동을 전개했다. 그는 약육강식이 횡행하는 전국시대 상황에서 자신의 '비전' 논리를 증명하기 위해 수비로 공격을 막아내는 여러 방안을 제시했고, 나름 일정한 성과를 거뒀다. 여기서 수비에 치중한다는 뜻의 묵수墨守라는 말이 나왔다. 후대에는 기존의 주장을 견지하는 의미로 전용됐다. 묵자가 만일 '묵수'가 아닌 영화 제목처럼 묵공墨攻으로 나아갔다면 만국 노동자의 총궐기를 외친 마르크스처럼 대혁명의 도화선이 됐을 것이다.

사상사적으로 볼 때 동서고금을 통틀어 사상 최초로 제기된 맹자의 폭군방벌론暴君放伐論이 바로 '묵공'에 해당한다. 묵자는 '천지'와 '인의'에 어긋난 제후들의 전쟁 행위를 막기 위해 소극적인 방법인 '묵수'를 택했다. 그러나 맹자는 여기서 한 발 더 나아가 아예 무력을 동원해 보위에서 쫓아내거나 제거할 것을 주장했다. 비록 무력동원이 바람직한 일은 아니나 이런 자들을 제거할 때는 오히려 적극 동원할 필요가 있다는 식이다.

실제로 묵가의 '천지'를 천도天道로 각색한 맹자는 천도와 인의에 어긋난 제후는 군주가 아닌 일개 사내에 불과한 까닭에 시해弑害가 아닌 방벌放伐에 불과하다고 주장했다. 매우 과격하고 선동적인 언사이다. 소극적인 '묵수'를 적극적인 '묵공'으로 해석하면 바로 맹자의 '폭군방벌론'이 도출된다. 『맹자』가 유가의 경전인 사서四書의 일환으로 존숭된 이후 역대 왕조의 제왕들이 맹자의 '폭군방벌론'을 접할 때마다 전전긍긍한 이유가 여기에 있다. 해당 대목을 아예 제거한 채 『맹자』를 출간키도 했다.

맹자의 이런 주장은 조용히 물러날 것을 주장한 공자의 입장과 정면으로 배치된다. 공자는 불인不仁한 군주를 만났을 때는 여러 차례 간하고, 그래도 군주가 받아들이지 않을 경우는 조용히 물러날 것을 권했다. 자신을 먹여주는 군주를 부모처럼 존중할 것을 적극 권장한 결과이다. 맹자의 '폭군방벌론'과는 하늘과 땅만큼의 차이가 있다.

맹자는 표면상 인·의·예·지 등 4덕四德을 역설했지만 사실은 묵자처럼 '의'에 방점을 찍은 것에 지나지 않는다. '인'은 공자의 권위를 빌리기 위한 장식물에 불과하다. 맹자의 '인의'가 묵가의 '인의'보다 훨씬 강고하고 과격한 성격을 띠게 된 배경이 여기에 있다. 이와 정반대로 한자는 설령 폭군을 만날지라도 무력을 동원해 방벌하는 식의 과격한 방법을 동원해서는 안된다고 역설했다. 폭력이 폭력을 불러오듯이 더 큰 혼란을 초래하게 된다는게 그 이유다. 이는 공자의 주장과 궤를 같이 하는 것이다. 공자와 순자, 한자 등이 하나같이 춘추5패를 긍정적으로 평가한데 반해 오직 맹자만이 이들을 신랄하게 비판하면서 '3왕三王의 죄인'이라고 단죄한 것도 바로 이 때문이다.

주목할 것은 '상가'다. 객관적으로 볼 때 '상가' 이론을 집대성한 사마천의 [화식열전] 편제는 한자가 역대 법가사상을 집대성한 방대한 분량의 『한비자』를 저술한 것에 비유할 만하다. 사마천이 거만의 재산을 모은 공자의 수제자 자공子貢을 두고 공부하며 치부한 이른바 유상儒商의 효시로 칭송한 것도 이런 맥락에서 이해할 수 있다. 상가의 사상적 비조인 관중은 『관자』「치국」에서 '부민'의 중요성을 이같이 설명해 놓았다.

"무릇 치국평천하의 길은 반드시 우선 백성을 잘살게 하는 데서 시작한다. 백성들이 부유하면 다스리는 것이 쉽고, 백성들이 가난하면 다스리는 것이 어렵다."

관자사상을 관통하는 최고의 이념이 바로 여기에 있다. 필선부민必先富民으로 표현된 '부민'이 바로 그것이다. 법가와 도가, 유가, 상가 등이 무사무편無私無偏한 통치를 최상의 통치로 간주한 것은 이른바 애인애민愛人愛民

이념을 국가공동체의 존재이유로 파악한 결과다. 제자백가가 치국평천하 방략을 놓고 치열한 사상논쟁을 전개한 백가쟁명百家爭鳴은 '애인애민'의 방법론을 둘러싼 논쟁에 지나지 않는다.

제자백가의 '애인애민' 방략을 둘러싼 논쟁은 21세기의 사회과학 용어로 풀이할 때 국가공동체의 존재이유 및 통치권력 발동의 정당성에 관한 논쟁에 해당한다. 이른바 왕패지변王霸之辨이다. 당시 논쟁을 주도적으로 이끈 당사자는 왕도를 주장한 유가와 패도를 역설한 법가였다. 전국시대 말기에 공자사상을 집대성한 순자는 유가의 일원으로 활약했지만 법가사상을 적극 수용했다는 점에서 맹자와 구별된다. 그가 '왕패지변'을 가장 체계적으로 정리한 배경이다. 이를 뒷받침하는 『순자』「왕제」의 해당 대목이다.

"예로써 다스리는 자는 왕자王者, 바른 정사를 행하는 자는 패자霸者, 민심을 얻는 자는 안자安者, 백성을 착취하는 자는 망자亡者가 된다. 왕자는 백성을 부유하게 만들고, 패자는 선비를 부유하게 만들고, 안자는 대부를 부유하게 만들고, 망자는 군주 개인의 창고를 부유하게 만든다."

여기의 '안자'는 일시 욕을 먹을지라도 부국강병을 꾀해 결국 백성들의 지지를 받는 자를 말한다. 『순자』는 '안자'를 다른 대목에서 강자彊者 또는 존자存者로 표현해 놓았다. 강彊은 강强과 같은 뜻이다. 순자는 맹자가 말하는 '왕자'보다 한 단계 위에 있는 제자帝者를 상정했다. '도치'를 실현하는 자를 말한다. 이를 뒷받침하는 「왕제」의 해당 대목이다.

"왕자는 사람을 얻고자 하고, 패자는 동맹국을 얻고자 하고, 강자는 땅을 얻고자 한다. 사람을 얻고자 하는 자는 제후를 신하로 삼고, 동맹국을 얻고자 하는 자는 제후를 벗으로 삼고, 땅을 얻고자 하는 자는 제후를 적으로 삼는다. 그러나 싸우지 않고도 승리하고, 공격치 않고도 얻고, 무력동원의 수고를 하지 않고도 천하를 복종시키는 경우가 있다. 이들 3가지 이치를 아는 자는 원하는 바대로 취할 수 있으니 왕자가 되고 싶으면 왕자, 패자가 되고 싶으면 패자, 강자가 되고 싶으면 강자가 될 수 있다."

원하는 바대로 상황에 따라 왕자와 패자, 강자가 될 수 있다는 것은 가장 높은 단계의 치도인 제도帝道를 언급한 것이다. 제도와 왕도, 패도, 강도를 모두 인정하는 것을 이른바 '치도4분론'이라고 한다. 21세기에 들어와 새롭게 발견된 상가의 이도利道를 포함시키면 '치도5분론'이 된다. '치도논쟁'과 관련한 제자백가의 입장을 도표로 정리하면 다음과 같다.

〈치도 5분론에 따른 제자백가 분류〉

주효시기	치도	치자	제자백가
성세聖世	제도帝道	제자帝者	도가道家
성세盛世	왕도王道	왕자王者	유가儒家, 묵가墨家
평세平世	이도利道	소왕素王	상가商家
위세危世	패도霸道	패자霸者	법가法家
난세亂世	강도强道	강자强者	병가兵家, 종횡가縱橫家

관중은 치국평천하의 이론과 실제를 모두 아우른 당대 최고의 사상가이자 정치가였다. 문화대혁명 당시 마오쩌둥의 부인 장칭을 비롯한 이른바 4인방은 관중을 법가의 효시로 분류했으나, 그를 제자백가 중 어느 한 쪽으로 분류하는 것은 잘못이다. 실제로 그의 저서인 『관자』에는 제자백가의 모든 사상이 녹아 있다. 주목할 점은 그의 사상을 관통하는 핵심어가 바로 부민부국富民富國이라는 점이다. 이는 부민부국을 치국평천하의 요체로 삼는 상가 이론의 핵심에 해당한다.

원래 「화식열전」에서 언급한 소왕素王은 『장자』가 처음으로 언급한 것이다. 후대인들은 이 명예로운 칭호를 공자에게 올렸다. 제왕에 버금하는 무관의 제왕이라는 뜻이다. 노자가 말한 제도는 하나의 이념형에 불과한 까닭에 현실적으로 제자帝者가 출현할 가능성은 거의 없다. 그러나 전 세계 시장이 하나로 통합되면서 무관의 황제에 해당하는 이른바 소제素帝 내지 소황素皇이 출현했다. 전 세계의 IT시장을 호령한 애플제국의 창업주 스티브잡스가 이에 해당한다. 그가 사망한 후 '소제' 내지 '소황'을 찾기가 힘들어졌지만 '소왕'은 현실적으로 대거 존재한다. 세계 100대 글로벌 기업의 총수들이 이에 해당한다. 국가총력전 양상을 보이는 21세기 글로벌 경제전쟁 상황에서 나라의 흥망을 좌우하는 관건은 이들 '소왕' 내지 '소제'가 쥐고 있다.

주목할 것은 제자백가가 초점을 맞추고 있는 세상이 각기 다른 점이다. 도가를 포함해 유가와 묵가는 선진시대라는 난세의 배경에서 출현했지만 난세 자체를 일시적인 현상으로 간주했다. 조만간 치세가 도래할 것을 의심치 않은 이유다. 이는 그만큼 세상을 낙관적으로 바라보았음을 반증한다. 이들이 높은 수준의 덕치德治를 지향한 것도 바로 이 때문이다.

중국의 역대 왕조 모두 이런 낙관론을 좇았다. 한무제가 유학을 유일한 관학으로 인정하는 이른바 독존유술獨尊儒術을 선언한 이래 역대 제왕이 하나같이 도덕을 최고의 통치이데올로기로 내세운 게 그렇다. 모든 왕조가 통상적인 평세를 태평성대의 성세로 미화한 배경이 여기에 있다. 실제로 당태종 때의 정관지치貞觀之治, 청조 강희제에서 옹정제를 거쳐 건륭제에 이르는 강건성세康乾盛世를 제외한 여타의 성세는 관학을 장악한 유가가 의도적으로 미화한 것에 지나지 않는다. 서주西周 초기 주성왕과 주강왕 시대의 성강지치成康之治를 비롯해 전한 초기 한문제와 한경제 때의 문경지치文景之治를 성세로 미화한 게 대표적인 사례다.

원래 노자와 공자가 언급한 도덕국가는 현실적으로 구현할 수 있는 게 아니다. 하나의 이상형에 지나지 않는다. 대략 2, 3백년 단위로 왕조가 바뀌는 상황에서 평세만 유지해도 나름 평가해줄 만하다. 평세를 성세로 미화한 것을 크게 탓할 일은 아니다. 문제는 위난세危亂世마저 치세로 미화하는 경우다. 조선조의 사대부들이 선조宣祖의 묘호廟號를 선종宣宗에서 '선조'로 높이고, 그의 치세를 이른바 목릉성세穆陵盛世로 미화한 게 그렇다. 목릉은 선조의 능호陵號이다. 왜란으로 인해 나라가 초토화되고 백성들이 어육이 됐는데도 반성하기는커녕 성세로 미화한 것이다. 3백년 뒤 일본에게 패망한 것도 결코 우연으로 볼 수 없다.

이런 황당한 일이 빚어지게 된 데에는 천자를 정점으로 한 중화질서가 크게 작용했다. 중화질서를 좇는 한 왜란 및 호란 등과 같은 외침을 제외하고는 중원으로부터 직접 침략위협을 받을 이유가 없었다. 조선조가 한가하게 당쟁이나 벌이며 5백 년 동안 유지된 근본 배경이다. 이는 19세기 중엽 청조가 아편전쟁에서 양이洋夷로 낮춰본 대영제국에 참패한 후 더 이상 통하지 않게 됐다. '양이'는 동양 전래의 도덕정치에 대해 알지도 못했고 알려고 하지도 않았다. 조선은 양이攘夷 대신 재빨리 천하대세에 올라탄 왜이倭夷에게 당했다.

여기에는 메이지유신을 전후해 수많은 학자들이 난세 리더십의 보고에 해당하는 『관자』와 『한비자』, 『손자병법』, 『전국책』 등을 치밀하게 연구한 게 크게 작용했다. 『관자』는 상가, 『한비자』는 법가, 『손자병법』은 병가, 『전국책』은 종횡가의 바이블에 해당한다. 이들이 지향하는 것은 오직 하나, 바로 부국강병이었다.

21세기에 들어와 중국학자들이 『국부론』에 비견되는 자본주의 이론을 찾다가 『관자』를 발견하고는 쾌재를 불렀다. '상가'를 제자백가의 일원으로 공식 거론하고 나선 이유다. 그러나 엄밀히 따지면 최초의 발견자는 일본학자이다. 이들이 만들어낸 경제경영 이론의 가장 큰 특징은 전쟁터와 비즈니스 정글을 동일시한데 있다. 21세기에 들어와 중국이 이를 흉내 내고 있다. 이를 강 건너 불구경 하듯 할 일이 아니다. 우리도 서둘러 과거의 일본과 지금의 중국이 그런 것처럼 제자백가사상의 정수를 찾아낸 뒤 G2시대 타개 방략으로 적극 활용할 필요가 있다.

제1부에서는 관중을 효시로 한 상가를 비롯해 공자를 조종으로 삼은 유가와 묵적을 교조로 삼은 묵가를 다뤘다. 상가를 제2장에 편제한 것은

관중이 제자백가의 효시이고, 동시에 상공업을 농업만큼이나 중시한 점을 높이 평가한 결과다. 『사기』「화식열전」을 『관자』에 이어 다룬 것은 비록 전한 초기의 인물이기는 하나 사마천이 상가 이론을 집대성했다고 판단했기 때문이다.

유가를 제2부에 편제한 것은 공자를 조종으로 삼은 유가가 수천 년 동안 유일무이한 관학으로 존재한 사실에 주목한 결과다. 주지하다시피 이후에 등장하는 제자백가는 모두 유가에서 흘러나왔다고 해도 과언이 아니다. 공자의 위치가 그만큼 중요하다. 공자의 생장과정을 비롯해 사상사적 특징을 깊숙이 파고든 이유다. 공학孔學과 순학荀學의 공통점을 논하며 순자를 공자의 적통으로 간주한 것도 같은 맥락이다.

묵가를 제3부에 편제한 것은 공자가 유가를 세운 뒤 묵가가 이에 맞서 가장 먼저 등장한 제자백가라는 사실에 주목한 결과다. 묵가는 여러모로 유가와 닮았다. 이웃을 두루 사랑하는 겸애兼愛와 약탈을 자제하며 평화를 지향하는 비전非戰이 공자사상의 키워드인 박애주의와 불가분의 관계를 맺고 있는 게 그렇다. 맹자는 비록 겉으로는 공자사상의 수호자를 자처하며 묵가를 비판했으나 사실 묵자의 사상적 후계자에 해당한다. 묵자가 독창적으로 만들어낸 인의仁義를 최고의 덕목으로 꼽고, 극단적인 수비를 뜻하는 묵수墨守를 공격적인 묵공墨攻으로 전환시켜 사상 최초로 '폭군방벌론'을 전개한 것 등이 이를 뒷받침한다.

제4부에서는 노자와 장자로 상징되는 도가를, 제5부에서는 상앙과 한비자로 대표되는 법가를, 제6부에서는 통상 '손오병법'으로 널리 알려진 손무와 오기 등의 병가를 편제했다. 제7부에서는 『귀곡자』와 『전국책』의 주인공인 귀곡자와 소진 등의 세가說家를 다뤘다. 노자와 장자는 비록 도가로 묶어 살피기는 했으나 원래는 나눠서 고찰하는 게 옳다. 공자의 3대 제자 가운데 한 사람인 안연의 사상적 후계자에 해당하는 장자는 극단적인 위아爲我 사상을 설파한 양주楊朱와 궤를 같이한다. 훗날 선가禪家의 사상적

뿌리가 된 게 그렇다. 본서에서는 그 배경 등을 세밀히 살폈다. 병가는 『손자병법孫子略解』과 『오자병법』을 중심으로 분석했다. 필자는 손무를 가공의 인물로 간주하는 까닭에 현존 『손자병법』의 사실상의 저자인 조조의 저서 『손자약해孫子略解』에 주목했다. 『손자약해』의 서문에서 병가를 제자백가의 일원으로 격상시키는데 결정적인 공헌을 한 집이시동戢而時動의 병도兵道를 추출해 낸 게 그렇다. 평시에는 무기를 거둬들였다가 필요할 때 용병한다는 뜻의 '집이시동'은 『도덕경』에 나오는 부득이용병不得已用兵을 병가의 입장에서 재해석한 금언에 해당한다. 전국시대 말기를 풍미한 소진과 장의 등의 종횡가縱橫家는 전설적인 도인인 귀곡자 밑에서 수학한 것으로 알려져 있다. 유세술을 총망라해 놓은 『귀곡자』와 소진의 활약을 소상히 소개해 놓은 『전국책』을 집중 분석한 이유다. 전래의 '종횡가' 용어는 유세를 전업으로 삼은 학파를 뜻한다. 중국 학계에서 말하는 '경중가'를 상가商家로 바꿔 표현했듯이 '종횡가' 역시 세가說家로 요약해 표현하는 게 타당할 듯 싶다.

이들 7가家 외에도 농가農家와 음양가陰陽家 및 명가名家 등이 있으나 사상사적 비중이 미약하고, 앞서 언급한 7가 사상 속에 흡입된 까닭에 부록에서 간략히 다뤘다. G1의 자리를 놓고 미중이 치열한 각축을 벌이는 21세기 G2시대는 여러모로 춘추전국시대와 닮아 있다. 제자백가의 지략을 적극 활용할 필요가 있다. 필자가 본서를 펴낸 이유이기도 하다. 본서가 대표적인 난세인 G2시대의 난국을 슬기롭게 헤쳐 나가고자 하는 모든 사람에게 나름 도움이 됐으면 하는 바람이다.

제1부

호리지성을 적극 활용하라

상가商家

제1장 관중과 『관자』

제1절 경세제민의 방략을 제시하다

혼란스런 제나라

객관적으로 볼 때 지금의 정치경제학에 해당하는 상가商家의 효시인 관중管仲은 중국의 전 역사를 통틀어 최고의 사상가이자 정치가에 해당한다. 이는 그가 태어날 때 조국인 제나라가 극히 혼란스런 모습을 보인 것과 무관치 않다. 난세에 기인奇人이 출현한 셈이다. 그의 저서로 알려진 『관자』가 21세기에 들어와 G2의 일원으로 우뚝 선 중국에서 난세 리더십의 바이블로 통하는 것도 이와 무관치 않을 것이다. 실제로 중국에서는 『논어』로 상징되는 공학孔學보다 『관자』를 기본 텍스트로 삼는 관학管學이 큰 각광을 받고 있다. 특히 자금성의 수뇌부를 비롯한 기업CEO 등 국가 및 사회지도층 내에서 그런 경향이 더욱 심하다. 관중을 효시로 하는 '상가'에 많은 주의를 기울여야 하는 이유다.

원래 제나라는 주왕조 건국 초기 대공을 세운 태공망 여상呂尙의 봉국封國이다. '여상'은 당초 '여呂' 땅을 봉지로 받은 데서 나온 것으로 그의 본래 이름은 강상姜尙이다. 제나라는 강상이 죽은 후 크게 빛을 내지 못했다. 오히려 4대 군주인 제애공齊哀公 때 지금의 산동성 수광현인 기紀나라 군주의 참소에 걸려 펄펄 끓는 솥에 삶아 죽이는 팽형烹刑을 당했다. 그는 역사상 첫 '팽형'을 당한 군주에 해당한다.

당시 주공왕周恭王은 제애공을 팽형에 처한 뒤 제애공의 동생을 제호공齊胡公으로 앉혔다. 제호공이 도성을 영구營丘에서 지금의 산동성 박흥현인 박고薄姑로 옮기자 이에 반발한 제애공의 막내 동생 강산姜山이 제호공을 죽인 뒤 제헌공齊獻公으로 즉위했다. 제헌공은 도성을 다시 박고에서 원래의 임치臨淄로 옮겼다. 이후 임치는 전국시대 말기까지 줄곧 제나라의 도성이 되었다.

제헌공 사후 제무공齊武公과 제여공齊厲公이 차례로 즉위했다. 제여공의 폭정으로 백성들의 불만이 커지자 제호공의 아들이 무리를 이끌고 임치로 쳐들어왔다. 제나라 백성들이 이에 호응해 제여공을 쳐 죽였다. 이때 제호공의 아들도 난중에 죽게 되었다. 제나라 백성들이 제여공의 아들 적赤을 제문공齊文公으로 옹립했다. 제문공은 즉위하자마자 제여공을 시해한 70여 명을 찾아내 극형에 처했다.

제문공 사후 제성공齊成公과 제장공齊莊公이 차례로 즉위했다. 제장공의 재위 기간 중 주유왕이 견융에 의해 피살되는 일이 일어났다. 제장공은 국내 사정으로 주 왕실의 낙양 천도에 참여치 못했다. 제장공 사후 그의 아들 녹보祿甫가 제희공齊釐公으로 즉위했다. 제희공 때에 들어와 비로소 제나라 역사가 『춘추좌전』에 상세히 실리게 된다. 제희공의 희釐는 원래 '리'이나 시호로 쓰일 때는 '희'로 읽는다. '희僖'와 같은 뜻이다. 유사한 경우가 또 하나 있다. 목繆도 원래는 '무'이나 시호로 쓰일 때는 '목'으로 읽어야 한다. 시호에 자주 쓰이는 목穆과 동일하다.

당시 제희공에게는 선강宣姜과 문강文姜이라는 두 딸이 있었다. 선강은 위선공衛宣公, 문강은 노환공魯桓公에게 시집을 갔다. 도중에 사달이 난 것은 제희공의 태자 제예諸兒 때문이었다. 그는 호색한이었다. 문강의 이복오빠인 제예는 어렸을 때 문강과 사통했다. 이게 훗날 커다란 화를 불렀다.

문강이 노환공에게 시집을 갈 당시 노환공은 당시의 기준으로 볼 때 나이가 매우 많았다. 두 사람은 기원전 709년 가을에 혼인식을 올렸다. 노환공은 문강의 미색이 출중한 것을 보고 크게 기뻐하며 오랫동안 정사를 팽개치다시피 했다. 그는 결혼한 지 3년 뒤 아들 동同을 얻었다. 장인 제희공도 크게 기뻐했다. 그러나 이내 기紀나라 일로 인해 장인과 사위 사이가 틀어지고 말았다. 당시 제희공은 조상인 제애공이 기나라 군주의 참소로 팽살을 당한 것을 설욕키 위해 군사를 이끌고 가 기나라를 쳤다. 기나라는 대대로 노나라와 혼인을 맺어 가까운 사이였다. 노환공이 기나라 성 밖에 진을 치고 있는 제희공을 찾아가 용서를 구했으나 제희공이 이를 거절했다.

화가 난 노환공은 곧 좌우에 명해 군사를 이끌고 가 제나라 군사와 싸우게 했다. 제희공이 곧 공자 팽생彭生을 시켜 이들을 치게 했다. 노나라 군사가 밀리자 노환공이 곧 정나라에 도움을 청했다. 당시만 해도 정나라가 가장 막강한 무력을 보유하고 있었다. 이에 제희공도 곧 북쪽의 연나라를 비롯해 사위 나라인 위나라에 도움을 청했다. 도중에 송나라가 제나라 연합군에 합세했다. 7개국의 군사가 두 패로 갈려 치열한 공방전을 벌인 끝에 막강한 군사력을 자랑한 정나라 측의 승리로 끝났다.

이후 제희공은 거듭 기나라를 치고자 했으나 노나라와 정나라의 견제로 뜻을 이루지 못했다. 결국 그는 기원전 698년 이내 자리에 눕게 되었다. 태자 제예를 불러 당부했다.

"기나라는 우리의 원수다. 원수를 갚지 못하면 아예 종묘에 들어설 생각을 하지 마라."

이어 다시 동생 이중년夷仲年의 아들 무지無知를 불렀다.

"이중년은 나의 친동생이다. 나의 혈육은 태자 제예뿐이니 너는 마땅히 태자를 잘 섬기도록 하라."

그의 사후 제예가 제양공齊襄公으로 즉위했다. 당시 위나라에는 제양공의 이복누이 선강이 위선공과의 사이에서 낳은 삭朔이 위혜공衛惠公으로 즉위해 있었다. 위혜공의 즉위는 떳떳치 못했다. 자객을 보내 태자로 있던 이복형 급자急子와 동복동생 공자 수壽를 죽이고 보위에 올랐기 때문이다. 자객에게 죽임을 당한 급자에게는 천자의 사위인 친동생 검모黔牟가 있었다. 위나라 신하들이 이내 위혜공 삭을 몰아낸 뒤 검모를 맞아들여 보위에 앉혔다. 쫓겨난 위혜공 삭이 곧 외숙인 제양공이 있는 제나라로 달아났다. 제양공은 생질인 위혜공 삭을 이같이 위로했다.

"언젠가 군사를 일으켜 반드시 위나라를 찾아주도록 하겠다."

당시는 마침 제양공이 매부인 문강의 남편 노환공을 통해 주 왕실의 공주에게 청혼을 한 상태였다. 노환공을 통한 것은 주 왕실이 노나라를 크게 존중했기 때문이다. 노나라는 주무왕의 친동생인 주공周公 단旦의 봉국이었다. 주공 단은 주무왕이 건국 직후 이내 세상을 떠나자 어린 주성왕周成王을 보필해 주 왕실을 반석 위에 올려놓은 건국 원훈이다. 책사인 태공망 여상의 봉국인 제나라와는 격이 다를 수밖에 없었다. 당시 제양공은 조카인 위혜공 삭이 망명해오자 신하들에게 이같이 말했다.

"지금 위나라 군주 검모는 천자의 사위요. 이제 과인 또한 천자의 사위가 되기 위해 청혼 중이니 공자 삭을 돕는 일은 후일로 미룰 작정이오."

얼마 후 주 왕실로부터 제양공과 공주의 혼인에 대한 허락이 떨어졌다. 사자를 보내 통보하면 될 일이었다. 그러나 문강이 이를 빌미로 친정에 가고 싶어 했다. 노환공이 동조했다. 대부 신수申繻가 만류했다.

"지금 친정에 부모도 안 계시는데 오라비에게 근친을 간다는 것은 말이 안 됩니다."

"과인은 이미 허락했소."

왕실과의 혼인이 성사된 것을 안 제양공이 크게 기뻐하며 잔치를 성대하게 치러 노환공 부부를 크게 대접했다. 잔치가 파한 후 문강은 궁에 머물렀다. 노환공은 별다른 의심을 하지 않았다. 그러나 이런 일이 거듭되자 노환공도 이내 내막을 알게 됐다.

그가 부인 문강을 크게 꾸짖은 뒤 장차 본국으로 돌아가 다스리고자 했다. 문강이 곧바로 정부情夫이자 이복오빠인 제양공을 찾아가 이를 고했다. 제양공이 공자 팽생을 불렀다.

"송별연이 끝나는 즉시 모든 것을 소리 없이 마무리 짓도록 하라."

연회가 파하자 대취한 노환공은 공자 팽생에게 안겨 수레에 올랐다. 공자 팽생은 힘이 장사였다. 수레가 임치성의 성문을 빠져나간 지 얼마 안 돼 무쇠 같은 팽생의 주먹을 옆구리에 맞은 노환공은 그 자리에서 즉사했다. 제양공이 병사들을 시켜 노환공의 영구를 노나라로 호송케 했다. 기원전 694년 여름 4월 10일의 일이다.

노나라 대부들이 바보가 아닌 이상 전말을 짐작치 못할 리 없었다. 그러나 현장을 목격한 사람도 없는 만큼 곧바로 제양공에게 책임을 추궁하는 일 또한 쉽지 않았다. 결국 고육책으로 호송을 책임진 팽생을 죽이는 것으로 사태를 마무리 짓기로 의견을 모았다. 곧바로 제나라에 국서를 보냈다. 『춘추좌전』에 그 내용이 실려 있다.

"우리 군주는 늘 제후齊侯의 위엄을 두려워하여 감히 편안히 지내지도 못했습니다. 이번에 귀국에 가서 이전의 우호 관계를 다지고자 했는데 우호의 예를 이루고도 돌아오지 못했습니다. 지금 그 책임을 물을 데가 없어 제후들 사이에서 좋지 못한 소문이 나게 됐습니다. 청컨대 팽생을 제거하여 이러한 소문이 나지 않도록 해 주십시오."

제양공이 이를 좇았다. 결국 팽생은 제대로 변명도 하지 못한 채 이내 목이 잘리고 말았다. 실컷 이용만 당하고 주군인 제양공이 자행한 불륜행각의 희생양이 되고 만 셈이다. 충성도 충성 나름이다. 암군暗君을 섬기다가는 이런 참혹한 일을 당할 소지가 크다.

제양공의 비명횡사

당시 제양공은 생질인 위혜공 삭을 복위시킨 뒤 낙읍으로 추방된 동서 검모가 이내 장인 주장왕을 부추겨 토벌군을 이끌고 오지나 않을까 크게 걱정했다. 기원전 687년, 제양공이 대부 연칭連稱과 관지보管至父에게 명해 도성 임치성으로 들어오는 동남 쪽 길목을 지키게 했다. 두 사람이 제양공에게 물었다.

"언제쯤이면 만기가 되어 돌아올 수 있겠습니까?"

"참외가 익는 내년 7월쯤 교대할 사람을 보낼 것이오."

1년이 지난 기원전 686년 가을 7월, 만기가 지났는데도 아무런 기별도 없었다. 두 사람이 마침내 무지를 받들어 반기를 들었다. 『춘추좌전』은 당시 상황을 이같이 기록해 놓았다.

"당초 이중년의 아들 공손 무지는 제희공의 총애를 입어 입는 옷과 예우 등에서 태자 제예와 하등 차이가 없었다. 제예가 제양공으로 즉위한 뒤 곧바로 공손 무지에 대한 대우를 삭감케 했다. 연칭과 관지보는 이를 빌미로 공손 무지를 끌어들여 반란을 꾸몄다."

당시 연칭에게 사촌 여동생이 있었다. 그녀는 제양공의 후궁으로 있었으나 총애를 받지 못했다. 공손 무지가 그녀와 만나 제양공의 동태를 살필 것을 주문하면서 이같이 다짐했다.

"일이 성사되면 너를 반드시 부인으로 맞이할 것이다."

공손 무지와 연칭 일당은 제양공이 사냥 나올 때를 틈타 거사를 일으키기로 의견을 모았다. 이해 겨울 12월, 제양공이 남쪽 패구貝丘로 사냥을 나갔다. 이때 덩치가 큰 멧돼지가 나타났다. 제양공을 수종하던 종자가 외쳤다.

"공자 팽생이 나타났습니다."

제양공이 화를 내며 곧바로 돼지를 향해 활을 쏘았다. 그러나 멧돼지의 반격이 만만치 않았다. 이는 『춘추좌전』의 다음 기록이 뒷받침한다.

"활을 맞은 멧돼지가 사람처럼 벌떡 서서 울부짖었다. 제양공이 두려워한 나머지 수레 위에서 실족하면서 발을 다치고 신발을 잃었다."

'공자 팽생' 운운은 후대인의 상상력으로 만들어낸 얘기인 듯하고, '멧돼지가 사람처럼' 운운은 문학적인 표현으로 보는 게 옳다. 정황상 화살이 빗맞아 저돌적으로 제양공을 향해 달려들었을 공산이 크다.

당시 제양공은 환궁한 뒤 시종 비費에게 신발을 찾아오라고 했으나 끝내 찾지 못했다. 특수 제작된 비싼 신발이었던 모양이다. 『춘추좌전』에는 '구屨'로 되어 있다. 당시 신발을 통상 '구'로 칭했다. '구'는 만드는 재질에 따라 '마구麻屨'와 '갈구葛屨', '피구皮屨' 등으로 구분되었다. 삼과 칡으로 만든 '마구'와 '갈구'는 대체로 여름에 신고, 가죽으로 만든 '피구'는 겨울에 신었다. 『춘추좌전』의 기록에 주목해 대략 '피구'로 짐작하고 있으나 이는 신중을 요한다.

'구'의 별칭으로 사용된 '석舃' 때문이다. '구'는 신발 바닥이 홑으로 되어 있는 반면 '석'은 겹으로 되어 있었다. '피구皮屨'와 '혁석革舃' 모두 가죽신을 말한다. 가죽신은 귀해 서민들은 신을 수가 없었다. 『춘추좌전』에는 비록 '구'로 표현돼 있으나 '피구'보다 고급인 '혁석'일 공산이 크다.

당시 신발을 찾지 못해 화가 난 제양공이 비를 피가 나도록 매질하자 비가 피를 흘리며 도망쳤다. 이때 마침 궁문 앞에서 제양공을 해치기 위해 궁 안으로 들어오던 연칭 일당을 만났다. 연칭의 무리가 그를 잡으려고 하자 비가 저고리를 벗어 등의 매 맞은 자리를 보이며 제양공을 비난했다. 비는 연칭 무리가 자신을 믿자 먼저 제양공이 있는 곳으로 들어가겠다고 청해 급히 궁 안으로 들어갔다. 그는 제양공을 숨기고 밖으로 나와 이들과 싸우다가 죽었다. 일당이 드디어 침소 안으로 들어와 제양공을 대신해 누워 있는 제양공의 총신 맹양孟陽을 죽였다. 그러나 이내 제양공이 아닌 것을 알고는 크게 떠들었다.

"죽은 자는 군주가 아니다. 얼굴이 닮지 않았다!"

명대 말기 풍몽룡이 쓴 『동주열국지』에는 제양공의 한쪽 신발이 침소의 지게문 밖으로 살짝 삐져나온 탓에 이내 발각돼 목숨을 잃는 것으로 묘사돼 있다. 꽁꽁 숨어 있어야 하는 상황에서 왜 신발이 삐져나온 것일까? 이해할 수 없는 일이다. 이는 풍몽룡이 당시의 상황을 제대로 간파하지 못한 결과다. 『사기』「제태공세가」는 '혹견족或見足', 『춘추좌전』은 '현족見足'으로 기록해 놓았다. 「제태공세가」는 '누군가 제양공의 맨발을 보았'고 썼고, 『춘추좌전』은 '발이 드러났.'고 쓴 것이다. 어느 쪽이든 똑같은 상황을 묘사한 것이기는 하나 당시의 위급한 상황에 비춰 극도의 공포심에 휩싸인 제양공이 자신도 모르는 사이 오들오들 떨다가 발을 삐죽 내밀었을 공산이 크다. 『춘추좌전』의 기록이 훨씬 사실에 가깝다.

연칭의 무리는 곧 공손 무지를 새 군주로 옹립했다. 공손 무지는 보위에 오른 지 얼마 안 돼 죽는 바람에 시호가 없다. 공손 무지의 즉위는 제양공 제예의 이복동생인 제환공 소백小白에게 하나의 기회로 다가왔다. 제양공이 계속 보위에 앉아 있었다면 그가 즉위하는 일은 결코 없었을 것이다. 세상일이란 묘하다. 소백의 경우처럼 남의 불행이 자신에게는 행운으로 작용하는 경우가 있기 때문이다. 시운時運이라면 시운일 수 있다. 제양공의 죽음은 패자가 천자를 대신해 천하를 호령하는 시대가 박두했음을 예고한 사건이다.

공자 규와 소백의 경쟁

공자 소백에게는 한 명의 서형庶兄이 있었다. 공자 규糾다. 그는 노나라 여인 소생이고, 소백은 거莒나라 여인 소생이었다. 그러나 성리학을 집대성한 남송대의 주희朱熹는 『논어』를 주석하면서 공자 소백이 공자 규의 서형이라고 주장했다. 이는 『사기』「제태공세가」 및 『춘추좌전』의 기록과 명백히 어긋난다. 주희는 무엇을 근거로 이런 주장을 편 것일까?

결론부터 말하면 이는 공자가 『논어』에서 관중과 제환공의 패업을 높이 평가한데 반해 맹자가 이른바 '환문지사桓文之事'를 폄척貶斥한 모순을 최소화하기 위한 고육책이었다. '환문지사'는 곧 춘추시대 첫 패자인 제환공과 두 번째 패자인 진문공이 이룬 업적을 의미한다. 주희가 활약한 남송 때는 맹자가 역설한 '의리론'이 기승을 부린 까닭에 공자 소백이 서형인 공자 규를 죽게 만들었다는 비난이 높았다. '3강5륜'에서 역설하는 장유長幼의 질서를 해친 셈이다.

만일 이들의 주장을 그대로 수용할 경우 공자가 관중과 제환공의 패업을 높이 평가한 배경을 설명할 길이 없게 된다. 장유의 질서를 어지럽힌 공자 소백 즉 제환공의 패업을 칭송하는 것은 '3강5륜'에 어긋나기 때문이다. 주희가 두 사람의 서열을 두고 굳이 공자 소백이 공자 규의 서형이었다는 억지를 부린 이유가 여기에 있다. 패업에 대한 공자와 맹자의 이견을 극소화하기 위한 고육책으로 해석할 수밖에 없다. 황당한 명분론이다.

큰 틀에서 볼 때 두 사람의 서열은 결코 중요한 게 아니다. 성리학의 가장 큰 문제 중 하나는 작은 의리와 명분에 지나치게 얽매여 대의大義를 보지 못한 데 있다. 조선조 및 청조가 서구 열강과 일제의 침탈에 제대로 대응치 못하고 식민지 내지 반식민지로 전락한 것도 이와 무관할 수 없다.

이와 관련해 사마천은 「제태공세가」에서 소백의 모친이 위衛나라 출신이라고 기록해 놓았다. 그러나 모친이 위나라 출신이라면 소백은 '거'나라 대신 '위'나라로 망명하는 게 순리에 맞다. '거'나라 출신으로 보는 게 타당하다. 「제태공세가」의 기록에 대한 의문은 계속 이어진다. 제양공이 죽기 전에 이미 목숨이 위태롭다고 판단한 공자 규와 소백 모두 각각 노나라와 거나라로 망명한 것으로 되어 있다. 그러나 『춘추좌전』의 기록은 이와 다르다. 이에 따르면 제양공 즉위 후 제나라 정치가 매우 어지러운 모습을 보이자 포숙아가 소백에게 말했다.

"군주가 백성들을 방종하게 만들고 있으니 곧 변란이 일어나고야 말 것입니다."

그리고는 곧 공자 소백을 받들고 거나라로 달아났다. 관중과 소홀은 제양공이 시해된 후 비로소 공자 규를 받들어 노나라로 망명한 것으로 되어 있다. 양쪽 모두 소백이 미리 망명했다고 기록한 점에서는 동일하나 공자 규의 망명 시점에 대해서는 서로 상반된다.

『춘추좌전』의 기록을 좇을 경우 관중 및 소홀과 같은 뛰어난 참모를 둔 공자 규는 제양공이 시해되는 사건이 빚어진 뒤에야 비로소 망명한 셈이 된다. 관중과 소홀 모두 제양공이 시해되는 등의 사태가 빚어질 경우 자신이 모시는 공자 규를 곧바로 보위에 앉힐 생각으로 마지막 순간까지 임치성에 남아 있었을 공산이 크다. 『춘추좌전』의 기록이 역사적 사실에 부합한다. 사마천이 『사기』를 기록하면서 신중치 못했다고 평할 수밖에 없다.

그런 점에서 『동주열국지』의 상상력은 나름 평가할 만하다. 이에 따르면 당시 관지보는 공손 무지에게 이같이 권했다.

"널리 방을 내걸고 어진 사람을 모으십시오. 그래야만 백성들의 신망을 얻을 수 있습니다."

공손 무지가 이를 좇아 사람을 보내 관중을 부르자 관중이 혼잣말로 중얼거렸다.

'공손 무지의 목도 튼튼하지 못한 데 이들이 다른 사람 신세까지 망치려 드는구나!'

그러고는 소홀과 이를 상의한 뒤 함께 공자 규를 모시고 노나라로 달아나는 것으로 되어 있다.

당시 관중이 이런 말을 했는지 여부는 알 길이 없다. 이런 문학적 상상력은 역사소설의 영역이다. 주목할 것은 관지보가 관중을 추천한 것으로 묘사한 대목이다. 이는 2가지 이유였다. 하나는 서로 친척이었고, 다른 하나는 관중이 현명하다는 이유다. 사서에 두 사람 모두 하급 사족士族으로 나오고 있는 점에 비춰 친척일 공산이 크다. 나아가 관중의 명성이 소홀 못지않게 컸을 가능성도 높다. 당시 노장공이 망명한 관중과 소홀, 공자 규를 거두어 지금의 산동성 가택현인 생두生竇에 살게 하면서 매달 의식衣食을 넉넉히 공급했다는 대목이 이를 뒷받침한다. 공자 규의 즉위 가능성을 높이 점친 결과다. 관중처럼 뛰어난 참모를 둔 게 노장공으로 하여금 이런 기대를 갖도록 만들었다고 보는 게 상식에 부합한다.

관포지교의 내막

사마천은 『사기』를 저술하면서 「본기本記」와 「표表」, 「서書」, 「세가世家」 이외에 「열전列傳」을 두었다. 이중 현재까지 가장 주목을 받는 것은 바로 전체의 반 이상을 차지하는 「열전」이다. 선진시대를 살아간 수많은 영웅호걸들의 생생한 묘사 때문이다. 사마천 자신이 뛰어난 문체로 개개인의 활약상을 핍진逼眞하게 그려놓은 덕분이다. 그러나 일정부분 역사적 사실이 크게 왜곡돼 있다는 사실도 명심할 필요가 있다. 이에 대해서는 해당 대목마다 자세히 설명할 예정이다.

「열전」은 권61의 「백이열전」을 시작으로 「관안열전管晏列傳」과 「노자한비열전老子韓非列傳」 등 총 70편으로 구성돼 있다. 『사기』 130권의 절반이 넘는 분량이다. 사마천이 「백이열전」을 맨 앞에 배치한 데에는 수양산에 들어가 굶어죽은 백이와 숙제를 통해 궁형宮刑을 당한 자신의 억울한 처지를 호소하려는 취지가 크게 작용했다. 갖은 치욕을 참아내고 마침내 죽백에 이름을 올린 관중과 오자서 등의 삶에 특별한 의미를 부여한 것도 같은 맥락이다. 그는 후대인들에게 모순으로 가득 찬 현실 속에서 나름 좌절하지 말고 자신의 길을 힘껏 개척해 나갈 것을 당부한 것이다. 21세기 현재까지 많은 사람들이 인간 군상群像의 속살을 거침없이 드러낸 「열전」에 환호하는 이유다.

두 번째로 등장하는 「관안열전」은 원래 관중과 안영의 전기를 다룬 것이다. 안영은 관중 사후 1백 년 뒤에 태어난 제나라의 현대부이다. 공자와 같은 시기에 활약했다. 사마천이 두 사람을 같은 편에 다룬 것은 두 사람 모두 제나라 출신이고, 주군을 보필해 나라를 부강하게 만든 공통점에 주목한 결과다. 「관안열전」은 인구에 회자하는 관포지교管鮑之交 고사에서 시작하고 있다.

객관적으로 볼 때 '관포지교'는 크게 3가지 사실을 전제로 하여 성립한 것이다. 첫째, 주인공인 관중과 포숙아 모두 젊었을 때 장사를 해야 할 정도로 풍족치 못한 삶을 살았다. 둘째, 그럼에도 두 사람 모두 서로를 격려하며 열심히 학문을 닦았다. 두 사람이 같은 시기에 공자 규와 소백의 스승이 된 사실이 이를 뒷받침한다. 셋째, 재주는 관중이 뛰어났으나 인품 면에서는 포숙아가 훨씬 위였다. 매번 관중이 앞서 계책을 내거나 일을 저지르고, 이로 인해 관중이 낭패한 상황에 처할 때마다 포숙아가 감싸며 변호한 사실이 이를 뒷받침한다.

크게 보아 '관포지교'는 관중과 포숙아가 각자 자신의 장기인 재才와 덕德을 결합시켜 죽을 때까지 변함없는 우정을 나눈 데서 그 특징을 찾을 수 있다. 초한전 당시 목을 벨 정도의 위험에도 생사를 함께 하는 문경지교刎頸之交를 자랑했던 진여陳餘와 장이張耳가 문득 원수로 돌변한 것과 대비된다.

'문경지교'와 '관포지교'의 가장 큰 차이는 기본적으로 교의交誼를 주고 받는 관계의 차이에서 비롯된다. 문경지교는 나라와 민족 등의 공의公義가 전면에 내걸린 까닭에 '교의'가 쌍무적雙務的이다. 반드시 공을 세워야만 상을 내리고, 잘못을 저지르면 가차 없이 벌을 내린다. 일방적으로 은혜를 베푸는 것은 금물이다. 조조가 내로라하는 당대의 인재를 가장 많이 그러모을 수 있었던 이유가 바로 이런 엄격한 '신상필벌信賞必罰'에 있었다.

이에 반해 관포지교의 '교의'는 편무적片務的이다. 반드시 공을 세워야만 상을 내리고 잘못을 저지르면 가차 없이 벌을 내리는 관계가 아닌 것이다. 관중이 훗날 포숙아를 두고 찬탄한 대목이 이를 뒷받침한다.

"나를 낳아 준 사람은 부모이고, 나를 알아주는 사람은 포숙아이다!"

이는 포숙아가 부모에 준하는 은덕을 베풀었다는 뜻이다.「관안열전」에 나오는 '관포지교'의 배경을 보면 관중이 포숙아에 대해 이런 찬탄을 하게 된 이유를 대략 짐작할 수 있다.

관중과 포숙아 두 사람은 젊었을 때 함께 시장에서 장사를 한 적이 있다. 바닷가에 접해 있던 제나라에 어염魚鹽이 발달해 있었던 까닭에 두 사람 모두 생선 장사에 나섰을 공산이 크다. 당시 장사가 끝나면 관중은 언제나 그날 수입에서 포숙아보다 배나 되는 이익을 가지고 돌아갔다. 포숙아를 따르는 사람들이 불평하자 포숙아가 말했다.

"그는 집안이 가난하고 식구가 많다. 내가 그에게 더 가지고 가도록 사양한 것이다."

원래 비즈니스는 정확한 이해타산을 전제로 한다. 그런데 당시 동업자인 포숙아는 엉뚱한 얘기를 한 셈이다. 두 사람의 '교의'가 공의가 아닌 사정私情에 기초하고 있음을 시사한다.

이를 더욱 극명하게 보여주는 것은 그 다음에 있다. 전쟁이 일어났을 때 관중은 3번이나 전장을 이탈했다. 사람들이 비겁한 자라고 비웃자 포숙아가 말했다.

"그에게는 늙은 어머니가 있다. 자기 몸을 아껴 늙은 어머니에게 효도하려는 것이다."

이런 식의 변명이 허용될 경우 그 군대는 오합지졸이 되고 만다. 군대에 올 때 늙은 노모와 처자식, 애인을 두고 오지 않은 사람이 누가 있는가? 관중처럼 약삭빠르게 행동하는 자는 가차 없이 엄단해야 군기문란을 바로잡을 수 있다. 그런데도 포숙아는 그를 극구 변명했다. 사정을 공의보다 앞세운 결과다.

관포지교의 세 번째 일화는 비즈니스에 관한 얘기다. 두 사람이 어떤 일을 합작코자 할 때 아이디어를 낸 관중의 계책이 실패로 돌아간 경우가 많았다. 사람들이 관중을 어리석다고 비난하자 포숙아가 말했다.

"모든 사업에는 유리할 때와 불리할 때가 있기 마련이다. 마침 그가 사업을 할 때 공교롭게도 상황이 불리하게 전개되었을 뿐이다."

나름 이해할 수 있다. 그러나 정치적 행보와 관련된 4번째 일화는 논리의 비약이 심하다. 관중은 일찍이 3명의 주군을 모셨다가 3번 모두 쫓겨난 적이 있다. 사람들이 관중을 불초不肖한 자라고 비난하자 포숙아가 이같이 변호했다.

"사람이란 누구나 불우할 때가 있는 법이다. 그가 때를 만나기만 하면 재능을 유감없이 펼칠 것이다."

얼핏 그럴듯하나 논리의 비약이 심하다. 누구나 불우할 때가 있다는 지적은 맞다. 험한 세상을 살아나가는 데 온통 평탄한 길만 있을 수는 없기 때문이다. 그러나 자신의 재주를 마음껏 펼칠 수 있는 득지得志의 계기를 맞을 경우 재능을 유감없이 펼칠 수 있다는 주장은 무엇에 근거한 것인가?

상식적으로 판단할 때 자신이 모시던 사람으로부터 3번이나 '비토'를 당했다면 분명 충성스럽지 못했거나 무슨 문제가 있다고 보아야 한다. 재주가 넘친 나머지 주군을 면전에서 비판하다가 미움을 샀을 수도 있다. 어느 경우든 사람을 제대로 못 모신 것만은 분명하다. 그런 사람이 뜻을 얻게 될 경우 문득 주군을 잘 모시며 자신의 재능을 마음껏 펼칠 수 있을까? 상식과 어긋나는 얘기다. 그럼에도 그는 「관안열전」의 주인공이 됐다. 그 이유는 무엇일까? 크게 2가지를 들 수 있다.

첫째, 관중은 당대의 기인奇人이었다. 고금을 막론하고 '기인'은 통상적인 잣대로 평가할 수 없다. 기인을 억지로 필부의 잣대로 재단할 경우 엉뚱한 해석만 나올 뿐이다. 『장자』 「소요유」에 나오듯이 매미와 텃새가 자신들의 잣대로 대붕大鵬을 비웃는 것에 비유할 수 있다. 관중의 흉중에는 대붕처럼 '치국평천하'의 방략이 가득 차 있었다. 그의 대략大略을 세속의 필부들은 헤아릴 길이 없었던 것이다.

둘째, 관중은 제환공을 만나기 전까지 지은知恩을 베풀어 줄만한 인물을 만나지 못했다. 유일한 인물은 포숙아 뿐이었다. 그러나 포숙아를 모시고 천하를 도모할 수는 없는 일이었다. 그가 자신을 알아주는 제환공을 만날 때까지 숱한 시행착오를 거치며 비천한 처지에 머물러 있었던 이유가 바로 여기에 있다.

당시 천하 정세는 춘추시대가 개막한 이래 제환공이 패업을 이루기까지 약 1백년의 기간이 흘렀음에도 고만고만한 열국의 제후들이 끊임없이 갈등을 빚으며 다투는 상황이었다. 비록 정장공이 나름 '패자'의 역할을 자임했으나, 주 왕실의 기피인물이 된 그가 힘과 명분을 동시에 지닌 '패자'의 역할을 수행하는 데는 일정한 한계가 있었다. 이 와중에 죽어난 것은 열국의 백성들이었다. 무거운 세금과 종군부역 등에 신음하는 백성들의 피폐한 삶은 더 큰 혼란을 야기할 소지가 충분했다.

이런 위기상황을 타파키 위해서는 막강한 힘을 배경으로 천하를 호령할 수 있는 패자의 출현이 절실히 필요했다. 이는 시대적 요구이기도 했다. 춘추시대만 해도 신분세습의 봉건질서 하에서 주왕이 독점적으로 누리고 있는 '천자'의 권위를 능가하는 것이 불가능했다. 그런 만큼 패자는 이상과 현실을 조화시킨 최상의 선택이기도 했다. 실제로 관중이 생각한 새로운 통치 질서가 바로 이것이었다. '패자'가 천자를 대신해 천하를 호령하는 이른 바 '협천자挾天子, 영제후令諸侯'가 그것이다. 천자를 옆에 끼고 제후들을 호령한다는 뜻이다.

엄밀히 얘기하면 '협천자'는 천자를 위협하는 협천자脅天子에 지나지 않는다. 그럼에도 '협천자'가 위력을 발휘한 것은 겉으로는 천자를 존중하는 모습을 보인데 있다. 패자가 되기 위한 첫 번째 조건이 바로 겉모습만큼은 존왕尊王의 형식을 갖춘 협천자挾天子가 되어야 한다는 데 있다. 새 왕조를 세운 창업주들이 거의 예외 없이 한때 천자로 군림했던 전왕조의 제왕에 대해 사실상 협천자脅天子를 하면서도 겉으로는 협천자挾天子의 모습을 취한 것도 이와 무관치 않다. 이는 명분을 잃지 않아야 새 왕조를 성공적으로 세울 수 있었음을 반증한다. 그 효시를 바로 관중에게서 찾을 수 있다.

후대인들이 관중과 포숙아의 우정을 '관포지교'로 부르며 크게 기린 것도 이런 맥락에서 이해할 수 있다. 「관안열전」에 '관포지교'가 등장할 수 있었던 것은 기본적으로 당사자인 관중과 포숙아를 포함해 소홀이 제희공의 명을 좇아 공자 규와 소백의 스승이 되었기 때문에 가능했다. 이들 3인이 같은 시기에 모두 제나라 공자들의 스승이 되었다는 것은 이들의 학문이 간단치 않았음을 방증한다. 『사기』「관안열전」에 따르면 원래 관중과 포숙아는 어렸을 때부터 함께 자랐다. 두 사람이 공자 규와 소백의 스승 역할을 맡게 됐다는 것은 서로를 격려하며 학문을 닦은 결과로 보인다.

『관자』「대광」에는 이들이 공자 규와 소백의 스승 역할을 맡게 된 배경을 짐작케 하는 일화가 나온다. 이에 따르면 당초 포숙아는 제희공으로부터 공자 소백을 떠맡아 달라는 부탁을 받고 내심 커다란 불만을 품었다. 이내 병을 핑계로 문을 닫고 외부인의 면회를 사절하자 관중과 소홀이 그를 찾아가 이유를 물었다. 포숙아가 말했다.

"아들을 아는 사람으로 부친보다 나은 사람이 없고, 신하를 아는 사람으로 군주보다 나은 사람이 없다고 했소. 지금 군주는 내가 불초한 자라는 것을 알고 나에게 명해 소백을 보좌케 한 것이오. 나는 이미 버림받았다는 사실을 눈치 챘소."

그는 공자 규와 소백 모두 서자인 까닭에 후사가 될 가능성이 적고, 특히 소백의 경우는 서열에서 뒤져 가능성이 더욱 희박하다는 취지로 말한 것이다. '재'보다 '덕'이 뛰어났던 포숙아의 평소 행보에 비춰 후대인의 가필로 보인다. 그럼에도 「대광」의 이 일화는 나름 역사적 진실을 담고 있다.

후속 대목이 이를 뒷받침한다. 당시 이 말을 들은 관중이 이같이 반박했다.

"지금 상황으로 볼 때 장차 누가 보위를 잇게 될지 알 수 없소. 태자 제예는 비록 장자이기는 하나 품성이 천박해 장차 후계자가 될 수 있을지 확실치 않소. 장차 제나라를 능히 안정시킬 수 있는 사람으로는 공자 규와 소백밖에 없소. 속히 나와 직책을 맡도록 하시오."

재미난 것은 소홀의 언급이다.

"그러나 내가 보건대 소백은 틀림없이 후계자가 되지 못할 것이오."

소홀은 훗날 자신의 제자이기도 하지만 자신이 성심껏 모신 주군 규가 죽게 되자 함께 목숨을 끊어 훗날 유가들로부터 칭송을 받은 인물이다. 당시 소홀은 무엇을 근거로 소백이 후사가 될 가능성이 거의 없다고 단정한 것일까? 소홀의 이어지는 말에 그 해답이 있다.

"나는 장차 내가 받드는 공자 규가 폐해지는 일이 생기면 비록 천하를 다 준다고 할지라도 살아남지 않을 것이오. 내가 세우고자 하는 공자 규를 받들면서 배신치 않는 것이 응당 신하가 된 자가 취할 도리요."

소홀이 소백의 후사 가능성을 거의 불가능하다고 본 것은 크게 2가지 이유에 기초해 있음을 짐작할 수 있다.

첫째, 소백 자신이 지닌 문제로 그는 서형인 공자 규보다 빼어난 점이 거의 없었다는 점이다. 인품이나 재주 등에서 공자 규에 훨씬 못 미쳤을 가능성을 시사한다. 둘째, 보좌진에 관한 문제로 소홀 자신이 관중과 포숙아를 낮게 평가하고 있었음을 시사한다. 소홀이 아무리 천하의 재주를 모두 한 몸에 지닌 천하의 기재奇才라 할지라도 감히 '천하를 준다고 할지라도' 운운한 것은 보통 큰 자부심이 아니다. 자신이 모시는 공자 규가 모든 면에서 소백보다 뛰어날 뿐만 아니라 참모인 자신 또한 재주와 충성심 등에서 관중과 포숙아에 비할 바가 아니라는 자부심이 있기에 이런 언급이 가능했다고 봐야 한다.

소홀의 호언장담 속에 담겨 있는 이런 취지를 모두 수긍할지라도 그가 간과한 게 하나 있다. 바로 덕德과 재才의 반비례 관계다. 자고로 '재'가 많은 사람은 각박한 경우가 많다. 자부심이 크기에 남의 충언을 잘 듣지도 않는다. 이는 무덤을 파는 길이다.

삼국시대 당시 학문과 재주 등에서 유비 및 손권보다 한 수 위에 있던 조조가 끝내 천하통일에 실패한 이유도 이와 무관치 않다. 적벽대전 직전 익주의 지도를 갖고 온 장송을 제대로 대접했다면 당대에 능히 천하를 통일할 공산이 컸다. 그러나 그는 왜소하고 추하게 생긴 장송의 거친 말버릇에 화를 내며 이내 무시하는 모습을 보였다가 대세를 그르치고 말았다.

이와 정반대로 유비는 학문과 재주 등에서 조조 및 손권보다 한 수 아래에 있었으나 내심 꿍꿍이속이 있음에도 최소한 겉으로는 덕인의 모습을 보임으로써 제갈량을 비롯해 많은 재사들을 휘하에 둘 수 있었다. 그가 떠돌이 생활을 그치고 익주를 기반으로 조조나 손권과 삼국정립三國鼎立의 형세를 구축한 배경이 여기에 있다. 조조의 실수가 유비의 행운으로 작용한 결과다.

공자 규와 소홀이 이내 실패케 된 것도 이와 무관치 않다고 보아야 한다. 실제로 소백은 보위에 오른 후 관중에게 모든 것을 일임했다. 마치 유비가 제갈량에게 모든 것을 위임한 것과 닮았다. 소백이 주색酒色과 사냥 등을 극도로 밝혔음에도 춘추시대 첫 패자가 된 배경이 여기에 있다.

여기서 주목할 것은 당시 소홀이 '천하를 다 준다 할지라도' 운운하며 호언할 때 소홀과 함께 공자 규를 보좌케 된 관중의 반박이다.

"나는 공자 규 대신 종묘사직을 지킬 생각이오. 내가 목숨을 바칠 수 있는 경우로는 종묘가 불타고, 사직이 파괴되고, 제사가 끊어지는 3가지 경우뿐이오. 이 경우라면 기꺼이 죽을 수 있소. 그러나 이 3가지 경우가 아니라면 나는 기필코 살아남을 것이오. 내가 살아남아야만 제나라에 유리하오. 내가 죽으면 제나라도 불리하게 될 것이오."

이는 후대인의 가필이기는 하나 관중의 기본 입장을 잘 전해 주고 있다. 관중이 말한 3가지 경우는 사실 하나와 마찬가지다. 종묘와 사직, 제사는 같은 뜻이기 때문이다. 결국 그는 나라가 망하는 경우에 한해 목숨을 바치겠다는 이른바 위국헌신爲國獻身을 천명한 셈이다. 이는 주군을 위해 목숨을 바치는 위군헌신爲君獻身과 다른 것이다.

안중근의 유묵에 '위국헌신, 군인본분'이라는 내용이 있다. 이는 무인뿐만 아니라 문인에게도 그대로 통용된다. 국록을 먹는 관인官人이라면 무릇 '위국헌신'의 자세를 견지해야 할 것이다. '위국헌신'과 '위군헌신'의 가장 큰 차이점은 헌신의 대상이다. 선조가 뼈를 묻고 나와 후손이 살아나가는 터전인 나라는 영원하다. 그러나 군주는 유한하다. '대의'와 '소의'의 차이가 여기에 있다.

인간 개개인의 의리 차원에서 보면 '소의' 또한 매우 중요하다. 그러나 더 큰 가치인 '대의'와 '소의'가 충돌할 경우 '대의'를 좇을 수밖에 없다. '위국헌신'을 언급한 관중은 유사시 주군인 공자 규를 좇아 죽음을 택하겠다고 호언한 소홀의 '위군헌신'을 '소의'로 간주해 반박한 것이다.

재주와 덕이 반비례 관계이듯이 재주와 그릇도 반비례 관계다. 노자가 『도덕경』에서 대기만성大器晚成을 역설한 것은 바로 이 때문이다. 그릇이 작으면 빨리 채워진다. 소기小器에 채워진 재주는 소재小才에 불과할 뿐이다. 빈 수레가 요란한 이유다. '대기'는 규모가 큰 만큼 이를 다 채우려면 오랜 시간이 걸린다. 말 그대로 대재大才는 오랜 기간 숙성돼야만 가능하다. 세상에 차고 넘치는 것은 '소의'에 얽매인 '소재'의 인물이다. 어느 시대나 '대의'에 입각한 '대재'를 찾아보기 힘든 이유다.

「대광」에 따르면 결국 포숙아는 관중과 소홀의 갑론을박을 들은 뒤 이내 결단하여 소백을 모시게 됐다. 「대광」은 후대인의 가필이 거의 확실하나 당시 관중과 소홀이 공자 규의 스승이 되고, 포숙아가 공자 소백의 스승이 된 사실을 전하고 있다. 춘추시대 중기에 들어와 공자 규와 소백이 제나라의 보위를 놓고 하나의 드라마를 펼치게 된 것은 전적으로 '대의' 및 '소의'를 둘러싼 이들 3인의 이견과 지략이 충돌한 결과로 봐야 한다.

주군과 신하의 망명

제희공 사후 태자 제예가 뒤를 이어 제양공으로 즉위했을 당시 관중과 포숙아의 망명은 시기적으로 엇갈린다. 이는 '관포지교'의 당사자인 관중과 포숙아가 일시 서로 다른 길을 갔음을 시사한다. 사실 여부를 단정키는 어려우나 포숙아가 모시는 소백을 죽이기 위해 관중이 화살을 날렸다는 일화 등이 이를 뒷받침한다. 이게 자신의 출세를 위해 친구의 앞길을 막고자 한 게 아니고 무엇인가? 관중과 포숙아 모두 자신의 업무에 매진한 까닭에 유사한 일로 인해 서로 얼굴을 붉히는 일이 적잖이 있었음을 시사하는 대목이다.

두 사람에 관한 여러 일화를 종합해 볼 때 혼군昏君 제양공이 즉위할 당시 공자 규가 소백보다 훨씬 시류에 민감한 모습을 보인 게 확실하다. 이는 상대적으로 관중을 스승으로 둔 사실과 무관치 않을 것이다. 이와 정반대로 포숙아는 좀 '덜 떨어진' 모습을 보였다. 이를 뒷받침하는 일화가 있다.

하루는 제양공이 과부가 된 이복동생 문강을 만나기 위해 작禚 땅으로 가려고 하자 포숙아가 공자 소백에게 말했다.

"모든 백성들이 이를 비웃고 있습니다. 군주가 지금이라도 버릇을 고치면 지나간 허물을 덮을 수 있습니다. 어찌해 이를 무심히 보고만 있는 것입니까?"

소백이 이를 옳게 여겨 곧 이복형인 제양공을 찾아가 간했다.

"노나라 군주가 죽은 것에 대해 여러 가지 말이 나돌고 있습니다. 모두 남녀 관계에서 일어난 일이라고 합니다. 그러니 삼가는 게 좋을 듯합니다."

제양공이 대로하자 소백이 도망치듯 물러나왔다. 혼군에게 이런 식의 충고를 하는 게 '덜 떨어진' 모습이 아니고 무엇인가? 목숨을 잃지 않은 게 다행이다. 당시 소백이 이를 포숙아에게 말하자 포숙아가 한탄했다.

"군주가 백성들을 방종하게 만들고 있으니 장차 변란이 일어나고야 말 것입니다. 저와 함께 타국으로 가 훗날을 도모하는 게 좋을 듯합니다."

"어느 나라로 가는 게 좋겠소?"

"대국은 항시 변덕이 많습니다. 공자의 외가인 거나라로 가는 것이 좋을 듯합니다. 거나라는 나라도 작거니와 우리 제나라와 가까운 거리에 있습니다. 나라가 작으니 감히 우리를 업신여기지 못할 것이고, 거리도 가까우니 언제라도 즉시 돌아올 수 있습니다."

포숙아가 곧 공자 소백과 함께 거나라로 달아났다. 제양공은 이 사실을 알았으나 그들의 뒤를 쫓지 않았다. 당시 특별한 경우가 아니고는 다른 나라로 망명한 사람을 끝까지 추격한 경우는 거의 없다. 그러나 국경을 넘기 전에 자객 등을 보내 제거하는 일은 제법 많았다.

포숙아가 소백과 함께 망명한 지 얼마 안 돼 공손 무지가 연칭 및 관지보 등과 손을 잡고 제양공을 죽이는 일이 빚어졌다. 당시 관지보가 공손 무지에게 이같이 권했다.

"널리 방을 내걸고 어진 사람을 모으십시오. 그래야만 백성들의 신망을 얻을 수 있습니다."

그러고는 자기 친척의 아들인 관중을 천거했다. 이에 공손 무지가 사람을 보내 관중을 초청하자 관중이 혼잣말로 중얼거렸다.

"공손 무지의 목도 튼튼하지 못한 데 이들이 다른 사람 신세까지 망치려 드는구나!"

그러고는 곧바로 소홀과 이를 상의한 뒤 함께 공자 규를 모시고 노나라로 달아났다는 것이다. 앞서 검토한 바와 같이 공자 규가 소백보다 뒤늦게 망명한 것은 역사적 사실에 가깝다. 이 일화는 관중이 마지막 순간까지 임치성에 남아 기회를 엿보고 있었음을 시사한다. 내심 공손 무지에게 무슨 사단이 나기를 고대했을 공산이 크다. 그러나 상황은 정반대로 나타났다. 임치성에 남아 있다가는 목숨을 부지키 어려운 상황이 닥치자 이때 비로소 황급히 망명길에 오른 게 그렇다.

소백의 발 빠른 귀국

『춘추좌전』과 「제태공세가」 모두 공손 무지가 보위에 오른 지 얼마 안 된 이듬해인 기원전 685년 봄, 대부 옹름雍廩 등이 모의해 공손 무지를 죽인 것으로 기록해 놓았다. 그러나 그 배경과 관련해서는 매우 소략하게 기록해 놓았다. 『춘추좌전』은 '공손 무지가 대부 옹름을 학대했다.'는 게 전부다. 이에 대해 「제태공세가」는 약간 길게 써 놓았다.

"소백의 모친은 평소 제희공의 총애를 받았다. 소백은 어렸을 때부터 정경正卿인 고혜高傒를 좋아했다. 옹름이 공손 무지를 죽인 후 제나라 대부들이 후사 문제를 논의했다."

'정경'은 주 왕실의 승인을 받은 대신을 말한다. 비록 형식적이기는 했으나 각 제후국에서 신하들 중에서는 서열상 가장 높은 위치에 있었다. 『춘추좌전』과 「제태공세가」의 기록을 종합하면 공손 무지는 대부 옹름을 핍박해 원한을 산 데다 소백을 좋아하는 정경 고혜의 미움을 받아 이내 비명횡사한 것으로 보는 게 옳다.

「제태공세가」는 '옹름'을 옹림雍林으로 기록해 놓았다. 제나라 도성인 임치성의 서쪽 문인 옹문雍門 근교에 있는 옹림의 대부라는 것이다. 삼국시대 위나라의 가규賈逵는 『춘추좌전』을 주석하면서 「노소공 11년」조에 나오는 '제나라의 규구渠丘 대부가 공손 무지를 죽였다.'는 구절을 근거로 '거구대부 옹름'으로 규정했다. '규구'는 지금의 산동성 치박시 일대를 말한다. 전후 문맥으로 보아 가규의 주석이 옳을 듯싶다. 가규는 사마씨를 도와 서진제국을 세운 건국공신 가충賈充의 부친이다.

『춘추좌전』에 따르면 당시 옹름을 추종하는 대부들은 노나라에 가 있는 공자 규를 부르고자 했다. 객관적으로 볼 때 당시 상황에서 이게 순리에 부합했다. 그런데 어떤 이유로 소백이 보위에 오르게 된 것일까?

바로 고혜 때문이다. 당시 옹름을 추종하는 대부들은 공손 무지를 제거한 직후 노장공과 지금의 산동성 조장시인 기蕲 땅에서 만났다. 이 자리에서 노장공은 곧 공자 규를 제나라로 호송하겠다는 뜻을 전했다. 이런 상황에서 고혜가 드러내고 소백을 지지할 경우 소백의 목숨이 위태로워질 공산이 컸다. 고혜를 지지하는 세력도 만만치 않은 게 확실하나 노장공까지 적극 나선 마당에 드러내놓고 소백의 조속한 귀환을 촉구할 경우 노나라가 군사를 동원해 적극 저지할 가능성이 높았다. 그 경우 고혜를 비롯해 소백을 지지한 세력 모두 목숨을 보장키가 어렵다고 봐야 한다. 고혜가 은밀히 사람을 소백에게 보내 급히 돌아올 것을 재촉한 이유다. 결과적으로 이때에 이르러 공자 규와 소백의 운명은 누가 빨리 돌아오느냐에 따라 판가름 나게 되어 있었다.

객관적으로 볼 때 모든 면에서 공자 규가 유리했다. 단 하나 불리한 점은 임치성을 기준으로 할 때 거나라가 노나라보다 가까웠던 점이다. 잠입潛入을 무사히 할 수만 있다면 소백이 역전승을 거둘 소지가 컸다. 그러나 사태가 그리 쉽게 풀리지 않았다. 「제태공세가」에 따르면 노나라가 이내 이 사실을 알아챘다. 사실 이처럼 중차대한 상황에서 이런 사실이 끝내 비밀로 지켜질 것이라고 상상키는 어렵다.

그나마 소백 입장에서 다행이었던 것은 노나라가 이 사실을 뒤늦게 알아챈 점이다. 꾸물댈 여유가 없었다. 사서의 기록에 비춰 당시 거나라는 비록 노나라보다 약소국이기는 했으나 이 문제에 사활을 걸다시피 한 게 확실하다. 무사히 호송키 위해 군사를 동원했다는 '발병發兵' 기록이 그 증거다. 이 소식을 전해들은 노장공이 급히 관중에게 명해 별도로 경병輕兵을 이끌고 가 거나라에서 제나라로 통하는 길목을 차단케 했다.

당시 양측은 얼마나 많은 군사를 동원한 것일까? 기록이 없어 알 길이 없다. 풍몽룡은 이 대목에서 나름대로 상상력을 동원해 박진감 있게 묘사해 놓았다. 이에 따르면 거나라는 병거 1백 승乘을 내주었고, 노장공의 명을 받은 관중은 우선 급한 대로 병거 30승만 요구한 것으로 되어 있다. '1승'은 말 4필이 이끄는 수레를 기준으로 한 부대 단위를 말한다. 통상 '1승'에 정예병인 갑사甲士 3인과 보졸 72명을 배치한다. 당시의 기준에서 볼 때 병거 1백승이면 7천여 명이 넘는 대규모 군사다. 소백과 거나라, 공자 규와 노나라 모두 제나라 보위를 놓고 총력을 기울인 만큼 그럴 가능성이 충분했다.

양측의 속도 경쟁은 이해 여름에 판가름 났다. 소백이 한 발 빨랐던 것이다. 그러나 이 과정에서 매우 아슬아슬한 장면이 연출됐다. 「제태공세가」에 따르면 당시 관중이 이끄는 별동대가 급히 달려가 소백이 오는 길목을 지키고 있다가 화살을 날렸다. 소백이 풀썩 쓰러지자 관중은 소백이 죽은 것으로 알고 급히 첩보捷報를 띄웠다. 그러나 소백은 죽지 않았다. 「제태공세가」의 기록이다.

"화살이 소백의 혁대 갈고리에 맞았다. 소백이 거짓으로 죽은 척했다. 관중이 급히 노나라로 사람을 보내 이를 보고토록 했다. 공자 규의 행렬이 더욱 늦어져 6일 만에 제나라 경계에 이르렀다. 이때는 이미 소백이 고혜의 도움으로 보위에 오른 뒤였다. 그가 바로 제환공이다. 당시 제환공은 혁대 갈고리에 화살을 맞자 곧바로 짐짓 죽은 체 하여 관중을 착각케 만든 뒤 침대용 수레인 온거溫車로 갈아타고 황급히 임치성을 향해 달렸다."

그러나 이 기록은 많은 의문을 낳고 있다. 당시 정확한 숫자는 알 수 없으나 적잖은 호위 군사를 이끌고 임치성을 향해 달려가는 소백 일행을 향해 별다른 접전도 없이 단 한 발의 화살로 소백을 맞힐 수 있었던 것일까? 그 정도 실력이면 신궁神弓이 아닌가? 「제태공세가」는 '신궁'의 당사자를 관중으로 묘사한 『열국지』와 달리 당사자가 누구인지 구체적으로 명시하지 않았다. 당사자가 누구든 화살이 공교롭게도 소백의 혁대에 맞은 것은 너무 공교롭지 않은가? 후대에 만들어진 허구일 공산이 크다. 『춘추좌전』의 다음 기록이 그 증거다.

"여름, 노장공이 군사를 보내 제나라 군사를 친 뒤 공자 규를 제나라로 들여보내려고 했다. 그러나 거나라가 가까웠기 때문에 제환공이 공자 규보다 한 발 앞서 먼저 제나라로 들어갔다."

이는 소백이 고혜의 도움으로 아무런 방해도 받지 않고 급속히 귀국했고, 이어 보위에 오른 후 곧바로 군사를 보내 공자 규를 호위하는 노나라 군사의 입경을 저지했음을 시사한다. 관중이 별동대를 이끌고 가 길목을 지키고 있다가 화살을 날렸을 가능성이 거의 없는 것이다.

만일 관중이 별동대를 이끌고 길목을 지키고 있다가 화살을 날렸다는 「제태공세가」의 기록이 사실이라면 소규모 접전이 있었다고 보아야 한다. 이 와중에 유시流矢가 소백에게 날라 왔을 수 있다. 「제태공세가」의 기록처럼 소백을 겨냥한 화살이 공교롭게 혁대 갈고리에 맞은 것은 아닐 것이다. 소백은 양측이 교전하는 틈을 이용해 급히 오솔길 등을 통해 임치성을 향해 질주했을 공산이 크다. 당시의 정황에 비춰 이런 추론이 사리에 부합한다.

물론 『춘추좌전』에도 관중이 길목을 지키고 있다가 소백을 향해 화살을 날렸을 가능성을 시사하는 대목이 전혀 없는 것은 아니다. 제환공이 죽은 지 7년 뒤인 기원전 636년 봄, 진문공이 보위에 오른 직후 군주 곁에서 수발하는 시인寺人 발제勃鞮가 진문공을 만나 이같이 말했다.

"과거 제환공은 사구射鉤의 원한이 있음에도 불구하고 관중을 재상으로 앉혔습니다. 군주가 만일 사람 쓰는 방법을 제환공과 달리 참거斬袪의 원한을 품고 있었다면 저는 벌써 떠났을 것입니다."

사구射鉤는 활로 혁대 갈고리를 맞힌 사건, 참거斬袪는 발제가 진문공의 소매를 자른 사건을 뜻한다. 발제는 진문공이 공자로 있을 때 진헌공의 명을 받아 죽이려고 갔다가 간발의 차이로 진문공이 달아나는 바람에 소매만 벤 바 있다. 당시 발제는 진문공을 만나 자신의 '참거'를 변명하기 위해 '사구' 운운한 것이다. 이는 당시에 이미 관중이 제환공에게 화살을 날려 혁대 갈고리를 맞혔다는 얘기가 널리 유포되었음을 암시한다. 그러나 이를 근거로 관중의 '사구'를 역사적 사실로 간주하는 것은 지나치다. 7백 년 뒤에 나온 『사기』「제태공세가」조차 관중이 '사구'의 주인공이라고 단정하지 않았다는 사실이 이를 뒷받침한다. 『춘추좌전』의 기록과 여러 정황을 감안할 때 당시 제환공은 혼전의 와중에 급히 오솔길 등을 통해 임치성을 향해 질주했을 공산이 크다고 보는 게 합리적이다.

소백이 제환공으로 즉위할 당시 노나라의 상황은 매우 급박하게 돌아갔다. 대군을 동원한 노장공이 소백의 즉위를 묵과하지 않았기 때문이다. 사실 간발의 차이로 자신이 미는 공자 규가 '속도경쟁'에서 패한 사실을 놓고 노장공은 통탄했을 것이다. 당사자인 공자 규와 그를 모시던 관중과 소홀의 경우는 더 말할 것도 없다. 「제태공세가」는 이같이 기록해 놓았다.

"소백이 한 발 앞서 제나라로 들어오자마자 곧바로 군사를 동원해 노나라를 막았다."

이는 소백이 보위에 오를 즈음 제나라와 노나라 사이에 본격적인 접전이 일어났음을 시사한다. 싸움이 일어난 장소는 지금의 산동성 박흥현인 제나라의 간시乾時였다. 노나라 군사가 내친 김에 제나라 영내로 밀고 들어온 것이다. 『춘추좌전』의 기록이다.

"가을, 노나라 군사가 간시에서 제나라 군사와 접전했다가 패했다. 노장공이 패해 전차를 잃고 다른 전차를 타고 돌아왔다."

「제태공세가」는 '제나라 병사가 노나라로 돌아가는 길을 차단했다.'고 덧붙여 놓았다. 노나라 군사가 참패한 것이다. 이는 제나라가 이미 노나라 군사가 밀고 들어올 것을 예상해 철저히 준비했음을 시사한다. 실제로 『춘추좌전』에는 노장공이 허둥지둥 달아나던 상황을 그대로 기록해 놓았다.

"이때 노장공의 수레를 모는 어자御者와 호위병인 융우戎右가 노장공을 엄호하기 위해 노장공의 깃발을 들고 다른 길로 도망가면서 제나라 군사를 유인했다. 이로 인해 이들은 모두 제나라 군사에게 포로로 잡혔다."

노장공의 수레를 몰던 '어자'와 '융우'가 거짓으로 노장공으로 위장해 제나라 군사를 유인해야 했을 정도로 상황이 다급했음을 알 수 있다. 대략 병거에서 뛰어내려 옷을 갈아입고 군사들 사이에 끼어 달아났을 공산이 크다. 『동주열국지』는 상상력을 동원해 그같이 묘사해 놓았다. 제환공이 보위에 오른 직후 제양공의 장사를 치른 지 채 1달도 안 되는 기원전 685년 가을 8월의 일이었다.

『춘추좌전』에 따르면 당시 제나라 군사를 이끈 사람은 포숙아였다. 다음 기록이 그 증거다.

"이때 포숙아가 승세를 몰아 군사를 이끌고 노나라로 들어간 뒤 노장공을 만나 얘기했다."

「제태공세가」는 당사자가 포숙아인지 여부를 밝히지 않았다. 전후 상황에 비춰 포숙아가 관중을 살리기 위해 직접 군사를 이끌고 노나라로 들어가 참패로 인해 경황이 없는 노장공을 압박했을 공산이 크다. 『춘추좌전』에 수록된 포숙아의 언급이 이를 뒷받침한다.

"공자 규는 우리 군주의 육친이니 청컨대 군주가 그를 죽이기 바랍니다. 그러나 관중과 소홀은 우리 군주의 원수이니 청컨대 그들을 산 채로 넘겨줌으로써 저희 군주가 친히 그들을 죽여 분을 풀 수 있도록 해 주십시오."

당사자가 포숙아였는지 여부에 침묵한 「제태공세가」는 제나라가 노나라에 국서를 보낸 것으로 기록해 놓았다. 골자는 포숙아의 언급과 비슷하나 그 내용은 훨씬 심각하다.

"공자 규는 우리 군주의 형제입니다. 죽이지 않을 수 없으니 청컨대 노나라 스스로 그를 죽여주기 바랍니다. 소홀과 관중은 우리 군주의 원수입니다. 청컨대 우리 군주가 그들을 죽여 젓을 담금으로써 마음을 통쾌하게 만들 수 있도록 넘겨주기 바랍니다. 그렇지 않으면 장차 노나라 도성을 포위할 것입니다."

포숙아의 언급은 은근한 으름장에 가까웠으나 「제태공세가」에 나온 국서의 내용은 노골적인 협박이나 다름없다. 당시의 정황을 종합해 볼 때 포숙아가 노장공의 면전에서 노골적인 협박을 가했을 공산이 크다. 노장공이 곧바로 사람을 보내 공자 규를 죽인 사실이 이를 뒷받침한다. 노장공이 문득 돌변한 것은 그만큼 제나라의 압력이 컸음을 시사한다. 공자 규를 죽이도록 강압한 것은 제환공의 의중이 반영된 것으로 봐야 하나, 관중을 제나라로 보내달라고 압박한 것은 전적으로 포숙아의 의중이 반영된 결과다.

당시 소홀은 공자 규가 죽자 곧바로 그의 뒤를 따라 스스로 목숨을 끊었다. 그러나 관중은 포숙아에게 자신을 묶어갈 것을 청했다. 이는 포숙아와 관중이 서로 교신하고 있었음을 암시한다. 포숙아가 임치성으로 돌아와 제환공에게 고한 내용이 이를 뒷받침한다.

"관이오의 정치적 재능이 상경인 고혜보다 뛰어나니 그를 재상으로 발탁해 쓰는 것이 가할 것입니다."

『춘추좌전』은 당시 제환공이 자신을 옹립하는 데 최고의 공을 세운 포숙아의 건의를 좇아 곧바로 관중을 재상으로 발탁했다고 짤막하게 기록해 놓았다. 그러나 과연 가까스로 보위에 오른 제환공이 아무리 포숙아의 건의가 있다고 할지라도 아무 이론도 없이 곧바로 관중을 재상으로 기용하는 일이 가능한 것일까? 「제태공세가」는 그 배경을 이같이 설명해 놓았다.

"제환공은 보위에 오른 즉시 군사를 동원해 노나라를 치고, 내심 관중을 죽이고자 했다."

이게 사실에 가까웠을 것이다. 지략이 뛰어난 관중을 그대로 놓아둘 경우 무슨 일이 빚어질 지 예측키가 어려웠다. 이를 제지한 장본인이 바로 포숙아다. 「제태공세가」에 따르면 포숙아가 관중을 천거한 이유가 보다 명쾌하게 드러나 있다.

"신은 단지 운이 좋아 군주를 좇아 군주의 옹립에 참여했을 뿐입니다. 군주가 보위에 오르는 과정에서 신이 도움을 준 것이라고는 아무 것도 없습니다. 군주가 장차 제나라를 다스리는 것으로 만족한다면 고혜와 저로도 족할 것입니다. 그러나 장차 패왕霸王이 되고자 한다면 관중이 없으면 안 됩니다. 그가 보필하는 나라는 반드시 패권을 차지할 것이니 그를 놓쳐서는 안 됩니다."

그 내용이 『춘추좌전』에 비해 훨씬 구체적이다. 그러나 『국어』「제어」는 당시 상황을 이보다 더 구체적으로 묘사해 놓았다. 이에 따르면 제환공이 보위에 오른 후 포숙아를 재상으로 삼고자 했다. 포숙아가 이같이 사양했다.

"신은 단지 군주의 평범한 일개 신하에 불과할 뿐입니다. 군주가 신에게 은혜를 베풀려 한다면 제가 헐벗고 굶주리지 않게만 해주십시오. 이는 군주의 막대한 은혜입니다. 만일 나라를 잘 다스리고자 하면 이는 제가 능히 할 수 있는 일이 아닙니다. 만일 그리 하려면 오직 관중이 있을 뿐입니다. 신은 5가지 점에서 관중을 따라갈 수 없습니다. 백성이 편히 살며 즐거이 생업에 종사케 할 수 있는 점에서 신은 그만 못합니다. 나라를 다스리면서 근본을 잃지 않는 점에서 그만 못합니다. 충성과 신의로써 백성의 신임을 얻는 점에서 그만 못합니다. 예의규범을 제정해 천하 인민의 행동법칙으로 삼는 점에서 그만 못합니다. 영문轅門 앞에서 북을 치며 전쟁을 지휘하여 백성들을 용기백배토록 만드는 점에서 그만 못합니다."

"그러나 관중은 전에 나의 혁대를 쏘아 맞춘 자요. 당시 나는 거의 죽을 뻔했소."

"그것은 당시 그가 자신의 주군을 위해 온 힘을 기울였기 때문입니다. 만일 군주가 그를 능히 사면하여 제나라로 돌아오게 하면 그는 똑같은 충성심으로 군주에게 보답할 것입니다."

「제어」에 나오는 이 일화 역시 『관자』「대광」의 기록보다는 소략하다. 「대광」에 따르면 하루는 제환공이 포숙아에게 물었다.

"장차 어찌해야 사직을 안정시킬 수 있겠소."

"관중과 소홀을 얻으면 사직이 안정될 것입니다."

제환공이 반문했다.

"관중과 소홀은 내 적이 아니오?"

포숙이 제환공에게 자신의 계책을 일러주자 제환공이 이내 수긍하며 물었다.

"어찌해야 그들을 얻을 수 있소?"

"빨리 서두르면 가능하나 서두르지 않으면 불가능합니다. 노나라 대부 시백施伯은 관중의 지혜를 알고 있습니다. 그래서 노나라 군주는 관중에게 노나라의 정무를 맡기려고 할 것입니다. 이 계획을 관중이 받아들이면 그는 제나라를 약하게 만들 수 있습니다. 그가 만일 받아들이지 않으면 노나라는 반드시 그를 죽일 것입니다."

"관중이 노나라의 제의를 받아들일 것 같소?"

"그렇지 않을 것입니다. 관중이 공자 규의 죽음을 원치 않았던 것은 제나라 사직의 안정을 위한 것이었습니다. 이제 노나라의 정치를 맡으면 이는 제나라를 약화시키는 것입니다. 관중은 죽임을 당할지라도 결코 노나라의 정치를 맡지 않을 것입니다."

"관중은 전에 왜 나를 그리 대한 것이오?"

"모시는 주군이 있었기 때문입니다. 공자 규가 죽지 않았다면 어찌 군주를 섬기겠습니까? 제나라 사직을 안정시키고자 하면 서둘러 그를 맞이하십시오."

제환공이 결단을 못 내리자 포숙아가 말했다.

"노나라 대부 시백은 민첩하게 일을 처리하면서도 두려움이 많은 자입니다. 군주가 먼저 관중을 돌려받고자 하면 그는 제나라와 원수가 되는 것을 꺼려해 반드시 관중을 죽이지 않을 것입니다."

제환공이 이를 좇았다. 이때 시백이 노장공에게 말했다.

"관중이 급하게 되었습니다. 그가 섬기던 공자 규가 권력을 다투다 실패했습니다. 이제 노나라에서는 마땅히 그에게 정무를 맡겨야만 합니다. 만일 관중이 이를 받아들이면 제나라를 약화시킬 수 있습니다. 그가 받아들이지 않으면 죽이십시오. 그를 죽이면 제나라에서 좋아할 것입니다. 관중을 죽여 제나라 군주의 노여움을 풀어 주고, 제나라와 노여움을 같이 하는 것이 그를 죽이지 않는 것보다 현명한 처사입니다."

노장공이 이를 좇고자 했다. 이때 마침 제나라 사자가 도착해 제환공의 말을 전했다.

"관중과 소홀은 과인의 적이다. 이제 노나라에 있는 그들을 데려가고자 한다. 만일 그렇지 못하면 노나라 군사는 과인이 적이 되는 것이다."

노장공이 시백에게 묻자 시백이 말했다.

"그들을 돌려보내십시오. 제나라 군주는 성질이 급하고 아주 교만하다고 하니 비록 현인을 얻은들 어찌 반드시 쓸 리가 있겠습니까? 만일 제나라 군주가 그를 등용하면 관중은 제나라를 섬길 것입니다. 관중이야말로 천하의 큰 성인입니다. 이제 그가 제나라로 돌아가면 천하가 모두 그에게 향하게 될 터인데 그 일이 어찌 노나라뿐이겠습니까? 지금 만일 그를 죽이

면 그는 포숙아의 친한 벗이기 때문에 포숙아는 이를 빙자하여 군사를 일
으킬 터인데 군주는 이를 감당키가 어려울 것입니다. 허락하느니만 못합니
다.”

이 내용은 오직 『관자』에만 나오고 있다. 후대인의 가필이 거의 확실
하나 나름 역사적 사실을 담고 있다. 「제태공세가」의 다음 대목이 뒷받침
한다.

“제환공이 짐짓 사자를 노나라로 보내 장차 관중을 잡아 죽여 마음을
통쾌히 하고자 하는 뜻을 전했다. 그러나 사실은 그를 등용하고자 한 것이
다.”

당대의 명군 제환공과 현신 관중의 만남은 이런 우여곡절 끝에 이뤄
졌다.

포숙아의 관중 천거

관중과 포숙아가 각자 자신이 모시는 주군을 옹립키 위해 치열한 각축
을 벌이다가 제환공의 즉위로 사안이 매듭짓자 이내 '관포지교'의 우의를
발휘한 대목은 감동적이다. 『국어』 「제어」에 그 일화가 소개돼 있다.

이에 따르면 공자 규가 생두에서 죽임을 당한 직후인 기원전 685년 가
을 10월, 포숙아가 지금의 산동성 몽양현인 당부堂阜로 나아가 관중을 실
은 수레가 오기를 기다렸다. 마침내 수레가 오자마자 곧바로 관중의 족쇄
와 수갑을 풀어주고 목욕재계토록 했다. 관중이 말했다.

“나는 소홀과 함께 공자 규를 섬겼으나 능히 공자 규를 받들어 보위에
올려놓지도 못했고, 능히 절개를 지키지도 못했소.”

포숙아가 말했다.

“큰일을 하는 자는 작은 일에 신경 쓰지 않고, 큰 공을 세우는 자는 작

은 절개를 위해 목숨을 버리지 않는 법이오. 우리 군주는 뜻이 크고 식견이 높으니 만일 그대를 얻어 도움을 받는다면 능히 패업을 성취할 수 있을 것이오. 공을 천하에 높이고 이름을 제후들 사이에 드날리는 것이 어찌 필부의 절개를 지켜 무익한 죽음을 취하는 것과 같을 수 있겠소?"

그러고는 임치성으로 돌아와 제환공에게 이같이 건의했다.

"관중은 재주가 뛰어나니 속히 발탁해 쓰도록 하십시오."

"내가 그를 만나 본 뒤 결정토록 하겠소."

포숙아가 말했다.

"신이 듣건대 '천한 몸으로는 능히 귀한 곳에 나아갈 수 없고, 가난한 자는 부유한 자를 부릴 수 없고, 소원疏遠하면 능히 부모에게도 간할 수 없다.'고 했습니다. 관중을 등용하려면 상국의 지위를 내리고, 국록을 높이고, 부형에 대한 예로써 영접해야 합니다. 대저 상국이란 군주에 다음가는 자이니 이런 일을 가벼이 해 서로 가벼이 대하면 군주 또한 가벼워지는 법입니다. 비상한 사람에게는 비상한 예로써 대우해야만 합니다. 그러니 군주는 우선 택일부터 하고, 교외까지 나가 그를 영접토록 하십시오. 그래서 설령 원수일지라도 어진 사람이면 존경하고 예의로써 대한다는 소문이 사방으로 퍼져 나가도록 만들어야 합니다. 그래야만 천하의 뜻있는 사람들이 모두 제나라에 등용되기를 바랄 것입니다."

제환공이 이를 받아들였다. 택일한 날이 가까워오자 제환공이 관중을 영접하기 위해 몸에 훈향薰香을 여러 번 쐬었다. 『국어』「제어」의 해당 기록이다.

"관중이 제나라에 이를 즈음 제환공이 관중을 영접하기 위해 '3흔3욕三釁三浴'을 행했다."

'3흔3욕'은 여러 번 훈향薰香으로 몸을 쐬고 씻었다는 뜻이다. '삼三'은 '다多'를 대용해 쓰이는 만큼 3번만 행했다는 의미로 새길 게 아니다. 「제어」는 제환공이 교외까지 나가 관중을 영접한 뒤 나란히 수레를 타고 궁으로 향하자 백성들이 크게 놀랐다고 기록해 놓았다. '3흔3욕'은 취지 면에서 볼 때 훗날 삼국시대 당시 유비가 제갈량을 찾아간 삼고초려三顧草廬와 맥을 같이 하는 것이다.

유비는 제갈량과의 만남을 수어지교水魚之交에 비유했다. 물고기가 물을 만난 것과 같다는 뜻이다. 이후 명군과 현신의 만남을 '수어지교'로 표현했다. 그 효시가 바로 제환공과 관중의 만남이다. 춘추시대에 새로운 패자가 등장할 때마다 이런 만남이 계속 이어졌다. 진문공과 조최趙衰, 초장왕과 손숙오孫叔敖, 오왕 합려와 오자서伍子胥, 월왕 구천과 범리范蠡의 만남이 그렇다. 일각에서 '춘추5패'의 일원으로 꼽는 진목공이 백리해百里奚를 만난 것도 같은 경우로 볼 수 있다.

새로운 패자가 나타날 때마다 '수어지교'의 만남이 이뤄진 것을 결코 우연으로 볼 수 없다. 천하는 넓다. 군주가 아무리 뛰어난 재주를 지니고 있을지라도 현명한 신하의 보필이 없으면 안 되는 이유다. 당시 제환공은 '수어지교'의 상대인 관중과 함께 궁으로 들어와 자리에 앉은 뒤 곧바로 가르침을 청했다.

"전에 선군 제양공은 높은 대를 쌓고 자신의 존영尊榮을 과시코자 했소. 이에 사냥놀이를 하면서 나라의 정사를 돌보지 않고, 성인을 얕보고 선비들을 모욕하면서 오로지 여색만 밝혔소. 수백 명의 희첩姬妾이 그의 주위에 있었소. 이들이 먹는 것은 반드시 기름지며 맛있는 것이었고, 입는 것은 반드시 정교하게 수놓은 능라비단이었소. 이로 인해 장병들은 얼어 굶어 죽고, 전차는 낡은 오락용 수레인 유거游車를 대용으로 쓰고, 먹고 입는 것은 모두 궁중의 희첩들이 사용하다 남은 것뿐이었소. 소인배는 군신들을 면전에서 농락하고, 뛰어난 인재들을 뒷전으로 밀어냈소. 이에 나라가 앞으로 나아갈 수 없었던 것이오. 나는 종묘조차 쓸고 닦을 사람이 없고, 사직 또한 제사를 받지 못하는 상황이 닥칠까 걱정하지 않을 수 없소. 청컨대 과연 이를 어찌해야 좋을지 가르침을 주시오."

관중이 대답했다.

"전에 우리의 선왕 주소왕周昭王과 주목왕周穆王은 세대에 걸쳐 모두 주문왕과 주무왕 당시의 업적을 본받아 공업을 세웠습니다. 그러니 응당 연륜 있고 덕이 높은 분을 부르고, 백성 가운데 덕이 높은 사람을 선별해내야 할 것입니다. 또한 법률을 제정해 사람들의 행위가 준칙을 따르게 하고, 민력을 이용해 반드시 고르면서도 적의한 것을 만들어야 할 것입니다. 법도를 이용해 백성을 조직한 뒤 우선 근본을 정해 다시 세부 사항을 바르게 하고, 상사賞賜를 이용해 선행을 장려하고, 형벌을 이용해 악행을 다스리고, 노소에 따라 윤리강상의 차서를 정해야 합니다. 이로써 백성을 다스리는 기강을 세울 수 있습니다. 예禮, 의義, 염廉, 치恥는 나라의 4가지 근본입니다. 나라의 기강을 세우고자 하면 반드시 이 4가지 근본부터 바로 펴야 합니다."

'예의염치'는 관중사상의 핵심에 해당한다. 이를 이른바 '4유四維'라고 한다. 이는 『관자』의 첫 편인 「목민」에 나오는 내용이기도 하다. '예의염치'는 관중사상의 핵심을 이룬다. 「목민」의 해당 대목이다.

"예의염치의 4유四維를 널리 베풀면 영이 잘 시행된다. 나라를 보존하는 법도는 바로 4유를 밝히는 데 있다. 천시天時를 좇아 농경에 임함에 힘쓰지 않으면 나라의 재물이 늘지 않고, 지리地利를 개발하는데 힘쓰지 않으면 창고가 차지 않는다. 4유가 베풀어지지 않으면 나라는 이내 멸망하고 만다."

국가존망의 근거를 '4유'에서 찾고 있음을 알 수 있다. 관중사상 가운데 유가사상과 맥을 같이 하는 게 바로 '4유'이다. 당시 제환공은 관중으로부터 '4유'에 관한 얘기를 듣고는 곧바로 부국강병의 방략을 물었다.

"어떻게 해야 능히 백성을 동원할 수 있소?"

"먼저 백성을 사랑해야 합니다. 연후에 백성이 처할 길을 열어주어야 합니다."

"백성을 사랑하려면 어찌해야 하오?"

"항상 백성과 함께 서로 손을 잡고 일하며 그 이익을 나눠주면 백성과 서로 친할 수 있습니다. 일단 선포한 법령은 경솔히 고치지 않고 공평히 집행해야 합니다. 그러면 백성들은 절로 정직해집니다."

이는 관중사상 중 법가사상과 맥을 같이 하는 대목이다. 부국강병은 법가사상의 요체에 해당한다. 제환공이 이어 재정에 관해 물었다.

"재정은 어찌해야 효과적으로 조달할 수 있겠소?"

"산에 있는 광물을 녹여 돈을 만들고, 바다를 이용해 소금을 구우면 그 이익이 천하에 유통됩니다. 천하의 모든 물품을 거두어 두고, 때 맞춰 무역하게 하면 장사하는 사람들이 모여들고 자연히 재화도 모일 것입니다. 그들로부터 적당한 세금을 징수해 군용을 돕는다면 어찌 재용을 걱정할 것이 있겠습니까?"

이는 관중사상의 재정경제사상을 요약한 것이다. 제환공이 군사에 관해 물었다.

"군사는 어찌 조직하는 것이 좋겠소?"

"원래 군사란 정예한 것을 중시할 뿐 숫자가 많은 것을 중시하지 않습니다. 군사는 힘보다 마음이 강해야 합니다. 만일 군사를 기르고 무기를 준비하면 천하의 모든 제후들도 군사를 기르고 무기를 준비할 것입니다. 그같이 해서는 승리를 거둘 수 없습니다. 군사를 강하게 하려면 먼저 실속을 튼튼히 해야 합니다."

부국이 이뤄져야 강병이 가능하다는 논리를 전개한 것이다. 당시 제환공과 관중은 3일 밤낮을 논의했다. 크게 탄복한 제환공이 관중을 곧바로 상국으로 삼으려 하자 관중이 사양했다.

"신이 듣건대 '큰 집을 지으려면 한 나무의 재목만으로 안 된다.'고 했습니다. 이는 마치 큰 바다도 한 줄기의 흐름만으로 이뤄지지 않는 것과 같습니다. 군주가 꼭 그 큰 뜻을 성취코자 하면 동시에 많은 인재를 등용해야 합니다."

이에 습붕과 영월, 성보, 동곽아, 빈수무 등이 중용됐다. 제환공은 관중을 상국으로 삼고 조세 1년분을 녹봉으로 주었다. 관중이 포숙아와 습붕 등과 함께 제나라의 정치를 가다듬었다. 군사를 체계적으로 조직하고, 화폐를 만들고, 제염과 광물제련 등의 이용후생利用厚生의 조치를 하고, 빈궁한 자들을 구제하고, 능력 있는 현사를 등용했다. 제나라 사람들이 모두 크게 기뻐했다.

당시 제환공은 관중을 존중하는 의미에서 이름을 부르지 않고 '중보仲父'로 칭했다. '중보'는 관중의 자가 중仲인 데서 나온 것이다. 보父는 사람을 존중하는 뜻에서 이름이나 자 뒤에 붙이는 미칭美稱이다. 훗날 진시황도 여불위를 '중부仲父'로 불렀다. 이는 말 그대로 집안의 '작은 아버지'와 같다는 뜻에서 붙인 것이다. 똑같은 글자일지라도 뜻이 전혀 다르다.

하루는 제환공이 관중을 찾아와 물었다.

"과인은 불행하게도 사냥과 여자를 좋아하오. 장차 패업을 이루는데 해롭지 않겠소?"

"그렇지 않습니다."

"그렇다면 어떤 것이 해로운 것이오?"

관중이 대답했다.

"현명하고 유능한 사람이 있는 것을 모르면 패업에 해롭고, 이를 알고도 쓰지 않으면 패업에 해롭고, 쓰면서도 적소에 배치하지 못하면 패업에 해롭고, 적소에 배치하면서도 신임하지 않으면 패업에 해롭고, 신임하면서도 소인배들을 참여시키면 패업에 해롭습니다. 패업에 사냥과 여인은 가히 논할 바가 못 됩니다."

이는 패도의 요체를 언급한 것이었다. 그러나 사냥 등의 잡기와 주색이 패업에 하등 문제가 될 것이 없다는 그의 이런 주장은 유가의 가르침과 정면으로 배치되는 것이다. 이로 인해 훗날 적잖은 비판을 받게 되었다. 그러나 칼을 앞세우는 난세의 패업은 붓을 앞세우는 치세의 왕업王業과 같을 수 없다. 같은 잣대를 들이대면 역사적 인물 및 사건에 대해 엉뚱한 평가가 나올 수밖에 없다.

하루는 제환공이 관중을 불러 물었다.

"나는 불의한 제후국을 치려고 하는데 이것이 가능하겠소?"

"아직 안 됩니다. 나라가 아직 충분히 안정치 못했습니다."

제환공이 다시 물었다.

"어찌해야 나라를 능히 안정시킬 수 있겠소?"

"옛 법령을 정비해 그 중 좋은 것을 선택해 혁신을 계승하고, 인구를 증가시키고, 빈곤한 자를 구제하고, 백관으로 하여금 정숙히 관직을 수행케 하면 가히 나라를 안정시킬 수 있습니다."

제환공이 이를 좇자 제나라가 크게 안정되었다. 제환공이 다시 물었다.

"국가가 안정되었으니 대략 가히 제후들을 토벌해도 좋지 않겠소?"

"아직 안 됩니다. 만일 군주가 군사를 정비하면 다른 제후국도 좇아 할 것입니다. 군령을 안으로 감춰야 합니다."

"좋은 생각이오."

관중이 곧 다음과 같은 영을 반포했다.

"5가家를 1 궤軌, 10궤를 1 리里, 4리를 1 연連, 10연을 1 향鄕이라 한다. 매 단위마다 장을 둔다. 1궤에서 5명의 오伍를 편성하고, 궤장軌長이 이를 통솔한다. 1리에서 50의 소융小戎을 편성하고, 유사有司가 이를 통솔한다. 1연에서 2백 명의 졸卒을 편성하고, 연장連長이 이를 통솔한다. 1향에서 2천 명의 여旅를 만들고, 향대부鄕大夫가 이를 통솔한다. 5향이 1수帥가 되니 1만 명의 군軍을 편성하고, 경卿이 이를 통수한다."

이로써 패업을 위한 기본 틀을 완벽하게 갖췄다. 제환공은 천거 받은 인재를 직접 소견끔見한 뒤 과감히 발탁해 정사를 돌보게 했다. 수시로 나라에 큰 화란이 있을 경우를 가상해 그 대책을 물었다. 이로써 그 인재가 어느 방면에 뛰어난지를 살펴 큰 대과가 없으면 곧바로 승진시켰다. 덕분에 제나라는 이내 부국강병의 길로 들어설 수 있었다.

제환공의 독자행보와 좌절

제환공은 관중을 재상으로 임명한 뒤 그의 보필을 받아 마침내 부국강병을 이룰 수 있었다. 부국강병을 위해서는 먼저 백성에게 이익을 주어 부유하게 만들어야 한다는 관중의 계책을 받아들인 결과였다. 그러나 제환공이 처음부터 관중의 계책을 전폭 수용했던 것은 아니다. 노나라 협객 조귀 曹劌에게 혼이 난 일화가 이를 뒷받침한다.

당시 노장공은 제환공이 관중을 상국으로 삼아 나라를 크게 다스리고 있다는 소식을 접하고 크게 노했다. 이내 군사를 일으켜 지난날 간시 땅에서의 패배를 설욕코자 했다. 이 소식을 전해들은 제환공은 아직 준비가 끝나지 않았다는 관중의 말을 무시한 채 포숙아에게 명해 군사를 이끌고 가 노나라 국경 지역인 장작長勺을 치게 했다. 기선을 제압키 위해 선공을 취한 것이다.

노장공이 시백을 불러 상의했다.

"제나라가 먼저 쳐들어왔으니 이를 어찌 막아야 하오?"

"신이 한 사람을 천거하겠습니다. 그 사람이면 가히 제나라 군사를 대적할 수 있을 것입니다."

"그가 누구요?"

"그는 조귀라고 합니다. 지금 동평東平에 살고 있습니다. 속히 사람을 보내 부르십시오."

조귀는 알현 자리에서 대뜸 이같이 물었다.

"장차 무엇을 믿고 제나라와 싸우려 하는 것입니까?"

"나는 백성에게 은혜를 베풀면서 의식에 인색치 않았고, 신령에게 제사를 지내면서 희생과 옥백을 아끼지 않았소."

조귀가 말했다.

"그것은 작은 은혜에 불과합니다. 은혜가 백성에게 두루 미칠 수 없으니 백성들이 군왕을 좇아 죽기로 싸우려 하지 않을 것입니다. 널리 은덕을 베풀고 일을 공평히 처리해야 명령을 따르지 않는 자가 없게 됩니다. 무엇을 믿고 이번 싸움을 하려는 것입니까? 백성들이 추구하는 것은 재물이 모자라지 않는 것이고, 귀신이 제사에서 바라는 것은 백성들이 해마다 풍년을 맞는 것입니다."

"나는 옥사를 비록 다 밝게 살피지는 못했으나 반드시 정리情理에 맞게 처리했소."

조귀가 말했다.

"그것은 백성들을 위해 헌신하는 것이니 이번 싸움에서 승리할 수 있는 조건이 될 만합니다. 늘 마음속으로 백성의 일을 생각할 줄 알면 비록 재주와 지혜가 아직 미치지 못할지라도 조만간 경지에 이르게 될 것입니다. 출병할 때 군주와 함께 종군할 수 있도록 허락해 주십시오."

기원전 684년 봄, 노장공이 조귀와 함께 같은 병거를 타고 장작으로 나아갔다. 『동주열국지』는 포숙아가 제나라 군사를 지휘한 것으로 묘사해 놓았다. 정황상 그랬을 가능성이 높다. 이에 따르면 당시 간시 싸움의 승리를 지나치게 의식한 포숙아가 서둘렀다.

"북을 울리고 즉시 진격하라!"

노장공이 곧바로 영격迎擊에 나서려고 하자 조귀가 만류했다.

"제나라 군사의 예기가 날카롭습니다. 조용히 때를 기다려야 합니다."

노나라 군사가 대응하지 않자 제나라 군사는 아무런 성과도 거두지 못하고 물러갔다. 포숙아가 다시 북을 울리게 했다. 조귀가 제나라 군사의 3번째 북소리를 듣고서야 이같이 건의했다.

"이제 북을 쳐도 좋을 것입니다."

성난 파도처럼 밀려오는 노나라 군사의 위세에 주눅이 든 제나라 군사들이 사방으로 흩어졌다. 조귀가 사용한 전술은 병법에서 말하는 '이일대로以逸待勞'의 계책이었다. 노장공이 승세를 몰아 추격에 나서려고 하자 조귀가 만류했다. 그는 제나라 군사의 수레바퀴 자국을 살펴보고 멀리 제나라 군사들이 움직이는 모습을 관찰한 뒤 비로소 추격을 명했다. 노획한 무기와 군량이 헤아릴 수 없을 정도로 많았다. 노장공이 대승을 거둔 뒤 조귀에게 물었다.

"경은 한 번 북을 울려 세 번이나 북을 울린 적을 단숨에 꺾었으니 이는 무슨 연고요?"

"무릇 용병이란 병사들의 전의戰意에 달려 있습니다. 한 번 북을 치면 병사들이 투지가 치솟습니다. 그러나 교전이 이뤄지지 않아 두 번째 북을 치게 되면 투지가 떨어지게 됩니다. 이 와중에 세 번째 북을 치면 투지가 완전히 소진됩니다. 적병의 전의가 바닥에 떨어졌을 때 우리가 북을 한 번 쳐서 병사들의 투지를 드높였기 때문에 적들을 이길 수 있었던 것입니다."

"제나라 군사가 패했을 때 어째서 즉시 추격하지 않았던 것이오?"

"제나라와 같은 대국의 전력과 용병술은 쉽게 헤아리기 어려운데다가 복병에게 기습을 당할 우려가 있었기 때문입니다. 그러나 저는 적들의 수레바퀴 자국이 어지러운 데다가 그들의 깃발이 어지럽게 흔들리는 것을 보고 추격 명령을 내리도록 청했던 것입니다."

당시 제환공은 노나라 군사에게 대패하자 크게 노했다.

"군사가 싸움에 나가 공도 세우지 못한 채 돌아왔으니 이러고서야 어찌 여러 나라 제후들을 제압할 수 있겠는가?"

포숙아가 사죄했다.

"제나라와 노나라는 전력이 서로 비슷해 상황에 따라 승패가 갈릴 수밖에 없습니다. 지난번 간시의 싸움에서는 우리가 주인 격이어서 이겼지만 이번 장작의 싸움에서는 노나라가 주인 격이어서 우리가 패한 것입니다. 송나라와 힘을 합쳐 노나라를 치면 이번 수치를 설욕할 수 있을 것입니다."

송나라로 사신을 보내 지원을 청했다. 송나라가 쾌히 응했다. 얼마 후 제나라 군사와 송나라 군사가 낭郎 땅에서 합류했다. 그러나 두 나라 연합군은 노나라의 기습공격에 대패하고 말았다. 관중이 재상으로 발탁됐는데도 제나라가 군사가 패했다는 것은 무엇을 말하는 것일까? 제환공이 이때만 해도 관중의 건의를 무시하고 성급히 서둘렀을 가능성을 시사한다.

『관자』「대광」에 이를 뒷받침하는 일화가 나온다. 이에 따르면 제환공은 관중을 발탁한 후에도 그의 말을 듣지 않고 군비 확장을 서둘렀다. 관문과 시장에서 받는 세금을 과도하게 바꾸고, 제환공은 오직 용맹을 기준으로 녹을 주었다. 포숙아가 관중에게 물었다.

"지금 나라가 더욱 어지러워졌소. 앞으로 어찌할 생각이오?"

"우리 군주는 성질이 급하므로 그 지혜를 더 많이 깨우쳐주어야 하오. 좀 더 시간을 두고 그가 깨우치도록 할 것이오."

"스스로 깨우칠 때까지 기다리면 나라가 망하지 않겠소?"

관중이 대답했다.

"아직 괜찮소. 국내정치는 내가 보이지 않게 손을 써 놓았으니 이제는 기대할 만하오. 밖에 있는 제후들도 우리 두 사람을 모두 없애기 전에는 거사하기 어려우니 누가 감히 우리를 침범하겠소?"

초기에 제환공이 관중의 말을 듣지 않고 안으로 군비를 증강해 나간 배경을 설명한 대목이다. 그 결과가 바로 노나라 군사에 대한 참패로 나타났다. 이런 식으로는 '패자'는커녕 이웃한 약소국 노나라에게마저 얕보일 소지가 컸다. 이 일화는 당시까지만 해도 제환공이 관중의 계책을 흔쾌히 받아들이지 않았음을 시사한다. 이때의 패배를 계기로 관중의 계책을 적극 수용한 것으로 짐작된다.

군신의 2인3각 행보

제환공이 천하의 패자가 되기 위해 반드시 제압해야 할 나라는 초나라였다. 제환공이 관중을 기용해 중원의 패권을 도모할 당시 남쪽 초나라 역시 국력이 튼튼해져 그 기세가 자못 성대했다. 제환공이 즉위할 당시 초나라를 다스린 군왕은 초문왕楚文王이었다. 제환공의 재위 도중 초문왕이 죽고 그의 아들이 초성왕楚成王으로 즉위했다. 그는 당대의 명군이었다. 제환공이 재위 기간 내내 중원의 패권을 유지하기 위해 초문왕 및 그의 아들 초성왕과 힘겨운 씨름을 해야만 했던 이유다.

당시 제환공과 초문왕 모두 일정한 명분을 내걸기는 했으나 힘으로 주변국을 병탄하는 등의 패권행보를 보인 점에서 하등 차이가 없다. 기원전 684년 가을 9월에 초나라 군사가 채애후蔡哀侯 헌무獻舞를 포로로 잡은 뒤 회군한 지 얼마 안 된 이해 겨울, 제환공은 아예 이웃한 담譚나라를 멸망시켰다. 담나라 군주는 거나라로 달아났다. 담나라 정벌 역시 초나라의 채나라 토벌과 마찬가지로 담나라가 중원의 패권국을 자처하는 제나라에 무례를 범했다는 게 구실이었다.

천자의 명도 없이 멋대로 제후의 나라를 멸망시킨 것은 월권이다. 그럼에도 후대 사가들은 이를 아예 외면하거나 무시해 버렸다. '춘추5패'에 대한 후대 사가들의 평이 자의적이었음을 반증하는 대목이다. 그럼에도 주 왕실이 이를 전혀 문제 삼지 않은 것은 물론 오히려 왕실의 여인을 제환공에게 시집보냈다.

기원전 683년 겨울, 제환공이 왕녀 공희共姬를 맞이했다. 막강한 무력을 보유한 제후를 왕실의 보호 세력으로 끌어들이기 위한 고단수의 책략이었다. 이듬해인 기원전 682년에 제환공이 과연 패자의 역할을 제대로 수행할 수 있을지 여부를 가늠하는 사건이 빚어졌다. 이해 가을, 송나라에 내분이 빚어졌다. 송나라 대부 남궁장만南宮長萬이 송민공을 시해하고 대부 구목仇牧과 태재 화독華督 등을 쳐 죽이는 사건이 빚어진 것이다. 남궁장만은 송나라 공실의 후손들이 이끄는 군사에게 쫓겨 진陳나라로 도주했다가 이내 죽임을 당하고 말았다. 패자가 되기 위해서는 반드시 이런 하극상의 혼란을 제압할 수 있어야 한다. 제환공이 과연 패자로서의 자질과 능력을 지니고 있는 인물인지 여부를 가리는 첫 번째 시험무대였다.

이듬해인 기원전 681년 3월 1일, 제환공이 주 왕실의 허락을 얻어 노, 송, 채, 진陳, 주邾 등의 군주와 지금의 산동성 동아현인 북행北杏에서 만났다. 제환공이 패자로서 첫 걸음을 내디딘 최초의 회맹이었다. 제환공이 먼저 입을 뗐다.

"천자의 명을 받들어 여러 제후들을 청한 것은 장차 왕실을 돕기 위한 것이오. 오늘 한 사람을 추대해 모든 일을 주도하도록 해야 할 것이오."

자신을 최초의 패자로 선정해 달라고 주문한 것이나 다름없다. 그러나 일이 만만치 않았다. 서열상 송환공이 높았다. 그의 작위는 공작, 제환공의 작위는 후작이다. 주왕조의 작호는 공公, 후侯, 백伯, 자子, 남男 등 모두 5등급이다. 천자는 사방 1천리의 영지를 다스리고, '공'과 '후'는 사방 100리, '백'은 사방 70리, '자'와 '남'은 사방 50리의 영지를 다스리는 것으로 되어 있다. 그러나 이는 후대에 명문화된 것으로 이런 규정이 정확히 적용된 것은 아니다. 당시 모임을 주도한 제환공도 작위 문제로 적잖이 고심했을 것이다. 본인이 나서는 것은 쑥스러운 만큼 누가 나설 필요가 있었다. 진선공이 '총대'를 멨다.

"이번에 천자가 제후들을 규합하라고 제후齊侯에게 부탁했소. 응당 그를 추대해 모임을 주도하게 해야 할 것이오."

이로써 제환공이 형식적으로 몇 번 사양했다가 못 이기는 체하며 단위로 올라가 맹주가 되었다. 북행회맹은 제환공이 죽을 때까지 행한 9번의 회맹 중 첫 번째 회맹에 속한다. 훗날 공자는 제환공이 제후들을 모아 회맹한 것을 두고 『논어』「헌문」에서 이같이 칭송한 바 있다.

"제환공이 제후들을 9번 규합하며 병거兵車를 동원치 않은 것은 모두 관중의 공이다. 관중이 제환공을 도와 제후들을 호령하고 일거에 천하를 바로잡음으로써 백성들이 지금까지 그 혜택을 받고 있다."

그러나 사실 제환공이 행한 9번의 규합 중 병거를 동원한 회맹인 이른바 병거지회兵車之會는 모두 6번에 달한다. 주희왕 원년(기원전 681년)의 북행 회맹을 비롯해 주희왕 2년과 3년의 견鄄 땅 회맹, 기원전 659년의 정檉 땅 회맹, 기원전 647년의 함鹹 땅 회맹, 기원전 644년의 회淮 땅 회맹을 말한다. 병거를 동원하지 않은 회맹인 이른바 승거지회乘車之會는 기원전 657년의 양곡陽穀 회맹과 기원전 655년의 수지首止 회맹, 기원전 651년의 규구葵丘 회맹 등 모두 3번에 불과하다. 공자가 말한 9합제후九合諸侯를 놓고 '여러 번 제후들과 회합했다.'로 풀이해야 한다는 주장이 나오는 이유다.

일거에 천하를 바로잡았다는 일광천하一匡天下에 대해서도 오랫동안 설이 대립했다. 『사기정의』는 실제적인 사건을 지칭한 것으로 간주해 기원전 652년의 도洮 땅 회맹에서 주양왕을 태자로 정한 일을 지칭한다고 해석했다. '일광천하'를 기원전 648년에 관중이 이끈 제나라 군사가 주 왕실의 내분을 평정한 일을 언급한 것으로 풀이하는 견해도 같은 입장이다. 북행의 회맹은 제환공이 행한 '9합제후'의 첫 번째 회맹에 해당한다는 점에서 매우 의미가 깊다.

북행 회맹 당시 5국의 제후들이 서로 술잔을 들어 제환공에게 장수를 기원하는 헌수獻酬를 행했다. 다음날 송환공이 작별인사도 하지 않고 떠나 버렸다. 작위가 공작인데도 맹주가 되지 못한 게 불만이었다. 대로한 제환공이 송나라를 치기 위한 군사를 일으키면서 사자를 주 왕실로 보내 출병을 요청했다.

"송공이 왕명을 어기고 지난번 회맹 도중 돌아갔습니다. 청컨대 왕사王師를 보내 주시면 함께 송나라의 죄를 토벌하겠습니다."

주 왕실의 대신 선멸單蔑이 군사를 이끌고 와 합세했다. 주 왕실은 이를 외교적으로 해결코자 했다. 선멸이 제환공에게 말했다.

"천자의 명을 받고 제후들을 규합했으니 덕으로 굴복시키는 게 나을 것이오."

제환공이 이를 허락했다. 선멸이 송환공을 만나 설득하자 송환공이 사자를 시켜 백옥 10쌍과 황금 1천 일鎰을 바쳤다. 제환공이 이를 선멸에게 주었다. 선멸이 떠나자 제환공을 비롯한 제후도 곧 군사를 이끌고 본국으로 돌아갔다. 이는 제환공이 중원의 패자임을 내외에 선언한 것이나 다름없었다. 제환공이 송나라를 치려고 할 당시 관중은 이같이 만류한 바 있다.

"송나라 토벌보다 더 급한 일이 있습니다. 수逐나라가 왕명을 어기고 이 맹회에 참석치 않았습니다. 수나라는 노나라의 부용국附庸國입니다. 우리가 치면 곧 항복할 것입니다. 그때 사자를 노나라에 보내 꾸짖으십시오. 노후魯侯가 화친을 청하면 그때 노나라를 용서하고 다시 군사를 송나라로 옮기십시오."

이해 여름, 제환공이 대군을 보내 수나라를 병탄한 뒤 제수濟水를 지키게 했다. 과연 노장공이 화친을 청했다. 제환공이 군사를 지금의 산동성 양곡현인 제나라의 가柯 땅까지 물렸다. 이해 겨울, 제환공과 노장공이 가 땅에서 결맹했다. 『사기』 「자객열전」은 당시 상황을 이같이 묘사해 놓았다.

"제환공이 노장공과 맹서를 할 때 조말曹沫이 비수를 손에 들고 제환공을 협박했다. 제환공의 좌우가 감히 움직이지 못했다. 제환공이 '원하는 게 무엇인가?'라고 묻자 조말이 '비록 제나라가 강하고 노나라가 약하기는 하나 대국이 노나라를 침공하는 게 지나칩니다. 빼앗은 땅을 돌려주십시오.'라고 했다. 제환공이 이를 허락했다. 얼마 후 제환공이 노한 나머지 약속을 저버리려고 하자 관중이 만류했다. 이로써 조말로 인해 노나라는 제나라와 3번 싸워 잃은 땅을 모두 되찾게 되었다."

사마천은 「자객열전」을 지으면서 조말을 선진시대에 활약한 5명의 대표적인 자객 중 으뜸으로 쳤다. 그러나 그는 자객이라기보다는 의협義俠에 가까웠다. 의협은 '대의'를 명분으로 내세운다는 점에서 사적인 의리인 '소의'에 얽매인 자객과는 차원이 다르다. 실제로 『법언』을 쓴 전한 말기의 양웅揚雄과 『자치통감』을 쓴 북송의 사마광 모두 조말을 자객 명단에서 빼야 한다고 주장했다.

정나라 토벌의 시험대

원래 춘추시대 초기만 해도 중원의 패자 노릇을 한 나라는 정나라였다. 당시 정나라는 매우 어지러웠다. 정여공 돌突은 보위에서 쫓겨난 후 17년 동안 망명생활을 하며 복위를 위해 절치부심하고 있었다. 관중이 제환공에게 말했다.

"명실상부한 패업을 이루고자 하면 반드시 초나라를 쳐야 합니다. 그러나 초나라는 땅도 넓고 군사도 강합니다. 먼저 정나라부터 칠 필요가 있습니다."

선멸이 제나라와 송나라의 화해를 주선한 지 불과 몇 달 뒤인 기원전 680년 여름 6월, 제환공이 좌우에 명해 대군을 이끌고 정여공 돌이 있는 정나라의 역성櫟城을 향해 떠나도록 했다. 이는 관중의 계책에 따른 것이었다. 정나라는 제나라의 상대가 되지 못했다. 정여공 돌은 제나라 군사 덕분에 이내 보위를 되찾게 되었다. 당시 정나라 백성들은 정여공을 크게 동정했던 까닭에 그의 복위를 반겼다.

다시 말하건대 춘추시대 초기만 해도 중원의 패자 노릇을 한 나라는 정나라였다. 이는 주 왕실의 동천에 참여해 대공을 세운 결과였다. 당시 정나라는 동괵東虢을 쳐 없애고 그곳에 도성을 정했다. 동괵의 고지는 천혜의 요새였다. 앞은 산, 뒤는 하수河水였다. 좌우로 낙천洛川과 제수濟水를 끼고 있어 험요險要하기 그지없었다. 제환공에 앞서 천하를 호령했던 정장공鄭莊

公이 송나라와 허나라를 격파한데 이어 천자의 군사와도 맞붙은 배경이다.

그러나 정나라는 시간이 지나면서 잇단 내분으로 과거의 위세를 잃은데 이어 제환공이 등장하는 시점에 이르러서는 초나라를 섬기며 그 앞잡이 역할을 하는 소국으로 몰락하고 말았다. 당시 초나라는 장강과 회수를 뜻하는 강회江淮 일대의 모든 나라를 손아귀에 넣고 왕을 칭했다. 주 왕실의 입장에서 볼 때 어떤 식으로든 이를 정리할 필요가 있었다. 관중이 이를 모를 리 없었다. 곧 제환공에게 이같이 건의했다.

"군주가 왕실을 돕고 제후들에게 호령하면서 패업을 이루고자 하면 반드시 초나라를 쳐야 합니다. 그러나 초나라는 땅도 넓고 군사도 강합니다. 우선 초나라의 힘을 꺾기 위해 먼저 정나라부터 얻어야 합니다."

"과인도 알고 있소. 그러나 마땅한 계책이 없어 한이오."

이때 대부 영척寧戚이 말했다.

"정여공 돌突은 보위에 오른 지 2년 만에 대부 제족祭足에 의해 쫓겨났고, 뒤를 이은 공자 홀忽과 공자 미亹 모두 안팎의 환란에 휘말려 죽게 되자 제족이 다시 공자 의儀를 세웠습니다. 제족은 신하로서 군주를 추방한 자이고, 공자 의는 형님의 자리를 빼앗은 자입니다. 마땅히 죄목을 들어 엄히 꾸짖어야 합니다. 지금 제족은 죽어 없고, 정여공은 역성櫟城에 머물며 날마다 정나라를 치려고 절치부심하고 있습니다. 속히 군사를 보내 공자 돌을 복위시키십시오. 그리하면 그는 군주의 은공을 잊지 않고 섬길 것입니다."

기원전 680년 여름 6월, 제환공이 대부 빈수무賓須無에게 명해 병거 2백승을 이끌고 정여공 돌이 있는 역성을 향해 떠나도록 했다. 17년 동안 망명생활을 하며 복위를 위해 절치부심했던 정여공 돌은 마침내 빈수무가 이끄는 제나라 군사 덕분에 보위에 앉게 되었다. 정여공이 복위한 지 며칠 만에 민심이 크게 안정되었다.

제환공은 정여공의 복위를 계기로 위나라와 조나라가 회맹에 참여하겠다고 자청해 오자 곧 모든 제후들을 크게 모아 새로운 규약을 정하고자 했다. 관중이 말했다.

"군주는 새로 패업을 세웠으니 모든 일을 간편히 하십시오."

"간편히 하라는 게 무슨 뜻이오?"

"진·채·주邾 3국은 북행北杏의 회맹 이래 우리 제나라를 섬기되 배신한 일이 없고, 조나라는 비록 회맹에 참여치는 않았으나 우리가 송나라를 칠 때 함께 거사했습니다. 그러니 이들은 번거롭게 두 번씩 오라고 할 것은 없습니다. 송·위 두 나라가 한 번도 회맹에 협력한 일이 없으니 이번에는 그들만 부르도록 하십시오. 그리 한 뒤 모든 나라가 한 마음으로 단결될 때를 기다려 다시 함께 모여 맹약하는 것이 옳을 것입니다."

제환공이 곧 송·위·정 3국에 사자를 보내 지금의 산동성 복현인 위나라의 견鄄 땅에서 회맹할 뜻을 통고했다. 얼마 후 송환공과 위혜공, 정여공이 견 땅으로 왔다. 제환공은 참석한 제후들에게 삽혈의 맹세를 강요하지 않고 정중히 상견만 하고 환담한 후 헤어졌다. 이들은 제환공의 공손한 태도에 감격했다. 제환공이 다시 모든 제후국에 사자를 보내 회맹할 날을 통보했다.

이듬해인 679년 봄, 제환공과 송환공, 진선공陳宣公, 위혜공, 정여공이 다시 견 땅에서 만났다. 이때 이뤄진 두 번째의 견 땅 회동을 두고 『춘추좌전』은 이같이 기록해 놓았다.

"이로써 제나라가 비로소 패자가 되었다."

이는 제환공이 제나라의 패권을 인정하지 않은 송나라로부터 패권을 승인받고 오랫동안 지속된 정나라의 내분을 진정시킨 점을 높이 평가한 결과다. 제환공에게 무릎을 꿇은 송나라와 정나라 모두 약소국에 불과했다. 남방의 강국 초나라는 말할 것도 없고 중원의 대다수 제후국들 역시 제환공을 그다지 높게 평가하지 않았다. 아직 대단치 않다고 본 것이다. 힘으로 제압하는 수밖에 없었다.

이해 가을, 초문왕이 직접 군사를 이끌고 가 정나라를 쳤다. 정여공이 감히 싸울 생각을 못하고 곧바로 초문왕 앞으로 나아가 백배사죄하며 충성을 다짐했다. 초문왕은 철군한 후 정여공의 충성을 시험할 생각으로 곧 정여공에게 명해 송나라를 치게 했다. 이해 겨울, 정여공은 마지못해 군사를 이끌고 가 송나라를 쳤다. 그러나 애초부터 송나라와 싸울 생각이 없었던 까닭에 대충 싸우는 시늉만 하다가 이내 철군했다. 송나라 역시 정나라의 속사정을 뻔히 아는 만큼 퇴각하는 정나라 군사를 추격하지 않았다.

이 소식을 들은 제환공은 대로했다. 그는 초나라의 앞잡이 노릇을 한 정나라를 응징하지 않을 경우 중원의 패자로서 운신키가 어렵다고 판단했다. 중원의 제후들을 소집해 응징 방안을 논의하자 제후들 모두 정여공을 성토했다.

이듬해인 기원전 678년 여름, 제환공의 연합군이 정나라로 쳐들어갔다. 대경실색한 정여공은 곧바로 역檪 땅까지 나와 백배사죄하며 충성을 다짐했다. 당시 정여공은 이 사실을 초나라에 알리지 않았다. 얼마 후 초문왕은 정여공이 다시 중원의 제후들과 가까이 하고 있다는 사실을 알고는 대로했다. 이해 가을, 초문왕이 친히 군사를 이끌고 정나라의 역 땅까지 진출했다. 정여공이 또 다시 크게 놀라 황급히 역성으로 나아가 초문왕에게 사죄하고 충성을 다짐했다.

제환공이 사자를 정나라로 보내 꾸짖었다. 정여공이 대부 숙첨叔詹을 제나라로 보내 제환공을 설득케 했다. 숙첨이 제환공을 만나 이같이 변명했다.

"지금 우리 정나라는 초나라의 위세에 견딜 수 없어 밤낮 성만 지키고 있습니다. 그래서 귀국에 공물貢物을 바치지 못했습니다. 만일 군주가 초나라를 제압해 주기만 하면 과군인들 어찌 조석으로 군주를 섬기지 않겠습니까?"

제환공은 반복反覆을 일삼는 정여공의 소행을 괘씸하게 생각한 나머지 숙첨을 억류했다. 그러나 얼마 후 숙첨은 방비가 허술한 틈을 타 도주했다. 정나라의 무상한 반복은 천하정세가 제나라를 중심으로 하는 중원세력과 초나라를 중심으로 한 남방세력의 대립구도로 재편된 데 따른 것이었다. 중원의 패자와 남방의 패자가 대립하는 구도는 춘추시대 말기까지 전혀 변하지 않았다. 정나라와 같은 약소국으로서는 상황에 따라 이리저리 오가며 양쪽의 비위를 맞추는 수밖에 없었다.

물론 남북의 두 강대국과 등거리를 유지하면서 중립을 유지하는 방안이 없는 건 아니었다. 이를 구현한 인물이 춘추시대 말기에 나타난 정나라 재상 자산子産이었다. 공자의 사상적 스승이었던 자산은 단순히 독립을 유지하는 차원을 넘어 당시의 정국을 주도적으로 이끌어가는 역할을 수행했다. 그러나 불행하게도 정나라는 자산 사후 그를 이을 만한 인물이 나오지 못했다.

남북 패자의 충돌

제환공 재위 28년(기원전 658년) 여름에 초나라와 가까운 강江과 황黃 두 나라 군주가 제환공에게 사자를 보내 화친을 청했다. 제후들의 연합군이 위나라를 위해 초구에 성을 쌓아준 지 몇 달 안 되는 시점이었다. 제환공이 관중에게 자문을 구했다.

"강·황 두 나라 군주가 초나라의 횡포에 견딜 수 없다며 과인에게 도움을 청했소. 과인은 그들과 결맹할까 하오. 초나라를 칠 때 그들이 내응하면 큰 도움이 될 것이오."

관중이 반대했다.

"강·황 두 나라는 우리 제나라에서는 멀고 초나라에서는 가깝습니다. 그들이 우리에게 복종하면 초나라가 반드시 크게 화를 낼 것입니다. 초나라가 그들을 칠 경우 그들을 구원하려면 길이 너무 멀고, 그렇다고 그대로 두면 의리를 잃게 되어 결국 우리 제나라는 진퇴양난에 빠질 수밖에 없습니다. 좋은 말로 돌려보내느니만 못합니다."

제환공이 고개를 저었다.

"먼 곳에서 과인의 의리를 사모해 찾아왔는데 거절하면 장차 천하의 인심을 잃을 것이오."

기왕의 업적에 도취한 제환공이 이제 관중의 간언을 듣지 않기 시작한 것이다. 이해 가을, 제환공이 송환공을 비롯해 강과 황 두 나라의 군주와 만나 지금의 산동성 조현인 관賈 땅에서 결맹했다. 이듬해인 기원전 657년 가을, 제환공이 강·황 두 나라 군주와 지금의 산동성 양곡陽穀에서 만났다. 초나라를 치기 위한 회동이었다.

당시 초나라는 초문왕이 죽고 그의 아들이 초성왕으로 즉위해 있었다. 하늘에 두 개의 태양이 있을 수 없었다. 초성왕이 군신들을 모아놓고 말했다.

"제나라 군주가 덕을 펴 명성을 떨치고 인심을 얻고 있소. 오늘날 세상에는 제나라만 있고 우리 초나라는 없는 것이나 다름없소."

기원전 658년 겨울, 초나라 군사가 정나라를 쳤다. 정문공이 급히 제나라에 사람을 보내자 제환공이 곧바로 제후들을 소집했다. 제환공이 노, 송, 조曹, 주邾 등의 군주와 지금의 하남성 회야현인 낙犖 땅에서 결맹했다. 초나라 장수 투장鬪章은 정나라의 수비가 만만치 않은데다 제후들의 군사가 몰려와 협공을 가할까 두려운 나머지 국경까지 왔다가 그대로 돌아갔다.

대로한 초성왕이 투장의 형 투렴鬪廉을 주장, 투장을 부장으로 삼아 병거 4백승을 이끌고 가 다시 정나라를 치게 했다. 이들은 기습전을 펼쳐 대승을 거두었다. 정문공이 다시 제나라에 사자를 보내 구원을 청했다. 관중이 제환공에게 건의했다.

"군주는 그간 연나라를 구하고, 노나라의 기초를 세워 주고, 형나라에 성을 쌓아 주고, 위나라를 봉해 천하의 제후들에게 대의를 폈습니다. 모든 제후들의 군사를 쓸 때는 바로 이때입니다"

"초나라도 반드시 그만한 준비를 할 것이오?"

"지난날 채蔡나라가 군주에게 죄를 진 일이 있습니다. 초나라와 채나라는 서로 인접해 있습니다. 그러니 겉으로는 채나라를 토벌한다고 내세우고 은밀히 초나라 토벌을 도모해야 합니다."

채나라 군주가 제환공에게 죄를 지었다는 것은 무엇을 말하는 것일까? 원래 채나라는 제환공의 세 번째 부인인 채희蔡姬의 친정이다. 일찍이 채목공蔡穆公은 제환공의 환심을 사기 위해 자신의 여동생을 제환공에게 시집보냈다. 하루는 제환공이 부인 채희와 함께 연못에서 뱃놀이를 하게 되었다. 제환공은 연꽃을 따며 즐겼다. 이때 채희가 배를 흔들며 제환공에게 겁을 주었다. 제환공이 두려운 나머지 낯빛을 바꾸며 이를 못하게 타일렀으나 채희가 듣지 않았다. 제환공이 대로했다.

"너는 참으로 버릇없는 계집이다. 능히 군주를 섬길 줄 모르는구나."

여동생이 쫓겨 오자 채목공도 대로했다.

"여자를 친정으로 돌려보낸 것은 서로의 관계를 끊자는 것이 아닌가?"

그러고는 곧 채희를 다른 곳으로 시집보내 버렸다. 채나라가 제환공에게 죄를 지었다는 관중의 언급은 바로 이를 말한 것이었다.

기원전 656년 봄, 제환공이 좌우에 명해 군사를 이끌고 채나라로 진공케 하자 채목공이 권속을 이끌고 초나라로 도주했다. 초성왕이 좌우에 명했다.

"군사와 병거를 모으고 싸울 채비를 하도록 하라."

제환공이 채나라에 당도한 지 얼마 안 돼 송, 노, 진陳, 위, 정, 조曹, 허許 등 7개국의 제후들이 자국의 군사들을 이끌고 채나라에 당도했다. 연합군이 초나라 경계에 이르렀을 때 초성왕이 사자의 입을 통해 이같이 말했다.

"군주는 북해北海에 살고 과인은 남해南海에 살고 있소. 그러니 서로 영향을 미치지 못하는 게 당연하오. 군주가 우리 땅에 들어오리라고는 생각지도 못했소. 나로서는 도무지 그 연고를 알 수가 없소."

관중이 제환공을 대신해 회답했다.

"지금 초나라가 포모包茅를 진공하지 않자 왕실은 축주縮酒를 올릴 길이 없어 제물祭物을 바치지 못하고 있소. 과군이 온 것은 바로 그 공물을 얻기 위한 것이오. 또한 전에 주소왕이 남순南巡하다가 돌아오지 못한 이유를 동시에 묻고자 한 것이오."

'포모'는 초나라에서 나는 특산물로 술을 거를 때 사용하는 띠 풀을 말한다. '축주'는 포모로 거른 술을 뜻한다. 원래 주소왕는 남순 도중 한수를 건너다가 진흙으로 만든 배를 타는 바람에 익사하고 말았다. 관중이 문득 주소왕을 언급한 것은 사실 퇴각의 명분을 찾고자 한 데서 나온 것이다. 사자가 말했다.

"포모를 올리지 않은 것은 과군의 잘못입니다. 그러나 주소왕의 죽음은 과군과 아무 관계도 없는 일입니다. 이를 믿지 못하겠다면 직접 한수漢水로 가 한수의 신령에게 물어보십시오."

그러고는 홀쩍 떠나버렸다. 중원 제후들의 연합군을 낮게 보지 않고는 있을 수 없는 일이다. 관중이 제환공에게 건의했다.

"초나라는 말로 타일러서는 제압할 수 없습니다."

제환공이 명을 내리자 연합군이 일시에 초나라 영내로 진군해 지금의 하남성 언성현인 초나라의 형陘 땅에 영채를 차렸다. 한수가 매우 가까웠다. 제후들이 의아해 하며 물었다.

"대군이 이미 초나라 안으로 깊이 들어왔는데 어찌해 한수를 건너지 않는 것이오?"

관중이 대답했다.

"초나라가 이미 요소마다 방어준비를 갖춰 놓은 게 틀림없소. 이곳에 머물며 우리의 군세軍勢를 보여주면 초나라는 우리를 두려워해 반드시 또 사람을 보낼 것이오. 이때를 놓치지 말고 초나라의 항복을 받아내야 하오. 초나라의 항복을 받으면 그것으로 족하오."

『사기』「초세가」에 이를 뒷받침하는 기록이 나온다.

"초성왕이 장군 굴완屈完에게 명해 군사를 이끌고 가 막게 했다."

굴완은 초나라가 자랑하는 인물이었다. 이해 여름, 굴완이 제나라로 오자 제환공이 정중히 맞이했다.

"무슨 일로 과인을 찾아온 것이오?"

"과군도 포모를 바치지 않은 것을 후회하고 있습니다. 군주는 대군을 20리만 물려주십시오. 그러면 과군은 틀림없이 제후들의 요구를 들어줄 것입니다."

제환공이 이를 받아들여 곧 군사들을 뒤로 물린 뒤 지금이 하남성 언성현인 소릉召陵에 주둔했다. 굴완이 돌아가 보고하자 초성왕이 좌우에 하령했다.

"황금과 비단을 실은 수레를 갖다 주고, 중원의 제후들에게 음식을 대접토록 하라. 포모 한 수레를 제나라 군사에게 바치고 주왕에게도 표문表文을 올리도록 하라."

굴완이 이를 가지고 제환공을 찾아갔다. 제환공이 굴완에게 물었다.

"대부는 우리 중원의 군대를 본 일이 있소?"

"아직 보지 못했습니다."

제환공이 굴완과 함께 수레를 타고 사열했다. 사열이 끝난 뒤 제환공이 물었다.

"내가 이 많은 군사를 이끌고 가 싸운다면 누가 능히 대적할 수 있겠소? 또 이 군사로써 성을 공격한다면 어느 성인들 이기지 못하겠소?"

굴완이 응수했다.

"군주가 만일 덕으로 제후들을 다스린다면 누가 감히 복종하지 않겠습니까? 그러나 만일 힘에 믿고 대한다면 우리 초나라는 방성산方城山을 성벽으로 삼고 한수를 못으로 삼을 터이니 비록 군사가 많을지라도 결코 쓸 곳이 없을 것입니다."

'방성산'은 지금의 하남 섭현 남쪽에 있는 명산이다. 제환공이 굴완을 칭송하며 크게 잔치를 베풀어 융숭히 대접했다. 이튿날 소릉召陵에 세운 단위에서 제환공이 맹주가 되어 희생의 우이牛耳를 잡았다. '우이'를 잡는 것은 맹주가 되었음을 의미한다. 굴완도 초성왕의 이름으로 제환공과 함께 맹세했다.

"이제부터 대대로 결호結好할 것을 맹세한다."

결맹 후 연합군이 각기 군사를 이끌고 철군하자 포숙아가 관중에게 물었다.

"초나라의 죄는 스스로 왕을 칭한 데 있소. 왜 포모만을 문제 삼은 것이오?"

"초나라가 왕호를 칭한 지 이미 3대나 되었소. 이를 문제 삼으면 서로 싸울 수밖에 없게 되오. 싸움은 한 번 시작하면 서로 끝없이 보복하기 마련이오. 그 전화戰禍가 과연 어떠하겠소? 포모로써 초나라의 굴복을 얻어내 제후들의 위력을 빛냈고 전화를 피하게 되었으니 이 어찌 다행이 아니겠소?"

제·초 두 나라 모두 상호 체면을 유지하는 선에서 사안을 마무리 지은 셈이다. 만일 접전이 벌어졌다면 누가 이겼을까? 초나라다. 삼국시대 당시 승승장구하며 형주荊州를 접수했던 조조의 위나라 군사가 손권의 오나라 군사에게 대패했다. 남북의 풍토가 너무나 달랐기 때문이다. 북쪽 출신 연합군이 아무리 육전陸戰에 능할지라도 수전水戰이 위주가 되는 남방 싸움에서 승리를 거두기란 여간 어려운 일이 아니다.

서로 체면을 살리는 선에서 사태를 수습한 것은 나름 일리가 있었다. 당시 굴완은 초성왕이 상표하는 글을 써주자 포모와 금옥, 비단 등을 가득 실은 10대의 수레를 이끌고 주 왕실로 갔다. 주혜왕이 초성왕의 표문을 보고 크게 기뻐했다.

"초나라가 오래도록 신하의 직분을 버리더니 이렇듯 효순孝順해졌다. 이는 선왕의 신령들이 돌보아 주었기 때문이다."

그러고는 사당에 고한 뒤 제사를 지내고 남은 고기를 하사했다. 이는 초나라를 패자로 인정한다는 것이나 다름없다. 왜 그랬을까? 남방의 강국 초나라가 신하를 칭한 사실에 감격한 것일까? 그런 점도 있지만 더 큰 속셈이 있었다.

왕실의 안녕 차원에서 볼 때 중원의 패자를 견제하는 남방 패자의 존재가 훨씬 유리했다. 서로 충성하고 경쟁토록 만들어 왕실의 권위를 더욱 드러낼 수 있었기 때문이다. 그러나 역사는 그러한 방향으로 전개되지 않았다. 이는 기본적으로 초나라가 결코 제후국으로 존재하는데 만족하지 않았기 때문이다.

결과적으로 볼 때 제환공의 초나라 제압은 여러모로 미흡했다. 군사적 승리가 아닌 외교적 승리에 기댄 탓이다. 초나라를 무력으로 제압한 패자는 두 번째 패자인 진문공이다. 진나라가 오랫동안 중원을 대표하는 패권국으로 군림한 근본 배경이다.

관중의 죽음과 제환공의 암군 행보

『춘추좌전』은 제환공이 비록 미흡하기는 했으나 초나라를 제압한 이후에 보여준 일련의 패업 행보를 상세히 기록해 놓았다. 말할 것도 없이 관중의 헌신적인 보필 덕분이다. 대표적인 예로 주 왕실을 받들고 사방의 오랑캐를 물리치는 이른바 존왕양이尊王攘夷와 패망한 중원의 제후국을 일으켜 세우고 끊어진 후사를 잇게 하는 존망계절存亡繼絶 행보를 들 수 있다. 이에 대해서는 뒤에서 상세히 논하기로 한다.

주목할 것은 『춘추좌전』이 관중의 사망을 제대로 기록해 놓지 않은 점이다. 이는 훗날 적잖은 혼란을 불러 일으켰다. 사마천이 『사기』를 저술하면서 3년의 차이가 나는 두 가지 기록을 남겨 놓은 게 그렇다. 「진본기」는 '진목공 12년(기원전 648년), 관중과 습붕이 죽었다.'고 기록해 놓았다. 그러나 「제태공세가」에는 '제환공 41년(기원전 645년)에 관중과 습붕이 죽었다.'고 기록돼 있다. 이는 제환공의 사망 시점보다 1, 2년 앞선 것이다. 공자보다 1세기 반 정도 앞서 태어난 관중은 동서고금을 통틀어 사상 최초로 '부국강병'을 기치로 내건 최초의 '상가'라는 점에서 새로운 조명을 요한다.

제환공과 관중이 보여준 리더십은 이른바 군도君道와 신도臣道의 표상에 해당한다. 21세기 리더십 이론에서는 통상 '군도'를 1인자 리더십, '신도'를 2인자 리더십으로 해석한다. 고금동서를 막론하고 1인자는 2인자의 보필이 없으면 대업을 이룰 수 없고, 2인자는 1인자의 전폭적인 성원이 없으면 제 기량을 발휘하기 어렵다. 경서와 사서를 포함한 동양의 모든 고전이 '군도'와 '신도'를 동시에 언급하는 이유다.

제환공이 보여준 '군도'는 관중이 구현한 '신도'의 토대 위에 서 있었다. 관중 사후 제환공의 '군도'가 이내 무너진 사실이 이를 뒷받침한다. 당초 제환공은 평소 수초豎貂라는 미동美童과 공실의 요리사인 역아易牙를 총애했다. 역아는 요리에 뛰어났다. 『관자』와 『한비자』 등에 나오는 일화에 따르면 한 번은 제환공의 총희 위희衛姬가 병으로 누운 일이 있었다. 그녀는 역아가 만든 음식을 먹고 이내 자리에서 일어났다. 수초가 제환공에게 역아를 천거했다. 제환공이 역아에게 농담조로 말했다.

"내가 일찍이 날짐승과 네 발 달린 짐승과 벌레 등을 포함해 모든 것을 다 먹어보았다. 그러나 사람 고기 맛은 어떤지 모르겠다."

얼마 후 역아가 점심상에 찐 고기를 올렸다. 고기가 연하고 맛이 좋았다. 제환공이 맛있게 먹고 난 후 신기해하며 물었다.

"이 고기는 무엇으로 만들었기에 이토록 맛있는 것인가?"

"사람 고기입니다."

"그것을 어디서 구했단 말인가?"

"신이 듣건대 군주에게 충성하는 자는 가정을 돌보지 않는다고 했습니다. 군주가 아직 사람 고기를 맛보지 못했다고 하시기에 즉시 세 살 된 저의 자식을 죽여 요리를 만들었습니다."

제환공은 소인배인 역아 등을 총애한 이유로 후대 사가들로부터 호된 비판을 받았다. 그럼에도 그가 춘추시대의 첫 패자가 된 것은 주변에 관중 및 포숙아 등의 인재들을 포진시켜 힘을 실어준 덕분이다. 인재들을 곁에 두고 이들의 계책을 활용하는 한 수조와 역아 등의 소인배들을 곁에 둔 것은 작은 문제에 지나지 않는다. 인재와 소인을 구분해 사용할 줄 알았던 것이다. 이는 소인배들이 관중을 헐뜯을 때 그가 취한 행보를 보면 쉽게 알 수 있다. 하루는 수초와 역아가 관중을 이같이 무함했다.

"군주가 영을 내리면 신하는 그 영을 받들어 행할 뿐입니다. 그런데 군주는 모든 것을 관중에게만 맡기니 이는 흡사 나라에 군주가 없는 것과 같습니다."

제환공이 크게 웃으며 일소에 붙였다.

"중보仲父는 과인의 팔다리나 다름없다. 팔다리가 있어야 완전한 몸이 되듯이 중보가 있어야 과인도 군주가 될 수 있다. 너희들 소인들이 무엇을 안다고 그러는 것인가!"

제환공을 명군으로 평할 수 있는 이유가 여기에 있다. 당시 그는 다양한 종류의 사람을 상황에 따라 두루 활용하는 게 군도君道이고, 사물의 요체를 파악해 일을 공평히 행하는 게 신도臣道라는 사실을 통찰하고 있었던 것이다. 지인知人과 지사知事가 요체인 군도와 신도는 달라야만 한다. 뛰어난 군주가 되는 비결은 사물에 대한 지식이 많은 게 아니라 사람을 깊이 이해해 두루 활용할 줄 아는 데 있다.

제환공도 관중이 살아 있을 때는 '지인'의 이치를 꿴 모습을 보였다. 관중을 포함한 인재들에게 각기 그 능력에 맞는 역할을 할당해 소신껏 행보하도록 뒷받침한 게 그 증거다. 그러나 그런 그도 관중 사후 문득 암군 행보를 보이기 시작했다. 그 이유는 무엇일까?

후대 사가들은 제환공이 수초와 역아 등의 소인배에 둘러싸여 그들의 말에 혹했기 때문이라고 평해 놓았다. 『사기』「제태공세가」의 기록이 대표적이다.

"관중이 죽자 제환공은 관중의 유언을 좇지 않고 역아와 수초, 공자 개방을 가까이 두어 중용했다. 이에 세 사람이 정권을 전횡하게 되었다."

이와 관련한 일화는 너무나 유명해 『여씨춘추』「지접」, 『설원』「권모」 등에 두루 실려 있다. 사마천의 지적은 나름 일리가 있으나 정확한 답은 아니다. 정답은 죽기 전까지 후사 문제를 제대로 완결시켜 놓지 못한 데 있다.

이틈을 비집고 수초와 역아 등이 제환공의 공자들과 연계해 치열한 권력다툼을 벌이면서 춘추 시대 첫 패업을 이룬 제나라가 일거에 극심한 혼란으로 빠진 것이다. 제환공에게는 아들이 10여 명 있었다. 이들 중 보위에 오른 자는 모두 5명이었다. 이들 모두 서자들이었다.

원래 제환공은 여색을 좋아했다. 주 왕실에서 시집 온 공희共姬를 비롯해 서나라 군주의 딸 서영徐嬴, 채목공의 딸 채희蔡姬 등 3명의 부인을 두었다. 그러나 이들 정실부인은 모두 아들을 낳지 못했다. 사서는 후궁 중 정실부인과 같은 대우를 받은 여인이 6명이나 있었다고 기록해 놓았다.

위나라에서 시집 온 장위희長衛姬는 공자 무휴無虧를 낳았다. 무휴는 보위에 오른 지 불과 3달 만에 피살되었다. 장위희의 동생인 소위희少衛姬는 공자 원元(제혜공)을 낳았다. 정희鄭姬는 공자 소昭(제효공)를 낳았다. 갈葛(하남성 영릉현 북쪽)나라에서 시집 온 갈영葛嬴은 공자 반潘(제소공)을 낳았다. 밀密(감숙성 영대현 서쪽)나라에서 시집온 밀희密姬는 공자 상인商人(제의공)을 낳았다. 송나라에서 시집 온 화씨華氏의 딸은 공자 옹雍을 낳았다. 이들 6명 외에도 제환공의 잉첩으로 자식을 둔 여자가 매우 많았다. 사서에 그 이름이 나오지 않았을 뿐이다.

　제환공과 관중은 정희가 낳은 공자 소昭를 일찍이 규구의 회맹에서 송양공에게 부탁한 바 있다. 제환공은 공자 소가 총명하고 어진 것을 높이 사 그를 후사로 삼고자 했으나 많은 공자들이 있어 죽을 때까지 이를 결정치 못했던 것이다. 관중은 이를 염려해 죽을 때까지 속히 후계자를 세우라고 신신당부했으나 제환공은 끝내 이를 행하지 않아 제나라를 혼란에 빠뜨린 것이다.

　관중이 살아 있을 때만 해도 수초와 역아 등은 함부로 굴지 못했다. 이들은 관중이 죽자마자 공자들과 연계해 발호하기 시작했다. 그렇다면 관중이 죽을 때의 정황은 어떠했을까?

　『사기』「제태공세가」에 따르면 당시 제환공은 관중이 병으로 자리에 눕게 되자 매일 문병을 가 그의 쾌유를 빌었다. 그러나 관중의 병은 더욱 깊어만 갔다. 마침내 관중이 죽게 되자 제환공이 관중의 손을 잡고 물었다.

　"불행히도 중보가 다시 일어나지 못한다면 과인은 장차 이 나라 정사를 누구에게 맡겨야 하오?"

　"군주보다 신하들을 더 잘 아는 사람은 없습니다."

　"포숙아는 어떻소?"

　"포숙아는 사람이 매우 정직하기는 하나 그 정도가 지나칩니다. 그런 까닭에 모든 사람들을 장악해 통솔키가 쉽지 않아 나라를 부강케 만들기가 어렵습니다."

　"빈수무賓須無는 어떻소?"

　"빈수무는 사람이 비록 착하고 성실하기는 하나 너무 고지식해 다른 나라들을 굴복시키기에는 미흡합니다."

　"개방開方은 어떻소."

　"개방은 위나라 공자이면서 자기 나라를 버리고 제나라로 와 군주를 가까이 모시고 있는 자입니다. 친족 간의 인연을 저버린 자이니 인정이 있을 턱이 없습니다. 가까이 하기 어려운 자입니다."

"수초는 어떻소."

"수초는 스스로 궁형宮刑 거세를 자처해 군주를 가까이 모시는 자입니다. 자신의 몸에 차마 못할 짓을 해 군주를 모시고 있으니 인정이 있을 턱이 없습니다. 친하게 지내기 어려운 자입니다."

"역아는 어떻소."

"역아는 자기 자식을 삶아 군주에게 먹인 자입니다. 자기 자식에게 인간으로서는 차마 못할 짓을 하고 군주를 모시고 있으니 인정이라고는 찾을 길이 없는 자입니다. 그를 절대 등용해서는 안 됩니다."

그렇다면 관중은 도대체 누구를 후임으로 천거한 것일까? 『한비자』「십과」에 그 해답이 나온다.

"제환공이 최종적으로 누가 좋은지를 묻자 관중이 대답키를, '습붕이 좋습니다. 그는 사람이 안으로는 마음이 굳세고, 밖으로는 겸손하고 정직하며, 욕심이 적습니다. 무릇 마음이 견실하면 모든 사람의 모범이 되어 사표師表가 될 수 있고, 밖으로 겸손하면 큰일을 맡길 수 있습니다. 욕심이 적으면 백성의 윗자리에 앉아 쉽게 그들을 다스릴 수 있고, 신의가 두터우면 이웃나라와 친교를 맺을 수 있습니다. 이만하면 가히 패자를 보필할 만하니 군주는 그를 쓰도록 하십시오.'라고 했다."

이는 오직 『한비자』에만 실려 있다. 역사적 사실로 단정키는 쉽지 않으나 관중과 제환공의 대화에서 생략돼 있는 마지막 대목을 보충하고 있다는 점에서 큰 의미가 있다. 관중 사후 그의 뒤를 이어 제나라의 정사를 맡은 사람은 습붕이었을 것으로 짐작된다. 그러나 그 또한 관중이 죽은 지 얼마 안 돼 죽었다. 습붕 다음에는 과연 누가 제나라의 정사를 맡았던 것일까?

『춘추좌전』과 『사기』 등의 기록을 보면 관중이 우려했던 역아와 수초, 개방 등의 소인배들이 그 뒤를 이은 것으로 관측된다. 관중 사후 후계자를 둘러싼 치열한 암투가 표면화하고 제나라의 정사가 어지럽게 된 사실이 이를 뒷받침한다.『동주열국지』는 포숙아가 습붕 이후에 제나라의 정사를 맡았다고 묘사해 놓았으나 이를 그대로 믿기는 어렵다. 여러 정황에 비춰 포숙아 역시 관중이 죽기 전후로 세상을 떠났을 공산이 크다.

사서의 기록을 토대로 볼 때 관중이 병사한 시점으로 추정되는 기원전 644년 전후로 중원의 형세가 매우 심상치 않게 돌아가고 있었다. 적인의 진晉나라 침공이 그 실례이다. 당시 적인들은 지금의 산서성 양릉 일대인 진나라의 호狐·주廚·수탁受鐸 일대를 차례로 유린한 뒤 분수汾水를 건너 지금의 산서성 임분현 곤도昆都까지 진출했다. 진나라 군사는 연이어 패했다.

진나라는 낙읍과 근접해 있는 까닭에 이는 왕실에 대한 커다란 위협이었다. 주양왕은 상황이 심상치 않게 전개되자 곧 사자를 제나라로 보내 이 사실을 알렸다. 이에 제나라가 제후들의 연합군을 이끌고 가 낙읍을 수비했다. 사서에는 자세한 기록이 나오지 않으나 대략 아직 생존해 있던 제환공이 이를 주도했을 것으로 짐작된다.

이 일이 있은 지 얼마 안 돼 노희공의 주도 하에 송宋, 위衛, 정鄭, 허許, 조曹, 진陳, 형邢 등의 군주가 회淮 땅에서 회동했다. 이는 노나라 인근의 증鄫나라를 도모키 위한 모임이었다. 이 회맹에 제환공은 참여치 못했다. 사서의 기록을 종합해 볼 때 이때 제환공은 병이 나 자리에 누워 있었던 것으로 짐작된다. 증나라에 성을 쌓던 중 일꾼 한 사람이 밤에 언덕 위로 올라가 '제나라에 난리가 났다.'고 외친 사실이 이를 뒷받침한다.『춘추좌전』은 당시 이 고함소리를 듣고 제후들이 성을 다 쌓지도 못한 채 서둘러 본국으로 돌아갔다고 기록해 놓았다.

관중과 달리 제환공의 경우는 사망한 날자가 정확히 기록돼 있다. 기원전 643년 겨울 10월 7일이다. 이날 춘추시대의 첫 패업을 이룬 제환공은 마침내 숨을 거뒀다. 관중이 죽은 지 1, 2년 뒤의 일로 추정되고 있다. 주목할 것은 후사 문제를 제대로 완결 짓지 못한 탓에 숨을 거둔 뒤 시신에서

구더기가 나올 정도로 방치되는 등 참혹한 최후를 맞은 점이다. 그는 생전에 내심 공자 소가 마음에 들었음에도 결단을 못해 대사를 그르치고 만 것이다.

생전에 매우 뛰어난 업적을 세운 군주들 중 상당수가 후사 문제를 제대로 완결 짓지 못해 낭패를 당했다. 제환공이 대표적인 실례다. 제환공이 사망할 당시 가장 유력한 후계자는 가장 나이가 많은 서장자 무휴였다. 그는 역아 및 수초의 전폭적인 지지를 받고 있었다.

그러나 위나라 출신 공자 개방은 공자 반潘을 지지했다. 힘의 열세를 절감한 개방은 기회를 노려 반격을 가하고자 했다. 사실 무휴 못지않은 경쟁자가 있었다. 바로 밀희密姬 소생의 공자 상인商人이었다. 상인은 제환공처럼 남에게 베푸는 것을 매우 좋아해 추종자가 매우 많았다. 제환공은 여러 총희 중 밀희를 가장 총애했다. 이런 일로 인해 제환공이 세상을 떠날 당시 공자 무휴와 공자 반, 공자 상인 등이 선두대열에서 치열한 각축을 벌였다.

제환공이 자리에 누웠을 당시 그의 목숨이 얼마 남지 않았다는 것을 가장 먼저 안 사람은 역아였다. 그는 수초와 함께 밀실에서 계책을 세운 뒤 궁문에 제환공 이름의 패牌를 내걸었다.

"과인이 병으로 자리에 누웠으니 일체의 국사는 병이 나을 때까지 기다려 보고토록 하라. 수초는 출입을 통제하고, 역아는 병사들을 이끌고 위반자가 없도록 순시토록 하라."

다른 공자들이 궁 안으로 들어오지 못하게 하고, 제환공의 좌우에서 시위하는 자들까지 모두 궁문 밖으로 내쫓은 뒤 침실 주변에 높이 3장의 담을 쌓았다. 병상의 제환공이 아무리 불러도 들려오는 것은 공허한 메아리뿐이었다. 그가 울음을 삼키며 부르짖었다.

"하늘이여, 이 소백이 이렇게 죽어야 합니까!"

『관자』「소칭」에 당시의 비참한 정경을 짐작케 해주는 일화가 나온다. 담 밑에 개구멍 크기의 구멍이 뚫려 있었다. 한 궁녀가 조석으로 제환공이 죽었는지 여부를 살피기 위해 개구멍을 통해 드나들었다. 제환공이 말했다.

"나는 지금 목이 마르고 배가 고파 죽을 지경이다. 어찌해 과인에게 먹을 것도 마실 것도 주지 않는 것인가?"

"역아와 수초, 공자 개방 등이 반란을 일으켰기 때문입니다. 공자 개방은 이미 영토를 들어 위나라에 항복했습니다. 도무지 먹을 것을 얻을 길이 없습니다."

제환공이 눈물을 흘리며 말했다.

"아, 지하에 있는 중보가 이 사실을 알면 무엇이라고 하겠는가? 저승에 가서 중보를 만날 면목이 없다."

제환공은 이내 백포白布로 얼굴을 가리고 숨을 거두었다.

이 일화는 다른 사서에는 전혀 나오지 않는다. 『동주열국지』는 이 일화를 윤색해 당시 개구멍으로 출입했던 궁녀가 제환공이 죽은 뒤 곧바로 목숨을 끊은 것으로 그려놓았다.

사망 당시 제환공의 나이는 73세였다. 당시의 기준으로 볼 때 장수한 셈이다. 제환공이 숨을 거두자 역아와 수초는 한밤중에 군사를 이끌고 가 공자 소를 잡으러 갔다. 공자 소가 수하 몇 명과 함께 황급히 성문을 빠져나가 송나라로 도주했다. 다음날 곧 공자 무휴의 즉위식을 거행했다. 공자 개방이 공자 반에게 말했다.

"공자 소는 어디로 달아났는지 흔적도 없습니다. 공자 무휴가 제멋대로 보위에 올랐는데 공자라고 해서 보위에 오르지 말라는 법이 어디에 있습니까?"

곧 공자 반을 앞세워 지지자들과 함께 궁궐로 들어간 뒤 궁궐의 우전右殿을 장악했다. 밀희 소생의 공자 상인도 지지자들과 함께 좌전左殿을 점거했다. 역아와 수초는 정전正殿을 지키면서 이들과 대치했다. 공자 옹은 형제들이 날뛰는 꼴을 보고 겁이 나 진秦나라로 달아났다. 이런 상태로 2달이 지난 뒤 가까스로 무휴를 상주로 삼아 장례를 치렀다.

당시 제환공의 시신은 침상 위에 그대로 있었다. 추운 겨울이라고는 하나 2달이 지나자 이미 시신 썩는 냄새가 코를 찔렀다. 「제태공세가」의 기록이다.

"제환공의 시신이 침상에서 67일 동안 방치되자 시체에서 나온 구더기가 문 밖까지 기어 나왔다."

아무리 불초한 후계자일지라도 미리 정해 놓는 것이 아예 선정치 않는 것보다는 훨씬 낫다. 보위를 차지하기 위한 유혈전을 막을 수 있기 때문이다. 사마광은 『자치통감』에서 제환공을 혹평해 놓았다.

"제환공의 행동은 개와 돼지를 닮았다. 관중은 이를 수치로 생각지 않고 그를 도왔다. 제환공을 돕지 않으면 백성을 구원할 수 없다고 생각했기 때문이다."

공자도 『논어』에서 제환공과 관중을 나눠서 평가했으나 이처럼 혹독하게 평하지는 않았다. 오히려 진문공과 비교하면서 '올바른 패자'로 평했다. 『한비자』는 법가의 시각에 입각해 제환공이 생전에 관중에게 너무 많은 권한을 주는 바람에 자칫 위험에 빠질 소지가 컸다고 지적했다. 관중은 자신에게 지우지은知人之鑑을 베푼 제환공에게 충성을 다한 까닭에 한자가 우려하는 일은 빚어지지 않았다. 제환공은 관중과 같은 인재를 과감히 탁용할 줄 아는 뛰어난 지인지감을 지닌 인물이다. 그런 그가 관중 사후 암군과 유사한 행보를 보인 것은 크게 애석한 일이다. 모든 게 후사 문제를 완결 짓지 못한 후과다. 아들 소동파 및 소철과 더불어 '당송8대가'의 한 사람으로 꼽히는 소순의 「관중론」이 바로 이런 관점에 서 있었다. 「관중론」은 관중보다 포숙아를 높이 평가한 게 특징이다. 관중과 같은 '기인'을 제환공에게 천거한 인물이 바로 포숙아인 까닭에 제나라를 일으킨 장본인은 바로 포숙아에 해당한다는 것이다. 나름 일리가 있다. 그러나 이런 논리를 확대해 제환공 사후 제나라가 혼란에 휩싸인 책임을 전적으로 관중에게 뒤집어씌운 것은 지나쳤다.

이런 식으로 접근할 경우 흉악범의 부모는 자식을 제대로 계도하지 못한 책임을 지고 처벌을 받아야 한다는 논리로 진행된다. 모반죄에 저촉될 경우 3족을 멸한 것과 같은 논리다. 관중이 아무리 제환공의 총임을 한 몸에 받았을지라도 충고의 범위와 깊이에도 한계가 있는 법이다. 후사 문제는 기본적으로 군주 집안의 문제다. 주어진 상황에서 관중은 나름 최선을 다했다. 제환공과 상의를 거친 후 송양공에게 공자 소紹를 당부한 사실이 이를 뒷받침한다. 『한비자』에는 최종적으로 습붕을 천거했다는 대목도 나온다. 소순은 이를 간과했거나 무시했다는 지적을 면키 어렵다.

나아가 관중 사후 이 문제를 매듭짓는 것은 전적으로 제환공의 몫이었다. 그럼에도 제환공은 이를 제대로 하지 못한 것이다. 제환공 사후의 혼란은 궁극적인 책임자인 제환공에게 책임을 묻는 게 타당하다. 「관중론」이 한쪽 면만 지나치게 부각시켰다는 지적을 받는 이유다.

그럼에도 「관중론」은 후사 문제의 중요성을 역설했다는 점에서 시사하는 바가 크다. 당태종은 『정관정요』에서 창업도 어렵지만 수성守成 또한 이에 못지않게 어렵다고 실토한 바 있다. 후사 문제의 중요성을 언급한 것이나 다름없다. 사서를 보면 천하통일을 이룬 지 불과 한 세대를 넘기지 못하고 패망한 사례가 매우 많다. 진시황의 진나라, 사마염의 서진, 양견의 수나라 등이 이에 해당한다. 당태종이 '수성' 운운한 것도 바로 이를 지칭한 것이다.

제2절 관자사상의 특징

제1항 제자백가의 효시

문화대혁명 당시 마오쩌둥의 부인 장칭을 비롯한 이른바 사인방은 관중을 법가의 효시로 분류했으나 그를 제자백가 중 어느 한 쪽으로 분류하는 것은 잘못이다. 실제로 그의 저서인 『관자』에는 제자백가의 모든 사상이 녹아 있다. 주목할 점은 그의 사상을 관통하는 핵심어가 바로 부민부국富民富國이라는 점이다. 이는 부민부국을 치국평천하의 요체로 삼는 상가商家 이론의 핵심에 해당한다.

관중이 역설한 '부민부국'사상에 공명해 상가의 이론을 집대성한 사마천은 『사기』「화식열전」에서 나름 해당 분야에서 최고의 부를 이룬 사인私人을 소왕素王으로 표현해 놓았다. 그러나 원래 '소왕'은 『장자』가 처음으로 언급한 것이다. 후대인들은 이 명예로운 칭호를 공자에게 올렸다. 제왕에 버금하는 무관의 제왕이라는 뜻이다.

객관적으로 볼 때 『도덕경』에 나오는 치도治道인 이른바 제도帝道는 최상의 통치에 해당한다. 그러나 이는 하나의 이념형에 불과한 까닭에 현실적으로 제도를 실현하는 제자帝者가 출현할 가능성은 거의 없다.

주목할 것은 제자백가가 초점을 맞추고 있는 세상이 각기 다른 점이다. 도가를 포함해 유가와 묵가는 선진시대라는 난세의 배경에서 출현했지만 난세 자체를 일시적인 현상으로 간주했다. 조만간 치세가 도래할 것을 의심치 않은 이유다. 이는 그만큼 세상을 낙관적으로 바라보았음을 반증한다.

이들이 높은 수준의 덕치德治를 지향한 것도 바로 이 때문이다. 중국의 역대 왕조 모두 이런 낙관론을 좇았다. 한무제가 유학을 유일한 관학으로 인정하는 독존유술獨尊儒術을 선언한 이래 역대 제왕이 하나같이 도덕을 최고의 통치이데올로기로 내세운 게 그렇다.

문제는 위난세危亂世마저 치세로 미화하는 경우다. 조선조의 사대부들이 왜란을 자초한 선조를 '선종'에서 '선조'로 높인 게 그렇다. 이런 황당한 일이 빚어진 데에는 천자를 정점으로 한 중화질서가 크게 작용했다. 중화질서를 좇는 한 왜란 및 호란 등과 같은 외침을 제외하고는 중원으로부터 직접 침략위협을 받을 이유가 없었다. 조선조가 한가하게 당쟁이나 벌이며 5백 년 동안 유지된 근본 배경이다. 이는 19세기 중엽 청조가 아편전쟁에서 양이洋夷로 낮춰본 대영제국에 참패한 후 더 이상 통하지 않게 됐다. '양이'는 동양 전래의 도덕정치에 대해 알지도 못했고 알려고 하지도 않았다. 조선은 양이攘夷 대신 재빨리 천하대세에 올라탄 왜이倭夷에게 당했다.

여기에는 메이지유신을 전후해 수많은 학자들이 난세 리더십의 보고에 해당하는 『관자』와 『한비자』, 『손자병법』, 『전국책』 등을 치밀하게 연구한 게 크게 작용했다. 『관자』는 상가, 『한비자』는 법가, 『손자병법』은 병가, 『전국책』은 종횡가의 바이블에 해당한다. 이들이 지향하는 것은 오직 하나, 바로 부국강병이었다. 당시 일본 학자들의 연구 수준은 매우 높았다.

21세기에 들어와 중국학자들이 『국부론』에 비견되는 자본주의 이론을 찾던 중 우연히 『관자』를 발견하고 '상가'를 제자백가의 일원으로 공식 거론하고 나섰으나 엄밀히 따지면 최초의 발견자는 일본 학자들이었다. 일본 학자들이 만들어낸 경제경영 이론의 가장 큰 특징은 전쟁터와 비즈니스 정글을 동일시한데 있다. 일본 특유의 경제경영 이론에 『관자』와 『손자병법』 및 『한비자』를 관통하는 상가와 병가 및 법가의 난세 리더십 이론이 대거 수용된 이유다.

객관적으로 볼 때 선진시대는 동서고금을 통틀어 가장 오랫동안 지속된 난세에 해당한다. 말 그대로 '난세 중의 난세'이다. 한순간에 생과 사가 엇갈리는 난세에는 인간의 이기적인 모습이 적나라하게 드러날 수밖에 없다. '인간의 본성은 선하다.'는 맹자의 성선설이 난세 상황에서는 설득력이 떨어지는 이유다. 실제로 전국시대 말기 열국의 군주들은 덕치에 기초한 맹자의 왕도王道 주장을 귓등으로 흘려들었다.

당시 성악설을 주장한 순자는 천하통일을 무력으로 실현하는 패도霸道를 차선책으로 제시해 커다란 호응을 얻었다. 그의 문하에서 강력한 법치를 주장한 한비와 이사 등의 걸출한 법가가 일거에 배출된 게 결코 우연이 아니다. 법가사상의 요체는 부국강병에 있다. 『손자병법』의 요지와 같다. 병가와 법가사상이 일란성 쌍생아의 모습을 띠고 있는 이유다.

전국시대 말기 법가사상을 집대성한 한자는 사상 최초로 『도덕경』에 주석을 가했다. 『한비자』의 「해로解老」와 「유로喩老」가 그것이다. 법가사상은 노자의 무위지치無爲之治사상과 전혀 어울릴 것 같지 않지만 기본 취지를 보면 서로 일치하고 있다. 공평무사公平無私를 대전제로 삼고 있기 때문이다. '무위지치'는 천지만물의 운행이치인 무위의 도를 치국평천하의 원리에 그대로 도입한 것으로 이른바 도치道治에 해당한다. 한자의 법치는 사사로움이 전혀 없는 무사법치無私法治를 가장 이상적인 통치로 간주한 점에서 노자의 '도치'와 취지를 같이한다. 『도덕경』 제79장은 '도치'의 요체를 사사로움이 없는 천도무친天道無親으로 표현해 놓았다. 유가도 최상의 이상적인 통치를 공평무사에서 찾은 점에서는 별반 차이가 없다. 『서경』「채명지중」의 황천무친皇天無親이 그 증거다. 표현만 다를 뿐 기본 취지는 같다. 사마천도 『사기』「화식열전」에서 '도치'를 최상의 통치로 칭송했다. 해당 대목이다.

"최상의 통치는 백성을 천지자연의 도에 부합하도록 이끄는 도민道民이다. 그 다음은 백성을 이롭게 하는 식으로 이끄는 이민利民, 그 다음은 가르쳐 깨우치는 식으로 이끄는 교민敎民, 그 다음은 백성들을 가지런히 바로잡는 식으로 이끄는 제민齊民이다. 마지막으로 최하의 통치는 백성과 이익을 다투는 여민쟁리與民爭利이다."

　도민은 도가, 이민은 상가商家, 교민은 유가, 제민은 법가와 병가의 통치 이념을 요약해 놓은 것이다. 여기의 상가는 제환공을 도와 사상 첫 패업을 이룬 관중을 효시로 한 제자백가를 말한다. 상가의 사상적 배경을 사상 처음으로 설명한 게 『관자』 「경중輕重」이다. '경중'은 원래 재화와 화폐 등을 관장하는 부서를 뜻한다. 일찍이 주나라는 경제정책을 총괄하는 태부大府를 비롯해 관할영역에 따라 옥부玉府와 내부內府, 외부外府, 천부泉府, 천부天府, 직내職內, 직금職金, 직폐職幣 등의 9개 부처를 설치했다. 관중은 이들 9개 부처를 중상정책의 산실로 파악하면서 '경중'을 재화로 풀이한 것이다. 『사기』 「화식열전」의 경중9부輕重九府 명칭은 여기서 나왔다. 『사기』 「관안열전」 역시 관중의 부국강병 정책을 설명하면서 『관자』의 '경중' 용어를 그대로 사용하고 있다.

　사마천이 「화식열전」에서 중상을 역설한 것은 『관자』의 가르침에 크게 공명한 결과다. 21세기에 들어와 중국 학계는 관중에서 시작해 자공을 거쳐 사마천에 의해 집대성된 부민부국의 사상적 흐름을 '상가'로 요약하고 있다. 중국 학계에서는 경중가輕重家로 부르고 있다. 일종의 외교학파에 해당하는 소진과 장의 등이 합종책과 연횡책을 주도한 점에 주목해 종횡가縱衡家로 명명한 것과 같은 취지이다. 그러나 경제학파에 해당하는 관중은 부국강병의 관건을 중상에서 찾았다는 점에서 '경중가'보다는 '상가'로 표현하는 게 타당하다. 제자백가의 구성원이 하나 더 늘어난 셈이다.

제2항 관자사상의 구성

1) 부강주의富强主義

부국강병과 예의염치

부강富强은 부국강병富國强兵의 줄임말이다. 관중은 역사상 최초로 '부국강병'을 기치로 내걸고 이를 실현시킨 최초의 정치가이자 사상가에 해당한다. 관중의 '부국강병' 주장에서 주목할 점은 춘추시대 첫 패업을 이루기 위해 부민富民을 생략한 채 곧바로 부국강병으로 나아가고자 한 제환공의 성급한 행보를 제지하면서 '부민'을 관철시킨 점이다. 이를 뒷받침하는 『관자』 「치국」의 해당 대목이다.

"무릇 치국의 길은 반드시 우선 백성을 잘살게 하는 데서 시작한다. 백성들이 부유하면 다스리는 것이 쉽고, 백성들이 가난하면 다스리는 것이 어렵다."

관자사상을 관통하는 최고의 이념을 하나 꼽으라면 우선 백성을 부유하게 만든다는 뜻의 필선부민必先富民으로 표현된 '부민'에 있다. 그의 경제사상을 이른바 '부민주의'로 요약하는 이유다. '부민'은 부국강병의 대전제에 해당한다. 이는 부민이 이뤄져야 부국이 가능하고, 부국이 가능해야 강병이 실현된다는 지극히 간단한 이치에 기초해 있다. 이를 논리적으로 뒷받침하는 매우 유명한 대목이 『관자』 「목민」에 나온다.

"무릇 백성을 다스리는 목민자牧民者는 반드시 4시四時의 농경에 힘쓰고 창름倉廩을 잘 지켜야 한다. 나라에 재물이 많고 풍성하면 먼 곳에 사는 사람도 찾아오고, 땅이 모두 개간되면 백성이 안정된 생업에 종사하며 머무는 곳을 찾게 된다. 창릉이 풍족하면 백성들이 예절禮節을 알게 되고, 입고 먹는 의식衣食이 족하면 영욕榮辱을 알게 된다."

'창름'의 '창'은 곡식을 갈무리하고, '름'은 쌀을 갈무리하는 곳인 국고의 재물을 상징한다. 여기의 예절은 '예의염치'의 도덕적 가치, 영욕은 존비귀천 尊卑貴賤의 국법질서와 존엄을 말한다. 그는 국가가 존립하기 위해서는 백성들 개개인이 예의염치를 좇고 국법질서와 국가존엄을 이해하는 이른바 지례지법知禮知法이 전제돼야 한다고 설파한 것이다.

주목할 점은 '지례지법'의 관건으로 창고를 채우고 백성들을 배불리 먹이는 실창족식實倉足食을 든 점이다. '실창족식'은 '부민'을 뜻하고, '지례지법'은 나라의 '부강'을 의미한다. 그는 나라를 다스리는 요체로 곧 〈부민→부강〉의 도식을 제시한 셈이다.

그의 '부민' 사상은 일련의 '중본억말重本抑末' 정책으로 구체화했다. '중본억말'의 '본本'은 식재植栽와 목축牧畜 및 어염魚鹽 등의 농축수산업을 의미한다. 요즘의 경제정책으로 표현하면 제1차 산업인 농업을 포함해 제2차 산업인 일반 제조업을 강력 후원한 것에 비유할 수 있다.

'말末'과 관련해 그가 시행한 일련의 정책을 보면 더욱 뚜렷하게 나타난다. '말'을 두고 적잖은 사람들이 상업으로 이해하고 있으나 이는 잘못이다. 그가 적극 반대한 것은 사치소비재의 생산 및 유통을 비롯해 고리대 이식을 주업으로 하는 금융서비스산업이다. 이들 산업을 백성들의 생산의욕을 저상시켜 나라의 부강을 가로막는 걸림돌로 본 것이다. 실제로 제1, 2차 산업이 제대로 육성되지 않은 가운데 금융서비스업을 기반으로 한 제3차 산업만 기형적으로 비대해질 경우 경제는 이내 파탄이 날 수밖에 없다.

미국의 역사학자 알프레드 맥코이Alfred McCoy는 지난 2012년에 펴낸 『무한 제국Endless Empire』에서 미국이 2025년 쯤 바로 이런 이유 등으로 인해 급격히 몰락할 것으로 내다봤다. 역사적으로 볼 때 모든 제국은 외양으로는 비할 데 없이 강력한 것처럼 보였지만 사실은 제조업이 붕괴된 취약한 조직체계로 인해 일단 충격이 가해지면 급속도로 몰락할 수밖에 없다는 것이다. 경착륙만 있고 연착륙은 존재한 적이 없다는 게 논거다. 포르투갈은 1년, 소련은 2년, 프랑스는 8년, 오스만 터키는 11년, 대영제국은 17년 만에 힘을 잃었다는 게 그의 진단이다. 미국은 이라크를 침공한 2003년을 기준으로 22년째가 되는 오는 2025년 대영제국과 유사한 몰락의 과정을 맞으리라는 게 그의 분석이다.

맥코이는 동양의 경우를 거론하지 않았으나 중국의 역대 왕조가 몰락한 과정도 별반 다를 바가 없다. 농업을 포함한 제조업 기반이 붕괴된 가운데 관원과 유착한 지주들의 악덕 고리대금업이 횡행하면서 근거지를 잃고 떠돌던 백성들은 이내 유적으로 돌변했다. 군웅이 사방에서 속출하면서 지방 관원들까지 이들에게 협조하는 상황이 빚어지고 이는 곧 왕조의 급속한 몰락으로 이어졌다.

관중은 결코 상업을 중본억말의 '말'로 본 적이 없다. 그는 오히려 이를 중시했다고 봐야 한다. 그가 제3차 산업에서 중시한 것은 이른바 수재輸財였다. 이는 물류物流와 인류人流를 포함한 것이다. 일반 재화를 비롯해 인력 및 정보의 신속하고도 원활한 유통을 의미한다.

그가 말한 '중본'과 '억말'은 불가분의 관계를 맺고 있다. 제조업 분야의 생산력 증대와 이를 지원키 위한 재정 분야의 건전화 정책이 이를 뒷받침한다. 염철鹽鐵에 세금을 부과해 재정을 충당한 게 그 실례다. 그가 염철세를 통해 국부를 쌓은 뒤 패업을 이루어야 한다고 주장한 것은 바로 이 때문이었다.

원래 소금과 철은 철제농구로 농경을 해야 하는 농민들의 입장에서 볼 때 일상생활에 빼놓을 수 없는 것이다. 이 두 가지에 세금을 부과한다면 기왕의 모든 잡세를 없앨지라도 능히 국가재정을 충당할 수 있다고 주장했다. 그의 이런 주장을 이른바 '염철론鹽鐵論'이라고 한다.

그의 '염철론'은 6백년 뒤 전한제국 초기에 『염철론』이라는 책으로 정립되었다. 이는 한소제 때 열린 '염철회의'에서 유가와 법가가 전개한 공방전을 대화체로 정리한 것이다. 당시 염철회의는 유가와 법가 사이에 부국강병에 관한 사상투쟁의 성격을 띠고 있었다. 논의를 주도한 상홍양桑弘羊은 법가사상에 통달한 상인출신 관료였다.

이 회의에서 이른바 '내법외유內法外儒'라는 독특한 통치이론이 만들어졌다. 천하를 다스릴 때 밖으로는 유가의 덕치를 내세우고, 안으로는 법가의 법치를 시행한다는 것이다. 이는 경제국가 건설을 통해 예의염치를 아는 문화국가로의 이행을 추구한 관중의 통치사상과 맥을 같이 한다.

농업 및 염철 등의 제1, 2차 산업생산력 증대는 필연적으로 물류 및 인류의 원활한 흐름을 자극할 수밖에 없다. 이에 그는 제나라로 들어오거나 제나라에서 빠져 나가는 모든 물류 및 인류에 대한 관세를 완전히 철폐했다. 열국을 넘나들며 장사를 하는 상인들이 제나라의 도성인 임치성에 몰려든 것은 말할 것도 없다. 임치성은 전국시대 말기까지 가장 번화한 도시로 존재했다. 학자들은 임치성에 대략 10만 명 이상의 인구가 상주한 것으로 보고 있다. 물류와 인류의 원활한 유통으로 농민은 물론 상공업자들의 자본과 기술이 제나라로 물밀듯이 유입됐다.

그는 금융자산이 버블을 일으키는 것을 우려해 금은 등의 유동성 재화가 곡물 및 염철 등의 제1, 2차 산업 생산물보다 비싸지 않도록 시장에 적극 개입해 가격변동을 조절했다. 생산과 유통의 안정성을 확보하기 위한 조치였다. 21세기에 들어와 미국이 주도한 시장만능주의의 천박한 '신자유주의'가 굉음을 내고 붕괴한 것과 대비되는 대목이다.

부강과 민신의 상호관계

관중의 '부민' 정책은 기본적으로 '부국'을 염두에 둔 것이다. '부국' 정책과 관련해 주목할 만한 것은 균형재정을 뜻하는 절용節用이다. 불요불급한 사업에 대한 방만한 투자를 억제하고 남아도는 관원인 용관冗官 등을 퇴출시켜 건전한 재정을 제도화하는 것을 뜻한다. 관중이 행한 재정의 건전화는 사치억제 정책과 함께 실시됐다. 부국부민을 이루기 위해서는 우선 지배층의 자기절제가 선결돼야 한다는 판단에 따른 것이다. 이를 뒷받침하는 『관자』「팔관」의 해당 대목이다.

"나라를 다스리는데 사치하면 국고를 낭비하게 되어 인민들이 가난하게 된다. 인민들이 가난해지면 간사한 꾀를 내어 나라를 어지럽히게 된다."

관중은 이를 막기 위해서는 재화의 고른 분배가 이뤄져야 한다고 역설했다. 그의 이러한 주장은 땅과 노동력의 균배를 의미하는 균지분력均地分力과 전 인민에게 재화를 고르게 나눠주는 여민분화與民分貨를 의미한다. 빈부의 격차가 적어야만 통치가 제대로 이뤄질 수 있다는 판단에 따른 것이다. 이는 공자의 주장과 맥을 같이 한다. 『논어』「계씨」의 해당 대목이다.

"내가 듣건대, '유국자有國者와 유가자有家者는 재물이 적은 것을 근심하지 않고 고르지 못한 것을 걱정하며, 가난한 것을 근심하지 않고 편안치 못한 것을 근심한다.'고 했다. 대개 고르면 가난하게 되는 일이 없고, 조화를 이루면 적게 되는 일이 없고, 편안하면 기울어지는 일이 없게 된다. 이런 까닭에 먼 곳의 사람이 복종하지 않으면 문덕文德을 닦아 다가오게 하고, 이미 오게 했으면 편하게 만들어 주어야 하는 것이다."

'유국자'는 나라를 보유한 군주, '유가자'는 저택을 보유한 경대부를 말한다. 관중이 「목민」에서 제시한 〈실창족식을 통한 부민→지례지법을 통한 부강〉의 도식은 『논어』「안연」의 다음 일화에 나오는 공자의 언급과 꼭 같다. 이에 따르면 하루는 자공이 정치에 대해 묻자 공자가 이같이 대답했다.

"족식足食과 족병足兵, 민신民信이 이뤄져야 한다."

'족식'은 경제 자립, '족병'은 국방 확립, '민신'은 백성들의 대정부 신뢰를 말한다. 자공이 외적의 침공으로 인해 성이 함락되는 등의 극단적인 위기상황을 전제로 다시 물었다.

"만일 부득이하여 반드시 하나를 버리기로 한다면 세 가지 중에서 무엇을 먼저 버려야 합니까?"

"거병去兵해야 할 것이다."

'거병'은 병력의 감축을 뜻한다. 공자가 대답했다.

"만일 부득이하여 반드시 하나를 버리기로 한다면 나머지 두 가지 중에서 무엇을 먼저 버려야 합니까?"

"거식去食해야 할 것이다. 자고로 먹지 못하면 죽을 수밖에 없으나 사람은 누구나 죽기 마련이다. 그러나 '민신'이 없으면 나라가 설 수조차 없게 된다."

'거식'은 경제의 축소를 의미한다. 공자의 이러한 주장은 일견 '족식'에 해당하는 '실창'을 강조한 관중의 주장과 배치되는 것처럼 보인다. 실제로 성리학자들은 그같이 해석하면서 관중이 말한 〈실창족식을 통한 부민→지례지법을 통한 부강〉 도식이 공자사상과 배치된다고 주장했다.

이 대목에서 공자가 '민신'을 가장 중요한 국가존립의 요건으로 거론한 것은 국가존립을 위한 최소한의 조건인 '족식'과 '족병'을 포기해도 좋다고 말한 게 아니다. 이런 오해가 빚어진 것은 자공이 외적의 침공으로 인해 성이 함락되는 등의 극단적인 위기상황을 전제로 질문했다는 점을 간과한데 있다. 자공이 비상상황을 전제로 질문을 하자 공자가 '거식'과 '거병'을 차례로 언급한 이유가 여기에 있다.

공자가 마지막 구절에서 '민신'을 강조한 것은 나라가 패망의 위기에 직면했을 때 군주가 솔선수범하는 자세를 보여야만 백성들이 그를 믿고 위기상황을 마침내 벗어날 수 있다는 사실을 역설한 것이다. 지배자와 피지배자 모두 생사를 같이 하는 국가공동체의 주체라는 점을 부각시키고자 한 게 진정한 취지이다. 결코 평시에도 '거식'과 '거병'을 해도 좋다고 말한 게 아니다. 그럼에도 성리학자들은 문맥 전체를 고찰하지 않고 '믿음이 무기나 식량보다 더 중요하다.'는 황당한 풀이를 한 것이다. 이를 최초로 규명한 인물이 바로 명대 말기에 활약한 이탁오李卓吾이다. 그는 자신의 명저 『분서焚書』「잡술雜述, 병식론兵食論」에서 이같이 갈파했다.

"인간이 처음으로 세상에 나타났을 때는 짐승과 다름없었다. 동굴 속에 살고 들판에서 기거하며 초목의 열매를 주워 먹었다. 게다가 다른 짐승들처럼 먹이를 후려치거나 물어뜯을 조아爪牙가 없고 몸을 가려줄 깃털이나 털도 없어 딴 짐승에게 잡아먹히지 않는 경우가 드물었다. 무릇 하늘이 인간을 낸 것은 만물 중에서 가장 귀하게 여겼기 때문일 것이다. 다른 짐승에게 잡아먹힐 형편이라면 차라리 내지 않느니만 못했기 때문이다. 인간은 형세에서 스스로 다른 것의 힘을 빌려 사용해야 했다. 활과 화살, 길고 짧은 창, 갑옷과 투구, 칼과 방패 따위의 설비를 갖추지 않으면 안 되는 이유다. 원래 생명이 주어지면 그 생명을 먹여 살릴 바가 반드시 있게 마련이다. 그게 바로 식량이다. 몸이 주어지면 반드시 그 몸을 지킬 도구가 필요하게 마련이다. 그게 바로 무기이다. 식량은 다급히 해결해야 할 문제인 까닭에 정전제井田制 같은 제도가 등장했다. 몸을 지키는 문제 역시 시급한 탓에 활과 화살, 갑옷과 투구 등의 무기가 등장했다. 이는 짐승의 발톱과 이 등을 대신한 것으로 덕분에 호랑이와 표범 등을 멀리 쫓아내게 됐다. 인간이 살아가면서 평안해하는 것을 얻게 된 것은 이런 도구들 덕분이 아니겠는가?

무릇 윗사람이 되어 백성이 배불리 먹고 안전하게 살 수 있도록 지켜주기만 하면 백성도 윗사람을 믿고 따를 것이다. 부득이한 상황에 이를지라도 차라리 죽을지언정 떠나가지 않을 것이다. 이는 평소 윗사람이 그들의 안전과 식량을 충분히 제공해주었기 때문이다. 공자가 『논어』「안연」에서 '거병'과 '거식'을 거론한 것은 실제로 군사와 식량을 버리게 하려는 의도가 아니다. 이는 어쩔 수 없는 위기상황을 전제로 한 것이다. 어쩔 수 없는 위기상황에서 비롯된 것이라면 백성들도 '거병'과 '거식'의 부득이한 상황을 감내하면서 윗사람을 불신하는 지경까지는 이르지 않게 된다. 그래서 마지막에

'민신'을 언급한 것이다. 그런데도 어리석은 유자儒者들은 반대로 믿음이 무기나 식량보다 더 중요하다고 지껄이고 있다. 이는 성인이 하신 말의 참뜻을 제대로 파악치 못한 탓이다.

군사력과 식량이 과연 별개의 문제인가? 군사력이 지켜주지 않으면 식량도 절대 확보될 수 없다. 무기란 사지에서 쓰이는 것이라 사람들은 이를 거론하는 것조차 꺼린다. 그러나 무기가 없으면 자신을 지켜낼 수 없으니 그 실질은 매우 아름다운 것이다. 원래 실질이 아름다운 것은 잘 드러나지 않게 마련이다. 이를 꺼리게 되면 결국 아예 듣지 않으려는 지경에 이르게 된다. 아랫사람들이 듣기 싫어한다고 윗사람까지 이를 거론하려 들지 않으면 세 번 명령하고 다섯 번 되풀이하는 식으로 군령을 거듭 내리는 3령5신三令五申을 행할지라도 정작 위급할 때 무슨 소용이 있겠는가? 천하가 평안할 때 군사훈련을 행하면 백성들은 치세에 어찌하여 공연히 일을 벌려 자신을 괴롭히는 것이냐고 불평한다. 그러나 천하 만민을 평안히 하는 방도로써 부리면 설령 힘이 들지라도 누가 원망의 말을 내뱉겠는가? 유사시에 군사훈련을 시행하면 백성들은 난세에 어찌하여 자신을 사지로 내모느냐고 불평한다. 그러나 천하 만민을 살리는 방도로써 싸움에 임하도록 하면 설령 죽음에 이를지라도 누가 원망의 말을 내뱉겠는가?"

이탁오는 관중이 「목민」에서 언급한 〈실창족식을 통한 부민→지례지법을 통한 부강〉 도식이 공자가 「안연」에서 언급한 〈민신→족식, 족병〉 도식과 완전히 일치하고 있다는 사실을 밝혀낸 최초의 인물이다. 성리학자들이 '믿음이 무기나 식량보다 더 중요하다.'는 식으로 엉뚱하게 해석한 〈거식→거병→민신〉의 도식이 나라가 패망할 위기에 처하는 등의 특수상황을 전제로 한 반대해석임을 밝혀낸 것은 탁견이다. 외적이 쳐들어왔을 때와 같은 비상상황에서는 군민君民이 하나가 되어 싸워야 한다. 식량이 달리고 병력이 거의 소진된 상황에서 군주가 콩 한 알이라고 백성들과 나눠먹겠다는 자세로 솔선수범해야 백성들이 군주와 생사를 같이한다는 각오로 적을 물리칠 수 있다. 공자는 바로 이 경우를 말한 것이다.

객관적으로 볼 때 공자가 「안연」에서 언급한 이 대목의 기본 취지를 제대로 파악하는 게 그리 쉬운 일은 아니다. 내로라하는 성리학자들이 거의 빠짐없이 『논어』에 주석을 달았음에도 〈거식→거병→민신〉의 도식이 〈족식→족병→민신〉 도식과 같은 취지라는 사실을 알아채지 못한 게 그 증거다. 이는 성리학자들이 3강5륜 등의 윤리도덕을 강조하며 지나치게 유심론으로 기울어진 탓으로 볼 수 있다. 이런 식의 논리를 외적이 쳐들어왔을 때와 같은 비상상황에 적용하면 군민이 일치단결해 적과 싸울 생각은 하지 않은 채 매일 모여 적을 성토하는 짓이나 하게 된다.

실제로 그런 일이 병자호란 때 남한산성에서 빚어졌다. 김상헌을 비롯한 척화파들은 연일 '독 안의 쥐' 신세가 되었는데도 산성에 들어오기 전보다 더 격한 어조로 매일 청나라 군사를 성토하는데 여념이 없었다. 주화파인 최명길이 쓴 '항서降書'를 마구 찢으며 울분을 토로한 게 전부다.

이런 식의 인물들이 나라를 망친 것이다. 아무 대책도 없이 '오랑캐' 운운하며 자고자대自高自大한 후과다. 구한말 일본에 나라를 빼앗길 때도 똑같은 모습이 연출됐다. 60여 년 만에 통일시대를 열 수 있는 절호의 기회가 왔는데도 아무런 방략도 없이 3대 세습에 혈안이 돼 있는 북한의 계책에 넘어가 '신냉전'의 위기상황을 자초하고 있는 게 그렇다. '믿음이 무기나 식량보다 더 중요하다.'고 떠벌인 조선성리학의 통폐가 21세기 현재까지 이어지고 있는 것이다. 실제로 명나라는 이탁오의 이런 지적을 받아들이기는커녕 그를 옥에 가두고 자진으로 몰아감으로써 이내 '오랑캐' 청나라에 패망하고 말았다. 대책도 없이 자고자대하는 자들의 말로가 이렇다. 공자가 단순히 느낌으로 관중의 패업을 칭송한 게 아니다.

공자와 관중이 부국강병의 방략에 일치하고 있다는 것은 『관자』와 『논어』의 관련 대목을 비교하면 쉽게 알 수 있다. 춘추시대는 이미 초기부터 힘 있는 제후가 천자를 대신해 천하를 호령하는 모습을 보였다. 이를 역사상 최초로 이론적으로 정립해 제왕학을 만들어낸 사람이 바로 관중이다. 그가 정립한 제왕학은 기본적으로 물은 배를 띄우기도 하지만 배를 전복시키기도 한다는 뜻의 이른바 '수가재주水可載舟, 수가복주水可覆舟'의 이치 위에 구축된 것이다. 『관자』「오보」에 이를 뒷받침하는 대목이 나온다.

"치국의 방법으로 백성에게 이익을 주는 것보다 나은 것이 없다."

관중사상을 '이민利民' 내지 '부민'으로 요약하는 이유다. 백성에게 이익을 주는 '이민' 정책을 펼쳐야 백성이 부유해지는 부민을 달성케 되고, 부민이 완성돼야 나라도 부유해지는 부국이 가능해지고, 부국이 돼야 강병도 실현할 수 있다는 게 그의 주장이다.

그는 이런 기조 위에서 군민일체君民一體의 필요성을 역설했다. 『관자』「군신 상」에 '군주가 백성과 더불어 일체를 이루는 것이 곧 나라로써 나라를 지키고 백성으로써 백성을 지키는 길이다.'라고 강조한 게 그 증거이다. '이민'을 전제하지 않은 한 '부민'은 달성할 길이 없다.

관중의 부국 책략

관중이 추진한 부국강병의 계책은 '부국술富國術'에서 나온 것이다. '부국술'의 성패는 국가의 흥망을 좌우한다. 21세기 스마트혁명 시대의 경제전쟁 상황에서 관중의 '부국술'이 글로벌 기업CEO을 비롯해 세계의 뛰어난 정치지도자들에게 각광을 받는 것도 이런 맥락에서 이해할 수 있다. 관중이 역설한 '부국술'은 기본적으로 '인재경영'과 불가분의 관계를 맺고 있다. 관중이 제환공에 의해 재상으로 발탁되자마자 습붕과 빈서무 등 천하의 인재를 두루 천거한 사실이 이를 뒷받침한다.

인재를 그러모으지 못하면 부국강병의 실현이 불가능하다는 얘기나 다름없다. 실제로 세계의 부를 거머쥐는 비결도 관중의 '부국술'을 떠나서는 생각할 수 없다. 관중의 '부국술'에 깊은 관심을 기울여야 하는 이유다. 관중이 보여준 일련의 '부국술'은 「경중」에 소상히 소개돼 있다.

주목할 것은 관중이 위정자의 절검을 역설하면서도 부유한 상공인의 사치를 적극 권장한 점이다. 『관자』 「치미侈靡」에서 부자의 사치 행각을 오히려 권장한 게 그렇다. 경제에 도움이 된다고 본 것이다. 상가의 특징이 약여하게 드러나는 대목이다. 원래 '치미'의 치侈는 크게 베푼다는 뜻이고, 미靡는 많이 소비한다는 의미이다. 한마디로 사치스런 소비를 상징한다. 이를 뒷받침하는 「치미」의 해당 대목이다.

"음식을 배불리 먹는 것은 백성의 기본 욕구이고, 풍치 있게 노는 풍류風流는 백성의 소원이다. 백성의 욕구와 소원을 만족시키면 능히 그들을 부릴 수 있다. 지금 백성들로 하여금 가죽을 걸치고, 짐승의 뿔을 쓰고, 야생 풀을 먹고, 들판의 물을 마시게 하면 과연 누가 이들을 부릴 수 있겠는가? 욕구와 소원을 이루지 못한 사람으로는 공업功業을 이룰 수 없다. 가장 좋은 음식을 물리도록 먹고, 지극한 즐거움을 물리도록 즐기고, 심지어 새알에 장식을 한 뒤 삶아 먹고, 땔감에 조각을 한 뒤 불을 때도록 허용해야 한다. 불사약不死藥의 단사丹砂가 나는 광산의 굴을 막지 않으면 이를 판매하려는 상인의 발길이 그치지 않을 것이다. 부자가 원하는 만큼 소비토록 하면, 덕분에 빈자도 일자리를 얻게 된다. 이것이 백성을 기르고, 부자와 빈자가 서로 협력해 먹고 살게 하는 길이다. 그러기 위해서는 우선 부자의 분묘를 크고 아름답게 조성토록 한다. 이는 빈자들의 일자리를 만들기 위한 계책이다. 또 분묘를 아름답게 꾸미도록 한다. 이는 화공畵工과 조공彫工의 고용을 위한 계책이다. 이어 관곽을 크게 짜도록 한다. 이는 목공木工의 고용을 위한 계책이다. 나아가 수의壽衣와 수금壽衾 등을 많이 장만토록 한다. 이는 여공女工의 고용을 위한 계책이다. 이것도 충분치 않다. 흙을 모아 담장을 쌓고, 둘레에 울타리 나무를 심고, 부장품을 대거 묻게 한다. 이는 후장厚葬을 통해 백성이 서로 먹고 살도록 조치하려는 것이다. 연후에 비로소 백성이 서로를 이롭게 하고, 나라 또한 수비와 출정 준비를 합당하게 할 수 있다."

관중은 여기서 부자를 중심으로 한 왕성한 소비를 역설하고 있다. 그 이유는 크게 3가지이다. 첫째, 경기가 좋지 않을수록 부자의 소비를 촉진시켜 민생을 안정시킬 필요가 있다. 둘째, 빈부격차를 해소키 위해 부자는 사치품을 비롯한 각종 재화를 열심히 소비하고 빈자는 이를 위한 생산에 종사하는 방안을 적극 강구할 필요가 있다. 셋째, 농업증산을 위한 자금 조달 방안으로 소비 확대와 유통 촉진만큼 좋은 게 없다. 이는 여타 제자백가 모두 근검절약을 통한 소비억제를 역설한 것과 극명한 대조를 이룬다. 제자백가서 가운데 사치품을 포함한 소비 촉진을 통해 경제를 활성화하고, 민생을 안정시키는 방안을 제시한 것은 『관자』밖에 없다. 관중을 상가의 효시로 보는 것도 바로 이 때문이다.

관중은 기본적으로 경제를 활성화하기 위해서는 재화의 유통을 뜻하는 이른바 수재輸財가 원활해야 한다고 주장했다. '수재'는 물류物流와 인류人流을 포함한 개념이다. 일반 재화를 비롯해 인력 및 정보의 신속하고도 원활한 유통을 의미한다. 관중이 제조업 분야의 생산력 증대와 이를 지원키 위한 재정 분야의 건전화 정책을 추진한 배경이다. 염철鹽鐵에 세금을 부과해 재정을 충당한 게 그 실례다. 그가 염철세를 통해 국부를 쌓은 뒤 패업을 이루어야 한다고 주장한 것은 바로 이 때문이었다.

원래 소금과 철은 철제농구로 농경을 해야 하는 농민들의 입장에서 볼 때 일상생활에 빼놓을 수 없는 것이다. 이 두 가지에 세금을 부과한다면 기왕의 모든 잡세를 없앨지라도 능히 국가재정을 충당할 수 있다고 주장했다. 그의 이런 주장을 이른바 염철론鹽鐵論이라고 한다. 그의 '염철론'은 6백년 뒤 전한제국 초기에 『염철론』이라는 책으로 정립되었다. 이는 한소제 때 열린 '염철회의'에서 유가와 법가가 전개한 공방전을 대화체로 정리한 것이다.

이 회의에서 이른바 '외유내법外儒內法'이라고 하는 독특한 통치이론이 만들어졌다. 천하를 다스릴 때 겉으로는 유가의 덕치를 내세우고, 안으로는 법가의 법치를 시행한다는 것이다. 이는 경제국가 건설을 통해 예의염치를 아는 문화국가로의 이행을 추구한 관중사상과 맥을 같이 한다.

고금을 막론하고 농업 및 염철 등의 제1, 2차 산업생산력 증대는 필연적으로 물류 및 인류의 원활한 흐름을 자극할 수밖에 없다. 관중이 제나라로 들어오거나 제나라에서 빠져 나가는 모든 물류 및 인류에 대한 관세를 완전히 철폐한 이유다. 덕분에 열국을 넘나들며 장사를 하는 상인들이 제나라의 도성인 임치성에 몰려들었다. 임치성이 전국시대 말기까지 가장 번화한 도시로 존재한 근본 배경이다. 학자들은 당시 임치성에 대략 10만 명 이상의 인구가 상주한 것으로 보고 있다. 물류와 인류의 원활한 유통은 동시에 농민은 물론 상공업자들의 자본과 기술이 제나라로 물밀듯이 유입됐다.

당시 관중은 금융자산이 버블을 일으키는 것을 우려해 금은 등의 유동성 재화가 곡물 및 염철 등의 제1, 2차 산업 생산물보다 비싸지 않도록 시장에 적극 개입해 가격변동을 조절했다. 생산과 유통의 안정성을 확보하기 위한 조치였다. 21세기에 들어와 미국이 주도한 시장만능주의의 천박한 '신자유주의'가 굉음을 내고 붕괴한 것과 대비되는 대목이다.

사마천이 「화식열전」에서 상가 이론을 집대성하면서 공자의 수제자 자공子貢을 일면 공부하고 일면 돈을 버는 이른바 유상儒商의 효시로 대서특필해 놓은 것도 이런 맥락에서 이해할 수 있다. 원래 공자가 생전에 총애했던 애제자로는 크게 자공을 비롯해 안회顏回와 자로子路 등 3인을 들 수 있다. 불행하게도 안회와 자로는 스승인 공자에 앞서 요절했다. 공자가 안회를 총애한 것은 자신의 사상을 집약한 인仁을 능히 실천한 사람으로 평가했기 때문이다. 자로는 의義를 상징했다. 주군을 위해 몸 바쳐 싸운 게 그렇다.

자공은 공자의 학문을 가장 열심히 연마한 것은 물론 뛰어난 재주로 천하의 부를 거머쥐었다는 점에서 매우 특이한 인물이다. 사마천은 「화식열전」에서 자공을 극찬해 놓았다. 해당 대목이다.

"자공은 일찍이 공자에게서 배웠다. 물러나서는 위나라에서 벼슬을 했다. 또 조나라와 노나라 사이에서는 물자를 사두고 내다 파는 등의 장사를 했다. 공자의 제자 70여 명 가운데 자공이 가장 부유했다. 자공은 네 마리 말이 이끄는 수레를 타고 비단꾸러미 예물로 제후들을 방문했다. 그가 이르는 곳마다 제후들 중 뜰의 양쪽으로 내려와 자공과 대등한 예를 행하지 않는 자가 없었다. 무릇 공자의 이름이 천하에 골고루 알려지게 된 것은 자공이 그를 앞뒤로 도왔기 때문이다. 이야말로 이른바 '부유한 사람이 세력을 얻으면 세상에 그 이름을 더욱 드러낸다.'고 하는 게 아니겠는가!"

자공은 원래 주나라 도성인 낙양 인근의 위衛나라 사람으로 이름은 단목사端沐賜이다. 나이는 공자보다 31년이나 아래였다. 자공은 공자의 제자 중 가장 머리가 명석했고 특히 언변에 출중한 재능이 있었다. 사서에는 그의 화려한 행보가 대거 실려 있다. 자공의 재지才智를 짐작케 해주는 일화가 『논어』 「공야장」에 실려 있다. 하루는 공자가 자공에게 물었다.

"너와 안회 중 누가 더 나으냐?"

자공이 대답했다.

"제가 어찌 감히 안회를 바라볼 수 있겠습니까? 안회는 하나를 들으면 열을 알고, 저는 하나를 알면 겨우 둘을 알 뿐입니다."

참으로 절묘한 대답이다. 당시 공자는 자공이 자신의 뛰어난 재지를 과신한 나머지 매사에 지나친 자만심을 보일까 우려해 이런 질문을 던진 것으로 짐작된다. 당시 자공은 당돌하게도 공자에게 이같이 되물었다.

"저는 어떤 사람입니까?"

스승의 질문에 대한 반격의 성격이 짙었다. 공자가 대답했다.

"너는 그릇이다."

"어떤 그릇입니까?"

"호련瑚璉이다."

'호련'은 종묘제사에 쓰는 귀한 그릇을 지칭한다. 공자도 자공의 뛰어난 재능을 액면 그대로 인정한 셈이다. 자공은 머리도 비상하고 언변이 뛰어났던 만큼 스승인 공자를 가장 잘 변호한 인물이기도 했다. 하루는 제나라의 권신인 진항陳恒이 자공에게 이같이 물은 적이 있었다.

"중니는 누구에게서 배웠소?"

"주문왕과 주무왕의 도가 아직 땅에 떨어지지 않고 사람에게 보존되어 있습니다. 현자들은 모두 그것을 기억하고 있습니다. 주문왕과 주무왕의 도를 사람마다 지니고 있으니 선생님이 누구에겐들 배우지 않았겠습니까? 그러니 또한 어찌 일정한 스승을 두었겠습니까!"

반론의 여지가 없는 명변明辯이다. 실제로 공자는 일정한 스승 밑에서 배운 적이 없었다. 삶의 체험 속에서 인애仁愛의 이치를 터득했다. 공자사상을 한마디로 요약한 인仁에 대해 수천 년 동안 무수한 사람들이 수도 셀 수 없을 정도로 다양한 해석을 시도했음에도 '인즉인仁則人'보다 더 절묘한 해석은 존재하지 않는다. 인학仁學은 사람에 관한 인학人學인 동시에 사람 사이의 관계에 관한 인간학人間學이고, '지'와 '덕'을 겸비한 군자가 되기 위한 군자학이다. 공자사상이 사람을 제대로 아는 지인知人에서 시작해 사람을 두루 사랑하는 애인愛人에서 끝나는 이유다. 자공은 바로 공자사상의 요체를 꿰고 있었던 것이다.

그러나 후세인들의 자공에 대한 평가는 매우 인색했다. 이는 그가 이재理財에 밝았던 것과도 무관치는 않았을 것이다. 사마천이 자공을 높이 평가한 것과 대비된다. 객관적으로 볼 때 명분을 중시한 성리학자들이 이재에 밝았던 자공을 높이 평가할 리 만무했다. 늘 말을 신중히 한 까닭에 일견 어눌한 느낌마저 준 공자와 대비되는 까닭에 자공의 뛰어난 언변도 못마땅했을 것이다.

관중의 강병책

역사학자들의 통계에 따르면 인류가 문자를 사용한 이후 21세기 현재에 이르기까지 5천여 년 동안 기록으로 남아 있는 전쟁 횟수를 모두 합치면 총 14,531회에 이른다고 한다. 한해 평균 2.6회의 전쟁이 벌어진 셈이다. 『춘추좌전』이 다루고 있는 기원전 722년에서 481년 사이 매년 평균 1번꼴로 전쟁이 빚어졌다. 당시 전 세계에서 동시다발적으로 터져 나온 전쟁 가운데 절반 가까이가 중국에서 빚어진 셈이다.

춘추전국시대는 동서고금의 전 역사를 통틀어 사상적으로 가장 활발한 시기였다. 수많은 제자백가가 출현해 치열한 사상논쟁인 백가쟁명을 전개한 게 그 증거다. 제자백가 가운데 국가존망을 좌우하는 전쟁문제를 전문적으로 다룬 학단學團이 바로 병가이다. 공자와 묵자 및 노자 등이 각각 유가와 묵가 및 도가의 사상적 효시로 간주되고 있는 것과 달리 병가는 아직까지 누가 효시인지에 대해 정설이 없는 실정이다.

대다수 사람들은 춘추시대 말기 오자서伍子胥와 함께 오왕 합려闔閭의 패업을 도운 손무孫武를 들고 있다. 전국시대 초기 위문후魏文侯의 패업을 도운 오기吳起와 전국시대 중기 제나라에서 활약한 손빈孫臏을 드는 견해도 만만치 않으나 통설은 손무이다. 세계 최대의 관찬 도서목록인 건륭제 때의 『사고전서총목제요四庫全書總目提要』는 손무를 '1백 세대에 걸쳐 병법을 얘기할 때마다 거론하는 병가의 시조'로 칭송해 놓았다. 후대인들이 그를 병성兵聖이라 부른 이유다. 중국은 물론 한국과 일본 등 동아시아 3국에서 대다수 학자들이 그를 병가의 효시로 거론하고 있는 것도 같은 맥락이다. 말할 것도 없이 그를 『손자병법』의 저자로 간주한 탓이다.

그러나 엄밀히 말하면 병가의 효시는 춘추시대 중기 제환공을 도와 패업을 이룬 관중으로 보는 게 옳다. 이를 뒷받침하는 대목이 『관자』의 「칠법」과 「유관」, 「금장」, 「병법」, 「지도」, 「세」 등에 산재해 있다. 여기에 나오는 전략전술 등을 통틀어 흔히 '관자병법管子兵法'이라고 한다. 「유관」은 『손자병법』 등의 모든 병서가 최상의 전략으로 꼽고 있는 부전굴인不戰屈人을 지선부전至善不戰으로 표현해 놓았다. 해당 대목이다.

"전쟁이 잦으면 병사들이 피로하고, 승리가 잦으면 군주는 교만해진다. 교만한 군주가 피로한 백성을 부리면 나라는 위태로워진다. 가장 좋은 것은 싸우지 않고 이기는 것으로 이를 '지선부전'이라고 한다. 그 다음은 단 한 번만 싸워 승리를 거두는 일전이승一戰而勝이다. 대승大勝은 여러 번 이기는 것을 모은 것이나 의로운 전쟁이 아닌 게 없어야 가히 대승이라고 이를 수 있다."

'관자병법'의 가장 특징 가운데 하나는 전쟁을 정치의 연장으로 간주하고 있는 점이다. 마키아벨리의 『전술론』은 클라우제비츠가 『전쟁론』에서 역설하는 이른바 정전政戰의 입장과 하등 다를 게 없다. 삼국시대의 조조는 이런 입장에 입각해 현존 『손자병법』인 『손자약해孫子略解』를 새롭게 펴낸 바 있다. 『도덕경』의 부득이용병不得已用兵 취지를 병도兵道의 원리로 격상시킨 이른바 집이시동戢而時動을 역설한 게 그렇다. 평시에는 무기를 거두어 두었다가 부득이할 때 용병한다는 뜻이다. 이는 『관자』 「금장」의 다음 대목과 궤를 같이하는 것이다.

"무릇 천하를 보유한 군주가 적국의 민정民情에 문제가 있다는 사실을 알고 토벌에 나서면 제업帝業, 적국의 국사國事에 문제가 있다는 사실을 알고 토벌에 나서면 왕업王業, 정사政事에 문제가 있다는 사실을 알고 토벌에 나서면 패업霸業을 이룰 수 있다."

여기의 '제업'이 바로 『도덕경』에서 말하는 '부득이용병'이다. 제자백가서를 박람博覽한 조조가 『손자약해』 서문에서 '집이시동'을 역설한 것은 「금장」의 이 대목에 힌트를 얻은 결과일지도 모른다. 주목할 것은 「금장」에서 병가가 최상의 전략으로 언급하고 있는 벌모伐謀의 계책을 상세히 언급해 놓은 점이다.

"계책을 써 적국을 제압하는 벌모伐謀의 계책은 모두 5가지이다. 첫째, 친총분위親寵分威이다. 적국의 군주가 총애하는 신하를 가까이하여 그의 권세를 깎아내림으로써 두 마음을 품게 하는 계책이다. 적국 군신의 친밀한 관계가 벌어져 충성하는 신하가 등용되지 못하면 적국은 이내 위기에 처하게 된다. 둘째, 친증후뢰親憎厚賂이다. 적국의 군주가 미워하는 대신을 찾아낸 뒤 은밀히 후한 뇌물로 매수해 적국의 내부 정황을 소상히 파악하는 계책이다. 적국 대신이 몸만 조정에 있을 뿐 마음은 밖에 두고 있는 만큼 적국 내부의 정황을 소상히 파악하는 게 가능하다. 셋째, 색내폐외塞內蔽外이다. 적국 군주가 음탕한 짓을 즐긴다는 얘기를 들으면 이를 조장하기 위해 곧 악대와 미희를 들여보내 궁 안에서 그의 이목을 막고, 아첨을 잘하는 자와 준마를 들여보내 궁 밖에서 그의 이목을 가리는 계책이다. 적국 군주의 이목이 안팎으로 막히고 가려지면 적국은 이내 패망케 된다. 넷째, 심친음도深親陰圖이다. 적국의 군주와 형제처럼 친밀히 지내면서 은밀히 잠입시킨 변사辯士를 받아들이게 만든 뒤 계책을 도모하고, 짐짓 투항한 용사를 받아들이게 만든 뒤 만용을 부추기는 계책이다. 이후 적국의 동맹국에 다시 사람을 들여보내 적국과 맺은 맹약을 파기하게 하고, 사자의 왕래를 끊게 하고, 적국과 적대토록 상황을 유도한다. 그러면 반드시 다투게 되고, 두 나라가 서로 적대하면 반드시 폐단이 나타나게 된다. 다섯째 심찰자적深察自賊이다. 깊이 잠입해 적국 군주의 계모를 알아내고, 충신을 삼가 존중하는 자세로 접근해 이간책으로 군신이 서로 불신한 나머지 마음이 떠나도록 만드는 계책이다. 마음이 떠나면 서로 합할 수 없는 까닭에 반드시 내분이 일어나 충신을 죽이게 된다. 충신이 이미 죽은 까닭에 적국의 정권을 쉽게 빼앗을 수 있다. 이 5가지가 벌모의 계책으로 공업을 이루는 방안이다."

이는 『손자병법』에도 나오지 않는 것이다. 『손자병법』은 단지 계책을 써 상대를 제압하는 '벌모'만을 언급해 놓았을 뿐이다. 여기에 나오는 5가지 '벌모' 계책인 친총분위親寵分威, 친증후뢰親憎厚賂, 색내폐외塞內蔽外, 심친음도심친음圖深親陰, 심찰자적深察自賊 등은 21세기 군사전략에도 그대로 사용할 수 있는 것이다. 기본 취지는 『손자병법』「모공謀攻」이 역설했듯이 적을 착각에 빠뜨리는 궤도詭道의 일환으로 나온 것이다. '궤도'는 『손자병법』을 비롯한 모든 병서의 기본전략이기도 하다. 「모공」의 해당 대목이다.

"백 번 싸워 백 번 이기는 백전백승百戰百勝은 결코 최상의 계책이 될 수 없다. 싸우지 않고도 굴복시키는 부전굴인不戰屈人이야말로 최상의 계책에 해당한다. 최상의 용병 계책은 지략으로 적을 굴복시키는 것이다. 차선의 계책은 외교수단으로 적을 굴복시키는 것이다. 차차선의 계책은 무력으로 적을 굴복시키는 것이다. 최하의 계책은 적의 성을 직접 공격하는 것이다."

「모공」의 본문에 나오는 상병벌모上兵伐謀의 '상병'은 최상의 용병, '벌모'는 계략을 이용한 진공을 뜻한다. 벌교伐交는 적의 동맹외교를 차단한다는 뜻이다. 적을 고립시켜 굴복시키는 것을 의미한다. 벌병伐兵은 무력을 동원해 굴복시킨다는 뜻이다. 공성攻城은 적의 도성을 포위 공격하는 식의 직접적인 타격을 의미한다. 『관자』「금장」에 소개된 5가지 계책은 「모공」에 나오는 '벌모'의 계책을 다시 세분한 것에 해당한다. 일각에서 관중을 병가의 효시嚆矢로 간주하며 '관자병법'을 병법의 남상濫觴으로 보는 이유가 여기에 있다.

객관적으로 볼 때 원래 관중은 병가뿐만 아니라 제자백가의 사상적 효시에 해당한다. 그만큼 폭이 넓고 깊다. 실제로 『관자』「병법」은 그 내용이 『손자병법』을 방불케 한다. 「병법」의 다음 구절을 보면 이를 쉽게 알 수 있다.

"용병을 원대하게 하면 반드시 승리할 수 있다. 적들로 하여금 마치 공허한 곳에 머물며 그림자와 싸우는 것처럼 만들 수 있고, 적이 대책을 세우지 못하고 아군의 자취를 추적하지 못하게 만들면 이기지 못하는 경우가 없다. 적이 아군의 형적을 추적하지 못하고 임의로 작전할 수 없게 만들면 이루지 못할 게 없다. 이를 일러 병도라고 한다. 사라졌으나 있는 것 같고, 뒤에 있으나 앞에 있는 것 같으니 병도의 위엄은 이루 형용할 수 없다."

『손자병법』과 비교해도 전혀 손색이 없다. 관중을 병가사상의 효시로 간주하는 이유다. 『관자』에 따르면 군사력의 강약에 의해 국가의 존망과 안위가 결정된다. 『관자』가 군비폐지론에 해당하는 송견宋銒 등의 침병지설寢兵之說과 묵자의 겸애지설兼愛之說에 반대하며 전쟁불가피론에 입각해 군비강화를 역설한 이유다. 고대 성왕들의 전성시대에도 군대가 있었다는 게 논거다.

이는 상가의 이론이 이념적인 지표에서는 유가와 제휴하고, 구체적인 실천 방안에서는 병가와 손을 잡게 되었음을 의미한다. 『관자』의 키워드인 부국강병의 궁극적인 목표가 예의염치를 아는 문화대국의 건설인 점을 감안하면 당연한 결과이기도 하다. 실제로 『관자』를 보면 『손자병법』을 방불케 하는 병가의 전략전술 이론이 매우 많다. 『관자』 「병법」의 다음 대목이 이를 뒷받침한다.

"천지만물의 운행원리인 도를 밝히는 것이 황도皇道, 도를 살피는 것이 제도帝道, 덕을 통하는 것이 왕도王道, 전략을 세운 뒤 용병하여 승리를 거두는 것이 패도霸道이다. 용병을 두고 도를 갖추거나 덕이 지극한 것은 아니지만 제왕을 보좌해 패업을 이루는 계책이라고 말하는 이유다. 지금 시대의 용병은 그러하지 못한다. 용병의 경중을 알지 못하기 때문이다. 군사가 출병하는 날에 나라가 빈곤하면 결코 전쟁을 할 수 없고, 승리할지라도 사상자가 많게 되고, 땅을 얻을지라도 나라가 피폐하게 된다."

『손자병법』의 첫머리에 나오는 대목과 같다. 관중은 기본적으로 『손자병법』과 클라우제비츠의 『전쟁론』처럼 군사를 정치의 연장으로 간주했다. 정사가 제대로 이뤄지지 않는 한 전쟁에서 결코 승리할 수 없다고 역설한 이유다. 관중의 패업은 군사력을 동원해 이룩한 것이다. 이는 부민부국이 전제됐기에 가능했다. 부민부국은 정치의 영역이다. 그는 정치가 제대로 되지 않으면 패업은커녕 나라를 보전하는 일조차 불가능하다고 보았다. 이를 뒷받침하는 『관자』 「패언」의 해당 대목이다.

"옛날의 명군은 준마駿馬와 주옥珠玉을 가볍게 여기고 정사와 군사를 중시했다. 그러나 나라를 망친 군주들은 문인에게는 정사를 맡기지 않은 채 말을 타라고 하고, 무인에게는 군사를 맡기지 않은 채 주옥만을 주었다. 이들은 대궐을 꾸미는데 힘쓰고 나라의 방비를 소홀히 함으로써 결국 영토가 깎이고 말았다."

관중은 문인에게 정치를 맡겨야 하듯이 무인에게 군사를 맡겨야 나라를 제대로 보위할 수 있다고 본 것이다. 군사를 중시하는 중군重軍사상에 해당한다. 확고한 무력을 구비하고 있어야만 천하의 제후들을 능히 제압할 수 있다고 판단한 결과다. 『관자』「이정」에 이를 뒷받침하는 해당 대목이 나온다.

"무력을 가볍게 여기는 이론이 득세하면 아무리 험난한 요새가 있을지라도 나라를 지킬 수 없다."

중군의 대전제는 말할 것도 없이 부민부국이다. 관중이 중상주의에 입각한 일련의 정책을 펼치면서 동시에 군사력 강화에 세심한 주의를 베푼 이유다. 『관자』「권수」의 해당 대목이다.

"국토를 수비하는 바탕은 성城이고, 성을 지키는 바탕은 병력이고, 병력을 보유하는 바탕은 인간이고, 인간을 보전하는 바탕은 곡식이다. 땅이 제대로 개간되지 않아 곡식생산이 부진하면 국토수비의 바탕인 성도 결코 견고할 수 없다."

고금을 막론하고 경제력이 뒷받침되지 않는 군사력 강화는 이내 한계를 드러낼 수밖에 없다. 이를 통해 『관자』가 부국강병 방안을 매우 체계적으로 제시했음을 알 수 있다. 〈부민→부국→강병→승적勝敵→정천하正天下→문화대국 건설〉이 그것이다. '승적'의 이치는 싸우지 않고도 이기는 부전승不戰勝에 있다. 그는 자신의 주장을 뒷받침하기 위해 『손자병법』을 방불케 하는 구체적인 실천방안을 대거 제시했다. 『관자』「칠법」에 나오는 다음 대목이 그 증거다.

"주어진 형세에 맞는 법령과 문물제도가 갖춰져 있지 않으면 제대로 다스릴 수 없다. 백성들을 잘 다스릴지라도 용병의 술수를 모르면 나라를 지킬 수 없다. 군사력을 강화할 줄 알아도 적국과 싸워 이기는 이치를 모르면 역시 승리를 거둘 수 없다. 반드시 승리를 거둘지라도 천하를 바로잡아 다스리는 대의명분을 밝히지 못하면 대업을 이룰 수 없다."

치국治國은 법령과 문물제도의 완비에서 출발하고, 보국保國은 용병의 술수를 파악하는데서 출발하고, 무력을 배경으로 천하를 호령하는 패천하霸天下는 승적의 이치를 아는데서 출발하고, 천하인의 지지를 받는 문화대국을 건설키 위해서는 반드시 대의명분을 기치로 내건 데서 출발한다고 설파한 것이다. 단계별 목표를 이루기 위한 구체적인 방안을 제시한 셈이다. 이를 도식으로 정리하면 다음과 같다.

치민유기治民有器 즉 부민부국의 건설
↓
위병유수爲兵有數 즉 강병강국의 완성
↓
승적유리勝敵有理 즉 천하패권의 장악
↓
정천하유분正天下有分 즉 예의염치를 아는 문화대국의 건설

『손자병법』이 막강한 무력을 배경으로 한 부전승을 최고의 병법으로 내세운 것과 맥을 같이한다. 병가의 강도强道가 유가의 왕도 및 법가의 패도와 마찬가지로 『도덕경』의 제도帝道를 최상의 치도로 삼고 있음을 보여준다. 병가의 '병도'와 상가의 이도利道가 접목하는 지점이 바로 여기다.

관중이 제시한 이런 도식은 병가에서 말하는 일종의 전략에 해당한다. 관중은 『손자병법』과 마찬가지로 이들 단계별 전략목표를 실천하기 위한 전

술목표도 단계별로 제시했다. 군사력 강화를 뜻하는 위병지수爲兵有數를 실현하기 위해 제시한 8가지 실천지침이 그 실례이다. 『관자』「칠법」의 해당 대목이다.

"군사력을 강화하기 위해서는 다음 8가지 방안을 차례로 이뤄야 한다. 첫째, 먼저 군수물자를 풍족하게 모아야 한다. 둘째, 군사 기술자를 존중해야 한다. 셋째, 최신 병기를 만들어야 한다. 넷째, 용맹한 병사를 선발해야 한다. 다섯째, 기강을 바로 세워야 한다. 여섯째, 엄한 훈련으로 전투기술을 충분히 습득시켜야 한다. 일곱째, 천하의 흐름을 알아야 한다. 여덟째, 임기응변의 전술인 기수機數를 구사할 줄 알아야 한다."

관중은 이들 8가지 지침을 모두 충족시키면 전쟁을 하지 않고도 적을 제압하는 천하무적의 군사력을 보유할 수 있다고 주장했다. 주목할 것은 마지막으로 언급한 8번째 지침인 '기수'이다. 아무리 풍족한 군수물자와 용맹스런 정예병을 보유하고 있을지라도 지휘자가 임기응변의 전술을 구사할 줄 모르면 다음 단계인 승적유리勝敵有理 즉 '패천하'를 이룰 수 없다고 본 것이다. 용병을 물 흐르듯 구사할 것을 역설한 『손자병법』의 주장과 일치한다.

그렇다면 임기응변의 전술인 '기수'는 구체적으로 무엇을 말하는 것일까? 시세時勢와 운세運勢를 잘 파악해 이를 최대한 활용하는 것이다. 관중은 『관자』「칠법」에서 이같이 풀이해 놓았다.

"시운時運이야말로 큰 것이라고 할 수 있다. 인위적으로 도모하는 것은 작은 계책에 지나지 않는다."

바로 천하대세의 도도한 흐름인 이른바 천시天時를 언급한 것이다. 나라든 기업이든, 개인이든 천하대세에 올라타면 흥하고, 거스르면 패망한다. 온갖 유형의 흥망성쇠도 천하대세의 큰 흐름 속에 있기 때문이다. 『관자』「승마」의 다음 대목이 이를 뒷받침한다.

"천시를 좇아 일을 처리하는 것은 실로 매우 미묘한 일이다. 다른 사안들처럼 뒤로 미뤄두거나 버릴 수 없기 때문이다. 오늘 해야 할 일을 하지 않고 하룻밤을 넘겨 다음날이 되면 어제의 보물 같은 시간을 영영 잃고 만다. 지난날은 한 번 가면 다시는 돌아오지 않는다."

전쟁터에서 용병을 하거나 들에서 농사를 짓거나 모든 일은 때가 있기 마련이다. 그 때를 놓치면 다시는 같은 기회가 두 번 다시 오지 않는다. 특히 군사작전에서 한번 놓친 기회는 다시 돌아오지 않을 뿐만 아니라 오히려 적국에 물실호기勿失好機로 작용할 수 있다. 좋은 실례가 남북관계이다.

객관적으로 볼 때 지난 1970년대 중반까지만 해도 북한이 남한보다 여러모로 앞섰다. 그러나 이후 상황이 변하기 시작했다. '수출입국'을 기치로 내건 남한이 강력한 중상주의를 추구한 결과다. 지난 1991년 사회주의 종주국인 소련과 동구권이 무너질 때 중국의 덩샤오핑은 한국의 중상주의 정책을 흉내 내 재빨리 개혁개방을 선언하며 천하대세에 올라탔다. 그 결과가 바로 30년 만에 G2로 나타났다. 당시 북한도 이웃 중국을 좇아 전면적인 개혁개방의 길로 나와야만 했다. 그러나 오히려 정반대의 길로 매진했다. 21세기에 들어와 붕괴 일보 직전으로 몰린 이유다.

구한말 당시 조선의 고루한 사대부들은 재빨리 개화해 부국강병에 나설 생각은 하지 않은 채 이웃 일본의 메이지유신을 두고 왜이倭夷가 양이洋夷를 흉내 내고 있다며 크게 비웃었다. 그 결과는 나라의 패망과 백성들의 노예화였다. 관중이 시운을 언급한 이유가 여기에 있다. 『관자』「칠법」은 이같이 경고하고 있다.

"천하의 형편을 두루 알면서 임기응변의 묘책을 잘 구사하기만 하면 능히 거침없이 행동하는 천하무적이 될 수 있다. 우방국에 대해서는 이득을 보도록 도와주고, 적국에 대해서는 손해를 입도록 압력을 가한다. 죄 있는 나라에 대해서는 벌을 내리고, 공을 세운 나라에 대해서는 상을 준다. 그러면 천하의 모든 나라가 기꺼이 따를 것이다."

이는 '패천하'의 방략을 논한 것이다. 적과 동지를 엄중히 가려 공평무사한 상벌을 시행하는 게 관건이다. 얼핏 사방으로 완력을 구사했던 과거 미국의 부시정부를 연상케 만드는 대목이다. 오히려 정반대로 보아야 한다. 「칠법」의 다음 대목이 이를 뒷받침한다.

"천하를 잘 다스리고 공을 이루고자 하면 반드시 예와 의를 좇아야 한다. 예를 따르지 않으면 천하에 군림할 수 없고, 의를 지키지 않으면 천하만민을 다스릴 수 없다."

관중이 언급한 적국은 예의를 따르지 않은 나라를 말한다. 아편전쟁 당시의 대영제국과 그 뒤를 이은 '대미제국'이 본국의 이익을 기준으로 적과 동지를 나눈 것과 질적으로 다르다. 예의에 입각한 관중의 이런 강병승적强兵勝敵 방략은 바로 천시에 올라타 천하를 호령하는 '패천하'의 대전제에 해당한다.

관중은 '패천하'를 이루기 위해서는 단순히 천시에 올라타는 것만으로는 부족하다고 보았다. 주어진 상황에서 최상의 방안을 찾아내는 이른바 지리地利를 적극 활용할 줄 알아야 한다고 역설했다.『관자』「칠법」에 나오는 관중의 해석이다.

"일단 군사계획을 수립한 뒤 유사시에 군사행동을 일으키기로 결정했으면 천시와 지리를 놓치거나 헛되게 만드는 일이 있어서는 안 된다."

그렇다면 그가 말한 '지리'는 구체적으로 무엇을 말하는 것일까? 그가 생각한 '지리'는 주어진 땅을 최대한 이용해 재원을 풍부히 확보하는데서 출발하고 있다. 이는 '천시'와 불가분의 관계를 맺고 있다. 이를 뒷받침하는 『관자』「목민」의 해당 대목이다.

"계절의 변화를 좇아 농사를 짓는데 힘쓰지 않으면 나라의 재물이 늘지 않고, 땅의 이로움을 개발하는데 힘쓰지 않으면 국고를 채울 수 없다. 들판이 황무지로 방치되면 백성이 이내 탐욕스러워지고, 윗사람이 방탕하면 백성들은 이내 망령된 행위를 서슴지 않게 되고, 사치스런 장식을 금하지 않으면 백성들은 이내 문란해진다. 땅을 충분히 활용하는데 힘쓰지 않으면 국고를 채울 수 없다."

『관자』는 병서에서 천시天時만큼 중시하는 지리地利를 크게 2가지로 나눴다. 하나는 군수 차원에서 군량을 확보하는 것이고, 다른 하나는 전술 차원에서 지세의 이점을 적극 활용하는 것이다. 주어진 땅의 이점을 최대한 활용한다는 점에서 양자는 동일하다. 천시와 지리를 결합한 전략전술이 바로 관중이 역설한 필승지계必勝之計이다. 관중은 『관자』「칠법」에서 이같이 말했다.

"무릇 적국을 공벌하는 기본원칙은 반드시 먼저 사전에 작전계획을 국내에서 면밀히 검토해 결정한 뒤 비로소 국경 밖으로 군사를 내보내는 것이어야 한다. 사전에 작전계획을 세우지도 않은 채 병력을 출동시키면 설령 현장에서 임기응변으로 작전을 전개하며 군진을 펼칠지라도 제대로 싸울 수 없다. 성을 포위할지라도 함락시킬 수 없고, 적의 영토를 점령할지라도 지켜낼 수 없고, 마침내 최종적으로 패하는 결과를 낳을 것이다. 적국의 정사를 잘 알지 못하면 공격해서는 안 되고, 적국의 내부사정을 잘 알지 못하면 출병서약을 해서는 안 되고, 적국의 장수를 잘 알지 못하면 미리 군사를 움직여서는 안 되고, 적국의 병사를 잘 알지 못하면 미리 포진布陣해서는 안 된다고 말하는 이유다."

『손자병법』과 『오자병법』에 나오는 '필승지계'와 하등 다를 바가 없다. 그렇다면 관중은 보다 구체적으로 어떻게 해야만 군사력을 효과적으로 늘릴 수 있다고 본 것일까? 군사력 증강 방안 역시 '필승지계'를 기초로 한 것이다. 『관자』「칠법」에 이를 뒷받침하는 대목이 나온다.

"천하에서 가장 정선된 좋은 재료를 추려 모은 뒤 모든 군사 기술자를 동원해 우수한 무기를 만들어 놓아야 한다. 매년 춘추로 2번 대항전을 실시해 병사들을 훈련시키고, 정예부대를 선정해 크게 우대하며 높이 받들어야 한다. 또 만들어진 무기 가운데 규격에 맞지 않는 것은 사용하지 않고, 시험에 합격하지 못한 것은 보관하지 않는다. 마지막으로 용기와 의리가 넘치는 천하의 호걸을 모두 받아들이고, 지략이 넘치는 천하의 뛰어난 재사를 모두 그러모아야 한다."

관중은 이런 조건을 모두 충족시킬 때 비로소 천하를 능히 호령할 수 있다고 보았다. 이를 이른바 독출독입獨出獨入으로 표현해 놓았다. 아군의 병사가 적진을 마음대로 휘젓고 다니는 것을 의미한다. '독출독입'의 경지에 이르게 되면 비바람처럼 신속하게 쳐들어가는 돌격전突擊戰과 천둥번개처럼 적진에 맹타를 가하는 전격전電擊戰, 물과 불 등을 이용해 적의 군수지원을 원천적으로 차단하는 초토전焦土戰, 돈과 재물 등을 풀어 적진 안에 정보망을 설치하는 첩보전諜報戰, 위아래가 일치단결해 적을 무력화시키는 총력전總力戰 등에서 승리를 기할 수 있다. 『관자』「병법」에 이를 뒷받침하는 대목이 나온다.

"용병을 원대히 하면 반드시 승리할 수 있다. 훌륭한 장수가 군사를 지휘하면 적들로 하여금 마치 공허한 곳에 머물며 그림자와 싸우는 것처럼 만들 수 있다. 적이 대책을 세우지 못하고 우리의 형적形迹을 추적하지 못하게 만들면 이기지 못하는 경우가 없고, 적이 형적을 추적하지 못하고 임의로 작전할 수 없게 만들면 이루지 못하는 게 없다. 이를 일러 병도兵道라고 한다. 사라졌으나 있는 것 같고, 뒤에 있으나 앞에 있는 것 같으니 그 위엄은 형용할 수 없다."

병도를 이루기 위해서는 기본적으로 유능한 지휘관과 잘 훈련된 병사가 필요하다. 이런 장병을 보유할 수만 있다면 능히 천하를 호령할 수 있다. 이는 모든 병서가 역설하는 신상필벌信賞必罰의 원칙이 지켜져야만 가능한 것이다. 관중도 이를 통찰했다. 이를 뒷받침하는 일화가 『관자』「경중 을」에 나온다. 이에 따르면 하루는 관중이 궁궐로 들어와 제환공에게 보고했다.

"올해의 전조田租 수입은 4만 2천금입니다. 청컨대 병사들에게 한번 포상토록 하십시오."

"잘 알겠소."

곧 하령하여 태주泰舟의 들판에 군사를 소집했다. 제환공이 단 위로 올라서자 관중을 위시해 영척과 포숙아, 습붕, 역아, 빈서무가 그 뒤에 나란히 섰다. 관중이 북채를 들고 장병에게 읍揖한 뒤 이같이 포고했다.

"누가 능히 적진을 함몰시키고 적군을 격파하는 함진파적陷陳破敵을 행할 수 있겠는가? 100금을 상으로 내리겠다."

관중이 3번이나 거듭 물었는데도 대답하는 병사가 없었다. 이때 어떤 병사가 칼을 든 채 앞으로 쑥 나서며 물었다.

"'함진파적'의 적군은 몇 명을 말하는 것입니까?"

관중이 대답했다.

"적군 1천 명을 말한다."

"전국 1천 명이라면 제가 능히 깨뜨릴 수 있습니다."

관중이 그에게 곧바로 100금을 주었다. 관중이 또 말했다.

"누가 능히 칼이 부딪치고 화살이 오가는 혼전의 와중에 적장을 포획할 수 있겠는가? 100금을 상으로 내리겠다."

어떤 병사가 물었다.

"적장은 몇 명의 부하를 거느린 장수를 말하는 것입니까?"

"1천 명의 부하를 거느린 장수를 말한다."

"1천 명의 부하를 거느린 장수라면 제가 잡아올 수 있습니다."

관중이 그에게 곧바로 100금을 주었다. 관중이 또 말했다.

"누가 능히 정기旌旗의 지시를 좇아 적장의 목을 베어 올 수 있겠는가? 1천 금을 상으로 주겠다."

능히 할 수 있다며 나서는 자가 수십 명이나 되었다. 곧바로 이들에게 1천 금을 주었다. 그밖에도 적군의 머리를 베어 오겠다고 나선 자에게는 10금씩 주었다. 단 한번의 포상으로 전조 수입으로 거둔 4만 2천 금이 단박에 사라졌다. 제환공이 크게 놀라 한숨을 내쉬며 탄식했다.

"내 어찌 이리 될 줄 알았겠는가!"

관중이 말했다.

"군주는 걱정할 필요가 없습니다. 이는 병사들로 하여금 밖으로는 향리에서 공명을 떨치고, 안으로는 부모에게 보답하며 집안의 처자에게 은덕을 베풀게 만드는 것입니다. 이같이 하면 병사들은 반드시 다퉈 공명을 세워 군주의 은덕에 보답하고, 달아날 생각을 하지 않을 것입니다. 군사를 동원해 출정하면서 적군을 격파하고 적지를 병탄하면 이는 결코 4만 2천 금에 비할 바가 아닙니다."

영척 등 5인이 입을 모아 동조했다.

"옳은 말입니다."

제환공도 수긍했다.

"잘 알겠소."

관중이 곧바로 군중軍中의 대장에게 이같이 경계시켰다.

"백인장百人長의 장령將領을 대할 때는 반드시 예의를 갖추고, 천인장千人長의 장령을 대할 때는 반드시 두 계단 아래에서 배송拜送토록 하시오. 그들의 부모가 생존해 있으면 반드시 술 4석石과 고기 4정鼎을 보내고, 없으면 그 처자에게 술 3석과 고기 3정을 반드시 보내도록 하시오."

정령을 시행한지 반년이 지나자 부모는 자식, 형은 아우, 아내는 남편을 이같이 격려했다.

"군주가 이토록 후대하고 있는데, 전장에서 목숨을 걸고 싸우지 않으면 무슨 면목으로 귀향할 수 있겠는가?"

제환공은 마침내 군사를 일으켜 내萊나라를 치고, 거莒나라의 필시리必市里에서 싸웠다. 내나라와 싸울 때 양측의 북과 깃발이 서로 보이지도 않고, 병력이 얼마나 되는지 서로 알 수도 없는 상황에서 겁에 질린 내나라 군사가 모두 황급히 달아났다. 이내 달아나는 내나라 군사를 쫓아가 대파하며 땅을 병탄하고 적장을 포획했다. 아직 땅을 나눠 분봉도 하지 않고 전폐를 내어 포상도 시행하지 않았는데, 적군을 격파해 그 땅을 병탄하고 군주까지 생포했다. 이것이 바로 미리 포상하는 소상素賞의 계책이다.

이를 통해 『관자』에 나오는 전략전술이 『손자병법』과 비교해도 전혀 손색이 없다는 사실을 쉽게 짐작할 수 있다. 일각에서 그를 병가사상의 효시로 보는 것도 이와 무관치 않다. 그러나 관중은 비단 병가뿐만 아니라 유가와 법가 등 제자백가의 시원에 해당한다. 예의염치의 문화대국은 유가, 엄법에 기초한 강병강국은 법가, 상공업 진흥을 통한 부민부국은 상가와 통한다. 문화대혁명 당시 법가를 극도로 높인 사인방은 관중을 법가의 효시로 간주했으나 그보다는 사상 최초로 중상주의에 입각해 상공업의 진흥을 역설한 점에서 관중을 주목할 필요가 있다.

객관적으로 볼 때 강병강국과 문화대국 모두 그 출발을 부민부국에 두고 있는 만큼 상가의 효시로 규정하는 게 역사적 사실에 부합한다. 실제로 관중이 활약한 춘추시대 중기는 농업의 발전에 힘입어 상공업도 높은 수준에 이르던 시기였다. 법가와 유가가 중농억상重農抑商을 역설한 것과 달리 관중이 농상병중農商竝重을 지지한 것도 이와 무관할 수 없다. 이를 뒷받침하는 『관자』 「치미」의 해당 대목이다.

"상인은 결코 국가에 대해 아무것도 도움을 주지 않는 자가 아니다. 그들은 특정 지역을 가리지 않고 두루 거처하며, 군주를 가리지 않고 영업을 한다. 물건을 내다팔아 이익을 내면서 사들인 물건을 보존하지 않는다. 나라의 산림을 이용해 이익을 얻는 게 그렇다. 이들 덕분에 시장의 세수稅收가 2배 가까이 늘어난다. 상인으로 인한 혜택이 매우 많으니 먼저 국가에 대량소비의 풍속을 조장해 생산과 소비의 순환을 원활하게 만들고, 군신이 서로 협력토록 조장해 친하게 만들고, 군신들이 재물을 사적으로 은닉하지 않게 만들고, 빈민들이 노동으로 먹고 살도록 만든다. 상인들로 하여금 도성과 시장 안에서 자유로이 오가며 영업을 할 수 있도록 해야 하는 이유이다. 이는 치국의 중요한 계책이다."

상업에 대해 개방적인 입장이 돋보이는 대목이다. 그를 제자백가의 시조인 동시에 나중에 사마천에 의해 이론적으로 집대성되는 상가의 효시로 간주하는 것도 바로 이 때문이다. 역사적으로 볼 때 나라의 부와 백성의 부 가운데 어느 쪽을 중시하는가의 문제는 유가와 법가를 가르는 주요 논점이었다. 통상 법가는 부국, 유가는 부민을 우선시했다고 평할 수 있다. 부민과 부국을 대립 내지 모순관계로 파악한 결과다.

주목할 것은 『관자』는 결코 양자를 모순관계로 보지 않고 있는 점이다. 부민을 통한 부국을 추구한 근본 배경이 바로 여기에 있다. 당초 관중은 일련의 부국강병책을 구사하면서 사농공상에 종사하는 사람들을 직업별로 각기 다른 구역에 나눠 살게 했다. 같은 업종에 종사하는 사람들끼리 함께 모여 살게 하면서 서로 돕는 가운데 전문성을 강화하고 정보를 교환해 경쟁력을 높이고자 하는 것이다. 관중이 농업을 중시하며 다양한 농업진흥 정책을 구사하는 한편 생산과 유통 및 소비의 조절을 뜻하는 경중輕重의 계책을 역설한 것도 이런 맥락에서 이해할 수 있다. 국가가 시장에 적극 개입해 수요와 공급을 조절하면서 가격조절을 통해 국가재정을 충실히 할 것을 역설한 게 그렇다. 국가경제를 안정시키고, 자연스런 세수증대로 국가재정을 튼튼히 하고자 한 것이다. 상공업의 중요성을 통찰한 결과로 해석할 수밖에 없다.

2) 존양주의尊攘主義

존왕 행보

존양은 존왕양이尊王攘夷의 줄임말이다. 왕실을 높이고 사방의 이적夷狄을 물리친다는 뜻이다. 춘추시대의 패자는 반드시 '존왕양이'의 명분을 얻어야만 했다. 말할 것도 없이 춘추시대의 첫 패자인 제환공의 패업에서 비롯된 것이다. 이는 크게 존왕尊王과 양이攘夷로 나눠볼 수 있다. 왕명을 내걸고 제후들의 연합군을 구성한 뒤 무도한 나라를 토벌하는 것은 '존왕'에 속한다. 내부를 다스리는 일종의 안내安內 작업에 해당한다. 이에 반해 '양이'는 외부를 다스리는 것을 말한다. 일종의 평외平外 작업에 해당한다. 양자 모두 안팎을 평안하게 만든다는 점에서는 동일하나 '존왕'의 대상은 제후이나 '양이'의 대상은 사방의 오랑캐인 이적이라는 점에서 차이가 있다.

관중의 모든 패업 행보는 결과적으로 주 왕실을 높였다는 점에서 '존왕' 행보로 해석할 수 있다. 그러나 가장 대표적인 것으로는 주 왕실의 내분을 평정한 사례를 들 수 있다. 당초 주혜왕에게는 2명의 왕자가 있었다. 적장자인 태자 정鄭과 왕자 대帶가 그들이다. 주혜왕은 왕자 대를 총애한 나머지 태숙大叔이라고 불렀다. 그는 장차 정을 폐하고 왕자 대를 새 태자로 세울 심산이었다. 주 왕실에 사자로 갔다 온 습붕을 통해 이 사실을 전해들은 제환공이 곧 관중을 불러 상의하자 관중이 말했다.

"장차 동궁이 위험해질 것입니다. 곧 주왕에게 상표해 모든 제후들이 동궁을 배견코자 한다고 하십시오. 그러면 주왕이 아무리 동궁을 폐하려 해도 뜻대로 하지는 못할 것입니다."

곧 제후들에게 태자 정을 배알키 위해 지금의 하남성 수현인 수지首止에 모일 것을 통보하면서 습붕을 왕실로 보내 이를 보고토록 했다. 기원전 655년 여름, 제환공이 노, 송, 진, 위, 정, 허, 조 등 7개국 군주와 함께 태자 정과 회동했다. 이날 밤 태자 정이 은밀히 사람을 시켜 제환공을 행궁으로 부른 뒤 이복동생인 태숙 대가 태자의 자리를 빼앗기 위해 간계를 꾸미고 있다는 사실을 일일이 고했다. 제환공이 태자 정을 안심시켰다.

"제가 제후들과 함께 태자를 반드시 추대할 터이니 너무 근심하지 마십시오."

태자 정이 3달 동안 행궁에 머물렀다. 주혜왕에 대한 무언의 압력이었다. 주혜왕이 왕실의 집정인 주공周公 재공宰孔을 시켜 정문공에게 의중을 전했다.

"그대는 곧 제나라를 떠나 초나라를 따르도록 하라. 과인이 곧 진晉나라로 하여금 그대를 돕게 할 것이다. 그러면 그대는 제나라의 침공 위협으로부터 벗어나 다소 나라를 안정시킬 수 있을 것이다."

정문공이 제환공의 노여움을 살까 두려워한 나머지 주저하다가 마침내 자신을 따라온 군대를 그대로 놓아둔 채 몸만 빼내 정나라로 돌아갔다. 보고를 받은 제환공이 대로했다. 관중이 간했다.

"정나라와 초나라는 서로 접경하고 있습니다. 이는 왕실의 사주가 있었기 때문입니다. 태자 정을 위한 결맹이 끝난 뒤 정나라를 쳐도 늦지 않을 것입니다."

제후들이 모두 수지의 단 위에서 삽혈하며 태자 정을 봉대키로 맹세한 뒤 군사를 이끌고 도중까지 태자 정을 호송했다.

기원전 653년 윤12월, 주혜왕이 붕어하고 마침내 태자 정이 주양왕周襄王에 즉위했다. 수지의 회맹이 효과를 본 것이다. 그러나 왕자 대는 끝까지 포기하지 않았다. 그는 최후의 수단으로 융인을 사주해 왕성을 치게 했다. 주양왕이 급히 사자를 각 제후국에 보내 도움을 청했다.

이듬해인 652년 봄, 제환공과 제후들이 도洮 산동 견성현 땅에서 만났다. 제후들의 연합군이 왕성으로 몰려가자 융인들이 도주했다. 관중이 사자를 융주戎主에게 보내 질책하자 융주가 사람을 보내 사과했다.

"왕자 대가 권했기에 그런 것입니다."

왕자 대가 융인을 부추긴 사실이 드러나자 화가 난 주양왕이 군사를 보내 왕자 대를 치게 했다. 왕자 대가 망명했다.

이듬해인 기원전 651년 여름, 제환공이 왕실의 경사인 재공宰孔을 비롯해 송, 위, 정, 허, 조 등 5개국 군주와 규구葵丘에서 만났다. 이전의 동맹관계를 다지기 위한 모임이었다. 주양왕이 재공을 시켜 이같이 선언했다.

"백구伯舅에게 주문왕과 주무왕의 제사에 올린 '조胙'를 내린다."

명실상부한 패자로 승인한 것이다. '백구'는 천자가 이성제후를 지칭할 때의 호칭이다. 동성제후는 백부伯父 또는 숙부叔父로 칭했다. 제환공이 뜰 아래로 내려가 절하려고 하자 재공이 만류했다.

"천자가 또 명하기를, '백구는 질로耋老인 까닭에 그 관작을 한 등급 올려 주니 하배下拜하지 말라.'고 하셨습니다."

'질로'는 70세 이상의 노인을 말한다. '하배'는 섬돌 아래로 무릎을 꿇고 절하는 것을 뜻한다. 제환공이 뜰 아래로 내려가려던 발걸음을 멈추고 그냥 서서 받으려고 하자 관중이 말했다.

"존경하는 예를 잃어서는 안 됩니다."

제환공이 그 뜻을 금세 알아차렸다.

"천자의 위엄이 지척咫尺에 있는데 저 소백이 감히 어찌 천자의 명을 그대로 좇아 하배치 않을 수 있겠습니까! 하배치 않으려 하다가는 아마도 뜰 아래로 굴러 떨어져 천자에게 누를 끼치게 될까 두렵습니다."

곧 하배한 뒤 다시 단 위로 올라가 '조'를 받았다. 규구회맹은 제환공이 행한 여러 회맹 중 가장 성대한 것이었다. 주 왕실이 제사용 고기인 '조'를 내리며 '하배'의 예까지 생략토록 한 것은 파격이었다. 제환공이 우쭐했다. 무엄하게 천자만이 행할 수 있는 봉선封禪을 올리려고 시도한 게 그 증거다. 당시 그는 회맹이 끝난 뒤 왕실의 집정 재공에게 이같이 물었다.

"창업 초기에 봉선을 행했다고 하는데 그 의식이 어떤 것이오?"

"태산에서 제사 지내는 것을 봉封이라 하고, 태산의 줄기 중 제일 작은 양보산梁父山에서 제사 지내는 것을 선禪이라 합니다. '봉'은 하늘에 제사지내는 것이고 '선'은 땅에 제사지내는 것입니다. 하늘은 높기 때문에 태산 위에 흙을 높이 쌓고 지내고, 땅은 낮기 때문에 띠 자리 풀 등으로 자리를 만들어 제사를 지냅니다."

"지금 태산과 양보산 모두 과인이 다스리는 곳에 있소. 과인은 장차 천자의 명을 받아 봉선의 대례를 올리고자 하오."

"굳이 하겠다면 누가 반대하겠습니까?"

제환공이 곧 제후들 앞에서 '봉선'을 올릴 뜻을 밝혔다.

"과인은 남쪽을 정벌해 소릉에까지 이르러 웅산熊山을 바라보고, 북쪽으로 산융山戎·이지離枝·고죽孤竹을 정벌하고, 서쪽으로 대하大夏를 정벌해 유사流沙를 경유하고, 말발굽을 싸고 수레를 줄로 묶어 태항산太行山에 올라 비이산卑耳山에 이른 뒤 돌아왔소. 제후들 가운데 아무도 과인의 명을 거스르지 못하오. 과인은 이미 6번의 병거지회兵車之會와 3번의 승거지회乘車之會를 포함해 모두 9번 제후들을 규합해 일광천하一匡天下했소. 옛날 하·은·주 3대의 왕들이 천명을 받든 것과 이 일들이 무엇이 다르겠소. 과인도 옛날의 제왕들처럼 태산에서 하늘에 제사를 지내고, 양보산에서 땅에 제사를 지내고자 하오."

당시 제후들은 아무 말도 못했다. 이들이 각기 관사로 돌아가자 관중이 간했다.

"옛날에는 먼저 상서로운 조짐이 있고 난 연후에 물건을 갖춰 봉선했습니다. 그러나 지금은 봉황과 기린이 나타나기는커녕 모여드는 것이라고는 올빼미뿐입니다. 또 상서로운 곡식인 가화嘉禾가 생겨나기는커녕 번식하는 것이라고는 잡초와 쑥대뿐입니다. 이런 세상에 봉선을 하면 모든 나라의 안목 있는 사람들이 반드시 비웃을 것입니다."

제환공이 이내 봉선의 뜻을 접었으나 교심驕心을 버린 것은 아니었다. 귀국 후 공궁公宮을 왕궁에 준할 정도로 대규모로 개축하고, 가마와 시위侍衛 제도까지 왕실에 견줄 정도로 화려하게 꾸민 사실이 이를 뒷받침한다. 포숙아가 관중을 찾아와 이를 간하지 않는 것을 탓하자 관중이 말했다.

"군주는 지금까지 온갖 고난을 다 겪으면서 공업을 이루었기 때문에 한때의 쾌락을 추구하려 하는 것일 뿐이오. 지금 내가 예법으로 군주를 구속하면 군주는 매사에 게을러지고 타락하고 말 것이오. 내가 군주의 월권을 도우면 세인들의 비난을 분산시켜 군주를 지켜드릴 수 있소."

사마광은 『자치통감』에서 관중의 이런 행보를 두고 이같이 칭송했다.

"옛날 공자는 인仁을 매우 중시했다. 자로子路 등과 같은 고족제자高足弟子 뿐만 아니라 초나라 영윤 투자문 등과 같은 현명한 대부일지라도 모두 인이 부족했다고 지적하면서도 관중에 대해서만큼은 그의 '인'을 크게 칭송했다. 이는 그가 백성들을 크게 구했기 때문이다."

이는 공자가 『논어』에서 관중을 두고 '인'을 행한 사람으로 평가한 것과 맥락을 같이 한다.

이해 가을, 제환공이 재차 규구에서 제후들과 결맹했다. 이때는 희생犧牲 의식만 치르고 전래의 삽혈歃血 의식은 생략했다. 의식이 간소화된 것이다.

기원전 648년 겨울, 제환공이 관중을 보내 융인과 왕실을 화친케 하자 주양왕이 관중의 공을 높이 사 주연을 베풀었다. 관중을 상경上卿의 예로써 대접하려고 하자 관중이 사양했다.

"배신陪臣은 미천한 관원에 불과합니다. 신의 나라에는 천자가 임명한 두 분의 상경인 국씨國氏와 고씨高氏가 있습니다. 만일 봄가을로 찾아와 천자의 명을 받게 될 때는 장차 그들을 무슨 예로 대접하려는 것입니까? 배신은 감히 사양하겠습니다."

'배신'은 제후의 신하가 천자 앞에서 스스로를 낮춰 부르는 칭호이다. 제후의 신하는 크게 경卿과 대부大夫, 사士로 대별된다. 이들은 다시 상·중·하로 세분된 뒤 섬기는 제후의 작호에 따라 1-2개의 등급차가 난다. 예컨대 백국伯國의 상경은 공국公國 및 후국侯國의 중경에 해당한다. 관중은 후국의 중경 신분이니 주 왕실의 입장에서 볼 때는 왕실의 하경 정도에 해당한다. 그런 그를 문득 3공 밑의 최고 관작인 상경으로 대우하려고 하자 위계질서가 무너질 것을 염려해 사양한 것이다. 주양왕 정이 관중을 크게 칭송했다.

"구씨舅氏여, 나는 그대의 공훈을 가상히 여기고 그대의 미덕을 깊이 간

직하겠소. 가서 그대의 직분을 잘 이행해 과인의 명에 거스르는 일이 없도록 하시오."

제환공을 '백구'로 불렀기 때문에 그 신하를 '구씨'라고 한 것이다. 이에 관중은 마침내 하경의 예로 대접받고 돌아갔다. 이를 두고 『춘추좌전』은 이같이 평해 놓았다.

"관중이 오랜 세월에 걸쳐 제사를 받는 것은 당연하다. 사양하는 마음으로 윗사람의 존재를 잊지 않았기 때문이다."

제환공이 훗날 '춘추5패' 중 가장 뛰어난 인물로 평가받게 된 것도 바로 관중의 이런 겸양에서 비롯된 것이었다. 관중은 천자를 대신해 제후들을 호령키 위해서는 천자를 극진히 섬겨야 한다는 것을 잘 알고 있었다. '존왕양이'의 요체를 꿰고 있었던 것이다. 난세에 '존왕양이'를 제대로 하지 못한 채 천하를 거머쥐려고 하는 것은 매우 무모한 짓이다. 중국의 전 역사를 개관하면 창업주들은 거의 예외 없이 이전 왕조의 제왕을 옆에 끼고 천하를 호령한 뒤 보위를 찬탈하는 모습을 취했던 것이다. 명분을 잃지 않으려는 수법이었다. 그 뿌리가 바로 '존왕양이'에 있다.

양이 행보

제환공과 관중이 행한 최초의 '양이' 행보는 재위 23년(기원전 663년)에 행한 산융山戎 정벌이다. 이때 현재의 북경 인근에 도성을 두고 있는 연나라 사자가 제환공을 찾아와 산융의 침공 사실을 알리면서 급히 구원을 청했다. 원래 산융은 북쪽 이민족으로 매우 흉맹했다. 그들은 영지永支 땅에다 나라를 세웠다. 그 서쪽에 연나라, 동쪽과 남쪽에 각각 제나라와 노나라가 있었다.

영지는 연·제·노 3국의 중간에 위치한 전략적 요충지이다. 당시 산융은 지세가 험한 것만 믿고 중원을 자주 침공했다. 이들은 제희공 때 제나라 경계를 침공했다가 전투에 참여한 정나라 공자 홀에게 대패한 적이 있었다. 그러다가 이때에 이르러 제환공이 천하의 패권을 장악하려 한다는 얘기를 듣고 마침내 융병 1만 기騎를 이끌고 연나라로 쳐들어간 것이다. 이들이 연나라를 침공한 것은 제나라와 연나라의 통로를 끊어 장차 제나라가 산융을 도모하는 것을 미연에 방지코자 한 것이다. 산융의 강습强襲에 크게 놀란 연장공燕莊公이 사자를 제환공에게 보내 구원을 청하자 제환공이 관중에게 자문을 구했다. 관중이 대답했다.

"지금 제나라 남쪽에는 초나라, 북쪽에는 산융, 서쪽에는 적狄이 있습니다. 이는 모두 우리 중국의 우환입니다. 이야말로 제후들의 맹주인 군주가 이를 해결해야 합니다. 이번에 산융이 연나라를 침공하지 않았을지라도 오히려 그들을 응징해야 하는데 더구나 그들이 침공하여 연나라가 구원을 청하고 있으니 이 기회를 놓쳐서는 안 됩니다. 군주가 장차 초나라를 치려면 반드시 산융부터 평정해야 합니다. 산융에 대한 후고지우後顧之憂가 없어야만 전심으로 초나라를 도모할 수 있습니다."

제환공이 이를 좇았다. 이에 곧 사자를 노나라로 보내 군사지원을 청했다. 노장공이 이를 받아들였다. 얼마 후 제환공이 산융을 치는 문제를 논의키 위해 노장공과 제·노 경계인 제수濟水에서 만났다. 제환공이 산융을 치는 방안을 논의하자 노장공이 직접 출병코자 했다. 제환공이 만류했다.

"북방은 멀고도 험한 길이오. 과인은 군주를 고생시킬 수는 없소."

얼마 후 제환공이 친히 제·노 두 나라 군사를 이끌고 서북쪽을 향해 나아갔다. 산융은 제나라 군사가 구원 차 온다는 것을 알고 이내 포위를 풀고 달아났다. 제환공이 연나라 도성인 계성薊城의 관문에 이르자 연장공이 영접했다. 관중이 제환공에게 간했다.

"산융이 아무런 병력 손실도 없이 물러갔으니 우리가 물러나면 다시 연나라를 칠 것입니다. 그러니 이 기회에 그들을 무찔러 우환을 아주 덜어

버리는 것이 좋을 것입니다."

이에 제환공이 연나라 군사와 합세해 북진을 계속했다. 제환공이 이끄는 연합군이 드디어 산융의 본거지까지 나아가자 산융은 험준한 요충지를 굳게 지키며 강하게 저항했다. 제환공의 군사가 더 이상 전진치 못하고 있는 틈을 타 산융은 골짜기의 물길을 막아 제환공의 군사를 곤경에 빠뜨렸다. 제환공이 군중에 이같이 하령했다.

"산을 파서 물을 구하되 먼저 물을 구하는 자에게는 중상을 내리겠다."

대부 습붕隰朋이 말했다.

"신이 듣건대 개미구멍이 있으면 물이 있다고 합니다. 원래 개미는 겨울이면 따뜻한 곳을 좋아하기 때문에 볕 잘 드는 곳에 살고, 여름이면 시원한 곳을 좋아해 산그늘에 삽니다. 양지쪽을 살펴 땅을 파면 반드시 물을 얻을 수 있을 것입니다."

이에 군사들이 양지쪽의 개미구멍을 찾아 땅을 파자 과연 물이 솟아나왔다. 산융은 제나라 군사가 식수에 곤란을 받지 않는다는 소식을 듣고 크게 놀랐다. 결국 제나라 군사가 산융의 영채에 이르러 기습을 감행하자 산융의 병사들이 모두 사방으로 도주했다. 제환공이 산융의 백성들을 위무한 뒤 항복한 융인을 불러 물었다.

"융주戎主는 어디로 도망쳤는가?"

"우리나라는 고죽국孤竹國과 이웃이어서 원래부터 친합니다. 얼마 전에 사람을 보내 구원병을 청했으나 아직 그들이 오지 않았습니다. 반드시 고죽국으로 갔을 것입니다."

이에 제환공이 다시 군사들을 이끌고 고죽국을 향해 나아갔다. 제나라 군사는 고죽국 군사를 격파하고 뒤를 추격하다가 잘못하여 깊은 계곡으로 둘러싸여 있는 한해旱海까지 나아갔다. 결국 제나라 군사들은 방향을 잃고 말았다. 군사들이 크게 당황해하자 관중이 제환공에게 말했다.

"신이 듣건대 늙은 말은 길을 안다고 합니다. 무종無終과 산융山戎 접경지대의 말은 거의 막북漠北에서 온 것입니다. 그러니 늙은 말 몇 필을 골라 그 말들이 가는 곳을 뒤따라가게 하십시오. 가히 길을 찾을 수 있을 것입니다."

제환공이 관중이 시키는 대로 늙은 말 몇 마리를 풀어 마음대로 가게 했다. 군사들이 모두 그 뒤를 따랐다. 한참 후에 제나라 군사들이 마침내 깊은 계곡을 빠져나올 수 있었다. 여기서 나온 성어가 '노마지지老馬之智'이다. 연륜이 깊으면 나름의 장점이 있다는 뜻이다. 『한비자』「설림 상」은 관중이 말한 '노마지지'와 습붕이 말한 '의양지수蟻壤之水' 일화를 특서해 놓았다.

"관중과 습붕은 자신들의 총명과 지혜로도 알지 못하는 지경에 이르면 늙은 말이나 개미를 스승으로 삼기를 거리끼지 않았다. 그런데 지금 사람들은 어리석은 마음을 가지고 있는데도 성인의 지혜를 스승으로 삼을 줄 모른다. 어찌 잘못 된 일이 아닌가?"

결국 제나라 군사는 고죽국까지 평정하여 이를 연장공이 다스리도록 조치한 뒤 회군했다. 이때 연장공은 제환공을 전송하다가 제나라의 경내 50여 리까지 따라 들어가게 되었다. 제환공이 말했다.

"천자가 아니면 제후가 영토 밖까지 나가 전송치 않는 법이오. 이러다가는 과인이 무례한 사람이 되겠소. 나는 연나라에 대해 예의를 갖추지 않을 수 없소. 이제 따라온 이곳까지의 땅을 귀국에 드리도록 하겠소."

그리고는 도랑을 파 경계로 삼은 뒤 연장공이 전송 나온 곳까지의 땅을 연나라에 주었다. 이어 연나라 시조인 소공昭公 석奭의 덕정을 다시 펼 것과 주성왕周成王과 주강왕周康王 때처럼 주 왕실에 공물을 성실히 바칠 것을 주문했다. 이로써 연나라는 서북쪽으로 5백 리의 땅을 넓히고 동쪽으로 제나라 땅 50여 리를 얻게 되었다. 열국의 제후들은 이 얘기를 듣고 크게 감복하여 제나라를 따랐다.

제환공이 제·노 경계인 강변에 이르자 미리 마중을 나온 노장공이 큰 잔치를 베풀어 승전을 축하했다. 제환공이 융인 포로를 비롯한 전리품의 반을 노장공에게 나눠주었다. 이를 두고 『춘추좌전』은 이같이 비판해 놓았다.

"이는 예가 아니다. 무릇 제후들이 사방의 이민족과 싸워 공이 있으면 왕실에 그 전리품을 바친다. 이는 천자가 사방의 이민족에게 경계警戒를 보내기 위한 것이다. 그러나 중국 내에서는 그렇게 하지 않는다. 제후들 사이에서는 서로 포로들을 보낼 수 없는 것이다."

당시 제환공은 왜 전리품을 주 왕실에 바치지 않은 것일까? 제환공이 승리에 도취한 나머지 임의로 노장공에게 전리품을 하사했을 공산이 크다. 이때 제나라의 가장 믿음직한 맹방인 노나라의 공실 내에서 커다란 내분이 일어났다. 이로 인해 제나라의 초나라 공벌은 자연 미뤄질 수밖에 없었다. 노나라의 내분은 기본적으로 노장공과 그의 선군 노환공의 호색행각에서 비롯된 것이었다.

존망계절 행보

『사기』 등의 사서와 『논어』 등의 유가 경전에는 '존왕양이'와 유사한 의미로 이른바 존망계절存亡繼絶 용어를 사용하고 있다. 패망 위기에 몰린 제후국을 존속시키고, 후사가 끊어진 제후국의 후사를 이어준다는 뜻이다. 이는 제후들의 맹주인 패자가 열국의 군사들을 이끌고 가 중원을 침공한 이적 및 불의한 제후국을 토벌하는 것으로 실현됐다.

『논어』 「요왈」은 '흥멸국興滅國, 계절세繼絶世', 『예기』 「중용」은 '계절세, 거폐국擧廢國', 『한서』 「공신표서」는 '계절세, 입망국立亡國' 등으로 표현해 놓았다. '존망계절'에 대한 후대인의 평가가 얼마나 높았는지 짐작케 해준다. 이는 제환공이 처음으로 행한 것이다. 사가들이 패자를 평가하는 잣대로 '존왕양이'에 이어 '존망계절'을 동원한 이유가 여기에 있다.

제환공이 '존망계절'의 업적을 처음으로 세운 것은 재위 25년(기원전 661년)에 제후들의 군사를 이끌고 가 북적北狄의 침공을 받아 위기에 처한 형邢나라를 구한 일이다. 당시 형나라 사자가 급히 제환공을 찾아와 구원을 청하자 제환공은 곧 관중을 불러 대책을 상의했다. 관중이 건의했다.

"모든 제후들이 우리 제나라를 섬기며 존경하는 것은 우리 제나라가 천하의 재앙과 환난을 구제하기 때문입니다. 전번에 때맞춰 위나라를 돕지 않았는데, 이번마저 형나라를 돕지 않는다면 군주의 패업에 차질이 생길까 우려됩니다."

제환공이 관중의 건의를 좇아 곧 송·노·조·주邾 등에 격문을 보냈다. 제나라 군사가 형나라의 섭북聶北 땅에 당도했을 때 송·조 두 나라의 군사는 이미 와 있었다. 관중이 제환공에게 말했다.

"지금 형나라가 약간의 힘이 남아 있어 북적이 형나라를 이기게 되면 반드시 피로해질 것입니다. 그때를 기다려 형나라를 돕고 지친 북적을 치면 많은 공을 세울 수 있습니다."

과연 형나라 군사들이 북적의 공격을 견디지 못하고 이내 무너지자 형나라 백성들이 제후들의 군사가 있는 곳으로 남부여대男負女戴해 달아났다. 제환공이 이끄는 제후들의 연합군이 곧바로 적인들을 몰아내고 형나라를 수복했다. 기원전 659년 여름, 제환공이 형나라 백성들을 이의夷儀로 이주시킨 후 제후들의 군사에게 성을 쌓게 했다. 사서는 당시 군사들이 기물을 사사로이 취하지 않았다고 기록해 놓았다. 군기가 매우 엄정했던 것이다. 제환공은 이의 땅에 형나라의 조묘祖廟도 세워주고 소와 말, 곡식 등도 갖다 주었다. 제환공을 칭송하는 소리가 들끓었다. 『춘추좌전』은 이같이 평해 놓았다.

"무릇 패자는 외국의 환난을 구제하고, 재해를 분담하고, 허물 있는 자를 토벌하는 것이다. 이는 예에 맞는 일이다."

이듬해인 기원전 658년 봄, 제환공이 다시 제후들을 이끌고 가 초구楚丘에 성을 쌓고 그곳에 이적의 침공으로 패망한 위衛나라를 다시 세웠다. 사서는 제환공이 형나라를 구원한 뒤 이의에 새 도성을 쌓아 주고, 초구에 성을 쌓아 위나라의 사직을 다시 안정시킨 일을 특서해 놓았다. 후대 사가들은 이를 '존망계절'로 표현해 놓았다.

21세기 현재 G1을 자처한 미국이 유엔안보리의 지지를 배경으로 세계 경찰을 자임하는 것과 별반 다를 바 없다. 춘추시대는 초기부터 이미 권신들의 발호가 하나의 열병처럼 번져가고 있었다. 전쟁의 격화와 그에 따른 약소국의 멸망이 가장 큰 이유였다. 사서에 멸망 시기가 기록된 75개국 가운데 65개국이 막강한 무력을 배경으로 한 제환공의 첫 패업이 완성돼 가는 기원전 662년 이후에 멸망한 사실이 이를 뒷받침한다.

춘추시대에 들어오면서 주 왕실이 제후들에 대한 통제력을 급격히 상실하자 이를 보완키 위해 등장한 질서가 바로 패자를 구심점으로 하는 회맹체제이다. 패자의 무력을 기반으로 한 '잠정적인 평화유지체제'에 해당한다. 제환공이 이룩한 '존망계절'이 그 상징에 해당한다. 주변의 이적 침공으로 패망한 중원의 제후국을 부흥시키고 내분 등으로 인해 끊어진 후사를 잇게 해 약소국의 종묘사직을 존속시키는 게 목표다. 이는 주 왕실을 정점으로 한 봉건질서의 유지를 전제로 한 것이다.

문제는 양의 탈을 쓴 늑대가 출현하는 경우이다. 패자가 천자를 대신해 제후를 각지에 봉하는 이른바 전봉권專封權과 이적 및 불의한 제후 등에 대한 토벌을 명하는 이른바 전토권專討權을 행사한데 따른 필연적인 부작용에 해당한다. '전봉권'은 제후를 각지에 봉하는 천자의 독점적인 봉후권封侯權을 뜻하고, '전토권'은 왕실의 명을 따르지 않는 무도한 제후를 토벌하는 천자의 독점적인 발병권發兵權을 말한다. 회맹체제가 패자의 '전봉권'과 '전토권'을 합리화하기 위한 일시적인 평화유지 체제에 불과하다는 분석을 뒷받침하는 대목이다.

실제로 춘추시대의 패자는 너나 할 것 없이 겉으로는 '존망계절'을 내세웠지만 사실 막강한 무력을 배경으로 천자의 '전토권' 및 '전봉권'을 임의로 행사한 경우가 적지 않았다. 무력 면에서 상대가 되지 않는 왕실은 말할 것도 없고 여타 제후국들 역시 이를 견제할 수 있는 뾰족한 방법이 없었다.

주목할 점은 회맹체제가 '존망계절'의 논리 위에 서 있었음에도 사실은 열국 간의 혈연적 연대와 동일문화에 대한 공동의식 등에 기반하고 있었다는 점이다. 약소국이 비록 최강국인 패권국에 불경스런 일을 저질렀을지라도 패망의 지경까지는 이르지 않고 대략 굴욕적인 맹약을 맺는 선에서 종묘사직을 유지할 수 있었던 이유이다. 패자들 역시 춘추시대 중기까지만 하더라도 '존망계절'의 취지를 뛰어 넘는 단계는 전혀 생각지 않았다. 그런 점에서 제환공과 진문공, 초장왕 모두 같은 입장에 서 있었다.

초장왕이 왕성인 낙읍으로 들어가 천자의 권위를 상징하는 구정九鼎의 무게를 물은 것만 특별히 매도할 이유가 없다. 그럼에도 후대의 사서는 모두 이를 '불경'의 전형으로 간주해 신랄한 비판을 가했다. 초나라를 '남만'의 오랑캐로 간주한 춘추시대의 시각을 그대로 답습한 결과로 볼 수밖에 없다.

춘추시대 당시 '존망계절'은 곧 패업霸業을 의미했다. 패자는 원래 불의한 제후국의 능멸로부터 주 왕실을 비호하고 무도한 이적의 침입으로부터 주 왕실을 방어한다는 존왕양이의 취지에서 나타난 것이다. 패업을 왕실의 시각에서 보면 '존왕양이', 제후들의 입장에서 보면 '존망계절'이 된다.

그러나 당초 '존왕양이' 내지 '존망계절'의 취지에서 출발한 패자는 점차 그 역할이 확대되면서 그 의미에 미묘한 변화가 일어났다. 그것은 바로 천자의 고유권한인 전봉권과 전토권을 행사한 데 따른 것이다. 천자를 옹호하기 위해 용인한 패자가 천자의 독점적인 권한을 행사하는 것은 분명 월권에 해당한다. 초기에 패자의 '전봉권' 및 '전토권' 행사에 대한 비판이 일어나게 된 배경이다. '존망계절'의 논리는 바로 패자의 '전봉권' 및 '전토권' 행사를 적극적으로 옹호하기 위한 것으로 『춘추』를 관통하는 기본 이념이

기도 하다.

패자의 패업이 '존망계절'의 논리에 의해 적극적인 의미로 풀이될 경우 패자는 모든 제후국들을 오랑캐는 물론 이웃한 제후국의 침입으로부터 방어하는 도의적 책무를 떠안게 된다. 패업이 빛날수록 빛날수록 '존망계절'을 보다 적극적으로 해석할 수밖에 없고, 그럴수록 패자는 곧 모든 면에서 천자와 별반 차이가 없게 된다. '존망계절'의 논리가 지니고 있는 모순이 여기에 있다. 이는 난세의 시기에 막강한 무력을 배경으로 성립한데 따른 불가피한 현상이기도 하다. 패자의 권한이 강화될수록 왕실은 더욱 무력해질 수밖에 없었다. 실제로 그러한 방향으로 역사는 진행되었다.

패자의 패업을 '존망계절'의 이론으로 뒷받침한 최초의 인물이 바로 관중이다.『관자』「중광」에 따르면 관중은 패자의 임무를 묻는 제환공의 질문에 '존망계절'로 요약한 바 있다.

"안으로는 멀리 현인을 찾는 동시에 인민을 자애롭게 돌보고, 밖으로는 망한 나라를 존속시키고 끊어진 대를 잇게 하며 죽은 왕의 자손을 일으켜 세우는 것입니다!"

관중이 일찍부터 '존망계절'을 패업의 요체로 간주했음을 알 수 있다. 당시 관중은 '존망계절'을 언급할 당시 패자의 높은 도덕성을 전제로 했다. 그러나 문제는 이를 담보할 길이 없다는데 있다. 만일 패자의 높은 도덕성을 담보하지 못할 경우 패자의 임의적인 '전토권' 및 '전봉권' 행사는 무차별적으로 이뤄질 가능성이 높아진다. 실제로 시간이 가면서 패자의 패업은 그런 식으로 전개됐다. 전국시대에 들어가 주 왕실이 존재하는데도 불구하고 수많은 제후국이 '왕'을 칭한 게 그 증거다. 주목할 것은 전국시대에도 열두 제후들이 '왕'을 칭했음에도 '천자'를 칭한 적은 없다는 점이다. 빈껍데기만 남은 주 왕실이 전국시대 말기까지 그대로 유지된 이유가 여기에 있다.

'춘추3전' 중 제환공과 관중이 이룬 '존망계절'을 언젠가는 이뤄질 천하통일의 '대일통大一統' 사상에 입각해 높이 평가한 것은『춘추공양전』이다.

「노희공 원년」조에 이런 대목이 나온다.

"위로는 천자가 없고 아래로는 방백方伯이 없었다. 천하의 제후들은 서로 싸워 멸망시키고자 했다. 제환공은 이를 구하지 못하는 것을 수치로 생각했다. 이런 상황에서 힘으로써 능히 구할 수 있다면 이를 구하는 것이 가할 것이다."

'존망계절'을 자신의 임무로 삼은 제환공을 칭송한 대목이다. 역사적 사실에 충실한 『춘추좌전』이 진문공에 관한 기사를 많이 수록한 데 반해 『춘추공양전』은 많은 지면을 할애해 제환공의 패업을 높이 평가하고 나선 이유다. 이는 춘추시대 초기에 국가질서의 붕괴와 이적의 침입으로 궤멸의 위기에 처한 중원 제후국들의 위기감을 반영한 것이기도 하다.

난세에는 막강한 무력을 지닌 패자에 의한 난세의 평정이 절실히 요구될 수밖에 없다. 『춘추공양전』은 바로 '대일통'이 요구되는 난세의 현실 상황을 그대로 반영한 것이다. 훗날 청대 말기에 '무술변법'을 주도하며 부국강병을 추구했던 캉유웨이康有爲가 『춘추공양전』으로 상징되는 이른바 금문파今文派의 부활을 내걸고 '공양학파'를 자처한 것도 이와 무관치 않다. 중국은 삼국시대 이래 『춘추좌전』을 전면에 내세운 고문파古文派가 주류를 차지해 왔다. 캉유웨이는 1600여 년 만에 『춘추공양전』에 대한 새로운 해석을 토대로 고문파에 역공을 가하고 나선 셈이다.

선진시대의 사상가 중 관중의 패업을 가장 높이 평가한 사람은 전국시대 말기에 나타나 제자백가사상을 집대성한 순자였다. 순자 역시 관중과 마찬가지로 패자의 기본임무를 '존망계절'에서 찾았다. 순자의 관중 및 제환공에 대한 평가가 공자와 닮은 이유다. 『순자』 「정론」에 이를 뒷받침하는 대목이 나온다.

"중원의 나라는 같은 옷과 같은 의례를 사용하고 있다. 오랑캐들은 같은 옷을 입을지언정 같은 의례를 사용하지 않는다."

공자와 마찬가지로 그 역시 중원문화에 대한 강한 자부심을 갖고 있었다. 관중의 패업을 '존망계절'의 공업으로 평가한 배경에는 바로 이런 '화이관'이 작용했다. '화이관'에 관해서는 관중과 공자, 순자 모두 같은 입장에 서 있었던 셈이다.

3) 패도주의覇道主義

패업과 비례非禮

관중보다 1백여 년 뒤에 태어난 공자는 『논어』에서 제자들과 함께 관중을 수시로 언급하며 '인仁'을 풀이했다. 난세를 평정한 관중의 뛰어난 업적에 공명한 결과다. 그러나 공자가 관중을 온통 칭찬한 것은 아니다. 「팔일」에 관중의 비례非禮를 크게 비판한 일화가 나온다. 이에 따르면 하루는 공자가 관중을 두고 이같이 평했다.

"관중은 그릇이 작구나!"

어떤 사람이 물었다.

"관중은 검소합니까?"

"관중은 여러 부인을 두었으니 어찌 검소할 수 있는가?"

어떤 사람이 다시 물었다.

"그러면 관중은 예를 알았습니까?"

공자가 대답했다.

"군주만이 색문塞門을 설치할 수 있는데도 그 또한 이를 두었다. 군주만이 반점反坫을 둘 수 있는데도 그 또한 이를 두었다. 그가 예를 안다면 누가 예를 알지 못한다고 하겠는가!"

'색문'은 안이 들여다보이지 않게 세우는 차단벽을 말하고, '반점'은 제후들이 친선을 도모할 때 술잔을 되돌려놓기 위한 설비를 뜻한다. 관중은 제후가 아니다. 주 왕실의 입장에서 보면 제후의 신하일 뿐이다. 이를 배신陪臣이라고 한다. 쉽게 말해 신하의 신하에 불과하다. 배신은 '색문'과 '반점'을 설치할 수 없다. 주 왕실의 법질서에서 보면 일종의 월권이다. 공자는 관중의 직분에 어울리지 않는 사치를 통렬하게 지적한 셈이다. 그러나 공자는 관중이 이룬 업적을 극찬했다. 관중이 비록 사적으로는 '비례'를 저질렀으나 공적으로는 천하를 일거에 안정시키는 '대공'을 세웠다고 평가한 결과다. 「헌문」의 다음 일화가 이를 증명한다. 하루는 제자 자로가 스승인 공자에게 이같이 말했다.

"제환공이 공자 규를 죽였을 때 공자 규의 신하 소홀은 그를 위해 죽었으나 관중은 그를 위해 죽지 않았습니다. 그러니 관중을 어질지 못하다고 해야 할 것입니다."

공자가 말했다.

"제환공이 제후들을 규합하며 병거兵車를 동원하지 않은 것은 모두 관중의 공이다. 그 누가 그가 이룬 인仁을 넘을 수 있겠는가!"

극찬이다. 첫 패업을 이룬 제환공의 공은 전적으로 관중 덕분이라고 평한 결과다. 공자는 왜 관중을 이토록 칭송한 것일까? 같은 「헌문」에 이를 짐작케 해주는 일화가 나온다. 하루는 자공이 공자에게 말했다.

"관중은 어진 사람이 아닌 듯합니다. 제환공이 공자 규를 죽일 때 주군을 좇아 죽지 못하고 나아가 제환공을 섬겼으니 말입니다."

공자가 말했다.

"관중은 제환공을 도와 제후들을 단속하고, 일광천하一匡天下의 업적을 이뤘다. 덕분에 백성들이 지금까지 그 혜택을 받고 있는 것이다. 그가 없었다면 우리는 지금 머리를 풀고 옷깃을 왼편으로 여미는 오랑캐가 되었을 것이다. 어찌 그를 필부필부가 작은 절개를 위해 목숨을 끊는 것에 비유할 수 있겠는가?"

공자는 바로 관중이 천하를 바로잡고 외적의 침입으로부터 중원의 역사문화를 수호한 점을 높이 산 것이다. 관중이 이룬 업적을 존왕양이 행보로 평가한 결과다.

공자가 관중의 비례非禮를 지적하면서도 그가 이룩한 공적을 높이 산 것을 두고 흔히 '일포일폄一褒一貶'이라고 한다. 공자의 관중에 대한 '일포일폄'은 폄貶보다는 포褒에 무게를 둔 것이다. 공자 규를 모시던 소홀이 주군을 좇아 죽은 것을 두고 '필부의 작은 절개'에 비유한 것은 관중의 '사치'와 '비례'는 시비를 걸 것도 없다는 취지를 드러낸 것이나 다름없다. 공자가 관중을 인자仁者에 비유한 구절이 이를 뒷받침한다.

훗날 순자와 한자 역시 공자처럼 관중이 패업을 이룬 것을 높이 평가했다. 난세에는 치세와 전혀 다른 이치가 작동한다는 사실을 통찰한 결과다. 그럼에도 맹자만큼은 관중의 패업을 맹렬히 비판했다. 난세에도 오직 덕치를 통해서만 천하를 평정할 수 있다는 확신 탓이다. 『맹자』「양혜왕 상」을 보면 제환공의 공적을 묻는 제선왕의 질문에 이같이 일축한 내용이 나온다.

"공자의 제자들은 제환공과 진문공 같은 패자의 공적에 관해 말하는 사람이 없기 때문에 후세에 전술된 것도 없습니다."

패업 자체를 인정할 수 없다는 신념에서 나온 것으로 해석할 수밖에 없다. 실제로 그는 왕도와 패도를 엄격히 분리한 뒤 왕도의 정당성을 역설했다. 열국의 통치권자들에게 자신이 주장하는 왕도가 정당하면서도 실현 가능성이 가장 높다는 점을 강조하기 위해서였다. 『맹자』「공손추 상」에 이를 뒷받침하는 대목이 나온다.

"힘으로 '인'을 가장하는 자를 패자라 한다. 패자는 반드시 큰 영토를 가지고 있어야 한다. 덕으로 '인'을 행하는 자를 왕자라 한다. 왕자는 큰 나라를 보유하지 않아도 좋다."

그는 왕도가 정당성과 실현가능성 면에서 패도와 비교가 안 될 정도로 우월하다는 것을 이런 식으로 표현한 셈이다. 그가 볼 때 춘추5패 가운데 가장 혁혁한 공을 세운 제환공과 관중의 '패업'은 성왕이 이룬 '왕업'을 훼손시킨 것에 불과했다. 이를 뒷받침하는 일화가 「공손추 상」에 나온다. 이에 따르면 하루는 공손추公孫丑가 스승인 맹자에게 물었다.

"부자夫子는 제나라의 요직에 오르면 관중과 안영의 공적을 다시 일으킬 수 있겠습니까?"

맹자가 대답했다.

"그대는 오직 관중과 안자만 알고 있으니 실로 제나라 사람이다. 예전에 어떤 사람이 증자의 아들인 증서曾西에게 '그대와 자로子路 중 누가 더 현명한가.'라고 묻자 증서가 황송해하며 대답키를, '그 분은 우리 선친도 경외한 분이었소.'라고 했다. 그가 또 '그렇다면 그대와 관중은 누가 더 현명한가.'라고 묻자 증서가 발끈하며 불쾌한 표정으로 대답키를, '그대는 어찌 나를 관중에 비교하는가? 관중은 군주를 섬기면서 저토록 군주의 신임을 독차지하고 국정을 전담하며 저토록 오래도록 재상의 자리에 있었지만 공적은 저토록 보잘 것 없었다. 그대는 어찌하여 나를 관중에 비교하는 것인가?'라고 했다. 이처럼 관중은 증서조차 비교되기를 원치 않은 인물인데 그대는 나보고 관중처럼 되라고 하는 것인가?"

공손추가 반박했다.

"관중은 그 군주인 제환공을 패자로 만들었고, 안영은 그 군주인 제경공의 이름을 세상에 떨치게 만들었습니다. 그런데도 관중과 안자가 오히려 부족하다고 하는 것입니까?"

"제나라와 같이 큰 나라를 가지고 왕자를 만드는 것도 손바닥을 뒤집는 것처럼 쉬운 일인데 하물며 패자를 만든 것이야 말할 게 있겠는가?"

공손추가 말했다.

"그리하니 제자인 제가 더욱 갈피를 잡기 어렵습니다. 주문왕의 덕으로도 1백년밖에 살지 못해 그 덕은 천하에 두루 미치지 못했습니다. 주무왕과 주공이 그 뜻을 이어받아 힘써 실천한 후에야 비로소 주나라를 세워 널리 덕을 펼 수 있었습니다. 지금 왕자가 되는 것이 그토록 쉬운 것처럼 말하면 주문왕도 본받기에 부족하다는 것입니까?"

"주문왕을 어찌 제나라의 군주와 같이 논할 수 있겠는가? 지금이 왕도를 행할 때이다. 하·은·주가 가장 번성한 때에도 사방 1천리가 넘는 나라가 없었다. 그러나 제나라는 그만큼 넓은 땅을 갖고 있다. 제나라는 현재 도성에서 사방의 경계에 이르기까지 어디서든 닭 우는 소리와 개짓는 소리를 들을 수 있을 정도로 많은 백성들이 살고 있다. 그러니 땅을 더 넓힐 필요도 없고, 백성을 더 모을 필요도 없다. 이제 인정仁政을 베풀고 왕도를 행하기만 하면 그 누구도 제나라 군주가 왕자가 되는 것을 막을 수 없다. 그러나 훌륭한 왕자가 나타나지 않은 지가 요즘처럼 오래된 적이 없고, 백성들이 학정虐政에 시달려 초췌해진 것이 요즘처럼 심한 적이 없었다. 굶주린 자는 무엇이나 먹고, 목마른 자는 무엇이나 마시는 법이다. 공자가 이르기를, '덕의 유행은 파발마를 두어 명령을 전하는 것보다 빠르다.'고 했다. 지금과 같은 때에 만승지국인 제나라가 '인정'을 펼치면 백성들은 크게 기뻐할 것이다. 일은 옛날 사람의 절반만 해도 그 공은 틀림없이 그 갑절이나 될 것이다. 지금이 바로 그러한 때이다."

맹자가 거론한 주문왕의 '인정'은 사실 후대인들이 미화해 놓은 것이다. 객관적으로 볼 때 주문왕과 주무왕은 무력을 동원해 주군의 나라인 은나라를 뒤엎었다. 고금동서를 통틀어 맹자가 말하는 식의 왕도로 새 나라를 건설한 적은 거의 없다고 해도 과언이 아니다. 그의 이런 극단적인 주장은 지나치게 원칙에 얽매인 나머지 공자까지 용인하고 나선 패업의 의미를 제대로 파악하지 못했다는 지적을 면키 어렵다.

맹자보다 1세대 뒤에 태어난 순자는 주어진 현실을 토대로 패도를 긍정적으로 수용했다. 이는 '치국평천하' 차원에서 관자의 패업을 높이 평가한 공자의 기본 입장을 복원하는 작업이기도 했다. 『순자』 「왕제」의 해당 대목이다.

"관중은 밭과 들을 개간하고 창고를 충실하게 했다. 점차로 상을 줌으로써 인민을 선도하고 형벌을 엄격히 함으로써 인민들을 바로 잡았다."

관중이 실시한 부국강병의 통치술을 높이 평가한 것이다. 순자의 관자에 대한 평가는 공자의 평가보다 훨씬 긍정적이다. 그는 어제보다 오늘을 중시하는 현실주의자였다. 잘 알지도 못하는 옛 성왕의 왕도를 추구하기보다는 후대의 군주들로부터 치도의 전형을 찾아내는 편이 더 낫다는 게 그의 생각이었다. 그의 이런 생각은 곧 맹자에 대한 공격으로 이어졌다. 『순자』「비십이자」의 해당 대목이다.

"옛 군주를 본받으면서도 그 정통을 알지 못하고 있다. 이는 곧 맹자의 죄이다."

이는 입만 열면 '성왕' 운운하는 맹자의 이상주의를 통렬히 비판한 것이다. 훗날 순자는 이 때문에 성리학자들에 의해 이단으로 몰리기도 했으나 맹자가 입으로만 성왕의 인의를 들먹일 뿐 그 기본 취지를 제대로 이해하지 못하고 있는 점을 정확히 파악하고 있었다.

순자가 생각한 왕도의 요체는 예치禮治에 있었다. 이는 공자가 역설한 군자정치 이념과 맥을 같이 한다. 왕도가 바람직하기는 하나 현실적으로 불가능할 때에는 패도 또한 무방하다는 게 골자이다. 맹자가 일체의 패도를 '왕도'를 가장한 '강도'로 규정한 것과 극명한 대조를 이루고 있다. 공자사상이 맹자가 아니라 순자로 이어졌다는 주장을 뒷받침하는 대목이다.

순자의 이런 입장은 그의 제자인 한자에게 그대로 이어졌다. 난세에는 도덕적인 왕도를 아예 포기하고 오직 무력과 법치에 기초한 패도를 관철시켜야만 '치국평천하'의 대업을 이룰 수 있다는 게 그의 주장이었다. 맹자와 정반대되는 것이다. 결과적으로 그는 스승이 역설한 예치를 법치로 대치시킴으로써 도덕과 정치를 철저히 분리해낸 셈이다. 왕도와 패도, 덕치와 법치의 대립이 한자에 이르러 극명한 대비를 이루게 된 배경이 여기에 있다.

일찍이 서양은 프랑스혁명을 전후해 '신 앞의 평등'을 '법 앞의 평등'으로 전환시킨 것을 계기로 증거주의에 입각한 명실상부한 법치를 구가했음에도 법과 도덕의 구분문제를 놓고 오랫동안 고심했다. 도덕이 요구하는 바를 전부 법으로 강제할 수 없기에 생긴 고민이었다. 이를 두고 예링은 이같이 탄식했다.

"법과 도덕의 관계는 법철학의 케이프 혼이다!"

법과 도덕의 간극을 끝까지 추적하다 보면 남미 최남단의 곶인 '케이프 혼'을 항행하는 배처럼 이내 좌초할 소지가 크다는 좌절감을 드러낸 것이다. 여기서 나온 것이 바로 '법은 최소한의 도덕'이라는 금언이다. 그러나 동양에서는 이미 수천 년 전에 이에 대한 해법을 찾아낸 바 있다. 『논어』「위정」에 나오는 공자의 언급이 그것이다.

"정형政刑으로 다스리고자 하면 백성들이 이를 면하려고만 하여 이내 부끄러움을 모르게 된다. 그러나 덕례德禮로 다스리고자 하면 부끄러움을 알고 선한 마음을 갖게 된다."

공자는 법치 위에 예치의 세계가 존재하고 있음을 통찰한 것이다. 그가 『논어』「계씨」에서 '예를 배우지 않으면 제대로 설 수 없다.'고 강조한 것도 같은 맥락에서 나온 것이다. 예치를 법치 위에 둘 경우 '케이프 혼' 운운의 탄식은 나올 수 없게 된다. 도덕의 세계를 무리하게 법의 세계로 끌어내리려는 시도를 할 필요가 없기 때문이다. 순자의 제자들이 완성시킨 『예기』는 「곡례 상」에서 예치와 법치의 용례를 이같이 분류해 놓았다.

"예는 서인까지 내려가지 않고, 형은 대부에게 미치지 않는다."

지배층에 대해서는 법치보다 도덕적 수위가 높은 예치의 잣대를 적용해야 한다는 유가의 입장을 요약해 놓은 것이다. 동양의 '노블레스 오블리주' 전통은 바로 여기서 나왔다. 『관자』는 예치를 '예의염치'로 풀이해 놓았다. 위정자가 '예치'의 세계를 무시한 채 '법치'의 세계에 함몰돼 법리공방을 전개할 경우 자칫 순자가 경고한 위도危道 내지 망도亡道로 치달을 소지가 크다.

패도覇道와 이도利道

맹자가 볼 때 춘추5패 중 가장 혁혁한 공을 세운 제환공과 관중의 패업 역시 성왕의 덕을 훼손시킨 것에 불과했다. 그렇다면 그가 생각하는 '왕도'는 과연 무엇을 말하는 것일까? 그는 『맹자』 「양혜왕 상」에서 이같이 말했다.

"백성들이 농사철을 놓치지 않게 하면 곡식은 이루 다 먹을 수 없을 정도로 넉넉해진다. 촘촘한 그물을 웅덩이와 못에 넣지 못하게 하면 물고기 또한 이루 다 먹을 수 없을 정도로 넉넉해진다. 시기를 가려 벌목케 하면 재목 역시 이루 다 쓸 수 없을 정도로 넉넉해진다. 곡식과 물고기가 이루 다 먹을 수 없을 정도로 넉넉해지고, 재목이 이루 다 쓸 수 없을 정도로 넉넉해지면 백성들로 하여금 산 사람을 봉양하고 죽은 사람을 장사지내는데 유감이 없도록 만들 수 있다. 그리 하는 것이 왕도의 시작이다."

백성들의 의식주 문제가 해결돼야만 비로소 왕도를 도모할 수 있다고 언급한 것이다. 나름 탁월한 지적이다. 문제는 현실이다. 약육강식의 정글법칙이 작동하는 전국시대에 과연 이런 식의 덕치를 통해 혼란을 바로잡을 수 있는 것일까?

순자가 맹자를 비판한 것은 바로 이 때문이다. 왕도만으로는 소기의 성과를 거둘 수 없다고 본 것이다. 왕도가 바람직하기는 하나 부득이한 경우에는 무력에 기초한 패도를 통해 천하통일을 성사시키는 것이 난세를 평정하는데 훨씬 효과적이라고 본 것이다. 그가 구체적인 방안으로 제시한 것이 바로 예치禮治이다. 현자를 존중하는 존현尊賢과 현자를 현자로 대우해 적극 활용하는 현현賢賢이 골자이다. '인의' 운운했지만 사실은 '의'에 방점을 찍은 맹자와 대비되는 대목이다. 그는 『순자』 「의병」에서 예치를 이같이 설명했다.

"예란 다스림의 궁극이다. 군주가 예를 따르면 천하를 얻고 예를 따르지 않으면 나라를 망치게 된다."

이는 '예'와 '인'을 같은 개념으로 파악하며 극기복례克己復禮를 통해 '인'을 실현코자 한 『논어』의 취지와 맥을 같이 하는 것이다. 순자는 제자백가가 언급한 이런 다양한 치도를 체계적으로 정리한 최초의 인물이다. 가장 널리 알려진 것이 왕도와 패도 및 위도危道의 '왕패3분론'이다. 『순자』「대략」의 해당 대목이다.

"예로 다스리고 어진 이를 등용하는 자가 곧 왕자이고, 법을 중시하고 인민을 사랑하는 자가 곧 패자이고, 이익을 좋아하고 속임수가 많은 자는 위자危者이다."

'위자'는 난정亂政을 행하는 자를 말한다. 주목할 점은 왕자가 행하는 왕도와 패자가 왕을 대신해 천하를 호령하는 패도가 별반 차이가 없는 점이다. 맹자는 〈왕도↔패도〉의 도식을 제시한데 반해 순자는 '위도'를 추가해 〈왕도, 패도↔위도〉의 도식을 제시한 셈이다. 『순자』「강국」에서는 '위도'를 보다 세분화했다.

"군주가 예의를 숭상하고 현자를 존중하면 왕자, 법제를 중시하고 백성을 사랑하면 패자, 사리사욕을 탐하고 거짓을 행하면 위자, 권모술수를 써 남을 넘어뜨리고자 음험한 간계를 행하면 망자亡者가 된다."

〈왕도, 패도↔위도, 망도〉의 도식을 제시한 것이다. 이른바 '왕패4분론'이다. 왕도 및 패도에 대한 맹자와 순자의 엇갈린 평가는 '3왕'과 '5패'에 대한 평가에 그대로 투영되고 있다. 맹자는 〈3왕↔5패〉의 입장에 선 데 반해 순자는 〈3왕≒5패〉의 입장을 견지했다. 묵가는 전설적인 하나라의 창업주인 우왕을 은나라를 세운 탕왕이나 주나라 창업주인 문왕·무왕보다 한 단계 더 높이 평가했다. 유가보다 더 우위에 서고자 한 것이다. 맹자는 여기서 한 발 더 나아가 우왕보다 더 이전의 성군인 요순을 들먹였다. 장자는 요순보다 더 앞선 황제黃帝를 거론했다. 이들이 순차적으로 더욱 극단적인 형이상의 이상론으로 치달은 것은 이 때문이다.

이와 달리 패도를 적극 수용한 순자는 맹자가 3왕을 평가의 잣대로 삼아 춘추5패를 폄하하는 행태를 크게 비판했다. 전설적인 성군인 요순 등을 평가의 잣대로 삼아 나름 대공을 세운 패자들을 일언지하에 깎아내리는 것을 잘못이라고 지적한 것이다. 그가 왕도를 앞세우면서도 부득이한 경우에는 패도를 통해 천하를 통일할 수 있다는 입장을 취한 이유가 여기에 있다. 이를 선왕후패先王後霸라고 한다. 이는 『논어』를 관통하는 기본 입장이기도 하다. 구체적인 대안이 바로 예이다. 이는 덕과 법의 중간에 위치해 있다.

순자의 제자인 한자가 예 대신 법을 택한 것도 결코 우연이 아니다. 난세의 정도가 더 심해진 탓이다. 덕과 법의 중간에 있는 예로는 결코 천하통일에 도움이 되지 않는다고 본 것이다. 그가 법가사상을 집대성하는 과정에서 법치를 역설하면서도 그 초점을 병가와 종횡가처럼 강도에 맞추지 않고 노자의 제도에 맞춘 것도 바로 이런 맥락에서 이해할 수 있다. 그는 『도덕경』에 사상 최초의 주석을 가한 장본인이다.

노자와 달리 장자는 인위적인 개입은 말할 것도 없고 통치 자체가 배제된 무치無治를 주장했다. 일종의 무정부주의와 같다. 그는 이를 자연自然으로 표현했다. 훗날 개인 해탈에 초점을 맞춘 불교사상이 장자의 이런 사상과 결합해 선불교로 나타났다. 사마천이 『사기』를 저술하면서 노자와 한자를 하나로 묶어 「노자한비열전」을 편제한 것도 바로 이를 통찰한 결과로 볼 수 있다. 현재 학계에서는 노자와 장자를 구분하는 것은 상식에 속한다.

대표적인 인물이 프랑스의 중국학을 대표하는 안느 청Anne Cheng이다. 그는 1997년에 펴낸 『중국사상사-Histoire de la pensée chinoise』에서 이같이 말했다.

"『장자』와 『도덕경』은 전국시대 사상의 상이한 두 가지 단계를 표현하고 있다. 『장자』의 핵심은 명가나 유가의 맹자처럼 제1의 사조를 대표하고 있는데 반해, 『도덕경』은 유가의 순자나 법가와 더불어 제2의 사조를 대표하고 있다."

안느 청이 지적한 것처럼 무위라는 말에 집착해 노자와 장자를 같은 부류로 파악하는 것은 잘못이다. 무위는 법가인 한자와 병가인 손자도 언급한 것이다. 노자가 무위를 통해 궁극적으로 이루고자 한 것은 다스리지 않는 게 없는 '무불치'이다. 유가에서 말하는 유위지치有爲之治의 극치를 뜻한다. 단지 인의예지 등의 인위적인 덕목 대신 '무위'를 통해 지극한 통치를 이루고자 한 것만이 다를 뿐이다. 무위의 당사자가 군왕인 것은 말할 것도 없다. 장자가 세속적인 가치를 거부하며 천자자연과 더불어 살 것을 주장한 것과 대비된다. 장자에게 군왕은 천지만물의 자연스런 순환이치를 거스르는 자에 지나지 않았다.

그러나 노자가 말한 '무위지치無爲之治'는 이와 다르다. 군왕이 적극적으로 '무위'를 실천함으로써 천하 만민이 모두 평화로운 삶을 유지할 수 있기를 바랐다. 공자가 말한 '유위지치'를 한 단계 더 끌어올린 것이다. 그게 바로 '제도'이다. 『도덕경』을 『장자』가 아닌 『논어』의 자매편으로 보는 이유다. 한자 역시 맹자가 말한 '인의'로는 위선적인 위정자만 양산할 뿐 지극한 통치를 이룰 수 없다고 생각한 점에서 노자와 일치한다. 공자의 '인'과 스승 순자가 말한 '예' 역시 어중간하기는 마찬가지이다. 그가 법의 존재이유인 당위當爲의 세계를 노자가 말한 '무위지치'의 세계와 일치시킨 이유다.

순자가 왕도와 패도를 분류한 관점에서 볼 때 왕도와 패도는 무슨 근원적인 차이가 있는 게 아니다. 맹자만이 이를 엄히 구분했을 뿐이다. 실제로 순자는 도가에서 역설하는 제도까지 수용해 제도와 왕도 및 패도는 종이 한 장 차이밖에 없다고 갈파했다.

크게 보면 노자와 공자, 맹자, 순자, 한자 모두 난세의 상황을 크게 우려한 점에서 취지를 같이 한다. 장자도 예외가 될 수 없다. 단지 방법론을 달리 했을 뿐이다. 『장자』「재유」의 다음 대목이 이를 뒷받침한다.

"지금 세상을 보면 처형당한 자들은 시체가 서로 베개를 베고 누워 있을 정도로 넘쳐나고, 차꼬를 차고 칼을 쓴 죄인들은 서로 밀칠 정도로 바글

거리고, 형륙을 당한 자들은 서로 마주 바라볼 정도로 많다. 그런데도 유가와 묵가의 선생이라는 자들은 차꼬와 수갑을 찬 죄인들 사이를 뛰어다니며 팔을 걷어붙인 모습으로 '인의' 운운하고 있다. 아, 심하구나, 저들이 부끄럼없이 수치를 모르는 것이! 참으로 심하다!"

　맹자와 비슷한 시기에 산 장자가 볼 때 당시는 절망의 시대였다. 그는 이런 절망의 시대를 살아가는 힘없는 백성들을 위해 안빈낙도安貧樂道를 역설한 것이다. 문화대혁명 시절 현실에 굴복한 노예사상으로 매도된 이유가 여기 있다. 그러나 공자를 보수반동의 괴수, 순자와 한자 및 진시황 등을 진보주의자로 높이 평가하는 잘못을 저지른 것과 마찬가지로 이 또한 장자의 기본 취지를 멋대로 왜곡한 것에 지나지 않는다. 『장자』 「천하」에서 가장 바람직한 군왕의 모습을 내성외왕内聖外王으로 표현한 게 그 증거다. '무위지치'의 이치를 터득한 군왕을 의미한다.

　이는 비록 후대 도가가 삽입시킨 것이기는 하나 장자사상에서 비롯된 것임은 말할 것도 없다. 당시 제자백가 모두 똑같은 고민을 했다. 서로 상통하는 이유다. 이들을 획일적인 잣대로 마구 쪼개는 것은 잘못이다. 『한비자』는 말할 것도 없고 『손자병법』 등의 병법서도 '도'에 입각해 싸우지 않고 승리를 거두는 부전이승不戰而勝을 최상의 전략으로 내세운 게 그 증거이다.

　관중을 효시로 하여 사마천이 집대성한 상가의 이론도 예외가 될 수 없다. 「화식열전」에서 통치의 수준을 도가의 '도민', 상가의 '이민', 유가의 '교민', 법가의 '제민' 순으로 늘어놓은 것도 이런 맥락에서 이해할 수 있다. 이는 결코 자의적인 판단에 따른 게 아니다. 『관자』의 부민부국 이론을 충실히 좇은 결과로 보는 게 합당하다.

　주나라는 건국 당시 천명을 내세우며 덕치를 표방했으나 낙양으로 천도하는 이른바 동천東遷을 행한 후 제후들이 막강한 위세를 떨치기 시작하면서 권위가 땅에 떨어지고 말았다. 덕치를 근간으로 한 왕도가 실종되고 힘을 배경으로 한 제후들의 패도가 횡행케 된 이유이다. 이후 7웅이 왕을 칭하는 상황에 이르러서는 패도마저 실종되고 말았다. 전국시대에 약육강식의 강도强道가 위세를 떨치게 배경이 여기에 있다. 전국시대 말기에 이르러 법가와 병가, 종횡가가 횡행한 것도 이런 맥락에서 이해할 수 있다.

주목할 것은 관중을 효시로 하는 상가이다. 사마천은 「화식열전」에서 이익을 향해 무한 질주하는 인간의 호리지성好利之性에 주목해 이를 이도利道로 표현해 놓았다. 관중은 이를 부도富道로 표현했다. 『관자』 「유관」의 해당 대목이다.

"텅 비고 고요한 허정虛靜한 자세를 견지하여 사람과 사물 모두 각자 있어야 할 곳에 처하면 곧 최상의 치도인 황도皇道를 이룰 수 있다. 현자를 높이고 덕이 있는 자에게 벼슬을 내리면 '황도'에 가까운 제도帝道를 이룰 수 있다. 몸소 인을 실천하고 의를 행하고, 충성을 행하며 신실한 자를 쓰면 인의예지 등의 덕목에 입각한 왕도王道를 이룰 수 있다. 계책을 살피며 예의를 드러내고, 용사를 선발하고 무기를 날카롭게 하면 공평무사한 무위에 기초한 패도霸道를 이룰 수 있다. 삶을 안정시키며 사자를 안장하고, 현자를 공경하여 높여주고 백성을 잘 대우하면 백성의 지지를 받는 중도衆道를 이룰 수 있다. 공을 세운 자에게 반드시 상을 내리며 처벌을 신중히 하고, 재능 있는 자에게 벼슬을 주고 능력 있는 자에게 녹봉을 주면 강력한 법규에 기초한 강도强道를 이룰 수 있다. 전체 재정의 수입지출 예산을 맞추고, 농사에 힘쓰며 상공업을 조정하면 천하의 부를 기반으로 한 부도富道를 이룰 수 있다. 법을 밝히며 계책을 살피고, 기본 규율을 세우며 인재 영입을 서두르면 나라가 크게 다스려진다. 직무의 이동異同을 좇아 관직을 나누어 다스리면 나라가 크게 안정된다."

『관자』는 여기서 '제도'보다 한 단계 위에 있는 '황도'를 언급해 놓았다. 사상사적으로 볼 때 이는 『순자』 「왕제」에서 말하는 '제도'를 달리 표현한 것이다. 『관자』는 '제도'를 '황도'보다 한 단계 아래의 치도로 규정해 놓은 셈이다.

대략 왕도 밑에 패도覇道를 상정한 것은 『순자』와 비슷하다. 다만 『순자』는 패도 밑에 안도安道와 강도強道 등을 언급하는데 그쳤으나 『관자』는 중도衆道를 '강도' 위에, 부도富道와 치도治道를 '안도'의 위치에 배치시키고 있다. 최상의 치도인 황도부터 차례로 정리하면 『관자』에서 말하는 치도는 〈황도→제도→왕도→패도→중도→강도→부도〉로 요약할 수 있다. 〈제도→왕도→패도 및 강도→안도〉로 요약된 『순자』보다 훨씬 구체적이다. 이 대목이 『순자』 「왕제」보다 훨씬 뒤에 나온 것임을 짐작할 수 있다. 관중을 효시로 하는 상가 이론을 집대성한 사마천은 『사기』 「화식열전」에서 '부도'를 이도利道로 격상시킨 뒤 〈제도→이도→왕도→패도〉로 요약해 놓았다. 상가를 제자백가 가운데 노자사상을 뒤쫓는 최고의 위치로 끌어올린 것이다. 이를 뒷받침하는 「화식열전」의 해당 대목이다.

"눈과 귀는 아름다운 소리나 모습을 끝까지 보고 들으려 하고, 입은 여러 맛있는 고기를 맛보려 하고, 몸은 편하고 즐거운 것에 머물려 하고, 마음은 권세와 재능이 가져다 준 영화를 자랑하고자 한다. 이런 풍속이 백성을 전염시킨 지 이미 오래 됐다. 설령 아무리 오묘한 이론으로 집집마다 들려줄지라도 끝내 교화할 길이 없다. 그래서 최상의 통치자는 백성을 천지자연의 도에 부합하도록 이끌고, 그 다음은 백성을 이롭게 하는 식으로 이끌고, 그 다음은 가르쳐 깨우치는 방법을 택하고, 그 다음은 백성을 가지런히 바로 잡는 식으로 다스린다."

제도와 부도, 왕도, 패도를 차례로 언급한 것이다. 원문에 따르면 제도는 백성을 천지자연의 도에 부합하도록 이끄는 합도合道, 부도는 백성을 이롭게 하는 식으로 이끄는 이도利道, 왕도는 가르쳐 깨우치는 교회敎誨, 패도는 백성을 가지런히 바로 잡는 정제整齊로 표현돼 있다. 사마천이 관중을 효시로 하는 '상가' 이론을 집대성한 배경을 짐작케 해주는 대목이다.

제3절 관자사상의 전개

관중과 난세의 제왕학

관포지교管鮑之交와 반대되는 게 오집지교烏集之交이다. 까마귀들의 사 귐이라는 뜻이다. 잇속으로 만난 이런 교제가 오래갈 리 없다. 처음에는 '관 포지교'로 출발했다가 끝내 '오집지교'로 끝나는 게 바로 초한전 당시 진여 陳餘와 장이張耳가 보여준 문경지교刎頸之交이다. 두 사람은 당초 목을 벨 정 도의 위험에도 생사를 함께 할 정도의 우정을 자랑했으나 결정적인 순간에 문득 원수로 돌변했다. '문경지교' 성어의 배경이 된 춘추시대 말기 조나라 의 염파와 인상여가 보여준 우정과는 천양지차가 있다.

진여와 장이가 보여준 '문경지교'는 애증愛憎이 같은 뿌리에서 나온 것 임을 반증한다. 세상의 모든 이치가 그렇듯이 한쪽의 경향이 깊어지면 그 와 반대되는 경향도 깊어질 수밖에 없다. 마치 산이 높으면 계곡 또한 깊어 지는 이치와 같다. 진여와 장이의 '문경지교'는 우정의 강도가 높은 만큼 증 오의 강도 또한 커질 수밖에 없다. 의협들의 우정이 바로 이와 같다. 비장한 맛은 있으나 상대적으로 그윽한 맛이 적다.

이와 달리 관중과 포숙아가 보여준 '관포지교'는 무부보다는 문인의 색 채가 짙다. 관중의 '재'와 포숙아의 '덕'이 유기적으로 얽혀 있기 때문이다. 만일 관중과 포숙아 모두 재덕을 겸비했다면 결코 '관포지교'가 만들어지 지 않았을 것이다. 오히려 서로의 재덕이 충돌하며 다툼을 벌였을 공산이 크다. 이는 삼국시대의 인물들이 만들어낸 다양한 유형의 인간관계를 생각 하면 쉽게 이해할 수 있다.

상식적으로 판단할 때 재주가 덕보다 뛰어난 재승덕才勝德의 조조가 만일 덕까지 갖췄다면 더 많은 인재들이 그의 휘하에 몰려들었을 것으로 생각키 쉽다. 그러나 현실은 오히려 정반대로 나타날 공산이 크다. 물이 지나치게 맑으면 고기가 모여들지 않듯이 재덕을 모두 겸비한 완전무결한 인간에게는 사람이 접근하지 않는다.

조조는 '재'가 '덕'을 압도한 까닭에 늘 공의公義를 전면에 내세웠다. 사정私情을 '공의' 앞에 태워버린 결과다. 그가 가혹한 군법을 적용한 것은 바로 이 때문이다. 개개인의 사정에 얽매였다가는 천하통일의 대업에 지장이 생길까 우려한 것이다. 조조 역시 필부의 '덕'과는 비교할 수 없을 정도의 관대한 면을 지니고 있었다. 원소의 무리를 평정했을 때 그의 묘를 찾아가 눈물을 흘리며 추모한 게 그 증거다.

그러나 그는 기본적으로 '재'가 너무 전면으로 튀어나와 있는 까닭에 '덕'이 상대적으로 부족해 보일 수밖에 없었다. 실제로 가차 없는 가혹한 형률의 적용은 각박한 이미지를 만들기에 족했다. 조조가 신하들과 맺은 '군신지교'는 '관포지교'보다는 공의를 전면에 내세운 '문경지교'에 가까웠다.

이와 대비되는 것이 유비가 신하들과 맺은 '군신지교'다. 도원에서 의형제를 맺은 관우 및 장비와의 관계는 비록 난세의 평정이라는 '공의'를 내세우기는 했으나 본질적으로 '사정'에 토대한 것이다. 훗날 관우와 장비가 잇달아 죽자 제갈량과 조자룡의 반대에도 불구하고 동오의 토벌에 나섰다가 참패한 게 그 증거다. '사정'이 '공의'보다 앞선 후과다.

유비는 기본적으로 학문 등을 열심히 닦지 않은 까닭에 '재'가 부족했다. 조조가 전장에서조차 손에서 책을 놓지 않은 것도 대비되는 대목이다. 뭘 알아야 전장에서도 책을 읽을 것이 아닌가! 그러나 유비는 오히려 비록 연출된 것이기는 하나 '덕'으로 이를 보완해 나름 제갈량과 같은 인재를 휘하에 그러모을 수 있었다. 이 또한 '공의'와는 거리가 먼 '사정'에 의한 것임은 말할 것도 없다. 유비가 신하들과 맺은 '군신지교'는 '문경지교'보다 '관포지교'에 가까웠다.

관중 사후 1백 년 뒤에 태어난 공자는 관중이 이룬 패업을 높이 평가했다. 이는 공자가 현실을 대대적으로 혁신코자 하는 개혁가의 길을 걸은 사실과 무관치 않다. 문화대혁명 당시 마오쩌둥의 절친한 친구이자 중국의 초대 사회과학원장을 지낸 궈모뤄는 공자를 개혁가의 차원을 뛰어넘는 혁명가로 평한 바 있다. 이는 공자가 신분세습의 봉건질서를 거부한데 주목한 결과다.

실제로 공자는 내심 혈통 하나만으로 무능한 자들이 집권층이 되어 백성들을 도탄으로 몰아넣는 부조리한 상황을 용인할 수 없었다. 다만 상나라 때부터 이어진 봉건질서를 일거에 무너뜨릴 수 없는 만큼 방법론적으로 혁명 대신 개혁의 노선을 택했을 뿐이다. 그가 같은 시기를 산 양호陽虎와 달리 혁명가의 길이 아닌 점진적인 개혁가의 길을 걸은 이유가 여기에 있다. 그의 이런 선택은 현명했다. 비록 시간이 걸릴지언정 그 효과는 혁명보다 훨씬 컸기 때문이다. 그가 자신을 찾아오는 사람을 모두 제자로 받아들여 군자君子가 될 것을 역설한 것은 바로 이 때문이다. 제자의 제자 등이 꾸준히 '군자'를 양성해 나갈 경우 혈통이 아닌 학덕學德을 연마한 '군자'가 언젠가는 실질적인 군주의 자리를 꿰차는 시기가 올 것을 예상한 것이다.

그런 점에서 문화대혁명 당시 공자가 주공 단을 성인으로 추앙한 것 등을 이유로 그를 보수반동의 표상으로 몰아간 것은 커다란 역사왜곡이었다. 공자가 주공 단을 높이 평가한 것은 봉건질서를 찬양코자 한데서 비롯된 게 아니라 각종 제도문물을 정비해 통치 질서를 구축한 사실을 평가한데 따른 것이다.

'군자'는 신분세습의 봉건질서 근간을 뒤흔드는 혁명적인 사고에 뿌리를 두고 있는 것이었다. 그 누구일지라도 학문과 덕성을 연마하면 현실적인 '군주'보다 훨씬 높은 수준의 바람직한 '군자'의 삶을 살 수 있다고 역설했기 때문이다. 공자의 사후 백가쟁명의 양상이 나타나면서 제자백가의 각 사인

士人들이 능력발휘의 수준에 따라 포의지사布衣之士에서 문득 일인지하一人
之下의 정승 반열에 오르는 파격적인 상황이 빚어진 배경이 여기에 있다.

공자가 신분세습을 원천적으로 부인한 '군자'를 역설한 덕분이다. 그 대
미를 장식한 사람이 바로 진시황이었다. 현실과 이상 간의 괴리를 메우기
위해 관중으로부터 진시황에 이르기까지 4백여 년의 세월이 걸린 셈이다.
이를 도표로 정리하면 다음과 같다.

〈이상적인 통치자의 시대별 유형〉

시기	현실	이상	제창자	실권자
춘추 전기	왕	군자君子	주공	강자强者(정장공)
춘추 중기	왕	천자天子	관중	패자覇者(제환공 등)
춘추 말기	왕	군자君子	공자	패왕覇王(오왕, 월왕)
전국 초기	왕	군자君子	공자	패왕覇王(제위왕 등)
전국 중기	왕	군자君子	공자	서제西帝(진소양왕)
전국 말기	황제	천자天子	한자	황제皇帝(진시황)
전한 이후	황제	군자君子	공자	황제皇帝(한고조 등)

많은 사람들이 진시황을 한자가 집대성한 법가사상에 매몰된 사람으
로 생각하고 있으나 이는 오해다. 그가 천하를 순수巡狩하며 세운 비석에
유가의 덕치德治 이상이 빠짐없이 새겨진 사실이 이를 뒷받침한다. 그는 난
세를 평정하고 천하를 하나로 통일하기 위해서는 일면 각박하기 그지없는
법가의 통치술이 유효하다는 사실을 통찰하고 있었던 것이다.

사상사적으로 관중과 공자, 진시황은 기존의 부조리한 통치 질서를 뒤
집고자 한 점에서 서로 통하고 있다. 춘추시대 중기에 태어난 관중은 천자
의 권력을 대행하는 '패자'를 등장시킴으로써 봉건질서를 허무는 단초를 열
었다. 『관자』에서 말한 '패왕'은 '패자'가 명분을 더욱 축적할 경우 새로운

세상의 '왕'이 될 수 있음을 암시한 것이다.

그로부터 1백년 뒤에 태어난 공자는 이를 이론적으로 뒷받침하는 '군자' 개념을 제시함으로써 학덕을 제대로 연마하면 능히 천자가 될 수 있는 무대를 열었다. 진시황은 강력한 무력을 바탕으로 법가사상에 기초한 새로운 '제왕' 질서를 제시함으로써 혈통에 의해 자동적으로 통치자가 되는 낡은 봉건질서를 완전히 무너뜨리는데 성공했다. 진시황 사후 평민 출신인 유방이 황제의 자리에 오름으로써 이를 역사적 사실로 증명한 셈이다.

황제가 명분과 실력을 겸비해 '천자'인 동시에 '군자'의 표상이 된 이 도식은 청조 말까지 그대로 이어졌다. 제왕정이 등장한 이후에는 아무리 폭군일지라도 겉으로는 '군자'를 표방했다. 전설상의 폭군인 하나라 걸桀 및 은나라 주紂와 후대의 제왕정에서 출현한 폭군을 엄격히 구별해야 하는 이유가 여기에 있다.

중국의 위대한 역사가 치엔무錢穆가 역설했듯이 중국에 폭군은 존재했어도 서양과 같은 전제군주가 등장한 적은 없다. 하나라 걸과 은나라 주 등의 무지막지한 전제군주 행보는 후대인이 덧칠해 놓은 하나의 전설에 불과할 뿐이다. 이를 통해 진시황이 최초로 완성시킨 '제왕정'은 바로 5백여 년에 걸친 오랜 기간의 숙성과 제자백가들이 전개한 '백가쟁명'의 결과물이라는 사실을 대략 확인할 수 있다.

성리학의 충역忠逆 시비

관중은 포숙아의 천거가 없었다면 제환공에게 발탁될 리도 없고, 나아가 제환공을 도와 패업을 이룰 리도 없었을 것이다. 여기서 하나 검토하고 넘어갈 것은 소홀이 자진을 택할 때 왜 관중은 주군의 뒤를 좇아 자진하지 않았는가 하는 점이다. 이는 성리학이 최고의 통치이념으로 작동한 청대 말기에 이르기까지 수천 년 간에 걸쳐 무수한 논란을 낳았다. 『논어』「헌문」에 나오는 다음 일화가 논란의 단초를 제공했다. 하루는 자로가 공자 앞에서 이같이 말했다.

"제환공 소백이 공자 규를 죽이자 신하 소홀은 그를 위해 죽었고, 관중은 죽지 않았습니다. 그러니 관중을 '인仁'하지 않다고 할 것입니다."

공자가 말했다.

"제환공이 제후들을 9번 규합하며 병거兵車를 동원치 않은 것은 모두 관중의 공이다. 그 누가 그의 인만 하겠는가, 그 누가 그의 인만 하겠는가!"

자로는 직선적인 인물이다. 이런 인물은 매사를 선악의 잣대로 나눠보는데 익숙하다. '여차여차하지만, 그럼에도 여차여차하다.'는 식의 논리를 비겁하거나 속에 흑심을 가진 사람의 논리로 바라보기 십상이다. 목숨을 내놓고 충간하기를 좋아하는 직신直臣이 바로 이런 경우에 해당한다. 공자의 제자 중 자로처럼 이런 '직신'의 모습을 지닌 사람은 없었다. 전국시대 말기에 공자의 사상적 후계자를 자처한 맹자가 자로와 가장 많이 닮았다. 이들 모두 본질적으로 무협지에 나오는 '의협'의 성정을 지닌 자들이다. 자로나 맹자처럼 '의협'의 성정을 지닌 유가를 통상 유협儒俠이라고 한다. 묵가를 숭상하는 유협을 지칭할 때 사용한 이른바 묵협墨俠이 연원이다. 이는 유가 사상으로 무장한 무인을 유장儒將으로 부르는 것과 같은 맥락이다.

당시 '유협'의 전형에 해당하는 자로가 관중을 비판적인 시각에서 바라본 것은 당연한 일이었다. 그가 볼 때 모시던 주군이 죽었는데도 함께 죽지 않은 관중은 아무리 좋게 봐도 결코 '인'한 사람이 될 수 없었다. 그러나 공자는 자로와 정반대의 입장에 서 있었다. '여차여차하지만, 그럼에도 여차여차하다.'는 논리에 익숙해 있었기 때문이다. 그가 자로와는 정반대로 관중을 높이 평가하며 '그 누가 그의 인만 하겠는가!'는 말을 거듭한 게 그 증거다.

이는 관중이 주군인 공자 규를 좇아 죽는 것을 소의小義와 소절小節에 지나지 않는다고 평한 결과다. 관중이 문득 주군을 바꾸고 새 주군인 제환공을 보필해 사상 첫 패업을 이룬 것을 두고 공자는 이것이야말로 대의大義와 대절大節에 부합한다고 본 것이다. 관중의 변명을 그대로 수용한 결과로 해석할 수 있다. 「관안열전」에 나오는 관중의 술회가 이를 뒷받침한다.

"공자 규가 죽고 소홀이 그를 좇아 죽었을 때 나는 함거에 갇혀 모욕을 받는 길을 택했다. 그런 나를 두고 포숙아는 치욕을 모르는 사람이라고 비난하지 않았다. 내가 '소절'을 지키지 못한 것을 부끄러워하지 않고, 천하에 공명을 밝게 드러내는 '대절'을 이루지 못하는 것을 부끄러워한다는 것을 알았기 때문이다."

관중이 포숙아를 두고 자신을 낳아준 부모인 '생아자生我者' 못지않은 '지아자知我者'라고 찬탄한 이유가 여기에 있다. 사람의 일생을 개관하면 크게 4가지 위대한 인연이 있다. 우선 '생아자'가 있다. 부모가 없으면 세상에 태어날 수 없기 때문이다. 삼국시대 당시 공융은 이를 부인하는 다음과 같은 얘기를 했다가 조조에게 목숨을 잃었다.

"자식에게 그 아비는 어떤 존재인가? 그 본래 뜻을 논하면 실로 자식은 그 부친의 정욕이 만들어낸 물건에 불과할 뿐이다. 자식은 그 어미에게 어떤 존재인가? 비유해 말하면 병 속에 물건을 넣어 두었다가 꺼내는 즉시 분리되는 것과 같은 것이다."

이런 방자한 얘기를 방치했다가는 끝내 천하를 소란스럽게 만들 것을 우려해 제거한 것이다. 조조는 유가에서 역설하는 '생아자'의 취지를 통찰하고 있었다. 비판적인 시각을 지닌 공융을 제거하기 위해 꼬투리를 잡은 것이라는 해석은 부분적으로만 타당할 뿐이다.

두 번째는 나를 벗으로 삼는 '붕아자朋我者'이다. 대표적인 실례가 바로 관중의 '대절'을 이해한 포숙아이다. 포숙아가 없었다면 관중도 없었을 것이라는 지적이 가능한 이유다. 대다수 사람들은 마치 관중과 포숙아가 그랬던 것처럼 이해타산이 개입되지 않는 젊은 학창시절에 '붕아자'를 만나는 계기를 갖는다. 그러나 진정한 교우의 인연을 맺기란 그리 쉬운 일이 아니다. '관포지교'가 드문 이유다. '관포지교'와 같은 교우를 맺을 수 있다면 이는 '붕아자'와 '지아자'를 동시에 만난 경우에 해당한다.

세 번째는 스승처럼 인간이 인간답게 사는 길을 가르치는 '교아자敎我者'에 해당한다. 평생을 살면서 존경하는 스승을 만나지 못한 삶은 불행하다. 뛰어난 스승을 만나는 인연은 곧 '지아자'와 '교아자'를 동시에 만난 것이나 다름없다.

네 번째는 주군처럼 나와 가족을 먹여주는 '사아자食我者'이다. 여기의 '사食'는 '밥을 먹이다.'는 뜻의 사동사이다. 사飼와 뜻이 같다. 결혼을 해 자식을 낳고 부모를 봉양하며 사회인으로 살아나가기 위해서는 어떤 집단에 들어가든 해당 집단의 우두머리를 모시게 마련이다. 그가 바로 자신의 '주군'에 해당된다. 자신이 지닌 능력을 최대한 발휘토록 배려하며 전폭적인 지원을 아끼지 않는 '주군'을 만나기가 쉽지 않다. 제갈량이 유비를 만난 게 이 경우에 속한다. 제갈량에게 유비는 '사아자'인 동시에 '지아자'에 해당한다.

학창시절과 사회생활을 통틀어 '교아자'와 '붕아자', '사아자' 중 단 한 사람도 만나지 못한 사람은 매우 불행한 경우에 해당한다. 그렇다면 이들은 영원히 '지아자'를 얻지 못하는 것일까? 그렇지는 않다. 그들에게도 '지아자'가 있다. 바로 '생아자'인 부모를 비롯해 자신이 또 다른 '생아자'로 살게 만드는 처자식이 그들이다. 곁에서 늘 지켜본 까닭에 부모와 처자식이 자신을 가장 잘 아는 사람에 속한다. 그러나 부모와 처자식 등의 '지아자'가 내리는 평가는 상대적으로 객관성이 떨어져 그 효용이 한정돼 있다.

유가에서는 나를 기준으로 하여 '생아자'와 '붕아자', '사아자'와 맺는 4가지 인연을 3강5륜三綱五倫으로 표현해 놓았다. 군신君臣과 부부夫婦 및 친자親子 간의 3강은 '생아자'와 '사아자'를 언급한 것이다. 『맹자』에 뿌리를 둔 부자유친父子有親과 군신유의君臣有義, 부부유별夫婦有別, 장유유서長幼有序,

붕우유신朋友有信 등의 5륜은 '생아자'와 '사아자' 외에 '붕아자'까지 언급한 것이다.

그렇다면 3강5륜에 '교아자'에 관한 언급은 왜 없는 것일까? 맹자의 잘못이 크다. 당초 공자는 학문 연마를 덕성의 연마만큼이나 중시했다. 그러나 맹자는 덕성을 잘 연마하면 능히 성인이 될 수 있다고 주장했다. 『맹자』 전편을 살펴볼지라도 학문의 연마에 대한 언급을 찾기 힘들다. 「고자 상」의 다음 구절은 맹자의 학문에 대한 기본 입장을 극명하게 보여주고 있다.

"인仁은 사람의 마음이고, 의義는 사람이 가야할 길이다. 그 길을 버린 채 따르지 않고, 마음을 잃은 채 찾을 줄 모르니 애처롭다. 사람들은 닭과 개를 잃어버리면 곧 찾을 줄 알면서도 마음을 잃은 채 찾을 줄 모른다. 학문을 하는 길은 다른 게 아니다. 그 마음을 찾는 것일 뿐이다."

그는 마치 불가의 선종처럼 마음을 다스리면 이내 '득도'할 수 있다고 설파한 것이다. 나름 일리가 있으나 한쪽을 지나치게 강조했다는 지적을 면키 어렵다. '학문'을 강조한 공자의 기본 입장과 사뭇 다르다. 맹자에 의해 왜곡된 공자사상을 바로 세운 순자의 학문에 대한 기본 입장을 보면 맹자의 얘기가 공자사상을 얼마나 왜곡한 것인지를 쉽게 알 수 있다. 『순자』「권학」의 첫머리에 나오는 글이다.

"학문 연마는 평생 그치지 않아야 한다. 청색靑色은 남색藍色에서 취하나 남색보다 더 푸르다. 얼음은 물이 얼어 되는 것이나 물보다 더 차다. 학문을 하면 사람이 되고 학문을 버리면 짐승이 된다. 학문하는 방법으로 스승이 될 만한 사람을 가까이 하는 것보다 편한 것이 없다."

순자는 학문을 '심성의 도야'로 치부한 맹자의 잘못을 바로잡아 사람이 사람답게 살아가도록 가르치는 '교아자'의 중요성을 언급한 것이다. '교아자'의 중요성을 역설한 일화가 『국어』「진어」에 수록돼 있다. 이에 따르면 기원전 709년, 진무공晉武公이 진나라의 수도인 지금의 산서성 익성翼城을 공격해 진애후晉哀侯를 죽인 뒤 진애후를 보필한 대부 난공자欒共子를 설득했다.

"만일 그대가 능히 순군殉君(주군을 위해 죽음)만 하지 않으면 나는 그대를 천자에게 조현시킨 뒤 상경으로 삼아 진나라의 정사를 장악토록 하겠소."

난공자가 거절했다.

"저는 '사람은 군사부君師父에 의존해 세상에 존재하니 시종 정성을 다해 모셔야 한다'고 들었습니다. 부친은 '생아자', 스승은 '교아자', 군주는 '사아자'입니다. 부친이 없으면 생명이 있을 수 없고, 군주가 내리는 의식衣食이 없으면 생존할 수 없고, 스승을 통해 교육을 받지 못하면 삶의 근원과 역사를 알 수 없습니다. 그래서 그들을 시종여일하게 모시는 것입니다. 그들이 원하면 가서 생명을 바쳐야 합니다. 목숨을 바쳐 양육한 은혜에 보답하고, 힘을 다해 상사賞賜한 은혜에 보답하는 것이 사람의 도리입니다. 만일 신이 개인적 이익으로 사람의 도리를 저버리면 그대는 무엇으로 신하들을 가르칠 것입니까?"

여기서 군사부일체君師父一體라는 말이 나왔다. 조선조의 이율곡은 『소학집주』에서 「진어」를 인용해 '군사부일체'의 의미를 이같이 풀이해 놓았다.

"임금과 스승과 부모는 일체이니 정성껏 받들어야 하며, 자기 생각대로 스승을 비난하는 것과 같은 행동은 좋지 못하다."

이율곡이 이런 얘기를 한 것은 당시에 이미 스승다운 스승이 적었음을 반증하는 것이다. 실제로 『중종실록』에 이를 질타하는 대목이 나온다.

"한 현에 훈도訓導를 칭하는 자는 100여 인에 이르고 있으나 이들 모두 무식한 자들이다."

성리학을 맹종한 조선은 겉으로는 '군사부일체'를 강조했지만 현실은 정반대였다. 한직 중의 한직인 교관이 되는 순간 출사길이 막혔다. 지방 향교의 학장은 아예 녹봉도 지급되지 않는 불안한 신분이었다. 제대로 된 스승이 존재키 어려웠다. 조선조 후기에 들어와 몰락한 양반들이 대거 서당의 훈장으로 몰려들면서 스스로를 혀로 밭갈이하는 무리인 설경舌耕으로 자조한 이유다. 이들 중에는 민란 등에 가담한 자들이 적지 않았다. 맹자처럼 '교아자'의 의미를 간과한 후과로 볼 수 있다.

사람이 일생동안 살아가는 동안 맺게 되는 4가지 큰 인연은 '생아자'인 부모, '붕아자'인 붕우, '교아자'인 스승, '사아자'인 주군 등과 맺은 인연으로 요약할 수 있다. 이들 4가지 인연을 모두 자신을 알아주는 '지아자'의 관계로 연결시키기 위해서는 기본적으로 자기 자신의 부단한 노력이 전제돼야 한다. 스스로 노력하지 않는 한 4가지 인연 중 단 하나도 '지아자'의 관계로 승화시킬 수 없다.

그러나 살다보면 경우에 따라서는 본인의 부단한 노력에도 불구하고 단 한 명의 '지아자'를 갖지 못하는 경우도 있다. 뒤늦게 각성해 문을 걸어 잠그고 그 무엇인가를 위해 열심히 노력하는 경우 등을 생각하면 될 것이다. 도중에 꽃을 피워 세인의 주목을 받는 경우도 있지만 홀로 깨달음을 얻는 독각獨覺에 머물다가 생을 마감할 수도 있다. 무명의 인물이 어느 날 문득 입산수도해 참선 끝에 대각자大覺者가 된 경우를 상정하면 될 것이다. 이 경우는 '지아자'를 전혀 신경 쓰지 않는 경우에 속한다. 보다 정확히 말하면 '지아자'가 불필요한 경우다.

「관안열전」에 나오는 '관포지교' 일화는 관중이 포숙아라는 '지아자'를 통해 마침내 제환공이라는 '사아자'를 만나게 된 배경을 잘 보여주고 있다. 관중이 포숙아를 '생아자'에 버금하는 '지아자'로 칭송한 것은 일리가 있다. 다만 「관안열전」을 포함해 관중에 관한 무수한 일화를 수록해 놓은 『관자』를 온통 뒤져봐도 관중의 '교아자'가 누구였는지는 알 길이 없다. 관중 역시 공자와 마찬가지로 여러 사람들로부터 두루 가르침을 받고 스스로 깨우치는 과정을 밟은 것으로 보인다.

『관자』는 비록 전국시대 후기에 편찬된 까닭에 후대인의 가필이 매우 많은 게 사실이나 사마천이 언급한 것처럼 관중 스스로 기록한 것으로 볼 만한 점도 적지 않다. 현재에 이르기까지 『관자』가 『논어』 및 『한비자』 등과 더불어 제왕학의 기본서로 꼽히는 것도 이와 무관치 않을 것이다. 관중에 관한 일화는 『관자』「대광」에 대거 실려 있다. 이에 따르면 제나라가 노장공에게 사람을 보내 관중과 소홀을 압송해 줄 것을 권하자 관중이 함거檻車에 들어가면서 소홀에게 물었다.

"무섭지 않은가?"

그러자 소홀이 이같이 대답했다.

"무엇이 무섭단 말인가? 내가 진작 죽지 않은 것은 시국이 안정되기를 기다렸기 때문이다. 그대가 좌상左相의 되면 나는 필시 우상右相이 될 것이다. 그러나 모시던 주군을 죽인 사람의 신하가 되는 것은 나를 다시 모욕하는 일이다. 그대는 살아남는 신하가 되라! 나는 죽음을 택하는 신하가 될 것이다. 내가 죽으면 공자 규는 죽음으로 따르는 신하를 가졌다는 칭송을 받게 된다. 그대는 살아서 패업을 이루도록 하라! 그러면 공자 규는 나라를 위해 살아남은 신하를 가진 것이 된다. 그대는 살아서 이름을 떨쳐라! 나는 죽어 의로운 행위를 지킬 것이다. 명예와 죽음은 양립할 수 없다. 그대는 부디 제나라를 위해 힘쓰도록 하라! 삶과 죽음을 선택하는 이치는 서로 다른 것이다."

이 일화는 오직 『관자』에만 나오고 있다. 후대인의 가필이 거의 확실하나 나름 역사적 사실을 담고 있다. 이 대목에서 주목할 것은 소홀이 '나는 죽음을 택하는 신하가 될 것이다.'라고 언급하면서 관중에게는 '그대는 살아서 패업을 이루도록 하라!'고 언급한 점이다. 그는 절의節義와 공업功業을 모두 구현코자 한 것이다. 그 또한 관중의 큰 재주를 아까워했던 것이다.

당시 관중은 소홀의 죽음을 지켜보면서 어떤 생각을 했을까? 『사기』「관안열전」에는 훗날 관중이 자신의 개절改節을 변명한 다음과 같은 구절이 나온다.

"나는 소절小節을 수치스럽게 생각지 않고, 공명을 천하에 드러내지 못하는 것을 수치스럽게 생각했다!"

관중이 말한 '소절'은 주군인 공자 규를 좇아 죽은 순군殉君을 말한다. 이는 소홀이 취한 길이다. 관중이 취하고자 했던 '대절大節'은 공명을 천하에 드러내는 것이다. 그러기 위해서는 우선 살아남아야 하고, 나아가 자신을 알아주는 군주를 만나 재능과 충성을 다 바쳐야 한다. 관중은 바로 이런 길로 나아가 천고에 그 이름을 남길 수 있었다.

그러나 성리학자들은 공자와 달리 이를 액면 그대로 받아들이지 않았다. '소절'을 버리고 '대절'을 취한 이른바 혁절革節이 아니라 '대절'을 버리고 사적인 안녕과 영달의 '소절'을 취하는 변절變節로 해석한 게 그 증거다. 『논어』「헌문」에 나오는 자로의 입장을 그대로 취한 것이나 다름없다. 맹자가 바로 대표적인 인물이다. 『맹자』「양혜왕 상」에 이런 일화가 나온다.

하루는 제선왕齊宣王이 맹자에게 물었다.

"환문지사桓文之事에 관해 들려줄 수 있겠소?"

'환문지사'는 춘추시대 패자인 제환공과 진문공晉文公의 패업에 관한 얘기를 말한다. 맹자가 일언지하에 거절했다.

"공자의 가르침을 좇는 자들 가운데는 '환문지사'를 언급한 자가 없습니다. 이로 인해 후세에 전해진 것이 없는 까닭에 저 또한 듣지 못했습니다. 그에 관해서는 언급할 것이 없으나 '왕도'에 대해서는 말할 수 있습니다."

제환공에 관한 얘기는 말할 것도 없고 그의 책사로 활약한 관중에 대해서는 더 이상 언급할 가치도 없다고 폄하한 것이다.

맹가가 활약한 전국시대 말기는 관중이 활약한 춘추시대 중기보다 훨씬 인심이 각박한 때였다. 그가 관중의 패업조차 부인하며 현실과 동떨어진 '왕도'를 주장한 것도 이런 시대적 상황과 무관치 않을 것이다. 일종의 '역설적 해법'에 해당한다. 왕도에 대한 그의 강고한 신념은 거의 종교적 신념에 가까웠다.

그러나 왕도로 혼란스런 난세를 평정할 수 있는 것은 아니다. 아무리 이상이 높을지라도 현실과 괴리된 것은 관념의 유희에 불과할 뿐이다. 관중과 제환공이 이룬 패업의 역사적 의미가 여기에 있다. 군소 제후들이 서로 갈등하며 다투는 현실을 직시했기 때문이다. 사마광이 『자치통감』에서 관중이 이룬 패업의 가장 큰 의미를 '제민濟民'에서 찾은 것은 바로 이 때문이다. 이를 전제로 해야만 관중의 패업을 제대로 평가할 수 있다.

문제는 맹자처럼 동기가 나쁘면 결과도 결코 좋게 평할 수 없다는 식의 극단적인 논리를 배제할지라도 자로처럼 설령 결과를 높이 평가할지라도 동기만큼은 인정할 수 없다는 주장이다. 이는 사실 반박키가 쉽지 않다. 공자의 경우는 관중이 이룬 패업을 높이 평가하는 식으로 얼버무렸으나 그역시 동기의 순수성을 지적한 자로의 질문에 대해서는 구체적인 해답을 피했다. 관중의 비례非禮를 질타한 공자의 입장에서 이를 적극 변호키가 쉽지 않았을 것이다.

수천 년에 걸쳐 관중의 '변절' 여부를 놓고 숱한 논란이 지속된 배경이 여기에 있다. 21세기의 관점에서 볼 때 과연 관중은 '변절자'인가, 아니면 그가 주장한 것처럼 대절을 위해 소절을 버린 '혁절자'인가? 먼저 『관자』「대광」에 나오는 다음 평을 보자.

"소홀의 죽음은 살아남은 것보다 훌륭하고, 관중이 살아남은 것은 죽은 것보다 훌륭하다."

소홀이 죽기 전에 관중에게 당부한 내용과 부합하는 평가다. 관중이 과연 '변절'을 했는지 여부는 다른 시각에서 접근할 필요가 있다. 바로 '난세의 논리'다. 다스림이 존재하는 이유는 치세와 난세를 막론하고 다를 리가 없다. 경국제세經國濟世, 경세제민經世濟民, 국리민복國利民福, 국태민안國泰民安 등이 그것일 것이다. 비록 추상적인 용어로 이뤄지기는 했으나 기본 취지만큼은 동일하다.

그러나 다스리는 이치는 치세와 난세가 다르다. 이는 붓과 칼의 효용을 생각하면 쉽게 이해할 수 있을 것이다. 상대방이 아예 귀를 닫았거나 엉뚱한 생각을 할 경우 대화로 설득코자 하는 것은 한계가 있을 수밖에 없다.

강제력이 동원되는 이유다. 국제정치의 경우는 더 말할 것도 없다. 고금동서를 막론하고 국제정치에서 궁극적으로 동원된 것은 결국 무력이다.

한자가 난세의 정도가 극에 달한 전국시대 말기에 패도를 적극 수용한 스승 순자의 '예치' 주장조차 공허한 얘기에 지나지 않는다며 각박하기 짝이 없는 '법치'를 들고 나온 이유가 여기에 있다. 국제정치의 살벌한 현실을 통찰한 결과다. 그가 동기보다 결과에 초점을 맞춰 관중의 변명을 적극 수용한 것도 바로 이 때문이다.『한비자』「난이」에 이를 뒷받침하는 대목이 나온다.

"관중은 제환공을 죽이려고 모의하다가 뜻을 이루지 못했다. 이후 공자 규가 죽자 제환공의 신하가 되었다. 관중의 취사선택은 주공 단旦과 다를 수밖에 없었다."

주공 단은 어린 조카 주성왕을 몰아내고 스스로 보위를 차지하거나, 아니면 신하의 도리를 다하거나 하는 선택의 여지가 있었다. 그러나 관중의 경우는 그러한 선택의 여지가 전혀 없었다. 주군인 공자 규를 좇아 자진하는 '소절'을 취하는 경우와 천하에 대공을 세우기 위해 변절의 비난을 무릅쓰고 '대절'을 취하는 경우가 그것이다. 그는 후자를 취한 것이다. 한자가 주공 단과 관중을 동일한 잣대로 평가하는 것은 잘못이라고 지적한 것은 이를 수긍한 결과다.

당시 관중이 소홀처럼 '순군'의 노선을 취했다면 사후에 충신이라는 소리를 들었을 것이다. 그러나 난세를 평정코자 하는 웅략을 포기해야만 한다. 관중과 같은 '기재'에게 이는 너무 가혹한 일이 아닐까? 나아가 소홀이 이미 충절의 모범을 보여준 마당에 천하를 가슴에 품은 관중까지 똑같은 길을 걸을 필요가 있을까? 무의미한 죽음이다. 설령 도덕적인 잣대를 들이대 '변절'로 평할지라도 그가 이룬 공업만큼은 액면 그대로 평하는 게 도리에 맞다.

관중의 변명에 관한 한 스승 순자도 한자와 별반 차이가 없다. 그는 오히려 제자 한자보다 관중의 '혁절'을 더 높이 평가했다. 이는 관중 스스로 다짐한 '대절'의 약속을 지킨 점을 평가한 결과다. 그 역시 공자가 「헌문」에서 '관중이 없었다면 우리는 지금 오랑캐가 되었을 것이다.'라고 찬탄한 것과 같은 입장에 서 있었던 것이다. 순자의 관중에 대한 기본 입장은 『순자』「신도」의 다음과 같은 평에 잘 나타나 있다.

"신하의 길에는 대충大忠과 차충次忠, 하충下忠, 국적國賊이 있다. 덕으로 군주를 감싸며 감화시키는 것을 '대충', 덕으로 군주를 조절하며 보좌하는 것을 '차충', 옳은 말로 군주의 그릇됨을 간하여 군주를 노엽게 만드는 것을 '하충', 군주의 영욕榮辱과 나라의 흥망에 아랑곳하지 않고 군주에 영합하여 구차히 보신하며 자리를 지키고 무리를 키우는 것을 '국적'이라고 한다. 주성왕에 대한 주공 단과 같은 인물은 '대충', 제환공에 대한 관중과 같은 인물은 '차충', 오왕 부차에 대한 오자서伍子胥와 같은 인물은 '하충', 은나라 주紂에 대한 아첨꾼 조촉룡曹觸龍과 같은 인물은 '국적'으로 일컬을 만하다."

순자 역시 공자와 마찬가지로 제환공을 도와 춘추시대 최초로 '존왕양이'의 패업을 이룬 것을 높이 평가했다. 『순자』「대략」에는 공자의 입을 빌려 관중을 높이 평가한 대목이 나온다.

"노나라 대부 자가구子家駒는 세습한 대부인 까닭에 안영만 못하다. 안영은 실용을 강구한 신하인 까닭에 자산만 못하다. 자산은 백성을 애호한 은혜로운 사람이기는 하나 관중만 못하다. 그러나 관중은 공을 세우는 데에만 힘을 쓰고 의義에 힘쓰지 않고, 지知에만 힘을 쓰고 인仁에 힘쓰지 않았다. 그래서 천자의 대부가 될 수는 없다."

공자가 이런 말을 했다는 근거를 찾을 길이 없다. 후대인의 가필이다. 그럼에도 『논어』에 나오는 공자의 관중에 대한 기본 입장과 상통하고 있다. 관중을 정나라의 현대부인 자산보다 더 높이 평가한 것은 사실 최상의 평가에 해당한다. 『논어』에 나오는 자산은 온통 칭송 일색이다. 자산을 공자의 사상적 스승으로 간주하는 이유다. 그럼에도 관중에 대한 평가는 시대에 따라 들쭉날쭉했다. 삼국시대 이후 부국강병에 대한 요구가 들끓는 청대 말기 이전까지 관중을 가장 높이 평가한 인물로 명대 말기의 학자 이탁오李卓吾를 들 수 있다. 그는 『분서焚書』「서답書答」에서 관중을 극찬해 놓았다.

"큰 재주를 지니고도 세상에 쓰이지 못한 경우가 매우 많았다. 기왕에 세상이 그 재주를 쓰지 못하니 스스로도 등용되기를 구하지 않았다. 물러나 재주 없는 자들과 한통속이 되어 그들의 의심을 사지 않고 재주 있는 자들이 질투하지 않도록 처신했다. 겉모습을 어리석은 듯이 내보이며 보물을 깊이 감춰 없는 듯이 보이게 하는 경우가 그것으로 노자가 바로 여기에 해당한다. 이에 반해 후한 광무제와 동문수학한 인물로 광무제의 부름에 응하지 않고 농사를 짓다 죽은 엄자릉嚴子陵 같은 이는 자신의 재주를 시험해 보고 싶어 안달했다. 그는 반드시 쓰이고자 하는 마음은 있되 반드시 쓰이게 될 형세가 없었던 까닭에 은자로 이름을 남겼다. 비록 은둔할 마음은 없었으나 그 행적만큼은 감출 수 있었고, 비록 재주가 쓰이지는 않으나 자신이 은둔한 인재임은 드러내 보일 수 있었던 셈이다. 이밖에도 크게 쓰일 만한 재주를 지닌 데다 자신을 굽힐 수도 있어 반드시 등용되기를 구하는 경우가 있다. 이 경우는 반드시 명군과 충신이 존재하는 호시절이 아니어도 되고, 도道의 흥성 여부도 굳이 따질 필요가 없다. 세상과 더불어 부침하고, 시절에 따라 오르내리면서 쓰임이 늘 내게 있도록 하는 게 관건이다. 세상이 나를 버리고 쓰지 않으면 일이 성사되지 않도록 만든다. 관중이 바로 그런 경우에 속한다. 이는 가장 높은 경지라고 해야 할 것이다."

그럼에도 관중의 뛰어난 재주와 방략 및 사상은 성리학의 등장을 계기로 이내 묻히고 말았다. 성리학을 집대성한 주희가 관중의 패업을 깎아내린 탓이다. 원래 주희는 맹자를 높이며 순자를 이단시했다. 맹자처럼 패도를 혐오하며 관중의 패업을 일거에 폄하한 이유다. 이를 뒷받침하는 『논어집주』의 해당 대목이다.

"관중이 비록 제후를 규합해 천하를 바로 잡았다고 할지라도 그 그릇은 칭송할 만한 것이 못 된다. 도학이 밝지 못해 왕도와 패도의 선택을 뒤섞어 버렸기 때문이다."

주희는 맹자처럼 치세와 난세를 불문하고 반드시 왕도를 펴야만 천하를 평안하게 만들 수 있다고 본 것이다. 난세의 현실을 무시한 공리공담의 폐해가 이처럼 크다. 그러나 역사는 거꾸로 흘러갔다. 성리학의 만연으로 인해 주희의 이런 해석이 무비판적으로 받아들여진 게 그렇다. 『관자』를 이단서로 간주하는 풍조가 나타난 배경이다. 『관자』에 대한 주석 작업이 미미했던 것도 바로 이 때문이다. 『관자』는 아편전쟁 직후인 청대 말기에 이르러 비로소 증폭되기 시작했다. 부국강병의 방략에 대한 필요성이 그만큼 거셌기 때문이다. 그러나 이는 때늦은 후회에 지나지 않았다. 청조가 이내 패망하고 열강의 반半식민지 상태로 전락한 사실이 이를 웅변한다.

제2장 상가와 「화식열전」

제1절 상가사상의 완성

「화식열전」 속의 자공

공자의 제자 가운데 가장 해박하고 언변에 뛰어났던 자공은 당대 최고의 부를 이룬 바 있다. 사마천이 자공을 높이 평가한 이유다. 공자의 제자를 다룬 「중니제자열전」에서 자공의 사적이 절반가량을 차지하고 있는 게그 증거다. 사마천은 「화식열전」에서 관중을 상가의 사상적 비조, 자공을 공부하며 사업하는 유상儒商의 효시로 특서해 놓았다. 자공은 전 세계의 시장을 무대로 일면 열심히 학습하고, 일면 분주히 사업을 벌이는 21세기 글로벌 비즈니스맨의 표상이 될 만하다.

고금을 막론하고 농경지는 아무리 열심히 개간할지라도 한계가 있을 수밖에 없다. 중농주의 기조로는 계속 늘어나는 인민을 모두 먹여 살릴 수 없다. 유일한 해법은 중상주의로의 전환이다. 그런데도 동양에서는 무려 2

천여 년 동안 중농의 기조가 전혀 변하지 않았다. 그 이유는 무엇일까?

사마천이 활약하는 기원전 2세기 초 무렵 전한 제국의 인구는 대략 4, 5천만을 헤아렸다. 당시의 기준에서 볼 때 제국 자체가 하나의 거대한 글로벌 시장이었다. 21세기의 글로벌 시장과 별반 다를 게 없다. 실제로 사방에서 제왕보다 더 큰 위세를 떨치는 부상대고들이 우후죽순처럼 출현했다. 이런 상황에서 상가 이론이 나오지 않는 게 오히려 이상할 지경이다. 그 결정판이 바로 「화식열전」이다. 「화식열전」은 중농이 아닌 중상을 부민부국의 요체로 꼽은 게 특징이다.

그럼에도 중국의 역대 왕조 모두 중상 대신 중농을 택했다. 여기에는 '독존유술' 선포 이외에도 여러 요인이 복합적으로 작용했다. 가장 큰 이유로 부실한 보건영양으로 인한 자연적인 인구감소와 왕조 교체기에 군웅할거로 인한 인위적인 인구감소를 주요원인으로 들 수 있다. 인구가 크게 늘지 않는 상황에서 중상으로의 전환 필요성을 절박하게 느끼지 못한 것이다. 실제로 진시황 때 4천만 가량에 달한 인구는 1,800년이 지난 명나라 말기에도 겨우 1억 3천만 명으로 늘어나는데 그쳤다. 왕조 교체기마다 1억 명을 기준으로 늘어났다 줄어드는 양상을 반복한 것이다. 건륭제 치세 말기인 18세기 말에 이르러 인구가 4억 명에 육박하면서 중상주의로의 전환 필요성이 크게 높아졌다. 비록 중상주의로의 공식적인 전환이 이뤄지지는 않았지만 백성들의 자발적인 상업 활동이 매우 활성화됐다. 당시 중국의 GDP는 전 세계 GDP의 30%에 달한 것도 이런 맥락에서 이해할 수 있다.

그러나 19세기에 들어와 서구 열강의 침탈이 가속화하면서 정책전환을 꾀할 여유가 없었다. 인구 또한 아편전쟁 이래 20세기 중반까지 1백여 년 넘게 혼란스런 상황이 지속된 까닭에 겨우 1억 명 정도 늘어나는 수준에서 그쳤다. 1949년에 중화인민공화국이 들어설 당시 인구는 5억 4천만 명 수준이었다. 그러나 이후 대약진운동의 실패로 수천만 명이 기아로 숨지고, 문화대혁명의 혼란기에 수많은 사람이 희생된데 이어 당국의 강력한 산아억제 정책이 대대적으로 전개됐음에도 인구폭발은 가공할만했다. 마오쩌둥이 사망하는 1970년대 말까지 9억 명 수준에 육박했다. 중화인민공화국이 들어선 후 불과 20여년 만에 인구가 근 2배 이상 늘어난 셈이다.

마오쩌둥은 역대 왕조와 마찬가지로 중농의 기조를 견지했다. 경제 및 과학기술발전을 뜻하는 전專 대신 이념을 뜻하는 홍紅에 초점을 맞춘 결과다. 마오쩌둥이 더 오랫동안 살았을지라도 불과 20여년 만에 인구가 2배로 폭증한 상황에서 중상주의로의 전환은 불가피했다. 공교롭게도 마오쩌둥은 이때 숨을 거뒀다.

그의 사후 '홍' 대신 '전'을 주장했다가 두 차례에 걸쳐 내침을 당했던 덩샤오핑이 대권을 거머쥔 후 흑묘백묘론을 전면에 내걸고 대대적인 개혁개방을 선언했다. 당시 그 누가 권력을 잡았어도 중상주의로 전환하지 않고는 체제를 유지할 수 없었다. 중상으로의 전환은 필연이었다. 많은 사람들이 '개혁개방' 자체에 초점을 맞춘 나머지 인구폭발로 인한 중상주의로의 전환 배경을 간과하고 있다.

중국의 전 역사를 통틀어 중상주의로의 전환은 한무제의 '독존유술' 선언 이후 2천여 년 만에 처음 있는 일이다. 2010년 현재 중국의 인구는 공식집계로 14억 명이다. 이들을 먹여 살리기 위해서는 앞으로도 계속 중상주의로 나아갈 수밖에 없다. 중국이 '세계의 공장'에 이어 '세계의 시장'이 될 수밖에 없는 이유가 여기에 있다. 21세기의 상황은 「화식열전」에 상세히 소개돼 있듯이 부상대고가 우후죽순처럼 등장하며 상가가 가장 극성했던 전한 초기의 상황과 닮아 있다. 중국의 경영대학원에서 「화식열전」과 『관자』 등을 포함한 전래의 고전에서 새로운 경제경영 이론을 찾아내려는 움직임이 활발히 전개되고 있는 것도 이와 무관할 수 없다.

메이지유신 전후의 일본은 말할 것도 없고 해방 이후의 한국과 마오쩌둥 사망 이후의 중국 모두 중상주의에 입각해 나라를 운영하고 있다. 베트남을 포함한 동아4국이 중상주의를 채택한 것은 선진시대 이래 수천 년 만에 처음 있는 일이다. 동양 전래의 역사문화에서 '인간경영'의 요체를 추출해낸 뒤 잘 다듬어 정밀한 이론으로 주조해낼 경우 21세기의 새로운 경제경영 패러다임으로 통용될 수 있다. 이는 결코 불가능한 게 아니다. 이미 수천 년 전에 21세기의 시각에서 봐도 놀랄 수밖에 없는 뛰어난 수준의 경제경영 이론서가 나왔다. 『관자』와 「화식열전」이 그 실례이다. 이를 얼마나 현대적인 의미로 재해석해낼 수 있느냐가 관건일 뿐이다.

호리지성과 상가

인간의 본성을 둘러싼 논쟁인 이른바 인성지변人性之辨은 기본적으로 통치의 근본은 무엇이고, 어떻게 통치하는 것이 좋은가 하는 문제와 불가분의 관계를 맺고 있다. 당초 중국에서는 인성문제와 관련해 성선설, 성악설 이외에도 인성은 선도 악도 아니라는 이른바 무선무악설無善無惡說과 인성은 선악이 혼합되어 있다는 가선가악설可善可惡說 등 다양한 견해가 존재했다. 인성에 대한 이런 다양한 견해는 성선설을 주장하는 맹자와 '무선무악설'의 입장에 선 고자告子의 격론에 잘 나타나 있다. 『맹자』「고자 상」에 따르면 고자는 맹자의 성선설을 이같이 공박했다.

"사람의 본성은 급히 흐르는 물과 같다. 사람의 본성에 선악의 구별이 없음은 물 자체에 동서의 구분이 없는 것과 같다."

동양의 고대인들은 자연을 끊임없이 낳고 낳는 창조의 과정으로 파악하면서 인간은 이 과정에 적극 참여하는 공동의 창조자로 보았다. 동양이 서양과 달리 이미 기원전부터 인간 중심 내지 인간 본위의 주체성과 도덕성을 통치의 근간으로 삼은 것도 이와 무관치 않다. 자연 전체를 선한 것으로 간주한 까닭에 일찍부터 인간과 자연의 조화를 중시했다. 인성 문제가 불거진 배경이다.

인성 문제가 최초로 불거진 것은 전국시대 이후이다. 하극상의 풍조가 만연한 시대상황 속에서 인성에 대한 근원적인 회의가 폭발한 결과였다. 제자백가의 모든 학설과 사상의 기저에 항상 인성론이 전제되어 있다.

본래 심心과 생生 자가 합쳐져 이뤄진 성性이라는 글자는 천부의 능력이나 기질을 의미하는 말이다. '생' 자처럼 생래적 욕구 등의 뜻으로 쓰였다. 글자 자체가 인간의 본질에 대한 고찰에서 나온 것이다. 선진시대 당시 제자백가는 인간의 본성에 대한 상이한 시각을 토대로 다양한 이론을 전개시켜 나갔다. 선진시대에 나온 문헌 중 인성론에 관한 최초의 언급은『관자』에 나온다.『관자』「목민」의 해당 구절이다.

"인민을 따르게 하는 기본은 귀신을 밝게 하고 산천에 제를 올리며 종묘를 존숭하고 조상을 공경하는데 있다."

민속신앙을 유력한 교민敎民 수단으로 활용할 것을 주장코자 한 것이다. 이는 인성의 선악 가능성을 모두 인정한데서 나왔다. 관중보다 1백여 년 뒤에 태어난 노자도 '성'에 대해 직접적으로 언급한 바는 없다. 노자는 인간과 천지자연을 같은 것으로 파악한 까닭에 성선 및 성악 등의 윤리적인 색채가 없다. 그는『도덕경』제19장에서 이같이 언급한 바 있다.

"성지聖知를 끊어버리면 인민에게 1백배의 이익이 된다. 인의仁義를 버리면 인민은 효성스럽고 자애롭게 된다."

인위적인 선악 개념에 얽매여서는 안 된다고 주장한 것이다. 노자는 '무위'와 '무욕無欲'을 실현하면 자연의 이치에 합당한 '상덕上德'에 도달할 수 있다고 주장했다. '상덕'에 이르지 못하고 인의예지 등을 통해 통치에 임하는 것은 '하덕下德'에 지나지 않는다. 노자의 주장에 따르면 덕의 연마 수준에 따라 '상덕'에 입각한 무위지치를 뜻하는 평천하 차원의 제도가 있는가 하면, '하덕'에 입각한 인위적인 통치인 치국 차원의 왕도가 존재하게 된다. 노자는 여기서 언급하지는 않았으나 인의예지 등의 인위적인 '하덕' 대신 법을 동원할 경우 왕도 밑에 있는 패도를 이루게 된다. 노자사상은 굳이 인성론에 넣고 평가할 경우 성선설에 가깝다.

공자 역시 노자와 마찬가지로 인성의 선악에 대해 구체적으로 언급한 적이 없다. 그는 기본적으로 귀신의 문제를 외면한 것과 마찬가지 맥락에서 인성문제 역시 직접적인 언급을 회피했다. 『논어』「선진」에 그의 이런 입장을 잘 보여주는 유명한 일화가 나온다. 하루는 자로가 조상의 신령을 모시는 방법을 묻자 그는 이같이 답했다.

"산사람도 충분히 못 섬기면서 어찌 신령을 섬길 수 있고, 삶도 잘 모르면서 어찌 죽음을 알겠는가!"

공자는 현실적인 인간관계의 규명 및 정립에 모든 관심을 쏟았다. 그러나 인성과 관련한 그의 기본적인 입장을 엿볼 수 있는 대목이 『논어』 전편을 통해 산견되고 있다. 그는 「양화」에서 '본성은 서로 가까우나 습관으로 서로 멀어진다.'고 지적한 바 있다. 인성의 선악은 선천적으로 존재하는 것이 아니고 인간의 현우賢愚 역시 오직 후천적인 훈도에 의해 이뤄진다고 지적한 것이다. 이는 일종의 '무선무악설無善無惡說'에 가깝다.

인성문제를 사상 최초로 공식 언급하고 나선 사람은 맹자였다. 인성은 기본적으로 선하다는 게 그의 주장이다. 그는 『맹자』「공손추 상」에서 이같이 주장했다.

"사람은 모두 남의 슬픔을 보아 넘기지 못하는 마음이 있다. 어린애가 장차 우물에 빠지려 할 경우 그것을 본 사람은 누구나 놀라는 동시에 불쌍히 여기는 마음이 일어날 것이다."

이는 '인仁'의 근원이 되는 '측은지심惻隱之心'을 설명한 것이다. '측은지심'이 결코 주위의 칭찬을 듣거나 아이의 부모와 친교를 맺기 위한 목적에서 나온 것이 아닌데서 알 수 있듯이 인성은 본질적으로 선하다는 게 그의 주장이다. 맹자는 이런 주장을 토대로 인의예지 4덕四德은 측은지심과 수오지심羞惡之心, 사양지심辭讓之心, 시비지심是非之心의 4단四端에서 나왔다고 보았다. 그렇다면 근원적으로 선한 성性과 대립되는 희로애락 등의 정情은 어떻게 보아야 하는 것일까? 그는 「고자 상」에서 이같이 주장했다.

"정 역시 선하다고 할 수 있다. 악을 저지르는 자가 있어도 그것은 그의 자질 탓이 아니다."

5감五感에서 비롯된 이욕利欲이 '정'을 어지럽히고, 어지러워진 '정'이 마침내 착한 심성의 '성'을 덮은 결과가 바로 인간의 악행으로 표출된다고 본 것이다. 이욕에 휘둘리는 '정'을 착한 '성'을 덮는 먼지로 간주한 이유다. 실제로 그는 먼지를 털어낸 거울이 본래의 모습을 쉽게 되찾을 수 있듯이 '성'을 덮고 있는 '정'을 털어내기만 하면 누구나 본래의 착한 심성을 찾아낼 수 있다고 주장했다. 그가 '순임금도 인간이고 나 또한 인간이다.'라고 호언하며 모든 인간은 능히 성인이 될 수 있다고 주장한 이유가 여기에 있다.

그의 이런 신념에 찬 확언은 본질적으로 선한 '성'에 대한 확고한 믿음이 없으면 불가능한 것이다. 그는 착한 본성이 드러난 구체적인 실례로 이理와 의義를 들었다. 이를 뒷받침하는 「고자 상」의 해당 대목이다.

"마음이 같다는 것은 무엇인가? 그것은 '이'와 '의'이다. 성인은 우리들의 마음이 다 같이 지니고 있는 '이'와 '의'를 먼저 체득한 것일 뿐이다."

성인과 속인, 악인의 차이는 오직 '이'와 '의'의 체득여부에 달려 있다고 본 셈이다. 그의 성선설은 오로지 인성의 착한 본성만 인정했다는 점에서 극단적인 유선무악설唯善無惡說에 해당한다. 그의 주장에 따를 경우 4단에 기초한 '성'은 무조건 선하고, 5감에 기초한 '정'은 이욕에 휘둘리는 악한 것이 된다. 맹자가 이욕을 줄이는 이른바 과욕설寡欲說을 주장한 것은 착한 '성'을 오염시키는 '정'을 억제 내지 소거 대상으로 간주한 결과이다.

그렇다면 '정'은 본성에 속하는 것일까, 아니면 다른 그 무엇인가? 주희에 의해 이기론理氣論이 완성된 후 조선에서 이퇴계와 이율곡 사이에 이른바 4단7정론四端七情論의 뜨거운 공방이 벌어진 배경이 여기에 있다. 이욕에 취약한 '정'을 본성으로 볼 것인가 하는 문제가 논쟁의 발단이 된 것이다.

이율곡은 7정을 본성으로 간주해 기氣로 요약되는 7정이 먼저 움직인 뒤 이理로 상징되는 4단이 이에 올라탄다는 이른바 기발이승설氣發理乘說을 주장했다. 비록 '이'와 '기'를 양분한 이기이원론理氣二元論에 입각한 주장이 기는 하나 '이'의 수반隨伴을 전제로 '기'의 주도성을 인정한 점에서 사실상 기일원론氣一元論에 가깝다. 이는 '정'을 본성으로 파악한 순자의 학설을 좇은 것이나 다름없었다.

이에 대해 이퇴계는 4덕의 발현은 4단 자체가 7정에 올라탄 결과일 수도 있으나 때로는 7정과 상관없이 독자적으로 발동할 수도 있다는 이른바 이기호발설理氣互發說'을 주장했다. '이'가 '기'의 도움이 없을지라도 스스로 발현될 수 있다고 주장한 것은 획기적인 일이었다. '이'가 '기'를 압도해 독자적으로 움직일 수 있다고 주장한 점에서 사실상 이일원론理一元論에 가깝다. 이는 7정을 본성에서 제외한 결과이다. 과연 누구 주장이 맞는 것일까?

결론부터 말하면 '4단7정론'이든 '이기론'이든 도덕철학의 공허한 사변론에 불과할 뿐이다. 인성론은 주자학자들이 정답도 없는 소모적인 사변논쟁을 정쟁의 도구로 삼는 계기를 제공한 것이나 다름없다. 본래 성정性情은 4단의 '성'과 7정의 '정'으로 구분할 수 있는 게 아니다. 4단의 경우 측은지심의 반대에는 증오지심憎惡之心, 수오지심의 반대에는 무치지심無恥之心, 사양지심의 반대에는 호승지심好勝之心, 시비지심의 반대에는 편사지심偏私之心이 동시에 자리 잡고 있다. 양쪽 모두 심성의 표현에 불과할 뿐이다.

원래 선하게 표현되는 측면만을 강조해 인간의 본성이라고 주장한 것 자체가 모순이다. 희喜·노怒·애哀·구懼·애愛·오惡·욕欲의 7정에 대해서도 동일한 논리를 적용할 수 있다. 4단7정론은 전제에서부터 파탄을 내장한 궤변에 지나지 않았다. 이는 근원적으로 인성을 선악 2분법으로 나눠 4단만이 본성이고, 그에 배치되는 7정 등의 일체의 심성을 본성이 아니라고 간주한데서 비롯된 것이다.

만일 인·의·예·지의 4덕이 4단의 발현이라면 마치 염불을 외우면 극락에 갈 수 있다고 주장하는 것처럼 이욕으로 어지러워진 '정'을 억제 내지 소거하기만 하면 능히 성인이 될 수 있다는 얘기가 된다. 죽을 때까지 부단히 학덕學德을 연마해야만 군자가 될 수 있다고 언급한 공자의 주장과 정면으로 배치된다. 고자告子가 맹자의 성선설을 질타한 것은 바로 이 때문이었다.

맹자보다 1세대 뒤에 태어난 순자는 맹자와는 정반대로 '성악설'을 주장한 것으로 알려졌으나 사실 그는 고자와 유사한 '가선가악설'의 입장에서 있었다. 그의 인성론은 맹자의 낙관적인 인성론과는 정반대로 비관적인 견해에서 출발하고 있다. 사람은 본래 이익을 좋아하고 이기적이어서 만족할 줄을 모른다는 게 그의 기본적인 판단이었다. 『순자』 「성악」에 이를 뒷받침하는 대목이 나온다.

"사람은 나면서부터 귀와 눈의 욕망이 있어 아름다운 소리와 빛깔을 좋아한다. 그러나 이것을 따르면 혼란이 생기고, 예의와 아름다운 형식도 없어지게 된다."

공동체의 혼란은 바로 5감에서 비롯되는 이욕의 방치에서 비롯된다고 본 것이다. 이는 사마천이 '눈과 귀는 아름다운 소리나 모습을 끝까지 보고 들으려 하고, 입은 여러 맛있는 고기를 맛보려 하고, 몸은 편하고 즐거운 것에 머물려 한다.'고 언급한 것과 취지를 같이 한다. 「화식열전」의 해당 대목이다.

"나는 삼황오제인 신농씨 이전의 일에 대해서는 잘 모른다. 그러나 『시경』이나 『서경』에 쓰여 있는 요순과 하나라 이후의 정황을 보면 눈과 귀는 아름다운 소리나 모습을 끝까지 보고 들으려 하고, 입은 여러 맛있는 고기를 맛보려 하고, 몸은 편하고 즐거운 것에 머물려 하고, 마음은 권세와 재능이 가져다 준 영화를 자랑하려 한다. 이런 풍속이 백성들을 전염시킨 지이미 오래 되었다. 설령 아무리 오묘한 이론으로 집집마다 들려줄지라도 끝내 교화할 길이 없다. 그래서 최상의 통치자는 백성을 천지자연의 도에 부합하도록 이끌고, 그 다음은 백성을 이롭게 하는 식으로 이끌고, 그 다음은 가르쳐 깨우치는 방법을 택하고, 그 다음은 백성들을 가지런히 바로 잡는 식으로 다스린다. 최하의 통치자는 백성과 이익을 다투는 자이다."

사마천은 인성 문제를 논하면서 맹자의 성선설을 배격하고 순자의 성악설을 추종했다. 그렇다면 순자와 사마천은 각각 어떤 해법을 제시한 것일까? 먼저 순자가 내린 처방부터 보자.

"사람이 감정을 좇는다면 반드시 서로 쟁탈전을 벌이게 되고, 끝내 분수를 어기고 이치를 어지럽혀 난폭해진다. 그래서 반드시 스승과 법도에 의한 교화와 예의를 좇는 안내가 있어야 하는 것이다."

그가 예치禮治를 강조한 이유가 여기에 있다. 그의 인성론은 악행으로 표출된 '성정'을 예제를 통해 원래의 소박한 성정으로 되돌릴 수 있다고 본 게 특징이다. 이를 뒷받침하는 해당 대목이다.

"길거리의 사람도 우임금과 같은 성인이 될 수 있는 까닭은 무엇인가? 그가 인의 및 올바른 법도를 행하기 때문이다."

길거리의 필부일지라도 예제에 합치되도록 교화만 잘하면 능히 성인이 될 수 있다고 본 것이다. 모든 사람이 노력만 하면 성인이 될 수 있다고 주장한 점에서는 맹자와 하등 다를 바가 없으나 성인에 이르는 경로가 서로 다르다. 맹자는 이욕에 휘둘리는 '정'을 억제 내지 소거할 것을 주장했으나 순자는 이를 예제로 다스릴 것을 주장한 것이다. 이를 뒷받침하는 『순자』「정명」의 해당 대목이다.

"본성으로부터 나타나는 호好·오惡·희喜·노怒·애哀·락樂을 '정'이라고 한다. '정'이 자연스럽게 움직여 마음이 그것을 선택하는 것을 사려思慮라고 한다. 마음이 생각해 능력이 그렇게 행하는 것을 작위作爲라고 한다."

그가 인성의 악성을 교화하는 구체적인 수단으로 인위적인 예제를 든 이유가 여기에 있다. 작위를 이룬다는 것은 곧 예의와 법도에 따라 교화하는 것을 의미한다. 작위는 생각이 쌓이고 능력이 갖춰진 연후에 이루어지는 까닭에 올바른 판단을 할 수 있는 사려 작용이 전제되어 있다. 그가 성인을 작위의 주체로 삼은 이유다.

그렇다면 사마천의 해법은 순자와 차이를 보이는 것일까? 「화식열전」의 원문을 보자.

"최상의 통치자는 백성을 천지자연의 도에 부합하도록 이끌고, 그 다음은 백성을 이롭게 하는 식으로 이끌고, 그 다음은 가르쳐 깨우치는 방법을 택하고, 그 다음은 백성들을 가지런히 바로 잡는 식으로 다스린다. 최하의 통치자는 백성과 이익을 다투는 자이다."

최상의 방안으로 제시된 '천지자연의 도에 부합하도록 이끄는 방식'은 노자의 '무위지치'를 말한 것이다. 사마천의 상가 입장이 결코 노자사상과 배치되는 게 아님을 알 수 있다. 그러나 「화식열전」 첫머리에 『도덕경』이 얘기한 이상국인 소국과민小國寡民을 언급한데서 알 수 있듯이 사마천은 노자의 '무위지치'는 하나의 이념일 뿐 현실에 적용할 수 있는 게 아니라고 보았다. 그가 방점을 찍은 것은 차상의 방안인 '백성을 이롭게 하는 방식'이다. 이는 관중을 사상적 시조로 하는 상가의 입장을 그대로 드러낸 것이다. 『관자』「오보」에 이를 뒷받침하는 대목이 나온다.

"백성을 얻는 방안으로 백성에게 이익을 주는 것보다 더 나은 방안은 없다."

백성에게 이익을 안겨다주는 이른바 이민利民이 바로 득민得民의 요체라고 지적한 것이다. 『관자』는 전 편을 통해 득민의 요체가 백성들을 배불리 먹이며 이익을 안겨주는 데 있음을 거듭 역설하고 있다. 상가의 기본 입장을 이처럼 간명하게 표현한 대목도 없다.

사마천과 순자는 '성악설'의 입장에서 이익을 추구하는 인간의 본성인 호리지성을 적극 수용한 점에서는 일치하고 있으나 호리지성의 충돌에 따른 혼란을 막는 해법에서는 차이가 난다. 순자는 '예치'를 통해 혼란을 막고 나라와 백성을 바르게 이끌 수 있다고 주장했다. 공자가 역설한 극기복례克

己復禮로 되돌아간 것이다. 순자를 두고 유가사상을 집대성해 맹자에 의해 오염된 공자사상을 재정립했다는 평가를 내리는 이유다.

그러나 사마천이 볼 때 이는 '백성을 이롭게 하는 방식'보다 한 단계 낮은 '가르쳐 깨우치는 방식'에 지나지 않는다. 사마천은 「화식열전」에서 관중이 역설한 '이민'을 언급함으로써 상가의 해법이 '유가'의 해법보다 훨씬 현실적이고 타당한 방안임을 역설하고 있다. 백성들을 부유하게 만드는 '부민'의 해법을 통해 호리지성의 충돌로 인한 혼란을 막을 수 있다고 본 것은 탁견이다. 『관자』「치국」은 '부민'의 중요성을 이같이 설명해 놓았다.

"무릇 치국평천하의 길은 반드시 우선 백성을 잘살게 하는 데서 시작한다. 백성들이 부유하면 다스리는 것이 쉽고, 백성들이 가난하면 다스리는 것이 어렵다."

관중사상을 관통하는 최고의 이념이 바로 여기에 있다. 필선부민必先富民으로 표현된 '부민'이 바로 그것이다. 이를 통해 관중을 비조로 하는 상가의 흐름이 전한 초기의 사마천에 이르기까지 면면히 이어져 내려왔음을 확인할 수 있다.

인간의 본성인 호리지성의 충돌로 인한 혼란을 막기 위해 공자와 순자처럼 극기복례의 예치를 해법으로 제시할 수도 있으나 이는 일정한 한계가 있다. 먹고사는 문제가 해결되지 않으면 위정자가 아무리 솔선수범해 '극기복례'를 외칠지라도 실효를 거두기가 어렵다. 관중과 사마천이 '필선부민'의 '이민'을 통치의 요체로 내건 것은 바로 이 때문이다. 먼저 먹고사는 문제를 해결해야 극기복례도 가능하다고 지적한 셈이다.

사마천이 볼 때 '백성들을 가지런히 바로 잡는 방식'은 공자와 순자가 역설한 극기복례의 예치보다 한 단계 낮은 법가의 방식이다. 인간의 호리지성에 가장 예민한 반응을 보인 것은 한자를 비롯한 법가사상가들이다. 이들은 성인이 만든 예제를 통해 능히 사람들을 교화할 수 있다는 순자의 주장을 좇지 않았다. 순자의 제자인 한자가 볼 때 인간의 호리지성은 결코 예치로 다스릴 수 있는 게 아니었다. 군신 간은 물론 부자 및 부부 사이에서도 예외 없이 드러나는 근원적인 문제에 해당하는 까닭에 강력한 법제를 동원하지 않으면 그로 인한 혼란을 막을 길이 없다고 보았다. 『한비자』「육반」의 해당 대목이다.

"남아를 낳으면 축하를 하고 여아를 낳으면 죽인다. 나중의 편안함을 고려해 장기적인 이익을 계산했기 때문이다. 하물며 부자의 관계도 없는 경우야 더 말할 나위가 없다."

그는 인간은 본질적으로 이해관계를 벗어날 수 없는 까닭에 가족관계도 예외가 될 수 없다고 본 것이다. 장의사가 사람이 많이 죽어 장례식이 이어지는 것을 바라고, 의사가 사람들이 싫어하는 종기를 기꺼이 빼는 것은 바로 이해관계 때문이라는 게 그의 해석이다. 모든 인간관계는 이기심에 따른 끈으로 연결되어 있다고 본 것이다. 이욕에 휘둘리는 인간의 적나라한 모습을 통찰한 탁견이다. 그가 군주들에게 설령 신하가 충성스런 모습을 보일지라도 사실은 영달하려는 마음에서 군주에게 아첨을 하는 것에 불과하다고 경고한 배경이 여기에 있다.

법가는 엄한 법치를 통해서만 인간의 호리지성을 통제할 수 있다고 주장한 점에서 맹자와 정반대되는 유악무선설唯惡無善說을 주장한 것이나 다름없다. '성악설'의 장본인이 바로 법가인 셈이다. 이는 인성에 대한 철저한 불신에서 비롯된 것이다. 인간은 그 누구라도 가면을 벗기고 나면 이해관계에 따른 이기주의의 추악한 모습을 드러낼 수밖에 없다고 본 결과이다.

법가가 개인 차원의 심신수양과 정반대되는 국가공동체 차원의 법적 제재에 지대한 관심을 기울인 것도 이와 무관치 않다. 법가는 기본적으로 유가가 강조하고 있는 민의 및 민심에 대해서도 비판적인 입장을 견지하고 있다. 민의와 민심 자체도 개인적인 이기심의 표현에 불과하다고 본 것이다. 이를 뒷받침하는 『한비자』「현학」의 해당 대목이다.

"옛날 우임금은 장강의 물길을 트고 황하의 바닥을 쳐냈는데도 백성들은 기와와 돌을 그에게 던졌다. 우임금은 천하를 이롭게 하고, 정나라의 자산은 나라를 편하게 했는데도 비방을 받았다. 백성들의 지혜가 쓸모가 없다는 것 또한 자명한 일이다."

군주를 가볍게 여기고 백성을 높이는 맹자의 귀민경군貴民輕君 주장과 달리 군주를 높이고 백성을 가볍게 보는 이른바 귀군경민貴君輕民을 주장한 배경이 여기에 있다. 이는 비관적인 인구론자인 맬더스의 주장과 맥을 같이한다. 인구가 증가하는 것과 반비례해 먹을 것이 적어지고, 필연적으로 각 개인의 호리지성은 상호 충돌해 커다란 혼란을 야기할 수밖에 없다고 본 것이다. 혼란스런 상황에서 국가공동체의 안녕을 기하고, 한발 더 나아가 천하를 통일하기 위해서는 반드시 강력한 법으로 호리지성을 다스려야 한다고 주장한 배경이 여기에 있다. 『한비자』 「오두」의 해당 대목이다.

"지금 버릇 나쁜 자식이 있다. 부모들이 성내어도 행동을 고치지 않고 고장 사람들이 욕해도 꿈쩍하지 않으며 스승과 윗사람들이 가르쳐도 변하지 않는다. 관리가 병사를 동원해 법적 제재를 가하고자 하면 무서워서라도 태도와 행동을 바꾼다."

인간의 호리지성은 결코 맹자가 말하는 덕화德化나 공자나 순자가 언급한 극기복례의 교화敎化로 치유할 수 없고 오직 강력한 법치를 동원한 교정矯正에 의해서만 가능하다는 신념에서 나온 것이다. 전국시대의 험악한 인심이 법가의 이런 신념에 적잖은 영향을 미쳤을 것으로 짐작된다. 당시의 상황에 비춰 한자의 이런 주장은 나름대로 타당성을 지니고 있다.

그러나 사마천이 볼 때 한자를 비롯한 법가의 접근방식은 결코 근원적인 해결책이 될 수 없다. 오히려 문제를 악화시킬 수도 있다. 엄격한 법치를 동원해 인민들을 가지런하게 만들 수는 있을지 몰라도 먹고사는 문제를 이것으로 해결할 수는 없는 일이다. 관중을 사상적 비조로 하는 상가사상의 위대한 면모가 바로 여기에 있다. 우리말의 '쌀독에서 인심 난다.'는 말처럼 인심은 먹고사는 문제가 제대로 해결됐는지 여부에 따라 각박해지기도 하고 너그러워지기도 한다. 인성이 본질적으로 선한 지 여부와 하등 상관없는 일이다. 성선설과 성악설로 나뉘어 덕치와 법치 등을 해법으로 제시한 것은 동문서답이나 다름없다. 공허한 사변론에 지나지 않는 것이다. 공자가 생전에 인성문제를 전혀 언급하지 않은 것도 이런 맥락에서 이해할 수 있다.

치국평천하와 상가

예로부터 『도덕경』 제80장은 노자사상을 압축해 놓은 것으로 널리 인용되고 있다. 사마천은 「화식열전」의 첫 머리에 『도덕경』 제80장을 인용해 놓았다. 해당 대목이다.

"『도덕경』에서 말하기를, '지극히 잘 다스려지는 시대는 이웃 나라를 마주 보며 닭과 개 짓는 소리가 서로 들릴 정도로 평화롭다. 백성들은 각자 자신들의 음식을 달게 먹고, 의복을 아름답게 여기고, 풍속을 편히 여기고, 일을 즐거워하고, 늙어 죽을 때까지 서로 왕래하지 않는다.'고 했다. 그러나 만일 이를 목표로 삼아 요즘의 풍속을 옛날처럼 돌이키려 하거나 백성들의 눈과 귀를 틀어막으려 하면 거의 실행할 수 없을 것이다."

사마천은 왜 「화식열전」 첫머리에 『도덕경』을 인용해 놓은 것일까? 노자가 말하는 가장 이상적인 통치인 이른바 무위지치無爲之治로는 결코 민생을 보장할 수 없다는 입장을 드러내기 위한 것이다. 이 장은 이같이 시작하고 있다.

"소국과민小國寡民의 이상향에서는 여러 편리한 기물이 있을지라도 이를 사용치 않게 하고, 백성으로 하여금 죽음을 중히 여겨 멀리 옮겨 다니지 않게 한다."

나라가 작고 백성이 적은 것을 뜻하는 '소국과민'은 노자가 상정한 이상향을 말한다. 사마천은 「화식열전」 첫머리에서 이를 지치지극至治之極으로 표현해 놓았다.

원래 '무위지치'는 외견상 아무 것도 하지 않는 것을 주장한 듯하나 사실은 백성을 위해 모든 것을 다하라는 매우 적극적인 메시지를 담고 있다. 노자의 통치사상은 무정부주의와 유사한 장자의 무치無治는 물론 서구에서 나온 자유방임주의와도 현격한 차이가 있다.

'무위지치'는 장자와 달리 현실의 혼란상을 제거하려는 취지에서 비롯된 것이다. 실제로 『도덕경』 어디를 보더라도 노자가 국가의 존재 자체를 부인한 대목은 한 군데도 없다. 노자는 오히려 유가 못지않게 통치자들의 안일과 향락을 비판하면서 백성들을 위해 헌신할 것을 촉구했다. 나아가 그는 장자와 달리 전쟁 자체를 반대한 적이 없다. 부득이한 경우는 전쟁에 나설 수밖에 없다는 게 그의 입장이다. 『도덕경』 제67장의 다음 대목은 노자가 불의한 침공에 대한 반격과 수비를 모두 중시했음을 알 수 있다.

"지금 사람들은 자애를 버린 채 용맹에만 힘을 쓰고 있다. 이리하면 이내 죽고 말 것이다. 무릇 자애를 통해서만 전쟁을 해도 이길 수 있고, 수비를 해도 견고해질 수 있다."

'승전'과 '수비' 운운은 불가피한 상황의 전쟁을 전제로 했기에 가능한 것이다. 이처럼 노자가 말한 '소국과민'은 국가와 제왕의 존재를 대전제로 한 것이다. 흔히 알고 있듯이 원시공산사회를 염두에 두고 이같이 말한 게 아니다. '무치'의 원시공산사회를 이상향으로 생각한 사람은 노자가 아닌 장자였다. 장자는 노자사상의 외형만 좇았을 뿐이다. 맹자가 유가의 겉옷만 걸친 채 사실상 묵가의 대변인 노릇을 한 것에 비유할 수 있다.

노자는 인위적이면서도 자의적인 '유위지치'를 극소화하라는 취지에서 '소국과민'을 언급한 것일 뿐이다. 무위에 입각해 다스리지 않는 게 없는 이른바 '무불치無不治'의 상황은 그 규모와 깊이가 너무나 크고 깊은 까닭에 겉모습이 마치 장자가 말한 '무치'처럼 보일 뿐이다. 무위지치에 입각해 전 인류가 종교와 인종 등의 차별 없이 함께 평화롭게 지내는 세계정부의 지상낙원이 바로 이에 해당한다. 대략 칸트의 '세계평화론'과 취지를 같이한다. 국가와 다스림이 존재하지 않는 장자의 '무치'와는 천양지차가 있다.

종교 간의 갈등이 엄존한 현실에 비춰 볼 때 노자가 말한 소국과민의 세계는 쉽게 오지 않을 것이다. 그러나 전혀 불가능한 것도 아니다. 『동물농장』을 쓴 조지 오웰은 과거의 소련이 미국과 대치했을 때 장차 전체주의에 입각한 세계정부가 등장할 것으로 예상해 『1984』를 펴냈다. 그러나 이는 억측으로 끝났다. 인류가 노력하기에 따라서는 능히 소국과민의 이상을 실현할 수 있다. 노자는 인류평화의 이상향을 사상 최초로 제시한 인물에 해당한다.

장자는 소국과민보다 더 이상적인 원시공산사회의 세상을 그린 점에서 노자보다는 열자에 가깝다. 열자가 역설한 이상향은 루소가 「인간불평등기원론」에서 언급한 것처럼 '인간불평등'의 상황이 빚어지기 이전의 원시사회를 말한다. 함께 생산해 소비하는 사회만 존재할 뿐 부세賦稅를 거두는 국가가 존재하지 않는 '무치'의 상황이다. 서구에서 발달한 자유의 이념을 극단화하면 바로 장자가 말한 '무치'에 가깝게 된다. 국가해체를 전제로 한 사회주의 내지 공산주의 이념이 장자의 '무치'와 서로 통한다.

주목할 것은 사회주의 이념이 장자의 '무치'는 물론 치국평천하治國平天下보다 개인 차원의 수신제가修身齊家에 방점을 찍은 주자학과 논지를 같이하고 있는 점이다. 수신제가는 불가에서 말하는 수도修道를 달리 표현한 것이다. 실제로 남송 때 주희가 집대성한 주자학의 뿌리는 중국식 불교인 선종에 있다. 선종은 중국에 유입된 불교가 장자사상을 흡수해 만들어낸 종단이다. 장자사상이 전한시대 이후 불로장생의 도교사상으로 바뀐 뒤 남북조시대에 들어와 사후 세계를 언급한 불교교리를 흡수해 재차 변신한 것이 선종이다. 수·당대에 불교 및 도교에 비해 시종 비세를 면치 못한 유교는 송대에 들어와 선종의 논리를 적극 수용해 주자학을 만들어냄으로써 불교 및 도교를 누르고 재차 유일무이한 관학으로서의 위치를 굳건히 다지게 됐다.

노자의 '소국과민'과 자주 비교되는 '자유방임주의'는 18세기 자연법사상에 기초한 것으로 신흥 부르주아의 '경제적 자유경쟁'을 옹호하기 위해 나온 것이다. 경제적 자율을 확보하기 위해 국가는 사회질서의 유지와 재산의 보호, 국토방위 등 최소한의 역할에 그쳐야 한다는 주장을 담고 있다. 기업과 노동, 해외무역 등 모든 경제적 활동에 국가가 어떠한 간섭을 해서도 안 된다는 게 골자이다.

일찍이 영국의 로크는 『통치2론』에서 국가란 백성의 생명과 자유, 재산을 보장하는 제한적인 임무만을 갖는 백성의 수탁자에 불과하다고 주장했다. 평등한 개인들의 완전한 자유 상태를 인간 본연의 모습으로 파악한 결과이다.

노자는 기본적으로 개인의 자유와 국가통치를 대립시키는 로크의 이분법적 사유를 거부했다. 통치는 기본적으로 우주만물의 기본원리인 '도'가 발현된 것인 까닭에 통치자가 '무위지치'를 실현할 수만 있다면 개인과 국가 모두에게 도움이 될 것으로 본 것이다. 백성을 자유롭게 놓아둔다는 측면에서는 외견상 유사성이 있지만 본질 면에서는 근원적인 차이가 있었던 것이다. 노자는 우주와 인간을 관통하는 '무위'의 이론을 통해 통치를 해석했기 때문에 국가와 백성의 이익이 충돌할 이유가 없다.

사마천은 「노자한비열전」에서 노자와 장자, 한자를 하나로 묶어 놓았다. 한자는 인의예지로 요약되는 인치人治 대신 공평무사를 상징하는 물치物治를 난세의 해법으로 제시한 점에서 노자와 닮았다. 사사로움이 전혀 없는 무사법無私法이 그것이다. 노자가 상덕上德으로 일컬어지는 도에서 해법을 찾은데 반해 한자는 법에서 해답을 찾은 것만 다를 뿐이다. 한자가 노자를 극도로 높이며 『도덕경』에 사상 최초의 주석을 가한 것도 바로 이 때문이다. 그런 점에서 노자와 한자를 하나로 묶은 것은 탁견이다.

그러나 노자와 장자를 하나로 묶은 것은 잘못이다. '무위' 자체만을 놓고 볼 경우 한자가 오히려 노자사상의 정곡을 뚫었다고 평할 수 있다. 실제로 노자사상을 해설해 놓은 『한비자』의 「유로」와 「해로」의 무위에 대한 설명은 『장자』보다 훨씬 체계적이고 간명하다. 후대에 노장老莊의 통칭이 횡행하게 된 데에는 사마천의 책임이 크다. 두 사람이 '무위'를 공히 사용한 점을 지나치게 높이 평가한 탓으로 볼 수 있다.

이를 두고 사마천을 탓할 수만도 없다. 오늘날까지 대다수 사람들이 장자를 노자의 사상적 후계자로 여기고 있다. 노자와 장자사상을 깊이 연구하지 않은 탓이다. 사가인 사마천에게 도가사상에 대한 깊은 이해를 기대할 수는 없는 일이다.

주목할 점은 사마천이 상가의 입장을 피력하기 위한 서론의 취지로 '소국과민'을 예로 든 점이다. 노자가 아무리 평천하 차원의 '무위지치'를 알기 쉽게 설명하기 위해 '소국과민'을 비근한 예로 들었다 해도 사람들로 하여금 장자의 '무치'와 동일한 취지로 오해토록 만든 게 사실이다. 그만큼 비현실적으로 들린 것이다. 고금을 막론하고 그 어떤 사상과 이념이든 이상적인 색채가 짙으면 짙을수록 현실과 동떨어진 모습을 띠기 마련이다. 맹자의 왕도론이 그 실례다. 노자가 말한 '무위지치'는 왕도보다 한 단계 더 높은 제도帝道의 차원에서 나온 것이다. 사마천은 바로 이 점을 지적한 것이다. 사마천이 상가의 이론을 집대성한 「화식열전」을 쓰면서 『도덕경』 제80장에 나오는 '소국과민'을 예로 든 것은 나름 적절했다고 평할 수 있다.

「화식열전」과 「평준서」

상가는 오랫동안 제자백가의 일원으로 거론되지 않고 있으나 선진시대는 물론 그 이후의 진한시대에 이르기까지 분명 하나의 사상적 흐름으로 존재했다. 사마천이 『사기』를 쓰면서 「평준서」와 「화식열전」을 편제한 사실이 이를 뒷받침한다. 「평준서」는 요즘으로 치면 경제정책, 「화식열전」은 경제경영 이론서에 해당한다.

상가의 관점에서 볼 때 『사기』에서 가장 주목되는 것은 70편에 달하는 「열전」의 맨 마지막 편인 「태사공자서」의 바로 앞에 편제된 제69편의 「화식열전」이다. 상가의 경제경영 이론을 집대성해 놓은 「화식열전」은 자본주의의 발전이 결코 마르크스가 얘기하듯이 역사발전의 한 과정으로 전개되는 게 아니라는 사실을 극명하게 보여주고 있다.

「화식열전」에서 말하는 '화貨'는 조개가 상품과 화폐로 변용돼 사용되고 있는 점에 착안해 조개 패貝와 변화할 화化를 조합해 만든 회의문자이다. 조개를 화폐로 사용할 당시의 원시경제 상황을 반영하고 있다. '식殖'은 증식을 뜻한다. '화식'은 곧 자원의 생산 및 교환을 통해 재화의 이익을 추구하는 상공업활동을 의미한다. 사마천은 「태사공자서」에서 「화식열전」을 편제하게 된 배경을 이같이 기술해 놓았다.

"포의布衣의 필부가 정사에 해를 끼치지도 않고, 백성을 방해하지도 않고, 때에 따라 매매하면서 그 이식으로 재부를 쌓았다. 지자知者도 이를 택한 바 있다. 그래서 「화식열전」을 열전의 제69편에 편제하게 된 것이다."

거만의 재산을 모은 부상대고에 대한 그의 기본적인 입장이 잘 드러나 있다. 이들 중에는 목장 주인, 하층 장사꾼, 부녀자 등도 있다. 사마천은 이처럼 다양한 부류의 사람이 부상대고가 된 비결을 이른바 성일誠壹에서 찾았다. 하나같이 모든 정성을 기울여 주어진 사업에 매진한 덕분으로 파악한 것이다.

그러나 『한서』를 쓴 반고는 사마천의 이런 입장에 극히 비판적인 모습을 보였다. 그는 비록 「화식열전」을 흉내 내 『한서』 「화식전」을 편제하기는 했으나 그 취지만큼은 정반대였다. 사마천이 '성일'의 구체적인 실례로 든 행상인 출신 옹락성雍樂成 등의 치부 방법을 두고 '교화를 해치고 풍속을 깨뜨리는 대란의 길이다.'라며 혹평을 가한 게 그 증거다. 『사기』와 『한서』의 차이를 이처럼 극명하게 보여주는 대목도 없다. 『한서』를 쓴 반고는 '유가'의 관점에서 상가를 비판적으로 본 것이다. 이에 반해 사마천은 오히려 입만 열면 인의를 떠벌이는 '유가'를 질시했다.

사마천이 상가의 적극적인 옹호자가 된 데에는 돈이 없어 궁형을 당한 개인적인 경험이 적잖이 작용했다. 당시에는 속죄금을 내고 죽을죄까지도 사면을 받는 속사贖死 제도가 있었다. 궁형은 죽을죄보다 가벼운 죄이다. 사마천도 돈을 내기만 했으면 얼마든지 궁형을 면할 수 있었다. 그러나 그 비용이 엄청났다. 사마천의 집에는 그런 큰돈이 없었다. 이를 원통하게 생각했을 공산이 크다.

사마천이 『사기』 전편에 걸쳐 큰 뜻을 가슴에 품은 진취적인 인물을 상세히 소개해 놓은 것도 이런 맥락에서 이해할 수 있다. 이들 모두 사마천처럼 온갖 고난을 무릅쓰고 자신이 세운 목표를 이룰 때까지 끊임없이 전진한 자들이다. 목숨을 버릴지언정 결코 굴하는 법이 없다. 죽음보다 못한 궁형의 굴욕을 감수하고 끝내 『사기』를 완성한 사마천의 의지를 빼닮았다. 사마천이 불요불굴의 의지로 인간승리를 이룬 인물로 꼽은 사람은 주문왕과 공자, 굴원, 좌구명, 손빈, 여불위, 한자 등이다. 모두 '대의멸친'과 관련된 자들이다.

그러나 「화식열전」에 나오는 주인공들은 '대의멸친'과 동떨어진 사람들이다. 그럼에도 사마천은 이들 부상대고에게 찬사를 아끼지 않았다. 관중을 사상적 비조로 하는 상가에 대한 확고한 신념이 없다면 불가능한 일이다. 지난 10년 동안 경제규모를 3배로 키운 중국의 눈부신 경제발전도 같은 맥락에서 접근할 필요가 있다. 「화식열전」이 역설하고 있는 상가의 정신을 되찾은 결과로 볼 수 있다.

중국의 전 역사를 통틀어 「화식열전」과 같은 경제경영 이론서는 두 번 다시 나타나지 않았다. 「화식열전」의 독창성과 위대함이 여기에 있다. 흔히 『사기』를 읽으면서 「화식열전」을 읽지 않으면 『사기』를 읽지 않은 것과 같다고 말한다. 그만큼 중요하다는 얘기다.

「화식열전」에는 다양한 사업으로 거만의 재산을 모은 총 52명의 행보가 소개되어 있다. 이들 모두 주어진 시기에 다양한 방법으로 부를 쌓았다. 이들이 구사한 축재 방법은 모두 71가지이다. 이들 중 태공망 여상呂尙과 관중, 계연, 범리, 백규 등 5명은 경제이론가인 동시에 뛰어난 사업가에 해당한다.

주목할 점은 「화식열전」이 21세기에 그대로 적용해도 좋은 매우 진보적인 경제사상을 담고 있는 점이다. 일례로 유가들이 입만 열면 떠드는 '인의'에 냉소를 보내면서 사람들이 삶의 질을 높이고 부자가 되고 싶어 하는 것을 '인의'에 앞서는 인간의 본성으로 못 박은 점을 들 수 있다. 부유해지고자 하는 심성을 인간의 본성으로 못 박은 것은 획기적인 일이다.

관중을 사상적 비조로 한 상가는 바로 '부' 자체를 긍정 평가한데서 출발하고 있다고 해도 과언이 아니다. 아담 스미스가 『국부론』에서 개개인의 이익추구 행위를 자본주의의 출발로 간주한 것과 맥을 같이 한다. 사마천은 제환공이 사상 첫 패업을 이룬 것은 경제력 때문이고, 진시황이 천하를 통일한 것도 경제가 밑거름이 됐기에 가능했다고 보았다. 이는 중농 대신 중상에 방점을 찍은 관중의 상가 이론을 그대로 수용한 결과이다. 공자의 수제자 자공子貢을 대서특필한 사실이 이를 뒷받침한다.

제2절 상가사상의 전개

유상儒商과 관독상판

사마천은 상가의 관점에서 통치의 수준을 크게 5가지로 분류했다. 백성을 천지자연의 도에 부합하도록 이끄는 합도合道, 백성을 이롭게 하는 식으로 이끄는 이도利道, 가르쳐 깨우치는 교회敎誨, 백성들을 가지런히 바로잡는 정제整齊, 백성과 이익을 다투는 여민쟁리與民爭利가 그것이다

첫째, '합도'는 경제발전을 천지자연의 도에 부합하는 방향으로 이끄는 것을 말한다. 정부의 개입을 극소화한 가운데 민간 경제의 자율성을 최대한 보장하는 것을 의미한다. 상가의 이론을 집대성한 사마천은 겉으로 '도치'를 구사하면서 안으로 '법치'를 시행하는 외도내법外道內法의 상술을 내세운 데서 알 수 있듯이 도가에서 말하는 무위無爲에 방점을 찍고 있다. 이는 생산, 유통, 소비 등 경제흐름의 전 과정을 민간자율에 맡기는 것을 의미한다. 재화가 물 흐르듯 자연스럽게 흘러가는 것을 중시한 결과다. 아담 스미스가 『국부론』에서 말한 '보이지 않는 손'의 취지와 같다. 이를 선인론善因論이라고 한다. 사마천은 「평준서」에서 한문제와 한경제의 치세인 이른바 문경지치文景之治를 '합도'의 구체적인 예로 들었다.

"지금 천자가 즉위해 몇 년이 지났으니 한나라가 건립된 지 이미 70여 년이 지난 셈이다. 나라는 태평하고 홍수나 가뭄도 없고 백성들 모두 자급자족이 가능하다. 각 군과 현의 곡식창고는 꽉 차 있고, 관고에도 많은 재화가 저장돼 있다. 도성의 창고에 보관되어 있는 돈은 쌓여 억만금에 달해 돈 꾸러미를 꿴 줄이 낡아 돈을 일일이 셀 수조차 없을 지경이다. 또 도성

의 곡식창고인 태창太倉의 양식은 묵은 곡식이 나날이 늘어 층층으로 쌓아도 넘쳐나고, 결국 노천에 모아두었다가 이내 썩어 먹지 못하는 상황이 되었다."

한나라는 문경지치 때 행한 부세賦稅 경감조치 및 여민휴식與民休息 정책으로 커다란 번영을 누렸다. 한문제 때 전조세田租稅를 완전 면제하고, 출병을 최대한 삼가고, 거기車騎와 의복 등의 휘장에 문양을 넣지 않도록 하는 등 사치를 억제하고, 지방의 특산 공물도 바치지 않도록 조치했다. 이게 문경지치의 성세를 가져왔다. 한무제의 대외원정도 이런 막강한 경제력 위에서 가능했다.

둘째, '이도'는 민간의 경제활동을 보장한다는 전제 하에 국가가 일정부분 개입하는 경우를 말한다. 이때 정부는 사람들이 특정 분야의 경제활동에 종사하도록 유도한다. 21세기에 들어와 정부가 앞장서 각종 지원책을 내놓으며 기업의 첨단산업 참여를 유도하는 게 이에 해당한다. 셋째, '교회'는 국가가 특정 분야의 경제활동을 적극 권장하거나 억제하는 정책을 말한다. 과거 동양의 역대 제왕이 유가의 중농주의에 입각해 백성들에게 농업을 적극 장려하면서 상업을 강압적으로 억누른 게 이에 해당한다. 넷째, '정제'는 정부가 각종 강압수단을 동원해 민간의 경제활동에 적극 개입하는 것을 말한다. 강압적인 물가통제 및 경제명령 등이 이에 해당한다.

다섯째, '여민쟁리'는 정부가 경제활동에 직접 뛰어들어 영리활동을 전개하며 민간과 경쟁하는 것을 말한다. 사마천은 영리를 목적으로 한 경제활동은 전적으로 개인의 영역에 속하는 것으로 보았다. 국가 또는 관부가 개입해 백성과 이익을 다투는 것은 천지자연의 흐름을 거스른 것이다. 사마천이 '합도'와 극단적으로 대비되는 '여민쟁리'을 최악의 통치로 간주한 이유다.

사마천은 한무제의 말년 행보를 '여민쟁리'로 간주했다. 잦은 원정, 각종 수리水利 및 토목사업, 궁중의 사치 등으로 인해 국고가 텅텅 빌 정도로 나라의 경제가 바닥이 났다. 그럼에도 한무제는 원정을 멈추지 않았다. 결국 그는 장탕 등의 건의를 받아들여 백성과 이익을 다투는 '여민쟁리'의 정책을 택했다. 그러나 대농부大農府 창고에 비축해놓은 금전을 모두 탕진하고, 세금을 모두 군사비에 전용해도 감당할 길이 없었다. 한무제는 상홍양을 기용해 염철 전매와 균수 및 평준 정책을 강행했다. 이에 대해 사마천은 관원에게 시장에서 장사하며 이익을 꾀하도록 하는 관영상업은 결국 백성과 이익을 다투는 '여민쟁리'에 지나지 않는다며 강하게 비판했다. 사실 사마천이 지적했듯이 한무제의 말년 행보는 모든 제자백가가 질타한 폭군 내지 암군의 행보에 가까웠다.

상가의 가장 큰 특징은 부민부국의 방략을 중농重農이 아닌 중상重商에서 찾은데 있다. 관중의 '중상' 이론은 취지 면에서 21세기의 경제경영 이론과 하등 다를 게 없다. 「평준서」와 「화식열전」의 출현은 사마천이 관중의 상가 이론과 자공의 '유상' 행보에 크게 공명했기 때문이다. 관중이 『관자』를 펴낸 지 5백여 년, 자공이 천하의 부상대고富商大賈로 명성을 떨친 지 4백여 만에 상가의 존재를 명백히 확인시켜 준 쾌거에 해당한다. 사마천은 상가 이론을 집대성한 셈이다. 한자가 전국시대 말기에 법가사상을 집대성한 것에 비유할 만하다. 기원전에 사마천이 관중과 자공을 대서특필하며 부민부국의 요체가 '중상'에 있다고 역설한 것은 놀라운 일이다.

그러나 사마천의 이런 업적은 이내 빛이 바랬다. 유학을 유일한 관학으로 못 박는 이른바 독존유술獨尊儒術과 부상대고를 억제하기 위한 염철鹽鐵 전매의 선언 때문이다. 부상대고의 폭리를 막고 재정을 확충코자 한 것은 나름 일리가 있으나 이를 계기로 상가의 맥이 사실상 끊어지게 된 것은 커다란 손실이었다. 21세기에 이르기까지 수천 년 동안 관중의 상가 이론과 자공의 '유상' 행보, 사마천의 '상가이론 집대성' 사실이 제대로 밝혀지지 않은 것도 이와 무관할 수 없다. 『한비자』가 금서로 묶인 것을 계기로 법가사상이 제왕학의 주류에서 밀려나 제왕의 숨은 통치술로 전락한 것과 닮았다.

여기에는 성리학자들이 안빈낙도安貧樂道를 실천한 안연을 극도로 높이면서 의도적으로 자공의 '유상' 행보를 깎아내린 게 크게 작용했다. 후대인들은 관중의 부국강병 책략에만 지나치게 관심을 기울인 나머지 『관자』를 관통하고 있는 핵심어가 '중상'을 통한 부민부국에 있다는 사실을 간과했다. 나아가 역대 왕조 모두 중농 대신 중상을 역설한 사마천의 주장을 극도로 꺼린 까닭에 이전 왕조의 사서를 편찬할 때 「평준서」를 모방한 「식화지」만 편제하고 「화식열전」은 아예 편제할 생각을 하지 않았다. 상가의 존재가 오랫동안 묻힌 이유다.

그러나 21세기에 들어와 상황이 일변했다. 중국 학계에서 관중과 자공, 사마천 등을 상가로 분류하는 게 하나의 흐름으로 형성돼 있다. 「화식열전」이 집중 조명 대상이다. 구미의 역사문화를 배경으로 한 기존의 경제경영 이론 대신 21세기에 부응하는 새로운 패러다임을 전래의 동양고전에서 찾아내려는 노력의 일환이다. 이전의 자부심을 되찾은 결과로 볼 수 있다. 사마천은 스스로 상가라는 표현을 쓰지만 않았을 뿐 당대 최고의 경제경영 이론가에 해당한다. 실제로 피터 드러커를 위시해 21세기의 내로라하는 '구루'들이 내놓은 이론도 「화식열전」의 내용에 살을 붙인 것에 지나지 않는다. 이런 흐름에 적극 가세해 동서고금을 관통하는 상가의 부민부국 이론을 깊이 천착할 필요가 있다.

현재 서구의 저명한 학자들 중에는 중국의 앞날과 관련해 부정적인 견해를 피력하는 사람이 적지 않다. 일각에서는 중국이 과거 일본이 걸었던 전철을 밟을 것이라는 비관적인 전망까지 내놓고 있다. 그러나 객관적으로 볼 때 이는 지나치다. 1990년대에 들어와 부동산 거품이 일거에 꺼지면서 버블경기의 된서리를 맞은 일본과 현재의 중국은 여러 모로 차이가 있다. 겉만 보면 중국이 많은 거대 기업군들을 거느리고 있는 등 과거의 일본과 닮았다. 중국의 위안화가 세계 국가들로부터 부당하게 저평가됐다는 평가를 받고 있는 것도 과거 일본이 수출주도형 경제 성장을 추구했던 것과 닮았다.

그러나 다른 점이 더 많다. 크게 2가지를 들 수 있다. 중국에선 금융과 통신, 에너지, 핵심 제조분야를 포함해 광범위한 분야에서 외국기업의 참여가 배제되고 있다. 심지어 자국 기업들을 배제시키는 경우도 있다. 이들 업종은 전략산업으로 간주돼 정부의 엄한 통제를 받고 있다. 국영기업 형태로 운영되는 이들 기업 모두 글로벌 시장 진출을 위한 전위대이자 중국의 '사회주의 시장경제'를 세상에 널리 알리는 전도사 역할을 수행하고 있다.

다른 하나는 경공업과 소매업, 수출부문 등은 아담 스미스가 『국부론』에서 역설했듯이 철저히 자유경쟁에 맡겨두고 있는 점이다. 실제로 현재 중국에서는 월마트와 스니커즈, 테스코 등 서구의 소매 체인들이 중국 업체와 치열한 경쟁을 벌이고 있다. 나이키 운동화를 비롯한 중국의 주요 수출품들 모두 해외 다국적기업에 의해 제조되거나 그들의 주문을 받아 생산되고 있다. 폐쇄적이었던 일본과는 근본적인 차이가 있다.

존슨 홉킨스대 교수 조반니 아리기Giovanni Arrighi는 지난 2007년에 펴낸 『베이징의 아담 스미스Adam Smith in Beijing』에서 중국의 '사회주의 시장경제'가 미국의 '자유주의 시장경제'보다 아담 스미스의 『국부론』 취지에 더 부합한다는 주장을 내놓은 바 있다. 그는 이 책에서 아담 스미스를 자본주의 이론가가 아니라 철저한 시장주의자로 평가했다. 아담 스미스가 『국부론』을 통해 예언한 것은 자본주의가 아니라 '다양한 시장'의 도래였고, 이것이 지금 현재 진행 중인 중국의 '사회주의 시장경제'를 이해할 수 있는 단초를 제공한다는 것이다. 21세기의 중국을 제대로 이해하기기 위해 등장한 여러 분석 틀 중 매우 파격적인 견해에 속한다.

아리기의 주장에 따르면 중국은 덩샤오핑의 개혁개방 이후 지난 30년간 서구 학자들이 평가하는 '자본주의화'의 길을 걸은 게 아니라 '시장화'의 길을 걸은 셈이다. 아리기가 '자본주의'가 아닌 '시장주의'를 중국경제의 특징으로 꼽은 것은 이른바 '유교자본주의' 내지 '유교사회주의'를 달리 표현한 것으로 해석할 수 있다. 이는 아담 스미스가 『국부론』에서 최고의 성세를 구가했던 건륭제 치하의 중국경제를 긍정적으로 평가한 것과 맥을 같이 하는 것이기도 하다. 아담 스미스가 시장 참여자의 이기적인 행동이 '보이지 않는 손'에 의해 국부를 축적하는 계기로 작용한다고 주장한 것은 관청이 시장 교란자들을 솎아내는 역할을 수행한 건륭제 치하의 청나라를 모델로 삼은 데서 나온 것이다. 중국의 학자들은 이를 '관독상판官督商辦'이라고 한다.

중국이 수천 년 간에 걸쳐 '관독상판'의 전통을 이어온 것은 진시황 때 이미 상비군과 관료조직을 확립한 사실과 무관치 않다. 역대 왕조 모두 비록 중농주의 경제정책을 관철했음에도 유통경제를 담당하는 상인의 역할과 비중을 결코 과소평가하지 않았다. 청조 말기까지 염상鹽商에게 소금 전매의 특권을 부여하면서 그들로부터 수령한 염세로 재정을 충실히 한 사실이 이를 뒷받침한다. 조선조가 이른바 육의전六矣廛에 해당 물품에 대한 전매권을 부여하고 세금을 부과한 것도 같은 맥락이다. 큰 틀에서 볼 때 중국의 '사회주의 시장경제'는 전래의 '관독상판'을 재현한 것으로 볼 수 있다.

중국은 지난 30년 동안 놀라운 발전을 통해 전래의 '관독상판' 전통에 입각한 이런 '투 트랙' 전략이 옳았다는 것을 여실히 증명했다. 현재 중국정부가 주도하는 투자가 과연 얼마나 생산적인가 하는 문제에 대한 논란이 지속되고 있으나 중요한 건 결과다. 지금까지는 성공적이다. 다만 중국 역시 초고속성장에 따른 여러 문제를 안고 있다. 치솟는 임금으로 인해 이미 노동집약적 산업중 상당수는 저비용을 강점으로 내세운 베트남 등지로 빠르게 이전되고 있다. 세계경제가 위기국면에 처해 있는 만큼 수출 위주의 성장정책을 지속하기는 어렵다. 중국의 수뇌부도 이를 잘 알고 있다. 향후 내수를 강화해 수출의존을 줄이겠다고 약속한 게 그 증거다. 사안의 심각성을 모르면 문제가 되지만 이를 알고 있는 한 얼마든지 적절한 대응책을 찾아닐 수 있다.

21세기와 상가

　동양의 역사문화는 이른바 인간학人間學에서 그 정수를 찾을 수 있다. 제자백가사상을 깊이 연구한 후쿠나가 미쓰지福永三司 전 교토대 교수는 일찍이 동양문화의 정수는 인간학에 있고, 이는 선진시대에 활약한 제자백가에 의해 활짝 꽃을 피웠다고 말했다. 제자백가사상의 효시는 상가의 사상적 비조인 관중이다. 그는 일찍이 부국강병 방안을 묻는 제환공의 질문에 이같이 대답한 바 있다.

　"산에 있는 쇠와 구리 등을 녹여 돈과 재화를 만들고, 바다를 이용해 소금을 구우면 그 이익이 천하에 널리 유통됩니다. 이후 천하의 모든 산물을 거둬들이고, 때 맞춰 교역하게 하면 장사하는 사람들이 모여들고 자연히 재화도 모일 것입니다. 그들로부터 적당한 세금을 징수해 군비에 충당한다면 어찌 재정을 걱정할 이유가 있겠습니까?"

　이는 동양의 전 역사를 통틀어 경제정책 및 경제경영 이론과 관련한 사상 최초의 언급에 해당한다. 여기에는 맹자를 비롯한 후대의 주자학자들이 역설한 정전井田 등에 관한 얘기가 빠져 있다. 그는 부국강병의 요체를 농업이 아닌 상업에서 찾은 점에서 이후의 유가 및 법가사상가와 커다란 차이를 보인다. 그를 상가의 비조로 꼽을 수 있는 이유다.

　상가는 공자 및 묵자를 사상적 조종으로 삼는 유가와 묵가처럼 체계적인 학술단체의 모습을 갖추지는 못했으나 크게 문제 삼을 게 못 된다. 명가와 음양가 및 병가는 말할 것도 없고 법가와 도가 및 종횡가 등도 제대로 된 학술단체의 모습을 갖추지 못하기는 매한가지이기 때문이다. 다만 상가는 사상적 비조인 관중 사후 시장에서 잔뼈가 굵은 부상대고富商大賈들의 구체적인 활동을 통해 하나의 사상적 흐름을 형성했다는 점에서 여타 제자백가와 차이가 있다.

그렇다고 상가가 이론적으로 취약했던 것은 아니다. 상가의 최고 교본에 해당하는 『관자』와 「화식열전」은 『논어』와 『도덕경』 등의 여타 제자백가서를 방불하고 있다. 만일 제나라가 계속 패권을 유지하며 관중의 중상주의 노선을 추구했다면 상가가 유가보다 먼저 생겼을지도 모를 일이다. 그러나 제나라는 관중 사후 전국시대 말기에 이르기까지 비록 동방의 대국으로 군림하기는 했으나 두 번 다시 천하를 호령하지 못했다. 상가가 다른 제자백가와 비교해 상대적으로 이론 면에서 취약한 모습을 드러낸 이유다.

춘추시대 당시 제나라 이후 천하를 호령한 중원의 진晉나라와 남쪽의 초楚나라를 비롯해 전국시대 초기 위세를 떨친 중원의 위魏나라와 중기 이후 최강국으로 부상한 진秦나라 모두 관중의 부국강병 노선을 추종했다. 그러나 이들 나라 모두 '강병'의 전제조건인 '부국'의 구체적인 방안으로 상업이 아닌 농업을 택했다. 중농은 유가뿐만 아니라 법가의 기본 입장이기도 했다. 대표적으로 전국시대 중기 진나라를 최강국으로 만드는데 결정적인 공헌을 한 상앙을 들 수 있다. 그는 2차례에 걸쳐 대대적인 변법을 시행하면서 상인들이 비단옷을 입고 수레를 타는 것 자체를 엄금했다. 백성들이 부상대고들을 흉내 내 상리商利를 추구하며 농사를 내팽겨 칠까 우려한 탓이다. 이런 극단적인 중농정책은 군량미를 포함한 식량의 확보가 국가존망과 직결된 까닭에 불가피한 면이 있었다. 선진시대 전 시기를 통틀어 모든 패권국들이 중상이 아닌 중농을 택한 배경이 여기에 있다.

그러나 전국시대 말기에 들어오면서 서서히 변화의 조짐이 나타나기 시작했다. 이는 전쟁이 대규모 총력전 양상으로 전개되면서 식량 확보 차원을 넘어 원활한 군수품 조달과 막대한 규모의 전비조달 등이 시급한 과제로 떠오른 결과였다. 국경을 넘어 온갖 물자의 교역을 전문으로 하는 상인들의 조력이 절대 필요했다. 이들은 국제정세에도 밝았다. 정보망으로 활용할 가치가 충분했다. 국제교역으로 막대한 부를 축적한 여불위가 최강국인 진나라의 정승이 된 게 결코 우연이 아니었다. 이는 부국의 방략이 중농에서 중상으로 바뀌고 있음을 웅변한 것이기도 했다.

실제로 진시황의 천하통일을 계기로 화폐와 도량형 등이 하나로 통일되고 시장의 규모가 급격히 커지면서 부상대고들이 우후죽순처럼 등장했다. 과학기술과 교통통신의 발달로 전 세계를 대상으로 하는 글로벌 시장이 활짝 열리면서 애플이 문득 전 세계의 스마트폰 시장을 석권하며 천하제일의 부상대고로 등장한 것과 같다. 천하통일 이후 여불위와 비교할 수 없을 정도로 거만의 재산을 모은 부상대고가 쏟아져 나온 배경이다.

당시 천하의 인민들 모두 이들을 흉내 내 천하의 부를 거머쥐기 위해 부심했다. 상가 이론에 대한 수요가 폭발적으로 늘어난 것은 자연스런 일이었다. 21세기 현재 주식 및 펀드투자를 포함해 수많은 재테크 관련서가 서점가를 장식하고 있는 것과 마찬가지다. 「화식열전」은 바로 이런 시류를 반영한 것이다. 당시 관중의 '중상' 이론에 공명한 사마천은 하나의 흐름으로만 치부돼 온 상가의 존재를 적극 드러내고자 하는 명백한 의도를 지니고 있었다. 그가 「화식열전」에서 입만 열면 '인의'를 들먹이며 처자식과 부모를 제대로 건사하지 못하는 유자들을 향해 속히 생업에 나서라고 촉구한 사실이 이를 뒷받침한다.

모든 학문과 사상의 명멸이 그렇듯이 「평준서」와 「화식열전」의 출현은 시대상황과 불가분의 관련을 맺고 있다. 당시 진제국의 뒤를 이은 전한제국은 초한전 등의 잇단 전란으로 인해 크게 피폐해진 민력을 북돋우기 위해 부세賦稅 등을 극소화하며 민간의 자율을 최대한 허용했다. 노자사상에 입각한 이런 무위지치無爲之治 기조는 한무제 때까지 면면히 이어졌다. 「평준서」는 한무제가 즉위할 당시 국고는 말할 것도 없고 민간부문에 이르기까지 재화와 돈이 흘러 넘쳤다고 기록해 놓았다.

그러나 당시 한무제는 상황을 너무 안이하게 판단했다. 노자의 무위지치를 추종한 두태후의 사망을 계기로 본격적인 친정에 나서면서 유학을 유일한 관학으로 인정하는 독존유술獨尊儒術을 선포한 게 그 증거다. 유학은 사농공상의 사민四民 중 사농은 같은 무리로 간주하면서 유독 상공인만은 크게 천시한 점에서 적잖은 문제를 안고 있었다. 실제로 '독존유술'이 역사적으로 끼친 폐해는 막심했다. 비판이 배제된데 따른 통치이데올로기의 화석화, 농업생산물에 기초한 작은 파이를 둘러싼 기득권 세력 간의 처절한 유혈당쟁, 매관매직의 일상화와 관원들의 서민에 대한 가렴주구, 민심이반에 따른 농민반란과 군웅할거 및 왕조의 전복 등이 그것이다. 그럼에도 역대 왕조 모두 하나같이 '독존유술'을 맹종하며 중농의 기조를 강고하게 유지했다. 대략 2, 3백년 단위로 판에 박은 듯한 왕조교체 과정이 청조 말까지 끊임없이 재현된 이유가 여기에 있다. 부를 축적하는 수단이 땅에 얽매인 탓이다.

예나 지금이나 상공인을 천시할 경우 부민부국은 달성할 길이 없게 된다. 한무제 때 상인들의 폭리를 원천봉쇄한다는 이유로 염철鹽鐵의 전매를 실시한 것도 이런 맥락에서 이해할 수 있다. 당시 한무제는 흉노의 침공을 원천적으로 봉쇄하기 위해 여러 차례에 걸쳐 대대적인 원정에 나섰다. 변경에 배치한 수십만 명의 병사들을 먹이기 위해 많은 식량이 변경으로 운송됐다. 게다가 흉노의 투항을 권장하기 위해 투항한 흉노에게 막대한 상금을 내렸다. 돈이 넘쳐나던 국고가 이내 바닥을 드러낸 이유다. 이를 해결하기 위해 한무제가 추진한 것이 바로 원수 4년(기원전 119년) 시행한 염철 전매제도이다.

이를 주도한 인물은 상홍양桑弘羊과 공근孔僅 등의 상인출신 관원이었다. 이들은 상인들이 부를 축적한 배경을 훤히 꿰고 있었다. 소금은 생활하는데 필수품이고 철은 무기와 농기구의 재료이다. 농기구는 전국시대 이후 보급되어 필수품이 되어 있었다. 지방의 염철 산지에 염관 36개소와 철관 48개소를 설립해 소금과 철을 직접 관리했다. 철은 농기구의 제조를 국가가 독점하는 방식으로 통제했다. 소금은 민간에게 생산을 맡긴 뒤 생산된 소금을 모두 국가가 사들이는 방식으로 수익을 올렸다. 염철의 전매로 얻은 이익은 원가의 약 10배에 달할 정도로 엄청났다. 이는 국고를 관리하는 대사농大司農에 귀속되었다.

한무제는 이것으로도 부족해 원봉 원년인 기원전 110년에 균수법均輸法과 평준법平準法을 실시했다. 균수법은 관에서 필요로 하는 물자의 조달과 수송을 균수관이라는 국가기관이 주체가 되어 행한 것을 말한다. 실제로는 각 지방의 산물을 조세로 징수한 뒤 이를 부족한 곳에서 팔아 이익을 거두는 방식이 적용됐다. 평준법은 각 군국에서 물가가 쌀 때 대량 매입해 중앙의 평준관 산하에 저장해 두었다가 물가가 등귀하거나 부족해지면 방출해 그 차액을 국가의 수입으로 삼는 정책이다. 물자의 조달과 수송을 뜻하는 균수 및 물가의 안정을 뜻하는 평준을 통해 나름 국고수입을 극대화하려고 한 것이다.

상인들의 폭리를 막아 서민경제를 살린다는 그럴듯한 명분을 내걸었지만 그 내막을 보면 국가가 직접 발 벗고 나서 상행위를 한 것이나 다름없었다. 재정위기를 타개하는데 도움을 주기는 했으나 그 여파로 상인들은 커다란 타격을 받았다. 염철 전매에 이어 상인에게 치명타를 안긴 것은 원봉 원년(기원전 110년)에 실시된 이른바 고민령告緡令이다. 재산내역을 허위 신고한 상인을 밀고하면 조사 후 사실로 드러날 경우 전 재산을 몰수하고 신고한 자에게 재산의 절반을 상금으로 주는 제도를 말한다. 당시 상인에 대해 배나 수레를 기준으로 과세하면서 재산내역을 허위로 신고한 자를 엄벌에 처하는 법령이 있었으나 허위 신고가 줄지 않자 이런 편법을 동원한 것이다. 그 결과 정부는 상인들로부터 막대한 토지와 노비, 재산 등을 거둬들일 수 있었다.

주목할 것은 원정 4년(기원전 113년)에 실시한 화폐의 통합이다. 그 이전까지만 해도 동광을 소유하고 있던 각 군국에서도 자유롭게 화폐를 주조했다. 그러나 품질이 일정하지 않고 화폐가치가 균일하지 못해 물가의 폭등이 빈발했다. 이에 중앙에 수형도위水衡都尉를 설치한 뒤 독점적으로 화폐를 주조하기 시작했다. 화폐의 가치가 안정되자 각종 경제 정책을 효과적으로 시행할 수 있게 되었다. 매우 성공적인 개혁이었다. 실제로 이후에 주조된 오수전五銖錢은 당나라 때까지 화폐의 기본형태가 되었다.

이런 강력한 경제정책을 강행하기 위해서는 잘 훈련된 유능한 실무관료가 필요했다. 한무제 때 국법에 따라 엄격한 법치를 실시하는 이른바 혹리酷吏가 등장한 배경이 여기에 있다. 사법과 경찰분야에서 활동한 혹리는 사실 사사로운 정리에 좌우되지 않고 국가정책을 철저히 집행한 뛰어난 관원을 말한다. 장탕張湯을 비롯해 의종義縱, 왕온서王溫舒, 두주杜周 등이 그들이다. 이들의 주요 임무는 호족의 억압이었다. 진시황 때를 방불할 정도로 혹법이 난무했다. 위법이 드러날 경우 목숨을 내놓을 각오를 해야 했다. 혹리들은 범죄의 동기를 중시했다. 마음속으로 비방하거나 범죄를 꾀한 것도 처벌받았다. 행위의 평가 기준을 행위자의 심정에 두는 '춘추공양학'의 논리가 그대로 적용된 결과다. 한무제 때의 유학은 법치의 이론적 무기이기도 했다. 혹리와 반대되는 유형의 관리가 순리循吏이다. 향리의 자율적 질서와 사회 안정을 추구한 이들 순리는 중앙집권의 행정을 상징했다. 한무제 때만 해도 이들 순리는 혹리들로 인해 발을 붙일 수가 없었다. 이들이 대거 등장한 것은 한무제 사후 10여년이 지난 한선제와 한원제 이후이다.

한무제의 치세 당시 국가가 직접 상업에 발 벗고 나선 까닭에 천하를 대상으로 거만의 재산을 모으는 부상대고의 출현은 원천적으로 불가능해졌다. 특히 '독존유술' 선언은 '부민부국의 포기' 선언이나 다름없었다. 서양이 척박한 자연환경을 벗어나기 위해 그리스와 로마공화정 때부터 중상주의 쪽으로 방향을 튼 것과 대비된다. 중농주의로 일관한 동양과 달리 서양은 나일강의 선물로 불리는 이집트왕조 시대를 빼고는 21세기 현재까지 단한 번도 중농주의를 택한 적이 없다. '독존유술'을 선포하지만 않았어도 동양 역시 전한 때 이미 해상무역으로 지중해 일대를 호령한 로마제국 못지않은 거대한 상업제국을 세울 수 있었을 것이다. 왕조의 교체야 자연의 순환처럼 불가피하다 할지라도 이후에 들어선 역대 왕조 모두 이를 흉내 내 중상주의로 부민부국을 실현했을 공산이 컸다.

그러나 동양의 역사는 거꾸로 갔다. 이런 흐름에 결정적인 역할을 한 것은 주자학이었다. 주자학이 내세운 강고한 중농주의는 원래 남북조 당시 문벌귀족의 대토지 소유제가 북송 대에 들어와 지주소작제로 전환하는 과정에서 신흥 사대부세력의 이익을 대변하기 위해 나온 것이었다. 문벌귀족을 대신해 새로운 기득권세력으로 등장한 사대부 세력은 하나같이 크고 작은 경작지를 보유한 지주세력이었다. 정통과 이단의 논쟁이 가열된 것도 이런 맥락에서 접근할 필요가 있다. 이단으로 몰리는 사대부가 많으면 많을수록 살아남은 사대부의 지주로서의 위치는 더욱 공고해지고 보유한 토지 또한 크게 확대되는 반사이익을 얻었다. 주자학을 불변의 통치이념으로 받아들인 조선조는 그 정도가 더 심했다. 안동 김씨에 이어 여흥 민씨로 이어진 세도정치가 끝내 왕조의 패망을 불러온 참사를 생각하면 쉽게 이해할 수 있을 것이다. '독존유술'을 맹종한 후과이다.

선진시대에 제자백가들이 고심 끝에 찾아낸 다양한 치국평천하 방안이 '독존유술' 선포로 인해 일거에 사론邪論으로 몰린 것은 비극이었다. 이는 진시황의 '분서갱유'에 버금하는 대참사에 해당한다. 유가를 겨냥한 '분서갱유'의 반동이 법가를 대상으로 삼은 '독존유술'의 반동을 불러온 결과이다. 원래 제자백가의 치국평천하 방략은 난세를 분석 대상으로 삼은 까닭에 매우 구체적이면서도 실질적이다. 추상적인 형이상의 사변론으로 흐른 맹자사상 및 주자학과 극명한 대조를 이룬다.

대표적인 제자백가로 법가를 들 수 있다. 법가는 이론 측면에서 단연 발군이었다. 『한비자』에 백가쟁명과 관련한 일화가 대거 수록된 이유다. 난세의 현장에 직접 뛰어들어 구세제민 방략을 구체화하는 실천 측면에서도 결코 유가 및 묵가에 뒤지지 않았다. 불행하게도 법가사상을 집대성한 한자는 진시황에게 지대한 영향을 미쳤음에도 제대로 된 유세 한번 해보지 못한 채 목숨을 잃었다.

원래 법가사상은 전국시대 초기 위나라의 이회가 주도한 일련의 변법으로 그 효용성을 증명한 바 있다. 중기에 상앙은 이회를 흉내 낸 변법으로 진나라를 일약 최강국으로 만들었다. 말기에도 진시황은 한자와 동문수학한 이사의 법가사상을 채택해 천하통일의 위업을 이뤘다. 진시황의 천하통일 이후 법가가 사상계를 통일한 배경이다.

그러나 진제국은 불과 15년 만에 패망하고 말았다. 덩달아 법가는 제국을 패망으로 이끈 사론으로 몰리게 됐다. 법가가 한무제의 독존유술 선포 후 유가를 전면에 내세운 외유내법外儒內法의 형태로 잔명을 이어간 이유가 여기에 있다. 이후 청조가 패망할 때까지 법가는 시종 제왕의 통치비술로만 존재한 까닭에 미신적인 천인감응설天人感應說 등으로 오염된 유가사상을 공개적으로 비판할 수 있는 입장이 못 되었다.

전한 초기 노자사상에 입각한 무위지치 덕분에 사상계를 평정한 바 있는 도가는 더 심각한 위기에 처하게 됐다. 주류의 무대에서 완전히 밀려나 불로장생을 기치로 내세운 민간신앙 형태의 도교로 변질된 게 그렇다. 이로 인해 유가와 가장 적대적인 위치에 서게 됐다. 적미적과 황건적, 홍건적 등 왕조 말기에 일어난 농민반란군이 하나같이 오두미교와 백련교 등 도교사상으로 무장한 것을 결코 우연으로 볼 수 없다. 선진시대만 해도 유가와 가장 대립적인 위치에 서 있던 제자백가는 반전사상을 고취한 묵가였다. 그러나 묵가는 이미 전국시대 말기에 흔적도 없이 사라지고 말았다. 병가는 나름 중요성을 인정받기는 했으나 '독존유술' 선포에 따른 숭문崇文 풍조의 만연으로 인해 겨우 무인들의 참고서 형태로 존재했다. 종횡가와 명가 및 음양가는 아예 잡학으로 간주돼 존재의미를 상실했다.

상가도 예외가 아니었다. 사마천이 「평준서」 및 「화식열전」을 통해 그 존재의미를 적극 부각시켰음에도 '독존유술' 선포 이후에는 오직 역대 사서의 「식화지」를 통해서만 그 흔적을 찾을 수 있게 됐다. 일세를 풍미했던 부상대고의 화려한 치생지술治生之術 역시 민간 차원의 비전으로만 전해지다가 흐지부지 사라지고 말았다. '독존유술' 선포만 없었어도 「화식열전」의 뒤를 잇는 뛰어난 저서가 속출해 21세기의 최신 이론 못지않은 뛰어난 경제경영 이론이 만들어졌을 공산이 컸다.

「화식열전」이 고금을 관통하는 매우 탁월한 경제경영 이론으로 구성돼 있다는 사실이 밝혀진 것은 극히 최근의 일이다. 21세기에 들어와 『관자』와 「화식열전」, 「평준서」, 「식화지」 등을 아담 스미스의 『국부론』과 피터 드러커의 『21세기 지식경영』 등과 비교한 저서와 논문이 모습을 드러내고 있는 게 그 증거다.

드러커는 만년에 자신을 '사회생태학자'로 표현했다. 어떤 사회가 인간과 기업이 잘 살 수 있는 사회인가를 연구하는 것이 자신의 목표라는 점을 강조한 것이다. 특히 기업의 목표가 이윤추구라는 낮은 울타리를 벗어나 사회적 책임을 져야 하며, 국가와 사회는 그런 기업 활동을 도울 수 있어야 한다는 점을 설명했다. 독재가 지배하거나 규제가 많은 사회는 기업 활동을 위축시키고 개인의 발전을 가로막기 때문에 건전한 경영이 불가능하다고 본 것이다. 기업의 목적은 고객을 창조하는 것이며 경영은 삶의 수준을 물질과 정신적 측면 모두에서 높이는 것이라고 주장한다. 문어발식 확장과 비윤리적 경영, 부의 무책임한 세습 등으로 인해 지탄을 받고 있는 한국의 기업CEO들은 그의 경영이론에서 근본적인 해법을 찾을 수 있을 것이다.

최근 개인과 기업의 윤리적 노력과 경영을 강조한 그의 주장이 커다란 각광을 받는 것은 우리 사회가 마주친 어두운 현실과 깊은 관련이 있다. 기업마다 무차별한 이윤경쟁에 나서고, 정치가 사회의 발전을 이끌지 못하고, 국가가 정의를 실현하지 못하고 있는 게 그렇다. 그는 다른 학자들과 달리 경영을 지역·문화와 밀접한 관련이 있다고 보았기 때문에 학문을 넘어 사회와의 공동체적인 접근이 필요하다고 주장했다. 일본 문화와 경영학을 접합하여 비전을 제시하고 일본 사회가 가야 할 방향을 지목한 것이 주효한 것이다. 일본의 많은 학자와 기업인이 그에게 깊은 영감을 받았다고 밝힌 바 있다.

놀랍게도 「화식열전」에는 아담 스미스 이후 21세기의 피터 드러커에 이르기까지 서구에서 2백여 년 동안 발전시켜온 경제경영 이론이 빠짐없이 언급돼 있다. 관중이 역설한 '부민부국' 이론은 고금을 꿰는 최고의 경제경영이론에 해당한다. 고금을 막론하고 경제정책 및 경제경영 이론 모두 결국은 '부민부국'으로 요약된다는 사실을 감안하면 그리 놀랄 일도 아니다. 사람들이 「화식열전」의 내용에 새삼 놀라는 것은 아편전쟁 이래 21세기 현재까지 서구의 역사문화만이 인류발전의 모든 것인 양 착각하고 있는 현실과 무관하지 않을 것이다. 이는 문화대혁명 때 공자를 보수반동의 원흉으로 몰아간 천박한 행태와 별반 다를 게 없다. 동양 전래의 고전을 깊이 탐색하지 않은 탓이다.

최초의 상가 이론을 제시한 『관자』를 비롯한 동양의 고전은 '지혜의 보고'에 해당한다. 깊이 연구할수록 21세기를 슬기롭게 헤쳐 나갈 수 있는 온갖 지혜를 찾아낼 수 있다. 화이트헤드가 서양의 사상사는 플라톤 저작의 주석에 지나지 않는다고 일갈한 것처럼 동양의 사상학문은 선진시대에 쏟아져 나온 제자백가서의 주석에 지나지 않는다. 「화식열전」은 그 전에도 없었고, 그 이후에도 나오지 않았다. 그런 관점에서 볼 때 사마천은 「화식열전」을 통해 '상가'라는 새로운 학문 분야를 개척하는데 결정적인 공헌을 한 셈이다.

제2부

극기복례로 천하에 임하라

유가儒家

제1장 공구와 『논어』

제1절 치국평천하 사상을 전파하다

하급무사의 후예

전 세계를 통틀어 족보 등을 통해 추적이 가능한 가장 오래된 가문을 들라면 단연 공씨孔氏를 들 수 있다. 이들 공씨 가문의 역사는 공자의 출생부터 따지면 무려 2천5백여 년에 달한다. 현재 공자의 고향인 곡부曲阜를 본관으로 하는 공씨는 대략 3백만 명가량으로 추산되고 있다. 이들 중 약 80%를 상회하는 약 250만 명이 중국대륙에 살고 있다.

현재 우리나라에는 해외 거주 공씨의 20%에 해당하는 약 10만 명가량이 살고 있다. 이는 최대 숫자에 해당한다. 공민왕 즉위년 1351년에 공자의 54대손인 공소孔紹가 한림학사翰林學士의 자격으로 노국대장공주魯國大長公主를 배종陪從하여 들어온 것이 우리나라에 공씨가 등장케 된 계기가 되었다. 당시 공소가 현재의 창원昌原을 근거지로 한 회원군檜原君에 봉해지면서 공씨의 후손들이 우리나라에 세거世居하게 되었다. 이들은 정조 18년 1794년에 일제히 공자의 고향을 좇아 곡부曲阜 공씨로 본관을 바꾸었다. 이는 호학군주好學君主였던 정조의 배려에 의한 것이었다.

최근 중국에 거주하는 공자의 77대손인 '덕德' 자 항렬의 적손嫡孫들이 구수회의를 열고 현재 수보修補작업이 진행 중인 공씨 족보에 사상 처음으로 공씨 여성을 올리기로 결정해 화제가 된 바 있다. 이들은 그간 남성 후예의 이름만 족보에 올리다가 시대의 흐름에 맞춰 여성도 족보에 올리기로 결정한 것이다. 이 소식을 처음으로 전 세계에 타전한 신화통신新華通信의 기자는 이런 해설을 덧붙여 놓았다.

"'오직 여자女子와 소인小人만은 기르기가 어렵다.'며 여성을 경시한 공자는 이런 일이 벌어지리라고는 생각지 못했을 것이다."

힐난조의 이 기사는 『논어』「양화陽貨」의 대목을 인용하고 있는 만큼 특별히 따질 것은 없으나 공자사상에 대한 왜곡이 얼마나 심각한지를 상징적으로 보여주고 있다. 이 대목을 글자 그대로 해석할 경우 공자는 꼼짝없이 여성을 극도로 폄하한 성차별주의자라는 혐의를 벗어날 길이 없게 된다. 그러나 유아 때 부친을 잃고 편모슬하에서 생장하다가 소년시절에 모친까지 사별하여 천애고아가 된 공자가 과연 여성을 이처럼 비하할 수 있는 것일까? 『예기』「단궁 상」에는 그 가능성을 부인하는 공자의 언급이 나온다.

"옛날에는 묘를 쓰고 봉분을 하지 않았다고 하나 지금 나는 동서남북지인東西南北之人 사방을 떠도는 사람이니 봉분을 만들어 표시하지 않을 수 없다."

이 대목은 부친에 이어 모친까지 사별한 뒤의 처참한 심경을 토로한 것이다. '동서남북지인'은 조실부모하여 천하의 그 어느 곳에도 마음을 붙일 곳이 없게 된 망극한 심경이 그대로 표현된 것이다. 이보다 더 절절한 표현이 있을까? 이를 통해 대략 짐작할 수 있듯이 그가 여성을 폄하할 가능성은 전무 했다고 보는 게 옳다.

그렇지만 「양화」의 이 대목은 아직까지 공자가 여인을 비하한 근거로 원용되고 있다. 이는 보통 큰 문제가 아니다. 결론부터 말해 공자는 여인을 비하한 적이 결코 없다. 공자가 효孝를 강조하면서 부친에 대한 효만을 언급한 적이 결코 없다는 사실이 이를 증명한다.

이 대목의 '여자'는 현재 사용되는 '여인'이나 '여성'의 개념과는 다르게 사용된 것이다. 이는 노복奴僕을 뜻하는 '소인'과 대비시켜 '비첩婢妾'의 의미로 사용된 것이다. 곧바로 이어지는 '가까이 하면 불손하고, 멀리 하면 원망하기 때문이다.'라는 구절을 보면 이를 쉽게 짐작할 수 있다.

이 대목은 공자가 위정자에게 이른바 신첩臣妾을 기르는 기본자세를 언급한 것이다. 위엄과 자애로써 이들 신첩을 기르면 불손과 원망의 두 가지 병폐가 사라질 것이라는 취지를 담고 있는 것이다. 본래 '신첩'의 '신臣'은 남자 노복을 뜻하고 '첩妾'은 여자 노비를 의미한다. 『논어』 「양화」에 '신첩' 대신 '소인'과 '여자'라는 표현이 등장한 것에 불과하다.

원래 선진시대만 하더라도 글자는 동일하지만 지금과 전혀 다른 의미로 사용된 경우가 허다하다. '신첩'이 그 실례이다. '공자公子'도 유사한 경우이다. 이는 후대에 들어와 오직 남자만을 지칭하는 용어로 굳어졌으나 애초에는 제후의 모든 남녀 자식을 지칭하는 말이었다. 굳이 여성을 표시하고자 할 때는 '공녀公女'로 표현하지 않고 '여공자女公子'로 표시했다. 이는 당시까지만 해도 '자子'라는 글자 자체에 남녀의 성구별이 존재하지 않았던데 따른 것이었다.

이를 통해 짐작할 수 있듯이 「양화」의 '여자'는 현재의 '여인' 또는 '여성'의 의미로 사용된 것이 아니라 '소인'으로 표현된 '신臣'과 대비되는 '첩妾'의 의미로 사용된 것이다. 공씨 가문은 그 의미를 제대로 파악치 못했던 것이다. 그러나 이는 공씨 가문만을 탓할 수는 없는 일이다. 우리나라 역시 수년 전에 친족법親族法이 개정되기 전까지만 하더라도 여성을 문중회의에서 배제하는 일이 항다반恒茶飯으로 빚어졌다. 이는 조선조 중기 이후 성리학이 보편화하면서 남녀차별을 제도화한 『주자가례朱子家禮』가 일상규범으로 작동한 사실과 무관치 않다.

공씨 가문이 상징적으로 보여주고 있는 중국의 '중남경녀重男輕女'와 과거 한국의 '남존여비男尊女卑' 관행은 공자사상과는 하등 상관없는 후대의 왜곡된 관행에서 비롯된 것이다. 이는 남송대에 성리학이 출현하면서 성리학자들이 만물을 형이상形而上과 형이하形而下의 상하관계로 나눈 뒤 음陰은 양陽보다 못하다는 식의 논리를 전개한데 따른 것이다. 당시 이들은 아무리 뛰어난 여인일지라도 못난 남자만도 못하다는 해괴한 논리를 전개했다.

이는 본질적으로 '양'은 우선優善하고 '음'은 열악劣惡하다는 기본명제에서 나왔다. 인간의 합리적인 이성에 반하는 이런 해괴한 논리가 등장케 된 것은 말할 것도 없이 '성性'과 '이理'라는 절대불변의 개념을 상정한데 따른 것이다. 모든 사물을 이분법적으로 접근한 성리학의 근원적인 문제가 여실히 드러난 대목이다.

당시 이런 해괴한 논리는 실천윤리 측면에도 그대로 적용되어 이른바 3강5륜三綱五倫이라는 강상명교綱常名敎를 만들어냈다. 여성을 열악한 인간으로 간주해 족보에서 몰아내고 자식을 낳은 형이하의 동물적 존재로 비하케 만든 주범이 바로 강상명교였던 것이다. 일찍이 명대의 이탁오李卓吾는 『분서焚書』에서 강상명교의 해괴한 논리를 이같이 통타한 바 있다.

"사람에 남자와 여자의 차이가 있다고 하는 것은 가능하지만 보는 것에 남자와 여자의 차이가 있다고 할 수 있는가? 보는 것에 길고 짧음이 있다고 하는 것은 가능하지만 남자가 보는 것은 모두 길고 여자가 보는 것은 모두 짧다고 한다면 이 어찌 말이나 되는가?"

그는 평소 남자도 따라가지 못하는 뛰어난 식견을 자랑하는 무수한 여인들을 보고 강상명교의 폐해를 이처럼 통렬하게 비판한 것이다. 그의 이런 주장은 바로 공자사상의 기본 취지를 정확히 반영한 것이기도 하다. 공자의 직계 후손인 중국의 곡부 공씨는 조상인 공자가 말한 취지조차 제대로 해석하지 못해 2천여 년 넘게 공씨 여성을 족보에서 제외하는 잘못을 범해 왔던 셈이다.

이를 통해 짐작할 수 있듯이 공자 연구는 바로 그간 장구한 세월에 걸쳐 그 형체를 알아 볼 수 없을 정도로 왜곡된 공자사상의 원형을 복원하는 작업이라고 해도 과언이 아니다. 공씨 가문의 사례가 보여주듯이 공자 및 공자사상에 대한 왜곡이 현재까지 지속되고 있는 상황에서 이러한 작업이 결코 간단치 않음은 말할 것도 없다. 그러나 현대 중국에 대한 관심이 고조되는 것과 더불어 성리학 등에 의해 저질러진 왜곡된 공자상을 확대재생산하는 췌서贅書들이 난무하고 있는 현실을 감안할 때 오히려 이에 대한 정밀한 탐사작업의 필요성은 더욱 크다고 할 수 있다.

공자에 대한 왜곡은 그의 출생과정부터 시작되고 있다. 물론 이는 기본적으로 사료 부족 때문이었다. 그러나 공자의 출생 및 생장 배경 등과 관련된 얘기는 역사적 사실과의 부합 여부를 떠나 확실히 예수나 석가에 비해 빈약하기 짝이 없다. 장년 이후의 얘기 또한 별반 차이가 없다. 겨우 만년의 얘기가 그나마 어느 정도 알려져 있는 실정이다. 이는 일면 공자가 젊은 시절만 하더라도 그다지 크게 주목받지 못했음을 반증하는 것이기도 하다.

원래 가장 오래된 역사서 중 하나인 『춘추좌전春秋左傳』은 대부大夫 이상의 인물이 아닐 경우 그 이름을 기록해 놓지 않았다. 공자의 생장과 관련한 얘기가 희소한 것은 당시 그가 출생에 의해 신분이 결정되는 춘추시대春秋時代 후기에 태어난 사실과 무관치 않다. 당시의 기준에서 볼 때 공자는 시골에 사는 하급무사의 후예에 불과했다.

선진시대는 사상 최초의 통일제국인 진秦제국 이전의 시기를 말한다. 춘추시대 후기는 춘추5패의 마지막 패자인 오왕 합려闔閭·부차夫差와 월왕 구천句踐이 천하의 패권을 놓고 치열한 각축전을 벌인 시기였다. 당시 오·월 양국은 오랫동안 중원의 패권국으로 군림했던 진晉나라와 남방의 전통적인 강국이었던 초楚나라를 제압하고 제후들을 호령하는 시대를 열었다. 춘추시대 후기를 흔히 '오월시대吳越時代'로 부르는 이유가 바로 여기에 있다. '오월시대'는 춘추시대 전반기와 몇 가지 점에서 뚜렷한 차이점을 보이고 있다.

무엇보다 가장 큰 차이는 오월시대의 패자霸者들이 수단을 가리지 않고 패업霸業을 추구한 데서 찾을 수 있다. 춘추시대 전기만 하더라도 패자로 군림한 제환공齊桓公과 진문공晉文公, 진목공秦穆公, 초장왕楚莊王 모두 주 왕실을 높이고 이적夷狄의 침공을 막아내는 '존왕양이尊王攘夷'를 기치로 내걸었다. 이들의 패업은 사실 덕치德治로 치국평천하治國平天下를 이루는 왕업王業에 가까웠다. 그러나 '오월시대'의 패자는 비록 '존왕양이'를 내세우기는 했으나 수단방법을 가리지 않는 궤계詭計를 일삼으며 패업을 추구한 점에서 이들과 커다란 차이가 있다.

'오월시대'에 활약한 오나라의 오자서伍子胥와 손무孫武, 월나라의 문종文種과 범리范蠡 등은 춘추시대 전기에 활약한 제나라의 관중管仲과 진秦나라의 백리해百里奚, 진晉나라의 조최趙衰 등이 명분을 중시한 것과 달리 철저하게 실리를 추구했다. 이들은 허울뿐인 명분을 과감히 내던지고 실리를 취하는 이른바 '사명취실捨名取實'의 입장을 견지한 것이다. 이들의 행보는 궤계가 난무하는 전국시대의 전조前兆에 해당했다. 이들이 전국시대에 들어와 본격적으로 등장하는 법가法家와 병가兵家, 종횡가縱橫家의 선구자로 불리는 이유가 바로 여기에 있다.

이를 통해 알 수 있듯이 '오월시대'는 춘추시대에서 전국시대로 넘어가는 과도기로 열국간의 교전이 계속되는 와중에 내란이 빈발하여 제후들에 대한 시해와 역모가 접종接踵하던 시기였다. 제후들은 주 왕실에 명목적인 충성만 하고 있었다. 그러나 정작 제후들도 가신의 손아귀에서 놀아나는 일종의 괴뢰傀儡에 불과했다. 열국 내의 권력은 '경卿'으로 불리는 대신들에게 빼앗기고, 다시 실권은 대신의 가신家臣들 수중으로 넘어가고 있었다. 제후들은 이제 자신의 권모술수 이외에는 아무것도 믿을 게 없었다. 이는 엄격한 신분질서에 기초한 주왕조의 봉건제가 더 이상 존재할 수 없게 되었음을 보여주는 것이었다.

고정된 신분질서가 무너지는 상황에서 가장 비참한 처지에 놓인 계층은 말할 것도 없이 서민이었다. 이들은 하극상下剋上이 만연하고 전쟁이 접종하는 상황에서 일종의 전쟁도구에 불과했다. 과도한 세금과 잇단 출전으로 서민들은 매우 피폐한 상황에 놓여 있었다. 신분세습의 봉건질서에 대한 근원적인 개혁이 절실히 요구되는 상황이 전개되고 있었던 것이다.

공자의 고국인 노魯나라는 이러한 양상이 가장 먼저 나타난 대표적인 나라였다. 공자는 바로 이런 시기에 등장해 봉건질서의 혁파를 주장하면서 학덕學德을 연마한 군자君子에 의한 통치를 역설하고 나왔다. 공학孔學의 세례를 받은 사인士人들이 전국시대의 주역으로 등장케 된 것도 따지고 보면 공자를 조종祖宗으로 하는 이른바 유가儒家사상이 널리 유포된데 따른 것이었다.

그렇다면 주왕조의 봉건질서는 구체적으로 무엇을 말하는 것일까? 원래 주왕조는 기원전 1122년에 섬서성에 근거지를 둔 주족周族이 동아시아에서 가장 오래된 왕조인 은나라를 멸망시킨 뒤 성립했다. 은나라는 현재의 하남성 안양현의 수도를 중심으로 화북평원을 지배했던 왕조였다. 당시 서방 변경인 섬서성에 근거를 두고 은나라를 섬기고 있던 주족은 주문왕周文王 때에 이르러 주변의 다른 민족을 복속시켜 급속히 강대한 부족으로 성장했다. 그의 뒤를 이은 주무왕周武王 때에 이르러 은왕 주의 실정을 틈 타 동진해 한꺼번에 수도를 함락시키고 주왕조를 열었다.

이때 주왕조는 봉건제封建制를 기반으로 왕조의 기틀을 마련했다. 봉건제는 후대의 군현제郡縣制와 대비되는 것으로 각 제후들에게 자유롭게 자신들의 영토를 통치케 하는 제도를 말한다. 제후들은 사실상 독립된 영토를 다스리는 것이나 다름없었다. 주왕조가 봉건제를 실시한 것은 기본적으로 은나라를 정복하면서 차지한 방대한 영토를 제대로 통치할 여력이 없었기 때문이었다. 주 왕실이 마지못해 왕실의 인척과 정복과정에 조력했던 부족장 등에게 대부분의 영토를 나눠준 것이 봉건제가 등장하는 기본적인 배경이었다.

주대의 봉건제도는 제후 등이 주 왕실로부터 하사받은 책명策命을 통해 쉽게 확인할 수 있다. 책명의 내용은 거의 예외 없이 당시에 주조된 청동제기青銅祭器의 명문銘文으로 남아 있다. 이 청동기 명문을 흔히 '금문金文'이라고 한다. 금문은 그 이전 시기의 갑골문甲骨文과 더불어 중국 고대사를 규명하는 매우 귀중한 사료이다.

서주 후기의 금문에 나오는 '책명'을 살펴보면 제후는 주왕이 새로 즉위했을 때나 일정한 기간마다 거행되는 회의에 출석해 자신이 다스리는 지방의 특산물을 공물貢物로 바치고 충성을 서약하는 조공 의무를 지고 있었다. 평시에는 왕성 또는 국경수비를 위한 토목사업에 부역할 인부를 차출하고, 왕실의 사자를 비롯해 전시에는 왕국의 군대가 영내를 통과할 경우 숙식 등의 편의를 제공하고, 왕명에 의해 스스로 군사를 이끌고 종군할 의무를 지고 있었다. 제후는 왕실로부터 하사받은 영토를 다시 경·대부·사로불리는 가신들에게 나눠주고 가신들은 제후가 왕실에 대해 부담한 것과 같은 노역 및 군역을 제공할 의무를 지고 있었다.

국왕이 제후에게 베풀거나 제후가 가신에게 베푼 은사恩賜에 대해 신하된 쪽이 봉사를 서약하는 '책명'의 의례는 장엄하게 치러졌다. 이는 외견상 서양 중세의 봉건제feudalism와 별다른 차이가 없다. 그러나 그 이면을 보면 양자 간에는 대단히 큰 차이점이 존재하고 있었다. 가장 큰 차이는 바로 종법제宗法制였다. 종법제는 봉건적 관계가 군주와 신하 개인 사이에 성립된 것이 아니라 군주와 가신이 속해 있는 씨족 사이에 성립되는 것을 말한다. 주대의 유력한 제후는 대부분 주왕과 동일 씨족인 희성姬姓에 속해 있었다. 왕과 동성同姓의 제후는 봉건적 주종관계뿐만 아니라 본가本家와 분가分家의 관계를 맺고 있었던 것이다. 이성異姓의 제후 역시 왕실과 인척

관계를 맺음으로써 왕실을 종가로 섬긴 데에는 큰 차이가 없었다.

종족宗族은 동일 조상으로부터 갈라져 나온 분가가 공동의 조상을 제사하는 종묘를 소중히 보호하고 제사를 받들고 있는 본가에 봉사를 제공하는 제사공동체를 말한다. 제사공동체는 사신社神으로 불리는 토지신을 함께 모시는 성읍城邑국가의 성립을 의미한다. 주왕조의 봉건제는 서양의 봉건제에서는 전혀 찾아 볼 수 없는 종법제를 그 근간으로 삼고 있었던 것이다. 당시 동성의 제후는 제사공동체의 일원으로서 제사에 참여해 공동의 조상신이 내려주는 은총을 입을 권리와 제사에 봉사하고 희생 및 공물을 바칠 의무를 공유했다. 종묘를 수호하는 본가인 왕실은 이 제사의 주재자로서 동족들의 봉사를 받고 이들을 지휘하는 특권을 갖고 있었다. 이들 사이에는 봉건관계보다 종법제의 요소가 훨씬 강하게 작용했다. 이에 반해 이성제후들의 경우는 상대적으로 종법제보다 봉건제가 보다 강하게 작용했다. 그러나 이들 이성제후도 제사공동체의 일원으로 참여하기는 마찬가지였다.

주왕조는 종법제를 토대로 출발했으나 출범 초기에 커다란 위협에 처했다. 이는 무력으로 주왕조를 세운 주무왕이 사망한 뒤 어린 주성왕周成王이 보위에 오른데 따른 것이었다. 은나라 유민들이 이를 틈 타 반란을 일으켜 은나라의 부흥을 기도하자 섭정으로 있던 주공周公 단旦이 이들에 대한 토벌에 나섰다. 그는 대군을 이끌고 은나라 유민 및 과거 은나라와 가까운 관계에 있던 동이족들이 일으킨 반란을 토벌했다. 주공은 도망가는 반군을 멀리 산동반도 북쪽 해안까지 쫓아가 완전히 평정한 뒤 은나라의 옛 수도와 주 왕실의 본거지 중간에 해당하는 낙양洛陽에 정치적 수도를 건설해 중원 통치의 근거지로 삼았다. 이는 주족과 은족을 하나로 융화시켜 새로운 문화를 건설코자 한데서 나온 것이었다.

당시 위대한 사상가이기도 했던 주공 단은 동이족들이 행한 주술 속에서 종교와 도덕, 학문의 싹을 발견해 이를 육성시켰다. 동이족들의 근거지였던 노나라 출신 공자가 주공을 성인으로 생각한 것도 노나라의 이러한 전통과 무관치 않았다. 주공 단은 장남인 백금伯禽을 동이족의 근거지인 산동성 곡부현曲阜縣으로 보내 이들을 다스리게 했다. 주공을 문화적 영웅으로 받든 노나라의 건설은 여기서 시작한다.

노공魯公 백금은 새로운 영지에 부임하면서 은나라 유민 중 조씨條氏·서씨徐氏·소씨蕭氏·색씨索氏·장작씨長勺氏·미작씨尾勺氏 등 6개 씨족을 이끌고 갔다. 그러나 그곳에는 이미 은족과 유대를 갖고 반란에 참여했던 엄국奄國의 원주민이 살고 있었다. 이들 이외에도 노나라 반도 안에 서쪽 변경을 반원형을 그리면서 흐르는 제수濟水 유역과 동쪽의 동몽산東蒙山 아래에 풍성風姓을 지닌 이민족이 살고 있었다.

노공 백금은 여타 씨족원의 제사 참여를 절대 허락지 않은 씨족신 신앙을 초월해 모든 씨족원을 제사공동체의 일원으로 참여시킬 수 있는 새로운 신을 찾지 않으면 안 되었다. 그것이 바로 곡부에 새롭게 세워진 토지신과 곡물신인 이른바 '사직社稷'이었다. 백금은 도성인 곡부성曲阜城을 건설하면서 우선 주공을 제사하는 종묘와 함께 이 '사직'을 축조하고 이를 중심으로 궁전을 건립했다. 여기서 노나라의 역사가 시작되었다. 당시의 제정일치祭政一致 상황에서 노공은 종묘의 주인이 아니라 사직의 주인으로 불렸다. 이는 노나라에서 종묘보다 사직의 제사가 훨씬 중요한 의미를 지니고 있었음을 시사한다.

그러나 노나라뿐만 아니라 화북 평원에 건설된 모든 제후국 역시 사정이 동일했다. 이들 제후들은 모두 사직의 주인공으로 일컬어졌다. 국가를 보통 '사직'으로 부르게 된 것은 여기서 비롯되었다. 당시 사직을 기반으로 여러 이민족을 하나로 통합시킨 노나라는 사방 1리 정도의 성벽으로 둘러쳐진 성읍국가에 지나지 않았다.

원래 국國은 도성의 내부만을 가리키는 것으로 국인國人은 도성 안에 거주하는 백성만을 지칭했다. 노나라는 주족을 비롯해 은족 및 기타 조상을 달리 하는 여러 씨족이 사직제사를 매개로 하나로 결합된 성읍국가에 해당한다.

일찍이 쿨랑주N. D. Coulange는『도시국가La Cité Antique』에서 고대 그리스와 로마의 특징을 성읍국가 성립에서 찾은 바 있다. 모든 문명국은 초기에 혈연적으로 연결된 씨족집단을 하나의 지연집단으로 통합시켜 나아가는 과정에서 성읍국가의 형태를 취한다는 것이 그의 주장이다. 성읍국가의 성립은 곧 혈연집단에서 지연집단으로 옮겨가는 과도기적 단계에 해당하는 셈이다. 많은 학자들이 주왕조 초기의 국가형태를 성읍국가로 간주한 이유가 바로 여기에 있다.

성읍국가의 실질적인 지배는 군사지휘권인 병권兵權에 의해 좌우된 까닭에 제후들은 사직제사 못지않게 병권을 중시했다. 노나라는 군사 및 제사공동체인 이른바 향당鄕黨 체제로 운영되었다. 이어 도성 근교를 좌우동서 방향에 따라 2개 향鄕으로 나눈 뒤 각 향마다 1군씩 구성했다. 이 2군의 대장 및 부장에 임명되는 사람은 동시에 제사공동체의 장으로서 향饗이라는 중요 회의를 주재한 까닭에 경사卿士 또는 경卿으로 불렸다. 이는 군주에 버금가는 최고의 관직이었다.

당시의 전투는 네 필의 말이 이끄는 전차에 갑옷으로 몸을 보호한 무사들이 올라타 활과 화살, 창을 가지고 싸움을 벌이는 전차전으로 이뤄졌다. 전차 한 대를 '승乘'이라고 했다. 병력은 사람 수가 아니라 '승'의 수로 판단했다. 전차에 타는 갑사甲士는 귀족의 최하위층인 사士로 구성되었다. 이들 '사'는 통상 '부夫'라고 했다. 백부百夫와 천부千夫를 지휘하는 사람이 백부장百夫長 또는 천부장千夫長이었다. 이들 '사'의 우두머리가 바로 '대부大夫'였다. 대부는 '경'의 아래에 있으면서 '사'의 위에 있는 계층을 말한다. 대부가 아들의 나이를 질문 받았을 때 성인이 되었으면 통상 '전차를 몰 수 있다.'고 대답하는 것이 예법이었다. 이는 경·대부·사의 위계로 이뤄진 봉건제에서의 특권이 바로 전차를 타고 전투에 참여할 수 있는지 여부에 의해 판별되었음을 시사한다.

서민들은 보병전으로 전환되는 전국시대 이전까지만 해도 전차에 오를 자격이 없었던 까닭에 성읍국가의 제사에 참여하는 것이 금지되었다. 당연히 정치적으로도 성읍국가의 행정에 간여하는 것이 불가능했다. 성읍국가의 제사와 정치는 전시에 무장을 하고 전차에 올라타 종군할 자격을 가진 '사' 이상의 계층에만 개방되어 있었던 것이다. 궁에서 열리는 조회에 참석해 의견을 나누는 것은 '사' 이상의 계층에 한정되었다. '사' 이상의 계층은 서인과 구별되는 귀족계층이었다.

국가는 씨족 내부의 일을 씨족의 자치에 맡긴 까닭에 통상 씨족을 달리하는 사람들 사이에 발생한 건만을 다뤘다. 이 경우도 대개 씨족 대표자 간의 교섭에 의해 신분에 따라 정해져 있는 배상금을 주고 해결하는 방식이 선호되었다. 양측이 서로 잘못을 시인치 않고 세력 또한 비슷해 합의에 도달하지 못할 경우에는 폭력적인 방식을 동원키도 했다. 통상 경·대부에게 보통 형벌이 적용되지 않은 것은 바로 여기서 기원한 것이다.

그러나 당시 '사' 만큼은 예외적으로 형벌이 적용되었다. 그들은 귀족으로서의 특권을 완벽하게 갖고 있지는 못했던 것이다. '사'는 일단 출사出仕하여 하급 실무관원인 유사有司가 되면 지배층의 일원으로 말단에 소속되었다. 그들의 관직은 반드시 세습된 것은 아니었으나 임관하여 유사가 될 수 있는 신분만큼은 세습되었다. 나머지 농·공·상의 일반 서민은 어렸을 때부터 부친의 직업을 배워 신분을 세습했다. 이러한 일련의 제도가 대략 주왕조 초기에 정비되었다.

이로 인해 훗날 주나라 초기는 중국의 통합과 평화, 정의의 이상이 거의 완벽하게 구현된 시대로 묘사되었다. 그러나 역사적 사실은 정반대이다. 이는 출토된 청동기의 명문이 뒷받침한다. 당시 주족은 오히려 지배자의 지위를 유지하기 위해 선진적인 은나라 유민들을 회유하지 않으면 안 되었다. 이때 주왕조가 제시한 것이 바로 천명론天命論이었다. 천명론에 따르면 주나라에 선행했던 하·은 2대는 처음에는 명군이 나와 천명을 받았으나 막판에는 폭군이 출현했다. 이에 최고의 신인 이른바 '티엔天'으로부터 천명을 받은 주족이 백성들의 지지를 얻어 새 왕조를 세우게 되었다.

주왕조는 천명론을 통해 포학한 왕을 타도하는 것은 단순히 권리가 아니라 신성한 의무라고 선전했다. 당연한 결과로 은나라의 마지막 군주인 주紂는 황음무도한 군주로 낙인찍혔다. 추방사회酋邦社會에 불과했던 하나라도 왕조로 간주되어 역사시대로 편입되어 마지막 군주인 걸桀 또한 전무후무한 폭군의 전형으로 규정되었다. 이는 말할 것도 없이 은나라 유민들을 회유키 위한 허구였다. 주왕조가 천명을 받았다는 사실을 증명할 길도 없고, 은나라가 천명을 잃었다는 사실 또한 확인할 길이 없다.

그러나 주왕조는 천명론을 통해 적잖은 성과를 거두었다. 은나라 유민들의 폭동이 이내 잠잠해진 것은 물론 이후 다시는 은나라 유민의 반기는 일어나지 않았다. 주왕조 이래 수천 년 간에 걸쳐 왕조교체가 일어날 때마다 천명론에 기초한 역성혁명론易姓革命論이 원용된 것은 바로 이러한 전통에서 비롯된 것이었다. 당시 중원의 국가들을 둘러싸고 있는 이민족은 중국인과 다른 종족은 아니었다. 단지 중국문화를 따르지 않은 차이밖에 없었다. 수세기에 걸쳐 이민족이 동화되는 와중에 정치적 분열로 왕실의 통제력이 현저히 약화되자 기원전 7세기 말에 중원의 국가들을 지도하는 패권국이 출현하기 시작했다.

이로 인해 주 왕실의 동천 이후 공자가 출현할 때까지 2세기 동안 모두 5-6명의 패자가 등장케 되었다. 이들 패자들은 여러 제후국들로부터 공납을 징수하고 공동 방위를 지휘하는 등 종교적인 기능을 제외한 모든 면에서 주왕을 대신했다. 당시 중원에는 두 강국이 있었다. 바로 진晉나라와 제齊나라였다.

춘추시대 최초의 패권국인 제齊나라는 제환공齊桓公 때에 이르러 사상 최초로 천자의 명을 받아 열국의 제후들을 호령하는 선례를 남겼다. 당시 제환공은 관중管仲이라는 전대미문의 뛰어난 재상의 도움을 받아 사상 최초로 패자가 된 후 왕이란 칭호와 종교의식을 제외하고는 거의 모든 면에서 주왕을 압도하는 막강한 힘을 과시했다. 그러나 제나라는 여러 차례 원정군을 일으켜 국력이 피폐해진 데다가 기원전 643년을 전후로 관중과 제환공이 잇달아 사망하자 이내 후계자 다툼으로 인해 약화되어 다시는 최강자가 못되었다.

제환공의 뒤를 이어 중원을 호령한 나라는 진晉나라였다. 제환공 사후 진문공晉文公은 19년에 걸친 망명생활 후 가까스로 보위에 오른 뒤 조최趙衰 등 뛰어난 신하들의 도움을 얻어 후계자 문제로 어지러운 제나라를 대신해 마침내 사상 두 번째로 천하의 패권을 장악케 되었다. 이후 진나라는 오월시대에 이르기까지 줄곧 중원의 맹주로 군림했다. 『춘추좌전』과 함께 춘추시대의 역사를 다룬 『국어國語』가 대부분 진나라의 역사로 꾸며진 것도 이와 무관치 않다.

그러나 춘추시대 전 기간을 통해 진나라와 시종 패권을 다툰 나라가 있었다. 바로 남방의 강국 초나라였다. 초나라는 장강 계곡의 거의 전부를 차지한 방대한 영토를 바탕으로 막강한 무력을 자랑했다. 그러나 초나라는 그 무서운 잠재력에도 불구하고 귀족간의 빈번한 내분으로 그 진가를 발휘하지 못했다. 공자가 활약한 오월시대는 바로 전통적인 강대국인 진·초 양국이 패권을 다투는 와중에 신흥국인 오·월 양국이 혜성처럼 등장해 진·초 양국을 제압하고 새로운 패자로 등장하던 시기였다.

당시 주왕은 명목상의 천자에 불과했다. 중원의 소국들 역시 나름대로 중립을 지키려고 애썼으나 대국의 힘이 충돌할 때마다 전쟁터로 변할 수밖에 없었다. 이 와중에서 가장 큰 피해를 입은 나라가 바로 정鄭나라와 송宋나라였다. 대국은 이들 중원 국가들의 어정쩡한 태도에 분노해 수시로 군사를 이끌고 가 조상신인 귀신의 재앙을 담보로 한 맹서를 강요했다. 그러나 이러한 맹서는 상황에 따라 수시로 파기될 수밖에 없었다. 정나라는 군사적인 압력으로 이러한 맹서를 가장 많이 번복했다. 정도의 차이는 있으나 송나라를 비롯한 다른 중원의 소국들도 상황은 비슷했다.

그러나 맹서의 파기에도 불구하고 끝내 귀신들이 내리는 재앙은 나타나지 않았다. 귀신의 권능은 말할 것도 없고 그 존재마저 의심받게 되자 열국간의 신의는 물론 개인윤리마저 근본적으로 동요케 되었다. 춘추시대 후기에 들어와 오직 힘만이 정의처럼 보이게 된 것도 무리가 아니었다. 이는 하극상을 자극했다. 권력이 유력한 대신에게 넘어간데 이어 이 또한 능력 있는 가신에 의해 잠식당하기 시작했다. 국제관계도 윤리의식의 결여로 인해 우호사절로 파견된 사자가 살해되고 심지어 친선을 위해 방문한 군주가 억류되어 처형되는 지경에까지 이르게 되었다.

이 와중에도 전통문화의 순수성을 나름대로 잘 보존한 나라들이 있었다. 송나라와 공자의 고국 노나라가 바로 그 대표적인 나라였다. 은나라 말기의 현자인 미자微子 계啓의 봉국으로 출발한 송나라는 은나라의 개국조인 탕왕湯王에 대한 제사를 모셨던 까닭에 주 왕실로부터 특별한 대우를 받았다. 공자의 고향 노나라 역시 주왕조 개창의 공신인 주공의 봉국封國인 까닭에 전국시대 말기까지 대국에 의해 병탄되지 않고 유지되었다. 이는 노나라가 전통문화의 보고寶庫로 여겨진 사실과 무관치 않았다. 『춘추』가 다루고 있는 기원전 722년에서 481년 사이에 노나라가 침략을 받은 것은 21회에 불과했다. 이는 10년에 1번꼴로 당시 거의 모든 나라가 매년 평균 1번꼴로 다른 나라와 전쟁을 치른 사실과 비교된다.

그렇다고 노나라가 무사태평하게 지낸 것은 아니었다. 이웃 대국 제나라는 시종 노나라에게 커다란 위협이었다. 제나라와 마찰을 빚을 때마다 노나라는 끊임없이 영토를 잠식당했다. 노나라는 이를 되찾기 위해 부단히 노력했으나 간헐적인 성공에도 불구하고 시종 삭지削地를 면치 못했다. 원래 노나라는 약소국이었던 까닭에 다른 대국의 원조를 받지 않으면 제나라에 저항하는 일이 불가능했다. 그러나 노나라도 자신보다 작은 나라들에 대해서는 거만하게 군림했고 기회만 있으면 그들을 침략하고 병탄했다.

공자는 이런 상황에서 하급무사의 아들로 태어나 마침내 만세의 사표師表가 된 것이다. 과연 어떻게 해서 이런 일이 가능케 된 것일까? 이는 공자가 활약하는 기원전 6-5세기의 춘추시대 말기에 이미 고착적인 신분세습의 봉건질서가 크게 동요한 사실과 무관치 않았다. 하급 사족士族 출신인 공자가 대부大夫의 반열에 오른 사실이 이를 뒷받침한다. 그렇다면 공자가 태어날 당시 노나라는 구체적으로 어떤 모습이었을까?

당시 노나라는 이른바 '3환三桓'으로 불리는 공족公族 세력이 실질적인 권력을 장악하고 있었다. 이는 기원전 8세기 말에 재위했던 노환공魯桓公의 아들인 경보慶父와 숙아叔牙, 계우季友의 후예인 이들 3환 세력이 춘추시대 중엽 이래 노나라 공실의 권한을 잠식한 결과였다. 노나라는 공자가 태어나기 전에 이미 1세기 반 동안 이들 3환의 과두정寡頭政으로 유지되고 있었던 것이다. 이들 3환 세력은 삼형제의 자를 따서 각각 중손仲孫·숙손叔孫·계손季孫으로 성씨를 삼았다. 첩의 소생인 중손씨는 훗날 맹손孟孫씨로 성씨를 바꿔 장자 가문임을 분명히 했다.

그러나 이들 3환 중 가장 성공한 쪽은 막내 계손씨였다. 재상의 자리는 줄곧 계손씨가 차지했다. 공자가 활약하던 시기에도 노나라는 바로 이들이 통치하고 있었다. 공자가 34세 되던 해에 마침내 3환 세력의 전횡에 분노한 노소공魯昭公이 계손씨의 종주를 죽이고 군권君權을 회복코자 했으나 간발의 차이로 실패하고 말았다. 이에 그는 제나라로 망명한 뒤 끝내 돌아오지 못한 채 이국에서 객사하고 말았다.

춘추시대 들어와 군주가 신민臣民의 반대로 인해 국외로 추방된 것은 이 사건이 처음이었다. 이로써 노나라는 14년간에 걸쳐 군주의 자리가 비어 있는 이른바 '공위시대空位時代'가 연출되었다. 이는 서주西周시대 중엽 주여왕周厲王이 백성들의 봉기로 쫓겨난 이후 두 번째 사례에 속한다. 선진시대를 통틀어 계산할 경우 주여왕을 빼면 노소공이 유일했다. 이 사건은 군권의 회복을 꾀한 노나라 군주의 수많은 시도 중 가장 극적인 사건이었다.

당시 3환은 서로 다투기도 했으나 서로 협력치 않을 경우 공멸을 초래할 수밖에 없다는 사실을 숙지하고 있었다. 최고의 권력자인 계손씨는 도성인 곡부曲阜로부터 동남쪽으로 75km 지점에 있는 비費 땅을 근거지로 삼고 있었다. 숙손씨는 곡부성 서북쪽 60km 지점에 있는 후郈 땅을 근거지로 삼았고, 맹손씨는 곡부성 서북쪽 22km 지점에 있는 성郕 땅을 근거지로 삼았다. 이들 3개 성읍은 모두 견고한 성벽에 둘러싸여 있었다. 3환의 가병家兵은 몰락한 귀족의 자손 및 사족을 비롯해 농촌출신자들로 구성되어 있었다.

이들은 예외 없이 관습에 따라 충성을 나타내는 꿩을 3환에게 예물로 바치고 주종관계를 맺었다. 노나라 군주를 주군으로 받드는 신하가 '공신公臣'으로 불린데 반해, 이들은 제후 휘하의 경대부를 주군으로 삼은 까닭에 흔히 '사신私臣'으로 불렸다. 3환의 권력이 강화되고 영지가 확대됨에 따라 자연히 '사신'의 숫자도 늘어났다. 공자가 활약할 당시 노나라는 3환의 전횡으로 인해 이미 '공권력의 사권화私權化' 현상이 급속도로 진행하고 있었던 것이다. '공권력의 사권화'는 국가패망의 전조이다.

3환이 이들 '사신'들과 맺은 관계는 기본적으로 씨족을 떠난 개인들 간의 계약이었다. 3환은 이들에게 부역 등의 공적 부담을 면제시켜 주고 토지분급을 포함한 여러 은전을 베풀었다. 3환과 사신은 완전히 개인 차원의 보호와 충성이라는 주종 간의 쌍무관계로 결합되어 있었던 것이다. 이 점만을 보면 서양 중세의 봉건관계와 매우 흡사하다. 이런 현상은 다른 나라에서도 비슷했다.

오월시대에 들어와 호족들이 점차 열국의 제후를 대신해 실질적인 군주로 행세하는 양상이 나타나게 된 것은 바로 이 때문이었다. 공자의 고국인 노나라도 3환 세력이 전 영토를 셋으로 나눠 다스린 것이나 다름없었다. 그러나 노나라는 춘추시대 말기에 권신인 조趙·위魏·한韓 등 세 가문에 의해 전 영토가 3분되어 해체된 진晉나라와 달리 전국시대 말기까지 명목상의 군주가 다스리는 단일 국가로 유지되었다. 이는 난신적자亂臣賊子를 성토한 공자의 출현과 무관치 않았다.

공자가 활약할 당시 공자의 존재는 시종 노나라의 실권자인 3환 세력에게 커다란 위협이었다. 공자가 3환 타도를 꾀하다가 실패한 뒤 14년간에 걸쳐 비록 '주유천하周遊天下'를 표방키는 했으나 사실상 망명에 가까운 생활을 영위한 사실이 이를 뒷받침한다. 그러나 공자가 말년에 이르러 귀국할 당시에는 공자에 대한 3환 세력의 경계심이 크게 완화되어 있었다. 이는 실권자인 계강자季康子가 공자를 국로國老로 우대하며 자주 국정에 관한 자문을 구한 사실을 통해 대략 짐작할 수 있다. 3환 세력은 공자가 현실정치에 참여코자 했던 당초의 꿈을 접고 문하에 수많은 제자들을 육성하는 모습을 보이자 오히려 공자의 존재를 노나라의 긍지로 여겼다.

『춘추좌전』 등의 사서에 공자의 만년 모습이 비교적 소상히 기술되어 있는 이유가 바로 여기에 있다. 그럼에도 공자의 생애에 관한 정보는 전체적으로 부실하기 짝이 없다. 이는 그가 하급 무사의 후예였던 사실과 결코 무관할 수 없다.

공자에 관한 전기傳記로 현존하는 것 중 가장 오래된 『사기史記』 「공자세가孔子世家」 역시 예외가 아니다. 후대에 나온 모든 전기는 현재에 이르기까지 거의 대부분 기원전 1백년 경에 저술된 사마천司馬遷의 『사기』에 근거하나 이는 적잖은 문제가 있다. 후대의 사가들은 궁형宮刑을 당하고도 『사기』를 저술한 사마천의 의지를 높이 산 나머지 공자와 사마천 사이에는 4백년의 공백이 있다는 사실을 간과한 채 「공자세가」를 사실史實에 부합한 것으로 간주했다.

그러나 일찍이 19세기 초에 고증학자 최술崔述이 『수사고신록洙泗考信錄』을 통해 '「공자세가」의 7-8할은 중상모략이다.'라고 비판한 바 있듯이 「공자세가」는 사실과 동떨어진 내용으로 구성돼 있다. 항간에 나돌던 공자에 관한 전설이 마구 뒤섞여 수록돼 있는데다 사서의 기술에 극히 중요한 연대기年代記 또한 신뢰성이 크게 떨어져 사료비판도 가하지 않은 채「공자세가」의 내용을 그대로 인용하는 것은 매우 위험하다. 20세기 초의 저명한 역사학자 치엔무錢穆가 『선진제자계년先秦諸子繫年』에서 「공자세가」는 너무 심하게 혼란되어 있고 앞뒤가 맞지 않아 사마천이 그것을 현재의 형태로 저술했을 리 없다.'고 언급한 것도 이와 무관치 않을 것이다.

그렇다면 사마천은 왜 공자의 전기를 「열전列傳」이 아닌 「세가」에 수록해 놓은 것일까? 『사기』와 같은 이른바 기전체紀傳體 사서는 일종의 정통관正統觀에 입각해 가장 중요한 나라의 역사를 「본기本紀」에 싣고 그 다음의 나라를 「세가」, 나머지를 「열전」에 싣는다. 『사기』가 주 왕실과 천하를 통일한 진秦나라를 본기에 넣고, 나머지 열국을 「세가」에 편제한 뒤 조선朝鮮과 같은 이민족의 역사를 「열전」에 끼워 넣은 것은 바로 이 때문이다. 사마천이 공자의 전기를 「열전」이 아닌 「세가」에 끼워 넣은 것은 분명 이례적인 일이다. 선진시대에 등장한 제자백가 중 「열전」이 아닌 「세가」에 편입된 사람은 공자가 유일하다.

이를 두고 많은 사람들이 오랫동안 사마천이 공자를 매우 존경해 그런 편제를 행한 것으로 생각했다. 그러나 20세기 중엽에 크릴H. G. Creel이 이에 대해 강력한 이의를 제기했다. 그는 지난 1949년에 펴낸 『공자, 인간과 신화Confucius, the Man and the Myth』에서 사마천이 특별히 공자에 감복했기 때문이 아니라는 분석을 내놓았다. 일본의 금문학자金文學者 시라카와 시즈카白川靜도 『공자전』에서 크릴과 유사한 주장을 펼쳤다. 현재는 이들의 주장이 오히려 설득력을 얻고 있다.

사실 사마천이 『사기』를 저술할 당시 전한제국에서는 이미 오경박사五經博士와 박사제자원博士弟子員 등이 설치된 사실을 통해 알 수 있듯이 유학만이 유일한 관학으로 군림하고 있었다. 사마천이 공자의 전기를 「세가」로 편제해 공자를 사실상 제후의 반열에 올려놓은 것은 국가정책상의 요청에 따른 것일 공산이 크다. 사마천이 결코 공자를 존숭해 공자의 전기를 「세가」에 편입시킨 게 아니라는 유력한 증거이다. 「공자세가」의 문체가 「유협열전遊俠列傳」 등에 보이는 사마천의 감개感慨가 전혀 나타나지 않고 있는 것도 이런 의심을 사기에 충분하다. 실제로 사마천은 황로학黃老學을 좋아한 부친 사마담司馬談과 마찬가지로 유가보다는 도가에 훨씬 매력을 느꼈다.

이를 통해 짐작할 수 있듯이 「공자세가」는 비록 공자를 제후의 반열로 올려놓고 그에 관한 전기를 집성集成해 놓았음에도 불구하고 잡다한 내용이 체계도 없이 나열된 무성의한 편제로 꾸며졌다는 비판을 면키 어렵다. 촌철살인寸鐵殺人의 절제된 표현으로 명성이 높은 사마천의 사필史筆에 전혀 어울리지 않는 「공자세가」의 문체는 과연 그가 공자의 전기를 체계적으로 정리코자 하는 생각을 갖고 있었는지 의심케 만들고 있다. 「공자세가」를 인용할 때 매우 신중을 기해야 하는 이유가 바로 여기에 있다.

그렇다면 공자의 전기와 관련해 역사적 사실에 가장 가까운 사료는 과연 무엇일까? 사료적인 측면에서 볼 때 「공자세가」에 비할 수 없을 정도로 중요한 것으로 손꼽을 수 있는 것은 『논어』이다. 『논어』는 비록 2-3대 제자들이 공문孔門 내에서 전승된 내용을 토대로 후대에 편찬한 것이기는 하나 직제자直弟子들의 전승 내용을 충실히 수록해 놓았다는 점에서 단연 최고의 사료로 꼽을 수 있다.

『논어』 다음으로 들 수 있는 것이 『맹자』이다. 『맹자』는 시간적으로나 지리적으로 공자에 근접한 열렬한 추종자 맹자에 관한 기록이라는 점에서 다른 사료에 비해 비교적 높은 신뢰를 얻고 있다. 그러나 『맹자』의 내용 중에는 비록 공자의 입을 빌리기는 했으나 사실 맹자 자신의 말로 의심되는 대목이 적지 않아 선택에 신중을 요한다. 기무라 에이이치木村英一가 『공자와 논어』에서 상세히 분석한 바와 같이 『논어』에도 이런 구절이 적지 않다. 사실 『논어』도 수백 년에 걸쳐 속집續輯 등의 보완작업을 통해 완성된 까닭에 공자 당시의 얘기와 동떨어진 내용이 다수 삽입되어 있다. 편제과정 상의 우여곡절 등을 감안할 때 『논어』와 『맹자』의 기록은 반드시 당시의 역사적 상황을 가장 정밀하게 기록해 놓은 『춘추좌전』의 관련 내용과 비교해 그 진위를 판별해야만 한다.

그러나 『논어』와 『맹자』, 『춘추좌전』 등에 남아 있는 공자의 전기를 모을지라도 그 양이 매우 적다. 공자의 생애를 추적하는데 근원적인 어려움이 있는 것이다. 전국시대에서 전한제국 초기 사이에 나온 『묵자』와 『장자』, 『순자』, 『열자』, 『한비자』 등 제자백가서를 비롯해 『공자가어孔子家語』와 『염철론鹽鐵論』, 『백호통의白虎通義』, 『신서新書』, 『논형論衡』 등의 군서群書를 모두 참고해야만 하는 이유가 바로 여기에 있다. 이들 군서에 나오는 관련 내용 중 가장 사실史實에 가까운 것을 취사선택해 종합적으로 판단치 않으면 공자의 생애를 정확히 고찰할 길이 없는 것이다.

이런 전제 하에서 공자의 생애를 정밀하게 추적한 대표적인 학자로는 크릴과 기무라 에이이치, 시라카와 시즈카 등을 들 수 있다. 뛰어난 중국학자인 크릴은 청대 말기의 고증학자인 최술의 『수사고신록』에 크게 의지하고 있기는 하나 그 나름대로 엄밀한 잣대를 적용해 기존에 나온 공자 전기의 허구를 파헤치는데 탁월한 면모를 보여주었다. 제자백가사상을 깊이 연구한 기무라 에이이치는 『논어』에 대한 과학적인 분석을 통해 공자의 언행을 정밀하게 분석함으로써 공자의 실상을 복원하는데 결정적인 공헌을 하였다. 시라카와 시즈카는 문헌학文獻學을 근거로 한 기존의 접근방법과 달리 갑골학과 금문학을 토대로 한 새로운 접근방법을 제시함으로써 공자연구의 새로운 장을 열었다.

이제 이들의 학설을 중심으로 『논어』를 비롯한 제자백가서의 관련 대목을 종합적으로 검토해 공자의 생애를 사실에 가깝게 복원해 보자. 먼저 공자의 출생부터 검토해 보자. 예로부터 이에 관해서는 많은 논란이 있었다. 그 이유는 말할 것도 없이 「공자세가」의 기이한 표현에서 비롯되었다. 「공자세가」는 공자의 출생과 관련해 다음과 같이 기록해 놓았다.

"숙량흘叔梁紇이 안씨顔氏와 야합野合해 공자를 낳았다. 공자가 태어난 뒤 숙량흘이 세상을 떠났다. 이에 그를 방산防山에 장사지냈다."

공자의 출생 및 어렸을 때의 성장과정을 압축해 기술해 놓은 이 기록의 핵심어는 '야합'이다. 이를 어떻게 해석하는 것이 좋을까? 사마천은 왜 '야합'이라는 표현을 사용한 것일까? 비열한 방법을 지칭하는 '야합'의 원래 뜻은 무엇일까? 예로부터 이 기록을 두고 수많은 논쟁이 전개되었으나 아직까지 정설이 없는 실정이다.

기록에 비춰 '야합'은 숙량흘이 부인 안씨와 만난데서 비롯된 것으로 보아야 한다. 공자의 부친 숙량흘과 모친 안씨는 어떤 인물이었을까? '야합' 이전에 이 문제부터 검토해 보기로 하자. 「공자세가」는 공자의 가계家系를 이같이 기록해 놓았다.

"공자는 노나라 창평향昌平鄕의 추읍陬邑에서 태어났다. 그의 선조는 송나라 사람으로 공방숙孔防叔이다. 방숙은 백하伯夏를 낳고, 백하는 숙량흘을 낳았다."

이 기록에 따르면 공자의 증조부인 공방숙孔防叔은 송나라 사람인 셈이다. 이 기록이 사실일까? 원래 송나라는 주공 단이 주나라 건국 초기에 은나라 마지막 군주인 주紂의 서형庶兄인 미자微子 계啓를 봉한 나라이다. 이로 인해 송나라는 개국 초부터 은나라 개국조인 탕왕湯王을 비롯해 은나라 역대 군주의 제사를 받들었다. 은나라 마지막 군주인 주가 주나라 무왕에게 패망한 것은 기원전 12세기 중엽으로 공자가 태어나기 6백 년 전에 해당한다.

은나라는 원래 서쪽 변방에 치우쳐 있었던 야만적인 주周나라와는 비교할 수 없을 정도로 찬란한 청동기문화를 이룬 동아시아 최초의 문명국이었다. 이로 인해 주나라는 비록 전쟁에서 승리해 그 영토와 백성을 손에 넣기는 했으나 은나라가 이뤄 놓은 문명의 토대 위에서 다스릴 수밖에 없었다. 당시 은나라 유민 중 특수한 지능을 지닌 지식인과 기술자는 모두 노비가 되어 일했다. 그들 중 일부는 귀족과 제후에게 하사되었다.

이들 은나라 유민은 천문天文과 역법曆法, 복서卜筮, 토목土木, 공예工藝 등에서 뛰어난 기술을 보유하고 있었다. 이로 인해 이들은 노비신분에도 불구하고 고도의 기술을 요하는 여러 전문 직종에 종사했다. 이들은 시간이 지나면서 더욱 중시되었다. 이들 중 일부는 특수한 관직을 수행하는 가문을 형성해 자연스럽게 주왕조의 일반 사족士族과 뒤섞이게 되었다.

당초 송나라의 건국은 은나라 찬탈을 호도하고 취약한 주나라 건국의 정당성을 확보키 위한 고육지책의 산물이었다. 이로 인해 송나라는 빈궁한 가운데 옛 전통을 지키는 특수지역으로 인식되고 송나라 백성 또한 고루한 사람이라는 모멸과 차별대우를 받게 되었다. 서주시대 금문에는 은나라 유민이 매매의 대상이 된 일이 기록되어 있다. 6세기 중엽에 북위北魏의 양현지楊衒之가 쓴 『낙양가람기洛陽伽藍記』에는 '서은庶殷'으로 호칭된 은나라 유민이 당시까지도 여전히 외부와의 접촉을 기피한 채 폐쇄적인 생활을 한 사실이 기술되어 있다.

이에 비춰 열국시대의 송나라 사람은 다른 나라 사람에게 위화감을 주는 사람들로 보였을 공산이 크다. 실제로 송나라 사람들이 주로 상업에 종사케 되자 은나라의 원래 명칭인 상商나라 사람이라는 뜻을 지닌 상인商人은 사·농·공·상의 사민四民 중 최하위층인 장사꾼을 지칭하는 말로 전용되었다. 이는 마치 과거 서양의 유태인들이 세인들의 모멸 속에 유태인구역에 몰려 살면서 상업에 종사한 것에 비유할 수 있다.

이런 여러 사실을 종합해 볼 때 공자의 선조가 은나라 유민들로 구성된 송나라에서 노나라로 흘러들어온 이주민인 것만은 거의 확실하다. 그의 조상은 주왕조 초기에 전문적인 기술을 지닌 집단에 속해 있었을 공산이 크다. 그러나 후대인들은 공자의 조상이 마치 송나라의 명족인 양 조작해 놓았다. 이는 만세의 사표인 공자가 '상인'의 후예인 것을 꺼린데 따른 것으로 짐작된다.

그렇다면 공자의 조상이 송나라의 명족이었다는 전설은 언제 만들어진 것일까? 『춘추좌전』「노소공 7년」조에 그 해답이 있다. 여기에는 노나라의 3환 중 하나인 맹손씨의 종주인 맹희자孟僖子가 죽기 직전에 자신의 두 아들인 남궁경숙南宮敬叔 열說과 맹의자孟懿子 하기何忌에게 당부하는 다음과 같은 유촉遺囑이 실려 있다.

"나는 '장차 달자達者(모든 일에 통달한 자)가 나오리니 그 이름은 공구孔丘일 것이다.'라는 얘기를 들은 적이 있다. 그는 성인의 후손으로 그의 가문은 송나라에서 패망했다. 그의 조상 불보하弗父何는 보위를 송여공宋厲公에게 넘겨주었다. 불보하의 증손인 정고보正考父는 송대공宋戴公과 송무공宋武公, 송선공宋宣公을 보좌하면서 상경이 되었으나 그의 자세는 날로 더욱 공경스러웠다. 일찍이 노나라 대부 장손흘臧孫紇은 성인은 명덕明德을 고루 갖추고 있으니 만일 군주가 되지 못하면 그 후손 중에 반드시 달인達人이 나올 것이라고 말한 바 있다. 지금 보건대 장차 공구孔丘에게 이런 일이 있지 않겠는가? 만일 내가 죽게 되면 반드시 그 분을 스승으로 모시도록 하라."

원래 공자의 조상으로 거론된 불보하는 기원전 7세기 초에 송민공宋湣公의 아들로 태어나 보위를 송여공 부사鮒祀에게 넘겨주어 칭송을 받은 인물이다. 정고보는 『시경』「상송商頌」 12편을 편찬한 것으로 알려진 인물이다. 과연 이들이 공자의 조상일까? 믿기 어려운 얘기이다.

나아가 맹희자가 두 아들에게 공자를 스승으로 삼을 것을 유촉한 것이 사실일까? 당시 공자는 천한 일에 종사하는 무명의 청년으로 겨우 17세에 불과했다. 과연 17세에 불과한 무명의 청년 공자가 당대의 권신인 맹희자의 두 아들을 제자로 두는 일이 가능했던 것일까? 이는 있을 수 없는 일이다. 다만 맹희자의 두 아들이 훗날 공자 밑에서 예를 배웠을 가능성은 배제할 수 없다.

후대인들이 공자의 가계를 조작하기 위해 불보하와 정고보는 물론 『춘추좌전』 등에 나오는 송나라의 명신들을 공자의 조상으로 끼워 넣었을 공산이 크다. 이는 『공자가어』「본성해本姓解」와 『세본』이 뒷받침한다. 「본성해」와 『세본』의 내용과 거의 일치하고 있는 점에 비춰 어느 한쪽이 다른 쪽을 그대로 전재했을 공산이 크다.

『세본』은 대부분 전국시대 말기의 전승을 담고 있는 까닭에 아무리 빠를지라도 전한제국 초기에 나온 것으로 짐작되고 있다. 또한 『공자가어』 역시 아무리 빨라도 전한제국 때 나온 것으로 간주되고 있다. 후대인의 조작가능성을 시사하는 대목이다. 「본성해」와 『세본』에 나오는 공자의 가계를 정리하면 다음과 같다.

〈송민공 - 불보하 - 송보주宋父周 - 세자 승勝 - 정고보 - 공보가孔父嘉 - 목금보木金父 무명의 선비로 몰락해 노나라로 이주 - 기보祈父 - 공방숙 - 백하 - 숙량흘 - 공구〉

매우 정밀하게 만들어진 가계이기는 하나 곳곳에 조작의 흔적이 역력히 나타나고 있다. 먼저 여기서 주목할 인물은 송나라의 사마司馬로 있던 공보가이다. 그는 공자가 태어나기 160년 전에 송대공宋戴公의 손자로 태재로 있던 화보독華父督의 독수에 걸려 멸문지화를 당하고 아내를 빼앗긴 인물이다.

「본성해」와 『세본』에 나오는 공자의 가계를 보면 우선 공보가의 자식으로 기록된 목금보는 조작된 인물임을 쉽게 알 수 있다. 전국시대 중기부터 중국에서는 목·화·토·금·수의 5원소가 순환해 우주계와 인간계를 지배한다는 이른바 '음양5행설'이 크게 유행했다. 목금보는 공자 사후 '음양5행설'이 설득력을 지니게 된 이후 유가 후학이 상상해서 만들어낸 이름이다. 화보독에 의해 몰살된 공보가의 혈육인 목금보가 어떻게 하여 노나라로 망명케 된 것일까? 『춘추좌전』은 이에 관해 아무런 정보도 전해주지 않고 있다. 목금보라는 가공인물을 통해 앞뒤의 두 가계가 부자연스럽게 연결되었음을 짐작케 해주는 대목이다.

　대략 공자의 세계는 전국시대 말기에서 전한제국 초기 사이에 정립된 것으로 추정되고 있다. 노나라의 공씨 가문에 전해져 오는 공방숙에서 공자까지의 계보에 세상에 널리 알려진 송나라 명족인 공씨의 계보를 가공의 인물들을 끼워 넣어 억지로 연결시켰을 공산이 큰 것이다.

　나아가 공자의 조상으로 거론된 불보하와 정고보 등의 행적도 매우 의심스럽다. 이들이 공자의 조상이라는 사실을 입증할 만한 기록이 전혀 존재하지 않는다. 그럼에도 사마천은「공자세가」에서『춘추좌전』의 기록을 근거로 정고보를 기린 청동기의 명문 내용을 마치 사실처럼 기록해 놓았다.

　"대부가 되어서는 등을 굽히고, 하경下卿이 되어서는 몸을 굽히고, 상경上卿이 되어 고개를 숙이니 담장 옆을 갈 때 빨리 걸으면 누구도 감히 나를 업신여기지 못하리라. 진한 죽도 여기에 끓이고, 묽은 죽도 여기에 끓여 입에 풀칠하듯 죽을 먹고 살아가리라."

　시라카와에 따르면 지금까지 출토된 수천 점에 달하는 청동기 명문 중 이런 내용의 명문은 존재하지 않는다. 정고보가 송대공宋戴公과 송무공宋武公, 송선공宋宣公의 3대에 걸쳐 벼슬을 했다는 사실 자체가 의문시되고 있는 것이다. 정고보가 교정했다는『시경』「상송」12편도 기원전 7세기 중엽에 활약한 송양공宋襄公을 칭송한 것으로 송양공은 송무공과 송선공보다 훨씬 후대의 인물이다. 한마디로 공자를 송나라 귀족의 후예로 둔갑시킨『춘추좌전』과「공자세가」,「본성해」등의 기록은 전혀 믿을만한 것이 못되는 것이다. 청대의 최술이「수사고신록」에서「공자세가」등에 나온 공자의 가계를 전면 부인한 것은 바로 이 때문이었다.

　공자의 조상이 송나라 사람인 것만은 거의 확실하나 그의 직계 조상이 송나라의 명족으로 연결된 가계는 후대인의 위작으로 보는 것이 타당하다. 후세의 유가들이 공자에 대한 존경심이 지나친 나머지 이런 조작을 감행한 것이 거의 확실하다. 그렇다면 결국 공자의 직계조상으로 확인할 수 있는 사람은 증조부인 공방숙 이하의 3대 조상에 불과한 셈이다.

현재 공자의 조부와 증조부에 대해서는 이름만이 알려져 있을 뿐이고 그들의 구체적인 행적에 관해서는 전혀 알 길이 없다. 그러나 이들의 이름이 모든 사서에 예외 없이 기록되어 있는 만큼 이들이 공자의 직계조상인 것은 사실로 보는 것이 옳다. 사서는 이들의 이름만 기록해 놓았을 뿐 행적에 대해서는 아무런 언급도 없다. 이는 이들이 당시의 기준에서 볼 때 크게 언급할 가치도 없는 하급 사족에 불과했기 때문이었을 것이다.

당시 공방숙 이하의 공자 조상들은 당시 노나라 도성 곡부에서 동쪽으로 약 9km 떨어져 있는 방防 땅에 거주했을 것으로 짐작된다. 이는 공자의 부친 숙량흘의 묘가 그의 거주지였던 추읍이 아니라 방 땅이었던 사실이 뒷받침한다. 당시의 사족들은 모두 선조의 묘가 있는 읍을 본거지로 삼고 있었다. 공방숙의 이름에 '방' 자가 있는 것도 이와 무관치 않았을 것이다. 공자의 부친 숙량흘은 원래 추읍의 토착민이 아니라 방 땅에서 추읍으로 옮겨온 이주민일 공산이 크다. 공자는 부친이 죽은 뒤 젊었을 때 추읍에서 다시 노나라 도성 부근으로 거처를 옮긴 것으로 짐작된다.

공자의 부친인 숙량흘은 『춘추좌전』에 모두 두 차례에 걸쳐 언급돼 있다. 「노양공 10년」조에 숙량흘에 관한 얘기가 처음으로 등장한다. 당시 뛰어난 용력을 자랑한 숙량흘은 핍양성偪陽城 전투 당시 무서운 힘으로 현문懸門을 받쳐 들어 적의 계략에 말려 성 안으로 들어갔다가 몰살 위기에 빠진 연합군 병사들을 모두 무사히 탈출시키는데 성공했다. 그는 핍양성 전투가 끝난 지 7년 뒤인 노양공 17년(기원전 556년) 가을에 다시 한 번 뛰어난 용력을 발휘함으로써 세인들의 칭송을 받았다. 그러나 그는 뛰어난 용력에도 불구하고 당시의 기준에서 볼 때 은나라 유민의 후손으로 알려져 다소 경멸의 대상으로 취급되었을 공산이 크다.

이는 숙량흘이 부인 안씨와 '야합'을 통해 공자를 낳았다는 「공자세가」의 기록과 무관치 않아 보인다. 원래 '야합'은 공식적인 관례를 벗어나 사적으로 이뤄진 일체의 행위를 지칭하는 말이다. 이는 숙량흘과 부인 안씨가 정식 혼례를 치르지 않고 사적으로 부부의 인연을 맺었음을 시사한다. 만일 숙량흘이 뛰어난 용력에 상응하는 대우를 받았다면 안씨를 정식으로 맞이했을 공산이 컸을 것이다.

그렇다면 안씨는 과연 어떤 사람이었을까? 「공자세가」와 『예기』 「단궁」에는 그녀의 이름이 징재徵在였다고 기록해 놓았다. 여인의 이름을 기록해 놓은 것은 매우 이례적이어서 이것만으로는 사실로 단정키가 어렵다. 더구나 그녀의 성이 '안씨'라는 한 것은 「공자세가」밖에 나오지 않는다. 사마천이 『사기』를 쓸 당시 공자 모친의 이름이 '징재'라는 얘기가 널리 퍼져 있었을지도 모른다. 유사한 얘기가 공씨 집안의 족보에 남아 전송되었을 가능성도 배제할 수 없다. 현재로서는 반대증거가 없는 까닭에 일단 그대로 받아들일 수밖에 없다.

그러나 이보다 중요한 것은 안씨가 숙량흘의 정부인이 아니었다는데 있다. 사서의 기록에 비춰볼 때 공자는 부친 숙량흘의 아들이 분명한 까닭에 사생아라고 할 수는 없으나 적자嫡子는 아니었다. 이는 『공자가어』 「본성해」에 나오는 다음 일화를 보면 대략 짐작할 수 있다.

"숙량흘은 딸만 9명 있었고 아들이라곤 없었다. 다만 첩의 몸에서 아들 맹피孟皮를 낳았는데 그의 자는 백니伯尼였다. 그러나 그는 족병足病이 있었다. 숙량흘은 다시 안씨顏氏에게 구혼을 청했다. 안씨에게는 3명의 딸이 있었다. 막내딸의 이름은 징재徵在였다. 안씨가 세 딸에게 묻기를, '추읍의 대부는 비록 부조父祖가 하급 사족이나 원래 그 선조는 성왕聖王의 후예였다. 지금 숙량흘로 말하면 키가 10자나 되고 무력武力이 절륜해 당할 사람이 없다. 나는 이 사람을 몹시 탐내고 있으나 다만 나이가 조금 많은 것이 흠이다. 그러나 성품이 심히 엄숙하니 달리 의심할 것이 없다. 너희들 중 누가 이 사람에게 시집을 가겠는가?'라고 했다. 두 딸이 아무 말도 하지 않자 막내 징재가 앞으로 나서 대답키를, '부명父命을 좇을 뿐인데 무엇을 물을 게 있겠습니까?'라고 했다. 이에 안씨가 말하기를, '네가 시집을 가면 되겠다.'라고 했다. 이에 마침내 징재를 숙량흘의 아내로 보내게 되었다."

이는 불경스런 '야합'을 합리화하기 위해 유가 후학이 만들어낸 것으로 보인다. 당시 안씨가 「본성해」의 기록과 같이 과연 사족의 딸인지 여부를 가늠키가 쉽지 않다. 그러나 당시 절륜한 무력을 자랑하는 숙량흘이 제대로 된 후사를 얻기 위해 새 여인을 얻어 마침내 공자를 낳았을 가능성은 매우 크다. 이는 「공자세가」에 나오는 공자의 출생과정과 관련된 기록을 통해 대략 짐작할 수 있다.

"안씨가 니구산에서 기도를 해 공자를 얻었다. 자字는 중니仲尼이고 성은 공씨孔氏이다."

공자의 자인 '중니仲尼'의 '중仲'은 원래 맹孟·중仲·숙叔·계季로 표현되는 형제간의 서열 중 두 번째를 의미한다. 『공자가어』「본성해」는 공자의 이복형인 맹피의 자를 '백니伯尼'로 기록해 놓았다. '백니'의 '백伯'은 맹·중·숙·계의 '맹'에 해당한다. 그러나 맹피의 생모까지 '니구산'에 빌어 아들의 자를 '백니'로 한 것은 전후 맥락에 비춰 자연스럽지 못하다. 『공자가어』의 이 기록은 후대인의 가필로 보인다. 그럼에도 이 기록은 대략 맹피가 성치 못한 몸으로 인해 조사夭死했을 가능성을 시사하고 있다. 숙량흘이 후취인 안씨를 얻어 공자를 얻은 것도 이와 무관치 않을 것이다.

당시 숙량흘은 안씨가 니구산에 기도를 하여 자신의 두 번째 아들인 공자를 얻은 까닭에 '중니'로 자를 지었을 공산이 크다. 중국에서는 고대로부터 사람의 이름에 주술적인 의미가 있는 것으로 간주해 이름을 직접 부르는 것을 극히 꺼렸다. 일찍부터 '자字' 또는 '호號' 등의 별도의 이름을 지은 이유가 여기에 있다. '중니'도 이런 주술적인 의미에서 나온 것으로 짐작된다.

공자의 자가 '중니'인 것은 당시 숙량흘에게 안씨 소생인 공자 이외에도 이미 다른 여인으로부터 정확한 이름은 확인할 길이 없으나 대략 사서에 나오는 것과 같이 첫 번째 아들인 맹피가 있었음을 시사한다. 그렇다면 안씨는 숙량흘에게 첫 번째 부인이 아닌 셈이 된다. 유가 후학은 이 불경스런 전설을 없애려고 크게 고심했다. 그중 가장 그럴듯한 변명으로는 다음과 같은 것을 들 수 있다.

"예로부터 성인은 처녀가 천제의 정기를 받아 태어난다는 전설이 있다. 니구산尼丘山에 기도하여 공자를 잉태했던 것은 바로 이 하늘의 정기를 받은 것이다. 사마천은 이를 '야합'이라고 표현한 것이다."

'처녀잉태설'에 가까운 이 얘기는 말할 것도 없이 공자를 신비스런 인물로 미화코자 하는 의도에서 나온 것이다. 사마천은 『사기』를 저술하면서 터무니없는 이 '처녀잉태설'을 과감히 내버리고 '야합설'을 채택한 것으로 짐작된다. 그러나 '야합설'에 대한 반발도 만만치 않았다. 예로부터 공자를 두고 사생아 또는 서자로 여기는 얘기가 끊임없이 이어져온 사실이 이를 뒷받침한다.

이상의 내용을 종합할 경우 공자는 뛰어난 용력에도 불구하고 출신성분의 한계로 인해 다소 차별적인 대우를 받은 하급 무사 숙량흘이 후취와의 사이에서 낳은 자식으로 보는 것이 타당할 것이다. 『여씨춘추』「신대愼大」에는 '공자는 도읍 성문의 빗장을 들어 올릴 정도로 힘이 세지만 굳이 힘센 것으로 이름을 드러내지 않았다.'는 기록이 나온다. 이는 숙량흘에 관한 얘기가 와전된 것이 확실하나 동시에 공자가 숙량흘의 자식임을 뒷받침하는 유력한 증거이기도 하다.

크릴과 기무라 모두 공자를 송나라에서 이주해온 노나라의 하급 사족인 숙량흘의 자식으로 보는데 동의하고 있다. 그러나 시라카와는 이에 대해 강력한 이의를 제기하면서 공자를 무녀巫女의 사생아로 보았다. 갑골문과 금문에 정통한 그는 『춘추좌전』에 나오는 숙량흘과 「공자세가」의 숙량흘을 다른 인물로 간주해 공자의 부친으로 거론된 「공자세가」의 숙량흘은 남자 무당일 공산이 크다고 주장했다. 매우 충격적인 내용이다.

원래 『춘추좌전』에는 '숙량흘'이라는 이름이 나오지 않는다. '흘紇' 내지 '숙흘叔紇'로 기술되어 있다. 그러나 '흘'과 '숙흘'을 「공자세가」에 나오는 '숙량흘'과 별개의 인물로 보는 것은 잘못이다. 고대 중국에서는 사람을 지칭하는 방법이 매우 다양했다. 이는 당초 귀족만이 성姓과 씨氏를 갖고 서민은 '성'과 '씨'가 없고 오직 명名만 갖고 있었던 데서 비롯된 것이다. '씨'는 귀천을 밝히고, '성'은 혼인을 구별하는데 이용되었다. '성'과 '씨'가 하나로 통합된 것은 전국시대 이후의 일이다. 전한제국 때에 들어와 모든 사람의 '성'과 '씨'를 '성'으로 통일해 부르게 되면서 비로소 천자에서 서인에 이르기까지 모두 성을 갖게 되었다.

　　'숙량흘'의 '숙叔'은 형제간의 항렬을 나타낸 것으로 통상 '자字'로 많이 활용되었다. 당시 숙량흘에게는 위로 형이 있었을 공산이 크다. '량梁'은 '숙'과 더불어 복수의 '자字'로 사용된 것으로 짐작된다. 그렇다면 '흘'이 본래의 이름이라고 보는 게 타당하다. 당시의 관행에 비춰 볼 때 숙량흘을 지칭하는 방법은 이름과 자를 섞어 크게 '흘'과 '숙흘', '숙량흘' 등 세 가지가 있었을 공산이 크다. 『춘추좌전』에 나오는 '흘'과 '숙흘'을 「공자세가」의 '숙량흘'과 별개의 인물로 본 시라카와의 전제는 잘못된 것이다.

　　그럼에도 시라카와는 『춘추좌전』의 '흘' 내지 '숙흘'을 「공자세가」의 '숙량흘'과 별개의 인물로 보아야 한다고 전제하면서 『공자가어』의 관련 기록을 근거로 이런 특이한 추론을 전개한 것이다. 『공자가어』에는 숙량흘이 시씨施氏 딸에게 장가들어 딸 9명을 낳고 첩에게서 아들 맹피孟皮를 얻었으나 맹피가 몸이 성치 못해 다시 안씨 집안에 청혼했다고 기록해 놓았다.

　　시라카와는 이에 주목해 「공자세가」에 나오는 '야합'은 바로 당시 노령의 숙량흘이 젊은 소녀와 결혼한데서 나온 것이고, 니구산에 빌어 공자를 낳은 것은 바로 니구산에 무사巫祠가 있었기 때문이고, 징재로 불린 여성은 그 사당의 무녀였을 공산이 크다고 본 것이다. 그는 또 당시 노나라에서는 아들을 낳기 위해 교외에서 제사를 올리는 이른바 '교매郊禖'를 지냈는데도 특이하게 징재가 니구산에 빌었다면 이는 징재가 니구산에 있는 안씨 집안의 무아巫兒였을 가능성을 시사하는 것이라고 주장했다.

원래 '무아'는 집안의 제사를 모시기 위해 평생 집안에 남아 있는 한 집안의 맏딸이나 막내딸을 말한다. 『시경』에는 '무아'가 된 막내딸을 노래한 시가 다수 실려 있다. 「소남·채빈采蘋」에 조상신을 섬기는 계녀季女(막내딸)를 칭송하고, 「소남·야유사균野有死麕」에 무녀와 축관祝官 사이의 도리에 어긋나는 사랑을 그린 내용이 나온다. 시라카와는 이를 토대로 안씨 집안의 '무아'인 안징재가 신을 섬기는 여자에게 금지된 남녀 간의 애정으로 사생아인 공자를 낳게 되었다고 추정한 것이다.

그러나 그의 주장은 몇 가지 점에서 근본적인 문제가 있다. 우선 그는 기본적으로 비천하게 생장한 사람만이 인간에 대한 깊은 통찰을 할 수 있다는 선입견을 갖고 있다. 이는 '빈천이야말로 위대한 정신을 낳는 토양이다.'라고 단언한 그의 지론을 통해 쉽게 짐작할 수 있다. 그는 내심 공자사상을 기독교사상과 비교해 예수와 같이 말구유 간에서 태어나는 천출賤出만이 위대한 사상가가 될 수 있다는 생각을 갖고 있었음에 틀림없다. 그는 분명히 밝히지는 않았지만 예수 역시 명목상 요셉의 아들로 되어 있으나 사실은 부친의 이름이 알려지지 않은 사생아였다는 생각을 갖고 있었던 듯하다. 공자를 이름 없는 무녀의 사생아로 태어나 어릴 때 고아가 되어 혈혈단신으로 생장한 인물로 간주할 경우 이는 예수의 어릴 때 생장과정과 매우 흡사하게 된다.

그러나 굳이 이름 없는 무녀의 사생아와 같이 극단적인 출생배경을 지닌 사람만이 인간에 대한 깊은 통찰을 할 수 있다고 보는 것은 지나치다. 부유하게 생장한 사람보다 비천하게 생장한 사람이 인간에 대해 깊은 통찰을 할 수 있다는 주장은 대략 수긍할 수 있으나 굳이 공자를 이름 없는 무녀의 사생아로 한정지어 생각할 필요는 없는 것이다.

송나라에서 흘러들어온 재인才人 집단의 후손인 하급 사족이 뒤늦게 후취를 통해 얻은 늦둥이 자식으로 어렸을 때 조실부모하여 빈천한 삶 속에서 생장한 상황만으로도 얼마든지 인간을 깊이 통찰할 수 있다. 굳이 공자를 이름 없는 무녀의 사생아로 간주할 필요가 없는 것이다. 무녀의 사생아로 간주할 경우 신분세습의 봉건질서가 잉존한 당시의 상황에서 공자가 젊었을 때 6예六藝를 습득한 사실을 설명키가 어렵다. 6예는 당시 하급 사족이 닦아야 하는 기본 소양이었기 때문이다.

　나아가 안씨가 '니구산'에 기도를 올린 것을 두고 당시 '니구산'에 반드시 무사巫祠가 있다고 주장한 것도 설득력이 떨어진다. '교매'의 '매禖'는 원래 천자가 득남得男을 위해 비는 제사인 '고매高禖'에서 나온 말이다. 천자의 이른바 '기자祈子' 행위를 노나라의 일반 서민들이 흉내 내 교외에서 제사를 올리는 이른바 '교매'를 지냈다는 그의 주장은 설득력이 떨어진다. 공자의 모친 안씨를 비롯한 대부분의 서민들은 통상 인근 산천으로 가 득남을 위해 빌었을 공산이 크다. 이를 두고 니구산에 반드시 '무사'가 있었고 안씨는 '무아'였을 가능성이 크다고 본 것은 분명 지나친 것이다.

　나아가 후대에 나온 설화로 꾸며진 『공자가어』의 안징재에 관한 기록을 역사적 사실로 전제한 뒤 「소남·채빈」의 시 등을 근거로 안징재가 안씨 집안의 '무아'였다고 추정하는 것도 무리이다. 기본적으로 안씨에 관한 기록 자체가 의문시될 뿐만 아니라 안씨보다 더욱 중요한 공자의 부인 이름조차 전혀 알려지지 않은 상황에서 『공자가어』의 기록을 토대로 유독 안씨에 대해 과도한 추론을 전개한 것은 지나친 것이다. 시라카와의 금문학적 접근은 나름대로 일리가 있으나 지나친 상상이 가미됐다는 지적을 면키 어렵다. 대략 크릴과 기무라의 주장을 좇아 공자를 하급 무사 숙량흘의 자식으로 보는 것이 타당할 것이다.

　이상과 같은 추론을 토대로 공자의 출생시점을 추적해 보기로 하자. 예로부터 공자의 출생시점과 관련해 두 가지 설이 날카롭게 대립해 왔다. 지금까지도 이 문제는 전혀 합의점을 찾지 못하고 있다.

하나는 '노양공 21년(기원전 552년)설'이다. 이는 『춘추곡량전春秋穀梁傳』과 『춘추공양전春秋公羊傳』의 기록을 그 근거로 들고 있다. 『춘추공양전』은 「노양공 21년」조의 경문經文에 '11월 경자庚子, 공자가 태어났다.'고 기록해 놓았고, 『춘추곡량전』은 같은 해의 경문에 구체적인 달을 표시하지 않은 채 '겨울 경자, 공자가 태어났다.'고 기록해 놓았다.

다른 하나는 '노양공 22년(기원전 551년)설'이다. 이는 「공자세가」의 기록을 그 근거로 들고 있다. 「공자세가」는 「본성해」에서 '노양공 22년에 공자가 태어났다.'고 기록해 놓았다. '노양공 22년설'은 주희朱熹 등이 지지했다. 이는 청대의 고증학자인 전대흔錢大昕과 최술崔述 등이 '노양공 21년설'을 지지한 것과 대비된다.

본래 「공자세가」의 기록 중에는 『춘추좌전』에서 사료를 구한 것이 매우 많다. 『춘추좌전』은 공자가 찬수했다고 일컬어진 노나라의 연대기인 『춘추』에 주석을 단 것으로 『춘추공양전』 및 『춘추곡량전』과 함께 이른바 '춘추3전'으로 불리는 역사서이다. '춘추3전'에는 공자와 관련된 여러 설화 외에도 학식과 품행이 뛰어난 직제자들에 관한 기사가 다수 삽입되어 있다.

그러나 공자의 생년월일을 덧붙인 것도 이례적인 것으로 볼 수밖에 없다. 수많은 왕공의 경우도 나이조차 분명치 않은 상황에서 이름도 없는 하급 사족의 후예인 공자의 출생일자가 '춘추3전'에 기록된 사실 자체가 있을 수 없는 일이다. 이는 유가 후학이 끼워 넣은 것으로 간주할 수밖에 없다.

이와 관련해 시라카와는 『춘추곡량전』과 『춘추공양전』을 좇아 '노양공 21년설'이 타당하다고 주장했다. 그는 공자가 태어난 구체적인 날짜와 관련해 『춘추공양전』의 '11월 경자'는 존재할 수 없고, 『춘추곡량전』에 나오는 '10월 경자일'은 그 달의 21일에 해당한다고 보았다. 그러나 중국에서는 오히려 '10월 3일설'과 '10월 9일설'이 날카롭게 대립해 있다. 율리우스력으로 계산할 경우 10월 9일이 되나 그레고리력으로 환산하면 10월 3일에 해당한다는 점에서 현재는 대략 '10월 3일설'이 우세한 실정이다. 중국 당국은 율리우스력에 따라 10월 9일을 탄신일로 잡고 있다.

구체적인 날자는 아직 논란 중이나 출생한 해만큼은 일단 '노양공 21년 설'을 취하는 것이 타당할 듯하다. 물론 공자가 태어난 해와 관련해 아직 정설이 없는 만큼 주희 등과 같이 '노양공 22년설'을 취한다고 해서 잘못된 것은 아니다. 그럴 경우 공자의 나이는 '노양공 21년설'을 취할 때보다 한 살씩 줄여서 판단할 수밖에 없다. 이로 인해 기무라는 구체적인 판정을 피한 채 공자와 관련된 모든 연대기에 두 가지 설을 취하는 입장을 보였다. 공자의 출생 시기에 관한 논란이 사실史實을 중시하는 학자들에게 얼마나 큰 부담을 주고 있는지를 여실히 보여주는 실례이다.

그러나 공자의 사망 시기에 관해서는 예로부터 별다른 이견이 없는 실정이다. 이는 당시 공자의 명망이 높았던 데다가 직제자들이 스승의 서거 연월일을 상세히 기록해 놓은 데 따른 것으로 볼 수 있다. 『춘추좌전』은 노애공 16년(기원전 479년) 여름 4월 기축일己丑日에 공자가 사망했다고 기록해 놓았다. 「공자세가」도 이를 좇아 공자의 사망 일자를 '4월 기축일'로 기록해 놓았다.

다만 '기축일'이 정확히 며칠을 말하는 것인지에 대해서는 이설이 분분하다. 대개 11일로 보고 있으나 청대의 고증학자 양옥승梁玉繩은 『사기지의 史記志疑』에서 11일은 무신일戊申日이고 이해 4월에는 기축일이 없는 까닭에 여기의 '기축일'은 4월 18일에 해당하는 '을축일乙丑日'의 오기로 보아야 한다고 주장했다. 이밖에도 5월 12일로 보아야 한다는 주장과 당시의 음력을 현재의 음력으로 수정해 계산할 경우 2월 11일에 해당한다는 주장 등 수많은 이설이 제기되었다. 아직까지 정설이 없는 실정이다. 다만 구체적인 날짜에 대한 이견에도 불구하고 공자가 기원전 479년에 서거한 것만은 확실하다.

『논어』에도 70세 이후의 일과 관련한 공자의 술회述懷가 나오는 만큼 공자가 70세 이상의 천수를 누린 것만은 의심할 여지가 없다. 그렇다면 결국 공자는 '노양공 21년설'을 취할 경우 74세에 세상을 떠난 셈이 된다. 이상의 검토를 토대로 공자의 생몰을 연대기적으로 간략히 정리하면 다음과 같다.

"공자는 노양공 21년(기원전 552년) 10월 21일에 숙량흘이라는 용사와 안씨라는 후취 사이에서 하급 사족 출신으로 태어나, 노나라에서 대부로 활동하던 중 14년간에 걸쳐 천하를 순회하고 돌아온 뒤 후학들을 가르치며 여생을 보내다가 노애공 16년(기원전 479년) 여름 4월 11일에 향년 74세를 일기로 타계했다."

출생배경 및 생몰 등에 관한 이러한 분석을 토대로 공자에 관한 여타 기록을 검토하면 그 진위가 보다 명확히 드러날 것이다.

육예의 연마

당초 사마천이 「공자세가」를 저술할 때 이용한 귀중한 자료 중 하나로 공자의 고향인 노나라 땅에 퍼져 있던 전설을 들 수 있다. 당시 사마천은 중국을 두루 돌아다니는 와중에 노나라에 들러 곡부성 안의 공자묘를 참배한 바 있다. 그는 이르는 곳마다 그 지방의 구전자료, 전설을 채집했다. 「공자세가」 중 출전이 불명확한 기사는 대략 곡부 일대 사람들로부터 들은 전설을 토대로 한 것으로 보면 된다.

먼저 공자의 이름부터 살펴보기로 하자. 「공자세가」는 공자의 이름이 '구丘'인 이유를 이같이 설명해 놓았다.

"공자가 태어났을 때 머리 중간이 움푹 패어 있었기 때문에 '구丘'라고 이름 지었다."

'구丘'는 작은 언덕이나 구릉을 말한다. 경북에 소재한 대구大邱광역시의 원래 명칭은 '대구大丘'였다. 조선조 때 '대구'의 '구'가 공자의 이름과 같아 불경스럽다는 이유로 '구邱'로 바뀌었다. 공자의 이름 '구'는 맹자의 이름 '가軻'와 더불어 입에 올리는 것 자체가 불경스러운 기휘忌諱의 대상이 되었던 것이다.

「공자세가」의 문맥에 비춰 '구'는 공자의 부친인 숙량흘이 지어준 이름일 공산이 크나 공자 자신이 스스로 칭한 이름이라는 주장도 있다. 숙량흘은 공자가 유아였을 때 죽은 것으로 추정되는 만큼 두 설 모두 일리가 있다. 「공자세가」는 공자가 태어났을 때 머리 중간이 움푹 패어 있었기 때문에 '구'라는 이름을 얻게 되었다고 기록해 놓았으나 확실한 근거가 있는 것은 아니다. 대략 안씨가 기도를 올린 니구산尼丘山에서 유래한 후대의 전설로 짐작된다.

그렇다면 공자의 부친 숙량흘은 언제 죽은 것일까? 사서는 대략 공자가 어렸을 때 부친 숙량흘과 사별한 것으로만 기록해 놓았다. 이에 대해 『공자가어』는 공자가 3살 때 숙량흘이 죽은 것으로 추정했다. 정확한 시점을 단정키는 어려우나 대략 공자는 아주 어렸을 때 부친과 사별했다고 보는 게 타당할 듯하다. 그렇다면 공자는 어린 나이에 공씨 가문의 후사가 되었던 셈이다. 이는 「자한」에 나오는 공자의 소회가 뒷받침한다.

"나는 젊었을 때 미천했기 때문에 비천한 일에 능한 게 많다."

공자가 스스로 '젊었을 때 미천했다'고 말한 것은 그가 이미 어린 나이에 부친을 잃고 가장이 되어 모친 등을 봉양하며 어렵게 생활했음을 시사한다. 공자가 태어날 때부터 매우 불우한 환경에 처해 있었음을 시사하는 대목이다. 그런데다 공자는 젊었을 때 조카딸을 부양하는 책임도 떠안았다. 이는 『논어』의 「공야장」과 「선진」에 분명히 나와 있는 만큼 의심의 여지가 없다.

「공야장」 등에 나오는 조카사위의 이름은 '남용南容'이다. '남용'은 노나라의 권신인 맹희자의 큰아들로 맹손씨 집안의 종주宗主가 된 맹의자孟懿子의 형이다. '남용'을 「공자세가」는 남궁괄南宮适, 『공자가어』는 남궁도南宮韜

로 기록해 놓았다. 『논어』의 기록 등을 종합해 보면 대략 공자는 먼저 작고한 형을 대신해 조카딸까지 돌보다가 조카딸이 혼기에 차자 제자인 남용에게 출가시킨 것으로 짐작된다.

이밖에도 『논어』「계씨」에 아들 백어伯魚에 관한 얘기가 나온 점으로 보아 언제인가 확실치는 않으나 누군가와 결혼해 아들 백어를 낳았음에 틀림없다. 백어의 원래 이름은 급鯉이다. 『공자가어』「본성해」에는 공자가 19세 때 송나라의 견관씨幵官氏에게 장가를 들어 아들 백어를 낳았다고 되어 있으나 이를 액면 그대로 믿기는 어렵다. 유사한 기록을 다른 문헌에서는 전혀 찾아 볼 수 없다. 그가 부인을 얻어 아들 백어를 낳은 것은 사실이나 부인이 과연 누구였는지는 도무지 알 길이 없다. 이렇게 보면 젊은 시절의 공자에게는 최소한 형과 조카 딸, 부인과 아들이 각각 한명씩 있었던 셈이다.

젊은 시절의 공자에게는 집안을 부양해야 하는 부담도 컸겠지만 '야합'으로 인해 공씨 가문은 물론 세간으로부터 적잖은 멸시를 받았을 공산이 크다. 부친의 조사早死는 이러한 정황을 더욱 악화시켜 공씨 가문 전체를 빈궁한 상황으로 몰아갔을 것으로 짐작된다. 「공자세가」의 다음 기록이 그 증거이다.

"방산防山은 노나라의 동부에 있다. 공자는 부친의 묘소가 어디에 있는지 몰라 의심했으나 모친은 이를 숨겼다."

그렇다면 당시 공자의 모친은 왜 생전에 남편 숙량흘의 묘소를 어린 아들 공자에게 가르쳐 주지 않았을까? 당시 공자는 이미 어린 나이에 '중니'라는 자를 갖고 있는데서 알 수 있듯이 비록 하급이기는 하나 당당한 사족士族의 후예였다. 그런데도 공자는 왜 '사족'에게 가장 중시되는 제례祭禮와 직결된 부친 묘소의 소재조차 몰랐던 것일까?

이와 관련해 예로부터 여러 얘기가 나왔으나 아직까지 뚜렷한 해답을 찾지 못하고 있는 실정이다. 대략 정처가 아닌 공자의 모친은 남편이 죽었을 때 장례식과 제사에 참여할 권리가 없었던 까닭에 어린 공자에게 아무 것도 말하지 않은 것으로 짐작된다. 사서의 기록에 비춰 당시 공자의 모친 은 죽을 때까지 이에 대해 함구했던 것으로 보인다. 「공자세가」의 다음 기록이 뒷받침한다.

"공자는 모친이 죽자 곧 오보지구五父之衢에 빈소를 차렸다. 이는 신중을 기하기 위해서였다. 이때 추읍 사람 만보輓父의 모친이 공자 부친의 묘소를 알려주었다. 이에 비로소 방산에 합장할 수 있었다."

'오보지구'는 거리 이름으로 곡부현 동남쪽 5리 지점에 위치해 있다. 사서의 기록을 종합해 볼 때 공자의 모친 역시 대략 공자가 10대였을 때 죽었을 것으로 짐작된다. 훗날 공자가 스스로 15세에 학문에 뜻을 두었다고 밝힌 점에 비춰 공자의 모친은 그 이전에 죽었던 것으로 짐작된다. 선진시대에 나온 초기 문헌에 공자의 부모가 거론되지 않은 것을 보면 공자는 매우 어린 나이에 부친에 이어 모친까지 잃고 혈혈단신의 고아가 되었을 공산이 크다.

당시 공자가 모친의 빈소를 꾸민 '오보지구'는 매우 지명도가 높았던 장소였다. 『춘추좌전』에는 '오보지구'에 관한 기사가 모두 4번 나온다. 「노양공 11년」조에 나오는 다음 기록이 '오보지구'의 특징을 잘 설명해주고 있다.

"노나라 대부 계무자季武子와 숙손목자叔孫穆子가 '오보지구'로 가 신령에게 제사를 올리며 배맹자背盟者에게 저주가 내릴 것을 맹서했다."

이 기록은 '오보지구'가 신령에게 제사를 지낸 곳이었음을 뒷받침하고 있다. 지명에 사거리를 뜻하는 '구衢'가 나오고 있는 점에 비춰 대략 그곳이 노나라 성 밖에 있는 교통요지였음에 틀림없다. 당시 그곳에 공개적인 맹서가 행해지는 장소와 왕래하는 빈객이 머무는 객관 등이 있었던 것으로 짐작된다. 이곳은 훗날 노나라의 반란자 양호陽虎가 노나라 군주의 보옥寶玉과 대궁大弓을 훔쳐 한때 몸을 숨겼던 곳이기도 하다.

그러나 이곳에는 대략 가매장을 위한 시신안치소와 공동묘지 등도 있었다. 공자가 모친의 시신을 한동안 이곳에 두었다는 것은 당시 공씨 가문이 매우 영락한 상황에 처해 있었음을 시사한다. 공자는 매우 곤궁한 처지에서 모친상을 맞이했음에 틀림없다. 공자의 모친상과 관련해 『예기』 「단궁상」에도 「공자세가」와 유사한 대목이 나온다.

"공자는 어려서 고아가 되어 부친의 묘소를 몰랐다. 오보지구에 빈소를 마련하니 보는 자들은 모두 장사지낸 것이라고 했다. 추읍 사람 만보輓父의 모친에게 물은 뒤 방防 땅에 합장할 수 있었다."

여기의 방防 땅은 「공자세가」의 '방산'과 동일한 지역으로 보아야 할 것이다. '만보' 역시 「공자세가」의 '만보輓父'와 동일인임에 틀림없다. 만보의 모친은 장례식장에서 일하는 여인이었을 것으로 짐작된다.

그렇다면 당시 공자의 부모는 왜 합장된 것일까? 당시 공자가 모친의 시신을 '오보지구'에 빈殯한 뒤 만보輓父의 모친으로부터 부친 묘소의 소재를 전해 듣고 비로소 부친의 묘에 합장했다는 것은 당시 합장의 풍속이 있었음을 시사하고 있다. 공자의 부모가 합장되었을 가능성이 매우 높다는 게 현재의 통설이다.

당초 공자의 부친 숙량흘은 죽은 뒤 조상이 살던 방산 땅에 묻혔다. 이곳은 현재 산동성 곡부시 동쪽 20리 지점에 위치하고 있다. 이곳을 두고 후대인들은 '지성림至聖林'으로 높여 불렀다. 이는 말할 것도 없이 이곳에 공자의 부모가 합장되어 있었다고 확신한데 따른 것이었다. 현재 이곳에는 공자와 그 자손들이 묻힌 약 2만 기의 무덤이 있다. 담장둘레만 7km가 넘어 세계 최대의 씨족묘지라고 할 수 있다. 이들 무덤은 수많은 묘비가 숲을 이루고 있는 공림孔林 속에 밀집해 있다. 공자의 묘 옆에는 그의 아들 백어伯魚의 무덤이 있고, 그 앞쪽에는 공학의 적통을 계승한 것으로 간주된 손자 자사子思의 묘가 있다.

그러나 삼국시대의 하안何晏과 왕숙王肅 등은 공자의 부모가 합장되었다는 주장에 커다란 의문을 표시한 바 있다. 당시 합장의 풍습이 과연 있었는지를 확인할 길이 없다는 게 그 이유였다. 이에 대해 청대의 고증학자 양옥승梁玉繩은 '합장'을 조상의 선영에 묻은 것으로 풀이하면서 「공자세가」의 기록도 잘못이고 그런 일이 없었던 것으로 풀이하는 것도 잘못이라고 주장했다. 양옥승의 견해가 가장 그럴 듯하다.

모친상을 맞았을 때 공자는 비록 공씨 가문의 주인이 되어 있었지만 부친이 죽었을 때만 해도 공자는 매우 어렸다. 조실부모한 그의 심경은 일반인들이 헤아리기 어려울 정도로 심란했을 것이다. 그가 모친상을 당한 뒤 부친 묘에 합장을 하면서 자신의 망극한 심경을 '동서남북지인東西南北之人'으로 표현한 사실이 이를 뒷받침한다.

그렇다면 모친상을 당했을 때 스스로를 '동서남북지인'으로 표현한 공자는 과연 어떤 삶을 산 것일까? 공자가 모친상을 당한 것은 대략 그가 어느 정도 성장한 뒤의 일이 확실하나 과연 그 전에 결혼을 했는지 여부는 추정키가 쉽지 않다. 만일 그가 결혼을 했다면 스스로를 '동서남북지인'과 같이 표현했을 가능성은 상대적으로 적다고 보아야 한다. 사서의 기록에 비춰 공자의 아들 백어는 공자가 매우 어린 나이에 얻었던 것으로 짐작된다. 공자가 모친상을 당하기 전에 이미 결혼을 했다면 처자를 둔 가장의 신분으로 자신을 '동서남북지인'으로 표현하는 것은 일면 매우 무책임한 것이기도 하다. 대략 결혼은 모친상을 맞은 시점으로부터 그리 멀지 않은 시기에 한 것으로 짐작된다.

그렇다면 모친상을 맞이하기 이전의 공자의 어린 시절은 과연 어떠했을까? 이를 짐작케 해주는 기록이 거의 없다. 단지 「공자세가」의 다음 기록이 거의 유일하다고 할 수 있다.

"공자는 어려서 소꿉놀이를 할 때 늘 조두俎豆 제기를 펼쳐놓고 예를 올렸다."

이를 두고 후세의 유가들은 공자가 어렸을 때부터 예를 열심히 습득한 것으로 풀이했다. 린유탕林語堂은 공자를 송나라 귀족을 조상으로 둔 명가의 후예로 간주한 까닭에 오히려 공자가 귀족적인 환경 속에서 어린 시절을 보낸 것으로 추정했다. 그는 실제로 공자의 일대기를 쓰면서 공자를 매우 세련된 취미와 섬세한 감정을 지닌 귀족으로 묘사해 놓았다. 그러나 그의 이러한 상상은 공자의 어린 시절과 한참 동떨어진 문학적 상상력에 지나지 않는다.

이에 대해 시라카와는 공자가 무축巫祝의 집단 속에서 생활한 까닭에 '조두'를 펼쳐놓고 예를 올리는 소꿉놀이를 하며 성장했을 가능성이 크다고 보았다. 갑골학과 금문학에 밝은 그의 이런 주장은 나름대로 커다란 설득력을 지니고 있다. 그러나 '조두'를 펼쳐놓고 예를 올리는 소꿉놀이를 한 것을 두고 공자가 반드시 무축 집단에서 생활한 것으로 추정하는 것은 적잖은 무리가 있다.

원래 무축巫祝은 '무巫'와 '축祝'을 총칭하는 말이다. 『설문해자』 「무부巫部」에 따르면 '무'는 양 소매로 추는 강신降神 춤을 형상한 것으로 되어 있다. 이에 대해 시라카와는 신을 강림케 하는 주술 도구를 뜻하는 '공工'을 가로세로로 짜 맞춘 것으로 보았다. 어느 경우이든 이들 '무'가 신령과 교신하는 특이한 존재였던 것만은 확실하다.

이는 『산해경』 「대황서경大荒西經」에 나오는 10개의 태양에 관한 설화를 통해 알 수 있다. 여기에는 10개의 태양을 섬기는 신무神巫의 이름이 나온다. 이들 중 무함巫咸과 무팽巫彭의 이름이 나온다. 『여씨춘추』 「물궁勿躬」에 무팽巫彭이 무의巫醫를 만들고, 무함巫咸이 점칠 때 사용하는 댓가지인 서筮를 만들었다는 기록이 나온다. 『서경』 「군석君奭」에도 무함을 비롯해 무현巫賢 등의 이름이 나온다. 무함은 훗날 무당의 조상신으로 섬겨졌다.

그렇다면 '무'와 연칭連稱된 '축祝'은 무엇을 뜻하는 것일까? 이들은 '무'와 더불어 귀신과 관련된 일에는 주술을 전업으로 했다. 다만 이들은 '무'와 달리 축사祝辭를 토대로 귀신에게 제사를 올리는 일을 주로 했다. 후대에 들어와 축사祝辭는 길경사吉慶事에 사용되는 경하慶賀의 글로 통용되었으나 원래는 제문祭文을 의미했다. '축'이 주술적인 뜻을 떠나 일반적으로 '경하'

의 의미를 지니게 된 것은 이들 '축'이 점차 활동 폭을 넓혀 '무' 또는 '사史'
와 연결되면서 이른바 '무축巫祝'과 '축사祝史'로 분화된 사실과 무관치
않다.

'무축'으로 연결된 '축'은 계속 주술을 전업으로 하는 집단으로 퇴락해
갔으나 '축사'로 연결된 '축'은 그 신분이 크게 상승해 당대의 지식인으로
대접받는 상황이 연출되었다. '축사'의 신분상승은 '축'과 연칭된 '사史'와 밀
접한 관련이 있다. 원래 '사'는 옛 이야기의 전승자를 말한다. 이들은 고대
사회에서 의례의 중요한 부분을 차지하고 있는 제사 등에 관한 일을 전담
했다.

'축'이 크게 서민을 상대로 하는 '무축'과 왕·공·경·대부 등의 상류층
을 상대로 하는 '축사'로 분화된 것은 귀신을 섬기는 주술이 시대가 흐르면
서 천시되었음을 시사한다. '축사'는 본래 왕실 내부의 조상제사를 담당하
는 직책으로 당대의 지식인이었다. 이는『춘추좌전』에 고대의 '축사'로 알려
진 사일史佚의 말이 모두 6차례에 걸쳐 인용되고 있는 사실을 통해 쉽게 알
수 있다. 이후 왕실의 권위가 추락하면서 점차 공·경·대부도 집에 '축사'를
두어 조상제사를 전담케 했다.

『춘추좌전』에는 제관祭官의 역할을 수행한 이들 '축사'에 관한 얘기가
무수히 나온다. 이들은 '무축'과 달리 식자층에 속한 까닭에 상대적으로 고
전에 밝았다. 춘추시대에 들어와 이들 '축사'는 다시 북을 두드리며 옛 이야
기를 들려주는 고사瞽史와 왕실 및 공·경·대부의 집에 머물며 사당제사를
전담하는 통상적인 '축사', 천문天文에 관한 지식을 토대로 역사를 기술하는
사관史官 등으로 세분화되었다.

원래 '춘추외전春秋外傳'으로 알려진『국어國語』에는 '고사'에 관한 얘기
가 제법 많이 나온다.『사기』「태사공자서太史公自序」는『국어』의 편수과정을
두고 '좌구左丘가 실명한 뒤『국어』를 지었다.'고 기록해 놓았다.『논어』「공
야장」에도『사기』의 '좌구'와 동일인으로 추정되는 좌구명左丘明에 관한 얘

기가 나온다. 공자의 선배였을 것으로 추정되는 좌구명은 전국시대 중기 이후에 성립된 것으로 보이는 『춘추좌전』과 『국어』의 편저자로 단정할 수는 없으나 이들 사서의 편찬에 적잖은 도움을 주었을 것으로 짐작된다.

『논어』를 비롯한 선진시대 문헌에 언급되어 있는 공자의 모습을 보면 공자는 장례 등의 예식禮式에 관해 해박한 지식을 갖고 있었다. 시라카와는 이를 근거로 하층부류인 무축집단 속에서 생활한 공자가 장성해서는 상례 행사에 고용되어 장축葬祝의 일을 맡았을 것으로 추정했다. 이는 말할 것도 없이 공자를 무녀의 사생아로 본 데 따른 것이다.

공자가 예에 밝았던 사실을 두고 어릴 때부터 '조두'를 펼쳐 놓고 소꿉놀이를 한 결과로 볼 수도 있을 것이다. 그러나 이를 근거로 공자가 무축의 집단에서 생장했다고 추정하는 것은 지나치다. 씨족사회의 전통을 유지한 당시는 조상신 숭배를 당연시한 까닭에 상례喪禮와 제례祭禮는 가장 성대한 예식으로 치러졌다. 어린아이들이 성대한 예식을 흉내 내며 소꿉놀이를 한 것은 매우 자연스러운 일로 보아야 한다. 더구나 상제례喪祭禮가 원래 은나라 유민의 전문 영역인 데다가 공자의 조상이 은나라 유민으로 구성된 송나라 출신인 점을 감안하면 공자가 어렸을 때부터 '조두'를 펼쳐 놓고 소꿉놀이한 것을 두고 이상하게 생각할 필요도 없다. 공자는 상제례에 밝은 주변 사람들의 영향을 크게 받았을 공산이 크다. 공자에게 부친의 묘소를 가르쳐준 만보의 모친도 그런 사람들 중 한 사람이었을 것이다. 공자가 무축의 집단에서 생장한 까닭에 상장례 등에 밝았다고 추정하는 것은 무리이다.

사실 이 일화는 공자의 어릴 때 얘기를 그대로 전하는 것인지도 의심스럽다. 훗날의 예식을 중시하는 유가 후학들이 만들어낸 공자에 관한 전설일 가능성도 배제할 수 없는 것이다. 설령 이것이 사실이라고 할지라도 공자가 무축 집단에서 생장한 까닭에 예식에 밝았다고 볼 필요는 없는 것이다.

공자가 어린 시절 '조두'를 펼쳐놓고 소꿉놀이를 한 일화를 제외하고는 당시의 상황과 관련된 일화는 존재하지 않는다. 대략 공자는 모친상을 당할 때까지 여느 하급 사족의 자식들과 마찬가지로 편모의 세심한 배려 하에 별 탈 없이 성장했을 것으로 짐작된다. 중국에서 나온 수많은 공자전기는 이 공백을 메우기 위해 모친 안씨가 어려운 살림에 학비를 조달해 공자에게 시서詩書와 탄금彈琴 등을 가르친 것으로 묘사해 놓았으나 믿을 바가 못 된다.

원래 공자의 부친 숙량흘은 비록 뛰어난 용력으로 용사로서의 명성과 지위를 얻기는 했으나 신분세습의 봉건질서에서 한계를 절감해야 했던 시골의 하급 사족에 지나지 않았다. 당시 대부 이상의 귀족은 영지에서 나오는 수익으로 생활하면서 도성 근교에 별장을 짓고 평소 거기에 거주하며 살았다. 그들은 성 안의 이른바 '국國'에 거주하는 이른바 '국인國人'이었다. 이에 반해 통상 소인으로 불린 서민은 성 밖의 '야野'에 거주하며 농경에 종사하는 '야인野人'이었다. 숙량흘 역시 비록 사족이기는 했으나 '국인'은 아니었다. 『논어』「팔일」의 다음 대목이 그 증거이다.

"하루는 공자가 처음으로 관원이 되어 종묘 제사에 참여하면서 매사를 물었다. 그러자 어떤 사람이 힐난키를, '누가 추인鄹人(숙량흘을 지칭)의 아들이 예를 안다고 말했는가? 그는 태묘太廟(종묘)에 들어가 매사를 묻는다.'고 했다. 공자가 이 말을 듣고 이같이 대꾸키를, '매사를 물어 공경을 다하는 것이 바로 예이다.'라고 했다."

여기의 '태묘'는 주공 단旦의 사당을 말하고, '추鄹'는 『춘추좌전』에 나오는 '추郰'와 같은 지명으로 공자의 부친 숙량흘이 재직하던 곳을 말한다. 이 일화의 핵심은 공자가 처음 벼슬할 때 '태묘'에 들어가 제사를 도우면서 매사를 묻는 모습을 보고 이상하게 생각한 사람이 젊어서부터 예를 잘 안다고 소문난 공자를 신랄하게 공박한 데 있다. 이 일화는 공자의 재치 있는 대꾸에도 불구하고 당시 도성인 곡부성에 거주하는 귀족들이 시골에 사는 하급 사족의 아들인 공자를 얼마나 업신여겼는지 잘 보여주고 있다.

아무리 숙량흘이 뛰어난 무공으로 명성을 떨치고 상당한 위치에 올라섰다고 할지라도 귀족들이 볼 때 그는 어디까지나 시골의 하급 무사에 불과했다. 그의 생활태도 역시 조야하기 그지없어 '국'에 사는 귀족들의 비웃음을 샀을 공산이 크다. 「공자세가」에 나오는 다음 대목이 이를 뒷받침한다.

"공자가 아직 상복을 입고 있을 때 계씨季氏가 명사들에게 연회를 베풀었다. 이에 공자도 참석차 갔다. 그러자 계씨의 가신 양호陽虎가 가로막고 말하기를, '계씨는 명사들에게 연회를 베풀려고 한 것이지 당신에게 베풀려고 한 것이 아니다.'라고 했다. 이에 공자가 물러나고 말았다."

여기의 계씨는 계평자季平子인 계손의여季孫意如를 말한다. 양호는 훗날 계평자의 아들인 계환자季桓子인 계손사季孫斯를 협박해 양관陽關(산동성 태안 남쪽)에 머물며 국정을 독점한 인물이다. 「공자세가」에 따르면 공자는 모친 상중인 17세 때 계평자의 초청을 받고 연회에 참석했다가 처음으로 양호와 만나 면박을 받고 황망히 자리를 빠져나갔다는 것이다.

「공자세가」의 이 일화는 출처를 전혀 알 길이 없으나 대략 양호를 높이기 위해 만들어진 후대의 전설로 보인다. 당시 한미한 하급 사족 출신인 어린 고아 공자가 당대의 권신인 계평자가 명사들을 대상으로 연 연회에 초청되었다는 것은 있을 수 없는 일이다. 모친의 상중에 연회에 참석한 공자의 행보도 선뜻 납득이 가지 않는 대목이다. 그럼에도 이 일화는 당시 공자가 국인들로부터 어떤 대우를 받았는지 시사하고 있다.

공자의 부모는 정식으로 혼인식을 올리지 못한 이른바 '야합'으로 맺어진 사이였다. 게다가 공자는 어렸을 때 부친과 사별한 뒤 얼마 안 돼 다시 모친과도 사별해 이내 의지할 곳 없는 고아가 된 까닭에 유복한 삶과는 거리가 멀었다. 린유탕은 공자가 어렸을 때 귀족적인 삶을 산 것으로 오해하고 있으나 이는 공자의 선조를 송나라 명족으로 묘사한 『공자가어』와 「공자세가」 등의 기록을 맹신한데서 비롯된 것이다.

이에 대해 공자 자신도 술회한 바 있듯이 그는 일찍부터 일족의 생계를 책임진 까닭에 밥벌이를 위한 전문 기예를 열심히 습득했을 공산이 크다. 물론 공자도 속된 일에 재주가 많은 것은 군자와 거리가 멀다고 생각했으나 이는 공자가 입지立志한 이후의 일이다. 그 또한 젊은 시절만 하더라도 가난하고 미천한 신분으로 태어난 까닭에 부득이 밥벌이를 위한 전문 기예를 습득하는 데 힘을 쏟지 않을 수 없었다고 보는 것이 합리적이다. 그렇다면 젊은 시절의 공자가 습득한 전문 기예는 과연 무엇일까? 「자한」에 이를 추정할만한 공자의 언급이 나온다.

"내가 무슨 직업을 가질까? 말 모는 일을 할까? 아니면 활 쏘는 일을 할까? 나는 말 모는 일이나 할까 보다."

이는 예禮·악樂·사射·어御·서書·수數로 약칭되는 6예六藝의 기예 중 '사射'와 '어御'를 언급한 것이다. 공자는 젊었을 때 바로 하급 사족의 전문영역인 6예를 열심히 습득했던 것이다. 그러나 어투로 보아 공자는 그다지 무예에 관심이 없었던 것으로 보인다. 이는 무용으로 이름을 날린 숙량흘의 후예로서는 뜻밖의 대답이다. 당시 공자는 위풍당당한 체구와 이에 어울리는 완력을 지니고 있었다. 「공자세가」에 나오는 다음 기록이 이를 뒷받침한다.

"공자는 키가 9척尺 6촌寸이어서 사람들이 모두 '장인長人(껑다리)'이라고 부르며 기이하게 생각했다."

당시의 1척은 지금의 6촌 2푼分에 해당한다. 9척 6촌이면 대략 190cm가량 된다. 당시 사람들의 신장은 보통 7척이었다고 한다. 그렇다면 9척 6촌은 거의 거인에 가까운 것이다. 「공자세가」의 이 기록은 노나라 지방에 남아 있던 전승을 그대로 수록해 놓은 것으로 보인다. 『순자』「비상非相」에도 공자의 거구와 관련된 구절이 나온다.

"중니는 키가 컸다. 그의 얼굴은 몽기蒙倛와 같았다."

'몽기'는 방상씨方相氏가 역병을 물리치거나 장례를 치를 때 쓰는 귀신쫓는 커다란 탈을 말한다. 공자의 얼굴을 '몽기'에 비유한 것은 공자의 얼굴이 매우 컸음을 시사한다. 순자는 비록 정수리 한 가운데가 움푹 들어가 있다고 말하지는 않았으나 '몽기'는 머리 한 가운데가 움푹 들어간 모습과 닮아 있다. 그러나 순자가 이를 의식해 '몽기'를 언급했다기 보다는 단지 공자의 장대한 체구를 비유키 위해 '몽기'를 언급한 것으로 보는 게 옳다. 대략 공자의 장대한 기골은 부친 숙량흘의 유전이었을 것이다.

당시 공자가 위풍당당한 체구를 지니고 있음에도 「자한」에 나오듯이 활 쏘는 일보다 말 모는 일을 선호한 것은 부친과 같이 전문적인 무사로 성공하고자 하는 생각이 아예 없었음을 시사한다. 그렇다면 공자는 무엇이 되고자 한 것일까? 그가 어려서부터 추구한 것은 바로 학문의 길이었다. 「위정」에 나오는 공자의 다음 술회가 그 증거이다.

"나는 15세에 학문에 뜻을 두었고, 30세에 자립했고, 40세에 의혹되지 않았고, 50세에 천명을 알았고, 60세에 만사가 귀에 거슬리지 않게 되었고, 70세에 마음이 좇는 바대로 행할지라도 법도를 넘지 않게 되었다."

이를 통해 공자는 불우한 환경에도 불구하고 15세에 이미 학문에 뜻을 두었음을 확인할 수 있다. 그렇다면 공자는 왜 자신이 물려받은 자질이나 친숙한 환경과 거리가 먼 학문의 길을 선택한 것일까? 그가 생각한 학문의 길은 과연 무엇을 말하는 것일까? 「헌문」에 이를 짐작케 해주는 언급이 나온다.

"옛날의 학자는 치도治道를 밝힐 생각으로 자신을 위해 학문을 했으나, 지금의 학자는 치술治術을 이용할 생각으로 남을 위해 학문을 한다."

이를 통해 짐작할 수 있듯이 공자는 학문의 길을 선택했기보다 사실 자연스레 학자의 길에 들어섰다고 말하는 것이 적절하다. 사실 그의 뛰어난 경륜과 식견은 끊임없는 역경 속에서 빚어진 거듭된 좌절 속에서 얻어진 것이다. 그러나 그는 특정한 사람을 선생으로 모시고 학문을 연마한 것이 아니다. 『논어』「자장」에 나오는 자공의 언급이 이를 뒷받침한다.

"부자夫子가 어디선들 '문무지도'를 배우지 못했을 리 있겠소. 또한 어찌 일정한 스승을 두고 배웠을 리 있겠소."

당시 귀족의 자제는 가정교사와 같은 선생을 두고 배우는 것이 관례였다. 그러나 자공의 말에 따르면 공자는 스스로 부단히 탐구해 철인의 경지에 도달한 셈이다. 공자는 어떻게 이런 경지에 오르게 된 것일까? 그 해답은 바로 배우기를 좋아하는 그의 호학好學 기질에 있었다. 그는 「학이」에서 이같이 말한 바 있다.

"군자는 음식을 먹으며 배부름을 구하지 않고, 거처하며 편안함을 구하지 않고, 일을 민첩하게 행하며 말을 삼가고, 도가 있는 곳으로 나아가며 행실을 바로 잡아야 한다. 그리하면 가히 호학好學이라고 이를 만하다."

공자의 주장에 따르면 '호학'하는 사람은 일상생활을 간소하게 하고, 말은 조심스럽게 하되 실천은 과감하게 하고, 덕망 있는 사람을 찾아가 비판을 청하며 행실을 바로 잡는 사람을 말한다. '호학'이 단순히 글을 읽는 것만을 좋아하는 사람을 지칭하는 것이 아니다. 이론과 실천을 겸비한 것이 바로 진정한 '호학'이다. 이는 공자가 이상적인 위정자로 상정한 '군자君子'의 표상이기도 하다. 자공이 공자에게 일정한 스승이 없었다고 말한 것은 바로 이런 의미에서 나온 것이다. 빈한한 하급 사족의 후예인 공자가 고명한 학자를 스승으로 삼아 학문을 전수받았을 리 없다. 공자의 이러한 지론은 그가 부단히 온갖 역경 속에서 수많은 좌절을 겪으며 심득心得한 것이기도 했다. 이를 두고 공자의 직제자 자하子夏는 「자장」에서 이같이 말한 바 있다.

"출사出仕하여 여력이 있으면 학문을 닦고, 학문을 닦으면서 여력이 있으면 출사한다."

자하는 이 대목에서 '호학'이 아닌 사람은 '위정자'의 자격이 없다고 간단명료하게 정리한 셈이다. 그렇다면 보다 구체적으로 공자는 어떻게 이런 경지에 이르게 된 것일까?

공자는 어린 시절에 향당鄕黨의 어른들을 모시면서 향당의 성원이 되기 위해 필요한 기본 소양을 익혔다. 당시에는 5가家가 모여 1비比, 5비가 모여 1려閭, 5려가 모여 1족族, 5족이 1당黨, 5당이 모여 1주州, 5주가 모여 1향鄕의 마을단위를 이루고 있었다. 이를 총칭해 흔히 '향당'이라고 했다. 1호에 4인 가족이 있었다고 간주하면 대략 1만 명가량이 1개 향에 살았던 셈이다.

향당은 일정한 지역을 단위로 하는 제사 및 군사공동체였다. 각 공동체는 학식 높고 덕망 있는 노인을 교사로 하여 공동체의 청년에게 일정 기간 교육을 시켰다. 각 당에 설치된 학교를 서序라고 했다. 공자가 15세에 공부에 뜻을 두었다는 것은 바로 이 향의 '서'에 입학한 것을 의미한다. 향당의 교육은 장로長老라 불리는 노인을 스승으로 삼아 제례祭禮를 비롯한 공동체 연례행사에 필요한 여러 예식을 익히는 것이었다. 이는 양로養老의 의식을 익히고 노인으로부터 부락의 고사를 전수받아 향당의 성원이 되는 자격을 얻는데 그 목적이 있었다. 공자는 틀림없이 여기서 6예의 기초를 닦았을 것이다.

원래 주왕조의 봉건제 하에서 사·농·공·상의 4민四民 중 사족은 농·공·상과 달리 공직에 취임할 자격이 있었다. 그러나 무조건 취임할 수 있는 것은 아니었다. 최소한 관인官人에게 필요한 일정한 수준의 교양을 습득해야만 했다. 그것이 바로 6예였다. 6예의 학습은 국가의 하급관원에 봉직키 위한 최소한의 자격요건이었다. 비록 임시고용직일지라도 6예의 학습은 필요했다. 당시 공자를 비롯한 사족의 자제는 소년시절에 가숙家塾 또는 향당의 '서序'에 나아가 6예를 배웠다.

당시 6예는 사족의 자제가 받은 기초적인 필수과목으로 이것이 가능하면 하급의 직책에 채용될 수 있었다. 6예 중 '예禮'를 습득하면 제사와 장례, 혼례 등에 응해 임시로 일할 수 있다. '악樂'을 습득하면 여러 의식과 연회 때 불려가 임시로 일할 수 있다. '사射'를 습득하면 활을 다루는 의식에 참여해 밥벌이 구실로 삼을 수 있다. '어御'를 습득하면 신분 있는 사람의 마차를 몰 수 있다. '서書'를 습득하면 서기로 취직할 수 있다. '수數'를 습득하면 회계분야에 취직할 수 있다. 6예를 습득하면 설령 관직에 임용되지 않을지라도 그 기술로 얼마든지 호구지책糊口之策을 삼을 수 있는 것이다.

원래 공자의 부친 숙량흘은 용력이 절륜했던 만큼 6예 중 특히 사射와 어御에 뛰어났을 것이다. 그러나 그가 나머지 예禮·악樂·서書·수數에 대해서는 어느 정도까지 습득했는지 짐작키가 쉽지 않다. 당시 공자의 모친 안씨 역시 설령 기본 소양을 갖추고 있었다고 할지라도 첩의 신분에 머물러 있었던 까닭에 운신의 여지가 별로 없었을 것이다. 대략 안씨는 아들 공자에게 모든 희망을 걸고 공자가 속히 6예의 교양을 철저히 익혀 장차 공씨 가문을 일으키기를 염원했을 공산이 크다. 공자 또한 모친의 이러한 기대를 저버리지 않기 위해 열심히 노력했을 것으로 짐작된다. 「술이」에 이를 짐작케 해주는 공자의 언급이 나온다.

"세 사람이 길을 갈지라도 거기에는 반드시 나의 스승이 있다. 그 선한 것을 가려서 따르고, 그 불선한 것을 가려서 고친다."

공자의 맹렬한 학습과정을 짐작케 해주는 대목이다. 공자가 어렸을 때부터 '조두'를 펼쳐놓고 소꿉놀이를 즐겼다는 「공자세가」의 기록 등을 감안할 때 그는 6예 중 '예'에 해당하는 각종 예식에 남다른 관심을 기울였을 공산이 크다. 이로 인해 얼마 후 마침내 그 능력을 인정받아 점차 귀족 자제의 교사로서의 예를 가르쳤을지도 모른다. 그러나 이 또한 그가 하급 사족의 집에서 태어나 고아로 생장한 점 등을 감안할 때 가족의 생계를 위한 호구지책에서 비롯되었을 공산이 크다. 그렇다면 구체적으로 공자는 어떻게 6예를 활용해 호구지책으로 삼았던 것일까? 「공자세가」에 그 단서가 나온다.

"공자는 가난하고 천했다. 커서는 계씨의 사史(창고지기)가 되었다. 일을 공평히 하여 사직리司職吏(목장지기)가 되어 가축을 크게 번식시켰다."

젊은 시절의 공자가 계씨 밑에서 하급 관리직으로 일했는지 여부는 단언키가 어렵다. 다만 그가 가계를 돕기 위해 닥치는 대로 일한 것만큼은 확실하다고 보아야 한다. 이는 훗날 맹자가 군자도 때에 따라서는 가난 때문에 여러 일을 할 때가 있다며 공자를 적극 변호하고 나선 사실이 뒷받침한다. 『맹자』「만장 하」에서 맹자는 이같이 주장했다.

"벼슬은 가난 때문에 하는 것이 아니지만 때로는 가난한 까닭에 하는 경우가 있다. 취처娶妻는 부모 봉양 때문에 하는 것이 아니지만 때로는 부모를 봉양키 위해 하는 경우가 있다. 가난 때문에 벼슬하는 사람은 높은 벼슬은 사양하고 낮은 벼슬로 나아가거나 후한 녹은 사양하고 박한 녹을 받아야 한다. 그렇다면 어찌 하는 것이 좋겠는가? 문지기나 야경꾼이 그럴듯하다. 공자는 일찍이 위리委吏(창고지기)가 되었을 때 이르기를, '회계는 정확하면 그뿐이다.'라고 했다. 또 한때 승전乘田(목장지기)으로 있으면서 이르기를, '회계는 정확하면 그뿐이다.'라고 했다. 지위가 낮으면서 국가대사를 함부로 논하는 것은 죄이고, 고관이 되어 조정에 출사하면서 치도를 행하지 않는 것 또한 수치스러운 일이다."

여기의 '위리'는 회계를 담당하는 하급관원으로 『사기』에 나오는 계씨 가문의 '사史'와 같고, '승전'은 『사기』에 나오는 '사직리司職吏'와 동일한 직책으로 일종의 총무과에 속하는 하급관원을 말한다. 맹자의 주장과 같이 청년시절의 공자는 하급의 직원 내지 노무원으로 있었을 공산이 크다. 다만 공자가 언제 '위리' 및 '승전'이 되었는지는 알 길이 없다. 그가 정식으로 채용된 것인지 여부도 불투명하다. 「공자세가」의 기술에 따르면 대략 20세 전후에 '위리' 및 '승전'이 된 것으로 보인다.

당시 공자가 하루 빨리 다른 사람에 앞서 6예를 배우려 노력했던 것만은 여러 정황에 비춰 거의 의심할 여지가 없다. 공자가 '위리'와 '승전'으로 일하게 된 데에는 실무와 관련된 6예에 밝았던 사실과 무관치 않았을 것이다. 「자한」에 나오는 다음 대목이 그 증거이다.

"하루는 오나라의 태재大宰가 자공에게 묻기를, '공자는 성인이오. 어찌 그리 재주가 많은 것이오'라고 했다. 그러자 자공이 대답키를, '본래 하늘이 내신 큰 성인이니 또한 재능이 많은 것이오'라고 했다. 공자가 이 말을 듣고 말하기를, '태재가 나를 아는구나. 나는 젊었을 때 미천했기 때문에 비천한 일에 능한 게 많다. 군자는 능한 것이 많은가. 아마 많지 않을 것이다.'라고 했다. 후에 이를 두고 자장子張이 말하기를, '선생님은 자신이 세상에 등용되지 못했기에 재주가 많은 것이라고 말했다.'고 했다."

자장이 인용한 공자의 언급은 정식관원으로 채용된 적이 없었기에 여러 기술을 습득했다는 뜻으로 풀이할 수 있을 것이다. 빈한한 가정에서 생장한 공자는 어릴 때부터 가계를 도우려는 생각을 갖고 있었을 것이다. 사서의 기록에 나와 있듯이 공자는 생계를 위해 어떤 비천한 직책에 나아갔을 때에도 성실히 직무를 수행했음에 틀림없다. 공자가 젊었을 때 여러 기술을 배워 재주가 많았다고 한 것은 바로 6예의 기예를 고학으로 습득한 것을 의미한다.

그러나 공자는 소년시절에 비록 6예를 습득했으나 이것만으로는 정식으로 공직에 취임키가 쉽지 않았다. 당시 신분세습에 의해 고위관직에 나아가는 귀족자제는 6예 이외에 제사祭祀와 외교사령外交辭令 등의 의례 등을 습득해야만 했다. 이들을 위한 『예』·『악』의 중등교육이 있었고, 그 위에 『시』·『서』·『예』·『악』 등이 고등교과목으로 부과되어 있었다.

당시 공자가 소년시절에 독학으로 배운 6예는 초등교육 수준에 불과했다. 공자는 불행히도 빈천한 가운데 생장하여 고등교육은 말할 것도 없고 다른 사람과 같이 정상적인 초등교육을 받는 일도 사실상 불가능했다. 통상적인 경우라면 6예의 학습단계에서도 다른 사람에 뒤질 수밖에 없는 상황이었다. 그러나 그는 성실한 노력과 타고난 체력을 바탕으로 이를 극복했다. 「공야장」에 나오는 공자의 술회가 그 증거이다.

"십실지읍十室之邑(작은 성읍을 지칭)에도 반드시 나처럼 충신忠信한 사람이 있는 법이다. 그러나 그들은 내가 배우기를 좋아하는 것만 못할 것이다."

공자가 어렸을 때부터 자신의 '호학'에 대해 커다란 자부심을 갖고 있었음을 쉽게 알 수 있다. 그의 이러한 자신감은 대략 힘겨운 고학과정을 통해 얻어졌을 것이다. 그가 15세에 학문에 뜻을 두었다고 말한 것은 6예의 학습을 뛰어넘었음을 의미하는 것은 아니다. 그가 소년시절에 배운 6예는 기본적으로 가계를 돕기 위한 일시적인 밥벌이 수단에 불과했다.

공자는 부득이 밥벌이 수단으로 6예를 습득키는 했으나 결코 여기에 머물 생각은 추호도 없었다. 비록 하급 사족 출신이기는 하나 6예나 배워 말단 사족으로 평생을 보낼 생각이 전혀 없었던 것이다. 그의 꿈은 원대했다. 그는 군주를 비롯해 경대부들이 추구하는 높은 수준의 교양을 익혀 그 진수를 터득코자 하는 열망을 갖고 있었던 것이다.

그러나 당시 노나라는 안팎으로 커다란 위기에 처해 있었다. 3환의 전횡으로 공실이 약화되어 국세가 날로 피폐해지는 가운데 국제관계도 날로 험악해졌다. 노나라는 이미 공자가 출생하기 전인 노양공 11년(기원전 561년)에 3환이 전래의 군사체제인 2군을 3군으로 개편하면서 노나라의 실권을 틀어쥔 바 있다. 당시 이들은 전체 병력의 절반에 해당하는 정예부대를 수중에 넣은 뒤 나머지 병력을 중군으로 편성해 군주 소속으로 남겨 놓았다. 이들은 공자가 16세가 되는 노소공 5년(기원전 537년)에 이르러서는 중군마저 폐지해 자신들의 휘하에 분속시켰다. 마침내 공자가 36세가 되는 노소공 25년(기원전 517년)에는 노소공이 3환의 반격을 받아 제나라로 망명하는 일이 빚어졌다.

이로 인해 노나라 전래의 문화양식도 크게 변했다. 공자의 유소년시대까지만 하더라도 노나라는 다른 열국에 비해 옛 문화를 비교적 잘 보존한 나라였다. 『춘추좌전』「노양공 29년」조에 따르면 공자가 9세 때 오나라 사자 계찰季札이 노나라를 빙문聘問했다. 오나라의 왕족 출신인 계찰은 흔히 봉지의 이름을 따 연릉계자延陵季子로 불린 인물로 오나라 최고의 교양인이었다. 그는 노나라에 전해지는 주 왕실의 고전음악을 듣고 날카로운 비평을 가해 노나라 대부들을 경악케 만들었다.

계찰은 이후 제나라로 가 현대부 안평중晏平仲 안영과 만난 뒤 다시 정나라로 가 현대부 자산子産과 만나 대화를 나누었다. 이후 다시 위나라로 가 현대부 거백옥蘧伯玉 및 사어史魚와 만나고, 다시 진晉나라로 가서는 현대부 숙향叔向 등과도 만났다. 이들 모두 당대의 현자들이었다. 이때 계찰은 열국의 앞날을 정확히 예측하면서 적절한 조언과 비평을 가해 칭송을 받았다.

『춘추좌전』에 나오는 이 기록만을 놓고 보면 계찰은 당대 최고의 현자였음에 틀림없다. 그러나 여기서 주목할 것은 계찰의 문명비평이 공자 이후에 완성된 유가의 문화사관과 흡사하다는 점이다. 계찰을 열국의 현자들 중 가장 뛰어난 인물로 묘사해 놓은 것은 아무리 보아도 이상하다. 유가 후학이 유학을 널리 선전하기 위해 계찰을 크게 미화시켜 놓았을 가능성을 짐작케 하는 대목이다. 이는 『사기』「중니제자열전」에 나오는 다음 대목을 보면 쉽게 짐작할 수 있다.

"공자가 엄히 섬긴 사람은 주나라의 노자老子, 위나라의 거백옥, 제나라의 안평중, 초나라의 노래자老萊子, 정나라의 자산, 노나라의 맹공작孟公綽 등이다."

여기서 노자와 노래자가 별개의 인물로 나타나고 있어 후대인들에게 노자의 정체를 파악하는데 적잖은 혼란을 주고 있으나 거백옥과 안평중, 자산, 맹공작 모두 『논어』의 각 편에서 공자의 칭송을 받은 현자들이다. 그러나 계찰의 이름은 전혀 언급되지 않는다. 계찰에 관한 설화가 공자 이후의 유가 후학들에 의해 추가되었을 가능성을 짐작케 해주는 대목이다. 대략 계찰에 관한 『춘추좌전』의 기록은 말할 것도 없고 『사기』「중니제자열전」의 기록 역시 『논어』의 기록을 토대로 만들어진 후대의 설화가 수록된 것으로 보는 것이 타당할 것이다.

다만 오나라의 계찰이 노나라를 빙문하고 당시 계찰이 뛰어난 교양인으로 널리 알려진 것은 역사적 사실에 부합한다. 나아가 당시 노나라에 주왕실의 고전음악과 고전무용 등이 고스란히 남아 있었고, 자산과 안평중, 거백옥 등 전래의 전통과 교양을 체현한 현자들이 존재한 것도 사실로 보아야 한다. 감수성이 예민했던 청년기 때의 공자가 이들로부터 많은 영향을 받았으리란 점은 분명하다. 실제로 공자사상에 대한 검토를 통해 공자가 이들로부터 지대한 영향을 받았음을 쉽게 확인할 수 있다.

그러나 공자가 이들을 사숙私淑하며 전통문화와 교양 등을 습득할 당시 노나라 등에 잔존해 있던 전통문화가 급속이 붕괴해가고 있었다. 당시 공자는 이를 커다란 위기로 생각했다. 「위령공」에 나오는 공자의 언급이 이를 뒷받침한다.

"나는 오히려 사관들이 확실치 않은 일에 대해서는 기록치 않고 이를 잘 아는 사람이 나타나기를 기다리고, 말을 소유한 자가 제대로 조련할 수 없어 남에게 이를 타게 하여 길들이는 것을 본 적이 있다. 그러나 지금은 그것도 없어졌다."

전통문화의 붕괴를 애석히 여기는 공자의 안타까운 심경이 그대로 드러나고 있다. 이로 미뤄 당시 공자는 이러한 상황을 매우 애석히 여기면서 전통문화의 정수를 보존해 새로운 시대를 여는 것을 자신의 사명으로 여긴 듯하다. 그러나 공자는 단순한 복고주의자가 아니었다. 그는 전통문화를 현실에 맞게 취사선택하면서 그 정신을 이어받아 새로운 것을 만들고자 했다. 「양화」의 다음 대목이 그 증거이다.

"예禮 운운하지만 이게 어찌 옥백玉帛 등의 예물만을 말하겠는가? 악樂 운운하지만 이게 어찌 종고鐘鼓 등의 악기만을 말하겠는가?"

이 대목은 예는 형식보다 그 안에 담긴 정신이 훨씬 중요하다는 사실을 상기시키고 있다. 공자는 전통문화의 본질을 인간의 신실信實에서 찾고자 한 구도자였던 것이다. 이는 「술이」에 나오는 다음 대목에서 더욱 극명하게 나타나고 있다.

"술이부작述而不作하면서 신실한 자세로 호고好古 옛 것을 좋게 여김 하는 것을 나는 사적으로 우리의 노팽老彭에 견준다."

공자의 전통문화에 대한 기본 입장을 이보다 잘 나타낸 대목도 없을 것이다. 여기의 '술이부작'은 전통문화를 기술은 하되 창작하지는 않는다는 뜻이다. '술이부작'의 '술述'은 옛것에 대한 전술傳述을 뜻하고, '작作'은 창작을 의미한다. '노팽'에 대해서는 예로부터 여러 해석이 나왔으나 아직 정설이 없다. 7백세의 장수를 누렸다는 전설적인 팽조彭祖를 가리킨다는 설과 공자가 사사했던 노자를 가리킨다는 주장 등이 있다. 『대대례기大戴禮記』에는 은나라의 전설적인 현자인 팽조에 관한 얘기가 나온다. 후대의 유가는 거의 모두 이를 좇았다.

이에 대해 공자가 당초 무축巫祝의 일원으로 활약했다고 추정한 시라카와는 '노팽'을 팽씨의 무격巫覡으로 보았다. 그는 '술이부작'은 원래 무축집단의 전통에 해당한다고 주장하면서 무축의 일원으로 활약한 공자가 전설적인 무격인 팽씨의 무격을 '술이부작'의 비유에 인용한 것으로 추정한 것이다. 기본적으로 노자를 공자는 물론 장자보다 훨씬 후대의 인물로 간주한 그는 공자가 7백세까지 장수키를 원했다고 볼 수 없고, 나아가 '노팽'을 노자로 볼 수도 없는 만큼 이같은 해석이 문의文意에 부합한다고 주장했다.

그러나 굳이 '술이부작'을 무축만의 전통이라고 고집할 필요는 없다. 공자를 무축의 일원으로 간주한데 따른 억견臆見이다. '술이부작'은 전통문화에 대한 당시의 통상적인 기본 입장으로 보는 것이 타당하다. '술이부작'과 '호고好古'를 병칭한 데서 알 수 있듯이 공자가 '술이부작'의 입장을 취하게 된 것은 바로 신실한 자세로 '호고'한데 따른 것이었다. '술이부작'은 바로 '호고'와 동의어인 셈이다. 그렇다면 '호고'는 구체적으로 무엇을 말하는 것일까? 「이인」의 다음 대목이 그 해답을 제시하고 있다.

"예전에 말을 함부로 내지 않은 것은 몸소 실천하는데 미치지 못할까 부끄러워했기 때문이다."

'호고'의 요체는 바로 '궁행'과 직결되어 있는 셈이다. 공자가 말한 '호고'는 단순히 옛날을 추구하는 것이 아니라 사물의 원리를 깨달아 지극한 통치를 실현시키기 위해 학덕을 연마하고 실천한다는 뜻을 담고 있는 것이다. 여기서 공자사상의 가장 큰 특징 중 하나인 이론과 실천의 유기적 결합을 의미하는 이른바 '지행합일知行合一'사상을 읽을 수 있다. 당시 청년 공자는 노나라에서마저 전통문화가 급속히 붕괴되는 조짐이 나타나자 이를 발전적으로 계승하려는 강한 사명의식을 느꼈음에 틀림없다.

망명 성격의 유학

공자는 훗날 자신의 30대를 '이립而立'의 시기로 술회했다. 이는 무엇을 뜻하는 것일까? 당시 사족의 자제에게 6예를 가르치는 교사는 해당 분야의 전문가였다. 이들은 왕실과 제후, 경대부 집에서 봉사하며 대대로 그 기술을 가업으로 전수했다. 이로 인해 왕·후·경·대부의 휘하에는 6예에 관한 고도의 전문지식과 기술을 지닌 명인들이 늘 존재했다.

그러나 춘추시대 말기에 들어와 세상이 점차 혼란해지고 제후와 귀족의 흥망성쇠가 어지러울 정도로 계속되자 명인들이 주군의 패망과 더불어 낭인이 되어 떠돌아다니게 되었다. 그들은 민간의 사장師匠이 되거나 가전家傳의 기술을 파는 식으로 호구지책을 삼았다. 그중에는 시골의 하급 사족과 결탁해 호구지책을 도모한 경우도 있었을 것이다. 공자 집안의 지인과 이웃 중에도 이러한 사람들이 제법 많았을 것으로 짐작된다. 이러한 추정이 맞는다면 당시 공자는 이들로부터 호구지책과 관련된 많은 기술을 전수받았을 공산이 크다.

평소 '호학'의 자질을 지니고 사려가 깊었던 공자는 이들 명인들과의 접촉을 통해 학문과 문화 일반에 대한 폭넓은 시야를 갖게 되었을 것으로 짐작된다. 이는 궁극적으로 인간의 삶에 대한 통찰로 나아갈 수밖에 없다. 하급 사족의 기본교양인 6예를 철저히 연마한 위에 명인들과의 접촉을 통해 문화 일반에 대해 깊은 통찰을 하게 된 젊은 공자의 눈에 당시의 봉건질서는 자연의 이치를 거스른 혁파의 대상으로 비춰졌을 공산이 크다. 당시 천자를 비롯한 공후와 경대부 등의 위정자들은 결코 공자가 이상적인 위정자의 표상으로 간주한 '군자'와 거리가 멀었다.

공자가 볼 때 군자의 표상인 위정자들은 국사를 다루는 만큼 마땅히 전문기술을 지닌 명인들과는 차원이 다른 높은 수준의 학덕과 경륜을 지니고 있어야만 했다. 안천하安天下를 책임진 천자는 응당 전 인류로 하여금 각기 그 머물 곳을 얻게 하는 성인이어야만 했다. 공자가 볼 때 그러한 성인의 표상에 가장 잘 어울리는 인물이 바로 주나라 건국의 기틀을 마련한 주공 단旦이었다. 이러한 생각이 바로 젊은 공자로 하여금 6예의 전문기술을 뛰어넘어 치국평천하治國平天下의 문제를 깊이 탐구케 하는 동인으로 작용했다.

실제로 공자의 삶을 개관해 보면 그는 '치평治平'의 문제를 탐구하는데 평생을 바쳤다고 해도 과언이 아니다. 이는 주공 단을 성인의 표상으로 간주한 사실과 밀접한 관련이 있다. 「술이」에는 만년의 공자가 주공 단에 대한 소회를 밝힌 대목이 나온다.

"심하구나, 나의 노쇠함이! 오래 되었구나, 내가 다시 주공을 꿈에 보지 못한 일이!"

'치평'에 관한 비상한 탐구열이 주공 단에 대한 숭앙심과 얼마나 밀접한 관련이 있었는지를 보여주는 대목이다. 만년의 공자가 스스로 '이립而立'의 시점이 30세였다고 술회한 것은 바로 이때에 이르러 '치평'에 관해 나름대로 주견이 확고히 섰음을 뜻하는 것이다. 공자가 30세를 이립의 시점으로 술회한 데에는 당시의 시대상과 밀접한 관련이 있었다.

공자가 '지학志學'의 시점으로 밝힌 15세부터 '이립'을 이루는 30세까지의 기간은 중국의 정치사상사에서 매우 특이한 시기에 속한다. 이 시기에는 이른바 '박학군자博學君子'로 명성을 떨친 정나라의 자산子産을 비롯해 『안자춘추晏子春秋』를 저술한 제나라의 안영晏嬰이 재상으로 활약하고 있었다. 또 중원의 패자인 진晉나라에서는 현자로 알려진 숙향叔向이 정치고문으로 활약하고 있었다. 여러 현상賢相들이 공교롭게도 비슷한 시기에 일시에 등장해 열국의 국정을 이끈 것은 매우 희귀한 사례에 속한다. 이로 인해 선진시대를 통틀어 매우 보기 드문 일대 장관이 펼쳐졌다. 이 시기를 이른바 '현상시대賢相時代'라고 한다.

공자가 '지학'에서 '이립'에 이르는 시기는 바로 '현상시기'와 겹치고 있다. 공자가 이들 현상들로부터 커다란 영향을 받았음을 짐작케 해주는 대목이다. 이는 『논어』에 나오는 이들에 관한 공자의 인물평을 통해 쉽게 짐작할 수 있다. 공자는 비록 이들 현상들과 대면치는 않았으나 내심 깊이 존경하며 사숙私淑했을 공산이 크다. 그러나 공자의 나이 31세 때인 기원전 522년에 당대 최고의 현상인 정나라의 자산子産이 세상을 떠나는 것을 계기로 이내 '현상시대'는 종언을 고하고 말았다. 『춘추좌전』 「노양공 32년」조에 나오는 공자의 자산에 대한 다음과 같은 평을 보면 그가 자산을 얼마나 존경했는지 쉽게 알 수 있다.

"어떤 사람이 자산을 두고 불인不仁하다고 말할지라도 나는 결코 믿지 않을 것이다."

당시 자산의 죽음은 공자의 사상적 수업시대가 끝났음을 알리는 상징적인 사건이었다. 자산의 사망 시점은 공자가 31세가 되어 막 자신이 무엇을 해야 할지를 명백히 깨달았던 때와 일치한다. 공자의 사상적 수업시대는 바로 자산이 정나라의 집정대부가 되어 눈부신 활약을 보인 시기와 정확히 맞아떨어지고 있는 것이다. 공자가 30세에 '이립'을 선언케 된 배경이 바로 여기에 있었던 것으로 짐작된다.

정나라의 자산을 위시해 제나라의 안영과 진나라의 숙향 등은 모두 세족의 일원이기는 했으나 비교적 세력이 미약한 씨족 출신이라는 공통점을 갖고 있다. 자산의 조국인 정나라는 춘추시대 초기 이래 줄곧 군위의 계승 문제를 놓고 내란이 빈발한 까닭에 일찍이 국가의 실권이 세족의 수중에 떨어지고 말았다. 자산이 태어날 당시 정나라의 실권은 이른바 '칠목七穆'이라 불리는 정목공의 자손들이 틀어쥐고 있었다. 이는 공자가 태어날 당시 노나라의 실권을 3환이 장악하고 있었던 상황과 매우 닮아 있었다.

원래 자산은 이 가운데 정경을 배출한 적이 한 번도 없는 쇠미한 가문 출신이었다. 자산의 가문은 대대로 정경을 낸 사씨駟氏나 양씨良氏 등과는 비교가 되지 않았다. 이러한 양상은 안영의 조국인 제나라에서도 별반 다르지 않았다. 당시 제나라에서 재상을 배출하면서 번영을 누리고 있던 집안은 최씨崔氏와 경씨慶氏였다. 이 두 집안 사이에 끼어 은밀히 실력을 키운 세력은 진陳나라에서 망명한 진씨陳氏 세력이었다. 진씨 세력은 훗날 모든 세족을 제압한 뒤 마침내 공실을 뒤엎고 강씨姜氏의 제나라를 찬탈함으로써 전국시대가 본격적으로 열리게 되었음을 확인해 주었다. 안영이 등장할 당시 제나라의 안씨는 산동성 동부의 해변에 거주하는 이민족에서 나온 한미한 가문에 불과했다.

숙향의 조국인 진晉도 예외는 아니었다. 당시 진나라에서는 한韓·위魏·조趙·범范·중항中行·지知의 6대 가문이 이른바 '6경'으로 불리는 대신의 자리를 독점하고 있었다. 숙향은 진나라 군주에서 갈려 나온 양설씨羊舌氏 가문 출신이었다. 숙향이 태어날 당시 진나라 공족들은 이미 이들 6대 가문의 위세에 눌려 완전히 쇠락의 길을 걷고 있었다.

이처럼 쇠미한 가문출신인 자산과 안영, 숙향이 각기 정·제·진 3국의 국정을 좌우하는 요직에 오르게 된 배경은 무엇일까? 우선 세족 간의 상호 견제를 들 수 있다. 춘추시대 중기 이후 세족들 간의 실력경쟁이 시작되어 내란이 빈발하는 와중에 다수의 세족이 내란에 휩쓸려 흔적도 없이 사라졌다. 살아남은 소수의 세족들은 일시 백성들의 동요를 막고 나라를 유지하기 위해 세력이 그다지 크지 않은 가문 출신 중 정치적 수완과 박식함을 겸비한 인물을 재상의 자리에 앉히는 방안을 고려케 되었다. 쇠미한 가문 출신인 자산과 안영, 숙향 등이 고관에 추대된 데에는 바로 세족들의 상호 견제가 적잖은 영향을 미쳤다.

그러나 자산과 안영, 숙향 등이 일시에 등장해 이른바 '현상시대'를 열게 된 데에는 보다 근원적인 배경이 있다. 그것은 바로 '안천하安天下'에 대한 일반 사족들의 뜨거운 열망이었다. 당초 춘추시대는 첫 패자인 제환공이 출현할 때부터 뛰어난 현상들이 끊임없이 출현했다. 제나라의 관중管仲을 위시해 진秦나라의 백리해百里奚, 초나라의 투자문鬪子文 등은 이들 현상들이 출현하기 이전에 '존왕양이'를 기치로 내걸고 '안천하'를 이룬 바 있다. 공자가 태어날 당시 열국 내에서는 춘추시대 개막이래 2백여 년 넘게 지속돼 온 난세의 세월을 바로잡고자 하는 뜨거운 열망이 열국의 사족들 내에 폭넓게 자리 잡고 있었다. '현상시대'의 출현은 바로 사족들 내에 난세를 치세로 돌리고자 하는 열망이 광범위하게 확산된데 따른 자연스런 현상으로 보는 것이 옳다. 그럼에도 이들 현상들이 일시에 출현한 것은 분명 특기할 만한 일임에는 틀림없다.

당시 이들 현상들은 나라 안팎의 기대 속에서 재상자리에 올라 국정은 물론 국제관계에서도 대단한 영향력을 발휘했다. 숙향은 오랫동안 중원의 패자로 군림한 진나라의 정치고문이고, 안영은 춘추시대 초기에 천하를 호령했던 제나라의 대신이었으나 정나라의 자산은 소국인 정나라의 재상에 불과했다. 그러나 당시 국제적으로 가장 큰 영향력을 발휘한 사람은 바로 정나라의 자산이었다.

당시의 천하정세는 북방의 진나라와 남방의 초나라가 각기 맹주를 자처하며 주변의 제후국들과 합세해 한 치의 양보도 없이 치열하게 다투는 형국을 이루고 있었다. 이 와중에 두 세력의 대치상황을 적극 활용해 일시적이나마 평화의 계기를 만들어내는데 결정적인 공헌을 한 나라는 두 세력의 접촉지점에 해당하는 중원의 송·정·진陳 등의 소국이었다.

이를 주도한 사람은 송나라 명재상 상술向戌이었다. 그의 중재로 진·초 양국을 포함해 모두 14개국이 참여하는 국제회의가 열려 일시적인 정전협정이 성립되었다. 이 협정은 불행히도 10년도 못 가 이내 깨어져 버리고 말았다. 이때 남북균형 상태를 다시 교묘히 이용해 국제외교의 주역이 된 사람이 바로 정나라 자산이었다.

당초 자산이 정나라 국정에 참여키 시작한 것은 공자가 태어나기 두해 전인 기원전 554년부터였다. 당시 정나라는 계속된 내란과 진·초 두 나라를 맹주로 한 연맹군의 교체 침공으로 완전히 피폐해져 있었다. 강화를 할 때마다 양쪽에 바치는 공물의 수량도 기하급수적으로 늘어났다. 이때 자산은 양국에 사자로 가 뛰어난 언변으로 이를 최소화하는데 성공했다. 그러나 두 나라에 바치기로 최종 합의한 공물의 부담도 만만치 않았다.

이에 자산은 먼저 생산력의 극대화를 꾀하기 위해 과감한 농지구획정리 작업을 실시하고 백성들의 소비를 획기적으로 줄이는 방안을 강구했다. 그는 이러한 경제부흥 정책을 효과적으로 추진키 위해 강력한 법치法治를 실시했다. 이때 그는 조상의 제사에 사용되는 청동기에 법률을 주조해 넣었다. 이것이 바로 그 유명한 형정刑鼎이다. 이는 중국 역사상 최초로 만들어진 성문법이었다.

원래 당시까지만 해도 씨족 내의 범죄는 씨족의 자치에 맡겨져 있었다. 씨족 간의 분쟁은 사건이 있을 때마다 씨족 간의 합의에 의해 처리되었다. 이로 인해 열국 모두 전 백성에게 두루 적용할 수 있는 성문법을 갖고 있지 못했다. 후대의 유자들은 이를 덕치德治의 결과로 미화하면서 자산이 '형정'을 주조한 사실을 비난했으나 이는 내우외환에 시달리던 정나라의 상황을 감안치 않은 지극히 관념적인 접근에 불과하다.

자산이 '형정'을 만든 것은 일반 백성들에게 법령을 짧은 시간에 널리 효과적으로 전달키 위한 것이었다. 정나라의 당시 상황에 비춰 볼 때 '형정'

과 같은 가시적인 법령포고를 통하지 않고는 나라를 다스리기가 쉽지 않았다. 이는 난세의 심도가 더욱 깊어졌음을 뜻했다. 얼마후 자산의 '형정' 주조를 비난했던 진나라에서조차 얼마 후 자산을 본받아 '형정'을 만든 사실이 이를 뒷받침한다. 그러나 초기만 하더라도 '형정' 주조에 대한 안팎의 비판은 매우 거셌다. 대표적인 인물로 진나라의 숙향을 들 수 있다. 『춘추좌전』「노소공 6년」조에는 당시 숙향이 자산에게 보낸 비난 서신이 실려 있다.

"당초 나는 그대에게 희망을 가졌으나 이제는 끝났소. 옛날 선왕들은 일의 경중을 따져 죄를 다스렸을 뿐 형법을 정하지 않았소. 이는 백성들이 법을 이용해 다투려는 마음을 일으킬까 두려워했기 때문이오. 무릇 백성들이 쟁단爭端 쟁송의 근거를 알게 되면 장차 예를 버리고 형법조문을 끌어들일 것이오. 그리 되면 송곳 끝같이 작은 일조차 모두 법조문을 끌어 대다툴 것이오. 결국 범법 행위가 날로 극심해지고 뇌물이 성행하게 되어 그대가 살아 있는 동안 정나라는 극히 쇠미해지고 말 것이오. 내가 듣건대 '나라가 장차 망하려 하면 반드시 법령이 많아진다.'고 했소. 이는 지금의 정나라를 두고 한 말일 것이오."

참으로 통렬한 지적이다. 그러나 당시 자산의 생각은 달랐다. 강대국 사이에 낀 정나라와 북방의 강대국 진나라는 주어진 상황이 전혀 달랐다. 숙향의 주장은 원론적으로 타당한 것이기는 하나 정나라 실정에는 맞지 않았다. 자산이 이를 모를 리 없었다. 그는 숙향의 서신을 받자마자 곧 '이미 일이 진행되어 그대의 명을 받들 수 없게 된 것이 유감이나 어찌 감히 그대의 가르침을 잊을 수 있겠는가?'라는 내용의 답서를 보냈다.

당대의 두 '현상'이 주고받은 이 교신은 사상사적으로 볼 때 매우 특기할 만한 것이었다. 숙향의 주장은 기본적으로 공자의 법치에 대한 기본 입장과 맥을 같이 하는 것이기도 하다. 공자는 「위정」에서 이같이 갈파한 바 있다.

"백성들을 형정刑政으로 다스리면 백성들은 빠져나올 생각만 하고 수치심을 모르게 된다. 덕으로 이끌고 예로써 다스려야만 백성들이 수치심도 알고 올바로 된다."

법치의 한계를 통찰한 명언이다. 그러나 공자의 이러한 언급이 결코 법치의 효용을 부인한 것은 아니다. 당시 정나라는 덕정을 시행할 수 있는 상황이 아니었다. 정나라는 이웃해 있는 강대국과의 평화관계를 유지하기 위해서는 공물貢物을 제때 공급할 필요가 있었고, 이를 위해서는 반드시 생산을 증대시킴으로써 세수를 충분히 확보해야만 했다. 그러기 위해서는 일반 백성에게까지 통치력을 침투시키기 않으면 안 되었다. 씨족자치의 관습을 깨고 '형정'으로 상징되는 성문법을 공포한 이유가 바로 여기에 있었던 것이다.

본래 덕정은 매우 이상적이기는 하나 어디까지나 존망의 위기를 크게 염려하지 않아도 되는 경우에나 통용될 수 있는 것이다. 그러나 당시 약소국인 정나라로서는 정나라의 실정에 맞는 나름대로의 대책을 강구치 않을 수 없었다. 두 '현상'이 난세에 대한 해법에서 차이를 보이게 된 것은 기본적으로 두 사람의 조국이 처해 있는 상황이 다른데 따른 것이었다. 자산이 안팎에서 쏟아지는 비난을 무릅쓰고 '형정'을 만들면서 강력한 부국강병책을 구사한 것은 국가생존을 위한 불가피한 선택이었다.

당시 성문법을 통해 농지 정비 등을 골자로 한 일련의 개혁방안을 강력히 추진한 자산의 조치는 매우 파격적이었다. 정나라의 귀족들뿐만 아니라 백성들의 불만 또한 매우 클 수밖에 없었다. 그러나 3년이 지나 개혁의 효과가 나타나 생산이 증대하자 그에게 쏟아지던 비난이 일거에 뜨거운 칭송으로 변했다. 정나라 백성들은 모두 입을 모아 자산을 이같이 칭송했다.

"우리의 자제를 자산이 잘 가르쳐 주고, 우리의 농토를 자산이 증식시켜 주었으니 장차 자산이 죽게 되면 과연 그 누가 그 뒤를 이을 것인가?"

원래 자산은 신분세습제에 기초한 전래의 봉건질서에 매우 비판적인 입장이었다. 그는 정치적으로 진보주의자였다. 그러나 그는 어디까지나 합리적인 입장에서 불합리한 전통을 비판한 합리주의적 진보주의자였다는 점에 주목할 필요가 있다. '형정'으로 상징되는 성문법의 제정은 '불가지不可知'로 치부된 미신적인 천도天道로부터 실물정치를 분리시킨 것이나 다름없다. 이는 정치와 종교의 분리를 의미한다. 자산은 정치를 종교로부터 떼어내 학문과 결합시킨 선구자에 해당한다. 그는 중국문명의 가장 큰 특징인 이성에 기초한 합리주의 정신이 무엇인지를 몸으로 보여준 셈이다.

공자가 평생을 두고 탐구한 '치평'의 기본정신은 바로 자산이 보여준 합리주의 정신이었다. 자산이 공자사상의 초석이 되었음을 극명하게 보여주는 대목이다. 공자사상은 인간의 이성에 기초한 합리주의 정신이 그 바탕이 되었다고 해도 과언이 아니다.

자산의 죽음은 공자의 외유外遊와 밀접한 관련이 있다. 공자는 36세 때 제나라로 망명에 가까운 유학을 떠났다. 이는 공자에게 사상 첫 국외여행이었다. 자산 등을 통한 사상적 수업을 마무리 짓고 '이립'을 선언한 독자적인 입장에서 '치평'에 관한 탐구를 시작한 결정적인 계기는 바로 제나라 유학을 통해 이뤄졌다. 사상가로서의 행보가 바로 이때부터 구체화하기 시작했던 것이다.

원래 공자는 생전에 그의 나이 31세 때 타계한 자산과 한 번도 직접 만날 기회가 없었다. 공자가 자산과 나눈 사상적 교감은 전적으로 사숙私淑에 의한 것이었다. 공자가 한 번도 친견親見한 적이 없는 자산을 사숙한 것은 말할 것도 없이 자산에 대한 존경심에서 비롯되었다. 『논어』 「공야장」에 나오는 공자의 평은 자산에 대한 공자의 기본 입장을 잘 보여주고 있다.

"자산에게는 군자의 도가 네 가지 있었다. 몸소 행하면서 공손했고, 윗사람을 섬기면서 공경스러웠고, 백성을 양육하면서 은혜로웠고, 백성을 부리면서 의로웠다."

공자가 상정한 통치자의 이념형은 '군자'이다. 이 대목에 나타난 자산의 덕목은 곧 공자가 상정한 '군자'의 전형적인 덕목이기도 하다. 이를 통해 당시 공자가 자산을 '군자'의 이상적인 인물로 상정했음을 확인할 수 있다. 공자는 자산의 통치행태에 대해서도 극찬을 아끼지 않았다. 「공야장」에 나오는 공자의 평이 그 증거이다.

"정나라에서 사령辭令(외교문서)을 만들 때 비심裨諶이 초안을 만들고, 세숙世叔이 그 내용을 검토하고, 행인行人(외교사절) 자우子羽가 다듬고, 동리東里에 사는 자산子産이 윤색을 하여 완성시켰다."

자산이 집정했을 당시 정나라의 정령은 통상 '비심'이라는 대부가 입안하고 '세숙' 즉 유길游吉이라는 대부가 이를 축조적으로 심의했다. 이어 외교관인 자우 즉 공손 휘揮가 이를 수식하고 마지막으로 정나라 도성내의 동리에 사는 자산이 최종 손질을 가하여 완성시켰다. 비심과 유길, 공손 휘 모두 세족의 일원이었으나 자산의 수족이 되어 정나라를 이끈 뛰어난 인물들이었다. 당대의 '박물군자'인 자산은 타의 추종을 불허하는 탁월한 치국방략을 지니고 있었음에도 불구하고 결코 독단하려고 하지 않았던 것이다. 비심과 유길 등의 역할 분담을 통해 짐작할 수 있듯이 당시 자산이 취한 인사의 기본원칙은 인재의 적재적소 배치에 있었다.

민심을 수렴키 위한 자산의 노력 또한 놀라운 바가 있었다. 그는 집정이 되기 이전은 말할 것도 없고 그 이후에도 백성들의 목소리를 듣기 위해 부단히 노력했다. 하루는 정나라 백성들이 향교鄕校(공공장소를 지칭)에 모여 집정대부 자산이 취한 일련의 조치를 놓고 득실을 논한 적이 있었다. 그러자 이를 못마땅하게 생각한 대부 연명然明이 자산에게 이같이 건의했다.

"향교를 헐어 버리면 어떻겠습니까?"

그러자 자산은 일언지하에 이를 일축했다.

"사람들이 조석으로 일을 마친 뒤 모여 놀면서 집정의 정사가 잘되었는지를 논하게 되면 그들이 좋아하는 것은 실행하고 싫어하는 것은 개혁하면 되오. 그들의 논평이 곧 나의 스승인 셈인데 어찌 향교를 헐어 버린단 말이오. 나는 '선행善行으로 백성들의 원성을 막는다'라는 말은 들어보았으나 '위세威勢로 백성들의 원성을 막는다.'는 말은 들어보지 못했소. 위세로 백성들의 원성을 틀어막는 것은 마치 개울물의 흐름을 막는 것과 같소. 그러다가 방죽이 터지면 많은 사람이 상하게 되오. 향교를 허는 것은 내가 그들의 논평을 받아들여 약으로 삼느니만 못하오."

자산은 선진시대를 통틀어 통치술의 요체인 왕패병용王覇竝用의 묘리를 터득한 몇 안 되는 인물 중 한 사람이었다. '왕패병용'은 상황에 따라 덕치인 왕도王道와 법치인 패도覇道를 적절히 혼용해 사용하는 것을 말한다. 이는 상황에 따라 정병正兵과 기병奇兵을 섞어 자유자재로 대형을 변환시키는 이른바 '병무상세兵無常勢'의 병략兵略과 닮아 있다. 바로 '임기응변臨機應變'의 치국방략이 '왕패병용'의 묘리이다. 삼국시대에 이를 가장 잘 구사한 사람이 있었다. 바로 조조曹操이다. 그는 현존 『손자병법』의 사실상의 저자이기도 하다. 180편에 달하는 기존의 난삽한 『손자병법』을 13편으로 새롭게 편제하면서 뛰어난 주석을 가한 게 그렇다. 그의 주석은 21세기 현재까지 최고의 주석으로 평가받고 있다. 13편으로 구성된 현존 『손자병법』의 당시 명칭은 『손자약해孫子略解』였다. 그는 『손자약해』 서문에 '병무상세'의 이치를 이같이 풀이한 바 있다.

"내가 수많은 병서와 전략을 두루 살펴보았으나 손무孫武가 지은 『손자병법』이 가장 심오하다. 그는 오왕 합려闔閭를 위해 병서 13편을 지은 뒤 실제로 궁녀들을 이끌고 시범을 보였다. 마침내 오나라 장수가 되어 서쪽으로는 강국 초나라를 격파해 도성인 영郢까지 쳐들어갔고, 북쪽으로는 제齊·진晉 두 진나라를 벌벌 떨게 만들었다. 시무자恃武者 칼의 힘에만 의지하는 자도 망하고, 시문자恃文者 붓의 힘에만 의지하는 자도 망하는 법이다. 오왕 부차夫差와 서언왕徐偃王이 바로 그런 자들이다. 성인聖人의 용병은 집과 시동戢戈時動 평소 무기를 거두었다가 필요한 때에만 움직임에 그 요체가 있다. 그들은 부득이한 상황에서만 용병했던 것이다."

조조가 이 글에서 언급한 오왕 부차는 춘추5패의 한 사람이었으나 끝내 무력에만 의지하고 오자서伍子胥의 간언을 무시하다가 월나라 구천에게 패망한 인물이다. 오왕 부차는 지나치게 잦은 용병과 지나친 자신감으로 인해 패망한 '시무자'의 전형이었다. 오왕 부차와 달리 '시문자'의 전형으로 지목된 서언왕은 주목왕周穆王 때 인정仁政을 펼쳐 명성을 날린 인물이다. 그는 관후寬厚한 인정을 베풀어 장강과 회수 사이에 있던 36국으로 하여금 자신을 추종케 만들었다. 그러나 그는 주목왕이 초나라를 시켜서 토벌케 했을 때 백성들을 너무나 사랑한 나머지 접전을 피하다가 마침내 목숨을 잃고 나라마저 패망케 만들고 말았다. 이로 인해 서언왕은 관인한 인정을 베풀었음에도 불구하고 어리석은 군주로 낙인찍히고 말았다.

조조가 오왕 부차와 서언왕을 거론한 것은 '집과시동戢戈時動'으로 요약되는 이른바 '병도兵道'를 얘기하기 위한 것이다. '집과시동'에 입각한 용병은 곧 '병무상세兵無常勢'에 입각한 '임기응변'의 병략兵略을 의미한다. 조조는 '병도'가 '치도治道'의 일환임을 깊이 통찰하고 있었던 것이다. 조조가 『손자병법』을 숙독하면서 탁월한 주석을 가할 수 있었던 것도 바로 '병도'의 요체를 정확히 파악한 데 따른 것이다.

이를 통해 알 수 있듯이 자산이 시행한 일련의 개혁조치는 바로 정나라가 처한 상황에 부응하는 '왕패병용'의 치국방략에서 나온 것이었다. 그가 숙향 등의 비난에도 불구하고 강력한 개혁을 추진한 이유가 바로 여기에 있었다. 결국 그는 일련의 개혁조치로 정치안정과 부국강병을 이룩하는 데 성공했다. 공자가 자산을 극찬한 것도 바로 이 때문이었다.

공자는 '현상시대'의 영웅인 자산을 진심으로 존경했다. 이는 공자가 자산을 군자의 표상으로 칭송한 대목을 통해 쉽게 확인할 수 있다. 공자가 상정한 군자는 교양을 갖춘 위정자의 전형이었다. 공자는 자산이라는 실존 인물을 통해 그 구체적인 모습을 그려냈던 것이다.

당시의 상황을 감안할 때 자산의 시대와 공자의 시대는 약간의 차이가 있다. 자산이 활약할 때에는 국정이 완전히 소수의 세족에게 장악되어 군주는 한낱 허수아비에 지나지 않았다. 그러나 불과 1세대 뒤인 공자의 시대로 넘어오면 세족이 장악한 실권이 다시 세족을 주군으로 삼고 있는 가신들의 손으로 넘어가고 있었다. 가신이 실권을 장악한 시대에 살았던 공자는 한 세대 이전의 현상들로부터 자신이 추구하고자 하는 군자의 구체적인 모습을 찾아냈다. 그 모델이 된 인물이 바로 자산이었던 것이다 공자가 '이립'을 선언하며 완전히 새로운 면모를 보이게 된 것은 바로 자산을 비롯한 이들 현상들의 영향이 지대했음을 시사한다.

공자가 '치평'의 연구에 헌신케 된 것은 기본적으로 온갖 역경을 딛고 일어선 경험과 타고난 재능과 호학하는 기질, 쉬지 않고 노력하는 성실한 자세 등에서 연유한 것이었다. 이미 공자의 제나라 유학 시절에 이에 관한 기본 가닥이 드러났다. 「공자세가」는 공자의 나이 30-40세 때 일어난 수많은 사건을 열거해 놓았으나 이는 대부분 후대에 만들어진 전설과 일화를 그대로 수집해 놓은 것이다.

대표적인 사례로 공자가 나이 31세 때 제경공과 만나 정치를 논한 일화를 들 수 있다. 이는 물론 허구이기는 하나 제나라 유학 당시 공자가 보여준 다양한 행보의 일단을 보여주는 것이기도 하다. 「공자세가」는 당시 공자와 제경공이 나눈 문답을 다음과 같이 기술해 놓았다.

"제경공이 공자에게 묻기를, '옛날 진목공秦穆公은 나라가 작고 벽지에 있었는데도 어찌하여 패자가 된 것이오?'라고 했다. 이에 공자가 대답키를, '진나라는 비록 나라는 작아도 그 뜻이 원대했고, 비록 벽지에 있었으나 정치를 베푸는 것이 매우 정당했습니다. 진목공은 백리해百里奚를 몸소 등용해 대부의 벼슬을 내리고 감옥에서 석방시켜 더불어 3일 동안 대화를 나눈 뒤 그에게 정사를 맡겼습니다. 이로써 천하를 다스렸으면 왕도 될 수 있었으니 패자가 된 것은 오히려 대단치 않은 것입니다.'라고 했다. 제경공이 이 말을 듣고 크게 기뻐했다."

과연 이런 일이 있었던 것일까? 『사기』「노주공세가」 및 「제태공세가」에도 유사한 내용이 수록돼 있기는 하나 거기에는 제경공과 안영이 수렵을 나왔다가 노나라 경내로 들어온 내용만 있을 뿐 공자와 면회한 내용은 없다. 『춘추좌전』「노소공 20년」조에도 공자의 세평世評만 언급돼 있을 뿐 공자가 제경공 및 안영과 만났다는 대목은 전혀 없다. 유독 「공자세가」에만 제경공과 공자가 만난 일화가 실려 있는 것이다. 이 일화는 유가 후학이 만들어낸 허구로 보아야 한다.

그러나 공자의 제나라 망명과 관련한 일화는 대략 역사적 사실에 부합한다. 『춘추좌전』과 『사기』「노주공세가」에도 이 사실이 동일한 내용으로 기록되어 있는 사실이 이를 뒷받침한다. 노소공은 재위 25년(기원전 517년)에 3환의 전횡을 보다 못해 마침내 집정대부 계평자를 공격했다가 오히려 3환의 반격을 받고 제나라로 망명케 되었다. 이후 노소공은 끝내 귀국치 못하고 7년 뒤인 기원전 510년에 제나라의 간후乾侯 땅에서 객사하고 말았다.

노소공은 암군이었다. 19세에 즉위한 그는 보위에 오른 뒤에도 여전히 어린아이처럼 순진한 모습을 보여주었다. 즉위 후 줄곧 초나라와 진晉나라에 조공을 바치는 등 굴욕외교를 계속함으로써 나라 안팎으로 멸시를 당한 사실이 그 증거이다. 이런 상황에서 공자가 출사하기는 매우 어려운 일이었다.

노소공이 계평자를 공격케 된 것은 당시 노나라 집권층 내에서 투계鬪鷄와 박혁博奕이 성행한 사실과 밀접한 관련이 있었다. 『춘추좌전』「노소공 25년」조에 당시의 상황이 상세히 소개되어 있다. 이에 따르면 노소공 25년(기원전 517년) 가을에 투계를 좋아한 계씨는 후씨郈氏와 투계내기에서 패해 앙심을 품게 되었다. 당초 계씨는 닭에게 갑옷을 씌웠고, 후씨는 닭의 발톱에 날카로운 쇠붙이를 끼웠다. 싸움 결과 계씨의 닭이 패하고 말았다. 이에 대노한 계평자는 자신의 집을 후씨의 집터까지 늘린 뒤 오히려 전에 후씨가 자신의 집터를 침입했다고 꾸짖었다. 후씨 또한 계평자에게 원한을 품게 되었다.

이때 아침 장씨臧氏의 종주인 장소백臧昭伯의 종제從弟 장회臧會가 장씨 집에서 다른 사람을 무함한 뒤 계씨 집으로 도피했다. 이에 장소백이 장회를 잡아들이자 계평자가 대노해 장씨의 우두머리 가신을 붙잡아 억류했다. 이러한 일로 인해 노나라의 세족들이 계평자를 크게 원망하게 되었다. 이때 노소공의 아들 공위公爲가 다른 공자들과 함께 계평자를 제거할 것을 모의한 뒤 이를 노소공에게 고했다. 당초 노소공은 완강히 반대했으나 이들의 건의가 계속되자 마침내 장소백에게 성사 가능성을 타진했다. 장소백이 회의적인 반응을 보이자 다시 후씨에게 이를 문의했다. 후씨가 즉시 거사할 것을 권하자 마침내 이해 9월에 노소공이 후씨 등의 무리를 모아 계씨를 쳤다. 급습에 놀란 계평자가 급히 집안에 있는 대臺 위로 올라가 용서를 구했다.

"청컨대 신으로 하여금 기수沂水(산동성 어대현 서남쪽 강변)에서 군주가 신의 죄를 조사할 때까지 기다리게 해주기 바랍니다."

그러나 노소공이 응답치 않았다. 이에 계평자가 다시 봉지인 비읍費邑에 수금囚禁해 줄 것을 청했으나 이 또한 거절했다. 또 다시 수레 5승으로 망명케 해 줄 것을 청했으나 노소공은 이 또한 허락지 않았다. 이때 자가자子家子가 노소공에게 간했다.

"저들의 청을 들어주기 바랍니다. 정령이 저들에게서 나온 지 이미 오래되었습니다. 많은 곤궁한 백성들이 저들에게 기대어 취식取食하고 있습니다. 해가 떨어진 뒤 간악한 자가 나타날지도 모르는 일입니다. 백성들의 분노가 쌓이면 안 됩니다. 그리 되면 다스릴 수 없게 되고 이에 분노는 더욱더 쌓이게 됩니다. 분노가 쌓이고 쌓이면 백성들은 반심叛心을 품게 되고 결국 뜻을 같이 하는 자들이 규합케 됩니다. 이러한 상황이 되면 군주는 반드시 후회하게 될 것입니다."

그러나 노소공은 듣지 않았다. 이때 후씨가 이같이 건의했다.

"그들을 반드시 죽여야만 합니다."

이에 노소공이 후씨를 시켜 맹손씨의 종주인 맹의자孟懿子를 맞이하게 했다. 맹의자가 노소공에 동조할 경우 계씨는 완전히 몰락할 수밖에 없었다. 이때 숙손씨가 가신 종려龭戾의 건의를 받고 계평자를 돕기 위해 계씨의 집으로 갔다. 이들은 계씨 집의 서북쪽 일각을 허문 뒤 집 안으로 들어갔다. 이때 노소공의 친병들은 갑옷을 벗고 화살통을 손에 든 채 쭈그리고 앉아 있었다. 이에 종려는 곧바로 이들 친병들을 밖으로 몰아냈다.

마침 사태를 관망하던 맹의자가 수하를 시켜 상황을 살펴보게 했다. 수하가 계씨 집안에 숙손씨 가문의 깃발이 있는 것을 보고 곧바로 달려가 알리자 맹의자는 즉시 후씨를 체포해 도성의 남문 밖에서 죽인 뒤 사병들을 이끌고 가 노소공의 군사를 쳤다. 이때 자가자子家子가 노소공에게 이같이 진언했다.

"일단 모든 대부가 군주를 겁지劫持해 이번 일을 일으킨 것처럼 가장한 뒤 벌을 피하기 위해 출국하는 모습을 보이면 사태를 해결할 수 있습니다. 군주는 여기에 남아 있도록 하십시오. 그리 하면 장차 계평자도 군주를 섬기면서 감히 그 태도를 고치지 않을 수 없을 것입니다."

그러나 노소공은 고개를 가로저으며 이같이 말했다.

"나는 차마 그리 할 수는 없소."

그러고는 곧 선군의 무덤이 있는 곳으로 가 신령에게 사별辭別을 고한 뒤 이내 제나라로 망명했다. 그러자 제경공이 제나라의 야정野井 땅에서 노소공을 만나 이같이 말했다.

"거莒나라 국경에서 서쪽에 걸쳐 있는 1천 사社(1사는 25호)를 드린 뒤 곧 군사를 이끌고 가 군명君命을 받들도록 하겠소. 군주의 근심은 곧 과인의 근심이기도 하오."

이에 노소공이 크게 기뻐했다. 그러자 자가자가 이같이 말했다.

"노나라를 잃고 1천 사社를 얻어 제나라의 신하가 되면 누가 군주를 복위시키려 하겠습니까? 게다가 제나라 군주는 신의가 없으니 속히 진晉나라로 가느니만 못합니다."

그러나 노소공은 이를 듣지 않았다. 그러자 장소백이 노소공의 수종들을 이끌고 결맹하려 했다. 그 맹세문에는 이같이 쓰여 있었다.

"힘을 다하고 마음을 하나로 합쳐 호오好惡를 같이 하고, 죄의 유무를 명확히 하고, 견결히 군주를 따르며 국내와 내통하는 일이 없을 것이다."

이에 장소백이 군명을 내세워 자가자에게 그 맹약문을 보여주자 자가자가 이같이 말했다.

"만일 이와 같다면 나는 결맹에 참여할 수 없소. 나는 사람이 못나 여러분과 함께 행동하지 못하면서 오히려 우리 모두에게 죄가 있다고 여기고 있소. 군주를 위난에 빠뜨렸으니 그 어떤 죄가 이보다 더 클 수 있겠소. 안팎이 통하고 우리가 군주 곁을 떠나면 군주는 장차 조속히 귀국할 터인데 안팎을 통하지 않게 하고 어찌하겠다는 것이오. 또한 장차 어디에서 군주를 사수하겠다는 것이오."

그리고는 결맹에 참여하지 않았다. 이때 계평자가 숙손씨의 종주인 숙손소자叔孫昭子를 만나 대책을 묻자 숙손소자가 즉시 노소공의 귀환을 서두를 것을 주장했다.

"누구인들 죽지 않을 수 있겠소. 그대는 군주를 쫓아냈다는 이름을 얻었으니 자손들이 장차 이를 잊지 못할 것이오. 이 어찌 가슴 아픈 일이 아니겠소."

계평자가 이를 받아들이자 숙손소자가 제나라로 가 노소공을 배견하면서 이같이 다짐했다.

"백성을 안정시킨 뒤 꼭 군주를 모시도록 하겠습니다."

노소공도 곧 귀환할 생각을 가졌다. 그러나 노소공의 친병들은 숙손소자를 죽일 생각으로 그가 돌아오는 길가에 매복하고 있었다. 이 사실을 안 노소공이 숙손소자에게 다른 길로 귀국할 것을 권했다. 이를 계기로 계평자는 노소공을 맞아들이지 않으려는 생각을 품게 되었다. 이해 10월에 노소공이 귀국하려고 하자 그의 친병들이 그를 강력 저지했다. 이로써 노소공은 오도 가도 못한 채 머뭇거리며 제나라에 머물다가 망명한지 7년 만에 망명지인 제나라의 간후 땅에서 객사하고 말았다.

당시 노소공을 끝까지 수행한 사람은 대부 자가자였다. 3환의 지족支族인 중손씨仲孫氏 집안 출신인 그는 당대의 현자였다. 『춘추좌전』이 「노소공 5년」조에서 노소공이 실정을 하게 된 원인 중 하나가 바로 자가자를 등용치 않은 데 있다고 평해 놓은 사실이 이를 뒷받침한다.

노소공이 제나라로 망명했을 당시 노나라는 군주가 부재한 상황에서 3환의 실력자인 계씨가 노소공을 대신해 섭정의 자격으로 나라를 다스리는 비정상적인 상황에 처해 있었다. 노소공이 망명했을 당시 공자의 나이는 36세였다. 당시 공자는 이 정변으로 인해 자신의 거취를 결정해야 할 만큼 유력한 인물도 아니었다. 그런데도 공자는 노소공의 뒤를 이어 제나라로 갔다. 그렇다면 무명의 청년에 불과한 공자는 왜 제나라로 간 것일까?

당시는 누대에 걸쳐 벼슬을 한 세신世臣조차도 군주를 위해 순절殉節하지 않던 때였다. 벼슬을 한 일도 없을 뿐만 아니라 노소공의 망명사건에 연루된 일도 없는 공자가 노소공의 뒤를 따라 망명할 까닭이 없다. 공자의 제나라 망명은 어디까지나 공자 자신의 결정에 따른 것으로 보아야 한다. 대략 공자는 잠시 노나라를 떠나 제나라에서 사태를 정관하면서 견문을 넓힐 생각으로 일종의 망명을 선택한 것으로 짐작된다. 보다 정확히 말하면 당시 공자는 자발적 망명의 성격을 띤 유학의 길을 떠났다고 하는 편이 역사적 사실에 부합할 것이다.

그렇다면 당시 공자는 제나라로 유학을 떠나 무엇을 한 것일까? 『춘추좌전』 등은 이에 관해 아무런 정보도 제공치 않고 있다. 다만 「공자세가」만이 노소공이 망명한 지 얼마 안 돼 공자가 이내 제나라로 가 제경공과 만난 것으로 기록해 놓았다. 과연 이런 일이 있었던 것일까? 먼저 「공자세가」의 내용부터 검토해 보기로 하자

"노소공이 제나라로 달아나자 제나라는 노소공을 간후乾侯 땅에 머물게 했다. 이후 얼마 안 돼 노나라가 어지러워졌다. 공자가 제나라로 가 대부 고소자高昭子 고장高張의 가신이 되어 제경공과 만나려고 했다. 공자가 이내 제나라로 가 제나라 태사太師(악관)와 음악을 토론했다. 소韶 음악을 듣고 그것을 배워 3달 동안 고기 맛을 잊을 정도로 심취하자 제나라 사람들이 공자를 칭송했다. 이때 제경공이 공자에게 정치에 관해 묻자 공자가 대답키를, '군주는 군주답고, 신하는 신하답고, 아비는 아비답고, 자식은 자식다워야 합니다.'라고 했다. 제경공이 응답키를, '옳은 말이오. 만일 군주가 군주답지 못하고, 자식이 자식답지 못하면 비록 곡식이 있은들 내 어찌 그것을 먹을 수 있겠소'라고 했다. 다른 날 제경공이 다시 공자에게 정치를 묻자 공자가 답하기를, '정치의 요체는 재물을 절약하는데 있습니다.'라고 했다. 제경공이 기뻐하며 장차 그를 니계尼谿의 땅에 봉하려고 했다. 그러자 안영이 이를 만류했다. 이후 제경공은 공자를 공손히 대접했으나 다시는 예를 묻지 않았다. 훗날 제경공이 공자에게 말하기를, '내가 그대를 계씨와 똑같은 지위로 대우하는 것은 할 수가 없소'라고 하며 공자에게 계씨와 맹씨의 중간 지위로 대우했다. 제나라 대부들이 공자를 해치려고 하자 공자도 이 소문을 듣게 되었다. 제경공이 공자에게 말하기를, '나는 늙었소. 그대를 등용할 수가 없소'라고 했다. 이에 공자는 드디어 그곳을 떠나 노나라로 돌아왔다."

「공자세가」의 이 기록은 「논어」를 비롯해 『묵자』와 『안자춘추』 등에 나오는 여러 일화를 한데 뭉뚱그려 놓은 것이다. 그럼에도 많은 사람들이 『논어』 「미자」에 공자가 제경공과 나눈 문답이 실려 있고 당시 공자가 제나라에서 벼슬자리를 구했을 가능성도 매우 높다는 점 등에 주목해 이를 역사적 사실에 부합하는 것으로 간주하고 있다.

그러나 당시 공자는 아직 30대의 하급 사족의 후예에 불과했다. 제경공이 무명의 공자에게 정치를 자문했을 가능성은 거의 없었다고 보는 것이 옳다. 어린 나이에 즉위해 50여년 이상을 재위한 제경공은 공자보다 10여세 이상 손위였다. 공자가 제소공의 망명을 뒤따라서 곧바로 제나라로 갔다면 이때는 제경공 31년(기원전 517년)에 해당한다. 당시 공자의 나이는 36세, 제경공은 50세가 채 되지 않은 나이였다. 이 무렵 제나라의 현상賢相 안영도 건재했다. 안영은 제경공 48년(기원전 500년)에 죽었다.

「공자세가」의 기록 중 제경공이 공자에 대한 대우를 언급한 뒷부분 역시 『논어』「미자」에 수록돼 있으나 이 또한 신빙성이 떨어진다. 당시 천하의 패자霸者를 자처한 제경공이 무명의 젊은 망명자인 공자를 우대하면서 3환의 계씨와 맹씨의 중간 수준의 대우를 운위했을 리 만무하다. 당시 제경공 또한 자신이 너무 늙어 공자를 등용할 수 없다고 말할 나이도 아니었다.

에도시대 당시 주자학에 의문을 품고 『맹자』를 통해 『논어』를 해석하는 이른바 고의학古義學을 창시한 이토 진사이伊藤仁齋는 『논어고의論語古義』에서 제경공의 말로 나오는 '왈曰, 오로의吾老矣, 불능용야不能用也' 구절을 제경공의 말이 아니라 공자의 말로 풀이했다. 모처럼 불러주었지만 자신도 이제 나이를 먹어 사환仕宦할 수 없다는 뜻을 밝히고 떠난 것으로 본 것이다. 전래의 해석을 완전히 뒤엎은 진사이의 해석은 탁월하기는 하나 당시의 정황에 부합하는 것은 아니었다. 이는 공자가 제경공을 만난 것을 역사적 사실로 간주한데 따른 견강부회이다.

특히 「미자」는 후대에 편제된 것으로 역사적 사실과 동떨어진 항간의 설화를 그대로 수록해 놓은 대목이 매우 많다. 「미자」의 다른 대목과 마찬가지로 이 대목 역시 공자에 관한 후대의 설화를 삽입시켜 놓은 위문僞文으로 보는 게 옳다.

『안자춘추』와 『묵자』에도 제경공이 니계의 영지를 주고 공자를 등용하려고 했을 때 재상 안영이 이를 막았다는 일화가 실려 있으나 이 또한 믿을 바가 못 된다. 『안자춘추』에는 공자에 관한 일화가 모두 20개 대목에 이르고 이 중 공자와 안영에 관한 일화는 모두 6번에 걸쳐 나온다. 『안자춘추』에는 공자의 제나라 망명이 안영의 책략에 따른 것으로 기술되어 있다.

이에 따르면 공자가 노나라 재상이 되자 제경공은 노나라가 강성해질 것을 크게 두려워했다. 이에 안영은 노나라 군신君臣을 이간할 생각으로 비밀리에 공자에게 많은 액수의 녹봉을 약속하고 제나라로 초빙하는 몸짓을 보인다. 이를 사실로 믿은 공자는 은근히 기대를 품고 망명하지만 제경공이 이를 거절하자 할 수 없이 발길을 돌리던 중 국경에서 곤란을 겪게 된다. 이는 말할 것도 없이 후대의 위문이다.

본래『안자춘추』는 안영을 숭상하는 제나라 사람의 손에 만들어진 것인 까닭에 제나라의 적국인 노나라의 성인 공자를 안영에 미치지 못하는 것으로 누차 굴복당하는 것으로 묘사한 것은 당연한 일이다. 전한제국 말기에 유향劉向은 제자백가서를 교수校讎하면서『안자춘추』에도 크게 손을 댔다.『안자춘추』에 나오는 모든 일화는 아무리 빨라도 맹자 이후에 나온 전문傳聞을 토대로 한 것으로 신빙성이 떨어진다.

『묵자』「비유」에도 유사한 일화가 실려 있으나 특이한 내용이 덧붙여져 있다. 이에 따르면 공자는 제나라에서 등용되지 못한 것에 분개한 나머지 제나라의 실력자인 전상田常의 집 문에다 치이자피鴟夷子皮를 세워놓고 떠난다. '치이자피'는 신의 이름하에 행해진 판결에서 패한 쪽이 바친 양羊을 유죄가 확정된 자와 함께 집어넣어 흐르는 물에 띄워 보내기 위한 가죽으로 만든 부대를 말한다. 이는 신을 모독한 이른바 독신죄瀆神罪를 물어 추방한다는 뜻을 지니고 있다. 공자가 전상의 집 문에다 '치이자피'를 세워놓고 떠난 것은 자신을 기망欺罔한 것을 일종의 '독신죄'에 비유한 셈이다.

『오월춘추』에는 공자가 죽은 뒤 6년 후에 월왕 구천을 패자로 만드는데 결정적인 공헌을 한 범리范蠡는 구천의 곁을 떠나 이름을 '치이자피'로 바꾼 뒤 거만의 돈을 모아 도주공陶朱公으로 활약한 내용이 나온다. 이후 '치이자피'는 망명자로서 자기 자신을 버린다는 뜻으로 전용되었다.「비유」에 나오는 공자의 '치이자피'와 관련한 일화 역시 후대에 만들어진 위문에 불과하다.

원래 묵가는 '반유反儒'를 기초로 하여 나타난 학파이다. 유가를 비난할 수 있는 재료는 그 역사적 사실과 상관없이 모조리 끌어다가 자신들의 학설을 뒷받침하기 위해 사용했다. 『묵자』 「비유」는 이른바 '유묵논쟁儒墨論爭' 이 전개된 맹자시대 이후에 편제된 것으로 유자들의 행위와 유가학설을 비난하는 내용으로 점철되어 있다. 『묵자』 「비유」에 나오는 '치이자피'와 관련된 일화 역시 「안자춘추」와 마찬가지로 역사적 사실에 부합하는지 여부에 대한 고려가 전혀 없는 까닭에 믿을 바가 못 되는 것이다.

당시 무명의 공자가 일세를 풍미한 당대의 현상인 안영을 만났을 가능성도 매우 희박하다. 공자가 안영을 만난 것은 훨씬 후대의 일이다. 『춘추좌전』 「노정공 10년」조에 상세히 실려 있듯이 훗날 공자는 노나라로 귀국해 노정공魯定公 밑에서 관직을 맡은 뒤 노정공과 제경공 간의 이른바 '협곡夾谷 회동'이 이뤄졌을 당시 안자와 만나 대화를 나눴을 가능성이 크다. 공자가 무력으로 노나라를 굴복시키고자 하는 제나라의 음모를 간파하고 제경공과 안자를 꾸짖는 내용으로 구성된 「노정공 10년」조의 일화는 다소 과장된 느낌을 주고 있으나 사실에 가깝다. 공자와 제경공이 군신君臣 및 부자父子에 관해 나눈 얘기도 협곡회동 당시 이뤄진 것으로 보는 것이 타당하다.

공자가 제나라로 망명의 성격을 띤 유학을 떠났을 당시의 얘기가 이처럼 훗날의 얘기와 뒤섞여 뒤죽박죽인 상태로 남게 된 것은 사마천이 「공자세가」를 지으면서 항설巷說을 무비판적으로 수록한데서 비롯된 것이다. 공자의 제나라 유학 당시의 활동에 대해서는 상식적인 수준에서 판단하는 것이 타당하다.

이에 대해 시라카와는 통설과 달리 공자의 제나라 행을 망명으로 간주하면서 그 시점을 대폭 늦춰 잡았다. 이는 『안자춘추』와 「공자세가」 등이 공자의 제나라 망명 시점을 공자가 노나라에 등용된 이후의 일로 기술해 놓은 점 등에 주목한 것이다. 그는 공자의 제나라 망명이 노소공의 망명과는 무관하게 이뤄진 만큼 반드시 그 시점을 노소공의 망명에 뒤이은 시점으로 상정할 필요는 없다며 계씨의 가재인 양호陽虎가 득세한 시점을 공자의 망명 시기로 추정했다.

이에 그는 양호가 실권을 장악한 노정공 5년(기원전 505년)에서 양호가 축출되는 노정공 8년(기원전 502년) 사이의 어느 시점에 제나라 망명이 이뤄졌을 것으로 보았다. 이는 노소공의 뒤를 이어 공자가 제나라로 망명한 노소공 25년(기원전 517년)보다 무려 12년이나 늦춰 잡은 것이다. 당시 공자의 나이는 48세-51세에 해당한다. 제경공의 나이도 대략 60세 전후였을 것이다.

만일 시라카와의 주장을 좇게 되면 앞서 나온 「공자세가」의 기록은 역사적 사실과 매우 가깝게 해석될 소지가 크다. 당시 공자는 이미 명성이 높아진 까닭에 제나라로 망명한 이후에 제경공과 만나 정치를 논하고 계씨와 맹씨의 중간 수준에 해당하는 우대를 받을지라도 이를 크게 의심할 이유가 없게 된다. 시라카와의 이런 주장이 나오게 된 것은 공자를 양호와 경쟁 관계로 상정해 공자가 양호의 탄압을 우려한 나머지 제나라로 망명했을 것으로 간주한데서 비롯된 것이다.

그런데 이런 시라카와의 주장이 과연 옳은 것일까? 크릴과 기무라 모두 이에 반대하고 있다. 후술하는 바와 같이 공자가 노나라에서 처음으로 관직을 맡게 된 것은 50세에 들어간 뒤였다. 그것도 하위 관직에 불과했다. 나아가 양호는 3환과도 질적으로 달랐다. 양호는 공자와 마찬가지로 신분세습의 봉건질서를 무너뜨리고자 하는 생각을 공유하고 있었다. 단지 두 사람은 방법론이 달라서 서로 경원敬遠했을 뿐이다. 공자가 양호의 권력 장악을 사갈시蛇蝎視할 이유도 없었고, 양호 역시 기본 취지를 같이 하는 공자에게 방법론상의 이견을 구실로 탄압을 가할 생각이 없었다. 공자가 양호의 권력 장악으로 인해 제나라로 망명할 이유가 하등 없었던 것이다.

물론 사마천도 「공자세가」에서 비록 구체적인 시기를 언급치는 않았으나 공자의 제나라 망명 시기를 노소공의 제나라 망명 이후 한참 시간이 지난 다음으로 기술해 놓았다. 그러나 당시 여러 정황에 비춰 공자가 양호의 득세를 피해 제나라로 망명했다고 보는 것은 무리이다. 시라카와는 내심 「공자세가」에 나오는 일화를 모두 허구로 보는 것은 무리가 있다고 생각해 이를 역사적 사실에 가까운 것으로 해석코자 했는지는 모르나 이는 분명 지나친 것이다.

대략 크릴과 기무라의 주장을 좇아 공자는 3환의 전횡을 혐오한 나머지 노소공의 제나라 망명을 계기로 이내 자발적 망명의 성격을 띤 제나라 유학길에 올랐다고 보는 것이 타당하다. 이것이 학계의 통설이기도 하다. 이 경우 공자는 노소공의 제나라 망명으로부터 그리 멀지 않은 어떤 시점에 자발적인 망명의 성격을 띤 유학을 간 셈이 된다.

그렇다면 보다 구체적으로 당시 공자의 제나라 유학생활은 과연 어떠했을까? 「공자세가」의 내용 중 공자가 제경공 및 안영과 만난 일화를 제외한 나머지 일화는 당시 공자의 제나라 유학생활의 편린을 나름대로 보여주고 있다. 유사한 일화가 『논어』를 비롯한 여러 문헌에 고루 실려 있다는 점을 감안할 때 이는 대략 역사적 사실에 부합하는 것으로 보아도 좋다.

원래 음악에 조예가 깊었던 공자는 제나라 유학생활 중 고대의 예악을 찾아 이르는 곳마다 이를 널리 구했던 것으로 보인다. 당시 제나라 수도 임치는 중원에서 1-2위를 다투는 대도시였다. 임치의 경험은 36세의 공자에게 깊은 인상을 남겼을 것이다. 공자는 스스로 금琴을 연주할 정도로 음악을 좋아했다. 『논어』에 나오듯이 그는 시 등을 현악기의 연주에 맞춰 부르곤 했다. 제나라 태사太師를 만나 음악을 토론하고 비전秘傳의 고대 음악인 소韶를 듣고 감격한 나머지 3달 동안 고기 맛을 잊을 정도로 심취했다는 「공자세가」의 일화는 역사적 사실에 가깝다. 『논어』「술이」에 유사한 일화가 실려 있다.

"공자는 제나라에 머물 때 소韶를 듣고 심취한 나머지 3달 동안 고기 맛을 몰랐다. 이에 말하기를, '음악을 즐기는 것으로 인해 이 지경에 이르게 될 줄은 생각지도 못했다.'고 했다."

이 기간 중 공자가 왕실에서 연주되던 '소韶' 등의 비곡을 듣고 음악에 크게 눈을 뜨게 된 것은 매우 주목할 만한 일이다. 이는 공자사상의 한 축을 이루고 있는 예악관禮樂觀에 결정적인 영향을 미쳤다. 원래 '소'는 전설상의 군주인 순舜 때 제정한 음악으로 가장 유서가 깊은 고전음악의 절품으로 전해져 오고 있었다. 이는 본래 천하에 군림하는 주 왕실 내에서만 전해져 내려온 비곡秘曲이다. 그런데 공자가 이를 제나라에서 듣게 된 것이다. 이에 감격한 공자는 고기 맛을 잊을 정도로 침식을 전폐하여 그 연구에 몰두했다. 그는 세상에 이같이 뛰어난 음악이 있다는 사실을 상상치도 못했다고 술회한 것이다. 「팔일」에도 유사한 내용이 나온다.

"공자가 소韶를 두고 평하기를, '지극히 아름답고 또한 지극히 선하다.'고 했다. 이어 무武를 두고 평하기를, '지극히 아름답다. 그러나 지극히 선하지는 못하다.'고 했다."

여기의 '무武' 역시 '소'와 마찬가지로 주무왕 때 제정된 음악으로 알려진 비곡秘曲이다. 그러나 공자는 '무'와 '소'를 비교하면서 '소'는 '무'보다 한 단계 차원이 높은 지상 최고의 음악으로 평가한 것이다. 일찍부터 고전음악을 애호했던 공자는 나이를 먹으면서 그 조예가 깊어졌던 것으로 짐작된다. 공자가 오랜 기간에 걸쳐 음악에 관한 조예를 쌓는 과정에서 최상의 절품을 감상한 제나라 때의 경험은 이후 그의 예악관을 형성하는데 결정적인 기초가 되었을 것이다.

그렇다면 당시 제나라는 어떻게 하여 '소' 및 '무'와 같은 천고의 비곡을 보유케 된 것일까? 그 해답의 실마리가 「미자」에 나오는 다음 대목에 있다.

"태사太師 지摯는 제나라, 아반亞飯 간干은 초나라, 삼반三飯 요繚는 채나라, 사반四飯('아반'과 '삼반', '사반' 모두 풍류로써 음식을 권하는 관원) 결缺은 진秦나라, 고鼓(큰 북)를 치던 방숙方叔은 하내河內, 도鼗(소고)를 흔들던 무武는 한중漢中, 소사少師 양陽과 경磬(경쇠)을 치던 양襄은 바다의 섬으로 각기 들어갔다."

이 기사는 누가 한 말인지 알 길이 없다. 이것이 『논어』에 실리게 된 것은 대략 공자의 문도門徒 사이에 전해진 전문傳聞을 모두 수록한다는 취지에서 비롯된 것으로 짐작된다. 원래 태사는 궁정음악을 관장하는 최고의 장관이고 소사는 차관에 해당한다. 여기의 아반亞飯과 삼반三飯, 사반四飯 등은 각각 주식晝食과 포식餔食, 모식暮食의 경우에 주악을 하는 관원을 말한다. 사반까지 등장하고 있는 것은 이들이 본래 천자의 악관이었음을 시사한다. 「미자」의 이 대목은 어떤 정치적 사정에 궁정의 음악단이 분산하여 악인들이 사방으로 도주한 사실을 시사하고 있다. 태사 지가 제나라로 도주한 사실이 이를 뒷받침한다.

공자가 악관들이 연주하는 '소'를 들었다는 것은 이들이 전에 주 왕실의 악관들이었음을 시사한다. 그렇다면 태사 지를 비롯한 주 왕실의 악관들은 언제 제나라로 가게 된 것일까? 당초 공자의 나이 33세 때인 노소공 22년(기원전 520년)에 주 왕실 내부에 주경왕周景王의 사망을 계기로 한 왕자 조朝의 난이 일어났다. 이 난은 4년 뒤인 노소공 26년(기원전 516년)에 진정되었다.

그렇다면 주 왕실의 궁정악단이 제나라로 도주한 것은 왕자 조의 난이 일어난 노소공 22년에서 노소공 26년 사이에 이뤄졌다고 보는 게 타당하다. 공자의 제나라 망명 시점이 노소공 25년이고 갓 망명한 공자가 비슷한 시기에 망명한 이들 궁정악단의 연주를 듣기는 쉽지 않았을 것이라는 점을 감안할 때 이들의 망명은 대략 노소공 22년에서 25년 사이에 이뤄졌을 것으로 보인다.

공자가 30대 후반에서 40대 초반에 걸쳐 수년 동안 제나라에 머물며 견문을 넓히는 와중에 뛰어난 명곡들을 접하면서 자신의 예악관을 닦았다는 것은 매우 특기할 만한 일이다. 당시 공자는 제나라에 유학하면서 제나라 사람들로부터 당시의 현상 안영을 비롯해 제환공 때의 명재상 관중 등에 관해 많은 얘기를 들었을 것이다. 특히 제나라 사람들이 자랑스럽게 얘기한 관중에 관한 얘기는 공자로 하여금 많은 것을 느끼게 했을 것으로 짐작된다. 이는 「헌문」에 나오는 관중에 대한 공자의 평이 뒷받침한다.

"관중이 제환공을 도와 제후들을 호령하고 일거에 천하를 바로잡아 백성들이 지금까지 그 혜택을 받고 있다. 관중이 없었다면 우리는 머리를 풀고 옷깃을 왼편으로 하는 오랑캐가 되었을 것이다. 어찌 그가 소절小節을 위해 스스로 도랑에서 목을 매고 죽어 알아주는 사람조차 없는 필부필부 匹夫匹婦의 경우와 같을 수 있겠는가?"

공자는 관중이 중원문화를 유지시키고 백성들을 편안케 만든 것을 극찬한 것이다. 공자의 관중에 대한 평가는 『논어』 전편을 통해 가장 높은 인물평에 해당한다. 그러나 공자는 관중의 개인적인 행실에 대해서는 비례非禮의 인물로 비판했다. 「팔일」에 나오는 공자의 평이 그 증거이다.

"관중의 그릇이 작구나. 그가 예를 안다면 누가 예를 알지 못한다고 하겠는가?"

이는 익명의 인물이 공자에게 관중에 대한 평을 요구한데서 나온 것이다. 질문을 한 사람 이름이 익명으로 나오고 있는 점에 비춰 제자와의 대화는 아닌 것으로 보인다. 그렇다면 공자가 제나라로 자발적 망명의 성격을 띤 유학을 갔을 때 한 말일 공산이 크다. 관중의 '비례'를 질타한 공자의 비판은 제나라 문화 전반에 대한 비평으로 연결되고 있다. 「옹야」에 나오는 공자의 언급이 그 실례이다.

"주례周禮가 무너진 제나라는 일변一變해야 노나라의 수준에 이르고, 주례를 보존하고 있는 노나라는 일변하면 가히 도에 이를 수 있다."

외견상 화려해 보이는 제나라의 문화는 사실 노나라보다 한 수 아래에 있다는 지적이다. 이는 공자가 제나라 문화를 열심히 섭렵한 뒤 점차 노나라 문화를 되돌아보고 그 가치를 재인식한데 따른 것으로 보인다. 노나라의 문화는 비교적 전통문화의 정수를 잘 보전하고 있는 까닭에 조금만 보완하면 주공 당시의 도에 가까운 문화를 복원시킬 수 있다. 제나라도 아직 전통문화의 기본정신을 완전히 상실한 것은 아닌 까닭에 일변하면 현재의 노나라 수준에 이를 수 있고 다시 한 번 변전하면 도에 가까운 문화를 복원해낼 수 있다. 이것이 공자가 제나라로 유학을 가서 제·노 두 나라 문화를 세밀히 비교한 뒤 내린 결론이었다. 공자는 임치의 화려한 이면에 있는 진면목을 보고 곧 제·노 두 나라 문화에 대한 날카로운 문화비평을 가한 것이다.

그러나 사실 공자가 제나라 문화를 노나라보다 낮게 평가한 이면에는 더 큰 이유가 있었다. 원래 그는 3환의 전횡에 절망한 나머지 제나라로 자발적 망명의 성격을 띤 유학을 왔다. 그러나 와서 보니 제나라의 국내정세는 노나라와 별반 차이가 없을 정도로 혼란스러웠다. 고국에 대한 향수와 더불어 노나라 문화의 긍정적인 면을 간취케 된 공자는 제나라 유학을 통해 당시의 시대상에 대해 새로운 시각을 갖게 된 셈이다.

원래 제나라는 공자가 태어날 즈음 최씨崔氏와 경씨慶氏, 진씨陳氏 등의 세 가문이 사실상의 실권을 쥐고 있었다. 그러던 중 공자가 3세 때인 기원전 548년에 최저崔杼가 군주인 제장공齊莊公이 자신의 아내와 밀통한데 격분한 나머지 제장공을 시해하는 사건이 일어났다.

그러나 이후 최저는 경봉慶封과 함께 전횡을 하다가 이내 경봉의 암수에 말려 멸문지화를 당하고 말았다. 다시 경씨가 전횡하면서 음주와 수렵에 빠져 있는 와중에 경씨 내부에 분란이 일어나자 진씨를 주축으로 하는 제나라 귀족들이 힘을 합쳐 경씨를 공격했다. 경씨는 멀리 남방의 오나라로 도주했다. 이로써 제나라는 진씨의 세상이 되고 말았다.

당시 제나라의 실권자인 진씨는 민심을 수습키 위해 백성들로부터 신망을 받고 있는 안자를 재상으로 추대했다. 이로써 제나라는 점차 진씨의 수중에 들어가고 말았다. 3환의 횡포를 참다못해 제나라로 도피성 유학을 온 공자는 3환보다 훨씬 강력한 진씨의 전횡을 보고 하극상이 만연한 시대적 위기를 절감했을 것이다. 그렇다면 속히 고국으로 돌아가 자신이 발견한 노나라의 가능성을 극대화하느니만 못했다. 일단 귀국할 결심이 서자 공자에게 단지 그 시기만이 문제로 남게 되었다.

사숙의 개설

공자의 나이 43세 때인 기원전 510년 겨울 12월에 제나라에 망명중인 노소공이 국경 근처에 있는 제나라의 간후乾侯 땅에서 실의 속에 객사하고 말았다. 이에 노나라에서는 계씨의 옹립으로 노소공의 이복동생인 주綢가 노정공魯定公으로 즉위했다. 이는 공자로 하여금 귀국을 서두르도록 만들었다. 이미 제나라에 실망한 공자는 더 이상 귀국을 미룰 이유가 없었다. 제나라로 유학 온 지도 벌써 7년이 지났다. 공자는 내심 속히 돌아가 벼슬길로 나아가 그간 자신이 갈고 닦아온 경륜을 펼쳐 노나라를 새롭게 만들고 싶었을 것이다.

당시 공자는 이미 제나라 유학을 통해 세상을 보는 시야를 크게 넓히고 자신이 무엇을 해야 할 것인지 보다 명확히 인식하고 있었다. 확고한 주견과 자신감을 갖게 된 공자가 이러한 전환점을 맞아 노나라로 귀국해 자신의 이상을 펼치고자 한 것은 자연스런 일이기도 했다. 공자는 노소공이 객사한 이듬해인 노정공 즉위 원년(기원전 509년) 초에 귀국했다. 공자가 서둘러 노나라로 돌아오게 된 것은 말할 것도 없이 노나라의 정국 상황이 일변한 데 따른 것이었다. 『맹자』「만장 하」에는 훗날 당시의 상황을 묻는 제자의 질문에 대한 맹자의 답변이 나온다.

"서두를 만하면 서두르고, 오래 머물 만하면 오래 머물고, 거처할 만하면 거처하고, 벼슬할 만하면 벼슬한 분이 바로 공자이다."

『맹자』「진심 하」에도 유사한 대목이 나온다. 대략 당시 공자는 제나라에 큰 미련이 없었음을 짐작할 수 있다. 공자는 속히 고국으로 돌아가 자신의 뜻을 펼치고자 했던 것으로 보인다. 당시 공자는 제나라에서 귀국한 44

세부터 노정공에게 발탁되어 임관하는 50세까지 7년 동안 혼란스런 현실정치에 발을 담그는 것을 극력 피한 채 제자 육성에 열중했다. 그 이유는 무엇일까?

당시 노나라에서는 군주를 비롯해 계손씨와 숙손씨의 종주가 바뀌었음에도 불구하고 사실상 3환의 전횡으로 상징되는 기본 골격은 전혀 바뀌지 않았다. 오히려 노소공을 국외에서 객사케 하고 그의 동생 노정공을 멋대로 세운 3환의 세력은 더욱 강성해졌다. 공자가 볼 때 상황이 더욱 악화된 셈이다.

공자는 내심 아직 출사出仕할 때가 아니라고 판단했음에 틀림없다. 공자가 출사를 거부한 채 계속 학문을 연구하면서 제자를 가르치는 생활을 영위한 것은 현명한 선택이었다. 공자의 천하유세 때 그를 수행한 이른바 '초기 제자'들이 입문하기 시작한 것도 바로 이때였다.

그러나 당시 공자가 출사하여 정치에 참여한 일 자체를 아예 단념했던 것은 아니다. 그는 늘 안팎의 정세를 예의 주시하며 기회를 봐서 출사코자 하는 마음을 지니고 있었다. 이는 '치평'의 문제를 평생의 연구과제로 삼은 공자의 기본 입장이기도 했다. 「위정」에는 당시 공자의 심경을 짐작케 해주는 일화가 실려 있다.

하루는 어떤 사람이 공자에게 물었다.

"그대는 어찌하여 정치를 하지 않는 것입니까?"

그러자 공자가 이같이 대답했다.

"『서』에 이르기를, '효로다, 오직 효성스러울 뿐이다. 형제간에 우애하여 정치에 덕을 베푼다.'고 했소. 이 또한 정치를 하는 것이오. 어찌하여 벼슬하여 정치하는 것만이 정치일 수 있겠소."

공자는 반드시 현실정치에 참여하는 것만이 군자가 할 일이 아니라고 대답한 것이다. 궁극적인 '치평'을 이루기 위해서는 먼저 현실정치에 참여해 위정자가 되어야만 한다. 다만 상황이 여의치 못할 때는 현실정치에서 한

발 빼고 수신에 전념할 수도 있는 것이다. 마찬가지로 아무리 산림山林 재야에 있을지라도 묘당廟堂에 대한 관심을 차단해서는 안 된다. '치평'을 이루고자 하는 자는 산림에 있을지라도 늘 하시라도 묘당에 들어가 곧 일할 수 있도록 부단히 스스로 연마토록 주문하고 있기 때문이다.

당시 공자는 여러 방면에서 출사를 권유받았으나 끝내 이를 거절했다. '군자의 치평'을 필생의 과업으로 삼고 있는 공자의 입장에서 볼 때 이런 상황에서 출사하는 것은 애초부터 불가능한 일이었다. 이때 공자는 착잡한 심경으로 어지럽기 짝이 없는 정국 상황을 지켜보면서 사숙私塾에서 오직 고전을 연구하며 제자를 가르치는데 열중했다. 「공자세가」는 당시의 상황을 이같이 묘사해 놓았다.

"양호가 더욱 계씨를 가볍게 여겼음에도 불구하고 계씨 역시 분수를 모르고 공실公室을 뛰어넘는 참람한 행동을 함부로 했다. 이에 배신陪臣 제후의 대부가 국정을 잡는 양상이 빚어지자 노나라에서는 대부 이하 모두 정도에서 벗어난 행동을 하기 시작했다. 공자는 관직에 나아가지 않고 물러나 『시』·『서』·『예』·『악』을 편찬했다. 이때 제자들이 더욱 늘어났다. 먼 곳에서부터 찾아와 글을 배우지 않은 자가 없었다."

당시 공자가 제자에게 가르친 교과목은 말할 것도 없이 『시』·『서』·『예』·『악』으로 요약되는 이른바 '치평학治平學'이었다. 원래 『시』·『서』·『예』·『악』은 고위관원만이 학습한 고등 교과목이었다. 그러나 당시는 구제도와 전통문화가 급격히 붕괴하면서 고위관원일지라도 이를 제대로 습득한 사람이 많지 않았다. 공자는 바로 이러한 때 전통문화의 정수를 집대성한 '치평학'의 정비와 교육에 혼신의 노력을 기울였던 것이다.

그러나 공자가 제나라에서 귀국해 제자들을 가르칠 당시만 해도 '치평학'의 교과목은 아직 제대로 정비되어 있지 못했다. 공자가 정비된 교과목으로 교육에 전념한 것은 훗날 14년간에 걸친 천하유세를 끝내고 노나라로 돌아온 뒤의 일이다. 이때만 하더라도 그의 초기 제자들은 아직 완비된 교과목으로 수업을 받지 못했다. 「선진」에 나오는 다음 대목이 이를 뒷받침한다.

"선진先進(선배)은 예악을 행하는 것이 야인野人과 같고, 후진後進(후배)들은 예악을 행하는 것이 군자君子와 같다. 만일 예악을 쓰기로 한다면 나는 선진을 따르겠다."

여기의 '야인'은 형식적인 교양미는 없으나 소박한 사람을 지칭하고, '군자'는 형식적인 교양미만 갖추고 군자인 체 하는 사람을 지칭한다. 공자가 제자들에게 '치평학'을 가르치는데 진력한 기간은 제나라에서 귀국해 출사하기 전까지인 43-50세의 7년간과 천하유세에서 돌아와 죽기 전까지인 69-74세의 5년간뿐이다. 공자가 제나라에서 노나라로 귀국한 후 출사할 때까지의 8년간은 공자가 독자적인 학문적 식견을 바탕으로 사숙을 열어 제자들을 받아들인 시기이다. 이 시기는 교양인의 학문으로서 '치평학'의 기틀을 마련한 시기로 볼 수 있다.

공자가 귀국한 뒤 현실정치에 일정한 거리를 두고 '치평학' 연마와 제자 육성에 힘을 기울이고 있을 때 노나라의 정국구도에 커다란 변화가 일어났다. 그것은 바로 계씨의 가신인 양호가 주군인 계씨의 종주를 제압하고 실권을 장악한데 따른 것이었다.

공자가 제나라에서 돌아온 지 5년 뒤인 노정공 5년(기원전 505년)에 실권자인 계평자季平子가 죽고, 1달 뒤에는 집정대부 숙손불감叔孫不敢마저도 죽었다. 3환의 가문 중 2가문의 종주가 바뀐 것이다. 이때 계평자의 뒤를 이은 계환자季桓子가 가신인 양호와 대립하면서 두 사람 간의 갈등이 표면화되기 시작했다. 「공자세가」는 당시의 상황을 이같이 기록해 놓았다.

"계환자가 총애하는 가신 중에 중량회仲梁懷라는 사람이 있었다. 그는 양호와 사이가 좋지 않았다. 양호가 중량회를 내쫓으려고 했으나 공산불뉴公山不狃가 이를 말렸다. 노정공 5년 가을, 중량회가 더욱 교만해지자 양호가 그를 체포했다. 계환자가 노하자 양호는 계환자마저 가두었다가 함께 맹서를 한 뒤에야 풀어주었다."

이 기록은 당시 노나라의 하극상이 극에 달했음을 잘 보여주고 있다. 양호가 계환자를 억류하는 상황에 이르자 노나라의 정국 상황은 더욱 어지러워졌다. 모든 상황이 공자의 생각과는 정반대로 흘러가고 있었던 것이다. 『춘추좌전』「노정공 5년」조는 당시의 상황을 더욱 자세하게 묘사해 놓았다.

"9월 28일, 계손씨의 가신 양호가 계환자 및 대부 공보문백公父文伯을 가두고 중량회를 축출했다. 겨울 10월 10일, 양호가 대부 공하막公何藐을 죽였다. 10월 12일, 양호가 계환자와 직문稷門(노나라 도성의 남문) 안에서 맹서했다. 10월 13일, 양호가 사람들을 모아놓고 귀신에게 제사를 지내면서 누군가에 재앙을 내리도록 크게 저주한 뒤 공보문백과 대부 진천秦遄을 축출했다. 그러자 이들은 제나라로 달아났다."

당초 계씨의 가신 양호는 계평자가 죽자 그가 7년 동안 노나라의 섭정으로 있으면서 패용佩用하던 노나라의 보물 옥경식玉頸飾을 관에 넣어 장사 지내려고 했다. 이 불손한 제안에 대해 옥경식을 보관하고 있던 가신의 한 사람인 중량회가 극구 만류하고 나섰다. 그러나 양호가 반대하자 계씨 문중은 양호 일파와 그 반대파로 갈려 다투게 되었다. 이때 양호는 자신의 말을 받아들이지 않는 계환자를 비롯한 계씨 일족을 체포해 노나라의 남문 앞 광장으로 끌어낸 뒤 반대파의 중진이자 일족 중의 명망가인 공보문백公父文伯 등을 국외로 추방할 것을 서약케 만들었다. 이로써 노나라에서는 사상 처음으로 최고의 권세를 자랑했던 계씨 일문이 일개 가신에게 무릎을 꿇는 일이 빚어졌다. 이를 계기로 양호는 계환자를 대신해 스스로 노나라 정치를 요리하기 시작했다.

양호가 계씨를 대신해 노나라의 실권을 장악했을 당시 공자의 나이는 48세였다. 이미 그는 사숙私塾을 통해 적잖은 제자를 거느리고 있었고 그의 정치비판은 상당한 영향력이 있어 3환도 이를 무시할 수 없는 상황이었다. 양호가 공자를 자기편으로 끌어들이고자 한 것은 자연스러운 일이었다. 『논어』『양화』의 첫머리에 공자와 양호의 회동이 극적으로 묘사되어 있다.

이에 따르면 당시 양호는 모시던 주군인 계환자에게 강제로 맹서를 시켜 노나라의 실권을 장악한 뒤 이내 공자를 자기편으로 끌어들이고자 했으나 공자가 이를 거절했다. 마침내 양호는 공자가 만나주지 않자 이내 삶은 돼지를 예물로 보냈다. 예법에 따라 사례하지 않을 수 없게 된 공자가 자신을 찾아오게 되면 자연스럽게 만나고자 한 것이다.

이에 공자는 양호가 없는 틈을 노려 그의 집으로 가 사례코자 했다. 그러나 마침 그때를 틈타 양호의 집으로 가 사례하고 돌아오던 중 불행하게도 길에서 양호를 만나게 되었다. 당시 양호는 공자의 속셈을 읽고 짐짓 길에서 기다리다가 우연히 만난 것처럼 가장했을지도 모를 일이다. 양호는 공자를 보자마자 가까이 올 것을 청했다.

"이리 오시오. 내가 그대와 말하고 싶은 게 있소."

공자가 다가가자 양호가 대뜸 이같이 물었다.

"훌륭한 보寶(보배)를 품고 나라를 어지럽게 내버려두는 것을 가히 인仁이라고 말할 수 있겠소?"

공자가 대답했다.

"인이라고 말할 수 없소."

양호가 또 물었다.

"평소 천하를 구할 생각으로 사事(일하기)를 좋아하면서 자주 시時(때)를 놓치는 것을 가히 지知라고 말할 수 있겠소?"

"지라고 말할 수 없소."

그러자 양호가 목소리를 높여 이같이 물었다.

"해와 달이 흘러가듯 세월은 한번 가면 다시 오지 않는 법이오. 세월이 자신을 위해 기다려 주지 않는데 그대는 지금 벼슬하지 않고 어느 때를 기다리려 하는 것이오."

공자가 대답했다.

"과연 그렇소. 내가 장차 출사出仕토록 하겠소."

이 대목을 보면 양호는 공자에 비해 훨씬 수완이 뛰어난 인물이었음에 틀림없다. 그는 상당한 수준의 교양도 갖추고 있었다. 이는 공자에게 건넨 말이 모두 보寶와 방邦, 사事와 시時와 같이 운韻을 맞추고 있는 사실을 통해 쉽게 짐작할 수 있다. 해와 달 등의 인용구절도 심상치 않은 표현이다. 『맹자』「등문공 상」을 보면 맹자가 등문공滕文公과 치국문제를 논의하는 자리에서 양호의 말을 인용한 구절이 나온다.

"일찍이 양호가 말하기를, '부유하고자 하면 불인不仁하게 되고, 인仁하고자 하면 부유치 못하게 된다.'고 했습니다."

공자의 적통을 자처한 맹자까지 양호의 말을 인용한 사실을 통해 대략 그의 명성은 전국시대 말기까지 널리 구전되었을 것으로 짐작된다. 『한비자』「외저설 좌하」에서도 양호의 말을 격언처럼 인용하고 있는 사실이 이를 뒷받침한다.

"양호가 말하기를, '군주가 현명하면 마음을 다해 그를 섬기나, 군주가 어리석으면 나쁜 마음으로 겉만 꾸미고는 군주의 의향을 떠보게 된다.'고 했다."

이를 통해 짐작할 수 있듯이 양호는 결코 단순한 난신적자亂臣賊子가 아니었다. 그는 공자 못지않게 새 세상의 도래에 관한 뜨거운 열정을 지니고 있었을 뿐 아니라 자신의 이상을 실현시키기 위한 현실적인 방략과 그에 상응하는 지략을 갖고 있었다. 단지 명분과 현실의 조화를 추구한 공자와 달리 현실을 중시한 나머지 지나치게 힘에 의존한 점 등이 달랐을 뿐이다.

시라카와는 이 점에 주목해 당시 양호가 공자와 마찬가지로 자신을 추종하는 사람들로 구성된 이른바 '양호학단'을 이끈 것으로 간주했다. 그러나 이는 양호를 지나치게 높이 평가한 데 따른 것으로 사실과 동떨어져 있다. 물론 양호가 『춘추좌전』 「노애공 9년」조에 나오듯이 『주역』을 이용해 전쟁의 길흉을 점치는 등 점복술에 정통했고 계환자를 비롯한 3환 세력을 제압하는 과정에서 적잖은 동조자를 확보한 것만은 분명하다. 그러나 점복술에 정통한 것이 곧 '학단'을 이끌 수 있는 기본요건이 될 수 없을 뿐만 아니라 3환 세력을 제압하는 과정에 참여한 동조자들을 이른바 '양호학단'의 제자로 간주한 것도 근거가 없는 비약이다.

다만 양호를 지지한 자들이 스스로 양호의 문도門徒를 자처했을 가능성은 배제할 수 없다. 만일 '양호학단'과 관련된 대부분의 자료가 훗날 유학의 융성으로 인해 멸실되었을 공산이 크다는 시라카와의 추정이 맞는다면 이런 가능성은 더욱 높다고 할 수 있다. 그러나 『논어』에 「양화」가 편제되어 있는 점 등에 비춰 후대의 유자들이 '양호학단'과 관련된 자료를 의도적으로 훼손했다고 보는 것은 무리이다. 『춘추좌전』이 양호의 행적을 소상히 기록해 놓은 점 등을 감안할 때 제자백가서에 '양호학단'에 관한 얘기가 전혀 나오지 않는 점도 의문이다.

나아가 통설과 달리 공자가 제나라로 망명한 시점을 양호가 실권을 장악한 시기로 12년 이상 늦춰 잡은 것도 역사적 사실과 동떨어진 것이다. 이는 실체가 분명치 않은 '양호학단'을 '공문'과 유사한 학단으로 상정한데 따른 무리한 추정이다.

이와 관련해 크릴과 기무라는 노소공이 제나라로 망명한 직후에 공자가 자발적인 망명의 성격을 띤 유학을 떠난 것으로 파악했다. 『논어』와 『춘추좌전』의 관련기록 등을 종합할 때 이들의 견해가 사실에 가깝다. 공자는 노소공이 제나라로 망명할 당시 뒤이어 유학을 갔다가 7년 만에 귀국한 뒤 사숙을 열어 제자를 육성하며 출사의 기회를 엿보던 중 양호의 출사제의를 받게 되었다고 보는 것이 타당하다.

당시 양호는 여러 사서의 기록에 비춰 대략 공자보다 약간 손위였던 것으로 짐작된다. 그는 일찍부터 계씨 밑에서 가신으로 있었으나 내심 3환의 전횡에 강한 불만을 품고 있었음에 틀림없다. 이는 『논어』와 『춘추좌전』에 나오는 그의 행적을 보면 쉽게 알 수 있다. 『논어』에 양호의 이름을 딴 「양화」가 따로 편제되어 있는 것도 결코 우연이라고 볼 수만은 없다.

「양화」의 일화에서 양호는 뜻만 높고 구체적인 실천을 유보하고 있는 공자를 힐난조로 질책하고 있다. 당시 공자는 여전히 사환仕宦의 길로 나아가지 못하고 있었던 것이다. 공자가 출사出仕키로 약속한 것은 기본적으로 양호의 말에 동조했기 때문이라고 볼 수밖에 없다. 당시 공자는 양호에게 몸을 굽혀 그를 위해 일할 것을 승낙한 셈이다.

후대의 유자들은 이 대목을 접하면서 적잖이 당혹해했다. 이들이 「양화」가 『논어』 중에서 가장 나중에 편찬된 점 등에 주목해 양호가 공자에게 거리낌 없이 벼슬을 약속했다는 얘기는 후대의 위작에 불과하다거나, 『논어』의 양화와 『춘추좌전』의 양호는 별개의 사람이라고 강변한 것도 무리가 아니었다. 그러나 양화의 '화貨'와 양호의 '호虎'는 잘못 발음된데 따른 것으로 보는 것이 옳다. 「양화」에 나오는 양호의 어투는 매우 위압적이다. 공자와 동시대에 공교롭게도 공자에게 위압적인 어투를 구사한 노나라의 정치가로 양호와 양화 두 사람이 존재했다고 보는 것은 무리이다.

그렇다면 공자는 왜 양호에게 출사를 약속한 것일까? 당시 공자가 비록 강요에 못 이겨 마지못해 장차 출사하겠다고 약속했다고는 하나 자신의 언약을 저버리며 끝내 출사치 않은 것도 석연치 않다. 이는 신의를 중시하는 평소의 공자 행보와 동떨어진 것이다. 이에 일각에서는 당시 공자가 자신의 언약을 지키기 위해 양호 밑으로 갔을 것으로 보는 해석마저 나오게 되었다.

그러나 이는 사실과 동떨어진 것이다. 이와 관련해 크릴은 『맹자』에 공자의 출사에 관한 언급이 없고, 『논어』에도 단지 공자가 장차 출사하겠다는 말만 한 것만 보일 뿐 실제 출사했다는 언급이 없다는 점 등을 들어 공자가 스스로 자신의 언약을 파기한 것으로 추정했다. 크릴의 추정이 옳다.

『춘추좌전』의 내용 등을 종합해 볼 때 당시 공자는 양호에게 장차 출사하겠다고 언약했음에도 불구하고 끝내 양호에게 나아가지 않은 것이 확실하다. 그렇다면 그 배경은 무엇일까? 주희는 『논어집주』에서 이같이 풀이해 놓았다.

"당시 양호는 풍자적인 비유를 통해 공자로 하여금 속히 벼슬케 하려고 했다. 공자는 일찍이 벼슬하고자 하지 않은 것도 아니었다. 다만 양호에게 벼슬하지 않았을 뿐이다. 공자는 이치대로만 대답하고 다시 그와 변론하지 않았다. 당시 공자는 짐짓 양호의 뜻을 알지 못한 것처럼 행동한 것이다."

주희 나름대로 공자를 변호키 위해 애썼으나 논리가 정연치 못하다. 공자의 출사약속을 이치에 따른 대답으로 해석한 것은 이해할 수 있으나 공자가 출사약속을 어긴 배경에 대한 해명이 부자연스럽다. 이후 양호와 이 문제를 놓고 다시 얘기하지 않은 것을 두고 공자가 짐짓 양호의 취지를 파악치 못한 것처럼 행동했다고 풀이한 것은 억지 해석이다.

당시 공자와 양호 모두 신분세습의 봉건질서를 대신해 능력 위주로 통치가 이뤄지는 새로운 세상이 와야 한다는데 공명하고 있었음에 틀림없다. 공자도 양호가 말한 취지를 정확히 알고 있었을 것이다. 그러나 명분을 바로세우는 이른바 '정명正名'을 강조한 공자가 명분도 없이 힘과 궤계詭計로 문제를 해결코자 하는 양호의 접근방식을 수용할 수는 없는 노릇이다. 공자가 자신의 출사약속을 어긴 이유가 바로 여기에 있다고 보아야 한다.

공자는 결코 주희가 해석한 것과 같이 짐짓 양호의 취지를 파악치 못한 것처럼 행동한 것이 아니라 스스로 자신이 한 언약을 파기한 것이다. 만일 공자가 주희의 해석과 같이 행동했다면 양호는 재차 사람 등을 보내 언약의 이행을 재촉했을 공산이 컸다. 그러나 양호는 그렇게 하지 않았다. 양호도 공자의 속마음을 정확히 읽고 이를 양해했던 것으로 보는 게 옳다.

당시 공자가 단순히 궁지를 벗어나기 위해 출사약속을 했다고 풀이하는 것도 잘못이다. 공자도 사람인 이상 비록 일순이기는 하나 그의 뇌리에 새 세상의 도래를 위해 양호와 함께 일해도 괜찮지 않을까 하는 생각이 불현듯 일어났을지 모른다. 공자가 천하유세를 마치고 노나라로 돌아와 제자 양성에 전념할 때까지 주군을 몰아낸 가신들의 초청을 받을 때마다 심각하게 고민하는 모습을 보인 사실이 이를 뒷받침한다. 당시 공자는 새로운 세상의 도래를 열망하고 있었다.

그러나 결국 공자는 이런 유혹을 떨치고 자신의 언약을 파기하는 쪽을 선택했다. 만일 당시 공자가 양호에게 협력했다면 그 또한 자신의 생각과는 상관없이 양호와 마찬가지로 과격한 혁명론자로 낙인찍혀 유사한 말로를 걸어갔을 것이다. 공자는 이내 현명한 선택을 하여 만세의 사표로 남을 수 있게 되었다. 이후 유사한 일이 몇 차례 거듭 되었으나 공자는 이때의 일을 감계鑑戒로 삼아 현명한 선택을 이어갔다.

그럼에도 당시 공자의 심경은 매우 복잡했을 것으로 짐작된다. 이는 공자가 양호를 비롯한 반란자들로부터 제의를 받을 때마다 심각한 심적 갈등을 겪은 사실로 뒷받침된다. 공자가 양호에게 출사를 약속한 것도 바로 단순히 궁지를 벗어나기 위해 약속을 했던 것으로 풀이할 수 없는 이유가 바로 여기에 있다. 당시 양호의 득세는 무려 3년 동안 지속되었다. 당시 양호의 득세는 공자를 비롯한 공문孔門에 적잖은 충격을 주었을 것으로 짐작된다. 공자가 적잖은 심적 갈등을 겪은 만큼 제자들 또한 흔들리는 선생의 모습에서 적잖은 당혹감을 느끼지 않을 수 없었을 것이다.

당시 3환 세력이 가신출신인 양호에게 무릎을 꿇는 처지가 되자 양호도 내심 새로운 세상을 만들기 위해 여러 방안을 다각도로 검토했을 것이다. 그러나 그가 취한 방안은 의외로 매우 조잡했다. 머리가 비상했던 것으로 추정되는 양호가 이런 조잡한 방안을 취한 것은 자신의 성취에 지나치게 자만한데 따른 것으로 짐작된다.

양호가 취한 방안은 계손씨와 숙손씨 일족과 가신 중의 불평자들을 꾀어 마음에 들지 않는 3환의 종주들을 모조리 살해한 뒤 자신의 일파를 그 자리에 앉히는 것이었다. 이는 일견 그럴 듯해 보이나 1세기 반 넘게 사실상 노나라를 요리해 온 3환 세력을 제거하는 방법치고는 매우 조잡한 것이었다. 사실 이는 노소공이 취한 방안이기도 했다. 양호는 결국 노소공의 전철을 밟고 말았다. 3환 세력을 제거하려면 보다 정교하면서도 은밀한 책략이 필요했다. 이는 후술하는 바와 같이 공자가 취한 방안이기도 했다. 그러나 일거에 3환 세력을 제압해 의기양양해진 양호는 오랜 시간이 걸리는 이런 방안을 선택할 필요를 느끼지 못했다. 쾌도참마快刀斬麻의 해결책이 그에게 훨씬 매력적으로 보였을 것이다. 사실 이러한 방안도 극도의 보안 속에 주도면밀하게 추진되었다면 결코 잘못된 것이 아니었다. 그러나 양호는 추진과정에서 허술한 면을 그대로 노출하고 말았다. 『춘추좌전』 「노정공 8년」조는 당시의 상황을 상세히 기록해 놓았다.

이에 따르면 노정공 8년(기원전 502년) 10월에 이르러 공산불뉴公山不狃를 비롯한 양호 일당이 노나라의 선군들에게 제사를 올리는 기회에 3환을 일거에 제거코자 했다. 양호는 노희공魯僖公의 사당에서 제사를 올린 다음 날 포포蒲圃에서 연회를 베풀어 계환자를 곧바로 그 자리에서 죽일 생각이었다. 이에 도성 안의 전차 부대에 다음과 같이 하령했다.

"내일 모두 이곳에 집결토록 하라."

이때 성成 땅의 가재 공렴처보公斂處父가 이 소식을 듣고 맹손씨에게 물었다.

"계손씨가 도성 안의 전차부대에 하령했다 하니 이는 무슨 까닭입니까?"

"나는 금시초문이오."

"만일 그러한 얘기가 사실이라면 이는 난을 일으키려는 것입니다. 난이 일어나면 그 화가 반드시 그대에게 미칠 것이니 미리 대비키 바랍니다."

이에 공렴처보가 맹손씨에게 이날을 기점으로 병사들을 동원해 구원해 줄 것을 약속했다. 이때 양호가 전구前驅, 대부 임초林楚가 계환자의 어자가 되었다. 호위군관들이 무기를 든 채 계환자를 가운데에 끼고 나아갔고 양호의 종제從弟인 양월陽越이 그 뒤를 따랐다. 이들이 포포를 향해 나아가려 할 때 계환자가 문득 임초에게 이같이 간청했다.

"그대의 선인들은 모두 우리 계씨의 충량忠良이었소. 그러니 이제 그대도 선인들의 뒤를 잇기 바라오."

임초가 사양했다.

"신이 그 명을 받기에는 이미 때가 늦었습니다. 양호가 집정하자 노나라 백성들이 모두 그에게 복종하고 있습니다. 그의 뜻을 어기면 죽음을 부르게 됩니다. 제가 죽게 되면 주인에게 아무런 도움이 안 될 것입니다."

"어찌하여 늦었다는 것이오. 그대가 능히 나를 맹손씨가 있는 곳으로 데려갈 수 있겠소."

"저는 죽는 것을 감히 애석히 여기지 않습니다만 오직 주인이 화를 면치 못할까 두렵습니다."

"그렇다면 갑시다."

이에 마침내 급히 방향을 바꿔 맹손씨의 집으로 달려갔다. 양월은 곧 맹손씨에 의해 피의 희생물이 되고 맹손과 양호의 군대 사이에 격렬한 시가전이 전개되었다. 그러나 잠시 후 맹씨의 본거지에서 상경한 군사가 가세하자 싸움은 곧바로 결판나고 말았다. 이에 양호는 궁으로 들어가 갑옷을 벗고 평복으로 갈아입은 뒤 신기神器로 소장하고 있던 보옥寶玉과 대궁大弓을 탈취해 유유히 궁 밖으로 빠져나갔다. 이들 신기에 '군권君權'이 있다고 생각했을 공산이 크다. 그는 마침내 '오보지구五父之衢'에서 하루를 묵은 뒤 다음날 아침 국경의 관소를 통과해 유유히 제나라로 도주했다. 「공자세가」는 양호가 실패하기 전후의 상황을 다음과 같이 개술槪述해 놓았다.

"노정공 8년(기원전 502년), 공산불뉴가 계씨에게 뜻을 얻지 못하자 양호에게 의탁하여 함께 반란을 일으켜 3환의 적장자를 폐하고 평소 양호와 사이가 좋은 서자를 세우고자 했다. 이에 마침내 계환자를 체포케 되었다. 계환자는 그를 속여 도망칠 수 있었다. 노정공 9년(기원전 501년), 양호는 계획이 실패하자 제나라로 도망갔다. 공산불뉴는 계씨의 비읍費邑에서 계씨에게 반기를 들고 사람을 시켜 공자를 불렀다. 공자는 도를 추구한지 오래되었고 시험해 볼 곳이 없는 것을 답답해했으나 아무도 그를 등용하려고 하지 않았다. 공자가 이내 그곳으로 가려고 했다. 이때 자로가 언짢은 기색으로 공자를 말렸다. 공자는 결국 가지 않았다."

「공자세가」의 이 대목 역시 많은 일화를 하나로 뭉뚱그려 놓은 것이다. 여기에 나오는 일화와 유사한 내용이 『논어』와 『춘추좌전』 등을 비롯한 선진시대의 여러 문헌에 산견되고 있다. 『논어』 「양화」에는 공산불뉴가 공산불요公山弗擾로 되어 있다.

『춘추좌전』 「노정공 5년」조를 보면 공산불뉴는 양호의 반란 때 이미 이 사건에 깊이 개입해 있었음을 알 수 있다. 기록을 보면 그는 양호처럼 성급한 행동주의자는 아니었던 것으로 보인다.

양호와 망명할 당시 함께 반기를 들었던 공손불뉴는 양호와 행보를 달리 했다. 『춘추좌전』의 기록에 따르면 그는 양호가 제나라로 망명한 지 3년 뒤인 노정공 12년(기원전 498년)에 자로를 앞세운 공자의 3환 타도 계책에 반발하다가 노정공의 반격을 받고 비로소 제나라로 도주했다.

공산불뉴가 양호의 반란이 실패했을 때 즉시 노나라를 떠나지 않았던 데에는 나름대로 주군인 계씨에게 신임을 얻었던 데 따른 것으로 짐작된다. 그러나 결국 그 또한 양호가 제나라로 망명한 지 3년 뒤에 자신이 관할하고 있는 비읍을 거점으로 주군인 계씨에게 반기를 들었다. 그러나 이는 무모한 일이었다. 공산불뉴는 왜 무모하게 반기를 들고 나선 것일까?

혹여 그는 노나라 군주의 군권회복을 기치로 내걸고 계씨 타도를 외쳤던 것은 아닐까? 정황상 그럴 가능성을 배제할 수 없다. 그가 명망 높은 공자에게 사람을 보내 자신에게 합류할 것을 요청한 사실이 이를 뒷받침한다.

명분을 중시한 공자가 그의 초청에 크게 흔들린 것도 이런 가능성을 뒷받침하고 있다.

오랫동안 많은 사람들은 공자가 공산불뉴의 초청에 마음이 흔들린 대목을 두고 크게 곤혹스러워했다. 청대 말기의 캉유웨이는 이 대목을 크게 중시했다. 중국혁명의 아버지인 쑨원孫文 및 장빙린章炳麟과 함께 혁명의 연원으로 불린 캉유웨이는 공자를 혁명가로 파악했다. 당시의 정치체제에 대해 염증을 느껴 새로운 체제를 구상해 이를 실천하려 했다는 것이 그의 주장이다. 훗날 쑨원과 장빙린은 황싱黃興과 더불어 이른바 '혁명삼존革命三尊'으로 칭송받은 인물들이다.

캉유웨이는 『공자제도고孔子制度考』를 쓰기도 했다. 그는 『논어』 「양화」에 나오는 '공산불요이비반公山弗擾以費畔, 소召, 자욕왕子欲往' 구절을 크게 중시했다. 여기의 반畔은 모반할 반叛의 뜻이다. 그가 공자를 혁명가로 파악한 근거가 바로 여기에 있었다.

당시 공자는 더 늙기 전에 자신의 이상을 펼치고 싶은 마음이 간절했을 것으로 짐작된다. 공자는 원칙적으로 폭력혁명을 반대했다. 그러나 계씨는 노소공을 추방하고 수세대 동안 노나라를 무력으로 지배하고 있는 왜곡된 상황을 시정키 위해서라면 부득이 무력을 사용할 수밖에 없는 것이 아닐까라고 공자는 생각했을지도 모른다. 그러나 결국 공자는 가지 않았다. 이런 결단을 내리는 과정에서 적잖은 심적 갈등을 느꼈을 것이다. 『논어』 「양화」의 다음 대목이 이를 뒷받침한다.

"계씨의 가신 공산불요가 비읍을 근거로 반기를 든 뒤 공자에게 예물을 보내며 부르자 공자가 이내 가려고 했다. 그러자 자로가 언짢은 표정으로 만류키를, '도가 행해지지 않으니 갈 곳이 없으면 그만둘 일이지 어찌하여 하필이면 공산씨에게 가려는 것입니까?'라고 했다. 이에 공자가 대꾸키를, '나를 부르는 것이 어찌 공연히 그러는 것이겠는가? 나를 써 주는 자가 있으면 나는 동쪽에 주나라 못지않은 새로운 문물제도를 일으킬 것이다.'라고 했다."

공자의 흔들리는 모습이 적나라하게 나타나 있는 대목이다. 오랫동안 유자들은 이 사건을 충격으로 받아들였다. 이들은 이 일이 역사적 사실과 부합치 않음을 입증하려고 노력했다. 청대의 고증학자 최술崔述이 그 대표적인 인물이다. 그는 당시 공자는 관직에 있었기 때문에 정부에 반기를 든 공산불뉴의 부름에 응할 입장이 아니었다고 주장했다. 그러나 이는 역사적 사실과 다르다. 공자는 공산불뉴의 초청을 받은 이듬해에 처음으로 출사했다.

이에 대해 펑여우란馬友蘭은 『중국철학사』에서 이 사건이 실제 있었던 것으로 보았다. 치엔무錢穆 역시 『선진제자계년先秦諸子繫年』에서 노정공 8년(기원전 502년)과 이듬해 사이에 실제로 이 사건이 일어난 것으로 간주했다. 『논어』를 비롯한 사서에 기록이 나오고 있는 만큼 액면 그대로 믿는 것이 옳을 것이다.

사서의 내용을 종합해 볼 때 당시 공자는 공산불뉴의 음모를 제대로 모르고 있던 상황에서 그의 부름을 받았을 공산이 크다. 당시 자로로서는 스승인 공자가 비 땅의 가재에 불가한 공산불뉴 밑에서 일하는 것을 상상할 수도 없었을 것이다. 그러나 공자의 생각은 약간 달랐다. 주나라가 낙읍으로 동천하여 동주를 세웠듯이 자신도 비 땅을 근거로 하여 노나라에 올바른 치도를 펼칠 수 있다고 생각했을 공산이 크다. 그러나 결국 공자는 가지 않았다. 자로의 만류도 있었지만 공자 스스로 공산불뉴에게 큰 기대를 걸 게 없다고 판단했던 것으로 짐작된다.

당시 양호가 3환의 협공을 받고 제나라로 도주함으로써 3년간에 걸친 양호의 전횡은 완전히 종언을 고했다. 그러나 망명지에서 양호의 위세는 여전했다. 그는 제나라에서 되돌려 받은 운鄆과 양관陽關 땅을 영지로 차지하고는 그곳에서 정치를 폈다. 그러나 이후 공자가 뛰어난 외교협상을 전개한 협곡회맹으로 노나라와 제나라의 관계가 개선되자 노나라로 압송押送될 것을 두려워한 나머지 이내 궤계詭計를 써 송나라로 갔다. 이후 다시 진晉나라로 망명해 실권자인 조간자趙簡子에게 몸을 의탁한 뒤 죽을 때까지 조간자를 위해 헌신했다.

혁명적인 기질의 열혈한熱血漢 양호가 죽을 때까지 조간자를 위해 헌신한 것은 기본적으로 조간자의 탁월한 용인술에서 비롯된 것이었다. 이는 『한비자』「외저설 좌하」에 나오는 일화를 통해 쉽게 알 수 있다.

이에 따르면 당초 양호가 조간자에게 몸을 의탁코자 할 때 조간자의 좌우는 이를 위험시해 조간자에게 '양호는 남의 나라의 정권을 잘 빼앗는데 어째서 재상으로 삼고자 하는 것입니까?'라며 극구 만류했다. 그러자 조간자가 이같이 대답했다.

"양호는 애써 정권을 빼앗으려고 하니 나는 애써 정권을 지키려고 한다."

탁월한 용인술이다. 『한비자』는 이에 조간자가 술책을 써 양호를 다스리자 양호는 감히 나쁜 일을 하지 못하고 성실하게 조간자를 섬겨 마침내 조간자를 거의 패자와 대등한 수준에 이르게 만들었다고 기록해 놓았다. 조간자의 뛰어난 제신술制臣術을 극구 칭찬해 놓은 『한비자』의 이 대목은 사실을 과장한 것이기는 하나 대략 역사적 사실에 부합한다. 양호가 조나라로 망명한 뒤 보여준 뛰어난 활약상을 자세히 소개해 놓은 『춘추좌전』의 관련 기사가 그 증거이다.

원래 양호는 공자와 더불어 춘추시대 말기를 화려하게 수놓은 뛰어난 인물 중 한 사람이었다. 이는 그가 신분세습의 봉건질서에 얽매이지 않는 자유분방한 모습을 보인데서 찾을 수 있다. 그가 3환을 제압해 노나라의 국정을 명실상부하게 틀어쥐고자 한 것도 바로 이와 무관치 않을 것이다. 비록 궤계詭計를 사용하는 등의 방법론상의 문제는 있었으나 기존의 봉건질서를 혁파코자 한 그의 혁명정신은 높이 살만했다.

따지고 보면 공자가 3환을 타도키 위해 구사한 은밀한 계책도 기본 취지에서는 양호의 계책과 크게 다를 바가 없다. 자로에게 계책을 주어 그들 사읍의 무장해제를 꾀한 것도 일종의 궤계에 해당했다. 공자가 3환 타도 계책의 실패로 14년간에 걸친 천하유세에 나서게 된 것도 양호가 3환의 협공에 패해 망명의 길에 나선 것과 큰 차이는 없다. 외견상 공자도 양호와 같은 길을 걸은 셈이다. 양호는 비록 공자처럼 고매한 이상주의를 내세우지는 않았으나 구질서를 타파하고 새로운 질서를 만들고자 한 점에서는 동일했다.

물론 공자는 시종 폭력 등을 동원한 과격한 방법은 일절 배제했다. 그는 3환을 타도하는 과정에서 비록 궤계에 가까운 계책을 구사키는 했으나 이 또한 3환에 대한 설득을 전제로 한 합리적이면서도 자연스런 계책이었다. 이에 반해 양호는 시종 수단방법을 가리지 않고 자신의 의지를 관철코자 하는 전투적인 모습으로 일관했다. 그는 명분을 사상捨象한 가운데 오직 실리만을 추구하는 모습을 보인 것이다. 결국 3환 타도의 계책이 실패한 뒤두 사람 모두 앞뒤로 망명길에 나섰으나 그 결과는 하늘과 땅만큼의 차이가 있었다.

공자는 14년간에 걸친 천하유세 후 고국으로 귀국해 제자들을 가르치고 고전을 정리함으로써 '만세의 사표'가 되었다. 이에 반해 양호는 비록 자신을 알아주는 조간자의 휘하에서 지략을 발휘해 뛰어난 모신謀臣으로 이름을 떨치기는 했으나 주군에 대한 모반을 일삼은 전과로 인해 후대에 반복무상反覆無常한 '난신적자'로 폄하되었다.

그러나 사실 양호를 단순한 '난신적자'로 폄하한 유가 후학들의 평가는 지나친 것이다. 만일 양호가 애초부터 조간자와 같은 인물을 만났다면 후대인들에게 뛰어난 양신良臣으로 평가받았을지도 모를 일이다. 공자와 양호두 사람은 구질서를 혁파하고 새로운 세상을 만들고자 한 점에서는 동일했으나 방법론상의 차이로 인해 서로 다른 결과를 낳게 되었다고 할 수 있다.

공자와 양호 두 사람이 생전에 현실 속에서 서로 상이한 삶을 살게 된 이유가 바로 여기에 있었다. 현실적으로 볼 때 '만세의 사표' 공자는 시종 실패한 삶을 살았다. 이에 반해 '난신적자의 표상'으로 매도된 양호는 비록 짧은 기간이기는 했으나 일국의 실권을 손아귀에 틀어쥐는 성공적인 삶을 살았다. 이러한 차이는 이상과 현실간의 간극 탓으로 돌릴 수 있을 것이다. 현실 속에 나타난 두 사람의 상이한 삶의 궤적은 이상주의자인 공자와 현실주의자인 양호의 행로가 빚어낸 필연적인 결과로 볼 수 있다.

당시 공자가 추구한 혁명방식은 제한적이었다. 오랜 시간을 두고 상대방에 대한 설득 및 교화를 통해 점진적이면서도 합리적인 방식에 의해 새 질서를 만들고자 하는 것은 혁명가의 자격으로는 실격이다. 신분세습에 기초한 봉건질서의 혁파를 꾀한 공자의 꿈은 2백여 년 뒤에 진시황의 천하통일에 의해 비로소 완성된 사실이 이를 증명한다.

그러나 긴 시간대에서 볼 때 과연 누가 진정한 혁명가였을까? 그것은 말할 것도 없이 공자였다. 설령 양호가 죽을 때까지 노나라의 권력을 장악했을지라도 이는 바뀔 수 없는 진리이다. 힘에 의한 혁명은 즉각 반작용을 낳기 마련이다. 혁명이 일어날 때마다 반드시 반혁명이 일어나는 것은 바로 이 때문이다. 개혁이든 혁명이든 시간을 서두르면 서두를수록 그에 따른 반작용의 강도 또한 거세질 수밖에 없다. 공자의 혁명방식이 비록 오랜 시간과 수많은 시행착오를 수반했음에도 불구하고 일단 완성되자 수천 년 동안 면면히 이어지게 된 이유가 바로 여기에 있다. 공자사상도 바로 여기서 그 진면목을 드러내게 된 것이다.

권신과의 투쟁

공자는 양호와 공산불뉴의 난이 접종接踵하는 와중에 꾸준히 사숙을 열어 고전을 정비하고 제자를 육성하는 작업을 병행했다. 그러면서도 그는 늘 자신의 뜻을 펼치기 위한 출사의 희망을 버리지 않았다. 그러나 이러한 기회는 공자가 50세에 달할 때까지 결코 오지 않았다. 공자는 내심 커다란 곤혹감을 느꼈을 것이다.

그러나 공자는 흔들리지 않았다. 공자가 훗날 이 시기를 이른바 '불혹不惑'의 시기로 술회한 것도 이와 무관치 않았을 것이다. 이는 불요불굴不撓不屈의 자세로 자신의 평생 과업인 '치평학'을 다듬기 위해 용맹정진勇猛精進해 나아갈 것임을 선언한 것으로 풀이할 수 있다. 그러나 그의 나이 50세에 달할 때까지는 출사의 시기는 끝내 도래하지 않았다.

그렇다면 과연 공자는 구체적으로 언제 출사케 된 것일까? 『춘추좌전』 등의 기록에 비춰 대략 양호가 3환과의 싸움에서 패퇴해 제나라로 망명한 노정공 9년(기원전 501년)의 일로 추정되고 있다. 당시 공자는 원칙에 충실할 것을 강조하면서 폭력보다 설득을 통한 개혁을 설교했다. 양호의 모반이 실패한 후 공자의 제자들이 대거 관직으로 나아가게 된 것도 이와 무관치 않았을 것이다.

당시 공자의 제자들은 유능했다. 공자가 정치원리와 함께 어느 정도의 기술도 가르쳤기 때문에 그들 모두 실무에 유용한 기술을 갖고 있었다. 당시 공문孔門 이외에는 별다른 고등교육기관이 없었기 때문에 그들은 다른 사람에 비해 훨씬 유리한 조건을 가졌음에 틀림없다. 공자의 제자들은 스승인 공자 및 동료들과의 대화나 토론을 통해 연마되었을 것이다.

열국의 군주들이 공자의 제자들을 등용한 것은 공자의 원칙을 신봉하거나 덕을 사랑했기 때문은 아니었다. 바로 그들의 뛰어난 박학과 재능이 여러모로 쓸모가 많았기 때문이다. 물론 제자들이 취직하는데 공자 개인의 인격과 권위 등이 적잖이 작용했다고 보아야 한다. 설화 중에 공자가 추종을 불허할 정도로 현명한 사람인 까닭에 권력자들이 자문을 구하기 위해 그를 초빙한 것으로 꾸며진 매우 과장된 것도 있으나 이는 당시 열국에서 공자의 의견이 크게 존중되었음을 시사하고 있다.

실제로 공자가 천하유세를 벌이던 와중인 노애공 3년(기원전 492년) 당시 계씨의 종주가 된 계강자季康子는 공문의 매우 중요한 후원자로 활약했다. 원래 계강자는 현실적인 인물이었다. 그는 침략전쟁을 벌이며 노나라를 보위하는 동시에 노나라 군주가 강대해지지 않도록 세심한 주의를 기울이면서도 공실을 후대했다. 그는 공자에게도 매우 커다란 호감을 표시했다. 실제로 그는 공자의 제자들을 대거 등용했다. 그가 공자의 제자들을 제외하면 『논어』에 가장 많이 언급된 인물이라는 사실도 이와 무관치 않다.

계강자가 공자를 구체적으로 알게 된 것은 계씨의 종주가 되기 훨씬 전인 노정공 12년(기원전 498년) 이전의 일로 보인다. 당시 계강자가 공자에게 자로를 등용할 수 있는지를 물은 사실이 이를 뒷받침한다. 이 일을 계기로 자로는 계씨의 가재가 되었다. 당시 공자의 나이는 55세였다. 계강자가 공자에게 자로의 등용여부를 문의한 노정공 12년은 공문에 관한 기록 중 사상 최초로 믿을 만한 연대이기도 하다. 대략 공자는 이때를 계기로 세상에서 크게 인정받기 시작한 것으로 짐작된다.

당시 계강자는 특이하게도 공자에게 질문만이 아니라 때로는 공자의 제자들과 함께 토론에도 참여했다. 그러나 공자는 계강자가 질문할 때마다 거의 훈계 섞인 비난으로 일관했다. 이는 「안연」에 나오는 다음과 같은 대목을 보면 쉽게 알 수 있다.

"계강자가 공자에게 정치에 관해 묻자 공자가 대답키를, '정치는 바로잡는 것이오. 그대가 바르게 이끌면 누가 감히 바르지 않을 리 있겠소'라고 했다."

공자의 대답이 신랄하기 짝이 없다. 그러나 계강자는 이러한 답변에 불쾌감을 표시하기는커녕 오히려 정반대의 모습을 보였다. 그는 비록 공자가 관직은 자신보다 훨씬 낮았지만 공자를 스승 대하듯이 매우 높게 평가했음을 시사한다.

사서의 기록에 비춰 공자가 노나라에 처음으로 출사한 것은 그의 나이는 51세 때 노정공 8년(기원전 502년)인 것으로 보인다. 이때는 양호가 3환에게 패한 해이도 하다. 양호는 이듬해에 제나라로 망명했다. 이에 대해 양호가 득세키 시작한 노정공 5년(기원전 505년) 직후에 공자가 제나라로 망명했을 것으로 추정한 시라카와는 노정공 9년(기원전 501년)에 양호가 제나라로 망명하자 양호를 피해 노나라로 귀국해 처음으로 출사케 된 것으로 보았다. 통설보다 대략 1년 정도 늦춰 잡은 셈이다. 그러나 이러한 주장은 양호를 독립변수로 간주하고 공자를 종속변수로 간주하는 오류를 범했다는 지적을 면키 어렵다.

공자가 출사한 이후의 활약과 관련해 「공자세가」는 여러 일화를 수록해 놓았으나 이들 일화는 후대에 나온 설화를 그대로 수록한 것으로 역사적 사실과 상당한 차이가 있다. 대표적인 예로 공자가 노정공에게 크게 발탁되어 대신으로 활약하면서 간적奸賊들을 제거한 일화 등을 들 수 있다. 신분세습의 봉건질서가 엄존한 상황에서 하급 사족의 후예인 공자가 상대부上大夫 위에 있는 경卿의 지위까지 올라갔다는 것은 있을 수 없는 일이다. 「공자세가」에 나오는 공자의 관력官歷은 액면 그대로 믿을 수 없는 것이다. 「공자세가」는 공자가 출사한 이후 관력을 다음과 같이 개술해 놓았다.

"노정공이 공자를 중도中都의 읍재邑宰(읍의 장관)로 삼았다. 1년 내 사방이 모두 법을 지켰다. 공자는 중도재 이후 사공司空이 되었다. 사공 이후에 대사구大司寇가 되었다. 노정공 10년(기원전 500년), 노나라가 제나라와 협곡에서 화친을 맺게 되었다."

원래 사공은 토목공사를 관장하는 최고책임자를 말한다. 대사구는 형옥刑獄을 담당하는 최고책임자이다. 여기의 '중도'는 산동성 문상현 서쪽에 위치한 곳으로 당시 노나라 군주의 직할령이었다. 중도의 읍재는 노나라 군주의 사유지인 중도 땅을 관리하는 관원을 지칭한다. 공자는 여기서 치적을 인정받아 중도 땅을 관할하는 사공과 대사구로 거듭 영전된 것으로 보인다.

공자가 맡은 사공과 대사구라는 직책은 계씨가 이끄는 조정의 관직이 아닌 점에 주의할 필요가 있다. 그러나 「공자세가」는 협곡회동이 이뤄지는 노정공 10년 이전에 공자가 중도의 읍재를 시작으로 차례로 조정의 고위관 직인 사공과 대사구의 자리로 승진한 것으로 간주함으로써 커다란 혼란을 야기했다. 후대의 모든 공자 전기가 공자의 관력을 소개하면서 공자가 마치 조정의 고위직에 있었던 것으로 간주하는 잘못을 범한 것은 바로 「공자세가」의 이 기록을 맹신한데 따른 것이다.

특히 공자가 대사구가 되었을 당시의 일화는 「공자세가」 이외의 여러 문헌에서 두루 언급된 까닭에 이런 혼란을 더욱 부추겼다. 이 일화는 『춘추좌전』 「노정공 원년」조와 『맹자』 「고자 하」, 『묵자』 「비유」, 『순자』 「유좌」, 『여씨춘추』 「우합遇合」 등에 대동소이한 내용으로 소개되어 있다. 다만 특이한 것은 이들 모두 「공자세가」와 달리 '대사구'로 표현하지 않고 '사구司寇'로 표현한 점이다. 최술은 『수사고신록』에서 이에 대한 정밀한 분석을 시도 했으나 본래 '사구'와 '대사구'는 역할과 권한 등에서 아무런 차이가 없는 것이다. 단지 동일한 직책을 두고 시대에 따라 각각 다르게 지칭한 것에 불과하다. 공자가 사공을 지냈다는 관력에 대해서는 오직 「공자세가」에서만 언급되고 있다. 「공자세가」에 나오는 공자의 관력에 대해 의구심을 낳게 하는 대목이다.

여기서 공자의 관력을 정밀하게 추적해 볼 필요가 있다. 선진시대 문헌의 기록만으로는 과연 공자가 언제 중도의 읍재가 되었는지를 도무지 판단할 길이 없다. 대략 전후사정에 비춰 양호가 3환에게 패한 노정공 8년(기원전 502년) 내지 양호가 제나라로 망명한 노정공 9년(기원전 501년) 사이일 것으로 짐작된다. 공자가 1년 동안 중도의 읍재로 있었다는 「공자세가」의 기록에 주목할 경우 공자는 대략 2-3년의 기간을 두고 중도의 읍재에서 시작해 사공과 대사구 등으로 거듭 승진한 것으로 보인다. 시기적으로 양호의 모반이 실패로 돌아간 노정공 8년에 처음으로 출사해 중도의 읍재가 되었다고 보는 것이 타당할 것이다.

그렇다면 공자는 왜 갑자기 이때에 이르러 50세를 넘은 나이에 뒤늦게 출사케 된 것일까? 대략 실권자인 계씨를 비롯해 노정공 등은 공자가 공산불뉴의 부름에 응하지 않은 것을 높이 평가한 듯하다. 이후 공자는 3환 타도의 계책이 실패로 돌아가자 이내 사직하고 천하유세에 나서는 노정공 13년(기원전 497년) 이전까지 대략 5-6년 동안 노나라의 관원이 되어 국정에 적극 참여했을 것으로 짐작된다.

그러나 사실 당시 공자가 보여준 구체적인 활약상을 짐작케 해주는 기록은 그리 많지 않다. 「공자세가」는 당시의 상황을 짐작케 해주는 다음과 같은 일화를 실어 놓았다.

"공자가 대사구로서 재상의 일을 맡게 되자 얼굴에 희색이 돌았다. 이때 제자가 묻기를, '제가 듣기에 군자는 화가 닥쳐도 두려워하지 않고, 복이 찾아와도 기뻐하지 않는다고 했습니다.'라고 했다. 이에 공자가 대답키를, '그런 말이 있다. 그러나 귀한 신분으로 신분이 낮은 사람을 공손하게 대하는 데에는 낙이 있다고 하지 않았는가?'라고 했다. 얼마 후 공자는 노나라의 정사를 문란케 한 소정묘少正卯를 주살했다. 공자가 정사를 행한 지 3달이 지나자 양과 돼지를 파는 사람들이 값을 속이지 않았다. 남녀가 길을 갈 때 따로 걸었고, 길에 떨어진 물건을 주워가는 사람도 없어졌다. 사방에서 찾아오는 여행자도 관리에게 허가를 받을 필요가 없었다. 이들 모두 잘 대접해서 만족해하며 돌아가게 했다."

이 대목에서 공자가 대사구가 되어 재상의 일을 겸하면서 소정묘를 주살한 내용이 대서특필되어 있는 사실에 주목할 필요가 있다. 이 기록이 맞는다면 공자는 출사하자마자 중도의 읍재에서 중앙조정의 고위관원으로 발탁되어 재상 역할까지 수행하면서 일거에 노나라를 태평하게 만든 걸출한 정치가였음에 틀림없다.

소정묘 주살 일화는 『순자』「유좌宥坐」에 처음 나온 뒤 진한秦漢시대 이후의 거의 모든 책에 빠짐없이 등장하는 매우 유명한 일화이다. 비슷한 시기에 이 일화를 다룬 문헌으로는 『윤문자尹文子』 「대도大道 하」를 들 수 있다. 그러나 그 편제 시기 및 내용으로 보아 『순자』 「유좌」의 내용을 옮겼을 공산이 크다. 이후에 나온 『여씨춘추』와 『설원』, 『공자가어』, 『사기』 등은 모두 이를 옮긴 것에 불과하다. 『순자』 「유좌」에 따르면 당시 소정묘는 무뢰배들을 한데 모아 도당을 결성하고 백성을 미혹시킨 소인배의 우두머리로 되어 있다. 「유좌편」은 공자의 소정묘 주살 일화에 구체성을 부여하기 위해 이같이 덧붙여 놓았다.

"공자가 노나라에서 섭상攝相(임시 재상으로 대사구大司寇를 지칭)의 자격으로 조정에 나간 지 7일 만에 소정묘를 처형했다."

먼저 소정묘가 실존인물인지조차 분명치 않다. 소정묘의 성이 '소'인지 '소정'인지 여부도 알 길이 없는데다 '소정少正'이라는 명칭 자체가 '올바른 행동이 드물다.'는 의미를 띠고 있다. 이름으로 간주되는 '묘卯' 또한 '무성하다.'는 의미를 지니고 있어 '소정묘'라는 이름 자체가 '하는 일마다 올바른 행동이 극히 드물다.'는 뜻을 지니고 있는 것이다. 후대인이 만들어낸 허구의 인물일 가능성을 짐작케 해주는 대목이다.

그를 실존인물로 간주할 경우 그는 대략 양호와 마찬가지로 공자와 가장 날카롭게 대립한 인물이었을 가능성이 크다. 그러나 설령 그렇다 할지라도 「공자세가」의 소정묘 주살 기사는 『순자』 「유좌」에 나오는 일화를 대서특필키 위해 공자의 벼슬을 더욱 높이는 등 임의로 사실史實을 왜곡했다는 지적을 면키 어렵다. 사마천은 「위세가衛世家」에서 노정공 13년에 천하유세에 나선 공자가 위나라에 있는 것으로 기록해 놓고도 「공자세가」에서는 노정공 14년에 소정묘를 주살한 것으로 기록해 놓은 것이다. 그는 소정묘 주살 기사를 대서특필하기 위해 「공자세가」에서 임의로 공자의 망명 시기를 1년이나 더 늦춰 놓은 셈이다.

원래 소정묘 주살 기사의 원전인 『순자』 「유자」는 『순자』의 여러 편 중에서도 성립시기가 늦은 편에 속한다. 역사적 사실과 거리가 먼 항간의 설화일 공산이 큰 것이다. 실제로 량치차오梁啓超는 이 대목을 전한제국 때 첨가된 위문僞文으로 단정했다.『논어』「위정」과 「안연」 등에 산견되고 있는 형정刑政에 관한 공자의 언급 또한 모두 원론적인 것으로 소정묘를 주살했다는 식의 혹형酷刑과는 거리가 멀다.

예로부터 소정묘 주살 일화의 진위를 둘러싼 이견이 분분한 것은 당연했다. 이 문제는 금나라의 왕약허王若虛가『오경변혹五經辨惑』에서 최초로 강한 의문을 제기했다. 이후 청대의 염약거閻若璩는『사서석지四書釋地』에서 위문일 가능성을 언급했다. 최술崔述과 양옥승梁玉繩 등은 각각『수사고신록』과『사기지의史記志疑』에서 공자가 결코 소정묘를 죽인 적이 없다고 단정했다. 이들의 주장이 타당하다.

원래『춘추좌전』에는 공자가 대사구의 자리에 있었다는 기록이 전혀 나오지 않는다. 만일 공자가 정말 노나라의 대사구로 있었다면『춘추좌전』에 그의 활동이 조금이라도 기술되지 않을 리 없다. 그런데『춘추좌전』에는 그에 관한 기록이 전혀 나타나지 않는다.「공자세가」의 관련 기록을 의심케 하는 대목이다.

그럼에도 유가 후학들은 공자를 미화하기 위해 당시의 상황과 관련한 숱한 얘기를 만들어냈다. 대표적인 예로『공자가어』「시주始誅」및 「형정刑政」 등에 나오는 일화를 들 수 있다. 이 일화들은 공자가 '이상한 의복을 만든 죄'와 같은 기묘한 범죄에 대해 사형을 규정했다는 등의 맹랑한 얘기로 꾸며져 있다. 이 또한 소정묘 주살 일화와 마찬가지로 후대의 위문으로 보아야 한다.

본래 중앙조정의 사구라는 직책은 유력한 세족의 종주宗主만이 취임할 수 있는 매우 중요한 자리이다. 노나라의 사구는 오랫동안 공실의 인척인 장씨臧氏의 종주가 맡았다. 사서의 여러 기록에 비춰 공자가 출사했을 당시도 사구의 자리는 장씨 집안의 종주가 계속 맡고 있었다고 보는 게 옳다.

이는 『논어』 「향당」에 나오는 다음 대목이 뒷받침한다.

"공자는 조정에서 하대부下大夫와 얘기할 때에는 화락하게 하고, 상대부上大夫와 얘기할 때는 공정하게 했다. 군주가 있을 때에는 조심하며 공손하고 근엄했다."

일각에서는 이를 두고 군자의 태도를 언급한 것에 불과할 뿐 공자 자신의 태도를 언급한 것은 아니라고 주장하고 있으나 이는 잘못이다. 「향당」은 공자가 출사했을 당시의 행동을 수록해 놓은 것이다. 당시 공자가 상대부들을 대할 때 절도와 격식을 갖춘 태도를 취한 것은 그가 상대부의 일원이 아니었기 때문이다. 공자는 「선진」과 「헌문」에서도 '대부의 뒤를 따른다.'고 거듭 언급한 바 있다. 이는 그가 대부의 말단인 하대부에 속해 있었음을 시사한다.

당시 조정회의에는 최소한 하대부 이상의 관원만이 참석했다. 「향당」에 나와 있듯이 당시 공자는 하대부로 있으면서 조정회의에 참석할 때 상관인 상대부와 말을 할 때는 절도와 격식을 갖췄지만 동료인 하대부와 말을 할 때는 격의 없이 자연스럽게 했다고 보는 것이 사실에 부합한다. 공자가 대부들의 형살刑殺을 관장하는 중앙조정의 고위관직인 사공과 대사구 등의 벼슬을 지냈다는 기존의 해석은 수정되어야만 한다.

그렇다면 공자는 어떻게 사인士人의 신분에서 비록 최하층이지만 조정회의에 참석할 수 있는 대부의 반열에 오르게 된 것일까? 유가 후학들은 공자가 노정공의 최고 정치고문으로 있었던 까닭에 가능했다고 주장했으나 이는 『논어』의 기록과 동떨어진 것이다. 『논어』에는 공자가 천하유세를 떠나기 전에 노정공과 나눈 대화를 전하는 기록이 겨우 두 대목밖에 없다. 「팔일」에 다음과 같은 대목이 나온다.

"노정공이 공자에게 묻기를, '군주가 신하를 대하고, 신하가 군주를 섬기는 데에는 어찌 하는 것이 좋소?'라고 하자 공자가 대답키를, '군주는 예로써 신하를 대하고, 신하는 충성으로써 군주를 섬기면 됩니다.'라고 했다."

이는 원론적인 문답에 불과한 것으로 공자가 노정공의 최고 정치고문이라고 판정하는 자료로 삼기에는 크게 미흡하다. 공자가 천하유세에서 돌아온 이후에도 공자의 위치는 크게 변하지 않았다. 공자가 노애공과 나눈 대화를 전하는 기록도 단 두 곳에 불과한 사실이 이를 뒷받침한다. 내용도 군주가 친근한 대신과 나눈 대화가 아니라 현자로 명망이 높은 사람과 의례적으로 나눈 대화에 불과할 뿐이다. 중앙조정의 사공과 대사구의 벼슬을 지냈다는 「공자세가」의 기록이 무색해지는 대목이다. 이는 공자가 맡은 사공과 대사구의 벼슬 자체가 조정의 최고위직에 해당하는 자리가 아니었음을 시사하는 것이다.

그렇다면 공자가 역임한 사공과 대사구 등은 구체적으로 어떤 직책을 말하는 것일까? 기무라는 『공자와 논어』에서 매우 그럴듯한 해석을 내놓았다. 당시 공자가 맡은 사공의 직책은 노나라 군주가 직할하는 지역의 치수를 담당한 일종의 토목과장 수준에 불과하다는 게 그의 주장이다. 공자가 맡은 대사구의 직책 역시 도성인 곡부 내지 직할지의 경찰과 옥송을 담당하는 지방장관 수준에 불과하다고 보았다. 3환의 세습귀족들이 실질적인 권력을 장악하고 있던 당시의 정황에 비춰 보면 기무라의 이런 주장은 매우 설득력이 있다.

당시 3환 세력이 하급사족 출신인 공자를 일약 중앙조정의 최고관직인 사공과 대사구에 천거했을 가능성은 거의 전무했다고 보아야 한다. 대대로 대사구의 직책을 맡아온 명문세족 장씨臧氏가 이를 묵인했을 리도 없다. 나아가 별다른 공을 세운 바 없는 공자가 문득 사숙을 열어 고전을 정비하고 제자들을 육성한다는 이유만으로 고위관원에 발탁되었을 리도 없다. 당시 큰 공을 세웠을지라도 신분세습의 봉건질서가 잉존하고 있던 상황에서 비약적인 신분상승은 있을 수 없는 일이었다. 공자의 부친 숙량흘이 노나라의 국위를 크게 떨칠 만한 무공武功을 세웠음에도 불구하고 겨우 자신의 고향인 추읍陬邑을 관장하는 하급 관원의 신분에 그친 사실이 그 실례이다. 「안연』에 나오는 공자의 술회도 이를 강력 뒷받침하고 있다.

"송사를 듣고 판결하는 것은 나도 남과 같다. 그러나 나는 그보다는 반드시 송사가 없도록 만들겠다."

이는 훗날 공자가 노정공 휘하에 있는 공실 소속의 정청政廳에서 대사구로 재직할 당시의 경험을 토대로 송사에 관한 나름대로의 소회를 밝힌 것으로 추정된다. 당시 공자는 노나라의 실권자인 계씨를 수석으로 하여 노나라 전체의 국정을 관장하는 중앙조정에 직접 참여했던 것이 아니었다. 당연한 결과로 당시 그는 국가대사와 직결된 외교관계 등에도 관여치 않았다고 보는 게 옳다.

이러한 분석을 종합해 보면 당시 공자는 노정공 직속의 정청에서 두각을 나타내며 노정공의 신임을 얻은 것으로 짐작된다. 『춘추좌전』에는 이에 관한 기록이 전혀 나타나지 않고 있으나 이는 역설적으로 당연한 일로 보아야 한다. 원래 노나라의 역사서인 『춘추』는 대부 이하의 일에 대해서는 기록하지 않는 것을 원칙으로 삼았다. 공자가 사공과 대사구로 재직했을 당시의 기사가 없는 것은 바로 공자가 맡은 노정공 직속의 정청에서의 직책이 그리 대단한 자리가 아니었음을 시사한다.

공자는 노정공 10년(기원전 500년)에 있었던 '협곡夾谷 회동'에서 대공을 세우기 전까지 아직 대부의 신분을 얻지 못했음에 틀림없다. 공자가 처음으로 집정대부인 계씨로부터 능력을 인정받고 열국 제후들로부터 주목을 받게 된 것은 협곡회동 이후의 일로 보아야 한다. 공자의 협곡회동에서의 활약은 『춘추좌전』과 『사기』 등 관련 문헌에 모두 수록돼 있는 만큼 사실로 보는 게 타당하다. 당시 공자는 군주가 행하는 의식을 곁에서 돕는 상례相禮가 되어 노정공을 수행했다. 「공자세가」는 당시의 상황을 이같이 기술해 놓았다.

"노정공 10년 여름에 제나라 대부 여서黎鉏가 제경공에게 말하기를, '노나라가 공구를 중용했으니 그 세가 반드시 제나라를 위태롭게 할 것입니다.'라고 했다. 이에 노나라에 사자를 보내 친목을 도모키로 하고 협곡夾谷에서 만나기로 했다. 노정공이 수레를 타고 아무런 방비도 없이 그곳에 가려고 하자 섭상攝相으로 있던 공자가 말하기를, '옛날에는 제후가 국경을 나설 때 반드시 문무관원으로 하여금 수행케 했다고 합니다. 좌우사마左右司馬를 대동토록 하십시오'라고 했다. 노정공이 이를 좇아 좌우사마를 데리고 협곡에서 제경공과 만났다. 제경공과 노정공의 상견례가 끝나자 제나라 관리가 앞으로 달려 나와 말하기를, '사방의 음악을 연주케 하십시오'라고 했다. 제경공이 이를 허락하자 창칼과 방패를 든 무리가 북을 치고 시끄럽게 떠들면서 나왔다. 공자가 빠른 걸음으로 대 위로 올라가 마지막 한 계단을 오르지 않은 채 긴 소매를 쳐들고 꾸짖기를, '두 군주가 친목을 위해 만났는데 어찌하여 이적夷狄의 음악을 연주하는가?'라고 했다. 좌우의 수행원들이 안영과 제경공의 눈치를 살피자 제경공이 크게 부끄러워하며 그들을 물러가게 했다. 잠시 후 제나라의 관리가 앞으로 나와 말하기를, '청컨대 궁중의 음악을 연주케 하십시오'라고 했다. 제경공이 이를 허락하자 광대와 주유侏儒(난쟁이)가 재주를 부리며 앞으로 나왔다. 공자가 다시 재빨리 달려 나가 외치기를, '필부로써 제후를 현혹케 하는 자는 마땅히 처형해야 한다.'라고 했다. 이에 관리가 그들의 허리를 두 동강 내고 말았다. 제경공이 크게 감탄하면서 돌아온 뒤 두려운 기색으로 군신들에게 말하기를, '노나라의 신하는 군자의 도로써 군주를 보필하는데 그대들은 이적의 도로써 과인을 가르쳐 노군魯君에게 죄를 짓게 했소. 이를 어찌하면 좋겠소'라고 했다. 이에 한 대부가 나와 건의키를, '그 일로 마음이 편치 않으면 실질적인 물건을 내놓고 사과토록 하십시오'라고 했다. 제경공이 이를 좇아 운鄆과 문양汶陽, 구음龜陰 땅을 돌려주고 노나라에 사죄했다."

「공자세가」의 이 기록은 공자의 당시 활약상에 대한 항간의 설화를 그대로 전재한 것으로 짐작된다. 『춘추좌전』의 기록도 '주유侏儒' 등을 참살했다는 얘기를 빼놓고는 이와 대동소이하다. 항간의 설화를 토대로 한 『춘추좌전』의 기록을 「공자세가」가 전재했을 공산이 크다.

당시 공자의 역할을 두고 『춘추좌전』은 '공구상孔丘相'으로 표현해 놓았다. 이는 공자가 재상이 되었다는 뜻이 아니라 예식을 집행할 때 이를 보조하는 '상례相禮'의 역할을 수행했다는 뜻으로 사용된 것이다. 그럼에도 「공자세가」는 공자가 마치 재상의 일을 맡아본 것처럼 '섭상攝相'으로 기록해 놓은 것이다. 사마천은 협곡회동을 대서특필키 위해 공자의 직책을 지나치게 높여 놓았거나 '공구상'의 의미를 잘못 이해했을 공산이 크다.

공자가 문득 협곡회동에서 노정공의 상례로 발탁된 데에는 기본적으로 당시 노나라의 외교정책이 크게 전환하고 있었던 사실과 밀접한 관련이 있다. 당초 노나라는 오랫동안 멀리 떨어진 진晉나라와 연대해 노나라 최대의 위협이 되고 있는 인국 제나라를 견제하는 이른바 원교근공遠交近攻의 외교노선을 취해 왔다. 협곡회동은 노나라가 전래의 '원교근공' 외교노선을 일대 전환할 수 있음을 간접적으로 시사한다.

왜 노나라는 갑자기 전통적인 적국인 제나라와 화해코자 했던 것일까? 이는 제나라에 빼앗긴 영토를 반환받고자 한데서 비롯된 것이었다. 당시 노나라의 속셈을 간파한 제나라는 과거 제환공이 이룬 패업을 복원시킬 생각으로 이미 협곡회동 한 해 전에 양호를 붙잡아 국외로 추방함으로써 두 나라간 화해를 위한 정지작업을 진행시킨 바 있다. 당시 우호관계를 맺는 외교회의 석상에서 제나라가 「공자세가」의 기록처럼 어설픈 연극을 할 리가 없다고 보아야 한다. 「공자세가」는 공자의 외교적 성공을 부각시키기 위해 당시의 상황을 지나치게 미화했다는 의심을 면키 어렵다.

그러나 『춘추좌전』에도 '주유' 등을 참살한 내용을 빼고는 대동소이한 일화가 실려 있는 점을 감안할 때 공자의 역할을 두고 협곡회동의 조연 정도에 그친 것으로 간주할 수는 없다. 당시 노정공의 입장에서 볼 때 협곡회동은 결코 성공을 장담할 수 있는 협상무대가 아니었다. 대략 강대국인 제나라가 노정공을 비롯한 노나라 측 협상대표들에게 심리적 압박을 가하기 위해 「공자세가」에 나오는 일화와 유사한 방법으로 고압적인 자세를 취했을 가능성이 크다. 「공자세가」의 관련기록은 비록 과장된 것이기는 하나 협곡회동의 기본성격을 전해주고 있다.

이런 점 등을 감안할 때 노정공의 상례로 나선 공자의 공적은 액면 그대로 인정하는 것이 타당할 것이다. 이는 통상 협곡회동과 같이 중요한 외교교섭에는 예제에 밝은 사람이 상례로 선택된 사실을 통해 대략 짐작할 수 있다. 당시에 제사는 물론 외교협상의 무대에서도 그 절차가 매우 엄중했다. 의례와 관련된 사무 일체를 처리하면서 군주를 보좌하는 상례의 역할을 결코 가벼이 보아서는 안 된다. 당시 열국의 군주가 회동할 경우 대부가 상례를 맡는 것이 관례였다.

공자가 상례에 발탁된 것은 그가 처음으로 대부의 반열에 올랐음을 시사하고 있다. 그렇다면 구체적으로 그 시기는 언제일까? 원래 상례의 직책은 외교교섭과 같은 특별한 사안에 대처키 위해 마련된 임시직에 불과하다. 공자 역시 협곡회맹 당시 임시직으로 상례를 맡았던 것으로 짐작된다. 당시의 정황을 감안할 때 공자는 노정공 직할지의 대사구로 재직하면서 상례의 직책을 겸임했을 공산이 크다. 당시 예제에 밝았던 공자는 외교의전상의 필요로 인해 대부의 자격으로 상례를 맡았을 가능성이 큰 것이다. 그렇다면 공자가 대부의 반열에 오르게 된 것은 그 시기를 단정할 수는 없으나 대략 협곡회동 때로 보는 것이 타당할 것이다.

사서의 기록을 종합해 볼 때 협곡회동 당시 공자는 예제에 관한 해박한 지식을 무기로 제나라의 위협적인 책모를 막고 회담을 노나라에 극히 유리하게 전개시켰을 가능성이 크다. 이로 인해 공자에 대한 노정공의 신임이 한층 두터워졌을 것으로 짐작된다. 노나라의 실질적인 국정을 책임지고 있는 집정대부 계씨 또한 공자의 수완을 높이 평가했을 것으로 짐작된다. 당초의 예상과 달리 어려운 협상을 성공리에 마친 공자에 대한 백성들의 인망 역시 급속히 높아졌을 것이다.

그렇다면 공자는 협곡회동 이후 국내외의 높아진 신망을 배경으로 마침내 하대부의 자격으로 집정대부 계씨를 수반으로 하는 노나라 조정에 참석케 되었다고 추정할 수 있다. 물론 『논어』와 『맹자』에 협곡회동에 관한 언급이 전혀 나오지 않는 점을 이유로 협곡회동은 공자와 하등 상관이 없었다는 부정적인 견해가 없는 것은 아니다. 공자가 단지 말 한마디로 호전적인 강국 제나라를 굴복시켜 영토를 반환케 만들었다는 것 자체가 당시의 상황에 비춰볼 때 있을 수 없다는 게 이들의 주장이다. 이들은 『춘추』에 언급된 영토반환의 공을 공자에게 돌리기 위해 유가 후학들이 위문을 끼워 넣었을 가능성에 무게를 두고 있다.

이런 추정은 고금동서를 막론하고 외교는 힘을 바탕으로 전개된다는 사실에 비춰 볼 때 나름대로 일리가 있다. 그러나 협곡회동 일화가 모든 사서에 빠짐없이 수록돼 있는 점 등을 감안할 때 공자는 협곡회동을 성공리에 마침으로써 마침내 조정회의에 참석할 수 있는 자격을 획득케 된 것으로 보는 게 타당하다. 그래야만 공자가 이후 무려 2년간에 걸쳐 교묘한 수법으로 3환 세력을 거세코자 한 배경이 제대로 자연스럽게 해명될 수 있다. 당시 3환 세력을 상대로 한 싸움에 승부수를 띄운 공자의 행보는 협곡회동 이후 공자가 마침내 중앙조정회의에 참석케 된 것이 결정적인 계기가 되었다고 보아야만 자연스런 해석이 가능하다. 객관적으로 볼 때 양호 등의 반란을 제압하고 다시 막강한 세력을 만회한 3환 세력에게 도전장을 내민 것은 사실 만행에 가까운 무모한 짓이었다. 이는 오랫동안 '군자의 치평' 문제를 진지하게 탐구해 온 공자가 아니면 도저히 취할 수 없는 것이기도 하다. 그 결정적인 계기가 바로 협곡회동을 통해 한껏 높아진 위상을 발판으로 중앙조정회의에 참석케 된 데서 마련되었다고 보는 게 합리적이다.

당시 공자는 내심 '군자의 치평' 이상을 구현시킬 수 있는 절호의 기회를 만나게 되었다고 판단했을 것으로 짐작된다. 조정회의에 처음 참석케 된 공자는 가장 먼저 3환의 전횡이 의외로 심각하다는 사실에 적잖은 충격을 받았을 공산이 크다. 이후 공자가 무려 2년간에 걸쳐 위험하기 짝이 없는 3환 거세 계책을 시종여일하게 구사한 사실이 이를 뒷받침한다. 공자는 정권을 농단하고 있는 3환을 제거치 않고는 노나라 정국의 난맥상을 바로잡을 길이 없다고 판단했을 것으로 짐작된다.

이런 추론이 맞는다면 당시 공자의 입장에서 볼 때 3환과의 충돌은 불가피했다. 공자로서는 '군자의 치평' 이상을 펼치기 위해서라도 건곤일척乾坤一擲의 모험을 감행치 않을 수 없는 상황이었다. 그러나 양호처럼 무모하게 힘으로 해결하려다가는 이내 실패할 공산이 컸다. 보다 치밀한 전략이 절대 필요했다. 그렇다면 공자가 선택한 방략은 과연 무엇일까? 「공자세가」의 기록에 그 해답의 단서가 나온다.

"하루는 공자가 노정공에게 건의키를, '신하는 무기를 비축해서는 안 되고, 대부는 1백 치雉 길이 3장丈, 높이 1장丈인 성벽 면적의 성을 쌓아서는 안 됩니다.'라고 했다. 이에 자로를 계씨의 가신으로 임명시켜 3도三都를 파괴하려고 했다."

여기의 '3도'는 3환의 근거지인 비읍費邑과 후읍郈邑, 성읍成邑을 말한다. 공자가 생각한 계책은 바로 우직한 자로를 계씨의 가신으로 보내 3환을 안심시킨 뒤 이들을 유인해 스스로 3도를 허물게 만드는 것이었다. 만일 3도가 무너지면 3환의 근거지가 사실상 허공에 뜨는 것이나 다름없었다. 『춘추좌전』「노정공 12년」조는 이때 자로가 계씨의 가재가 되었다고 기록해놓았다. 자로의 가재 취임은 공자의 '3도 도괴倒壞' 계책이 마침내 구체화되기 시작했음을 의미한다.

그렇다면 공자가 생각한 '3도 도괴' 이후의 구체적인 대안은 무엇이었을까? 당시 노나라의 상황에서는 누대에 걸쳐 쌓여온 권신들의 발호에 의한 적폐積弊를 일소키 위해서는 군권의 회복이 절실히 필요했다. 공자가 이를 모를 리 없었다. 3도를 허문 뒤의 다음 계책은 말할 것도 없이 바로 군권君權의 회복이었다.

이와 관련해 「공자세가」는 공자의 건의가 노정공 13년(기원전 497년) 여름에 이뤄진 것으로 기록해 놓았다. 그러나 이는 잘못이다. 「공자세가」의 이 기록을 좇게 되면 공자는 바로 이해에 3환 거세 계책을 시도했다가 곧바로 실패한 꼴이 된다. 이는 전후맥락에 비춰 부자연스럽다. 『춘추좌전』은 공자의 계책이 이보다 한 해 전인 노정공 12년에 시도된 것으로 기록해 놓았다. 『춘추좌전』의 기록이 사실에 부합한다. 『춘추좌전』은 「노정공 12년」조에 당시의 상황을 이같이 기록해 놓았다.

"공자의 제자 자로가 계손씨 가문의 가재家宰가 되어 3도三都의 성을 헐고자 했다. 그러자 숙손씨가 먼저 후읍郈邑의 성을 자진해서 헐었다. 이어 계손씨가 비읍費邑의 성을 헐려고 하자 대부 공산불뉴公山不狃와 숙손첩叔孫輒이 비읍 사람들을 이끌고 와 노나라 도성을 쳤다."

이때는 당시 공자가 노정공 직속의 정청에서 대사구로 있으면서 하대부의 자격으로 조정회의에 참석할 때였다. 공자가 은밀히 추진한 '3도 도괴' 계책은 그 내막을 모르는 3환 등이 참석한 조정회의를 통해 공식 승인받았을 가능성이 높다. 공자가 자로를 계씨의 가재로 내보낸 것은 바로 이들 3환을 안심시키기 위한 심모深謀의 일환으로 보아야 한다. 『춘추공양전』「노정공 12년」조의 다음 기록이 이를 뒷받침한다.

"계씨는 왜 군사를 이끌고 가 후읍과 비읍을 허문 것일까? 공자가 계손씨 밑에서 일하면서 3달 동안 조그만 과실도 저지르지 않았다. 이때 선언키를, '모든 집은 무기를 소장할 수 없고, 봉읍 안에 1백치雉를 넘는 성읍을 둘 수 없다.'고 했다. 이에 군사를 이끌고 가 후성과 비성을 허문 것이다."

『춘추공양전』에 나오는 '공자가 계손씨 밑에서 3달 동안 조그만 과실도 저지르지 않았다.'는 구절은 곧 공자가 자로를 계씨의 가재로 보내 마침내 계씨의 신임을 얻었음을 의미한다. 당시 공자는 매우 공순한 태도를 보여 계씨를 비롯한 3환의 경계심을 누그러뜨리는 이른바 '소리장도笑裏藏刀' 계책을 구사한 것으로 보인다. 이는 병법에 나오는 궤계詭計를 방불케 하는 것이다.

그러나 청대의 양옥승은 이를 두고 3도를 허무는 일은 계손씨와 숙손씨가 스스로 도모한 일이지 공자의 건의로 성사된 것이 아니라고 주장했다. 대략 그는 공자의 '궤계'를 수긍키가 어려워 이런 주장을 편 것으로 짐작된다. 그러나 이는 엄연히 사서의 기록에 나와 있는 만큼 기본적으로 공자의 계책에 따른 것으로 보는 것이 옳다.

그렇다면 당시 공자와 자로는 구체적으로 어떤 방안을 동원해 3환 스스로 '3도'를 허무는 계책을 성사시키고자 한 것일까? 당시 3환의 종주는 도성인 곡부에 살면서 3도에 가신을 두고 관리했다. 노나라를 비롯한 열국 내에서 가신들이 관할하는 사읍私邑은 가신들의 반기로 인해 종종 모반의 온상이 되기도 했다. 자로를 앞세운 공자의 '3도 도괴' 계책이 자세한 내막을 알 길이 없는 3환에게 받아들여져 얼마 후 실행에 옮겨진 이유가 바로 여기에 있다.

당시 숙손씨는 노정공 10년(기원전 500년)에 이미 가신 후범侯犯의 모반으로 곤경을 겪은 바 있었다. 이에 3환 중 숙손씨가 가장 먼저 나서서 자신의 본거지인 후읍의 성벽을 스스로 허물었다. 이미 양호의 모반으로 곤욕을 치른 계씨도 이내 비읍의 성벽을 철거코자 했다. 그러나 이내 양호의 당우黨友였던 공산불뉴의 반발로 커다란 곤경에 처하게 되었다. 『춘추좌전』 「노정공 12년」조에 당시의 상황이 상세히 기술되어 있다.

이에 따르면 노정공 12년(기원전 498년) 여름에 공산불뉴와 숙손씨 종주의 족형제族兄弟인 숙손첩叔孫輒이 성벽 철거에 반대해 비읍 사람들을 이끌고 와 노나라 도성을 쳤다. 이에 노정공은 3환과 함께 계무자季武子의 집으로 피신해 누대樓臺로 올라가게 되었다. 비읍 사람들이 누대를 공격했으나 이를 공략하지 못했다.

이때 비읍 사람들이 노정공 가까이 육박하자 노정공을 호위하고 있던 공자가 대부 신구수申句須와 악기樂順에게 명하여 누대 아래로 내려가 이들을 치게 했다. 이에 비읍 사람들이 달아나자 국인들이 이들을 추격해 고멸姑蔑 땅에서 격파했다. 이를 계기로 공산불뉴와 숙손첩이 제나라로 달아나고 비읍의 성도 곧바로 헐리게 되었다. 비록 우여곡절을 겪기는 했으나 가장 걸림돌로 생각한 계씨의 성읍도 마침내 숙손씨의 성읍에 이어 헐리게 된 것이다. 공자의 입장에서 볼 때 당초 계획의 3분의 2가 이뤄진 셈이다.

이때 결원이 된 비읍의 가재家宰를 선발하는 문제가 대두되었다. 마침 계씨의 가재로 있던 자로가 공문의 동학同學인 자고子羔를 적극 천거하고 나서 이를 성사시켰다. 「선진」의 다음 구절이 당시의 정황을 전해주고 있다.

"자로가 학문을 이루지 못한 자고를 비읍의 읍재로 삼았다. 공자가 탄식키를, '남의 아들을 해치는구나'라고 했다. 그러자 자로가 반박키를, '백성이 있고 사직이 있는 것인데 하필 글을 읽은 뒤에야 학문을 하는 것이겠습니까?'라고 했다. 이에 공자가 힐난키를, '이런 까닭에 구변이 있는 자를 미워하는 것이다.'라고 했다."

당시 공자는 사태가 간단치 않은 것을 알고 자로의 자고 천거를 반대했던 것이다. '자고'는 공자보다 30세나 연하인 20대 초반의 젊은이였다. 공자는 자고가 '3도 도괴'와 같은 중차대한 일을 수행하기에는 아직 어리다고 보았음에 틀림없다. 그러나 자로는 공자의 깊은 뜻을 헤아리지 못했다. 이때 공교롭게도 마침 자로를 무함하는 사건이 일어났다. 「헌문」에 그 내용이 실려 있다.

"공백료公伯寮가 자로를 계손씨에게 참소했다. 대부 자복경백子服景伯이 공자에게 이를 알리면서 덧붙이기를, '계씨는 공백료에게 미혹되어 있소. 나는 공백료의 시체를 시장이나 조정에 늘어놓을 수 있는 힘을 갖고 있소'라고 했다. 이에 공자가 말하기를, '도가 장차 행해지는 것도 명命이고, 도가 장차 폐해지는 것도 명이오. 공백료가 그 명을 어찌 하겠소'라고 했다."

공백료는 노나라 출신의 제자로 보는 견해가 통설이나 공문의 동학인 자로를 참소한 점에 주목해 이를 부인하는 견해도 있다. 그가 무슨 이유로 자로를 무함했는지는 확실치 않다. 자로의 우직한 행보가 평소 공백료 등의 반감을 사던 중 은밀히 추진된 공자의 '3도 도괴' 계책의 일단을 내비치는 계기로 작용했는지도 모를 일이다. 이 대목을 통해 자로의 계책이 실은 3환의 세력을 약화시키려는 속셈에서 나왔고, 그 계책은 바로 공자 자신에게서 나온 것임을 공자의 언급을 통해 대략 짐작할 수 있다. 당시 자로는 3도를 허무는 계책을 추진하는 과정에서 계씨를 움직이는 지렛대의 역할을 수행했다.

원래 공자의 '3도 도괴' 계책이 성사 일보 직전까지 이르게 된 것은 공자의 계책을 교묘히 포장한 자로의 건의가 받아들여진데 따른 것이다. 그러나 '3도 도괴' 계책은 비록 자로의 이름으로 제안되어 3환의 동의를 얻기는 했으나 사실 시종 공자의 막후 조종에 의해 추진된 것으로 보아야 한다. 우직하리만큼 의심할 줄 몰랐던 자로는 공자의 속셈을 정확히 파악치 못하고 3환의 수준에서 '3도 도괴' 계책을 이해했을지도 모를 일이다. 이는 자로가 공자의 지시대로 움직이는 와중에 공백료의 반감을 사 참소를 당한 사실이 뒷받침한다. 만일 자로가 공자의 의중을 정확히 이해했다면 공문의 동학으로 알려진 공백료의 반감을 사는 일은 극히 경계했을 것이다.

결국 이 일을 계기로 자로는 계씨의 의심을 사 마침내 실각하고 말았다. 자로가 계씨의 가재 자리를 사직케 되면 이는 공자의 계책이 도중에 수포로 돌아가는 것을 의미했다. 공자의 입장에서 볼 때 '3도 도괴' 계책을 차질 없이 마무리 짓기 위해서는 시급히 충직한 인물을 자로의 후임자로 세울 필요가 있었다. 그 주인공은 바로 염옹冉雍이었다. 「자로」에 염옹이 자로의 뒤를 이어 계씨의 가재가 된 기사가 실려 있다.

"중궁仲弓(염옹)이 계씨의 가신이 되어 정치에 관해 묻자 공자가 대답키를, '우선 유사有司보다 먼저 하고, 작은 허물은 용서하고, 현재賢才(현인과 재사)를 등용하는 것이다.'라고 했다. 이에 중궁이 다시 묻기를, '어찌해야 현재를 알아보고 등용할 수 있는 것입니까?'라고 하자 공자가 반문키를, '네가 먼저 알고 있는 사람 중에서 현재를 등용하면 네가 모르는 현재를 남들이 그대로 방치하겠는가?'라고 했다."

『공자가어』에 의하면 염옹 역시 자고와 마찬가지로 20대 중반의 젊은이였다. 만일 염옹이 자로의 뒤를 이어 계씨의 가재가 된 것이 이때의 일이라면 공자는 자신의 계책을 성사시키기 위해 자로의 후임으로 염옹을 추천했을 공산이 크다. 자로의 실각에도 불구하고 온아하면서도 건실한 젊은 제자 염옹을 천거해 계씨의 경계심을 누그러뜨림으로써 '3도 도괴' 계책을 차질 없이 완수코자 하는 고도의 책략이다. 실제로 공자의 이런 책략은 성공을 거두었다. 비읍의 성벽이 계씨 자신의 손에 의해 헐린 사실이 그 증거이다.

이로써 3환의 근거지인 3도 중 후읍과 비읍의 성벽이 완전히 철거되었다. 공산불뉴의 공격을 퇴치하는 등의 우여곡절을 겪기는 했으나 당초 공자가 구상한 '3도 도괴' 책략은 사실상 완전한 성공을 거둔 셈이다. 원래 맹손씨는 3환 중 세력이 가장 약했다. 숙손씨와 계손씨의 근거지를 들어낸 상황에서 이제 성공은 마치 눈앞에 다가온 듯했다. 그러나 그토록 만만하게 보였던 성읍이 공자의 계책을 일거에 무산시키는 암초로 작용했다. 이는 성읍이 제나라에 가까운 변경지역에 위치해 있던 사실과 무관치 않았다.

당시 성읍을 관할하고 있던 맹손씨의 가신 공렴처보公斂處父가 국방을 이유로 성벽 철거에 강력히 반발했다. 그는 양호의 반란을 진압하는데 수훈殊勳을 세운 인물이기도 했다. 그는 이내 맹손씨의 종주인 맹의자孟懿子를 이같이 부추기고 나섰다.

"성읍의 성을 헐게 되면 제나라 군사가 틀림없이 곧바로 도성의 북문까지 쳐들어오는 일이 생길 것입니다. 게다가 성읍은 맹손씨 가문의 보루이기도 합니다. 성읍에 성이 없는 것은 마치 맹손씨 가문이 없어지는 것과 같습니다. 그러니 모른 척하고 있으면 제가 성을 헐지 않도록 도모하겠습니다."

공렴처보에 설득당한 맹의자가 이에 동조하자 정면충돌 위기가 고조되었다. 마침내 노정공이 선제공격을 가했다 이해 겨울 12월에 노정공이 친히 군사를 이끌고 가 성읍을 포위한 뒤 맹공을 퍼부었다. 그러나 끝내 이기지 못했다. 불길한 조짐이다. 결국 성읍의 강력한 반발에 부딪침으로써 공자의 '3도 도괴' 계책은 완전히 뒤틀리고 말았다.

당초 3환이 스스로 자신들의 본거지인 비읍 등을 허문 것은 공자의 '3도 도괴' 계책이 성공리에 진행되었음을 의미한다. 당시 공자의 계책은 매우 주도면밀했다. 이는 그가 3환을 철저히 거세키 위해 매우 다각적인 접근을 시도한 사실을 통해 쉽게 알 수 있다. 『춘추공양전』 「노정공 11년」조의 기록이 그 증거이다.

"겨울, 노나라가 정나라와 강화했다. 이로써 노나라는 진나라를 배반하기 시작했다."

원래 노나라는 오랫동안 진나라를 맹주로 하는 북방연맹에 가담해 왔다. 그런데 이때 문득 노나라는 초나라를 맹주로 하는 남방연맹의 전초기지 역할을 수행하고 있는 정나라와 강화하면서 북방연맹에서 탈퇴한 것이다. 원래 3환이 노나라 국정을 마음대로 할 수 있었던 것은 3환이 진나라의 6경에게 늘 뇌물을 바치며 밀접한 관계를 맺고 그 위세를 빌려 노나라 군주를 압박한 사실과 무관치 않았다.

노나라가 북방 연맹으로부터 탈퇴한 것은 결과적으로 진나라를 등에 업고 전횡을 일삼은 3환의 목을 죄는 것이나 다름없었다. 당시의 정황에 비춰 볼 때 공자는 노나라의 외교정책 전환에 깊숙이 개입했음에 틀림없다. 공자의 3환 타도는 바로 이 외교정책의 전환으로부터 시작했다고 해도 과언이 아니다. 이는 공자가 천하정세에 뛰어난 식견을 갖추고 있었음을 의미한다.

당시 공자는 노나라의 외교노선을 바꿔 3환의 외부지원세력으로 작용했던 진나라의 개입가능성을 차단한 뒤 3환 세력을 서서히 고사시키는 계책을 추진해 나갔다. 그것은 바로 3환이 보유한 사병私兵의 혁파였다. 당시

3환의 기반은 엄청난 규모의 사병에 기초한 강력한 무력에 있었다. 3환의 근거지인 3도는 견고하기 짝이 없었다. 3도는 수많은 정예병이 배치되어 다량의 무기 및 식량을 비축해 놓고 있었다. 3환의 실력은 궁극적으로 이들 3도에서 나오고 있었다고 해도 과언이 아니다. 그러나 3환의 병력 중 도성인 곡부에 상주하고 있는 병력은 그다지 많지 않았다.

공자는 노나라 군주를 비롯한 그 누구라도 힘만으로는 3도를 결코 무너뜨릴 수 없다는 사실을 익히 알고 있었다. 그렇다면 3환을 유인해 스스로 3도를 허물도록 만들지 않으면 안 되었다. 당시 계씨는 이미 본거지인 비성의 책임자였던 양호의 배반으로 패망직전까지 몰린 적이 있었다. 공자는 이를 구실로 내세워 3환을 설득하기 시작했다. 가신들의 반란을 미연에 방지키 위해 3도를 허물고 병력을 여러 곳으로 분산시켜 배치하는 것이 최상의 방책이라고 역설해 마침내 그들의 동의를 얻어내는데 성공했다.

사서의 기록을 보면 당시 공자가 이들을 설득하는데 만 2년 가까운 시간이 소요되었다. 이 기간에 공자는 실행력이 있는 자로를 계씨의 가재로 취직시켜 이들을 안심시켰다. 한 치의 착오도 없이 자신의 복안을 성사시키기 위한 치밀한 계략이다.

당시 공자는 3환으로 하여금 각자 자발적으로 3도를 허무는 쪽으로 유도함으로써 그 모습을 드러내지 않았다. 공자가 잠시 속셈의 일단을 드러낸 것은 비 땅의 반란군이 공궁과 계씨의 저책에 난입할 때 대사구의 권한을 발동해 진압조치를 강구했을 때뿐이었다. 그러나 공자가 심혈을 기울여 마련한 이 계책은 성공적인 출발을 했음에도 불구하고 최후의 단계에서 맹손씨의 반발로 좌절되고 말았다. 이는 공자가 고국 노나라에서 이루고자 한 '군자의 치평' 이상이 좌절되었음을 의미했다.

커다란 좌절감을 맛본 공자는 이때 사직을 결심했다. 사실 이는 공자의 입지가 극히 악화된데 따른 것이기도 했다. 비록 전면에 나서지 않은 채 배후에서 은밀히 계책을 추진키는 했으나 당초의 계책이 좌절된 뒤 시간이 지나면서 막후에서 조종한 역할이 드러남에 따라 공자의 입지는 좁아질 수밖에 없었다. 공자는 노나라에서의 정치적 생명이 끝났다고 생각했을 공산이 크다.

당시 상황에서 공자가 선택할 수 있는 선택지는 그리 많지 않았다. 사서에는 기록되어 있지 않으나 당시 공자의 낙담은 형언키 어려웠을 것이다. 공자는 내심 더 이상 노나라에 남아 분란을 일으키기보다는 하루 속히 노나라를 떠나 자신의 이상을 펼칠 수 있는 곳을 찾는 것이 백번 낫다고 생각했을 공산이 크다.

그렇다면 우선 주변정리를 깨끗이 한 뒤 사직의 명분을 찾을 필요가 있다. 그 계기는 우연히도 제나라가 제공했다. 이때 마침 제나라가 여악女樂을 보내 온 것이다. 제나라는 왜 문득 여악을 노나라에 보낸 것일까? 「공자세가」에 그 해답의 실마리가 있다.

"공자가 노나라를 크게 다스리자 제나라 사람들은 이 소문을 듣고 크게 두려워했다. 어떤 사람이 말하기를, '공자가 정치를 하면 노나라는 반드시 패권을 잡을 것이다. 노나라가 패권을 잡게 되면 우리 땅이 가까우니 우리가 먼저 병합될 것이다. 그런데도 어찌하여 먼저 약간의 땅을 노나라에게 내주지 않는가?'라고 했다. 대부 여서黎鉏가 건의키를, '먼저 시험 삼아 노나라의 선정을 방해해보기 바랍니다. 방해해 보아도 되지 않으면 그때 가서 땅을 내놓아도 늦지 않을 것입니다.'라고 했다. 이에 제나라가 미녀 80명을 뽑아 모두 아름다운 옷을 입히고 강락무康樂舞를 가르친 뒤 무늬 있는 말 120필과 함께 노나라 군주에게 보냈다. 무희들과 아름다운 마차들이 노나라의 도성 남쪽 높은 문밖에 늘어서자 계환자는 평복 차림으로 몇 차례 가서 이를 살펴보고, 장차 접수하려고 했다. 이에 노나라 군주와 각 지역을 순회한다는 핑계를 대고 실제로는 그곳으로 가서 하루 종일 관람하고, 정사는 게을리 했다. 이에 자로가 공자에게 말하기를, '선생님이 노나라를 떠날 때가 되었습니다.'라고 했다. 공자가 대답키를, '군주는 이제 곧 교제郊祭

(남쪽 교외에서의 제천祭天행사)를 지낼 터인데 만일 그때 군주가 번膰(제사용 고기)을 대부들에게 나눠주면 나는 그대로 여기에 남을 것이다.'라고 했다. 이때 계환자는 제나라의 무희들을 받아들이고는 3일 동안 정사를 돌보지 않고, 교제를 지내고도 그 '번'을 대부들에게 나눠주지 않았다. 공자가 드디어 노나라를 떠났다."

『한비자』「외저설 좌하」에는 계환자 대신 노나라 군주가 여악을 받아들인 것으로 되어 있다. 「공자세가」와 『한비자』에 나오는 여악과 관련한 설화 모두 대략 당시 항간에 널리 나돌던 것으로 짐작된다. 그러나 당시 집정대부 계환자가 정사를 소홀히 하면서 제사지낸 고기를 대부들에게 보내지 않는 무례를 범한 것은 사실에 가깝다.

당시 사직의 명분을 찾고 있던 공자는 바로 이를 구실로 사직을 고하고 이내 천하유세의 대장정에 오른 것으로 짐작된다. 이는 『맹자』「고자 하」에 나오는 맹자의 다음과 같은 언급이 뒷받침한다.

"공자가 노나라의 사구가 되었을 때 중용되지 않았고 이어 교제에 참석했는데도 번육燔肉이 이르지 않았다. 이에 공자는 쓰고 있던 관도 벗지 않은 채 떠났다."

그러나 이를 두고 시라카와는 「공자세가」에 나오는 '여악설'과 '번육설'은 진상을 숨기기 위한 책모에 불과하다고 전제하면서 당시 공자는 자의적인 망명이 아니라 일종의 국외추방을 당한 것이라고 주장했다. 자로가 공백료의 참소를 계기로 실각할 때 이미 '3도 도괴' 계책의 배후에 공자가 있다는 사실이 널리 알려졌고 계책이 수포로 돌아갔을 때 공자는 가공할 음모의 수괴首魁로 지탄받았을 것이라는 게 그의 논거이다. 그는 자신이 제기한 이른바 '추방설'의 근거로 『장자』「산목山木」에 나오는 다음 구절을 들었다.

"공자가 자상호子桑雩에게 말하기를, '나는 두 번이나 노나라에서 쫓겨나고 송나라에서는 잘린 나무에 깔릴 뻔 했고, 송宋·주周에서는 궁지에 몰렸고, 진陳·채蔡 사이에서는 포위당한 적이 있다.'고 했다."

유사한 대목이 『장자』의 「양왕讓王」과 「천운天運」, 「어부漁父」에도 나온다. 「산목」의 이 대목에 나온 공자의 언급은 그가 천하유세에 나서게 된 배경과 천하유세 과정에서 겪은 곤액困厄을 요약해 표현해 놓은 것이다. 시라카와는 공자의 천하유세 기간 중에 일어난 이들 곤액은 기본적으로 공자가 '3도 도괴' 음모의 수괴로 몰려 추방을 당한데서 비롯된 것으로 보았다.

그는 중국의 고대신화에서 요임금이 악신惡神인 이른바 '사흉四凶'에게 추방령을 내린 것을 예로 들어 당시의 추방은 고대 그리스시대와 같이 일종의 사형에 준하는 극형에 해당한다고 보았다. 시라카와는 구체적인 예로 거론치 않았지만 사실 『장자』 「도척」에도 도척이 공자를 나무라는 내용 중에 그의 '추방설'을 뒷받침할 만한 대목이 나온다.

"너는 스스로 성인을 자처하고 있으나 두 번이나 노나라에서 추방되고 위나라에서는 발자취마저 지워지는 박해를 당하고, 진·채 국경에서는 포위까지 당했으니 천하에 일신을 용납할 곳이 없는 지경이 되었다."

여기서 삭적벌목削跡伐木 성어가 나왔다. 이는 '수레바퀴 자국을 지우고 나무를 뽑았다.'는 뜻으로 훗날 관직에 임용되지 못하고 여기저기 떠돌아다니는 불우한 인재를 뜻하는 말로 전용되었다. 공자가 온갖 어려움을 무릅쓰고 자신의 뜻을 펴기 위해 이곳저곳을 쏘다닌 데서 나온 말이다. 『장자』의 관련 기록에 주목할 경우 시라카와와 같은 주장이 나올 소지가 큰 셈이다.

그러나 이런 시라카와의 주장은 공자의 행보를 총체적으로 파악치 못했다는 지적을 면키 어렵다. 그는 공자에 관한 기본사료라고 할 수 있는 『논어』와 『좌전』 등의 기록 대신 『장자』와 『묵자』 등의 제자백가서의 단편적인 기록을 지나치게 확대해석하는 오류를 범했다. 앞서 지적한 바와 같이 그는 7년간에 걸친 공자의 제나라 유학을 두고 경쟁자인 양호의 득세에 따른 망명으로 파악해 공자의 출국 시기를 통설보다 무려 12년이나 늦춰 잡은 바 있다. 그는 공자의 두 번째 출국에 해당하는 천하유세의 등정登程에 대해서도 동일한 오류를 범한 셈이다.

만일 시라카와의 '추방설'을 수용하면 14년간에 걸친 공자의 천하유세는 '유세遊說'가 아닌 '유형流刑'의 세월로 해석해야만 한다. 이는 공자가 열국의 제후들을 상대로 '치평'의 이치를 논파한 사실 자체를 우습게 만드는 결과를 낳을 수밖에 없다. 당시 신분세습의 봉건질서 하에서 특권을 누리고 있던 열국의 군신君臣은 기본적으로 유유상종類類相從하는 모습을 보여주고 있었다.

만일 공자가 기존의 위계질서를 무너뜨리려는 가공할 음모의 괴수로 낙인찍혀 사형에 준하는 추방령을 당했다면 열국의 군신이 공자를 인견해 '치평'의 이치를 듣고자 했을 리가 없다. 나아가 '추방설'은 천하유세가 끝날 즈음 계씨가 공자의 귀국을 종용한 사실과도 배치된다. '추방설'은 공자의 14년간에 걸친 여러 곤액의 배경을 설명하는데 나름대로 장점이 있는 게 사실이나 지나친 상상의 소산이라는 지적을 면키 어렵다.

당시 공자는 시종 막후에서 활약한 까닭에 '3도 도괴' 계책이 수포로 돌아간 상황에서도 심증만 있을 뿐 공자가 깊숙이 개입한 물증은 드러나지 않았다고 보는 것이 타당하다. 공자가 미련 없이 천하유세에 나서게 된 배경에는 천하정세에 대한 그 나름대로의 자신감이 크게 작용했다고 보아야 한다. 물론 기약도 없이 두 번째로 고국을 떠나게 된 공자의 심경이 마냥 편했던 것만은 아니었을 것이다. 이는 『맹자』「만장 하」와 「진심 하」에 나오는 맹자의 다음과 같은 언급이 뒷받침한다.

"공자는 노나라를 떠날 때 탄식키를, '지지遲遲(매우 더딤)하구나, 나의 발걸음이여'라고 했다. 이것이 부모의 나라를 떠나는 도리이다."

공자도 사람인 이상 50대에 처음으로 출사해 이내 협곡회동의 성공을 배경으로 대부가 되어 조정회의에 참석한 뒤 야심차게 추진한 3환 거세 계책이 마지막 단계에서 좌절된데 따른 아쉬움을 떨치기가 어려웠을 것이다. 여러 복잡한 상념이 노나라를 떠나는 그의 발걸음을 더디게 만들었을 공산이 크다.

그러나 큰 틀에서 볼 때 천하를 대상으로 '치평'의 이치를 설파해 이상 국가를 만들고자 한 그의 뜨거운 열정 앞에 이는 사소한 문제에 불과했다. 당시 공자는 비록 노나라에서는 실패했지만 다른 나라에서는 자신이 생각하는 '치평'의 이상을 실현시킬 수 있다고 생각했을 공산이 크다. 대략 그는 3환 거세 계책이 실패한데 따른 모든 아쉬움을 과감히 털어버리고 홀가분한 심경으로 천하유세의 도정에 올랐을 것으로 짐작된다. 이는 그가 14년간에 걸친 천하유세 기간 중 열국의 군신君臣 앞에서 열정적으로 '군자의 치평'을 유세한 사실로 뒷받침된다. 공자의 천하유세는 비록 막연하지만 낙관적인 희망과 함께 시작되었다고 보는 게 사실에 부합한다.

14년에 걸친 천하유세

당초 공자가 3환 타도에 실패하고 노나라를 떠난 시점은 그의 나이 56세가 되는 노정공 13년(기원전 497년)이었다. 당시 공자가 첫 행선지로 삼은 나라는 위나라였다. 노나라의 서북쪽에 위치한 위나라는 비록 소국이기는 했으나 중원문화의 중심국이었다. 이후 공자 일행은 위나라를 거점으로 삼아 송·정·진·채 등의 열국을 주유한 뒤 귀국 직전에 다시 위나라로 돌아오는 여정을 보였다. 이들이 노나라로 귀국한 해는 공자의 나이 69세 때인 노애공 11년(기원전 484년)이었다. 무려 14년간에 걸친 장기간의 천하유세였다.

이 시기는 공자에게 조난遭難의 시기이자 그가 평생을 두고 정립코자 했던 이른바 '치평학'의 기본이념이 완성된 시기이기도 했다. 훗날 공자가 자신의 50대를 두고 천명을 알게 된 이른바 '지명知命'의 시기로 술회한 것도 이와 무관치 않을 것이다. 이를 두고 궈모뤄郭沫若는 『10비판서十批判書』에서 노예해방자로서의 자각이 '지명'으로 표현되었다고 주장했으나 이는 마르크시즘에 입각한 억지해석이다. 공자가 말한 '지명'은 전래의 전통문화를 계승-발전시키는 이른바 '사문斯文에 대한 자각'으로 보는 게 타당하다.

당시 노나라를 떠나기로 마음을 굳힌 공자는 자신의 이상을 실현할 새로운 곳을 찾아 우선 위나라로 향했다. 고국을 떠나는 공자의 수레는 매우 천천히 움직였다. 후한제국의 채옹 또는 서진의 공연孔衍이 전래의 금곡琴曲의 유래와 원래의 가사를 편집한 것으로 알려진 『금조琴操』에 따르면 당시 수레 안에는 다음과 같은 노래 소리가 들려왔다고 한다.

내가 노나라 바라보려 하나	予欲望魯兮
구산龜山의 그늘이 가리네	龜山蔽之
내 손에 도끼자루가 없으니	手無斧柯
구산을 장차 어찌 하겠는가	奈龜山何

천하유세를 떠날 당시 공자의 명망은 매우 높았다. 열국 내에 이미 공자가 협곡회동에서 외교관으로 거둔 대성공에 관한 일화가 널리 퍼져 있었다. 나아가 천하유세의 장정에 나설 즈음에는 3환의 전횡을 제거해 군권君權을 정상화시키고자 했던 혁신정치가로서의 명성 또한 자자했을 것이다. 이는 그가 제자들을 이끌고 수레를 줄지어 타고 갔을 때 열국의 군주들이 공자 일행을 궁중으로 불러 친히 접대하면서 그의 강설講說을 경청한 사실이 뒷받침한다.

이로 인해 오랫동안 많은 사람들은 공자가 매우 화려한 유세를 한 것으로 생각했다. 후대에 나온 많은 설화들이 당시 공자의 제자들을 위시한 수많은 수행원이 그를 따라 천하유세에 나선 것으로 묘사해 놓은 것이 그 증거이다. 그러나 이는 사실과 동떨어진 것이다. 당시 공자를 좇아 천하유세의 여정에 나선 제자는 그리 많지 않았다.

「선진」에는 공자의 천하유세 당시 그를 수종했던 사람으로 여겨지는 여러 제자들의 이름이 거론되고 있으나 이들이 모두 공자를 수종했다고 보기는 어렵다. 다만 가장 뛰어난 제자를 포함해 대략 10명가량의 제자가 공자를 수종했을 것으로 보인다. 이들 중 자공子貢과 염구冉求는 공자의 천하유세 기간 중 거의 대부분의 기간을 노나라에 남아 계씨를 섬긴 것이 확실하다. 공자를 수종한 제자들 모두 천하유세의 도중에 공자와 함께 숱한 곤액困厄을 겪어야만 했다.

그런데도 왜 사람들은 오랫동안 공자가 화려한 유세를 펼친 것으로 생각한 것일까? 이는 공자 사후 1백여 년 뒤에 나타난 맹자의 천하유세 행보와 밀접한 관련이 있다. 실제로 맹자는 제자를 비롯한 수많은 추종자들을 이끌고 화려한 천하유세 행각을 벌였다. 『맹자』「등문공 하」에 나오는 다음 구절이 그 증거이다.

"하루는 맹자의 제자 팽경彭更이 맹자에게 묻기를, '뒤따르는 호위용 수레 수십 대와 종자從者 수백 명을 이끌고 제후들을 찾아다니며 밥을 얻어먹는 것은 너무 지나친 일이 아니겠습니까?'라고 했다. 이에 맹자가 반문키를, '올바른 방법이 아니라면 한 그릇의 밥이라도 남들로부터 받아서는 안 된다. 그러나 올바른 방법이라면 순舜이 요堯에게 천하를 물려받은 것도 지나친 것이 아니다. 너는 우리들이 너무하다고 생각하느냐?'고 했다."

후세 사람들은 바로 이를 근거로 공자 또한 이에 필적할만한 수행원을 이끌고 천하유세를 펼친 것으로 추정한 것이다. 그러나 공자의 경우는 1세기 후의 맹자와 사뭇 달랐다. 「공자세가」에는 정나라 성문에서 제자들에게 뒤처져 헤매고 있는 공자를 두고 정나라 사람이 '상갓집 개'로 비유한 대목이 나온다. '상갓집 개'는 상을 당한 집에서 주인의 보살핌을 받지 못하고 먹이를 찾아 방황하는 개를 말한다. 사실 '상갓집 개'가 시사하듯이 14년간에 걸친 공자의 천하유세는 시종 고난의 연속이었다.

공자는 광匡이라는 황하의 나루터 고을에서는 다른 사람으로 오인되어 읍인들로부터 공격을 받아 목숨을 잃을 뻔했다. 또 송나라를 지나던 중에도 환퇴桓魋의 공격을 받아 커다란 궁지에 몰렸다. 진陳·채蔡 사이에서는 오도 가도 못하고 식량이 떨어져 7일 동안 굶기도 했다.

물론 14년간 각국에서의 공자의 생활이 상갓집 개와 같이 모두 걸식생활로 일관된 것은 아니었다. 때로는 열국의 군신君臣들로부터 따듯한 환대를 받기도 했다. 그러나 이는 드문 경우에 속했다. 전체적으로 볼 때 공자의 천하유세 여정은 맹자와 정반대로 매우 신산辛酸한 여정이었다고 보는 게 사실에 부합한다.

당시 이들 사제師弟는 동고동락하는 와중에 깊은 인간적인 교감을 나눴을 것이다. 서로 공동운명의 배에 동승하고 있다는 사실에 전율하면서 인간과 정치공동체에 관한 깊은 사색과 토론의 기회를 가졌을 것으로 보는 게 자연스럽다. 그러나 무려 14년간에 달하는 장기간의 유세였음에도 불구하고 이에 관한 상세한 기록이 전해지지 않고 있다.

예로부터 공자의 천하유세 여정에 관한 숱한 이설이 쏟아지게 된 것은 바로 이와 무관치 않을 것이다. 이로 인한 혼란은 현재까지도 계속되고 있다. 공자전기에 나오는 천하유세 여정의 연대기가 모두 제각각인 것은 물론 내용적으로 서로 모순되는 얘기가 백화점 식으로 나열돼 있는 것이 그 증거이다. 이는 말할 것도 없이 「공자세가」의 기록에서 비롯된 것이다.

비록 복잡하고 완벽한 일정이 「공자세가」에 기록되어 있지만 여기에는 수많은 설화가 두서없이 뒤섞여 있어 이를 액면 그대로 받아들여서는 안 된다. 「공자세가」에는 여정의 시기가 상호 모순된 경우가 매우 많고 심지어 동일한 사실에 관한 이전異傳이 마치 별개의 사건인 양 다뤄진 경우도 있어 인용에 각별한 주의를 요한다.

현재 공자의 천하유세 여정에 대해서는 단편적인 정보밖에 남아 있지 않다. 이로 인해 아직까지 공자의 천하유세 여정에 대해 정설이 없다. 공자를 수행한 제자들에 관해서도 누가 얼마나 오랫동안 공자와 함께 어느 지역을 다녔는지에 대해 정확히 알 길이 없다. 공자의 천하유세 여정을 사실에 가깝게 복원키 위해서는 반드시 『논어』를 비롯한 선진시대 문헌의 관련 기록을 모두 모아 종합적으로 판단하는 수밖에 없다. 혼란을 막기 위해 먼저 「공자세가」에 나온 여정부터 간단히 정리해 보자.

위衛 노정공 14년→광匡→포蒲→위衛→조曹 노정공 15년→송宋→정鄭→진陳→포蒲→위衛→황하黃河→위衛→진陳 노애공 2년→채蔡 노애공 4년→섭葉 노애공 5년→채蔡→진陳·채蔡 노애공 6년→초楚→위衛→노魯 노애공 11년

「공자세가」에 나온 여정은 당시 공자 자신도 도저히 감당해 낼 수 없는 매우 무리한 일정으로 구성돼 있다는 것을 한 눈에 알 수 있다. 기본적으로 사마천 자신이 공자의 천하유세 일정에 대한 정밀한 분석을 포기한 게 아닌가 하는 의구심을 낳을 수밖에 없다. 공자가 동일한 지역을 거듭 방문한 것으로 기록해 놓은 점 등이 그 증거이다. 「공자세가」에 나오는 여정을 단지 참고용으로만 활용해야 하는 이유가 바로 여기에 있다.

이와 관련해 기무라 에이이치木村英一는 「공자세가」를 비롯한 선진시대 문헌을 종합적으로 검토해 당시 공자가 지나간 천하유세 행로를 다음과 같이 정리해 놓았다.

위→포→위→광→송→진→채→섭→진→위→노

논란의 여지가 없는 것은 아니나 여러 사서의 기록에 비춰볼 때 기무라가 정리해 놓은 여정이 역사적 사실에 가장 가까울 듯하다. 시라카와는 여기서 한 걸음 더 나아가 '포'와 '광' 땅의 여정을 단순한 통과여정으로 간주해 〈위→송→진·채→섭→위〉로 정리했다. 이같이 볼 수도 있으나 '포' 땅과 '광' 땅의 여정이 공자의 천하유세 여정에서 차지하고 있는 비중을 감안

할 때 기무라가 정리해 놓은 여정을 채택하는 것이 보다 타당하다.

그렇다면 공자는 왜 14년간에 걸쳐 〈위→포→위→광→송→진→채→섭→진→위〉로 이어지는 천하유세 여정에 나선 것일까? 나아가 그는 왜 위나라를 천하여정의 거점으로 삼았던 것일까? 『맹자』「만장 하」에 나오는 다음 일화에 그 해답의 실마리가 있다.

"하루는 제자 만장이 맹자에게 묻기를, '공자는 왜 천하유세 기간 중 벼슬을 그만두고 떠나지 않았습니까?'라고 했다. 맹자가 대답키를, '자신의 도가 행해질 가능성이 있었기 때문이다. 도가 충분히 행해질 가능성이 있었지만 결국 노나라 군주가 행하려 하지 않자 그만 두고 떠났다. 그래서 공자는 3년이 되도록 한 나라에 머문 적이 없었던 것이다. 공자는 자신의 도가 행해질 만한 것을 보고 벼슬한 적도 있고, 군주의 예우가 적절했기에 벼슬한 적도 있고, 군주가 어진 이를 받들었기 때문에 벼슬한 적도 있다. 노나라 대부 계환자는 도가 행해질 만하다고 보았고, 위령공은 그가 베푼 예우가 적절했다고 보았고, 위효공衛孝公은 그가 어진 이를 받들었다고 보았기 때문에 그들 밑에서 벼슬했던 것이다.'라고 했다."

여기의 위효공은 사실은 위출공衛出公 첩輒을 잘못 말한 것이다. 나아가 공자가 위효공 밑에서 벼슬했다는 주장도 사실에 어긋난다. 그럼에도 공자의 천하유세 당시의 상황을 소상히 알려주는 사료가 희박한 상황에서 『맹자』의 이 구절이 지니고 있는 사료적 가치는 매우 크다. 맹자의 이런 주장은 나름대로 일리가 있다.

그러나 공자의 천하유세 행보가 매우 분주했던 것이 사실이나 과연 3년이 되도록 한 나라에 머문 적이 없는지는 자세히 알 길이 없다. 다만 복잡한 천하유세 여정에 비춰볼 때 3년 이상 한 나라에 머물렀을 가능성은 매우 적다고 보인다. 그렇다면 당시 공자는 이토록 바쁜 일정을 보내면서 자신의 천하유세 여정에 대해 어떤 생각을 했던 것이었을까? 「자한」에 이를 짐작케 해주는 대목이 나온다.

"자공이 공자에게 묻기를, '여기에 아름다운 옥이 있다면 이를 궤 속에 넣어 감춰 두겠습니까, 아니면 좋은 상인이 나타나기를 기다렸다가 팔겠습니까?'라고 했다. 이에 공자가 대답키를, '팔아야지, 팔아야지. 나는 상인을 기다리는 사람이다.'라고 했다."

'군자의 치평'에 관한 이상을 옥에 비유한 이 구절은 내용상 천하유세 와중에 있었던 일화로 짐작된다. 당시 공자는 자공이 출사할 의지가 있는지 여부를 묻자 분명히 그러한 의지가 있다고 천명한 셈이다. 이는 당시 공자가 자신을 알아주는 군주를 만나기 위해 적잖이 노심초사하고 있었음을 시사한다. 그러나 공자의 기대와는 달리 천하유세가 끝나는 14년 동안 그러한 군주는 끝내 나타나지 않았다.

그렇다면 공자의 14년간에 걸친 천하유세는 완전히 실패작인 것일까? 그렇지 않다. 정반대로 보는 게 옳다. 당시 공자는 일견 실패작으로 보이는 천하유세의 기간 중 '치평'의 이치를 완전히 터득하는 소득을 얻었다. 공자의 전체 삶을 개관해 볼 때 그가 자신의 50대를 '지명知命'으로 술회한 것도 이와 무관치 않다고 보아야 한다. 사실 훗날 그가 만세의 사표가 될 수 있었던 경륜이 바로 천하유세 과정에서 비롯된 것이라고 해도 과언이 아니다. 「자로」에 이를 뒷받침 해주는 대목이 나온다.

"공자가 위나라로 갈 때 염구冉有(염유)가 수레를 몰았다. 공자가 말하기를, '백성들이 많기도 하다.'고 했다. 염구가 묻기를, '이미 백성들이 많으면 또 무엇을 더해야 합니까?'라고 하자 공자가 대답키를, '부유하게 해주어야 한다.'고 했다. 염구가 다시 묻기를, '이미 부유해졌으면 또 무엇을 더해야 합니까?'라고 하자 공자가 대답키를, '가르쳐야 한다.'고 했다."

이 일화를 통해 공자는 '치평'의 요체를 부교富敎에서 찾고 있음을 확인할 수 있다. 이 일화처럼 공자사상의 가장 큰 특징 중 하나인 선부후교先富後敎 사상을 극명하게 보여주고 사례도 없다. '부민富民'은 궁극적으로 '교민敎民'을 위한 것이다. 공자는 '민식民食'문제가 해결되지 않는 한 덕치의 전제조건인 '교민'이 이뤄질 수 없다고 본 것이다. 공자는 이 대목에서 동서를 통틀어 역사상 최초로 전 백성에게 고루 교육을 실시할 필요성을 언급했다. 당시 기준으로 볼 때 가히 혁명적인 발상이다. 그럼에도 불구하고 공자의 이 발언은 종래 충분한 주목을 받지 못했다.

공자사상에서 '교민'이 배제된 '부민'은 생각할 수 없는 것이다. 공자가 '부민'을 말한 것은 '교민'을 위한 선결과제로서의 의미를 강조키 위한 것이다. 이는 춘추시대에 첫 패업을 이룬 관중管仲과 사상적 맥락을 같이 하는 것이기도 하다. 관중은 일찍이 『관자』「목민牧民」에서 이같이 역설한 바 있다.

"창고 안이 충실해야 예절을 알고, 의식이 족해야 영욕을 안다."

관중이 여기서 말한 '예절'은 곧 예의염치禮義廉恥를 말한다. 입국立國의 요체는 지례知禮(예의염치를 아는 것), '지례'의 핵심은 실창實倉(창고를 채우는 것)에 있다는 것이 관중의 주장이다. 관중은 '예치'의 성패를 바로 '부민'의 달성 여부에서 찾은 것이다. 관중사상의 뛰어난 면모가 바로 여기에 있다.

공자가 말한 '부민'은 '교민'의 선결과제일 뿐만 아니라 '교민'과 불가분의 관계를 맺고 있는 것이다. 공자사상에 나타나는 '부민'과 '교민'은 마치 '지知'와 '인仁'이 통일적으로 결합한 '인지합일仁知合一'을 이루고 있는 것과 마찬가지로 '부교합일富敎合一'을 이루고 있다. 이는 「태백」에 나오는 공자의 다음과 같은 언급을 보면 쉽게 알 수 있다.

"군자는 독실하게 믿으면서 배우기를 좋아하고, 죽음으로써 지키면서 도를 잘 실천해야 한다. 위태로운 나라에는 발을 들여놓지 않고, 어지러운 나라에서는 살지 않는다. 천하에 도가 있으면 몸을 드러내 벼슬하고, 도가 없으면 몸을 숨긴다. 나라에 도가 있을 때는 빈천이 부끄러운 일이나, 도가 없을 때에는 오히려 부귀가 부끄러운 일이다."

공자는 나라에 도가 없을 때는 부귀가 부끄러운 일이나 나라에 도가 있는데도 불구하고 빈천한 것은 부끄러운 일이라고 말한 것이다. 이는 그가

'부민'을 얼마나 중시했는지를 여실히 보여주고 있다. 공자가 말한 '선부후교' 사상의 궁극적인 취지는 말할 것도 없이 '교민'에 있다. '교민'이 배제된 '부민'으로는 결코 덕치를 구현할 수 없기 때문이다.

그러나 '교민' 역시 '부민'의 문제가 해결되지 않으면 안 된다. '부민'은 '교민'의 전제조건인 까닭에 지속적으로 이뤄져야 한다. 아무리 덕치를 이루기 위해 '교민'을 열심히 행할지라도 실효를 기하기 위해서는 반드시 '부민'이 선결되어야만 한다. '부민'과 '교민'은 덕치를 실현키 위해 반드시 필요한 것으로 우선순위에 선후의 차이만 있을 뿐이다. '교민'은 '부민'을 전제로 한 것이고 '부민'은 '교민'을 뒷받침하는데 그 의미가 있다. 공자의 '선부후교' 사상은 바로 그가 천하유세의 와중에 정립한 것으로 이는 '치평'의 요체이기도 하다.

당시 공자의 천하유세 도정에 나타난 첫 행선지는 위나라였다. 공자는 왜 첫 행선지를 위나라로 잡은 것일까? 『맹자』「만장 상」에 해답의 단서가 나온다.

"만장이 맹자에게 묻기를, '공자가 위나라에서는 의원인 옹저癰疽의 집에 기숙했고 제나라에서는 내관인 척환瘠環의 집에 기숙했다는 얘기가 있는데 과연 그런 일이 있었습니까?'라고 했다. 맹자가 대답키를, '그렇지 않다. 그것은 호사가들이 꾸며낸 것이다. 공자가 위나라에서는 안수유顔讐由 집에 기숙했다. 위나라 군주의 총애를 받던 미자彌子의 처와 자로의 아내는 자매간이었다. 의원 옹저와 내시 척환의 집에 기숙하는 것은 의義와 명命을 부정하는 것이다.'"

맹자의 주장이 맞는다면 공자는 자로의 안내로 위나라로 갔을 공산이 크다. 「공자세가」에도 유사한 대목이 나온다. 여기서는 '안수유'가 '안탁추顔濁鄒'로 나오면서 자로와 동서인 것으로 되어 있다. 당시 공자가 '미자' 내지 '안수유'의 소개로 위령공의 지우知遇를 입어 적잖은 예우를 받은 것으로 짐작된다. 「공자세가」에는 공자가 위령공으로부터 속미粟米 6만석의 녹을 받은 것으로 되어 있으나 다른 사서에는 이에 관한 얘기가 전혀 나오지 않고 있다. 크게 믿을 바가 못 된다.

공자는 14년간에 걸친 천하유세 중 위나라에서 가장 큰 예우를 받았다. 공자가 천하유세의 도정에서 위나라를 사실상의 거점으로 삼은 것도 이와 무관치 않을 것이다. 그러나 공자가 구체적으로 위나라에서 어떤 직책과 역할을 맡았는지 정확히 파악할 길이 없다. 맹자는 당시 공자가 천하유세 중 여러 나라에서 벼슬을 한 것처럼 주장했으나 이보다는 일종의 객경客卿과 같은 예우를 받으며 정치자문에 응하는 일종의 고문직을 맡았을 것으로 짐작된다. 『논어』를 비롯한 사서에 이에 관한 언급이 전혀 나오지 않는 점 등에 비춰 공자는 위나라에서도 정치고문과 같은 한직을 맡았을 가능성이 높다. 그러나 공자의 위나라 체류는 그리 오래 걸리지 않았다. 「공자세가」는 그 배경을 이같이 설명해 놓았다.

"공자가 위나라에 머문 지 얼마 안 되어 누가 위령공에게 공자를 무함하자 위령공이 대부 공손여가公孫余假에게 무장한 채 출입하며 공자를 감시하게 하였다. 공자는 억울한 누명이나 쓰지 않을까 두려워하며 10달 만에 위나라를 떠났다."

당시 공자에 대한 위나라 세족들의 반감이 만만치 않았음을 짐작케 해 주는 대목이다. 이후의 행적과 관련해 「공자세가」와 「12제후연표」는 공자가 위나라에 도착한 이듬해에 진陳나라로 간 것으로 기록해 놓았다. 그러나 앞서 기무라가 정리한 공자의 천하유세 여정 일람표를 통해 살펴보았듯이 이때 공자는 진나라로 간 것이 아니라 포 땅으로 갔다가 다시 위나라로 돌아왔다고 보는 것이 옳다. 「공자세가」는 당시 공자가 포蒲 하남성 장원현 동쪽 땅에 도착했다가 1달 남짓 머문 뒤 다시 위衛나라로 돌아와 현대부 거백옥蘧伯玉의 집에 머무른 것으로 기록해 놓았다.

선진시대의 모든 문헌은 이때 공자가 포 땅을 지나던 중 조난을 당했다고 특서해 놓았다. 매우 중대한 사건으로 취급해 놓은 것이다. 그렇다면 과연 포 땅을 지날 때 무슨 일이 일어난 것일까? 「공자세가」와 『춘추좌전』의 관련기록을 종합해 보면 대략 다음과 같다.

"공자가 포 땅을 지날 때 마침 위나라 대부 공숙씨公叔氏가 포 땅에서 반란을 일으켰다. 이에 포 땅의 사람들이 공자의 앞길을 막았다. 이때 공자의 제자 중에 공량유公良孺라는 자가 개인의 수레 5대를 가지고 공자를 따라 천하유세를 수종하고 있었다. 그가 말하기를, '전에 선생님을 모시던 중 난을 당했는데 오늘 또다시 여기서 위험에 빠지니 차라리 싸우다 죽겠다.'고 했다. 싸움이 심히 격해지자 포 땅의 사람들이 두려워하며 공자에게 제의키를, '만일 위나라로 가지 않는다면 그대를 놓아주겠소'라고 했다. 공자가 약속하자 그들은 공자 일행을 동문으로 내보냈다. 그러나 공자는 끝내 위나라로 갔다. 위령공은 공자가 온다는 소식을 듣고 기뻐하며 교외까지 나아가 영접했다. 위령공이 공자에게 묻기를, '우리 대부들은 포 땅을 공격할 수 없다고 여기오. 오늘날 포 땅은 위나라가 진·초 두 나라를 방어하는 요지인데 위나라가 직접 그곳을 공격한다는 것은 무리가 있지 않겠소.'라고 했다. 이에 공자가 대답키를, '우리가 토벌하려는 사람은 반란을 일으킨 우두머리 4-5명에 불과합니다.'라고 했다. 위령공이 크게 기뻐하며 이를 수긍했으나 결국 포 땅을 공격치 않았다."

「춘추좌전」에는 공숙씨의 이름이 공숙수公叔戌로 나온다. 「공자세가」는 이 일화를 노애공 2년(기원전 493년)의 일로 기록해 놓았다. 그러나 『춘추좌전』에는 이보다 3년 전인 노정공 14년(기원전 496년)의 일로 되어 있다. 『춘추좌전』의 기록이 맞다. 이는 「공자세가」가 노정공 14년에 공숙수로 인해 야기된 포 땅의 사건과 공자가 위나라에서 진나라로 가려고 하다가 조난을 당한 노애공 2년의 광匡 땅의 사건을 연대를 바꿔 서술한데 따른 것이다.

당시 공자는 포 땅에서 곤액을 치른 뒤 이내 위나라로 돌아와 거백옥의 집에 머물렀다. 그러나 공자가 거백옥의 집에 얼마나 머물렀는지는 자세히 알 길이 없다. 다만 그리 오래 되지는 않았을 것으로 짐작된다. 「공자세가」는 이때 위령공의 부인 남자南子가 곧 사람을 보내 공자를 청한 것으로 기록해 놓았다. 행실이 나쁜 것으로 소문난 남자가 왜 공자를 청한 것일까? 「공자세가」은 당시의 정황을 이같이 기록해 놓았다.

"공자는 남자의 초청을 받고 사양하다가 결국 부득이하게 만나게 되었다. 이때 남자는 휘장 안에 있었다. 공자가 문을 들어가 북쪽을 향해 절을 하자 남자도 휘장 안에서 답례했다. 그녀의 허리에 찬 구슬 장식이 맑고 아름다운 소리를 냈다. 돌아와 공자가 자로에게 말하기를, '나는 원래 만나고 싶지 않았다. 기왕에 부득이해 만났으니 이제는 예로 대접해 주겠다.'고 했다. 그러나 자로가 기뻐하지 않았다. 이에 공자가 거듭 맹서키를, '내가 만일 잘못했다면 하늘이 나를 버릴 것이다. 하늘이 나를 버릴 것이다.'라고 했다."

'하늘이 나를 버릴 것이다.'의 원문은 '천염지天厭之'이다. 이를 두고 일각에서는 '압壓'의 가차로 보아 '하늘이 나에게 압박을 가했기 때문이다.'라고 풀이해 놓았다. 여기서 한 발 더 나아가 '내가 만일 잘못했다면'의 원문인 '여소부자予所否者'의 '부'를 부인否認으로 간주해 '나도 저 여인을 부인하고 있다. 그러한 그녀를 하늘은 압박할 것이다.'라고 풀이하는 견해마저 나타났다. 그러나 이러한 해석은 공자가 남자를 만난 상황 자체에 대한 거부감에서 비롯된 억지해석이다.

사마천은 제자인 자로 앞에서 자신의 결백을 증명키 위해 애쓰는 공자의 모습을 마치 눈앞에 보듯 생생히 그려놓았다. 이를 두고 일본의 소설가 다니자키 준이치로谷崎潤一郎는 『기린麒麟』이라는 소설에서 공자가 남자의 미모에 압도된 것으로 그려놓았다. 중국의 린유탕林語堂도 희곡 『자견남자子見南子』에서 공자를 희화화한 탓에 곡부에 사는 공자의 후손들로부터 제소를 당하기도 했다. 기원전 1세기에 만들어진 사마천의 『사기』조차 이 일에 관해서는 매우 희화화해 그려놓은 게 사실이다.

공자가 남자를 만난 사실은 분명하다. 그 만남이 아름다우면서도 음란한 여인인 남자에 대해 무엇인가를 기대했기 때문에 이뤄졌을 것이라는 것도 대략 『논어』의 주석이 말하는 것과 같았을 것이다. 원래 위령공의 부인 남자는 결혼 전부터 친정 오라비인 송나라 공자 朝조와 근친상간을 계속하고 있었다. 이로 인해 위나라 내에서는 그녀의 음행淫行에 관한 소문이 파다하게 나돌았다. 『춘추좌전』「노정공 14년」조의 다음 기록이 그 증거이다.

"위령공이 부인 남자南子를 위해 위나라에서 벼슬을 살고 있는 송나라 공자 조를 불러 도洮 땅에서 만났다. 이때 위나라 태자 괴외蒯聵가 우읍盂邑을 제나라에 바치기 위해 송나라의 시골 마을을 지나게 되었다. 마침 괴외가 지나갈 때 사람들이 노래하기를, '이미 그대 누저婁豬(발정난 암퇘지로 남자를 지칭)를 만족시켜 주었는데 어찌하여 우리 애가艾豭(고운 수퇘지로 공자 조를 지칭)를 돌려주지 않는가?'라고 했다. 괴외가 이 노래를 듣고는 치욕스럽게 생각해 가신 희양속戲陽速에게 당부키를, '나와 함께 소군少君 제후의 부인(남자를 지칭)으로 남자를 조현할 때 내가 고개를 돌려 그대를 보면 그대는 곧바로 소군을 죽이도록 하라'고 하자 희양속이 흔쾌히 승락했다. 이들은 귀국하자마자 곧 위령공의 부인을 조현했다. 부인이 괴외를 접견할 때 괴외가 3번이나 뒤를 돌아보았건만 희양속은 앞으로 나아가지 않았다. 괴외의 안색이 이상하게 변한 것을 본 부인은 이내 낌새를 눈치 채고는 곧 낙루落淚하여 내달리면서 외치기를, '괴외가 나를 죽이려 한다.'고 했다. 이에 괴외가 송나라로 달아나자 위령공은 태자의 당우를 모두 축출했다."

당시 위나라 태자 괴외는 모친의 음행에 관한 백성들의 야유 섞인 노래를 듣고 충격을 받은 나머지 모친인 남자를 죽이려고 했다가 이내 실패해 망명하고 말았다. 이 대목을 통해 짐작할 수 있듯이 괴외는 어쩌면 공자 조의 자식이었는지도 모를 일이다.

원래 위령공은 미자하彌子瑕라는 총신과 남색男色을 즐겼다. 사실 남자가 음행을 일삼은 데에는 위령공의 죄도 컸던 것이다.

위령공과 남자의 행태를 통해 알 수 있듯이 당시 위나라 공실은 패륜의 극치를 보여주고 있었다. 위령공과 남자의 경우도 그렇지만 위령공이 노애공 2년(기원전 493년)에 사망한 이후 보위를 둘러싸고 태자 괴외와 그의 아들 첩輒이 극렬한 각축전을 전개한 사실이 이를 뒷받침한다. 위령공이 사망할 당시 괴외의 아들 첩이 위출공衛出公으로 즉위했다. 이에 대노한 괴외가 진나라의 도움을 얻어 아들을 몰아내고 위장공衛壯公으로 즉위했다. 위장공이 3년 만에 죽자 다시 위출공이 보위에 오르게 되었다. 부자가 번갈아 보위에 오르는 과정에서 마치 원수를 대하듯 극렬하게 싸우는 모습을 보인 것이다.

공자가 남자와 만난 일화는 『논어』「옹야」에도 나온다. 당시 우직한 자로는 스승의 행보에 커다란 불만을 표시했다. 유가 후학들은 이 대목을 접할 때마다 크게 곤혹스러워했다. 이들 중에는 이 대목을 중상모략으로 간주해 아예 없애려고 시도한 자도 있었다. 그러나 이는 엄연한 역사적 사실이다. 그렇다면 공자는 포 땅에서 위나라로 돌아온 뒤 무슨 이유로 다시 위나라를 떠나게 된 것일까? 「공자세가」는 그 배경을 이같이 설명해 놓았다.

"위령공은 늙어 정사에 태만했다. 또한 공자를 등용치도 않았다. 공자가 크게 탄식하며 말하기를, '만일 나를 등용하는 자가 있다면 그 나라는 단 1년 동안에 자리가 바로 잡히고, 3년 이내에 구체적인 성과가 나올 것이다.'라고 했다. 마침내 공자가 위나라를 떠났다."

이는 대략 역사적 사실에 부합키는 하나 액면 그대로 믿을 수는 없다. 공자를 미화한 흔적이 역력하기 때문이다. 그렇다면 공자가 위나라를 두 번째로 출국케 된 배경은 무엇일까? 먼저 「공자세가」의 다음 기록부터 살펴볼 필요가 있다.

"공자가 위나라에 머문 지 1달 남짓 되었을 때 위령공이 부인 남자와 함께 수레를 타고 환관인 옹거雍渠를 옆에 태우고 궁문을 나섰다. 그는 공자로 하여금 뒤에 오는 수레를 타고 따라오게 하면서 거드름을 피우며 시내를 지나갔다. 이에 공자가 말하기를, '나는 덕을 좋아하기를 색을 좋아하는 것과 같이 하는 자를 보지 못했다.'고 했다. 그러고는 이내 이에 실망해 위나라를 떠나 조曹나라로 갔다. 이해에 노정공이 죽었다."

「공자세가」는 여기서 공자가 위나라에 머문 지 1달 남짓 되었을 때 위령공과 함께 출행出行케 되었다고 기술했지만 '1달'이 과연 어떤 사건을 기준으로 하여 산정한 것인지 분명치 않다. 다만 위령공과 함께 출행한 일을 계기로 위나라를 떠나게 된 것만은 확실한 듯하다. 이는 「위령공」의 다음 대목이 뒷받침한다.

"하루는 위령공이 공자에게 진을 치는 법에 관해 묻자 공자가 대답키를, '조두지사俎豆之事(제사에 관한 일)는 일찍이 들은 바가 있습니다. 그러나 군려지사軍旅之事(군사에 관한 일)에 대해서는 배운 바가 없습니다.'라고 했다. 공자가 다음날 마침내 위나라를 떠났다."

여기의 '조두'는 제기祭器, '군려'는 대오隊伍를 뜻하는 말로 각각 제사와 군사에 관한 일을 상징한다. 공자는 위령공이 '군려지사'를 묻자 마침내 위나라를 떠나기로 결심하고 바로 다음날 이를 결행한 셈이다. 「공자세가」의 '출행' 일화와 「위령공」의 '군려지사' 일화를 종합하면 대략 공자는 노정공이 죽고 노애공魯哀公이 즉위하는 노정공 15년(기원전 495년) 어간에 위령공에게 실망한 나머지 두 번째로 위나라를 떠나게 되었다는 추론이 가능하다. 이는 공자가 천하유세에 나선지 2년째 되던 해이다.

그렇다면 당시 공자는 위나라를 떠나 어디로 간 것일까? 「공자세가」는 이때 공자가 조나라로 갔다고 했으나 조나라에서의 행적에 대해서는 아무것도 기술해 놓지 않았다. 그보다는 기무라 에이이치가 정리해 놓은 〈위→포→위→광→송→진→채→섭→진→위〉의 도표를 통해 알 수 있듯이 진陳나라로 가던 중 광 땅을 지나게 된 것으로 보는 것이 타당할 듯하다. 「공자세가」는 공자가 광 땅을 지날 때의 상황을 이같이 기술해 놓았다.

"공자가 진나라로 가는 도중에 광匡 하남성 장원현을 지날 때 제자 안각顔刻이 말을 몰았다. 도중에 그가 말채찍으로 한 곳을 가리키며 말하기를, '전에 제가 이곳에 왔을 때는 저 파손된 성곽이 눈 사이로 들어왔습니다.'라고 했다. 광匡 지역 사람들은 이 말을 듣고 노나라의 양호가 또 온 것이라고 여겼다. 양호는 일찍이 광 지역 사람들에게 포악하게 대한 적이 있었다. 광 땅 사람들이 공자의 앞길을 막았다. 공자의 모습이 양호와 비슷했기 때문에 공자는 5일간이나 포위당했다. 안연이 뒤따라 도착하자 공자가 크게 기뻐하며 말하기를, '나는 자네가 난중에 이미 죽은 것으로 알았다.'라고 했다. 이에 안연이 대답키를, '선생님이 계시는데 제가 어찌 감히 무모하게 죽겠습니까?'라고 했다. 이때 광 땅 사람들이 공자를 향해 더욱 급하게 포위 망을 좁혀오자 제자들이 두려워했다. 이에 공자가 말하기를, '주문왕은 이미 돌아가셨으나 사문斯文 예악문화의 전통은 여기에 있지 않은가? 하늘이 사문을 없애려 했다면 우리들로 하여금 사문을 전승할 수 없게 했을 것이다. 하늘이 사문을 없애려 하지 않는데 광 땅 사람들이 나를 어찌 하겠는가?'라고 했다. 공자가 사자를 위나라 대부 영무자寧武子에게 보내 위나라의 신하가 되게 한 후 비로소 그곳을 떠날 수 있었다."

「공자세가」의 이 기록은 여러 일화를 한 데 뭉뚱그려 놓은 것으로 이를 액면 그대로 믿기는 어렵다. 『춘추좌전』에 따르면 영무자는 이미 이 사건이 일어나기 1백여 년 전에 사망한 인물이다. 그러나 당시 공자가 진나라로 가던 도중 광 땅에서 곤액을 당한 것은 대략 사실에 부합한다. 공자가 곤욕을 치른 것은 바로 양호로 오인 받은데 따른 것이었다. 『논어』「자한」에 유사한 일화가 나오고 있는 점 등이 이를 뒷받침한다.

이와 관련해 시라카와는 광 땅 사람들이 공자를 양호로 착각해 5일 동안 포위했다는 기록에 강한 의문을 제기하면서 공자가 위나라를 떠난 시점을 통설보다 2년 늦춰 잡았다. 그의 주장에 따르면 광 땅의 사건은 양호가 주군인 조간자趙簡子의 명을 받고 태자 괴외와 함께 위나라로 들어온 것을 계기로 공자에 대한 대우가 정지된 사실을 호도한 것에 불과하다는 것이다. 그는 이를 근거로 공자가 두 번째로 위나라를 떠난 시점은 노정공 15년(기원전 495년)이 아니라 이보다 2년 늦은 노애공 2년(기원전 493년)이라고 주장했다.

『춘추좌전』「노애공 2년」조에는 진晉나라로 망명해 조간자에게 몸을 의탁한 양호가 조간자의 명을 받고 송나라에 망명 중인 태자 괴외를 위나라 영토인 척戚 땅에 잠입시킨 사실이 기록되어 있다. 시라카와는 바로 이 대목에 주목해 이런 주장을 펼친 것이다. 그러나 과연 그의 주장이 맞는 것일까?

『사기』「송세가」 및 「12제후연표」 등은 공자가 송나라 사마 환퇴桓魋로 인한 곤액을 당한 사건이 위령공이 죽은 이듬해인 노애공 3년에 일어난 것으로 기록해 놓았다. 그렇다면 광 땅에서의 곤액이 1년 이상 지속되었다는 특이한 가정을 하지 않는 한 공자는 위령공이 죽은 뒤에 진나라를 향하다가 광 땅에서 곤액을 치른 뒤 송나라로 간 셈이 된다. 이는 공자가 위령공 재위 때 위나라를 떠났다는 「공자세가」와 「안연」의 내용과 정면으로 배치된다.

원래 공자가 위나라를 떠나게 된 것은 「공자세가」와 「안연」에 나와 있듯이 더 이상 위나라에서는 자신의 이상을 펼치기 어렵다고 판단한데 따른 것이었다. 그렇다면 이는 틀림없이 위령공의 재위기간 중에 일어난 일로 보아야 한다. 아무리 늦춰 잡아도 공자는 최소한 위령공이 사망하는 노애공 2년(기원전 493년) 여름 이전에 위나라를 떠났다고 해야 모순이 없다. 시라카와가 추정한 시점이 전혀 틀렸다고 할 수는 없으나 공자가 위나라를 떠난 것으로 추정되는 여러 시점 중 극단적인 경우에 해당한다.

대략 기무라와 크릴 등의 주장을 좇아 공자는 천하유세 2년째인 노정공 15년에 위나라를 떠난 뒤 진陳나라를 향해 나아간 것으로 보는 게 타당할 듯하다. 당시 공자는 진나라로 가기 위해 도중에 있는 송나라를 지나게 되었다. 「공자세가」의 기록에 따르면 이때 공자는 휴식 차 제자들과 큰 나무 아래에 앉아 있다가 예를 강술하던 중 송나라 사마 환퇴桓魋의 공격을 받게 되었다. 환퇴가 문득 사람들을 시켜 공자를 죽일 생각으로 그 나무를 뽑아버리게 하자 공자는 할 수 없이 그곳을 떠나게 되었다. 이때 제자들이 다급하게 재촉하자 공자가 이같이 대답했다.

"하늘이 나에게 덕을 이을 사명을 주었는데 환퇴가 나를 어찌 하겠는가!"

이 대목은 『논어』「술이」에도 그대로 나온다. 대략 「공자세가」가 「술이」의 기록을 전재한 것으로 짐작된다. 공자는 왜 이런 말을 한 것일까? 공자는 「자한」에 나와 있듯이 광 땅에서 조난을 당했을 당시 '주문왕'을 운운하며 일행을 독려한 바 있다. 「술이」에서도 공자는 '하늘'을 운운하며 의연한 모습을 드러내고 있다. 환퇴로 인한 조난을 기술한 「술이」의 내용이 광 땅의 조난을 기술한 「자한」의 내용과 유사한 점이 심상치 않다.

기무라는 이 점에 주목해 광 땅의 사건을 환퇴로 인한 조난 직전에 일어난 사건으로 보아야 한다고 주장했다. 당시 광 땅이 위나라에서 송나라에 이르는 중간 지점에 위치해 있었던 점을 감안할 때 동일 사건은 아니지만 최소한 앞뒤로 연속해서 일어난 사건으로 보아야 한다는 기무라의 주장은 나름대로 설득력이 있다. 그의 주장을 따를 경우 광 땅의 조난은 노애공 2년(기원전 493년) 어간에 일어났고, 사마 환퇴로 인한 조난은 노애공 3년(기원전 492년)에 일어난 것이 된다. 그렇다면 「공자세가」는 두 사건의 연대를 뒤바꿔 기술해 놓은 셈이다.

원래 「공자세가」에 따르면 공자는 천하유세 도중 모두 4번에 걸쳐 조난을 당한 것으로 되어 있다. 먼저 노정공 14년(기원전 496년)에 위나라에서 진나라로 가기 위해 광 땅을 지나던 중 조난을 당한 것으로 되어 있다. 이어 이듬해에 위나라에서 진나라로 가던 중 송나라의 사마 환퇴의 핍박으로 조난을 당하고, 다시 2년 뒤인 노애공 2년(기원전 493년)에 진나라에서 위나라로 오던 중 포 땅에서 공숙씨公叔氏의 핍박으로 조난을 당했다. 마지막으로 노애공 6년(기원전 489년)에 진·채 사이에서 식량이 떨어지는 조난을 당한 것으로 되어 있다.

이들 4번의 조난 중 광 땅의 조난은 『논어』「자한」과 「선진」에도 유사한 내용이 실려 있다. 송나라의 환퇴로 인한 조난은 『논어』「술이」과 『맹자』「만장 상」에도 실려 있다. 진·채 사이의 조난은 『논어』「위령공」과 『맹자』「진심 상」에 언급되어 있다. 여러 문헌에 두루 언급되어 있는 점에 비춰 이들 조난은 모두 사실에 부합한 것으로 보아야 할 것이다. 그런데 문제는 노애공 2년에 포 땅에서 일어난 공숙씨로 인한 조난이다. 이는 『논어』와 『맹자』 등에 전혀 언급되지 않았다.

왜 이런 일이 빚어진 것일까? 포 땅의 조난이 사실이라면 『논어』와 『맹자』에 이 사건이 전혀 언급돼 있지 않은 이유를 해명키가 쉽지 않다. 이에 대해 기무라는 「공자세가」가 광 땅의 조난과 공숙씨로 인한 포 땅의 조난의 연대를 뒤바꿔 기록한데서 그 원인을 찾았다. 그의 주장에 따르면 「공자세가」는 광 땅의 조난과 사마 환퇴로 인한 조난이 연이어 빚어진 사건인데도 이를 제대로 파악치 못하고 시간적으로 떨어져 있는 별개의 사건으로 파악한데서 이런 모순이 빚어지게 되었다는 것이다.

이를 확인키 위해서는 먼저 광 땅과 포 땅의 조난이 일어난 시점의 선후관계를 규명할 필요가 있다. 원래 광 땅과 포 땅은 모두 위나라 영내의 땅으로 본래 같은 지역에 속해 있었다. 보다 정확히 말하면 광 땅 내에 포 땅이 있었다. 전승과정에서 광 땅과 포 땅의 조난 시점이 뒤바뀔 소지가 충분히 있었던 것이다. 사마천이 생존했을 당시만 해도 4개의 조난에 대한 전승과정에서 광 땅과 포 땅의 조난이 지역적으로 상당히 가까웠던 까닭에 두 사건의 시기가 서로 뒤바뀔 가능성을 배제할 수 없다. 기무라의 주장에 따르면 실제로 그런 일이 「공자세가」에서 일어난 셈이 된다.

사마 환퇴에 대해 『춘추좌전』은 환퇴 이외에도 상퇴向魋와 환사마桓司馬 등 여러 이름으로 기록해 놓았다. 「노정공 10년」조를 비롯해 「노애공 17년」조에 이르기까지 여러 대목에 걸쳐 그에 관한 기록이 잇달아 나오고 있다. 당시 사마 환퇴가 매우 비중 있는 인물이었음을 시사하는 대목이다. 『맹자』「만장 상」은 사마 환퇴로 인한 조난을 이같이 기록해 놓았다.

"공자가 노나라와 위나라에서 뜻을 얻지 못해 송나라로 갔다. 그때 송나라의 사마 환퇴가 길목을 지키고 공자를 죽이려고 하자 큰 곤경에 처하게 되었다. 이에 공자가 변복 차림으로 송나라를 지나갔다. 이때 공자가 진후陳侯의 주신周臣(군주가 가까이 지내는 친신親臣을 지칭)인 사성정자司城貞子의 집에 기숙했다."

여기의 '진후'는 진민공陳閔公 월越을 말한다. 『사기』「송세가」는 송경공宋景公 25년(기원전 492년)에 공자가 사마 환퇴의 공격을 받자 미복을 입고 위기를 벗어났다고 기록해 놓았다. 이는 『맹자』와 같은 내용의 전승을 채택한데 따른 것으로 보아야 할 것이다. 당시 공자가 환퇴로 인한 곤액을 빠져나오게 된 과정에 대해서는 문헌마다 차이가 있으나 대략 『맹자』에 언급된 미복잠행微服潛行이 사실에 가까운 것으로 보인다.

그렇다면 당시 송나라의 사마 환퇴는 왜 공자를 죽이려고 했던 것일까? 여러 설이 있으나 아직 정설이 없다. 사마 환퇴가 나무를 뽑아 공자를 죽이려 했다는 「공자세가」 등의 기록은 지나치게 사실을 과장한 느낌을 주는 게 사실이나 나름대로 일정한 진실을 담고 있다. 당시 사마 환퇴는 대략 공자와 연관된 인물 내지 사건으로 인해 비난을 받고 앙심을 품게 되었던 것이 아닌가 짐작된다. 사마 환퇴의 아우 사마우司馬牛가 공자의 제자인 사실도 이와 무관치 않았을 것으로 보인다.

원래 사마 환퇴는 송환공宋桓公의 후손으로 송경공宋景公으로부터 커다란 총애를 받고 있었다. 이는 송경공이 자신의 아우 공자 지地가 보유하고 있는 백마 4필을 빼앗아 환퇴에게 준 사실을 통해 쉽게 알 수 있다. 『춘추좌전』「노정공 10년」조의 관련 기록을 보면 송경공과 사마 환퇴의 관계는 위령공과 미자하의 관계처럼 남색 관계로 이뤄졌을 가능성도 배제할 수 없다.

당시 이 일로 인해 송경공의 동생인 공자 지와 공자 진辰이 외국으로 망명하는 등 유력한 공족들이 궤멸하는 사태가 빚어졌다. 이미 사마 환퇴는 공자를 해치려는 행동을 보이기 전에 안팎으로 수많은 적을 갖고 있었던 것이다. 그는 훗날 송경공의 미움을 받게 되자 송경공을 시해하려고 시도하다가 이내 탄로 나는 바람에 위나라로 망명했다. 이때 공문에 들어가 공자의 가르침을 받았던 그의 아우 사마우도 오나라로 망명을 갔다.

사마우가 언제 얼마나 공자 밑에서 공부했는지는 자세히 알 길이 없으나 대략 공자가 천하유세를 떠나기 이전에 입문했던 것으로 보인다. 「안연」에는 공자가 사마우에게 충고한 구절이 나온다.

"하루는 사마우가 군자에 대해 묻자 공자가 대답키를, '군자는 근심하거나 두려워하지 않는다.'고 했다. 사마우가 다시 묻기를, '근심하거나 두려워하지 않으면 곧 군자라고 할 수 있습니까?'라고 하자 공자가 대답키를, '내성內省 안으로 자성하여 조그마한 허물도 없는데 무엇을 근심하며 두려워하는가?'라고 했다."

공자는 사마우에게 인간의 고귀함은 자신에게 달린 것이지 조상에 달린 것이 아니라고 가르친 것이다. 사마우는 공자의 가르침을 좇아 환퇴와 같은 인물을 크게 경멸했을 공산이 크다. 공자의 가르침을 받은 사마우가 송나라로 돌아와 군주의 총애를 배경으로 전횡을 일삼은 친형 사마 환퇴에게 경멸조의 몸짓을 보였는지도 모를 일이다. 이런 추정이 맞는다면 이에 앙심을 품은 사마 환퇴가 공자에게 보복 차원에서 해를 끼치고자 했을 공산이 크다.

당시 환퇴가 공자를 해치기 위해 동원한 수법은 이른바 '차도살인지계借刀殺人之計'였다. 남의 손을 빌려 적을 해치는 궤계詭計인 것이다. 「공자세가」의 기록에 따르면 환퇴는 군사를 동원치 않고 일찍이 양호에게 원한을 품은 광 땅 사람들을 부추겨 양호와 모습이 비슷한 공자를 죽이려고 했을 공산이 크다. 『장자』「추수秋水」에도 이와 유사한 일화가 실려 있다.

이에 따르면 당시 공자가 광 땅에 갔을 때 송나라 사람들이 몇 겹으로 포위한 끝에 해치고자 했다. 그러나 공자는 태연자약하게 거문고를 뜯으며 노래하기를 그치지 않았다. 이에 자로가 공자에게 그 연유를 묻자 공자가 이같이 대답했다.

"나는 불우한 것을 꺼리고 싫어한 지 오래 되었지만 그 불우에서 벗어날 수 없는 것은 운명임을 깨달았다. 또 나는 자기 뜻대로 되기를 바란지 오래 되었거니와 그 희망이 달성되지 않는 것은 시세 탓임을 알게 되었다. 요순시대에는 천하에 불우한 자는 아무도 없었다. 그것은 그들 모두가 반드시 지혜가 있었기 때문은 아니었다. 또 걸주桀紂 때에는 천하에 뜻을 얻은 자는 아무도 없었다. 그것은 반드시 그 사람들 모두가 지혜가 없어서 그렇게 된 것은 아니었다. 그들이 만난 시세가 우연히 그랬던 것뿐이다. 물에서 도룡뇽이나 용을 피하지 않은 것은 어부의 용기이고, 육지에서 외뿔소나 호랑이를 피하지 않는 것은 사냥꾼의 용기이고, 칼날이 눈앞에서 번쩍이건만 죽음을 삶과 같이 보는 것은 열사의 용기이다. 자신이 불우한 것은 운명임을 알고 자기 뜻대로 되는 것은 시세 탓인 줄 알아 큰 곤경에 임해도 두려워하지 않는 것은 성인의 용기이다."

이때 무장한 지휘관이 나타나 사과했다.

"저희들은 선생님을 양호인 줄만 알고 포위했습니다. 그러나 이제는 그렇지 않은 것을 알았으니 사죄를 드리고 물러가고자 합니다."

『장자』「추수」에 나와 있듯이 당시 공자는 스스로 천명을 받은 사람이라고 생각해 환퇴 따위가 자신을 방해할 수 없을 것으로 자신했다. 거문고를 뜯는 공자의 모습이 과장된 것이기는 하나 일면 당시 공자가 보여준 의연한 모습을 어느 정도 반영한 것으로 보인다. 기본 취지에서 『논어』「술이」에 나오는 공자의 의연한 모습과 상통한다.

사서의 기록에 따르면 공자가 송나라에서 사마 환퇴의 난을 만나 미복으로 곤경을 빠져나온 시기는 노애공 3년(기원전 492년)이 거의 확실하다. 대략 그해 여름에 공자는 이미 진나라에 도착해 있었던 것으로 보인다. 이와 관련해 「공자세가」는 특이한 일화를 전하고 있다. 당시 공자는 진나라로 가기 위해 정나라를 지나던 중 제자들과 서로 길이 어긋나 홀로 성곽의 동문에 서 있게 되었다. 이때 정나라 사람이 자공에게 말했다.

"동문東門에 어떤 사람이 있는데 그 이마는 요임금과 닮았고, 그 목덜미는 고요皐陶(동이족의 우두머리로 순임금 때 형법을 관장)와 닮았고, 그 어깨는 자산子産을 닮았소. 그러나 허리 이하는 우임금보다 3촌寸이 짧고, 풀 죽은 모습은 마치 상가지구喪家之狗(상갓집 개)와 같소."

자공이 이 말을 그대로 공자에게 고하자 공자가 웃으며 말했다.

"한 사람의 모습이 어떠냐 하는 것은 그리 중요한 것이 아니다. 그런데 '상가지구'와 같다고 했다는데 그것은 정말 그랬지. 그랬고말고."

「공자세가」의 이 기록은 액면 그대로 믿을 수는 없으나 일정부분 역사적 사실을 담고 있다. 숱한 곤액과 세인들의 악평에도 아랑곳하지 않고 '사문斯文'을 밝히고자 하는 공자의 의연한 모습이 이 대목에 여실히 드러나고 있는 것이다. 자신을 '상가지구'로 비유한 사실을 전해 듣고 혼연欣然한 모습을 취한 공자는 이미 달인達人의 경지에 올라선 느낌을 주고 있다.

당시 공자는 환퇴로 인한 조난을 피한 뒤 송나라로 잠입해 사성정자의 집에 머문 지 1년 남짓 되었을 때 오왕 부차가 진陳나라를 쳐 3읍을 빼앗아 돌아가는 등 굵직한 사건이 연이어 터져 나왔다. 「공자세가」는 당시의 공자의 행적에 대해 아무 것도 전해주지 않고 있으나 대략 전후 맥락에 비춰 이때 공자는 송나라를 떠나 진나라로 간 것이 거의 확실하다. 「공자세가」는 공자가 진나라에 머물 당시의 특이한 일화를 실어 놓았다.

이에 따르면 어느 날 매 한 마리가 진나라 궁정에 떨어져 죽었다. 싸리나무로 만든 화살이 몸에 꽂혀 있었고, 그 화살촉은 돌로 되어 있었고, 화살의 길이는 1척 8촌이었다. 진민공陳閔公이 사자를 시켜 공자에게 이를 묻게 하자 공자가 이같이 대답했다.

"매는 멀리서 왔습니다. 이는 숙신肅愼의 화살입니다. 옛날 무왕이 은나라를 멸한 후 여러 소수 민족과 교통하고 각각 그 지방의 특산물을 조공하게 함으로써 그들의 직책과 의무를 잊지 않게 했습니다. 이에 숙신은 싸리나무로 만든 화살과 돌로 만든 화살촉을 바쳤는데 길이가 1척 8촌이었습니다. 무왕은 그의 미덕을 표창하고자 숙신의 화살을 장녀 대희大姬에게 나눠주었습니다. 이후 장녀를 우虞의 호공胡公에게 시집보내고, 우의 호공을 진陳에 봉했습니다. 동성 제후들에게는 진귀한 옥을 나눠주어 친척의 도리를 다하게 하고, 이성 제후들에게는 먼 지방에서 들어온 조공품을 나눠주어 무왕에게 복종할 것을 잊지 않게 했습니다. 이에 진나라에서는 숙신의 화살을 나눠주었던 것입니다."

진민공이 시험 삼아 옛 창고에서 그 화살을 찾아보게 하자 공자의 말이 사실로 드러났다. 이는 다른 사서에 전혀 나오지 않는 일화인 까닭에 액면 그대로 믿을 수는 없다. 사서의 기록을 종합해 볼 때 당시 공자가 진민공을 만났을 가능성도 그리 높지 않다. 「공자세가」의 기록에 따르면 공자는 도합 3년 동안 진나라에 머문 것으로 되어 있다. 당시의 공자 행적과 관련해 「공자세가」는 숙신의 화살과 관련한 일화 이외에 아무 것도 전해 주는 것이 없다.

그렇다면 진나라 체류 이후의 천하유세 여정은 어디로 잡혀 있었던 것일까? 당시 공자는 채나라로 간 것이 거의 확실하다. 그렇다면 공자는 왜 진나라를 떠난 것일까? 「공자세가」에 따르면 이는 당시 진·초 두 나라가 앞뒤로 진나라를 침공한 사실과 무관치 않은 듯하다. 이때 공자는 진나라를 떠나 채나라로 가던 중 커다란 곤경에 처하게 되었다. 진·채 사이에서 식량 부족으로 기아상태에 빠지게 된 것이다. 왜 이런 일이 벌어지게 된 것일까?

「공자세가」에 따르면 공자가 채나라로 향한 것은 노애공 4년(기원전 491년)이고, 섭葉 땅으로 간 것은 노애공 5년이다. 이때 공자는 진나라의 필힐佛肹로부터 부름을 받고 크게 동요했으나 결국 제의를 거부했다. 공자는 노애공 6년에 섭 땅에서 다시 진나라로 돌아갔다. 이후 3년 동안 진나라에 머물다가 다시 노애공 10년에 위나라로 가 1년 동안 머문 뒤 마침내 노애공 11년(기원전 484년)에 마침내 귀국길에 오르게 되었다.

대략 공자가 진·채 사이에서 조난을 당한 것은 노애공 4년 때의 일로 보는 것이 옳다. 진·채 사이의 조난은 선진시대의 문헌에 언급되지 않은 곳이 없을 정도로 매우 유명한 사건이다. 『논어』「위령공」이외에도 『순자』「유좌宥坐」와 『공자가어』「재액在厄」, 『한시외전韓詩外傳』권7, 『여람呂覽』「신인愼人」, 『장자』「양왕讓王」, 『설원說苑』「잡언雜言」등에 두루 실려 있다. 이들 내용을 「공자세가」와 비교하면 진·채 사이의 조난에 관한 설화가 시간대별로 어떻게 윤색되었는지를 알 수 있다.

「공자세가」에 따르면 공자가 채나라로 옮긴 지 3년이 되던 해에 오나라가 진나라를 공격했다. 초나라는 진나라를 구하기 위해 초나라 진보陳父 땅에 군사를 주둔시켰다. 초나라에서는 공자가 진나라와 채나라의 중간 지역에 있다는 말을 듣고 사람을 보내 공자를 초빙했다. 공자가 가서 예를 갖추려고 하자 진나라와 채나라의 대부들이 이같이 의논했다.

"공자는 현인이다. 그의 비난하는 바는 모두 제후들의 잘못과 들어맞는다. 지금 그가 진나라와 채나라의 중간에 오래 머물고 있는데 그간 여러 대부들이 한 행실은 모두 공자의 뜻에 맞지 않는다. 오늘의 초나라는 큰 나라인데 공자를 초빙하려 한다. 공자가 초나라에 등용되면 우리 진나라와 채나라에서 일하는 대부들은 모두 위험해질 것이다."

이에 진·채 두 나라의 대부들이 노역자들을 보내 들판에서 공자를 포위케 하자 공자는 초나라로 가지 못하고 얼마 후 식량마저 떨어지는 곤경에 처하게 되었다. 수종하던 제자들은 굶어 병들어 잘 일어서지도 못했다. 그러나 공자는 조금도 흐트러짐 없이 강의도 하고, 책도 낭송하고, 거문고도 타면서 지냈다. 자로가 화가 나 공자에게 말했다.

"군자도 이처럼 곤궁할 때가 있습니까?"

"군자는 곤궁해도 절조를 지키지만 소인은 곤궁해지면 탈선한다."

자공이 화가 나 얼굴색이 변했다. 공자가 말했다.

"사賜야, 너는 내가 박학다식하다고 생각하느냐."

"그렇습니다. 그렇지 않다는 말씀이십니까?"

공자가 말했다.

"그렇지 않다. 나는 한 가지 기본 원칙을 가지고 전체의 지식을 통찰할 뿐이다."

공자는 제자들이 마음이 상해 있다는 것을 알고 곧 자로를 불러 물었다.

"『시』에 이르기를, '비시비호匪兕匪虎, 솔피광야率彼曠野'라고 했다. 나의 도에 무슨 잘못이라도 있단 말이냐. 우리가 왜 여기서 곤란을 당해야 한단 말인가?"

'비시비호'는 외뿔소도 아니고 호랑이도 아니라는 뜻이고, '솔피광야'는 광야에서 헤매고 있다는 의미이다. 공자가 인용한 시는 『시경』「소아·하초불황何草不黃」이다. 공자는 자신이 거친 들판인 광야를 헤매고 있는 것은 코뿔소처럼 독선적이기 때문인가, 아니면 호랑이처럼 분수에 넘치는 욕망으로 세상을 지배하려는 권력욕에 빠져 있기 때문인가를 자문하고 있는 것이다. 자로가 스승의 속마음을 읽고 이같이 물었다.

"아마도 우리가 어질지 못하기 때문 아니겠습니까? 그래서 사람들이 우리를 믿지 못하는 듯합니다. 아마도 우리가 지혜롭지 못하기 때문 아니겠습니까? 그래서 사람들이 우리를 놓아주지 않는 듯합니다."

자로는 공자를 미완의 스승으로 본 것이다. 공자가 반문했다.

"그럴 리는 없을 것이다. 중유야, 만일 어진 사람이 반드시 남의 신임을 얻는다면 어째서 백이와 숙제가 수양산에서 굶어 죽었겠느냐? 또 만일 지혜로운 사람이 반드시 장애 없이 실행할 수 있다면 어찌 왕자 비간比干의 심장이 갈라졌겠느냐?"

자로가 나가자 자공이 들어와 공자를 뵈었다. 공자가 말했다.

"사야, 『시』에 이르기를, '코뿔소도 아니고 호랑이도 아닌 것이 광야에서 헤매고 있다.'고 했다. 나의 도에 무슨 잘못이라도 있단 말이냐? 우리가 왜 여기서 곤란을 당해야 한다는 말인가!"

이에 자공이 응답했다.

"선생님의 도가 지극히 크기 때문에 천하의 그 어느 국가에서도 선생님을 받아들이지 못합니다. 선생님께서는 어째서 자신의 도를 약간 낮추지 않는 것입니까?"

그러자 공자가 말했다.

"사야, 훌륭한 농부가 비록 씨 뿌리기에 능하다 해서 반드시 곡식을 잘 수확하는 것은 아니다. 훌륭한 장인이 비록 정교한 솜씨를 가졌다 할지라도 반드시 사용자를 만족시키는 것은 아니다. 군자가 그 도를 잘 닦아 기강을 세우고, 잘 통리統理할 수는 있겠지만 반드시 세상에 수용되는 것은 아니다. 지금 너는 너의 도는 닦지 않고서 스스로의 도를 낮춰서까지 남에게 수용되기를 바라고 있다. 사야, 너의 뜻이 원대하지 못하구나."

자공이 나가고 안회가 들어와 공자를 뵈었다. 이에 공자가 물었다.

"회야, 『시』에 이르기를, '코뿔소도 아니고 호랑이도 아닌 것이 광야에서 헤매고 있다.'고 했다. 나의 도에 무슨 잘못이라도 있단 말이냐. 우리가 왜 여기서 곤란을 당해야 한다는 말인가?"

이에 안회가 대답했다.

"선생님의 도가 지극히 크기 때문에 천하의 그 어느 국가에서도 선생님을 받아들이지 못합니다. 비록 그렇기는 하나 선생님은 도를 추진하고 있습니다. 그러니 그들이 받아들이지 않는다고 해서 무슨 걱정이 있겠습니까? 받아들여지지 않은 연후에 더욱 군자의 참 모습이 드러나는 것입니다. 무릇 도를 닦지 않는다는 것은 우리의 치욕입니다. 그리고 무릇 도가 잘 닦여진 인재를 등용하지 않는 것은 나라를 가진 자의 치욕입니다. 그러니 받아들여지지 않는다고 해서 무슨 걱정이 되겠습니까? 받아들여지지 않은 연후에 더욱 더 군자의 참 모습이 드러날 것입니다."

공자가 기뻐했다.

"그렇던가, 안씨 집안의 자제여. 자네가 만일 큰 부자가 되었다면 나는 자네의 재무 관리자가 되었을 것이다."

이에 자공을 초나라로 보냈다. 마침내 초소왕楚昭王이 군사를 보내 공자를 맞이하자 비로소 공자는 곤궁에서 벗어날 수 있었다.

이상이 「공자세가」에 나오는 진·채 간의 조난에 관한 일화이다. 워낙 유명한 까닭에 「공자세가」 또한 매우 상세히 소개해 놓은 것으로 짐작된다. 「공자세가」에 실린 진·채 사이의 곤액과 관련된 일화의 내용은 대략 자공의 활약에 의해 초소왕의 공자 구원과 초소왕의 공자 초빙, 영윤 자서의 이의제기로 인한 좌절, 초소왕의 진몰陣沒 등으로 요약할 수 있다.

여기서 공자가 거듭 제자들을 향해 '나의 도에 무슨 잘못이라도 있단 말이냐?'라고 물은 데에는 스스로에 대한 강한 회의가 깔려 있다. 안회가 '받아들여지지 않은 연후에 더욱 더 군자의 참 모습이 드러날 것입니다.'라고 언급한 것은 도가적인 색채가 짙다. 시라카와는 이런 내용 등을 근거로 안회가 장자학파의 비조鼻祖가 된 것으로 추정했다. 나름대로 일리가 있는 추정이다.

이들 설화가 얼마나 사실에 가까운 것인지는 판단키가 쉽지 않다. 특히 공자가 초나라에 등용되는 것을 저지하기 위해 진나라와 채나라 대부들이 공모해 실력 행사에 나선 대목은 적잖은 문제가 있다. 당시 진나라와 초나라는 우호관계였고, 채나라와 초나라는 불편한 관계였다. 이렇듯 적대관계인 나라가 공자에게 실력행사를 위해 함께 공모했을 리가 없다. 유가 후학의 위문일 공산이 크다. 그러나 이는 후대인들 사이에 진·채 사이의 조난에 대한 설화가 매우 널리 유포되었음을 의미하는 것이기도 하다. 「위령공」에 나오는 다음 구절은 당시 공자 일행이 진·채 사이에서 얼마나 큰 고통을 겪었는지를 생생히 전해주고 있다.

"공자가 진나라에 있을 때 양식이 떨어지자 따르던 사람들이 병이 들어 일어나지 못했다."

이러한 사태는 전란의 와중에서 하시라도 일어날 수 있는 일이었다. 공자는 줄곧 여정을 함께 했던 일행의 소식이 두절되고 식량보급도 끊어지는 최악의 상황에 처해 있었다. 당시 진·채 양국 모두 오·초 양국의 침공으로 인해 크게 피폐해 있었다. 「공자세가」는 당시의 채나라 상황을 보다 구체적으로 기록해 놓았다.

"노애공 4년(기원전 491년), 공자가 진나라에서 채나라로 옮겨갔다. 채소공蔡昭公이 장차 오나라로 가려고 했다. 오왕 부차가 그를 불렀던 것이다. 지난날 채소공은 신하들을 속이고 주래州來 땅으로 천도했다. 채소공이 이제 다시 오나라로 가려고 하자 대부들은 또 천도할까 크게 두려워했다. 마침내 대부 공손편公孫翩이 채소공을 쏘아 죽였다. 이에 초나라가 채나라를 침공했다. 이해 가을, 제경공이 죽었다."

이 기록은 대략 역사적 사실에 부합한다. 그러나 제경공이 노애공 4년 가을에 세상을 떠났다는 대목은 다른 사서의 내용과 차이가 있다. 『춘추좌전』과 「제세가」, 「12제후연표」는 모두 노애공 5년의 일로 기록해 놓았다. 사마천이 「공자세가」를 편찬하는 과정에서 착오가 있었던 것으로 짐작된다.

당시 진나라 역시 오·초 양국 사이에 끼어 나라가 극히 피폐했다. 채나라와 마찬가지로 풍전등화의 위기에 처해 있었던 것이다. 실제로 진나라는 공자가 진나라를 다녀간 지 12년 후에 초나라에 의해 멸망당하고 말았다. 이런 상황에서 공자가 진·채 두 나라 군주를 상대로 유세하는 것은 애초부터 어려운 일이었다. 공자가 두 나라 군주를 만나지 못한 것도 거의 확실하다. 이는 「술이」에 나오는 다음 대목을 보면 대략 짐작할 수 있다.

"진陳나라의 사패司敗(형옥을 다루는 관원으로 사구司寇와 같음)가 공자에게 노소공이 예를 아는지를 묻자 공자가 그렇다고 대답했다. 공자가 이내 물러가자 진나라 사패가 공자의 제자 무마기巫馬期에게 말하기를, '내가 듣건대 군자는 편당을 짓지 않는다고 했는데 군자도 편당을 짓는 것이오. 노소공이 오나라에서 부인을 얻자 사람들이 동성同姓인 것을 꺼려 노소공의 부인을 오맹자吳孟子(오나라의 큰 딸이라는 뜻)라고 칭했소. 군주가 예를 알면 그 누가 예를 알지 못할 리 있겠소'라고 했다. 무마기가 이를 공자에게 알리자 공자가 크게 기뻐하며 말하기를, '나는 나의 허물을 곧바로 전해들을 수 있으니 참으로 다행이다. 실로 나에게 허물이 있으면 사람들이 반드시 이를 알아채는구나'라고 했다."

이 일화에서 진나라 사패가 자국의 군주를 두고 비난한 것은 당시 공자가 진나라 군주를 만난 적이 없음을 시사한다. 당시의 상황에 비춰 볼 때 공자는 설령 진·채 두 나라의 군신君臣과 교분이 있었을지라도 곤액을 면키가 어려웠다. 진·채 두 나라는 오·초 두 대국의 각축장이 되어 있었던 까닭에 공자 일행에게 식량을 보급키가 여의치 않았던 것이다. 공자의 진·채 사이의 조난은 공자가 천하유세 기간 중에 겪은 최후의 조난이었다.

공자는 진·채 사이의 조난이 있은 지 1년 뒤인 노애공 5년(기원전 490년)에 뜻밖에도 진晉나라의 권신인 조간자의 가신으로 있는 필힐佛肸로부터 함께 일하자는 내용의 초청을 받게 되었다. 천하유세에 나선지 8년이 되도록 아무런 성과도 거두지 못한 공자는 이 초청을 받고 크게 동요했을 것이다. 「양화」은 당시의 상황을 매우 사실적으로 묘사해 놓았다.

"필힐이 부르자 공자가 가려고 했다. 그러자 자로가 만류키를, '전에 저는 부자夫子에게서 스스로 불선不善을 저지르는 자가 있으면 군자는 그 무리에 들어가지 않는다는 얘기를 들었습니다. 필힐이 중모中牟에서 반기를 들었는데 선생님은 어찌하여 그곳에 가려는 것입니까?'라고 했다. 공자가 대답키를, '그렇다. 그런 말을 한 적이 있다. 그러나 혼탁한 가운데서도 변치 않을 수 있고 갈아도 얇아지지 않으니 사람들이 단단하다고 말하지 않겠느냐, 검은 흙물을 들여도 검어지지 않으니 또한 희다고 말하지 않겠느냐, 내가 어찌 포과匏瓜(박)일 수 있겠느냐, 먹을 수 있는 물건은 사방으로 팔려나

가기 마련인데 내가 어찌하여 먹을 게 없어 쓰이지도 못한 채 한 곳에 매달려 있는 포과의 신세가 되어야 하느냐?'고 했다."

세상에 대한 공자의 울분이 여과 없이 드러나 있다. 예로부터 이 대목에 관해 많은 논란이 있었다. 청대의 최술을 비롯해 공자를 옹호코자 한 유가 후학들은 『논어』의 이 대목을 위문으로 증명키 위해 애썼다. 최술은 공자와 필힐의 관계를 부인하는데 혼신의 노력을 기울였으나 공자시대에는 대화의 상대방을 지칭할 때 '부자夫子'라는 용어를 결코 사용한 적이 없다고 주장하는데 그쳤다. 그러나 실제로 이러한 호칭은 『논어』에 자주 산견된다. 액면 그대로 보는 것이 옳은 것은 말할 것도 없다.

그렇다면 당시 필힐은 왜 반기를 든 것일까? 「공자세가」는 그 배경을 이같이 설명해 놓았다.

"조앙趙鞅(조간자)이 범씨 및 중항씨를 격파하려고 할 때 중모에서 조앙에게 불복했다. 이에 조앙이 이 지역을 쳤다. 필힐이 중모中牟를 근거지로 반기를 들었다."

당시 진晉나라는 조간자를 지지하는 세력과 이를 반대하는 범씨范氏·중항씨中行氏 세력으로 양분돼 심각한 내홍內訌을 겪고 있었다. 「공자세가」는 필힐이 노나라의 양호처럼 주군인 조간자의 명을 거역하고 반기를 든 사실을 명백히 기록해 놓은 것이다. 그러나 이에 대한 반론도 만만치 않았다. 조간자와 반대세력이 치열하게 다투는 상황에서 필힐이 주군인 조간자를 배신하고 반대편에 가담한 것이 석연치 않다는 게 그 이유였다. 이에 청대의 유보남劉寶楠·유공면劉恭冕 부자는 『논어정의論語正義』에서 필힐을 범씨와 중항씨의 가신으로 보는 것이 타당하다고 주장했다. 과연 어느 주장이 옳은 것일까? 먼저 『춘추좌전』「노애공 5년」조에 나오는 다음 기록을 주목해 볼 필요가 있다.

"여름, 진나라 대부 조앙이 위나라로 쳐들어갔다. 이는 위나라가 범씨范氏를 도와준데 따른 것이었다. 이때 조앙이 중모를 포위했다."

조간자가 필힐의 거점인 중모 땅을 포위한 것은 그가 적대세력인 범씨를 도와준데 따른 것이었다. 원래 필힐의 근거지인 중모는 위나라 땅으로 당시 중모의 귀속을 둘러싸고 진晉나라와 위나라 사이에 문제가 발생한 것으로 보인다. 필힐은 「공자세가」의 기록과 같이 조앙의 가신으로 보는 것이 문맥상 타당하다. 당시의 기준에서 볼 때 필힐은 주군을 배신했다는 지적을 면하기 어려웠다. 자로가 공자를 만류한 것은 바로 이 때문이었다.

이때 공자는 자로가 강력 저지하고 나서자 자신을 알아주지 않는 세상에 대한 울분을 거침없이 드러내며 비애감을 표시했으나 결국 가지 않았다. 『춘추좌전』의 기록과 같이 필힐이 노애공 5년에 공자를 불렀다면 공자는 아직도 진·채 사이의 조난에 관한 기억이 생생한 시점에 필힐의 초청을 받게 된 셈이다. 이때 공자는 섭 땅에 있었다. 『논어』에 나오는 섭공葉公 심제량沈諸梁과의 문답은 바로 이때 이뤄진 것으로 보인다. 당시 현실의 벽에 부딪쳐 크게 절망하고 있던 공자는 필힐의 초빙을 받고 순간적으로 여러 생각이 교차했을 것이다. 공자가 천하유세 중 응소應召 여부를 놓고 고민한 것은 이때가 거의 유일하다.

당초 진·채 사이의 조난을 겪은 공자가 섭 땅으로 남유南遊를 결심한 것은 그곳에서 새로운 가능성을 찾고자 하는 간절한 기대 때문이었다. 섭 땅에서 이뤄진 초나라의 현대부 섭공과의 회동은 공자에게 법치法治에 관한 자신의 생각을 보다 정교하게 다듬는 계기로 작용했다. 섭공은 국가이익을 우선시하는 법치주의자였다. 『논어』에는 공자가 그와 나눈 문답이 3대목에 걸쳐 실려 있다.

원래 섭공은 이른바 '백공白公의 난'으로부터 초나라를 패망의 위기에서 구해낸 뛰어난 인물이다. 『춘추좌전』에는 그에 관한 일화가 제법 많이 실려 있다. 당시 그는 덕치를 내세우면서 국가에 해가 되는 일을 서슴지 않고 행하는 귀족들을 비난했다. 초나라를 위기로 몰아넣었던 '백공의 난'을 평정한 것은 전적으로 그의 공이었다. 그는 난을 평정한 직후 잠시 정권을 담당한 뒤 질서가 회복되자 아무 미련 없이 섭 땅으로 돌아가는 모습을 보였다. 그의 행보에는 공자가 생각하는 군자의 모습이 약여하게 드러나 있었다. 공자가 섭공을 만나고 싶어 한 것은 자연스런 일이었다.

공자가 남유할 당시 마침 섭공은 초나라에 투항한 채나라의 병합작업을 공고히 다지기 위해 옛 채나라 땅인 섭 땅에 와 있었다. 공자가 초나라의 현자로 알려진 그를 만나기 위해 섭 땅으로 간 것이 거의 확실하다. 두 사람은 '치평' 문제를 놓고 서로 의견을 교환했음에 틀림없다. 「자로」에 나오는 다음 구절이 그 증거이다.

"섭공이 공자에게 정치를 묻자 공자가 대답키를, '가까이 있는 자들은 기뻐하게 만들고, 먼 곳에 있는 자들은 가까이 다가오도록 만드는 것이오.'라고 했다."

공자는 '치평'의 요체로 덕치를 강조한 셈이다. 그렇다면 공자가 정치의 최고기준으로 삼은 '덕'이란 무엇인가? 공자가 말하는 '덕'은 맹자가 말한 인·의·예·지 이외에도 효·제·충·신 등 매우 다양한 덕목을 모두 포함한 개념이다. 공자가 주장한 인간의 덕목에는 여러 가지가 있지만 그 중 가장 중요한 것이 인仁이다. 공학孔學을 두고 '인학仁學'으로 칭하는 것은 바로 이 때문이다.

『춘추좌전』에 따르면 섭공은 공자가 말한 '인'을 행한 사람이었다. 훗날 성리학자들은 '인'을 고정된 덕이 아니라 경우에 따라 적응할 수 있는 원융무애圓融無碍한 정신으로 파악했다. 정명도程明道가 공자사상의 핵심인 '인'이 우주의 원리인 물아일체物我一體와 통한다고 주장한 게 그렇다. 이는 불가에서 말하는 '무'와 '공'을 공자사상의 '인'의 개념 속에 끌어들인 결과다.

당시 의기투합한 두 사람은 '치평'과 관련한 여러 문제를 심도 있게 논의했을 것으로 짐작된다. 이는 「자로」에 나오는 매우 흥미진진한 일화를 통해 쉽게 알 수 있다. 개인 차원의 윤리와 국가공동체의 이익이 정면으로 충돌할 경우 과연 어떤 선택이 타당한 것인지에 관한 논의가 두 사람 사이에

밀도 있게 진행된 것이다.

"섭공이 공자에게 말하기를, '우리 무리에 정직한 자가 있습니다. 아비가 양을 횡령하자 아들이 이를 증명했습니다.'라고 했다. 그러자 공자가 대답키를, '우리 무리의 정직한 자는 그와 다르오. 아비는 자식을 위해 숨기고, 자식은 아비를 위해 숨겨주니 정직함이 바로 그 안에 있는 것이오.'라고 했다."

이 일화는 당시 두 사람이 동서양을 막론하고 정치사상의 핵심으로 간주하는 공公과 사私의 문제를 정면으로 다루고 있음을 보여준다. 공과 사의 문제는 동서를 막론하고 수천 년 동안 지속된 정치철학의 최대 난문難問이라고 할 수 있다. 이 문제가 곧 정치철학의 알파요 오메가라고 해도 과언이 아닌 것이다.

서양이 낳은 20세기 최고의 정치철학자로 불리는 한나 아렌트는 이 문제에 대한 탁월한 해답을 제시한 바 있다. 그에 따르면 서양은 이 문제를 수천 년간에 걸쳐 개인의 권익을 중시하는 이른바 '관조적 삶bios theoretikos'과 공동체의 이익을 중시하는 '정치적 삶bios politikos'의 대립 문제로 다뤄왔다. 아렌트는 『인간의 조건』에서 서양의 정치사상사는 바로 아리스토텔레스가 언명한 이른바 '조이온 폴리티콘zoion politikon'의 해석을 둘러싼 논쟁으로 점철되었다고 파악했다.

'조이온 폴리티콘'에 대한 해석은 크게 '정치적 동물'로 해석하는 견해와 '사회적 동물'로 해석하는 견해로 대별되고 있다. 과연 인간은 공동체 전체의 이익을 중시하는 '국가'를 앞세우는 '정치적 동물'인가, 아니면 개인 권익의 총합總合인 '사회'를 앞세우는 '사회적 동물'인가? 아렌트에 따르면 로마시대의 세네카는 '조이온 폴리티콘'를 '아니말 소키알리스animal socialis'로 번역함으로써 사상 최초로 인간을 '사회적 동물'로 해석하는 단초를 열었다. 세네카는 '조이온 폴리티콘'을 '사회적 동물'로 번역함으로써 공동체 전체의 이익을 중시하는 '국가'보다 개인 권익의 총합總合인 '사회'에 무게를 둔 셈이다.

중세시대에 들어가 토마스 아퀴나스는 세네카의 정의를 보다 구체화시켜 '인간은 본성적으로 정치적, 즉 사회적이다homo est naturaliter politicus, id est, socialis'라는 라틴어 표준 번역어를 만들어냈다. 이후 아리스토텔레스가 사용한 그리스어 '폴리티콘'은 라틴어의 '폴리티쿠스politicus'와 '소키알리스socialis'의 두 가지 뜻을 겸유하게 되었다. 이는 현대에 이르기까지 전혀 변함이 없다. 영어의 '폴리틱스'는 아퀴나스가 정의한 바와 같이 '정치'와 '사회'의 의미를 동시에 지니고 있다. 아퀴나스가 아리스토텔레스의 '폴리티코스'를 라틴어의 '소키알리스'로 대체한 것은 정치에 대한 그리스인들의 원래 취지가 어떻게 변질되었는지를 웅변적으로 보여주고 있다.

본래 '사회'를 뜻하는 라틴어 소키에타스societas도 정치적 의미를 지니고 있기는 했으나 매우 제한적이었다. '소키에타스'는 다른 사람을 지배하거나 범죄를 도모할 목적으로 사람들이 조직을 만드는 것처럼 일부 사람들이 특정한 목적을 이루기 위해 결속하는 것을 의미했다. 그리스어에는 라틴어의 '소키알리스'에 대응하는 낱말이 존재하지 않았다는 사실에 주목할 필요가 있다. 이는 고대 그리스의 정치체제가 여러 도시를 묶어 하나의 공화국을 구성한 로마공화국의 정치체제를 구성한 적이 없다는 사실과 밀접한 관련이 있다.

그리스의 '폴리스' 자체가 정치와 사회의 의미를 동시에 지니고 있었다. 원래 '폴리스'는 인구 10만에서 30만 단위로 구성된 도시국가를 지칭한다. 따라서 국가보다 도시에 무게를 둘 경우 '폴리티쿠스'보다 '소키알리스' 개념이 전면으로 나올 수밖에 없다. 실제로 로마공화국은 외견상 그리스와 마찬가지로 '폴리스' 형태를 유지했지만 내면적으로는 국가보다 도시 개념을 앞세우는 공화국체제로 유지되었다. 시민단체로 이뤄진 도시를 뜻하는 라틴어 키비타스civitas가 만들어진 배경이 바로 여기에 있다.

공동의 재산을 뜻하는 '레스 푸블리카res publica'에서 유래한 로마의 공화정은 바로 '키비타스'에 기초한 정치체제라고 할 수 있다. '키비타스'를 중시하는 전통은 현대에 이르기까지 변함없다. 18세기 이래 20세기 초반까지 세계를 주름잡은 대영제국은 물론 '21세기의 로마제국'으로 지칭되는 미국은 바로 로마공화정을 복사한 '레스 푸블리카' 체제라고 할 수 있다.

'민주' 개념을 강조하면 할수록 공동체의 '정치적 삶'보다 개인의 '관조적 삶'을 중시케 되고, '공화' 개념을 강조하면 할수록 개인의 '관조적 삶'보다 공동체의 '정치적 삶'을 중시케 된다. 서구의 민주공화정이 프랑스혁명 이래 현재에 이르기까지 '사회'를 강조하는 '민주' 개념과 '국가'를 강조하는 '공화' 개념의 대립으로 끝없는 갈등을 겪고 있는 것도 이와 무관치 않다. 아렌트는 바로 이 점에 주목해 개인 차원의 '관조적 삶'도 중요하지만 '정치적 삶'이 배제될 경우 결국 '관조적 삶'도 상실될 수밖에 없다고 주장했던 것이다.

이에 대해 동양에서는 오래전부터 이 문제를 공적인 충忠과 사적인 효孝의 갈등문제로 접근했다. 이는 '충'에 기초한 치국평천하治國平天下와 '효'에 기초한 수신제가修身齊家 간의 우선순위 문제로 단순화시킬 수 있다. 동양에서 내린 결론은 '충'과 '효'의 유기적 결합이었다. 맹자계통은 〈수신제가→치국평천하〉에 입각해 있던 까닭에 상대적으로 이른바 '선효후충先孝後忠'의 입장에 서 있었다고 할 수 있다. 이에 대해 한자 등의 법가계통은 〈치국평천하→수신제가〉에 입각해 있던 까닭에 이른바 '선충후효先忠後孝'의 입장에 서 있었다. 절충적인 입장에 서 있었던 순자계통은 〈치국평천하─수신제가〉에 입각했던 까닭에 이른바 '충효합일忠孝合一'의 입장에 서 있었다.

오랫동안 성리학자를 비롯한 많은 사람들은 「자로」에 나오는 공자와 섭공의 문답을 보고 공자는 맹자와 마찬가지로 〈수신제가→치국평천하〉에 입각한 '선효후충先孝後忠'의 입장에 서 있었던 것으로 해석했다. 이들은 섭공이 반드시 충을 효보다 앞세워야 한다고 주장한 것도 아니고 공자 역시

효를 반드시 충보다 앞세워야 한다고 주장한 것도 아니라는 사실을 제대로 파악치 못했던 것이다. 충과 효는 상호 대립개념이 아니라 보완개념으로 파악하면 두 사람이 반드시 이견을 보인 것으로 해석할 필요도 없다.

물론 당시 공자가 섭공 앞에서 이른바 '부위자은父爲子隱'과 '자위부은 子爲父隱'을 강조함으로써 일견 '지효至孝'를 '지충至忠'에 앞세운 듯한 느낌을 주고 있는 게 사실이다. 후대의 주희는 『논어집주』에서 이같이 풀이해 놓았다.

"부자상은父子相隱은 천리와 인정의 극치이다. 이에 정직하기를 구하지 않아도 정직함이 그 안에 있는 것이다."

이후 모든 성리학자들은 이를 토대로 '효'를 '충'보다 앞서는 것으로 해석했다. 그러나 이는 공자사상의 본령이 '치평'에 있다는 사실을 무시한 무리한 해석이다. 이 일화에서 문제가 된 것은 양 한 마리이다. 양 한 마리의 횡령에 대한 고발은 국가에 대한 '충'의 차원과 전혀 상관이 없는 것은 아니나 직접적인 관련이 없다. 당대의 현자 섭공 또한 이를 '충'의 문제로 물은 것도 아니다.

굳이 양 한 마리를 훔친 부친에 대한 자식의 고발을 '충'과 관련시켜 해석한다면 '소충小忠'에 불과할 뿐이다. 그러나 양 한 마리를 횡령한 부친을 관가에 고발하는 것은 '지효'에 관한 문제이다. 만일 자식이 그런 일을 저질렀을 경우 그 자식은 가문으로부터 파문을 당하는 것은 물론 이웃의 손가락질을 받았을 것이다. 나아가 국가가 이를 권장할 경우 가정의 파탄을 통한 국가혼란을 야기할 수밖에 없다. '지효'와 '소충'이 충돌할 경우 그 선택은 자명한 것이다. 공자가 '자위부은'을 언급한 진정한 취지가 바로 여기에 있다. 성리학자들이 '충'과 '효'로 대비되는 양대 덕목의 양적인 크기를 무시한 채 '소충'과 '지효'를 대비시켜 놓고 '효'가 '충'보다 앞선다고 주장한 것은 견강부회이다.

공자가 양 한 마리의 절도사건과 관련해 '자위부은'과 '부위자은'을 언급한 것을 놓고 공자가 '충'보다 '효'를 앞세웠다고 주장하는 것은 큰 잘못이다. '충국忠國'은 '치평' 차원의 덕목이고 '효친孝親'은 '수제' 차원의 덕목이다. 공문의 기본 목표는 기본적으로 '치평'에 헌신하는 군자를 만드는데 있었다. 공자는 결코 개인적 차원의 '효'를 국가공동체 차원의 '충'보다 높인 적이 없다. 공자는 '충'과 '효'의 유기적인 합일을 추구했다. 공자사상의 가장 큰 특징이 여기에 있다. 성리학자들의 '충'과 '효'에 관한 해석은 공자사상에 대한 왜곡이다.

당시 공자는 섭공을 만나러 가면서 자로를 대동했다. 『논어』 「술이」에 따르면 당시 공자는 무슨 일인지는 몰라도 섭공과의 회견이 끝난 뒤 자로보다 먼저 자리를 뜬 것으로 짐작된다. 섭공이 자로에게 공자에 관해 묻자 자로가 우물쭈물하며 제대로 대답하지 못했다. 얼마 후 자로가 섭공의 말을 전하자 공자가 힐난조로 말한 내용이 「술이」에 실려 있다.

"너는 어찌하여 '발분發憤하여 먹는 것조차 잊고, 즐거워하여 근심조차 잊은 까닭에 늙음이 장차 이르게 되는 것조차 모른다.'는 식으로 말하지 않았느냐?"

천하유세에 임하는 공자의 기본자세가 선명히 드러난 대목이 아닐 수 없다. 당시 공자는 천하유세 중에도 부단히 '치평' 문제를 궁구窮究하고 있었던 것이다. 천하유세 과정에서 빚어진 섭공과의 만남은 공자로 하여금 '치평'의 이치를 보다 깊이 통찰케 하는데 커다란 공헌을 했을 것으로 보아야 한다. 많은 사람들이 공자가 법치의 중요성을 강조한 섭공의 얘기를 듣고 공자가 실망한 나머지 섭 땅을 떠나게 되었다는 식으로 풀이했으나 이는 잘못이다. 공자가 섭공에게 몸을 의탁하러 간 것도 아니었고 더구나 그와의 면담에서 자신의 주장을 관철코자 한 것도 아니었다.

공자는 섭 땅을 떠날 때 섭공과 아쉬운 작별을 나눴을 것으로 보는 것이 타당하다. 그는 공교롭게도 섭 땅을 떠나오는 와중에 이번에는 많은 일민逸民들을 만났다. 이들은 대부분 후대에 이른바 도가道家로 불린 고사高

士들이었다. 장저長沮·걸닉桀溺·장인丈人·석문石門·하궤荷蕢·의봉인儀封人·초광접여楚狂接輿 등이 그들이다. 「공자세가」에는 이들에 관한 일화를 제법 많이 실어 놓았다. 『논어』에도 유사한 일화가 실려 있다.

「공자세가」에 따르면 공자 일행이 길을 가던 도중에 장저와 걸닉이 같이 밭을 가는 것을 보게 되었다. 공자는 그들이 은자라고 생각해 자로를 시켜 나루터 가는 길을 물어보게 했다. 그러자 장저가 자로에게 물었다.

"수레 위의 고삐를 잡고 있는 저 사람은 누구요?"

"공자이십니다."

"그가 노나라의 공자요."

"그렇습니다."

그러자 장저가 말했다.

"그렇다면 나루터를 알고 있을 것이오."

걸닉이 자로를 향해 물었다.

"당신은 누구요?"

"중유仲由입니다."

"당신이 공자의 제자요?"

"그렇습니다."

그러자 걸닉이 말했다.

"천하가 온통 어지러운데 그 누가 이를 바로 잡을 수 있겠소? 당신은 사람을 피하는 선비를 따르는 것보다는 차라리 세상을 피하는 선비를 따르는 것이 낫지 않겠소?"

장저와 걸닉은 이같이 말하고는 계속해서 자신들이 하던 흙으로 씨를 덮는 일을 했다. 자로가 이들이 한 말을 공자에게 알리자 공자가 실망해 말했다.

"사람이란 인간 사회를 피해 짐승들과 무리를 같이 하여 살 수는 없다. 천하에 도가 통한다면 나도 이를 바꾸려고 여러 나라로 쫓아다니지 않을 것이다."

이후 어느 날 자로가 길을 가다가 다래끼를 메고 있는 노인을 만나 물었다.

"우리 선생님을 보지 못했습니까?"

그러자 노인이 말했다.

"팔다리로 부지런히 일도 하지 않고, 오곡도 구별하지 못할 터인데 당신의 선생이 누구인지 내가 어찌 알겠소?"

그는 계속 지팡이를 세워두고 풀을 뽑았다. 자로가 이를 고하자 공자가 말했다.

"그는 은자임에 틀림없다."

다시 가 보았으나 그는 이미 떠나가고 없었다.

이 일화는 대략 도가를 숭상하는 후대인들이 만들어낸 것으로 보인다. 사마천은 「공자세가」를 편찬하는 과정에서 항간의 설화를 그대로 수록해 놓은 것으로 짐작된다. 이를 두고 크릴Creel은 사마천이 도가를 숭상했던 부친 사마담을 좇아 교묘한 수법으로 도가를 높인 것으로 분석했다. 그는 사마천이 비록 공자에 관한 전기를 「열전」이 아닌 「세가」에 분류해 놓은 것을 두고도 유가를 깎고 도가를 높이려는 속셈을 호도하기 위한 고도의 술책으로 파악했다.

크릴의 이런 추론은 전혀 틀린 것은 아니나 지나친 감이 있다. 사마천이 활약할 당시는 조정뿐만 아니라 사대부들 사이에서도 유가사상보다 도가사상이 더 큰 호응을 얻고 있었다. 사마천 역시 그런 흐름에서 벗어나지 않았을 것이다.

당시 은일고사들이 모두 공자에 대해 비판을 가한 것만은 아니었다. 「팔일」의 '의봉인'은 전혀 다른 모습을 보였다. 이에 따르면 하루는 위나라 의봉인儀封人('의' 땅의 국경 수비원)이 공자와의 알현謁見을 청하며 이같이 말했다.

"군자가 이곳에 이를 때마다 내가 일찍이 알현치 못한 적이 없었다."

시종하는 사람이 알현을 주선하자 봉인이 알현이 끝난 뒤 나와서 이같이 말했다.

"그대들은 어찌하여 부자夫子가 벼슬을 잃었다고 하여 이를 걱정하는가? 천하에 도가 없어진 지 오래 되었다. 하늘이 장차 부자를 목탁木鐸으로 삼을 것이다."

여기의 '목탁'은 나무 방울을 흔드는 것으로 문명의 지도자를 의미한다. '의봉인'은 여타 은일고사와 달리 공자의 천하유세 행보를 높이 평가한 것이다.

그러나 사실 공자의 천하유세 행보는 객관적으로 볼 때 실패였다. 그의 이상은 좀처럼 이룰 수 없었다. 어느 나라의 제후도 그의 강설을 받아들이려고 하지 않았다.

노애공 6년(기원전 489년) 당시 공자는 섭 땅에서 돌아와 진나라에 머물고 있었다. 이는 『사기』「진세가」와 「초세가」를 비롯해 『춘추좌전』「노애공 6년」조의 기록이 뒷받침한다. 그러나 「공자세가」는 이때 공자가 남유南遊를 계속해 초나라까지 간 것으로 기록해 놓았다.

당초 백공의 난은 공자가 사망한 직후 초나라 태자 건建의 아들인 백공 승勝이 누명을 쓰고 망명했다가 횡사한 부친의 억울한 죽음을 설욕키 위해 일으킨 난으로 난이 발발한 전후과정이 매우 극적이다. 이로 인해 이와 관련된 설화가 무수히 만들어졌다. 대표적인 예로 후한제국 말기에 나온 조엽趙曄의 『오월춘추』를 들 수 있다.

『오월춘추』는 바로 이런 설화를 바탕으로 하여 만들어진 것이다. 이는 삼국시대를 배경으로 한 이전의 설화를 토대로 명대의 나관중羅貫中이 체계적으로 엮어낸 역사소설 『삼국지』의 남상濫觴에 해당한다. 태자 건의 망명과 백공 승의 반란에 관한 일화가 당시 인구人口에 얼마나 회자膾炙했는지를 짐작케 해주는 대목이다.

『춘추좌전』에 따르면 당초 초평왕楚平王(기원전 528-516년)은 간신 백비白嚭의 꼬임에 빠져 태자 건建에게 시집오는 며느리를 취한 뒤 이내 태자를 죽이려고 했다. 이에 태자 건은 초평왕에게 부친과 형을 잃은 오자서伍子胥와 함께 망명길에 오르게 되었다. 이들은 먼저 송나라로 달아났다가 송나라에 난이 일어나자 이내 정나라로 옮겨 갔다. 이때 정나라가 태자 건을 후대했다. 그러나 태자 건은 배은망덕하게도 진晉나라의 도움을 얻어 속히 보위에 오를 생각으로 진나라 사람과 함께 정나라 침공계책을 모의한 데 이어 정나라가 내려준 영지에서 포학한 짓을 일삼았다. 이로 인해 그는 정나라에서 살해되고 말았다.

이때 태자 건의 아들 승勝을 데리고 천신만고 끝에 오나라로 간 오자서는 오왕 합려闔閭의 즉위에 결정적인 공을 세움으로써 오나라의 재상이 되었다. 그는 마침내 오왕 합려를 부추겨 대대적인 침공으로 초나라 도성인 영郢을 함락시킨 뒤 초평왕의 시신에 채찍질을 가함으로써 부형의 원한을 풀었다. 그러나 오나라 군사는 이내 진秦나라의 지원을 받은 초나라의 반격을 받고 철군케 되었다. 한때 초나라를 패망 일보 직전까지 몰고 간 이들 일련의 사건은 노나라에서 양호가 계씨를 제압하고 실권을 장악하기 전후에 일어났다.

초나라가 도성을 탈환해 어느 정도 안정을 되찾게 되었을 때 초나라의 영윤令尹 자서子西가 태자 건의 아들 승을 초나라로 불러들이고자 했다. 섭공葉公 심제량沈諸梁이 이를 강력히 반대했으나 자서는 끝내 승을 불러들여 오나라와의 접경지대인 백읍白邑을 영지로 내렸다. 이후 승은 백공白公으로 불리게 되었다.

당시 백공 승은 부친을 죽인 정나라에 복수키 위해 수시로 정나라 정벌을 청했으나 자서는 초나라가 아직 안정되지 못한 점 등을 들어 이를 반대했다. 이후 백공 승이 때를 보아 다시 강력히 청하자 자서가 마침내 동의했다. 그러나 초나라가 채 출병도 하기 전에 이미 진晉나라가 정나라를 쳤다. 이에 초나라는 정나라를 초나라 세력권으로 끌어들일 심산으로 오히려 정나라를 구원한 뒤 동맹까지 맺게 되었다. 백공 승이 대노했다.

백공 승은 공자가 세상을 떠난 지 3달 뒤인 노애공 16년(기원전 479년) 7월에 반군을 이끌고 도성으로 쳐들어가 영윤 자서를 비롯한 초나라 대신들을 죽인 뒤 권력을 장악했다. 이에 섭葉 땅에 머물고 있던 섭공이 군사를 이끌고 도성을 향해 달려오자 백공 승에게 투항했던 자들이 속속 합류하기 시작했다. 전세가 이내 뒤집히자 백공 승은 결국 패전한 뒤 산속으로 달아났다가 곧 자진하고 말았다. 섭공은 백공 승의 난을 평정한 뒤 영윤과 사마의 두 관직을 겸직했으나 나라가 안정되자 이내 백공의 난으로 죽음을 당한 대신들의 자식에게 직책을 물려준 뒤 조용히 영지인 섭 땅으로 물러났다.

이를 통해 짐작할 수 있듯이 초평왕의 아들 태자 건이 망명을 하는 과정부터 백공 승이 난을 일으키게 된 배경이 모두 극적인 얘기로 꾸며져 있다. 이에 관한 숱한 설화가 만들어진 것은 당연한 일이었다. 「공자세가」에 나오는 공자의 초나라 방문 설화는 후대에 만들어진 설화를 토대로 한 것으로 역사적 사실과 동떨어져 있는 것이다.

당시 공자는 초나라 영토에 편입된 옛 채蔡나라의 고지故地에 속한 섭 땅을 들러 섭공 심제량과 면담한 적은 있으나 결코 초나라를 방문하지는 않았다. 『묵자』「비유 하」에도 유사한 일화가 나오고 있으나 이 또한 후대의 위문에 불과할 뿐이다. 여기서 「공자세가」에 나오는 공자의 초나라 방문 설화를 간략히 살펴보기로 하자.

「공자세가」에 따르면 노애공 6년(기원전 489년) 당시 초소왕楚昭王(초평왕의 아들)이 초나라를 방문한 공자에게 장차 서사書社(25가家로 된 1리里마다 세운 사社)의 땅 7백리를 공자에게 봉하려고 했다.·영윤 자서子西(초소왕의 형 공자 신申)가 초소왕에게 물었다.

"대왕의 사신으로 제후에게 보낼 사람 중에서 자공만한 사람이 있습니까?"

"없소."

"대왕을 보필할 신하 중에서 안회만한 사람이 있습니까?"

"없소."

"대왕의 장수 중 자로만한 사람이 있습니까?"

"없소."

"대왕의 장관 중에서 재여宰予만한 사람이 있습니까?"

"없소."

이에 자서가 말했다.

"하물며 초나라의 선조가 주나라로부터 봉함을 받았는데 그때 봉호는 자작子爵이고, 봉지는 50리였습니다. 지금 공자는 삼황오제의 치국방법을 말하고, 주공과 소공召公의 덕치를 본받고 있습니다. 대왕이 만일 공자를 등용하면 초나라가 어떻게 대대로 당당하게 다스려온 사방 수 천리의 땅을 보존할 수 있겠습니까? 무릇 주문왕은 풍豐 땅에서 일어났고, 주무왕은 호鎬 땅에서 일어났지만 사방 1백 리밖에 안 되는 작은 땅을 가진 군주가 마침내 천하를 통일했습니다. 지금 공자가 근거할 땅을 얻고 저렇게 많은 현명한 제자들이 그를 보좌한다면 이는 우리 초나라에 결코 좋은 일이 못될 것입니다."

초소왕은 이 말을 듣고 당초의 계획을 취소했다. 그는 이해 가을에 친히 군사를 이끌고 출전했다가 성보城父 땅에서 진몰陣沒했다. 이때 공자가 초나라에 실망해 이내 길을 떠나던 중 초나라의 광인 접여接輿가 공자 앞을 지나게 되었다. 그는 노래하기를, '봉황새야, 봉황새야, 너의 덕은 어찌 이리 쇠락했는가? 지난날의 잘못이야 돌이킬 수 없지만 앞날의 잘못이야 피할 수 있으리. 두어라, 말아라! 지금의 위정자는 다 위험할 뿐이다.'라고 했다. 공자는 마차에서 내려 그와 얘기를 나누려 했으나 그가 급히 피해 버려 얘기를 나눌 수 없었다.

이 일화는 수많은 설화가 한데 뒤섞여 있어 어디까지가 과연 사실인지 판별키가 쉽지 않다. 접여에 관한 일화는 「미자」에도 나오기는 하나 「미자」의 내용을 액면 그대로 수용키가 쉽지 않다. 「미자」는 후대에 편집된 이른 바 '하론下論'에 속하는 것으로 역사적 사실과 동떨어진 설화가 많이 실려 있기 때문이다. 초소왕이 공자에게 봉지를 내리려다가 취소한 일화 등은 유가 후학들이 공자를 미화키 위해 만들어낸 설화로 보는 것이 타당할 것이다.

「공자세가」에는 이밖에도 오나라 태재 백비伯嚭가 계강자를 소환했을 때 계강자가 자공을 보내 1백뢰牢의 가축을 바치는 일을 모면하자 공자가 '노나라와 위나라의 정치는 형제처럼 비슷하다.'고 언급한 일화를 실어놓았다. 유사한 일화가 『춘추좌전』 「노애공 7년」조에 나온다. 이는 역사적 사실에 부합하는 것으로 보인다.

당시 위나라와 노나라의 상사相似를 거론한 공자의 발언은 노나라와 위나라의 개국조인 주공과 강숙康叔이 형제이고 두 나라의 혼란한 양상이 비슷한 점을 지적한 것이다. 공자는 섭 땅에서 진나라로 돌아와 있다가 계씨 밑에서 일하던 자공의 뛰어난 활약을 전해 듣고 약소국의 동병상련同病相憐을 언급한 것으로 짐작된다.

공자의 언급은 공자가 진나라에 머물 당시 위나라가 보여준 혼란한 정국 상황과 밀접한 관련이 있다고 보아야 한다. 당시 위출공 첩輒의 부친 괴외는 보위를 자식에게 빼앗긴 채 국외에 망명 중이었다. 제후들이 위출공에게 부친에게 양위할 것을 수차례 걸쳐 강권했으나 위출공은 이를 귓등으로 흘려들었다.

이와 관련해 「공자세가」는 당시 공자가 혹여 위나라에 출사키로 되어 있었던 것이 아닌가 하는 느낌을 주는 일화를 실어 놓고 있다. 이에 따르면 이때 공자의 제자들 중에는 위나라에서 벼슬을 하고 있는 사람이 많았다. 위출공이 공자에게 정사를 맡기고 싶어 하자 자로가 공자에게 말했다.

"위군衛君이 선생님을 맞이해 정치를 하려고 합니다. 선생님은 장차 무엇부터 할 생각입니까?"

공자가 대답했다.

"반드시 먼저 정명正名(명분의 확립)부터 하겠다."

자로가 물었다.

"세상 사람들이 선생님을 절실하지 못하고 우원迂遠하다고 하더니 정말 그렇습니다. 무슨 명분을 바르게 한다는 것입니까?"

공자가 대답했다.

"정말 거칠구나, 유由야! 군자는 자신이 알지 못하는 것에 대해서는 대체로 가만히 있는 것이다. 이름이 바르지 못하면 말이 순조롭지 못하고, 말이 순조롭지 못하면 일이 이뤄지지 못하고, 일이 이뤄지지 못하면 예악이 일어나지 못하고, 예악이 일어나지 못하면 형벌이 형평을 잃고, 형벌이 형평을 잃으면 백성들이 몸을 의탁할 곳이 없게 된다. 군자는 이름을 붙일 때는 반드시 말하고, 말을 한 때는 반드시 실행한다. 그래서 군자는 하는 말에 구차한 게 없는 것이다."

유사한 일화가 「자로」에도 나온다. 「공자세가」와 「자로」 모두 같은 설화를 채록한 것으로 보인다. 이 일화에 나오는 '위군'은 내용상 '위출공'으로 보아야 하나 위출공이 과연 공자의 자문을 구해 정사를 펼치려고 했는지 여부는 불투명하다. 내용상 오히려 위령공 때의 일로 보인다. 그러나 「공자세가」는 이를 공자가 진나라에 머물고 있던 노애공 7년(기원전 488년)의 일로 기록해 놓았다. 연대도 맞지 않고 내용도 절실하지 못한 점에 비춰 유가 후학의 가필일 가능성을 배제할 수 없다.

사실 공자의 천하유세 여정에 관한 「공자세가」의 기록은 연대 편제에 적잖은 문제가 있다. 「공자세가」는 공자가 진·채 사이의 곤액을 벗어나 초나라로 갔다가 다시 위나라로 돌아온 해를 노애공 6년(기원전 489년)으로 기술해 놓았다. 이는 노애공 10년(기원전 485년)의 일로 기록해 놓은 「위세가」

및 「12제후연표」의 연대와 무려 4년의 차이가 난다. 나아가 「공자세가」는 초나라를 떠난 뒤의 행선지를 위나라로 기록해 놓았으나 「위세가」 및 「12제후연표」는 공자가 일단 진나라로 갔다가 다시 위나라로 간 것으로 기록해 놓았다. 같은 『사기』의 기록인데도 연대와 행선지가 전혀 통일성이 없는 것이다.

사서에 나오는 노애공 7년(기원전 488년)에서 노애공 10년(기원전 485년) 사이의 공자의 행보는 매우 불투명하다. 당시 오랫동안 중원의 패권국을 자처해온 진晉나라는 신흥 강국으로 부상한 오나라를 지렛대로 하여 초나라를 적극 견제하고 있었다. 이로 인해 오·초 양국 간에 치열한 대치가 계속되고 있었다. 이 와중에 공자는 두 나라 사이에 끼어 있는 진·채 사이에서 식량을 제대로 공급받지 못해 큰 곤욕을 치른 바 있다. 당시 공자가 겪은 진·채 사이의 곤액은 노애공 3-10년 사이에 하시라도 일어날 수 있는 일로 보아야 한다. 사실 공자는 천하유세에 나선 이듬해인 노정공 14년(기원전 496년)에서 시작해 귀국하기 1년 전인 노애공 10년(기원전 485년)에 이르기까지 수시로 곤경에 처한 것도 당시의 국제정세와 무관치 않다.

「공자세가」는 당시 공자가 초나라에서 돌아온 뒤 줄곧 위나라에 머물러 있었던 것으로 기록해 놓았으나 이를 액면 그대로 믿을 수가 없다. 「위세가」와 「12제후연표」에는 오히려 진나라에 머문 것으로 되어 있다. 어느 기록이 맞는 것일까?

공자가 노나라로 귀국하는 노애공 11년 직전에 위나라로 와 있었던 것만은 확실하다. 대략 「위세가」 및 「12제후연표」의 기록을 좇아 공자는 진나라에 머물다가 귀국하기 1년 전인 노애공 10년에 위나라로 온 것으로 보는 게 타당할 듯하다.

그렇다면 「위세가」 및 「12제후연표」의 연대를 기준으로 볼 때 공자는 노애공 10년에 위나라로 돌아올 때까지 대략 3년가량 진나라에 머문 셈이 된다. 이때는 이미 전횡을 일삼았던 계환자도 이미 죽고 없었고 제자 염구도 계씨 아래서 벼슬을 하고 있었다. 염구의 노력으로 계씨로부터 공자의 귀국 허락이 떨어지자 급히 사자가 파견되었다. 이때 고국에 있는 젊은이들의 얘기도 보고되었다. 공자가 귀국을 결심케 된 것은 바로 이런 외부적인 요인들이 절묘하게 맞아떨어진데 따른 것이었다.

당시 객관적으로 볼 때 공자가 천하유세를 계속할지라도 더 이상 그의 이상을 펼칠 가능성은 거의 전무했다고 해도 과언이 아니다. 공자도 이를 모를 리 없었을 것이다. 그렇다면 이제라도 후대를 위해 보다 의미 있는 일에 시간을 아껴 쓸 필요가 있었다. 그것은 『시』·『서』·『예』·『악』 등의 '치평'에 관한 고전을 정리해 그것으로 제자들을 육성하는 일이었다. 다행히 노나라에 남아 있는 제자들은 이미 상당한 연령에 달해 문장을 이루고 있었다. 공자는 천하유세의 막바지에 이르러 비로소 귀국의 필요성을 절감하기 시작한 것이다. 「공야장」에 이를 뒷받침하는 대목이 나온다.

"돌아갈까, 돌아갈까? 오당吾黨(우리 무리의 젊은이들)은 광간狂簡하여 빛나게 문장을 이루고도 이를 어떻게 완성해야 할지를 모른다."

여기의 '광간'은 광견狂狷과 같은 뜻으로 '뜻은 크나 행하는 것에는 소홀함이 있는 자'를 의미한다. 「자로」에서는 '광자'는 진취적이고 '견자'는 하지 않는 바가 없는 사람으로 규정해 놓았다. 공자는 왜 '광자'와 '견자'를 얘기하며 귀국 의사를 밝혔던 것일까?

당시 공자는 자신의 천하유세가 별다른 결실을 얻지 못한 사실을 직시하고 모든 것이 끝났다는 절망적인 기분에 휩싸여 있었을 공산이 크다. 천하유세가 결코 무위로 끝났다고 할 수는 없으나 벌써 나이가 70세에 가까운 고령에 이른 공자에게는 어느 정도의 안식이 필요했다.

마침 노나라에 머물고 있던 제자들은 공자의 덕망을 사모해 새로운 이상을 불태우고 있었다. 공자는 기상이 높으나 실천력이 없는 이들 젊은이들에게 여생의 희망을 걸었을 공산이 크다. 공자가 '광자'와 '견자'를 얘기하며 귀국의 의사를 밝힌 것은 대략 이 때문인 것으로 짐작된다. 이를 두고 맹자는 형이상학적인 해석을 내 놓았다. 『맹자』「진심 하」에 맹자의 해석이 실려 있다.

"공자가 이르기를, '중도中道의 인물을 얻어 더불어 못할진대 반드시 광견狂獧을 할 것이다. 광자는 진취적이고 견자는 못하는 바가 없다.'고 했다. 공자가 어찌 중도의 인물을 얻기를 원치 않았겠는가마는 반드시 얻을 수는 없기 때문에 그 다음의 인물을 생각한 것이다."

여기의 광견狂獧은 광견狂狷과 같은 말로 「공야장」의 광간狂簡과 동일한 뜻을 지니고 있다. 『논어』와 『맹자』에 나오는 공자의 말은 다소의 차이가 있으나 동일한 일화의 이전異傳으로 보는 것이 옳을 것이다. 그러나 「공자세가」는 이를 각기 다른 시기에 나온 두 개의 발언으로 보고 있다. 「공자세가」가 여러 일화를 두서없이 모아 놓은 것임을 보여주는 좋은 실례이다. 발언 시점과 관련해 『논어』와 『맹자』 모두 단지 공자가 진나라에 머물 때 한 말이라고 기술해 놓은 점에 비춰 공자가 귀국 시점과 가까운 시기에 한 발언으로 짐작된다.

이와 관련해 「공자세가」는 공자가 필힐의 초청에 응소應召 여부로 고민하다가 직접 조간자를 만나기 위해 한 차례 황하 기슭까지 갔다가 진나라의 두 현인이 살해당했다는 소식을 듣고 이내 발길을 돌렸다는 일화를 싣고 있다. 이 일화는 일부 대목이 『논어』에도 나오고 있는 점에 비춰 사마천이 『사기』를 저술할 당시 제법 인구에 회자했을 공산이 크다.

이에 따르면 공자는 오랫동안 위나라에서 등용되지 못하자 장차 서쪽으로 가서 진나라의 실권자인 조간자를 만나고자 했다. 그러나 황하에 이르러 진나라 대부 두명독竇鳴犢과 순화舜華 등이 피살되었다는 소식을 듣고 이같이 탄식했다.

"아름답구나, 황하여. 넓고 넓도다. 내가 이 황하를 건너지 못하는 것은 또한 운명이로다."

곁에 있던 자공이 물었다.

"이제 하신 말씀은 무슨 뜻입니까?"

공자가 대답했다.

"두명독과 순화는 진나라의 어진 대부였다. 조간자가 아직 뜻을 얻지 못했을 때 모름지기 이 두 사람의 도움으로 정치를 했다. 그런데 지금은 그가 뜻을 이루자 도리어 그들을 죽이고 정권을 장악하고 있다. 내가 듣기로 배를 갈라 어린 것을 죽이면 기린麒麟이 교외에 이르지 않고, 연못을 마르게 하여 고기잡이를 하면 교룡蛟龍이 운우雲雨를 일으켜 음양의 조화를 이루려 하지 않고, 둥지를 뒤엎어 알을 깨뜨리면 봉황이 날아오지 않는다 했다. 이는 군자가 자기와 같은 무리가 상하는 것을 꺼리기 때문이다. 대저 조수鳥獸도 그 의롭지 못한 것을 오히려 피할 줄 아는데 하물며 나야 더 이상 말할 게 있겠는가?"

이에 추향陬鄉(노나라의 추읍陬邑이 아님)으로 되돌아가 쉬던 중 '추조陬操'라는 곡을 지어 두명독과 순화의 죽음을 애도했다. 후에 공자는 위나라로 돌아가 거백옥의 집에서 머물렀다.

이 일화의 일부 대목은 『논어』에도 나온다. 「자한」은 '세월이 흘러가는 것이 꼭 이 냇물과 같구나. 밤낮으로 멈추지 않고 흐르는구나!'라고 표현해 놓았다. 「공자세가」는 이 일화를 공자가 섭 땅에서 필힐의 부름을 받은 직후에 일어난 일로 기록해 놓았다.

그러나 공자가 조간자를 만나기 위해 황하 기슭까지 갔다가 발길을 돌렸다는 이 일화는 사실과 동떨어진 것이다. 공자가 필힐의 초청을 받았을 당시 노애공 9년(기원전 486년)까지 건재했던 양호가 주군으로 섬기고 있는 조간자를 찾아갔다는 것은 앞뒤가 맞지 않는다. 만일 공자가 황하 기슭까지 간 적이 있다면 그것은 아마 귀국하던 도중이었을 가능성이 높다.

「공자세가」에 나오는 천하유세와 관련한 일화 중 역사적 사실과 동떨어진 것으로는 이외에도 공자가 제나라로 간 일화를 들 수 있다. 당시 공자는 제나라에 간 적이 없다. 이는 일찍이 공자가 제나라로 유학을 가 그곳의 실정을 익히 알고 있었던 사실과 무관치 않을 것이다. 공자는 애초부터 제나라에서는 자신의 이상을 펼칠 여지가 거의 없다고 간주했을 공산이 크다.

「공자세가」의 기록과 달리 당시 공자가 진晉나라는 물론 남방의 강국 초나라에도 가지 않은 것도 의심할 여지가 없다. 물론 여러 정황에 비춰 당시 공자가 인습에 젖은 소국들의 시큰둥한 반응에 실망한 나머지 일시 진·초와 같은 대국으로 가 유세코자 하는 생각을 가졌을 가능성은 있다. 그러나 당시의 복잡한 국제정세 등 여러 이유로 인해 결국 그는 진·초 두 나라에 발을 들여 놓지 않았다. 공자가 황하로 갔다가 이내 발길을 돌렸다는 일화는 후대의 위문이다.

그렇다면 공자가 귀국을 결심케 된 시점은 언제일까? 대략 진나라에 체류할 당시인 것으로 짐작된다. 공자가 섭 땅까지 남하했다가 다시 북상하는 도중에 들른 진나라는 공자가 무슨 큰 기대를 걸고 들른 곳은 아니었다. 이 때 그는 가까운 장래에 천하유세 여정을 마무리 짓고 고국으로 돌아가 교육에 전념하고 싶다는 생각을 굳혔을 공산이 크다.

당시 노나라를 떠난 지 이미 10여년의 세월이 흘렀으나 별다른 성과를 거두지 못한 공자로서도 현실적인 한계를 절감치 않을 수 없었을 것이다. 물론 공자가 아무 소득도 얻지 못한 것은 아니다. 천하정세에 대한 보다 폭넓은 인식을 갖게 되고 '치평'에 대한 자신의 신념을 더욱 확고히 다진 것 등은 그가 고난의 역정 중에 얻은 값진 수확이었다. 공자의 뇌리에는 이제 얼마 남지 않은 생애에 제자들에게 그간 자신이 터득한 '치평'의 이치를 전하고자 하는 생각이 뭉게구름처럼 피어났을 것이다.

그렇다면 구체적으로 공자는 과연 언제 귀국할 결심을 하게 된 것일까? 「공자세가」에 이를 짐작케 해주는 일화가 실려 있다.

"계환자가 병이 들자 마차에 올라 노나라 도성을 바라보며 탄식키를, '이전에 이 나라는 거의 흥성할 수가 있었는데 내가 공자를 등용해 그의 말을 듣지 않은 까닭에 흥성치 못했다.'고 했다. 이어 아들인 계강자를 돌아보고 말하기를, '내가 죽으면 너는 반드시 노나라의 정권을 이어받을 것이다. 그리 되거든 반드시 공자를 초빙토록 하라!'고 했다. 계환자가 죽고 계강자가 뒤를 이었다. 장례가 끝난 뒤 계강자가 공자를 부르려고 하자 대부 공지어公之魚가 만류키를, '지난날 선군이 그를 등용하고자 했으나 좋은 결과를 거두지 못해 결국 제후들의 웃음거리가 되었습니다. 이제 또 그를 등용하려다가 좋은 결과를 거두지 못하게 되면 이는 또 다시 제후들의 웃음거리가 되는 것입니다.'라고 했다. 계강자가 상의키를, '그렇다면 누구를 부르는 게 좋겠소?'라고 하자 공지어가 대답키를, '반드시 염구冉求(염유)를 부르십시오.'라고 했다. 이에 사람을 보내 염구를 불렀다. 염구가 이에 응하려고 하자 공자가 염구에게 말하기를, '우리 노나라 사람이 구求를 부르는 것을 보니 이는 작게 쓰려는 것이 아니라 장차 크게 쓰려는 것이다.'라고 했다. 이때 자공은 공자가 귀국할 생각을 하고 있는 것을 알고 염구를 전송할 때 당부키를, '곧 등용되면 선생님을 모셔가도록 해 주시오. 운운'이라고 했다."

본문 끝의 자공의 당부 중에 나오는 '운운云云' 구절은 기록 내용이 확실치 않다는 것을 표현코자 할 때 사용하는 용어이다. 사마천도 이 대목을 기술하면서 사실에 부합하는지 여부를 확신치 못해 이같이 기록해 놓았을 것이다.

'운운' 구절을 통해 짐작할 수 있듯이 이 일화를 액면 그대로 믿을 수는 없다. 여러 사서의 기록에 비춰 정확한 시기는 알 수 없으나 당시 염구가 공자의 귀국에 앞서 계강자에게 간 것만은 확실하다.

당시 염구가 자공의 당부를 잊지 않고 공자의 귀국을 위해 애쓴 것도 거의 확실하다고 보아야 한다. 사서에 나와 있듯이 공자가 귀국 허락을 받은 것은 염구가 제나라와의 싸움에서 능력을 인정받은 바로 노애공 11년(기원전 484년)이었다. 이때는 공자가 진나라를 떠나 위나라에 머물고 있을 때였다. 「공자세가」는 염구가 제나라와 싸워 전공을 세운 것이 노애공 8년(기원전 487년)의 일이라고 하나 이는 사실과 어긋난다. 『춘추좌전』은 「노애공 11년」조에 염구가 제나라와의 교전에서 분전한 일화를 싣고 있다.

이에 따르면 당시 맹손씨의 종주 맹무백孟武伯이 우사右師 즉 우군의 장수, 그의 가신 안우顏羽가 어자, 같은 가신 병설邴洩이 거우가 되었을 때 염구는 좌사左師 즉 좌군의 장수가 되었다. 좌사는 계손씨의 가신 관주보管周父가 어자, 같은 가신 번지樊遲가 거우가 되었다. 그러자 계강자가 이같이 이의를 제기했다.

"수須(번지)는 거우가 되기에는 나이가 너무 어리다."

그러자 염구가 이같이 반박했다.

"임무가 주어지면 명을 엄히 좇을 것입니다."

이때 계손씨 휘하의 갑사는 모두 7천 명이었다. 염구는 무성武城 사람 3백 명을 친병으로 삼았다. 늙고 어린 사람은 공궁을 지키기 위해 우문雩門(노나라 도성의 남문) 밖에 주둔했다. 그러나 당시 맹무백이 이끄는 우군은 닷새 뒤에야 마지못해 염구의 뒤를 따라 나갔다. 드디어 노나라 군사가 제나라 군사와 교외에서 교전케 되었다. 제나라 군사가 노나라 도성의 남쪽 성문 밖에 있는 직곡稷曲에서 곧바로 쳐들어 왔다. 노나라 군사가 크게 놀라 감히 해자를 건너가 싸우려고 하지 않았다. 그러자 번지가 염구에게 이같이 말했다.

"지금 병사들은 해자를 건너지 못하는 것이 아닙니다. 이는 오직 그대를 믿지 못하기 때문입니다. 청컨대 세 차례에 걸쳐 호령한 뒤 해자를 건너도록 해주기 바랍니다."

과연 염구가 그의 말대로 하자 병사들이 모두 해자를 건너게 되었다. 이에 노나라 군사는 곧바로 제나라 군사를 향해 진공했다. 염구는 창을 들고 제나라 군사를 격파했다. 이로써 노나라 군사가 능히 제나라 군사를 공파할 수 있었다.

이 일화는 당시 염구가 공자보다 먼저 노나라로 돌아가 계씨의 가재가 되어 제나라와의 전투에서 혁혁한 공을 세운 사실을 전하고 있다. 공자의 귀국에 염구의 전공戰功이 적잖은 배경이 되었음을 짐작케 해주는 대목이다.

사실 공자가 천하유세의 여정에 있을 당시 노나라에 있던 공자 제자들의 활약은 눈부신 바가 있었다. 대표적인 인물로 자공을 들 수 있다. 그는 앞서 노애공 7년(기원전 488년)에 계강자가 오나라의 태재 백비白嚭의 소환으로 궁지에 몰렸을 때 이를 무난히 해결하는 탁월한 외교력을 발휘한 바 있다. 자공의 활약도 공자의 귀국에 적잖은 도움을 주었을 것이다.

염구가 제나라와의 전투에서 전공을 세울 당시 공자는 위나라에 있었다. 그러나 당시의 위나라는 결코 공자가 머물만한 곳이 아니었다. 아들 위출공 첩輒은 부친의 기습에 대비해 전비를 강화하고 있었고 아비 괴외蒯聵는 도성에서 멀리 떨어진 한 읍을 무력으로 장악한 채 호시탐탐 보위 탈취의 기회를 노리고 있었다. 부자 모두 패덕悖德의 극치를 보여주고 있었던 것이다.

당시 위나라의 실권을 장악한 자는 대부 공어孔圉였다. 『맹자』「만장하」는 이때 공자가 위출공의 봉록을 받았다고 기록해 놓았으나 이는 당시의 정황과 크게 어긋난다. 공자가 패륜적인 위출공을 만났을 가능성조차 매우 희박한 상황에서 그의 봉록을 받았다는 것은 납득키 어렵다. 그보다는 실권자인 공어의 지우知遇를 입어 예우를 받았다고 보는 것이 사실에 가까울 것이다.

원래 공어는 권력을 전횡하지는 않았으나 유가에서 말하는 덕인德人과는 거리가 멀었다. 유가 후학들 중에는 공자가 공어와 관계를 가졌다는 사실에 적잖이 당혹해 하는 사람도 있었다. 그러나 공어는 결코 양호와 같은 인물은 아니었다. 그는 실리를 중시하면서도 천하유세의 마지막 여정에 위나라를 들른 공자에게 시종 예를 갖춰 후대하는 관인한 장자長者의 모습을 보였다. 당시 공자는 왜 공어와의 관계를 유지했던 것일까?

당시 공어는 비록 권모술수를 구사했으나 진지하게 지식을 추구한 인물이었다. 그는 공자를 존중하는 태도를 견지하면서 일이 있을 때마다 공자의 조언을 구하는 모습을 보였다. 「술이」에 나오는 다음과 같은 대목이 이를 뒷받침한다.

"자공이 묻기를, '공문자孔文子는 어찌하여 시호를 문文이라고 한 것입니까?'라고 하자 공자가 대답키를, '민첩하면서 배우기를 좋아했고, 아랫사람에게 묻는 것을 부끄러워하지 않았다. 이에 문文이라고 한 것이다.'라고 했다."

이 일화는 공자가 귀국한 이후의 것으로 공어에 대한 공자의 칭송이 간단치 않음을 알 수 있다. 공자는 평소 공어에 대해 매우 호감을 갖고 있었다고 보아야 한다. 사실 공어는 공자가 『논어』에서 당대의 인물 중 높이 평가한 몇 안 되는 인물 중 한 사람이었다. 결코 공자가 편의상 공어와 정략적인 관계를 맺었던 게 아니다.

「공자세가」와 『춘추좌전』 등의 기록에 따르면 당초 위령공의 딸과 결혼한 공어는 자신의 기반을 튼튼히 하기 위해 대부 태숙질大叔疾을 억지로 이혼시킨 뒤 자신의 딸과 결혼시키는 등 권력에 굶주린 듯한 모습을 보였다. 이후 태숙질이 전부인과 계속 만나자 이에 대노한 공어는 군사를 동원해 그를 공격하면서 그 처리 문제를 공자에게 물은 적이 있었다. 이때 공자는 예에 관한 일은 배운 바가 있으나 군사에 관한 일은 들어보지 못했다며 곧바로 밖으로 나와 수레에 말을 매어 떠날 채비를 갖추게 하고는 이같이 말했다.

"새는 나무를 가려서 앉는 법인데 나무가 어찌 새를 가릴 수 있겠는가?"

공어가 황급히 뛰쳐나와 공자를 만류했다.

"제가 어찌 감히 사적인 일로 그런 일을 도모하려 했겠습니까? 저는 위나라의 화환을 막기 위해 물었던 것입니다."

당시 위나라 대부 공어가 태숙질에 대한 공벌 문제를 공자에게 물은 것은 말할 것도 없이 공자의 권위를 이용해 자신의 공벌을 정당화하려는 속셈에서 나온 것이다. 그러나 공자는 공어가 추진한 이 일 자체에 혐오감을 느낀 나머지 이내 중단을 촉구한 뒤 곧바로 귀국 채비를 명했던 것이다. 공자의 결심은 확고했다. 뒤늦게 공어가 사과하며 만류했으나 이미 시간이 너무 늦었다. 당시 노나라에서는 계강자의 사자가 예물을 갖고 와 공자에게 귀국을 종용하고 있었다. 공어의 예우를 뿌리치기 어려워 잠시 위나라에 머물렀던 공자로서는 더 이상 위나라에 머물 이유가 없었다. 이와 관련해 맹자는 당시 공자가 열국을 돌다가 다시 위나라로 돌아와 위나라에서 사환仕宦했다고 주장했으나 이는 당시 위나라의 어지러운 정국 상황에 비춰 있을 수 없는 일이다.

『춘추좌전』「노애공 11년」조는 공자의 귀국을 결정지은 노나라 사자의 귀국 요청을 '노인이폐소지魯人以幣召之'로 기술해 놓았다. 이는 당시 노나라의 실권자 계강자가 단지 예물만 보냈을 뿐 정식으로 공자를 초빙하는 형식을 취하지 않았음을 시사한다. 당시 계강자가 공자를 등용할 생각을 갖고 있었는지는 자세히 알 길이 없다. 만일 계강자가 공자를 정식으로 초청코자 했다면 초청의 주체를 '노인' 대신 '계강자'로 표현해 놓는 것이 사리에 맞다.

당시 공자는 자유로운 신분으로 귀국했던 것이 거의 확실하다. 공자 역시 귀국길에 오르면서 계강자에 대해 별다른 기대를 갖고 있지도 않았을 것이다. 그가 귀국을 결행한 가장 큰 이유는 말할 것도 없이 이미 나이가 69세에 달해 여생이 얼마 남지 않은데다가 노나라에 있는 제자들이 그의 귀국을 학수고대한 데 따른 것이었다. 계강자의 귀국 승인은 공자로 하여금 귀국을 결행토록 하는 하나의 상황요인으로 작용했을 뿐이다.

물론 계강자의 사자가 공자를 찾아오게 된 데에는 당시 공자가 위나라에서 보여준 행태가 적잖은 영향을 미쳤을 것으로 짐작된다. 공자가 위나라 대부 공어의 청을 거절한 것은 더 이상 정권에 야심이 없음을 드러낸 것이나 다름없었다. 이는 노나라의 실권자인 계강자에게 공자에 대한 의구심을 누그러뜨리는데 적잖은 영향을 미쳤을 것으로 보인다. 공자가 귀국한 이후 계강자가 공자에게 우호적인 몸짓을 보인 것도 이와 무관치 않다고 보아야 한다. 계강자는 내심 공자의 명성을 자신의 통치에 이용코자 했을 공산이 크다.

이상의 검토를 통해 알 수 있듯이 공자의 천하유세는 시작부터 끝날 때까지 고난의 연속이었다고 해도 과언이 아니다. 공자는 어느 곳에서도 자신을 이해해 주는 군주를 만나지 못했다. '군자의 치평' 이상을 좇아 천하유세에 나선 공자는 당초 기대와는 사뭇 다른 현실의 장벽 앞에 깊은 좌절감을 맛보았을 것이다.

14년간에 걸친 공자의 천하유세는 공자사상의 기반을 확고히 다지는 계기로 작용한 것은 물론 훗날 전국시대를 풍미한 제자백가 유세의 효시가 되었다는 점에서 크게 주목할 만하다. 이와 관련해 크릴은 『공자, 인간과 신화』에서 공자의 천하유세 여정을 풍차를 공격한 '돈키호테'의 여정에 비유하면서 몇 가지 주목할 만한 차이점을 지적해 눈길을 끌고 있다.

그의 주장에 따르면 첫째, 돈키호테는 최후의 순간에 처해 기사수업을 흉내 낸 과거의 산울림에 불과했으나 공자는 미래의 예언자였다. 둘째, 공자의 철학적인 여행은 이후 수세기동안 하나의 모범이 되었고, 돈키호테의 여행은 기사도를 조롱거리로 만들어 오히려 그 자신이 동경한 기사도에 조종을 울렸다는 것이다. 주목할 만한 지적이다.

그러나 크릴은 당시 공자가 천하유세 과정에서 장차 후대인들이 신분세습의 봉건정을 철저히 파괴할 것으로 확신했음에 틀림없다고 주장했으나 그 논거가 미흡하다. 크릴은 만일 공자가 노나라에서 한직을 즐기며 제자들과 소요했으면 일개 설교자에 불과했을 것이나 성공의 가망성이 없는 것을 추구키 위해 노력했기 때문에 미래의 예언자가 될 수 있었다고 보았다.

크릴의 이런 주장은 나름대로 일리가 있다. 그러나 과연 공자가 천하유세를 마무리 지으면서 장차 후대인들이 자신의 뒤를 이어 봉건질서를 철저히 파괴할 것으로 확신했다고 보는 것은 지나친 것이다. 그보다는 오히려 그러한 확신을 가지지 못했기 때문에 얼마 남지 않은 여생을 고전의 정비와 제자 육성에 아낌없이 바쳤던 게 아닌가 생각된다.

원래 공자가 14년간에 걸친 천하유세의 대장정을 마치고 노나라로 돌아 왔을 때는 노애공 11년(기원전 484년) 겨울이었다. 『춘추좌전』에 의하면 공자는 노애공 16년(기원전 479년) 4월 11일에 세상을 떠났다. 만 4년 반의 짧은 세월이었다.

그러나 공자는 이 기간 동안 위대한 사상가이자 교육자로서 후대를 위한 위대한 족적을 남긴 것이다. 객관적으로 볼 때 당시 그의 정치가로서의 생명은 사실상 끝이 났다고 할 수 있다. 일견 불우한 처지에서 만년을 보내게 되었다고 볼 수도 있다. 그러나 역사의 판정은 세계 역사상 그 유례를 찾아 볼 수 없는 절세의 대성공으로 나타났다. 이는 말할 것도 없이 전래의 고전을 정리해 '치평학'의 교과목을 정립하고 뛰어난 제자들을 대거 육성한 데서 비롯된 것이었다.

당시 공자는 노나라의 실권자인 계강자로부터 국로國老의 대우를 받았다. 이는 계강자가 공자의 자문을 수시로 구한 일화를 통해 쉽게 확인할 수 있다. 「춘추좌전」 「노애공 12년」조에 이를 뒷받침하는 일화가 나온다.

이에 따르면 노애공 12년(기원전 483년) 봄 1월에 노나라의 계강자는 새로운 전부제田賦制(토지의 대소 등에 따른 징세·징병제도)를 실시코자 했다. 이에 염구를 중니에게 보내 이에 관한 자문을 구하게 했다. 그러자 중니가 이같이 말했다.

"나 공구는 그런 일을 잘 모른다."

염구가 세 차례에 걸쳐 물었으나 중니는 아무 말도 하지 않았다. 이에 마침내 계강자가 이같이 말했다.

"그대는 국로입니다. 그래서 그대의 말씀을 기다렸다가 시행하려고 하는 것인데 왜 아무 말씀도 해주지 않는 것입니까?"

그러나 중니는 끝내 대답하지 않았다. 이후 중니가 염구에게 사적으로 이같이 말했다.

"군자는 정사를 돌보면서 예에 근거해 일을 헤아린다. 시사施舍는 후해야 하고, 종사從事는 적당해야 하며, 부렴賦斂은 가벼워야 한다. 이같이 하면 종래의 구부제丘賦制(전지의 대소에 따라 병사를 징발하는 제도)로도 충분한 것이다. 만일 예를 기준으로 하여 일을 헤아리지 않고, 탐람하게 재물과 이익을 추구하는 것이 끝이 없게 되면, 비록 새로운 전부제를 시행할지라도 장차 또 부족함을 느낄 것이다. 또한 만일 계손씨가 정사를 법도에 맞게 시행코자 한다면 이미 주공이 마련해 둔 전장典章이 있다. 그러나 만일 정사를 대충 편의에 따라 행하고자 하는 것이라면 또 어찌하여 내 의견을 구하려고 하는 것인가?"

이 일화는 역사적 사실과 부합한다. 그러나 과연 공자가 계강자가 시행코자 하는 전부제에 대해 직접적으로 비판하지 않고 제자인 염구를 통해 간접적으로 비판했다는 대목만큼은 납득키가 어렵다. 『논어』에 보이는 공자의 평소 직선적인 태도나 계강자에 대한 공자의 통렬한 직언 및 공자가 염구를 비난한 것 등을 감안할 때 당시 공자가 사적으로 염구에게 말했을 가능성은 그리 높지 않다. 유가 후학의 위문일 가능성을 배제할 수 없는 것이다. 「선진」에 나오는 다음 대목이 이를 뒷받침한다.

"계씨는 주공보다 부유했으나 계씨의 가신인 구求가 그를 위해 혹독하게 세금을 거두어 그의 재부를 더 늘려 주었다. 공자가 구求의 소행을 두고 질책키를, '그는 우리 무리가 아니다. 나의 제자들은 북을 울려 그를 성토하는 것이 가할 것이다.'라고 했다."

여러 제자들 앞에서 염구를 직접 성토한 공자가 사적으로 염구에게 조심스럽게 말했을 가능성은 그리 크지 않다고 보아야 한다. 맹자도 비슷한 입장에 서 있다. 『맹자』「이루 상」에 나오는 다음 구절이 그 증거이다.

"염구가 노나라 계씨의 가신이 되어 그의 덕을 좋게 변화시키지는 못하고 세금만 전보다 배로 부과했다. 그러자 공자가 제자들에게 말하기를, '염구는 나의 제자가 아니다. 너희들은 북을 울리며 그를 성토해도 좋다!'고 했다."

공자가 파문에 가까울 정도로 단호하게 제자를 비난한 사례는 이것이 유일하다. 그러나 이 또한 별다른 효과를 거두지는 못했던 것으로 보인다. 『춘추좌전』을 보면 염구가 이후에도 계속 공문의 일원으로 활약한 듯한 기록이 나오고 있어 그가 과연 태도를 고쳤는지 여부를 확인하기 어렵다. 당시 계강자는 공자의 충고를 무시하고 끝내 전부제를 실시했다.

그러나 공자의 비판이 전혀 무의미했던 것은 아니다. 이로써 공자는 오히려 '치평'을 전문으로 탐구하는 공문孔門의 성격을 분명히 함과 동시에 정권에 더 이상 야심이 없다는 사실을 분명히 선언하여 계씨의 의구심을 말끔히 없애는 결과를 낳았다. 공자는 시종 계강자로부터 국로의 예우를 받으면서 못다 한 고전정비에 박차를 가하고 소신껏 제자 육성에 전념할 수 있었던 이유가 바로 여기에 있었다.

당시 공자는 천하유세에서 돌아온 뒤 언제인지 정확히 단정키는 어려우나 귀국 이후 죽기 전까지 불과 4년밖에 안 되는 자신의 70대를 '종심소욕불유구從心所欲不踰矩'로 술회한 바 있다. 이는 '이순'의 경지에서 한 단계 더 나아간 것으로 허심虛心의 경지에서 사물을 관조觀照하는 경지를 말한다. 공자는 죽음을 앞두고 사물을 허심하게 바라보는 관조의 경지에 들어가 있었음에 틀림없다.

그렇다면 '종심소욕불유구'로 규정된 그의 70대 삶은 과연 어떻게 진행되었던 것일까? 먼저 이 기간 중에 일어난 중요한 사건으로 장남인 백어伯魚의 사망과 애제자 안회의 죽음, 공자 자신의 이병罹病, 애제자 자로의 죽음 등을 들 수 있다. 이와 관련된 얘기는 모두 『논어』에 실려 있다. 이들 4개의 사건 중 가장 먼저 일어난 사건은 백어의 죽음이었다. 『논어』에는 백어의 죽음을 직접 언급한 대목이 없다. 다만 「선진」에 그에 관한 간접적인 언급이 나올 뿐이다.

이에 따르면 안회가 죽었을 때 그의 부친 안로顔路가 궁핍한 생활로 인해 관곽을 구비할 길이 없자 공자의 수레를 팔아서라도 곽을 만들어 줄 것을 청했다. 그러자 공자가 이같이 거절했다.

"부모는 자식이 재주가 있거나 없거나 간에 모두 똑같은 자식이라고 말할 것이다. 내 아들 이鯉(백어)가 죽었을 때도 관만 있었고 곽은 없었다. 내가 걸어 다니면서도 수레를 팔아 그에게 곽을 만들어 주는 일을 하지 않은 것은 내가 대부의 뒤를 좇아 조정 출입을 하는 위치에 있었던 까닭에 조정의 체모를 위해서라도 걸어 다닐 수는 없었기 때문이다."

당시 공자는 조정의 체모를 위해 걸어 다닐 수는 없었던 까닭에 자식인 백어가 죽었을 때도 관밖에 마련해 주지 못했던 사례를 들어 안로의 청을 허락지 않았다. 이를 통해 백어가 안연에 앞서 죽었음을 알 수 있다. 그러나 백어와 안연이 정확히 언제 죽었는지는 알 길이 없다. 백어에 관한 얘기는 『논어』에 모두 두 번 등장한다.

「계씨」에 나오는 일화에 따르면 하루는 진항陳亢이 공자의 아들 백어에게 이같이 물었다.

"그대는 부친으로부터 달리 들은 바가 있소?"

그러자 백어가 이같이 대답했다.

"없었소. 일찍이 홀로 서 계실 때 내가 빨리 걸어 뜰을 지나자 부친이 나에게 묻기를, '『시』를 배웠느냐?'라고 하여 내가 대답키를, '아직 못 배웠습니다.'라고 했소. 이에 이르기를, '『시』를 배우지 않으면 말을 할 수 없다.'고 하여 나는 물러나와 『시』를 배웠소. 다른 날에 또 홀로 서 계실 때 내가 빨리 걸어 뜰을 지나자 나에게 묻기를, '『예』를 배웠느냐?'라고 하여 내가 대답키를, '아직 못 배웠습니다.'라고 했소. 이에 이르기를, '『예』를 배우지 않으면 설 수 없다.'고 하여 나는 물러나 예를 배웠소. 내가 들은 것은 바로 이 두 가지요."

진항이 백어로부터 공자의 자식교육에 관한 일을 들었다는 것은 공자가 노나라로 돌아온 뒤의 일로 볼 수밖에 없다. 진항은 공자의 직계제자가 아닌 자공의 제자로 생각되는 인물이다. 이를 통해 만년의 공자가 자식인 백어에게도 다른 제자들과 마찬가지로 『시』·『서』·『예』·『악』의 '치평학'을 가르쳤음을 알 수 있다. 「양화」에도 공자가 아들 백어에게 『시』의 중요성을 강조한 일화가 실려 있다.

"너는 『시』의 「주남周南」과 「소남召南」을 배웠느냐? 사람이 되어 「주남」과 「소남」을 배우지 않으면 담장을 정면으로 마주해 서 있는 것과 같다."

「계씨」와 「양화」의 일화 모두 공자가 '치평학' 교과목인 『시』·『서』·『예』·『악』을 정비할 때의 일로 보아야 할 것이다. 그렇다면 백어와 안연 모두 공자가 귀국한 뒤 잇달아 죽은 셈이다. 안연의 죽음에 대해서는 안로가 공자에게 수레를 팔아 곽을 만들기를 청한 일화 이외에도 여러 일화가 『논어』에 실려 있다. 「옹야」에 따르면 하루는 노애공이 공자에게 이같이 물었다.

"제자들 중 누가 배우기를 좋아합니까?"

그러자 공자가 이같이 대답했다.

"안회라는 사람이 배우기를 좋아했습니다. 노여움을 옮기지 않고 두 번 다시 잘못을 저지르지 않았습니다. 다만 불행히도 명이 짧아 죽고 말았습니다. 지금은 그와 같은 사람이 없어 아직 배우기를 좋아하는 사람이 있다는 얘기를 듣지 못했습니다."

「선진」에도 노애공 대신 계강자가 질문하는 형식으로 된 유사한 일화가 실려 있다. 동일한 사실에 관한 두 개의 이전異傳으로 보인다. 공자가 노애공 및 계강자와 대화를 나눈 것은 시기적으로 공자의 귀국 이후이다. 공자가 안연의 죽음을 두고 '불행히도 단명으로 죽었다.'고 말한 대목에 주목해 안연의 죽음을 이보다 일찍 상정하는 견해가 있으나 이는 잘못이다. 안연은 공자보다 30세나 연하였다. 70대에 달한 공자가 40대 초반에 죽은 안연을 두고 '단명' 운운하는 것은 결코 부자연스러운 일이 아니다. 안연을 잃은 공자의 비통은 형언키가 어려웠다. 이는 「선진」의 다음 대목을 보면 쉽게 알 수 있다.

"안연이 죽자 공자가 탄식키를, '아, 하늘이 나를 버리는구나, 하늘이 나를 버리는구나!'라고 했다."

공자가 안연의 죽음을 얼마나 애통해 했는지를 짐작케 해주는 대목이다. 당시 공자의 애통해 하는 모습은 평소 공자가 가르친 것과 달리 거의 절제가 없는 것처럼 보였다. 주위에 있던 제자들이 볼 때도 분명 도에 지나칠 정도로 애통해 했음에 틀림없다. 「선진」의 다음 구절이 그 증거이다.

"안연이 죽자 공자가 통곡했다. 이에 종자가 말하기를, '선생님이 지나치게 비통해 하십니다.'라고 하자 공자가 반문키를, '지나치게 비통해 한다고 하는 것인가? 그를 위해 비통해 하지 않고 누구를 위해 비통해 한단 말인가?'라고 했다."

이 대목은 공자의 비통이 도에 지나쳤음을 시사하고 있다. 평소 '애이불상哀而不傷'을 강조하며 슬플 때도 화기和氣를 해쳐서는 안 된다고 주장한 공자의 입장에서 볼 때 이는 분명 파격적인 모습이다. 그러나 공자는 결코 이로 인해 중용을 잃은 것은 아니었다. 이는 「선진」의 다음 대목을 보면 쉽게 파악할 수 있다.

"안연이 죽었을 때 문인들이 그를 후장厚葬코자 했으나 공자가 이를 반대했다. 그러나 결국 문인들이 그를 후장하자 공자가 질책키를, '회回는 나보기를 아버지처럼 했는데 이제 장례의 도리를 잃었으니 나는 그를 자식보듯이 대할 수 없게 되었다. 이는 내 탓이 아니라 몇몇 제자들 탓이다.'라고 했다."

안연의 죽음과 관련된 이들 여러 일화는 안연이 죽었을 당시의 상황을 가감 없이 전해주고 있다. 만년에 교육에 몰두하며 제자들에게 생애 최후의 희망을 걸고 있었던 공자가 가장 장래가 촉망되는 애제자 안연을 잃고 절망하는 모습이 생생히 그려져 있는 것이다. 이를 통해 정확한 날짜를 알 수는 없지만 대략 공자가 귀국한 지 얼마 안 돼 백어와 안연이 잇달아 죽었고, 백어의 죽음이 안연의 죽음보다 약간 앞섰다는 사실을 알 수 있다. 만년의 공자로서는 크게 심상할 일이 설상가상 격으로 잇달아 터져 나온 셈이다. 이 때문인지는 몰라도 『논어』에는 공자가 만년에 이병罹病한 것으로 짐작되는 대목이 「술이」과 「자한」에 각각 한 대목씩 모두 두 대목에 걸쳐 나오고 있다.

「술이」에 따르면 하루는 공자가 병으로 자리에 누운 뒤 증세가 점차 위중해하자 자로가 기도할 것을 청했다. 그러자 공자가 자로에게 물었다.

"그런 이치가 있느냐?"

자로가 대답했다.

"있습니다. 뇌문誄文(제문祭文)에 써져 있기를, '너를 위해 신기神祇에게 기도했다.'고 했습니다."

'신기'는 하늘과 땅의 귀신을 통칭한 것으로 곧 천지신명을 말한다. 공자가 말했다.

"그런 의미라면 나는 기도한 지 오래다!"

평소 '괴력난신怪力亂神'에 관한 언급을 꺼린 공자는 절박한 심정에서 올리고자 하는 제자의 기도조차도 용인치 않은 것이다. 인간의 합리적인 이성을 신뢰한 공자다운 모습이 완연히 드러나는 대목이다.

유사한 일화가 실려 있는 「자한」에 따르면 하루는 공자의 병이 점차 위중해지자 자로가 문인門人을 병을 수발할 시종으로 삼았다. 병이 좀 덜해지자 공자가 자로를 힐책했다.

"오래 되었구나, 유由가 거짓을 행한 것이! 시종이 없어야 하는데도 시종을 두게 되었구나. 내가 누구를 속일 것인가? 하늘을 속일 수 있겠는가? 내가 시종의 손에 죽기보다는 차라리 제자들 손에서 죽는 것이 낫지 않겠는가? 비록 내가 성대한 장례식은 바랄 수 없다 할지라도 어찌 도로에서 죽기야 하겠는가!"

두 대목의 내용만으로는 당시 공자의 이병이 과연 두 차례에 걸친 것인지, 아니면 동일시기의 이병에 관한 얘기가 두개의 이전異傳으로 전송되다가 수록된 것인지 여부를 확인키가 어렵다. 다만 당시 공자가 죽음 직전에 이를 정도의 중병에 걸렸던 것만은 확실하다. 그렇다면 공자가 중병에 걸린 시점은 언제일까? 두 대목 모두 자로가 시병侍病한 것으로 되어 있는 점에 주목할 필요가 있다. 사서의 기록에 따르면 자로는 공자가 죽기 1년 전인 노애공 15년(기원전 480년)에 죽었다. 그렇다면 공자는 그 이전에 중병에 걸린 셈이 된다. 그렇다면 과연 공자는 대략 언제쯤 중병에 걸린 것일까?

연대기적으로 볼 때 공자의 이병은 공자가 귀국하는 노애공 11년(기원전 484년) 겨울에서 자로가 세상을 떠나는 노애공 15년(기원전 480년) 사이에 일어난 것으로 볼 수 있다. 그런데 노애공 14년(기원전 481년) 봄에는 공자를 낙담케 한 이른바 '획린獲麟' 사건이 일어난데 이어 이해 여름에는 제나라의 권신 진항陳恒이 군주인 제간공齊簡公을 시해한 사건이 일어났다. 이때 격분한 공자가 노애공과 3환을 찾아가 진항 토벌을 건의했으나 받아들여지지 않았다.

예로부터 많은 사람들이 공자를 가장 낙담케 만든 사건으로 노애공 14년 봄의 이른바 '획린' 사건을 들었다. 일부에서는 이에 주목해 '획린' 사건 직후 공자가 중병에 걸렸을 가능성을 제기하고 있다. 그러나 이는 '획린' 사건의 허구성을 제대로 파악치 못한 소치이다. 그렇다면 '획린' 사건은 과연 무엇을 말하는 것일까? 먼저 이 사건을 대서특필해 놓은 『춘추공양전』「노애공 14년」조의 기록부터 살펴보기로 하자.

"노애공 14년 봄, 노나라의 서쪽에서 기린 한 마리를 사냥해 잡았다. 왜 이를 기록한 것일까? 기이한 일이었기 때문이다. 왜 기이하다고 하는가? 중원에 없는 짐승이기 때문이다. 그렇다면 누가 이를 수狩한 것일까? 나무 하던 사람이다. 나무하는 사람은 미천한 사람이다. 오직 천자와 제후가 사냥을 할 경우만 '수'라고 쓸 수 있는데 어찌하여 미천한 사람에게 '수'라는 표현을 한 것일까? 그를 존중했기 때문이다. 왜 그를 존중한 것일까? 기린을 잡았기에 그를 존중한 것이다. 그가 기린을 잡은 것을 왜 존중한 것일까? 기린은 인수仁獸여서 왕자王者가 출현할 때 이르고, 그렇지 않을 때는 이르지 않기 때문이다. 어떤 사람이 '획린'의 사실을 공자에게 고하면서 이르기를, '노루를 닮고 뿔이 있는 짐승을 잡았다.'고 하자 공자가 탄식키를, '누구를 위해 나타난 것인가, 누구를 위해 나타난 것인가?'라고 했다. 이때 소매로 흐르는 눈물을 닦자 눈물이 흘러내려 옷깃을 모두 적셨다. 일찍이 안연이 죽자 공자가 탄식키를, '아, 하늘이 나를 버리려 하는구나!'라고 했다. 자로가 죽자 공자가 또 탄식키를, '아, 하늘이 나를 죽이려 하는구나!'라고 했다. 서쪽에서 '획린'했을 때는 공자가 탄식키를, '나의 도가 이미 다하게 되었다!'라고 했다. 『춘추』는 왜 노애공 14년에 끝나는 것일까? 이에 대답키를, '기술記述이 이미 완비되었기 때문이다.'라고 했다. 공자는 왜 『춘추』를 지은 것일까? 난세를 바로잡고 잘못된 것을 바르게 돌려놓는 발란세撥亂世·반저정反諸正을 도모키 위해서이다. 지금 발란세·반저정의 효험을 드러낼 수 있는 책으로 이 『춘추』만한 책은 없다. 그런데도 공자의 『춘추』 찬술이 발란세·반저정을 도모하고, 요순의 도를 전하는데 그 뜻이 있음을 깨닫지 못하는가? 공자의 도는 요순의 도를 이어받은 것이니 공자 또한 요순의 도를 크게 앙모한 게 아니겠는가? 요순은 일찍이 공자가 『춘추』를 만들리라는 것을 알았을 것이다. 공자가 『춘추』를 지어 상벌의 대의를 밝힌 것은 훗날 성명한 군주가 나와 이를 본받고, 그 대의가 후대의 모든 군주 사이에 널리 통용되어 영원히 후세에 전해질 것을 바랐기 때문이다."

이는 『춘추공양전』의 종결문이기도 하다. 이 일화는 전한 제국 초기에 만들어진 얘기로 짐작되고 있다. 당시 공자는 문명의 위대한 지도자로 주변 조건이 맞아떨어졌으면 틀림없이 제왕이 되었을 것이라는 얘기가 횡행했다.

이를 뒷받침하기 위해 만들어진 얘기일 공산이 크다. 『춘추공양전』은 바로 이런 항간의 얘기를 수록해 놓은 것이라고 할 수 있다.

이를 통해 『춘추공양전』이 '획린' 사건을 안연 및 자로의 죽음보다 훨씬 중요한 사건으로 취급하고 있음을 짐작할 수 있다. 사실 이 사건은 『춘추』를 연구하는 이른바 '춘추학春秋學'에서 극히 중시하는 사건이기도 하다. 『춘추공양전』과 『춘추곡량전』은 이 사건을 계기로 공자가 이른바 '미언대의微言大義'의 집대성인 『춘추』의 편찬 작업에 종지부를 찍었다고 대서특필하면서 커다란 의미를 부여해 놓았다. 이는 『춘추공양전』과 『춘추곡량전』 모두 '획린' 사건이 일어난 노애공 14년인(기원전 481년)을 끝으로 경문經文과 전문傳文을 모두 끝내고 있는 사실을 통해 극명하게 확인할 수 있다. '획린'의 의미를 장황하게 해설해 놓은 『춘추공양전』의 종결문은 대략 전한제국 초기에 공양학을 추종하는 유가 후학의 작품으로 짐작된다. 『춘추곡량전』역시 '획린' 사건을 끝으로 기록을 마무리 지으면서 이같이 기술해 놓았다.

"노애공 14년 봄, 노나라 서변西邊에서 기린을 사냥해 잡았다. 이 기린은 활로 쏘아 잡은 것이다. 군주가 수렵하면 그 지명을 적으나 그렇지 않은 경우는 그 지명을 적지 않는다. 군주가 수렵한 것이 아닌데도 '수렵狩'라고 한 것은 '획린'이 큰일이었기 때문이다. 그래서 획린한 사람의 행동을 크게 기록해 놓은 것이다. 기린이 노나라로 '왔다.'고 쓰지 않은 것은 기린을 중국 이외의 나라에 있는 짐승으로 간주할 수 없기 때문이다. 기린이 '있다.'고 쓰지 않은 것은 기린이 영구히 중국에서 살 수 없게 되는 것을 원치 않았기 때문이다."

『춘추곡량전』의 이 기록은 중국을 사해四海의 중심으로 보는 이른바 중화사상中華思想이 확고히 정립된 이후에 만들어진 것임을 시사하고 있다. 『춘추곡량전』은 『춘추공양전』보다 후대인 한선제漢宣帝 때 성행했다. 『춘추곡량전』역시 '획린'에 관한 전설에 큰 의미를 부여해 의도적으로 대서해 놓았을 공산이 크다. 『춘추공양전』과 『춘추곡량전』에 나오는 '획린' 사건은 유가 전래의 경학적經學的인 의미 이외에 다른 의미를 찾기가 힘든 게 사실이다. 춘추시대를 분석할 때 반드시 『춘추좌전』을 참고해야 하는 이유가 바로 여기에 있다. 그렇다면 『춘추좌전』은 '획린' 사건을 어떻게 취급해 놓은 것일까? 『춘추좌전』 「노애공 14년」조는 이 사건을 개략적으로 기술해 놓았다.

"노애공 14년 봄, 노나라의 서쪽 지역 대야大野에서 수렵 행사가 있었다. 이때 숙손씨의 어자御者 자서상子鉏商이 기린麒麟 한 마리를 잡았다. 숙손씨가 상서롭지 못하다고 여겨 이를 산택을 관리하는 우인虞人에게 주었다. 이때 중니가 이를 자세히 보고는 크게 놀라며 외치기를, '이것은 기린이다!'라고 했다. 이로 인해 기린을 거두게 되었다."

『춘추좌전』은 『춘추공양전』 및 『춘추곡량전』과 달리 이 사건을 특별히 크게 취급하지 않았다. 이는 『춘추좌전』이 『춘추공양전』 및 「춘추곡량전」과 달리 이 사건이 일어나는 노애공 14년에 기록을 끝내지 않고 있는 사실을 통해 쉽게 알 수 있다. 이로 인해 『춘추좌전』은 공자가 세상을 떠나는 노애공 16년 여름 4월 기축일己丑日인 11일까지 경문이 계속되고 있고, 전문은 이보다 훨씬 뒤인 노애공 27년까지 이어지고 있다. '획린' 사건에 대한 평가가 완전히 다른 것이다. 왜 이런 차이가 생긴 것일까?

본래 공자가 편수한 것으로 알려진 노나라 역사서 『춘추』는 경문에 노나라를 비롯한 열국의 정치적 사건뿐만 아니라 일식·혜성·홍수 등의 자연현상과 제사·수렵 등의 행사에 관해서도 제법 자세히 기록해 놓았다. 이중에는 일식과 같이 비교적 단순한 사실을 기계적으로 기술해 놓은 것도 있고, 제사 및 수렵 등과 같이 기록자의 판단에 따라 임의로 기록해 놓은 것도 있다. 『춘추』의 기술에 어느 정도 일정한 형식이 있는 것이 사실이나 그것이 일정한 범례範例로 작용했던 것은 아니었다. 따라서 역사적인 관점에서 경문을 보다 정확히 파악하는데 중점을 둔 『춘추좌전』에서 전문의 내용이 경문과 다소 차이를 보이는 것은 불가피한 일이었다.

그러나 경문에 대한 역사철학적 해석에 중점을 둔 『춘추공양전』과 『춘추곡량전』은 경문을 공자의 필삭筆削에 의한 불변의 성전聖典으로 간주했다. 이에 전문 또한 경문에 버금하는 현전賢典으로 이해한 까닭에 경문에 나오는 사소한 내용조차 마치 깊은 의미가 담겨 있는 것으로 생각했다.『춘추좌전』과 달리 경문과 전문 모두 단순히 역사를 기술하는 차원을 뛰어넘는 일종의 역사철학적 관점에서 신성한 것으로 간주한 것이다.『춘추공양전』과『춘추곡량전』이 노애공 14년에 일어난 '획린' 사건을 대서특필한 이유가 바로 여기에 있다.

이를 통해 짐작할 수 있듯이 '획린' 사건 자체는 역사적으로 그다지 큰 의미를 부여할 필요가 없는 것이었다. 수렵에 관한 통상적인 기사에 불과한 것으로 다만 기린이라고 하는 기이한 짐승을 잡은 점만이 다를 뿐이다.『춘추좌전』이 '획린' 사건을 개략적으로 기술해 놓은 것은 바로 이 때문이다. '획린' 사건은 기본적으로 '획린' 자체에 역사철학적 의미를 부여코자 하는 의도에서 나온 것으로 역사적 사실과는 동떨어진 후대인의 가필 내지 항간의 설화일 가능성도 배제할 수 없다.

물론 '획린' 사건 자체를 역사적 사실이 아니라고 단정키는 어렵다. 그러나 이를 역사적 사실로 간주할지라도 이를 대서특필할 이유는 없다. 당시 박학다식한 인물로 통한 공자가 통상적인 수렵에서는 포획치 못한 이상한 짐승에 관해 질문을 받고 대략 '이것이 기린이 아닐까?'라고 언급한 것이 후대에 크게 부풀려졌을 공산이 크다.

사실 당시에도 기린이 태평성대를 상징하는 인수仁獸로 인식되고 있었다.『시경』「주남」에 나오는 '인지지麟之趾' 구절이 그 증거이다. 기린의 발자국이라는 뜻이다. 그렇다면 공자시대 이전부터 이미 기린에 관한 전설이 널리 유포돼 있었다고 보아야 한다. 당시에는 기린 이외에도 여러 '인수'에 관한 전설이 널리 유포돼 있었다.「자한」과「미자」에 언급된 용마龍馬와 봉황鳳凰 등이 이를 뒷받침한다. 당시 이미 '기린'과 마찬가지로 '봉황'과 '용마' 등에 관한 전설이 민간에 널리 유포돼 있었음을 시사하는 것이다.

그러나 '괴력난신'을 멀리한 공자가 미신적인 '기린'과 '용마', '봉황' 등의 실재實在를 믿었다고 보기는 어렵다. '획린' 사건은 후대인이 전래의 전설에 가탁假託해 만들어낸 설화일 공산이 큰 것이다. 대략 '획린' 사건은 명칭이 알려지지 않은 기이한 짐승을 본 공자가 신화와 전설의 지식을 동원해 '이 것이 전설에서 말하는 기린인가?'라고 말한 것이 '춘추학'의 전개과정에서 대서특필된 것으로 보는 것이 타당할 듯하다. 당시 사람들이 포획된 기이한 짐승을 모델로 하여 기린의 이미지를 구성했을 가능성도 배제할 수 없다. '획린' 사건을 계기로 공자가 크게 낙담한 나머지 『춘추』에 필삭을 가하던 붓을 내던지고 이내 자리에 누웠다는 식의 추론은 역사적 사실과 동떨어진 것이다. 한마디로 '획린' 사건을 공자가 크게 낙담케 된 배경으로 취급할 이유가 없는 것이다.

『춘추좌전』에 의하면 공자가 자로의 죽음을 애통해 한 것은 노애공 15년(기원전 480년)의 일이다. '획린' 사건보다 1년 뒤이다. '획린' 사건 당시 공자가 중병에 걸려 병상에 누워 있었을 가능성은 매우 희박했다고 보는 것이 옳다. 그렇다면 공자는 과연 언제 중병에 걸렸던 것일까? '획린' 사건이 일어난 지 얼마 안 된 노애공 14년(기원전 481년) 여름에 일어난 제나라의 시역弑逆 사건이 공자에게 어떤 의미를 지니고 있었는지도 살펴볼 필요가 있다.

당시의 일화를 수록한 「헌문」에 따르면 공자는 제나라의 권신 진성자陳成子 진항이 제간공齊簡公을 시해했다는 소식을 듣고는 목욕을 하여 몸을 정갈하게 한 뒤 이내 입궐하여 노애공에게 이같이 간했다.

"진항이 그 군주를 시해했으니 토벌해야만 합니다."

그러자 노애공이 즉답을 회피하며 이같이 말했다.

"3환에게 말해보도록 하시오."

공자가 물러나온 뒤 이같이 중얼거렸다.

"나는 일찍이 대부의 자리에 있었던 까닭에 감히 간하지 않을 수 없었다. 군주는 저들 3인에게 말하라고 하는구나!"

공자가 이어 3환을 찾아가 진항 토벌을 건의하자 이들이 반대했다. 그러자 공자가 이같이 중얼거렸다.

"나는 일찍이 대부의 자리에 있었던 까닭에 감히 말하지 않을 수 없었다."

「헌문」에 나오는 이 대목을 통해 노애공 14년 여름에도 공자는 결코 중병에 걸려 있지 않았음을 알 수 있다. 사실 당시 공자가 자신의 건의가 받아들여지지 않았다는 이유로 상심한 나머지 중병에 걸렸다고 보는 것은 무리이다. 그렇다면 공자는 진항 토벌을 건의한 노애공 14년 가을 이후부터 자로가 순직하는 15년 겨울 이전의 어느 시기이거나 아예 '획린' 사건 이전인 노애공 13년경에 중병에 걸렸다고 볼 수밖에 없다. 어느 경우든 공자가 중병에 걸리게 된 것은 아들 백어의 죽음을 비롯해 애제자 안연의 죽음 등이 겹쳐 일어나면서 심신이 극도로 쇠약해진 결과로 해석할 수 있을 것이다.

당시 공자는 다행히 원기를 회복해 자리에서 일어나 다시 고전을 정리하고 제자를 육성하는데 전념케 된 것으로 짐작된다. 중병에서 회복한 시점을 노애공 15년 중반쯤으로 상정하면 공자는 병상에서 일어난 지 불과 1년밖에 활동하지 못한 셈이 된다. 결국 그는 자로마저 죽게 되자 그 충격을 견디지 못하고 자로가 죽은 지 반년 만에 세상을 떠나고 말았다.

『춘추좌전』에 따르면 노애공 15년 당시 자로는 위나라의 실권자인 공어孔圉의 아들인 공회孔悝의 녹을 먹고 있었다. 자로가 언제 위나라로 가 공회의 녹을 먹게 되었는지는 자세히 알 길이 없다. 다만 『춘추좌전』「노애공 14년」조의 기록에 비춰 자로는 노애공 14년 봄까지 아직 노나라에 있었음에 틀림없다. 결국 자로는 위나라로 가 공회를 섬긴 지 1년 만에 세상을 떠난 셈이다.

원래 자로의 죽음은 공회의 모친 공백희孔伯姬가 망명중인 동생 괴외와 통모해 동생을 보위에 앉힐 생각으로 아들 공회를 협박한데서 비롯되었다. 『춘추좌전』에 따르면 당시 자로는 공문孔門의 후배인 고시高柴와 함께 공회를 섬기고 있었다. 자로는 공회가 위기에 몰렸을 때 도성으로 들어가다가 마침 도주 차 황급히 도성을 빠져 나오는 고시를 만나게 되었다. 고시가 자로에게 급히 말했다.

"성문이 이미 닫혀 버렸소."

그러나 자로는 의연했다.

"그래도 내가 잠시 한 번 다녀와야겠다."

고시가 말렸다.

"이미 때가 늦었소. 공연히 갔다가 수난을 당할 이유가 없소."

그러자 자로가 이같이 말했다.

"내가 공씨의 봉록을 먹고 화난이 닥쳐왔다고 하여 이를 피할 수는 없다."

그러자 고시는 더 이상 말리지 못하고 곧바로 떠났다. 자로가 도성으로 들어가 공씨 집 대문에 이르자 공회의 가신 공손감公孫敢이 성문을 지키고 있다가 자로에게 이같이 소리쳤다.

"들어와서 뭔가 할 생각은 아예 하지 말라!"

자로가 공손감을 힐난했다.

"네가 바로 공손公孫(공손감)이구나! 이곳에서 줄곧 이익을 구하다가 화난을 피해 이리로 온 듯하나 나는 그렇지 않다. 나는 나의 녹봉을 이익으로 삼아 온 사람이다. 나는 반드시 그의 환난을 구해주어야만 하겠다."

마침 이때 사자使者가 대문 안에서 나오자 자로가 이 틈을 이용해 대문 안으로 재빨리 뛰어 들어가 괴외를 향해 이같이 소리쳤다.

"태자는 공회를 어찌 하려는 것입니까? 설령 그를 죽인다 할지라도 반드시 그를 대신해 싸울 사람이 나올 것입니다!"

그리고는 또 이같이 소리쳤다.

"태자는 용기가 없어 만일 누대에 불을 질러 반쯤 타게 되면 반드시 공숙孔叔(공회)을 풀어줄 것이다!"

괴외가 이 말을 듣고는 크게 두려워한 나머지 장수 석기石乞와 우염盂黶을 내려 보내 자로를 대적케 했다. 이에 두 사람이 창으로 자로를 공격하다가 마침 자로가 쓰고 있는 관영冠纓(관의 끈)을 끊게 되었다. 그러자 자로가 이같이 말했다.

"군자는 죽더라도 관을 벗을 수는 없다!"

그리고는 다시 관영을 묶은 뒤 분전하다가 죽었다. 이때 공자는 위나라에 난이 일어났다는 소식을 듣고 이같이 말했다.

"고시는 능히 난을 피해 돌아올 것이나 자로는 끝내 죽고 말 것이다."

이 일화는 의를 중시했던 자로의 장렬한 최후를 매우 극적으로 묘사해 놓고 있다. 당시 공자는 위나라에 난이 일어났다는 소식을 듣고 곧 자로가 강직한 성격으로 인해 이내 순직할 것을 미리 내다보았던 것이다. '자식을 가장 잘 아는 사람은 부모이고, 신하를 가장 잘 아는 사람은 군주이고, 제자를 가장 잘 아는 사람은 스승이다'라는 말이 이를 두고 하는 말일 것이다. 자로가 죽었을 때 공자의 나이는 이미 73세였다. 『춘추공양전』은 종결문에서 당시 자로의 죽음에 낙담한 공자가 하늘을 향해 이같이 탄식한 것으로 기술해 놓았다.

"아, 하늘이 나를 죽이려 하는구나!"

당시 공자는 안연에 이어 자로마저 세상을 떠나자 하늘이 무너지는 듯한 슬픔을 느꼈을 것이다. 결국 그 또한 자로가 죽은 지 불과 반년 만에 세상을 떠나고 말았다. 『예기』「단궁 상」에는 공자가 자로의 죽음에 얼마나 상심했는지를 짐작케 해주는 일화가 실려 있다.

"공자가 자로를 중정中庭에서 곡했다. 어떤 사람이 조상하자 공자가 그에게 절을 했다. 곡이 끝난 뒤 사자를 불러 그 까닭을 묻자 사자가 대답키를, '저들이 자로를 젓갈로 담갔습니다.'라고 했다. 공자가 드디어 좌우에 명하여 젓갈을 뒤엎게 했다."

이 일화는 후대에 만들어진 것으로 보이나 공자가 자로의 죽음을 얼마나 애통해 했는지를 잘 보여주고 있다. 「공자세가」는 공자가 자로의 죽음으로 인해 이내 병이나 죽게 된 과정을 담은 일화를 실어 놓고 있다. 이에 따르면 자로가 위나라에서 순직한 뒤 공자가 곧 병이 나고 말았다. 자공이 뵙기를 청하자 공자가 마침 지팡이에 의지해 문 앞을 거닐고 있다가 묻기를, '사賜야, 너는 왜 이렇게 늦게 왔느냐?'라고 했다. 이어 크게 탄식하며 이같이 노래했다.

> 태산이 무너진단 말인가   太山壞乎
>
> 기둥이 부러진단 말인가   梁柱摧乎
>
> 철인이 죽어간다는 말인가   哲人萎乎

그리고는 눈물을 흘리며 자공에게 이같이 말했다.

"천하에 도가 없어진 지 오래 되었다. 아무도 나의 주장을 믿지 않는다. 장사를 치를 때 하나라 사람들은 유해를 동쪽 계단에 모셨고, 주나라 사람들은 서쪽 계단에 모셨고, 은나라 사람들은 두 기둥 사이에 모셨다. 어제 밤에 나는 두 기둥 사이에 앉혀진 채 사람들의 제사를 받는 꿈을 꾸었다. 나의 조상은 원래 은나라 사람이었다."

「공자세가」에 따르면 공자는 이후 7일 만에 세상을 떠났다고 한다. 과연 이 기록이 맞는 것일까? 유사한 일화가 『예기』「단궁 상」에도 실려 있다. 다만 「단궁 상」은 특이하게도 공자가 죽기 전에 자신의 죽음을 암시하는 몽조夢兆를 자공에게 얘기한 대목이 나온다.

"하나라 사람은 동쪽 뜰 위에 빈소를 마련했으니 곧 아직도 조阼(주인이 당 위에 올라가는 계단)에 있는 것이다. 은나라 사람은 두 기둥 사이에 빈소를 설치했으니 곧 빈주가 이를 끼고 있는 것이다. 주나라 사람은 서쪽 뜰 위에 빈소를 마련했으니 곧 손님으로 접대하는 것이다. 그런데 나는 은나라 사람이다. 내가 어젯밤 꿈에 두 기둥 사이에 앉아 전奠(제사음식)을 받았다. 대체로 명왕이 일어나지 않으니 천하에서 그 누가 나를 존경하겠는가? 나는 필경 죽을 것이다."

후한대의 정현 등은 「단궁 상」의 이 대목을 놓고 '성인이 천명을 익히 깨달았음을 보여주는 것'이라고 풀이했다. 그러나 '치평학'의 정립과 제자 육성에 마지막 열정을 불태웠던 공자가 죽기 전에 몽조를 얘기하며 절망감을 보인 것은 공자의 평소 모습과 커다란 차이가 있다. 원대의 오징吳澄 등은 커다란 의문을 제기했다. 청대의 최술崔述도 생전에 자신을 성인으로 자처한 적이 없고 '괴력난신'을 꺼린 공자가 자신의 죽음을 몽조로 예언했을리 없다고 단언했다. 시라카와도 공자의 죽음은 평온하고 평범했을 것으로 추정했다. 이들의 주장이 타당하다.

공자의 죽음은 약간 앞선 석가나 후대의 예수가 죽을 때의 모습과 다르다. 그는 십자가에서 피를 흘리며 죽지도 않았고 제자들에 둘러싸여 열반에 들어가지도 않았다. 세속인과 하등 다름없는 죽음을 맞이한 것이다. 그러나 그는 현재의 인간에게 실망하면서도 후대의 인간에 대한 기대를 잃지 않았다. 이런 얘기는 비록 『논어』에 실려 있지 않으나 『논어』에 나타나는 공자의 모습과 비교할 때 전혀 이질적인 느낌이 없는 것이다.

『춘추좌전』에 따르면 공자가 세상을 떠난 시점은 정확히 노애공 16년 여름 4월 11일이다. 공자는 자로가 순직한 지 반년 만에 세상을 떠나고 만 것이다. 『춘추좌전』은 당시의 상황을 이같이 간략히 기술해 놓았다.

"여름 4월 11일, 공구孔丘가 세상을 떠나자 노애공이 조사를 내려 애도키를, '어진 하늘이 잘 대해주지 않아 국로國老를 좀 더 세상에 더 머무르게 하지 않았도다. 그로 하여금 여일인余一人을 보위케 하여 재위했는데 이제 여余는 고독하여 의지할 곳이 없어 근심으로 병에 걸리게 되었도다. 오호애재嗚呼哀哉, 니보尼父여, 스스로 통제할 바를 모르겠노라!'고 했다. 이때 자공이 평하기를, '군주는 아마도 노나라에서 선종하지 못할 것이다. 부자夫子(공자)는 생전에 사람이 예를 잃으면 혼암해지고 명분을 잃으면 잘못을 저지르게 된다고 말한 바 있다. 본래 뜻을 잃으면 혼암해지고, 신분을 잃으면 잘못을 저지르게 된다. 살아 있을 때 중용치 못하고 죽은 뒤에 조사를 읽는 것은 예가 아니다. 조사에서 천자가 사용하는 여일인을 칭한 것 또한 명분에 맞지 않는다. 군주는 예와 명분 두 가지를 모두 잃은 셈이다.'라고 했다."

공자는 귀국 후 세상을 떠날 때까지 결코 녹위祿位를 구한 적이 없다. 노애공은 공자를 단지 국로로만 대우했을 뿐 국사에 관한 자문을 구하는 등의 실질적인 예우를 하지 않았다. 자공이 노애공에게 신랄한 비판을 가한 사실이 이를 뒷받침한다. 그렇다면 공자의 장례는 어떻게 치러졌던 것일까?『예기』「단궁 상」은 장례식 당시의 상황을 이같이 기록해 놓았다.

"자공이 말하기를, '옛날 부자는 안연의 초상을 당했을 때 아들을 잃은 것과 같이 했으나 복은 없었다. 자로의 초상 때도 그러했다. 청컨대 부자의 초상을 치르는 데는 부친의 상을 당한 것처럼 하고 상복은 없게 하자.'고 했다. 공자의 초상에 공서적公西赤 자화子華가 지志를 지었다. 관을 장식하는데 필요한 구의柩衣를 만들고, 발인할 때 영구의 앞뒤에 늘어세우는 부채 모양의 덮개인 삽翣을 두고, 영구에 두르는 끈인 피披를 늘였다. 이는 주나라 제도였다. 영구 옆에 세우는 깃발인 숭崇을 만든 것은 은나라 제도이고, 비단으로 깃대를 싼 주련綢練에 운구 때 앞세우는 깃발인 조旐를 만든 것은 하나라 제도였다."

여기에는 3년의 심상心喪을 비롯해 하·은·주 3대의 예를 절충하려고 한 공문孔門의 예에 관한 기본 입장이 반영돼 있다. 여기서 주목할 것은 3년의 심상이다. 『맹자』「등문공 상」의 다음 대목은 3년의 심상이 어떤 배경 하에서 나타나게 되었는지를 잘 보여주고 있다.

"옛날 공자가 세상을 떠나자 3년이 지난 후 문인들이 모두 짐을 정리해 장차 고향으로 돌아갈 생각으로 안으로 들어가 자공에게 절을 하고 서로 마주보며 곡하다가 모두 목이 쉰 뒤에 돌아갔다. 자공은 다시 가서 스승의 묘가 있는 곳에서 여막을 짓고 홀로 3년을 지낸 후에 돌아갔다."

「공자세가」에도 유사한 내용이 나온다. 이를 통해 대략 3년 심상의 원조가 바로 자공이었음을 짐작할 수 있다. 이를 두고 크릴은 『공자, 인간과 신화』에서 '일생 중에 3년을 이런 일로 허비한다는 것은 서양인의 사고로는 이해할 수 없다.'며 찬탄을 금치 못했다. 당시 자공은 공자의 만년에 공자의 지근거리에서 공자와 가장 많은 대화를 나눈 것으로 짐작된다. 『맹자』와 『춘추좌전』, 『예기』 모두 자공이 공자의 죽음을 미리 알아채고 후에 장례의식을 주관한 것으로 기술해 놓은 사실이 이를 뒷받침한다. 당시 자공은 공자 사후 6년 동안 뒷일을 도맡아 정리한 뒤 집으로 돌아가 자신의 길을 걷기 시작한 듯하다.

당시 공자의 장례는 공자의 생전 지위가 하대부였던 만큼 일반 대부의 수준에서 제자들의 애도 속에 치러졌을 공산이 크다. 이른바 '춘추3전' 중 역사적 사실을 가장 많이 담고 있는 『춘추좌전』조차 공자의 죽음을 소략하게 기록해 놓은 사실이 이를 뒷받침한다. 공자의 죽음에 특별한 의미를 부여한 전승傳承도 없다. 이는 장엄하게 묘사되어 있는 '소크라테스의 독배' 및 '예수의 십자가'와 분명 차이가 있는 것이다.

와쓰지 데쓰로和辻哲郎는 자신의 저서 『공자』에서 공자의 이러한 죽음이 오히려 얼마나 위대한 것인지를 명쾌히 분석해 놓았다. 「선진」에 나와 있듯이 공자는 생전에 죽음에 대해 묻는 자로의 질문에 대해 '삶도 제대로 알지 못하는데 어찌 죽음을 알 수 있겠는가?'라고 대답한 바 있다. 그에게는 산다는 것 자체가 바로 죽음에 대한 의미 부여였던 셈이다. 이는 「위령공」에 나와 있는 것처럼 그가 자신의 삶을 평하기라도 하듯 '삶을 구하여 인仁을 해치지 않고, 몸을 던져 죽을지언정 인을 이룬다.'고 언급한데서 보다 선명히 드러나고 있다.

공자에게 죽음은 삶과 괴리되어 있는 것이 아니라 삶의 또 다른 면이었던 것이다. 그는 삶과 죽음을 2분법으로 구분하는 것을 거부했던 셈이다. 크릴이 찬탄을 금치 못했듯이 공자의 위대한 죽음은 제자들의 3년 심상을 통해 극명하게 확인할 수 있다. 이는 '소크라테스의 독배'와 '예수의 십자가'와는 확실히 차원이 다른 것이다.

「공자세가」에 따르면 공자의 혈통은 공자보다 일찍 죽은 아들 백어가 낳은 급伋을 통해 계속 이어지게 되었다. 급의 자는 자사子思로 나이 62세까지 살았다고 한다. 『사기』「중니제자열전」에는 자사의 이름이 원헌原憲으로 되어 있다. 자사는 『중용』을 지은 것으로 알려져 있으나 이는 후대에 만들어진 얘기로 보인다. 「중니제자열전」에 따르면 원헌은 공자가 죽자 위나라의 초택草澤에 몸을 숨겼다. 하루는 위나라의 재상으로 있던 자공이 원헌을 방문했다. 원헌은 해진 의관이지만 단정하게 차려 입고 그를 맞이했다. 자공이 이를 수치스럽게 생각해 그에게 물었다.

"어찌 이렇게도 곤고困苦하게 지내는 것이오?"

원헌이 대답했다.

"내가 듣건대 '재물이 없는 것을 빈貧, 도를 배웠으되 이를 능히 실행하지 못하는 것을 병病이라 한다.'고 들었소. 나는 비록 '빈'하지만 '병'이 든 것은 아니요."

자공은 크게 부끄러움을 느꼈고 이후로 그 때 한 말의 잘못에 대해 종신토록 부끄러움을 느꼈다고 한다.

이 일화는 전후맥락에 비춰 현실정치에 깊이 개입된 자공을 꺼린 유가 후학이 만들어낸 것으로 짐작된다. 유가 후학은 스승이자 조부인 공자가 죽자 속세와 두절한 채 안빈낙도安貧樂道한 삶을 산 원헌의 절조節操를 높이 평가해 '4과10철' 중 덕행에 뛰어났던 안연 및 민자건 등에 비유키도 했다.

민자건의 효행에 관한 일화는 후대로 가면서 더욱 확충되었다. 이는 당나라 최고의 서예가인 구양순歐陽詢이 당고조의 칙명을 받들어 편찬한 『예

『문유취藝文類聚』의「설원說苑」에 나오는 다음 일화가 뒷받침한다. 이에 따르면 민자건에게 동복동생 하나가 있었다. 그의 모친이 죽자 부친이 다른 여인을 후실로 맞아들였다. 이때 또 두 아들을 낳았다. 어느 날 민자건의 부친이 관가에 가려고 외출을 하는데 마침 마부가 없었다. 아들 민자건을 불러 수레를 끌게 했다. 그 날은 몹시 추운 겨울날이었다. 추위에 떨고 있던 민자건이 수레를 끌자 수레도 저절로 떨렸다. 이상히 여긴 부친이 민자건에게 물었다.

"네가 어디 아픈 것이냐, 아니면 추워서 떨고 있는 것이냐?"

민자건이 손을 내저으며 부인했다.

"아닙니다. 춥지 않습니다."

그러나 이번에는 말고삐를 놓치고 말았다. 부친이 그의 팔을 잡아주다가 그의 옷이 매우 얇다는 것을 알았다. 부친은 집으로 돌아와 그의 계모가 낳은 아이들을 불러 팔을 만져보았다. 그들의 옷은 매우 두툼했다. 부친이 계모를 불러 꾸짖었다.

"내가 당신을 맞아들인 것은 무엇보다 어미를 잃은 두 자식 때문이었소. 그런데 당신은 나를 속이고 있으니 당장 집을 나가도록 하시오."

이때 민자건이 부친 앞에 무릎을 꿇고 이같이 만류했다.

"어머니가 계시면 한 아들만 옷이 얇지만 어머니가 떠나면 네 아들이 모두 헐벗게 됩니다."

이에 감복한 계모는 더 이상 차별을 하지 못하고 화평하게 지냈다고 한다. 항간에는 민자건의 계모가 자기 자식에게는 솜을 두어 입히고 민자건에게는 노화蘆花를 두어 입히다가 부친에게 발각되었다는 얘기로 전해지고 있다.

원헌을 민자건에 비유한 이런 일화가 역사적 사실에 부합하는지 여부도 불투명한 상황에서 원헌이 공자의 혈손인 점을 지나치게 의식한데 따른 것으로 보인다.

공자 사후 공문의 본산이었던 산동성 곡부의 집과 제자들이 쓰던 내실은 공자묘孔子廟로 조성되었다. 훗날 한고조 유방이 노나라 땅을 지나면서 공자묘에 제사를 지내자 제후들과 경대부, 재상이 부임하면 항상 먼저 공자의 묘를 참배한 후 정사에 임하는 관행이 생겨났다. 역대 왕조는 모두 공자묘를 성역으로 조성해 공자의 후손으로 하여금 이를 관리케 했다. 유학을 유일한 관학으로 삼은 상황에서 왕조의 정통성을 유지키 위해서라도 이는 불가피한 조치였다. 이민족이 지배한 왕조 역시 마찬가지였다.

제2절 공자사상의 특징

제1항 군자개념의 완성

공자 이전까지만 해도 군자君子는 문자 그대로 '군주의 아들'로 군주의 친척을 의미했다. 이는 생산에 종사하는 평민 즉 '소인'과 대비되는 말로 사용되었다. 초기 문헌에는 세습귀족을 지칭하는 의미로 사용되었다. 그러나 공자는 그 의미를 완전히 바꿔 놓은 것이다. 공자가 말한 '군자'는 학덕을 겸비한 이상적인 위정자를 지칭한다. 후세에는 말할 것도 없이 모두 공자가 말한 의미로 통용되었다.

공자는 제자들에게 끊임없이 '군자유君子儒'가 될 것을 강조하면서 현실적으로 위정자가 되지 못할지라도 '정신적인 위정자'로서의 품위를 잃어서는 안 된다고 강조했다. 그는 내심 신분세습에 의해 통치자의 반열에 오른 군주와 경대부들이 제자들의 '군자' 행보에서 '군자학'의 필요성을 절감키를 기대했는지도 모를 일이다. '군자'가 새로운 의미로 통용됨에 따라 유가의 행동규범에 따르지 않은 군주들은 자동적으로 '비군자' 즉 '소인'으로 분류되었다. '군자학'의 세례를 받은 유가는 세습적 군주가 아니라 바로 자신들이 진정한 군자이며 국정운영의 주인공이 되어야 한다고 주장할 수 있었다. 이러한 풍조가 봉건질서를 무너뜨리는데 결정적인 공헌을 한 것은 말할 것도 없다.

공자는 '군자'를 이상적인 위정자의 개념으로 새롭게 해석하면서 자신의 학문을 곧 '군자학君子學'으로 정의했다. 군자는 '치평'을 본령으로 삼는 까닭에 '군자학'은 곧 '치평학治平學'에 해당하는 셈이다. 그렇다면 공자가 생전에 제자들에게 그토록 강조한 '군자유'의 '군자'에 접미어처럼 붙어 있는 '유儒'는 도대체 어떤 의미를 지니고 있는 것일까?

이는 공자가 자신의 학단을 생전에 '유'로 정의했음을 시사하고 있다. 후대의 사람들이 공문의 학통을 이은 일군의 학자집단을 가리켜 '유가儒家'로 통칭한 것도 이와 무관치 않다고 보아야 한다. 그러나 당시 공문과 공문 밖의 사람들이 '유'를 동일한 취지로 해석했던 것은 아니다. 이는 '대유大儒'와 '소유小儒'로 구성된 2인조 도굴범에 관한 『장자』「외물外物」의 일화를 보면 쉽게 알 수 있다.

이에 따르면 하루는 『시경』이나 『예기』에 의거해 무덤을 파헤치는 2인조 도굴범이 무덤을 파헤치게 되었다. 이때 밖에서 망을 보고 있던 '대유'가 무덤 속에 있는 '소유'에게 큰소리로 말했다.

"곧 동이 틀 것 같다. 일은 잘 되어 가고 있는가?"

'소유'가 무덤 속에서 대답했다.

"아직 치마와 속옷을 못 벗겼습니다. 입 속에 구슬도 들어 있습니다. 『시경』에 이르기를, '짙푸른 보리는 무덤가에 무성한데 생전에 남에게 베푼 일도 없는 자가 어찌 구슬을 물고 있는가?'라고 했습니다."

이윽고 '소유'가 송장의 살쩍을 잡고 턱밑을 누르자 '대유'가 쇠망치로 그 턱을 부수고 천천히 두 볼을 벌려 송장의 입안에 있는 구슬을 흠집 없이 끄집어냈다.

이 일화는 말할 것도 없이 유가를 비판키 위해 만들어낸 일화일 것이다. 중국에서 도굴은 매우 오랜 역사를 갖고 있다. 후장의 풍속이 남아 있는 한 귀중한 보물이나 장식품이 많이 부장된 귀족이나 호족의 무덤은 대부분 도굴을 면할 수 없었다. 삼국시대 당시 조비曹조의 부인 곽태후郭太后는 자신의 언니가 죽었을 때 사당을 세우는 등 후장厚葬을 하려고 하자 이를 적극 만류하며 이같이 말한 바 있다.

"고래로 사방의 분묘가 도굴된 것은 후장에서 비롯된 것이다."

그럼에도 후장은 근대에 이르기까지 끊이지 않았다. 20세기에 들어와 가장 유명한 도굴사건으로는 일명 서태후西太后로 불린 자희태후慈禧太后의 능묘에 대한 도굴사건을 들 수 있다. 비적 출신 군벌인 손전영孫殿英에 의해 저질러진 이 사건은 훗날 청나라 마지막 황제인 부의溥儀가 일본의 괴뢰국인 만주국의 황제로 취임케 하는 데 커다란 영향을 미쳤다.

사실 도굴은 도굴꾼이나 비적들에 의해 저질러진 것만도 아니었다. 전한 말기의 유흠劉歆이 지은 『서경잡기西京雜記』에 따르면 전한제국 당시 광천왕廣川王 거질去疾은 도굴을 즐겨 수많은 무뢰배를 모아 자신의 영내에 있는 옛 무덤을 파헤친 뒤 이에 관한 기록을 남겼다고 한다.

본래 능묘는 땅 속 깊은 곳에 만든 까닭에 지상에서는 그 위치를 전혀 알 길이 없다. 관을 두는 현실玄室로 통하는 지하의 연도羨道에 길목을 차단하는 장치 등을 두어 도굴범을 막았다. 그런데도 고대의 능묘는 거의 대부분 어김없이 도굴을 당했다. 이는 능묘의 내부를 잘 아는 자의 소행으로 보아야 한다. 『장자』에 등장하는 '대유'와 '소유'도 대략 그런 자들일 것이다.

본래 장주莊周는 학문이 매우 깊은 인물로 유학에도 남다른 조예가 있었다. 그가 『장자』「외물」에서 유가를 도굴범으로 묘사한 것도 당시 속유俗儒들의 비루한 행태를 비유적으로 표현한 것으로 볼 수 있다.

『장자』「외물」에 나오는 이 일화는 속유들에 대한 단순한 고발 차원을 넘어 유가의 기원과 무관치 않다. 시라카와는 유가집단을 학단이 아닌 교단教團 차원에서 이해한 나머지 상장喪葬을 전담한 무축巫祝집단이 바로 유가집단의 원형일 것으로 추정했다. 그의 이런 주장이 맞는 것일까?

본래 유가경전에는 상례 및 장례에 관한 기록이 매우 많다. 한나라 초기에 나온 『예기』 49편 중 절반 이상이 상례 및 장례에 관한 얘기로 채워져 있다. 『예기』는 『의례儀禮』를 토대로 만들어진 것이다. 『예기』「잡기 하」에 따르면 『논어』「양화편」에 나오는 '유비儒悲'는 노애공의 명을 받고 공자로부터 '사상례士喪禮'를 배워 『의례』 「사상례」을 만든 것으로 알려지고 있다.

'유비'에 대해서는 여러 얘기가 있으나 대략 공자로부터 그다지 인정을 받지 못한 제자로 보인다. 이는 『논어』 「양화」에 나와 있듯이 유비가 찾아왔을 때 공자가 병을 핑계 삼아 만나주지 않은 사실을 통해 짐작할 수 있다. 대략 공자는 상례의 기록 등을 일삼는 '유비'를 일종의 '소인유'로 간주했을 공산이 크다.

예로부터 장례를 후하게 치르고 오랜 상기喪期를 강조한 유가의 후장구상厚葬久喪은 제자백가들로부터 강한 비판을 받았다. 선진시대에 이에 대해 가장 통렬한 비판을 가한 학단은 묵가墨家였다. 후장과 대비되는 절장節葬을 강조했던 묵가는 유가학단을 싸잡아 속유의 무리로 비판했다. 『묵자』의 「절장」과 「절용節用」을 비롯해 「비유非儒」와 「비악非樂」 등은 모두 유가의 '후장구상'을 비판하는 내용으로 점철되어 있다.

『맹자』 「등문공 상」에는 맹자가 등정공滕定公이 죽었을 때 세자인 등문공滕文公에게 3년상을 적극 권한 일화가 나온다. 전국시대 중엽에 활약한 맹자는 유가의 '후장구상'을 널리 선양하고 나선 것이다. 이는 맹자에 그친 것도 아니었다. 맹자의 선왕주의先王主義와 달리 전설적인 고대 성왕의 예악을 절대적인 것으로 여기지 않고 현재에서 가까운 선왕을 모범으로 삼는 후왕주의後王主義를 주장한 순자도 『순자』 「예론」에서 3년상을 주장했다. 3년상은 유가의 전형적인 특징으로 간주된 '후장구상'의 상징이었다.

공자의 생전에 이미 유가는 스스로를 '유'로 칭한 바 있다. 전국시대에 들어가 유가의 학단을 흉내 내 우후죽순 격으로 나타난 제자백가 역시 유가집단을 '유'로 지칭했다. 그럼에도 선진시대의 문헌에 구체적으로 '유'가 무엇을 뜻하는지에 대해 구체적으로 언급한 것이 없다. 그렇다면 과연 '유'는 무엇을 뜻하는 것일까?

예로부터 '유儒'가 나약懦弱의 '나懦'와 유사한 점에 주목해 문풍文風이 온화한 학단을 지칭한 것으로 해석한 견해가 널리 통용되었다. 그러나 이런 주장에 무슨 확실한 근거가 있는 것은 아니다. 아직까지도 '유'의 뜻은 정확히 밝혀지지 않고 있는 셈이다.

이와 관련해 갑골학과 금문학에 조예가 깊었던 리우제劉節는 『고사고존古史考存』「변유묵辯儒墨」에서 이른바 주유설侏儒說을 주장해 관심을 모은 바 있다. '주유'는 『산해경』「대황동경大荒東經」에 나오는 대인국과 소인국에 관한 기록을 보면 소인국에 사는 난장이를 말한다. 리우제는 공자가 대인국인 '이夷'의 학문을 지칭키 위해 '유'라고 한 것을 묵가가 소인국에 사는 주유侏儒의 학문으로 비칭卑稱한데서 '유'가 나오게 된 것으로 본 것이다.

그의 주장에 따르면 중국의 고대문화는 연해지역의 동이東夷 계통에서 일어났다. 흔히 '이夷'는 '대大'와 '궁弓'을 합친 글자로 알려져 있으나 후한의 허신許愼이 지은 『설문해자說文解字』의 해석은 다르다. 이에 따르면 이 글자는 '대大'와 '인人'이 합쳐진 글자로 풍속이 어질고 수명이 긴 군자불사君子不死의 나라를 말한다. 동이 계통인 공자는 인仁과 소리가 비슷한 유儒를 '군자불사'의 나라인 대인국의 사람으로 생각해 '유'를 사용했으나 묵가는 오히려 소인국의 난장이를 뜻하는 모멸적인 호칭으로 '유'를 사용했다는 게 리우제의 주장이다.

이에 대해 시라카와는 '이夷'와 '인仁'은 글자 모양이 다르고, '인'은 갑골문이나 금문에 전혀 보이지 않고, 유가가 자신의 학문을 '인'으로 부른 적이 없고, '인'과 '유'는 소리도 같지 않고, '유'가 비록 '주侏'와 연칭連稱되어 있으나 본래의 뜻이 난쟁이를 뜻하는 '주'와 같은 것으로 단정할 근거가 없다는 점 등을 들어 이를 강하게 비판했다.

시라카와는 '유'에 대한 정밀한 파자破字 풀이를 통해 원래 무축巫祝의 무리를 뜻하는 것으로 간주했다. 그에 따르면 당초 '유'는 기우제에 희생된 무축을 지칭한 말이었으나 후에 무축의 하층부류를 지칭하는 말로 전용되었다. 그는 그 근거로 『순자』「왕제」에 곱사등이 여무와 절름발이 남무를 뜻하는 '구무파격傴巫跛覡'이라는 구절을 제시했다. '주유'를 '구무파격'에 속하는 무리로 본 셈이다. 그는 유가가 성립되기 이전부터 무축의 하층부류를 칭하는 '유'가 이미 존재했고 『장자』「외물」에 나오는 '대유'와 '소유'의 도굴꾼은 바로 이러한 패거리였을 공산이 크다고 주장했다.

그의 이런 주장이 맞는 것일까? 원래 '유'는 '수需'를 발음부호인 성부聲部로 삼고 있다. 『설문해자』「우부雨部」는 '수'를 '비가 그치기를 기다리다.'의 뜻으로 새겼다. 청대의 고증학자 단옥재段玉裁는 『설문해자주說文解字注』에서 '수'는 '우雨'와 '이而'가 합쳐진 회의會意문자로 여기의 '이而'는 '꺼리다.'의 뜻을 지니고 있는 까닭에 당초 '비를 꺼리다.'의 뜻에서 '비가 그치기를 기다리다.'의 뜻으로 전용됐다고 했다.

이에 대해 시라카와는 '이而'가 원래 평두平頭를 상징한 것으로 간주하면서 그 근거로 『설문해자』의 「이부而部」에 나오는 '내耏'자를 들었다. 이 글자는 머리를 모두 깎는 곤형髡刑의 아래 단계로 두발을 조금 남겨둔 체형體刑을 뜻한다. 시라카와는 이에 근거해 '이而'는 곧 '결발結髮(머리를 묶음)'을 하여 비녀를 꽂은 일반사내인 '부夫'와 달리 산발散髮한 무축집단을 뜻하는 것으로 추정한 것이다. 그는 구름의 상승을 뜻하는 금문의 '수'자를 '수需'의 어원으로 간주해 '영靈'자가 비를 비는 무녀를 뜻한 것과 같이 '수需'자는 결발을 않은 채 비를 비는 남무男巫를 형상한 글자에 해당한다고 주장했다.

그러나 설령 '수'자가 무축집단인 남무를 지칭한다고 할지라도 과연 '유'자 또한 같은 뜻으로 풀이하는 것이 타당한 것일까? 원래 기우는 고대의 농경사회에서 매우 중요한 의례에 속한다. 일찍이 인류학자 프레이저J. G. Frazer는 『황금가지The Golden Bough』에서 고대 아리안족이 주술적인 의미에서 중시한 떡갈나무의 기생목寄生木인 '황금가지'에 주목해 과학은 주술에서 진화한 것이라는 주장을 편 바 있다. 『황금가지』는 미개사회는 물론 중국 및 한국 등 동방의 고대 의례에 대해서도 언급해 놓고 있다.

『황금가지』에 따르면 고대에는 왕이 일종의 주술사 역할을 수행했다. 그들은 기우를 이유로 인신희생人身犧牲으로 제공되기도 했다. 『여씨춘추』「순민順民」에 은나라의 시조인 탕湯이 5년 대한大旱에 성소인 상림桑林으로 가 머리와 손톱을 자르고 마른 장작 위에 올라가 앉은 채 희생을 자처하자 이에 감응한 하늘이 마침내 비를 내렸다는 전설이 실려 있다. 일부 신화학자는 실제로 탕이 이때 불에 타 죽은 것으로 간주하고 있기도 하다.

당시 보통의 무녀는 기우제의 효험이 없을 경우 대개 타죽고 말았다. 이를 분무焚巫라고 했다. 공자시대에도 은나라의 후예국인 송나라에서는 군주가 무축이 되어 그런 임무를 행했다. 『춘추좌전』도 이를 뒷받침하는 대목이 많다. 『춘추좌전』「노희공 21년」조에 따르면 당시 노나라가 크게 가물자 노희공魯釐公이 무왕巫尫(기우제를 전담하는 여자 무당)을 불에 태워 죽이려고 했다. 이때 대신 장문중臧文仲이 이같이 만류했다.

"이는 가뭄에 대한 대비책이 아닙니다. 내성과 외성을 수리하고, 음식을 줄이고, 비용을 줄이고, 농사에 힘쓰고, 서로 나누어 먹도록 권하는 것 등이 힘써야 할 일입니다. 무당이 무엇을 할 수 있겠습니까? 하늘이 그녀를 죽이고자 했다면 애초에 태어나게 하지도 않았을 것입니다. 만일 그녀가 한재旱災를 내렸다면 그녀를 불에 태워 죽이는 일은 재해를 더욱 키우는 것일 뿐입니다."

결국 노희공은 '분무'를 포기했다. 이를 통해 당시 현자들은 '분무'를 미신적인 것으로 여겨 이를 강력 반대했음을 알 수 있다. 공자가 괴력난신怪力亂神을 말하지 않은 것도 이러한 '분무' 등을 미신으로 간주하는 전통과 무관치 않을 것이다.

그렇다면 공자를 비롯한 유가의 기원이 무축에 있다는 시라카와의 주장은 분명 지나친 것이다. 축사는 귀신에게 제사 올리는 것을 본업으로 삼는 자들이다. '괴력난신'을 섬기는 것이나 다름없다. '괴력난신'에 대한 언급을 꺼린 공자가 축사의 전통을 이어받았다는 것은 있을 수 없는 일이다.

설령 '유儒'가 무축과 관련이 깊다고 할지라도 공자가 '유'에 대해 새롭게 정의를 내린 '유'는 전래의 '유'와 차원이 다른 것이다. 이는 공자가 '군주의 자식'으로 통용되던 '군자君子' 개념을 완전히 새롭게 정의한 뒤 사상 최초로 '군자학'을 정립한 사실을 통해 쉽게 짐작할 수 있다. 공자가 '군자'를 새롭게 정의한 이후 이 용어는 그 이전과 전혀 다른 의미를 지니게 된 것이다.

마찬가지로 '유' 또한 설령 어원적으로 무축에서 비롯된 용어라 할지라도 공자가 새롭게 정의한 '유'는 이전의 '유' 개념과 천양지차가 있다. 공자가 말한 '유'는 그가 자하에게 '군자유君子儒'가 될 것을 당부한 사실을 통해 알 수 있듯이 〈유儒=군자君子=위정자〉라는 전제 하에서 나온 것이다. '유학儒學'은 곧 '군자학君子學'을 의미하는 것이고 이는 곧 '치국평천하'의 이치를 고구考究하는 소위 '치평학治平學'을 말하는 것이다. 한무제의 '독존유술獨尊儒術' 선언도 바로 〈유학=치평학=군자학〉이라는 통념을 수용한데 따른 것이라고 할 수 있다.

당초 은나라에서는 만물의 주재자로 기독교의 '야훼'와 마찬가지로 완벽한 인격신의 성격을 띤 '띠帝'를 상정했다. 은나라에 관한 역사를 가장 많이 전하고 있는 갑골문을 보면 당시 농사와 전쟁 등과 관련해 점을 쳐 '띠'의 뜻을 묻고 도움을 청한 예가 매우 많이 나온다.

은족殷族의 조상신인 '띠'는 인격신이었고, 은나라 왕은 곧 '띠'의 적자嫡子였다. '적嫡'의 오른쪽 부분을 이루고 있는 '적啇'자는 '시啻'와 같은 뜻으로 바로 '띠'를 제사지내는 자를 지칭한다. '띠'를 제사지내는 자가 곧 '띠'의 적자로 지상의 왕이 된 것이다. '띠'를 최상의 신으로 삼는 신화체계를 가진 동이계통의 은족은 제사권祭祀權 위에 왕권을 성립시킨 것이다. 『서경』「주서·여형呂刑」의 다음 대목이 이를 뒷받침한다.

"묘족苗族의 군주는 선을 행하지 않고 다섯 가지 잔학한 형벌을 제정해 이를 법이라고 했다. 사나운 위세에 죽음을 당한 많은 사람들이 '띠'에게 억울함을 고했다. 순舜이 이를 불쌍히 여겨 잔학을 위엄으로 갚았다. 이에 묘나라 백성은 멸망하고 끊어져 땅 위에 대를 잇지 못하게 되었다. 중重과 여黎에게 명하여 땅과 하늘이 서로 통하는 것을 끊자 신神이 내려오는 일이 없어졌다."

갑골학의 발달로 「여형」은 원래 하남성 서남부의 여국呂國에 전해져 온 신화가 『서경』에 편입된 사실이 밝혀졌다. 「여형」에 따르면 묘족이 신을 모독하는 행위를 하자 인격신인 '띠'가 노해 신하인 중重과 여黎에게 명해 천지를 갈라놓고 강족의 시조인 백이伯夷에게 형전刑典을 만들게 했다. 이로써 신과 인간의 직접적인 교섭이 끊어지고 말았다. 인간과 신의 교신을 소재로 한 이 신화는 주나라가 들어서면서 인격신인 '띠'가 자연의 이치를 뜻하는 이신론理神論의 '티엔天'으로 변해 가는 과정을 보여준다.

당초 동이 계통의 은족과 달리 서이西夷계통의 주족周族은 대략 기원전 12세기경에 은나라를 뒤엎고 주나라를 세웠다. 은주의 교체는 이질적인 문화를 지닌 동서 세력 간의 교체에 해당한다. 은나라를 대신한 주나라에는 은나라와 같은 신화체계가 없었다. 이로 인해 인격신으로서 '띠'는 포기되고, 비인격적이고 이성적인 '티엔'이 이를 대신하게 되었다. 중국에서 합리주의적인 정신의 맹아는 바로 '티엔'이 '띠'를 대체한데서 시작되었다는 것이 정설이다.

주나라가 세워지자 주족의 수호신인 '티엔'은 은나라 때의 최고신인 '상띠'를 누르고 최고신이 되었다. 주나라도 은나라와 마찬가지로 최고신과 조상신을 계보화했다. 주 왕실은 은나라가 부덕해 최고신을 저버린 까닭에 패망케 되었다고 선전했다. 주 왕실은 자신들의 반역을 합리화하기 위해 최고신과 조상신의 뜻이 일치하지 않을 수도 있는 것으로 갈라놓았다.

은나라의 최고신인 '상띠'는 유독 상족만을 보호하는 신이었다. 그러나 주나라의 '티엔'은 주족만을 보호하는 것이 아니라 종족과 왕조를 초월해 존재하는 최고신이었다. 은나라의 최고신은 독단적이었던 반면 주나라의 최고신은 독단적이지만 이성적인 면이 있었던 것이다. 이런 변환은 주족이 은

나라에 반기를 든 사실을 정당화하려는 노력에서 나온 것이다.

은나라 때의 '띠'는 비록 창조자의 개념은 없었으나 자연과 인사를 주재하는 지상신으로서 자연신과 조상신의 성격을 겸했다. 상왕 자신을 포함한 정인에 의해 부단히 행해진 점복은 형식상 '띠'의 의지를 확인하는 것이었으나 실제로는 왕의 행위를 정당화하기 위한 것이었다.

주나라의 '티엔' 역시 초기에는 일정부분 인격신의 성격을 띠고 있었다. 금문에 주나라 초기의 건국원훈인 소공召公 석奭이 황천윤대보皇天尹大保로 나온 것이 그 증거이다. 이는 천의天意를 받드는 자를 천윤天尹으로 칭했음을 보여준다. 주나라 초기인 기원전 11세기 중엽에 만들어진 대우정大盂鼎의 금문에도 주나라의 수명受命을 '티엔'의 뜻으로 풀이해 놓았다.

"왕이 말하기를, '우盂여, 크게 밝으신 문왕은 티엔이 지닌 대명大名을 받았고, 무왕에 이르러 문왕을 잇는 나라를 이뤘다. 그 악惡을 내치고 사방을 개척하고, 백성을 가르쳐 바르게 했다.'고 했다."

이로 인해 '티엔'은 스스로 의지를 드러내는 법은 없지만 그의 뜻은 민의民意를 매개로 해서 표현된다는 관념이 형성되었다. 『서경』 「주서·태서」에 "하늘은 백성들이 보는 것을 통해 보고, 백성들이 듣는 것을 통해 듣는다.'고 한 것이 그 증거이다.

당초 주나라의 건국자들은 은나라의 멸망을 두고 군신과 백성 모두 주란酒亂에 빠진데 따른 것이라고 주장했다. 『서경』 「주서·주고酒誥」에도 동일한 내용이 나온다. 술로 인해 나라가 망했다는 것은 은나라가 점복과 제사를 통해 정사를 펼치는 '제정일치'의 나라였음을 반증한다. 서북방의 유목민족인 주족의 시각에서 볼 때 인간이 술을 매개로 '띠'와 교신하는 은나라는 '주란'의 나라로밖에 보이지 않았을 것이다. 은나라의 멸망으로 '티엔'이 '띠'를 대신하면서 하늘의 뜻이 민의를 통해 시행된다는 관념이 형성됨에 따라 주나라의 왕권은 은나라와 달리 결코 신성한 것이 될 수 없었다.

이는 주나라의 '티엔'이 은나라의 '띠'와 달리 조상신의 성격을 벗어난 사실과 밀접한 관련이 있다. '티엔'이 특정 씨족의 조상신과 아무 관련이 없게 되자 이제 어떤 씨족의 후예라고 해서 당연히 덕을 자임할 수 없게 된 것이다. 이런 상황에서는 필연적으로 다른 방법을 통해 천덕天德을 얻어야만 했다. 여기에 바로 주나라 때 등장한 천명론의 특징이 있다. 이는 『국어』「진어晉語」에 나오는 다음과 같은 구절에 잘 나타나 있다.

"천도는 특별히 친한 사람이 없고 오직 덕행이 있는 자만을 골라 복을 내린다."

이것이 바로 천도무친天道無親과 유덕시수唯德是授의 개념인 것이다. 주나라의 천명론을 특징짓는 이 2가지 요소는 이후 매우 다양한 용어로 변용되어 사용되었다. '천도무친'은 천명무상天命無常과 황천무친皇天無親, 민심무상民心無常 등으로 표현되었다. '유덕시수'는 유덕시보唯德是輔, 유덕시거唯德是擧, 유덕시복唯德是福 등으로 변용돼 표현되었다.

구한말 수운水雲 최재우가 일으킨 동학이 내세운 '인내천人乃天'의 구호 역시 주나라가 내세운 '천도무친'의 변용에 지나지 않았다. 이는 맹자의 역성혁명론易姓革命論에 기초한 것으로 이제 민심이 변했으니 천명도 변한 것이라는 뜻을 내포하고 있었다. 주나라가 은나라에 반기를 들며 자신들의 찬탈을 정당화했을 때부터 '천명론'은 이미 모든 반역자들이 자신들의 행위를 합리화하기 남용할 소지를 안고 있었다.

전한제국 말기에 당대 최고의 유학자인 유흠劉歆은 왕망王莽이 세운 신新나라를 천명론을 끌어들여 정당화했다. 이는 무력을 배경으로 중원을 제압한 이민족에게도 자신들의 침공을 합리화할 수 있는 최상의 이론적 배경이 되었다. 중국문명권의 모든 왕조가 왕조교체를 이룰 때마다 바로 주나라가 내세웠던 천명론을 끌어들여 자신들의 반역을 합리화했다.

주나라가 자신들의 반역행위를 천명론을 내세워 합리화한 이래 본래 덕이 없는 자조차 보위를 차지한 뒤에는 마치 천명을 받은 수명자受命者인 양 행동했다. 이는 주나라 이래 천자가 되기 위해서는 반드시 유덕자有德者

여만 한다는 믿음이 널리 공유된데 따른 것이었다. 천자라도 덕이 없을 때에는 항시 폐위될 수 있었고, 천명을 내세워 정당화된 어떤 왕조도 덕을 잃었을 때에는 덕을 지닌 새 왕조에게 천하를 넘겨주는 것이 옳은 것으로 평가되었다. 이는 주나라 때 들어와 사람들이 주술적 신의 성격을 띤 '띠'를 버리고 이신론의 성격을 띤 '티엔'을 숭상한 흐름과 무관치 않았다.

주나라의 천명론은 서주西周가 패망할 때 처음으로 그 위력을 발휘했다. 『시경』에는 서주가 멸망에 이르기까지 1백 년 동안 지어진 많은 시편이 수록되어 있다. 여기에는 사회혼란과 정치부패에 대한 격렬한 비판과 더불어 잘못된 세상을 바로잡고자 한 당시 현자들의 사상이 잘 나타나 있다. 이들 시편은 춘추시대의 악사들에 의해 전승되고 연주되었다. 공자도 이를 틀림없이 배웠을 것이다. 서주 후기의 정치상황은 금문에도 그대로 반영되었다. 서주시대 중엽에 만들어진 「모공정毛公鼎」에는 천명을 잃지 않기 위해 부단히 노력할 것을 권한 내용이 나온다.

"나는 선왕의 명을 계승해 너희에게 우리나라를 잘 다스리도록 명한다. 크고 작은 모든 정사에 신중하고 나의 재위 동안 잘 돕도록 하라. 상하 제신諸神의 선악을 사방에 분명히 밝히고 잘 진정시켜 동요하는 일이 없게 하라. 그래야 나 한 사람 길이 왕위에 편히 있을 수 있다. 지혜를 크게 발휘토록 하라. 나는 모든 것을 아는 체 하지 않을 것이니 너희도 멋대로 안일을 탐해서는 안 된다. 밤낮으로 정치에 힘쓰고, 나에게 은덕을 베풀고, 나라를 위해 크고 작은 계책을 잘 풀어 막히지 않게 하라. 나에게 선왕의 훌륭한 덕을 고하고 그를 황천에 밝게 밝히고 천명을 삼가 이어 천하 사방을 편히 잘 다스려 우리 선왕에게 근심을 끼치게 하는 일이 없게 하라."

4백자 가까운 장문으로 이뤄진 「모공정」은 이어 정치의 실제에 대해 언급하면서 세금을 거둘 때 생활력이 없는 사람의 경우를 고려하고, 관기를 바로 잡아 음주를 삼가게 하고, 모든 일을 선왕의 규범에 따를 것 등을 훈계하고 있다. 같은 시기에 나온 시편 중에 이와 유사한 대목이 많이 나온다. 『서경』「주서·문후지명文侯之命」도 이와 유사한 내용으로 이뤄져 있다. 「문후지명」은 모공정보다 70-80년 이후에 성립된 것이다. 이를 통해 서주 시대 말기에 이르러서는 이미 천명이 국가의 흥망과 직결되어 있다는 생각 이 널리 퍼져 있었음을 알 수 있다.

춘추전국시대에 이르러 제자백가는 '티엔'에 대해 각기 다양한 해석을 내렸다. 도가의 경우는 '티엔' 위에 '따오道' 개념을 상정한 뒤 '티엔'을 '따 오'의 구체적인 표현으로 해석했다. '따오' 개념의 출현은 이신론적 신의 성 격을 띤 '티엔' 개념에서 유신론적有神論的 색채를 완전히 탈색시킨 그야말 로 완벽한 무신론無神論의 세계가 등장했음을 의미했다. 이는 곧 끊임없이 생장소멸生長消滅의 순환과정을 이행하는 우주만물의 이치를 뜻하는 것이 었다.

전국시대에 들어가 법가와 병가 모두 도가의 논리를 그대로 도입해 자 신들의 이론을 정치하게 다듬어 나갔다. 유가 역시 '따오' 개념을 도입해 '티 엔'을 새롭게 정의하고 나섰다. 유가에서는 도가와 달리 '따오'를 '티엔'의 상 위개념으로 상정하지 않고 같은 수준에 있는 동일한 개념으로 상정했다. 천 도天道 개념이 등장케 된 이유가 바로 여기에 있었다. 그러나 결과적으로 보 면 유가가 내세운 '천도' 개념 역시 도가와 마찬가지로 '티엔' 개념에서 유 신론적 색채를 탈색시키는 결과를 초래했다.

일각에서는 주나라 때의 제사가 정치의 중요한 일부였다는 점을 지나치 게 강조한 나머지 주나라 역시 은나라와 마찬가지로 신권정치를 펼친 것으 로 보고 있으나 이는 잘못이다. 주나라 때의 최고신인 '티엔'은 은나라 때의 '띠'와 달리 이미 조상신의 색채가 탈색되어 있었다. '티엔'에 대한 제사를 주관하는 주왕 역시 '띠'를 제사지낸 상왕과 달리 샤만의 성격이 완전히 배 제되어 있었다. 이점이 바로 은나라와 주나라가 많은 것을 공유하면서도 커 다란 차이점을 보이게 된 가장 근원적인 배경이 되었다고 할 수 있다.

사상사적으로 볼 때 주나라의 성립을 계기로 만들어진 '티엔'사상의 가장 큰 특징은 합리적 정신을 도입해 정치를 종교로부터 분리시킨데 있다. 이는 서양에서 마키아벨리가 16세기에 비로소 정치를 종교로부터 분리시킨 것과 비유할 수 있다. 동양은 서양보다 2천 년 전에 이미 정치를 종교에서 분리시키는 작업을 행한 셈이다.

하늘의 뜻이 민의를 매개로 표출된다는 것은 곧 인간 존재의 근거가 인간의 덕성에 있다는 자각에서 나온 것이다. 인간의 덕성이 인간 존재의 근원으로 간주되었다는 것은 곧 인간 이성에 대한 신뢰가 형성되었음을 말한다. 공자는 바로 이를 체계화한 최초의 사상가였다고 할 수 있다.

이에 대해 시라카와는 축사의 학문에서 출발한 공자는 사상가로서 한계가 있었고, 백성을 매개로 하늘의 뜻을 나타낸다는 정치사상으로서의 '천'사상을 완성시킨 사람은 바로 맹자였다고 주장했다. 그는 공자가 『논어』「헌문」과 「팔일」, 「술이」 등에서 덕의 근원이 '티엔'에 있다고 언급하면서도 이를 체계화된 정치사상으로 표현치 못했다고 보았다.

그러나 이는 공자가 『논어』에서 말한 '천'과 맹자가 말한 '천명'의 차이를 제대로 파악치 못한데서 나온 억견이다. 공자가 말한 '천'은 기본적으로 '외천명畏天命'의 대상이었다. 공자는 인격신의 성격을 지닌 '티엔'을 단호히 거부하면서 이를 경원敬遠했다. 제사의 대상으로 삼아 경의를 표하는 것은 가하나 이를 인간의 삶을 주재하는 실재로 간주해 신앙의 대상으로 삼는 것을 반대한 것이다. 이에 대해 맹자는 '티엔'에 잔존해 있던 인격신의 성격을 극대화한 '천명'을 강조했던 것이다. 이는 『맹자』「만장 하」에 나오는 그의 언급을 보면 쉽게 알 수 있다.

"옛날에 요가 순을 하늘에 천거하자 '천'이 이를 받아들였고, 백성들에게 드러내 보여주자 백성들이 이를 받아들였다. 그래서 말하기를, '천은 말을 하지 않고 행사로써 보여줄 뿐이다.'라고 하는 것이다."

위정자가 '천'의 덕을 닦으면 자연스레 백성의 지지를 얻을 수 있고, 이로 인해 '천'의 뜻이 작동케 된다는 맹자의 천명 개념은 바로 인격신의 흔적을 지니고 있던 주나라 초기의 '티엔' 개념을 부활시킨 것이다. 맹자가 활약하는 전국시대 중엽에는 '천' 개념에 잔존해 있던 인격신의 요소는 사실상 사라졌다고 해도 과언이 아니다. 그럼에도 맹자는 '천명'을 들먹이며 주나라 초기의 '티엔' 개념을 부활시킨 것이다. 맹자의 천명 개념은 그의 형이상학적 해석으로 인해 오히려 퇴영退嬰한 것으로 보아야 한다.

이를 통해 알 수 있듯이 공자사상은 바로 전래의 전통문화를 계승하면서도 이를 고식적으로 답습한 것이 아니라 그 정수를 축출해 집대성한데서 가능했던 것이다. 그가 사숙을 열어 많은 고전을 정비해 '군자학'의 기본교과목을 정립하고 이들 토대로 제자들을 육성할 수 있었던 것도 바로 이 때문이라고 할 수 있다. '유학'이 '군자학' 내지 '치평학'의 별칭으로 통용된 사실이 이를 뒷받침한다.

제2항 공자사상의 구성

1) 인문주의人文主義

공자가 이상적으로 생각한 '군자의 치평'은 국가 및 천하단위에서 이뤄지는 인간의 정치적 행위를 말한다. 이는 기본적으로 인간에 대해 전폭적인 신뢰 위에서 출발하고 있다. 공자는 자신의 인간에 대한 이러한 신뢰를 '인仁'으로 표현했다. '인인人人'을 합성한 이 글자는 사람간의 신뢰 위에서 생성된 인간성을 의미한다. 그는 평생을 두고 이 '인'을 실현키 위해 헌신했다. '인'이 실현된 상태를 '성인成仁'이라고 한다. 이는 공자가 이상적인 위정자로 상정한 군자君子가 평생을 두고 지향해야 할 목표이기도 했다. 공자사상에서 차지하고 있는 '인'의 의미가 얼마나 막중한지를 이를 통해 쉽게 알수 있다.

그러나 공자는 특이하게도 생전에 '인'에 대한 구체적인 개념정의를 내리지 않았다. 『논어』 5백 장章 중 '인'을 언급한 대목이 모두 60여 곳에 달하나 모두 간접적인 언급에 불과할 뿐이다. 이는 공자가 '인'을 직접적으로 설명하기보다는 구체적인 사례를 들어 제자들이 각자 그 의미를 천착토록하는 방식을 택한데 따른 것이다. 그는 이 방법이 '인'을 이해하는데 훨씬효과적이라고 판단했음에 틀림없다.

공자가 생각한 '인'은 머리와 책 속에 들어 있는 추상적인 개념이 아니라 일상생활 속의 다양한 인간관계에 내재해 있는 매우 실천적인 개념이었다. 이는 삼라만상에 두루 내재해 있다고 간주한 절대불변의 진리인 성리학의 '천리天理' 개념과 현격한 차이가 있다. 공자의 '인'은 바로 인간에 대한전적인 신뢰가 선행되어야만 실현가능한 덕목이었다. 이는 인간 자체의 영원한 승리를 의미한다.

『논어』에 나오는 공자의 '인'은 서인恕人와 애인愛人, 지인知人 등으로 표현돼 있다. '인' 속에 타자인 상대방을 자신을 대하듯이 사랑하고, 용서하고, 이해한다는 의미가 모두 포함되어 있다. 공자의 '인'은 내용상 소크라테스의 지知, 부처의 자비慈悲, 예수의 애愛 등과 상통하면서도 이를 총괄적으로 내포하고 있다는 점에서 매우 특이하다고 할 수 있다.

그러나 후대의 성리학은 인간의 감성을 인욕人欲으로 간주해 타기 대상으로 삼음으로써 공자의 '인'을 크게 왜곡시켜 놓았다. 원래 공자의 '인'은인간의 자연스런 성정을 억압하는 일체의 편견을 배격한 것은 물론 인간성과는 동떨어져 있는 귀신의 존재도 부정했다. 이는 그가 괴력난신怪力亂神에대한 언급을 극도로 꺼린 사실을 통해 쉽게 알 수 있다. 그렇다고 공자가사후문제와 내세문제 등을 전혀 생각지 않은 것은 아니다. 단지 '인'을 추구하는데 도움이 안 된다고 보아 치지도외한 것일 뿐이다.

성리학에서 말하는 태극太極과 무극無極 등의 개념은 도가에서 말하는 '무無'와 불가에서 말하는 '공空'의 개념을 차용한 것이다. 성리학은 무극과 태극 개념에 기초한 '이기론理氣論'과 '천리인욕설'을 내세워 '치평'의 이치는 물론 삼라만상에 대한 궁극적인 해답을 찾아냈다고 주장했다. 조선조의 개국공신 정도전鄭道傳이 『불씨잡변佛氏雜辯』을 통해 불교의 폐해를 신랄하게 비판하면서 성리학에 의한 새로운 질서를 주창한 것도 같은 맥락에서 이해할 수 있다. 이는 마치 중세 서양의 교부철학敎父哲學이 출세간의 문제를 다루는 신학을 세속의 문제까지 해결하는 정치학으로 원용한 것에 비유할 수 있다.

고금의 사례를 통해 확인할 수 있듯이 '치평'이 본령인 통치와 '괴력난신'의 문제를 본격적으로 다루는 종교가 결합할 경우 양측 모두 심각한 부패를 초래할 수밖에 없다. 중국은 일찍부터 공자사상의 세례를 받아 '괴력난신'에 대한 관심을 차단한 채 인간관계를 중심으로 한 세속의 문제를 탐구하는데 모든 노력을 경주했다. 중국에서 이미 수천 년 전에 '치평학'이 탄생케 된 배경이 바로 여기에 있다. 이는 말할 것도 없이 '괴력난신'에 관한 관심을 차단한 채 모든 관심을 오직 인간세의 문제 해명에 집중 투여한 데 따른 것이다. 이미 동서 석학의 연구에 의해 훤히 드러났듯이 서양이 그토록 자랑하는 자유와 평등, 박애 등의 이념이 사실 중국사상의 세례를 받은 데서 나온 것이다.

자유와 평등, 박애 등의 이념은 기본적으로 인간성에 대한 깊은 통찰과 인간의 이지理智에 관한 철저한 신뢰가 없으면 나올 수가 없는 것으로 17세기 이전만 하더라도 오직 중국을 위시한 동아시아밖에 존재하지 않았다. 공자사상이 동서고금의 모든 사상을 통틀어 가장 인간중심적인 사고체계를 갖추게 된 이유가 바로 여기에 있다.

공자의 '인'은 인간과 세상에 대한 관계에서 편재해 있는 까닭에 구체적으로는 인간과 인간, 인간과 자연, 개인과 국가사회, 자아와 타자 등의 총체적인 관계에 대한 고찰에서 출발하고 있다. 여기에서 인간은 모든 관계의 중심에 서 있다. 중국사상의 특징을 이루고 있는 '인귀人貴'사상은 바로 공자의 '인' 개념에서 나온 것이다.

'인귀'사상은 인간을 자연과 국가사회의 중심으로 간주하는 것을 말한다. 역사문화의 주체이자 창조자는 어디까지나 인간이다. 공자의 '인'에도 천지가 등장하기는 하나 이는 어디까지나 인간을 중심으로 하여 존재하는 자연의 하늘과 땅일 뿐이다. 공자의 '인'에는 맹자의 '천도'와 성리학의 '천리' 개념은 존재하지 않는다. 『논어』「공야장」에 나오는 자공의 다음 언급이 그 증거이다.

"부자夫子의 문장文章은 가히 들을 수 있었다. 그러나 부자가 인성人性과 천도天道를 얘기하는 것은 들을 수 없었다."

이를 통해 알 수 있듯이 공자는 인간을 배제한 하늘을 얘기한 적이 없다. 인관과 관계하지 않는 천지만물은 하늘과 땅을 포함해 단지 자연의 존재에 불과할 뿐이다. 천지만물은 인간이 중심에 서야 비로소 그 존재가치를 인정받게 된 것이다. 천지 속에 존재하는 국가사회의 존재 역시 인간을 그 중심에 놓았을 때 비로소 그 존재가치를 인정받게 된다.

공자사상에는 천국天國과 신국神國이 존재할 여지가 없다. 지상의 모든 나라는 인간이 중심이 된 인국人國일 뿐이다. 설령 천국과 같은 신국을 내세울지라도 그것은 인국의 복사판에 지나지 않았다. 19세기 중엽에 출현한 이른바 태평천국太平天國이 기독교의 '천국'을 모방했음에도 불구하고 중국 전래의 '인국'으로 운영된 것이 그 실례이다.

공자사상에 나타나는 인간은 단순히 우주 삼라만상에 그저 점과 같이 존재하는 하찮은 존재가 아니었다. 인간은 우주의 중심에 서 있는 까닭에 모든 존재를 적극적으로 해석하고 우주를 조화롭게 창조해 나가는 주체가 된다. 공자의 '인'에 내재된 인문주의사상의 웅혼한 면모를 여기서 극명하게 확인할 수 있다.

이는 기본적으로 인간의 합리적인 이지에 대한 전폭적인 신뢰가 전제되었기 때문에 가능한 것이다. 그가 자신의 가르침을 종교화하지 않은 이유가 여기에 있다. 전국시대 중기에 들어가 유가에 대칭되는 제자백가로 등장한 묵가의 경우는 인격신인 이른바 '티엔天'을 상정함으로써 사실상 종교화의 길로 나아갔다.

그러나 유가는 비록 맹자가 천도를 적극 해석하고 나섰음에도 불구하고 결코 그런 길로 나아가지는 않았다. 후대의 성리학이 '천리'를 내세워 '괴력난신'에 관한 가장 깊숙한 탐색을 시도했으면서도 결코 종교로 나아가지 않은 것 또한 같은 맥락에서 해석할 수 있을 것이다. 중국의 경우는 서양보다 무려 2천여 년이나 앞서 인간을 중심으로 하는 계몽주의 시대가 이미 전개되었던 셈이다. 이는 『논어』「옹야」에 나오는 지知에 대한 공자의 언급을 통해 쉽게 확인할 수 있다.

"백성들을 의롭게 만드는데 힘쓰고, 귀신을 경원敬遠하면 가히 '지'라고 할 수 있다."

여기의 '경원'과 관련해 종래 귀신을 존경하면서도 귀신으로부터 초연한 태도로 풀이하는 것이 일반적인 해석이었다. 대략 '경원'은 군주나 상관을 대하는 것과 마찬가지로 귀신에게도 합당한 것은 모두 해야 하나 그 이상의 것은 안 된다는 뜻으로 풀이하는 것이 타당할 것이다.

공자가 활약하는 춘추시대 말기만 하더라도 열국 모두 귀신을 섬기는 제사를 매우 중시했다. 그러나 공자는 귀신을 경원하는 방법을 제시함으로써 백성을 다스리는 통치문제와 신을 받드는 제사문제를 분명히 구분하고 나선 것이다. 그는 정치와 종교의 분리가 '지'라고 언명함으로써 종교로부터 학술문화의 해방을 분명히 하고 나선 셈이다.

이를 통해 알 수 있듯이 공자의 '인'은 바로 '지'와 불가분의 관계를 맺고 있다. 공자의 '인'사상이 지니고 있는 특징 중 하나가 바로 '인지합일仁知合一'이다. 공자의 '지'가 '인'과 어떤 관련을 맺고 있는지는 「선진」에 나오는 다음과 같은 일화를 보면 분명히 확인할 수 있다.

하루는 자로가 귀신을 섬기는 마음가짐을 묻자 공자가 이같이 대답했다.

"사람을 제대로 섬기지 못하는데 어찌 능히 귀신을 섬길 수 있겠는가?"

자로가 또 물었다.

"감히 죽음에 대해 묻고자 합니다."

공자가 대답했다.

"삶도 제대로 알지 못하는데 어찌 죽음을 알 수 있겠는가?"

공자의 이러한 태도를 통해 그가 말하는 '인'은 인간의 문제를 초월한 사안을 배제할 줄 아는 '지'에서 출발하고 있음을 확연히 파악할 수 있다. 공자사상이 인간의 문제와 초월적인 문제를 구별할 줄 아는 '지'를 기초로 인간 중심의 인문주의에 충실한 이유가 바로 여기에 있다. 그렇다면 보다 구체적으로 '인'의 기초가 되고 있는 '지'는 과연 어떤 것을 말하는 것일까? 「위정」에 나오는 공자의 언급에 그 해답이 있다.

"유由야, 너에게 안다는 것이 무엇인지 가르쳐 주겠다. 아는 것을 안다고 하고, 모르는 것을 모른다고 하는 것이 바로 아는 것이다."

'지'에 관한 공자의 언표 중 가지可知와 불가지不可知를 구별해 말하는 바로 '지'라고 말한 이 대목만큼 명쾌한 설명은 없다. 그러나 공자가 말한 '지'는 단순히 가지와 불가지를 구별하는 수준에서 그치는 것이 아니다. 그가 말한 '지'는 기지旣知를 바탕으로 미지未知를 예견하고, '가지'를 바탕으로 '불가지'를 탐구하는 수준에 이르는 것을 뜻하는 것이다. 「술이」에 나오는 공자의 다음 언급이 그 실례이다.

"아마도 그 이치를 알지도 못한 채 행하는 사람이 있을 것이다. 나에게는 그런 것이 없다. 많이 들으면서 그 중 좋은 것을 가려 좇고, 많이 보면서 그 중 좋은 것을 가려 기억해 두는 것이 지식을 얻는 순서이다."

'지'란 바로 견문한 바의 경험을 토대로 좋은 것을 골라내는 활동임을 지적한 셈이다. 이는 공자의 '인'이 합리적이면서도 이성적인 '지' 위에 성립해 있을 뿐만 아니라 '지'를 판별하고 실천하는 주체가 바로 인간 자신이라는 사고 위에 서 있음을 보여주는 것이다. 공자는 「이인」에서 '지'를 바탕으로 하지 않은 '인'은 불완전할 수밖에 없다고 지적한 바 있다.

"불인자不仁者는 오랫동안 곤궁한 곳에 처하지 못하고, 오랫동안 즐거움에 처하지 못한다. 인자는 '인'을 편히 여기고, 지자는 '인'을 이롭게 여긴다."

'인자'와 '지자'가 두 개의 실체가 아닌 하나의 실체임을 여실히 보여주는 대목이다. 많은 사람들이 요산요수樂山樂水에 나오는 '인자'와 '지자'를 두 개의 실체로 나눠 해석하는 오류를 범하고 있듯이 이 대목에서도 유사한 오류를 범하고 있다. 이 대목에 나오는 '불인자'는 '인'을 체득하지 못한 자를 말한 것이기는 하나 사실 '지'가 뒷받침되지 못한 사람을 의미한다고 보는 것이 옳다.

훗날 맹자는 공자의 '인지합일'을 해체해 '인'의 발단은 측은지심惻隱之心, '지'의 발단은 시비지심是非之心에 있다고 규정했다. 그러나 그가 말한 '인'에는 공자사상에 나오는 '인'과 같은 통일적인 사고가 결여되어 있다. 공자는 결코 인·의·예·지와 같은 덕목이 인간의 본원적인 인성이라고 말한 적이 없다. 공자가 말한 인·의·예·지와 같은 덕목은 인간의 본성 차원에서 언급한 것이 아니라 인간이 타인 및 국가사회를 비롯한 일체의 타자와의 관계 속에서 체현하는 덕목을 언급한 것이다.

공자가 언급한 '인'의 덕목에는 사실 맹자가 말한 인仁·의義·예禮·지知 이외에도 수많은 덕목이 두루 포함돼 있다. 그 중에서도 '지'가 '인'과 가장 밀접하게 연결돼 이른바 '인지합일'의 구조를 이루고 있는 것이다. 공자처럼 '지'를 강조한 사람은 드물다. '지'는 오랫동안 교양의 단련을 쌓아 이뤄지는 것이다. 『논어』에 '지'처럼 '인'과 함께 자주 등장하는 덕목도 드물다.

이를 통해 알 수 있듯이 공자가 말한 인간의 여러 덕목 중 인·의·예·지만을 떼어내 이른바 4덕四德으로 좁혀 해석할 필요가 하등 없는 것이다.

본래 맹자가 '4덕'을 떼어내 4단설四端說을 만들어낸 것은 자신이 주창한 왕도王道를 뒷받침하기 위해서였다. 성리학은 여기서 한 발 더 나아가 '4단설'을 극히 추상적인 '천리인욕설'과 결합시켜 '이기론'을 만들어낸 뒤 인간의 자유로운 성정을 억압했다. 여기서 공자사상에 대한 일대 왜곡이 빚어졌다.

　　원래 맹자가 역설하는 인의仁義 개념은 묵자의 창견創見을 멋대로 끌어다 쓴 것이다. 4단설을 인용해 '인'을 '측은지심'의 본원으로 축소시켜 놓은 뒤 수오지심羞惡之心의 본원으로 간주되는 '의'와 결합시킨 결과다. 맹자는 이 '인의'야 말로 통치의 핵심이고 '왕도'를 이룰 수 있는 모든 것이라고 주장했다. 그러나 사실 그가 말한 '인의'는 사실 공자의 권위에 가탁해 자신이 말하고자 하는 '의'를 강조한 것에 불과하다. '인의'에서 강조되고 있는 것은 어디까지나 '인'이 아닌 '의'이다.

　　그러나 『논어』를 보면 '인의'와 같이 '인'과 '의'가 함께 붙어 있는 구절은 단 한 구절도 없을 뿐만 아니라 '의'가 '인'과 같은 대목에서 기술되어 있는 것도 겨우 몇 대목에 불과하다. 『논어』에 나온 용례에 비춰볼 때 '인'과 '의'는 개념이 완전히 다른 것이다. '인'은 통상 '예악禮樂' 및 '지'와 함께 기술되어 있는 반면에 '의'는 '이利'에 대칭되는 개념으로 사용되고 있다. 이는 '의'가 대개 세속적인 '이록利祿'에 초연한 '불호리不好利'의 뜻으로 사용되었음을 의미한다. '인'을 '지'가 아닌 '의'와 결합시킨 맹자의 '인의'는 공자의 '인'에 대한 중대한 왜곡이다.

　　공자가 말한 '지'는 '인'에 이르는 대전제로 기능하고 있다. 이를 칸트의 개념을 원용해 풀이하면 순수이성인 '지'가 실천이성인 '인'과 유기적으로 통일되어 있다고 해석할 수 있는 것이다. 공자의 '지'는 '학學'과 표리의 관계를 이루고 있다. 이는 「양화」에 나오는 다음 대목이 뒷받침한다.

　　"인仁만 좋아하고 배우기를 좋아하지 않으면 어리석게 되고, 지혜만 좋아하고 배우기를 좋아하지 않으면 방자하게 된다."

공자는 여기서 '인지합일'의 단계에 이르기 위한 전제조건으로 '호학好學'을 거론하고 있다. 공자의 '인'이 '학지學知'와 얼마나 불가분의 관계를 맺고 있는지를 이를 통해 확인할 수 있다. 그러나 '학'은 반드시 '사思'와 연결되어야만 한다. 공자는 「위정」에서 그 이유를 이같이 설명해 놓았다.

"배우되 생각하지 않으면 어둡고, 생각하되 배우지 않으면 위태롭다."

공자가 말하는 '지'는 반드시 '학'과 '사'의 겸행兼行을 통해 얻을 수 있는 것이다. 단순히 배우는 것만으로는 결코 진정한 '지'를 얻을 수 없는 것이다. '학'과 '사'가 함께 어우러져 '지'가 이뤄져야만 비로소 '인지합일'의 단계에 접어들 수 있는 것이다.

공자의 제자 중 '학'과 '사'의 겸행을 가장 잘 한 사람으로는 안회를 들 수 있다. 공자가 '인'을 구현한 구체적인 사례로 안회를 자주 거론한 것은 그가 '학'과 '사'의 겸행을 통한 '호학'의 풍도를 보인데 있었다. 이는 공자의 모습을 닮은 것이기도 했다. 「옹야」에는 제자들 중 가장 '호학'한 인물을 묻는 노애공의 질문에 대한 공자의 답변이 실려 있다.

"안회라는 사람이 배우기를 좋아했습니다. 노여움을 옮기지 않고 두 번 다시 잘못을 저지르지 않았습니다. 다만 불행히도 명이 짧아 죽고 말았습니다. 지금은 그와 같은 사람이 없어 아직 배우기를 좋아하는 사람이 있다는 얘기를 듣지 못했습니다."

안회는 '일단사일표음一簞食一瓢飲(가난한 생활 속에서도 전혀 구애받지 않고 학문하는 즐거움)'에 젖어 있었다. 그는 '호학'했기 때문에 공자로부터 '인'을 체현한 인물로 칭송을 받은 것이다. 그렇다면 구체적으로 '인지합일'의 단계에 이르렀을 때의 공효功效는 무엇일까? 개인적 차원의 자아 완성에 그치는 것인가, 아니면 그 이상의 무엇이 있는 것인가? 「안연」에 나오는 공자의 다음 언급이 그 해답이다.

"극기복례克己復禮(자신을 억제해 예로 돌아감) 하는 것이 인이다. 하루만이라도 극기복례하면 천하귀인天下歸仁(천하가 모두 인으로 돌아감)을 이룰 수 있다. 이를 이루는 것은 자신에게서 비롯되는 것으로 어찌 다른 사람에게서 비롯될 수 있겠는가!"

이를 통해 '인지합일'의 경지가 바로 '극기복례'이고, 그 구체적인 공효는 '천하귀인'이고, 이를 이루는 단초는 자기 자신에게 있다는 사실을 알 수 있다. 이 대목은 공자사상의 핵심인 '인'이 이루고자 하는 궁극적인 목표가 무엇이고, 공자가 왜 전 생애를 바쳐 '치평학'의 정립에 헌신했는지를 밝혀주는 매우 귀중한 대목이다.

그렇다면 '극기복례'는 구체적으로 무엇을 말하는 것일까? 많은 사람들이 '극기복례'를 '인지합일'의 경지에 이르는 방법론 내지 실천론으로 알고 있다. 그러나 이는 잘못이다. 공자는 '극기복례'와 관련해 단 하루만이라도 이를 성사시킬 수만 있다면 '천하귀인'의 엄청난 공효를 이룰 수 있다고 언급했다. 이는 '인'의 지극한 공효를 말한 것이지 결코 방법론을 언급한 것이 아니다. 만일 이를 방법론으로 간주케 되면 어느 날 갑자기 미륵彌勒이 출현해 중생을 반야의 피안으로 이끌거나 메시아가 갑자기 출현해 천년왕국을 열게 된다는 식의 설법과 다를 바가 없게 된다. 이는 인간을 중심으로 하여 삼라만상과의 상호관계를 천착한 공자의 기본 입장과 배치된다.

그런데도 왜 아직까지 많은 사람들이 '극기복례'를 '인지합일'에 이르는 방법론으로 생각하고 있는 것일까? 이는 말할 것도 없이 성리학으로 인한 것이다. 주희는 '극기복례'의 '극기克己'를 두고 '극욕克欲'으로 해석했다. 그러나 공자는 자신의 욕망을 극복하거나 없애라고 주장한 적이 없다. 단지 과도하게 노출되는 것을 경계했을 뿐이다. 이는 순자가 예禮로써 '제욕制欲'할 것을 강조한 것과 같은 맥락이다. '극기'는 후한제국 말기의 마융馬融의 해석을 좇아 자신의 몸을 스스로 단속하는 일종의 '수기修己'로 해석하는 것이 타당하다.

그렇다면 '복례'는 무엇을 의미하는 것일까? '복례'는 '수기'를 통해 예禮로 상징되는 정치공동체의 기본질서로 돌아가는 것을 뜻한다. 이는 개인의

'수기'와 국가사회질서가 유기적으로 합일된 상태를 말한다. 순자가 말하는 '융례隆禮'가 이에 해당한다. '복례'는 곧 순자가 말한 '예치禮治'의 취지가 구현된 상태를 의미하는 것이다. 『순자』「강국彊國」에는 전국시대 말기의 최대 강국인 진秦나라에 대한 순자의 다음과 같은 비평이 실려 있다.

"순수하게 유도儒道를 쓰면 왕자가 되고, 유도가 다른 것과 섞이면 패자가 되고, 아무 것도 없으면 망한다."

이는 진나라가 비록 법가사상에 기초해 부국강병을 이뤄 천하를 호령하게 되었으나 법치만으로는 천하를 제대로 통합시킬 수 없음을 주장한 것이다. '예치'는 법치를 포함할 수 있으나 법치를 '예치'로 대체할 수 없다는 뜻을 담고 있다. 순자가 강조한 '예치'는 백성 개개인과 국가공동체가 상호 통일적으로 조화를 이룬 상태를 궁극적인 목표로 삼고 있다.

이를 통해 '극기복례'는 바로 '수기치인修己治人'으로 요약되는 공자의 '치평' 이념이 조화롭게 실현된 상태를 의미한다는 사실을 쉽게 확인할 수 있다. 공자가 단 하루라도 '극기복례'가 이뤄지면 천하가 '인'으로 돌아가는 이른바 '귀인歸仁'의 상태가 나타난다고 언급한 이유가 바로 여기에 있다.

주희는 '극기'를 '극욕'으로 해석한데 이어 '복례'마저 '수제' 차원의 가례家禮로 간주함으로써 '수기치인'이 이뤄진 결과를 뜻하는 '극기복례'를 '인'을 이루는 수단 정도로 격하시켜 버린 셈이다. 조선조 때의 사대부들이 이른바 『주자가례朱子家禮』를 원용해 국가통치문제까지 해결하려고 하는 잘못을 저지른 이유가 바로 여기에 있었다. 주희는 맹자에 이어 공자사상의 핵심인 '인' 개념을 왜곡하는데 결정적인 공헌을 한 셈이다.

공자가 말한 '극기복례'는 곧 '극기'인 '수기'와 '복례'인 '치인'이 통일적으로 결합돼 군자의 위정爲政이 궁극적인 목표로 삼고 있는 '지치至治'의 경지에 도달한 것을 의미한다. 공자가 '천하귀인'을 '극기복례'의 구체적인 표현으로 언급한 사실이 이를 뒷받침하고 있다. 공자 통치사상의 핵심이 바로 '극기복례'에 있다고 해도 과언이 아닌 것이다. 그렇다면 '극기복례'는 어떻게 이루는 것일까?

이에 대해 공자는 '극기복례'는 어디까지나 다른 사람이 아닌 자기 자신으로부터 비롯되는 것이라고 말했다. 공자가 제자들에게 작은 예절에 얽매여 대의를 읽지 못하는 '소인유小人儒'가 되지 말고 '군자유君子儒'가 되라고 주문한 이유가 바로 여기에 있다. 공자는 생전에 신분고하를 막론하고 배움을 청하는 모든 사람들에게 '군자학'을 가르쳤다. 이는 군자의 길로 들어서고자 뜻을 세운 모든 사람에게 올바른 길을 제시해 그들이 모두 뜻을 성취토록 돕고자 하는 공자의 기본 취지가 반영된 결과이다.

공자는 이 대목에서 각 개인이 국가공동체의 일원으로서 주체적인 자각을 통해 '극기복례'와 '천하귀인'으로 표현된 '수기치인'의 군자가 되어 천하를 다스리는 상황을 '예치'의 개념으로 표현한 것이다. 예를 중시한 공자의 이런 '융례隆禮' 입장은 훗날 순자의 '예치'사상으로 집대성되었다. 공자가 '융례'의 '극기복례'를 언급한 것은 기본적으로 '괴력난신'을 멀리하고 인간 세상에 모든 관심을 집중시킨 결과이다. 인간을 사고의 중심에 놓는 그의 인문주의적 특징이 극명하게 드러나는 대목이다.

원래 '예'는 신령에게 바치는 귀한 물건을 담는 제기를 뜻하는 상형문자에서 나온 것이다. 이는 제사에 사용되는 제의祭儀의 의미로 전용되었다. 그러나 종교적인 의식의 범위가 너무 넓었기 때문에 '예'가 때로는 적절한 행위 일반을 의미하는 용어로 사용된 것도 별로 이상한 일이 아니었다. 당시 국가제사는 군주가 주재했고, 원정 때에는 무기가 저장돼 있던 종묘와 사직에서 출정의식을 가졌다. 원정이 끝난 후 승전이 보고되고 장군이 포상되는 곳도 종묘였다. 외교협상도 종묘에서 이뤄졌다. 외교적인 연회도 그곳에서 베풀어졌다. 이는 조상의 신령이 인간의 길흉화복에 직접 개입하고 있다는 믿음에 따른 것이었다.

공자가 말한 '예'는 그 이전의 용례보다 행동규범이라는 의미가 훨씬 강화된 개념이다. 그의 '예'는 주로 제의 개념보다는 내부의 '인심仁心'이 밖으로 표현된 개념으로 사용되었다. '인심'을 가진 사람이 아니면 '예'와는 아무 관계가 없었던 것이다. 공자가 형식적인 '예'를 혐오한 것은 바로 이 때문이었다. 「팔일」에 나오는 다음 대목이 이를 뒷받침한다.

"예는 사치스럽기보다는 차라리 검소해야 하고, 상사喪事는 잘 치르기보다는 차라리 애도의 분위기가 있어야 한다."

공자는 죽은 사람을 위한 상례에도 모든 격식을 세세히 지키는 것보다는 진심에서 우러나오는 슬픔이 보다 중요하다고 강조한 것이다. 공자가 외형적인 '예'를 얼마나 혐오했는지는 『예기』 「예기禮器」에 나오는 다음과 같은 대목을 보면 대략 짐작할 수 있다

"지극히 공경하는 곳에는 문식文飾을 하지 않는다. 천자가 지니는 구슬인 대규大圭는 조각하지 않고, 대갱大羹에는 조미료를 넣지 않는다."

이는 공자가 말한 '예'의 본질이 어디에 있는지를 잘 보여주고 있다. 공자가 숭상한 '예'는 '인심'이 밖으로 드러난 자연스러움에 있었다. 이는 구체적으로 어떤 상황에서도 적절한 행동을 취하는 것을 뜻한다. '예'는 실제 행동에 대한 일종의 평형으로 과부족을 모두 방지하고 사회적으로 유용한 중도의 행동을 인도한다. 「태백」에 나오는 공자의 다음 언급이 이를 뒷받침한다.

"공손하되 무례하면 수고롭게 되고, 신중하되 무례하면 두려움을 갖게 되고, 용맹하되 무례하면 어지럽게 되고, 강직하되 무례하면 조급해진다."

친구지간에 조심성이 없으면 오히려 우정을 해칠 수 있다. '예'는 군신관계를 비롯해 부자관계와 부부관계 등 모든 인간관계에서 지나치게 친닐親昵에 흘러 어지럽게 되는 것을 방지하는 기능을 수행한다. 이는 '악樂'이 인간관계가 형식적인 '예'로 인해 지나치게 경색되는 것을 방지하는 기능을 수행하는 것에 비유할 수 있다. '예'와 '악'이 불가분의 관계를 맺고 있는 이유가 바로 여기에 있다. '예'와 '악'은 하나로 통일되어 인간관계를 적절하게 유지시키는 기능을 수행하는 것이다. 그러기 위해서는 '예'가 시공의 차이에 따

라 매우 유연한 모습을 보일 필요가 있다. 공자가 '예'에 대해 시종 융통성 있는 자세를 취한 이유다. 『예기』「예운」에 나오는 다음 구절이 '예'에 대한 공자의 기본 입장을 잘 드러내고 있다.

"예는 합당한 것을 구체적으로 표현한 것이다. 어떤 예일지라도 합당한 기준에 맞으면 설령 선왕의 관례에 없을지라도 가히 채택할 수 있다."

공자는 결코 고래의 예제를 고식적으로 추종하는 것을 원치 않았다. 그는 선왕의 관례에 없는 것은 물론 고래의 예제가 새 시대에 맞지 않으면 과감히 새로운 것을 취하고자 했다. 공자의 개혁적인 성향이 여실히 드러나는 대목이다.

그럼에도 후대에는 '예'가 형식적으로 고정된 모습으로 나타나고 있다. 이러한 폐단은 성리학이 성립한 이후에 더욱 강화되었다. 이는 공자의 '예'와 다른 것이다. 공자는 '예'를 균형과 중용을 확고히 다짐으로써 어떤 위기 상황에서도 능히 대처해 나갈 수 있는 수단으로 생각했다.「옹야」에 나오는 공자의 다음과 같은 언급을 보면 이를 쉽게 알 수 있다.

"군자가 문文을 널리 배우면서 예로써 요약하면 또한 도에 어긋나지 않을 수 있다."

'지'를 강조한 공자가 '예'로써 요약할 것을 당부한 것은 '예'로써 요약치 않을 경우 체계적인 '지'를 갖출 수도 없고 '지'를 제대로 활용할 수도 없다는 판단에 따른 것이다. 공자가 제자들에게 지적인 교양을 연마하는 것과 동시에 '예'로써 다지기를 바란 것은 말할 것도 없이 '인지합일'을 이루기 위한 것이다.

공자는 '예'를 말할 때 항시 '악'을 덧붙여 말했다. 이는 원래 '제의'를 뜻한 '예'의 의식에 음악이 늘 곁들여진 역사적 맥락에서 비롯된 것이다. 공자는 음악의 교육적 효과에 착안해 '악'의 중요성을 거듭 강조했다. '악'은 '예'와 더불어 '군자'의 인격도야에 반드시 필요하다는 것이 공자의 기본적인 생각이었다. 당시 공자는 단순히 음악에 대한 교육을 강조한 데 그치지 않고 스스로 악기를 다루면서 음악에 대한 깊은 조예를 자랑했다. 그가 제자들에게 직접 음악을 가르쳤는지는 분명치 않으나 공문에서 높은 수준의 음악교육을 실시한 것만은 분명하다.

공문의 이러한 풍조는 음악의 가치를 교육에서 찾은 것으로 음악을 도덕 함양의 교육수단으로 적극 활용한 고대 그리스시대를 방불케 한다. 일찍이 아리스토텔레스는 『정치학』에서 청년들의 인격을 형성하는데 큰 도움이 되는 음악을 적극 교육할 것을 주장한 바 있다. 플라톤도 『국가론』과 『법률』에서 음악은 국가 차원의 관심사라고 주장한 바 있다. 두 사람 모두 공자와 마찬가지로 어떤 음악은 권장되고 어떤 음악은 추방되어야 한다고 생각했다. 음악의 중요성에 대한 인식은 동서양을 막론하고 일찍부터 공감대를 형성했던 셈이다.

물론 근대에 들어와 서양문화가 음악을 극도로 정치하게 발전시킨 것은 의문의 여지가 없다. 그러나 서양은 음악의 보다 깊은 의미에 대해 상대적으로 관심이 적었던 것이 사실이다. 공자의 경우는 이와 달랐다. 그는 음악을 감상할 때 그러한 음악을 만들고 연주하는 사람의 마음까지 헤아리기를 당부했다. 이는 인간에 대한 깊은 통찰을 주문한데 따른 것으로 짐작된다. 그럼에도 이후 동서양 모두 음악이 듣는 사람의 감정은 물론 그 사상에도 영향을 미친다는 것은 당연시하면서도 그 이상의 연구는 진척시키지 않았다.

공문에서 '예'와 '악'을 강조한 것은 이 양자가 국가통치에 매우 중요한 의식인데 따른 것이다. 이는 요즘의 말로 바꾸면 외교를 포함한 국례國禮로 볼 수 있다. 대내외적으로 국가의 위엄 및 안위와 직결된 국가대사에 해당한다. '예'와 '악'을 모를 경우에는 이를 제대로 대처할 길이 없는 것이다. 협곡의 회맹에서 뛰어난 외교력을 발휘해 노나라의 이익을 지켰던 공자로서는 그 누구보다도 '예'와 '악'의 필요성을 절감했을 것이다.

그렇다면 당시 공자는 맹자가 강조한 '천도'에 대해서는 어떻게 생각했던 것일까? 원래 공자는 비록 '괴력난신'을 멀리했으나 귀신의 존재 자체를 부정했던 것은 아니다. 「술이」에 나와 있듯이 그는 송나라 사마 환퇴로 인해 곤경에 처했을 때 하늘이 자신에게 덕을 주었는데 환퇴 따위가 자신을 어찌하겠는가라고 호언한 바 있다. 또한 「자한」에는 광 땅에서 조난을 당했을 때 하늘이 도를 멸하려 하지 않는데 광 땅 사람들이 자신을 어찌하겠는가라고 말한 대목이 나온다. 이를 두고 후대의 유자들은 공자 역시 맹자와 같은 차원에서 '천명'을 언급한 것으로 간주했다. 그러나 이는 공자사상에 대한 왜곡이다.

원래 중국은 은나라 때만 해도 '띠帝'라는 인격신을 숭배했다. 은나라 사람들은 신령, 특히 조상의 신령이 인간의 운명을 지배한다고 믿었다. 이들은 재난을 피하고 복을 구하기 위해 제사를 올리고 점복을 통해 신령의 뜻을 헤아렸다. 그러나 은나라를 정복한 주족周族은 '띠'를 대신해 자신들의 최고신인 '티엔天'을 내세웠다. 백성들 사이에는 '티엔'과 '띠'가 동일시된 것으로 간주되었다. '티엔'이 하늘을 지배하는 '티엔띠天帝'로 간주된 배경이다.

그러나 춘추시대에 들어와 조약이 부단히 체결되었다가 파기되는 와중에 고통을 받는 쪽은 늘 조약을 위반한 쪽이 아니라 군사력이 약한 쪽이라는 사실이 보다 분명해졌다. 귀족의 명예를 상실하고 곤궁한 처지로 전락한 것 또한 조상신의 영험에 깊은 회의를 던지도록 만들었다. 이러한 회의는 공자가 태어나기 이전에 널리 확산되어 있었다. 공자도 이런 사조의 영향을 적잖이 받았을 것이다. 그는 생전에 부모를 위해 3년 상을 입는 것을 당연시했다. 그러나 이것이 사후 세계에 대한 신앙을 의미하는 것은 아니었다. 『논어』에는 제사에 관한 얘기가 많이 언급되어 있으나 이는 공자가 단지 제사의 사회적 행위로서의 효용을 인정한 것에 불과할 뿐이다.

공자가 생각한 '천天'은 은나라 때의 '띠'와 달리 완전히 비인격적인 존재였다. 그럼에도 후대에는 이른바 '속유'들이 공자와 달리 미신적인 경향을 크게 띠었다. 이는 『묵자』「공맹公孟」에 나오는 묵자의 유가에 대한 비판을 보면 쉽게 알 수 있다.

"귀신이 없다고 주장하면서 제사지내는 예를 배우라고 하는 것은 마치 손님이 없는데도 손님 접대하는 예의를 배우라고 하는 것과 같고, 고기가 없는데도 고기 그물을 만드는 것과 같다."

공자가 세상을 떠날 무렵에 태어난 묵자는 유가의 이중적인 태도를 비판하면서 '천'의 의지를 뜻하는 천의天意 내지 천지天志를 강조했다. 묵가의 '천'은 마치 기독교의 '야훼'를 닮았다. 묵가의 주장은 전국시대에 크게 풍미했다. 난세에 심신을 의지할 길이 없었던 백성들은 묵가에서 말하는 '천의'에 의지하며 마음의 위안을 찾고자 했던 것이다.

그러나 공자가 생각한 '천'은 결코 묵자와 같은 종교적인 '천'이 아니라 도덕적 힘의 원천으로서의 '천'이다. 그는 결코 '천'이 속세의 일에 작용해 상벌을 내리는 식의 미신적인 주장을 한 적이 없다. 덕행에 대한 최대의 보상은 그것에 의한 마음의 평화와 다른 사람을 도움으로써 생기는 만족감에 불과할 뿐이다. 인간으로서 반드시 행해야 할 바를 행하는지 여부와 그 성패는 하등 직접적인 관계가 없다는 게 공자의 생각이었다. 공자는 천명이 군주의 덕행에 따라 상벌로 표현된다고 말한 적이 없다. 「계씨」에 나오는 그의 다음과 같은 언급을 보면 하늘에 대한 그의 기본 입장을 확인할 수 있다.

"군자에게는 세 가지 두려움이 있다. 천명天命과 대인大人(덕망이 높은 사람), 성인지언聖人之言이 그것이다. 소인은 천명을 알지 못해 이를 두려워하지 않고, 대인을 함부로 대하고, 성인지언을 업신여긴다."

공자의 하늘에 대한 기본 입장을 흔히 '외천명畏天命'이라고 한다. '외천명'은 우주의 기본원리를 도덕의 궁극적인 근거로 보는 자세를 말한다. 이는 묵자와 같이 인격신의 '천'을 말한 것도 아니고 맹자와 같이 인도에 대비되는 천도를 말한 것도 아니다. 이는 「양화」에 나오는 다음과 같은 일화를 보면 쉽게 알 수 있다.

하루는 공자가 제자들에게 이같이 말했다.

"나는 앞으로 말을 하지 않으려고 한다."

그러자 자공이 물었다.

"선생님은 말씀을 하지 않으면 저희들은 무엇을 기록해 후인에게 전할 수 있겠습니까?"

공자가 자공의 질문에 대해 이같이 반문했다.

"하늘이 무슨 말을 하던가? 사계절이 운행되고 만물이 태어나지만 하늘이 무슨 말을 하던가!"

이 대목에서 공자는 인간사 또한 우주의 로고스와 같은 이치에 의해 움직이고 있는데 구체적으로 더 이상 무엇을 중언할 필요가 있느냐는 취지를 밝힌 것이다. 공자의 '외천명'이 어떤 내용인지를 짐작케 해주는 대목이다. 공자의 '외천명'은 우주의 질서인 로고스를 인도人道의 이치와 동일시한 경건한 자세를 의미하는 것으로 결코 인격신에 대한 숭경을 의미하는 것이 아니다.

이는 공자가 상례喪禮 및 장례葬禮, 제례祭禮 등에 큰 관심을 기울였음에도 불구하고 '순장殉葬'과 '후장厚葬'을 반대한 사실을 통해 쉽게 확인할 수 있다. 공자가 생존할 당시까지만 해도 조상신은 번영과 재난을 관장하는 것으로 여겨졌다. 그러나 공자는 이런 것들을 모두 무시했다. 그는 인간의 성패에 관여하는 것은 세습적인 신분에 있는 것이 아니라 개인의 능력과 노력이라고 생각했다. 공문이 신분의 고하를 막론하고 '군자학'을 가르친 것도 위정자의 자격은 신분이 아니라 개인의 학덕 수행에 달려 있다는 공자의 신념이 반영된 결과이다. 이를 통해 당시 공자가 '천'을 도덕적 섭리 및 이상적인 우주의 조화라는 개념으로 사용했음을 확인할 수 있다.

그렇다면 공자는 '천'과 밀접한 관련이 있는 '명命'에 대해서는 어떤 생각을 갖고 있었던 것일까? 『논어』에 천명을 언급한 것은 「위정」의 '지천명知

天命'과 「계씨」의 '외천명畏天命' 두 곳 뿐이다. 그러나 여기의 '천명'은 맹자가 말한 '천명'과 다른 의미를 지니고 있다. 그렇다면 공자가 말한 '지천명'과 '외천명'의 '천명'은 맹자가 말한 '천명'과 어떻게 다른 것일까?

맹자는 기본적으로 천명이 인간사에 직접적으로 작용하는 것으로 생각했다. 후대의 유가들 역시 매우 미신적인 모습을 보였다. 그들은 인간의 길흉화복에 인간의 노력으로 좌우할 수 없는 미지의 운명이 작용하는 것으로 간주했다. 즉 노력으로는 어찌할 수 없는 운명이 작용하는 것으로 보았다. 『묵자』「비유非儒 하」에 전국시대 당시의 유가들의 미신적인 운명론을 신랄하게 비판한 대목이 나온다.

"유자들은 주장하기를, '수요壽夭 · 빈부貧富 · 안위安危 · 치란治亂은 본래 천명에 달린 것인 까닭에 덜거나 더할 수가 없다. 궁달窮達 · 상벌賞罰 · 행부幸否도 정해진 것이어서 인간의 지력知力으로는 어찌할 수 없는 것이다.'라고 한다. 유가는 이를 도라고 가르치고 있으나 이는 천하의 사람을 해치는 것이다."

묵자가 비판한 '속유'들의 행태는 공자의 가르침과 배치되는 것이다. 공자는 이러한 비난을 받을 만한 하등의 이유가 없다. 공자는 '명'을 수명壽命이나 생명生命의 의미로 썼을 뿐이다. 이는 「옹야」에 나오는 다음과 같은 그의 술회를 보면 더욱 쉽게 알 수 있다.

"안회라는 제자가 학문을 좋아했는데 불행히도 단명短命하여 일찍 죽었습니다. 지금은 그러한 사람이 없습니다."

이를 통해 「위정」과 「계씨」의 '지천명'과 '외천명'은 인간사를 좌우하는 맹자의 '천명'과는 차원이 다른 단순한 '수명' 내지 '생명'의 개념으로 사용된 것을 확인할 수 있다. 공자는 '명'을 후대의 유가들과 같이 '운명'의 개념으로 사용한 적이 한 번도 없다. 공자는 결코 운명에 자신을 맡긴 일도 없고 다른 사람에게 그같이 충고하지도 않았다. 그는 개인의 성실한 노력을 통한 도덕적 책무의 완수와 그 공효를 강조했을 뿐이다.

공문에서 말하는 군자는 기본적으로 위정자로서의 학덕을 닦는데 기본목표를 두고 있는 까닭에 '부귀'와 '장수'에 연연하지 않는다. 그것은 결코 군자가 관심을 갖고 추구할 목표는 아니기 때문이다. 이는 「위령공」에 나오는 공자의 다음과 같은 언명을 보면 쉽게 알 수 있다.

　　"군자는 도를 도모하지 먹을 것을 도모하지 않는다. 아무리 열심히 밭을 갈아도 굶주림이 그 안에 있을 수 있으나 학문을 하면 늘 봉록이 그 안에 있다. 그래서 군자는 도를 이루지 못할까 걱정하지 가난을 걱정하지 않는 것이다."

　　이 대목을 통해 공자가 말한 '지인합일'의 경지는 하루아침에 대각大覺을 통해 얻을 수 있는 게 아니라는 사실을 확인할 수 있다. 성실한 자세로 죽는 순간까지 학덕을 부단히 연마치 않으면 결코 도달할 수 없는 경지가 바로 '지인합일'의 경지다.

　　플라톤과 아리스토텔레스는 공자와 비슷한 시기에 통치 문제를 진지하게 탐구한 사람이다. 서양에서는 이들의 사상을 『논어』에 서술된 공자의 정치사상과 비교하는 연구가 제법 진척돼 있다. 그러나 공자가 생각한 국가 및 천하는 플라톤과 아리스토텔레스가 생각한 것과 차이가 있다는 점에 주목할 필요가 있다. 플라톤과 아리스토텔레스가 상정한 국가는 조그마한 도시국가인데 반해 공자가 생각한 국가는 적어도 중국 전체를 포함하는 국가였다.

　　플라톤은 만년의 미완성작인 『법률』에서 도시국가의 규모를 5천여 호로 제한한 바 있다. 이에 반해 공자는 이미 중원 제국은 물론 사방의 이민족까지 포함하는 세계국가의 상호공존 방안까지 언급하고 있다. 국가의 규모와 내용면에서 비교할 수 없을 정도로 차이가 나는 것이다.

　　이는 공자가 플라톤 및 아리스토텔레스 등과 다른 통치사상을 갖는 기본 배경이 되었다. 동서고금을 통틀어 공자만큼 '학'과 '지'를 중시한 사상가는 존재한 적이 없다. '너 자신을 알라Gnothi seauton'고 말한 소크라테스는 '지sophia'를 말하기는 했으나 '학scentia'을 말하지는 않았다. 플라톤은 '철인哲人'을 이상적인 위정자의 모델로 제시하며 아카데미아를 개설한 점에서 공자를 가장 많이 닮았다. 그러나 그가 말한 '철인'은 공자가 말한 '군자'와 달리 '지' 자체를 즐기는 말 그대로의 '애지자愛知者'일 뿐이다.

나아가 '학'의 차원에서 볼 때도 아카데미아의 교과목인 기하학과 수사학 등은 6예六藝의 수준에 머문 채 결코 문·사·철의 인문학을 통일적으로 집대성한 '치평학'의 단계로까지 나아가지는 못했다. 아리스토텔레스는 '학'을 보다 강조해 '치평학'에 해당하는 윤리학과 정치학 등을 체계적으로 정립키는 했으나 스승인 플라톤과 달리 이상적인 위정자상인 '철인'의 모습을 제시하지 못했다. 나아가 소크라테스가 영혼의 윤회설을 언급한 사실을 통해 알 수 있듯이 세 사람 모두 '괴력난신'으로부터 자유롭지 못했다.

서양문명이 이들의 세례를 받아 뛰어난 과학기술문명을 이루기는 했으나 인간과 국가사회 등에 관해 그 극의極意를 찾아내지 못한 것도 이와 무관치 않다. 그들은 도시국가 수준을 넘어 천하를 대상으로 한 위정자의 모습을 상상한 적도 없었고 상상할 수조차 없었다. 비록 로마제국이 지중해를 내해로 삼는 방대한 영토를 보유했다고는 하나 그 본질은 도시국가를 조합해 놓은 것에 불과했다.

'21세기의 로마제국'으로 불리고 있는 현재의 미국 또한 방대한 영토를 보유해 세계를 호령하고 있다고는 하나 이 또한 분권적인 주州를 합치해 놓은 위에 서 있는 로마제국의 복사판에 불과하다. '21세기의 로마제국'인 미국 역시 통치사상 및 통치제도의 측면에서는 그리스·로마 시대의 도시국가 모델에서 한 치도 벗어나지 못하고 있는 것이다. 그 이유는 무엇일까?

그것은 바로 소크라테스 이래 오늘에 이르기까지 서양의 학술문화에서는 사해四海로 상징되는 천하 전체를 다스리는 통치개념이 존재치 않은데 있다. 그러나 공자는 이미 기원전 6세기에 천하를 다스리는 바람직한 위정자의 모델로 '군자'를 제시한데 이어 이를 위한 구체적인 방안으로 '치평학'

이라는 인문학을 정비해 놓았던 것이다. 공자사상에서 나타나는 인문주의와 인본주의가 그의 사후 수천 년이 지난 오늘까지 찬연한 빛을 발하는 이유가 바로 여기에 있다.

이는 기본적으로 인간의 합리적인 이지에 대한 전폭적인 신뢰가 있기에 가능했던 것이다. 공자가 인간의 이지에 전폭적인 신뢰를 부여하며 인간이 할 수 있는 능력을 최대한 발휘해 최상의 경지에 오를 수 있는 인물로 제시한 것이 바로 '군자'이다. 공자가 제시한 '군자'는 '왕도'를 주창한 맹자의 '왕자王者'와 다르다. 맹자의 '왕자'는 '학지'가 전제되어 있지 않은 점에서 공자가 말한 '군자'와 큰 차이가 있다.

공자가 말한 '군자'는 불가에서 말하는 각자覺者나 기독교에서 말하는 성자聖者와는 더욱 거리가 멀다. 기독교의 '성자'는 '야훼'의 가르침을 성실히 이행함으로써 '인국人國'에 도움을 줄 수 있다고는 하나 이는 인간의 노력이 아닌 신의 계시를 받아 이뤄지는 까닭에 사실 '신국神國'의 봉사자에 불과하다. 불가의 '각자'는 꾸준한 수련과 갑작스런 깨달음을 통해 부처가 될 수 있다고는 하나 수련의 화두가 '공空'이나 '무無'와 같이 출세간出世間의 문제에 대한 득도인 까닭에 인간 세상에 직접적인 도움을 줄 수가 없다.

이에 반해 공자는 현세의 인간이 충분히 도달할 수 있는 '군자'의 모델을 제시함으로써 현세에 이상 국가를 세울 수 있는 구체적인 가능성을 제시했다. 수많은 후대인들이 학덕을 쌓은 인물을 두고 '군자'로 지칭한 사실을 통해 알 수 있듯이 그가 제시한 '군자'는 그 누구라도 열심히 학덕을 닦기만 하면 충분히 이룰 수 있는 대상이다. 인간 세상에 이토록 구체적이면서도 현실적인 이상 국가의 방안을 제시한 사상가는 동서고금을 막론하고 존재한 적이 없다.

마르크스가 비록 계급투쟁을 통한 공산사회를 천하를 대상으로 한 현세의 구체적인 이상 국가의 모델로 제시하기는 했으나 거기에 이르는 도정이 사뭇 파괴적일 뿐만 아니라 이미 실효성을 상실해 사실상 폐기된 것이나 다름없다. 공산사회의 모델은 무력을 앞세운 서양의 제국주의가 횡행하던 시절에는 나름대로 대항이데올로기로서의 효용이 전혀 없었던 것은 아니다. 그러나 『성경』에 나오는 '천년왕국'을 차용한 마르크스의 '지상낙원'은 보다 나은 삶을 구가하려는 백성들의 기본욕구를 압살함으로써 치평의 가장 기본적인 민식民食 문제를 해결치 못함으로써 스스로 무너지고 말았다.

물론 마르크스도 현세에 이상 국가를 세울 수 있다고 역설한 바 있다. 원래 그가 말한 '천년왕국'은 토머스 모어의 '유토피아'를 각색한 것이다. 모어의 '유토피아'는 『예기』 「예운」에 나오는 '대동大同'과 유사하다. 그러나 '대동세계'는 '공산사회'와 달리 남녀노소를 막론하고 모두 각자의 직분을 충실히 이행함으로써 이뤄지는 이상사회이다. 이는 후세의 유가들이 상상력을 동원해 공자가 제시한 '군자'들로 충만한 사회를 구체적으로 형상화한 것이다. 인종과 남녀노소 등 모든 차별이 사라진 가운데 모든 개개인이 각자 원하는 대로 자아완성을 이룩하며 최적의 만족을 누릴 수 있는 이상사회가 바로 '대동세계'이다. 이는 결코 마르크스의 '지상낙원'과 같이 투쟁을 통해 이룰 수 있는 것이 아니다.

인류가 장차 '대동세계'를 이룰 수 있는지 여부는 앞으로도 영원한 과제가 될 수밖에 없다. 그러나 인류의 모든 지혜를 동원해 전 인류의 합의와 공감대 위에 세울 수 있는 방안으로는 이 길밖에 없다. 인간이 이룰 수 있는 진정한 지상낙원은 메시아의 재림을 통한 야훼의 선의善意에 의해 선물로 부여되는 것도 아니고, 미륵불이 문득 출현하거나 위대한 각자覺者가 우주 삼라만상의 이치를 대각했다고 해서 이뤄지는 것도 아니다.

'천당'이나 '극락'이 아닌 '지상낙원'을 진정으로 만들고자 하면 인류가 믿을 수 있는 것은 오직 인간의 합리적인 이지밖에 없다. 과학기술로 인류의 기아문제를 완전히 해소한 뒤 인간답게 사는 길에 대한 보편적인 교육이 이뤄지고 천하를 대상으로 덕행을 닦은 '군자'가 각국의 위정자가 될 때만이 가능할 것이다.

『예기』의 기록을 토대로 보면 공자 역시 생전에 언젠가는 사해가 하나의 동포로 이뤄지는 이상 국가가 이뤄질 것으로 생각했음에 틀림없다. 이는 그가 봉건질서가 잉존하던 시절에 신분고하를 막론하고 가르침을 받고자 하는 모든 사람을 제자로 받아들여 자신이 평생을 기울여 정립한 '군자학'을 전수한 사실을 통해서도 쉽게 확인할 수 있다.

프랑스혁명 당시 인간의 주체적인 자아완성을 보장하는 자유·평등·박애의 숭고한 이념은 봉건질서인 '앙시앙레짐'을 무너뜨리는데 결정적인 공헌을 했다. 이는 프랑스인들의 자랑일 뿐만 아니라 인류 전체의 자랑이다. 그 사상적 뿌리는 공자사상에 있다. 『논어』에는 자유·평등·박애등과 관련한 인본주의사상이 넘쳐나고 있다. 공자는 14년간에 걸친 천하유세를 끝내고 노나라로 돌아온 뒤 고전을 정비하고 제자들을 육성하며 바로 군자의 상징인 인인仁人의 기본개념을 완성해 낸 것이다. 동서고금을 막론하고 '학지'로 대표되는 인문학적 인본주의사상의 정수는 바로 공자사상에 있다고 해도 과언이 아니다.

2) 고전주의古典主義

원래 공자가 주공을 높이 평가한 것은 주공이 주왕조 예교문화의 창시자로 간주된데 따른 것이었다. 공자가 주공을 이상적인 인물로 간주했다면 틀림없이 주왕조 초기의 문헌에 대한 연구에서 출발했을 것이다. 그러나 공자가 과연 고문헌을 얼마나 연구했는지는 알 길이 없다. 이들 문헌은 서주 초기의 자료인 금문에 대한 연구가 상당히 진척된 오늘날까지도 아직 완전히 해독되지 않은 곳이 있을 만큼 난해하다.

흔히 주왕조 건국 초기에 주공에 의해 예제가 완성된 것으로 전해지고 있으나 무슨 역사적 근거가 있는 것은 아니다. 다만 봉건질서를 유지키 위해 건국 초기에 주 왕실의 종주권을 전제로 한 일정 수준의 의례가 정돈되었을 가능성은 매우 높다. 이런 점 등을 감안할 때 유가에서 주공의 예제 완성을 높이 기린 것은 고대의 이상적인 질서를 마치 역사적인 사실로 간주해 하나의 이념적 지표로 삼고자 하는 의도에서 나왔을 공산이 크다.

공자를 조종으로 삼은 유가가 탄생하는 춘추시대 말기는 '존왕양이'가 특징인 기존 질서조차 크게 무너지기 시작한 때였다. 유가는 고대 성왕의 질서를 새로운 예제 정립의 목표로 설정했을 공산이 크다. 실제로 공자가 주공을 숭상한 것은 바로 주공이 정한 예악의 정신을 되살리는 것을 의미했다. 고전을 끌어들여 현재의 제도를 바꾸고자 하는 것을 두고 흔히 '탁고개제託古改制'라고 한다. 청대 말기의 캉유웨이가 『공자개제고』에서 공자가 전래의 예제를 새로운 시대에 맞게 고쳤다고 주장한 것도 바로 '탁고개제'의 기본 입장을 반영한 것이라고 할 수 있다. '탁고'는 과거에 근거를 두는 것이고, '개제'는 제도개혁을 말한다.

공자는 주공의 예악창조 정신을 높이 숭상한 점에서는 일종의 '탁고'를 행한 셈이고, 봉건질서의 붕괴를 위해 3환 타도를 획책하고 각지에서 일어난 모반자의 부름에 기꺼이 응하고자 한 점에서는 일종의 '개제'를 시도한 셈이다. 「자로」에 나오듯이 공자는 늘 자신을 등용해주는 사람이 있다면 1년 안에 가시적인 성과를 낼 수 있다고 자부했다. 그는 「양화」에서 수년 내에 주공이 주나라를 건설했듯이 동쪽의 주나라로 만들 수 있다고 호언키도 했다.

그러나 그의 전 생애를 통해 그의 장담이 실현된 적은 없었다. 열국의 군주 중 아무도 공자의 말을 들어주는 사람이 없었던 것이다. 그러나 역설적으로 이는 공자에게 전화위복의 계기로 작용했다. 공자가 14년간에 걸친 천하유세 이후 노나라로 귀국해 고전을 정리하고 제자들을 집중 육성할 수 있었던 것은 좌절의 아픔이 있었기에 가능했다. 공자는 현실의 장벽에 부딪

힘으로써 오히려 '만세의 사표'가 될 수 있는 길을 찾아낸 셈이다.

공자가 '만세의 사표'가 된 것은 두 가지 이유에 기인한다. 하나는 전래의 고전을 정리한 것이고 다른 하나는 많은 제자들을 육성해 공학을 후대에 전파케 만든 것이다. 사마천은 「공자세가」에서 공자가 귀국한 후 사숙을 다시 열면서 '치평학'의 교과목이 정립되었다고 기록해 놓았다. 공자의 사숙이 '치평'을 전문적으로 교습하는 공문으로 성립할 수 있었던 것은 바로 『시』·『서』·『예』·『악』으로 이뤄진 '치평학'을 정비한데 있었다고 해도 과언이 아니다.

공자는 천하유세의 막바지 여정에서 고전을 정비해 이를 토대로 제자들을 가리키고자 결심한 뒤 귀국하자마자 이를 곧바로 실행에 옮겨 마침내 '치평학'의 교과목을 정립해 낸 셈이다. 공문이 노나라는 물론 열국의 군신君臣에게 '치평' 문제를 전문적으로 탐구하는 명실상부한 정치전문 교육기관으로 인식케 된 것은 바로 이 때문이라고 할 수 있다.

전국시대에 우후죽순으로 등장한 제자백가도 바로 공문의 교재인 '치평학' 교과목을 통해 자신들의 사상적 기반을 확립할 수 있었다. 이른바 손익사관損益史觀과 종주從周 사상에 입각한 공자의 고전정비가 얼마나 중요한 의미를 지니고 있었는지 이를 통해 쉽게 확인할 수 있다.

그렇다면 공자는 보다 구체적으로 어떤 고전을 대상으로 어떤 잣대를 적용해 필삭筆削을 가함으로써 '치평학'의 교과목을 만들어낸 것일까? 원래 『논어』「팔일」에 언급돼 있듯이 주왕조의 예악문화는 중국 고대문화의 총화로 여겨졌다. 공자가 주공을 숭앙한 것은 바로 이 때문이었다. 결코 복고주의적인 성향으로 인해 고대문화를 무조건 뒤따르고자 했던 것이 아니다. 주나라의 예악문화를 좇고자 한 공자의 이른바 '종주從周'사상은 바로 주공의 예악문화 창시 정신을 숭상한데 따른 것이라고 할 수 있다.

역사적으로 볼 때 주공이 주왕조의 예악문화를 창시했다는 것은 반드시 역사적 사실에 부합하는 것도 아니다. 20세기 갑골학의 권위자인 왕국유王國維와 같이 주공을 열렬히 신봉한 사람도 있었지만 문헌에 나타난 바에 따르면 예악문화 창시와 관련된 주공의 역할은 상당히 제한되어 있었다. 『논어』에도 주공에 관한 대목은 모두 네 개의 장에 걸쳐 나오고 있으나 그중 주공의 어록은 「미자」에 나오는 한 대목뿐이다.

"주공 단旦이 아들 백금伯禽에게 당부키를, '군자는 그 친척을 버리지 않고, 대신들로 하여금 써주지 않는 것을 원망케 만들지도 않고, 옛 친구나 선임자를 큰 잘못이 없는 한 버리지 않고, 한 사람에게 모든 것을 구비토록 요구치도 않는다.'고 했다."

이는 주공이 아들 백금이 노공魯公에 책봉되어 봉국인 노나라로 갈 때 훈계한 말로 알려져 있다. 그러나 주왕조 초기의 것으로 보는 것은 무리가 있다. 대략 노나라에 전송傳誦된 얘기가 『논어』 편제과정에서 뒤늦게 삽입된 것으로 짐작된다. 「미자」에 나오는 주공 이야기도 공자 당시의 본래 『서』에 나오는 원문이 아니었을 공산이 크다. 그밖에도 『논어』에는 요·순·우·탕의 설화를 언급한 대목이 몇 군데 나오기는 하나 이들 모두 『논어』에서도 가장 나중에 편제한 「태백」과 「요왈」에 실려 있어 신빙성에 문제가 있다.

주왕조 건국과정에 관한 설화는 『서경』 「주서」에 상세히 수록되어 있다. 그러나 『논어』에 인용된 『서경』의 구절은 「위정」과 「헌문」의 단 두 곳뿐이다. 「위정」에 인용된 효孝에 관한 구절은 『서경』 「주서·군진君陳」에 나오나이 「군진」 역시 후대의 위서이다.

「헌문」에 나오는 은나라 고종高宗의 '양음諒陰(거상居喪 때의 막사를 지칭)'에 관한 구절도 후대의 위서로 밝혀진 『서경』 「상서·열명說命」에서 나온 것이다. 일부에서는 「열명」이 오히려 『논어』의 구절을 옮겨 놓은 것으로 보고 있다. 이를 통해 짐작할 수 있듯이 『논어』에 인용된 『서』에 대해 근본적인 검토가 필요하다. 「술이」에 다음 대목이 이를 뒷받침한다.

"공자가 아언雅言한 것은 『시』·『서』·집례執禮에 관한 것이었다. 모두 '아언'이었다."

여기의 '아언'을 두고 통상 '공자가 늘 말한 것'으로 풀이하고 있으나 시라카와는 '올바른 발음으로 읽은 것'으로 풀이했다. 어느 경우든 공자는 현재의 『서경』과는 분명 다른 내용의 『서』를 읽었을 공산이 크다. 현대의 『서경』은 그 내용에 비춰 전설상의 요·순을 역사적으로 존재한 고대의 성왕으로 선전하기 시작한 맹자 이후에 만들어진 것이 확실하다.

원래 『서』는 당시에 존재한 옛 기록을 총칭한 말이다. 공자는 『시』와 마찬가지로 『서』를 어느 정도까지 정리했지만 『시』를 3백여 편으로 정리한 것과 비교할 때 상대적으로 정리의 수준이 떨어졌다. 『논어』에 『서』를 인용한 예가 『시』를 인용한 것보다 훨씬 적은 것도 이와 무관치 않을 것이다.

그렇다면 공자는 어떤 『서』를 읽었던 것일까? 그가 읽은 『서』는 현존하는 『서경』과 얼마나 차이가 있는 것일까? 그 차이는 매우 심대하다. 이는 금문학자인 시라카와가 정밀히 분석한 바 있다. 시라카와의 주장을 좇아 유가에서 극히 중시한 3년 상복설의 근거가 된 「헌문」의 '양음설諒陰說'부터 검토해 보기로 하자.

고종은 은나라 중기의 명군으로 흔히 은나라의 중흥조로 일컬어지고 있다. 그의 선대인 반경盤庚은 예로부터 이른바 '은허殷墟'로 알려진 지금의 하남성 안양에 도읍을 정했다. 『춘추좌전』이나 『사기』에도 이미 '은허'라는 명칭이 나온 데서 알 수 있듯이 은나라는 바로 '은허'로 천도한 이후 중흥의 기틀을 마련케 되었다. 이로써 건국 이후 끊임없이 도읍을 옮기던 관행이 사라지고 국명 또한 상商에서 은殷으로 바뀌게 되었다. '은허'에 대한 발굴은 20세기에 들어와 대대적으로 이뤄지기 시작했다. 조사결과 수십 기基의 능묘와 엄청난 양의 갑골문이 출토되었다. 갑골문은 고종 때의 것이 분량도 많고 내용 또한 풍부하다.

출토된 갑골문 중에는 고종의 언어장애와 관련해 혀와 귀의 질병을 점친 내용이 포함되어 있다. 이는 고종에게 실제로 언어장애가 있었음을 시사하는 것이다. 고종이 '다발성 뇌척수경화증'과 같은 질병을 앓은 것으로 추정하는 사람도 있다. 고종은 일종의 실어失語 증세를 보였을 공산이 큰 것이다. 이런 언어장애는 주나라 초기에 이미 널리 알려진 질병으로 보인다. 주공의 훈계를 담은 『서경』「주서·무일無逸」에 나오는 주공의 다음과 같은 언급이 이들 뒷받침한다.

"고종은 오랫동안 밖에서 고생하면서 낮에는 백성과 더불어 지냈다. 즉위해서는 양음亮陰을 3년 동안 하면서 입을 열지 않았다. 말을 하지 않으면 모르되 일단 말을 하면 매우 온화했다."

'양음諒陰'은 문헌에 따라 양음亮陰과 양암諒闇, 양암亮闇, 양암梁闇 등으로 다양하게 표현되어 있다. 이는 옛날부터 부친상의 복상服喪을 뜻하는 말로 사용되었다. 모든 군왕이 양음을 행한 것이므로 고종에게만 유독 이런 표현을 썼다고 볼 수는 없다. 「자한」에 나오는 공자의 답변이 이를 뒷받침한다.

"하필 고종뿐이겠는가? 옛 사람이 모두 그러했다. 군주가 죽으면 사군嗣君이 너무 슬퍼한 나머지 정치를 볼 수 없었다. 이에 백관들은 각기 자신의 직무를 총괄하며 총재冢宰(정무를 대행하는 태재太宰)로부터 3년 동안 명을 받았다."

만일 당시 공자가 3년상의 근거를 『서경』에서 찾았다면 대략 「무일」과 유사한 구절에 근거했을 것이다. 그러나 갑골문에 나오는 「무일」의 문장은 단지 고종이 언어장애를 앓았다는 사실을 말한 것에 지나지 않는다. 군주가 죽었을 때 3년 동안 총재에게 국정을 맡긴다고 해석한 것은 공자의 오해로 볼 수밖에 없다.

서주시대의 금문에는 사군嗣君이 즉위 원년 정월에 장군을 친히 임명한 책명이 기록되어 있다. 너무 슬퍼한 나머지 3년 동안 총재에게 정무를 일임했다는 공자의 언급은 후대의 위문일 가능성을 시사한다. 「자한」에 나오는 은나라 고종의 '양음 3년'은 역사적 사실과 거리가 먼 것이다. 이런 오해에 근거해 유가에서 그토록 중시한 3년상의 복상服喪이 만들어졌다면 커다란 희극이다.

사당에 모시는 신주와 관련해 천자는 7묘七廟, 제후는 5묘, 대부는 3묘, 사士는 1묘를 두고 태묘太廟 종묘를 중심으로 이른바 '소목昭穆'의 순서에 따라 좌우로 신위를 배치한다는 묘제설廟制說도 후대의 위작이다. 『서경』「상서·함유일덕咸有一德」에 '아아, 천자의 7묘에 언제까지 제사를 지내는지 살펴보면 왕의 덕이 어떠했는가를 알 수 있다'는 구절이 나온다. 그러나 「함유일덕」은 『서경』 가운데 가장 나중에 만들어진 것으로 은나라 개국공신인 이윤伊尹에게 가탁한 후대의 위문이다.

『논어』「팔일」에 나오는 계씨의 8일무八佾舞도 후대의 위작일 공산이 크다. 이에 따르면 당시 공자는 계씨가 8일무를 행한 것을 두고 맹비난한 것으로 되어 있다. 원래 8일무는 천자만이 행하게 되어 있다. 정방형의 좌우대열을 뜻하는 '일佾'은 8명씩 모두 64명으로 이뤄진 무악舞樂을 말한다. 제후는 종횡으로 6명씩 구성된 6일무를 행할 수 있었다. 노나라 군주는 주공의 후예인 까닭에 특별히 8일무를 행할 수 있도록 허용되었으나 경의 신분인 계씨가 8일무를 행할 수는 없는 것이었다.

만일 계씨의 8일무를 공자가 비판한 것이 사실이라면 공자시대에 그런 예설禮說이 이미 정립되어 있었다고 보아야만 한다. 그러나 3년상의 복상제나 천자 7묘의 묘제설 등이 정립되지 않은 상황에서 이런 위계적인 무악의 예제가 만들어졌다고 보기는 어렵다.

3년상 등이 공자가 필삭을 가한 『서』에 의거했다는 유가의 주장은 역사적 사실과 동떨어진 것이다. 『예기』 등에 나오는 상장례喪葬禮와 관련한 유가의 예설은 이처럼 근거가 모호하거나 엉뚱한 것이 적지 않다. 이는 대부분 후대의 유가들이 만들어낸 창작일 공산이 크다.

사실 선진시대에는 고전을 자의적으로 해석하거나 자신들의 주장을 뒷받침하기 위해 고전을 위작하는 일이 빈번했다. 대표적인 예로 『서경』의 맨 앞에 편제된 「우서虞書」를 들 수 있다. 「우서」에 나오는 「요전堯典」과 「순전

舜典」 등은 요·순·우 등의 고대 성현에 관한 전래의 설화를 마치 역사적 사실인 양 조작해 놓은 것이라고 할 수 있다. 『맹자』 「만장 상」에 의고체擬古體 문장으로 된 동일한 내용의 설화가 실려 있는 점에 비춰 유가 후학들이 「요전」과 「순전」 등을 만들어낸 것이 거의 확실하다.

실제로 요·순은 맹자가 처음으로 성왕으로 받들기 시작했다. 「우서」에 나오는 「대우모大禹謨」는 홍수설화에서 비롯된 우에 관한 설화이다. 우를 고대의 성왕으로 삼은 제자백가는 묵가였다. 유가는 우에 관한 설화를 「대우모」로 흡수한 위에 우보다 더 이전에 존재했던 것으로 알려진 요·순의 설화를 채택해 「요전」과 「순전」을 만들었을 공산이 크다.

서주시기에 성립된 어떤 문헌에도 요·순이나 우는 보이지 않는다. 우는 요·순과 달리 춘추시대 중엽에 만들어진 금문과 시편 등에 그 이름이 보이기 시작하나 묵가의 주장과 달리 여전히 홍수 신화의 등장인물로 남아 있다. 요·순은 맹자시대에 비로소 문헌에 나타나기 시작한다.

당초 공자는 주공을 예악의 창시자로 간주했다. 유가 후학들 모두 이를 액면 그대로 받아들였다. 그러나 묵가가 주공보다 앞선 인물로 홍수 설화에 나오는 전설적인 치수의 신인 우를 내세우자 이에 당황한 맹자는 우보다 앞선 요·순을 고대의 성왕으로 삼았을 공산이 크다. 이때 제나라에서 자신들의 먼 조상을 황제黃帝로 내세우기 시작했다. 당시 진秦나라의 적극적인 지원을 받고 있던 묵가와 함께 사상계의 양대 축을 이루고 있던 양주학파를 계승한 도가는 이내 제나라 왕실의 적극적인 지원을 받아 황제를 도가의 효시로 선전하기 시작했다.

결국 공자가 주공을 높이자, 묵가는 이에 반발해 주공보다 앞선 우를 받들고, 맹자는 다시 요·순을 성군으로 내세워 이를 제압코자 했고, 마침내 도가는 요·순에 앞선 황제를 내세워 최후의 승리를 거둔 셈이다. 이처럼 시간적으로 거듭 거슬러 올라 신화 내지 설화의 주인공을 역사 속의 실존인물로 끌어들여 자기학파의 권위를 높이는 행태를 '가상설加上說'이라고 한다. 우·순·요·황제 모두 '가상설'이 만들어낸 허구의 인물에 불과할 뿐이다. 유가와 묵가, 도가가 고대의 성현으로 받든 인물 중 실존인물은 은나라의 시조인 탕과 주나라의 시조인 무왕·문왕과 예제의 창시자로 간주된 주공 정도에 불과한 셈이다.

'가상설'이 한창 기승을 부릴 당시 양주학파와 묵가의 성행으로 커다란 위기의식을 느낀 맹자는 요·순을 실존인물로 둔갑시킨 뒤 요·순·우·탕·문·무·주공으로 이어지는 이른바 '도통설道統說'을 제창하고 나섰다. 유가 후학들은 맹자의 '도통설'을 입증하기 위해 이들 성현들의 업적을 다룬 문헌을 만들기 시작했다. 그 결과물로 나온 것이 바로 『서경』이었던 것이다.

『서경』의 「요전」과 「고요모皐陶謨」, 「우공禹貢」 등에 나오는 요·순·우에 관한 얘기는 모두 그렇게 만들어진 것으로 역사적 사실과 동떨어진 것이다. '설화의 역사화' 작업에 이어 '설화의 경전화' 작업이 적나라하게 전개된 증거물이 바로 『서경』인 셈이다.

주나라 건국 이후의 얘기를 다룬 『서경』의 「주서周書」 이외의 내용은 사실 신화와 전설을 교묘히 짜 맞춰 놓았다 해도 과언이 아니다. 「요전」의 내용은 『산해경』에 보이는 제준帝俊과 순舜의 이야기를 비롯해 사일신司日神인 희화羲和와 사방의 신인 방신方神, 지금의 하남성 일대에 몰려 살던 강족羌族의 악신岳神인 백이伯夷, 홍수 설화 속의 치수의 신인 우禹 등에 관한 설화가 그 원형이라고 할 수 있다.

모든 학파가 정도의 차이는 있으나 신화와 전설 속의 인물을 역사 속의 실존인물로 재구성하는 변조작업을 행했다. 그러나 '설화의 역사화' 작업을 뛰어넘어 '설화의 경전화'에 성공한 유파는 오직 유가밖에 없었다. 전한 제국 초기에 최종 편제가 마무리 된 『논어』에 이러한 변조작업을 통해 역사 속의 실존인물로 둔갑한 요·순·우 등이 등장하는 것은 그리 이상하게 볼 것도 아니다. 공자사상과 『논어』를 연구할 때 주의해야 할 대목이다.

시라카와는 이런 점 등에 주목해 유가사상의 뿌리가 신화 및 전설의 전승을 전담했던 축사祝史의 학문에 닿아 있다고 주장했다. 그러나 유가가 내세운 전래의 예설禮說 역시 다른 제자백가와 마찬가지로 후대로 내려오면서 자신들의 주장에 권위를 부여키 위해 역사적 사실과 동떨어진 여러 얘기를 마치 사실인 양 끌어들였다고 보아야 한다. 이는 유가뿐만 아니라 선진시대의 제자백가에 모두 해당한다. 축사의 전통에서 유가 예설의 근거를 찾는 것은 지나친 것이다.

그럼에도 시라카와가 지적한 바와 같이 유가가 경전으로 높이 숭상한 『서경』의 상당부분이 역사적 사실과 동떨어진 후대의 위작으로 구성되어 있다는 것은 적잖은 문제가 있다. 이는 공자가 본 것으로 추정되는 『논어』의 『서』와 현격한 차이가 있다고 보아야 한다. 주공과 확실한 관련이 있는 것도 『서경』「주서」에 속해 있는 몇 편에 불과할 뿐이다. 『서경』의 내용 중 역사적 사실에 가장 가까운 「주서」마저 신빙성에 문제가 있는 것이다.

『논어』에 나오는 『서』가 현재의 『서경』과 같은 책으로 집성된 시기는 정확히 알 수 없으나 공자 사후 오랜 시간이 지난 뒤인 것만은 분명하다. 『묵자』에 비록 『상서』라는 말이 나오나 이것이 묵자시대에 『서경』이 존재했다는 증거는 못 된다. 금문에는 '상尙'이 '보존하다.'의 뜻으로 사용되고 있다. 『상서』도 처음에는 '기록집'과 같은 의미로 사용되었을 가능성이 높다.

『논어』에 공자가 '서왈書曰'이라고 한 것을 두고 『서경』에서 말하기를'이라고 번역하기보다는 '공자시대에 이런 말을 하는 문서가 있다.'는 정도로 풀이하는 것이 보다 타당하다. 『서경』은 오래된 경전에 속하나 『논어』에는 '서'에 관한 언급이 겨우 3번밖에 안 나온다. 공자가 제자들에게 이를 학습하라고 권한 예는 한 번도 없다. 이로 미뤄 보면 공자 자신은 교육상 『서』의 비중을 상대적으로 적게 두었을 공산이 크다. 「공자세가」는 『서경』을 공자가 편찬한 것으로 기록해 놓았으나 이는 역사적 사실과 동떨어진 것이다.

후대의 문헌에는 3천여 건에 달하는 문서 중 공자가 현재의 『서경』 편장篇章을 뽑고 서문을 썼다는 얘기가 전해져 오고 있으나 실제로 공자시대에 이런 종류의 공문서가 한 권의 책으로 묶인 일은 없다. 이는 『맹자』「진심 하」에 나오는 맹자의 다음과 같은 말을 통해 쉽게 확인할 수 있다.

"『서』를 다 믿는다면 『서』가 전혀 없는 편이 낫다."

만일 공자가 특정한 일군의 공문서를 책으로 편찬했다면 맹자가 이같이 말할 리가 없다. 『논어』에 '서운書云'의 형태로 인용된 것은 전체를 통틀어 「위정」과 「헌문」의 단 두 대목에 불과하다. 『논어』에 '서운'이라고 밝히지는 않았으나 명백히 『서』의 글로 점철된 대목이 있다. 「요왈」의 제1장이 바로 그것이다. 그러나 이는 『논어』 중 가장 늦게 편집된 것에 속하는 것으로 공문 후학의 위작이다.

공자가 본 옛 기록문서인 『서』의 내용 중에는 고래의 정치가들의 치적과 예제에 관한 기록이 다수 포함되어 있었다. 당시 고래의 정치가들의 치적에 대해서는 민간에 수많은 전설이 전해져 왔다. 공자가 이를 모아 나름대로 정비한 것이 바로 공문에서 가르친 『서』였을 것이다. 당시 공자가 연구한 『서』는 주로 현존 『서경』의 「주서」 부분이었을 것으로 짐작된다.

그렇다면 『논어』에 나오는 하·은·주 3대 이전의 요·순·우에 관한 기사는 언제 나온 것일까? 유가에서 요·순을 언급한 것은 맹자 이후의 일이다. 우는 묵가가 존중한 성인이었다. 『논어』에 나오는 요·순과 우에 관한 얘기는 모두 후기에 삽입된 것으로 보아도 대과는 없다.

현존 『서경』은 맹자가 처음으로 언급하기 시작한 요·순 등이 첨가되면서 기본 편제가 만들어졌다고 보는 게 타당하다. 이는 학계의 통설이기도 하다. 『서경』의 편찬은 요·순 이래의 사적을 모두 『서』에 삽입시킴으로써 주대의 문화가 상고 이래의 전통문화를 계승한 것임을 드러내고자 하는 의도에서 나온 것으로 짐작된다. 맹자 이후의 유가 후학들이 시간을 거슬러 올라가 고대의 신화와 설화에서 권위의 근거를 찾으려는 의도에서 『서경』을 편찬했다고 보는 게 옳다. 『서경』의 내용 중 공자가 주로 참고했을 것으로 짐작되는 「주서」를 제외하고는 대부분 후대의 위문으로 간주해도 큰 대과는 없다. 『서경』은 신화와 전설을 역사적 사실로 둔갑시킨 대표적인 사례에 해당한다.

그러나 『시』는 『서』와 달리 공문에서 극히 중시되었다. 『시』는 공자시대 이래 현재에 이르기까지 크게 변한 것이 없다. 물론 주나라 초기에는 아직 『시』가 나타나지 않았다. 『시』는 주왕조 초기에서 기원전 6백년 사이에 여러 사람들이 지은 시를 모아 놓은 것이다. 현재의 『시경』에는 305편의 시가 수록되어 있다. 공자가 본 『시』 또한 약 3백편의 시가 수록되어 있었다고 한다. 공자시대에 이미 지금과 별반 차이가 없는 『시』가 편제되었을 공산이 크다. 요시가와 고지로도 이런 입장에 서 있다.

당시 『시경』에 수록된 가요는 크게 3가지로 대별된다. '풍風'은 민요이다. '아雅'는 정치를 비평한 노래이다. '송頌'은 군주의 선조를 제사할 때 부르는 노래이다. 이것이 이리저리 혼재되어 있던 것을 공자가 정연하게 순서를 짜서 확정한 것이다. 그것이 바로 「자한」에서 공자가 자신이 노나라로 돌아온 연후에 아송雅頌이 각기 제자리를 찾는다는 뜻의 '아송각득기소雅頌各得其所'를 언급케 된 배경이 되었다.

이 말이 『논어』와 『사기』에 기록되어 있듯이 만년의 공자는 자신의 시대에 더 이상 희망을 걸지는 않았으나 후대인을 위해 읽을 만한 책을 남기자는 입장을 분명히 했다. 공자가 편정한 것으로 알려진 '오경' 혹은 '육경'은 과거 중국인이 생각했던 것과 같이 전부 영원한 인간의 규범이 되었다. '경經'은 본질 혹은 영원이라는 의미를 지니고 있는 것이다. 공자가 고전을 선택하고 편정했다는 사실은 인간은 살기 위해 반드시 학문을 해야 하고, 책을 읽지 않으면 안 된다는 태도를 언급한 것이다. 공자의 가르침 가운데 가장 중요한 대목 중 하나가 바로 '학지'에 있는 것이다.

당시 『시』를 전승한 자들은 주로 악사였다. 공자는 주공을 예악의 창시자로 여기고 규범으로 삼았지만 예악은 대부분 『시』에서 나온 것으로 보인다. 이는 공자가 악사에 대해 커다란 존경을 표한 사실을 통해 대략 짐작할 수 있다. 「위령공」의 다음 대목이 그 증거이다.

"노나라 악사 면冕이 공자를 만나러 와 섬돌에 이르자 공자가 말하기를, '여기는 섬돌이오'라고 했다. 자리 가까이에 이르자 공자가 말하기를, '여기가 자리요'라고 했다. 모두 자리를 잡자 공자와 제자들도 모두 자리를 잡았다. 이어 공자가 악사 면에게 좌중의 사람을 일일이 고하기를, '모某는 여기 있고, 모는 여기 있습니다.'라고 했다. 악사 면이 나가자 자장이 공자에게 묻기를, '이것이 악사와 더불어 말하는 예입니까?'라고 하자 공자가 대답키를, '그렇다. 이것이 실로 악사를 인도하는 예이다.'라고 했다."

공자가 악사들을 얼마나 존중했는지를 짐작케 해주는 대목이다. 기무라 에이이치는 유가학단에 이들 악사들이 음악을 전담하여 가르치는 전임 강사로 활약했을 가능성을 제기한 바 있다. 당시 악사들은 거의 대부분 소경이었다. 공자가 '장님을 보면 비록 상대방이 연하일지라도 반드시 예모를 갖췄다.'는 「자한」의 기록이 이를 뒷받침한다. 옛 얘기나 성인들의 언행을 들려주면서 예악을 전승한 이들 소경 악사들은 당시의 기준에서 볼 때 온갖 지식의 연수淵藪였다.

이들 악사들이 옛 얘기나 언행을 들려줄 때는 시의 내용을 악기에 얹어 전해주는 방식을 취했다. 『시』와 『악』이 하나로 합쳐져 있었던 것이다. 현존 『시경』의 편제는 서주 중엽 때 「주송周頌」 등의 비교적 오래된 것이 나타나고, 이후 후기에 접어들어 「소아小雅」와 「대아大雅」를 비롯해 「국풍國風」의 나머지 편이 만들어진 것으로 분석되고 있다. 이들 시편은 대개 왕실과 제후들의 의례와 향연 자리에서 연주되었다.

춘추시대에 접어들자 갖가지 의식 때 불리는 시편이 점차 고정되었다. 이에 제후가 왕을 알현할 때와 제후끼리 회견할 때, 향연을 베풀 때 사용되는 음악이 엄격히 구분되었다. 그러나 향연이 베풀어질 때는 참가자는 자유로이 자신의 마음에 맞는 시편을 골라 악인에게 연주시킬 수 있었다. 이를 '무산악無算樂'이라고 했다.

『춘추좌전』에는 '무산악'에 관한 얘기가 많이 나온다. 이들 일화는 대부분 외교석상에서 나온 것이었다. 당시 시편에는 장편이 많기 때문에 참가자는 전체 작품 가운데 자신의 감정이나 뜻을 전달키에 적당한 부분을 골라 노래 부르게 했다. 이로써 이른바 '단장부시斷章賦詩'가 유행케 되었다.

당시 시편은 외교관이 되어 타국의 사자와 교섭할 때 반드시 익혀야만 하는 필수 도구였다. 가장 유리한 협상을 이끌어내기 위해 변화무쌍한 응대사령應對辭令이 요구되는 외교교섭에서 모든 가능성을 열어 놓으면서도 자신의 의사를 은유적으로 전달하는 수단으로 시만큼 절묘한 도구는 존재하지 않았다. 외교교섭의 이러한 기본원칙은 지금도 그대로 통용되고 있다.

시편을 얼마나 자유로이 구사할 줄 하는가는 곧 외교교섭의 성패를 좌우하는 관건이었던 셈이다. 당시 사람들은 '단장부시'를 놓고 그 사람의 현우賢愚를 논하기도 했다. 이후 외교사절이 자신들의 뜻을 은근히 전하는 수단으로 '단장부시'에 의한 '무산악'을 즐겨 사용케 되면서 시편은 외교의 필수교양이 되었다. 『논어』「자로」에 나오는 공자의 언급이 그 증거이다.

"『시』3백편을 모두 외울지라도 정치를 맡겼을 때 제대로 해내지 못하고, 사방의 나라에 사자로 나갔을 때 임기응변으로 대처하지 못한다면 비록 많이 외운들 어디에 쓰겠는가?"

공자는 여기서 『시』를 공문의 교과목으로 선택한 이유를 간접적으로 설명하고 있다. 그는 『시』를 외교협상의 응대 능력을 배양시켜주는 위정자의 교양과목으로 생각했던 것이다. 공자는 고대 그리스와 로마에서 성행했던 이른바 '수사학修辭學'의 기능을 『시』에서 찾은 셈이다.

당시 군주들 간의 맹회는 말할 것도 없고 대부들 간의 회동에는 늘 서로 시편을 통해 자신의 뜻을 은근히 전달하는 동시에 상대방의 의중을 세심하게 읽었다. 『시』는 위정자를 위시한 군자들이 반드시 익혀야만 하는 필수과목이었던 것이다. 『시』를 배우는 것은 무엇보다 정사에 숙달되기 위한 것이었다. 타국에 외교사절로 가 충분히 응대할 수 있는 능력을 기르는 일도 『시』를 배우는 중요한 목적이었다.

　사실 자신의 속셈을 은근히 전하면서 상대방의 속마음을 헤아리는 데에는 시편에 근거한 '단장부시'보다 좋은 것이 없었다. 시편에 숙달치 않으면 외교상의 성과를 거두기도 어렵게 된 것이다. 시편이 외교교섭에서 얼마나 중요한 수단으로 사용되었는지는 『춘추좌전』에 보이는 수많은 사례를 통해 쉽게 확인할 수 있다.

　공자는 제자들과의 문답에서 시를 자주 인용함으로써 제자들이 시를 자유자재로 구사해 자신의 의사를 표시토록 촉구했다. 『논어』 전체를 통틀어 공자가 '시를 더불어 얘기할 만하다.'고 말한 사례는 「학이」의 자공과 「자로」의 자하뿐이다. 두 사람 모두 공문 내에서 수위를 다툰 총명한 인물들이었다. 은미隱微한 시어의 뜻을 파악키 위해서는 비상한 총기가 필요하다. 공자가 두 사람을 두고 '시를 더불어 얘기할 만하다.'고 언급한 것은 바로 두 사람의 탁월한 총기에 탄복했음을 의미한다. 이는 동시에 공자가 평소 제자들과 함께 마치 외교석상처럼 서로 시를 주고받으며 문답을 나눴음을 짐작케 해 준다. 「양화」에 나오는 공자의 언급이 그 증거이다.

　"너희들은 어찌하여 『시』를 배우지 않는 것이냐. 시를 배우면 뜻을 일으키고, 풍속의 성쇠를 살피고, 무리지어 서로 절차탁마하고, 정치의 득실을 날카롭게 비판할 수 있다. 또한 가까이로는 어버이를 섬기고, 멀리는 군주를 섬기는 것은 물론 조수와 초목에 관해서도 많은 것을 알 수 있다."

　여기서 공자는 시편에 대한 이해야말로 비단 외교뿐만 아니라 효친충국孝親忠國으로 요약되는 인간의 도리와 직결되어 있다고 역설하고 있다. '조수와 초목에 관해서도 많은 것을 알 수 있다.'고 언급한 것은 당시 박물학博物學의 지식을 즐겼던 학문의 한 경향을 보여준다. 실제로 공자는 박식함으로 세인들의 칭송을 받은 일이 많았다. 공자는 『시』를 인간의 자연스런 성정에 호소해 상호 이해를 증진시키는 수단으로 본 것이다. 이는 「위정」에 나오는 공자의 언급을 보면 쉽게 알 수 있다.

"『시』 삼백편의 뜻을 한마디로 말하면 '사무사思無邪'로 요약할 수 있다."

공문에서 『시』를 교양필수과목으로 선택한 이유가 잘 드러나고 있다. 『시』는 요즘의 문학에 해당한다. 이는 『시』·『서』·『예』·『악』으로 불리는 이른바 4과의 가장 기본이 되는 과목이기도 했다. 공자가 천하유세를 마치고 돌아온 뒤 개설한 공문에서 가르친 『시』는 현존 『시경』과 그 체제 및 내용 면에서 거의 변함이 없을 것으로 짐작된다. 『시』의 교재만큼은 『서』와 『예』, 『악』 등 여타 교과목의 교재와 달리 당시 이미 거의 완벽한 편제를 갖췄다고 보아도 큰 무리가 없을 듯하다.

여기의 '사무사'와 관련해 '사思'를 '아'라는 감탄사로 간주해 이 대목은 말의 사육에 관한 시의 일절로 '아, 재난이 없도록 하소서'라는 의미로 보는 견해도 있다. 유가경전의 영역에 지대한 공헌을 한 레게는 이를 전통적인 견해대로 영역하면서 '사'를 '생각하다.'로 번역하는 것은 불합리하다고 주장한 바 있다. 시라카와는 『시경』 「노송魯頌」에 나오는 관련구절과 연관시켜 '여기에 비뚤어짐이 없다.'로 읽는 것이 타당하다고 주장했다. '사思'를 조사助辭 또는 실사實辭로 보는가에 따라 여러 해석이 가능하다. 그러나 이들 모두 공자가 시편을 인간 성정의 순수한 표현으로 파악한 것으로 해석한 점에서는 동일하다.

'사무사'는 공자가 분명히 언급했듯이 공문의 4대 교과목 중 하나인 '시'의 중요성을 한마디로 요약해 표현한 것이라고 할 수 있다. 「공자세가」는 공자가 3천편으로 구성된 『시경』을 엄선하여 305수의 『시경』을 만들었다고 기록해 놓았다. 이에 대해 청대의 최술은 『시경』에 수록되지 않은 시가 초기 문헌에 인용된 사례가 거의 없다는 사실을 지적하며 공자가 『시경』의 숫자를 10분의 1로 줄였다는 사마천의 주장에 이의를 제기했다. 당시의 정황을 정확히 알 길은 없으나 공자가 정리한 『시』가 현존의 『시경』에 실려 있는 편수와 거의 같다는 것만은 분명하다. 『논어』를 비롯해 『춘추좌전』 등에 현재의 『시경』에 수록된 시구가 거의 그대로 인용되고 있는 점에 비춰 최술의 주장이 타당하다.

그러나 『시경』에 나오는 시편에 대한 해석만큼은 시대별로 커다란 차이를 보였다. 가장 큰 분기점은 성리학이 성립되는 남송대이다. 대표적인 예로 『시경』「제풍·계명鷄鳴」을 들 수 있다. 이는 여인이 침실에서 정부情夫와 나눈 얘기를 토대로 남녀 간의 애정을 노래한 것이다. 그러나 성리학자들은 이 시에 나오는 여인을 게으른 남편을 깨워 조정에 나가 일을 돌보라고 독촉하는 '현부賢婦'로 만들어 놓았다. 공자가 남긴 그 어떤 자료를 보아도 그는 시와 관련해서 이런 식으로 해석하지 않았다. 윤리철학의 성격을 띤 성리학이 만들어낸 통폐이다.

공문의 '치평학' 교과목 가운데 『시』와 더불어 극히 중시된 것으로 『예』를 들 수 있다. 본래 '예禮'는 크게는 국가질서로부터 작게는 일상생활의 범절에 이르는 일체의 예절을 의미하는 매우 중요한 개념이었다. 공자 또한 어릴 때부터 예의 습득과 연구에 몰두했다. 「공자세가」는 공자가 젊은 시절에 주나라로 가 예를 배우던 중 노자와 만난 일화를 수록해 놓았다. 이는 역사적 사실과 동떨어진 것이기는 하나 공자가 젊은 시절에 이미 6예의 차원을 훨씬 뛰어넘는 높은 수준의 예를 습득했음을 시사하고 있다.

후대에 정비된 이른바 '13경十三經'에는 3종의 『예』가 포함돼 있다. 이중 『예기禮記』와 『주례周禮』는 후세의 작품이 확실하다. 『예기』는 전한제국 때의 대망戴望이 편찬한 것이나 그 자료의 연대는 각양각색이다. 최고最古의 자료가 과연 얼마나 오래된 것이냐는 논란의 여지가 많으나 일부는 공자보다 후대에 만들어진 것임에 틀림없다. 『주례』는 주초에 존재했다는 정연한 중앙집권정치의 이상적인 제도를 기술하고 있으나 이는 당시의 정황으로 보아 있을 수 없는 일이다. 대략 전한제국 당시의 작품으로 추정된다.

다만 『의례儀禮』의 경우는 최소한 다른 두 책보다 다소 오래된 부분도 있지만 공자의 사후에 개정 첨가 과정을 거친 것만은 확실하다. 당시 예에 관한 모종의 기록이 있었다는 증거는 『춘추좌전』 「노양공 12년」조와 「노애공 3년」조의 기록 등에서 찾아낼 수 있다. 공자가 제자들에게 『예』를 학습하라고 말했을 때 어떤 문서를 읽고 동시에 그 교훈을 실천하라는 의미로 생각되지만 그 문서가 무엇인지는 확실히 알 수 없다.

당시 공문의 '치평학' 교과목은 위정자가 되고자 하는 모든 자들이 반드시 배워야만 하는 최상의 고등학문이었다. 이는 단순히 머리로 습득하는 데 그쳐서는 안 되고 실천을 통해 완전히 체화해야만 했다. 인간과 국가에 대한 깊은 이해는 물론 사회문화 전반에 걸친 폭넓은 교양이 전제되어야만 했다. 「술이」에 나오는 공자의 다음과 같은 언급이 이를 잘 보여주고 있다.

"도道에 뜻을 두고, 덕德에 근거하고, 인仁에 의지하고, 예藝를 익히며 논다."

여기의 '예藝'는 6예를 말한다. 공문은 학생들의 가장 기초적인 자격요건으로 6예의 습득을 요구했다. 공자는 이미 '지학志學'을 선언한 10대에 6예를 섭렵했음에도 6예의 습득에 만족치 않고 '치평학'의 연마 및 정비에 평생을 바치기로 결심했다. 이후 죽을 때까지 그는 스스로를 채찍질하며 혼신의 노력을 기울였다. 공문의 개설은 바로 공자의 처절한 노력이 빚어낸 결과물이었다. 특히 천하유세를 마치고 돌아온 뒤 개설한 그의 학교는 가장 정선된 교과목으로 최고 수준의 교양을 가르치는 당대 최고의 도장이었다.

『논어』에는 예를 언급한 대목이 모두 41장에 걸쳐 나온다. 예를 직접적으로 언급치는 않았으나 명백히 예에 관한 것을 더하면 거의 1백 장에 달한다. 이는 전체의 5분의 1에 달하는 엄청난 비율이다. 공문에서 예를 얼마나 중시했는지를 시사하는 대목이다. 그러나 여기서 주목할 점은 『시』·『서』를 언급할 때 통상 '시운詩云', '서운書云'이라고 표현한 것과 달리 예를 언급할 때 '예운禮云'을 언급한 대목이 전무한 점이다. 이는 당시 예에 관해서는 아직 『시경』 및 『서경』의 원전이 된 것과 같은 기본적인 서책이 존재하지 않았음을 시사한다.

그러나 기본 텍스트가 완비되지 않았음에도 불구하고 당시 공문에서 '예'가 매우 중시된 것은 의심할 여지가 없다. 이는 공자가 '예'의 효용성을 높이 평가한 데 따른 것이기도 했다. 「태백」에 나오는 공자의 다음 언급이 그 증거이다.

"공손하되 무례하면 수고롭게 되고, 신중하되 무례하면 두려움을 갖게 되고, 용맹하되 무례하면 어지럽게 되고, 강직하되 무례하면 조급해진다. 군자가 친인親人 부형과 일가친척에게 돈독하면 백성들이 인에서 일어나고, 고구故舊 옛 친구를 버리지 않으면 백성들이 요행을 꾀하지 않는다."

예가 결여된 공손과 신중, 용맹, 강직은 소기의 효능을 발휘할 수 없음을 지적한 것이다. 이는 공자가 강조하는 '인仁'의 효용과 매우 유사한 것이기도 하다. 공자는 「안연」에서 '인'의 실체를 묻는 안연의 질문에 '극기복례'로 답한 바 있다.

'극기복례'는 자신에 대한 통제로 예로 돌아가는 것을 뜻한다. 인의 발현은 '극기복례'에 있고, '극기복례'는 자신을 통제하는 '극기'에서 출발한다는 지적인 것이다. '예'를 '인'의 발현으로 간주한 공문에서 예를 '치평학'의 중요 교과목으로 채택한 것은 당연한 일로 보아야 한다. 이른바 '인학仁學'으로 요약되는 공문의 '치평학'에서 '예'가 얼마나 중시되었는지를 보여주는 실례이다.

당시 공문의 예에 관한 연구는 고례의 수집과 정리에서 시작되었다. 공자는 평소 전통문화의 붕괴를 애석히 여겼다. 이는 신분세습에 기초한 통치체제인 봉건제의 붕괴를 애석히 여긴 것이 아니라 전통문화의 정수인 예제의 붕괴를 애석히 여긴 것이다. 그는 각 시대의 고례를 무차별로 존중한 것이 아니라 하·은·주 3대의 문화전통 위에 보편타당한 인류문화의 정수를 찾아내려고 했던 것이다. 여기서 유가에서 극히 중시하는 이른바 '손익사관損益史觀'이 형성된 것이다. 공자의 고전정비 작업과 관련해 가장 주목되는 것이 바로 '손익사관'의 정립이다. 「위정편」은 '손익사관'에 대한 공자의 입장을 이같이 설명해 놓았다.

"자장이 묻기를, '10세대 이후의 일을 알 수 있습니까?'라고 하자 공자
가 대답키를, '은나라가 하나라의 예제를 이어받았으니 그 손익損益을 가히
알 수 있고, 주나라가 은나라의 예제를 이어받았으니 그 손익을 가히 알 수
있다. 혹 주나라를 계승하는 자가 있다면 비록 1백 세대 이후의 일일지라도
가히 알 수 있을 것이다.'라고 했다."

그렇다면 이 대목에 나오는 '손익'은 구체적으로 무엇을 말하는 것일까?
'손익사관'에 관한 공자의 기본 입장은 「팔일」에 나오는 공자의 다음과 같
은 언급에 잘 나타나 있다.

"하나라의 예제는 내가 능히 말할 수 있으나 기杞(하나라의 후예국)나라
의 예제로는 충분히 뒷받침하기 어렵다. 은나라의 예제는 내가 능히 말할
수 있으나 송宋(은나라의 후예국)나라의 예제로는 충분히 뒷받침하기 어렵다.
문헌이 부족하기 때문이다. 만일 문헌이 충분하다면 내가 능히 증거를 댈
수 있다. 주나라는 하·은 2대를 거울로 삼아 그 문채가 찬란하게 빛나고 있
다. 나는 주나라를 따를 것이다."

공자는 바로 주나라의 예제를 '손익'의 기준으로 삼아 고전을 정리한 것
이다. 공자의 '종주從周' 선언은 곧 '손익사관'에 입각한 주공의 예제禮制 완
성 정신을 추종코자 하는 기본 입장을 천명한 것이나 다름없다. 공자는 전
통문화의 정수를 문헌상 잘 알 수도 없는 하·은대에서 찾으려고 한 것이
아니라 그 형적을 분명히 알 수 있는 주왕조의 예제에서 찾으려고 한 것이
다. 이는 맹자가 요·순으로부터 예제의 기본정신을 찾으려고 한 것과 대조
되고 있다.

공자의 '종주' 선언은 봉건질서를 옹호한 것이 아니라 전래의 문화전통
을 이어받아 새로운 문화를 창조코자 한 것이다. '온고지신溫故知新'이 바로
그 요체이다. 「공자세가」는 공자의 입을 빌어 '종주'의 의미를 보다 상세히
설명해 놓았다.

"차후로는 비록 1백세의 세월이 흐르더라도 예제의 변천을 알 수 있는데 그것은 은나라는 질박質朴을 귀히 여기고, 주나라는 문화文華를 귀히 여겼기 때문이다. 주왕조는 하·은 2대의 제도를 귀감으로 삼았기 때문에 그 문화는 참으로 풍성하고 화려했다. 나는 주나라를 따르겠다."

이를 통해 알 수 있듯이 공자는 맹자와 달리 결코 단순한 회고주의자가 아니었다. 문헌상 잘 알 수도 없는 하·은대를 배제한 공자가 그보다 더욱 오래된 시대에 존재했던 전설상의 인물에게서 예제의 기본정신을 찾으려고 했을 리가 만무하다.

훗날 순자가 현재에서 가까운 실존인물로부터 예제의 기본정신을 찾아야 한다는 취지에서 이른바 '법후왕法後王'을 강조하며 맹자의 '법선왕法先王' 주장을 질타한 것도 바로 이 때문이다. 순자는 공자가 하·은대를 버리고 주대의 예제를 따르겠다고 천명한 '종주' 선언의 취지를 정확히 통찰하고 있었던 것이다.

공자가 하·은·주 3대의 고례를 연구한 것은 하·은대의 예제를 '온고지신'의 차원에서 지양止揚한 주나라 예제가 붕괴하고 있음을 애석히 여긴데서 비롯된 것이다. 이는 전통문화의 정수가 옥석구분玉石俱焚 식으로 멸살될까 우려한데 따른 것이다. 그는 결코 맹자와 같이 알 수도 없는 전설상의 성군을 들먹이며 회고주의적인 입장을 견지하거나 시대퇴행적인 주왕조의 봉건제의 붕괴를 아쉬워하며 신분세습의 반동적인 통치체제를 옹호한 적이 없다.

공자는 역사적 사실로서의 주나라 예제를 단순히 부활시켜 실생활의 지침으로 삼는 것을 타기했다. 그의 예제에 관한 연구는 '온고지신'의 입장에서 예제를 새로이 다듬은 주공의 정신을 받들어 새로운 시대에 부응하는 정당한 질서규범을 찾아내고자 하는 취지에서 비롯된 것이다. 공자는 예제의 형식보다 그 정신을 중시했다. 「자한」에 나오는 공자의 다음과 같은 언급이 이를 잘 보여주고 있다.

"원래는 치포緇布로 만든 예관인 마면麻冕이 예에 맞다. 그러나 지금은 생사로 만들었어도 매우 검소하니 나는 뭇사람들을 따르겠다. 원래 절하는 것은 아래에서 하는 것이 예에 맞다. 그러나 지금은 절을 하며 위에서 하니 이는 교만한 것이다. 나는 비록 뭇사람들과 어긋날지라도 아래에서 절하겠다."

전통문화에 대한 공자의 기본 입장이 선명히 드러나는 대목이다. 당시 검은 비단인 치포緇布로 만든 '마면'은 모두 30승升으로 완성되었다. 매 승마다 80루縷로 이뤄진 까닭에 하나의 '마면'을 만들기 위해서는 명주 가닥이 무려 2천4백 루나 소요되었다. 이에 공자는 비록 세속의 생사로 만든 관이 전래의 예제와 다르기는 하나 그 검소함을 높이 사 시속을 좇겠다고 말한 것이다. 시속의 변화에 대한 공자의 매우 융통성이 있는 자세를 엿보게 하는 대목이다. 공자의 취지인 즉 예의 형식을 현실 생활에 맞게 다소 수정을 가하자는 것이다.

공자는 '온고지신'의 입장에서 고례를 깊이 연구해 그 정수만을 취해 새로운 시대에 맞게 적절한 개정을 가하면서 장래에 완성될 이상 국가의 일반질서로서의 예에 관해서도 청사진을 제시코자 노력했다. 이는 시대를 앞서가는 공자의 선구자적인 면모를 여실히 보여주는 것이기도 하다. 「위령공」에 나오는 다음 대목이 이를 잘 보여주고 있다.

"안연이 위방爲邦(치국)에 대해 묻자 공자가 대답키를, '하나라의 책력冊曆을 사용하고, 은나라의 노輅(군주용 수레)를 타고, 주나라의 관면冠冕을 쓰되 음악은 순임금의 무악인 소무韶舞를 써야 한다. 또한 정나라 음악을 추방하고, 구변이 뛰어난 유세가를 멀리 해야 한다. 정나라 음악은 음탕하고, 구변이 뛰어난 유세가는 위험하기 때문이다.'라고 했다."

이를 통해 공자가 고래의 예제 연구를 통해 새로운 예제를 제시코자 얼마나 부심했는지를 대략 짐작할 수 있다. 그는 당대의 위정자들에게 '온고지신'의 정신에 입각해 3대는 물론 당대의 여러 사례에서 바람직한 것과 그렇지 못한 것에 대한 취사선택을 통해 새로운 예제를 만들 것을 강력히 주문했던 것이다. 이는 천하국가의 흥망성쇠에 관한 깊은 탐색이 있기에 가능했던 것이다.

공문 내에서 '인학'의 구체적인 발현으로 간주돼 극도로 강조된 '예'를 하나의 통일된 질서의 원리로 삼아 전체적인 조화를 추구토록 뒷받침한 것은 '악樂'이었다. 통상 '예악'이 연칭連稱되어 사용된 이유가 바로 여기에 있다.

원래 음악은 고래의 전통문화의 질서인 예를 원만하고 장엄하게 전개시키기 위한 노력의 일환으로 발전했다. 예와 더불어 악이 중시된 이유가 여기에 있다. 공자는 청년시대부터 음악에 비상한 애호를 보였다. 공자가 다른 사람과 함께 노래를 할 때는 상대방이 노래를 잘하면 반드시 다시 부르게 한 뒤 이에 화답하곤 했다는 「술이」에 나오는 기사가 그 증거이다. 공자는 예악을 불가분의 관계로 인식하고 있었던 것이다. 예악의 상호관계를 가장 잘 보여주는 실례로 『예기』 「악기」에 나오는 다음 대목을 들 수 있다.

"악은 천지의 조화이고, 예는 천지의 질서이다. 조화를 이루는 까닭에 백물百物이 모두 화육化育하고, 질서가 있는 까닭에 군물群物이 모두 분별分別이 있다. 악은 하늘에 말미암아 만들어지고, 예는 땅의 법칙으로 만들어진다. 잘못 만들면 어지러워지고 잘못 지으면 난폭하게 된다. 그래서 천지의 도리에 밝은 뒤에야 예악을 일으킬 수 있는 것이다."

유가 경전에서 예와 악의 상호관계를 이처럼 잘 드러낸 대목을 찾기도 쉽지 않다. 당시 모든 의례에는 그에 맞는 적절한 음악이 연주되어 의식의 엄숙함과 장중함을 유감없이 드러냈다. 참석한 사람들은 상하를 불문하고 절묘한 음악의 조화에서 일체감을 맛보았다. 고대에 '예악'이 상호 표리의 관계를 이루고 중시된 이유가 여기에 있었다.

「헌문」에는 공자가 동분서주하는 천하유세의 도중에도 위나라에서 경을 치며 음악을 즐긴 일화가 실려 있다. 그가 얼마나 음악을 애호했는지를 극명하게 보여주는 일화이다. 공문에서 음악이 중시되지 않을 리 없었다. 당시 공문의 문도들 역시 음악에 조예가 깊었다.

그러나 공문에서 중시된 음악은 6예에서 말하는 수준의 초보적인 것이 아니라 군자의 예술적인 감상을 뒷받침하는 최고급 수준의 아악이었다. 공문의 문도는 모두 각자 자신의 재주와 취향에 따라 악기의 연주와 창악, 감상 등을 학습했음에 틀림없다. 「팔일」에서 공자가 노나라 태사와 음악을 논하고 「위령공」에서 공자가 노나라 태사太師(악사) 면冕의 방문을 받고 응대한 일화는 당시 노나라 태사가 공문에서 음악을 전담한 전임강사였을 가능성을 시사하고 있다.

당초 공자가 태어날 때에는 이미 주 왕실을 비롯해 열국 공실들 모두 하극상의 만연으로 크게 피폐해 있던 까닭에 전래의 예악이 크게 훼손되어 있었다. 예악의 훼손은 필연적으로 이를 가르치는 교습제도의 붕괴를 초래했다. 이에 예악 전문가들이 사방으로 흩어지면서 예악의 전수가 끊어질 위기에 처하게 되었다. 공자가 예악의 정비에 혼신의 노력을 기울인 것은 바로 이 때문이다. 공자는 만년에 다시 공문을 개설할 때 예악을 새로이 정리해 제자들에게 집중적으로 가르쳤다. 「자한」에 나오는 공자의 언급이 당시의 상황을 잘 보여주고 있다.

"내가 위나라에서 노나라로 돌아온 연후에 음악이 바로 되어 아송雅頌이 각기 제자리를 찾게 되었다."

여기의 '아송'은 『시경』의 편명으로 아가雅歌와 송가頌歌를 지칭한다. 당시 노래는 반드시 시를 그 가사로 삼고 있었다. '예'가 '악'과 표리의 관계를 맺고 있듯이 '시' 또한 '악'과 불가분의 관계를 맺고 있었던 것이다. 예악이 행해지는 곳에 반드시 '시'가 뒤따르게 된 것은 바로 이 때문이었다. 그러나 당시 공문이 음악을 가르치면서 어떤 책을 교본으로 삼았는지에 대해서는 자세히 알 길이 없다. 음악교본에 해당하는 『악』의 존재유무에 대해서도 설이 엇갈린다. 『예기』 「악론樂論」이 당시의 교재일 것으로 보는 견해도 있으나 관련 기록이 없어 수긍키가 쉽지 않다.

통상 예는 '질서', 악은 '조화'를 뜻하는 것으로 풀이되고 있다. 이는 『논어』에 나오는 예악의 기본 취지에 부합한다. 예악에 대한 공자의 기본 입장은 무조건 과거 예제의 전통을 좇는 것과는 거리가 멀었다. 「양화」에 나오는 공자의 언급이 그 증거이다.

"예禮 운운하지만 이게 어찌 옥백玉帛 등의 예물만을 말하는 것이겠는가? 악樂 운운하지만 이게 어찌 종고鐘鼓 등의 악기만을 말하는 것이겠는가?"

공자는 이 장에서 예악은 형식보다 내용이 중요하다는 점을 역설하고 있다. 이를 두고 송대의 정이천은 이같이 풀이해 놓았다.

"도적에게도 예악은 있다. 반드시 우두머리와 부하가 있어 서로 명을 들어 따라야만 도적질을 할 수 있다. 그렇지 않으면 기강이 무너져 단 하루도 도적질을 할 수가 없게 된다."

준엄한 얼굴을 한 성리학자가 도적집단을 예로 들어 예악의 효용을 언급한 것이 의외이기는 하나 그 내용만큼은 동서고금을 막론하고 예외 없이 적용될 수 있는 보편적 진리를 담고 있다. 그러나 아무리 내용이 중요할지라도 예악의 형식을 무시해서는 안 된다. 최소한의 기본 틀은 남겨둘 필요가 있는 것이다. 만일 내용만을 중시한 나머지 일체의 형식을 배제할 경우 오히려 그 내용의 진실성마저 쉽게 훼손당할 소지가 크다. 『논어』 「팔일」에 그 실례가 나온다.

이에 따르면 하루는 자공이 초하룻날 사당에 고하는 제사에 쓰는 희생양을 아까워하여 이 예식을 제거하려고 하자 공자가 이같이 말했다.

"사賜야, 너는 그 양을 아까워하느냐? 나는 오히려 그 예식이 없어지는 것을 아까워한다."

공자는 최소한의 형식마저 사라져 그에 따른 예의 기본정신을 잃어버리게 될까 두려워했음에 틀림없다. 이에 대해 조선조 후기의 실학자 정약용은

『논어고금주』에서 탁월한 해석을 전개했다.

"주 왕실의 태사太史가 자공의 시대에 이르러 열국에 고삭을 반포하지도 않는데 유사有司가 태사를 접대키 위한 희생양을 사육하며 꼴을 허비하자 자공이 그 희생양 자체를 없애고자 했다. 그러나 만일 희생양을 없애면 왕업王業의 자취마저 영원히 사라지는 까닭에 공자는 이를 탄식했던 것이다."

이를 통해 알 수 있듯이 당시 예악은 국가질서의 차별과 통일을 상징할 뿐만 아니라 이를 가장 효과적으로 달성할 수 있는 매우 유효한 수단이었다. 위정자를 위시한 군자가 반드시 습득하지 않으면 안 되는 이유가 여기에 있었다.

당시 공문에서 가르친 '치평학'의 교과목과 관련해 『시』·『서』·『예』·『악』이외에 특별히 주목할 만한 것으로 『춘추』를 들 수 있다. 오랫동안 『춘추』는 줄곧 공자가 편찬했다는 주장이 주류를 이뤄왔으나 확실한 근거가 있는 것은 아니다. 경문 자체는 기원전 722년에서 479년 사이의 사건을 기록해 놓은 노나라의 연대기에 불과하다. 『춘추』의 경문經文은 사실 메모 수준에 가까워 『맹자』만 아니었다면 후대인들은 연대기 이상으로 생각지 않았을 것이다. 『춘추』가 유가경전으로 편입된 데에는 『맹자』「등문공 하」에 나오는 맹자의 다음과 같은 언급이 결정적인 배경이 되었다.

"세상이 쇠퇴하고 도가 희미해져 잘못된 학설과 포학한 행위가 또 다시 일어나자 신하로서 그 군주를 죽이고, 자식으로 그 아비를 죽이는 자가 나타났다. 공자가 이를 걱정해 『춘추』를 지었다. 『춘추』와 같은 사서를 쓰는 것은 본래 천자의 일이다. 그래서 공자는 말하기를, '나를 이해하게 하는 것도 오직 『춘추』이고, 나를 비난하게 하는 것도 오직 『춘추』일 것이다.'라고 했다. 성왕이 나오지 않자 제후들이 방자하게 굴고 초야의 선비들은 제멋대로 떠들어대고, 양주楊朱와 묵적墨翟의 학설이 천하를 가득 채워 천하의 주장들이 양주에게 귀착되지 않으면 묵적에게 귀착되었다. 옛날 우임금이 홍수를 제압하자 천하가 평온해졌고, 주공이 오랑캐를 정벌하고 맹수들을 몰아내자 백성들이 편안하게 되었고, 공자가 『춘추』를 짓자 난신적자亂臣賊子가 두려워하게 되었다."

이 대목으로 인해 후대인들은 공자가 『춘추』를 지은 것으로 확신하면서 『춘추』에 이른바 '미언대의微言大義'가 있다고 주장했다. '미언대의'는 지극히 짧은 연대기의 문장 속에서 공자의 숨은 뜻을 찾을 수 있다는 생각에서 나온 것이다. 이로 인해 수많은 학자들이 『춘추』의 '미언대의'를 알아내기 위해 밤낮을 가리지 않고 노력을 기울였다. 그러나 결국 『춘추』 전반에 걸쳐 적용될 수 있는 원칙은 발견해 내지 못했다. 이를 두고 19세기 말 동양고전을 영역하는데 탁월한 재능을 보이며 옥스퍼드대 첫 중국어 교수로 재직한 제임스 레그James Legge는 '미언대의'를 주장하는 전래의 견해를 이같이 꼬집은 바 있다.

"『춘추』 전체는 일종의 퀴즈 책으로 그것을 풀려는 사람의 수만큼 해답도 많다."

사실 레그의 말대로 『춘추』의 경문은 노나라를 비롯한 열국에 대한 단순한 연대기에 불과할 뿐이다. 메모 수준의 단순한 연대기 기록에서 '미언대의'를 찾으려고 한 시도 자체가 사리에 맞지 않는 것이다. 그렇다면 맹자의 주장은 어떻게 해석해야 하는 것일까? 이에 대해 고사변파인 고힐강顧頡剛은 맹자가 말한 『춘추』는 현전하는 『춘추』와 다를 가능성을 제기했다. 그러나 이보다는 맹자의 시대에 이미 공자에 관한 전설이 크게 발전한 데 따른 것으로 보는 것이 나을 것이다.

다만 『춘추』의 경우는 『서경』에 비해 역사적 사실을 충실하게 기술하고 있다. 『서경』은 신화와 전설시대를 마치 역사적 사실인양 기술해 놓고 주왕조 초기의 건국과정을 지나치게 미화해 놓은 까닭에 신빙성에 의문이 가는 대목이 많다. 그러나 사실 『서경』과 『춘추』 모두 큰 틀에서 보면 이른바 '존왕양이'의 관점에 입각해 태고시대부터 공자시대까지의 역사를 연이어 기술해 놓았다는 점에서 큰 차이는 없다. 『춘추』와 관련해 사마천은 「공자세가」에서 이같이 평해 놓았다.

"공자가 말하기를, '안 되지, 안 돼! 군자는 죽은 후에 이름이 알려지지 않을 것을 걱정한다. 나의 도가 행해지지 않았으니 그럼 나는 무엇으로 후세에 이름을 남기겠는가?'라고 했다. 이에 공자가 역사의 기록에 근거해 『춘추』를 지었다. 『춘추』는 노나라의 역사를 중심으로 삼고, 주나라를 종주로 삼고, 은나라의 제도를 참작해 하·상·주 3대의 법률을 계승하고 있다. 그 문사는 간략하지만 제시하고자 하는 뜻은 넓다. 그래서 오나라와 초나라의 군주가 왕을 자칭했지만 『춘추』에서는 그것을 낮춰 본래의 작위인 자작으로 칭했다. 제후들에 대한 폄손貶損은 후에 군주가 될 자들이 이를 참고하여 실행케 하는 데 있다. 『춘추』의 대의가 행해지면 천하의 난신적자들이 두려워하게 될 것이다."

사마천의 이러한 평은 유가 후학들에게 『춘추』가 어떤 의미로 받아들여졌는지를 잘 보여주고 있다. 그러나 사실 공자가 편수했다는 『춘추』는 그 내용이 소략하기 그지없다. 나아가 『논어』에는 『춘추』에 관한 언급이 전혀 나오지 않고 있다. 『춘추』가 과연 공자에 의해 만들어졌는지 여부를 의심케 해주는 대목이다.

당초 공자는 3환 세족의 전횡을 일소해 군권을 강화코자 했다. 『춘추』에는 공자의 이러한 정신이 잘 나타나 있다. 『춘추』의 저류에는 세족의 전제를 타파코자 했던 공자의 이상이 깊이 배어 있는 것이다. 만년에 공자사상의 변화는 자공 같은 명민한 제자들도 눈치 챌 수 없었다. 하물며 만년의 공자에게 입문한 젊은 자장과 자유, 자하 등의 제자들은 더욱 이해할 수 없었다. 공자는 적막감을 품은 채 이 세상을 떠났던 것이다.

그러나 그의 이상은 그가 손수 다듬은 『춘추』가 세상에 알려지자 점점 세간에 퍼지게 되었다. 신분세습의 봉건정을 타파하고 군권을 강화코자 했던 정치적 이상은 이후 전국시대에 진한제국의 중앙 집권적 관료국가의 이론적 기초가 되었다. 유가사상이 한무제 때 유일한 통치이념으로 채택된 것은 생전에 이루지 못했던 공자의 꿈이 350년 뒤에 마침내 결실을 맺게 되었음을 의미한다.

『춘추』가 후대에 중요한 유교경전으로 받들어진 것은 말할 것도 없이 이른바 '춘추3전'이 등장하게 되면서부터였다. 공문에서 『춘추』를 문도들에게 '서'와 함께 가르쳤는지는 의문이다. 대략 『춘추』는 '서'와 달리 공자가 편수하는데 그쳤던 것이 아닌가 짐작된다. 이는 『논어』에 『춘추』에 관한 언급이 전혀 나오지 않고 있는 사실을 통해 대략 짐작할 수 있다.

그럼에도 『사기』로 인해 오랫동안 『춘추』는 공자 때에 이미 편찬되어 제자들에게 가르친 것으로 여겨졌다. 여기에는 「공자세가」에 나오는 다음 대목이 결정적인 영향을 미쳤다.

"공자는 지난날 소송안건을 심리했을 때도 문사文辭에서 다른 사람과 의논해야 할 때는 결코 자기 혼자서 판단을 내리지 않았다. 그러나 『춘추』를 지을 때에는 결단코 기록할 것은 기록하고 삭제할 것은 삭제했기 때문에 자하子夏와 같은 제자들조차 한마디도 거들 수가 없었다."

이 구절은 『춘추』의 중요성을 강조키 위해 자주 인용되고 있으나 액면 그대로 받아들일 수는 없다. 『춘추』가 주요한 유교경전으로 받들어질 때 유가 후학들에 의해 만들어진 설화가 수록된 것으로 보인다. 『춘추』가 주요한 유교경전으로 받들어진 이유는 공자가 직접 편수했다는 전설에서 비롯된 것임은 말할 것도 없다. 설령 이 전설이 사실에 가까워도 공문에서 『춘추』가 『서』와 더불어 당시 공문에서 교습되었을 가능성은 매우 희박하다.

이를 통해 알 수 있듯이 『시』·『서』·『예』·『악』 등 4개 교과로 요약되는 공문의 '치평학'은 군자의 길에 들어서고자 공문에 입학한 모든 학생들에게 필수 교양과목으로 부과되었다. 공자는 만년에 사숙에서 제자들에게 이 4개 교과를 가르치면서 그 정비에 혼신의 노력을 기울였다.

그럼에도 학계에서는 아직까지도 공문에서 가르친 '치평학'의 교과목을 제대로 이해하지 못하고 그릇된 견해를 제시하는 사례가 계속되고 있다. 이는 기본적으로 과거 성리학자들의 잘못된 견해를 답습한 데 따른 것이다. 이러한 오류를 낳게 한 가장 대표적인 대목으로 「선진」에 나오는 다음과 같은 대목을 들 수 있다.

"실천이 독실해 덕행에 능한 제자로는 안연顔淵·민자건閔子騫·염백우冉伯牛·중궁仲弓, 언변에 능해 응대사령에 뛰어난 제자로는 재아宰我·자공子貢, 재주가 많아 정사에 능한 제자로는 염구冉有·계로季路, 박학하여 문학에 능한 제자로는 자유子游·자하子夏 등이 있었다."

이 대목에 나오는 덕행·언어·정사·문학을 흔히 '공문4과孔門四科'로 불러 왔다. 그러나 이는 공문의 정식 교과목을 지칭한 것이 아니다. 각 분야에 뛰어났던 공자의 제자들을 4종류로 분류한 것에 불과하다. 이와 유사한 오류를 촉발시킨 대목으로는 「술이」의 다음과 같은 대목을 들 수 있다.

"공자는 네 가지로써 가르쳤다. 문文(학문)·행行(실천)·충忠(성심)·신信(믿음)이 그것이다."

이를 두고 일각에서는 공자의 제자 중 누군가가 공문에서 교습한 '치평학'의 교과목을 문·행·충·신의 4과로 분류해 전한 것으로 해석해 놓았다. 이들 중 충과 신은 심신수양, 행은 도덕실천, 문은 『시』·『서』·『예』·『악』의 교양과목으로 풀이하고 있다. 이러한 해석은 큰 틀에서 볼 때 나름대로 일리는 있으나 논점을 벗어났다는 지적을 면키 어렵다. 행·충·신이 심신수양을 포함한 도덕실천인 것은 인정할 수 있으나 이것이 교과목은 아니었다. '치평학'이 정식 교과목으로 존재한 것은 오직 『시』·『서』·『예』·『악』의 4개 과목이었다. 공문의 '치평학'을 현대의 학문에 대응시키면 대략 '시'는 어문학, '서'는 사학, '예'는 정치학과 법학, '악'은 예술 일체에 비유할 수 있다.

그렇다면 공문의 '치평학'에는 인문학의 3대 학문 중 하나인 철학은 왜 없는 것일까? 서양 학문에 뿌리를 둔 철학은 공문의 '치평학'에서는 따로 존재하지 않았다. 그럼에도 많은 사람들이 공문 내에서 철학이 가르쳐진 것으로 오해했다. 이는 「공자세가」의 다음 대목과 무관치 않았다.

"공자는 만년에 『역易』을 좋아해 「단象」과 「계繫」, 「상象」, 「설괘說卦」, 「문언文言」편을 정리했다. 그는 죽간을 꿴 위편韋編(가죽 끈)이 세 번이나 끊어질 만큼 『역』을 무수히 읽었다. 공자는 말하기를, '만일 나에게 몇 년의 시간을 더 준다면 나는 『역』의 문사와 의리에 다 통달할 수 있을 것이다.'라고 했다."

이 대목에서 이른바 '위편삼절韋編三絶'이라는 고사가 나왔다. 오랫동안 '위편삼절'은 공자가 『역』을 즐겨 읽은 것은 물론 공문의 문도들에게 『역』을 강설한 것으로 여겨져 왔다. 이 대목에 나오는 공자의 말은 『논어』「술이」에도 나온다. 예로부터 이에 대한 논란이 많았다. 주희는 공자가 70세에 들어와 '위편삼절'의 고사를 간주한 데 반해 형병은 공자가 47세경에 이미 '위편삼절'의 고사를 만들게 되었다고 주장했다. 유가 후학들이 『역』을 얼마나 중시했는지를 보여주는 사례이다.

현재까지 출토된 수많은 갑골문이 증명하듯이 공자 이전에 이미 적어도 1천년 이상 점술이 행해진 것은 확실하다. 그럼에도 공자는 결코 점을 치지 않았다. 공자가 『역』을 읽어보았을 가능성은 있으나 이를 제자들을 대상으로 하는 교재로 삼았을 가능성은 거의 전무하다. 후대에 공자가 '십익十翼'을 지어 『주역周易』을 완성했다는 전설이 나오면서 '위편삼절'의 고사도 나오게 된 것으로 짐작된다.

공자 당시 『역』은 무축巫祝의 점술서에 불과했다. 설령 '위편삼절'을 인정할지라도 공자가 『역』을 제자들에게 가르쳤을 가능성은 거의 없다. '괴력난신怪力亂神'을 극도로 꺼린 공자가 '십익'을 지어 점술서에 철학적인 해석을 가했다는 얘기 자체가 어불성설이다. 『논어』「술이」에 다음과 같은 구절이 나온다.

"공자는 괴이하고, 힘세고, 어지럽고, 귀신에 관한 것은 말하지 않았다."

공자가 이 장에서 '괴력난신'에 대해 언급한 것은 호학과 관련된 자술에 대한 종결적인 의미를 지니고 있다. 이 장은 남송대에 등장하는 성리학이 공학의 본의로부터 크게 벗어나 있다는 중요한 지표이다. 이에 대해 주희는 해석키를, '귀신은 조화의 자취이니 비록 바르지 않은 것은 아니나 이치를 궁구함이 지극하지 않고는 쉽사리 밝힐 수 없었던 까닭에 가벼이 사람들에게 말하지 않았다.'고 했다. 이는 억지해석이다.

이를 두고 에도시대를 대표하는 일본의 유학자 오규 소라이荻生徂徠는 『논어징論語徵』에서 특이한 해석을 가했다. 그의 주장에 따르면 공자도 공식적인 자리에서는 비록 '괴력난신'을 언급치 않았으나 사적인 자리에서는 언급했을 것으로 보았다. 오규 소라이는 만일 공자가 사적인 생활에서도 그런 것에 흥미가 없었다면 인간적인 모습과 떨어진 것으로 공자가 늘 점잖은 말만 했다고 보는 것은 공자의 진면목을 놓치는 것이라고 주장했다.

오규 소라이의 주장은 나름대로 일리가 있으나 이 또한 지나친 것이다. 실제로 선진시대의 문헌에 나오는 공자의 모습을 종합해 볼 공자는 생전에 성리학에서 말하는 '4단7정'의 성性과 '천리인욕'의 천도天道 등에 대해 언급한 바가 없다. 이는 그가 '괴력난신'에 대한 언급을 극력 꺼린 사실과 무관치 않다. 공자는 인간의 이지적인 이성에 무한한 신뢰를 보내면서 인간 개인 및 공동체에 대한 기본관계와 상호질서를 탐구하는데 전력을 투구했다. '괴력난신'에 관한 고구考究로 시간과 정력을 낭비하는 것을 극히 경계했던 것이다. 공자사상의 위대한 면이 바로 여기에 있다.

훗날 순자는 유가가 공부해야 할 문헌목록을 열거했지만 『역』을 포함시키지 않았다. 『순자』「유효」의 다음 대목이 그 증거이다.

"천하의 도는 오직 이 유학에 있으니 백왕百王의 도가 바로 이 유학에 있다. 그래서 『시』·『서』·『예』·『악』의 도 역시 이 유학에 귀결되는 것이다. 『시』는 이 유학의 뜻을, 『서』는 이 유학의 일을, 『예』는 이 유학의 행동을, 『악』은 이 유학의 조화를, 『춘추』는 이 유학의 은미隱微한 뜻을 말한 것이다."

이를 통해 짐작할 수 있듯이 공문 내에서는 서양의 철학에 준하는 교과목을 가르친 적이 없었다고 보는 것이 타당하다. 이는 공자가 '괴력난신'을 타기한 사실과 무관치 않았을 것이다.

그러나 공문 내에도 철학에 상응하는 사상론은 늘 존재했다. 그것은 『시』·『서』·『예』·『악』에 편재遍在해 있었다. 『시』·『서』·『예』·『악』이 정리되는 과정에 이미 공자에 의해 사상적 취사선택이 이뤄진 까닭에 그 자체가 일종의 사상서 역할을 수행하고 있었던 것이다. 『시』·『서』·『예』·『악』 모두 일종의 정치사상서의 성격을 띠고 있었던 것이다.

그러나 공문의 '치평학'이 시대의 흐름에 따라 적잖은 변화를 겪게 되면서 『시』·『서』·『예』·『악』에 편재해 있던 공자사상이 하나로 통합돼 전면으로 부상키 시작했다. 공자 사후 제자백가가 우후죽순처럼 나타나 '백가쟁명百家爭鳴'을 전개한 것도 이와 무관치 않았다. 『논어』가 전한제국 초기까지 수차례에 걸쳐 편집케 된 이유가 바로 여기에 있다. 이는 공자사상을 하나로 묶어 보여줄 필요가 절실해진데 따른 것이었다.

『논어』는 『시』·『서』·『예』·『악』에 편재해 있던 공자사상을 하나로 통합해 놓은 공자사상의 결정판이다. 도가와 법가, 묵가, 병가 등 여타의 제자백가 역시 이를 모방해 자신들의 사상을 체계적으로 기술한 논저를 쏟아놓게 되었다. 동양에서 공자의 언행을 기록한 『논어』만큼 오랜 세월에 걸쳐 지속적으로 읽힌 책도 없을 것이다. 실제로 공자가 죽은 지 2천 5백여 년이 지난 지금도 『논어』는 많은 사람들이 애독하는 최고의 교양서이기도 하다.

3) 육영주의育英主義

공자가 14년간에 걸쳐 망명의 성격을 띤 천하유세를 마치고 노나라로 귀국했을 때는 이미 나이가 고희古稀를 눈앞에 둔 69세에 달해 있었다. 그가 말한 이른바 이순耳順의 나이가 이미 저물어갈 때였던 것이다. '이순'은 우주만물의 이치를 깨달아 삼라만상을 관조할 수 있는 경지에 접어든 것을 말한다.

그러나 사실 공자는 14년간에 걸친 천하유세를 끝낸 뒤에야 비로소 '이순'의 경지에 들어섰다고 보는 게 옳다. 「공자세가」에 이를 뒷받침하는 일화가 실려 있다.

이에 따르면 하루는 공자가 석경石磬을 연주하고 있을 때 마침 문 앞을 지나던 한 하궤인荷蕢人(망태를 맨 은자隱者를 지칭)이 이를 듣고 이같이 탄식했다.

"깊은 생각에 빠졌구나, 경을 연주하는 사람이. 소리가 너무 쩽강거리는구나, 세상에 자신을 알아주는 이가 없으면 그것으로 그만이지."

이에 공자가 석경과 거문고에 능한 사양자師襄子로부터 거문고를 배우게 되었다. 그러나 10일 동안 진전이 없었다. 이때 사양자가 이같이 말했다.

"이제는 다른 곡을 배워도 되겠습니다."

공자가 대답했다.

"나는 이미 그 곡조는 익혔으나 아직 그 연주하는 술수는 터득하지 못했소."

얼마 후 사양자가 다시 말했다.

"이제는 그 연주하는 술수를 익혔으니 다른 곡을 배워도 되겠습니다."

공자가 대답했다.

"나는 아직 그 곡조의 뜻을 터득하지 못했소."

얼마 후 사양자가 또 다시 말했다.

"이제는 곡조의 뜻을 익혔으니 다른 곡을 배워도 되겠습니다."

공자가 대답했다.

"나는 아직 곡을 지은 사람의 사람됨을 터득하지 못했소."

얼마 후 공자는 경건히 심사深思하면서 유쾌한 마음으로 크게 내다보고 원대한 뜻을 품게 되었다. 이에 공자가 말했다.

"이제야 나는 곡을 지은 사람의 사람됨을 알았소. 피부는 검고, 키는 크며, 눈은 빛나고 멀리 바라보는데 마치 사방 제후국을 다스리는 것 같았으니 이는 문왕이 아니면 그 누구이겠소."

사양자가 그 자리에서 일어나 재배하며 말했다.

"나의 은사도 이를 두고 문왕을 찬양하는 곡조인 '문왕조文王操'라고 한 바 있습니다."

이 일화는 『논어』 「헌문」과 『공자가어』에도 나오고 있다. 이를 두고 대부분의 학자들은 도가 후학이 만들어 낸 것으로 보고 있다. 이 일화는 역사적 사실과 동떨어진 것이기는 하나 당시 공자의 심경을 일정 부분 반영한 것으로 보인다. 앞서 살펴보았듯이 공자는 필힐의 부름을 받고 한때 크게 동요한 바 있다. 결국 필힐의 부름에 응하지 않았으나 공자는 상당 기간 동안 심란한 마음을 진정키가 쉽지 않았을 것이다. 그의 어지러운 심사가 바로 석경소리에 그대로 드러난 셈이다. 이때 지나가던 은자가 공자의 초조한 마음을 읽고 '세상에 자신을 알아주는 이가 없으면 그것으로 그만둘 일이지'라고 힐책한 것이다. 공자는 이때까지도 '이순'의 경지에 들어가지 못한 것이다.

이 일이 있은 이후 공자는 사양자로부터 거문고를 배우면서 곡을 지은 사람의 사람됨까지 알아내는 수준에 이르면서 비로소 '이순'의 경지에 들어간 것으로 볼 수 있다. 이때 그의 나이는 대략 65세가량이었다. 공자는 60대 중반에 이르러서야 '지명'의 단계를 넘어 '이순'의 단계로 진입했다고 짐작된다. 당시 공자는 이순의 경지에 이르러서야 귀국길에 올라 다시 사숙을 열어 고전을 정비하고 제자들을 육성하는데 여생을 보냈던 셈이다.

이와 관련해 「공자세가」는 당시 공자는 노나라로 귀국하자마자 다시 사숙을 열고 『시』·『서』·『예』·『악』으로 이뤄진 '치평학'의 최종정리에 박차를 가하면서 제자 육성에 전념한 것으로 기록해 놓았다. 「공자세가」에 따르면 공자가 귀국한 뒤 다시 사숙을 열자 수많은 제자들이 공자의 명성을 듣고 구름같이 몰려들었다고 한다.

공자의 위대한 면모 가운데 하나는 제자를 길러 후일을 기약한데 있다. 이른바 육영주의育英主義다. 그의 문하에서 수많은 인재가 배출됐다. 전국시대에 들어와 이들이 제자백가 등장의 결정적인 배경이 되었다. 많은 사람들이 공자를 제자백가의 효시로 보는 이유다. 사상사적으로 볼 때는 관중이 그 효시에 해당하나, 현실적으로 이를 구현한 사람은 바로 공자였다.

공문孔門의 문도들은 그 출신성분이 매우 다양했다. 이는 공자가 '속수束脩'만 바치면 누구나 제자로 받아들인 사실과 무관치 않다. 『순자』「법행」은 이를 두고 '공부자의 문하는 어찌 그리 잡스러운가?'라고 비판하기도 했다. 공자의 명성이 높아지면서 공문에는 각지의 망명객을 포함해 벼슬을 구하고자 하는 불안정한 신분의 사람들이 대거 입문했을 것으로 짐작된다. 이는 유가학단의 입문이 벼슬길로 이어진다는 소문이 널리 퍼진데 따른 것으로 보아야 할 것이다.

일찍이 치엔무錢穆는 공자의 제자들을 공자의 천하유세를 기점으로 크게 '전기제자前期弟子'와 '후기제자後期弟子'로 나눈 바 있다. 물론 전기와 후기의 제자를 정확히 구분하는 것은 쉬운 일이 아니다. 후기제자에 속하는 것처럼 보이는 제자도 짧은 기간이나마 공자가 여행을 떠나기 전에 배웠을지도 모른다. 그러나 『공자가어』와 『사기』「중니제자열전」의 내용을 토대로 '전기'와 '후기'로 개괄적인 분류를 시도하는 것이 불가능한 것은 아니다.

공자가 천하유세 여정에 나설 때만 해도 전기제자는 그리 많지 않았을 것으로 짐작된다. 이들 전기제자들은 공자가 14년간에 걸친 천하유세에 들어가면서 대부분 흩어졌을 것으로 보는 게 타당하다. 천하유세 과정에서 공자를 수종한 자가 극소수에 지나지 않은 사실이 이를 뒷받침한다.

전기제자들 중 극히 일부만 공자와 함께 여정에 나섰다. 『논어』에 보이는 범위 안에서 찾을 경우 자로와 안회, 자공, 염구 등 4명뿐이다. 이 중 자공과 염구는 정확한 시기는 단정할 수 없으나 도중에 노나라로 돌아가 계씨의 가재가 되었다.

그렇다면 처음부터 마지막 여정까지 함께 한 전기제자는 오직 자로와 안연밖에 없는 셈이다. 이들 극소수의 제자들만이 생명의 위협까지 감수하면서 공자와 고난을 같이 했다. 이들이 귀국 이후 초기의 유가학단 때와 다른 모습을 보이게 된 것 또한 당연한 일로 보아야 할 것이다.

이는 기본적으로 공자에서 비롯되었다. 공자는 천하유세 여정을 마치면서 비로소 현실정치 참여에 대한 모든 미련을 버릴 수 있었다. 그는 현실의 벽을 뛰어넘은 것이다. 공자의 내면적 변화를 명민한 제자들이 느끼지 않았을 리 없었다. 그러나 공자의 경지를 추구하는 것이 결코 쉬운 일이 아니었다. 「옹야」에 따르면 당시 염구가 먼저 비명을 질렀다.

"선생님의 도를 좋아하지 않는 것은 아니나 역부족力不足입니다."

그러자 공자가 이같이 힐난했다.

"역부족이라고 말하는 자는 중도에서 그만 두곤 하는데 지금 너 또한 스스로 한계를 긋는 것인가?"

'역부족'은 나아가려고 해도 힘이 달려 불가능한 것을 말한다. 염구는 스스로 한계를 그어 노력도 하지 않은 채 '역부족'을 언급함으로써 공자의 질책을 받은 것이다. 공자의 치열한 구두행보가 여실히 드러난 대목이 아닐 수 없다.

이를 통해 짐작할 수 있듯이 공자의 전기제자와 후기제자들이 질적으로 차이를 보이게 된 것은 불가피한 일이었다. 어떤 의미에서 전기제자들은 공자와 함께 '군자의 치평' 이상을 탐구한 일종의 학문적 동지의 성격이 강했다. 이에 대해 후기제자들은 비교적 정리가 잘 된 '치평학' 교과목을 통해 스승의 정치이상을 학문적으로 습득한 사제지간師弟之間의 성격이 강했다. 공자 사후에 공학孔學의 전파에 결정적인 공헌을 한 유가학파를 형성한 제자들 대부분이 하나 같이 후기제자에서 배출된 것도 이와 무관치 않다고 보아야 한다.

그러나 예로부터 전기제자와 후기제자에 대한 평가를 둘러싸고 많은 논란이 일어났다. 이는 시대별로 제자들에 대한 평가에서 각기 다른 기준이 적용된데 따른 것이었다. 논란의 진원은 기본적으로 「선진」에 나오는 다음 구절에서 비롯되었다.

"공자가 말하기를, '진·채 사이에서 고생할 당시 나를 따르던 제자들이 개불급문皆不及門(모두 문하에 이르지 않음)하여 마땅히 처할 바를 얻지는 못했구나. 그때는 참으로 큰일이었다.'고 했다. 실천이 독실해 덕행에 능한 제자로는 안연顔淵·민자건閔子騫·염백우冉伯牛·중궁仲弓, 언변에 능해 응대사령에 뛰어난 제자로는 재아宰我·자공子貢, 재주가 많아 정치에 능한 제자로는 염구冉有·자로子路, 박학하여 문학에 능한 제자로는 자유子游·자하子夏 등이 있었다."

이는 공자가 귀국한 뒤 진·채 사이의 조난을 당했을 때를 회상한 내용이다. 이 대목에서 거론된 공자의 제자들을 흔히 '4과10철四科+哲'이라고 한다. 실천과 언변, 외교, 정사 등 모두 4개 분야에서 뛰어난 능력을 보여준 10명의 제자들이 '4과10철'에 그 이름을 올리게 된 것이다.

본문에 나오는 '개불급문皆不及門' 구절을 두고 주석가들마다 다양한 풀이를 시도했으나 만족할만한 해석을 내리지 못했다. 대략 한대漢代 이래 고주古注는 '모두 사진仕進(관직에 들어섬)의 문에 미치지 못해 그 자리를 잃었다.'로 해석했다. 이에 대해 성리학이 성립한 이후의 신주新注는 '이때 모두 공문에 있지 않았다. 그래서 공자가 이같이 생각한 것이다.'라고 해석했다.

그러나 두 해석 모두 문맥상 자연스럽지 못하다. 오히려 '진·채 사이에서 고생할 당시 이들 10인은 모두 아직 사진의 길을 얻지 못한 낭인이었다. 그런 의미에서 그때는 참으로 큰일이었다.'고 술회한 것으로 보는 것이 타당할 것이다. 이 대목은 공자가 귀국한 뒤 천하유세 당시의 일을 회고하면서 감개感慨에 젖었던 상황을 전해 주고 있다.

공자의 문도들 중에는 뛰어난 제자들이 많았으나 그 중 가장 대표적인 인물을 고르라면 단연 자로를 들 수 있다. 과거 수제修齊를 중시하는 성리학의 입장에서 볼 때는 단연 안회를 들었으나 치평治平의 차원에서 새로이 평가하면 안연보다는 자로와 자공을 드는 게 타당하다. 사실 안회는 치평 차원에서 아무런 족적을 남겨놓지 못했다.

원래 자로는 공자보다 9년 연하로 공문의 문도들 중 나이가 가장 많았다. 그는 공자에게 일종의 반면교사의 역할을 수행함으로써 공자사상의 정립에 지대한 공헌을 한 인물이었다. 스승을 극진히 생각한 점에서 공자 문하 중 그를 능가할 사람은 없었다. 자로에 대한 공자의 신뢰 또한 거의 절대적이었다.

자로는 결코 단순한 무골武骨도 아니었다. 그는 공자의 문도 중 정치적 역량도 뛰어난 편에 속했다. 그가 염구와 함께 차례로 계씨의 가재가 되어 공자의 3환 타도 계책을 앞장서 실천에 옮긴 사실이 이를 뒷받침한다. 『춘추좌전』 「노정공 12년」조는 자로가 3환 타도 계책의 입안자로 되어 있으나 이는 원래 공자의 원대한 구상에서 나온 것이다. 자로는 이 일이 실패로 끝나 공자가 14년간에 걸친 천하유세에 나서는 동안 한시도 늙은 스승 곁을 떠나는 법이 없었다. 공자가 온갖 난관을 극복하며 무사히 노나라로 귀국해 공문을 일신할 수 있었던 데에는 자로의 숨은 공이 컸다고 보아야 한다.

그럼에도 『논어』는 자로에 대해 별다른 주의를 기울이지 않고 있다. 비록 그에 관한 기사가 40여 곳에 이르고 있으나 '유자왈' 및 '증자왈'과 같은 어록은 단 한 대목도 없을 뿐만 아니라 대부분 그의 저돌적인 무용과 실패담으로 이뤄져 있다. 「술이」에서 공자가 그의 무용을 무모한 용맹을 상징하는 포호빙하暴虎馮河에 비유한 게 대표적인 실례이다. 이는 기본적으로 그가 공자에 앞서 죽은 까닭에 제자들을 두지 못한 사실과 무관치 않을 것이다.

『사기』「중니제자열전」에 따르면 원래 자로는 무협의 무리였다. 지금의 산동성 사수현인 변卞 땅 출신이라고 하나 일찍이 고향을 떠난 것으로 보인다. 『공자가어』「자로초견子路初見」에는 그가 공문에 입문할 때의 일화가 실려 있다. 이에 따르면 자로가 공자를 처음으로 만났을 때 공자가 대뜸 이같이 물었다.

"그대는 무엇을 좋아하는가?"

자로가 대답했다.

"저는 장검을 좋아합니다."

공자가 다시 말했다.

"나는 그것을 묻는 것이 아니다. 네가 능한 위에 학문을 더하게 되면 누가 이를 따라 올 수 있겠는가? 그래서 나는 너의 그런 점을 물은 것이다."

자로가 대답했다.

"배우는 것이 무슨 유익함이 있겠습니까?"

공자가 말했다.

"대개 군주로서도 간하는 선비가 없으면 정직을 잃어버리기가 쉽고, 선비도 가르쳐주는 친구가 없으면 들은 것을 잊어버리기가 쉽다. 그래서 길이 들지 않은 말을 모는 데는 채찍을 손에서 놓을 수가 없는 것이다. 나무도 먹줄을 받은 뒤에야 비로소 바로 되고, 사람도 간하는 말을 들은 뒤에야 비로소 착해지는 것이다. 배움을 받고 남에게 묻는 것을 소중하게 안다면 누구인들 나쁜 일을 하겠는가? 만일 어진 사람을 헐뜯거나 선비를 미워한다면 반드시 벌을 면치 못할 것이다. 그래서 군자는 학문을 하지 않을 수 없는 것이다."

그러자 자로가 반박했다.

"남산의 대나무는 바로잡아 주지 않아도 저절로 반듯하게 자라납니다. 그것을 잘라 쓰면 무기라도 만들 수 있습니다. 이런 것으로 말하면 반드시 학문을 해야 할 이유가 어디 있겠습니까?"

공자가 말했다.

"화살 한쪽에 깃을 꽂고 다른 한쪽에 촉을 박는다면 그 날카롭고 가벼운 것이 겸해져 목표물에 들어가는 것이 더욱 깊어지지 않겠는가?"

자로가 이 말을 듣고 공손히 두 번 절하고 마침내 가르침을 받게 되었다.

『공자가어』는 물론 후대에 만들어진 것이기는 하나 자로가 공자의 가르침을 받게 된 배경이 매우 사실적으로 묘사되어 있다. 이에 대해 「중니제자열전」은 자로가 공자의 제자가 된 배경을 다음과 같이 기술해 놓았다.

"자로는 성질이 거칠고 용맹을 좋아해 심지心志가 강직했다. 수탉의 꼬리로 관을 만들어 쓰고 수퇘지의 가죽으로 주머니를 만들어 허리에 찼다. 공자의 제자가 되기 전에 한때는 공자를 업신여기며 폭행하려 했다. 그러나 공자가 예로써 대하며 조금씩 바른 길로 인도하자 뒤에 유복儒服을 입고 폐백을 드리면서 문인들을 통해 제자가 되기를 청했다."

이 기록이 맞는다면 자로는 젊었을 때 공자에 대해 매우 적대적인 태도를 취했던 과격한 인물이었음에 틀림없다. 그가 공자의 제자가 된 것은 매우 극적인 사건이었음에 틀림없다. 그는 공자의 제자가 된 후 공자의 가장 친한 친구인 동시에 가장 엄격한 비판자로서의 역할을 수행했다. 그는 자신이 확신하는 원칙에 대해 스스로 엄격했을 뿐만 아니라 스승인 공자에게도 거리낌 없이 엄하게 추궁하는 모습을 보였다. 공자의 제자 중 의義의 덕목을 가장 많이 지닌 사람을 들라면 단연 자로를 꼽을 수 있다. 이는 그가 타고난 무골武骨이었다는 사실과 무관치 않았을 것이다. 『장자』 「도척」도 자로의 입문을 높이 평가해 놓았다.

"공자는 달콤한 말로 자로를 꾀어 자신의 무리를 따르도록 했다. 그로 하여금 용자의 자랑이었던 높은 관을 벗고 장검을 풀어버리게 하고는 자신의 가르침을 받게 했다. 그때 세상 사람들이 모두 일컫기를, '공구는 자로의 난폭함을 억누르고 비행을 저지르지 못하게 했다.'고 했다."

이 대목은 도척이 공자를 비난하는 우언寓言 속에 나오는 것이기는 하나 자로의 입문 사실만큼은 긍정적으로 평가해 놓았다. 자로는 성정이 직선적이고 성급했다. 그의 이런 성정은 다른 제자들의 예의바르고 학자적인 취향과는 확실히 이질적인 것이었다. 자로도 이를 인식하고 있었다. 그러나 그는 오히려 자신의 이러한 특성을 자랑하는 듯한 모습을 보였다.

「술이」에 따르면 하루는 공자가 총애하는 제자 안회의 능력을 칭찬하자 자로가 불만스럽게 물었다.

"선생님은 삼군三軍을 지휘케 되면 누구와 함께 하겠습니까?"

그러자 공자가 이같이 대답했다.

"범을 맨손으로 때려잡고 황하를 맨 몸으로 건너는 포호빙하暴虎馮河를 행하면서도 후회치 않을 자와는 내가 함께 하지 않을 것이다. 그러나 일에 임하여 두려워하며 즐겨 계책을 세워 일을 성사시키는 자와는 내가 함께 할 것이다."

이는 자로를 '포호빙하'에 비유한 것이다. 자로는 항상 용맹스러웠지만 그로 인해 공자로부터 적잖은 꾸지람을 받았다. 그러나 공자는 자주 자로에게 핀잔을 주면서도 그가 마음의 상처를 입지 않도록 세심히 배려했다. 공자와 자로 사이에는 다른 제자들과의 대화에서 느껴지는 통상적인 사제 간의 관계를 넘어 마치 동료애와 같은 깊은 애정의 유대가 형성돼 있었다. 이는 자로가 제자들 중 가장 연장인 데다가 천하유세 기간은 말할 것도 없고 평생 공자 곁에서 고락을 같이 한 사실과 무관치 않았을 것이다.

사실 자로는 이같이 성실하고 강직한 성격에도 불구하고 제자들 중에서 가장 온화하고 인간적인 모습을 지닌 인물이었다. 이는 그가 한번 한 약속은 절대 어기는 일이 없었다는 사실을 통해 쉽게 알 수 있다. 공자도 그의 이런 측면을 높이 평가했다.

치평 차원에서 볼 때 공문의 문도 중 자로에 이어 두 번째로 거론할 수 있는 제자로 자공을 들 수 있다. 그는 공자보다 31년 연하로 안회보다는 1년 아래였다. 『논어』는 자공과 안회를 병칭한 사례가 제법 많이 나온다. 이는 두 사람의 나이가 비슷한데다가 여러모로 대비된데 따른 것으로 보인다. 당시 공자로서도 자공이 자신의 재능을 최대한 발휘해 날로 성장하고 있는데 반해 안회는 명성도 얻지 못한 채 가난에서 허덕이는 모습을 보면서 적잖이 우울한 생각이 들었을 것이다. 「공야장」에 나오는 다음 대목이 그 증거이다.

"공자가 자공에게 묻기를, '너와 회回 가운데 누가 나으냐?'라고 하자 자공이 대답키를, '제가 어찌 감히 회를 바라볼 수 있겠습니까? 회는 하나를 들으면 열을 알고, 저는 하나를 들으면 둘을 압니다.'라고 했다. 이에 공자가 말하기를, '그만 못하다. 나와 너는 그만 못하다!'라고 했다."

자공은 스승의 속마음을 일거에 간파하고 곧 자신의 재능을 최대한 낮추면서 안회를 극찬하는 화술을 구사한 것이다. 공자도 막상 예상은 했지만 자로와 달리 총명하기 그지없는 그러한 대답을 듣게 되자 적이 심란한 생각이 들었을 것이다. 이는 공자가 자신과 자공을 싸잡아 두 사람 모두 안회만 못하다는 한마디로 얘기를 끝내고 있는 사실을 통해 대략 짐작할 수 있다. 공자는 자공의 빈틈없는 대답을 들으면서 안회의 처지를 더욱 측은하게 상기했을 공산이 크다.

위나라 출신인 자공은 대략 공자가 천하유세 도중 위나라로 갔을 때 입문했던 제자로 판단된다. 『논어』에 나오는 공자와 자공간의 문답 역시 천하유세 중에 이뤄졌을 공산이 크다. 자공은 공자의 제자들 중 자타가 공인하는 가장 총명한 인물이었다. 「자장」에 나오는 '자공은 공자보다 뛰어나다.'는 평판이 그 증거이다.

자공은 공자의 제자들 중 수제파修齊派를 대표한 안회와 정반대로 치평파治平派를 대표하는 인물로 당시 현실정치에서 가장 뛰어난 활약을 보이기도 했다. 원래 자공은 머리도 비상하고 언변이 뛰어났던 만큼 이재理財에도 매우 밝았다. 이로 인해 그는 비록 후대의 유자들에 의해 크게 폄하되기는 했으나 사실 그는 스승인 공자를 가장 잘 변호한 인물이기도 했다. 『논어』「자장」에 나오는 일화가 그 증거이다. 이에 따르면 하루는 제나라의 권신인 진항陳恒이 자공에게 이같이 물은 적이 있었다.

"중니는 누구에게서 배웠소?"

자공이 대답했다.

"주문왕과 주무왕의 도가 아직 땅에 떨어지지 않고 사람에게 보존되어 있습니다. 현자들은 그중에서 큰 것을 기억하고 있고, 그렇지 못한 자라도 작은 것을 기억하고 있습니다. 이처럼 주문왕과 주무왕의 도를 사람마다 지니고 있으니 선생님이 누구에겐들 배우지 않았겠습니까? 그러니 또한 어찌 일정한 스승을 두었겠습니까?"

실제로 만세의 사표 공자는 일정한 스승 밑에서 배운 적이 없었다. 공자는 삶의 체험 속에서 인애仁愛의 이치를 터득했다. 공자의 통치사상을 한마디로 요약하고 있는 인仁에 대한 여러 해석에도 불구하고 '인즉인仁則人'보다 더 절실한 해석은 존재하지 않는다. 공자의 모든 사상은 사람을 아는 지인知人에서 시작해 사람을 사랑하는 애인愛人에서 끝난다고 해도 과언이 아니다. 자공은 바로 공자사상의 기반이 어디에 있는지를 통찰하고 있었던 것이다.

그러나 후대인들의 자공에 대한 평가는 매우 인색했다. 이는 그가 이재에 밝았던 것과도 무관치는 않았을 것이다. 사마천도 유사한 입장을 보이고 있다. 그는 「중니제자열전」에서 자공을 이같이 평해 놓았다.

"자공은 시세를 좇아 물건을 매매하여 많은 이익을 챙겼다. 이에 집안에 천금을 쌓아두었다. 그는 남의 장점을 드러내주는 것을 좋아했으나 남의 잘못을 숨겨주지도 않았다."

성리학자들이 사마천의 이러한 평을 보고 자공을 높이 평가하기는 어려웠을 것이다. 사마천은 훗날 자공이 제나라에서 삶을 마감했다고 기록해 놓았으나 이를 고증할 길은 없다. 다만 여러 사서의 기록을 종합해 볼 때 자공이 공자 사후에 제나라로 가 일정기간 체류했을 공산은 매우 크다.

자공의 뛰어난 면모는 이외에도 『춘추좌전』과 『논어』, 『오월춘추』 등에 나오는 관련 대목을 보면 쉽게 확인할 수 있다. 『춘추좌전』은 이른바 '획린' 사건이 일어난 이듬해인 노애공 15년(기원전 480년)에 자공의 뛰어난 활약으로 노나라가 잃었던 땅을 되찾아온 실화를 실어 놓았다.

이에 따르면 이해 봄에 맹손씨의 본거지인 성郕 땅의 가재인 공손숙公孫宿이 맹손씨를 배반하여 제나라에 의탁했다. 이에 노나라가 성 땅을 공격했으나 이기지 못하자 이내 성 땅 부근의 수輸 땅에 성을 쌓았다. 이해 가을에 제나라 권신 진항陳恒의 친형 진관陳瓘이 초나라로 가는데 자로가 재직하고 있는 위나라를 통과하게 되었다. 이때 자로가 그를 배견하면서 이같이 말했다.

"하늘이 혹여 진씨를 도끼로 삼아 이미 제나라 공실을 찍어내 훼손케 한 뒤 다른 사람으로 하여금 이를 보유케 하려는 것인지 지금으로서는 알길이 없습니다. 또 진씨로 하여금 종국적으로 제나라를 취하게 하려는 것인지도 현재로서는 알 수 없습니다. 만일 노나라와 가까이 지내면서 때가 오기를 기다리면 이 또한 가하지 않겠습니까? 그런데 어찌하여 굳이 두 나라의 관계를 악화시키려는 것입니까?"

그러자 진관이 이같이 말했다.

"옳은 말이오. 내가 그대의 명을 받들도록 하겠소. 그대는 곧 사람을 내아우에게 보내 이를 전하도록 하시오."

결국 이해 겨울에 노나라가 제나라와 강화하게 되었다. 이에 노나라 대부 자복하子服何가 제나라에 강화사절로 가게 되었다. 이때 자공子貢이 부사副使가 되었다. 그는 도중에 제나라에 몸을 의탁한 성 땅의 가재 공손숙을 만나 이같이 말했다.

"사람은 누구나 남의 신하가 되지만 때로는 모시는 사람의 마음과 배치되는 경우도 있습니다. 하물며 제나라 사람은 비록 지금은 그대를 위해 일을 한다 할지라도 어찌 두 마음이 있을 수 없겠습니까? 그대는 주공의 후손으로 큰 이익을 누리고 있는데도 도리어 불의를 행하려는 생각을 품고 있습니다. 이는 아무 소득도 없을 뿐만 아니라 조국을 망치는 결과를 낳을 것입니다. 그대는 장차 어찌하려는 것입니까?"

공손숙이 이 말을 듣고 크게 감복했다.

"참으로 옳은 말입니다. 나는 일찍이 그 같은 말을 들어보지 못했습니다."

이때 제나라 집정대부 진항이 객관으로 노나라의 사자들을 찾아와 이같이 말했다.

"과군이 나를 시켜 그대들에게 전하도록 당부키를, '나는 노나라 군주를 위군衛君을 섬기듯이 섬기고자 하오'라고 했소."

이에 노나라 대부 자복하가 자공을 시켜 읍을 한 뒤 앞으로 나가 이같이 대답케 했다.

"이는 바로 과군의 바람이기도 합니다. 전에 진나라가 위나라를 치자 제나라는 위나라를 구하기 위해 진나라의 지금의 산동성 관현 북쪽인 관씨冠氏 땅을 공격했다가 전차 5백 승을 잃었습니다. 그러나 당시 제경공은 위령공의 지원을 고맙게 여겨 위나라에게 제수濟水 이서의 땅과 작읍祚邑, 미읍媚邑, 행읍杏邑 이남의 땅 등 모두 5백 개 촌사村社(토지와 백성을 의미)를 떼어 주었습니다. 이에 반해 오나라 사람이 폐읍에 난폭한 짓을 할 때 제나라는 폐읍의 곤경을 틈타 환讙과 천闡 땅을 점령했습니다. 이로 인해 과군은 매우 서운해 했습니다. 만일 제나라가 위나라 군주를 섬기듯 과군을 섬겨만 준다면 이는 진실로 바라던 바입니다."

당시 1사社는 25호戶로 구성돼 있었다. 진항은 크게 고민하다가 이내 성읍을 노나라에게 돌려주었다.

『춘추좌전』의 이 기록은 역사적 사실에 가까운 것으로 보인다. 『오월춘추』와 『사기』「중니제자열전」에도 유사한 내용이 나온다. 여기에 나오는 자공의 활약은 훨씬 눈부시다. 특히 「중니제자열전」은 전체의 4분의 1 이상을 할애해 자공의 신출귀몰한 활약을 사실적으로 그려 놓고 있다. 『한비자』「오두」와 한나라 원강袁康이 편찬한 『월절서越絶書』에도 자공이 월나라 등을 돌아다니며 뛰어난 유세로 노나라를 지켜낸 일화가 실려 있다.

「오월춘추」에 따르면 당시 노애공은 제나라 군사가 노나라로 쳐들어올 것이라는 소식을 듣고 이를 크게 우려했다. 공자 역시 이 소식을 듣고 크게 우려했다. 공자가 곧 제자들을 불러 놓고 대책을 상의하면서 이같이 물었다.

"제후들이 서로 공벌하고 있으니 나는 이를 심히 수치스럽게 생각한다. 무릇 노나라는 부모의 나라로 조상의 묘가 모두 여기에 있다. 지금 제나라가 장차 우리 노나라를 치려 하니 그대들은 출국하여 한번 노나라를 위해 노력해 볼 생각이 없는가?"

이때 성질이 급한 자로가 곧바로 작별을 고한 뒤 출국하려고 했다. 공자가 황급히 그를 만류했다. 자장子張 등이 자원했으나 공자가 허락지 않았다. 이때 마침내 제자 중 가장 언변이 뛰어난 자공이 나섰다.

"제가 가면 어떻겠습니까?"

공자가 흔쾌히 대답했다.

"사賜가 가면 괜찮을 것이다."

이에 자공이 그날로 노나라를 떠나 북쪽으로 갔다. 자공이 제나라에 당도해 집정대부 진항을 배견한 뒤 이같이 말했다.

"노나라는 대단히 공략키 어려운 나라입니다. 그대가 노나라를 치려는 것은 잘못입니다."

진항이 물었다.

"노나라가 왜 치기 어렵다는 것이오?"

자공이 대답했다.

"노나라의 성벽은 얇고도 낮고, 성을 둘러싼 해자垓字는 좁고도 얕고, 군주는 어리석으며 불인不仁하고, 대신들은 쓸모가 없고, 병사들은 전쟁을 싫어합니다. 그러니 그대는 그들과 싸울 수 없습니다. 그대는 오나라를 치느니만 못합니다. 오나라는 성벽이 견고하며 높고, 성을 둘러싼 해자는 넓고도 깊고, 갑옷은 견고하고, 사병은 정예하고, 기물들은 진귀하고, 궁노弓弩는 강력하고, 도한 뛰어난 사대부를 보내 성을 수비하고 있습니다. 이것이 바로 공략키 쉬운 나라입니다."

진항이 화를 냈다.

"그대가 어렵다고 하는 것은 사람들이 쉽게 여기는 것이고, 그대가 쉽다고 한 것은 사람들이 어렵다고 여기는 것이오. 그대가 이러한 얘기로 나를 가르치려고 하는 것은 무슨 뜻이오?"

자공이 응답했다.

"지금 그대가 노나라를 쳐 제나라의 영토를 넓히고, 노나라를 멸함으로써 자신의 위세를 높이려 하나 사실 그대가 세울 공은 오히려 여기에 있지 않습니다. 만일 이같이 되면 그대는 위로는 군주의 생각을 더욱 교만방자하게 하고, 아래로는 군신들로 하여금 더욱 자의적으로 행동케 만드니 하나의 큰 사업을 성취키 위한 것으로는 매우 어렵게 됩니다. 군주가 교만방자하면 사람을 능욕케 되고, 신하들이 교만방자하면 사람들과 다투게 됩니다. 이러한 상황에서 그대의 제나라에서의 위치는 누란累卵과 같습니다. 그래서 '오나라를 치느니만 못하다.'고 말한 것입니다. 오왕은 강맹剛猛하고 과단성이 있고, 자신의 명을 능히 관철시켜 집행할 수 있습니다. 그의 백성들은 공수에 능하고, 법의 금령을 잘 알고 있습니다. 제나라 군사가 그들과 교전하면 곧 그들에게 포획되고 말 것입니다. 그러나 만일 지금 그대가 국내의 모든 갑옷을 끄집어 낸 뒤 대신들을 시켜 이를 입게 하면 백성들은 나라 밖에서 전사케 되고, 대신들은 군사들을 이끌고 가서 조정은 텅 비게 됩니다. 이같이 하면 위로는 그대에게 대적할 신하가 없게 되고, 아래로는 그대와 다툴 포의지사布衣之士가 없게 됩니다. 군주를 고립시켜 제나라를 제압하는 것은 오직 그대의 선택에 달려 있습니다."

자공의 계책은 간교하기 그지없는 것이기는 했으나 제나라를 삼키고자 하는 진항의 입장에서 볼 때는 이보다 귀를 솔깃하게 만드는 계책도 없었다. 진항이 이 말을 듣자 즉시 얼굴을 부드럽게 하여 은근히 물었다.

"그러나 우리 군사가 이미 노나라 성벽 아래까지 갔소. 만일 내가 노나라를 떠나 다시 오나라를 향하면 대신들은 곧 나에 대해 의심할 것이오. 이에 대해서는 어찌 대처하는 것이 좋겠소?"

자공이 대답했다.

"그대는 단지 군사들을 장악한 채 움직이지 마십시오. 그러면 내가 그대를 대신하여 남쪽으로 가 오왕을 만나도록 하겠습니다. 그에게 노나라를 구원하고 제나라를 치도록 청하겠습니다. 그대는 이 기회를 이용해 오나라 군사를 영격키 바랍니다."

진항이 크게 기뻐하며 이를 수락한 뒤 곧 장군 국서國書를 불러 이같이 말했다.

"내가 듣자니 지금 오나라가 우리 제나라를 칠 생각이라고 하오. 장군은 군사를 정비해 대기토록 하시오. 오나라의 동정을 살펴본 후 만일 오나라 군사가 쳐들어오면 그들부터 먼저 무찌른 뒤 노나라를 치도록 합시다."

이때 자공은 밤낮을 가리지 않고 오나라로 갔다. 자공이 오왕 부차夫差를 배견한 뒤 이같이 말했다.

"신이 듣건대 '왕자는 후사를 단절치 않고, 패자는 강대한 적을 두지 않는다.'고 했습니다. 지금 제나라를 방치하면 만승의 제나라는 천승의 노나라를 취한 뒤 오나라와 다툴 것입니다. 무릇 노나라를 구하는 것은 아름다운 명분을 얻는 것이고, 제나라를 치는 것은 커다란 실리를 취하는 것입니다. 망하려는 노나라를 보전하는 명분을 얻고, 강포한 제나라에 타격을 가해 강대한 진晉나라로 하여금 오나라를 두렵게 만드는 실리를 취할 수 있습니다. 그러니 대왕은 다시는 이를 의심하여 머뭇거려서는 안 될 것입니다."

오왕 부차가 크게 기뻐했다.

"옳은 말이오. 그러나 나는 일찍이 월나라와 교전해 월왕을 회계산 속으로 밀어 넣은 뒤 월왕이 노복이 되겠다고 청해 그를 죽이지 않고, 3년 후에 귀국시킨 바 있소. 그는 틀림없이 나에게 보복코자 하는 생각을 품고 있을 것이오. 그대는 내가 월나라를 공략할 때까지 기다리도록 하시오. 연후에 그대의 말대로 하리다."

자공이 황급히 말했다.

"안 됩니다. 월나라의 국력은 노나라만도 못합니다. 오나라의 강대함 역시 제나라만 못합니다. 대왕이 자신의 생각대로 월나라를 치면서 저의 말을 듣지 않으면 제나라는 이른 시기에 노나라를 점거하고야 말 것입니다. 하물며 조그마한 월나라를 두려워하여 강대한 제나라와 싸우지 않겠다는 것은 불용不勇입니다. 작은 이익에 얽매여 커다란 위해를 잊는 것은 부지不智입니다. 만일 대왕이 참으로 월나라를 무서워하면 제가 동쪽으로 가 월왕을 설득해 월나라 군사로 하여금 대왕의 뒤를 좇도록 만들겠습니다."

오왕 부차가 크게 기뻐하며 당부했다.

"진실로 그같이 해준다면 그 은혜를 잊지 않겠소."

이에 자공이 오왕 부차에게 하직하고 다시 동쪽 월나라로 갔다. 월왕 구천句踐은 공자의 수제자인 자공이 온다는 기별을 받고 친히 성 밖 30리까지 나가 자공을 영접했다. 월왕 구천이 자공을 빈관으로 안내한 뒤 공손히 국궁하며 물었다.

"과인은 감히 그대의 가르침을 청하고자 하오."

자공이 조용히 대답했다.

"저는 이번에 오왕을 만나 노나라를 구하고 제나라를 칠 것을 권했습니다. 그러나 오왕은 내심 월나라를 크게 두려워하고 있습니다. 무릇 다른 사람에게 보복할 생각이 없으면서 다른 사람으로 하여금 보복을 두려워하도록 만드는 것은 졸렬한 것입니다. 다른 사람에게 보복할 생각이 있으면서도 다른 사람으로 하여금 이를 알아채게 만드는 것은 위태로운 것입니다. 일이 아직 이뤄지기도 전에 사실이 누설되는 것은 위기를 자초하는 것입니다. 이들 3가지는 거사할 때 가장 꺼리는 것입니다."

월왕 구천이 크게 놀라 무릎을 꿇고 재배한 뒤 물었다.

"과인은 어려서 부왕을 잃은 까닭에 내심 스스로의 역량을 가늠할 방법도 없었소. 이에 오나라와 싸워 패한 후 치욕을 참고 도주하여 위로는 회계산에 머물고 아래로는 바닷가를 수비하며 오직 물고기와 서로 가까이 지낼 수밖에 없었소. 지금 대부는 욕되게도 고를 찾아와 위로하고 친히 고와 회견하며 금옥 같은 가르침을 내려주었소. 과인은 실로 하늘의 은사恩賜를 받았으니 어찌 감히 그대의 가르침을 받아들이지 않을 수 있겠소!"

자공이 말했다.

"신이 듣건대 '뛰어난 군주는 인재를 임용하되 그들의 재능을 마음껏 발휘케 만들고, 정직한 선비는 인재를 천거하되 이로써 세상에 받아들여지기를 바라지 않는다.'고 했습니다. 그래서 재물이 생겨 이익을 나눌 때는 인자仁者를 쓰고, 환난을 만날 때는 용자勇者를 쓰고, 국가대사의 계책을 세울 때는 현자賢者를 쓰고, 천하를 바르게 하여 제후들을 제압할 때는 성자聖者를 쓰는 것입니다. 지금 오왕은 제나라와 진晉나라를 칠 뜻을 갖고 있습니다. 군주는 보물을 아끼지 말고 그의 마음을 기쁘게 만드십시오. 극히 겸허한 언사를 꺼리지 말고, 극진한 예를 다하도록 하십시오. 오왕이 제나라를 치면 제나라는 반드시 응전할 것입니다. 만일 오나라가 이기지 못하면 이는 군주의 복입니다. 만일 오나라가 이기면 틀림없이 여세를 몰아 진晉나라를 압박하려 들 것입니다. 오나라 군사가 제나라와의 싸움에서 기력을 소진케 되면 중보重寶와 거기車騎 등이 거의 진나라 수중에 떨어지고 말 것입니다. 이때 군주는 오나라의 나머지 세력을 제압하기만 하면 되는 것입니다."

오왕 구천이 크게 기뻐한 나머지 다시 재배하며 물었다.

"지금 대부가 이 망해가는 나라를 보전하고 죽으려는 사람을 살려내는 묘계를 가르치는 은혜를 베풀었으니 과인은 실로 하늘의 은혜를 입은 셈이오. 그러나 오왕 또한 어찌 이해득실을 헤아리지 않을 리 있겠소?"

자공이 말했다.

"오왕은 공명을 탐하는 사람입니다. 그는 이해득실을 잘 모릅니다."

월왕 구천이 이 얘기를 듣고 숙연한 모습을 보이자 자공이 말했다.

"제가 보건대 오왕이 수차례의 전쟁을 계속하는 바람에 오나라의 병사들은 쉬지 못하고 있습니다. 대신들은 국내에서 물러나고 참언을 하는 자들은 더욱 늘어나고 있습니다. 오자서라는 사람은 실로 성의를 다하고, 안으로 정직하고 밖으로 일의 흐름을 한 눈에 읽고 때를 아는 사람입니다. 죽을까 두려워 군주의 잘못을 덮는 적도 없고, 직언으로 군주에게 충성을 다하고, 정직한 행동으로 나라를 위했습니다. 그러나 그가 죽은 후에도 그의 충언은 오왕에게 받아들여지지 않았습니다. 태재 백비는 교묘한 언사로 일신의 안전을 꾀하고, 뛰어난 궤사詭詐로 군주를 섬기는 자입니다. 그는 눈앞의 이익만 알고 이후의 일은 모르는 자로 오직 군주의 잘못에 부화하여 자신의 사리를 꾀하는 자일뿐입니다. 그는 바로 나라와 군주를 해치는 간신입니다."

월왕 구천이 크게 기뻐했다. 이에 자공이 떠날 때 황금 1백 일鎰과 보검 1자루, 양마良馬 2필을 주었으나 자공은 굳이 사양하며 이를 받지 않았다. 자공이 다시 오나라로 가 오왕 부차에게 다녀온 경과를 보고했다.

"제가 대왕의 얘기를 월왕에게 전하자 월왕이 크게 두려워하며 종군을 다짐했습니다. 장차 사자를 보내 대왕에게 사의謝意를 전할 것입니다."

오왕 부차가 이 얘기를 듣고 크게 기뻐하며 곧 자공에게 빈관에서 편히 쉬게 했다. 며칠 후 대부 문종이 월나라 사자가 되어 오나라로 왔다. 문종이 오왕 부차에게 머리를 조아리며 월왕 구천의 말을 전했다.

"동해의 해변에 사는 천신賤臣 구천의 사자 신 문종은 공물을 바치며 우호관계를 다지고 약간의 보고드릴 일이 있어 감히 다시 찾아왔습니다. 전에 구천이 불운하여 어릴 때 부친을 잃고, 스스로의 역량을 헤아리지 못해 귀국에 득죄하고, 싸움에 패한 후 수모를 받으며 회계산會稽山으로 도주했습니다. 이후 대왕의 은덕으로 비로소 다시 제사를 받들 수 있게 되었습니다. 이러한 은덕은 죽더라도 잊을 길이 없습니다. 지금 구천은 대왕이 장차 대의를 밝혀, 강포한 자를 토벌하고 약소국을 구원키 위해 포학한 제나라를 치고 주왕실을 안정시키려 한다는 얘기를 전해 들었습니다. 그래서 신을 보내 선왕이 소장했던 갑옷 20벌과 보검으로 장병들을 위로케 했습니다. 만일 대왕이 대의를 이루고자 하면 비록 폐국이 약소국이기는 하나 전국의 병사를 3천 명 모아 대왕을 좇도록 하겠습니다. 구천은 친히 견고한 갑옷을 입고, 손에 예리한 병기를 들고 대왕을 위해 선봉에 서서 싸울 것이니 군신이 모두 전장에서 죽을지라도 아무런 유한遺恨이 없을 것입니다."

오왕 부차가 크게 기뻐하여 곧 자공을 불렀다.

"월나라의 사자가 과연 찾아와 병사 3천 명을 모아 보내고 그 군주가 직접 과인의 뒤를 좇아 함께 제나라를 치겠다고 했소. 과연 이것이 가하겠소."

자공이 대답했다.

"그래서는 안 됩니다. 다른 나라의 국력을 모두 기울게 하고, 그 사병을 모두 데리고 가서, 그 군주마저 수종케 하면 이는 불인不仁입니다. 대왕은 그의 예물과 군사만 접수하고 그 군주의 수종은 사양하는 것이 가할 것입니다."

오왕 부차는 자공이 시키는 대로 했다. 며칠 후 자공은 오나라를 떠나 북쪽을 향해 갔다. 곧 진晉나라에 당도했다. 자공이 진정공晉定公을 배견하면서 물었다.

"지금 오·제 두 나라가 장차 싸우려 하고 있습니다. 만일 오나라가 승리하지 못하면 월나라는 틀림없이 난을 일으킬 것입니다. 오나라가 이기면 틀림없이 여세를 몰아 진나라를 압박하고 나설 터인데 진나라는 장차 이를 어찌 대처할 생각입니까?"

진정공이 반문했다.

"어찌 하는 것이 좋겠소?"

자공이 대답했다.

"우선 병기를 정비하고, 병사들을 정돈한 뒤 유사시를 대비하면 될 것입니다."

진정공이 공손히 허리를 굽히며 대답했다.

"가르쳐 주신 대로 하겠소."

이에 자공은 곧 노나라로 돌아갔다.

이상이 『오월춘추』에 나오는 일화이다. 『사기』「중니제자열전」의 내용도 거의 비슷하다. 당시 자공이 보여준 눈부신 활약은 마치 전국시대의 종횡가를 보는 듯한 느낌을 주고 있다. 이 일화는 '오월시대'로 불리는 당시의 시대상을 나름 전하고 있다. 이 일화에 나오는 자공의 활약을 액면 그대로 믿을 수는 없으나 최소한 당시 자공이 열국 사이를 오가며 노나라를 지켜내는데 적잖은 역할을 수행했을 가능성을 시사하고 있다.

당시 자공은 열국의 내부 사정을 훤히 꿰뚫고 있었음은 물론 제후들의 속마음까지 정확히 췌탁揣度해 노나라가 취할 수 있는 최상의 방안을 찾아냈을 공산이 크다. 그러나 후대의 성리학자들은 성인成仁의 상징인 안회를 숭상한 까닭에 상대적으로 명지明智의 상징인 자공을 낮게 평가했다. 이는 성리학자들이 자공의 종횡가적 행보를 탐탁지 않게 여긴 사실과 무관치 않았다.

자공은 공자의 제자 중 가장 현실적인 차원에서 난세의 타개 방안을 찾아낸 뛰어난 인물이었음에 틀림없다. 어찌 보면 그는 전국시대에 활약한 종횡가의 선구자에 해당한다. 이는 『논어』의 기록을 통해서도 대략 확인할 수 있다.

『논어』에 나오는 자공 관련 기사는 모두 35개 장에 이르고 있다. 이는 자로에 이어 가장 많은 것으로 자공이 공자의 만년에 가장 지근거리에서 모시면서 공자의 위대한 면모를 실감한 사실과 무관치 않을 것이다. 「자장」에는 그가 훗날 숙손씨의 종주인 숙손무숙叔孫武叔이 공자를 헐뜯은 얘기를 듣고 공자를 변호한 대목이 나온다.

"헐뜯으려 해도 아무 소용이 없다. 중니는 결코 헐뜯을 수 없기 때문이다. 다른 현자들은 비록 뛰어나기는 하나 구릉丘陵과 같아 넘을 수 있으나 중니는 마치 일월과 같아 결코 넘을 수 없다. 사람들이 비록 일월을 헐뜯을 생각으로 스스로 일월과 절연코자 해도 이것이 어찌 일월에 무슨 손상을 입힐 수 있겠는가? 단지 스스로 분수를 헤아리지 못한 사실만 드러낼 뿐이다."

자공은 중용의 미덕을 갖춘 사람이었다. 그는 아첨하지 않고도 섬기는 사람을 기쁘게 할 수 있고, 원칙을 포기하지 않고도 출세할 수 있는 재주를 지녔다. 외향적인 성격과 내성적인 성격을 겸비한 그는 난세에 가장 잘 적응할 수 있는 사람이기도 했다. 그는 특히 유창한 언변으로 열국을 종횡무진으로 뛰어다니며 협상을 이끌어낸 탁월한 외교관으로 명성을 떨쳤다.

그러나 그는 인류역사상 공자에게 필적할 사람은 없다고 단언하면서 공자에 대해 한없는 존경을 표했다. 『맹자』「공손추 상」에 나오는 그의 언급이 그 증거이다.

"한 나라의 예법을 보면 그 군주의 정치를 알 수 있고, 한 나라의 음악을 들으면 그 군주의 덕을 알 수 있다. 백세의 뒤에서 백세 동안의 군주들을 평가하면 어떤 군주도 이러한 평가 기준에서 벗어날 수 없다. 이런 기준에서 볼 때 사람이 생겨난 이래 부자夫子만한 사람은 없었다."

자공은 여러 제자들 중 공자로부터 커다란 총애를 받은 몇 안 되는 제자 중 한 사람이었다. 그가 공자 사후 상례를 주재한 것은 제자들 중 나이도 많고 능력도 뛰어난 점도 있었지만 공자와 매우 가까웠던 점이 크게 작용했을 것이다. 자공이 심상 3년을 치르고 난 뒤 다시 3년 동안 시묘侍墓한 것을 두고 시라카와는 대략 스승의 행장을 정리키 위한 것으로 보았으나 설득력이 약하다. 대략 통설을 좇아 스승에 대한 애모의 정으로 인해 여막廬幕을 떠나지 못한 것으로 보는 것이 타당하다.

기무라 에이이치木村英一는 자공이 제나라에 공학을 전파하는데 결정적인 공헌을 한 것으로 파악했다. 그는 자공이 만년에 제나라로 가 여생을 마친 사실에 주목해 이같이 추론한 것이다. 기무라는 이어 노나라에서 처음으로 편제된 『논어』인 이른바 『노론魯論』에 뒤이어 제나라에서 이에 대응하는 『제론齊論』이 편제된 데에는 자공의 역할이 매우 컸을 것으로 추정했다. 자공은 비록 하나의 학파를 형성해 제자들을 체계적으로 육성한 일은 없으나 그의 뛰어난 명성 등을 감안할 때 제나라에 공학을 전파하는데 결정적인 역할을 했을 것으로 보는 게 자연스럽다.

전통적으로 안회는 공자의 최고 수제자로 알려져 왔다. 사실 그는 공자를 가장 많이 닮은 제자이기도 했다. 안회는 공자보다 30년 연하로 부친 안무요顔無繇와 함께 공자의 제자가 된 인물이다. 공자는 항상 안연을 칭할 때 '안씨의 아들'이라고 했다. 그는 시종 스승의 족적을 뒤쫓으며 스승을 닮고자 애썼다. 그러나 사실 그 또한 역부족이었다. 「자한」에 나오는 그의 탄식이 그 증거이다.

"우러러 볼수록 더욱 높고, 뚫으려 할수록 더욱 견고하고, 바라보면 앞에 있다가도 홀연히 뒤에 있구나. 부자는 차근차근히 사람을 잘 이끌었으니 문文으로써 나를 넓혀 주었고, 예禮로써 나를 다듬어 주셨다. 그만두고자 해도 그만둘 수 없어 이미 나의 재주를 다해 열심히 좇았으나 부자가 세운 바가 너무 우뚝하여 아무리 그 뒤를 좇으려 해도 좇을 방도가 없구나!"

안회는 역부족을 절감했음에도 불구하고 끝까지 노력을 포기하지 않은 점이 염구와 달랐다. 공자도 그의 이런 모습에 크게 감동했을 것으로 짐작된다. 많은 사람들이 안회를 두고 공자가 마음속으로 '동도同道'를 인정한 단 한 명의 제자였다고 평가하는 것도 이와 무관치 않을 것이다.

그러나 안회는 공자가 가장 총애하고 기대했던 제자로 알려져 있음에도 불구하고 실은 알려진 게 별로 없다. 『논어』를 비롯해 『사기』 「중니제자열전」 등에 그에 관한 언급은 많으나 이를 종합하면 덕목의 나열에 불과하다. 크릴이 언급했듯이 안회를 평가하기 쉽지 않은 것이다. 다른 제자들과 달리 안회는 특이하게도 자신의 의사를 밝힌 경우가 거의 없다. 단지 공자의 말에 동의하거나 공자의 발언을 논평 없이 받아들이는 것이 보통이었다. 「위정」에 나오는 공자의 언급이 그 증거이다.

"내가 회回와 더불어 온종일 얘기했다. 그가 내 말을 어기지 않아 일견 어리석은 듯했다. 그가 물러간 뒤 그의 사생활을 살펴보니 그 내막이 충분히 드러났다. 회는 어리석지 않다."

공자는 왜 이 대목에서 굳이 안회는 어리석지 않다는 얘기를 한 것일까? 「태백」에 나오는 안회에 대한 증자의 칭송에 그 해답의 실마리가 있다.

"유능하면서도 유능하지 못한 이에게 묻고, 학식이 많으면서 적은 이에게 묻고, 있어도 없는 것처럼 하고, 가득 찼어도 빈 것처럼 하고, 다른 사람이 덤벼도 따지지 않는 것이오. 전에 내 친구가 이러한 일에 종사한 적이 있소."

증자는 현명하면서도 어리석은 듯한 모습을 취할 수 있는 사람은 오직 안회만이 할 수 있다고 본 것이다. 당시 안회가 지극한 지혜의 경지에 도달해 있었음을 시사하는 대목이 아닐 수 없다. 안회는 근면하고 성실하면서도 호학하는 제자였다. 모든 것이 공자를 닮아 있었다. 공문의 동문들도 안회의 현덕賢德을 칭송해 마지않았다.

그렇다면 안회가 끝내 관직을 얻지 못한 것은 어떻게 보아야 할까? 대부분의 사람들이 안회가 애초부터 벼슬에 관심이 없었기 때문이라고 생각하고 있다. 그러나 당시 군주와 세족들이 자공을 비롯한 공자의 다른 제자들에게 관심을 보인 것과 달리 안회에게는 별다른 관심을 보이지 않은 사실에 주목할 필요가 있다. 선진시대에도 이를 이상하게 생각한 사람들이 있었음에 틀림없다.

『한시외전』에 나오는 노애공과 안회의 면회를 포함해 『순자』「애공」에 나오는 노정공과 안회의 면회 일화가 그 실례이다. 이는 최술이 지적한 바와 같이 안회를 추종하는 유가 후학의 위문으로 보는 게 옳다. 안회는 자공과 달리 생전에 열국의 군주와 세족들로부터 별다른 주목을 받지 못한 게 사실이다. 「술이」에 나오는 공자의 언급이 이를 뒷받침한다.

"공자가 안연에게 말하기를, '발탁하면 행하고, 버려두면 숨는 것은 오직 나와 너만이 할 수 있을 것이다.'라고 했다."

그렇다면 안회는 왜 그토록 호학하고 인덕을 지녔는데도 별다른 주목을 받지 못한 것일까? 크릴은 특이하게도 안회의 성격에서 그 원인을 찾았다. 일생동안 몹시 가난하게 살았던 안회는 내성적인 성격으로 인해 모든 관심을 자신의 내부로 몰입시켰다는 것이다. 이는 전래의 해석을 완전히 뒤엎는 것으로 공자의 안회에 대한 인물평과 배치되는 것이다.

크릴의 해석은 나름 일리가 있으나 지나치게 심리적인 분석에 치우쳤다는 지적을 면키 어렵다. 『논어』 등에 나타나는 관련 내용을 종합해 볼 때 안회는 이미 죽기 전에 나름 일정한 경지에 들어갔다고 보는 것이 옳다. 이는 공자가 「옹야」에서 안회의 '일단사—簞食·일표음—瓢飮' 행보를 극찬한 것을 보면 쉽게 알 수 있다.

『맹자』「이루 하」에도 유사한 대목이 나온다. 후대인들은 삶에 대한 안회의 이러한 자세를 '안빈낙도安貧樂道'로 칭송했다. 이는 공자의 안회에 대한 평을 적확히 요약한 것이기도 하다. 공자는 '안빈낙도' 하는 안회만이 자신의 평생을 두고 추구해 온 군자지도君子之道를 계승할 수 있을 것으로 생각했다. 「공야장」의 다음 일화를 보면 보다 확연히 파악할 수 있다. 이에 따르면 하루는 안회와 자로가 공자를 모시고 있을 때 공자가 문득 이같이 물었다.

"어찌하여 각기 자신의 뜻을 말하지 않는가?"

자로가 대답했다.

"원컨대 수레와 말을 타고 가벼운 갖옷을 입는 것을 붕우와 함께 하여 뒤에 헤어질지라도 유감스럽게 생각지 않고자 합니다."

이때 안연은 이같이 대답했다.

"원컨대 유능함을 자랑치 않고, 공로를 과시치 않고자 합니다."

당황한 자로가 황급히 선생의 희망은 무엇인지를 물었다.

"원컨대 선생님의 뜻을 듣고자 합니다."

공자가 대답했다.

"늙은이를 편히 해주고, 붕우를 믿고, 젊은이를 품도록 하겠다."

안회의 대답은 자로와 차원이 다른 것이었다. 그는 공자가 강조하는 인덕仁德의 깊은 의미를 통찰하고 있었던 것이다. 그러니 안연이 공자로부터 핀잔을 받을 일이 전혀 없었던 것은 그리 이상한 일도 아니다. 공자는 평소 안회의 성실한 면학과 검박한 태도를 칭송했다. 『논어』에는 공자가 안회의 이러한 면을 칭송한 대목이 산재해 있다.

이에 반해 공자가 안회를 책망한 내용은 전무하다. 그는 공자가 천하유세에 나섰을 때 처음부터 끝까지 수종하면서 늘 자신보다 스승의 안위를 염려했다. 「선진」에 나오는 광 땅의 곤액에 관한 일화에 따르면 당시 안회는 폭도에게 쫓겨 공자 일행과 헤어지게 되었다. 안회가 보이지 않자 공자가 크게 걱정했다. 뒤늦게 안회가 도착하자 공자가 크게 반가워했다.

"나는 네가 죽은 줄 알았다!"

그러자 안회가 이같이 대답했다.

"스승이 계시는데 어찌 제가 죽을 수 있습니까?"

제자가 스승보다 먼저 죽으면 불초제자不肖弟子가 되지 않겠느냐는 뜻이다. 그의 스승에 대한 존경심이 어느 정도였는지를 짐작케 해주는 대목이 아닐 수 없다. 그는 스승의 뜻을 잘 헤아린 몇 안 되는 제자 중 한 사람이 었다. 『공자가어』「재액」에도 유사한 일화가 실려 있다. 이에 따르면 공자가 진·채 사이에서 곤경에 처하자 크게 낙담한 나머지 이같이 탄식했다.

"내 도가 그르단 말인가?"

그러자 안회가 이같이 위로했다.

"선생님의 도가 지극히 크기에 천하에서 선생님을 능히 용납할 수가 없습니다. 그러나 선생님은 이 도를 더욱 미루어 행할 뿐입니다. 세상에서 쓰지 못하는 것이야 위정자가 고루해서 그런 것이니 선생님이 무슨 병이 될 것이 있겠습니까? 원래 세상에서 용납하지 못한 뒤에야 비로소 군자를 보게 되는 것입니다."

이 말을 들은 공자가 크게 기뻐했다.

"참으로 그렇구나, 저 안씨의 아들이! 네가 만일 재물이 많았다면 나는 네 집의 가신 노릇이라도 하겠다!"

안회는 지려志慮가 충순하고 신심信心이 견고하면서도 스승인 공자의 속마음을 훤히 꿰뚫어 알고 있었던 것이다. 이로 인해 공자는 그의 죽음을 누구보다도 안타까워했다. 안연이 자신의 법도法道를 전수받을 것으로 철석같이 믿었던 공자는 뜻하지 않은 그의 죽음에 하늘이 무너지는 듯한 슬픔을 금치 못했다. 「선진」에 안회의 요절에 절망한 공자의 다음과 같은 탄식이 나온다.

"아, 하늘이 나를 버리는구나, 하늘이 나를 버리는구나!"

『공자가어』는 31세, 『열자』는 32세에 죽었다고 기록해 놓았으나 공자보다 30세 연하인 점을 감안할 때 40대 초반에 죽은 것으로 보는 것이 타당할 것이다. 안회가 죽었을 때 그의 집은 너무 빈한했다. 이에 문도들이 힘을 합쳐 호화로운 장례를 치러 주었다. 평소 안회를 마치 친아들처럼 생각했던 공자는 안회의 죽음에 통절해했다. 「공자세가」는 당시 공자가 곡을 하며 이같이 말한 것으로 기록해 놓았다.

"나에게 안회가 있은 다음부터 문인들이 나와 더욱 친숙해졌는데."

공자는 안회가 죽은 뒤에도 한참동안 그의 죽음이 믿겨지지 않았다. 공자의 탄식을 통해 짐작할 수 있듯이 안회는 공학의 정수를 대부분 통찰하고 있었다. 그가 공자의 총애를 입은 것은 당연지사였다. 『논어』 전편을 통해 공자로부터 칭찬 일변도의 극찬을 받은 제자는 오직 안회 한 사람뿐이다. 그러나 그는 불행하게도 스승보다 먼저 죽었던 것이다. 한마디로 안회는 공자의 분신이었다고 해도 과언이 아니다.

이와 관련해 궈모뤄郭沫若는 『장자』에 공자와 안회가 자주 등장해 유가 및 도가에 대해 심도 있는 얘기를 나눈 일화가 다수 소개되어 있는 점에 주목해 장자의 학문이 안회의 학통에서 나온 것으로 추론했다. 실제로 『장자』에 나오는 일화를 보면 안회는 공자와의 문답에서 늘 스승의 주장을 논파하고 머리를 숙이게끔 만드는 뛰어난 도가로 묘사되어 있다. 장자는 안회를 통해 자신의 주장을 펼친 셈이다. 궈모뤄는 바로 이런 점에 주목해 장자의 학문이 안회의 학통에서 비롯된 것으로 간주한 것이다.

시라카와는 여기서 한 걸음 더 나아가 『논어』 중에 위나라 현대부 거백옥蘧伯玉에 대한 공자의 평이 안회에게도 그대로 적용되고 있는 점 등을 근거로 거백옥과 안회의 학통이 장자에게 전해졌다고 단언했다. 『춘추좌전』의 기록에 비춰 거백옥은 대략 공자보다 50세가량 연장자로 추정되고 있다. 『논어』에 나오는 공자의 거백옥에 대한 평을 보면 공자가 거백옥에게 깊은 관심을 기울인 것만은 거의 확실하다. 「위령공」에 나오는 공자의 언급이 그 증거이다.

"군자로구나, 거백옥이여. 나라에 도가 있으면 벼슬자리에 나아가 뜻을 펼치고, 나라에 도가 없으면 가히 '권회卷懷(재능을 거둔 채 뒤로 물러나 스스로를 감춤)'할 줄 알았구나."

공자는 '권회'를 행한 거백옥을 높이 평가하고 있는 것이다. 이는 이전의 공자에게서 보이지 않던 말이다. 만년의 공자는 내심 거백옥의 삶을 추종했을지도 모른다. 시기를 정확히 알 수는 없지만 공자는 안회와 '권회'를 두고 「술이」에서 이같이 언급한 바 있다.

"발탁하면 행行하고, 버려두면 장藏하는 것은 오직 나와 너만이 할 수 있을 것이다."

공자는 「술이」에서 '권회'를 '행장行藏'으로 풀이하면서 자신과 애제자 안연만이 '권회'와 '행장'을 할 수 있다고 말한 것이다. 이는 거백옥에 대한 공자의 평과 사실상 동일한 취지이다. '권회'와 '행장'은 현재의 주어진 상황에 기속羈束되지 않는데 기본적인 특징이 있다. 그러나 이것이 현실에서의 패퇴敗退를 의미하는 것은 아니다. 공사公事를 멀리하는 개인주의적 독선은 더더욱 아니다.

시라카와는 '권회'와 '행장'의 특징을 장자에게서 찾아낸 뒤 장자가 공자와 안회의 '권회'와 '행장'사상을 정치하게 발전시켜 마침내 심원한 장자사상을 만들어냈다고 주장했다. 장자가 안회의 학통을 이었을 가능성을 제기하고 나선 것이다. 그는 그 근거로 『장자』「즉양則陽」에 나오는 다음 구절을 들었다.

"거백옥은 나이 60세에 60번이나 새롭게 변화했다. 처음에는 옳다고 했던 일도 나중에는 잘못이라고 물리쳤다."

여기에서는 거백옥이 60세에 60번 변한 것으로 되어 있으나 『장자』「우언」에서는 공자가 그런 것으로 되어 있다. 이 얘기는 『회남자』「원도原道」에도 거백옥의 일로 자주 등장하고 있는 점에 비춰 「즉양」의 기록이 타당할 듯하다. 『장자』「인간세人間世」에는 거백옥을 득도한 사람으로 표현한 일화를 비롯해 공자와 안회, 섭공 등이 서로 도에 관해 얘기한 일화 등이 많이 나온다. 장자가 유학에 해박한 지식을 갖고 있었음을 보여주고 있는 이런 대목들은 시라카와의 주장을 강력히 뒷받침해주는 대목이 아닐 수 없다.

시라카와는 이를 토대로 훗날 유가와 묵가가 이른바 유협儒俠과 묵협墨俠으로 타락해 가는 와중에 '권회'와 '행장'사상을 이어받은 장자사상이 지

대한 역할을 수행했다고 주장했다. 그는 거백옥과 안회를 비롯해 만년의 공자에게서 두드러지게 나타난 '권회'와 '행장'의 전통이 장자의 '출세간'의 사상으로 발전했다고 주장한 셈이다. 아직 이에 대한 본격적인 연구가 진행되지 않아 단언키는 어려우나 노장학老莊學 연구에 하나의 커다란 과제를 던진 셈이나 다름없다.

원래 공자가 말년에 '권회'와 '행장'을 강조케 된 것은 위나라에서 거백옥의 유풍遺風을 접하고 난 뒤의 일로 보아야 한다. '권회'와 '행장'은 출사出仕가 이뤄지지 않을 경우의 기본자세를 언급한 것으로 공문의 기본 목표가 '치평'을 전문적으로 탐구한 군자의 양성에 있다는 사실과 배치되는 개념이 아니다.

공자가 천하유세에서 돌아온 뒤 새롭게 정비된 후기의 공문은 초기와 현격한 차이가 있었다. 공자가 현실정치에 적극 참여하는 방법 이외에도 '권회'와 '행장'을 적극 수용한 것이 대표적인 실례이다. 공자의 천하유세는 결국 공문이 새롭게 태어나는 결정적인 계기로 작용한 셈이다. '권회'와 '행장'을 상징하는 안회의 행보가 장자에게 적잖은 영향을 미쳤을 가능성을 배제할 수 없는 것이다.

원래 장자사상의 가장 큰 특징은 '치평'과 직결된 현실정치인 이른바 '입세간入世間'의 문제보다 현실을 초월한 자연과의 합일을 추구하는 '출세간出世間'의 문제에 깊이 천착한 데 있다. 장자사상은 정치철학이라기보다는 종교철학에 가까운 것이다. 훗날 출세간의 문제를 가장 심원하게 다룬 불교가 유입되었을 때 장자사상이 그 교량역할을 수행하는 격의불교格義佛敎로 원용된 이유가 여기에 있다.

그런 점에서 노자사상을 장자사상과 하나로 묶어 도가사상으로 분류하는 것은 적잖은 문제가 있다. 노자사상은 결코 '출세간'으로 빠져 나가지 않았다. 노자사상은 장자사상과 분리해 생각할 필요가 있다. 시라카와 역시 기존의 통설과는 정반대로 노자를 장자보다 후대의 인물로 간주하고 있어 이 점에서는 대략 같은 취지에 서 있는 것으로 보인다.

시라카와의 주장이 맞는다면 전국시대에 등장하는 제자백가사상은 모두 공자사상에서 연원淵源한 것으로 간주해도 대과는 없을 것이다. 한비자가 집대성한 법가사상은 순자의 예치사상에서 발전한 것이다. 손자를 효시로 한 병가사상 역시 법가사상과 큰 틀에서 맥을 같이 하고 있다. 종횡가의 행보는 이미 춘추시대 말기에 화려한 외교술을 구사한 자공의 행보와 크게 다를 바가 없다. 자공은 소진·장의로 상징되는 종횡가의 선구자에 해당한다. 장자사상이 안회의 사상적 맥을 이은 것이 맞는다면 도가사상마저 공자사상에서 비롯된 것이나 다름없다. 그렇다면 제자백가사상은 모두 공자사상이라는 단일한 수원지에서 발원한 셈이 된다. 공자가 '만세의 사표師表' 내지 '제자백가의 효시'로 일컬어지게 된 것은 전적으로 그의 사상을 사방으로 전한 제자들 덕분이었다. 공자사상을 구성하는 여러 사상 가운데 '육영주의'를 대표적인 사상으로 꼽는 이유다.

제3절 공자사상의 전개

　본래 공자의 생애 및 사상 등에 관해 정확히 파악키 위해서는『논어』
를 비롯한 유가경전과『춘추좌전』과『사기』를 비롯한 관련사서,『장자』와
『한비자』 등을 비롯한 제자백가서를 모두 참조해 역사적 사실에 부합하는
것만을 취사선택한 뒤 이를 종합해 판단할 필요가 있다. 이는 매우 지난한
작업이 아닐 수 없다. 동양정치사상을 전공한 필자는 그간 선진시대의 역
사 및 사상에 관한 일련의 논문과 책을 꾸준히 펴내왔다. 필자가 감히 공
자의 생애 및 사상 등에 관한 종합적인 분석을 시도한 것은 바로 이 때문
이다.

　과거에도 적잖은 사람들이 공자의 왜곡된 생애 및 사상 등을 시정키
위해 많은 노력을 기울였다. 이들 중 나름대로 뛰어난 성과를 거둔 사람이
적지 않았다. 대표적인 인물로 우선 청대 말기의 고증학자 최술崔述을 들 수
있다. 그는『수사고신록洙泗考信錄』에서『논어』에 삽입된 후대 유가의 위문僞
文을 대거 찾아내 공자사상의 원형을 복원하는 기본지침을 마련했다. 조선
조의 대표적인 실학자인 다산茶山 정약용丁若鏞은『논어고금주論語古今註』에
서 성리학에 입각한 기존의 해석과 달리 방대한 주석을 통해『논어』의 고
의古義를 찾아내는 개가를 올렸다. 일본의 저명한 정치학자인 기무라 에이
치木村英一도『공자와 논어孔子と論語』에서 과학적인 분석방법을 동원해『논
어』를 상세히 분석함으로써 유가학단의 전개과정 연구에 새로운 이정표를
제시했다.

　갑골학甲骨學 및 금문학金文學으로 명성이 높은 시라카와 시즈카白川靜
도『공자전孔子傳』에서 그간의 성과를 토대로 공자의 생장배경과 사상형성

과정에 대한 독특한 분석을 시도함으로써 공자연구에 대한 새로운 접근법을 제시했다. 중국문학을 전공한 요시카와 고지로吉川幸次郎의 『중국의 지혜 공자』와 『고전강좌 논어』도 공자와 『논어』에 대한 종합적인 분석을 시도한 책으로 손꼽을 만하다. 미국의 저명한 동양학자 크릴도 『공자, 인간과 신화』에서 공자사상이 서양의 지성사에 끼친 영향을 정밀히 추적해내는 성과를 올렸다. 이들의 저서는 「공자세가」 내지 성리학에 기초한 기존의 관련서와 달리 매우 엄밀한 분석방법을 동원해 공자의 생애 및 사상을 정밀하게 추적했다는 점에서 가히 공자 관련서의 압권壓卷이라고 할 수 있다.

객관적으로 볼 때 공자사상은 한무제의 독존유술獨尊儒術 선언 이래 청나라 말기까지 유일무이한 관학官學으로 존재하는 등 독보적인 지위를 누려왔다. 이를 유가독패儒家獨霸라고 한다. 비록 '태평천국의 난'을 계기로 비판의 도마 위에 오른 후 20세기 중엽 대륙을 광풍의 도가니로 몰아간 문화대혁명 때 '반동의 괴수'로까지 몰리기는 했으나 이내 원래의 지위를 회복했다. 덩샤오핑의 개혁개방 이후 복권되기 시작해 21세기에 들어와서는 중국문명의 아이콘으로 급부상한 게 그렇다.

현재 동서양의 많은 지식인들이 동서양을 대표하는 사상가로 서양의 소크라테스와 동양의 공자를 드는 것도 이와 무관치 않을 것이다. 소크라테스는 자신의 저작을 하나도 남기지 않았다. 그의 사상이 담겨 있는 『국가론』과 『법률』 등 주요 저작 모두 제자인 플라톤이 스승의 입을 빌려 쓴 것이다. 이로 인해 후대의 서양철학은 플라톤의 저서를 토대로 연구를 진행시킬 수밖에 없었다. 화이트헤드가 서양철학은 모두 플라톤의 해석에 지나지 않는다고 주장한 것도 바로 이를 지적한 것이다.

이에 대해 공자는 전래의 고전을 산삭刪削해 현존하는 유가경전의 원형을 만들었다. 그의 생애와 사상을 가장 완벽하게 담고 있는 『논어』는 비록 후대 제자들의 손에 의해 편제된 것이기는 하나 그의 어록을 토대로 한 것인 만큼 당시 공자의 언행을 매우 충실히 반영한 것으로 볼 수 있다. 전국시대에 등장하는 제자백가 모두 공자사상의 세례를 받았다. 전한제국 초기 공학孔學이 유일한 관학으로 선포된 이후에는 청대 말기의 공양학公羊學에 이르기까지 모든 사상은 공학의 변용에 지나지 않았다. 그런 의미에서 동양 사상은 공자사상의 해석에 지나지 않는다.

그러나 당초 공자사상이 국가적인 차원에서 높은 평가를 받게 된 것은 전한제국 초기인 한문제漢文帝 이후의 일이다. 한무제의 '독존유술' 선언 이래 유학이 유일한 관학이 되었으나 공자의 언행이 불변의 진리로 통용된 것도 아니었다. 후한제국 초기에 왕충王充은 『논형論衡』의 「문공問孔」에서 『논어』의 문제점을 적시한 바 있다. 삼국시대 당시 공자의 후손인 위魏나라의 공융孔融이 조조를 조소한 죄로 끝내 죽음을 당한 사실을 통해 알 수 있듯이 당시 공자의 자손이 큰 존경을 받은 것도 아니었다.

남북조시대를 풍미한 이른바 청담파淸談派는 동진東晉이 간판으로 내건 유가의 예교주의禮敎主義를 인간을 속박하는 굴레라고 매도했다. 청담파의 우두머리 격인 완적阮籍 등은 『세설신어世說新語』 「임탄任誕」의 일화에 나와 있듯이 유가의 예교주의를 철저하게 비웃었다. 이른바 청광淸狂을 숭상하며 유가의 예교주의를 비판한 청담파가 위진남북조시대를 풍미한 것은 유학이 지고至高의 관학으로 군림한 것이 아니었음을 뒷받침하고 있다.

이를 통해 알 수 있듯이 유학은 송대 이전까지만 하더라도 그 위치가 확고부동한 것은 아니었다. 당나라 때는 도가와 불가의 도전이 매우 거세지면서 위세가 크게 위축되기도 했다. 이때 공영달孔穎達에 의해 『오경정의五經正義』가 만들어지고 유가경전이 과거과목으로 채택되면서 다시 발흥하기 시작했다.

유가의 부흥에 결정적인 공헌을 한 인물로 한유韓愈를 들 수 있다. 그는 도가와 불가를 이단으로 몰아가며 유가의 부흥을 외치고 나섰다. 뒤이어 남송대에 이르러 주희朱熹에 의해 『논어』와 『맹자』가 경전에 더해지고 『대학』과 『중용』을 포함한 이른바 4서四書가 5경五經보다 중시되면서 유학은 확고한 위치를 차지하게 되었다. 이후 유학은 더 이상의 도전을 받지 않은 채 청대 말까지 유일한 관학으로서의 위치를 굳건히 유지했다.

이 와중에 공자에 대한 추숭追崇 작업도 활발히 전개되었다. 송대에 들어와 공자는 '대성지성문선왕大成至聖文宣王'으로 추숭되어 사상 처음으로 왕의 반열에 오르게 되었다. 명대에서는 황제인 천자가 왕에게 배례하는 것은 예에 맞지 않는다는 지적에 따라 가정嘉靖 연간에 '문선왕'의 칭호가 빠지고 대신 '지성선사공자지위至聖先師孔子之位'라는 명칭을 얻게 되었다. 송대에 공자의 위격이 왕의 반열로 격상되자 공자의 직제자는 말할 것도 없고 주희와 같은 경전의 주석가까지 공자묘孔子廟에 종사從祀되었다.

이로 인해 이들의 위계를 정하는 일이 때로 적잖은 파문을 일으키기도 했다. 북송대의 휘종徽宗은 왕안석王安石을 공자묘에 배향하면서 그의 위패를 파격적으로 제2-3위를 차지하고 있던 안회와 맹자를 제치고 공자 다음 자리에 배치했다. 그는 선왕인 신종神宗 때 변법을 주도한 왕안석을 높이 평가했던 것이다. 이를 계기로 공자묘의 내부도 이제는 세속적인 권위를 다투는 장소가 되고 말았다. 임진왜란 당시 조선에 온 동지同知 심사현沈思賢은 성균관 내 문묘에 공자의 제자 72현이 모셔져 있지 않은 것을 지적하면서 호거인胡居仁과 진헌장陳獻章, 왕수인王守仁, 설선薛瑄 등의 4현까지 제사지내야 한다고 주장키도 했다.

송대에 사대부에 의한 관료지배 체제가 확립되면서 유가의 권위는 부동의 것이 되었다. 명청대에 이르러서는 천자도 문묘의 석전釋奠에 참석하는 게 하나의 관행으로 굳어졌다. 이후 유가사상은 유일무이한 체제이론으로 작용케 되었다.

그러나 19세기 후반 이후 서양 제국주의의 침탈을 계기로 유가사상은 비판의 도마 위에 오른 후 근 1백년 넘게 줄곧 반동사상으로 낙인찍혀 타도의 대상이 되고 말았다. 문화대혁명의 광풍이 지나간 뒤 중국이 대대적인 개방정책을 취하기 시작하면서 공자도 서서히 복권되기 시작했다. 이후 이런 움직임에 가속도가 붙어 마침내 21세기로 넘어오면서부터는 종래의 마르크시즘을 대체할 새로운 통치사상으로 각광받기 시작했다.

이를 통해 짐작할 수 있듯이 유학은 그 역사가 장구한 만큼 서양의 소크라테스 및 플라톤과 달리 숱한 우여곡절을 겪을 수밖에 없었다. 그러나 공자 및 그의 사상에 대한 평가와 관련해 가장 큰 전환점은 역시 19세기 중엽에 터져 나온 '태평천국의 난' 때 이뤄졌다고 할 수 있다. 공자는 이때 사상 처음으로 봉건군주를 옹호한 사람으로 몰려 비판의 도마 위에 오르게 되었다. 이후 그는 지난 20세기 후반의 문화대혁명의 시기까지 시종 역사를 후퇴시킨 반동의 표상으로 매도되었다. 중국백성의 절대적인 지지를 받았던 대문호 루쉰魯迅이 그를 두고 '봉건적 누습陋習의 근원'으로 비판한 것이 그 실례이다.

이때 이후 공자는 20세기 말까지 중국현대사의 신기원을 연 운동으로 평가되는 5·4운동이 일어났을 당시 중국의 근대화에 결정적인 걸림돌이 되는 타도 대상에 불과했다. 20세기 중엽에 일어난 문화대혁명 때에는 봉건 노예제 계급의 이익을 대변한 반동으로 낙인찍혀 지하에서마저 편히 쉴 수도 없었다. 그러다가 그는 중국이 지난 세기 말에 개혁개방으로 방향을 튼 이후 서서히 복권되기 시작해 마침내 21세기에 들어와서는 중국문화의 상징으로 부활했다. 근 1세기 만의 극적인 반전이 아닐 수 없다. 공자는 어떻게 해서 21세기에 들어와 문득 중국문화의 상징으로 극적인 변신을 하게 된 것일까?

지난 1970년대 말 마오쩌둥의 부인 장칭江靑을 위시한 사인방四人幇이 몰락한 뒤 덩샤오핑을 중심으로 한 실용주의자들은 공자를 조심스럽게 복권시키기 시작했다. 공자의 부활은 개혁개방의 시간표와 더불어 서서히 표면화하기 시작했던 것이다. 중국정부는 마침내 시간이 무르익었다고 판단된 지난 2005년을 기점으로 공자탄신일을 국가 차원의 백성축제일로 만들어 공자의 부활을 공식 확인하고 나섰다. 우리에게는 그 흐름이 제대로 드러나

지 않았던 까닭에 공자의 부활이 급작스런 것으로 여겨졌을 뿐이다.

중국정부가 공자 부활을 공식 확인하고 나선 것은 개혁개방 이후 더이상 기존의 공산주의이념 만으로는 백성들을 효과적으로 통치할 수 없다는 수뇌부의 현실적인 고뇌가 반영된 결과이다. 지난 세기 말에 이미 장쩌민江澤民 체제는 '위대한 중화민족 부흥'이라는 구호 아래 전통문화를 중시하는 운동을 전개한 바 있다. 후진타오胡錦濤 체제 역시 유가사상에서 차용한 '사람을 근본으로 하는 통치'를 국정지표로 내세웠다. 지난 2013년 시진핑習近平 체제가 들어선 후 중국 수뇌부의 이런 행보는 시간이 갈수록 더욱 가속도가 붙은 양상이다.

현재 중국의 통치이데올로기는 사실상 유가사상으로 방향전환을 시작했다는 게 전문가들의 대체적인 견해이다. 일각에서는 조만간 공자사상을 바탕으로 한 이른바 '유가민족주의儒家民族主義'를 새로운 통치이데올로기로 채택할 공산이 크다는 전망마저 내놓고 있다. 중국이 21세기에 들어와 놀라운 변신을 시도하고 있는 핵심에 바로 공자가 자리 잡고 있다고 해도 과언이 아니다. 이는 21세기 G2시대의 전개는 과거 2백년 가까이 세계를 제패해 온 서양의 자유민주주의와 공산주의와는 전혀 차원이 다른 새로운 통치이념이 등장할 가능성을 예고하는 것이기도 하다.

실제로 그 징후는 이미 여러 면에서 다양한 모습으로 드러나고 있다. 지난 2005년의 공자탄신일을 기점으로 공자의 부활을 국가차원에서 공식 승인하고 나선 것이 그 일례이다. 실제로 거대한 경제대국으로 부상한 현재 이미 그 효용이 끝난 공산주의 이념을 대체할 수 있는 것은 오직 공자사상 밖에 없다는 게 전문가들의 전망이기도 하다. 그러나 새롭게 각광받기 시작한 공자사상은 사변적인 윤리도덕철학에 해당하는 과거의 성리학 등과는 질적으로 다를 수밖에 없다.

원래 공자는 인간을 우주의 중심으로 간주한 까닭에 인간의 이지理智에 한없는 신뢰를 보냈다. 그가 인간의 합리적인 이성에 기초한 보편적인 인간관계를 압살하는 신분세습의 봉건정을 혐오한 이유가 바로 여기에 있었다. 그는 내심 봉건정이 속히 무너지고 학덕을 연마한 군자가 다스리는 새 세상이 속히 도래할 것을 기원했다. 그가 14년간에 걸친 천하유세에 나선 것은 바로 이 때문이었다. 그러나 그는 결국 아무런 성과도 얻지 못하고 고향으로 돌아와 나머지 삶을 고전을 정리하고 제자를 육성하는데 아낌없이 바쳤다. 그가 만세의 사표師表가 될 수 있었던 것은 바로 이 때문이었다. 그가 만년에 고국으로 돌아와 제자들을 육성치 못했다면 단지 자신의 이상을 위해 열심히 애쓰다가 생애를 마친 인물로 끝났을 것이다.

공자가 평생을 두고 정리한 학문은 바로 학덕學德을 연마한 군자君子가 위정자가 되어 다스리는 '군자학君子學'이다. 이는 세상을 다스리는 이치를 이론과 실천을 통해 터득하는 것을 골자로 삼은 까닭에 일종의 '치평학治平學'에 해당했다. 『대학』은 공자의 학문을 '수제치평修齊治平'으로 요약해 놓았다. 이는 크게 '수제'와 '치평'으로 대분할 수 있다. 여기의 '치평'이 바로 군자가 위정자가 되어 국가와 천하를 다스리는 것을 말한다. '수제'는 '치평'을 실천키 위한 구체적인 방법론에 해당한다. 맹자와 성리학은 '치평'을 위해 반드시 요구되는 선결요건으로 '수제'를 간주한 나머지 유학을 '3강5륜三綱五倫'으로 상징되는 강상명교綱常名敎의 윤리도덕철학으로 왜소화하는데 결정적인 원인을 제공했다.

이는 공자가 평생을 두고 정리한 '군자학'의 취지와 정면으로 배치되는 것이다. 공자의 '군자학'은 어디까지나 '치평'의 이치를 터득한 군자를 위정자로 삼는데 근본취지가 있었다. 공학孔學의 본령이 바로 '군자학'이자 '치평학'이었던 것이다. 이는 통치의 궁극적인 목적이 통치대상인 일반 백성의 안녕과 복리를 증진하고 자아실현을 돕는데 있다는 점에서 일종의 '치인학治人學' 내지 '위민학爲民學'이기도 했다. '수제치평'을 흔히 '수기치인修己治人'으로 요약하는 이유가 바로 여기에 있다.

공자사상은 역사적으로 볼 때 전국시대의 맹자孟子와 전한제국 초기의 동중서董仲書, 남송대의 주희朱熹에 의해 결정적으로 왜곡되었다고 해도 과언이 아니다. 맹자는 '치평학'에서 출발한 공학을 '치평'과 동떨어진 형이상의 수양이론으로 해석하는 단초를 열었고, 동중서는 미신적인 음양설을 유가경전에 삽입시키는 결정적인 계기를 제공했고, 주희는 맹자의 뒤를 이어 공학을 극히 사변적인 도덕윤리철학으로 변질시키는데 지대한 공헌을 했다.

공자사상이 비록 21세기 G2시대의 벽두에 중국을 중심으로 새롭게 조명 받고 있다고는 하나 우리나라의 경우는 이와 거리가 멀다. 일반인들 가운데 아직도 『논어』를 읽지 않은 사람이 적지 않다는 사실이 이를 반증한다. 학계도 별반 다를 게 없다. 공자의 생애 및 사상 등에 관해 역사적 사실과 부합하는 체계적인 저술은 거의 전무하다시피하다. 사상적인 면에서 최근 제자백가의 비조鼻祖로 주목을 받고 있는 관자와 더불어 21세기 현재까지 수천 년 동안 제자백가의 태두泰斗로 숭앙된 공자에 대해 보다 심도 있는 탐사가 절실히 요구되는 이유다.

제2장 순경과『순자』

제1절 공자사상의 원형을 복원하다

사서 속의 순자

순자의 생애에 관한 최초의 기록은 사마천司馬遷의 『사기』「맹자순경열전」이다. 여기에 나오는 『사기색은史記索隱』에 따르면 원래 순자의 성은 순荀이고 이름은 황況으로 사람들이 그를 높여 순경荀卿으로 불렀다고 한다. 후대의 문헌에 손경孫卿 또는 손경자孫卿子로 기록된 것은 한선제漢宣帝의 이름인 유순劉詢을 기휘忌諱한데 따른 것이라고 한다.

이에 대해 청대의 호문의胡文儀는『순경별전郇卿別傳』에서 순자는 원래 주나라 순백郇伯 공손公孫의 후예인 까닭에 손孫을 성씨로 삼게 되었다고 주장했다. 그러나 선진시대 당시 공손의 후예는 대개 '공손'을 성씨로 삼았다. '손'만을 떼어서 성씨로 삼은 경우는 찾아보기 힘들다. 대략 『사기색은』의 기록을 좇아 한선제의 이름을 기휘한데 따른 것으로 보는 게 타당할 것이다.

「맹자순경열전」에 따르면 순자는 조趙나라 출신이다. 당시 조나라는 춘추시대의 진晉나라가 3분되면서 한韓·위魏와 더불어 건국된 나라로 지금의 산서성 중부와 하남성 남부를 차지하고 있었다. 동으로 제齊, 동북으로 연燕, 서로 진秦, 북으로 흉노匈奴, 남으로 한韓, 남서로 위魏 등과 접경하고 있었다. 수도 한단邯鄲은 당시 상업과 수공업이 크게 번성한 교역의 중심지였다. 이는 자기 본분을 잊고 함부로 남의 흉내를 내는 지각없는 사람을 비유한 한단학보邯鄲學步 내지 한단지보邯鄲之步를 비롯해 덧없는 인생을 비유한 한단지몽邯鄲之夢 등의 성어가 나온 것도 이와 무관치 않을 것이다.

「맹자순경열전」에 그에 관한 간략한 이력이 기록되어 있으나 소략하기 그지없다. 맹자의 경우도 그렇지만 순자의 가계 및 생장 등에 관한 정확한 기록은 사실상 거의 없다고 해도 과언이 아니다. 순자의 생몰연대와 관련해 아직 뚜렷한 정설이 없다. 호문의는 주난왕周赧王 2년(기원전 313년)에 태어난 것으로 추정하고 있으나 무슨 확실한 근거가 있는 것은 아니다. 일각에서는 이보다 10여년 앞선 주현왕周顯王 41년(기원전 328년) 전후에 태어난 것으로 추정하고 있으나 이 또한 무슨 근거가 있는 것은 아니다.

「맹자순경열전」은 순자가 나이 50에 제나라로 유학을 갔다고 기록해 놓았다. 그러나 이는 그가 초나라 춘신군春申君의 지우知遇를 입은 사실 등을 감안할 때 역사적 사실과 동떨어져 있다. 만일 이 기록이 사실이라면 춘신군이 사망했을 당시의 순자의 나이는 130세가 넘게 된다. 이는 있을 수 없는 일이다. 이로 인해 후한제국 말기에 응소應邵는 『풍속통의風俗通義』를 통해 순자가 15세 때 제나라에서 유학했을 가능성이 크다고 주장했다. 대략 응소의 주장이 사실에 가까울 것이다.

만일 호문의의 주장대로 순자가 주난왕 2년에 태어났다면 이는 대략 주난왕 16년(기원전 299년) 전후에 제나라로 유학을 간 셈이 된다. 이해는 제나라의 맹상군孟嘗君이 진나라의 재상이 된 해이다. 당시 제나라는 진나라와 더불어 동쪽의 강국으로 군림하고 있었다. 제선왕齊宣王은 부왕인 제위왕齊威王을 계승해 도성을 지금의 산동성 치박시淄博市에 있는 임치臨淄로 옮긴 뒤 도성의 서문西門 아래에 학관學館을 짓고 천하의 명사와 학자들을 초빙해 자유롭게 학문을 토론케 했다. 이 학관은 도성의 서문이 직문稷門으로 불린 까닭에 통상 '직하학궁稷下學宮'으로 불렸다.

당시 직하학궁에는 맹자를 비롯해 신도愼到, 전병田騈, 순우곤淳于髡, 환연環淵, 송견宋鈃 등이 활동했다. 순자는 이들 '직하학사稷下學士'들의 영향을 크게 받았을 것이다. 순자는 이곳에서 약 20여 년 동안 여러 학자들과 교류하며 학문을 연마했다. 그는 이때 제자백가사상을 두루 섭렵하며 맹자에 의해 왜곡된 유학을 본래 모습으로 돌려놓는 단단한 사상체계를 확립했을 것으로 짐작된다.

순자는 특이하게도 공자의 제자인 자궁子弓을 공자와 같은 반열로 격상시켜 놓았다. 그는 『순자』「비십이자」에서 자궁을 이같이 평가해 놓았다.

"비록 송곳조차 둘 땅이 없어도 왕공이 능히 함께 이름을 다투지 못하고, 일개 대부의 자리에 있을지라도 일국의 군주가 능히 그를 독점치 못하고, 어느 나라도 능히 단독으로 그를 채용치 못했다. 그의 명성이 제후를 능가하니 어느 군주도 그를 신하로 삼으려고 하지 않았다. 이는 성인으로서 권세를 얻지 못한 자를 말한 것이니 바로 '중니仲尼 공자'와 '자궁'이 그들이다."

그렇다면 자궁은 구체적으로 누구를 말하는 것일까? 당제국 때의 한유韓愈는 자하子夏의 문인으로 알려진 간비자궁馯臂子弓을 지칭하는 것으로 보았으나 '간비자궁'이라는 이름은 『논어』는 물론 『사기』「중니제자열전」과 『공자가어孔子家語』 등에도 전혀 나오지 않고 있다. 대략 순자가 자하의 문인으로부터 많은 영향을 받은데 따른 억단臆斷일 공산이 크다.

원래 자하와 순자는 경학經學의 전수에 매우 밀접한 관련을 맺고 있다. 전해진 바에 따르면 『모시毛詩』는 자하가 순자에게 전하고 순자는 다시 대모공大毛公에게 전하고, 『춘추좌씨전』은 자하의 문인인 증신曾申이 순자에게 전하고 순자는 다시 한유漢儒에게 전하고, 『춘추공양전』과 『춘추곡량전』도 자하의 문인이 저술한 것을 순자가 한유에게 전한 것으로 알려져 있다. 순자가 자하의 문인으로부터 공학을 전수받았을 공산이 큰 것이다.

그러나 자궁이 과연 공자의 직제자直弟子인지, 아니면 자하의 문인인지 여부를 추단하기 쉽지 않다. 순자를 집중 탐구한 일본의 우찌야마 토시히코內山俊彦는 『순자-고대사상가의 초상』에서 '자궁에 관해서는 여러 설이 있으나 구체적으로 누구를 가리키는지 정확히 알 길이 없다.'고 밝힌 바 있다. 이에 대해 시라카와 시즈카白川靜는 『공자전』에서 '4과10철'의 일원인 중궁仲弓 즉 염옹冉雍을 지칭하는 것으로 파악했다. 대략 시라카와의 견해를 좇는 것이 좋을 듯하다.

그렇다면 자궁 즉 중궁은 어떤 인물이었을까? 『논어』 「옹야」에는 공자가 중궁을 두고 '옹雍(중궁)은 가히 군주 노릇을 하게 할만하다.'고 칭송하는 대목이 나온다. 당시 공자는 왜 중궁을 왕후王侯의 풍격이 있다고 호평한 것일까? 대략 「옹야」에 나오는 후속 구절에 그 해답이 있는 듯하다. 이에 따르면 중궁은 공자로부터 왕후의 풍격이 있다는 얘기를 듣고 크게 기뻐하며 이내 노나라 사람 자상백자子桑伯子에 대해 물었다. 그러자 공자가 이같이 대답했다.

"그의 간략함도 가하다."

이에 중궁이 이의를 제기했다.

"거경행간居敬行簡(공경심을 지니고 간략함을 행함)으로 백성들을 대하면 가하지 않겠습니까? 그러나 자상백자와 같이 거간행간居簡行簡(간략함을 지니고 간략함을 행함)으로 나아가는 것은 지나치게 간략한 것이 아니겠습니까?"

공자가 중궁을 칭송했다.

"옹의 말이 옳다."

공자는 중궁의 얘기를 듣고 자상백자에 대한 자신의 당초 평가를 거둔 것이다. 자상백자는 '거경행간'이 아닌 '거간행간'을 행한 까닭에 왕후의 풍격에 모자란다는 중궁의 이의를 수용한 셈이다. 대략 공자는 치국방략과 관련한 중궁의 경륜을 높이 평가했음에 틀림없다. 맹자와 달리 공학의 정수가 '수제修齊'가 아닌 '치평治平'에 있다고 확신한 순자가 중궁의 이런 면모에 탄복한 나머지 중궁을 공자와 병칭했을 가능성을 배제할 수 없다.

공자의 중궁에 대한 칭송은 춘추시대 말기에 이미 신분세습의 벽을 뛰어넘어 노력 여하에 따라서는 얼마든지 일국의 군주가 될 수도 있다는 인식이 나타나기 시작했음을 의미한다. 실제로 공자가 죽은 지 얼마 안 돼 이는 곧 현실로 드러나기 시작했다. 전국시대에 이르러 사인士人들이 역사의 주역으로 급부상한 것이 그 증거이다. 이후 진제국을 거쳐 한제국 때에 이르러서는 학덕을 지닌 군자가 위정자가 되어야 한다는 '치평학'의 대원칙은 하나의 불문율이 되었다.

순자는 직하학사로 있던 중 제나라를 떠나 다른 나라로 갔다. 더 이상의 기록이 없어 순자가 과연 언제 어떤 이유로 제나라를 떠나 어디로 갔는지 파악키가 쉽지 않다. 일각에서는 순자가 나이 28세가 되는 주난왕 29년(기원전 286년)에 제나라를 떠나 초나라로 간 것으로 분석하고 있으나 무슨 확실한 근거가 있는 것은 아니다. 그는 오히려 고국인 조나라로 돌아갔을 가능성이 높다.

이해는 송나라가 주변의 나라들을 제압하고 패자를 자처하다가 제나라에게 멸망을 당한 해이다. 당초 송강왕宋康王 언偃은 등滕 산동성 등현 서남쪽 나라를 멸하고 다시 동쪽으로 나아가 제나라를 쳐 5개 성읍을 취한 뒤 남하하여 초나라의 3백 리 땅을 취하고 서쪽으로 나아가 위나라 군사를 격파하는 전과를 올렸다. 잇단 전승에 도취한 송강왕은 궁실 안에서 밤이 새도록 술을 마시는 암군의 행보를 거듭하다 제민왕齊湣王의 공격을 받고 위나라로 도주하다가 온溫 하남성 온현 서남쪽 땅에서 객사하고 말았다. 그러자 이번에는 제민왕이 송나라를 멸한 데 도취한 나머지 교만한 모습을 보이기 시작했다.

　순자는 이런 상황에서 제나라에 위기가 닥쳐올 것을 짐작하고 초나라로 떠난 것으로 짐작된다. 실제로 2년 뒤인 주난왕 31년(기원전 284년)에 연燕·진秦·한韓·위魏·조趙 등 5국 연합군이 제나라 도성으로 진군하는 사태가 빚어졌다. 한때 서제西帝를 칭한 진소양왕秦昭襄王과 함께 동제東帝를 칭했던 제민왕은 전국의 병사들을 총동원해 저지에 나섰으나 제수濟水 서쪽에서의 교전에서 대패하고 말았다.

　제민왕이 이내 위衛나라로 달아나자 위사군衛嗣君이 스스로 칭신하면서 주식酒食을 비롯한 소요 물자를 제공했다. 제민왕이 당연하다는 듯 불손하게 굴자 위나라 사람들이 그를 공격했다. 제민왕은 다시 추鄒와 노魯나라로 달아나면서 여전히 교색驕色을 버리지 못했다. 추노 두 나라에서도 그의 입국을 제지하자 드디어 거莒 땅으로 달아나게 되었다.

　이때 초나라가 요치淖齒를 시켜 군사를 이끌고 가 제나라를 구하게 하자 요치가 제나라의 재상이 되었다. 그러나 요치는 연나라와 함께 제나라를 나눠 가질 생각으로 이내 제민왕을 잡고는 그 죄목을 이같이 열거했다.

　"천승千乘 땅에서 박창博昌에 이르는 사방 수 백리 내에서 혈우血雨가 내려 옷을 모두 적셨소. 군주는 이를 알고 있소?"

　"알고 있소."

　"영嬴과 박博에서는 땅이 갈라져 샘물이 나오는 깊은 곳까지 그 균열이 이르게 되었소. 군주는 이를 알고 있소?"

　"알고 있소."

　"어떤 사람이 궐문을 향해 곡읍哭泣하자 사람들이 그를 찾으러 갔으나 찾을 길이 없었소. 그런데 사람들이 궐문을 떠났을 때 또 곡읍하는 소리를 듣게 되었소. 군주는 이를 알고 있소?"

　"알고 있소."

　그러자 요치가 이같이 말했다.

"하늘이 혈우를 내려 옷을 적신 것은 하늘이 군주에게 경고한 것이고, 땅이 갈라져 샘물이 솟는 깊은 곳까지 이르게 된 것은 땅이 군주에게 경고한 것이고, 어떤 사람이 궐문을 향해 곡읍한 것은 사람이 군주에게 경고한 것이다. 하늘과 땅과 사람이 모두 말했는데도 군주는 오히려 스스로 한 약속과 경고를 몰랐으니 어찌 그대를 주살하지 않을 수 있겠는가!"

그리고는 마침내 제나라의 종묘와 가까운 고리鼓里 산동성 거현 부근에서 제민왕을 죽이고 말았다. 이를 두고 훗날 순자는 『순자』 「왕패王覇」에서 이같이 평했다.

"나라는 천하 최고의 이익과 권세이다. 올바른 방략으로 이를 장악하면 나라가 크게 편해지고 번영케 된다. 이는 미덕을 쌓는 근원이다. 그러나 올바른 방략으로 이를 장악하지 못하면 크게 위태로워지고 지치게 된다. 대권을 갖고 있어도 갖고 있지 않느니만 못하다. 극단적인 상황에 이르게 되면 필부가 되고자 해도 안 되는 것이다. 제민왕과 송강왕宋康王이 바로 그런 사람들이다."

이 사건으로 인해 직하학궁의 학사들 모두 사방으로 이산하고 말았다. 이런 사태가 빚어질 것을 미리 내다본 순자의 식견은 탁월한 바가 있다. 제나라는 이 일이 있은 지 5년 뒤인 주난왕 36년(기원전 279년)에 연나라 장수 악의樂毅가 참소를 입고 조나라로 도주한 틈을 타 지금의 산동성 평도현 동남쪽인 즉묵卽墨 땅을 고수하고 있던 전단田單이 실지를 회복함으로써 가까스로 패망의 위기를 면하게 되었다. 이해에 신분을 속인 채 머슴으로 살면서 목숨을 구한 제민왕의 태자 법장法章은 부왕의 뒤를 이어 제양왕齊襄王으로 즉위한 뒤 임치에 다시 직하학궁을 세웠다.

직하학궁이 복원되자 순자도 이내 다시 제나라로 돌아오게 되었다. 이와 관련해 「맹자순경열전」은 직하학궁으로 돌아온 순자가 노사老師로 되었다고 기록해 놓았다. 이는 그 사이에 선배학자들이 모두 죽거나 사방으로 흩어진데 따른 것으로 짐작된다.

「맹자순경열전」에 따르면 순자는 10여 년 동안 직하학궁에 머물면서 직하학궁의 수장격인 좨주祭酒를 모두 3번에 걸쳐 역임했다고 한다. 당시 좨주는 음주飮酒 등의 예식禮食에서 먼저 선인들에 대한 간략한 추모의식을 거행할 때 좌중의 가장 존경받는 사람이 이 일을 주관한데서 훗날 관직명이 된 자리로 직하학궁 최고의 직책이었다. 직하학사들 내에서 순자의 성망聲望이 얼마나 높았는지를 짐작케 해주는 대목이다.

순자는 주난왕 49년(기원전 266년)에 진소양왕秦昭襄王의 초청을 받고 진나라를 방문케 되었다. 진소양왕은 진시황의 조부로 강력한 부국강병책을 구사해 훗날 진시황이 천하통일의 대업을 이루는 기반을 닦아 놓은 명군이었다. 『순자』「유효」에 당시 순자가 진소양왕과 나눈 문답이 실려 있다. 이에 따르면 진소양왕이 먼저 순자에게 물었다.

"유자儒者는 나라에 무익하지 않소?"

순자가 대답했다.

"유자는 선왕을 본받고, 예의를 숭상하고, 신하의 직분을 지키면서 군주를 지극히 귀하게 섬기는 자들입니다. 군주가 그들을 등용하면 곧 조정의 직위를 따라 모든 일이 합당하게 되고, 등용치 않으면 물러나 백성들 틈에 끼어 성실히 지내면서 반드시 순종하는 백성이 될 것입니다. 공자가 궐당闕黨에 있을 때 궐당의 자제들이 사냥한 짐승을 나누면서 부모를 모시는 자에게 좀 더 갖도록 했습니다. 이는 효제孝弟(효도와 우애)로 교화시켰기 때문입니다. 유자가 조정에 있으면 미정美政을 이루고, 아랫자리에 있으면 미속美俗을 이룹니다. 남의 아래에 있어도 이와 같습니다."

'궐당'은 공자가 처음으로 교육을 실시했다는 궐리闕里로 노나라 도성 곡부 경내에 있었다. 진소양이 다시 물었다.

"그렇다면 그들이 남의 위에 서면 어떻소?"

순자가 대답했다.

"그들은 한 가지 불의를 행하고 무고한 사람을 죽여 천하를 얻을지라도 결코 그런 일을 하지 않습니다. 이로써 그 도의는 백성들로 하여금 서로 믿게 하고, 사해에 널리 퍼져 마침내 천하인이 일제히 한 목소리로 응하도록 만듭니다. 이는 존귀한 이름이 크게 드러나고 천하인이 모두 앙모하기 때문입니다. 그래서 사해 안이 일가一家와 같이 되고, 모든 사람이 복종케 됩니다. 그러니 어찌 그들이 나라에 무익하다고 말할 수 있겠습니까?"

"옳은 말이오!"

순자는 강력한 부국강병책을 추구하며 패도霸道를 구사하고 있는 진소양왕 앞에서 왕도王道의 중요성을 설파한 것이다. 지난 20세기 중반 중국에서 문화대혁명이 일어났을 당시 순자를 법가와 유가 중 어느 학파로 볼 것인지 여부를 놓고 논란이 있었다. 이른바 사인방四人幫은 순자를 법가로 보아야 한다고 강조했으나 이 대목을 보면 이런 주장에 무리가 있다는 사실을 쉽게 확인할 수 있다.

사서에는 나오지 않으나 『순자』「강국」에는 순자가 진소양왕의 부국강병책을 강력히 뒷받침하고 있던 진나라 재상 범수范雎와 문답을 나눈 대목이 나온다. 범수는 위魏나라 중대부中大夫인 수가須賈의 가신에 불과했으나 주난왕 45년(기원전 270년)에 진소양왕의 지우知遇를 입어 객경客卿이 된 후 능력을 인정받아 당시 최강국인 진나라의 재상 자리에까지 오른 입지전적인 인물이다. 그는 이른바 원교근공책遠交近攻策을 내세워 진나라의 국세를 비약적으로 신장시킨 공을 인정받아 응應 땅을 봉지로 받고 응후應侯로 존숭받고 있었다. 「강국」의 기록에 따르면 당시 범수가 먼저 순자에게 물었다.

"진나라로 들어와 무엇을 보았소?"

순자가 대답했다.

"견고한 요새는 험하고, 형세는 유리하고, 산림천곡山林川谷은 아름답고, 천연자원의 이점이 많으니 이것이 지형의 우월함입니다. 입경入境하여 풍속을 살펴보니 백성들은 질박하고, 음악은 저속하지 않고, 복색은 방정맞지 않고, 관원을 매우 두려워하면서 순종하고 있으니 옛날 백성과 같습니다.

사대부들을 보니 모두 집 문을 나와서는 곧장 관청으로 가고, 공문을 나와서는 곧장 귀가하여 사사私事를 행하는 적이 없습니다. 무리 지어 파당을 결성치 않고 뛰어나게 일처리에 밝고 공정하니 옛날의 사대부와 같습니다. 조정을 보니 퇴조退朝할 때까지 공무를 모두 하여 백사百事가 적체되지 않고, 편안해 하는 모습이 마치 아무 할 일이 없는 듯했으니 이는 옛날의 조정과 같습니다. 진나라가 4대에 걸쳐 승리를 거둔 것은 요행이 아니고 일정한 이치가 있기 때문입니다. 진나라는 치리治理의 최고경지에 이른 셈입니다. 그러나 비록 그렇기는 하나 우려되는 부분이 있습니다. 진나라는 이 몇 가지 요건을 모두 갖추고 있으나 왕자의 공명功名과 비교하면 아직 크게 미치지 못하고 있습니다."

"이는 무슨 연고요?"

순자가 대답했다.

"대략 진나라에 유자儒者가 없기 때문입니다. 그래서 이르기를, '예치禮治를 완전히 행하면 왕자가 되고, 불완전하게 행하면 패자가 되고, 하나도 행하지 못하면 망자亡者가 된다.'고 한 것입니다. 이것이 진나라의 결점입니다."

순자가 범수와 나눈 내용 역시 유자의 공효功效에 관한 것이다. 문답내용의 유사성 등에 비춰 순자가 응후와 문답을 나눈 시기는 대략 진소양왕과 문답을 나누기 직전이었을 것으로 짐작된다. 범수가 순자와 먼저 문답을 나눈 뒤 진소양왕에게 순자와 유자의 공효에 관해 얘기해 보도록 권했을 가능성이 높다.

순자가 진소양왕 및 범수와 나눈 얘기는 맹자가 양혜왕梁惠王 및 제선왕齊宣王 등과 나눈 얘기와 현격한 차이가 있다. 맹자는 열국의 군왕 앞에서 힐난조로 하필 이익을 거론할 필요가 있느냐고 꾸짖는 이른바 '하필왈리何必曰利'를 들먹이면서 오직 왕도만을 역설했다. 일체의 패도를 배척하며 오직 왕도만을 추구하는 이른바 숭왕척패崇王斥覇의 입장을 견지한 것이다.

이에 반해 순자는 범수와의 문답에 분명히 드러나 있듯이 패도의 유효성을 인정하면서도 왕도를 그 위에 놓는 이른바 '선왕후패先王後覇'의 입장을 내보였다. 왕도를 통한 천하통일이 가장 바람직하기는 하나 패도를 통한 천하통일 역시 수용할 수 있다는 입장을 은연 중 드러낸 것이나 다름없다. 응후도 순자의 이런 입장에 공감해 진소양왕과의 면담을 적극 주선했을 공산이 크다.

순자가 진나라를 방문한 이듬해에 제나라에서는 제양왕이 죽고 태자 건建이 뒤를 이어 보위에 올랐다. 그는 훗날 5백 리 땅에 봉하겠다는 진시황의 감언이설에 속아 굴복한 뒤 공共 땅에서 홀로 지내다가 아사餓死하는 비참한 최후를 맞이함으로써 시호가 없다. 당시 제나라 사람들은 제나라 왕 건이 제후들과 합종해 진나라에 대적할 생각을 하지 않고 간인奸人들의 말만 듣다가 나라를 망치게 되었다고 원망하면서 이런 노래를 지어 불렀다.

아, 저기 저 소나무야, 아, 저기 저 측백나무야　　松邪, 栢邪

건建을 공 땅으로 보낸 자는 바로 빈객이라네　　往建共者客耶

제왕 건은 암군이었다. 순자의 입장에서 볼 때 자신에게 지우지은知遇之恩을 베푼 제양왕이 죽은 상황에서 곧바로 제나라로 돌아갈 이유를 찾기가 어려웠을지도 모를 일이다. 여러 사서의 기록을 종합해 볼 때 순자는 진나라를 방문한 이듬해에 곧바로 제나라로 가지 않고 고국인 조나라로 간 것으로 짐작된다. 『한서』「형법지刑法志」와 『자치통감』은 순자가 조효성왕趙孝成王 앞에서 임무군臨武君과 군사문제를 놓고 설전을 벌인 내용을 담은 『순자』「의병」을 길게 인용해 놓았다. 「의병」이 얼마나 인구에 회자되었는지를 반증하는 대목이다.

조효성왕이 즉위한 해는 진소양왕 51년(기원전 266년)이다. 순자가 조효성왕 앞에서 임무군과 군사문제에 관한 설전을 벌였다면 여러 정황에 비춰 그 시기는 대략 진나라를 떠나 제나라로 돌아오던 중 조나라에 들렀을 때였을 것으로 보는 게 합리적이다.

원래 임무군은 이름은 물론 행적이 전혀 알려지지 않은 인물로 『전국책』에는 초나라의 장수로 소개되기도 한다. 『전국책』에 나오는 초나라 장수 임무군은 조나라의 임무군과 전혀 별개의 인물일 공산이 크다. 당시 순자가 임무군과 군사문제를 놓고 설전을 벌인 내용은 『순자』에 나오는 문답내용 중 가장 장편에 해당하는 것으로 이를 간략히 요약해 보면 다음과 같다.

조효성왕이 임무군 및 순자에게 청했다.

"청컨대 용병의 요체를 묻고자 하오."

임무군이 먼저 대답했다.

"위로는 천시天時, 아래로는 지리地利를 얻어야 합니다. 또 적의 변동을 살피고 난 뒤 적보다 나중에 움직이되 먼저 목적지에 이르러야 합니다. 이것이 용병의 핵심 술책입니다."

순경이 반박했다.

"그렇지 않습니다. 제가 듣건대 '옛날 병법의 도리는 무릇 용병과 공격전의 근본은 오직 백성을 하나로 단합시키는 일민一民에 있다.'고 했습니다. 백성들로 하여금 군부에게 친부토록 만드는 부민附民에 능한 자가 용병 또한 잘하는 것입니다. 용병의 요체는 오직 '부민'을 잘하는지 여부에 달려 있을 뿐입니다."

임무군이 이의를 제기했다.

"그렇지 않습니다. 병법에서 귀하게 여기는 것은 유리한 형세와 조건입니다. 이는 임기응변의 궤사詭詐를 통해 이뤄집니다. 용병을 잘하는 사람은 군사를 신속히 움직여 적들로 하여금 아군이 어디에서 뛰쳐나올지를 전혀 모르게 만듭니다. 손무孫武와 오기吳起는 이 방법으로 천하무적이 되었습니다. 어찌 반드시 '부민'을 기다릴 필요가 있겠습니까?"

순경이 다시 반박했다.

"그렇지 않습니다. 제가 말한 것은 인인지병仁人之兵과 왕자王者가 나아가야 할 방향이고, 임무군이 말한 것은 권모세리權謀埶利로 제후의 일입니다. '인인지병'은 모이면 군졸이 되고 흩어지면 행렬을 이룹니다. 대오를 횡으로 길게 연장하면 마치 오나라의 전설적인 보검인 막야莫邪의 날카로운 칼날과 같이 되어 여기에 다가서는 것은 모두 곧바로 잘리고 맙니다. 대오가 밀집하면 마치 막야의 예리한 검봉劍鋒과 같아 이에 맞서는 것은 모두 무너지고 맙니다. 폭국暴國의 군주의 경우는 장차 그 누가 그와 함께 작전코자 하겠습니까? 그와 함께 하는 사람은 틀림없이 그의 백성들일 것입니다. 그러나 그 백성들은 오히려 우리에게 친근하여 기뻐하기를 마치 부모를 보듯이 하고, 우리를 좋아하여 향기롭게 느끼기를 마치 산초山椒와 난초의 향내를 맡듯이 할 것입니다. 그들은 자신들의 군주를 돌아보면서 마치 원수를 대하듯 싫어할 것입니다."

조효성왕이 말했다.

"훌륭한 말이오. 그렇다면 왕자王者의 용병은 어떤 것이오?"

순자가 대답했다.

"탕湯·무武는 걸桀·주紂를 칠 때 팔짱을 낀 모습으로 조용히 지휘하여 마치 일개 독부獨夫를 주살하듯 했습니다. 이에 『서경』「주서·태서泰誓」는 '독부 주紂'라고 표현한 것입니다. 이것이 바로 '왕자비병'을 말한 것입니다. 군심軍心을 크게 하나로 묶으면 천하를 제압하고, 작게 묶으면 이웃의 적국을 다스리게 됩니다. 나라를 패망의 위기에서 구하고 제양왕을 옹립한 제나라 장수 전단田單과 진나라를 문득 부강한 나라로 만든 상앙商鞅 등은 모두 용병을 잘하는 자들이나 이들의 군사는 아직 하나로 조화된 단계에 이르지 못했습니다. 제환공·진문공·초장왕·오왕 합려·월왕 구천의 군사는 모두 하나로 조화된 까닭에 가히 예교禮敎의 범주에 들어 왔으나 근본기강은 없었습니다. 그래서 패자는 될 수 있었으나 왕자는 되지 못한 것입니다."

임무군이 말했다.

"좋은 말씀이오. 청컨대 왕자의 군제軍制에 대해 묻고자 하오."

순자가 대답했다.

"장수는 전고를 울리다 죽고, 어자御者는 수레를 몰다 죽고, 백리百吏는 죽어도 직무에서 떠나지 않고, 사병과 군리軍吏는 죽어도 대열을 이탈하지 않습니다. 북소리를 들으면 진진하고, 징소리를 들으면 물러납니다. 전진하지 말라고 명하는데도 전진하고, 후퇴하지 말라고 명하는데도 후퇴하면 그 죄가 똑같습니다. 무릇 주살誅殺은 그 백성을 주살하는 것이 아니고 그 백성을 어지럽힌 자를 주살하는 것입니다. 왕자王者에게는 불의한 자에 대한 토벌은 있어도 이유 없는 공벌전은 없고, 적군이 성을 굳게 지킬 때는 공격치 않고, 적군이 완강히 저항할 때는 거세게 공격치 않는 원칙이 있습니다. 이에 어지러운 나라의 백성도 왕자의 정령政令을 즐기고, 자국 군주의 정사에 불안해한 나머지 왕자의 군사가 속히 오기를 고대하는 것입니다."

"좋은 말씀이오."

이상이 당시 순자가 조효성왕 앞에서 왕자의 군사인 이른바 '인인지병仁人之兵'의 공효를 놓고 임무군과 설전을 벌인 내용이다. 내용에 비춰 당시 임무군은 병법에 매우 능했던 것으로 짐작된다. 그러나 『손자병법』을 비롯한 모든 병서에 쓰여 있듯이 용병의 최고 원칙은 순자가 언급한 바와 같이 적을 심리적으로 제압해 군사를 동원하지 않고도 굴복시키는 것이다. 순자가 말한 '인인지병'이 바로 여기에 해당하는 것이다. 임무군은 전술 차원의 용병술에 대해서는 나름대로 익히 알고 있고 있었으나 순자와 같이 전략 차원의 용병술에 대해서는 아직 그 이치를 터득치 못하고 있었던 것이다.

『순자』「강병」에는 이 대목 뒤에 바로 순자가 제자인 진효陳囂 및 이사李斯와 군사문제를 논한 내용이 실려 있다. 이를 두고 당시 순자가 이들을 대동한 채 조효성왕 및 임무군과 '인인지병'을 논한 것으로 해석하는 견해가 있으나 이는 무리이다. 두 사람이 언제 순자의 문하에 들어오게 되었는지는 알 길이 없으나 여러 정황에 비춰 이보다 훨씬 뒤의 일로 보는 게 타당하다. 『순자』를 편제하는 과정에서 훗날 순자가 이들 제자와 군사문제에 관한 문답을 나눈 내용 또한 '인인지병'인 점에 주목해 임무군 등과 문답을 나눈 대목 바로 뒤에 배치했을 공산이 크다.

순자가 제자인 이사와 나눈 내용은 선진시대의 다른 문헌에서는 찾아보기 힘든 것이다. 그 내용을 간략히 살펴보면 다음과 같다. 하루는 이사가 스승인 순자에게 말했다.

"진나라는 4대에 걸쳐 늘 싸움에 이긴 까닭에 군대는 해내에서 가장 강하고, 위세는 제후들 사이에 크게 떨치고 있습니다. 이는 인의仁義로 그리 된 것이 아니라 편리한 형세를 좇아 그리 된 것에 불과합니다."

순자가 힐난했다.

"이는 네가 알 수 있는 바가 아니다. 네가 말하는 편리는 진정한 편리가 아닌 편리인 불편지편不便之便이고, 내가 말하는 인의는 가장 편리하다는 의미의 편리인 대편지편大便之便이다. 정사를 바로 펼치면 백성은 군주를 친근히 여기며 좋아하는 까닭에 군주를 위해서라면 죽음도 가볍게 여기게 된다. 그래서 이르기를, '모든 것은 군주에게 있고, 장수는 부차적인 것이다.'라고 한 것이다. 진나라는 비록 4세에 걸쳐 승리를 거뒀으나 늘 천하가 하나로 합종하여 자국을 전복시키지나 않을까 두려워하고 있다. 이것이 이른바 난세의 군사로 여기에는 근본 기강이 없다. 지금 너는 그 근본을 구하려 하지 않고 말절末節만을 추구하고 있다. 이는 세상이 어지러워지는 이유이기도 하다."

훗날 진시황을 도와 천하통일의 대업을 이루는데 대공을 세운 이사는 한자와 더불어 순자 밑에서 수학한 순자의 직제자이다. 이 문답에서 맹자가 제창한 인의仁義가 거론된 점에 비춰 후대 유자들의 가필加筆이 더해진 것일 공산이 크다.

순자는 임무군 등과 '인인지병'을 논한 뒤 그 이듬해인 주난왕 51년(기원전 264년)에 제나라로 돌아와 다시 좨주의 직책을 맡은 것으로 추정되고 있다. 이후 그는 주변의 무함을 받고 제나라를 떠나기까지 10년 가까이 직하 학궁에 머물렀다. 그 사이 주난왕 56년(기원전 259년)에 이르러 진시황이 태어났다. 이때 순자의 나이는 55세였다.

「맹자순경열전」에 따르면 이 어간에 순자는 주변의 무함을 받고 제나라를 떠나 초나라로 갔다. 순자가 무슨 이유로 무함을 받고 정확히 언제 초나라로 갔는지는 알 길이 없다. 일각에서 당시 순자가 청정聽政을 하고 있던 제왕 건의 생모인 군왕후君王后를 비판한 것이 무함을 야기케 된 배경이 되었다고 주장하고 있으나 이는 역사적 사실과 동떨어진 것이다. 『자치통감』의 기록에 따르면 제나라는 오히려 군왕후가 청정함으로써 다른 나라들과 달리 수십 년 동안 평안히 지낼 수 있었다. 대략 정황에 비춰 그의 성망聲望을 시기하는 자들이 제왕 건建에게 순자가 타국인 조나라 출신의 이른바 기려지신羈旅之臣인 점 등을 들어 장차 제나라에 해를 끼칠 공산이 크다는 식으로 무함했을 공산이 크다.

순자가 초나라를 선택케 된 것은 당시 명망이 높았던 춘신군春信君 황헐黃歇이 널리 인재를 구한 사실과 무관치 않았던 것으로 보인다. 춘신군은 이에 앞서 진나라에 인질로 잡혀 갔던 초경양왕楚頃襄王의 태자가 부왕 사후 몰래 귀국하는데 결정적인 공헌을 했다. 마침내 그는 태자가 주난왕 52년(기원전 263년)에 초고열왕楚考烈王으로 즉위하자마자 회북淮北 일대를 봉지로 받고 재상이 되었다. 이때 춘신군은 장차 최강의 군사대국인 진나라의 압박이 더욱 거세질 것으로 판단해 천하의 인재를 끌어 모아 이에 적극 대처코자 했다. 그의 귀에 순자에 관한 칭송이 들리지 않았을 리 없다. 춘신군이 사람을 순자에게 보내 주변의 무함으로 곤경에 처한 순자를 적극 초빙했을 가능성이 크다.

마침내 순자가 초나라로 오자 춘신군은 순자를 제나라와 가까운 지금의 산동성 창산현 서남쪽인 난릉蘭陵의 현령으로 삼았다. 순자를 난릉 현령으로 삼은 데에는 제나라를 잘 아는 순자를 통해 접경지대인 난릉 지역을 안정시키고자 하는 정치적인 고려가 작용한 것으로 보인다. 이때 순자의 나이는 59세였다.

이로써 순자는 최초로 지방관이 되어 난릉에 부임케 되었다. 그러나 그 시기는 그리 오래가지 못했다. 당시 난릉 현령으로 있던 순자는 춘신군과 적잖은 갈등을 빚었던 것으로 짐작된다. 춘신군이 생전에 순자를 무함하는 얘기를 듣고 순자와 결별했다는 일화가 『전국책』에 실려 있다. 그렇다면 순자는 왜 춘신군과 결별하여 조나라로 가게 된 것일까? 『전국책』 「초책楚策」에 따르면 하루는 한 문객이 춘신군 앞에서 순자를 이같이 무함했다.

"은나라의 탕왕은 박亳, 주무왕은 호鄗를 도성으로 삼아 나라를 다스렸습니다. 두 나라 모두 사방 1백 리도 채 안 되는 소국이었으나 마침내 천하를 차지하기에 이르렀습니다. 지금 순자는 천하의 현인으로 장차 큰일을 도모할 만한 인물입니다. 만일 그대가 그에게 1백 리의 땅을 내려 밑천으로 삼게 하면 나는 장차 그대에게 불리하게 작용할 것으로 보는데 그대는 어찌 생각합니까?"

귀가 얇은 춘신군은 이를 곧이듣고 곧 사람을 보내 순자와의 절교를 통고했다. 순자는 춘신군의 협량狹量에 실망한 나머지 부임한지 1년 뒤인 진소양왕 53년(기원전 254년)에 미련 없이 관인官印을 내놓고 조국인 조나라로 돌아왔다. 당시 조나라에서도 춘신군과 더불어 성망이 높았던 평원군平原君 조승趙勝이 천하의 인재들을 끌어 모으고 있었다. 『전국책』에 따르면 이때 조나라로 돌아간 순자는 평원군의 지우를 입고 상경上卿이 되어 그의 정치 자문역을 맡은 것으로 되어 있다. 이 사실을 전해들은 춘신군이 내심 크게 당황해 하던 중 마침 한 문객이 춘신군에게 이같이 충고했다.

"옛날 이윤伊尹이 하나라를 떠나 은나라로 가자 은나라는 천하를 차지하게 되고 하나라는 망했습니다. 관중이 노나라를 떠나 제나라로 가자 노나라는 약해지고 제나라는 강해졌습니다. 무릇 현자가 머무는 곳에서 그 군주가 존귀해지지 않거나 나라가 번영하지 않은 적이 없었습니다. 순자는 천하의 현인입니다. 귀군은 어찌하여 그를 사절한 것입니까?"

춘신군이 고개를 끄덕였다.

"옳은 말이오."

이에 곧 조나라로 사람을 보내 순자의 조속한 귀환을 청했다. 춘신군의 반복무상한 행태를 보면서 순자는 실망을 금치 못했을 것이다. 『전국책』에는 당시 순자가 춘신군의 제의를 거절한 서신의 내용이 실려 있다. 그 내용은 다음과 같다.

"흔히 말하는 문둥병자가 군왕을 동정한다는 뜻의 '여인련왕癘人憐王'은 공손치 못한 말이기는 하나 그 뜻을 자세히 살피지 않을 수 없습니다. 이는 신하의 협박에 의해 시해당한 군주를 두고 한 말입니다. 무릇 군왕이 어리면서 자기 재주만 믿고 간신을 가려낼 법술法術을 알지 못하면, 대신들이 독단적으로 사리를 꾀하며 모든 권력을 자신에게 집중시키기 마련입니다. 그래서 총명하고 나이 많은 군주를 시해하고 유약한 군주를 세우거나, 적장자인 후계자를 폐하고 계승권이 없는 후계자를 세우는 것입니다. 무릇 신하의 협박에 의해 시해되는 군주는 심적 고뇌와 육체적 고통이 필시 문둥병자보다 더 심했을 것입니다. 이로써 보면 문둥병자가 군왕을 동정했다 하더라도 이는 전혀 근거 없는 말이 아님을 알 수 있습니다."

그리고는 다음과 같은 시를 덧붙여 보냈다.

진보와 수주隨珠 전설상의 야광주를 찰 줄 모르네	寶珍隨珠 不知佩兮
값싼 베와 비단이 마구 뒤섞여 있어 구별이 어렵다네	褫布與錦 不知異兮
여주閭姝·자도子奢를 찾는 사람은 한 사람도 없네	閭姝子奢 莫知媒兮
모모嫫母·역보力父는 오히려 사랑을 받고 있다네	嫫母力父 是之喜兮
맹자盲者는 밝다 하고 농자聾者는 총명하다고 하네	以瞽爲明 以聾爲聰
시是를 비非라 하고 길吉을 흉凶이라고 말하네	以是爲非 以吉爲凶
아, 하늘이여, 어찌하여 흑백과 시비를 뒤섞는 것인가	嗚呼上天 曷惟其同

'여주'와 '자도'는 전설상의 미녀와 미남을 말하고, '모모'와 '역보'는 전설상의 추녀와 추남을 말한다. 순자는 자신을 '여주' 및 '자도'에 비유하면서 인재를 몰라본 춘신군을 '모오'와 '역보'로 매도한 셈이다. 사람을 몰라보는 춘신군의 천박한 식견에 대한 통렬한 풍자이다. 훗날 유향劉向은 이 일화를 역사적 사실로 간주해 『전국책』에 다음과 같은 평을 덧붙여 놓았다.

"『시』에 이르기를, '하늘은 심히 신명하니 하늘을 어기면 스스로 재해를 입게 된다.'고 했다."

이는 말할 것도 없이 순자를 제대로 몰라 본 춘신군을 질타한 것이다. 『전국책』의 이 일화는 순자가 춘신군과 마지막까지 깊은 유대를 갖고 있다가 춘신군이 죽은 뒤 난릉에 그대로 머물며 제자들을 가르쳤다는 『사기』「맹자순경열전」의 기록과 정면으로 배치된다.

어느 기록이 맞는 것일까? 『전국책』에 나오는 이 일화는 그 내용이 매우 구체적인 데다가 『순자』의 내용과 합치되고 있어 후대인이 만들어낸 일화일 가능성은 매우 희박하다. 순자는 춘신군과 갈등을 빚고 조나라로 갔다가 다시 초나라로 갔다고 보는 게 합리적이다.

당시 춘신군의 행적을 감안할 때 그가 순자를 크게 총애했다고 보기는 어렵다. 또한 자신의 학문에 대해 강한 자부심을 지니고 있던 순자가 난릉현령 정도에 만족해 춘신군에게 충성을 바쳤다고 보기도 어렵다. 춘신군이 말년에 암우暗愚한 행보를 보이다가 비참한 최후를 맞이한 점 등을 감안할 때 당대의 현자인 순자가 춘신군에게 큰 기대를 걸었을 리는 만무하다.

그렇다면 거절편지까지 보낸 순자가 다시 초나라로 돌아간 이유는 무엇일까? 이는 진소양왕 56년(기원전 251년)에 지우지은을 베푼 평원군 조승의 사망과 무관치 않았을 것으로 보인다. 순자가 조나라에 머문 가장 큰 이유는 평원군의 지우에 있었다. 순자는 평원군이 죽고 없는 상황에서 조나라에 계속 머물 이유를 찾기가 어려웠을 것이다. 이런 상황에서 춘신군이 이전의 잘못을 거듭 사과하며 초나라로 다시 와 줄 것을 간청하자 마침내 이를 수락한 것으로 짐작된다. 그 시기는 대략 평원군이 사망한 지 얼마 안 된 시점이었을 것으로 보인다.

순자가 마침내 이듬해인 진효문왕秦孝文王 원년(기원전 250년)에 초나라로 돌아오자 춘신군은 다시 그를 난릉령에 임명했다. 이에 순자는 두 번째로 난릉의 현령으로 부임케 되었다. 이때 그의 나이 64세였다. 이후 그는 10여 년 동안 난릉 현령으로 재직하면서 제자들을 가르쳤다. 대략 이 시기에 이사를 비롯한 여러 제자들을 가르친 것으로 짐작된다.

『자치통감』의 기록에 따르면 이사가 다른 나라에서 온 유세객들을 모두 축출하는 진시황의 이른바 축객령逐客令에 반발해 상소를 올림으로써 다시 진나라의 객경이 된 것은 진시황 10년(기원전 237년)이다. 당초 진나라로 유세객이 몰려들기 시작한 것은 여불위呂不韋가 진나라의 재상이 된 진장양왕秦莊襄王 원년(기원전 249년) 이후의 일이다. 이사도 이때 여불위 휘하에 문객이 되어 진나라의 객경으로 있었다. 그렇다면 이사가 순자에게 공부를 마치고 진나라로 들어간 시점은 대략 여불위가 재상이 된 후 천하의 인재들을 휘하에 끌어 모으기 시작하는 진장양왕 즉위 이후로 보는 게 합리적이다.

순자가 두 번째로 난릉현령에 임명된 시점이 진효문왕秦孝文王 원년(기원전 250년)인 점을 감안하면 대략 이사는 순자의 문하에서 2-3년 동안 공부하다가 순자의 허락을 받고 진나라로 가 객경이 되었을 것으로 짐작된다. 『사기』「이사열전」에 나오는 이사의 하직인사 대목이 이를 뒷받침한다.

"제가 듣기에 때를 얻으면 게을리 하지 말라고 했습니다. 지금 만승의 나라들이 서로 다투고 있고 유세하는 자들이 일을 주도하고 있습니다. 이때 진왕이 천하를 병탄하여 황제라고 칭하며 다스리려고 합니다. 비천보다 더 큰 수치는 없고, 곤궁보다 더 큰 슬픔은 없습니다. 오래도록 비천한 위치와 곤궁한 처지에 있으면서 세상을 비난하고 영리를 미워해 스스로 무위에 의탁하여 고상한 체 하는 것은 선비 본연의 심정은 아닐 것입니다. 저는 장차 서쪽으로 가 진왕에게 유세하고자 합니다."

이를 통해 아전 출신인 이사가 순자에게 학문을 배운 것은 장차 유세하여 출세코자 하는 뚜렷한 목표에서 나온 것임을 알 수 있다. 진나라에서 인재를 모으고 있다는 소식을 듣고 그가 매우 조급해 한 것은 당연한 일로 보아야 한다. 대략 그가 여불위의 지우를 입어 진나라의 객경이 된 시점은 진시황 원년(기원전 246년) 전후일 것으로 짐작된다. 순자의 문하에서 이사와 함께 동문수학한 한자는 순자 밑에서 몇 년간 더 연마하다가 조국인 한나라로 귀국한 것으로 추정된다.

순자가 이처럼 문하에 천하의 인재를 모아 제자로 육성하던 중 진시황 9년(기원전 238년)에 춘신군이 가신 이원李園의 암수暗數에 걸려 척살되는 사건이 빚어졌다. 이 일로 인해 순자도 이내 현령직에서 파면되었다. 춘신군 사후 순자의 행보가 어떻게 전개되었는지를 확인키는 어렵다.「맹자순경열전」은 순자가 춘신군이 살해된 후 난릉에 머물다가 이내 몰세해 그곳에 묻힌 것으로 기록해 놓았으나 정확히 언제 몰세했는지에 대해서는 침묵하고 있다.

전한제국 초기에 나온『염철론』은「훼학毁學」에서 진시황이 천하통일한 뒤에까지도 순자가 살아 있었던 것으로 기록해 놓았다. 그러나 이는 믿기 어렵다. 사상 최초의 천하통일을 이루는 진시황 26년(기원전 221년)에 순자의 나이는 이미 93세가 넘는다. 당시 상황에서 이토록 장수하기가 쉽지 않았던 점을 감안할 때 이를 액면 그대로 믿을 수는 없다.

이와 관련해 호문의胡文儀는 춘신군이 살해된 직후 순자도 이내 사망했을 것으로 추정했으나 이는 역사적 사실과 동떨어진 추정이다. 순자가 춘신군의 죽음을 애통해한 나머지 자리에 누웠다가 몰세했거나 난릉 현령의 자리에서 파면된 것을 비관해 몰세했을 리가 없다.

『염철론』의 기록 등을 종합해 볼 때 대략 순자는 춘신군이 살해된 후 몇 년 더 난릉에 머물다가 이내 노환으로 숨을 거뒀을 공산이 크다. 이것이

「맹자순경열전」의 기록과도 부합한다. 일각에서는 순자의 몰년을 춘신군이 살해된 지 3년 뒤인 진시황 12년(기원전 235년)으로 추정하고 있다. 이 또한 무슨 확실한 근거가 있는 것은 아니나 대략 역사적 사실에 근접한 추론으로 보인다. 이해는 진나라의 여불위가 자진自盡하여 진시황의 친정이 본격화한 해이기도 하다. 순자의 출생시점을 주난왕 2년(기원전 313년)으로 간주할 경우 순자는 79세에 몰세한 셈이 된다.

현재 순자가 몰세할 당시의 상황을 전해주는 기록은 없다. 춘신군이 비명에 횡사한 상황에서 춘신군의 지우를 입었던 순자의 장례식에 초나라가 애도를 표시했을 리도 없었을 것이다. 진시황의 두터운 신임을 얻은 이사가 스승의 장례식에 참여했는지 여부도 알 길이 없다. 전국시대 최후의 대유大儒이자 제자백가사상의 집대성자인 위대한 사상가의 최후치고는 매우 초라하기 그지없는 모습이다.

제2절 순자사상의 특징

제1항 공자사상의 승계

『사기』「맹자순경열전」에 따르면 순자가 활약하는 전국시대 말기 당시 유가는 작은 예절에 구애되어 사람들의 지지를 받지 못하고 있었다. 당시에 는 노자를 조종으로 삼은 도가道家가 장자의 출현을 계기로 크게 풍미하고 있었다. 순자는 장자를 정점으로 하는 출세간적인 도가사상에도 반대했다. 이 점에서 그는 맹자와 하등 차이가 없었다. 순자가 장자를 추종하는 도가 의 무리들을 질타한 데에는 유가가 날로 위축되어가는 현실과 무관치 않았 을 것이다.

맹자는 묵가로부터 사상적 세례를 받았음에도 표면상으로는 묵자의 무 리를 신랄하게 비판했다. 순자는 맹자사상이 지니고 있는 이런 문제점을 간 파했다. 그가 같은 유가로 분류되고 있는 맹자에게 맹공을 가한 근본 배경 이 여기에 있다. 이러한 상황 속에서 순자는 자신의 해박한 지식을 동원해 공자사상의 정맥을 잇기 위해 노력했다.

그는 제자백가의 학설을 비판하고 공학의 취지를 정확히 알리기 위해 서라도 유가는 물론 여타 제자백가에 대해 심도 있는 연구를 진행시키지 않을 수 없었다. 그 결과 그와 그의 문도들에 의해 유가경전에 대한 폭넓은 연구가 진행되었다. 전한제국의 유향이 『순자』를 교수하면서 쓴 「손경신서서 록孫卿新書敍錄」에서 '순자는 『시경』・『예기』・『역경』・『춘추』에 조예가 깊었다.' 고 언급한 사실이 이를 뒷받침한다.

순자는 비록 맹자와 달리 인성의 악성惡性을 언급하면서 예의와 형벌의 필요성을 주장함으로써 후대에 이단으로 몰리기는 했으나 이는 어디까지나 도탄에 빠진 백성들의 참상을 보고 이를 바로잡기 위한 취지에서 나온 것이다. 그가 염원했던 것은 조속한 천하통일이었다. 열국간의 상쟁이 계속되는 한 백성들을 도탄에서 구제할 길이 없다는 게 그의 신념이었다.

순자가 맹자와 달리 패도를 통한 천하통일을 적극 수용한 근본 배경이 바로 여기에 있었던 것이다. 그는 공자의 이상을 버린 것이 아니라 오히려 그 이상을 실현하기 위해 현실과 이상의 접합을 시도한 것이다. 그 결과물로 나온 것이 바로 그의 예치禮治사상이다. 이런 점에서 그는 '예치'를 통해 공자사상의 정맥을 이어나간 정통 유가라고 할 수 있다.

그는 '왕도' 이외에 무력을 배경으로 한 '패도'를 통해서도 얼마든지 난세를 극복할 수 있다고 주장했다. 이는 오직 '왕도'를 통해서만 난세를 극복할 수 있다고 강조한 맹자의 주장과 정면으로 배치되는 것이었다. 그는 훗날 이로 인해 이단자로 몰리고 말았으나 사실 그의 주장은 난세를 극복키 위한 가장 현실적인 방안이기도 했다. 이는 그가 난세의 혼란이 정점에 달한 전국시대 말기에 태어난 사실과 무관치 않을 것이다.

순자는 '의'를 앞세운 맹자와 달리 '예'를 도덕의 최고 기준으로 삼았다. 원래 공자는 '예'를 '인'의 한 덕목으로 언급한 바 있다. 그러나 순자는 '예'를 '예법'으로 해석해 법제와 예제를 총망라한 개념으로 사용했다. 그가 말한 '예'는 공자가 언급한 '예'와는 그 함의가 상당히 다를 수밖에 없다. 그가 '예'를 이토록 강조한 것은 기본적으로 공자의 '인'을 수제修齊 차원에 입각해 '인의'로 해석한 맹자와 달리 공자의 '인'을 치평治平 차원에 입각해 해석한 데 따른 것이었다.

순자의 '예'는 외부의 규범에 의거해 인간이 스스로 자신을 제약하는 것을 의미한다. 이는 그의 '성악설性惡說'과 불가분의 관계를 맺고 있다. 그는 인간과 동물과의 차이점을 '예법'에서 찾은 결과 인간의 본성은 매우 이기적인 기질을 지닐 수밖에 없다고 보았다. 그는 이러한 '성악설'에 기초해 외재적 사회규범으로 인간의 악성을 교정해 나갈 것을 주장했다. 그는 인간의 덕성을 안에서 밖으로 확충시켜 나갈 것을 주장한 맹자와 달리 외부의 규범을 인간의 내면으로 침투시킬 것을 강조한 셈이다.

원래 맹자는 이른바 '4단설'을 기초로 공자가 전혀 언급치도 않은 인성론을 전개했다. 성선설로 상징되는 그의 인성설은 '인'의 단서가 모든 사람에게 선천적으로 내재한 자연스런 본성이라는 전제에서 출발하고 있는 것이다. 맹자에 따르면 '인'의 단서는 동정하고 아파하며 불쌍하게 여길 줄 아는 이른바 '측은지심惻隱之心'에서 나타난다. 이러한 단서를 확충하면 궁극적으로 '인덕仁德'을 발현할 수 있다는 것이다. 이를 정치에서 구현하는 것이 곧 '인정仁政'이 된다. 맹자는 사람의 마음속에 있는 선단善端으로부터 외부의 통치질서로 나아가는 방식을 취했다. 공자가 언급한 덕목을 통치질서의 보편적 윤리규범으로 확대시켜 놓은 셈이다. 그는 현실과 이상을 조화시킨 공자사상을 지나치게 이상주의적인 방향으로 왜곡시켜 놓은 것이다.

맹자가 그린 이상 국가는 일종의 '왕도국가'이자 '정의국가'였다. 맹자는 '의인義人'에 의해 다스려지는 정의의 나라를 왕도를 실현한 이상 국가로 간주했다. 그가 군주와 백성을 대립시켜 이른바 '귀민경군貴民輕君'을 강조하고 나선 것은 그의 이상주의가 빚어낸 개념이었다. 당시의 관점에서 볼 때 그의 '귀민경군'사상은 매우 이상적이기는 하나 전국시대의 현실상황과는 괴리된 것이었다.

맹자가 그린 덕치는 그의 주관심사가 '의'의 실현이었다. 이 점을 감안할 때 그가 바람직한 통치형태로 생각한 것은 공자가 말한 '인치仁治'와 적잖은 차이가 있는 '의치義治'였다. 그가 내심 주장코자 한 '의치'는 말할 것도 없이 지나치게 높은 수준의 도덕을 전제로 한 것이었다. 전국시대의 군주들이 '인치'가 아닌 '의치'를 받아들일 수 없는 것은 당연지사였다.

이는 기본적으로 그의 성선설에서 비롯된 것이었다. 당시 맹자는 성선설에 입각해 인간의 근원적인 심성心性을 이성理性으로 해석했다. 순자는 '속유'를 공격하면서 맹자의 성선설에 직격탄을 날리면서 심성을 이성이 아닌 지성知性으로 해석했다. 맹자가 희·노·애·낙으로 상징되는 감성感性을 이성이 제대로 작동치 못한 결과로 해석한데 반해 순자가 지성에 대비되는 또 하나의 심성으로 파악한 것은 바로 이 때문이었다.

맹자는 인·의·예·지 4단의 심성적 표현인 측은지심惻隱之心·수오지심羞惡之心·사양지심辭讓之心·시비지심是非之心은 인간의 선성善性으로 해석했다. 이러한 선성이 제대로 발현되기만 하면 희로애락의 감성은 저절로 억제될 것으로 보았다. 훗날 성리학은 4단의 선성을 '본연지성本然之性', 희로애락의 감성을 '기질지성氣質之性'으로 규정해 이를 이른바 '이기론理氣論'으로 정리했다. 맹자의 '4단설'은 곧 성리학의 핵심 이론인 '이기론'의 바탕이다.

이에 반해 순자는 희로애락의 감성을 지성과 대비되는 인간 심성의 또 다른 한 측면으로 파악한 까닭에 지성을 동원해 이를 절제하지 않으면 안 된다고 생각했다. 순자는 비록 감성을 인간의 악성으로 규정키는 했으나 어디까지나 이를 인간 심성의 자연스런 한 측면으로 간주했던 까닭에 억제의 대상이 아닌 절제의 대상으로 본 것이다.

따라서 순자의 입장에 볼 때 감성은 굳이 '4단' 등과 같이 애매한 표현을 동원해 억제의 대상으로 간주할 필요가 없었다. 순자가 인간의 사려 깊은 지혜를 바탕으로 한 '예치'를 강조한 이유가 바로 여기에 있었다. 순자의 '예치'는 일종의 '지치知治'에 해당하는 것이기도 했다.

맹학파와 순학파가 군자에 대한 해석에서 커다란 시각차를 드러낸 것은 불가피한 일이기도 했다. 공자는 '인'을 내재적 요소로 하고 '예'를 외재적 표현으로 한 군자를 이상적 인격으로 내세운 바 있다. 공자의 군자는 '내성內聖'과 '외왕外王'의 두 가지 모습을 겸유해야만 했다. '내성'은 '외왕'이 되기 위한 전제조건으로 요구된 것이기는 했으나 공문에서 교습된 '치평학'은 기본적으로 학생들이 장차 위정자가 될 것을 염두에 둔 것이었다. '치평학'이 왕공 및 경대부의 자제를 가르치기 위해 마련된 최상급 고등교육 프로그램인 『시』·『서』·『예』·『악』으로 편성된 것은 바로 이 때문이었다.

『시』·『서』·『예』·『악』 등의 '치평학' 교과목은 장차 봉건질서가 무너지고 새로운 통치질서가 마련될 때 이를 습득한 자가 새로운 시대의 '외왕'이 될 것을 염두에 두고 편성된 것이다. 『논어』에 나오는 문文·행行·충忠·신信 등의 수양론은 어디까지나 『시』·『서』·『예』·『악』 등에 기초한 '외왕'의 실천론으로 강조되었을 뿐이다. 당시 공문이 기본적으로 '외왕'을 지향한 것은 의심의 여지가 없다. 만일 공문의 교육이 '내성'을 위주로 하는 수양론에 치중했다면 굳이 수업료를 내고 공문에 와서 교습을 받을 필요가 없었을 것이다.

그럼에도 전국시대에 들어와 공문이 이상적인 군자의 표상으로 내건 '내성외왕'은 많은 변질을 겪게 되었다. 이는 맹자가 '인'에 '의'를 덧붙여 '내성'을 천착해 들어가고, 순자가 '예'에 '법'을 덧붙여 '외왕'을 확충해 나아간 사실에서 비롯된 것이다. 당시 맹자는 '호연지기浩然之氣'로 충만한 인물을 군자의 구체적인 모습으로 제시했다. 부귀에 미혹되지 않고, 빈천에 구애받지 않고, 무력에도 굴하지 않는 이른바 '대장부大丈夫'가 바로 맹자가 그린 이상적인 군자의 형상이었다. 그가 상정한 대장부는 '외왕'의 구현체인 군주보다는 '내성'의 구현체인 사대부에 가까웠다.

이에 대해 순자는 지혜로써 치국평천하에 이르는 자를 군자의 구체적인 모습으로 제시했다. 천하를 통일해 만물과 백성을 양육하고, 천지를 주무르며 만물을 활용하는 이른바 '대유大儒'가 바로 순자가 그린 이상적인 군자의 모습이었다. 순자가 말한 '대유'는 '내성'의 사대부보다 '외왕'의 군주에 가까웠다.

이로써 시간이 흐르면서 '내성외왕'으로 종합된 공문의 군자상은 '내성'을 강조하는 사대부상과 '외왕'을 강조하는 군주상으로 양분되었다. 본래 치세에는 맹자가 제시한 사대부상이 바람직하나 난세에는 순자가 강조한 군자상이 보다 요망된다. 양자는 본래 별개로 존재하는 대립체가 아니라 공자가 제시한 '내성외왕'의 군자라는 하나의 실체에 대한 두 개의 모습에 불과한 것이다.

원래 공문에서는 왕공을 비롯해 일반 서민에 이르기까지 '치평학'의 학덕을 익힌 모든 사람은 '내성외왕'의 군자가 될 수 있었다. 그가 왕후 또는 장상이 되거나 아예 때를 못 만나 재야의 은자로 남거나 하는 것은 부차적인 문제에 불과했다.

그럼에도 훗날 성리학은 맹자를 맹종한 결과 '외왕'으로 상징되는 군주 대신 '내성'으로 상징되는 사대부를 통치의 주체로 삼았다. 이러한 접근방법은 치세에는 별다른 문제가 없으나 내우외환의 난세에는 효과적으로 대처할 수 없다는 치명적인 약점을 안고 있다. '내성'을 지나치게 강조하고 '외왕'을 폄하한데 따른 부작용이다. 내성에 치중한 성리학을 통치이념으로 삼았던 중국의 송대와 조선조가 외란에 아무런 힘도 발휘하지 못하고 끝내 패망을 자초한 이유가 바로 여기에 있었다. 이적의 외침 앞에서 '외왕'의 힘이 뒷받침되지 못한 '내성'의 논리는 한낱 웃음거리밖에 안 되는 것이다.

당시 유가 중에는 '치평학'의 정수를 터득해 놀라울 정도로 관용적이고 박학한 인물도 많았으나 대다수의 유가는 순자가 말한 '속유'에 지나지 않았다. 이들은 공학의 본의를 왜곡하는데 결정적인 역할을 수행했다. 공자사상 왜곡의 1차적인 원인제공자는 바로 유가 자신들이었던 것이다.

공학은 이미 전국시대에 이들 '속유'들에 의해 크게 왜곡돼 있었다. 유가에 대한 비판에서 출발한 묵가가 마침내 거대한 교단을 형성케 된 것도 따지고 보면 바로 이들 '속유'들로 인한 것이었다. 당시 '속유'들이 추종한 미신적인 논리 중 대표적인 것이 바로 빈부요수貧富壽夭와 치란안위治亂安危 등에 관한 '운명론'이었다. 이는 원래 공문에 존재하지 않았던 것이다.

묵적은『묵자』「공맹公孟」에서 유가가 운명론을 전개해 천하인을 크게 미혹시키고 있다고 비판했다. 묵적의 이러한 비판을 통해 '속유'들이 얼마나 운명론을 깊이 받아들이고 있었는지를 짐작할 수 있다. 묵적은 또 유가의 후장厚葬 관행에 대해서도 통렬한 비판을 가했다. 후장의 폐해는 『묵자』「절장節葬 하」의 다음 대목을 보면 쉽게 알 수 있다.

"평민이 죽으면 거의 가산을 탕진하고, 제후가 죽으면 일국의 재정을 고갈시켰다."

검약을 숭상했던 공자가 살아 있었다면 틀림없이 묵적의 비판에 동조했을 것이다. 전국시대의 '속유'는 왜 공자가 후장을 지지했던 것처럼 사실을 왜곡하며 '후장'을 역설한 것일까? 이는 '속유'들의 생계와 직결된데 따른 것이다. '속유'들은 후장을 부추김으로써 자질구레한 상장례喪葬禮에 관한 지식을 밥벌이 수단으로 삼은 것이다. 전형적인 '아전衙前 근성'이다. 묵가가 자신들의 주장을 펼치기 위해 유가의 문제점을 사실 이상으로 과장했을 가능성을 감안할지라도 공자 사후에 '속유'들이 보인 행태는 분명 공자의 가르침과는 크게 동떨어진 것이었다.

원래 묵적은 자신만이 세상의 악을 제거하는 방법을 알고 있다고 자부했다. 그는 공자와 달리 사람들에게 자유로운 판단의 여지를 허용치 않았다. 그는 그 누구도 자신의 주장을 논박할 수 없다고 주장했다. 그는 제자들을 엄격한 규율아래 두고 평생 복종을 요구했다. 묵가집단의 지도자는 단원들에게 생사여탈권을 행사하는 존재로 생각되었다. 각 집단의 구성원은 한 사람도 빠짐없이 그 지도자와 일치가 되어야 하고 각 집단의 지도자는 다시 그 상급자와 일치되고, 최종적으로는 모두 하늘에 연결되어야 한다고 주장했다. 이는 『묵자』「상동尙同 중」의 다음 대목을 보면 쉽게 알 수 있다.

"만일 하늘과 일치가 되었다가 다시 일치하지 않게 되면 천재는 그치지 않을 것이다. 그래서 때 아니게 혹한과 혹서가 나타나고, 눈·서리·비·이슬이 내리는 것이다. 5곡이 익지 않고, 6축이 성장치 않고, 질병과 악질이 돌고, 태풍과 홍수가 끊이지 않고 나타나는 것은 바로 하늘이 벌을 내렸기 때문이다."

이를 통해 종교에서 말하는 천벌 개념이 묵자에 나타나고 있음을 확연히 알 수 있다. 그의 이러한 주장은 동중서의 이른바 '재이설災異說'에 그대로 이어졌다. 이는 묵가의 주장이 '속유'의 논리에 삼투된 결과이다. '괴력난신'을 타기했던 공학에 귀신의 존재를 확신한 묵가의 미신이 그대로 삼투된 것은 모순이다.

왜 이러한 일이 빚어진 것일까? 대략 유가와 묵가 모두 합리적인 사고보다는 당시 인기를 모으고 있는 세속적인 미신을 적극 수용한데 따른 것으로 짐작된다. 원래 '속유'의 가장 큰 병폐 중 하나는 전설적인 성왕을 실존 인물로 미화해 놓은데 있었다. 공자는 흔히 알려진 것과는 달리 옛 성왕을 들먹인 적이 없다. 이는 『논어』에 이를 뒷받침할 만한 대목이 전혀 나오지 않고 있다는 사실을 통해 쉽게 확인할 수 있다. 비록 요·순의 이름이 거명되고는 있으나 이는 유가 후학이 삽입시켜 놓은 것에 불과하다. 이에 반해 묵적은 자신의 주장을 입증키 위해 옛 성왕을 부단히 인용했다. 그는 『묵자』「귀의貴義」에서 이같이 주장한 바 있다.

"3대 성왕인 요·순·우·탕·문왕·무왕의 언행과 일치되는 언행은 모두 실천해야 한다. 그러나 3대 폭군인 걸桀·주紂·유왕幽王·여왕厲王의 언행과 일치되는 언행은 일체 피해야 한다."

묵적은 문도들에게 단정적인 어법을 구사하면서 자신의 말에는 오류가 있을 수 없다고 주장했다. 이는 단언적인 언설을 거의 찾을 길이 없는 『논어』와 판연히 다른 것이다. 공자는 진리를 찾는 궁극적인 책임을 각 개인에게 맡겼다. 그럼에도 유가는 묵가를 흉내 내 유가의 경전에 옛 성왕에 관한 얘기를 무수히 끼워 넣어 이른바 '성왕지도聖王之道'로 나아가는 공식을 만들기 시작한 것이다. 전국시대의 '백가쟁명'이 초래한 부작용이다.

전국시대는 새로운 통일왕조에 대한 열망이 더욱 뜨겁게 달아오르던 시기였다. 주왕조가 사실상 붕괴된 상황에서 재덕을 갖춘 새 인물이 속히 천하를 평정해야 한다는 공감대가 폭넓게 자리 잡고 있었다. 이는 신분세습의 봉건질서를 근원적으로 부인하는 데서 출발한 것이다. 스스로 학덕을 연마한 인물이 새로운 왕자王者가 되어야 한다는 열망이 팽배했다.

이는 학덕과는 무관한 자들이 신분세습에 의해 위정자의 자리를 부당하게 차지하고 있다는 의식이 표출이기도 했다. 전설상의 성군인 요·순·우 등이 보여준 '선양禪讓' 설화가 이를 이론적으로 뒷받침했다. 묵가와 유가 모두 시대적 조류에 편승해 옛 성왕의 선양설화를 들먹이며 자신들의 입지를 넓히고자 했다.

그러나 만일 군주가 자식을 제외한 채 보위를 물려줄 만한 훌륭한 사람을 찾다가 끝내 그런 사람을 찾지 못할 경우는 어떻게 되는 것일까? 적잖은 혼란이 야기될 수밖에 없을 것이다. 실제로 이러한 일이 전국시대 중기 연나라에서 일어났다.

기원전 314년에 연왕 쾌噲는 우왕의 선양 고사를 본받아 재상 자지子之에게 양위하라는 신하들의 제의를 받고 이를 흔쾌히 수락했다. 그러나 3년 후 반란이 일어나 엄청난 참극이 빚어지고 말았다. 당시 맹자는 이 과정을 지켜보고 있었다. 『맹자』「공손추 하」는 당시 맹자가 취한 행보를 이같이 묘사해 놓았다.

"제나라 대신 심동沈同이 사적으로 맹자에게 연나라를 쳐도 좋은지를 물었다. 이에 맹자가 대답키를, '가하오. 연왕 쾌噲는 다른 사람에게 연나라를 넘겨주어서는 안 되고, 연나라 재상 자지子之도 연나라를 받아서는 안 되었소. 만일 여기에 한 관리가 있는데 당신이 그를 좋아한다고 해서 왕에게 아뢰지도 않고 사사로이 당신의 봉작을 그에게 주고, 그 또한 왕명도 없이 사사로이 당신으로부터 그것을 받는다면 그것이 과연 옳겠소. 연왕 쾌가 자지에게 사사로이 연나라를 넘겨 준 것이 어찌 이와 다를 수 있겠소."

맹자는 연왕 쾌가 국가를 양도한 사실을 비판하면서 왕위계승자 이외의 다른 사람에게 국가를 양도하는 것은 오직 하늘만이 할 수 있다고 주장한 것이다. 그는 천명의 소재는 민성을 통해 확인할 수 있다고 주장했다. 이는 사실 묵적의 논리를 차용한 것이나 다름없었다. 순자는 맹자의 이런 주장이 공학의 본의에서 벗어나는 것임을 지적했다. 『순자』「정론正論」에 다음과 같은 대목이 나온다.

"세상에서 말하기 좋아하는 자들이 이르기를, '요·순은 제위를 선양했다.'고 한다. 그러나 그것은 사실과 다르다. 천자는 세력이나 지위가 지극히 높아 천하에 대적할 자가 없는 법이다. 그런데 감히 누구에게 보위를 양보할 수 있단 말인가?"

순자는 천자의 자리는 지존의 자리인데 어찌 함부로 누구에게 양여할 수 있겠느냐고 반문하면서 맹자가 들고 나온 요·순의 선양설화를 정면으로 부인하고 나선 것이다. 그러나 한문제漢文帝는 이 선양설화를 사실로 믿었다. 그는 기원전 179년에 제위를 물려줄 만한 유능하고 덕망 있는 성인을 전국에 걸쳐 널리 구하겠다는 내용의 조서를 내렸다. 이때 황제의 고문관들이 제위의 세습을 통해 계승하는 것이 제국의 안정에 기여할 수 있는 최상의 방법임을 역설해 간신히 자신들의 뜻을 관철시켰다.

이 일화는 선양이 비록 현실성은 없으나 제왕의 미덕으로 간주되고 있었음을 시사하고 있다. 당시 유가는 옛 성왕의 선양설화가 군주권을 견제하는 수단으로 매우 유용하다는 사실을 깨달았다. 이후 그들은 선양설화를 적극 원용해 소기의 성과를 거두었다. 유가의 권위가 더욱 높아진 것은 말할 것도 없다.

그러나 제위가 세습이 아닌 선양으로 계승될 경우 천하는 이를 둘러싼 수많은 모사들의 암투로 인해 이내 혼란 속으로 빠져들 수밖에 없다. 나아가 군주는 자신의 능력으로 보위를 얻게 되었다는 자만에 휩싸인 나머지 적절한 교양을 쌓은 세습군주보다 더욱 자의적이고 비합리적인 폭군으로 전락할 소지가 컸다. 그럼에도 선양설화를 적극 원용하고 나섰던 맹자는 이를 역사적 사실이라고 강변하면서 자신의 '왕도'사상을 합리화했다. 한자를 비롯한 법가사상가들은 말할 것도 없고 유가인 순자조차 선양설화를 일소에 붙인 것은 바로 맹자의 속셈을 정확히 해독한데 따른 것이었다.

20세기 초에 중국의 고대사 기록에 회의를 품은 이른바 고사변파古史辨派로 활약하던 고힐강顧頡剛은 한제국 당시의 유가들이 선양설화를 역사적 사실로 둔갑시키기 위해 유가경전에 이를 삽입시켜 놓은 것으로 보았다. 그는 대표적인 실례로 『서경』「요전」을 들었다. 사실 『서경』은 위서僞書의 결정판이라고 할 수 있다. 『서경』의 내용 중 주왕조 초기에 기록된 것으로 보이는 부분은 전체의 4분의 1도 안 된다. 나머지는 모두 후대에 만들어진 위작이다. 이는 공자사상을 왜곡하는데 크게 기여했다.

당시 유가는 모든 유가경전을 대상으로 이러한 변조작업을 진행시켰다. 『논어』도 예외가 아니었다. 요·순·우의 선양설화가 『논어』의 최종편인 「요왈堯曰」의 첫 머리에 삽입된 것도 바로 이 때문이었다.

일찍이 공자는 사학을 열어 제자들을 가르치면서 정치는 유덕하고 능력 있는 군자에 의해 행해져야 한다고 역설한 바 있다. 그러나 맹자는 여기서 한 발 더 나아가 정치는 오직 유가 사대부에 의해 전담되어야 하고 정치를 배운 일이 없는 군주는 정치에 간섭해서는 안 된다고 주장했다. 이는 군주권의 강화를 꾀한 공자의 입장과 정면으로 배치되는 것이다. 물론 공자가 활약한 춘추시대 말기와 열국의 군주들이 모두 왕을 칭하며 부국강병을 꾀하던 전국시대 말기의 상황은 다르다. 그러나 맹자가 군주권을 폄훼한 채 오직 신권臣權만을 강조한 것은 공학의 본래 취지와 동떨어진 것이다.

맹자는 기본적으로 학덕을 연마치 못한 군주는 군주로서의 정당한 자격이 없다는 공자의 견해에 동의했다. 그러나 그는 여기서 한 걸음 더 나아가 아예 백성에게 복리를 가져다주지 못하는 군주는 교체하는 것이 백성의 엄숙한 의무라고 선언했다. 여기서 그의 독특한 이론인 이른바 '일부가주론—夫可誅論' 주장이 나온 것이다. 이는 얼핏 그럴 듯해 보이지만 보위를 둘러싼 난투를 초래할 소지가 컸다. 이것이 공학의 본의에서 크게 벗어난 것임은 말할 것도 없다.

당시 맹자는 대신들이야말로 군주의 과오를 교정해 이런 사태가 일어나는 것을 막아야 할 일차적인 책임을 지고 있다고 주장했다. 이는 군주보다 대신의 역할을 높이 평가한 데 따른 것이었다. 군주가 학덕을 연마한 자에게 가장 중요하고도 명예로운 대신의 자리를 주어야 한다는 주장도 같은 맥락에서 이해할 수 있다. 「만장 하」에 따르면 하루는 만장이 스승인 맹자에게 물었다.

"군주가 구제해주기 위해 곡식을 주는 경우는 받을 수 있다고 말씀했지만 과연 계속해서 받아도 좋은지를 모르겠습니다."

맹자가 말했다.

"노목공魯繆公이 자사子思를 자주 문안하면서 삶은 고기를 선사하자 자사가 그것을 불쾌히 여겼다. 나중에는 심부름한 사람을 손짓하여 대문 밖으로 내보내고 북면北面하여 계수재배稽首再拜한 뒤 보낸 물건을 받지 않았다. 그러고는 말하기를, '이제야 비로소 군주가 나를 견마犬馬와 같이 양육한 뜻을 알겠다.'고 했다. 이후 군명을 행하는 관원이 물건을 보내는 일이 없게 되었다. 어진 이를 좋아하면서도 기용하지 못하고 또 봉양하지도 못한다면 과연 현자를 좋아한다고 말할 수 있겠는가?"

군왕은 뛰어난 학자를 고자세로 불러서는 안 되고 옛 성왕의 전례를 좇아 이들 학자를 직접 만나러 가야 한다고 역설한 것이다. 맹자는 나아가 태자는 보위에 오를지라도 스승을 신하로 삼아서는 안 되고 오히려 부형의 관계를 맺어야 한다고 역설했다. 맹자의 유가로서의 자부심이 유감없이 드러나는 대목이다.

그러나 맹자는 이같이 고오高傲한 주장을 펼쳤음에도 실제의 행동은 그렇지 못했다. 그 또한 다른 '속유'들과 마찬가지로 일상생활과 천하유세의 여행에서 사치스런 모습을 보였다. 그는 자신보다 훨씬 더 사치스러운 왕후들을 더욱 선망했을 공산이 컸다.

실제로 맹자는 정의가 구현되는 시대가 오면 자신만이 왕이 될 수 있다는 착각에 사로잡혀 있었다. 그러나 객관적으로 볼 때 이는 불가능한 일이었다. 당시 맹자는 지위나 사치를 경멸하면서 덕행 이외에는 관심이 없는 척했다. 이는 그는 유력한 세족의 호의를 얻기만 하면 천하에 덕교를 펼칠 수 있다고 주장한 사실을 통해 쉽게 알 수 있다. 「이루 상」의 다음 대목이 그 실례이다.

"정치를 하는 것은 어렵지 않다. 거실巨室(세족을 지칭)을 거스르지 않으면 된다. 거실에서 사모하는 것은 온 나라가 사모하고, 온 나라가 사모하는 것은 천하가 사모한다. 그리하면 패연沛然(물밀듯이 기세 있음)히 덕교가 사해四海에 넘치게 될 것이다."

그러나 과연 세족들이 사모하는 것을 온 나라가 사모하고, 온 나라가 사모하는 것은 천하가 사모하는 까닭에 세족들을 거스르지 말아야 한다는 논리가 어떻게 성립할 수 있는 것일까? 차라리 자신의 '귀민경군'의 논리에 입각해 백성들이 좋아하는 것은 세족도 거스르지 못한다고 주장하는 것이 옳았다. 맹자의 주장 중에는 이같이 논리적으로 앞뒤가 맞지 않는 게 매우 많다. 대표적인 예로 「양혜왕 하」에 나오는 다음과 같은 주장을 들 수 있다.

"군주의 현인 등용은 불가피한 경우에만 이뤄져야 한다. 그것은 비천한 사람을 존귀한 사람 위에 올려놓고, 소원한 사람을 왕족 위에 올려놓을 소지가 크기 때문이다. 그러니 군주가 어찌 이를 신중히 하지 않을 수 있겠는가?"

이는 맹자의 다른 발언과 전적으로 모순될 뿐만 아니라 공자사상과도 전혀 일치하지 않는 것이다. 그가 지나치게 항의를 많이 한 것도 따지고 보면 바로 이러한 논리적 모순에서 스스로 벗어나지 못하고 있기 때문일지도 모른다. 순자가 맹자를 향해 공학의 취지를 크게 왜곡시켰다고 비난을 퍼부은 것도 바로 이 때문이었다.

그럼에도 불구하고 맹자는 인간의 평등을 철석같이 믿었다. 그는 요·순과 같은 성인 또한 단지 이 천성을 완전히 발현시킨 사람에 불과하다고 주장했다. 인간이 본질적으로 선하다는 이론은 누구에게나 정상에 오를 수 있는 가능성을 열어둔 것인 까닭에 더욱 열심히 노력하라는 취지로 해석될 수 있다.

그러나 이는 동시에 별다른 노력을 기울이지 않을지라도 결국 덕을 가질 수 있다는 주장으로 비춰질 공산이 컸다. 자칫 인간의 오만과 방자함을 부추길 소지가 다분했던 것이다. 그의 이런 주장에는 자신의 운명에 관한 개인의 책임을 엄격히 추궁한 공자의 합리적인 자세가 전혀 보이지 않는 것이다.

공문은 기본적으로 '치평학' 습득을 전제로 한 실천 차원의 수양론을 강조했다. 결코 문·행·충·신 등의 수양론을 위주로 한 '치평학'을 강조한 적이 없다. 그러나 맹자사상에는 도덕적인 측면의 수양론만 강조되어 있고 지적인 영역에 대한 분발을 촉구한 게 거의 없다. 「진심 상」에 나와 있듯이 그는 성선설에 입각해 인간은 일종의 소우주인 까닭에 자아 속에 모든 것을 완비하고 있다고 주장했다. 이는 형이상의 도덕원리를 지나치게 강조함으로써 마침내 실질적인 학문을 경시하는 왜곡된 풍조를 낳고 말았다.

맹자는 스스로 진리를 발견하고 새로운 경험에 비춰 자신의 이해를 부단히 수정할 것을 요구한 공자와 달리 자신의 마음속을 고찰하는 간단한 방법으로 우주에 관한 모든 지식을 얻을 수 있다고 주장한 것이다. 맹자의 이러한 직관적이면서도 초월적인 수양론은 공자의 합리적이면서도 과학적인 수양론과 배치되는 것이다. 맹자는 「이루 상」에서 이같이 주장한 바 있다.

"인간의 신체 중에서 눈동자보다 더 훌륭한 것은 없다. 눈동자는 악을 감추지 못하기 때문이다. 가슴 속에 아무 잘못이 없다면 눈동자는 밝게 빛나고, 그렇지 못하면 흐릿하게 된다. 사람의 말을 들으면서 그 눈동자를 보라. 그러면 그 사람이 어떻게 자신의 인격을 감출 수 있겠는가?"

인간을 소우주로 간주한 맹자의 수양론은 매우 간명하기는 하나 학문하는 자세가 전혀 나타나지 않고 있는 것이다. 본래 학문은 진리를 스스로 이해하려고 탐구하는 자세가 전제되지 않으면 안 된다. 더 쉬운 방법을 찾는 것은 그만큼 학문에서 멀어지는 것을 의미한다. 맹자와 같이 옛 성왕과 경전을 강조하면 할수록 역설적으로 학문과는 멀어지게 된다. '성왕지도'를 수록한 경전을 손쉽게 이용할 수 있는 마당에 굳이 힘들게 '치평' 문제를 놓고 고민할 필요가 없게 된다. 실제로 맹자는 그같이 주장했다. 「고자 하」의 다음 대목이 그 증거이다.

"오랑캐 나라인 맥貊에는 오곡이 자라지 않고 오직 기장만 자란다. 성곽과 주택, 종묘제사와 관련된 예법이 없고, 제후들이 서로 예물을 보내고 접대를 하는 일도 없고, 관직과 관원도 많지 않기 때문에 20분의 1의 세금을 받아도 충분하다. 지금 중국에 살면서 인륜을 버리고 관리를 없애는 것이 과연 가능하겠는가? 질그릇의 생산량이 적어도 나라를 다스릴 수 없는데 하물며 관원이 없어서야 되겠는가? 요순이 시행했던 10분의 1 세법보다 적게 하려는 것은 대맥大貊 내지 소맥小貊이나 다름없다. 요순이 시행했던 방법보다 무겁게 하는 것은 대걸大桀 내지 소걸小桀이나 마찬가지이다."

그는 요·순보다 더 세금을 걷는 것은 말할 것도 없고 그보다 덜 걷는 것 또한 모두 잘못이라고 단정한 것이다. 요·순의 정치는 완전무결할 뿐만 아니라 시공을 초월해 모두 적합하다는 결정론에 입각한 주장이다. 실재하지도 않은 요·순을 들먹이며 고정불변한 세제를 주장한 것도 문제지만 변화무쌍한 시류에 아랑곳하지 않고 불변의 덕정을 펴야 한다고 주장한 것은 더욱 납득키 어렵다.

맹자는 「이루 상」에서 선왕의 도를 따르는 사람치고 과오를 범하는 법이 없다고 단정했다. 완벽한 군주나 대신이 되고자 하는 사람은 요순을 모방하면 되고 그 이상은 필요 없다고 주장한 것이다. 이는 묵적의 교조적인 언설을 그대로 빼어 닮은 것으로 공자사상과 동떨어진 것임은 말할 것도 없다. 훗날 성리학이 성립된 후 맹자의 교조적인 언설이 금과옥조로 받들어짐에 따라 '통치이념의 화석화' 과정이 진행된 것은 당연지사였다.

실제로 맹자는 공자에 대해서도 교조적인 언설로 '인간 공자의 화석화'를 시도했다. 『맹자』 「등문공 하」에 나오는 공자가 생애의 대부분을 고위 관원으로 보낸 인물로 묘사되어 있는 것이 그 실례이다. 사실 이는 공자가 경대부 수준의 높은 관직을 지냈다는 최초의 기록이기도 하다. 때만 맞으면 스스로 왕이 될 수 있다고 생각한 맹자는 자신이 존경하는 공자가 그토록 오랫동안 미관微官에 머물렀다는 사실 자체를 아예 인정치 않으려고 했음에 틀림없다.

맹자의 이러한 접근은 공자를 신비적인 인물로 여기게끔 만드는데 크게 기여했다. 「진심 상」의 다음 기록은 그 구체적인 증거이다.

"왕자 치하의 백성들은 깊은 만족감에 젖어 설령 왕이 그들을 죽여도 원망치 않고, 그들에게 이로운 것을 행해도 자신들에게 이롭다는 것을 느끼지 못한다. 그들은 매일 선을 향해 나아가고 있지만 왜 그런지를 모른다. 군자가 지나는 곳은 모든 사물이 교화되고, 군자가 거처하는 곳에서는 마치 신과 같이 그 교화가 상하에 미치고 천지와 함께 흐른다."

여기서 맹자는 비현실적인 성왕의 치하를 상정해 놓고 백성들을 아무런 생각도 없는 오직 피동적인 객체로 간주해 놓은 것이다. 신비주의 색깔이 농후한 맹자의 이러한 주장은 주체적인 백성을 강조한 그의 '귀민경군'의 주장과 정반대되는 것으로 공자사상과 완전히 동떨어진 것이기도 하다. 이를 통해 『맹자』가 공자사상을 왜곡하는데 커다란 역할을 수행했음을 쉽게 확인할 수 있다.

당시 맹자가 백성들을 피동적인 객체로 묘사해 놓은 것은 신비주의 색채가 농후한 장자사상을 깊이 흡입한 사실과 무관치 않았다. 원래 공자와 장자는 모두 군자지도君子之道를 얘기했으나 그 의미는 현격히 다르다. 공자의 군자지도는 위정자가 되기 위한 수학修學과 수덕修德을 말하나, 장자의 그것은 무형무욕無形無慾의 지극한 행복에 이르는 수도修道와 수양修養을 말한다. 장자의 군자지도는 천지보다 먼저 존재한 지고지상의 지극한 상태를 말하는 것이다. 이는 지극히 반학문적인 자세이다. 『장자』「도척」에 나오는 다음 구절이 그 증거이다.

"소도小盜는 죄를 지어 투옥되나 대도大盜는 나라를 훔쳐 제후가 된다. 제후가 되는 길에 의사義士들이 존재하는 것이다."

이는 공자의 군자지도에서 강조하는 '수학'과 '수덕'을 극단적으로 폄훼해 놓은 것이다. 공학에서 얘기하는 '수학'과 '수덕'은 위정자로서의 군자가 되기 위한 필수과정이다. 그런데 장자는 이를 일언지하에 '대도지도大盜之道'로 폄훼하고 나선 것이다. 이는 장자가 군자지도의 진정한 목적을 자신의 몸을 온전히 보존하는 수양에 둔 사실과 무관치 않다. 『장자』「양왕讓王」에 수양에 관한 그의 구체적인 언급이 나온다.

"옛 사람이 이르기를, '도의 본질적인 부분은 인간으로서 자신을 완성하는데 쓰고, 그 나머지는 국가를 다스리는데 쓰고, 다시 마지막 찌꺼기는 천하를 통치하는데 쓴다.'고 했다. 이로써 보면 제왕이 세상을 다스리는 일은 성인의 여사餘事(여가) 있을 때 하는 일일 뿐이고, 완신양생完身養生(도를 완성하고 주어진 생명을 살려 나감)의 길이 아닌 것이다."

장자의 '완신양생' 주장에서는 공동체를 책임지는 위정자로서의 군자의 모습은 찾을 길이 없다. '위국위민爲國爲民'을 책임지는 군자의 육성을 기치로 내건 공문의 기본 정신이 완전히 배제되어 있는 것이다. 장자가 말하는 성인은 우주와 하나가 된 까닭에 천지와 마찬가지로 인자지도 않고 그렇다고 잔혹하지도 않게 된다.

나아가 세속의 통치에 전혀 관심이 없는 까닭에 난세에 신음하는 백성들의 구제에 대해서도 아무런 책임을 느낄 필요가 없게 된다. 이는 무정치無政治 내지 비정치非政治의 영역을 넘어 반정치反政治를 부추길 소지가 크다. 그럼에도 장자는 노자가 말한 무위지치無爲之治를 차용해 통치의 문제를 해결할 수 있다는 주장을 펼쳤다. 『장자』 「천도」의 다음 대목이 그 증거이다.

"하늘은 무엇을 나으려는 생각이 없건만 만물은 저절로 생겨나고, 땅은 무엇을 키우려는 생각이 없건만 만물은 저절로 자라나고, 제왕은 무위無爲인 채 있건만 천하의 공功은 저절로 이뤄지는 법이다. 그래서 옛 사람이 말하기를, '하늘보다 신령한 것은 없고, 땅보다 부유한 것은 없고, 제왕보다 더 큰 것은 없다.'고 한 것이다. 또한 말하기를, '제왕의 덕은 천지와 짝한다.'고 했다. 이 무위야말로 천지의 작용을 그대로 이용해 만물을 구사하고 수많은 사람을 부릴 수 있는 도인 것이다."

이는 『도덕경』의 '무위지치' 이상을 차용한 것으로 『장자』를 관통하는 '무위자연' 개념과 배치된다. 일각에서 「천지」를 두고 장자를 추종하는 후대인이 끼워 넣은 것으로 보는 이유다. 노자의 권위를 빌려 장자사상을 널리 전파코자 했다는 것이다. 이들은 『장자』 「재유在宥」의 다음 구절도 같은 취지에서 나온 것으로 보고 있다.

"친근히 대할 것은 못되나 널리 공포하지 않을 수 없는 것이 법이다."

인간을 본래의 질박한 상태로 복귀시키기 위해서라도 법령이 필요하다는 주장이다. '완신양생'을 역설한 그의 기본입장과 명백히 모순된다. 이는 그가 출세간出世間의 문제를 다루면서 입세간入世間의 통치문제에도 '출세간'의 논리를 그대로 적용시킨데 따른 자기모순의 결과로 볼 수밖에 없다.

『장자』는 총 33편의 절반이 넘는 21편 이상을 공자에 관한 얘기로 할애해 놓았다. 대부분 공자가 자신의 잘못을 깨닫고 도가로 전향하는 내용으로 이뤄져 있다. 이로 인해 오랫동안 적잖은 사람들이 공자가 만년에 이르러 노자에 의해 도가로 전향했다고 믿었다. 여기에는 사마천이 『사기』에 공자가 노자를 만나 예를 물은 이른바 '문례問禮' 설화를 끼워 놓고 『예기』 또한 이를 역사적 사실인 양 수록해 놓은 것이 근본 원인이 되었다. 사서와 유가경전에 '문례' 설화가 마치 역사적 사실처럼 기술되어 있는 상황에서 공자가 자신의 잘못을 깨닫고 도가로 전향하는 내용으로 구성된『장자』의 관련 대목을 의심키기 쉽지 않았을 것이다.

현란한 역설과 신랄한 비판으로 가득 찬『장자』는 나름대로 커다란 마력을 지니고 있다. 유가를 자칭한 사람 중에도『장자』를 읽고 깊은 감명을 받은 사람이 적지 않았다.『논어』의 후반부에 나오는 은자에 관한 얘기도 장자사상의 세례를 받은 유가 후학이 삽입시켜 놓은 것일지도 모른다. 공자를 도가의 일원으로 그려 놓은『장자』또한 공자를 마치 교조적인 묵가처럼 묘사해 놓은『맹자』못지않게 공자사상을 왜곡시키는데 커다란 역할을 수행한 셈이다.

그러나 공자를 도가로 둔갑시킨 데에는『장자』보다『공자가어』의 역할이 더 컸다.『공자가어』는 대략 기원전 3세기에 만들어진 것으로 추정되고 있다. 일찍이 최술은『공자가어』에 나오는 대목 중『장자』와『열자』에서 따온 대목이 상당히 많다는 사실을 고증한 바 있다.『공자가어』는 후대인들로 하여금 공자사상을 이해하고 공자의 인물형상을 형성하는데『논어』보다 더욱 큰 영향력을 발휘했다. 대표적인 사례로『공자가어』「오형해五刑解」에 나오는 다음 대목을 들 수 있다.

"의義는 귀천을 나누고 존비를 밝게 하는 것이다. 귀천에 구별이 있고 존비에 질서가 있기에 백성들은 상장上長을 존경하지 않을 수 없는 것이다."

이는 빈부귀천을 가리지 않고 모든 사람을 제자로 받아들여 개인적인 노력에 의한 군자지도를 강조한 공자의 모습과 동떨어진 것이다. 그럼에도 「오형해」의 이 대목은 훗날 '3강5륜三綱五倫'의 횡행과 더불어 계층 간 이동을 경색시키고 기득권세력의 권익을 옹호하는 궤변으로 이용되었다. 원래 '3강'은 한제국 때 법가사상이 유가사상에 유입된 데 따른 것이다.『백호통의』는 이를 받아들여 '군위신강君爲臣綱'과 '부위자강父爲子綱', '부위부강夫爲婦綱'의 강령을 만들어냈다. '5륜'과 달리 '3강'은 확실히 법가의 '귀군貴君' 사상이 반영된 것이라고 보아야 한다.

『공자가어』「굴절해屈節解」에는 공자가 노나라의 전화戰禍를 막기 위해 주변국을 전쟁터로 몰아넣는 대규모 음모를 꾀한 장본인으로 그려져 있다. 이는 공자의 언행과 정면으로 상충하는 것이다. 공자를 노자의 제자로 그려 놓은 『공자가어』「관주觀周」의 일화는 비록 『사기』「공자세가」의 내용을 부연해 놓은 것이기는 하나 공자사상을 왜곡하는데 결정적으로 기여했다. 『맹자』에 의해 왜곡되기 시작한 공자의 모습은 『장자』에 의해 도가로 전향한 사람이 되었다가 마침내 『공자가어』에 와서는 노자의 가르침을 받는 도가의 문도가 되어 버린 셈이다.

전국시대 말기에 이르러 공자의 인물형상이 완전히 일그러지고 만 이유가 바로 여기에 있었다. 그나마 이를 원래의 공자 모습에 가깝게 복원시켜 놓은 사람이 바로 선진시대 최후의 대유大儒 순자였던 것이다. 순자는 맹자와 달리 당시 성행했던 미신적인 음양오행설과 점복술 등에 매우 비판적이었다. 그는 하늘을 자연의 질서로 해석하면서 인간이 두려워할 것은 어떤 전조前兆나 신령이 아니라 오히려 악정惡政과 혼란이라고 단언했다. 그의 놀라울 정도로 합리적인 사고는 『순자』「천론天論」에 나오는 다음 대목에 잘 나타나 있다.

"기우제를 지내면 비가 내리는 것은 어찌된 일인가? 이에 말하기를, '이상할 것도 없다. 기우제를 지내지 않아도 비는 내리기 때문이다.'라고 했다."

그는 기우제를 지내면 비가 내리는 이유를 묻는 질문에 대해 비는 기우제를 지내지 않아도 내린다고 일갈한 것이다. 그의 이러한 합리적인 사고는 공자사상과 일맥상통하고 있다. 순자는 제자백가의 비합리적 사유를 통렬하게 질타하면서 온갖 이설로 오염된 공자사상을 순화醇化하는데 결정적인 역할을 수행했다. 그가 공학의 정맥을 이었다는 것은 공자와 마찬가지로 학문의 중요성을 역설한 데서 잘 나타나고 있다. 『순자』「권학勸學」에 나오는 다음 대목이 그 증거이다.

"학문은 어디에서 시작해 어디에서 끝나는 것인가? 그 방법은 『시』·

『서』등을 송경誦經하는 데서 시작해 『예』를 읽는데서 끝나고, 그 의의는 선비가 되는 데서 시작해 성인이 되는데서 끝난다. 자신의 힘을 다하여 오랫동안 노력해야만 성인의 경지에 들어갈 수 있는 것이니 학문이란 곧 죽은 뒤에야 끝나는 것이다."

유가 내에서 순자처럼 학문의 의의를 이토록 강조한 사람은 없다. 그는 비록 공자 사후 1백여 년 뒤에 등장했으나 공문에서 교습한 '치평학'이 어떤 것인지를 정확히 헤아리고 있었던 것이다. 공학의 적통이 순자로 이어졌음을 극명하게 보여주는 대목이다.

이에 대해 펑여우란馬友蘭은 『중국철학사』에서 순자가 이단적인 사상을 통탄한 나머지 백성들에게 무조건 경전만을 암송하라는 식의 묵자류의 권위주의를 노정했다고 지적했다. 그러나 이는 순자의 성악설에 대한 잘못된 비판에서 비롯된 것이다.

순자가 「권학」에서 강조한 '송경'은 단순한 경전의 암송을 의미하는 게 아니다. 공문에서 교습했던 것과 마찬가지로 『시』·『서』·『예』·『악』을 스스로 고구考究 자득自得하라고 말한 것이다. 『시』·『서』·『예』·『악』의 심의深意를 자득키 위해서는 우선 열심히 송경하는 것보다 좋은 방법은 없다. 이는 지금도 그대로 통용되는 학문하는 방법이기도 하다. 펑여우란은 순자의 취의를 제대로 파악치 못했다는 지적을 면키 어렵다.

순자의 이론 중 성악설 이외에도 후대인의 오해를 산 것으로는 그의 '4민론四民論'을 들 수 있다. 순자는 귀천에 따른 신분은 어디까지나 덕을 얼마나 연마했는지에 따라 유동적으로 변동할 수 있다고 보았다. 그는 각자 모두 신분에 따른 역할에 매진해야 한다고 주장했다. 순자는 신분세습의 봉건질서를 단호히 배격함으로써 진한秦漢시대 이래의 역대 중국정권이 '군신공치君臣共治'의 통치체제를 확립하는데 결정적인 공헌을 했다. 『순자』「영욕榮辱」의 다음 구절이 그 증거이다.

"농부는 힘써 경작하고 상인은 예리한 관찰로 재화의 효용을 극대화하며 공인은 기술로써 기기의 제작에 열을 쏟는다. 사대부는 왕으로부터 공후에 이르기까지 인후仁厚와 지혜로써 관직수행에 헌신한다. 무릇 이것을 '지평至平'이라고 한다."

순자는 모든 신분이 만족하는 평등을 '지평'으로 표현한 것이다. 샤오꽁취안蕭公權은 『중국정치사상사』에서 순자의 '4민론' 내에는 '불평등 속의 평등' 이치가 담겨져 있다고 높이 평가했다. 순자는 국가공동체 성원 간의 역할분담을 강조함으로써 위로는 덕을 가진 자가 지위를 얻어야 한다는 공자의 이상을 계승하고, 아래로는 평민이 경상卿相이 되는 새로운 기풍을 열었다는 게 그의 평가이다. 사실 샤오꽁취안이 언급한 바와 같이 순자의 '4민론'에는 아리스토텔레스가 말한 '배분적 평균'의 이상이 내포되어 있다.

치자와 피치자 모두 자신의 주어진 역할에 충실해야만 통치가 제대로 이뤄질 수 있다는 순자의 이러한 분업사상은 기본적으로 공자의 '군군신신君君臣臣'사상과 맥을 같이 하는 것이다. 공자의 '군군신신'사상을 보다 정치하게 다듬은 것이 바로 순자의 '4민론'이다. '4민론'에 입각한 그의 분업사상이 역대 중국정권의 기본적인 통치이념이 된 것은 말할 것도 없다. 이는 지금은 물론 앞으로도 여전히 유효한 이론이다. 오히려 지식정보산업이 모든 산업을 주도하는 21세기는 이를 더욱 강조하는 세기가 될 공산이 크다. 그럼에도 그의 '4민론'은 오랫동안 귀족계층을 옹호하는 이론으로 곡해되었다.

순자의 제자인 한자의 이론이 후대의 유가들에 의해 군주독재를 지지하는 이론으로 곡해된 것도 같은 맥락에서 이해할 수 있다. 당시 한자 역시 학자로서의 자부심이 대단했다. 그는 스승의 논리를 더욱 발전시켜 유가와 대치되는 법가사상을 집대성했으나 학맥의 뿌리는 여전히 순학에 두고 있었다. 한자의 법치이론에서 '법'을 '예'로 대치시켜 놓으면 논리상 순학과 하등 차이가 없는 이유가 바로 여기에 있다. 『한비자』 「육반六反」의 다음 구절을 보면 이를 쉽게 이해할 수 있다.

"공직에 나아가지 않고 재야에 있는 자들이 사사로운 이익을 좇아 칭송을 일삼는데도 세상의 군주들은 이 허성虛聲을 듣고 그들을 예우한다. 이에 예우가 이뤄지는 곳에는 이익이 반드시 따르게 되었다. 백성들은 사사로운 해로움을 좇아 비방을 일삼는데도 세상의 군주들은 세속의 소리에 귀가 막혀 이들을 천시한다. 이에 천시가 이뤄지는 곳에는 손해가 반드시 따르게 되어 있다. 명예와 포상은 사사로운 잘못을 행하여 마땅히 벌을 받아야 할 백성에게 주어지고, 비방과 손해는 공적인 선을 행해 마땅히 상을 받아야 할 선비에게 내려진다. 이런 상황에서 아무리 나라의 부강을 구한다 할지라도 이는 이뤄질 수 없는 것이다."

한자는 당시 군주들이 일정한 상벌 기준도 없이 쓸모없는 학자들에게 부와 지위를 남발하고 있는 사태를 개탄한 것이다. 이는 융례隆禮가 이뤄지지 않을 경우 국가가 피폐를 면치 못한다고 지적한 순자의 경고와 맥을 같이 하는 것이다. 당시 한자가 볼 때 군주들의 이런 행태는 '치평'과 거리가 먼 것이었다. '치평파'의 논리를 극단화하면 법가의 부국강병 논리로 귀착될 수밖에 없다. 한자는 당시의 군왕들이 진정 나라를 부강케 할 계책을 지닌 사람을 얻지 못한 이유를 바로 '치평'의 논리를 이해하지 못한데서 찾았다. 그러나 한자의 이러한 개탄은 당시 이미 전국시대 후기에 들어와서는 공자가 살았던 춘추시대 말기와 달리 계층 간 이동이 활발히 전개되었음을 반증하는 것이기도 하다.

공자시대 이전에는 오직 신분이 높은 가문에서 태어나야만 고위직에 오를 수 있었다. 그러나 전국시대 중기 이후에는 미천한 출신도 배운 학식과 재주를 한껏 발휘해 재상이 되는 일이 다반사가 되었다. 수많은 사람들이 공학을 배우기 위해 모든 것을 아낌없이 투자한 것은 당연한 일이었다. 『한비자』「오두五蠹」의 다음 대목이 이를 뒷받침한다.

"지금 문학을 배우고 말재주를 습득하는 자들은 농사짓는 수고를 들이지 않고 부를 얻을 수 있고, 싸움에 나서는 위험을 감수치 않고도 능히 존귀해질 수 있게 되었다. 그러니 그 누군들 이를 하지 않으려 하겠는가?"

이는 부국강병을 추구한 전국시대조차 부국강병의 계책과는 거리가 먼 '수제파'의 유자들이 열국의 제후들로부터 적잖이 우대받고 있었음을 보여주고 있다. 이러한 상황에서 쾌적한 삶을 살기 위해 공부하는 사람이 많아진 것은 탓할 일도 아니었다. 한자의 개탄은 사실 천하통일의 웅략을 갖고 있는 자신과 같은 사람을 등용치 않는 세태에 대한 울분에서 나온 것으로 보는 게 옳다.

그럼에도 불구하고 한자와 함께 순자 밑에서 동문수학한 이사李斯는 진시황에 의해 크게 중용되어 마침내 천하통일의 대업을 이루는데 결정적인 공헌을 했다. 이사의 저서는 전해지지 않지만 그의 사상 역시 한자와 크게 다르지는 않았을 것이다. 이사와 한자의 사상은 근원적으로 순학에 뿌리를 두고 있었다.

전국시대 말기에 태어난 순자는 제자백가사상을 섭렵한 뒤 맹자에 의해 왜곡된 '치평학'으로서의 공학을 본래의 모습에 가장 가깝게 되돌려 놓았다는 점에서 전국시대 최후의 대학자였다고 할 수 있다. 순자사상은 전국시대는 말할 것도 없고 춘추시대 이래의 모든 사상을 종합해 놓았다고 해도 과언이 아니다. 이는 「맹자순경열전」에 나오는 사마천의 다음과 같은 평을 보면 쉽게 알 수 있다.

"순자는 비속한 유생들이 작은 일에 구애되고 장자와 같은 무리들이 교묘한 변설로 풍속을 어지럽히는 것을 미워했다. 그래서 유가와 묵가, 도가가 행한 성취와 실패를 고찰하고 이를 차례로 정리하여 수만 자의 저작을 남기고 죽었다."

『순자』의 내용을 면밀히 살펴보면 사마천이 평한 바와 같이 그의 사상이 선진시대의 모든 사상을 하나로 융해시켜 놓은 사상의 연수淵藪임을 쉽게 확인할 수 있다. 이사와 한자 등의 법가가 그의 문하에서 나온 것도 결코 우연이 아니었다. 그의 제자 중에는 비단 이사와 한자만 있었던 것도 아니었다. 전국시대 말기에 노나라에 조용히 숨어 살면서 학문에 정진한 부구

백부邸伯과 같은 인물도 있었다.

그럼에도 맹자를 추종하는 후대의 '속유'들은 그를 이단으로 몰아갔다. 21세기 G2시대는 공자사상에 대한 정확한 이해를 필요로 하고 있다. 이는 순자사상에 대한 정확한 이해를 전제로 한 것이기도 하다. 순자사상에 대한 제대로 된 해석이 절실히 요구되는 이유다.

제2항 순자사상의 구성

1) 인도주의人道主義

중국은 예로부터 우주의 질서가 어떻게 구성되었는가 하는 '천도天道' 문제와 인간은 우주의 질서를 어떻게 받아들여 삶을 영위해야 하는가 하는 '인도人道' 문제에 깊은 관심을 기울였다. 그 결과 자연 속에서는 아무것도 영원할 수 없고, 변치 않는 것은 모든 것이 변화한다는 사실뿐이라는 진리를 찾아냈다. 이를 '도道'라고 풀이했다. 『설문해자說文解字』는 '도'를 '소행도야所行道也'로 풀이해 놓았다. '사람이 다니는 길'이라는 뜻이다. 그것이 바로 사물이 생장쇠멸生長衰滅하는 '자연법칙自然法則'의 뜻으로 전용된 것이다.

고대 중국의 인민들은 원래 하늘을 하나의 인격과 의지를 가지고 만물을 지배하는 주재자로 생각했다. 인간의 길인 인도가 천도에서 어긋나면 재앙을 당한다고 생각한 것 또한 지극히 당연한 것으로 받아들여졌다. 선진 시대의 통치사상은 바로 이런 전래의 천인관天人觀에 그 사상적 뿌리를 갖고 있었던 것이다.

원래 은나라 사람들은 천도를 주관하는 신을 인격신으로 간주했다. 그것이 바로 '띠帝'이다. '띠'는 천지변화와 인간의 길흉화복을 주관하는 주재신主宰神이었다. 그러다가 기원전 12세기에 서북쪽의 섬감陝甘 일대에서 흥기한 주나라가 은나라를 멸망시키고 중원의 새로운 주인공으로 등장하면서 주재신의 성격이 일변했다. 이는 당시 문화수준이 낮았던 주족周族이 은족殷族의 문화를 흡수해 새로운 문화를 만들어가는 과정에서 주족의 조상신인 '티엔天'이 '띠'를 대신한데서 비롯된 것이었다. 실제로 주대周代에 제작된 종정이기鐘鼎彝器의 명문銘文을 보면 은대殷代의 인격신인 '띠'가 은주殷周 교체기부터 '티엔'으로 대체되기 시작했음을 알 수 있다.

당초 은나라가 멸망하기 직전인 주문왕 때부터 민의를 '천명'의 표현으로 생각하기 시작하는 경향이 강하게 일기 시작했다. 이로 인해 주족 내에서는 인민은 '천'이고 '천명天命'이라는 원칙이 나타나게 되었다. 이를 토대로 일부 학자는 고대의 천인관은 천의天意에 따라 통치를 해야 한다는 이른바 천치주의天治主義를 낳고, 이는 하늘을 대신해 통치를 담당하는 천자天子 개념을 낳고, 마침내 인치주의人治主義의 기원이 되었다고 분석하고 있다. 이로써 고대 중국 전래의 천인관은 주대에 들어서 새로운 전기를 맞게 되었다.

주나라는 건국 당시 은나라의 '천명'사상을 원용해 하늘의 명을 받아 은나라를 멸망시켰다고 주장하면서 자신들의 건국을 합리화했다. 주나라는 여기서 은대의 천명을 새롭게 해석해 천명은 고정불변의 것이 아니라 항시 바뀔 수 있다는 이른바 '천명미상天命靡常'의 이론을 만들어낸 것이다. 주나라는 '천명미상'의 이론을 설명하기 위해 '덕德' 개념을 도입했다. '덕'은 원래 '득得'과 어원이 같은 글자이다. '천명'을 얻었는지 여부가 '득' 내지 '덕'의 판단기준이었음을 뒷받침하는 대목이다.

당시 주족은 자신들의 건국을 합리화하기 위해 은왕殷王 주紂는 실덕失德한데 반해 주문왕은 명덕明德을 밝힘으로써 천명의 이동을 통해 천하를 차지하게 된 것이라고 주장했다. 그러나 주나라의 정사가 문란해지자 인민들은 '천명'을 불신하기 시작했다. 인민들은 인민을 착취하는 통치자에게 아무런 벌도 내리지 않는 '천'을 이해할 길이 없었던 것이다. 그러나 통치자는 계속 통치의 정당성을 '천명'에서 찾았다. 결국 '천명'에 대해 의심의 눈길을 보내던 인민들 사이에서 인사와 자연현상을 '천'이 아닌 '도道'로 해석하는 기운이 일기 시작했다. 여기서 전래의 '천명'사상은 객관적인 자연법칙이라고 할 수 있는 '천도'사상에 우주섭리의 최고 지위를 넘겨주게 되었다.

서주 말기에 이르러서는 천도를 보다 객관적인 입장에서 규명하려는 시도가 전개되었다. 이런 움직임은 춘추시대에 들어오면서 더욱 활성화되었다. 실제로 춘추시대 중기에 태어난 관중管仲은 음양 2기를 천지만물에 편재해 있는 불변의 요소라고 주장하면서 사계의 변화를 음양 2기의 변화로 해석한 바 있다. 관중은 이를 토대로 인도의 의미를 적극 규명하고 나섰다. 그는『관자』「형세形勢」에서 다음과 같이 언급한 바 있다.

"풍족함은 하늘과의 합치에 달려 있고 안위安危는 사람과의 합치에 달려있다."

그는 사상 최초로 천도와 인도의 구별을 확고히 하고 나선 것이다. 그는 인간사의 문제는 천도의 문제가 아닌 인도의 문제라는 탁견을 제시한 셈이다. 그가 하늘에 종속해 있던 땅을 하늘과 같은 위치로 격상시킨 최초의 인물로 평가받는 이유가 바로 여기에 있다.

그러나 그 또한 전래의 천인관에서 완전히 벗어나지는 못했다. 이는 그가 천도와 인도간의 상관관계에 깊은 관심을 기울인 사실을 통해 쉽게 알 수 있다. 그는 '하늘과 땅과 같은 것에 어찌 사친私親이 있겠는가?'라고 자문하면서 천지와 인간을 관통하는 불변의 이치를 추궁했다. 그는『관자』「목민牧民」에서 천도를 치도治道로 연결시켜 다음과 같이 역설한 바 있다.

"하늘을 좇아 덕에 합치해야 하고 땅을 닮아 무사무친無私無親해야 한다."

그는 천도와 인도를 관통하는 이치로 '무사무친'의 대원칙을 제시한 것이다. 이에 그는 『관자』「오보五輔」에서 '천시가 상서롭지 못하면 홍수와 한발, 지도地道가 마땅치 않으면 기근, 인도가 불순하면 화란이 난다.'고 주장했다. 그는 천도의 이치를 통치의 기본원칙으로 확대 적용해야 한다는 이른바 '용도用道'의 필요성을 제기하면서 천도와 지도의 객관적인 규율을 배워 인도에 적용할 것을 주창한 셈이다. 그가 여기서 언급한 인도는 군도君道와 신도臣道, 득인지도得人之道 등을 총칭하는 말이었다.

관중보다 1백여 년 뒤에 태어나 춘추시대 말기에 살았던 노자와 공자는 서로 다른 입장에서 천도와 인도를 발전시켰다. 두 사람 모두 '도'라는 동일한 용어를 통해 난세를 헤쳐 나가고자 했다. 그러나 두 사람이 사용한 '도'는 여러모로 차이가 있었다. 공자는 시대적 혼란이 인도를 벗어난데 따른 것으로 본 까닭에 인의예지仁義禮智 등의 덕목을 통해 혼란상황을 극복하고자 했다. 이에 대해 노자는 혼란의 원인을 인간이 무위자연인 천도를 따르지 않고 자연으로부터 벗어난 인도를 따로 만든데 따른 것으로 본 까닭에 '무위지치'를 통해 혼란을 극복할 수 있다고 보았다.

두 사람 모두 '천도'를 통치의 본원으로 삼았다는 점에서는 동일하나 인도의 혼란에 대한 인식과 처방에서는 확연한 차이를 보인 것이다. 공자는 인도가 천도를 닮은 까닭에 인의예지 등의 덕목으로 혼란을 극복할 수 있다고 본데 반해 노자는 통치의 본원은 오직 천도밖에 없고 인의예지 등의 인위적인 덕목으로는 결코 혼란을 극복할 수 없다고 본 까닭에 천도에 대한 깊은 천착에 들어갔다. 그가 마침내 찾아낸 결론이 바로 '무위자연'였던 것이다. 노자가 말한 '도법자연道法自然'의 '자연'이 '도'의 위에 존재하는 개념이 아니라 '도' 자체의 자기원리를 뜻하는 것은 바로 이 때문이다. 이것이 바로 '공자의 도'와 '노자의 도' 사이의 가장 큰 차이점이라고 할 수 있다. '공자의 도'는 인간들의 상호신뢰 회복을 열망한 까닭에 사람으로서 마땅히 걸어야 할 당위론이고 실천도덕으로서 인간의 행동규범을 의미했다.

공자사상을 승계한 순자는 천도와 인도를 분리시킨 뒤 자연에 자연의 법칙이 있듯이 사람에게는 사람의 법칙이 있어야 한다고 주장했다. 그의 이런 입장은 『순자』「천론」을 비롯한 여러 곳에 구체적으로 서술되어 있다. 그는 하늘에는 지각과 뜻이 있어 선악에 따라 사람에게 화복을 내린다는 전래의 인식을 철저히 거부했다. 「예론」의 다음 구절이 그 근거이다.

"하늘은 능히 만물을 생성하기는 하나 만물을 변별辨別하지는 못하고, 땅은 능히 사람을 그 위에 살게 하지만 사람을 다스리지는 못한다. 우주만물과 사람은 반드시 성인에 의해서만 비로소 그 분의分宜(분수에 맞는 타당함)를 얻을 수 있다."

순자는 일식과 월식이 생기거나 혜성이 나타나고 이상 기후가 나타나면 하늘의 경고로 해석하는 당시의 통념을 가차 없이 폐기하고 나선 것이다. 그의 이런 입장은 「천론」에서 더욱 적나라하게 나타나 있다.

"하늘의 운행은 일정한 법도가 있어 요堯 때문에 존재하는 것도 아니고, 걸桀 때문에 없어지는 것도 아니다. 다스림으로 응하면 길하고, 어지러움으로 응하면 흉하다. 본업에 힘쓰며 절용하면 하늘도 사람을 빈궁貧窮하게 할 수 없고, 의식衣食을 충분히 공급하며 때에 맞춰 움직이면 하늘도 사람을 군곤窘困(군색하여 곤궁함)하게 할 수 없고, 원칙을 좇아 전심하여 한 길로 나아가면 하늘도 사람을 재난에 빠뜨릴 수 없다"

그는 기본적으로 하늘에는 하늘의 작용이 있고 땅에는 땅의 작용이 있고, 인간에게는 인간의 작용이 있다고 확신한 것이다. 이는 곧 하늘과 땅 사이에 있는 재물을 이용하고 머리를 써 개발하고 절약하면 누구나 부유하게 살 수 있다는 주장으로 연결되었다. 그는 「천론」에서 이같이 주장한 바 있다.

"인간 외의 세상 만물을 이용하여 인간을 양육하는 것을 일컬어 '천양天養'이라고 한다. 인간의 수요에 순응하는 것을 복福, 거역하는 것을 화禍라고 한다. 성인이 해야 할 일과 해서는 안 될 일을 알게 되면 천지 모두 그에게 장악됨으로써 만물이 그를 위해 사역케 된다."

이는 천도에 관한 형이상적 접근을 철저히 거부한 것이다. 이는 곧 천도와 지도, 인도가 일맥상통하고 결국 모두 같은 것이라는 맹자사상에 대한 정면부인을 의미한다. 순자에 의하면 하늘의 도는 하늘에만 통용되는 것이고 사람의 도는 사람에게만 적용되는 것이다. 순자의 이런 사상은 자연을 정복하려는 과학정신에 부합한다.

그렇다고 순자가 천지의 운행에 대한 숭앙심을 버린 것은 아니었다. 그 또한 공자와 마찬가지로 천지에 대한 존경심을 버리지는 않았다. 「예론」에 나오는 그의 다음과 같은 언급이 그 증거이다.

"예禮에는 3가지 근본이 있다. 천지는 생生의 근본이고, 선조先祖는 종족의 근본이고, 군사君師(군주와 스승)는 다스림의 근본이다. '천지'가 없으면 어떻게 생을 얻고, '선조'가 없으면 어디서 나오고, '군사'가 없으면 어떻게 다스려지겠는가?"

순자는 사람이 조상을 숭배하고 군주를 존경하는 것과 같이 천지도 사람의 생명을 유지해주는 까닭에 섬기는 것이 타당하다고 본 것이다. 화복을 내려주는 하늘의 권위 때문에 하늘을 신앙하는 것이 아니라 천지가 사람들을 살게 해주는 은덕을 지니고 있기 때문에 섬겨야 한다는 그의 주장은 탁견이다. 이는 인간의 이지理智에 대한 깊은 신뢰에 기초한 것이기도 하다. 「왕제」의 다음 기록이 이를 뒷받침하고 있다.

"물과 불은 기氣는 있으나 생生이 없고, 초목草木은 '생'은 있으나 지知가 없고, 금수禽獸는 '지'는 있으나 의義가 없다. 그러나 사람은 '기'와 '생', '지'가 있는 데다 '의'도 있다. 그래서 천하에서 가장 존귀한 존재인 것이다."

인간을 우주 삼라만상의 가장 중요한 존재로 인식한 그의 이런 입장은 공자사상과 맥을 같이 하는 것이다. 공자가 신분세습의 봉건정을 반대하고 인간의 후천적인 노력에 의한 학덕學德의 연마 수준에 따라 통치자가 결정되어야 한다고 주장한 것은 바로 이 때문이었다. 공자와 순자 모두 인간의 이지에 대해 한없는 신뢰를 보낸 것이다. 이는 기본적으로 천도와 인도를 분리한데서 비롯된 것이다.

원래 공자가 말하는 인仁은 모든 덕목의 총칭인 까닭에 이상적인 통치자인 '내성외왕內聖外王'은 원래 『장자』「천하」에 나오는 말이다. 그러나 이를 가장 널리 사용한 것은 오히려 유가였다. 유가에서 말하는 군자는 기본적으로 인도에 입각해야만 한다. 『논어』「술이」의 다음 기록이 그 증거이다.

"공자는 괴력난신怪力亂神을 얘기하지 않았다."

'괴력난신'을 얘기하지 않았다는 것은 곧 인도를 중시했음을 의미한다. 이런 자세가 바로 공자의 기본적인 천인관이었던 것이다. 그러나 공자 역시 비록 성性과 천도를 얘기하길 싫어했지만 여전히 외천명畏天命의 자세만은 분명히 견지했다. 이는 공자가 『논어』「옹야」에서 앎이 무엇인지를 묻는 번지樊遲의 질문에 대해 다음과 같이 답한 사실을 통해 확인할 수 있다.

"인민에게 사람으로서 해야 할 일을 힘쓰게 하고 귀신에게는 경의를 표시하지만 거리를 지키는 것이다."

하늘에 대한 경이원지敬而遠之의 입장이 바로 공자가 취한 '외천명'의 자세였다. 하늘을 공경은 하되 멀리해야 한다는 입장인 것이다. 이를 두고 귀모뤄郭沫若은 공자가 귀신을 부인하면서 천명을 시인한 것은 모순인 까닭에 공자가 말한 천명은 숙명론宿命論과는 다른 일종의 자연 속의 '필연성'으로 해석해야만 한다고 주장했다. 천도에 대한 공자의 이런 태도는 그가 전래의 고전을 정리하는 과정에서 정리된 것으로 추정된다.

공자의 이런 자세는 기본적으로 천도와 인도가 다른 것임을 명언하지는 않았지만 대체로 순자와 같은 것으로 볼 수 있다. 순자는 천도와는 다른 인도의 실현을 강조하면서 천지에 대해 고마움을 잊지 말아야 한다고 강조한 바 있다. 이를 이른바 '참천參天'사상이라고 한다. 이는 자연의 적극적인 활용을 뜻하는 '용천用天'사상과 맥을 같이 하는 것이기도 하다. 순자는 『순자』「부賦」에서 '참천'의 의미를 이같이 풀이해 놓았다.

"어떤 물건이 여기 있으니 당초 모였을 때는 두루 퍼져 고요히 있으면서 지면 위에 가득 차 있으나 한 번 움직이자 극히 높고 거대하다네. 둥근 것은 규規(그림쇠)에 들어맞고, 모난 것은 구矩(곱자)에 들어맞네. 크게 참천지 參天地(천지운행에 참여함)하니 그 덕은 요堯·우禹보다 두텁고, 그 정미精微함은 터럭과 같고, 그 크기는 우주 사이를 채울 만하다네."

'참천'은 곧 천지의 운행에 참여해 이를 적극 활용하는 것을 말한다. 그는 『순자』「성악」에서 심지어 길 가는 사람일지라도 심지心志를 하나로 모아 꾸준히 노력하면 얼마든지 '참천'할 수 있다고 역설했다. '참천'의 경지에 달한 성인 역시 인위적인 노력의 산물로 본 것이다. 천도를 형이상의 실체로 파악한 맹자와 극명한 대조를 이루는 대목이다. '외천명'으로 상징되는 공자의 천인관은 본질적으로 순자의 '참천'사상과 일맥상통하고 있는 것이다.

이에 대해 맹자는 천도와 인도의 합일을 강조하는 입장에 서 있었다는 점에서 공자나 순자와는 대조를 이루고 있다. 맹자의 천인관은 기본적으로 그의 인성론인 성선설과 불가분의 관계를 맺고 있다. 이는 그가 『맹자』「이루 상」에서 다음과 같이 언명한 사실을 통해 쉽게 확인할 수 있다.

"성誠은 천도이고 이를 생각하는 것이 인도이다."

천도의 실현이 곧 인도라는 주장이다. 맹자의 성선설은 바로 그의 이런 천인관에서 비롯된 것이다. 이는 일종의 종교적 신비주의에 가까운 것이었다. 그가 『맹자』「진심 상」에서 '그 마음을 다하는 것은 본성을 아는 것이고 본성을 아는 것은 하늘을 아는 것이다.'라고 강조한 사실이 이를 뒷받침한다. 본성을 아는 것이 곧 천도를 아는 것이라는 그의 주장은 그의 '천인합일天人合一'사상을 집약해 표현한 것이다. 이는 공자사상에서 전혀 찾아볼 수 없는 것이기도 하다.

그럼에도 맹자는 천도의 천명은 인도의 인성과 같은 맥락 위에 서 있다고 파악한 것이다. 여기서 바로 천도에 대한 공자 및 순자의 입장과 맹자의 입장이 확연히 나눠지고 있다. 맹자는 인도를 천도로부터 어느 정도 분리시키는데 성공한 공자의 성과를 무화無化시킨 것이나 다름없었다. 천도와 인도가 하나임을 강조한 맹자의 이런 입장은 결국 인도를 통해 천도를 확인할 수 있다는 주장으로 구체화되었다. 천의天意는 민의를 통해 발현된다는 주장이 그 증거이다.

맹자는 『맹자』「만장 상」에서 '하늘은 인민을 통해 보고 듣는다.'고 강조했다. 이는 본질적으로 그의 '귀민경군貴民輕君'사상과 같은 기반 위에 서 있는 것이다. '귀민경군'사상은 인민을 천의의 전달자로 간주한데서 출발하고 있기 때문이다. 맹자의 '천인합일'사상은 전한제국 때 동중서董仲舒의 '천인감응설天人感應說'로 연결되었다.

맹자는 천도의 구체적인 표현이 다름 아닌 인륜이라고 강조했다. 인도인 인륜은 곧 천도에 다름 아니고, 인륜은 덕이 지극히 높은 성인을 통해 구체화된다고 본 것이다. 이는 『맹자』「이루 상」에 나오는 그의 다음과 같은 주장에 잘 나타나 있다.

"규구規矩는 방원方圓의 극치를 이루는 것이고 성인은 인륜의 극치를 이루는 것이다."

이는 성인이 인도의 잣대라는 주장으로 법가가 법으로써 규구를 삼은 것과 대조를 이루고 있는 것이다. 맹자의 이런 논리에 따를 경우 인륜이 곧 천도와 천의의 구체적인 표현인 까닭에 따로 인간의 법을 제정해 이를 시행하는 것은 천도와 천의에 어긋나는 짓이 된다. 맹자가 가장 이상적인 통치로 법치가 배제된 왕도王道를 그토록 고집스럽게 고창한 배경이 바로 여기에 있다.

그러나 순자는 맹자와 달리 천명에 대해 매우 부정적인 입장을 취했다. 이는 그가 천도와 인도를 명확히 구분한데 따른 것이었다. 그는 비록 천명에 대해 명확히 언급하지는 않았으나 부정적인 입장에 서 있던 것만은 확실하다. 『순자』「비상」에 나오는 그의 다음과 같은 언급이 그 증거이다.

"사람의 운명을 보는 것은 옛날 사람에게는 없었다. 학자는 이를 말하지 않는다."

인간의 운명을 점친다는 것 자체가 천명을 인정하는 것이라고 볼 때 순자는 확실히 천명을 부인하는 쪽에 서 있었다. 이는 전래의 천명사상과 천인관을 완전히 뒤엎는 것이었다. 그러나 순자 역시 하늘에 대한 공경심을 버리지 말아야 한다고 강조한 점에 비추어 볼 때 유가의 기본적인 천인관에서 완전히 이탈했다고는 할 수 없다.

이는 공자와 맥을 같이 하는 것이기도 했다. 공자의 경우도 어떤 의미에서는 천도에 대한 일정한 거리를 유지했음에도 불구하고 하늘에 대한 공경심을 유지했다는 점에서는 전래의 천인관과 맥을 같이 하고 있다. 공자 역시 천도와 완전히 절연된 인도는 존재하지 않는다고 인식했던 것이다. 공자가 천명에 대한 언급을 회피한 채 '외천명'의 자세를 견지한 이유가 바로 여기에 있었다. 순자도 공자와 마찬가지로 인도에 대해서는 많이 얘기했지만 천도에 대해서는 거의 얘기를 하지 않았다. 이런 점 등을 감안할 때 순자는 분명 공자의 '외천명' 입장을 승계한 것이라고 할 수 있다.

그러나 순자의 경우는 천도와 인도의 법칙이 따로 존재한다고 역설한 점에서 법가와 맥을 같이 하고 있기도 하다. 이런 점에서 볼 때 순자의 천인관은 보다 정확히 말하면 공자와 법가의 중간지점에 서 있다고 보는 게 타당할 것이다. 그러나 그는 인도의 실현을 위해 이른바 물치物治에 가까운 예치禮治를 주장했음에도 불구하고 결코 덕치의 이상을 포기하지 않았다는 점에서 법가와 근원적인 차이를 보이고 있다.

법가는 '천天'을 물질적인 자연으로 파악하면서 천도를 일종의 자연적 필연성으로 간주한 점에서 이들 유가와 뚜렷한 대조를 보여주고 있다. 법가의 이런 입장은 기본적으로 순자의 천인관을 수용한데 따른 것으로 볼 수 있다. 순자는 '천'을 단지 물질적이면서도 객관적인 자연으로 파악했다. 순자에게 천도는 인도에 개입하지도 않고, 개입할 이유도 없는 자연의 운행이치에 불과했다.

그러나 법가는 하늘에 대한 고마움을 저버려서는 안 된다고 강조한 순자와 달리 천도와 인도를 완전히 절연시켜 버렸다. 법가는 천도에 관한 논의를 아예 폐기하고 오직 인간의 노력에 의해 인도를 구현하는 것만이 중요하다고 인식했다. 신도愼到는 『신자일문愼子佚文』 「위덕威德」에서 이같이 언급한 바 있다.

"하늘은 비록 인간의 어둠을 걱정하지 않지만 창문을 만들어야 비로소 밝음을 찾을 수 있는 것이다. 결국 하늘은 아무 일도 해 주는 것이 아니다."

인도는 바로 인간의 자발적인 노력에 의해서만 얻어질 수 있다는 주장인 것이다. 한자도 『한비자』 「왕도」에서 '도는 만물의 시작이고 시비를 가르는 벼리이다.'라고 주장한 바 있다. 여기의 도는 말할 것도 없이 인도이다. 그는 노자가 말한 도 자체를 시비를 가르는 벼리로 변용시킨 것이다. 오직 인도만이 중요하다고 본 한자의 천인관이 확연히 드러난 대목이다.

법가의 천인관은 오직 인도만을 인정한데에 그 특징이 있다. 법가는 인도의 실현이 곧 시비지기是非之紀를 바로 잡는데 있다고 본 것이다. 법가는 많은 인구와 적은 재화로 인해 필연적으로 빚어지는 인도의 황폐화를 막기 위해서는 법에 의한 금포지란禁暴止亂이 유일한 대안일 수밖에 없다고 확신했다. 천도가 인도에 전혀 영향을 미치지 않는다고 볼 경우 정치의 주요 관심대상은 결국 인간관계 및 인간과 국가 간의 관계로 귀결될 수밖에 없다.

법가의 이런 천인관이 바로 이들 법가들로 하여금 처음으로 정치를 도덕으로부터 철저히 분리시키는 동인으로 작용했다. 법가가 국가와 군주와의 관계를 비롯해 군신과 군민관계에 대한 통제 및 조절을 통치의 모든 것으로 파악한 이유가 바로 여기에 있었다. 법가는 인도의 실현은 오직 법치를 통해서만 가능하다고 믿었다. 상앙商鞅은 『상군서商君書』 「거강去彊」에서 '법을 써야만 인민이 사악해지지 않는다.'고 강조한 바 있다. 이들 법가는 법치를 통하지 않고는 근본적으로 통치가 불가능하다고 확신한 것이다.

이를 통해 선진시대의 통치사상은 바로 고대 중국의 전통사상이라고 할 수 있는 천인관에서 비롯된 것임을 확인할 수 있다. 공자와 맹자, 순자 등의 유가는 천도와 인도를 확연히 구분하지 않은 탓에 왕도와 덕치를 앞세운 것으로 해석할 수 있다. 이에 대해 법가는 천도와 인도를 확연히 절연하고 나섬으로써 패도와 법치를 강조케 된 것으로 볼 수 있다. 따라서 유가의 인치주의가 왕도주의로 연결되고 법가의 법치주의가 패도주의로 진행된 것 또한 당연한 논리적 귀결이라고 할 수 있다.

다만 공자와 맹자, 순자 등의 유가는 천도와 인도의 절연 강도에 따라 치도 및 덕치의 내용에 차이를 보였다. 우선 덕치면에서 공자가 인치仁治를 주장했다면 맹자는 의치義治, 순자는 예치禮治를 주장했다고 할 수 있다. 공자는 '인치'를 주장하면서 치도면에서는 '중왕경패重王輕覇'의 자세를 보였다. 이는 그가 맹자와 달리 천도에 대해 오직 '외천명'의 자세만을 유지한데 따른 것으로 볼 수 있다.

맹자는 '의치'를 주장하면서 이상적인 치도인 '숭왕척패崇王斥覇'의 입장을 보였다. 이는 그 스스로가 천도를 전하기 위해 세상에 나타났다고 자부한데서 알 수 있듯이 천도가 바로 인도라는 생각에서 비롯된 것이다. 그가 당시의 상황에서 볼 때는 분명 현실과 동떨어진 왕도를 시종 그토록 고집스럽게 주창한 이유도 바로 여기에 있다.

순자는 법치에 가까운 '예치'를 강조하면서 치도면에서는 '선왕후패先王後覇'의 자세를 견지했다. 이 또한 인도의 독립성을 인정하면서도 천도에 대한 존경심을 버리지 않은데 따른 것이다. 순자의 '선왕후패' 입장은 그 구체적인 내용에서는 미세한 차이가 있기는 하나 공자의 '중왕경패' 입장을 승계한 것이라고 할 수 있다.

이에 반해 순자의 제자인 한자는 천도와 인도의 연계 고리를 완전히 절연함으로써 인도의 실현이 바로 통치 자체라고 생각할 수 있는 사상적 근거를 마련했다. 그가 천도에 관한 애기를 폐기한 채 오직 인간에 의한 인도의 실현만을 강조한 것은 바로 이 때문이었다. 한자를 비롯한 법가가 오직 '법치'만을 강조하면서 치도면에서 '숭패척왕崇覇斥王'의 입장을 견지한 것도 바로 이들의 천인관에서 비롯된 것이다.

제자백가사상의 핵심을 이루고 있는 치도治道(왕도 및 패도와 같은 통치의 바람직한 노선)와 치본治本(덕치와 인치 등 통치력 발동의 근본 배경)은 모두 그들의 천인관과 불가분의 관계를 맺고 있다. 제자백가의 인성관人性觀 역시 이들의 천인관에서 비롯된 것이있다. 순자는 공자의 '외천명' 입장을 승계한 '참천'사상을 통해 전래의 천인관을 정치하게 정리해 내는 한편 법가가 천도와 인도를 절연해 정치를 인격신과 가까운 천도로부터 해방시키는 결정적인 계기를 제공했다. 순학이 공학의 적통을 이었다는 사실은 앞으로 살펴볼 인성관과 치본, 치도에 대한 분석을 통해 보다 구체적으로 파악할 수 있다.

2) 예치주의禮治主義

순자는 인간의 가장 큰 특징 중 하나가 군거群居에 있다고 보았다. 이는 인간을 '정치적 동물'로 규정한 아리스토텔레스와 동일한 사유이기도 하다. 아리스토텔레스는 여기서 사고의 흐름을 그쳤으나 순자는 여기서 한 걸음 더 나아가 인간의 군거를 조화롭게 유지하기 위한 구체적인 방안을 찾아냈다. 그것이 바로 예禮이다.『순자』에 나오는 '예'는 '예의禮義' 내지 '예의禮儀'와 거의 같은 뜻으로 사용되고 있다. 순자는 「영욕」에서 군거와 예의 관계를 다음과 같이 설명했다.

"무릇 귀하기가 천자와 같고, 부유하기가 천하를 차지할 정도가 되고자 하는 것은 인정人情이 똑같이 바라는 바이다. 그러나 그 욕망을 좇자면 형세가 이를 받아들일 수 없고, 물건 또한 넉넉할 수 없다. 그래서 선왕은 생각한 끝에 이를 위해 예의禮義를 제정하여 분수를 정하고, 귀천에 등급을 두고, 장유長幼에 차등을 두고, 지우知愚(지혜 있는 자와 어리석은 자)·능불능能不能(능력 있는 자와 없는 자) 사이에 구분을 두었다. 언제나 사람들로 하여금 일을 맡을 때 그 합당한 일을 갖게 한 뒤 곡록穀祿(녹으로 받은 곡식)에 다소후박多少厚薄의 균형이 있게 했다. 이것이 곧 군거화일群居和一의 방도이다."

여기의 '군거화일'은 『예기』「예운禮運」에서 말하는 '대동大同'과 거의 같은 의미로 사용되고 있다. 순자는 여럿이 모여 살면서 하나로 조화된다는 뜻을 지닌 '군거화일'로 이상 국가의 모습을 요약한 뒤 그 요체가 바로 예의에 있음을 분명히 하고 있는 것이다. 그렇다면 '군거화일'의 사상적 연원은 어디에 있는 것일까?

그것은 바로 이른바 예의염치禮義廉恥로 표현되는 관중의 4유四維에서 비롯된 것이다. 당초 관중은 국가를 세우는 데 없어서는 안 될 덕목으로 예의염치의 4가지 덕목을 제시한 바 있다. 그가 말한 4유는 곧 국가존립 및 국권확립의 근간이 되는 덕목이다. 관중이 4유의 덕성을 국가존립 및 국권확립의 기본전제로 내세운 것은 공자가 개인의 덕성훈련을 도덕국가 실현의 기본조건으로 내세운 것과 맥을 같이하고 있다.

관중이 내세운 4유는 개인적 덕목인 '염치'로 수렴할 수도 있다. 명말청초의 고염무顧炎武는 『일지록日知錄』에서 4유 중 유독 치恥(수치)를 강조한 바 있다. 이는 불렴不廉과 패례悖禮, 범의犯義 모두 무치無恥에서 비롯된다는 생각에서 나온 것이었다. 고염무의 이런 입장은 수신문제를 개인차원에서 출발해 통치 차원으로까지 확장시킨데 따른 것이다.

공자는 예의염치에 입각한 정치를 이른바 '군자정치君子政治'로 구체화했다. 공자가 14년간에 걸쳐 천하를 순회하며 역설한 것이 바로 '군자정치'였다. 그가 군자정치를 제안하고 나선 것은 바로 바람직한 정치는 제도 이전에 사람에 있다고 확신한데 따른 것이었다. 이는 『예기』「중용」에 나오는 그의 다음과 같은 언급이 뒷받침한다.

"정치는 사람에게 달려 있다. 사람을 취하는 데는 몸으로 하고, 몸을 닦는 데는 도로써 한다. 도는 '인仁'으로 하는 것이니 '인'이란 곧 사람을 뜻하는 것이다."

공자가 말한 군자정치는 바로 '위정재인爲政在人'의 구체적인 표현이라고 할 수 있다. '위정재인'의 요체는 '인인仁人'에 의한 통치 즉 '인치仁治'에 있다는 게 공자의 기본 입장이었다. 공자의 이런 입장이 보다 구체화되어 표현된 것이 바로 『예기』「대학」에 나오는 '수신제가치국평천하修身齊家治國平天下' 사상이다. 여기의 '수신제가'와 '치국평천하'는 따로 떨어져 존재하는 개념이 아니다. 양자는 상호 내포內包와 외연外延이라는 밀접한 관계에서 출발하고 있다. 공자가 말한 군자정치는 수신제가를 이룬 군자가 치국평천하의 목표를 달성하는데 그 궁극적인 목적이 있다고 할 수 있다.

이는 '인'을 강조하면서도 인의仁義에 입각한 통치를 강조한 맹자의 주장과 질적인 차이가 있는 것이다. 맹자는 비록 '인'을 언급하기는 했지만 엄밀한 의미에서 볼 때 그가 말한 '인의'는 '의義'에 무게를 둔 것이었다. 당초 맹자는 열국이 약육강식의 논리를 좇아 상쟁하고 있던 전국시대의 난맥상황 속에서 인의의 실현이라는 높은 이상을 내걸고 어지러운 세상을 수습하고자 했다. 인의에 입각한 정치를 펼치면 저절로 천하 사람들의 지지를 받게 되어 마침내 왕자가 될 수 있다는 것이 맹자의 생각이었다.

맹자의 이런 생각은 말할 것도 없이 그의 성선설에 기초한 것이었다. 그는 공자를 사숙私淑하는 와중에 공학孔學의 적통을 자처하면서 공자가 말한 '인'의 실현만이 난세를 구할 유일한 방안이라고 확신했다. 그러나 그는 결과적으로 공학과 동떨어진 주장을 펼친 것이나 다름없다. 이는 묵자사상에서 차용한 '인의' 개념에서 비롯된 것이다.

당초 공자는 모든 덕목을 '인' 개념으로 집약시켰다. 공학에서 원래 '인'에 준하는 덕목으로 유일하게 거론된 것은 '예禮'밖에 없다. 이에 반해 '의義'는 『맹자』에 모두 1백여 회에 걸쳐 언급되고 있음에도 불구하고 『논어』에는 겨우 24회에 그치고 있을 뿐만 아니라 '인'과 '의'가 같이 언급된 사례가 없다. 맹자는 '의'를 '인'과 병칭시킴으로써 공자사상에서 '인'을 실현하는 핵심 덕목인 '예'를 극히 소홀히 다룬 것은 물론 '인지예의'로 되어 있는 원래의 배열을 '인의예지'로 바꿔놓았다.

공학의 적통을 자처한 맹자가 공자의 '술이부작述而不作'의 전통을 무시하면서까지 '의'를 떼어내 '인'과 결합시킨 묵자의 '인의' 개념을 차용한 이유는 무엇일까? 이와 관련해 그간 여러 해석이 제시되었다. 과거에는 대체로 공자의 '인'을 보다 잘 설명하기 위한 것으로 보았다. 그러나 전국시대에 들어 양주와 묵자의 세력이 위세를 떨침에 따라 이들을 '불의'로 성토하기 위해 '의'를 특별히 내세웠다는 해석이 설득력을 얻고 있다.

맹자가 활약하던 전국시대 중기에는 양주의 '위아爲我'사상과 묵자의 '겸애兼愛'사상이 크게 유행했다. 이는 유가의 '친친親親'사상에 정면으로 배치되는 것이었다. 인륜을 중시한 맹자에게 이들의 주장이 유가에 대한 정면 도전으로 비춰졌을 가능성이 크다. '친친'사상은 부모에 대한 사랑과 이웃을 대하는 사랑에 차등이 있는 것은 당연한 일인 까닭에 인간관계의 친소親疏를 그대로 인정한 가운데 '인'을 실현해야 한다는 취지에 입각해 있다. 맹자는 사실 양묵의 사상을 유가의 '친친'사상에 정면으로 배치되는 '금수지도禽獸之道'로 간주했다. 그는 『맹자』「등문공 하」에서 양묵의 학설을 이같이 비판했다.

"양주의 주장은 자기 위주여서 군주를 부정하고 묵적의 학설은 겸애를 표방하면서 부모를 부정했다. 안중에 부모가 없고 군주가 없으면 이는 금수라 할 것이다."

맹자는 양묵에 강력 대항하기 위해 묵자의 '인의' 개념을 도용했을 공산이 크다. 그러나 맹자가 '술이부작'의 전통을 깨고 '인의' 개념을 전면에 내세운 배경을 단순히 양묵에 대한 방어 때문이라고 풀이하는 것은 다분히 평면적인 분석이다. 이를 정확히 파악하기 위해서는 그가 제창한 4단설과 관련지어 분석할 필요가 있다. 맹자의 인의 개념이 4단설의 핵심을 이루고 있기 때문이다. 인의예지의 4덕은 그의 성선설로 인해 새로운 의미를 지니게 된 덕목이라고 할 수 있다. 공자의 경우 원래 인의예지뿐만 아니라 효제충신예孝悌忠信藝 등 다양한 덕목을 거론한 바 있다. 그럼에도 불구하고 공자는 이들 덕목들을 모두 '인'이라는 개념 속에 용해시켜 버렸다.

그러나 맹자는 자신이 주창한 성선설을 토대로 인의예지라는 4개의 덕목만을 따로 뽑아내 새로운 의미를 부여했다. 이로써 공자가 말한 '인' 개념은 극소로 축소되고 말았다. 원래 공자의 '인'은 사람과 사람 사이의 관계를 지칭한 것이다. 그러나 맹자는 이를 군주와 백성간의 관계로 한정시켰다. 맹자는 '인'에 이어 '예' 개념에 대해서도 서슴없이 칼질을 했다. 그는 공자가 '예'를 국가질서 전반을 지배하는 문화적 상층구조로 해석한 것과 달리 아무런 근거도 없이 문득 '예'를 통상적인 예절차원의 의미로 격하시켜 버린 것이다. 그는 공자사상의 근간을 이루고 있는 '인'과 '예' 개념을 임의로 개조한 것이나 다름없었다.

맹자는 자의적인 개조작업을 통해 '인'과 '예'를 새롭게 규정한 뒤 이를 토대로 인의예지 4덕만이 인성의 근본을 이루는 '불변의 선성善性'이라고 규정하고 나섰다. 순서를 따지면 맹자는 자신의 4단설을 합리화하기 위해 4덕에 대한 개조작업을 먼저 시작한 셈이다.

『맹자』「고자 상」에는 맹자가 '인의'와 관련해 '의'가 왜 인성의 본원에 속하는지 여부를 놓고 고자告子와 심각한 논전을 전개한 대목이 나온다. 여기서 고자는 '인'은 인성 안에 있는 것이나 '의'는 인성 밖에 있는 것이라는 주장을 펼치면서 맹자의 '의' 개념을 '인' 개념 아래로 격하시키려는 의도를 분명히 드러내고 있다. 이에 대해 맹자는 '의'는 '인'과 마찬가지로 인성의 본원에 속하는 것이라고 주장하면서 '인'과 '의'를 동일한 수준에 놓으려는 의지를 감추지 않고 있다. 맹자사상에서 '인'과 '의'가 불가분의 관계를 맺게 된 근원이 바로 여기에 있었던 것이다. 이는 「고자 상」에 나오는 맹자의 다음과 같은 언급을 보면 쉽게 알 수 있다.

"인은 사람의 마음이고 의는 사람의 길이다."

이는 그가 「이루 상」에서 '인은 사람이 머무는 안택安宅이고, 의는 사람이 걸어야 하는 정로正路이다.'라고 말한 것과 맥을 같이 하는 것이다. 그가 여기서 말하는 '안택'과 '정로'는 분명 개념상 별개임에도 불구하고 그는 이를 불가분의 관계로 해석한 것이다. 맹자는 이로異路를 통한 '안택'으로의 접근을 허용치 않는 자신의 입장을 뒷받침하기 위한 이론적 근거를 이런 비유를 통해 확보한 것이다.

맹자의 주장에 따르면 '안택'으로의 접근은 오직 '정로'밖에 인정할 수 없게 된다. 이를 맹자의 4단설로 해석하면 '측은지심惻隱之心'이 발현되었다 하더라도 '수오지심羞惡之心'이 뒷받침되지 않는 한 '인의'로 평가받을 수 없게 된다. 공자의 기준에서는 얼마든지 '인'으로 평가받을 수 있는 것이 맹자의 기준에서는 '인의'가 아닌 것이 되는 셈이다.

원래 공자는 다양한 '이로異路'를 통한 '안택'으로의 접근을 허용했다. 이 점에서 공자와 맹자는 뚜렷한 차이를 보이고 있는 것이다. 공자는 관중을 평가할 때 '정로'에 해당하는 '수신의 인'을 이루지 못한 관중이 '대의'라는 '이로'를 통해 '인'이라는 '안택'에 도달했다고 평가한 바 있다.

그러나 맹자의 입장에서 보면 '정로'를 걷지 않은 관중의 패업은 설령 '인'에 해당하는 공업을 이루었다 할지라도 결코 인의로 평가받을 수 없게 된다. 이는 맹자가 '이로'를 통한 '안택'으로의 접근을 인정하지 않았기 때문이다. 맹자가 관중은 물론 일체의 패업을 폄척하게 된 이유가 바로 여기에 있다. 맹자에게 일체의 패도는 일종의 '이로'에 불과했던 것이다.

맹자가 제시한 높은 수준의 인의에 도달하기 위해서는 공자가 말한 '인'을 발현시킨 위에 다시 '의'의 기준을 충족시켜야만 한다. 공자에게 높은 평가를 받은 관중의 패업이 맹자에게 일언지하에 폄하된 이유가 바로 여기에 있다. 관중은 공자로부터 비례 등을 이유로 비판을 받았음에도 불구하고 그의 패업에 의해 대의차원의 '인'을 이룬 것으로 평가받았다. 이는 공자가 '인'에 대한 다양한 접근과 포괄적인 해석을 허용한데 따른 것이었다.

그러나 맹자는 관중이 '측은지심'과 '수오지심'을 동시에 발현시키지 못 했다는 이유로 그를 단호히 폄하했다. 물론 맹자는 표면상 관중이 무력을 기반으로 하면서도 '인'을 가장하는 가증스런 모습을 보였기 때문이라고 주 장했다. 그러나 엄밀히 말해 맹자가 왕도 실현의 구체적인 사례로 들고 있 는 탕湯과 주무왕周武王의 경우도 사실 무력을 동원하기는 마찬가지였다.

따라서 맹자가 관중의 패업을 폄척한 근본 이유는 관중이 무력을 동원 했기 때문이라고 보기보다는 관중의 패업이 맹자가 제시한 인의의 기준에 맞지 않았기 때문이라고 보는 게 옳다. 이를 통해 알 수 있듯이 맹자가 내 세운 인의의 기준은 사실 지나치게 이상주의적이다. 묵자가 비현실적인 비 전론非戰論을 펼치며 오직 수비守備만을 역설한 것과 맥을 같이한다. 설령 그 자신이 왕도의 실현을 확신했을지라도 현실적으로 존재하는 패도를 전 혀 인정하지 않으려고 한 것은 적잖은 문제가 있다. 열국의 제후가 맹자의 주장을 전혀 채택하지 않은 사실이 이를 극명하게 보여주고 있다.

맹자는 공학의 적통을 자임했음에도 불구하고 공자사상을 자신의 성 향에 맞게 멋대로 왜곡시켰다는 지적을 면키 어렵다. 그가 역설한 '인의' 개 념은 묵자사상에서 차용한 것으로, 공자의 '인' 개념과 비교해 볼 때 분명 히 협소한 것이었다. 공자의 '인' 개념이 맹자의 '의' 개념 속으로 함몰되어 버렸다는 느낌을 주고 있는 것이다. 맹자의 '인의'사상은 '인'과 '의'라는 두 개의 개념을 병용하고 있음에도 불구하고 사실은 '의'의 실현에 무게를 둔 것으로 보아야 한다. 이런 의미에서 볼 때 맹자는 묵자와 마찬가지로 일종 의 의치義治를 주장한 것이나 다름없다. 본서가 맹자를 묵자의 사상적 후계 자로 간주하는 이유다.

맹자의 '의' 개념은 묵자가 말한 '의' 개념과 내용상 거의 차이가 없다. 맹자사상이 묵가와 마찬가지로 교조적인 교설教說의 성격을 강하게 띤 것도 이와 무관치 않다고 보아야 한다. 현재 학계에서는 맹자가 묵가의 '의' 개념을 차용해 자신만의 독특한 사상인 '인의'사상을 만들었다는 주장이 설득력을 얻고 있다. 기존의 학설이 맹자의 '인의'사상에 따른 통치를 흔히 '인정仁政'으로 규정하고 있으나 이는 '인의'를 표방한 맹자의 진의를 제대로 간파하지 못한 결과로 해석할 수밖에 없다.

맹자는 인의에 충실한 '의인義人'이 다스리는 정치 즉 '의치義治'를 가장 이상적인 통치로 상정한 것이나 다름없다. 그가 내세운 왕도는 곧 '의인'이 다스리는 나라 즉 '의국義國'이었던 셈이다. 결과적으로 맹자가 공학체계에서 '의'를 따로 떼어내 '인의'라는 독특한 개념을 만들어낸 묵자를 추종한 것은 바로 '의치'의 실현에 그 기본 취지가 있었다고 보아도 대과는 없다.

순자는 맹자의 '인의' 개념 도입으로 그 기본 취지가 크게 왜곡된 공학을 본래의 모습으로 복원시키는데 결정적인 역할을 수행했다. 이는 그가 맹자에 의해 통상적인 예절 차원으로 격하된 예禮를 공자 당시와 마찬가지로 '인'을 실현하는 최고의 덕목으로 격상시킨데 따른 것이었다. 순자의 예치禮治사상은 바로 공자사상을 원래의 모습으로 복원시킨 결과물이라고 해도 과언이 아닌 것이다.

원래 성악설을 주장한 순자는 기본적으로 인간은 사적인 이욕 때문에 다투지 않을 수 없다고 생각했다. 인간이 군거群居를 영위하는 한 혼란은 필연적일 수밖에 없다. 이를 군거화일群居和一의 상태로 전환시키기 위해서는 일정한 기준과 원칙이 존재해야만 한다. 순자는 이를 '예'에서 찾은 것이다. 이는 『순자』「예론」에 나오는 그의 다음과 같은 언급에 잘 나타나 있다.

"사람은 태어날 때부터 욕망을 갖고 있다. 바라는 것을 얻지 못하면 추구하지 않을 수 없게 된다. 추구하는데 도량분계度量分界(일정한 기준과 한계)가 없으면 다투지 않을 수 없게 된다. 다투면 어지러워지고, 어지러워지면 궁해진다."

여기서 말하는 '도량분계'가 바로 순자가 말하는 '예'인 것이다. 순자는 일정한 기준과 한계가 없을 경우 필연적으로 군거를 영위하는 인간은 무한한 욕망으로 인해 반드시 다툴 수밖에 없다고 본 것이다. 그러나 순자는 인간의 이욕은 어쩔 수 없다고 보기는 했으나 재화의 공급이 충분히 뒷받침될 수 있기 때문에 '도량분계'만 정해주면 수급조절이 가능하다고 보았다. 이점이 바로 순자와 법가가 갈리는 분기점이기도 하다. 순자와 법가가 갈리는 가장 큰 원인은 인간의 이욕과 재화와의 관계에 대한 시각차에 있다. 순자는 「부국」에서 이같이 말했다.

"천지가 만물을 만들 때는 본래 여유가 있어 사람들을 먹이기에 충분했다. 마갈麻葛(삼)과 칡·견사繭絲(누에와 면사)·조수鳥獸의 우모치혁羽毛齒革(깃과 털, 이빨, 가죽) 등도 본래 여유가 있어 사람들을 입히기에 충분했다."

순자는 수급조절에 의해 재화의 부족을 막을 수 있다고 본 것이다. 이에 반해 법가는 인간의 이욕은 절제가 불가능하고 재화는 유한하기 때문에 이욕과 재화간의 수급조절은 애초부터 불가능하다고 보았다. 법가가 인간의 제어할 수 없는 이욕을 억누르기 위해서는 오직 엄한 형벌에 의한 법치밖에 없다고 강조한 것도 이 때문이었다.

그러나 순자는 법가와 달리 인간의 사려 작용에 따른 악성의 '선화'를 확신했기 때문에 이욕을 충분히 절제할 수 있다고 보았다. 순자가 '도량분계'만 정해주면 얼마든지 인간의 이욕을 절제시킬 수 있다고 주장한 것은 바로 이 때문이었다. 순자가 말한 '예'는 교정을 전제로 하는 법가의 법과는 달리 어디까지나 자율적인 자기통제를 전제로 하고 있다.

순자가 생각하는 '예'는 일방적으로 개인의 욕망을 억누르는 것이 아니라 사람들이 일상생활을 유지하면서 통일된 조화 속에 평화롭게 살도록 하기 위한 것이었다. 순자는 공자가 덕치의 요체를 '인'으로 본데 반해 바로 '예'라고 본 셈이다. '예'에 의해 그 분수를 한정함으로써 개인 간은 물론 개인과 국가 간에도 상호간의 욕망을 모두 충족시킬 수 있다는 것이 순자의 기본적인 생각이었다.

순자가 예치를 통해 궁극적으로 추구한 것은 군신 상하 간의 원만한 질서와 절도가 자율적으로 이뤄지는 일종의 예치국가 즉 '예국禮國'이었다. 순자가 그린 '예국'은 공자가 그린 '인국仁國'과 비교할 때 '인' 대신 '예'가 들어섰을 뿐 기본적인 맥락은 같은 것이라고 할 수 있다. 『논어』에 나오는 '인'과 '예'는 각각 104회와 74회에 달한다. '인'과 '예'가 얼마나 밀접한 관련을 맺고 있는지를 여실히 보여주는 대목이다. 이런 점 등에 주목해 공자가 말하는 '인'은 전래의 '예' 개념을 확대·발전시킨 것으로 본질적으로 '인'과 '예'는 동일한 개념이라는 주장도 제기되었다.

사실 순자는 공자가 '예'를 '인'을 이루는 핵심적인 덕목으로 거론한 점에 비춰 공자를 조술祖述했다고 볼 수 있다. 이런 관점에서 볼 때 공학을 충실히 조술한 사람은 맹자가 아니라 바로 순자였다고 할 수 있다.

그렇다면 과연 '예'는 누가 만드는 것일까? 이 문제와 관련해 순자는 '예'는 오직 덕이 많고 모든 이치에 통달한 이상적인 인간인 성인이 만들어야 한다고 주장했다. 그는 「성악」에서 다음과 같이 말했다.

"예의禮義와 법도法度라는 것은 성인의 위僞에 의해 생겨나는 것이다. 성인이 인성을 교화하고 작위를 일으키어 예의를 만들어 낸 뒤 법도를 제정한 것이다."

'위'는 인성의 교화를 위해 사려에 따라 올바르게 행하는 것을 말한다. '예'는 성인의 '위'에 의해 만들어진 것이기에 사람의 본성을 올바르게 이끌고 사회 질서를 바로잡는 규범이 될 수 있다는 게 순자의 생각이다. 이를 통해 그가 말한 '예'는 공자가 언급한 '예'에 비해 훨씬 규율적인 것임을 짐작할 수 있다. 그러나 여기에는 순자가 활약한 전국시대 말기의 상황이 크게 작용했다. 당시는 이처럼 규율적인 '예'를 강구하지 않으면 안 될 정도로 하극상이 만연했다. 이는 인성의 악성을 적나라하게 드러나게 만들었다. 순자는 '예'만이 이러한 혼란상을 치유할 수 있다고 보았다. 이는 「성악」에 나오는 그의 다음과 같은 언급이 뒷받침한다.

"무딘 쇠는 반드시 숫돌에 간 뒤에야 날카로워진다. 사람의 악성도 반드시 법의 가르침이 있은 뒤에야 올바로 되고 예의의 규제를 받은 뒤에야 다스려진다."

순자는 여기서 '예'란 인성의 악성을 교화하기 위한 처방전인 동시에 다스림의 기본 틀이라는 점을 분명히 한 것이다. 그러나 순자가 '예치'를 주장한 것은 인간의 욕망을 절제하기 위한 것이지 욕망을 아예 없애려고 한 것은 아니었다. '제욕制欲'이 목적이었지 '절욕絶欲'이 목적이었던 것이 아니다. 순자가 의도한 '예'의 진정한 목적은 모든 인민의 물질생활을 최대한 만족시키기 위해 사람들의 욕망을 절제하는 수단을 빌리자는 데 있었다.

순자는 기본적으로 인간의 욕망은 결코 악한 것은 아나나 일정한 한계가 주어지지 않을 경우 욕망 자체의 무절제로 인해 타인의 욕망을 침해할 수밖에 없다는 사실에 주목했다. 그는 '예'만이 인간의 욕망에 일정한 절제를 가하여 인격을 도야할 수 있다고 본 것이다.

공자는 '예'를 '인'을 이루기 위한 주요한 덕목으로 보았으나 순자처럼 물질을 재는 도구로는 인정하지 않았다. 순자는 여기서 한 발 더 나아가 공자가 말한 '예'를 물질에 대한 인간의 무절제한 욕망을 제어하는 개념으로 확장시킨 것이다. 여기서 바로 순자의 예치사상이 형성됐다.

순자의 예치사상은 훗날 그가 법치의 중요성을 강조한 것과 관련해 적지 않은 오해를 불러 일으켰다. 그러나 순자는 법가와는 달리 '예'를 앞세우면서 '법'을 뒤로 미루는 이른바 '선례후법先禮後法'의 입장에 입각해 있었다는 사실을 잊어서는 안 된다. 이 점이 바로 법치에 관한 순자와 법가의 기본관점이 극명하게 갈리는 대목이기도 하다.

원래 '예'와 '법' 사이의 간극은 매우 미세한 것이어서 확연히 구별되는 것은 아니다. 주나라 때의 봉건사회에서는 관혼상제 등의 '예'가 그 자체로서 '법'의 기능을 담당하기도 했지만 이후 종법사회가 무너지면서 다양한 법제가 '예'를 대신하게 되었다. 그러나 '예'라는 이름으로 불리던 규범이 급작스럽게 폐기되기는 어려웠던 까닭에 새로이 생긴 법제조차도 '예'로 불리는 경우가 적지 않았다. 이에 따라 '예'의 개념이 자연스럽게 확장되자 '예'와 '법'이 서로 혼동되는 일이 빚어졌다.

그러나 순자의 입장은 확연했다. 그는 '예'와 '법'의 상호관계에 대해 '법'은 어디까지나 '예'의 보완개념으로 남아 있어야만 한다는 점을 분명히 했다. 이는 「정론」에 나오는 그의 다음과 같은 언급이 뒷받침하고 있다.

"다스림이 예전에는 달랐다. 작위는 덕을 넘지 않았고 관직도 능력을 넘지 않았다. 상을 내리는 것은 공을 넘지 않았고 벌도 죄를 넘지는 않았다."

순자는 여기서 '경상형벌慶賞刑罰'의 기틀이 무너지면서 통치 질서가 문란케 된 사실을 지적하고 있다. 그가 통치에는 궁극적으로 '치법治法'보다 이를 운용하는 '치인治人'이 중요하다고 역설한 것은 바로 이 때문이었다. 이 점이 바로 그가 법치의 중요성을 강조했음에도 불구하고 법가와 확연히 구별되는 근거라고 할 수 있다. 「군도」에 나오는 그의 다음과 같은 언급이 그 증거이다.

"난군亂君은 있어도 난국亂國은 따로 없다. 치인治人은 있어도 치법治法은 따로 없다. 법이란 다스림의 시작이요 군자란 법의 근원이다."

순자는 바로 법치만으로는 결코 치국이 제대로 이뤄질 수 없다는 사실을 통찰한 것이다. 이는 다스림의 근본은 어디까지나 위정자이기 때문에 법치는 군자에 의해 운용되어야 한다는 점을 분명히 한 것이기도 하다. 그의 이런 주장은 공자의 군자정치와 맥을 같이 하는 것이다. 이는 순자가 법가와 달리 군주의 인격이 법제 밖으로 노출되는 것을 적극 권장한 사실을 통해 쉽게 확인할 수 있다. 그는 「정론」에서 이같이 말한 바 있다.

"군주는 인민들을 선도하는 자이고 윗사람은 아랫사람의 의표儀表이다. 선도가 없으면 인민은 호응할 수 없고 의표가 숨게 되면 아랫사람은 움직이지 않는다."

이는 법가가 군주는 자신의 의중을 드러내서는 안 된다고 주장한 것과 근원적인 차이가 있다. 순자의 이런 주장은 '치법'보다 '치인'을 중시한데서 비롯된 것이다. 법의 역할을 적극 수긍하면서도 법을 다루는 사람의 중요성을 역설한 데서 순자의 법치에 대한 기본 입장이 선명히 드러나고 있는 것이다.

순자의 예치사상은 근원적으로 그의 존군尊君사상과 불가분의 관계를 맺고 있다. 순자는 군주를 예치의 모범인 동시에 치란治亂의 관건으로 보았다. 그의 존군사상은 그의 예치사상과 마찬가지로 현실주의의 바탕 위에 입론해 있는 것이다.

공자는 군주를 가볍게 보지도 그렇다고 절대적으로 보지도 않았다. 맹자는 백성을 높이고 군주를 낮췄다. 그러나 그의 '귀민경군貴民輕君'사상은 사실 당시의 세태에 비춰볼 때 비현실적인 것이었다. 이에 대해 순자는 존군의 필요성을 분명히 함으로써 공자사상에 나타나는 존군의 이념을 공식적으로 이론화했다. 그의 존군사상은 군주가 '치란'의 유일한 관건이라는 그의 주장에 잘 나타나 있다. 그는 「치사致士」에서 이같이 주장했다.

"군주는 나라에서 높은 사람이고 부친은 가정에서 높은 사람이다. 높은 사람이 하나이면 다스려지고 둘이면 혼란해진다."

이는 맹자가 군주를 가볍게 본 것과 대조적인 입장이다. 그는 군주가 지존의 자리를 차지하고 있어야만 존군의 의미를 찾을 수 있다고 보았다. 이는 법가의 주장과 맥을 같이 하는 것이기도 하다. 그러나 순자는 법가와 마찬가지로 군주의 자리를 높이 평가했음에도 불구하고 초야에 숨은 재사를 적극 등용해야 한다고 강조했다. 이 점이 법가의 '귀군貴君'사상과 극명한 차이를 보이는 점이기도 하다. 이는 그의 존군사상이 유가의 기본 전통에서 벗어나지 않았음을 보여주는 것이다.

순자의 존군사상은 기본적으로 군주의 권력독점이 보편화된 전국시대 말기의 시대상황을 충실히 반영한 것으로 볼 수 있다. 순자는 나라가 어지러워지는 가장 큰 이유를 상하분별이 어지러워진 데서 찾았다. 그는 이를 바로 세우는 책임이 바로 군주에게 있다고 본 것이다. 그는 「부국」에서 치란에 대한 군주의 역할을 다음과 같이 갈파했다.

"사람은 무리를 지어 살지 않으면 안 된다. 무리 지어 살면서 분별이 없으면 싸울 수밖에 없다. 분별이 없는 것이 사람에게 가장 큰 해악이다."

상하분별을 바로 하는 것이 치국의 요체라는 지적이다. 이는 곧 '예치'를 뜻하는 것이기도 하다. 예치를 실현하는 최종책임은 군주가 질 수밖에 없는 까닭에 군주는 누구보다도 예치의 모범을 보여야 한다는 논리가 성립한다. 이는 공자가 군자정치를 내세우면서 수신제가를 강조한 것과 맥을 같이 하는 것이다.

순자가 '법치'를 적극 수용하고 '존군'을 강조한 점 등을 이유로 그를 법가의 원조로 분류하는 것은 잘못이다. 이는 그가 주장한 예치사상의 진의가 어디에 있는지를 제대로 파악치 못한 소치로 해석할 수밖에 없다. 그가 존군의 필요성을 강조했음에도 불구하고 군주의 선정을 군도君道의 핵심으로 역설한 사실 등이 뒷받침한다. 순자는 군주는 지존의 위치에 있는 까닭에 인민들에게 선정을 베풀고 민생을 안정시키지 않으면 안 된다고 누누이 강조한 바 있다. 「정론」에 나오는 그의 다음과 같은 언급이 그 증거이다.

"위는 아래의 근본이 되어야 한다. 위가 밝으면 아래는 자연히 다스려진다. 위가 성실하면 아래는 순박해지고 위가 공정하면 아래는 곧 바르게 된다."

군주가 일을 처리할 때 공명정대하고 인민들의 모범이 되어야만 나라가 바르게 다스려질 수 있다는 지적인 것이다. 통치의 공명정대公明正大를 강조한 순자의 이런 주장은 군주의 비밀엄수秘密嚴守를 강조한 법가의 주장과 극명하게 대조된다.

순자의 예치사상은 기본적으로 현실에 사상적 기반을 두었으면서도 현실에 함몰되지 않았던 점에 그 특징이 있다. 현실과 이상을 조화시키려고 한 순자의 이런 태도는 공자의 기본자세와 닮아 있다. 이는 그의 군신君臣 및 군민君民에 대한 입장을 보면 분명히 드러난다. 군신에 관한 순자의 기본 입장은 '예'에 입각한 군신간의 절도를 강조한데서 그 특징을 읽을 수 있다. 그는 「왕제」에서 다음과 같이 역설했다.

"무릇 양편이 모두 귀한 사람이면 서로 섬길 수 없고 양편이 모두 천하면 서로 부릴 수가 없다. 이는 하늘의 법칙이다."

그는 군신관계를 상하분별을 가늠하고 '예'를 실현하는 기본 축이라고 본 것이다. 이는 그가 「유표」에서 '예는 군주가 뭇 신하들을 재기 위한 잣대이다.'라고 단언한 것과 같은 맥락이다. '예'를 통해서만 신하들을 다스릴 수 있다는 그의 이런 주장은 공자사상과 맥을 같이 하는 것이다. 공자도 『논어』「팔일」에서 '군주는 신하를 부릴 때 예로써 해야 한다.'고 강조한 바 있다. 순자는 「군도」에서 바람직한 군신관계를 다음과 같이 비유한 바 있다.

"군주는 홀로 있어서는 안 되고 경상卿相이 보좌해야 한다. 그들은 군주의 기반이며 지팡이인 것이다."

이는 바람직한 통치를 구현하기 위해서는 통치의 두 축인 군주와 신하 모두 자신의 위치와 직분에 따른 분업과 협업에 충실해야 한다는 점을 지적한 것이다. 그는 윗사람이 아랫사람의 일을 간섭하고 아랫사람이 윗사람의 일을 침해하는 것은 분업과 협업의 원칙에 어긋난다고 보았다. 그는 군주가 사사로이 일을 처리할 경우 적지 않은 폐해를 가져 올 수밖에 없다고 경고했다. 「군도」에 나오는 다음과 같은 언급이 그 증거이다.

"총명한 군주는 사사로이 금옥 같은 보물을 주기는 해도 사사로이 관직이나 일을 주지 않는다. 그 이유는 사사로이 하는 것이 누구에게도 불리하기 때문이다."

순자의 존군사상이 법가의 그것과 다른 이유가 바로 여기에 있다. 그는 군주가 권력을 사사로이 행사하면 암군과 간신이 나올 수밖에 없어 결국 나라가 망하게 된다고 경고한 것이다. 군주는 어디까지나 '예'를 체현한 군자여야만 한다고 역설한 것도 바로 이 때문이라고 할 수 있다. 그는 「왕제」에서 군주가 군자여야만 하는 이유를 다음과 같이 설파했다.

"천지는 생명의 시작이고 예의는 다스림의 시작이며 군자는 예의의 시작이다."

공자가 강조한 군자정치의 군주가 '인'을 체현한 자이어야 하듯이 순자의 예치사상에 나타나는 군주 역시 예치를 구현한 자이어야만 한다. 그는 모든 신민의 권리와 의무를 명확히 정하고 그것을 감독하는 것이 군주의 기본 역할이라고 본 것이다. 사실 군신 상하간의 절도가 무너지면 예치국가의 실현은 불가능해진다. 예치를 총괄하여 감독할 사람은 궁극적으로 군주일 수밖에 없다. 따라서 군주는 지존의 위치에서 권위를 갖지 않으면 이런 막중한 직무를 수행할 길이 없게 된다. 순자가 존군을 강조한 이유가 바로 여기에 있다.

그러나 순자의 이런 주장은 어디까지나 군신 상하간의 절도를 감독하기 위해 군주의 역할이 중요하다는 점을 밝히기 위한 것으로 법가가 말하는 '귀군'과는 질적인 차이가 있다. 순자가 존군을 주장한 것은 군주에게 예치의 실현을 감독하고 관리해야 하는 중요한 직무가 부여되어 있다고 보았기 때문이다. 순자가 말하는 군주는 비록 지존의 자리에 있기는 하나 이는 어디까지나 예치의 실현을 위한 방편에 불과한 것으로 그 자신이 영토와 민중의 소유자는 아니었던 것이다. 예치 실현의 수범이 되어야 하는 군주는 일종의 신민의 공복일 따름이다.

당연한 결과로 군주가 그 천직을 다할 수 없게 된다면 존군의 이념은 상실될 수밖에 없고 자칫 폐위도 가능하다는 논리가 성립될 수 있다. 순자가 직접적으로 폐군廢君을 거론한 적은 없다. 그러나 이른바 위도危道와 망도亡道의 길을 걷는 군주의 교체를 수긍한 점에 비춰 그 또한 비록 맹자의 '폭군방벌론' 차원은 아닐지라도 폐군의 가능성을 적극 용인하고 있었음에 틀림없다. 실제로 그는 「정론」에서 다음과 같이 말한 바 있다.

"천하가 돌아오게 되면 왕자라 하고 천하가 버리면 망자라 한다. 그러므로 걸桀·주紂는 천하가 없었던 것이고 탕湯·무武는 군주를 죽인 것이 아니다."

순자의 이런 언급은 맹자가 말한 이른바 '일부가주론—夫可誅論'과 맥을 같이 하는 것으로 해석할 수 있다. 그러나 맹자의 '일부가주론'은 폭군은 당연히 방벌해야 한다는 입장에서 도출된 것으로 말 그대로 신하들의 적극적인 반기叛起를 종용하는 '가주론可誅論'이다. 이는 역성혁명론易姓革命論에 해당한다.

이에 대해 순자의 그것은 천하가 버렸기 때문에 누구의 힘에 의해 망한 것이 아니라 스스로 망할 수밖에 없다는 의미의 일종의 '가망론可亡論'인 것이다. 이는 혁명론이라기보다는 일종의 변혁론變革論에 가깝다. 걸·주는 탕·무 때문에 망한 것이 아니라 스스로 망했다는 주장이 이를 뒷받침한다.

순자의 논리에 따르면 '망자亡者'는 '망도'로 줄달음친 '호리다사好利多詐'의 인물이기 때문에 스스로 망할 수밖에 없다. 순자가 탕·무와 걸·주를 언급한 것은 맹자의 '일부가주론'과는 그 차원이 다르다. 맹자의 역성혁명론에서는 신하들이 군주가 폭군인지 여부를 판단하는 주체가 되나 순자의 변혁론에서는 천하인이 판단의 주체가 된다. 그 요건이 훨씬 엄격한 것이다. 순자의 변혁론은 신하들의 자의적인 판단이 개입될 여지가 봉쇄돼 있다는 점에 가장 큰 특징이 있다. 그가 요순의 '선양설禪讓說'을 부인하고 이른바 '승계설承繼說'을 주장하고 나선 것도 같은 맥락에서 이해할 수 있다.

순자는 요와 순이 보위를 선양한 것이 아니라 순과 우가 각각 덕을 바탕으로 보위를 승계한 것이라고 주장했다. 이는 역대 중국정권에서 가장 이상적인 왕조교체의 방법으로 인식되어 온 선양설을 정면으로 부인하고 나선 것이나 다름없다. 순자는 「정론」에서 다음과 같이 말한 바 있다.

"도덕이 완비되어 있고 지혜가 밝아 천하의 일을 처리하면 그것에 동조하는 것이 옳은 일이고 어기는 것은 그릇된 것이다. 그런데 천하를 물려주는 일이 어찌 있을 수 있겠는가?"

요순이 보위를 물려준 것은 선양이 아니라 물려주지 않을 수 없었기 때문이라는 게 순자의 지적인 것이다. 그는 걸·주의 패망에 대해 '가망론'을 전개한 것과 동일한 논리 위에서 '승계설'을 전개한 것이다. '가망론'과 '승계설'은 순자가 군신관계를 정립하기 위한 방안으로 존군사상을 고취했음에도 불구하고 존군의 궁극적인 목표를 '위민爲民'에 두고 있는 사실과 밀접한 관련이 있다. 그는 「대략」에서 이같이 말한 바 있다.

"하늘이 인민을 낳은 것은 군주를 위한 것이 아니다. 하늘이 군주를 세운 것은 인민을 위한 것이다."

이는 통치의 목적이 궁극적으로 '위민'에 있음을 분명히 한 것이다. 이를 종합해 보면 순자가 언급한 '법치'와 '존군'은 어디까지나 '예치'와 '위민'의 보조 개념이라는 점에서 그 의미를 찾을 수 있는 것이다. 이는 바로 순자와 법가의 주장이 극명하게 갈리는 분기점이기도 하다.

그러나 순자의 '위민'사상은 맹자의 '귀민'사상과는 상당한 차이가 있음을 간과해서는 안 된다. 맹자는 군주와 인민의 순위가 차별적으로 확정된 '귀민경군'사상을 주장한데 반해 순자는 군민 간에 우선순위를 배제한 일종의 '중민존군重民尊君'사상을 주장한 셈이다. 순자는 인민을 위한다고 해서 결코 군주를 가볍게 보지 않았던 것이다. 이는 「왕제」에 나오는 그의 다음과 같은 언급을 보면 확연히 알 수 있다.

"군주는 군주답고 신하는 신하다워야 한다. 아비는 아비다워야 하고 자식은 자식다워야 한다. 형은 형답고 동생은 동생다워야 한다."

이는 『논어』「안연」에서 나오는 '군군신신君君臣臣·부부자자父父子子' 구절에 '형형제제兄兄弟弟' 구절을 덧붙인 것에 해당한다. 순자가 말하는 '중민존군'사상은 바로 군신 및 부자, 형제가 각자의 입장에서 맡은 바 소임에 충실함으로써 그 타당성을 확보하는 이른바 '분의론分宜論'에 그 이론적 근거를 두고 있는 것이다. 순자의 이런 주장은 '존군'은 분명 '중민'을 위해 존재하는 것이지만 '존군'이 이뤄지지 않으면 '중민' 역시 불가능하다는 논리에 기초한 것이기도 하다.

이는 군민 모두 역할상의 차이만 있을 뿐 예치국가의 동일한 성원이라는 입장에서 비롯된 것이다. 이런 관점에서 볼 때 군민관계에 관한 순자의 시각은 공자의 '위민존군爲民尊君' 입장과 매우 유사하다고 할 수 있다. 공자도 군민 모두 서로에 대해 도덕국가를 실현하는 공동체의 구성원이라는 이른바 '군민일체君民一體'의 입장에 서 있다.

순자의 '중민존군'사상은 군주는 지존의 위치에 서 있기는 하되 반드시 인민을 위해 선정을 베풀어야 하고 인민도 상하의 절도를 반드시 이행해야 한다는 의미로 해석할 수 있다. 그의 '중민존군'사상은 군주가 지존인 것은 사실이나 '중민'을 위한 선정을 베풀지 않으면 신사국망身死國亡을 초래할 수밖에 없고, 신민 또한 상하의 절도를 무시하고 '경군輕君'을 일삼아 나라의 쇠망衰亡을 초래하면 유맹流氓의 신세를 면할 길이 없다는 의미로 결론지을 수 있다. '중민존군'의 요체가 바로 '예치'에 있는 셈이다. 순자가 제창한 예치사상은 의치義治로 왜곡된 공자의 인치仁治사상을 원래의 의미로 복원시켰다는 점에서 그 사상사적 의미를 찾을 수 있다.

3) 왕패주의王覇主義

춘추시대에 최초로 패업을 이룬 사람은 제환공이다. 그는 자신을 죽이려고 했던 관중을 등용해 마침내 춘추시대 최초로 패자가 되어 천하를 호령케 되었다. 『관자』「소광小匡」에 따르면 당초 제환공이 패자가 되기 위해 무엇부터 하는 것이 좋은지를 물었을 때 관중은 '시어애민始於愛民

(백성을 사랑하는 일부터 시작함)'이라는 단 4글자로 간명하게 대답했다. 그는 천하를 호령하기 위해서는 애민愛民에서 시작해야 한다는 사실을 통찰하고 있었던 것이다.

그렇다면 관중은 왜 애민을 패천하覇天下의 출발점으로 거론한 것일까? 그는 『관자』「법법法法」에서 '군주의 애민은 인민을 부리기 위한 것이다.'라고 주장한 바 있다. 군주의 '애민'을 용민用民 내지 사민使民의 수단으로 간주한 것으로 곡해될 소지가 큰 대목이다. 그러나 그가 이런 언급을 한 것은 부국강병을 이루기 위해서는 '용민' 내지 '사민'이 필요하고, 이는 '쟁민爭民'을 통해 가능하고, '쟁민'은 '애민'에서 비롯된다는 치국방략을 언급키 위한 것이었다. 이는 그가 『관자』「패언覇言」에서 '천하를 얻으려고 다투는 자는 우선 반드시 사람을 얻으려 다투어야 한다.'고 강조한 사실을 통해 쉽게 확인할 수 있다. 애민은 쟁천하爭天下에 필수불가결한 '쟁민'의 기본전제라는 지적인 것이다. 관중은 『관자』「오보五輔」에서 이같이 말한 바 있다.

"옛 성왕이 빛나는 이름을 얻어 널리 칭송을 받으면서 사람을 얻지 못했다는 얘기를 일찍이 들어본 적이 없다. 폭군으로 나라를 잃어버린 사람 치고 사람을 잃지 않았다는 얘기를 일찍이 들어본 적이 없다."

이를 통해 관중이 애민의 당위성을 강조한 이유가 바로 패천하의 요건인 득민得民의 달성에 있음을 쉽게 짐작할 수 있다. 그렇다면 '득민'의 요체는 무엇인가? 관중은 「오보五輔」에서 '이민利民'이 '득민'을 달성하는 관건임을 직설적으로 갈파했다.

"득민의 방안으로 인민에게 이익을 주는 것보다 나은 것이 없다."

그는 「목민」에서 '통치가 흥하는 것은 민심을 따른 데 있고 통치가 망하는 것은 민심을 역행한데 있다.'고 강조한 바 있다. 이민利民과 득민이 국가존립의 요체인 까닭에 정령政令의 민심 순응 여부가 곧 통치의 성패를 좌우한다는 지적인 것이다.

만일 쟁민爭民과 사민使民 등에 관한 언급만을 따로 떼어내게 되면 엉뚱한 해석이 나올 소지가 크다. 군주의 애민은 기본적으로 '사민'에 그 목적이 있다고 해석할 경우 관중은 오직 군주를 위해 인민의 도구화를 부추긴 셈이 된다. 그러나 그가 말한 '애민'은 그의 '존군尊君'사상과 마찬가지로 궁극적으로는 국가존립 및 국권확립의 기본전제조건으로 제시된 것이다.

순민심順民心이 존망흥체存亡興替의 요체임을 강조한 관중은 똑같은 기조 위에서 군민일체君民一體의 필요성을 역설한 바 있다. 그는 『관자』「군신君臣 상」에서 '군주가 인민과 더불어 일체를 이루는 것이 곧 나라로써 나라를 지키고 인민으로써 인민을 지키는 것이다.'라고 강조했다. 군주가 인민과 일체가 되어야만 국가존립과 국권확립이 가능하다고 지적한 것이다. 그는 애민이 전제되지 않은 '사민'은 있을 수 없고 '사민'이 제대로 이뤄지지 않는 한 국가존립과 국권확립이 불가능하다는 논리를 전개한 셈이다.

공자는 이런 관중을 두고 엇갈린 평가를 내놓음으로써 훗날 치열한 치도논쟁의 단초를 제공했다. 공자의 관중에 대한 평가는 한마디로 '일포일폄一褒一貶'의 양면성을 띠고 있었다. 먼저 공자는 『논어』「팔일」에서 관중의 비례非禮를 다음과 같이 신랄하게 폄하했다.

"관중의 그릇은 작다. 삼귀三歸를 하고 여러 부하들을 거느렸는데 어찌 그를 검소하다고 할 수 있는가? 색문塞門을 하고 반점反坫을 한 그가 예를 안다고 하면 누구인들 예를 모른다고 하겠는가?"

이는 공자가 관중을 '일폄一貶'한 대표적인 대목이다. 공자는 관중이 사치하고 예를 모르기 때문에 그릇이 작다고 비판한 것이다. 그러나 공자는 이내 관중이 '불인不仁'하지 않느냐는 제자의 질문에 답하면서 전혀 다른 평가를 내놓았다. 그는 『논어』「헌문」에서 관중을 이같이 평가했다.

"제환공이 제후를 규합해 병거兵車를 동원하지 않은 것은 오로지 관중 덕분이다. 그와 같은 인仁만 있다면야 더 이상 말할 게 있겠는가? 관중은 제환공을 도와 제후를 제압하고 단번에 천하를 바로잡았다. 인민들이 지금까지 그의 은혜를 입고 있으니 관중이 없었다면 우리는 벌써 오랑캐 풍습을 받아들여야만 했을 것이다."

공자는 관중이 군사를 동원하지 않고도 천하를 조용히 만든 것은 물론 외적의 침입으로부터 전통문화를 수호했기 때문에 그를 높이 평가한 것이다. 공자의 이런 평가는 앞서의 '일폄'과 대칭되는 '일포—褒'의 대표적인 예라고 할 수 있다.

원래 공자 생존 당시에도 황하유역에 모여 사는 중원 일대의 족속들은 스스로를 '화하華夏'민족이라고 칭하면서 주변민족을 사이四夷라고 부르는 등 문화적인 우월감에 쌓여 있었다. 그러나 춘추시대에 들어오면서 '사이'가 중원을 압박하는 양상이 일상화되었다. 이로 인해 이적의 침입에 저항하여 자신들의 이른바 화하문화를 지켜내는 것이 하나의 당면과제가 되어 버렸다. 이런 민족적 위기 상황에서 관중은 이적의 침입을 받은 형邢나라와 연燕나라 등을 '존왕양이'의 기치 아래 구해냈다.

관중이 출병에 앞서 제환공에게 제시한 논리는 오랑캐는 시랑豺狼과 같은 존재이므로 위기에 처한 '화하족'의 나라에 대한 구원이 불가피하다는 것이었다. 공자가 관중을 칭송한 것도 사실 상당부분 관중의 이런 논리에 적극 동조한데서 비롯되고 있다. 관중이 주변민족을 '시랑'으로 비하한 것은 그의 편견에 기인한 것이나 이는 이른바 '화이관華夷觀'에 충실한 중원민족의 공통된 심리를 대변한 것이기도 했다. 화이관에 입각한 중원민족의 우월감은 이미 관중이 활동하던 당시에 만연해 있었던 것이다.

공자가 관중의 패업을 높이 평가한 이유는 중원민족과 중원문화를 이적의 침략으로부터 막아낸 데 있었다. 관중에 대한 공자의 '일포'는 바로 중원문화에 대한 두 사람의 공감에서 비롯된 것으로 보아야 한다. 이는 관중의 비례를 두고 그의 그릇이 작다고 평가한 '일폄'을 만회하고도 남을 만한 것이다. 공자는 개인차원에서는 '인'을 실천하지 못한 인물일지라도 국가차원에서는 대의에 입각한 '인'의 공업을 얼마든지 이룰 수 있음을 인정한 셈이다.

그럼에도 맹자는 제환공과 관중의 패업을 일언지하에 폄하하고 나섰던 것이다. 그러나 사실 제환공과 관중은 맹자가 질타하듯이 단순히 무력만을 통해 패업을 이룬 인물은 아니었다. 제환공은 관중의 주청을 받아들여 지방관장들에게 현사의 천거를 강력히 독촉하기도 했다.『관자』「소광」에 나오는 제환공의 다음과 같은 언급이 그 증거이다.

"향장鄕長들의 고향에 '의'를 좇아 배우기를 좋아하며 부모에 효도하고 총명하면서도 어질며 용기가 남다른 사람이 있으면 이를 고해야 한다."

관중도『관자』「입정立政」에서 거현擧賢의 구체적인 실천지침과 관련해 군주는 천거인물의 덕성과 공적, 능력 등을 감안해 발탁해야 한다고 강조한 바 있다. 관중은 이를 실천에 옮겨 오직 도덕만을 중시하던 기존의 전통을 호학好學·자효慈孝·총혜聰慧·권용拳勇 등 다양한 분야에 걸쳐 어질고 뛰어난 인물을 중시하는 전통으로 바꾸었다. 이는 친소를 불문하고 현능한 인사를 등용한다는 이른바 '찰능수관察能授官'의 원칙을 정립하는데 획기적인 전기로 작용했다.

이런 점 등을 종합해 볼 때 공자는 관중과 제환공이 이룩한 패업을 제한적으로 수용한 것으로 해석하는 것이 타당할 것이다. 만일 관중이 수신차원에서마저 '인'을 이뤘을 경우 이는 곧 '왕도의 실현'을 의미한다고 할 수 있다.『논어』전편에 걸쳐 공자가 개인차원에서 '인'을 이뤘다고 평가한 사람은 오직 안회顔回 한 사람 정도였다. 그러나 안회의 경우는 개인차원에서 '인'을 실현한 사람임에도 불구하고 아무런 공적을 남기지 못했다. 공자가 그린 군자정치는 수신제가 차원의 '인'을 이룬 안회와 치국평천하 차원의 '인'을 이룬 관중을 결합한 것일 공산이 크다.

『춘추좌전』「노양공 24년」조에는 관중이 죽은 지 1백여 년 뒤 노나라 대부 숙손표叔孫豹가 관중의 개절과 패업을 토대로 한 이른바 '삼불후설三不朽說'을 제창한 사실이 기록되어 있다. '삼불후설'은 입덕立德·입공立功·입언立言 등 세 가지 공덕 중 하나만을 세운 경우라 할지라도 그 공덕은 영원히 스러지지 않는다는 내용을 골자로 하고 있다. '삼불후설'은 관중이 제환공의 패업을 위해 다짐한 이른바 '사차불후死且不朽'의 정신과 상통하는 것이라고 할 수 있다. 공자도 『논어』「위령공」에서 유사한 언급을 한 바 있다.

"지사志士와 인인仁人은 '인'을 해치면서 삶을 추구하지 않는다. 오히려 살신殺身을 하여 '인'을 이룬다."

국가와 민족의 이익을 위해 자신의 몸을 던지는 것을 '인'의 실현으로 여기는 기풍은 공자의 이런 평가에서 유래했을 가능성이 크다. 그럼에도 불구하고 맹자와 송대의 성리학자들은 개인차원의 '인'을 이루지 못할 경우 설령 국가차원의 공업을 이룰지라도 결코 '인'을 이룬 것이 아니라는 평가를 내렸다. 이는 말할 것도 없이 공자의 기본 취지를 크게 왜곡한 것이다.

맹자가 관중의 패업을 폄훼한 것은 말할 것도 없이 자신이 제창한 왕도설王道說의 정당성을 확보키 위한 것이었다. 그는 『맹자』「공손추 상」에서 관중의 패업을 이룩할 자신이 있느냐고 묻는 공손추公孫丑의 질문에 대해 이같이 힐난한 바 있다.

"관중은 그토록 오래 재상의 지위에 있었건만 그 업적인즉 저토록 보잘 것이 없었다. 나를 어찌 그따위 인물과 비교하는가?"

맹자 자체가 관중의 패업 자체를 매우 낮게 평가하고 있음을 확연히 알 수 있다. 「양혜왕 상」에는 맹자가 제환공의 공적을 묻는 제선왕齊宣王의 질문에 대해 '공자의 제자들은 제환공과 진문공 같은 패자의 공적에 관해 말하는 사람이 없기 때문에 후세에 전술된 것도 없습니다.'라고 일축한 일화가 실려 있기도 하다.

공자는 제환공과 진문공을 나누어 평가함으로써 대의에 입각한 패업만큼은 인정하려는 자세를 취했다. 그러나 맹자는 이런 기준을 버리고 제환공과 진문공을 싸잡아 폄하한 것이다. 이는 패업 자체를 인정할 수 없다는 그의 확고한 신념에서 나온 것으로 해석할 수밖에 없다. 실제로 맹자는 왕도와 패도를 2분법적으로 나눠 비교하면서 왕도의 정당성과 실현가능성을 역설했다. 그가 왕도와 패도를 이처럼 극단적으로 대립시킨 것은 열국의 통치권자들에게 자신이 주장하는 왕도가 정당하면서도 실현가능성이 가장 높다는 점을 강조하기 위해서였다. 그는 「공손추 상」에서 이같이 강조한 바 있다.

"힘으로 '인'을 가장하는 자를 패자라 한다. 패자는 반드시 큰 영토를 가지고 있어야 한다. 덕으로 '인'을 행하는 자를 왕자라 한다. 왕자는 큰 나라를 보유하지 않아도 좋다."

맹자는 여기서 무력과 덕, 가인假仁과 행인行仁을 극명하게 대비시키면서 왕도의 정당성을 강조하고 있는 것이다. 맹자는 왕도가 정당성과 실현가능성 면에서 패도와 비교가 안 될 정도로 우월하다는 것을 이런 식으로 표현한 셈이다. 맹자가 볼 때 춘추5패春秋五覇 중 가장 혁혁한 공을 세운 제환공과 관중의 패업 역시 성왕의 덕업을 훼손시킨 반왕도적 패업에 불과했다.

맹자는 지나치게 원칙에 충실한 나머지 제환공과 관중의 패업을 무시했다는 지적을 면키 어렵다. 맹자는 왕도란 인의에 의거한 정치인데 반해 패도는 인의에 따르지 않고 힘에 의지하는 정치라고 규정했다. 그러나 그가 말한 왕도는 당시의 기준에 비춰볼 때 실현가능성이 아예 없었다고 보는 게 타당하다. 춘추시대에도 패자가 천자를 끼고 제후들을 호령하는 이른바 '협천자挾天子'의 위력을 통해서만 그나마 천하질서를 어느 정도 유지할 수 있었다. 이른바 전국7웅戰國七雄이 천하의 우이牛耳를 놓고 한 치의 양보도 없는 치열한 혈전을 치른 전국시대에 들어와서는 왕도는커녕 제환공과 관중이 성취한 패도조차 사실상 자취를 감춰 버렸다. 이 시기에 전국7웅이 이상적으로 그린 인물은 왕도를 실현한 요堯·순舜·우禹·탕湯이 아니라 패도를 실현한 제환공과 관중이었다.

그럼에도 맹자는 원론적인 왕도의 기치를 내걸고 패도 자체를 아예 인정하지 않았던 것이다. 제환공과 관중이 맹자에 의해 일언지하에 폄척 당한 것도 이 때문이었다. 왕도 지상주의에 가까운 맹자의 이런 입장은 인의를 체현한 '신왕新王'의 출현을 희원하는 모습으로 보다 구체화되어 나타났다. 그는 「양혜왕 상」에서 천하의 향후전망을 묻는 양양왕梁襄王의 질문에 대해 이같이 답했다.

"하나로 통일될 것입니다. 사람 죽이기를 좋아하지 않는 사람이 천하를 통일할 수 있을 것입니다."

맹자가 대망한 '신왕'은 사람 죽이기를 좋아하지 않는 이른바 '불기살인자不嗜殺人者'였다. 물론 맹자가 상정하고 있는 왕자는 기본적으로 인의를 체현한 인물이어야 한다. 따라서 평천하를 이룰 '신왕'은 '불기살인자'인 동시에 '인의'를 체현한 인물이어야만 했다. 당시 맹자는 열국의 제후에 대해 사람 죽이기를 좋아하는 폭군에 불과한 것으로 간주했음에 틀림없다. 이는 「양혜왕 상」에 나오는 그의 다음과 같은 탄식이 뒷받침한다.

"만일 사람을 죽이길 좋아하지 않는 군주가 나타나면 천하의 인민들은 모두 목을 길게 빼어 그를 우러러 볼 것이다."

맹자의 이런 탄식은 당시 열국의 인민들이 각종 사업에 가혹하리만큼 동원되었음을 반증한다. 그러나 맹자가 '신왕'의 출현을 통해 성취하고자 했던 것은 법가와 같이 기존의 봉건체제를 허물어뜨리고 완전히 새로운 질서를 구축하자는 게 아니었다. 맹자가 구현코자 했던 것은 기존의 봉건체제를 전제로 한 새로운 정권의 창출이었다. 이런 관점에서 볼 때 맹자의 사상은 그의 혁명적인 발상에도 불구하고 봉건체제로의 복귀를 꾀했다는 점에서 보수적인 색채를 띠고 있는 것이었다. 이는 역성혁명론으로 표현된 그의 혁명적인 사고와는 분명 모순된 것이다.

맹자의 이런 복고성향은 그의 '법선왕法先王'사상에서 극명하게 나타나고 있다. 그의 '법선왕'사상은 요·순·우·탕 등 고대의 성왕이 만든 제도는 더 이상 고칠 데가 없는 만세의 전범인 까닭에 당연히 이를 좇아야 한다는 생각에서 나온 것이었다. 맹자의 '신왕'사상과 '법선왕'사상은 '폭군방벌'을 통해 적극적으로 왕도를 실현해 나가자는 그의 혁명적인 입장과 불가분의 관계를 맺고 있다. 맹자가 '탕무혁명湯武革命'을 언급하면서 제시한 이른바 '일부가주론—夫可誅論' 역시 왕도 실현을 적극 옹호하기 위한 이론의 성격이 짙다. 맹자는 「양혜왕 상」에서 공자와 달리 '탕무혁명' 자체에 대해 인의를 발현한 것으로 높이 평가했다.

"인을 해친 자를 적賊이라 하고 의를 해친 자를 잔殘이라고 한다. '잔적'의 죄를 범한 자는 한 사내에 불과하다. 한 사내에 불과한 주紂를 죽였다는 말은 들었으나 시군弑君했다는 얘기는 듣지 못했다."

맹자는 은나라 마지막 군주인 주紂를 토벌한 주무왕을 이른바 '일부가주론'을 동원해 극찬하고 나선 것이다. 맹자의 논리에 따르면 은왕 '주'는 이미 인의를 저버렸기 때문에 군주가 아닌 한 사내에 불과한 셈이 된다. 그러나 그의 '폭군방벌론'은 방벌의 대상인 폭군을 판단하는 기준이 주관적인데다가 군주를 한 사내로 규정한 논리적 근거가 불충분하다는 점에서 논란의 여지가 많다. 그의 이론은 기본적으로 절국竊國의 이론적 도구로 악용될 소지가 농후했다는 점에서 분명 커다란 문제를 안고 있었다. 실제로 후대에 시군탈위弑君奪位를 시도한 자들 모두 맹자의 '일부가주론'을 원용해 자신들의 찬역행위를 정당화했다.

법가가 맹자의 '폭군방벌론'을 비판하면서 여하한 경우에도 '방벌'을 인정할 수 없다는 강경한 입장을 견지한 것은 바로 '폭군방벌론'이 지니고 있는 혼란의 악순환 가능성 때문이었다. 신하된 자는 끝까지 '사군事君'에 헌신해야지 '시군弑君'을 해서는 안 된다는 게 법가의 확고한 입장이었다. 법가의 이런 입장은 그들의 '귀군'사상에 따른 당연한 주장이기는 하나 사실 공자의 입장과 상당부분 궤를 같이 하고 있다.

원래 공자는 맹자가 '폭군방벌론'의 실례로 내세운 탕·무혁명에 대해 맹자와는 다른 입장에 서 있었다. 공자는 혁명 자체에 대해서는 부정적인 입장을 내비치면서도 혁명정권의 통치에 대해서는 이를 수긍하는 중간적인 입장을 취했다. 공자의 기본 입장은 어디까지나 '군군신신'의 입장이었다.

'불인'한 군주라고 해서 신하가 마음대로 '시군'하는 것을 인정하지 않았던 것이다. 공자는 신하된 자로서는 오직 진퇴를 통해서만 의사를 표시해야 한다고 강조했다. '불인'한 군주를 만나 무도無道한 세상에 처하게 되면 오직 초야로 숨어드는 것만을 인정했을 뿐 '시군'이라는 극단적인 방안을 결코 인정하지 않았던 것이다. 공자의 이런 입장은 『논어』「자로」에 나오듯이 그가 양을 훔친 아버지를 고발한 아들을 불효로 매도한데서 충분히 읽을 수 있다.

"아비는 아들을 위해 그 죄를 숨기고 아들은 아비를 위해 그 죄를 숨긴다."

이는 기본적으로 '부부자자父父子子'의 입장을 고수했기 때문에 가능한 것이었다. '군군신신'과 '부부자자'의 입장을 견지한 공자가 탕·무의 '시군탈위弑君奪位' 행위 자체를 용인할 여지는 거의 없었다고 보아야 한다. 그러나 공자가 왕조교체를 통한 은나라 및 주나라의 건국 자체를 부인한 것은 아니다. 그는 '시군탈위'의 혁명은 인정하지 않았지만 혁명정권의 수립 자체는 인정한 것이다.

그러나 맹자는 이와 달리 '불기살인자'에 의한 '신왕'의 등장을 학수고대한 나머지 '폭군방벌'을 적극 옹호하고 나섰다. 이는 그가 일체의 패도를 폄척하고 오직 왕도만을 강조한 사실과 밀접한 관련이 있다. 왕도와 패도를 선악에 가까운 2분법의 논리로 접근한 맹자가 과격한 '폭군방벌론'을 제창한 데에는 왕도 국가를 조기 실현시키고자 하는 열망이 크게 작용했다. 이는 맹자 자신이 왕도의 정당성과 실현가능성에 대해 남다른 확신을 가진 데에서 비롯되었다고 할 수 있다.

맹자와 달리 순자는 제환공과 관중으로 상징되는 패자의 공업을 긍정적으로 수용했다. 그 또한 공자가 '화이관'에 입각해 관중의 중원 방어를 높이 평가한 것과 같은 맥락에서 제환공의 패업을 높이 평가했다. 『순자』「왕제」에 나오는 제환공에 대한 평가가 그 증거이다.

"저 패자는 '존망계절存亡繼絶'을 행하며 약한 나라를 지켜주고 포악한 나라를 제재했다."

제환공이 이룩한 '존망계절'의 패업은 말할 것도 없이 이적의 침공으로 중원의 일부 약소국이 패망의 위기에 처한데 따른 것이었다. '존망계절'의 표현 자체가 중국 전래의 화이관에 뿌리를 두고 있는 것이다. 공자와 순자는 동일한 입장에서 제환공 및 관중의 패업을 높이 평가한 셈이다. 『순자』「정론」에 나오는 순자의 다음과 같은 언급이 이를 뒷받침한다.

"중원의 나라는 같은 옷과 같은 의례를 사용하고 있다. 오랑캐들은 같은 옷을 입을지언정 같은 의례를 사용하지 않는다."

중원문화에 대한 강한 자부심이 배경에 자리 잡고 있었기 때문에 이런 평가가 가능했다고 보아야 한다. 순자 역시 공자와 동일한 화이관을 갖고 있었기 때문에 관중과 제환공을 높이 평가한 것으로 해석할 수 있다.

그러나 엄밀한 의미에서 볼 때 일개 제후에 불과한 제환공이 '존망계절'의 행위를 한 것은 천자의 대권인 이른바 '전봉권專封權(제후임명권)'과 '전토권專討權(제후토벌명령권)'을 대행한 것이나 다름없다. 제후를 봉하고 토벌을 명하는 것은 천자가 전유하고 있는 대권으로 아무리 패자라 하더라도 천자의 분부가 없으면 '존망계절'을 멋대로 할 수는 없는 것이다. 사실 제환공은 천자의 분부도 없이 '존망계절'을 행했다. 이는 훗날 전한제국 초기에 유자들 사이에 커다란 논란대상이 되기도 했다.

그렇다면 순자는 무슨 근거로 제환공의 자의적인 '전봉권'과 '전토권' 행사를 수용한 것일까? 순자는 이 부분에 대해 아무런 해명도 하지 않았다. 대략 패자의 패정覇政을 왕자의 왕정王政 다음으로 본받을 만하다고 간주한데 따른 것으로 짐작된다.

제환공의 '전봉권' 행사에 대한 아무런 언급도 없이 오직 제환공의 패업을 '존망계절'의 위업으로 평가한 순자의 이런 태도는 관중 개인에 대한 평가에도 그대로 이어지고 있다. 순자는 제환공의 '존망계절'을 언급하면서 관중의 법치와 부민정책을 패도의 훌륭한 통치술로 평가했다. 「왕제」에 나오는 순자의 다음과 같이 언급이 그 증거이다.

"관중은 밭과 들을 개간하고 창고를 충실하게 했다. 점차로 상을 줌으로써 인민을 선도하고 형벌을 엄격히 함으로써 인민들을 바로 잡았다."

순자는 여기서 관중의 법치술法治術과 부민술富民術을 높이 평가한 것이다. 관중은 철저한 부민술과 법치술을 동원해 제환공으로 하여금 춘추5패의 선봉장이 되도록 만들었다. 관중이 존재하지 않았다면 제환공의 패업은 불가능한 것이었다. 순자는 이를 높이 평가했음에 틀림없다. 순자의 관중에 대한 평가는 공자의 관중에 대한 평가보다 훨씬 긍정적이다.

이는 왕도와 패도에 관한 순자의 기본 입장이 이른바 '선왕후패先王後霸'의 입장에 입각한데 따른 것으로 볼 수 있다. 순자의 '선왕후패' 입장은 그의 '법후왕法後王'사상과 불가분의 관계를 맺고 있다. 맹자의 '법선왕'사상과 극명한 대조를 이루고 있는 순자의 '법후왕'사상은 순자가 패도를 긍정적으로 수용하는 이론적 기반이 되었다.

사실 공자도 순자의 '법후왕'사상과 유사한 생각을 밝힌 바 있다. 이는 공자가 『논어』「팔일」에서 하夏·은殷의 문헌文獻이 부족해 당시의 예제禮制를 상고할 길이 없어 주례周禮를 좇겠다고 밝힌 것과 대조된다. 공자는 고대 성왕인 요순이 성인인 것은 사실이나 그 전거를 찾기가 쉽지 않은 상황에서 이를 맹목적으로 추종하는 것은 문제가 있다는 시각을 드러낸 것이다.

이런 관점에서 볼 때 공자는 맹자가 '법선왕法先王'을 강조하면서 고대 성왕을 이상적인 인물로 그린 것과는 사뭇 다른 입장을 취했다고 할 수 있다. 순자는 공자의 이런 취지를 발전시켜 '법후왕'사상을 만들었다고 해석할 수 있다. 순자의 '법후왕'사상은 엄밀한 의미에서 보면 그의 독창적인 사상만은 아니었던 셈이다. 공자가 성왕으로 지목한 주문왕과 주무왕은 공자의 생존 당시를 기준으로 볼 때는 순자의 '후왕'개념에 근접해 있다. 특히 공자가 맹자와 같이 잘 알지도 못하는 고대 성왕을 내세워 '법선왕'을 주장하지 않았다는 점을 감안할 때 공자와 순자는 맥을 같이 하고 있었다. 이와 관련해 순자는 「비상」에서 다음과 같이 언급한 바 있다.

"선왕의 자취를 알려면 명백하게 볼 수 있는 데서 취해야 한다. 후왕이 바로 그것이다. 후왕을 버리고 상고의 왕을 말하는 것은 비유컨대 자신의 군주를 버리고 남의 군주를 섬기는 것과 같다."

순자가 여기서 말한 '후왕'은 현재의 왕인 이른바 '금왕今王'을 지칭한 것은 아니다. 이런 점 등을 종합해 볼 때 공자가 말한 '후왕' 개념과 순자의 그것은 매우 닮아 있다. 물론 순자의 '후왕' 개념 속에 '금왕'은 무조건 배제되는 것으로 해석해서는 안 된다. 이론적으로 볼 때 '금왕'이라 할지라도 덕이 높을 경우에는 얼마든지 '후왕'에 포함시킬 수 있기 때문이다. 그러나 전국시대 상황에서 순자가 언급한 '후왕' 차원의 '금왕'은 존재하지 않았다고 보는 게 타당할 것이다.

순자가 '후왕'을 말한 취지는 어디까지나 '선왕'의 자취를 알려면 현재 상황에서 제대로 상고할 수 있는 '후왕'을 토대로 해야지 잘 알 수도 없는 고대 성왕에 매달려서는 안 된다는 점을 강조한 데 있다. 이는 맹자가 「이루 상」에서 '성인은 인륜의 지극한 모습이다.'라고 주장하면서 '법선왕'을 역설한 것과 분명한 대조를 이루고 있는 것이다. 순자는 「비상」에서 '법후왕'의 근거를 이같이 설명했다.

"상고의 일을 알려면 주나라의 도를 살피고 주나라의 도를 알려면 그 도를 귀하게 여기는 군자에게서 살펴야 된다. 이는 가까운데서 먼 곳을 알아내고 하나로써 만 가지를 아는 것이다."

순자는 하·은대와 같은 상고를 회고하지 않아도 가까운 주나라의 정치를 통해 상고 정치의 장단점을 짐작해 취사선택할 수 있다고 주장한 것이다. 순자가 '참천'사상을 내세우면서 천도를 배격한 것 역시 전래의 전통과 관습을 채택할 때 엄격한 취사선택의 과정을 거쳐야 한다는 주장과 맥을 같이 한다. 순자의 '법후왕' 주장은 상고할 수 있는 시대를 전제로 하여 도를 귀하게 여겼던 군자를 전범으로 삼자는 데 그 근본취지가 있다.

여기서 현실을 중시하는 순자의 사상적 특색이 확연히 드러났다고 하겠다. 그는 분명 오늘을 중시하는 일종의 현실주의자였던 것이다. 이는 「불구」에 나오는 그의 다음과 같은 언급에 잘 나타나 있다.

"천지의 시작은 오늘이다. 백왕百王의 도는 '후왕'이다. 군자는 백왕을 논하기에 앞서 '후왕'의 도를 살핀다."

순자는 과거보다 현재를 중시한 것이다. 그러나 그가 과거의 정치를 무시한 것만도 아니었다. 다만 눈앞에 있는 현재의 정치에 보다 많이 무게를 두어야 한다고 강조한 것이다. 그는 현실을 중시하는 반회고적인 성향을 지니고 있었다. 이런 점 등을 감안할 때 순자의 '법후왕'사상은 상고할 길이 없는 고대 선왕에 대한 추종을 거부한 공자의 기본 취지를 정확히 살려낸 셈이다.

물론 순자도 유가의 전통에 따라 이상적인 정치를 편 '선왕'의 정치를 중시했다. 그러나 이는 잘 알 수도 없는 옛 군주로부터 전범을 찾기보다는 옛 군주의 전통을 계승한 후왕 즉 후세의 군주로부터 찾아내는 것이 더 낫다고 충고키 위한 것이었다. 그의 이런 생각은 곧 맹자에 대한 공격으로 이어졌다. 그는 「비십이자」에서 다음과 같이 밝혔다.

"옛 군주를 본받으면서도 그 정통을 알지 못하고 있다. 이는 곧 자사와 맹자의 죄이다."

순자는 맹자의 회고주의를 비판한 것이다. 훗날 순자는 이 때문에 성리학자들에 의해 이단으로 몰리기는 했으나 순자는 맹자 등이 입으로만 '선왕'의 인의를 들먹일 뿐 그 기본 취지를 제대로 이해하지 못하고 있는 점을 정확히 파악하고 있었던 것이다. 순자가 맹자를 '속유'의 일원으로 폄하한 이유가 바로 여기에 있다. 그는 「유표」에서 '법선왕'을 들먹이는 맹자를 위시한 '속유'를 이같이 비판했다.

"옛 군주를 부르면서 어리석은 자를 속여 의식衣食을 구하면 이는 속유

俗儒이다. 후세의 왕을 본뜨고 제도를 통일하면 이를 대유大儒라고 한다."

순자는 맹자의 '법선왕' 주장을 가차 없이 '속유'의 행태로 단죄하고 나선 것이다. 선왕의 기본 뜻도 모르면서 의식을 구하기 위해 '법선왕'을 운위하는 것은 '속유'에 불과하다고 질타한 것이다. 현실을 중시하는 순자의 입장이 약여히 드러난 대목이다. 이는 이상주의로 치닫고 있는 유가에 대한 경고라고 할 수 있다.

사실 사상사적 관점에서 볼 때 정치에 대한 객관적인 고찰은 '법후왕'에 입각한 순자의 이런 현실주의적인 시각을 통해서만 가능할 수 있다. 순자의 이런 입장은 그의 제자인 한자에게 그대로 이어졌다. 한자가 사상 처음으로 도덕과 정치를 완벽하게 분리해내는데 성공한 것도 결코 우연으로 볼 수 없는 것이다.

현실을 중시하는 순자의 이런 성향이 바로 덕을 바탕으로 한 왕도 이외에 현실적인 힘을 바탕으로 한 패도를 적극 수용토록 만드는 결정적인 배경이 되었다. 전국시대처럼 어지러운 세상에서는 비록 패도일지라도 패천하霸天下를 이뤄 난세를 평정할 수만 있다면 이 또한 바람직하다는 것이 순자의 기본생각이었다. 순자가 왕패문제에서 맹자와 전혀 다른 입장을 취한 것은 당연한 논리적 귀결로 보아야 한다.

순자는 유가의 전통에 따라 왕도와 패도를 구분하기는 했으나 패도에 대한 평가만큼은 맹자와 달리 매우 긍정적인 평가를 내렸다. 순자는 왕패의 구분방법과 관련해 크게 3개의 등급을 만들었다. 왕도와 패도, 망도亡道가 그것이다. 공자와 맹자는 종래 왕도와 패도만을 언급한데 반해 순자는 여기에 '망도'를 추가한 것이다. 이와 관련해 순자는 「대략」에서 이같이 설명해 놓았다.

"예로 다스리고 어진 이를 등용하는 통치자가 곧 왕자이고 법을 중시하고 인민을 사랑하는 통치자가 곧 패자이다. 이익을 좋아하고 속임수가 많은 통치자는 위자危者이다."

순자가 언급한 군주정의 최상급은 당연히 '왕정王政'을 의미한다. 그것은 예로 나라를 다스리는 것을 말한다. 두 번째는 '패정覇政'으로 신의를 좇아 다스리는 것을 의미한다. 세 번째가 '망정亡政'으로 권모술수로 나라를 다스리는 것을 지칭한다. 여기서 예를 기본으로 삼는 '왕정'이 가장 좋은 것임은 말할 것도 없다. 신의를 치국의 요체로 삼는 '패정'은 천하의 세를 제압하는 것이 가능하다. 그러나 오직 힘과 술수를 통해 권력을 유지하는 '망정'은 나라를 망하게 만들 수밖에 없다고 순자는 지적한 것이다.

순자는 치도에 관한 이런 분류를 토대로 왕도실현의 요체는 '융례隆禮'에 있다고 보았다. '융례'를 존숭하는 군주가 현능한 인사를 기용해 활용하는 이른바 '존현尊賢' 및 '현현賢賢' 정책을 시행해야만 왕도를 실현할 수 있다고 강조한 것이다. 순자에게 예에 따른 통치는 바로 이상적인 왕도정치를 의미한다. 순자의 왕패분류법에 따를 경우 군주는 예를 좇아 다스려야만 왕도를 실현할 수 있다는 결론이 도출된다. 순자는 「의병」에서 그 의미를 이같이 분석했다.

"예란 치변治辨의 궁극이고 강고해지는 근본이며 위세를 펴는 길이고 공명을 얻는 귀결점이다. 왕공이 예를 따르면 천하를 얻고 예를 따르지 않으면 나라를 망치게 된다."

순자는 예가 바로 '득천하得天下' 및 '치천하治天下'의 요체라고 갈파한 것이다. 이는 공자의 군자정치 이념과 맥을 같이 하는 것이기도 하다. 공자가 강조한 군자정치는 '인'을 이룬 군자 즉 '인인仁人'이 다스리는 정치를 의미한다. 순자는 '융례'를 실천한 '예인禮人'이 다스리면 곧 군자정치를 이룰 수 있다고 주장한 것이다. 공자가 말한 '인인'이 순자에 와서 '예인'으로 구체화한 셈이다.

이런 관점에서 볼 때 순자는 공자가 말한 '인'을 보다 현실적인 '예'로 바꾸어 표현했을 뿐 공자사상을 조술祖述했다고 할 수 있다. 순자는 비록 전통적인 왕패분류법에 따라 왕패를 구분했지만 패도에 대한 평가에 있어서는 맹자와 그 근본취지를 달리 하고 있다. 그는 왕도야말로 가장 이상적인 통치인 것은 말할 나위가 없지만 그것이 현실적으로 불가능할 때에는 패도에 의한 통치 또한 무방하다는 입장을 취했다. 이는 맹자가 일체의 패도를 '인'을 가장한 '역치力治'로 규정한 것과 대조를 이루고 있는 것으로 공자의 패도에 대한 평가와 맥을 같이 하는 것이기도 하다. 사실 맹자가 극도로 숭상한 '왕도'와 일언지하에 폄하한 '패도'는 묵자가 말한 의정義政과 역정力政을 슬쩍 돌려 표현한 것에 지나지 않는다. 21세기의 관점에서 보면 일종의 '표절'에 가깝다. '인의' 개념을 표절한 것과 같은 맥락이다. 사상사적으로 볼 때 맹자는 공자가 아닌 묵자의 후계자에 해당한다. 공학의 법통이 맹학이 아니라 순학으로 이어졌다고 보는 이유다.

제3절 순자사상의 전개

조선의 순학 배척과 패망

순학은 남송대에 성리학이 등장하면서 이단으로 몰리게 됐다. 르네상스가 시작되는 15세기를 전후로 동아시아가 서양에 뒤처지게 된 것도 이와 무관할 수 없다. 중국이 아편전쟁을 계기로 서구 열강의 반식민지로 전락하고, 성리학을 유일무이한 통치이데올로기로 채택한 조선조가 끝내 일제에 의해 패망케 된 사상적 배경이 여기에 있다.

특히 조선조의 경우는 성리학의 명분론을 과도하게 숭상한 나머지 오직 맹학만을 숭상한 까닭에 그 폐해가 더욱 컸다고 할 수 있다. 그 유폐는 21세기 현재까지 그대로 남아 있다. 부국강병이 절실한 현실을 도외시한 채 오직 개인의 권리와 이익을 앞세운 '민주주의'만이 나라를 바르게 만들 수 있다고 주장하는 게 그렇다. 극단적인 명분론으로 인해 왜란과 호란을 자초한 조선조 성리학자들의 행태를 방불케 하고 있다. 주목할 것은 이웃 일본이 조선에서 성리학을 받아들인 후 독자적인 해석을 통해 순학을 발견함으로써 마침내 메이지유신을 성사시킨 점이다. 중국의 명청조와 조선에서 이단으로 간주한 순학을 받아들여 19세기 말 이래 21세기 초까지 동아시아의 최강국으로 군림한 사실에 유념할 필요가 있다. 통치이데올로기의 선택이 나라의 명운을 갈랐다고 해도 과언이 아니다. 여기서는 조선과 일본의 맹학 및 순학에 대한 엇갈린 수용태도를 중심으로 순학의 전개과정을 살펴보기로 하자.

조선조 개국 초 정도전에 의해 유일무이한 통치이데올로기로 받아들여

진 조선성리학은 중국성리학과는 비교할 수 없을 정도로 강고한 명분론에 함몰돼 있었다. 붕당정치朋黨政治로 인한 군약신강君弱臣强 현상을 일상화함으로써 마침내 국가의 패망을 자초한 이유다. 이는 '치평학'으로 출발한 유학의 기본 취지가 사실상 사라진 것을 의미했다. 조선조에서는 일제에 의해 패망할 때까지 순학의 전통이 아예 부재했다. 조선조의 패망은 '치평'에 기초한 순학의 부재 현상과 결코 무관치 않았다고 보아야 한다.

본래 붕당정치는 성리학으로 무장한 사림세력이 신권臣權의 주축이 되어 붕당을 형성함으로써 왕권王權을 압도하는 '군약신강'의 신권국가臣權國家를 운영한 데 그 기본특징이 있다. 당초 조선조는 붕당정치가 등장하기 이전까지만 해도 왕권이 신권의 우위에 서는 왕권국가王權國家로 유지되었다. 물론 중종 때 반정을 주도한 공신세력이 일시 왕권을 위협할 정도의 막강한 신권을 보유키는 했다.

그러나 당시 반정세력은 도덕성에 문제가 많았던 데다가 조광조趙光祖를 위시한 사림세력을 대항세력으로 내세운 중종의 견제로 인해 왕권을 압도할 정도의 신권을 행사치는 못했다. 인종과 명종 때 역시 외척세력이 일시 막강한 신권을 형성키도 했으나 척족戚族의 정치개입을 타기唾棄하는 성리학의 기본이념으로 인해 일정한 한계가 있었다. 그런 의미에서 조선조는 개국 이래 명종 때까지만 하더라도 줄곧 왕권국가로 존재했다고 할 수 있다.

그러나 선조 때에 들어와 사림세력들이 붕당을 형성해 막강한 신권세력으로 부상하면서 '군약신강'의 상황이 나타나기 시작했다. 이는 기본적으로 모든 신권세력이 너나 할 것 없이 하나같이 사림을 자처한데 있었다. 신권우위에 기초한 성리학을 유일한 통치이념으로 삼은 나라에서 이전의 훈척勳戚세력마저 사림을 자처하는 마당에 한 사람의 고독한 군왕이 사림으로 통일된 거대한 신권세력을 상대하는 것 자체가 버거운 일이었다. 조선조가 중국과 달리 붕당정치가 등장한 이후 줄곧 신권국가로 치달은 이유가 바로 여기에 있다.

　원래 선조는 즉위 초기부터 역대 선왕들과 달리 하나의 거대한 단일 세력으로 성장한 사림세력을 제어키보다는 오히려 스스로 사림의 일원이 되고자 했다. 이는 명청대의 중국 황제들과 정반대되는 모습이었다. 중국의 황제들은 재상권宰相權을 아예 없애거나 복심腹心들로 구성된 군기처軍機處 등을 두어 고위관원의 행보를 세밀히 감시하는 한편 신권세력의 언론권言論權을 극소화했다.

　그런데도 선조는 훈척세력을 제거하는데 앞장섬으로써 사림세력이 독점적으로 신권을 장악하는데 결정적인 도움을 주었을 뿐만 아니라 이를 통제할 아무런 장치도 강구하지 않았다. 그 또한 선왕들과 마찬가지로 왕권의 보호에 세심한 주의를 기울였음에도 불구하고 사림세력간의 갈등을 이용해 왕권을 보호코자 하는 안이한 방안을 선택했다. 그러나 이는 말할 것도 없이 신권세력의 급속한 확장을 불러와 왕권의 쇠락을 자초하는 지극히 위험한 방안이었다. 당시 군왕의 입장에서 볼 때 모든 신권세력이 너나 할 것 없이 신권 우위에 기초한 성리학 이론을 맹신하며 사림을 자처한 것 자체가 사실 가공할 일이었다.

　원래 조선조는 신권 우위에 기초한 성리학을 유일한 통치이념으로 삼은 까닭에 반드시 사림세력의 결집을 제어키 위한 정교한 제도적 장치를 마련해 놓아야만 했다. 개국 초기에 태종이 정도전鄭道傳을 제거하면서 신권 우위를 보장한 의정부를 무력화하고, 세조가 사림세력의 집합소인 집현전을 혁파하면서 태종 때의 육조직계제六曹直啓制를 부활시킨 것은 바로 이 때문이었다. 그러나 사림세력은 연산군 이후 명종대에 이르기까지 3차례의 사화로 된 서리를 맞았음에도 불구하고 어느 틈에 전열을 재정비해 문득 선조대에 들어와서는 유일한 신권세력으로 부상케 된 것이다.

　이는 기본적으로 성리학을 이론적으로 완성시킨 퇴계退溪와 율곡栗谷의 출현에 기인한 것이었다. 퇴계와 율곡의 출현 이후 조선조의 모든 신권세력은 앞다투어 사림을 자처하며 두 사람의 문하로 몰려들었다. 이런 상황에서 퇴계와 율곡의 문인을 자처한 사림세력들이 장차 왕권을 위압하는 막강한 신권을 형성해 붕당을 기초로 치열한 각축전을 전개할 것은 불 보듯 빤한 일이었다. 그런데도 선조는 안이하게도 붕당의 결성을 방조하면서 붕당 간의 갈등을 활용해 왕권을 보호코자 하는 최악의 방안을 선택한 것이다.

이로 인해 당초 동인東人과 서인西人으로 출발한 조선조의 붕당은 이후 남인南人과 북인北人, 소북小北과 대북大北 등으로 세포분열을 거듭하면서 국민민복보다는 당리당략을 앞세우는 망국적인 행태를 보이게 되었다. 만일 당시 선조가 강력한 왕권을 바탕으로 신권세력을 제압한 가운데 위령威令을 발동하는 모습만 보였어도 임진왜란과 같은 전대미문의 국난은 일어나지 않았을 것이다.

원래 도요토미는 비록 1백 년 동안 지속된 '센고쿠戰國시대'를 종료시키고 일본의 무장 세력을 하나로 통일시켰다고는 하나 일정한 한계가 있었다. 그는 도쿠가와와 같은 유력한 다이묘大名(지방영주)들을 실질적으로 제압치 못한 까닭에 만일 선조가 강력한 왕권을 보유한 채 조선조 전역에 걸쳐 위령을 발동했다면 조선에 대해 전면전을 펼치기가 쉽지 않았다. 설령 왜란이 일어났을지라도 명종 10년인 1555년에 일어난 이른바 '을묘왜변乙卯倭變'보다 약간 정도가 심한 국지적인 소규모 전쟁에 그치고 말았을 공산이 컸다.

조선조 후기의 당쟁은 표면상 성리학 해석을 둘러싼 이론투쟁을 내세웠으나 사실 수단방법을 가리지 않은 권력투쟁에 지나지 않았다. 이 과정에서 조선의 군왕은 철저히 배제될 수밖에 없었다. 붕당의 세포분열은 사림들의 세력 확장 과정에 지나지 않았다. 신권 우위의 성리학 이론해석을 둘러싼 당쟁이 격화되면 될수록, 분당이 많아지면 많아질수록 왕권은 더욱 쇠미해질 수밖에 없다. 왕권의 약화는 필연적으로 국세의 피폐를 초래하기 마련이다.

이로 인해 시간이 지나면서 왕비 간택과 왕세자 책봉 문제는 말할 것도 없고 후사後嗣 문제조차 이들 사림의 신권세력에 의해 좌우되는 결과를 낳았다. 이는 기본적으로 천하위공天下爲公을 명분으로 내세워 군주 또한 천리天理를 봉행하는 사대부의 일원에 지나지 않는 것으로 간주한 사림세력들이 실질적인 통치권력을 장악한데 따른 것이었다. 조선조의 사대부들은 남송대의 사대부들과 같이 천하의 실질적인 통치자는 군왕이 아니라 바로 자신들이라고 자부했다. 선조 이래 조선조가 '군약신강'의 나라로 전락케 된 것은 바로 이 때문이었다. 명청대의 황제들이 신권세력의 결집을 최대한 억제하면서 막강한 황제권을 확보해 나아간 것과 대조되는 모습이 아닐 수 없다.

이를 통해 짐작할 수 있듯이 조선조 패망의 근원은 붕당정치로 인한 '군약신강'에 있다고 해도 과언이 아니다. 그간 조선조 패망의 원인과 관련해 여러 분석이 나왔으나 정작 가장 중요한 원인으로 작용한 '군약신강'의 측면에 대해서는 제대로 된 분석이 아직 나오지 않고 있다. 물론 조선조 패망은 국내외의 여러 요인이 동시에 복합적으로 작용한 것이 사실이나 '군약신강'의 왜곡된 통치구도가 가장 결정적인 이유라는 사실을 주의할 필요가 있다.

'군약신강'은 사림세력이 독점적으로 사실상의 통치권력을 장악해 서로 치열한 권력다툼을 전개한 조선조 특유의 붕당정치에서 비롯된 것이다. 원래 동양의 붕당정치는 북송대의 사마광司馬光과 왕안석王安石이 각각 구법당舊法黨과 신법당新法黨을 만들어 대립한데서 시작되었다고 할 수 있다. 본질적으로 북송대의 붕당은 서양의 의회정치에 나타나는 정당과 별반 차이가 없다. 이는 구법당과 신법당이 조선조의 붕당들과 달리 북방 이민족의 위협 앞에서 국가보위 차원의 치국방략 방략을 둘러싸고 대립한 사실을 통해 쉽게 알 수 있다. 당시 사마광이 공소空疎한 형이상의 논변으로 구성된 『맹자』를 과거시험 과목으로 채택하는 것을 반대하고, 이의 채택을 강력히 주장한 왕안석도 법가적인 패도覇道를 추구한 것이 그 증거이다.

그러나 조선조에서는 특이하게도 북송대의 붕당과 달리 오직 성리학을 맹신하는 사림세력의 붕당만이 존재했다. 조선조의 붕당은 당색黨色을 막론하고 주자의 해석을 금과옥조로 삼아 이에 어긋나는 모든 학문을 사문난적으로 몰아간 점에서 하등 차이가 없었다. 이는 기본적으로 퇴계와 율곡모두 철저한 성리학자인데서 비롯된 것이다. 여기에 퇴계를 추종하는 동인계東人系와 율곡을 추종하는 서인계西人系 붕당 사이에 지역감정까지 겹치면서 붕당간의 대립은 이전투구의 양상을 보이게 되었다.

원래 정쟁으로 정국이 요동치면 관기官紀가 무너지고, 관기가 무너지면부정부패가 만연하고, 부정부패가 만연하면 탐관貪官이 횡행하고, 탐관이횡행하면 가렴주구苛斂誅求가 일상화하고, 가렴주구가 일상화하면 민생의피폐케 되고, 민생이 피폐케 되면 민란이 접종接踵하고, 민란이 접종하면 끝내 나라는 망하기 마련이다. 이런 나라가 주변국의 공략대상이 되지 않는것 자체가 오히려 이상한 일이다.

조선조의 붕당정치는 퇴계와 율곡이 조선성리학을 완성하면서 시작되었다고 할 수 있다. 퇴계와 율곡退栗이 활약한 시기는 조선조 5백년의 역사를 양분하는 분기점에 해당한다. 이들의 위상은 두 사람의 등장 이후 조선조의 사림들이 모두 퇴계와 율곡의 문인을 자처한 사실을 통해 극명하게확인할 수 있다. 물론 조선조에는 퇴계와 율곡이 등장하기 이전에도 이미태종 때의 권근權近과 성종 때의 김종직金宗直, 중종 때의 조광조 등과 같은수많은 성리학자들이 출현했다.

그러나 이들은 이론 면에서는 결코 퇴계와 율곡을 좇아갈 수 없었다.그만큼 퇴계와 율곡의 이론은 정치精緻한 바가 있었다. 남송대에 비록 주희가 성리학을 집대성하기는 했으나 이론적인 완성은 사실 퇴계와 율곡에 의해 이뤄졌다고 해도 과언이 아니다. 퇴계와 율곡은 성리학의 핵심이론인 이기론理氣論의 완성자이자 조선성리학의 비조鼻祖에 해당한다.

퇴계와 율곡은 기본적으로 철저한 주자학자였다. 이들이 성리학의 핵심

이론인 이기론을 완성시킬 수 있었던 것도 바로 이 때문이었다. 이는 성리학을 숭상했던 조선조의 입장에서 볼 때는 나름대로 자랑스러운 것일수는 있어도 국가발전의 차원에서 볼 때는 오히려 쇠망을 알리는 전주곡에 해당했다. 실제로 이들의 등장 이후 조선조에서는 오직 주자학만이 존재했고 퇴계와 율곡의 이기론에 입각한 소모적인 논쟁이 조선조 말기까지 끊임없이 이어졌다. 이런 상황에서 국가가 쇠망의 길로 나아가지 않는 것 자체가 오히려 이상한 일로 보아야 한다.

그렇다면 퇴계와 율곡은 과연 어떤 내용을 토대로 주자학의 이기론을 완성시킨 것일까? 당초 북송의 주돈이는 '태극도설'에서 태극이 음양 2기를 낳고, 2기가 5행을 낳고, 5행에서 남녀가 생겨 만물이 화생化生한다고 주장한 바 있다. 장재는 이를 토대로 우주의 본체를 태허太虛로 간주한 뒤 그 작용인 음양의 2기가 천지만물을 생성한다는 이른바 '기일원론氣一元論'을 전개했다. 정호가 이에 동조했다. 주돈이와 장재, 정호도 큰 틀에서 볼 때 '기일원론'에 동조한 것이나 다름없었다.

이에 대해 정이는 '이'와 '기'를 확연히 구별함으로써 이른바 '이기이원론理氣二元論'을 제창하고 나섰다. 주희는 정이의 이론을 수용해 '이'는 형질도 없고 운동도 하지 않는 까닭에 오직 형질을 지닌 '기'의 운동을 통해서만 관념적으로 파악할 수 있다고 주장했다. 그는 이를 윤리철학으로 확대해 '이'와 '기'에 경중을 두면서도 '기'를 악으로만 단정하지는 않았다. 이기론에 대한 그의 이런 주장은 기질지성에 선과 악이 혼재한다는 그의 인성론과 조응하는 것으로 이른바 '사단칠정四端七情' 개념을 중심으로 전개되었다.

'사단'은 맹자가 말한 측은惻隱·수오羞惡·사양辭讓·시비是非의 마음이 발현된 인仁·의義·예禮·지智의 도덕원리를 뜻한다. '칠정'은 『예기』「예운」편에 나오는 희喜·노怒·애哀구·懼·애愛·오惡·욕欲의 정서를 말한다. 당초 주희는 사단칠정에 대해서는 인성문제를 논할 때 간략히 언급하는 것에 그쳤다. 그는 인仁 자체를 인·의·예·지를 관통하는 것으로 본 까닭에 맹자의 사단과 『중용』의 희·노·애·락, 「예운」의 7정 등에 대해 깊이 천착하지 않았던 것이다.

주희가 말한 사단칠정론은 본체에 해당하는 '이'의 관점에서 보면 사단 칠정 모두 '이'의 발현으로 볼 수 있는 반면에 작용에 해당하는 '기'의 관점에서 보면 모두 '기'의 발현으로 해석할 수 있다. 그가 말한 '천리유행天理流行'은 바로 사단을 '이발理發'의 관점에서 파악한 것이나 이 또한 작용의 측면에서 보면 '기발氣發'에 지나지 않았다.

그러나 주희는 본연지성인 사단은 '이'의 발현이고 기질지성인 칠정은 '기'의 발현이라고 주장하면서 동시에 움직이는 것은 '기' 뿐이고 이를 움직이게 만드는 것은 '이'라고 언급했다. 그가 사단을 '이'의 발현이라고 말한 것은 움직이는 것은 오직 '기' 뿐이라고 한 종래의 주장을 번복한 것으로 해석될 여지가 있었다.

이로 인해 조선성리학의 한 축을 이룬 퇴계退溪는 바로 이점에 주목해 '이발설理發說'을 주장했다. 이에 대해 퇴계와 쌍벽을 이룬 율곡栗谷은 주희가 사단을 '이'의 발현이라고 말한 것은 어디까지나 본체의 관점에서 그렇게 말한 것이라고 반박하면서 종래의 '기발설氣發說'을 옹호했다.

만일 주희가 자신의 사단칠정 주장에 모순이 있다는 사실을 깨달았으면 사단은 궁극적으로 '이'의 발현이기는 하나 어디까지나 '기'를 통해 발현된다고 분명히 언급해 둘 필요가 있었다. 그러나 그는 사단에 중절中節·부중절不中節과 정正·부정不正이 있다는 식으로 애매하게 처리하면서 끝내 자신의 주장에 모순이 있다는 사실을 깨닫지 못했다.

퇴계와 율곡은 바로 이 문제를 깊이 천착해 마침내 성리학을 이론적으로 완성시키는 개가를 올렸던 것이다. 그러나 조선의 사림들은 퇴계와 율곡 사이에 전개된 '사단칠정논쟁'을 계기로 갈린 뒤 이후 붕당을 중심으로 이 문제를 둘러싼 소모적인 논쟁을 거듭했다. 조선조의 패망은 바로 여기서 시작되었다고 해도 과언이 아니다.

조선조의 붕당은 표면상 성리학 이론에 대한 해석 차이를 붕당 출현의 이유로 내세웠다. 그러나 사실 권력투쟁의 일환으로 붕당이 출현케 되었다고 보는 게 옳다. 조선조의 붕당정치는 붕당의 수도 많았을 뿐만 아니라 붕당간이 다툼이 시간이 지날수록 도를 넘을 정도로 매우 파괴적으로 진행되었다는 점에서 적잖은 문제를 안고 있었다. 중국에서도 송대 이후 여러 붕당이 출현하기는 했으나 송대는 물론 원대와 명청대를 통틀어 결코 조선조처럼 수도 헤아릴 수 없을 정도로 많은 붕당이 출현해 처절한 유혈전을 전개한 적은 없었다.

본래 경전해석에 따른 견해의 차이는 이념적 갈등을 야기할 수밖에 없다. 이념적 갈등은 필연적으로 파당의 분열을 부추기고, 끝내 승리한 파당의 이념만이 존재하는 이른바 '사상의 화석화化石化' 도정으로 나아가기 마련이다. '사상의 화석화'는 상황변화에 따른 임기응변의 변신을 불가능하게 만들어 이내 정신적 질식사로 귀결될 수밖에 없다. 국가 단위에서 빚어지는 '사상의 화석화'는 곧 국가의 패망을 의미한다.

과거 일본은 메이지유신을 통해 서구화에 성공함으로써 6백여 년에 걸친 봉건정에서 과감히 벗어나 동아시아의 패자로 살아남을 수 있었다. 이에 반해 조선조는 '사상의 화석화'로 인해 끝내 일제의 식민지로 전락하고 말았다. 물론 퇴계와 율곡 모두 생전에 자신들의 이론이 '사상의 화석화' 대상이 되리라고 생각지도 못했을 것이다. 이는 기본적으로 퇴계와 율곡의 문도를 자처하며 권력투쟁을 일삼은 후대 사림의 책임이다. 그러나 퇴계와 율곡 역시 이미 조짐을 드러내기 시작한 붕당의 폐해에 대해 강력한 경고를 보내지 않고, 극심한 명분론에 치우친 성리학을 연구의 주제로 삼았다는 점에서 일말의 책임을 지지 않을 수 없다.

퇴계와 율곡의 활약은 중종에서 인종과 명종을 거쳐 선조 때까지 이어지고 있으나 주로 명종의 치세에 집중되어 있다. 이때는 조선조에서 처음으로 붕당이 출현할 조짐을 보이기 시작한 때였다. 붕당 출현의 조짐은 외척간의 다툼에서 비롯되었다. 당초 중종의 장자인 인종은 비록 연산군과 같이 생모가 폐비되어 사약을 받는 일을 겪지는 않았으나 태어나자마자 생모를 잃은 까닭에 매우 고단한 삶을 살아야만 했다. 인종의 나이 20세 때 명종을 낳은 문정왕후文定王后는 자신의 소생을 보위에 올릴 심산으로 인종을 심하게 괴롭혔다. 인종이 6세 때 세자에 책봉된 후 무려 25년간이나 세자로 머물러 있다가 부왕의 죽음으로 보위에 오른 지 불과 8개월여 만에 요절한 것도 이와 무관치 않았을 것이다.

당시 문정왕후의 동생인 윤원형尹元衡은 명종을 보위에 올려놓기 위해 인종의 외숙인 윤임尹任과 치열한 신경전을 전개했다. 이들 외척간의 갈등은 중종이 살아 있을 때만 해도 크게 드러나지 않았으나 인종의 즉위를 계기로 표면화하기 시작했다. 당초 윤임은 인종의 즉위를 계기로 유관柳灌과 이언적李彦迪 등 사림의 명사들을 대거 천거해 기세를 올렸다. 이를 계기로 조광조를 죽음으로 몰아간 기묘사화己卯士禍 이후 정계에서 은퇴한 사림들이 속속 중앙정권에 참여케 되었다. 이때 정권에 참여하지 못한 일부 인사가 소윤인 윤원형 일파에 가담하게 되자 사림세력도 마침내 윤임의 대윤파大尹派와 윤원형의 소윤파小尹派로 갈라지게 되었다.

대부분의 학자들이 이를 오직 외척간의 대립으로만 파악하면서 붕당의 출현으로 간주하지 않고 있으나 이는 잘못이다. 조선조 붕당의 가장 큰 특징으로 거론되는 '사림세력간의 대립'의 측면에서 보면 이는 분명 붕당의 출현에 해당한다. 이는 이들 외척간의 싸움이 특이하게도 조선조 당쟁의 가장 큰 특징인 이념 대립의 양상을 보인데서 찾을 수 있다.

대윤파와 소윤파 사이에 전개된 유혈전은 공조참판으로 있던 윤원형이 대윤파의 탄핵을 견디지 못하고 이내 관직을 박탈당한데서 비롯되었다. 이에 앙심을 품고 있던 윤원형은 얼마 후 명종의 즉위를 계기로 문정왕후가 수렴청정을 하게 되자 대윤파에 대한 대대적인 유혈보복을 자행했다. 이에 윤임을 위시해 대윤파로 분류된 사림세력이 대거 사사死賜되거나 유배되는 을사사화乙巳士禍가 빚어졌다.

을사사화는 가해자인 소윤파와 피해자인 대윤파 모두 주요 구성원이 사림세력이었다는 점에서 이전의 사화와 기본성격을 달리 하고 있다. 이는 기본적으로 중종조 후기에 들어와 공신세력이 자연적으로 소멸한 상황에서 모든 세력이 사림을 자처한 데 따른 것이었다. 퇴계와 율곡은 바로 이런 시기에 등장해 조선성리학의 단초를 열었던 것이다.

퇴계는 34세 때인 중종 29년(1534년)에 식년문과에 을과로 급제해 벼슬길에 오른 뒤 요직을 두루 거쳐 성균관 대사성大司成이 되었으나 을사사화 때 대윤파의 일원으로 몰려 이내 삭직削職되었다가 명종의 부름을 받아 복직된 경력이 있다. 이후 그는 명종 7년(1552년)에 두 번째로 대사성에 임명된 후 예조판서 등을 거쳐 선조 원년(1568년)에 종1품인 의정부 우찬성이 되어 홍문관과 예문관 대제학을 지내다가 이듬해에 낙향해 후학 교육에 전념하던 중 선조 3년(1570년)에 70세의 나이로 타계했다. 그의 학문을 추종하는 사림세력들이 주로 영남지역에 몰려 있었던 까닭에 후세의 사가들에 의해 흔히 영남학파嶺南學派로 분류되었다.

퇴계보다 한 세대 뒤에 태어난 율곡은 21세 때인 명종 10년(1556년)에 진사시험에 수석으로 합격한 데 이어 명종 18년(1564년)에 치러진 대과시험에서도 수석으로 합격했다. 이후 그는 49세 때인 선조 17년(1584년)에 타계할 때까지 20년 동안 요직을 두루 거치면서 각종 개혁방안을 입안해 관철시키는 등 경세가經世家로서의 모습을 보여주었다. 그의 사후 그를 추종하는 사람들은 퇴계를 추종하는 영남학파와 대립되는 기호학파畿湖學派를 형성했다. 이들 두 학파는 이내 동인東人과 서인西人으로 불리는 두 개의 붕당을 조직해 대립함으로써 조선조 붕당정치의 단초를 열었다.

그러나 퇴계와 율곡은 기본적으로 철저한 성리학자였던 까닭에 이들의 문도를 자처하는 조선조의 사림들이 기호학파와 영남학파로 갈릴 이유가 하등 없었다. 그럼에도 조선조의 사림들은 이내 두 학파의 이론을 기반으로 한 붕당을 만들어 정국의 주도권을 장악하려는 속셈으로 상대학파를 이단으로 몰아가는 소아적인 작태를 보였다. 조선조의 당쟁은 겉으로만 이론투쟁을 내세웠을 뿐 사실은 이전투구의 권력투쟁에 지나지 않았던 것이다. 조선조 붕당정치의 비극은 바로 여기서 시작되었다고 해도 과언이 아니다.

적잖은 사람들이 퇴계를 주리론자主理論者, 율곡을 주기론자主氣論者로 알고 있으나 이는 잘못이다. 이러한 분류는 일제 때 이른바 '황도유교皇道儒敎'를 주창한 일본학자 다카하시 토오루高橋亨에서 비롯된 것이다. 그는 조선성리학을 크게 주리파와 주기파로 분류한 뒤 조선성리학은 자연과 인간의 존재론에만 관심을 집중시킴으로써 '치평'과 동떨어진 공허한 사변논쟁만 일삼았다고 비판했다. 그의 뒤를 이어 일제에 의해 동원된 어용학자들은 독창성을 지닌 퇴계의 '이기호발설理氣互發說'과 율곡의 '이통기국설理通氣局說'을 의도적으로 무시하면서 두 사람의 이론 모두 독창성을 결여하고 있다고 비판했다. 이는 말할 것도 없이 일제의 식민통치를 합리화하려는 속셈에서 나온 것이었다.

퇴계와 율곡은 비록 주희의 이론을 기본으로 삼았으나 인성론 방면에서 주희를 뛰어넘는 독창적인 견해를 토대로 마침내 성리학을 이론적으로 완성시키는 쾌거를 이뤘다. 이로써 중국성리학과 구별되는 조선성리학의 단초가 열렸다. 퇴계와 율곡은 서로 왕복서신으로 이어진 '사단칠정' 논쟁을 통해 자신들만의 독특한 이기론 체계를 만들어냈다. 당시 율곡은 '이'와 '기'를 적으로 분류하는 주희의 논지를 받아들이면서도 '이'와 '기'가 서로 분리될 수 없다는 주장을 펼쳤다. 그는 '이'와 '기'의 상호관계와 관련해 주희의 '불상리不相雜·불상잡不相離' 주장 중 '불상잡'에 주목했다. 이는 '불상리'에 주목해 '이'를 극단적으로 강조한 퇴계와 확연히 다른 점이다.

이로 인해 율곡은 먼저 '기'가 발동하면 '이'가 이에 올라타나 '기'의 청탁에 따라 '이'의 모습이 제대로 발현되는지 여부가 결정된다는 이른바 '기발이승설氣發理乘說'을 전개했다. 이는 '이'는 '기'의 움직임을 통해 관념적으로만 파악할 수 있다는 주희의 주장을 보다 명백히 했다는 데 그 의미가 있다. 율곡의 독창성은 여기서 한 발 더 나아가 이른바 '이통기국설理通氣局 說'을 주장한데 있다.

'이통기국설'에 따르면 인리人理와 물리物理는 단일한 '이'에서 나온 까닭에 하나로 통하나, '기'는 천지의 연변演變에 따른 국한성局限性을 지닌 까닭에 다양한 모습으로 나타나게 된다. '이통'에서 형체도 없고 하는 일도 없는 '이'는 시공간적으로는 시종始終과 선후先後가 부재하나 '기'에 얹혀 유행流行하는 까닭에 만물 가운데 나타나지 않는 곳이 없게 된다는 뜻을 지니고 있다. '기국'은 형체를 지니고 운동하는 '기'는 시공간적으로 시종과 선후가 존재하는 까닭에 쉬지 않고 오르내리며 유행하고 만물 가운데 나타나지 않는 곳이 없게 된다는 뜻을 지니고 있다. '이통'은 형이상인 까닭에 만물 속에 두루 상존하는 보편자이고, '기국'은 형이하인 까닭에 소장消長과 변동이 끊임없이 일어나는 특수자에 해당한다. 율곡의 '이통기국설'은 '이'와 '기'를 통일적으로 설명해 놓았다는 점에서 주희가 창시한 이기론의 백미라고 할 수 있다.

퇴계 또한 독자적인 입장에서 주희의 이기론에 약간의 수정을 가해 자신만의 독특한 이론인 이른바 '이기호발설理氣互發說'을 만들어냈다. 그는 주희의 '이' 개념을 극단적으로 중시한 나머지 '이' 역시 '기'와 마찬가지로 능동적으로 발동한다는 논지를 펼쳤다. 이는 사단을 '이발理發'로 표현한 주희의 주장에 근거한 것으로 사단의 '이'를 '기발氣發'을 통해서만 파악할 수 있다는 주희의 주장에 근거한 율곡의 논지와 대조된다. 이에 그는 '이'가 '기'에 올라타는 '기발이승'만 존재하는 것이 아니라 '이'가 '기'보다 먼저 발동해 '기'가 '이'를 따르는 이른바 '이발기수理發氣隨'도 존재한다고 주장했다. 그의 '기발이승' 이론과 '이발기수' 이론을 합쳐 통상 '이기호발설'이라고 한다.

퇴계의 '이기호발설'에 따르면 '이발기수'는 곧 사단을 뜻하는 것으로 언제나 선하고, '기발이승'은 곧 칠정을 뜻하는 것으로 '기'의 청탁에 따라 선하거나 악하게 될 수 있다는 논리가 성립된다. '이'는 본질적으로 순전히 선하기만 하고 악함이 없는 순선무악純善無惡이나 '기'는 선할 수도 악할 수도 있다. '성性'의 경우 본연지성은 순선이지만 기질지성은 선할 수도 악할 수도 있다. 정情의 경우 '이'에 근거한 사단은 순선이지만 '기'에 근거한 칠정은 선할 수도 악할 수도 있다. 심心은 바로 '이기理氣'와 '성정性情'이 통합된 것인 까닭에 선하기만 한 것이 아니라 악의 가능성까지 내포한다.

퇴계의 '이기호발설'은 인간의 도덕윤리를 중시한 그의 사상이 그대로 투영된 결과라고 할 수 있다. 퇴계는 '기발이승'만 존재한다고 간주할 경우 사실상 '이'는 사물死物이 되어 인간의 높은 도덕적 판단에 따른 자발적 행보를 제대로 설명할 길이 없다고 판단했다. '이발기수설'은 '이'를 높이고 '기'를 천하게 보는 퇴계의 '이귀기천理貴氣賤'사상이 약여하게 드러나는 대목이 아닐 수 없다.

심성론과 이기론에 대한 퇴계와 율곡의 견해 차이는 천리天理를 추종하는 방법론인 이른바 성경론誠敬論에서도 뚜렷한 차이를 드러내고 있다. 일찍이 주돈이는 인간이 천리에 도달하는 요체를 정靜(고요함)에서 찾은 바 있다. 이에 대해 정호는 성誠(정성), 정이와 주희는 경敬(공경)에서 찾았다. 중종 때의 조광조가 자신의 호를 정암靜庵으로 한 것은 주돈이의 주장을 좇은 것으로 볼 수 있다. 이에 대해 율곡은 정호의 주장을 좇아 '성誠'을 중시했고, 퇴계는 주희의 주장을 좇아 '경敬'을 중시했다. 이를 통해 퇴계와 율곡 모두 독자적인 입장에서 성리학의 제반 이론체계를 새로이 정립했음을 쉽게 확인할 수 있다. 퇴계와 율곡이 이른바 정주학으로 불리는 중국성리학과 대비되는 조선성리학의 비조가 된 이유가 바로 여기에 있다.

그러나 퇴계와 율곡은 사단을 본체의 관점에서 '이발'로 파악하면서도 작용의 관점에서 '기발'로 표현한 주희의 모순된 주장을 놓고 각각 한쪽만을 강조한 셈이다. 조선조 후기의 2백여 년 간에 걸친 이른바 '사단칠정논쟁'

과 '인심도심논쟁人心道心論爭', '인물성동이논쟁人物性同異論爭' 모두 따지고 보면 주희의 모순된 주장에서 비롯된 퇴계와 율곡의 해석을 놓고 갑론을박한 것에 불과하다. 이런 소모적인 논쟁 속에서 '치평학'에서 출발한 공학의 기본 취지는 실종될 수밖에 없다. 조선조 성리학의 통폐는 바로 여기서 비롯되었다고 해도 과언이 아니다.

사실 퇴계와 율곡이 성리학의 핵심이론인 이기론을 토대로 독창적인 조선성리학을 정립하게 된 데에는 선대 성리학자들의 영향이 컸다. 이미 고려 말기에 이색李穡과 정몽주鄭夢周, 길재吉再, 정도전鄭道傳 등은 고려조의 성균관에서 성리학을 토대로 한 새로운 학풍을 진작시킨 바 있다. 개국 당시 정도전이 불교의 폐단을 통렬하게 지적하면서 성리학 이념에 충실한 신권臣權 우위의 통치체제를 만들고자 한 것 등이 그 실례이다. 조선조 개창 이후에 가담한 하륜河崙과 권근權近 등이 왕권과 신권이 조화를 이루는 통치체제를 만들고자 한 것도 나름대로 성리학에 대한 독자적인 해석을 시도한 결과로 볼 수 있다.

그러나 조선성리학은 근원적으로 명분을 극도로 중시한 정몽주의 학풍을 이은 길재의 의리지학義理之學에서 비롯되었다고 할 수 있다. 퇴계와 율곡 스스로 자신들의 학문이 〈정몽주→길재→김숙자金叔滋→김종직金宗直→김굉필金宏弼→조광조〉로 이어진 학통에 근거한 것이라고 밝힌 사실이 이를 뒷받침한다. 이들 조선성리학의 학통 전수자들은 대부분 정변과 사화의 와중에 희생된 인물들이다. 이들의 희생은 명분을 중시한 사림세력들로 하여금 의리를 더욱 높이 숭상토록 만들었다. 퇴계와 율곡은 바로 이런 풍토에서 성리학의 제반 이론을 정밀히 검토해 조선성리학의 단초를 연 것이다. 퇴계와 율곡 이후의 모든 사림세력들이 3백년간에 걸쳐 퇴계와 율곡의 사상적 후계자임을 자임한 것도 바로 퇴계와 율곡에 의해 조선성리학이 정립된 사실과 무관할 수 없다.

물론 당시에 퇴계와 율곡 이외에도 화담花潭 서경덕徐敬德과 남명南冥

조식曹植, 하서河西 김인후金麟厚, 고봉高峰 기대승奇大升, 우계牛溪 성혼成渾 등 기라성 같은 성리학자들이 등장했다. 이들은 중국성리학을 나름대로 소화해 인간의 성정性情과 윤리도덕의 실천문제 등을 깊숙이 탐구하며 뜨거운 논전을 전개했다. 퇴계와 기대승 및 이율곡과 성혼 사이에 전개된 '사단칠정논쟁'이 그 대표적인 실례이다.

이들은 이 논쟁을 통해 주희가 애매하게 풀이해 놓은 '사단칠정론'을 중심으로 '이기성정론理氣性情論'을 정밀하게 다듬어 나갔다. 중국과 일본을 포함해 최고 수준의 성리학 이론으로 평가받고 있는 퇴계와 율곡의 이기론은 바로 이런 논쟁을 통해 형성되었다. 이 와중에 인성논쟁은 송익필宋翼弼과 김장생金長生 등에 의하여 중국과는 다른 조선조 특유의 예설禮說로 발전되었다.

당초 퇴계와 율곡에 앞서 이기논쟁의 단초를 연 사람은 서화담이었다. 그는 장재와 마찬가지로 '기'를 모든 존재의 근원으로 파악하는 '기일원론氣—元論'을 주장했다. 이에 대해 퇴계는 주희의 견해를 좇아 '이'와 '기'를 각각 체體와 용用의 관계로 파악하면서도 '이'를 절대적인 존재자로 간주했다. 퇴계가 사단의 경우는 '이'가 먼저 발동해 '기'가 뒤따른다는 식의 '이일원론理—元論'에 가까운 독특한 주장을 펼친 것은 사실 주희보다 맹자의 성선설에 근접한 것이다. 그는 어떤 면에서 서화담의 '기일원론'을 깨뜨리기 위해 '이기호발론'을 개발했다고 볼 수 있다.

퇴계가 율곡의 '기발이승설'을 반대한 것도 같은 맥락에서 이해할 수 있다. 퇴계는 서화담과 율곡의 주장을 받아들일 경우 '이'의 발현인 인간의 본성이 왜곡될 소지가 크다고 보았음에 틀림없다. 그가 성리性理란 곧 선성善性으로 요약되는 인간의 본성이고 인간은 이를 확충해 인간으로서의 소임을 다해야 한다고 강조하면서 구체적인 실천방안으로 '거경居敬'을 제시한 것은 바로 이 때문이라고 할 수 있다.

물론 율곡도 퇴계와 마찬가지로 성리학의 기본 입장을 충실히 견지했다. 그러나 그는 퇴계와 달리 도가 및 불가를 위시한 제자諸子의 학설에도 깊은 관심을 기울였다. 이는 그가 조선조 최초로 『도덕경』에 대한 체계적인 주석서를 낸 사실을 통해 쉽게 알 수 있다. 율곡이 극히 사변적인 성리학 이론을 정치현실 문제에 접맥시키기 위해 부단히 노력한 것도 이와 무관치 않을 것이다. 이는 상대적으로 현실 정치문제에 초연한 자세를 견지했던 퇴계와 전혀 다른 모습이기도 했다. 훗날 율곡을 추종하는 기호학파의 서인계西人系 붕당세력들이 현실정치 참여 문제와 관련해 퇴계를 추종하는 영남학파의 동인계東人系 붕당세력과 커다란 차이를 보이게 된 것도 이와 무관치 않다고 보아야 한다.

율곡의 이론은 비록 사변적인 이기론에서 출발하고 있으나 실사구시實事求是의 정신과 맥이 닿아 있다는 점에서 '치평治平'에 앞서 '수제修齊'를 강조하며 도덕적 인성의 도야를 강조한 퇴계의 이론과 뚜렷한 차이를 보이고 있다. 율곡이 생전에 민생안정을 위해 수많은 개혁방안을 제시하고 특히 말년에 이르러서는 왜적의 침공에 대비해 이른바 '십만양병설十萬養兵說'을 주장한 것도 이와 무관치 않을 것이다. 그러나 큰 틀에서 볼 때 퇴계와 율곡 모두 성리학 이론을 통해 현실 문제를 해결코자 한 점에서는 하등 차이가 없었다.

퇴계와 율곡은 개인적인 삶과 사상 면에서 후대인들이 추종키 어려운 높은 도덕성과 경륜, 탁월한 통치이념을 지닌 인물이었다. 그러나 이들의 학문을 토대로 만들어진 조선성리학이 후대에 미친 폐해 등에 대해서는 엄격한 비판이 가해져야만 한다. 조선성리학은 남송대의 성리학자들이 이적의 침공위협 앞에서도 공허한 사변론만 전개하다가 끝내 나라를 패망의 지경으로 이끈 것과 마찬가지로 조선조를 패망으로 이끄는 근원으로 작용했다.

서구 열강의 제국주의 침탈이 횡행하던 시기에 나라를 패망으로 이끈 조선조 위정자들에 대한 책임추궁을 소홀히 한 채 오직 일제의 조선침략 야욕만을 문제 삼는 것은 본말이 뒤집힌 것이다. 이는 선조 때의 사대부들이 왜란으로 인한 국망의 위기를 겪었음에도 불구하고 당쟁을 일삼다가 무비武備를 소홀히 하는 바람에 왜란을 촉발시킨 것을 반성하기는커녕 오히려 왜란을 승전勝戰으로 미화하면서 모든 책임을 왜군에게 전가한 행태와 하등 다를 것이 없다.

조선조는 왜란을 승전으로 간주한 뒤 더욱 당쟁에 몰두하는 모습을 보였다. 물론 왜란 당시 영의정을 지낸 유성룡柳成龍은 스스로 반성한다는 차원에서 후대인을 경계할 목적으로 『징비록懲毖錄』을 쓴 바 있다. 그러나 이 또한 철저한 반성에 기초한 것이 아니었다. 왜란 발발 직전에 일본을 방문했다가 돌아온 뒤 왜란은 결코 일어나지 않을 것이라고 장담한 김성일金誠一을 적극 변호한 것이 그 증거이다.

이런 상황에서 관기官紀가 제대로 서 있을 리 없었다. 이는 선조가 몽진蒙塵하는 도중 대부분의 조정 신료가 수행을 기피하거나 도주해 의주까지 따라간 신료가 수십 명에 지나지 않은 사실을 보면 쉽게 짐작할 수 있다. 이보다 더 충격적인 것은 극심한 민심이반이었다. 당시 거듭되는 패전과 추격해 오는 일본군 못지않게 선조와 조정신료들을 불안케 한 것은 몽진의 와중에 목도한 생생한 민심이반 현상이었다.

선조가 머물렀던 평안도 숙천肅川에서는 선조가 가고 있는 방향을 왜군에게 알려주기 위해 벽에다 '대가大駕가 강계江界로 가지 않고 의주로 갔다.'고 써놓은 자도 있었다. 왜군의 선무공작에 넘어가 강화와 교동 등지의 뱃길을 자세히 적은 해도를 넘긴 자도 있었다. 함경도에서는 왕자 임해군臨海君과 순화군順和君이 토착민인 국경인鞠景仁에게 사로잡혀 왜군에게 넘겨지는 사태까지 빚어졌다.

당시 조선조의 백성들은 왜란 이전에 이미 위정자들의 영일 없는 당쟁으로 인한 거듭된 실정失政에 절망하고 있었다. 이는 왜군이 조선인 촌락에 들어가면서 '우리는 너희를 죽이지 않는다. 너희 임금이 너희를 학대했기 때문에 온 것이다.'라는 식으로 교묘히 선무공작을 전개하자 부일배附日輩가

급증한 사실을 통해 극명하게 확인할 수 있다. 이로 인해 시장 백성들은 왜군이 와도 담담하게 그들을 맞이하는 상황이었다. 왜군 중 절반은 조선 사람이라는 소문까지 나돌았다. 당시 민심이반의 정도가 어느 정도였는지를 짐작케 해주는 대목이 아닐 수 없다.

이러한 민심이반은 궁극적으로 당리당략을 앞세운 붕당정치가 불러온 정국혼란에서 그 원인을 찾지 않을 수 없다. 이는 『선조실록』의 사관이 번거롭고 가혹한 부역과 상벌賞罰의 혼란, 언로 두절 등을 왜란의 원인으로 거론한 사실을 통해 쉽게 알 수 있다. 당시 지원군을 보낸 명나라 측의 분석은 더욱 날카롭다. 이들은 왜란의 근원을 붕당정치로 인한 '문약文弱'에서 찾았다.

당시 명나라 관인들은 동서 3천리와 남북 4천리에 이르는 비교적 넓은 국토와 비옥한 토질로 오곡이 풍성하게 산출되는 양호한 경제적 조건을 갖고 있는 조선이 과거에 비해 크게 쇠약해진 원인을 찾는데 관심을 기울였다. 이들은 그 해답을 바로 '문약'에서 찾아냈던 것이다. 당시 왜란에 참전한 상당수의 명군 지휘관과 관원들은 조선이 전란을 맞이하게 된 원인으로 시부詩賦만 숭상하고 무비武備를 소홀히 한 점을 지적했다. 평양전투 후 선조를 만난 명나라 관원들은 하나같이 조선의 문약을 지적하면서 전쟁을 끝내기 위해서는 왜군과의 강화가 불가피하다고 역설했다. 왜란참전을 기록한 『동정기東征記』의 저자인 서희진徐希震은 조선의 '문약' 풍조를 통렬하게 비판하면서 조선이 중국만을 믿고 무비를 거의 포기하다시피 하고 있다고 지적한 바 있다.

특히 경략經略의 자격으로 참전한 송응창宋應昌은 선조에게 보낸 자문咨文(외교문서)에서 조선의 관인들이 시나 읊조리고 기생을 끼고 앉아 국사를 팽개쳐두고 있다고 비난한 뒤 통렬히 각성해 속히 무비를 갖출 것을 촉구했다. 송응창 휘하의 유황상劉黃裳은 조선이 고구려 이래 강국이었음에도 불구하고 선비와 백성들이 독서와 농사에만 열중해 변란을 자초했다고 지적하면서 '조선은 단지 종이를 자르고 붓을 놀리는 짓만 하고 있다.'는 모욕적인 언사를 퍼붓기도 했다.

이와 관련해 눈길을 끄는 것은 평양전투 직후 경략 송응창 등이 명나라 군제와 화포 등을 도입해 무비를 강화하라고 촉구하면서 성리학 일변도의 학풍을 교정키 위해 양명학을 적극 수용할 것을 촉구한 점이다. 당시 명나라 관원의 눈에도 조선조의 사대부들이 오직 성리학 일변도의 고리타분한 학풍에 찌들어 있는 모습이 한심하기 짝이 없게 비춰졌음에 틀림없다.

이를 통해 퇴계와 율곡이 이룬 성리학 이론의 완성은 비록 학술이론 면에서 높은 평가를 받을 만한 것이기는 했으나 '치평'의 차원에서는 적잖은 문제가 있었음을 쉽게 짐작할 수 있다. 조선조는 퇴계와 율곡의 등장을 계기로 붕당정치가 시작된 이래 일제에 의해 패망할 때까지 3백 년에 걸쳐 국망의 조짐이 지속적으로 나타났다. 헛된 명분론에 얽매여 호란胡亂을 자초한 인조반정仁祖反正과 『주자가례』에 얽매여 국력을 소진한 현종 때의 예송논쟁禮訟論爭, 거듭된 정비正妃의 폐출로 얼룩진 숙종 때의 환국정치換局政治, 이인좌李仁佐의 난을 계기로 영남지역 유생의 과거시험을 봉쇄한 영조 때의 편파적인 탕평책蕩平策, 노론계老論系 외척이 권력을 농단하며 보위마저 좌지우지한 철종 때의 세도정치勢道政治 등이 그것이다. 이들 여러 조짐 중 가장 망국적인 것은 말할 것도 없이 세도정치이다.

세도정치가 횡행한 조선조 말기는 서얼·중인·향리 등의 중간계층과 농민들의 정치참여 의식이 크게 일어나던 때였다. 그러나 세도정치의 당사자인 노론계 외척들은 이들에게 권력의 문호를 개방하기는커녕 오히려 매관매직을 일삼으며 문호를 더욱 폐쇄적으로 운영했다. 세도정치로 인해 수많은 인재가 초야에서 탄식하는 상황에서 나라가 흥할 리 없다. 조선조가 거듭 피폐를 면치 못하는 상황에서 이웃 일본은 메이지유신을 통해 마침내 부국강병의 근대화에 성공했다. 서구 열강의 제국주의 노선에 적극 편승한 일제가 조선을 식민지침탈의 대상으로 삼고자 한 것은 필연지사였다.

당시 고종의 즉위를 계기로 섭정으로 나선 대원군大院君이 60년간에 걸친 세도정치를 혁파하고 나름대로 국세國勢의 진작을 꾀하기는 했으나 일정한 한계가 있었다. 세계사의 흐름에 둔감했던 그는 시종 쇄곡鎖國으로 일관한 까닭에 조선이 자주적인 근대화로 나아갈 수 있는 절호의 기회를 놓치고 말았다. 대원군의 혁파로 3백 년 가까이 지속된 사림의 붕당정치가 사실상 종언을 고했음에도 불구하고 이후 수십 년간에 걸쳐 개화를 둘러싼 혼란이 거듭된 것은 바로 이 때문이었다.

당초 대원군은 섭정의 자리에 오르자마자 '군약신강'으로 쇠락한 조선조의 왕권을 되찾기 위해 과감한 개혁을 정력적으로 추진했다. 그가 가장 먼저 혁파한 것은 숙종 연간에 노론의 영수 송시열宋時烈의 유언에 따라 명나라의 신종神宗 등을 제사 지낸 만동묘萬東廟였다. 당시 송시열은 죽기 직전에 신종이 임진왜란 때 원병을 보내 조선을 구하는 이른바 '재조지은再造之恩'을 베풀었다는 이유로 명나라가 패망했음에도 불구하고 그의 제사를 지내도록 당부했다. 이는 오직 조선만이 명나라의 패망으로 중원에서 끊어진 도학의 맥을 이은 유일한 나라라고 자부한데서 비롯된 것이었다.

당시 조선의 사림세력은 조선을 이른바 '소중화小中華'의 나라로 간주하면서 중원을 제패한 청나라를 야만족이 세운 나라로 비하하는 해괴한 명분론에 함몰돼 있었다. 명분을 중시한 성리학을 더욱 강고한 명분론으로 해석한 조선성리학이 빚어낸 희극이 아닐 수 없다. 그러나 송시열의 이런 극단적인 명분론은 노론세력이 숙종 이래 사실상의 통치권력을 근 2백년 가까이 장악하면서 오히려 높은 평가를 받았다. 조선조 후기에 송시열이 퇴계와 율곡을 제치고 주자朱子에 버금하는 '송자宋子'로 숭상된데 이어 그의 문집이 『송자대전宋子大典』으로 편찬된 사실이 이를 뒷받침한다.

대원군은 붕당정치의 폐해를 정확히 알고 있었다. 당시 만동묘는 근 2백 년 동안 붕당정치를 주도한 노론계의 성지나 마찬가지였다. 그가 가장 먼저 만동묘를 없앤 것은 더 이상 붕당정치를 용납하지 않겠다는 단호한 의지의 표명이기도 했다. 이는 그가 만동묘 철폐 이후 곧바로 붕당정치의 근원이 된 서원書院 1천여 개를 과감히 철폐한 사실을 통해 쉽게 확인할 수 있다. 당시 유림들의 반발은 상상을 초월했다. 그러나 대원군은 다음과 같은 말로 이에 단호히 맞섰다.

"백성을 해치는 자는 공자가 다시 살아난다 해도 결코 용서치 않을 것이다."

당시 대원군은 당색과 문벌을 초월해 인재를 고루 등용함으로써 자신의 결의를 분명히 했다. 이는 세도정치로 땅에 떨어진 왕위王威와 국세國勢를 진작시키는데 결정적인 도움을 주었다. 대원군의 다방면에 걸친 내정개혁으로 선조 때 시작된 신권 중심의 붕당정치가 근 3백 년 만에 종식되고 왕권 중심의 중앙집권체제가 회복되었다는 점에서 그의 붕당정치 혁파는 높이 평가할 만하다.

만일 이때 대원군이 내친 김에 개화까지 주도적으로 성사시켰다면 조선조의 역사는 전혀 다른 방향으로 전개되었을 것이다. 그러나 대원군의 개혁은 여기까지였다. 그의 대외정책은 오히려 세계사의 흐름과 정반대되는 방향으로 전개되는 바람에 임오군란壬午軍亂과 갑신정변甲申政變 등의 정변이 접종하는 혼란이 조성되었다.

식민사학자들은 대원군을 수구의 원흉으로 매도했으나 이는 의도적인 폄하가 아닐 수 없다. 당시 조선뿐만 아니라 중국과 일본 역시 양이론攘夷論이 대세를 이루고 있었다. 당초 대원군이 양이론에 경도된 것은 1860년에 서구 열강의 연합군이 청국의 수도인 베이징을 점령한 사실과 무관치 않았다. 이에 충격을 받은 대원군은 양이洋夷의 침공이 조만간 조선에도 미칠 것으로 보고 섭정의 자리에 오르자마자 양반에게도 호포세戶布稅를 물리고 원납전願納錢 명목의 기부금을 징수해 재정확충과 군비확장에 박차를 가했다.

마침 고종 3년(1866년)에 무장한 미국상선 제너럴 셔먼호가 대동강을 거슬러 올라와 약탈을 자행하다가 분노한 평양주민과 관군에 의해 배가 불태워지고 선원들이 모두 살해되는 사건이 일어났다. 역사상 서양과의 첫 무력충돌에 해당하는 이 사건은 대원군을 크게 고무시켰다. 대원군은 양이攘夷에 자신감을 얻은 나머지 곧 열강의 조선침략에 앞장선 죄목으로 붙잡힌 프랑스신부와 국내신도들을 극형에 처했다.

이에 경악한 프랑스 정부는 로즈 제독을 시켜 극동함대 7척과 1천 명의 군사를 급파해 프랑스신부 살해자에 대한 처벌과 통상조약의 체결을 요구케 했다. 대원군이 이를 묵살하고 무력으로 강력 대응하자 프랑스군은 40여 일 동안 강화도 일대를 약탈하는 만행을 저질렀다. 이는 대원군의 서구 열강에 대한 불신감을 더욱 강화시켰다. 대원군이 전국 각지에 '척화비斥和碑'를 세우고 쇄국 일변도의 대외정책을 펼치게 된 것은 바로 이 때문이었다.

당시 일본에도 양이攘夷를 외치는 지방영주인 번주藩主들이 매우 많았다. 그러나 일본은 1864년에 죠오슈번長州藩을 중심으로 미·영·불 등 4개국의 연합함대와 충돌했다가 참패한 것을 계기로 개화로 방향을 틀었다. 일본이 1868년에 메이지유신을 성사시켜 서구화의 길로 매진하는 것은 바로 죠오슈번의 참패를 통해 서구 열강의 힘을 뼈저리게 느낀 데 따른 것이었다. 불행하게도 대원군 치하의 조선조는 이런 계기를 만나지 못했던 것이다. 이후 조선조는 강화도조약을 계기로 일제의 조선침략이 본격화하면서 개화를 둘러싼 갈등으로 극심한 국론분열을 거듭하다가 끝내 일제에 의해 패망하고 말았다.

그간 학계에서는 주로 붕당정치로 인한 '군약신강'의 심화와 폐쇄적 파당주의에 의한 세도정치의 출현에 대한 분석을 생략한 채 자주적 개화의 기회상실과 일제의 러일전쟁 승리에 따른 미·영의 한일합방 승인 등 외부요인에서 조선조 패망의 원인을 찾았다. 이는 모든 책임을 일제 및 서구열강에 전가하는 것이나 마찬가지이다. 자신의 잘못을 깊이 성찰할 여지가 거의 없는 것이다. 그러나 조선패망의 근본원인은 바로 성리학에 침잠한 사림세력들이 붕당정치를 일삼은데 따른 '군약신강'에 있었다는 사실을 분명히 인식할 필요가 있다.

본래 신권의 우위를 강조한 성리학은 필연적으로 '군약신강'을 초래할 수밖에 없다. 이는 숭문천무에 따른 극단적인 문치주의文治主義가 빚어낸 필연적인 귀결이기도 하다. 조선조의 패망은 바로 부국강병에 기초한 현실적인 패도를 타기唾棄하고 공허한 왕도주의 이념에 얽매인 붕당정치에서 시작되었다고 해도 과언이 아니다.

조선조 패망의 원인을 놓고 일제를 탓하기에 앞서 세계사의 흐름에 눈을 감은 채 사변논쟁으로 날을 새우며 이전투구의 정쟁을 일삼은 조선조의 붕당정치에 대해 철저한 비판을 가할 필요가 있다. 철저한 자기반성을 결여한 채 남만을 탓하는 것은 과거의 전철을 답습하겠다는 선언이나 다름없다. 자기반성의 차원에서 볼 때 퇴계와 율곡의 학문에 기초한 조선조의 붕당정치가 조선조 패망의 가장 큰 요인이라는 사실은 부인할 수 없다. 이는 조선성리학에 기초한 붕당정치가 초래한 3가지 통폐를 일별하면 쉽게 알 수 있다.

첫째, 통치이념면에서 볼 때 퇴계와 율곡 이후의 조선조 역사가 퇴계와 율곡의 이기론 해석을 둘러싼 사상논쟁으로 점철된 점을 들 수 있다. 조선조는 왜란과 호란 당시는 물론 일제에 의해 패망할 때까지 시종 성리학에 파묻혀 사변적인 논쟁을 그치지 않았다. 순조 연간인 19세기 벽두에 시작되어 고종의 즉위 때까지 지속된 노론계의 척족 세도정치 역시 기본 틀만큼은 퇴계와 율곡의 출현을 계기로 시작된 사변논쟁에서 벗어나지 않았다.

퇴계와 율곡의 등장을 계기로 촉발된 붕당정치는 공소한 사변논쟁을 일삼다가 패망한 남송의 전례를 답습한 것이기도 하다. 조선조는 전대미문의 병란을 겪고도 모든 책임을 이적夷狄에게 전가한 채 부국강병을 소홀히 하는 우를 범했다. 왜란에 참전한 명나라가 '조선선후사의'를 통해 잘못된

'숭문천무' 풍조를 조속히 개혁해 문신이 무장의 직책까지 맡는 관행부터 없애야 한다고 충고했음에도 불구하고 이를 마이동풍으로 흘려들었던 것이다. 그 결과가 바로 3백년 뒤에 국가패망으로 나타났다. 이는 조선조 후기의 사대부들이 퇴계와 율곡의 학문에 기초한 붕당정치에 함몰된 나머지 부국강병책과는 거리가 먼 사변논쟁에 침잠해 있던 사실과 무관할 수 없다.

물론 조선에서도 비록 중국의 이탁오李卓吾와 같이 드러내놓고 하지는 않았지만 고루한 성리학에 대해 통렬한 비판을 가한 인물이 전혀 없었던 것은 아니다. 조선실학의 집대성자인 다산茶山 정약용丁若鏞이 바로 그 주인공이다. 그러나 그의 주장은 이탁오 만큼 철저하지 못한데다가 자신의 최대 지원세력인 정조正祖의 죽음으로 인해 큰 호응을 얻지 못했다.

둘째, 통치구조면에서 볼 때 퇴계와 율곡 이후 이기논쟁을 주도한 신권세력이 실질적인 통치권력을 장악한 점을 들 수 있다. 남송의 사례를 통해 알 수 있듯이 신권세력이 왕권을 압도하는 신권국가는 하나같이 '문약'으로 흘렀다. 갈등해소의 구심적 역할을 수행하는 왕권이 극도로 미약한 까닭에 관료체제를 장악하고 있는 신권세력간의 갈등에 따라 정국이 요동치고 정정불안 상태가 지속된 것이다.

원래 신권세력 내의 논쟁과 대립은 기본적으로 내우외환의 위협이 없어야만 가능한 것이다. 조선조는 왜란과 호란 이후 불행 중 다행인지 몰라도 근 2백여 년 동안 외환은 거의 없었다. 그러나 이는 오히려 신권세력간의 갈등을 격화시키는 외인外因으로 작용했다. 조선조 후기에 셀 수 없을 정도로 많은 붕당이 출현한 근본 이유가 바로 여기에 있다. 외환이 없었던 까닭에 신권세력은 조그마한 이념적 차이만 있을지라도 자신의 신념과 주장을 관철키 위해 수많은 분파로 분화되고 만 것이다.

이는 성리학을 더욱 사변적인 명분론으로 다듬은 퇴계와 율곡의 학문과 무관할 수 없다. 성리학은 근본적으로 신권세력의 우위를 전제로 하여 성립된 이념체계인 까닭에 성리학이 만연하면 할수록 왕권은 약화될 수밖에 없다. 영조가 자신의 아들 사도세자思悼世子를 뒤주 속에서 죽게 만든 것도 따지고 보면 쇠미한 왕권을 유지키 위해 신권세력간의 갈등을 잘못 활용한데 따른 부작용이라고 할 수 있다. 이 사건은 국본國本에 해당하는 세자 역시 신권국가에서는 신권세력간의 권력다툼 속에서 일종의 정치적 흥정거리 대상으로 전락할 수밖에 없다는 사실을 극명하게 보여주고 있다.

셋째, 통치권력 면에서 볼 때 권력의 변동이 이기논쟁을 내세운 당쟁구도와 동시에 진행된 까닭에 시간이 지날수록 권력투쟁 양상이 더욱 격화된 점을 들 수 있다. 과거 일제는 자신들의 식민지 지배를 합리화하기 위해 조선민족은 단결심이 없고 서로 당파를 이루어 분열하는 까닭에 이민족의 지배를 받아야만 한다고 선전했다. 일제의 이런 주장이 터무니없는 것은 말할 것도 없지만 진실의 일면을 담고 있는 것 또한 사실이다. 붕당의 자기분열과 당쟁의 격화과정은 이미 남송이 걸은 길이기도 했다.

성리학은 기본적으로 천리天理를 지고의 절대가치로 상정함으로써 일종의 '얼굴 없는 유신론' 내지 '유신론적 무신론'에 해당하는 종교이념으로 작동했다. 이는 붕당정치에 함몰된 조선조의 사대부들로 하여금 권력의 변동을 가치체계 내지 신념체계의 붕괴로 간주토록 만들어 피비린내 나는 유혈전을 전개토록 하는 근원으로 작용했다. 특히 인조반정을 계기로 서인의 집권이 굳어진 이후 서인에서 갈라져 나온 노론세력이 더욱 철저한 사변론에 함몰된 나머지 이미 패망한 명나라를 기리며 유일무이한 성리학의 나라를 자처한 것은 커다란 비극이었다. 이들은 왜란과 호란으로 거듭 패망의 위기에 몰렸는데도 전혀 반성할 줄 모르고 오히려 이른바 '소중화小中華'를 자처하며 대륙을 제패한 만주족의 청제국을 무시하는 등 시종 현실과 동떨어진 모습을 보였다.

이를 통해 짐작할 수 있듯이 퇴계와 율곡의 학문에 기초한 조선조의 붕당정치가 조선조에 끼친 부정적인 영향은 매우 심대했다. 물론 이에 관한 모든 책임을 퇴계와 율곡에게 물을 수 있는 것은 아니다. 그럼에도 퇴계와 율곡 또한 조선조의 사대부들로 하여금 공허한 사변논쟁에 휘말리게 하는 단초를 제공함으로써 결과적으로 조선조를 문약의 나라로 만드는데 일조했다. 조선에 주자보다 뛰어난 두 인물이 태어났다는 것은 성리학이 지배하던 당시에는 일종의 자랑일 수 있어도 역사적인 관점에서 볼 때는 조선조의 쇠락과 패망을 알리는 신호탄이 된 셈이다.

현재 중국은 이미 주자가 등장한 이래 수많은 격동기를 거치면서 주자는 말할 것도 없고 공자 자체에 대한 철저한 비판을 통해 마침내 '유가민족주의'라는 새로운 이념적 지표를 찾아가고 있다. 이는 바로 힘을 바탕으로 상황에 따른 임기응변을 강조한 패도覇道의 부활이라고 할 수 있다. 통치차원에서 볼 때 성리학의 가장 큰 통폐는 인성론과 이기론 등에 나타난 탁월한 철학적 이론의 정립과는 상관없이 치세와 난세를 불문하고 오직 덕정을 바탕으로 한 왕도만을 강조한 데 있다. 공학이 극단적으로 왜곡돼 가장 타락한 모습으로 나타난 실체가 바로 조선성리학에 의한 붕당정치와 세도정치였다고 해도 과언이 아니다.

본래 왕도 및 패도를 비롯한 모든 이념은 '치평'을 이루기 위한 하나의 수단에 불과할 뿐이다. 공자가 관중의 패업을 높이 평가한 것도 바로 이 때문이었다. 그럼에도 조선성리학은 '치평학'으로 출발한 공학을 공소한 도덕철학으로 왜곡한 성리학의 명분론을 더욱 강화해 마침내 붕당정치로 인한 '군약신강'을 초래해 끝내 나라를 패망으로 이끄는 결정적인 요인으로 작용했다. 공소한 사변논쟁을 촉발시켜 나라를 패망으로 이끄는 근원으로 작용했다는 점에서 주희로 상징되는 중국성리학보다 더 큰 문제를 안고 있었다.

이에 대한 철저한 비판을 생략한 채 조선성리학이 이룬 이론적인 성과만을 강조하는 것은 본말이 전도된 것이다. 성리학의 가장 큰 통폐는 치세와 난세를 불문하고 오직 덕정을 바탕으로 한 왕도만을 추구한 데 있다. 그럼에도 아직까지 치평에 기초한 순학이 아예 부재한 상황에서 극단적인 명분론으로 치달은 조선성리학이 초래한 통폐에 대해서는 이렇다 할 지적이 거의 나오지 않고 있다. 21세기의 G2시대를 주도적으로 열기 위해서라도 조선조의 순학 부재현상에 대한 철저한 비판이 선행될 필요가 있다. 이는 후술하는 바와 같이 일본이 순학의 의미를 발견해 이른바 '일본제왕학'을 정립한 사실을 감안할 때 시급히 요구되는 것이기도 하다.

일본의 순학 수용과 부국강병

역사적으로 볼 때 일본이 이웃 조선을 깔보기 시작한 것은 왜란이 일어나는 16세기 말까지 거슬러 올라간다. 당시 1백년간에 걸친 이른바 센고쿠戰國 시대에 종지부를 찍고 일본을 통일한 토요토미 히데요시豊臣秀吉는 지방 영주인 다이묘大名들의 세력을 약화시켜 자신의 기반을 확고히 할 속셈으로 조선침략을 감행했다. 결국 왜군은 명나라 군사의 개입과 토요토미의 죽음으로 이내 철군키는 했으나 일본이 조선병탄의 야욕을 버린 것은 아니었다.

이는 당시 일본의 사무라이들이 조선조의 영의정인 유성룡이 전대미문의 국난을 초래한 사실을 반성하는 차원에서 지은 『징비록』을 재빨리 손에 넣어 탐독한 사실을 보면 쉽게 알 수 있다. 이들이 『징비록』을 탐독한 것은 조선침략을 반성하려는 뜻이 결코 아니었다. 다음에 조선을 침략할 때는 두 번 다시 실패하지 않겠다는 일념에서 나온 것이었다. 우리는 참으로 무서운 이웃을 곁에 두고 살고 있는 셈이다.

그러나 당시 조선의 사대부들은 왜란으로 나라가 망국 일보 직전까지 몰렸는데도 이를 전혀 반성할 줄 몰랐다. 이는 평양성을 몰래 빠져나가 마침내 의주까지 몽진하여 명나라 조정으로부터 왜군의 첩자로까지 오인을 받았던 선조宣祖의 시호를 '선종宣宗'에서 '선조'로 바꾼 사실을 통해 쉽게 확인할 수 있다. '선종'이 '선조'로 바뀐 것은 왜란 때 조선군이 일본군에 승리를 거뒀다는 평가에 따른 것이었다. 조선의 사대부들이 7년간에 걸쳐 강산이 잿더미가 되고 백성들이 왜군의 어육魚肉이 되었는데도 이토록 기만적인 모습을 보인 까닭은 무엇일까?

이는 기본적으로 맹학의 왕도이념에 사로잡힌 데서 비롯된 것이었다. 왜란이 일어날 당시 조선의 사대부들도 일본의 심상치 않은 움직임을 눈치 채고 있었다. 그러나 통신사 명목으로 일본에 건너갔던 정사 황윤길黃允吉과 부사 김성일金誠一은 '간빠꾸關白(일종의 섭정)'로 있던 히데요시를 만나고 돌아온 뒤 엇갈린 보고를 했다. 이는 당시 조선의 사대부들이 성리학 해석을 둘러싼 퇴계와 율곡의 이견에 기초해 동인東人과 서인西人으로 나뉘어 서로 상대방을 극도로 견제한 데 따른 것이었다.

그러나 정작 가장 큰 문제는 이런 상호 견제로 인해 결국 아무런 대비책도 마련하지 못한 데 있었다. 결국 조선조는 막연히 전쟁이 일어나지 않을 것이라는 낙관적인 전망 속에 세월을 허송하다 전대미문의 국난을 당하고 만 것이다.

당시 조선의 사대부들은 왜란이 끝난 뒤 왜군의 침략행위를 탓하기에 앞서 자신들의 잘못을 통감하고 근원적인 문제점을 찾아내야만 했다. 그러나 조선의 사대부들은 왜란을 조선의 승리로 둔갑시킨 뒤 치국방략과는 아무런 관계도 없는 이념논쟁에 골몰했다. 3백년 뒤 마침내 일제에 의해 패망한 것은 반성할 줄 모르는 이런 안이한 작태에서 비롯되었다고 할 수 있다.

고래로 위정자에게 국가안위와 백성의 안녕보다 더 중요한 과제는 존재할 수 없다. 그런데도 조선의 사대부들은 선조 때 국토를 초토화시킨 왜란倭亂에 이어 곧바로 인조 때에 들어와 두 차례의 호란胡亂을 겪고도 전혀 반성할 줄 몰랐던 것이다. 그들은 청나라가 등장한 이후에도 만주족을 멸시하며 성리학보다 더욱 극단적인 명분론에 치우친 '조선성리학'을 만들어 놓고는 조선만이 유일한 '도학지국道學之國'이라고 자부했다. 그 결과는 조선의 패망으로 나타났다.

결국 메이지시대의 일본인들은 자신들의 조상이 유성룡의 『징비록』을 탐독한 이유가 조선의 물정이나 탐색하려고 했던 것이 아니었음을 3백 년 만에 역사적으로 입증한 셈이다. 그렇다면 도대체 그 사이에 일본에서는 어떤 일이 있었기에 왜란 당시의 미제로 남겨 두었던 조선병탄을 수백 년 뒤에 마침내 성사시킬 수 있었던 것일까?

이는 그들이 조선조의 사대부가 성리학에 매달려 있는 사이 순학荀學에 기초한 이른바 '일본제왕학日本帝王學'을 완성시킨 데 있었다. 그렇다면 일본제왕학은 어떤 과정을 거쳐 나타나게 된 것일까? 17세기 초에 교토의 쇼오코구지相國寺의 승려인 후지와라 세이카藤原惺窩는 정유재란 때 일본에 포로로 잡혀 온 조선의 성리학자 강항姜沆과의 토론을 통해 성리학의 효용성을 깨달았다.

강항은 정유재란 당시 분호조판서分戶曹判書 이광정李光庭의 종사관으로 남원南原에서 군량보급에 힘쓰다가 남원이 함락된 뒤 통제사 이순신 휘하에 들어가려고 남행南行하던 중 왜적의 포로가 된 인물이다. 그는 일본 오사카大阪과 교토京都로 끌려가 학식 높은 승려들과 교유하며 유학을 가르쳐 주던 중 선조 33년(1600년)에 포로생활에서 풀려나 가족들과 함께 고국에 돌아왔다. 그에게서 성리학을 접한 일본의 학승 후지와라 세이카가 일본성리학의 비조가 되었던 것이다.

당시만 하더라도 일본에서는 승려들이 이른바 유불일체儒佛一體의 입장에서 성리학을 공부하고 있었다. 세이카는 이내 환속하여 자신의 문도門徒인 하야시 라잔林羅山을 에도江戶 바쿠후幕府의 창업주인 도꾸가와 이에야스德川家康에게 천거했다. 라잔이 이에야스의 정치고문이 된 것을 기점으로 성리학은 일본의 명실상부한 관학官學으로 자리 잡게 되었다. 당시 이에야스는 왜 성리학을 일본의 관학으로 삼으려고 했던 것일까? 이에야스의 행장을 기록한 『덕천실기德川實紀』를 보면 대략 그 배경을 짐작할 수 있다.

"기미(이에야스를 지칭)는 말 위에서 무력으로 천하를 얻었지만 원래 태어날 때부터 훌륭한 자질을 갖추고 있어 무력으로 천하를 다스릴 수 없다는 도리를 일찍부터 깨달았다. 기미는 언제나 성현의 도를 존경하고 믿었던 까닭에 무릇 천하 국가를 다스리고 사람이 사람다운 도리를 행하기 위해서는 문도文道 이외에는 다른 길이 없다는 지혜로운 결정을 내렸다. 그래서 세상을 다스리기 시작하면서 문도를 크게 장려했던 것이다. 그러나 이로 인해 세상에서는 기미가 문풍文風에 기울어진 것으로 잘못 생각하는 사람들도 적지 않았다."

이에야스는 성리학만큼 통치권력을 확고히 뒷받침할 수 있는 통치이념이 존재하지 않는다는 사실을 익히 통찰하고 있었던 것이다. 물론 여기에는 이에야스의 호문好文 기질이 크게 작용한 것이 사실이다. 당시 라잔은 이에야스의 호문기질을 이용해 성리학을 관학으로 끌어올림으로써 일본의 통치문화에 새로운 장을 여는 데 결정적인 역할을 수행했다. 그의 자손은 대대로 도쿠가와 쇼오군將軍의 정치고문으로 활약했다. 당연한 결과로 성리학은 에도바쿠후 말기까지 유일무이한 관학의 위치를 차지했다. 이는 이에야스의 명에 의해 바쿠후의 관리는 반드시 성리학을 수학한 자로 한정한 데 따른 것이었다. 그 겉모습만 보면 조선조와 크게 다를 바가 없었던 셈이다.

그러나 그 속내를 보면 조선의 사정과 정반대였다. 당시 일본의 실질적인 제왕학은 성리학이 아니라 오히려 반反성리학인 이른바 '고학古學'과 '국학國學'이었다. 18세기 중엽에 이르러 일본의 '고학자'와 '국학자'들은 관학이 지나친 명분론에 치우쳐 '치평학'으로서의 유용성을 상실했다는 사실을 통찰했다.

당초 일본의 성리학은 크게 두 가지 흐름으로 전개되었다. 하나는 정통 성리학을 추종하며 쇼오헤이코오昌平黌(도쿄대 법학부의 전신)에서 쇼오군의 정치고문을 양성하는 데 그 목적을 둔 경사파京師派이다. 다른 하나는 교토를 중심으로 한 해남파海南派였다. 해남파의 출현은 성리학의 내부붕괴를 알리는 서곡이었다.

당시 해남파를 대표한 야마자키 안사이山崎闇齋는 왜란 때 전해진 퇴계의 대의명분론을 차용해 성리학과 일본 전래의 신도神道를 접합시킨 이른바 '수이카신도垂加神道'를 주창했다. 이는 훗날 메이지유신때 존왕론尊王論과 결합해 도막倒幕(바쿠후 전복)의 사상적 배경이 되었다.

그러나 당시 해남파가 성리학과의 정면대결을 피해 옆길로 나아간 것과 달리 중국에서 전래한 양명학은 관학인 성리학을 정면으로 공격하고 나섰다. 당시 양명학은 개인의 심성훈련과 지행합일知行合一을 강조한 까닭에 사무라이들로부터 크게 환영받았다. 사무라이들에게는 성리학의 지적 합리주의보다는 마음의 수행을 강조하고, 세습적 특권보다 개인적 역량을 중시하는 양명학이 훨씬 가슴에 와 닿을 수밖에 없었다.

당시 양명학은 비록 바쿠후에 의해 이단으로 취급받았으나 지방에 근거를 두었던 까닭에 큰 타격을 받지 않고 발전할 수 있었다. 양명학은 구마자와 반잔熊澤蕃山 때에 이르러 그 절정에 달했다. 반잔은 『집의화서集義和書』에서 성리학의 '천리인욕설'을 정면으로 비판하고 나섰다.

"사람은 먹고 마셔야 할 이치에 따라 음식을 먹고 마시며, 남녀도 예가 있고 이치가 있어 서로 친하게 된다. 이것이 도이다. 어찌하여 인심人心을 인욕人欲이라고 하는 것인가?"

이는 심학心學으로 불리는 양명학의 '인심론'을 동원해 성리학의 '인욕천리설'을 통박한 것이었다. 당시 반잔은 성리학을 겨냥해 고대중국의 도덕질서를 무비판적으로 받아들이는 유학은 '사학死學'이라고 비판하고 나섰다. 이로 인해 그의 저서는 오랫동안 출판되지 못했다. 원래 양명학 자체는 바쿠후체제에 반역적인 것은 아니었다. 그러나 일본의 양명학은 '수이카신도'와 마찬가지로 훗날 메이지유신 때에 이르러 도막倒幕의 사상적 배경이 되었다. 메이지유신 전에 오사카大坂의 도시빈민폭동을 지도한 오오시오 헤이하치로大鹽平八郎와 에도바쿠후 말기에 도막운동에 종사한 지사志士들 중

상당수가 양명학자였다는 사실이 이를 뒷받침한다.

그러나 보다 근원적으로 성리학에 통타를 가한 것은 고학古學이었다. 고학은 '수신제가'를 통해서만 '치국평천하'를 이룰 수 있다는 성리학의 기본이념에 근원적인 회의를 제기하고 나섰다. 고학의 창시자인 이토오 진사이伊藤仁齋는 교토의 호리카와堀川에 사숙私塾 고기토古義堂을 열고 유교의 진리를 주자를 뛰어넘어 곧바로 공맹 내지 그 이전의 육경六經인 『시경』·『서경』·『역경』·『춘추』·『예기』·『주례』 등에서 찾을 것을 주창하고 나섰다. 그는 『동자문童子問』에서 성리학의 도덕주의를 이같이 비판하고 나섰다.

"쓸데없이 마음을 바르게 하고 뜻을 진실 되게 하는 것만 알고, 좋아하고 싫어하는 것을 백성들과 같이 할 수 없다면 치도에 무슨 도움이 되겠는가?"

수신제가와 치국평천하는 별개이고 '치평학'의 요체는 치국평천하에 있다는 진사이의 이런 주장은 성리학의 근원적인 한계를 통찰한 데 따른 것이었다. 또 다른 고학자인 야마가 소코오山鹿素行의 주장은 더욱 통렬했다. 그는 인욕을 타기하는 성리학의 엄숙주의를 이같이 비판하고 나섰다.

"사람이 색을 밝히고, 천하의 미인을 구하는 것은 인간의 지식이 온갖 사물보다 뛰어난 데 따른 본성일 뿐이다. 본성을 다할 수 있어야만 부모를 따르고 군주를 섬기는 데 그 지극한 바를 다할 수 있는 것이다. 거부해야 할 것은 인욕이 아니라 욕망의 미혹迷惑이다. 미혹은 곧 과불급過不及(지나치거나 못 미침)을 의미한다."

소코오의 이런 주장은 성리학의 이론적 토대가 된 맹자의 성선설보다 순자의 성악설에 가까운 것이었다. 당시 소코오는 『성고요록聖教要錄』에서 주희를 비롯한 송유宋儒의 해석을 떠나 고대의 성현에서 직접 유학의 진리를 찾아내자고 주장했다가 바쿠후에 의해 위험인물로 지목돼 아코오번赤穗藩으로 유배가게 되었다. 이때 그는 현재까지 일본에서 가장 인기 있는 역사극의 소재인 '아코오번의 47의사義士'의 정신적 지도자가 되었다. 그 내용을 간략히 소개하면 다음과 같다.

1702년 겨울에 소코오의 가르침을 받은 아코오번의 로시浪士(주군을 잃은 사무라이) 46명이 자신들의 주군인 우에스기上杉를 죽인 키라 요시나카吉良義央의 저택으로 쳐들어가 그의 목을 벤 뒤 센가쿠지泉岳寺로 퇴각해 바쿠후의 처분을 기다리는 사건이 일어났다. 이로 인해 일본의 조야가 발칵 뒤집혔다.

당시 경사학파의 대표주자인 무로 큐우소오室鳩巢는 이들을 전국시대 말기에 진시황 척살에 나선 연나라 자객 형가荊軻에 비유하면서 이들의 사면을 주장했다. 그러나 사안이 그리 간단치 않았다. 그들을 사면할 경우 바쿠후의 봉건질서가 근본부터 무너질 우려가 컸다. 정치사상사적으로 볼 때 이는 개인적인 의리와 국법의 충돌에 해당했다. 모든 사람들이 이 문제로 고심할 때 일본제왕학의 길을 연 오규 소라이荻生徂徠가 절묘한 해법을 제시하고 나섰다.

당시 소라이는 5대 쇼오군인 도쿠가와 쯔나요시德川綱吉의 총애를 받고 있던 야나기 요시야스柳澤吉保의 가신으로 있었다. 소라이는 아무도 제대로 풀지 못한 이 난문難問에 대해 이런 해결방안을 제시했다.

"의리는 자신의 몸을 깨끗하게 하는 길이고, 법은 천하의 사람들이 모두 따라야 할 기준이다. 지금 46인의 사무라이들이 그 주군을 위해 원수를 갚은 것은 옆에서 섬긴 사람들로서 그 부끄러움을 안 것이라고 할 수 있다. 자신을 깨끗이 하는 도리로서 그 일은 의롭다고 할 수 있다. 그러나 그것은 그 무리에 한정되는 일이므로 궁극적으로는 사적인 논의에 불과할 뿐이다. 그들은 조정의 허락도 없이 꺼릴 것 없이 궁궐 내에서 죄를 범했다. 그들을 사무라이의 예로써 셋뿌꾸切腹(할복)에 처하는 것이 가할 것이다. 사론私論을 가지고 공론公論을 해친다면 천하의 법도가 서지 않게 된다."

결국 처분은 소라이의 주장처럼 내려졌다. 소라이는 사의私義를 지킨 46의사들의 명예를 살리면서 공의公義를 세우는 방안으로 참수斬首 대신

'셋뿌꾸'라는 절묘한 방안을 찾아낸 것이다. 20세기에 들어와 '일본학계의 텐노오天皇'으로 칭송된 마루야마 마사오丸山眞男는 소라이를 두고 이같이 평한 바 있다.

"소라이는 동양 역사상 최초로 도덕에 대한 '정치성의 우위'를 주장한 인물이다."

이는 소라이를 일본제왕학의 비조로 규정한 것이나 다름없다. 에도 출신인 소라이는 본래 교토에서 야인으로 있으면서 후생들을 지도하고 있던 고학자古學者 이토 진자이 밑에서 공부하고자 했다. 그러나 이토 진자이는 병으로 인해 그를 받아들일 수 없었다. 이에 화가 난 소라이는 독자적으로 에도에 겐엔蘐園이라는 사숙을 열고 독창적인 학설을 제창하고 나섰다.

당시 그는 공맹이 살았던 당시의 이른바 고문사古文辭에 대한 정확한 해석을 통해 원시유교原始儒敎의 '치평학' 이념을 찾아낼 것을 주장했다. 훗날 그의 학설이 진자이의 '고학古學'과는 다른 '고문사학古文辭學'으로 평가된 이유가 바로 여기에 있었다. 그는 일본 최초로 문헌학philology의 중요성을 인식한 선각자였다. 그의 이런 주장은 성리학이 지나친 명분주의로 인해 허울뿐인 제왕학으로 전락한 사실을 통찰한 데 따른 것이었다. 이는 그가 『태평책太平策』에서 이른바 '세이오노미찌聖王之道'를 설명한 다음과 같은 글을 보면 쉽게 확인할 수 있다.

"성왕의 길은 오로지 치국평천하에 있을 뿐이다. 그럼에도 유자들은 천리인욕과 이기理氣, 음양오행 등과 같은 주장들을 내세워 성왕의 길이 마치 격물치지格物致知와 성의성심誠意誠心 등과 같이 중들에게나 어울리는 덕목에 있는 것으로 생각하고 있다. 이로 인해 시비를 가리는 논의만 번거롭게 되어 마침내 성왕의 길은 마치 '세이도政道(치도)'와 완전히 다른 것처럼 여겨졌다. 이는 과연 누구의 잘못인가?"

18세기 당시 성리학의 사변론에 통렬한 비판을 가하면서 제왕학의 진수가 치국평천하에 있다고 설파한 인물로는 조선과 중국을 포함한 중국문명권에서 오직 소라이가 유일했다. 마루야마가 언급한 바와 같이 일본제왕학은 바로 소라이의 등장을 계기로 그 진수를 찾아냈다고 해도 과언이 아니다. 이는 소라이가 『태평책』에서 군주의 역할과 관련해 다음과 같이 언급한 내용을 보면 더욱 쉽게 확인할 수 있다.

"군주는 설령 도리에서 벗어나 사람들의 비웃음을 살만한 일이라 할지라도 백성들을 편하게 할 수 있는 일이라면 그 어떤 것이라도 기꺼이 하겠다는 생각을 가져야만 한다. 그런 마음을 가진 자만이 진정한 백성의 부모가 될 수 있다."

서양의 마키아벨리가 『군주론』에서 주장한 내용과 꼭 닮아 있다. 소라이가 강조한 '세이오노미찌'의 핵심은 곧 치국평천하에 있었던 것이다. 소라이는 이를 이른바 '사쿠이作爲'를 통해 얻을 수 있다고 주장했다. 이는 순자가 말한 이른바 '위僞' 개념을 차용한 것이다. 앞서 살펴본 바와 같이 순자는 인성의 악성惡性을 '선화善化'하는 구체적인 '위僞'를 강조한 바 있다. '인위적인 작위'를 뜻하는 말로 소라이의 '사쿠이'와 뜻이 같다.

순자와 소라이 모두 인성을 '선화'하기 위한 도구로 '위' 즉 '사쿠이'를 상정하면서 이를 성인이 만든 예법으로 해석했던 것이다. 인성의 악성을 선화하는 것이 곧 '사쿠이'가 되는 셈이다. 순자는 성인이 오랫동안 깊은 사려와 작위의 습득과정을 거쳐 만든 예법을 통해야만 비로소 사람들이 선하게 될 수 있다고 믿었다. 그는 예법에 따른 훈련이 가해질 경우 인성의 악성은 물론 어지러운 세상도 바로 잡을 수 있다고 보았다. 당연한 결과로 순자는 결코 인욕을 악덕으로 간주하지 않았다. 이는 인욕과 천리를 대비시킨 성리학의 논지와 정반대되는 것이었다.

전국시대 말기에 등장한 순자는 사상사적으로 볼 때 춘추시대 첫 패자覇者인 제환공의 패업을 이루는데 결정적인 공헌을 한 관중管仲의 사상적 후계자였다. 관중은 일찍이 왕도와 패도는 물론 덕치德治와 법치法治를 동일시한 바 있다. 이는 제왕학의 정수를 언급한 것이다. 훗날 순자는 관중의 이런 사상을 보다 이론적으로 정치하게 다듬었던 것이다.

그럼에도 불구하고 남송대에 명분론에 치우친 성리학이 등장하면서 관중과 순자 모두 이단으로 몰리게 되었다. 두 사람 모두 중국과 조선에서는 시종 이단으로 몰렸다. 그러나 두 사람은 기이하게도 18세기 초에 들어와 가장 늦게 제왕학을 접한 일본에서 소라이라는 인물에 의해 재발견된 것이다. 일본제왕학이 이웃 조선과 중국의 제왕학보다 한 단계 높은 수준에 설 수 있었던 것은 바로 소라이가 순자의 작위에서 '세이오노미찌'를 찾은 데 따른 것이었다.

19세기 중엽에 들어와 일본이 쿠로후네黑船로 상징되는 서구 열강의 개항 압력을 접하면서 재빨리 그 의미를 통찰하고 개화에 성공할 수 있었던 데에는 일본제왕학의 토대를 닦은 소라이의 공이 컸다. 그러나 이는 일본제왕학이 소라이학徂徠學에 머물지 않고 '국학國學'으로 나아간 데 따른 것이기도 했다. 당시 소라이학은 모토오리 노리나가本居宣長에 의해 일본을 천하의 중심으로 놓는 국학으로 전개되었다.

노리나가학宣長學으로 상징되는 일본의 국학은 소라이학의 사유방법을 이용해 일본의 독자성을 찾아내는 데 결정적인 공헌을 했다. 노리나가학은 훗날 존왕론의 사상적 기반이 되었다. 노리나가는 일본의 고대사를 실증적으로 연구한『고사기전古史記傳』등을 펴내면서 인간의 자연스런 감정인 '마고코로眞心'의 중요성을 역설하고 나섰다. 이는 성리학의 인욕천리설에 대한 정면 반박이었다. 노리나가는 중국문화에 심취된 이른바 '카라고코로漢意'를 버리고 일본 고유의 '마고코로'로 돌아올 것을 역설했다. 그는『직비령直毘靈』에서 치도의 이치를 이같이 설파하고 나섰다.

"중국인들은 위력威力과 지략智略을 통해 다른 나라를 빼앗고, 또 그 나라를 다른 나라에 빼앗기지 않도록 하는 것을 좋게 여기면서 나라를 잘 다스려 후세의 모범이 되는 사람을 성인이라고 부른다. 중국에서 말하는 '도'라는 것도 그 의미를 깊이 파고 들어가면 결국 다른 나라를 빼앗고 다른 나라에 나라를 빼앗기지 않도록 한다는 두 가지 취지에 지나지 않는다."

노리나가의 이런 해석은 지금의 기준에서 보아도 가히 파격적인 것이 아닐 수 없다. 당시 그는 일본의 사무라이들이 추구해야 할 진정한 길은 바로 일본의 독자성이라고 단언했다. 그의 제자인 히라다 아쯔타네平田篤胤는 한발 더 나아가 일본을 유일무이한 신국神國으로 규정하면서 고대신화에 근거한 복고적인 신도神道를 주창하고 나섰다. 이는 훗날 존왕론과 연결돼 도막의 이론적 기반이 되었다. 이를 통해 알 수 있듯이 일본의 제왕학은 치국평천하로 상징되는 '정치의 우위'를 강조한 소라이의 고학과 '일본정신'으로 상징되는 노리나가의 국학이 접합함으로써 마침내 그 이론적 완성을 보게 된 것이다.

원래 메이지유신 당시 일본의 조야를 풍미한 이른바 '존왕양이론尊王攘夷論'은 몇 개의 흐름이 있었다. 조선조의 양이론攘夷論이 쇄국론鎖國論으로 일관한 것과 달리 일본의 양이론은 오히려 개국론開國論에 가까웠다. 어떻게 이런 일이 가능했던 것일까? 이는 고학과 국학의 접합 위에 성립한 일본 제왕학의 학풍에서 비롯된 것이었다.

당시 가장 열렬한 양이론자 중 적극적인 개국론을 주장한 대표적인 인물로 요시다 쇼인吉田松陰을 들 수 있다. 요시다 쇼인은 평소 성리학을 통렬하게 비판한 이탁오李卓吾로부터 커다란 감명을 받았다. 이는 그가 친구에게 보낸 편지에서 흥분된 어조로 다음과 같이 말한 사실을 통해 쉽게 알 수 있다.

"요즘 이탁오의 글을 읽는데 그 재미가 매우 크네. 특히 그의 '동심설'이 가장 훌륭하다네. 탁오 거사는 일세의 기남자奇男子로 그의 말이 왕왕 내 생각과 같아 거듭 기쁘기 그지없다네. 내가 지난겨울 이후 '사死'라는 한 글자에 대해 크게 깨달은 바가 있으니 여기에는 『분서』의 공이 크다네."

요시다 쇼인은 『분서』를 초록한 『이씨분서초李氏焚書抄』 등을 일본 내에 소개하며 이탁오의 사상을 널리 알리는데 결정적인 공헌을 했다. 메이지유

신의 지사들은 요시다 쇼인에 의해 이탁오 사상의 세례를 받았던 셈이다. 시바 료타로司馬遼太郎의 『료마가 간다龍馬がゆく』에서 시골의 하급무사로서 고루한 봉건 다이묘大名들을 제압하며 메이지유신의 기틀을 마련한 주인공 사카모토 료마板本龍馬는 이탁오의 일본판 버전이라고 할 수 있다.

쇼인의 사상은 메이지유신 이후 개국의 정신적인 지도자였던 후쿠자와 유키치福澤諭吉에게 큰 영향을 미쳤다. 당시 후쿠자와 유키치는 『학문의 권장』에서 쇼인의 주장을 좇아 이같이 역설한 바 있다.

"외국의 침탈로부터 일본을 지키는 데 자주독립의 기풍을 전국에 충만하게 하고 나라 안에서 귀천과 상하의 구별 없이 나라를 자신보다 더 소중한 것으로 생각해야 할 것이다."

이를 통해 알 수 있듯이 메이지유신 당시 일본에서 나타난 '존왕양이론'은 결코 단순한 양이론攘夷論 내지 도막론倒幕論이 아니었다. 일본의 존왕양이론에는 천황을 높이면서 바쿠후체제의 존속을 바라는 이른바 존황경막론尊皇敬幕論에서 천황의 조정과 바쿠후의 조정이 하나로 합치는 이른바 공무합체론公武合體論에 이르기까지 다양한 사상적 스펙트럼이 있었다.

실제로 도막의 상징인 효명孝明 천황은 오히려 도막을 반대하면서 '존황경막론'의 입장에 서 있었다. 현대 일본인들에게 가장 많은 영향을 미친 시바 료타로의 명저 『료마가 가다』의 주인공인 사카모토 료마는 도막을 반대하면서 '공무합체론'에 입각한 단결을 역설했다.

이를 통해 알 수 있듯이 일본의 '존왕양이론'은 이웃 조선의 단순한 쇄국론 내지 개국론과는 그 질이 달랐던 것이다. 에도바쿠후 말기의 복잡한 국내외 정세 속에서 일본은 천황과 번주藩主, 번사藩士(상급 사무라이), 향사鄕士(하급 사무라이)를 막론하고 모두 일본의 자주독립과 부국강병의 방략에 상호 합의하고 있었던 것이다. 이는 말할 것도 없이 고학과 국학에 기초한 일본제왕학의 학문적 전통이 있기에 가능했던 것이다. 이는 조선의 사대부들이 양이攘夷는 곧 쇄국이고 화이和夷는 곧 개국으로 해석한 나머지 개화를 둘러싸고 극심한 대립양상을 보이며 중차대한 시기를 허송하다가 끝내 개화에 실패한 것과 극명한 대조를 이루고 있다.

일본제왕학의 전통은 매우 뿌리 깊은 것으로 비단 우파 인사들만이 보유하고 있는 것도 아니다. '국가의 안녕과 번영'으로 요약되는 일본제왕학의 이념은 메이지시대 이래 일본 지식인들의 뇌리에 깊이 각인돼 있는 불변의 금언이기도 하다. 메이지유신 전야의 혼란스런 국내외 정세 속에서 천황에서 하급 사무라이에 이르기까지 거국적인 치국방략에 합의해 양이를 개국으로 해석하는 유연성을 보임으로서 개화에 성공할 수 있었던 이유가 바로 여기에 있었던 것이다.

개국으로 상징되는 서구화를 통해 힘을 길러야만 진정한 양이를 이룰 수 있다는 사실을 통찰한 메이지시대 지사들의 식안識眼은 참으로 놀라운 바가 있다. 현대 일본인들은 지식인은 말할 것도 없이 일반 서민에 이르기까지 이를 통찰하고 있다. 일제시대는 말할 것도 없고 해방 이후 수십 년간에 걸쳐 계속되고 있는 일본인들의 '멸선' 의식은 바로 일본제왕학의 이런 전통에서 비롯된 것이기도 하다.

일본에서 오규 소라이와 같이 걸출한 인물이 나타나 고문사학古文辭學을 주창하며 일본제왕학을 만들어갈 당시 조선은 성리학에서 한 치도 벗어나지 못하고 있었다. 당시 중국만 해도 이미 양명학과 고증학, 공양학 등 다양한 학문이 나타나 성리학의 한계를 벗어나고 있었다. 그런데도 유독 조선만이 동양3국 중 유일하게 성리학에 얽매여 국세의 피폐를 면치 못했던 것이다.

일본이 동양3국 중 가장 뛰어난 제왕학을 발전시킨 데 이어 근대화에 성공할 수 있었던 것은 바로 성리학의 한계를 일찍이 간파한 데 있었다. 물론 일본도 서세동점西勢東漸으로 상징되는 서구 열강의 식민지쟁탈전이 일본에까지 밀어닥칠 때 조선조와 마찬가지로 커다란 위기감에 휩싸여 있었다. 그러나 선각적인 일부 번주藩主들은 젊은 사무라이들로 하여금 구미 선진국을 자유로이 돌아다니면서 서구 열강의 식민지로 전락치 않을 책략을 구상토록 적극 부추기고 나섰다. 조선과 일본의 명운은 이때 이미 판가름 났다고 해도 과언이 아니다.

조선병탄의 원흉으로 알려진 이토오 히로부미伊藤博文도 당시 유럽여행을 통해 '대일본제국' 건설의 필요성을 절감하고 돌아온 젊은 사무라이들 중 한 사람이었다. 이토오를 비롯한 메이지유신의 주역들은 외부세력의 침략을 물리치기 위해서는 하루속히 제국주의 대열에 합류하지 않으면 안 된다는 사실을 절감했다. 실제로 이들은 치밀한 전략 아래 30여 년 간에 걸친 집요한 노력 끝에 마침내 조선을 자국의 식민지로 만드는데 성공했다.

일본이 조선과 중국 등의 아시아를 멸시하는 이른바 '멸아蔑亞사상'을 갖게 된 것은 바로 메이지유신이 성사된 데서 비롯되었다고 할 수 있다. 당시 이를 이론적으로 뒷받침한 인물이 바로 게이오慶應대학의 창설자인 후쿠자와 유키치였다. 『춘추좌전』을 13번이나 읽으며 치국방략에 탐닉했던 그는 이른바 '탈아입구론脫亞入歐論'을 통해 속히 아시아의 범주를 벗어나 서구 열강과 같은 부류에 속하기 위해 서구화에 매진할 것을 촉구했다. 여기 '아亞'는 사실 중국을 의미한다. 이는 근본적으로 중국을 멸시하는 '멸아사상'에서 비롯된 것이었다.

원래 일본은 비록 8세기 중엽에 『일본서기日本書紀』를 펴내면서 스스로 천황의 일본이 천하의 중심이라고 자처했지만 내심 자신들이 동쪽 변방의 끝에 위치해 있었다는 사실을 숙지하고 있었다. 이는 대륙과 한반도로부터 뛰어난 문화를 수입키 위해 혈안이 되었던 그들의 역사를 보면 쉽게 알 수 있다. 일본인들은 내심 오랫동안 동아시아 문명의 변방에 위치해 있다는 열등의식에서 벗어나지 못했던 것이다.

그러던 것이 1853년에 미국의 페리 제독에 의해 강제로 문호개방을 하면서 일변하기 시작했다. 이들은 오히려 메이지유신을 기점으로 '멸아사상'에 입각해 서구 열강의 제국주의 흐름에 편승키 위해 혼신의 노력을 기울였다. 그 결과 대만과 조선을 차례로 병탄한 일제는 마침내 1930년대에 이르러서는 만주를 점거하고 중국 대륙마저 석권하는 아시아 최고의 패권국이 된 것이다.

당시 일제는 장차 중국을 완전히 손아귀에 틀어쥘 생각으로 일본을 동아시아의 중심국가로 규정한 뒤 이를 전제로 하나의 광역권으로 재구성하여 유럽중심의 세계질서를 재편코자 했다. 이는 '동아협동체東亞協同體'로 구체화되었다. 일제는 이를 이론적으로 뒷받침하기 위해 지식인들을 대거 동원했다. 얼마 후 '동아협동체' 구상은 일제의 침략범위가 남방의 동남아시아지역으로 확대되면서 '대동아공영권大東亞共榮圈' 이념으로 재구성되었다. 여기에는 좌우를 막론하고 일본의 모든 지식인들이 거국적으로 동원되었다. 이에 일본의 좌파지식인들까지 적극 동참해 일제의 침략을 미화하고 나섰다.

일본이 '성전聖戰'으로 미화한 '대동아전쟁大東亞戰爭'은 본질적으로 일제의 전략적 시야가 남태평양의 여러 지역으로 확대된 데 따른 것이었다. 당시 무한대로 확장하고 있는 일제의 전략적 시야를 학술적으로 뒷받침한 대표적인 학자로 교토대학의 야노 진이치矢野仁一를 들 수 있다. 그는 역사지리학적 분석을 통해 남방권을 포함한 '대동아' 개념을 만들어낸 장본인이었다. 그가 제창한 '대동아' 개념은 서양과 동양, 서구 식민주의와 아시아 민족주의, 종속과 자립이라는 개념틀 속에서 이념화되었다. '대동아공영권'은 바로 일제의 침략전선의 확대를 호도키 위한 간교한 언어유희에 지나지 않았던 것이다.

당시 일제의 군부세력은 이런 논리를 동원해 '대동아전쟁'을 성전으로 선전하면서 조선인과 중국인을 비롯해 일제의 새로운 세력권에 들어온 남방의 아시아인들을 전쟁에 적극 동원코자 했다. 이는 미국을 상대로 한 '태평양전쟁'을 전개하면서 더욱 절실한 과제로 등장했다. 이들이 '성전'을 내세울 때 동원한 논리가 바로 '근대초극론近代超克論'이었다. 이는 장차 아시아인이 주체가 되는 아시아인의 공동번영체를 건설키 위해서는 서구 제국주의자들이 아시아 침탈의 구실로 내세운 '근대론'을 초극해야만 한다는 논리였다.

많은 아시아 식민지 국가의 지도자와 지식인들은 이 이론에 크게 혹했다. 현대 베트남의 국부로 숭앙받고 있는 호치민胡志明 등도 이를 액면 그대로 받아들여 적극 동조하고 나섰다. 그러나 사실 일제가 내세운 '근대초극론'은 동남아와 남아시아를 포함한 광대한 아시아지역에 일본을 중심으로 한 새로운 아시아 체제를 구축하는 데 그 목적이 있었다. 서구의 식민지로 전락한 아시아 각국의 입장에서 볼 때 착취자가 서구 제국주의자에서 일제로 바뀌는 것에 불과했다.

'근대초극론'은 일견 후쿠자와 유키치가 내세운 이른바 '탈아입구론'과 배치되는 것으로 보인다. 그러나 그 이면을 들여다보면 '근대초극론'은 사실 후쿠자와의 '탈아입구론'을 교묘히 포장한 것에 지나지 않았다. 문명이 정체된 아시아를 탈피해 문명화된 서구를 추종하는 내용을 골자로 한 후쿠자와의 '탈아론' 속에 이미 '근대초극론'의 씨가 배태되어 있었던 것이다. 이는 1882년 3월 11일자 『지지신포時事新報』 사설에 게재된 다음과 같은 그의 주장을 보면 쉽게 알 수 있다.

"지금 아시아는 마음을 모으고 힘을 합쳐 서양인의 침탈을 막아야 한다. 이때 어느 나라가 그 선두를 맡아 맹주가 되어야 할 것인가? 마음을 비우고 이 사태를 지켜보니 맹주가 될 수 있는 나라는 우리 일본이라고 하지 않을 수 없다."

이를 통해 후쿠자와가 내세운 '탈아입구론'의 궁극적인 목표가 바로 아시아 전역에서의 패권 확립이었음을 분명히 알 수 있다. 이는 메이지유신 이래 '태평양전쟁'이 일어날 때까지 시종일관 조금도 변치 않은 일제의 기본 책략이었다. 일제는 조선과 중국을 침략할 때는 '탈아입구론'의 '근대론'을 원용해 야만적인 조선과 중국은 문명화된 일본에 의해 개화해야만 한다는 논리를 전개했다. 이어 미국과 개전할 때에는 조선인과 중국인 등을 이용하기 위해 '근대초극론'을 개발해 낸 것이다. 간교하기 짝이 없는 논리전개가 아닐 수 없었다.

1945년에 터져 나온 일본의 무조건항복 선언과 1949년에 나타난 중화인민공화국의 성립은 제국주의 일본을 중심으로 한 동아시아 협동체의 허구가 일거에 와해되었음을 상징했다. 이는 동시에 중국을 야만시하며 오직 일본만이 아시아에서 유일하게 선진 유럽과 유사한 역사과정을 밟을 수 있다는 자부심에 기초한 일본 근대화의 길이 좌절되었음을 의미했다. 일본은 곧 이웃 한국 및 중국에 대해 과거의 잘못을 솔직히 사죄하고 새로운 선린우호관계를 맺는 것이 도리였다.

그러나 일본의 우파지식인들은 오히려 일제의 지배가 없었다면 오늘의 한국과 중국의 발전이 없었을 것이라는 궤변을 동원해 과거의 침략을 정당화하고 있다. 메이지유신 때의 '탈아입구론'에 의한 '근대론'과 태평양전쟁 당시의 '근대초극론'에 입각한 일본 중심의 아시아주의가 무너졌음에도 불구하고 일본의 우파지식인들이 황당한 '식민지개발론'을 들먹이고 나서는 이유는 무엇일까? 여기에는 전후 '일본 지성계의 천황'으로 불리는 마루야마 마사오丸山眞男의 무비판적인 서구적 근대론 수용이 결정적인 영향을 미쳤다.

원래 마루야마는 도쿄대 법학부 정치학과 조교 시절 스승인 난바라 시게루南原繁의 지도 아래 일본의 역사에 나타난 '근대'의 기원을 찾아내 당시 사상계를 지배한 '근대초극론'에 대항코자 했다. 난바라 시게루는 헤겔과 칸트의 독일관념론에 심취한 인물이었다. 그는 말년에 피히테 철학에서 개인과 사회공동체의 이상을 내적으로 결합시킨 '문화사회주의' 개념을 찾아내고자 했다. 그는 독일에서 유학하던 시절 칸트와 헤겔에 침잠했으나 니시다 기타로西田幾多郎와 같은 철학자들이 독일 관념론에 몰입한 것과 달리 개인주의와 전체주의 등과 같은 정치철학적 과제에 탐닉했다. 난바라의 이런 관심이 제자인 마루야마로 하여금 '근대초극론'에 대항하는 '일본근대기원론'을 탐사토록 하는데 결정적인 배경이 되었다.

결국 마루야마는 조교시절인 1940년에 발표한 대표적인 논문인 「근세유교의 발전에서 소라이학의 특질과 국학의 관계」에서 고학파인 오규 소라이가 주장한 '성인聖人의 작위作爲' 개념으로부터 '전근대적' 성리학의 해체와 '근대적' 고학파의 성립과정을 논증했다. 오규 소라이가 말한 '성인의 작위'는 전국시대 말기에 태어난 춘추전국시대의 모든 사상을 사실상 통합한 순자의 '위僞' 개념을 차용한 것이다. 순자가 말한 '위' 개념은 곧 국가의 전장典章을 포함한 일제의 공적인 예제禮制를 뜻했다.

근대주의자 마루야마는 전근대적 시대에 나타난 오규 소라이로부터 일본 독자의 '근대적 사유'의 원형을 발견해냄으로써 당시 사상계를 지배했던 '근대초극론'을 극복코자 했던 것이다. 그러나 이는 공교롭게도 근대초극론자들이 극복하고자 했던 헤겔 및 마르크스의 '동양적 전제'와 '아시아적 정체'를 당연한 것으로 받아들이도록 만들었다.

마루야마는 일본 제왕학의 독자성을 오규 소라이로부터 찾아낸 그의 뛰어난 식안에도 불구하고 끝내 그 스스로 '근대'의 주박呪縛에서 벗어나지 못함으로써 헤겔의 천박한 동양관을 무비판적으로 받아들이는 결과를 초래했던 것이다. 마루야마가 '근대' 개념을 통해 일제의 침략전쟁을 비판했음에도 불구하고 일제가 이웃 조선 및 중국에 대해 저지른 만행에 대한 기본적인 통찰이 결여돼 있다는 느낌을 주는 이유가 바로 여기에 있다.

이를 통해 알 수 있듯이 근대주의자 마루야마 자체가 바로 후쿠자와 유키치의 '탈아입구론'에 깊이 경도되어 있었던 것이다. 이는 그가 만년에 후쿠자와 유키치의 저작인 『문명론의 개략文明論之槪略』에 대한 주석서로 펴낸 『문명론의 개략' 읽기』를 보면 쉽게 알 수 있다. 그는 이 책에서 이렇게 말했다.

"탈아脫亞는 어디까지나 시사론時事論이었던 데 반해 입구入歐야말로 원리론原理論이다. '입구'가 원리론이라는 의미는 '서구적 국가 시스템'에 가입하는 것을 뜻한다. 청나라와 이씨조선도 원리론의 차원에서는 자주적으로 가입하는 길이 열려 있다. 양국 모두 한 번이나 두 번 변하면서 그 길을 걸어 왔다."

마루야마는 '서구적 국가시스템에 가입한다는 원리론의 관점에서 제국주의 종주국인 일본과 식민지 내지 반식민지였던 조선과 청나라를 동시에 말하면서 일제의 책임을 교묘히 논의 대상에서 배제시켜 버린 것이다. 전후에 일본의 지식인들이 헤겔과 마르크스의 천박한 동양관을 거의 무비판적으로 수용케 된 데에는 철저한 서구적 근대주의자인 마루야마의 이런 태도가 결정적인 영향을 미쳤다. '근대' 자체에 대한 물음을 '근대적 사유의 성숙' 여부에 대한 물음으로 전환시켜버린 그의 학설은 서구적 근대에 대한 근원적인 회의가 완전히 결여되어 있었던 것이다.

당시 근대초극론자들은 비록 일제의 침략을 미화하는 데 이용당하기는 했으나 서구적 근대 개념을 초극하려고 노력했던 것이 사실이었다. 그러나 근대주의자 마루야마는 이에 대해 아무런 의심도 품어본 적이 없었던 것이다. 마루야마의 근원적인 한계가 바로 여기에 있었던 것이다. 서구적 근대에 대한 비판의식이 결여된 마루야마의 근대주의야말로 일본의 철저한 자기반성을 저해한 결정적 배경이 되었던 것이다.

일본은 마루야마가 일제의 전쟁행위를 전근대적 천황제 국가의 책임으로 전가시키고 조국의 근대화를 역설함으로써 헤겔의 왜곡된 동양관을 부활시킨 셈이다. 마루야마의 근대주의는 그가 의도했는지 여부와 상관없이 결과적으로 일본주의와 근대주의를 상호 결합시킴으로써 일제의 만행을 논외로 밀어낸 가운데 메이지유신 이래 일본의 근대화를 정당화한 것이다. 일본이 이웃 한국과 중국에 대해 고압적인 자세를 취하는 것도 따지고 보면 후쿠야자 유키치와 마루야마 마사오로 연결되는 일본을 중심으로 한 서구 근대주의 논리를 흡입한 데 따른 것으로 볼 수 있다.

이와 관련해 지난 세기 말에 일본을 유가문화권으로 봐야 하는지 여부에 관한 논란이 인 적이 있다. 이때 일본주재 미국대사를 지낸 동양사학자 라이샤워Reischauer는 한 잡지 기고문에서 일본이 서구화에 훌륭히 적응토록 도와준 유가의 전통적인 가치를 열거하면서 유가문화권으로 보아야 한다고 주장했다. 이는 후쿠자와 유키치의 '탈아입구'가 일본의 유가전통으로부터의 완전 이탈을 의미하는 게 아니라는 사실을 뒷받침하는 것이다. 실제로 후쿠자와는 동료들에게 이같이 토로한 바 있다.

"우리들 가운데 적잖은 친구들이 자신의 한학漢學 실력을 과장해 떠벌이고 있네. 그들은 『춘추좌전』을 읽었다고 말하지만 사실은 몇 단락을 발췌해 읽은 것에 지나지 않는다네. 나는 『춘추좌전』을 13번이나 읽었지만 한 번도 자랑한 적이 없다네."

실제로 그는 『춘추좌전』을 비롯한 유가경전에 해박했다. 그가 서구화를 강력히 주장한 것은 역설적으로 오히려 유학에 정통했기 때문이라고 보아야 한다. 최근 중국의 급부상과 관련해 아베 내각이 미국의 노골적인 지지 하에 '군사대국화'의 길을 걷고 있으나 다시 동양으로 돌아와야 한다는 이른바 '재아화再亞化'를 외치는 목소리가 간단치 않다. G1이 바뀌는 천하대세의 흐름에 적극 편승하자는 주장이다. 이는 아시아의 맹주 자리를 중국에 넘겨주는 것을 뜻한다. 21세기에 들어와 일본이 직면한 딜레마가 바로 여기에 있다. 현재는 비록 '타도중국'을 외치고 있으나 조만간 '재아화'를 선언할 수밖에 없는 상황으로 몰릴 공산이 크다. 이미 세계의 공장에서 세계 제1의 시장으로 급성장한 중국과 척을 지고는 일본의 앞날을 예측키 어렵기 때문이다. 천하대세가 그렇게 흘러가고 있다.

객관적으로 볼 때 중국과 한국 등의 급성장으로 인해 일본이 '멸아'에서 벗어난 것만은 분명하다. 그러나 일본의 우파 내에서는 아직도 조선에 대한 우월감에서 비롯된 '멸선蔑鮮의식'이 그대로 남아 있다. 이는 말할 것도 없이 조선이 일본을 능가할 가능성이 전혀 없다고 판단한 데 따른 것이다. 일본인의 '멸선의식'을 비판하기 이전에 그들보다 뛰어난 성과를 거두기 전에는 결코 일본인들의 '멸선의식'은 변하지 않을 것이라는 사실을 직시할 필요가 있다. 이는 중국의 비약적인 발전으로 인해 중국을 대상으로 한 이른바 '멸아의식'이 희박해지고 있는데 반해 유독 조선을 비하하는 '멸선의식'이 여전하다는 사실을 통해 쉽게 확인할 수 있다.

일찍이 조선조의 사대부들은 5백 년 동안 내내 오직 성리학에 매달려 순학荀學을 포함한 제자백가사상은 말할 것도 없고 심지어 양명학조차 모두 사문난적斯文亂賊으로 몰아가는 한심한 모습만 보여주었다. 그 사이 일본의 사무라이들은 『순자』와 『한비자』 등의 제자백가서는 말할 것도 없이 『전국책』과 『국어』 등의 사서를 섭렵하며 진정한 통치이념이 무엇인지 처절하게 고민했다. 그 결과 그들은 마침내 국가안녕과 번영을 골자로 하는 치국평천하를 제일의第一義로 내세우는 일본제왕학을 만들어낼 수 있었다.

현대 일본을 만드는데 견인차 역할을 한 메이지시대의 지사들은 결코 단순한 존왕양이론자들이 아니었다. 일본제왕학의 세례를 입은 그들 모두 양이를 개국으로 해석하는 사상적 유연성을 발휘함으로써 마침내 메이지유신을 성공시킬 수 있었던 것이다. 일본 보수 세력의 간판격인 아베 신조安倍晋三 수상은 최근에 펴낸 책에서 메이지유신의 사상적 지도자인 요시다 쇼인을 가장 존경한다고 밝히면서 이같이 언급했다.

"내 고향 야마구치현山口縣은 메이지유신 당시 수많은 지사들을 키워낸 요시다 쇼인 선생의 고향이기도 하다. 나는 평소 요시다 선생의 말씀을 가슴에 새기고 있다."

그의 이런 언급은 일본의 지식인들이 일본제왕학에 얼마나 깊은 감화를 받고 있는지를 상징적으로 보여주고 있다. 이들은 메이지유신 이후 자신들이 이룩한 성과에 대해 커다란 자부심을 지니고 있는 사실과 무관치 않다. 이는 에도江戶시대에 비록 조선으로부터 성리학을 받아들여 관학으로 삼았지만 결코 조선조처럼 여기에 매몰되지 않고 독창적인 제왕학을 만들어 메이지유신에 성공했다는 역사적 사실에 대한 자부심이다.

우리가 현대의 일본 지식인들에게 국가대계와는 하등 상관없는 이념투쟁을 일삼으면서 이제 지금의 한국을 메이지시대의 조선과는 달리 보아야 한다고 아무리 강조한들 아무 소용이 없다. 독도망언과 교과서 왜곡이 쉽 없이 빚어지고 있는 근본 이유가 바로 여기에 있다. 우리가 모든 면에서 일본을 압도하기 전에는 결코 그들의 '멸선'의식은 사라지지 않을 것이다.

우리는 지정학적으로 수천 년 동안 중국과 일본 사이에 끼어 수많은 우여곡절을 겪은 바 있다. 장차 두 나라의 행보를 주의해 관찰하지 않을 경우 또다시 낭패를 볼 수밖에 없다. 일본은 일찍이 공학의 적통이 순자에게 이어졌다는 사실을 간파하고 서구화에 성공해 패전에도 불구하고 세계 제2위의 경제대국으로 성장했다. 중국은 오랜 우여곡절 끝에 이제 공학이 본래 '치평학'에서 비롯되었다는 사실을 깨닫고 세계 정상을 향해 약진을 거듭하고 있다.

그러나 우리만 유독 소모적인 이념논쟁으로 인해 국민역량을 소진하고 있다. 과거 조선조의 사대부들은 일본의 고학자 및 국학자들과 같이 당시 불변의 진리로 통용되던 성리학에 대해 한 번도 진지하게 고민한 적이 없었다. 오직 고식적으로 맹종하며 세계의 흐름에 눈을 감는 자폐적自閉的인 모습만 보여주었을 뿐이다.

일본이 왜란 당시부터 이웃 조선을 얕잡아 보는 이른바 '멸선蔑鮮'의식을 갖게 된 것도 이와 무관치 않다고 보아야 한다. 원론적인 입장에서 볼 때 일본이 이웃 한국과 진정한 선린관계를 맺으려면 기본적으로 '멸선'의식에서 벗어나야만 한다. 그러나 이는 우리가 강요한다고 될 일이 아니다. 일본은 전통적으로 강자에게는 약하고 약자에게는 강한 모습을 보여주고 있다. 일본인들의 '멸선'의식을 근원적으로 불식시키기 위해서는 정치·경제 등 모든 면에서 일본을 압도하는 수밖에 없다. 일본은 특이하게도 자신들보다 낫다고 생각하는 나라에 대해서는 깍듯이 예를 차리고 이를 배우고자 하는 모습을 보여주기 때문이다.

한국의 위정자들이 국민들의 반일감정을 이용코자 하는 얄팍한 정략적 발상에서 벗어나 하루속히 부강한 나라를 만들기 위해 혼신의 노력을 기울여야만 하는 이유가 바로 여기에 있다. 우리는 일본의 '멸선' 행태를 탓하기에 앞서 그들이 왜 '멸선'의식을 갖게 되었는지부터 겸허히 되돌아볼 필요가 있다.

21세기 G2시대는 우리에게 위기이자 기회로 작용할 수 있다. 우리가 대처하기에 따라서는 이들의 행보를 타산지석으로 삼아 G2시대의 주역으로 거듭 태어날 수 있는 기회로 삼을 수 있다. 모두 우리가 하기 나름이다. 이웃 일본의 실사구시 행보와 중국의 임기응변 행보가 우리의 각성을 촉구하고 있다. 이상론에 치우친 맹학과 현실론에 충실한 순학의 차이를 명확히 인식하고, G2시대의 난관을 돌파해 나가야 하는 이유다.

제3부

겸애교리로 공존을 꾀하라

묵가 墨家

제1장 묵적과『묵자』

제1절 희노애락의 하늘을 말하다

사서 속의 묵자

지금으로부터 약 2400년 전, 하늘의 뜻을 들먹이며 만인을 두루 사랑하는 겸애兼愛와 침략전쟁을 강고하게 반대하는 비공非攻을 역설한 인물이 있었다. 바로 묵자墨子다. 그의 이런 주장을 좇는 자들을 묵가墨家라고 했다. 주로 공인工人과 장인匠人 내지 무사武士들로 이뤄진 묵가는 강한 결속력을 자랑하며 집단생활을 영위했다. 이들은 열국의 군주와 백성들을 대상으로 묵가사상을 열심히 설파하면서 강대국의 침략 위기에 놓인 약소국을 위해 방어 전술을 전하고, 각종 수비용 무기와 설비를 직접 만들어 제공하기도 했다. 책과 문헌을 정리하는 설서說書, 수공업 기능과 군사 기술을 익혀 몸으로 일하는 종사從事, 사상의 전파를 위한 논증과 언변을 갈고닦는 담변談辯 등 3가지 업무의 전문가를 집중 양성한 배경이다. 역사상 매우 보기 드문 정치결사체에 해당한다.

묵자의 본명은 묵적墨翟이다. 그에게 '자'를 붙인 것은 존경을 표한 것이다. 공구孔丘를 공자, 맹가孟軻를 맹자로 높여 부른 것과 같다. 공구의 '공'과 맹가의 '맹'은 모두 크다는 뜻을 지니고 있다. '묵'을 성씨, '적'을 이름으로 보는 게 통설이다. 남송 때 정초鄭樵는 기전체 사서 『통지通志』에서 당나라 때 나온 『원화성찬元和姓纂』을 인용해 묵자의 성씨는 '묵'이고, 본래 묵태씨墨胎氏였다고 주장했다. 이에 대해 명말청초에 활약한 주량공周亮工은 노자의 성씨를 '노씨'로 볼 수 있느냐고 반박하면서 '적'을 원래의 성씨라고 했다. '묵'을 성씨인 '적' 앞에 쓴 것은 얼굴에 먹을 뜨는 묵형墨刑을 받았다는 사실을 드러내기 위한 것으로 보아야 한다고 것이다. 그러나 그가 이런 주장을 뒷받침할 만한 뚜렷한 근거를 제시한 것은 아니다.

원래 묵적의 '묵'은 우리말의 먹과 같은 뜻이다. 검다는 의미를 함축하고 있다. 얼굴에 먹을 뜨는 '묵형'은 중형에 해당한다. 그렇다면 묵적은 왜 하필 '묵형'의 이미지를 연상시키는 '묵'을 성씨로 삼은 것일까? 예로부터 이와 관련해 이론이 분분했다.

가장 널리 유포된 설은 묵적 자신이 어떤 일로 인해 '묵형'을 받은 까닭에 그런 성씨를 갖게 됐다는 주장이다. 민국 초기 사학계의 거두로 활약한 치엔무錢穆가 『묵자』에서 이를 적극 지지하고 나섰다. 중문학자 호회침胡懷琛의 『묵자학변墨子學辨』과 고고학자 위취현衛聚賢의 『묵자소전墨子小傳』은 입고 있던 옷과 피부가 까만데서 그런 이름을 갖게 됐다고 보았다. 이들 모두 묵자를 '묵형'을 받는 천인으로 간주했다는 점에서 동일하다.

그러나 묵적을 천인 출신으로 간주한 것은 지나쳤다. 그를 포함한 묵가 집단은 방어용 무기를 만들거나 성을 쌓는 데 뛰어난 기술을 보유했다. '묵형'을 받은 노비 출신으로 단정하는 것은 비합리적이다. 방어를 위주로 한 그의 뛰어난 병법사상에 주목할 필요가 있다. 「비성문」에서 「잡수」에 이르는 20여 편은 『손자병법』을 비롯한 여타 병서에서는 전혀 찾아볼 길이 없는 뛰어난 수성守城 전략전술로 채워져 있다. 「비성문」 이하를 이른바 '묵자병법'으로 칭하는 이유다. 굳게 지킨다는 뜻의 묵수墨守 성어도 여기서 나왔다.

묵자는 대략 무사 집안 출신으로 보는 게 타당할 듯싶다. 실제로 묵자와 그 제자들이 무사 출신이라는 추론을 가능케 해주는 증거가 제법 많다. 묵가 집단의 지도자는 거자鉅子로 불렸다. '거자'는 집단 성원에 대한 생살권도 지니고 있었다. 묵자는 이런 집단의 초대 거자에 해당한다. 『회남자』「태족훈泰族訓」의 다음 구절이 이를 뒷받침한다.

"묵자를 좇는 자들이 180인에 달했다. 묵자는 그들을 불속에 뛰어들거나 칼날을 밟게 할 수도 있었다. 그런 식으로 죽을지라도 그들은 발꿈치를 돌려 달아나지 않을 것이다. 모두 감화된 결과다."

『묵자』가 이른바 '묵자병법'에서 성을 방어하기 위한 전략전술과 수성용 무기 제조법을 상세히 다루고 있는 것도 이런 맥락에서 이해할 수 있다. 묵자를 포함한 묵가는 원래 무사집단이었을 가능성을 뒷받침한다. 묵가는 2가지 점에서 통상적인 무사와는 달랐다. 첫째, 묵가는 공격성을 띤 전쟁을 극력 반대했다. 오직 방어를 목적으로 한 전쟁만 용인했다. 둘째, 묵가는 실용주의에 입각해 자신들의 직업윤리를 가다듬었다. 묵가가 유가에 이어 사상 두 번째 제자백가로 등장한 배경이다. 여기에는 묵자를 포함한 묵가 집단이 일정 수준의 교양을 갖춘 게 크게 작용했을 듯싶다. 실제로 묵자의 언행을 보면 일정 수준의 학문을 익히지 않으면 불가능한 내용이 매우 많다. 공자가 그렇듯이 묵자 역시 하급 무사 집안 출신일 공산이 크다.

훗날 한무제 때 활약한 사마천은 『사기』를 저술하면서 나름 제자백가의 출현배경과 활약상을 자세히 기술해 놓았다. 그러나 묵자와 묵가에 대해서만큼은 예외이다. 소략하기 짝이 없다. 맹자와 순자의 사적을 기록한 「맹순열전孟荀列傳」의 말미에 한 줄 언급하는데 그친 게 그렇다. 해당 대목이다.

"대략 묵적은 송나라 대부로 성을 방어하는 기술에 뛰어났고 절용을 역설했다. 혹자는 공자와 같은 시대에 활약했다고 하고, 혹자는 그보다 뒤라고 한다."

원문은 '개묵적蓋墨翟, 송지대부宋之大夫, 선수어善守禦, 위절용爲節用. 혹왈병공자시或曰並孔子時, 혹왈재기후或曰在其後.'로 총 24자에 불과하다. 이게 전부다. 『사기』의 뒤를 이은 반고盤固의 『한서漢書』도 별반 다를 게 없다. 관련 대목이다.

"묵자는 이름이 적翟이고, 송나라 대부였다. 공자보다 후대에 살았다."

『한서』는 『사기』보다 더 간략하다. 21세기라고 해서 더 나아진 것도 없다. 학자들의 연구 결과를 종합해 요약하면 대략 이렇다. 선조는 송나라 사람이었고, 오랫동안 노나라에 있었고, 천민으로 분류된 장인匠人의 삶을 살면서 뛰어난 기술을 발휘했고, 젊었을 때 유가에 입문해 공자사상의 세례를 받았고, 속유俗儒의 속물 행보에 실망해 이내 '겸애'와 '비공'을 기치로 묵가를 창시했고, 공자 사후에 태어나 맹자가 태어나기 전인 전국시대 초기에 활약하면서 대략 90세 가까이 생존했고, 사후에 묵가는 상리씨相里氏, 상부씨相夫氏, 등릉씨鄧陵氏 등 3개 학파로 나뉘었다는 정도이다.

청대의 손이양은 『묵자간고』에서 묵자가 주나라 정왕定王 때 태어나 안왕安王 말기에 죽었을 것으로 추정했으나 무슨 확실한 근거를 제시한 것이 아니다. 청대 말기에서 민국 초기에 이르기까지 최고의 지성으로 불린 량치차오梁啓超는 여러 전적에 나오는 묵자에 관한 기록을 망라한 『자묵자학설子墨子學說』을 펴낸 바 있다. 첫머리에 묵자의 사적을 정리한 「묵자약전墨子略傳」이 나온다. 이를 토대로 묵자의 삶을 개괄적으로 살펴보기로 하자.

묵자의 출생지와 관련해 크게 3가지 견해가 있다. 『순자荀子』 「수신修身」에 대한 양량楊倞의 주석, 『문선文選』 「장적부長笛賦」 주에 인용된 『포박자抱朴子』 등은 그를 송나라 출신으로 간주했다. 이게 현재의 통설이다. 이에 대해 『여씨춘추呂氏春秋』 「당염當染」에 대한 고유高誘의 주석은 노나라 출신으로 파악했다. 량치차오를 비롯한 많은 학자들이 이를 지지했다. 21세기에 들어와 이를 지지하는 학자들이 늘고 있다. 이들은 묵자가 태어난 지역을 공자와 맹자가 태어난 곳과 매우 가까운 등滕 땅으로 추정하고 있다. 지금 의 산동성 등주시滕州市 근교에 해당한다. 『맹자』「양혜왕」과 「등문공」 등에 는 맹자가 등나라 군주와 나눈 대화가 대거 수록돼 있다. 『묵자』 주석에서 손이양과 더불어 당대 최고의 주석가로 손꼽히는 필원畢沅은 묵자를 초나 라 출신으로 파악했다. 이는 초나라 노양魯陽 땅의 문군文君과 나눈 대화가 『묵자』에 대거 수록된 점에 주목한 분석이다. 『묵자』의 내용을 토대로 보면 대략 묵자는 노나라를 근거지로 삼아 오랫동안 머물렀고, 수시로 송나라와 초나라 등지를 오가며 열국의 군주 앞에서 '겸애'와 '비공' 등을 유세했고, 이 와중에 각지에서 모여든 여러 제자들을 대거 육성한 것만은 확실하다.

량치차오는 묵자가 활약한 시기를 대략 기원전 450년경에서 기원전 390년경 사이로 보았다. 시기적으로 춘추시대 말기에서 전국시대 초기에 해당한다. 이 시기는 춘추시대 말기를 화려하게 수놓은 오왕 합려闔閭 및 부차夫差 부자와 월왕 구천句踐이 천하의 패권을 놓고 치열한 각축전을 벌 인 이른바 오월시대吳越時代의 연장선상에 있었다.

'오월시대'는 앞선 시기와 몇 가지 점에서 뚜렷한 차이점을 보이고 있었 다. 춘추시대 중기에 활약한 제환공齊桓公과 진문공晉文公, 초장왕楚莊王 등 은 이른바 존왕양이尊王攘夷를 기치로 내걸고 '왕도王道에 가까운 패도覇道' 를 추구했다. 그러나 '오월시대'는 구천의 와신상담臥薪嘗膽 일화가 보여주듯 이 수단방법을 가리지 않고 패업을 추구했다. 당대의 병법가인 오나라 책사 오자서伍子胥를 위시해 월왕 구천의 참모인 문종文種과 범리范蠡 역시 제환 공과 진문공 등을 보필한 관중管仲이나 조최趙衰 등과 뚜렷한 차이를 보이 고 있다. 이들은 전국시대에 본격 활약하는 법가法家와 병가兵家 및 종횡가 縱橫家의 선구자에 해당하는 자들이었다.

큰 틀에서 볼 때 전국시대로 진입하면서 이른바 전국7웅戰國七雄으로 불리는 소수의 강대국이 치열한 각축전을 벌이게 된 것도 '오월시대'의 쟁패

爭覇 구도가 그대로 이어진 결과로 해석할 수 있다. 와신상담의 복수전이 이를 상징한다. 묵자는 바로 이런 시기를 산 것이다. 『여씨춘추』「당염」에 따르면 묵자는 주나라 조정 대신으로 있으면서 의례儀禮에 밝았던 사각史角의 후손에게 글을 배웠다고 한다.

제2절 묵자사상의 특징

제1항 공자사상의 변형

반전평화주의자 묵자

묵자는 사상 최초의 '반전평화주의자'로 꼽히고 있다. 단순히 전쟁을 반대하는 반전反戰 차원을 넘어 아예 전쟁 자체를 인정치 않는 비전非戰을 주장한 점에서 '사랑과 평화'를 향한 그의 행보는 높은 점수를 받을만하다. 만인을 두루 사랑하는 '겸애'와 다툼을 그치고 서로 상생을 꾀하는 '비공'의 숭고한 정신이 이를 뒷받침한다.

'겸애'와 '비공'은 나와 남을 엄히 구별한 뒤 가까운 사람을 더욱 가까이하는 유가의 친친親親사상을 부인한데서 출발한다. 묵가의 '겸애'가 유가의 별애別愛와 뚜렷이 구분되는 근본 배경이 여기에 있다. 천하의 모든 사람을 두루 사랑하라는 '겸애'는 내용상 기독교의 사랑 내지 불교의 자비와 하등 차이가 없다.

그럼에도 묵가가 종교로 나아가지 않은 것은 겸애의 실천방법을 세속적인 가치에서 찾은데 있다. 그게 바로 교리交利이다. 천하의 이익을 두루 서로 나눈다는 뜻이다. 「대취」는 '교리'의 배경을 이같이 설명해 놓았다.

"천하인은 이롭게 해주면 모두 기뻐한다. '성인은 사랑만 있을 뿐 이롭게 하는 일은 없다.'고 하는 것은 모두 유자儒者들의 객적은 말이다. '천하에 남이란 없다.'고 한 것은 묵자의 말이다. 이는 앞으로도 계속 유효할 것이다."

'천하에 남이란 없다.'는 구절의 원문은 천하무인天下無人이다. 여기의 인人은 나를 제외한 타인他人의 의미로 사용된 것이다. 사상사적으로 볼 때 묵가의 '천하무인'사상은 단군과 같이 동일한 조상을 둔 국가공동체의 통치 이데올로기로 사용할 만하다. 외적의 침공 위협에서 나라의 전 구성원이 하나로 똘똘 뭉칠 수 있기 때문이다.

그러나 묵자의 생각은 이를 뛰어넘는다. 그의 '천하무인'사상은 국가 차원을 뛰어넘는 천하의 모든 사람에게 적용되는 인류애人類愛에 가깝다. 일견 『논어』「안연」에서 공자의 제자 자하子夏가 언급한 사해형제四海兄弟 개념과 닮았다. 그러나 그 내용은 다르다. 「안연」에 나오는 자하의 '사해형제' 언급 대목이다.

"내가 듣건대 '생사는 명운에 달려 있고, 부귀는 하늘에 달려 있다.'고 했다. 군자가 공경하는 자세로 잘못을 저지르지 않고, 남과 더불어 있을 때 공손한 자세로 예를 갖추면 사해四海 안의 모든 사람이 곧 형제가 된다. 군자가 어찌 형제가 없는 것을 걱정하겠는가?"

자하는 공자사상을 예치禮治로 요약한 순자의 사상적 스승에 해당한다. '사해형제'는 예치를 통해 천하의 모든 사람이 공경한 자세를 취하며 평화를 이루는 순자학파의 기본이념을 상징한 말이다. 그러나 「대취」에 나오는 묵자의 '천하무인'사상은 형식적인 예가 아니라 남을 내 몸처럼 생각하는 실질적인 사랑을 통해 이루고자 하는 훨씬 높은 경지를 말한다.

사상사적으로 보면 '천하무인'을 통해 궁극적으로 실현코자 하는 겸애 역시 공자가 역설한 충서忠恕 개념에서 나온 것이다. 『논어』「이인」에 이를 뒷받침하는 일화가 나온다.

하루는 공자가 증자曾子에게 말했다.

"삼參아, 나의 도는 일이관지一以貫之하고 있다."

'일이관지'는 사물의 이치를 하나로써 꿰었다는 뜻이다. 공자가 밖으로 나가자 공자의 제자들이 증자에게 물었다.

"일이관지는 무엇을 뜻하는 것이오?"

증자가 대답했다.

"선생님의 도는 충서忠恕일 뿐이오."

'충서'는 남을 내 몸처럼 헤아리며 매사에 성실한 자세로 대하는 것을 뜻한다. '충'을 『설문해자說文解字』는 진심盡心으로 풀이해 놓았다. 남송대의 주희는 자신의 모든 것을 다하는 진기盡己로 새겼다. '서'에 대해 『설문해자』는 인仁으로 풀이했다. 주희는 자신의 마음과 같이 대하는 여심如心으로 새겼다. 묵자가 역설한 '천하무인'의 정신과 다를 게 없다. 일각에서 묵가를 두고 이상을 지향하는 '공자좌파'로 해석하는 이유다. 순자처럼 현실에 무게를 두는 '공자우파'와 대비된다. 지난 1990년에 작고한 펑여우란馬友蘭은 『중국철학사』에서 제자백가의 특징을 이같이 분석한 바 있다.

"유가는 사대부, 법가는 신흥지주, 도가는 몰락 귀족, 묵가는 하층 평민을 대표하는 사상이다."

객관적으로 볼 때 이는 결과론적인 분석에 불과하다. 『예기』 「예운」에서 말하는 대동 세계는 대도大道가 행해지는 세계를 뜻한다. 이는 묵자가 역설하는 '천하무인'이 이뤄져야 가능한 세상이다. 천하의 이익을 두루 나누고 서로 사랑하는 자유롭고 풍요한 삶이 보장되는 이상국이 그것이다.

공자사상을 결정적으로 왜곡한 맹자는 '공자좌파'의 시조로 불린다. 사상사적으로 보면 그는 묵자의 사상적 제자에 해당한다. 만일 묵자가 유가의 예악 등을 비판하지만 않았어도 묵가는 맹자에 앞서 '공자좌파'의 효시로 불렸을 것이다. 후대의 성리학자들은 예악에 방점을 찍은 나머지 비악非樂을 역설한 묵가를 유가와 입장을 달리하는 별개의 학파로 간주했다. 수천 년 동안 이것이 통설로 이어져 왔다.

그러나 사상사적으로 보면 묵가와 유가는 본래 아무런 차이가 없다. 백성을 위하는 위민爲民을 위정자의 기본덕목으로 꼽은 게 그렇다. 21세기에

들어와 적잖은 사람들이 맹자를 묵가의 사상적 후계자로 보는 것도 바로
이 때문이다. '천하무인'이 「이인」에 나오는 '충서'를 달리 표현한 것에 지나
지 않는다는 분석이 이를 뒷받침한다. 제자백가에 대한 새로운 접근이 필요
한 이유다.

위민사상과 평등주의

묵자는 백성의 이용후생에 보탬이 되지 않는 생산을 비판하며 절도 있
는 소비를 역설했다. 사상 최초의 노동가치설 주창자로 평가받는 이유다. 필
요에 따른 공급, 절제된 소비, 자원의 효율적인 분배를 주장한 사실이 이를
뒷받침한다. 유가의 후장구상厚葬久喪과 대비되는 박장단상薄葬短喪을 제안
하고, 호사스런 음악과 사치스런 궁궐 축조를 반대한 것도 이런 맥락에서
이해할 수 있다.

이는 기본적으로 국가공동체의 대종을 이루고 있는 서민을 역사의 핵
심 축으로 간주한데 따른 것이다. 묵자의 이런 생각은 당시의 시대상황과
밀접한 관련이 있다. 공자가 활약한 '오월시대'에 이미 중원의 제후들은 주
왕실에 명목적인 충성만 하고 있었다. 그러나 노나라를 비롯한 열국의 많은
제후들 역시 가신의 손아귀에서 놀아나는 일종의 괴뢰傀儡에 지나지 않았
다. 열국의 권력은 경卿으로 불리는 권신에게 넘어갔고, 일부 국가에서는 실
권이 다시 권신의 가신家臣들 수중으로 넘어가고 있었다. 제후들은 권모술
수 이외에는 그 어느 것도 믿을만한 게 없었다. 이는 신분질서에 기초한 주
왕조의 봉건제가 더 이상 존속키 어렵게 되었음을 암시하는 것이었다.

전국시대에 들어와 고정된 신분질서가 무너진데 따른 혼란은 극심했다.
가장 큰 피해를 보게 된 계층은 말할 것도 없이 서민이었다. 이들은 하극상
下剋上이 만연하고 연일 전쟁이 빚어지는 상황에서 일종의 전쟁도구에 지나

지 않았다. 이는 싸움의 양상이 국지전의 전차전에서 총력전의 보병전으로 바뀐데 따른 것이었다. 시신을 수습할 겨를도 없이 들판의 백골로 나뒹군 것은 결국 보병의 대종을 이룬 서민출신 병사들이었다. 공경대부와 무사들이 싸움의 주축을 이룬 춘추시대의 전차전에서는 볼 수 없는 양상이었다.

서민은 국가경제를 뒷받침하는 농공상 등의 생업에 종사하는 동시에 전쟁이 빚어지면 즉각 보병으로 출전해 목숨을 걸고 싸워야만 했다. 국가적으로 볼 때 한창 일할 나이의 장정이 출정해 전사할 경우 그 폐해는 심각했다. 전사자 가족의 생계가 위험해질 뿐만 아니라 제때 농사를 짓지 못한 탓에 전답이 황량해지면서 국가경제 역시 휘청거릴 수밖에 없다. 일각에서는 묵자의 이런 주장을 노동가치설에 기초한 마르크스의 경제이론과 비교키도 한다. 사실『묵자』에는 이를 뒷받침할 만한 대목이 매우 많다.「상현중」의 해당 대목이다.

"지금 왕공대인은 의상 한 벌도 만들 수 없는 까닭에 반드시 뛰어난 장인에 기대야 한다. 또한 한 마리 소나 양을 잡을 수 없는 까닭에 반드시 뛰어난 백정의 손을 빌려야 한다. 이런 2가지 일의 경우처럼 왕공대인 가운데 현자를 숭상하고 능력 있는 자를 발탁해 정사를 펴야 한다는 사실을 모르는 자가 없다. 그러나 나라가 혼란하고 사직이 위험에 처하는 지경에 이르는데도 능력 있는 자를 발탁해 정사를 펼 줄을 모른다. 친척을 불러들여 부리고, 아무런 공도 없이 부귀해지거나 얼굴을 꾸며 아첨하는 자를 발탁해 부리거나 한다. 아무런 공도 없이 부귀해지거나 얼굴을 꾸며 아첨하는 자를 발탁해 부릴 경우 어찌 그들이 반드시 지혜롭고 현자일 수 있겠는가? 만일 그들을 시켜 나라를 다스리게 하면 이는 지혜가 없는 자들로 하여금 나라를 다스리도록 하는 게 된다. 나라가 어지러워지는 것은 불문가지이다."

묵자가 현명하고 능력 있는 자를 발탁해 부리는 상현사능尙賢使能을 역설한 이유다. 묵자가 말하는 현능한 인물은 유가에서 말하는 군자君子와 다르다. 「상현 상」에 이를 뒷받침하는 묵자의 언급이 나온다.

"비유컨대 나라에 활 잘 쏘고 수레를 잘 모는 자가 많아지기를 바랄 경우 반드시 그런 자를 부유하게 해주고, 귀하게 대하고, 공경히 예우하고, 명예롭게 해주어야 한다. 옛 성왕은 정사를 펴면서 말하기를, '의롭지 않으면 부유하게 만들지도 말고, 귀한 자리에 앉히지도 말고, 친하게 지내지도 말고, 가까이 두지도 말라.'고 했다. 이런 얘기가 널리 퍼지자 도성에서 멀리 떨어진 벽지의 외신外臣과 궁정의 숙위宿衛하는 관원, 도성 안의 백성, 사방의 열국 백성들에 이르기까지 모두 다투어 의를 행했다."

원문은 벽지의 외신 등을 원비교외지신園鄙郊外之臣, 국중지중國中之衆, 사비지맹인四鄙之萌人으로 표현해 놓았다. 「상현 상」의 다른 대목에서는 농업이나 상공업에 종사하는 자를 뜻하는 농여공사지인農與工肆之人도 현능한 자의 일원으로 거론했다. 모두 농민을 포함해 수공업에 종사하는 자유민과 가노 등의 노비를 포함한 개념이다. 묵자의 입장에서 볼 때 의를 행할 수만 있다면 신분의 귀천을 떠나 과감히 발탁해 예우하는 게 나라를 잘 다스리는 길이다. 묵자의 이런 가르침을 좇을 경우 유가에서 말하는 군자와 소인의 구별은 아무런 의미도 없게 된다.

『논어』를 통해 알 수 있듯이 공자 역시 묵자와 마찬가지로 능력도 없이 오직 혈통에 의해 위정자의 자리를 세습하는 왕공대부 중심의 봉건질서에 비판적이었다. 그렇다고 생산에 종사하는 서민이 위정자의 자리에 오르는 것을 찬성한 것도 아니다. 중간층에 해당하는 무사武士 및 문사文士 등의 사인士人 계층에 초점을 맞춰 새 시대의 위정자 모델인 군자君子를 역설한 이유다. 공자가 볼 때 문무겸전의 '군자' 모습을 보이지 못할 경우 군주를 포함한 왕공대부는 소인에 불과했다. 당시의 기준에서 볼 때 매우 혁명적인 발상이었다.

묵자는 공자의 '인'을 확대한 '겸애'와 '비공'을 역설했듯이 치자治者의 자격에 대해서도 공자보다 훨씬 개방적이면서도 혁명적인 모습을 보였다. 신분의 귀천을 떠나 완전한 자유경쟁을 통한 위정자의 발탁을 주장한 게 그렇다. 관직을 혈통에 의거해 특정 계층이 독점적으로 세습하는 것을 반대하는 관무상귀官無常貴를 주장한 점에서는 공자와 취지를 같이한다. 그러나 일반 서민도 관직을 떠맡는 민무종천民無終賤을 역설한 점에서는 공자와 차이를 보인다. 그런 점에서 묵자사상을 마르크스 계급이론과 비교한 것은 나름 일리가 있다. 그만큼 혁명적이었다.

천의와 구세주의

『묵자』는 하늘의 뜻을 천지天志와 천의天意로 표현해 놓았다. 이는 크게 2가지 의미를 함축하고 있다. 첫째, 하늘은 지극히 공평무사하고, 인간처럼 의지를 지니고 있다. 일각에서 묵가를 인격신을 인정하는 유신론有神論으로 간주하는 이유다. 둘째, 하늘의 뜻은 서민의 뜻을 반영한다. 천지와 천의를 민의民意 내지 민지民志의 반영으로 본 것이다. 서민이 곧 하늘에 해당한다고 간주한 셈이다.

현실정치와 거리를 둔 기독교의 예수와 달리 묵자는 매우 적극적이었다. 그가 볼 때 인의에 입각한 의정義政은 반드시 나라와 백성의 이익에 부합해야 했다. 나라와 백성의 이익은 곧 하늘의 뜻에서 유출된 것이다. 따라서 하늘의 뜻인 천지와 천의가 모든 사물을 판단하는 최종 기준이 되지 않으면 안 된다. 『묵자』가 따로 「천지」을 편제해 하늘의 뜻을 장황하게 설명해 놓은 이유다. 묵자의 입장에서 볼 때 하늘이 만물을 창조한데 이어 천자와 제후, 백관을 두어 정치를 관장케 한 것은 모두 일반 서민의 이익을 증진시키기 위한 것이다. 따라서 이들 위정자들은 반드시 3가지 원칙을 지켜야 했다.

첫째, 천자를 위시한 위정자들은 반드시 하늘의 뜻을 받들어야 한다.

하늘은 지극히 공평한 입장에서 위정자들을 감시한다. 천자 위에 하늘이 있는 까닭에 위정자의 우두머리인 천자는 말 그대로 하늘의 뜻을 정확히 집행해야만 한다. 그게 '의정'이다. 맹자는 이를 '왕도'로 표현했다.

둘째, 위정자는 늘 민생의 안정과 일반 백성의 복리 증진을 꾀하는데 매진해야 한다. 전쟁 등을 일으켜 일반 서민의 민생과 이익을 해쳐서는 안 되는 이유다. 묵자가 '겸애'와 '비공'을 기치로 내건 근본 배경이 여기에 있다. 최초의 총력전 양상을 보인 보병전으로 치러지는 당시의 전쟁 상황에서 피해를 입는 것은 결국 서민밖에 없다는 사실을 통찰한 결과다.

셋째, 위정자가 하늘의 뜻을 저버릴 경우 천벌을 받게 된다. 하늘은 상벌의 권능을 관장하고 있어 의를 행하면 상을 주고 불의를 저지르면 벌을 내린다. 위정자의 우두머리 격인 천자를 위시해 그 어떤 관원도 예외가 될 수 없다. 하늘의 뜻을 어기면 하늘은 천하를 두루 굽어 살피는 까닭에 달아날 곳조차 없게 된다. 이는 공자가 『논어』 「팔일」에서 말한 가르침을 그대로 좇은 것이다.

이에 따르면 하루는 위령공衛靈公을 모시는 위나라 대부 왕손 가賈가 공자에게 물었다.

"속담에 이르기를, '안방 신인 오신奧神에게 잘 보이기보다는 차라리 부엌 신인 조신竈神에게 잘 보이는 것이 낫다.'고 했습니다. 이는 무엇을 말한 것입니까?"

'오신'은 위령공, '조신'은 왕손 가를 상징한 말이다. 자신에게 빌붙어 벼슬할 생각이 없는지 여부를 물은 것이다. 왕손 가의 속셈을 꿴 공자가 이같이 대답했다.

"그렇지 않소. 하늘에 죄를 지으면 빌 곳조차 없게 되오."

공자는 왕손 가에게 아첨하여 벼슬하는 것을 하늘에 죄를 짓는 획죄어천獲罪於天으로 표현한 것이다. 군자는 의롭지 않은 방법으로 부귀를 추구해서는 안 된다는 것을 역설한 셈이다. 묵자가 하늘을 인간처럼 뚜렷한 의

지를 지닌 인격신의 모습으로 그린 이유다. 이상을 추구하는 '공자좌파'의 기원이 묵자에게 있음을 방증하는 대목이다.

묵자의 주장에 따르면 하늘이 좋아하는 것은 '의'이고, 싫어하는 것은 '불의'이다. 하늘은 백성을 포함해 만물을 낳은 당사자이다. 자신의 소생인 만물과 백성을 애틋하게 여겨 안녕을 바라는 것은 당연한 일이다. 천자를 위시한 위정자는 하늘을 대신해 백성을 보듬는 자들이다. 이를 제대로 이행치 않는 것은 곧 하늘의 뜻을 어기는 게 된다. 하늘은 이를 좌시하지 않는다. 묵가가 인격신에 가까운 유신론을 펼친 배경이 여기에 있다.

묵자가 하늘의 뜻과 더불어 조상신을 포함한 모든 귀신의 뜻인 귀지鬼志을 받들 것을 주장한 것도 이런 맥락에서 이해할 수 있다. 그가 말하는 귀신은 크게 천신天神과 지기地祇, 인귀人鬼로 나뉜다. 이들 모두 하늘의 수하에 속해 있으면서 하늘과 더불어 독자적인 상벌의 권능을 지니고 있다. 이들 귀신들의 권능 행사 역시 하늘과 마찬가지로 지극히 공평무사하다.

『묵자』에는 하늘에 관한 언급이 모두 3백여 차례에 걸쳐 나온다. 「법의」와 「천지」, 「겸애」, 「비공」 등 4개편에 집중돼 있다. 모두 206번이다. 학자들의 견해를 종합하면 그 특징은 모두 9가지이다. 첫째, 인격신에 가깝다. 의지를 지니고 있기 때문이다. 둘째, 만물의 창조주에 해당한다. 백성을 어여삐 여기는 이유다. 셋째, 지극히 존귀한 존재이다. 천자보다 더 높다. 천자는 하늘의 뜻을 집행하는 자에 불과하다. 넷째, 만물을 주재한다. 굽어 살피지 않는 게 없다. 다섯째, 세상이 모든 사람을 평등하게 대한다. 하늘 앞에서는 천자와 서민의 구별이 없게 된다. 여섯째, 국가구성원의 대종을 이루고 있는 농공상 등의 서민을 가장 사랑한다. 백성을 관원의 착취와 억압에서 해방시키는 구세제민救世濟民濟民의 상징으로 간주된 이유다. 일곱째, 의를 기준으로 상벌을 내린다. 상벌의 시행으로 인간 세상에 적극 관여한다. 여덟째, 많은 귀신을 수하에 거느리고 있다. 이들 귀신은 하늘의 수족 역할을 수행한다. 아홉째, 거짓으로 하는 참배를 멀리한다. 성실한 자세로 제사에 임하는 자에게만 복을 내리는 이유다. 여러 면에서 기독교의 '야훼'와 닮아 있다.

그러나 다른 면도 있다. 크게 3가지이다. 첫째, 야훼는 인간의 원죄를 대속代贖하기 위해 예수를 지상으로 내려 보내면서 '천국'을 약속했으나 묵자의 하늘은 사후의 천국을 전혀 약속하지 않았다. 둘째, 야훼는 『성경』 「마태복음」 22장 21절에 나오는 예수의 '카이사르의 것은 카이사르에게, 하느님의 것은 하느님에게' 언급을 통해 정신적인 해방을 주문했으나 묵자의 하늘은 현세의 해방을 궁극적인 목표로 삼았다. 야훼가 원수까지 사랑하라는 예수의 주문이 시사하듯 '희생적인 정신적 사랑'을 최고의 가치로 내세운데 반해 묵자의 하늘이 '이익균점의 현실적인 사랑'을 역설한 이유다. 묵가는 현세에서 모든 사람이 공평히 인간적인 대접을 받는 이상국을 만들고자 한 것이다. 셋째, 야훼는 만물을 지배하는 절대자로서 무조건적인 경배를 요구하는 징벌과 질투, 심판의 신이다. 이에 반해 묵자의 하늘은 국가구성원의 대종을 이루고 있는 인민의 뜻을 충실히 반영하는 섭리攝理에 가깝다. 야훼처럼 희생을 요구하지도 않으면서 사람들 모두 맡은 바 역할을 충실히 수행하길 바랄 뿐이다. 예수가 전쟁 등의 현실에 대해서는 언급을 피한데 반해 묵자가 전쟁을 인류 최고의 악으로 간주하며 '비공'을 역설한 이유다. 묵가 사상을 유신론의 일종으로 간주하면서도 종교가 아닌 제자백가 학단의 일원으로 간주해야 하는 이유다.

제2항 묵자사상의 구성

1) 겸애주의兼愛主義

인의와 겸애

공자는 인仁과 더불어 의義를 매우 중시했다. 그러나 '인'과 '의'를 결합한 인의仁義 개념은 한 번도 사용한 적이 없다. 『논어』를 보면 오히려 '인'을 예禮와 대비시켜 설명한 대목이 많다. 대표적인 경우가 『논어』「안연」의 첫머리에 나오는 극기복례克己復禮 구절이다. 이에 따르면 하루는 수제자 안연이 공자에게 '인'에 관해 묻자 공자가 이같이 대답했다.

"인은 '극기복례'를 통해 이룰 수 있다. 하루만이라도 '극기복례'를 행하면 천하가 인으로 돌아갈 수 있다. 이는 자신에게서 비롯되는 것으로 어찌 다른 사람에게서 비롯될 수 있겠는가?"

안연이 다시 물었다.

"그 자세한 내용을 묻고자 합니다."

공자가 대답했다.

"예가 아니면 보지 않고, 예가 아니면 듣지 않고, 예가 아니면 말하지 않고, 예가 아니면 움직이지 않는 게 그것이다."

훗날 주희는 여기의 '극기복례'를 두고 이같이 풀이했다.

"극克은 이기는 것이고, 기己는 일신의 사욕을 뜻한다. 복復은 돌아간다는 뜻이고, 예禮는 천리天理에 관한 예절의 근본규범이다. 인을 행하는 것은 그 마음의 덕을 온전히 하는 것이다. 마음의 온전한 덕은 천리가 아닌 것이 없으나 또한 인욕人欲에 의해 파괴되지 않을 수 없다. 이로 인해 인을 이루고자 하는 자는 반드시 사욕을 이겨내고 예로 돌아가야만 한다. 일마다 모두 천리인 까닭에 그같이 해야만 본심의 덕이 다시 내 몸에서 온전하게 된다."

나름 일리가 있는 해석이나 성리학의 이론적 뿌리에 해당하는 이른바 '천리인욕설天理人欲說'을 합리화하기 위한 억지해석이라는 지적을 면키 어렵다. 이는 공자가 말한 기본 취의와는 크게 다르다. 원래 '극기복례'는 『춘추좌전』「노소공 12년」조에 나오는 말이다. 당시 초영왕楚靈王은 그치지 못하고 멋대로 정치를 펼치다가 신하들에 의해 쫓겨나 객사하는 화난을 당했다. 공자는 이를 두고 이같이 평했다.

"옛 책에 이르기를, '극기복례를 인이라고 한다.'고 했다. 참으로 좋은 말이다. 만일 초영왕이 이같이 했다면 어찌 치욕을 당할 리 있었겠는가?"

이를 통해 알 수 있듯이 『논어』에 나오는 '극기복례'는 공자가 고서에 나오는 격언을 인용한 것이다. '극기'는 주희가 말한 것과 같은 형이상학적인 개념이 아니라 말 그대로 스스로 절제하는 자극自克을 뜻한다. '복례'는 『춘추좌전』에 나오듯이 복인復仁을 말한다. 공자가 말하는 '인'의 핵심 요소 중 하나가 바로 '예'이다. 공자사상을 집대성한 전국시대 말기의 순자가 맹자를 질타하며 '예치'를 역설한 것도 이런 맥락에서 이해할 수 있다.

순자보다 한 세대 앞서 활약한 맹자는 인의를 강조하며 마치 '의'가 '인'의 핵심 요소인 것처럼 언급했으나 실은 인례仁禮가 공자가 말한 근본취지에 부합한다. 공자사상을 집대성한 이른바 인학仁學은 학문방법으로는 인지仁知, 실천방법론으로는 '인례'로 나타난다. 공자가 '극기복례'를 언급한 것은 위정자의 자기절제를 통한 지극한 통치의 실현을 촉구한 것이다. 주희의 형이상학적인 해석과는 거리가 멀다.

『논어』에는 맹자가 그토록 역설한 '인의'가 단 한마디도 나오지 않는다. 이에 반해 『묵자』에는 무려 29회나 언급돼 있다. 묵자는 사상 최초로 '인'에 '의'를 덧붙인 '인의' 개념을 창안해 낸 당사자이다. 맹자가 '인의'를 자신의 독창적인 견해인 양 내세운 것은 표절을 호도하기 위한 몸짓에 지나지 않는다. 묵자와 맹자 모두 '인의' 가운데 '의'에 방점을 찍고 있는 사실이 이를 뒷받침한다.

'의'를 판정하는 기준은 하늘의 뜻이다. 그게 바로 인격신에 가까운 천의 내지 천지 개념이다. 묵자는 예수가 '카이사르의 것은 카이사르에게, 하느님의 것은 하느님에게'를 언급한 것과 달리 천의 내지 천지를 세속의 정치에 그대로 적용할 것을 주문했다. 그가 의정義政을 제창하며, 힘에 근거한 역정力政을 질타한 이유다. 훗날 맹자는 '의정'을 왕도王道, '역정'을 패도覇道로 바꿔 표현하며 '인의'를 자신의 창견創見인 양 내세웠다. 뻔뻔한 표절에 지나지 않았다. 남송 대의 주희가 장자사상을 변용한 선불교禪佛敎 교리에서 많은 것을 차용해 성리학을 집대성했음에도 유교의 수호자를 자처하며 불교를 질타한 것과 닮았다. 사상사적으로 볼 때 맹자는 묵가로 분류하는 게 옳다.

묵자는 공자사상의 세례를 받은 까닭에 '인'을 직접 비판하지는 않았으나 그리 호의적이지도 않았다. 유가의 '인'이 세습귀족의 통치를 합리화시키고 있는 점에 주목한 결과다. 그가 볼 때 유가의 '인'은 별애別愛를 달리 표현한 것에 지나지 않았다. 그는 내심 공자의 '인'을 빈부귀천을 막론하고 모든 사람에게 확대 적용코자 했다. 그가 유가의 '별애'와 대비되는 '겸애'를 주장한 이유다.

사실 유가의 '별애'는 주나라 존립의 기반인 종법宗法을 합리화한 빈부귀천의 차별에 지나지 않았다. '겸애'는 이런 차별을 근원적으로 부인한다. 유가와 묵가가 갈리는 대목이다. '겸애'는 자신과 남을 구별하지 않는데서 출발한다. 그게 바로 천하무인天下無人사상이다. 자신의 부모를 사랑하듯 남의 부모도 사랑하여 자신과 남 사이에 어떠한 차별도 두지 않는 것을 말한다. 이를 실천하면 남과 다툴 일이 없게 된다. 세상이 혼란스런 것은 사람들이 이를 실천치 않기 때문이라는 게 묵자의 확고한 생각이었다.

'겸애'는 친소의 구별을 완전히 무시하고 있다는 점에서 유가의 '별애'와 차원을 달리한다. 일종의 인류애人類愛에 해당한다. 그의 이런 주장은 대부분의 세계종교가 내세우는 주장과 서로 통한다. 당시 묵가의 주장이 끊임없는 전쟁으로 고통 받고 있는 서민들로부터 폭발적인 지지를 얻은 이유다. 기댈 곳은 물론 하소연할 곳도 없는 서민들로서는 형제애兄弟愛를 통한 화목한 인간관계를 기치로 내세운 묵가의 주장에 크게 공명했다. 그러나 묵가사상에서 '인의'를 차용한 맹자는 묵가의 '겸애'를 인간관계의 핵심인 윤리질서를 파괴하는 근원이라고 판단했다. 이를 뒷받침하는 『맹자』 「등문공하」의 해당 대목이다.

"성왕이 나오지 않자 제후들이 방자하게 굴고 초야의 선비들은 제멋대로 떠들어댔다. 양주楊朱와 묵적墨翟의 말이 천하에 가득하여 천하의 말이 양주에게 돌아가지 않으면 묵적에게 돌아가게 되었다. 양주는 자신만을 위하는 위아爲我를 주장했다. 이는 군주의 존재를 부정하는 무군無君의 학설이다. 묵적은 겸애를 주장했다. 이는 어버이를 부정하는 무부無父의 학설이다. '무부무군'을 주장하는 것은 짐승과 같은 짓이다. 양주와 묵적의 학설이 사라지지 않으면 공자의 도가 드러나지 못할 것이다. 이는 사설邪說로 백성을 속이고 인의를 가로막는 것이다. 인의가 막히면 짐승을 내몰아 사람을 잡아먹게 하다가 끝내는 사람들이 서로 잡아먹는 지경에 이를 것이다. 나는 이를 두려워해 선성先聖의 도를 보호하고, 양주와 묵적의 학설을 막고, 음란한 언설을 몰아냄으로써 사설을 주장하는 자가 생겨나지 않도록 했다. 음란한 언설과 사설은 그 마음에서 시작돼 일에 해를 끼치고, 일에서 시작돼 다시 정사에 해를 끼친다. 성인이 다시 살아 나와도 내 말을 따를 것이다."

공자의 사상적 후계자를 자처하며 묵가를 '위아'를 역설한 양주와 더불어 사람을 잡아먹는 사설의 교주로 몰아세운 것이다. 과연 그의 이런 주장이 타당한 것일까? 당초 공자는 친소에 따른 차별적인 사랑을 '인'의 출발로 보았다. 그는 부모에 대한 사랑과 이웃을 대하는 사랑에는 차등이 있어야 하고, 이웃과 먼 곳의 사람 사이에도 차별이 있어야 한다고 생각했다. 유가의 친친형형親親兄兄사상이 바로 이를 상징적으로 보여준다.

'친친형형'사상을 엄격히 적용할 경우 묵가의 주장은 무친무형無親無兄의 반윤리적 독설로 오해될 소지가 큰 게 사실이다. 맹자는 이런 입장에서 묵가를 바라보았다. 맹자가 묵자의 주장을 무부무군無父無君의 금수지도禽獸之道로 매도한 이유다. 그러나 이는 묵자의 '겸애'를 멋대로 왜곡한 것에 지나지 않는다. 묵자는 남의 부모를 나의 부모처럼 사랑하면 남 또한 나의 부모를 자신의 부모처럼 사랑할 것으로 보았다. 남의 부모를 사랑하는 것이 곧 나의 부모를 사랑하는 길이 된다는 것이다.

그런 점에서 묵자의 '겸애'는 일종의 '이기적 애타愛他'라고 할 수 있다. 원수를 사랑하라고 주문한 예수의 '무조건적 애타'와 다르다. 기독교에서는 이를 아가페라고 한다. 자신을 희생시킴으로써 이루는 인간의 신과 이웃에 대한 무조건적 사랑을 말한다. '겸애'는 아가페와 달리 부모에 대한 사랑을 완벽하게 실현하기 위한 수단으로 나온 것이다. 일종의 조건부적 사랑에 해당한다. 내용상 유가에서 말하는 '친친형형'과 하등 다를 게 없다. 오히려 이를 보다 철저히 구현키 위한 수단으로 나왔다고 보는 게 옳다. 묵자가 공자의 '인'을 제대로 구현키 위해 '인'과 '의'를 결합시킨 '인의' 개념을 사상 처음으로 제시한 배경이 여기에 있다. 일각에서 묵가를 유가에 뿌리를 둔 '공자좌파'로 보는 것도 바로 이 때문이다.

겸애와 교리

통상 사랑의 감정은 마치 물이 연원淵源에서 나와 멀리 흘러가듯이 가장 강한 것으로부터 시작해 점차 멀리까지 전이한다. 자신에 대한 사랑은 남을 사랑할 수 있는 감정의 연원에 해당한다. 자신의 부모에 대한 사랑과 남의 부모에 대한 사랑을 동등하게 취급하는 묵자의 '겸애'는 바로 이런 사랑의 감정을 시종 하나같이 만들고자 하는 노력의 일환으로 나온 것이다.

그러나 사랑의 감정이 멀리까지 전파됐음에도 연원에서 출발할 때와 똑같아지기 위해서는 특별한 동인이 필요하다. 마치 연원에서 흘러나온 물이 멀리까지 가기 위해서는 강력한 수세水勢가 뒷받침돼야 하는 것과 같다. 만일 '수세'가 강력하지 못하면 이내 흐르는 물은 마르고 만다. 힘에 부친 나머지 연원까지 고갈될 수도 있다. 자칫 옹달샘을 형성해 연원을 보호하느니 만도 못한 결과를 초래할 수 있다. 사랑의 감정을 널리 퍼뜨리기 위해서는 반드시 '수세'처럼 강력한 힘이 뒷받침돼야 하는 이유다.

그렇다면 '겸애'의 논리에서 '수세'의 역할을 하는 것은 과연 어떤 것일까? 묵자는 그것을 교리交利에서 찾았다. 천하의 이익을 두루 같이 나누는 것을 말한다. 천자에서 천인에 이르기까지 천하의 이익을 고루 나누면 그 누구도 불만을 품을 일이 없다는 게 묵자의 생각이었다. 이 경우 천자를 비롯한 왕공대인과 천인의 차이는 천하의 이익을 고루 나누는데 필요한 역할상의 차이에 불과하게 된다. 묵자는 교리를 통해야만 빈부귀천을 떠나 모든 사람이 인간적인 대접을 받는 만인평등의 이상을 실현할 수 있다고 보았다. 묵가사상에서 '겸애'와 '교리'가 상호 불가분의 관계를 맺고 있는 이유가 바로 여기에 있다.

묵자가 「비명 상」에서 본표本表, 원표原表, 용표用表 등의 이른바 3표三表를 제창한 것도 바로 이런 맥락에서 이해할 수 있다. '표'는 기준을 뜻한다. '본표'는 위로 옛 성왕의 사적을 거슬러 올라가는 일을 뜻하고, '원표'는 아래로 성왕의 사적을 토대로 백성의 일상적인 삶을 살펴보는 일을 말하고, '용표'는 형정을 공평히 시행하며 나라와 백성의 이익을 상세히 살피는 일을 의미한다. '본표'는 근본적인 기준, '원표'는 경험적 타당성, '용표'는 합리적 결과를 상징한다. 「비명 상」에 이를 뒷받침하는 대목이 나온다. 이에 따르면 하루는 묵자가 이같이 말했다.

"운명론을 주장하는 자들은 말하기를, '부유해질 운명이면 부유해지고, 가난해질 운명이면 가난해진다. 인구가 많아질 운명이면 많아지고, 적어질 운명이면 적어진다. 다스려질 운명이면 다스려지고, 어지러워질 운명이면 어지러워진다. 장수할 운명이면 장수하고, 요절할 운명이면 요절한다.'고 했다. 만일 그렇다면 아무리 노력할지라도 아무 소용이 없는 셈이니 삶에 무슨 도움이 되겠는가? 이들은 이런 운명론을 이용해 위로는 왕공대인에게 유세해 출세를 꾀하고, 아래로는 백성들의 생업을 가로막는 짓을 하고 있다. 운명론을 주장하는 자는 불인不仁한 자들이다. 운명론의 시비를 분명히 따지지 않으면 안 되는 이유다."

어떤 자가 물었다.

"운명론의 시비를 분명히 따지고자 하면 과연 어찌해야 합니까?"

묵자가 대답했다.

"반드시 기준을 세워야 한다. 말을 하면서 기준이 없으면 마치 도자기를 빚을 때 돌리는 녹로轆轤 위에서 동서의 방향을 정하는 것처럼 어려운 일이다. 이같이 해서는 시비와 이해를 제대로 가릴 길이 없다. 반드시 3가지 기준인 3표三表가 있어야 한다고 말하는 이유다."

"무엇이 3표입니까?"

"근본을 뜻하는 본표本表, 탐구를 뜻하는 원표遠表, 활용을 뜻하는 용표用表가 그것이다."

"무엇이 본표입니까?"

"위로 옛날 성왕의 사적을 거슬러 올라가는 일이다."

"무엇이 원표입니까?"

"아래로 성왕의 사적을 토대로 백성의 일상적인 삶을 살펴보는 일이다."

"무엇이 용표입니까?"

"형정刑政을 공평히 시행하며 나라와 백성의 이익을 상세히 살피는 일이다. 이것이 이른바 '3표'이다."

'3표'에 대한 묵자의 해석을 현대 논리학의 관점에서 보면 연역법演繹法과 귀납법歸納法을 동시에 구사하고 있음을 알 수 있다. '본표'와 '원표'는 연역법, '용표'는 귀납법에 해당한다. 가장 주목할 것은 3표 가운데 가장 핵심이 되는 3번째의 '용표'다. 나라와 백성의 이익을 정사의 기준으로 삼는 게 관건이다. 천하의 이익을 두루 고르게 나누는 교리의 핵심이 바로 여기에 있다.

묵가의 '겸애'를 유가의 '별애' 내지 기독교의 '박애'와 구분하는 이유가 여기에 있다. '겸애'는 유가처럼 친족공동체를 기준으로 한 '별애'와도 다르고, 기독교에서 말하는 순수한 사랑 그 자체도 아니다. 천하인의 이익이 '겸애'의 근거이다. 이것이 연원에서 나오는 물을 멀리까지 흘려보내는 '수세'에 해당한다.

묵자사상은 겸애 이외에도 비공, 절용, 비악 등 다양한 이론으로 꾸며져 있으나 결국은 '겸애' 2자로 요약할 수 있다. 그러나 '겸애'는 반드시 '교리' 위에 서 있어야만 한다. '교리'를 전제로 하지 않은 '겸애'는 한낱 공허한 구호에 지나지 않는다. '교리'는 반드시 먼저 남에게 이익을 주고자 하는 마음가짐에서 출발한다. 묵가 역시 유가와 도가, 법가, 병가, 종횡가는 물론 사마천의 『사기』 「화식열전」에 의해 집대성된 상가商家에 이르기까지 모든 제자백가가 하나같이 주목한 '이익'에 이론의 초점을 맞추고 있다.

『논어』는 '예'를 '인'을 실천하는 구체적인 덕목으로 거론하면서, '의'를 '리利'와 반대되는 개념으로 설명해 놓았다. '의'와 '리'가 군자와 소인을 가르는 논변인 이른바 의리지변義利之辨의 기본개념으로 사용된 게 그렇다. '의리지변'은 유가 역시 '이익'을 매우 중시했음을 반증한다.

이 문제를 가장 심도 있게 다룬 학파는 법가이다. 법가는 이익을 향해 무한 질주하는 인간의 호리지성好利之性에 주목했다. 한자가 인의예지를 본성으로 간주한 맹자와 달리 '호리지성'을 인간의 본성으로 파악한 이유다.

이를 뒷받침하는 『한비자』「오두」의 해당 대목이다.

"흉년이 든 이듬해 봄에는 어린 동생에게도 먹을 것을 주지 못하지만, 풍년이 든 해의 가을에는 지나가는 나그네에게도 음식을 대접한다. 이는 골육을 멀리하고 나그네를 아끼기 때문이 아니라 식량의 많고 적음에 따른 것이다. 옛날 사람이 재물을 가볍게 여긴 것은 어질었기 때문이 아니라 재물이 많았기 때문이고, 요즘 사람이 재물을 놓고 서로 다투는 것은 인색하기 때문이 아니라 재물이 적기 때문이다. 옛날 사람이 천자의 자리를 쉽게 버린 것은 인격이 고상하기 때문이 아니라 세력과 실속이 박했기 때문이고, 요즘 사람이 권귀에 의탁해 미관말직을 놓고 서로 다투는 것은 인격이 낮기 때문이 아니라 이권에 따른 실속이 많기 때문이다."

군신간의 의리는 말할 것도 없고 부모자식과 형제처럼 가장 가까운 사람 간의 인간관계조차 '호리저성'의 덫에서 한 치도 벗어나지 못하고 있다는 지적이다. 이와 대비되는 것이 명예를 추구하는 호명지심好名之心이다. 이는 사회 및 국가 등의 공동체 속에서만 발현되고, 최소한 먹는 문제가 해결된 뒤에 나타난다는 점에서 인간의 본성에 해당하는 '호리지성'과 대비된다.

『손자병법』으로 상징되는 병가 역시 '호리지성'에 깊은 주의를 기울이며 이를 우직지계迂直之計로 풀이해 놓았다. 「군쟁」의 해당 대목이다.

"군쟁軍爭이 어렵다고 하는 것은 먼 우회로를 택하는 것처럼 가장한 뒤 지름길을 곧바로 가고, 객관적으로 불리한 조건을 문득 이로운 조건으로 바꿔놓아야 하기 때문이다. 짐짓 길을 우회하는 것처럼 기만하고, 나아가 작은 이익을 미끼로 내걸어 적을 유인하면 적보다 늦게 출발해도 먼저 도착할 수 있다. 이같이 하면 우회하는 것처럼 내보이면서 곧장 지름길로 가는 '우직지계'를 안다고 이를만하다."

'군쟁'은 아군과 적군이 승리에 유리한 조건을 먼저 손에 넣기 위해 다투는 것을 말한다. 『손자병법』은 이익을 미끼로 내걸 줄 알아야만 승리를 거둘 수 있다고 조언하고 있다. 이는 사람들이 '호리지성'으로 인해 눈앞의 작은 이익에 얽매이는 것을 최대한 활용한 계책에 해당한다. 전쟁터에서조차 대다수 장병들이 '우' 대신 '직'을 택하는 이유다. 그러나 이는 상대가 우직지계를 구사할 경우 곧 미끼에 곧바로 걸려드는 것을 의미한다. '직'의 용병술이 매우 위험한 이유다.

'직'의 용병술은 쉽고 빠른 길이기는 하나 상대가 설치해 놓은 함정이 도사리고 있다는 사실을 숙지해야만 한다. 어느 경우든 아군의 진격 노선을 적도 훤히 읽고 있다고 보아야 한다. 이때 필요한 것이 바로 '우'의 용병술이다. 대표적인 예로 초한전 당시 한신이 구사한 암도진창暗渡陳倉 전술을 들 수 있다. 『삼십육계』는 '암도진창'을 제8계로 채택해 놓았다. 해당 대목이다.

"이 계책은 몰래 진창을 건넌다는 뜻으로 정면에서 공격하는 척하며 우회한 뒤 적의 배후를 치는 계책을 말한다. 짐짓 아군의 의도를 모르는 척 내보이며 적으로 하여금 엉뚱한 곳을 지키게 만든 뒤 그 틈을 노려 은밀히 적의 배후로 다가가 습격한다."

사마천이 집대성한 상가 이론 역시 '호리지성'을 적극 활용해 부민부국富民富國을 이룰 것을 역설하고 있다. 『사기』 「화식열전」은 상가를 대표하는 인물로 공자의 수제자인 자공子貢을 대서특필해 놓았다. 자공을 공부하며 부를 쌓는 이른바 유상儒商의 전형으로 그려 놓은 게 그렇다. 이를 뒷받침하는 「화식열전」의 해당 대목이다.

"최상의 통치는 백성을 천지자연의 도에 부합하도록 이끄는 도민道民이다. 그 다음은 백성을 이롭게 하는 식으로 이끄는 이민利民, 그 다음은 가르쳐 깨우치는 식으로 이끄는 교민敎民, 그 다음은 백성들을 가지런히 바로잡는 식으로 이끄는 제민齊民이다. 마지막으로 최하의 통치는 백성과 이익을 다투는 식으로 이끄는 쟁민爭民이다."

도민은 도가, 이민은 상가, 교민은 유가, 제민은 법가와 병가의 통치이념을 요약해 놓은 것이다. 상가는 제환공을 도와 사상 첫 패업을 이룬 관중을 효시로 한 제자백가를 말한다. 상가의 사상적 배경을 사상 처음으로 설명한 게『관자』「경중輕重」이다.

사마천이「화식열전」에서 중상을 역설한 것은『관자』의 가르침에 크게 공명한 결과다. 21세기에 들어와 중국 학계는 관중에서 시작해 자공을 거쳐 사마천에 의해 집대성된 부민부국의 사상적 흐름을 '상가'로 요약하고 있다. 일각에서는 경중가輕重家로 부르고 있다. 일종의 외교학파에 해당하는 소진과 장의 등이 합종책과 연횡책을 주도한 점에 주목해 종횡가縱衡家로 명명한 것과 같은 취지이다. 그러나 일종의 경제학파에 해당하는 관중은 부국강병의 관건을 중상에서 찾았다는 점에서 '경중가'보다는 '상가'로 표현하는 게 타당하다. 제자백가의 구성원이 하나 더 늘어난 셈이다. 객관적으로 볼 때「화식열전」은 애덤 스미스의 역저인『국부론』의 선구에 해당한다. 실제로 중국 학계에서는「화식열전」에서 자본주의 이론의 기원을 찾는 논문이 쏟아져 나오고 있다.

노자사상의 정수를 담은『도덕경』도 예외가 아니다. 인간의 '호리지성'에 주목한 노자는『도덕경』제81장에서 이같이 주문하고 있다.

"성인은 자신을 위해 부귀영화를 쌓아두지 않는다. 다른 사람을 위함으로써 오히려 더 보유하고, 다른 사람에게 내줌으로써 오히려 더 축적케 된다. 하늘의 도는 만물을 이롭게 할 뿐 해치지 않고, 성인의 도는 남을 위할 뿐 다투지 않는다."

『도덕경』은 물의 비유를 통해 이익을 널리 베풀 것을 적극 권하고 있다. 물은 모든 만물에 이익을 주지만 자신의 이익만을 위해 남과 다투지 않는다. 노자가 자주 물의 비유를 통해 '도'와 '덕'의 위대함을 표현한 이유가 여기에 있다.『도덕경』제8장의 다음 구절이 대표적인 실례이다.

"최고의 선은 물과 같다. 물은 능히 만물을 이롭게 하면서도 공을 다투지 않고, 많은 사람들이 싫어하는 곳에 머문다. 거의 도에 가까운 이유다."

위정자가 이익과 명예 및 지식 등의 세속적인 가치를 두고 백성과 다투는 쟁리爭利, 쟁명爭名, 쟁지爭智를 해서는 안 된다고 주문한 것이다.「화식열전」에서 군주는 백성과 이익을 다퉈서는 안 된다고 역설한 것과 취지를 같이한다.

이를 통해 제자백가 모두 인간의 '호리지성'에 깊은 관심을 기울였음을 알 수 있다. 묵가도 예외가 아니다. 묵가사상을 관통하는 키워드 '겸애'가 천하의 이익을 두루 나누는 '교리'의 논리 위에 서 있는 게 그렇다. 기독교의 '아가페 사랑'과 같은 차원에서 논해서는 안 되는 이유다.

묵자의 '겸애'가 지상에 실현된 이상국은 『예기』「예운」에 나오는 대동大同 세계와 별반 다를 게 없다. 물론 거기에 이르는 과정에는 약간의 차이가 있다. 공자는 각자의 덕을 널리 확충해 먼저 소강小康 세상을 만든 뒤 최후 단계로 대동 세계를 건설코자 했다. 이에 대해 묵자는 직설적이면서 간단명료한 방법을 제시했다. 모든 사람이 서로 남을 자신의 몸처럼 사랑하기만 하면 일거에 태평한 세상을 이룰 수 있다고 주장한 게 그렇다. 묵자의 겸애는 기독교의 박애와 비교할 때 훨씬 적극적이면서도 현실적이다. '아가페 사랑'은 성직자조차 제대로 수행키가 힘들다. 일반인의 경우는 더 말할 게 없다. 이를 섣불리 흉내 낼 경우 위선적인 사랑에 빠지게 된다.

그러나 묵자의 '겸애'는 '교리'를 전제로 삼고 있는 까닭에 비록 세속적이기는 하나 이런 위선적인 사랑에 빠질 이유가 없다. 천자를 위시한 위정자가 천하의 이익을 두루 나눌 생각을 하지 않을 경우 이를 그대로 수용할 이유가 없기 때문이다. 묵자는 비록 맹자처럼 폭군은 신하들이 합세해 몰아내야 한다는 폭군방벌론暴君放伐論을 주장하지는 않았으나 신하들 대신 하늘이 내친다는 폭군천벌론暴君天伐論을 언급했다.「법의」의 해당 대목이다.

"옛 성왕인 우왕, 탕왕, 문왕과 무왕 등은 천하의 백성을 두루 사랑했고, 백성을 이끌고 하늘을 높이며 귀신을 섬겼다. 사람들을 크게 이롭게 한 덕분에 하늘이 그들에게 복을 내려 천자 자리에 오르게 했다. 천하의 제후들이 모두 그들을 공경히 섬긴 이유다. 폭군인 걸, 주, 유왕, 여왕 등은 천하의 백성을 두루 미워했고, 백성을 이끌고 하늘을 욕하며 귀신들을 업신여겼다. 사람들을 크게 해친 까닭에 하늘이 그들에게 화를 내려 나라를 잃게 했다. 자신들 또한 천하 사람들의 지탄 속에 죽임을 당하고 말았다. 후대인도 그들의 처신을 비난했으니 지금까지도 그런 비난이 그치지 않고 있다. 선하지 못한 일을 행해 화를 입은 자로 걸과 주, 유왕, 여왕을 드는 이유다. 정반대로 사람들을 사랑하고 이롭게 해 복을 받은 사람으로는 우왕과 탕왕, 문왕과 무왕을 들 수 있다. 그래서 세상에는 사람들을 두루 사랑하고 이롭게 해 복을 받는 사람이 있는가 하면, 사람들을 두루 미워하고 해침으로써 화를 입는 자도 존재하는 것이다."

당시의 기준에서 볼 때 묵자의 '폭군천벌론'은 군자의 행보를 보이지 않는 군주는 위정자 자격이 없다고 설파한 공자의 주장만큼이나 혁명적이다. 폭군의 모습을 보이는 군주는 신하들이 합세해 제거할 수 있다고 주장한 맹자의 '폭군방벌론'보다는 약하지만 공자의 '군자론'보다는 수위가 훨씬 높다. 묵자의 '폭군천벌론'은 겸애와 더불어 묵가사상의 키워드로 통하는 비공의 논리에도 그대로 적용된다. 이 또한 말할 것도 없이 '교리'의 토대 위에 서 있는 것이다.

천명과 천지

제자백가의 하늘에 대한 생각은 크게 3가지로 나눌 수 있다. 도가 및 법가의 천도天道, 유가의 천명天命, 묵가의 천지天志가 그것이다. 『도덕경』은 제79장에서 천도를 이같이 설명해 놓았다.

"천도는 사사롭게 가까이 하는 바가 없다. 늘 선인善人과 함께 할 뿐이다."

지극히 선하고 사사로움이 전혀 없는 지극히 공평무사한 행보를 '천도'로 풀이한 셈이다. 이를 행하는 사람이 바로 성인이다. 제47장에서는 '천도'와 '성인'의 관계를 이같이 언급해 놓았다.

"문밖에 나가지 않아도 천하를 알 수 있고, 창문으로 밖을 내다보지 않아도 천도를 볼 수 있다. 멀리 나갈수록 오히려 아는 것이 줄어들 뿐이다. 성인이 밖으로 돌아다니지 않고도 물정을 알고, 보지 않고도 본질을 통찰하고, 행하지 않고도 성취하는 이유다."

이는 군주가 본업인 치국평천하에 매진할 것을 주문한 것이다. 한자는 사상 최초로 『도덕경』에 주석을 가한 당사자이다. 그는 『한비자』 「유로」에서 『도덕경』에 나오는 천도를 이같이 풀이해 놓았다.

"사람의 몸에 난 구멍은 정신의 창문이다. 귀와 눈이 소리와 색을 구분하는데 사용되고, 정신이 겉모습을 분별하는데 모두 사용되면 몸 가운데 주인이 없게 된다. 몸 가운데 주인이 없게 되면 화복이 구름이나 산처럼 밀려와도 분별할 수 없게 된다. 『도덕경』이 제47장에서 '문밖에 나가지 않아도 천하를 알 수 있고, 창문으로 밖을 내다보지 않아도 천도를 볼 수 있다.'고 말한 이유다. 이는 정신이 그 실체를 떠나서는 안 된다는 것을 말한 것이다."

한자 역시 열국의 군주를 향해 정신을 통일시켜 치국평천하 업무에 정진할 것을 주문한다. 사상사적으로 볼 때 노자와 한자의 '천도'는 유가의 '천명'과 취지를 같이한다. 『논어』에는 모두 2번에 걸쳐 '천명' 용어가 나온다. 『논어』 「계씨」의 해당 대목이다.

"공자가 말하기를, '군자에게는 3외三畏가 있다. 하늘의 명인 천명天命, 덕망이 높은 대인大人, 성인의 유훈인 성인지언聖人之言이 그것이다. 소인은 천명을 알지 못해 이를 두려워하지 않고, 대인을 함부로 대하고, 성인지언을 업신여긴다.'고 했다."

3외三畏는 군자가 두려워하는 3가지 대상이다. 이를 통상 '군자3외君子

三畏'라고 한다. 대인은 천명을 대신하는 군주, '성인지언'은 천명을 정확히 받들어 행한 성인들의 언행을 지칭한 것이다. 공자 역시 군주가 치국평천하에 매진할 것을 주문한 것이다. 노자 및 한자가 '천도'를 언급한 것과 취지를 같이한다. 공자는 「위정」에서 '천명'을 이같이 설명하기도 했다.

"공자가 말하기를, '나는 15세에 학문에 뜻을 두었고, 30세에 자립했고, 40세에 의혹되지 않았고, 50세에 천명을 알았고, 60세에 만사가 귀에 거슬리지 않게 되었고, 70세에 마음이 좇는 바대로 행할지라도 법도를 넘지 않게 되었다.'고 했다."

공자는 여기서 '천명'을 두고 각자 자신의 분수를 알고 맡은 바 역할에 충실한 것으로 새겼다. 천자에서 천인에 이르기까지 사람마다 각기 소임이 있는 까닭에 이를 충실히 행하는 것이 곧 천명을 좇는 것임을 역설한 것이다. '군자3외'의 천명이 천자를 위시한 위정자의 덕목을 언급한 것인데 반해, 여기의 천명은 서민을 포함한 일반 백성을 대상으로 삼은 점에서 약간 차이가 있으나 기본 취지만큼은 동일하다. 그 역시 묵자와 마찬가지로 천자와 천인의 차이를 역할상의 차이에 불과한 것으로 파악한 것이다.

그러나 묵자는 공자의 '인'을 겸애로 확장시킨 것과 같은 입장에서 공자가 말한 '천명'을 인간처럼 명확한 의지를 지닌 인격신의 명령인 '천지' 내지 '천의'로 바꿔 버렸다. '폭군천벌론'이 등장케 된 근본 배경이 여기에 있다. 이를 뒷받침하는 『묵자』「천지 상」의 해당 대목이다.

"옛날 하·은·주 삼대의 성왕인 우왕·탕왕·문왕과 무왕 등은 하늘이 천자를 다스리고 있다는 사실을 천하의 백성들에게 분명히 얘기했다. 소·양·개·돼지를 기르며 정성껏 단술 등의 제물을 마련한 뒤 상제와 귀신에게 제사를 올리며 하늘에 복을 빌지 않은 경우가 없는 것은 이 때문이다. 나는 일찍이 하늘이 천자에게 복을 빌었다는 말은 들어본 적이 없다. 하늘이 천자를 다스린다는 사실을 알게 된 이유다. 천자는 천하에서 가장 귀하고 부유한 사람이지만 하늘의 뜻을 좇지 않을 수 없다. 하늘의 뜻을 좇아 두루 서로 사랑하는 겸애兼愛와 오가며 서로 이롭게 하는 교리交利를 행하면 반드시 하늘로부터 상을 받을 것이다. 반대로 천지를 어겨 차별하여 서로 미워하는 별오別惡와 오가며 서로 해치는 교적交賊을 행하면 반드시 하늘로부터 벌을 받을 것이다."

'겸애'와 '별오', '교리'와 '교적'을 대비시켜 성군과 폭군을 비교한 사실에 주목할 필요가 있다. 이는 공자의 사상적 후계자를 자처한 맹자가 실은 공자사상을 이어받은 게 아니라 묵자사상의 대변자 역할을 수행했음을 뒷받침하는 유력한 근거에 해당한다. 그는 묵자의 '폭군천벌론'을 신하들의 합세에 의한 '폭군방벌론'으로 살짝 변형시켰을 뿐이다. 묵자가 말한 '천지' 내지 '천의' 개념에 공자의 '천명' 외투를 씌운 게 그렇다. 이를 뒷받침하는 『맹자』「이루 상」의 해당 대목이다.

"하늘의 뜻에 순종하는 자는 보전되고, 거스르는 자는 패망한다. 『시경』「대아·문왕」에 이르기를, '은나라 자손은 그 수가 무수히 많았지만 하늘이 천명을 내리자 주나라에 복종했으니 천명은 고정된 게 아니네!'라고 했다. 공자도 말하기를, '어진 사람에게는 맞서는 무리의 수가 문제가 되지 않으니 군주가 어진 정사를 펼치면 천하무적이다.'라고 했다. 천하무적을 바라면서 어진 정사를 펼치지 않으니 이는 뜨거운 물건을 손에 쥐고도 찬물로 손을 씻지 않는 것과 같다."

『묵자』에 나오는 '별오'와 '교적'이 『맹자』에서는 하늘의 뜻을 거스르는 역천자逆天者로 표현돼 있음을 알 수 있다. 맹자가 말한 '천명'은 사실 천상天賞과 천벌天罰로 요약되는 묵자의 '천지' 내지 '천의'를 달리 표현한 것에 지나지 않는다. 그는 '공자 가게'를 간판으로 내세우고 실은 '묵자 가게'의 짝퉁 상품을 판매한 셈이다. 훗날 주희가 장자사상의 세례를 받은 선불교 교리를 끌어들여 성리학 이론을 집대성하면서 맹자의 주장을 전폭 수용한 것은 '묵자 가게'의 짝퉁상품을 새롭게 포장해 내놓은 것에 지나지 않는다.

2) 비전주의非戰主義

비공과 강병

공자사상은 치국평천하를 본령으로 삼고 있다. 그러나 남송대 이후 성리학이 통치이데올로기로 자리 잡으면서 공자사상은 크게 변질되고 말았다. 성리학을 집대성한 주희가 묵자의 사상적 후계자인 맹자사상을 전면에 내세운 결과다. 유학이 극히 사변적인 개인 차원의 도덕철학으로 함몰되고, '무신론적 유신론'으로 변질된 근본 배경이다. 서양이 종교에서 철학을 해방시키고, 다시 철학에서 과학을 떼어내며 산업혁명을 이룬 것과 극명한 대조를 이룬다. 아편전쟁을 계기로 21세기 현재에 이르기까지 서양을 중심으로 한 세계사가 근 2백년 가까이 지속되고 있는 것도 이와 무관할 수 없다. 묵자 및 맹자사상에 대한 새로운 접근이 필요한 이유다.

원래 '공자좌파'에 속하는 묵자와 맹자사상은 극히 이상적인 세상을 꿈꾼 까닭에 21세기의 G2시대처럼 동서가 치열하게 접전을 벌이는 난세 상황에서는 그 적용에 신중을 기할 필요가 있다. 난세일수록 현실에 토대한 '공자우파'의 상징인 순자의 제자 한자 등의 법가사상에 많은 사람들이 주목하는 이유다. 가장 대표적인 인물이 법가사상을 가장 먼저 이론적으로 정립한 전국시대 중엽의 상앙商鞅을 들 수 있다. 전국시대 중엽 진효공을 도와 서쪽 변방의 진秦나라를 일거에 천하무적의 부강한 나라로 만든 인물이다. 그는 저서 『상군서商君書』「농전」에서 이같이 말했다.

"무릇 군주가 백성을 격려하는 수단은 관작官爵이고, 나라가 흥성하는 길은 농사를 지으며 싸우는 농전農戰이다. 백성들은 군주가 상으로 내리는 작록이 농전 한 가지에서만 나오는 것을 보면 전심전력으로 농전 한 가지에만 종사할 것이다. 백성들이 농전 한 가지에만 전념하면 다른 일을 꾀하지 않고, 백성들이 다른 일을 꾀하지 않으면 민력民力이 커지고, 민력이 커지면 나라가 강대해진다. 농전 한 가지에만 힘을 쏟으면 나라가 부유해진다. 나라가 부유하고 잘 다스려지는 것이 바로 천하를 호령하는 왕자王者의 길이다."

『상군서』를 관통하는 핵심어는 농전이다. 평소 농사를 지으며 부국富國에 매진하다가 전시에 용사로 싸우며 강병强兵에 헌신하는 것을 말한다. 『상군서』는 오랫동안 '상앙병법'으로 불려왔다. 실제로 『한서』「예문지」는 『상군서』 27편을 법서가 아닌 병서 목록에 기록돼 놓았다. 일각에서 『상군서』를 병서의 일종으로 간주해야 하고, 상앙을 법가가 아닌 병가로 분류해야 한다는 주장을 펴는 이유다. 이는 전혀 근거 없는 게 아니다. 삼국시대의 유비가 죽기 직전 아들 유선에게 내린 유조遺詔가 이를 뒷받침한다.

"시간이 있으면 제자백가서를 포함해 『육도六韜』와 『상군서』를 읽도록 해라. 의지와 지혜를 넓히는데 도움을 줄 것이다. 승상이 이미 『한비자』와 『관자』 등의 필사를 끝냈다고 들었으나 아직 도착하지 않았으니 네가 다시 청해 통달할 때까지 열심히 읽도록 해라."

『육도』는 주나라의 건국공신인 태공망 여상呂尙의 병서로 알려져 있으나 전국시대에 무명인이 여상을 가탁해 펴냈다는 게 통설이다. 『상군서』는 일부 후대인의 가필이 있기는 하나 『육도』와 달리 상앙이 직접 저술했다는 게 학계의 정설이다. 『상군서』는 법치를 역설한 점에서 『한비자』와 일치하고 있다. 그러나 무력을 근거로 한 이른바 병치兵治를 역설한 점에서 군주의 신하에 대한 통제술인 이른바 제신술制臣術에 초점을 맞추고 있는 『한비자』와 커다란 차이가 있다. 『한비자』가 오랫동안 금서처럼 간주된데 반해 『상군서』는 일반 병서처럼 공개적인 연구대상이 된 것도 이와 무관할 수 없다.

『상군서』는 제자백가서 가운데 수미일관하게 부국강병을 역설하고 있는 유일한 책이다. 난세에 매우 유용할 수밖에 없다. 실제로 명대와 청대 말기에 유학자들의 『상군서』에 대한 주석서가 쏟아져 나왔다. 청조 말기 공맹사상의 대변자를 자임한 호광총독 장지동張之洞이 대표적이다. 그는 서구 열강의 침탈로 서학西學에 대한 열기가 뜨거워지자 『상군서』를 중학中學의 핵심 저서로 내세운 바 있다. 이는 법가사상서가 유가경전을 압도한 최초의 사건이기도 하다. 당시 최고의 지식인으로 손꼽히는 량치차오를 비롯해 많은 유학자들이 『상군서』 주석에 뛰어든 것도 바로 이 때문이다.

역사상 『상군서』의 농전사상을 깊숙이 흡입해 부국강병을 실현한 대표적인 인물로 진시황과 한무제, 위무제 조조 등을 들 수 있다. 이를 뒷받침하는 대목이 진수의 정사 『삼국지』 「무제기」 배송지주에 인용된 『위서魏書』에 나온다. 이에 따르면 초평 3년(192년) 조조의 참모 모개毛玠가 조조에게 변경의 경작지를 정비해 군량을 안정적으로 확보하는 방안으로 둔전의 확대 실시를 건의했다. 해당 대목이다.

"무릇 나라를 안정되게 하는 계책은 강병에게 충분한 식량을 공급하는 데 있습니다. 과거 진시황은 상앙이 역설한 농전으로 천하를 병탄했습니다. 한무제도 둔전을 이용해 마침내 서역을 평정했습니다. 이는 선대의 뛰어난 제도입니다."

조조가 모개의 건의를 적극 수용한 것은 말할 것도 없다. 『한서』 「흉노전」에 따르면 진시황은 장수 몽념을 시켜 흉노를 치게 하면서 이른바 오르도스로 불리는 황하 상류의 하투河套 지역 일대에 백성들을 이주시켜 운량運糧의 수고를 크게 덜었다. 한무제도 이를 흉내 내 하서河西 지역에 여러 차례에 걸쳐 둔전을 실시해 서역개척에 큰 도움을 받았다. 그러나 이들이 행한 둔전은 주로 변경 주둔군의 군량확보와 군량수송의 노동력 절감 등을 이유로 한 한시적인 조치였다. 삼국시대는 상황이 달랐다. 군벌 간의 치열한 각축전이 연일 계속된 까닭에 식량 문제를 근원적으로 해결할 필요가 있었다.

이를 절감한 사람이 바로 조조였다. 진시황과 한무제가 농전과 둔전을 실시해 큰 효과를 보았다는 사실을 익히 알고 있었던 그는 이를 지속적인 부국강병 방안으로 변환시켰다. 창조경영의 대표적인 사례에 해당한다. 위나라가 삼국이 정립鼎立한 상황에서 가장 강력한 무력을 보유한 배경이 여기에 있다. 상앙의 '농전'을 철저히 시행한 덕분이다.

21세기에 들어와 중국에서 조조의 리더십이 크게 각광을 받으면서 『상군서』에 대한 주석서도 쏟아져 나오고 있다. 우리나라에서는 『한비자』의 그늘에 가려 『상군서』의 진면목이 제대로 알려져 있지 않다. 『상군서』는 선진시대에 나온 제자백가서 가운데 처음부터 끝까지 오직 부국강병 하나에 초점을 맞춘 유일무이한 저서에 해당한다. '비공'을 내세우며 방어를 위한 전략전술에 치중한 이른바 '묵자병법'과 극명한 대조를 이루는 이유다.

비공과 묵수

묵자의 '겸애'는 '비공'과 불가분의 관계를 맺고 있다. '비공'은 천하의 모든 사람을 두루 사랑해야 하는 까닭에 싸울 일이 없다는 논리에서 출발하고 있다. 전쟁 자체를 아예 부인하는 일종의 비전론非戰論에 해당한다. 그는 전쟁을 정당화하는 모든 것을 부정한다. 의로운 전쟁을 제외한 모든 전쟁을 반대하는 맹자의 반전론反戰論은 묵자의 비전론에 사상적 뿌리를 두고 있는 것이다. 맹자가 부국강병을 기치로 내걸고 싸움을 전업으로 하는 병가兵家를 비롯해 강병의 토대인 부국을 실현키 위해 증산을 독려한 법가法家 등을 질타한 이유가 여기에 있다. 『맹자』「이루 상」은 당시 서민들이 겪은 참상을 이같이 묘사해 놓았다.

"열국의 제후들이 땅을 빼앗으려고 전쟁을 하여 죽은 병사들의 시체가 들판을 가득 채우고, 성을 빼앗으려고 전쟁을 하여 죽은 사람들의 시체가 성을 가득 채우고 있다. 이는 영토를 빼앗기 위해 사람고기를 먹은 것이나 다름없다. 그 죄는 사형에 처해도 용서받지 못할 것이다. 전쟁을 전업으로 하며 군사에 능한 병가는 극형, 합종연횡을 전업으로 하며 외교에 능한 종횡가는 그 다음의 극형, 통치술을 전업으로 하며 백성에게 일하면서 싸울 것을 강요하는 법가는 그 다음 다음의 극형에 처해야 한다."

맹자가 군사전문가인 병가와 외교전문가인 종횡가, 통치전문가인 법가를 싸잡아 엄형에 처해야 한다고 주장한 것은 묵자와 마찬가지로 전쟁이 예외 없이 백성들을 나락으로 몰아갔기 때문이다. 이들을 싸잡아 부국강병을 기치로 내걸고 영토전쟁을 부추기면서 무고한 백성들을 죽음으로 내몬 장본인으로 낙인찍은 이유다. 병가와 종횡가, 법가 등이 횡행하던 전국시대 말기의 세태에 대한 통렬한 비판에 해당한다. 맹자가 활약한 전국시대 말기 역시 묵자가 활약한 전국시대 초기도 크게 다르지 않았다.

당시 서민들은 어느 나라를 막론하고 과도한 세금과 잇단 출전으로 인해 매우 피폐한 상황에 놓여 있었다. 신분세습의 봉건질서에 대한 근원적인 개혁이 절실히 요구되는 상황이었다. 묵자가 서민을 전쟁도구로 삼아 영토확장에 여념이 없는 열국의 왕공대부를 질타한 것은 바로 서민들의 참혹한 실상을 목도한 결과였다. 맹자가 병가와 종횡가 및 법가를 질타한 것과 하등 다를 게 없다. 맹자의 반전론은 비전론을 역설한 묵자의 사상적 후계자로 간주하는 유력한 근거로 거론된다.

주목할 것은 묵자의 '비전론'이 결코 무조건적인 평화주의를 추구한 게 아니라는 점이다. '비공'으로 표현된 그의 '비전론'은 방어 측면에서 볼 때 매우 적극적이면서도 전투적이다. 이는 한쪽이 아무리 '비공'을 외칠지라도 상대방이 호전적으로 나올 경우 맞서 싸우지 않을 수 없는 현실에 따른 것이다. 일각에서 그의 '비전론'을 '전투적 방어주의'로 규정하는 이유다. 「비성문」 이하에 나오는 이른바 '묵자병법'이 그 증거다. 이를 뒷받침하는 「호령」의 해당 대목이다.

"경계할 일이 생기면 대장이 있는 중군은 급히 북을 3번 울리고, 성 위의 길을 비롯해 마을의 골목길까지 봉쇄한다. 어기는 자는 참한다. 여자가 대군大軍에 들어오면 남자는 왼쪽, 여자는 오른쪽으로 걷는다. 나란히 걸어서는 안 된다. 군민 모두 각자 맡은 지역을 충실히 수비해야 한다. 명을 좇지 않는 자는 참한다. 수비 위치를 멋대로 떠난 자는 참한 뒤 그 시체를 3일 동안 이리저리 끌고 다니며 전시傳尸한다. 간사한 행동을 미연에 막기 위한 것이다. 이장과 마을의 장년들은 마을 어귀의 문을 단속한다. 관원이 자신의 부部를 순시하다가 마을 어귀의 문에 이르면 이장이 문을 열고 맞아들인다. 이어 관원을 배행陪行하면서 노인이 지키는 곳과 외진 골목까지 순찰한다. 간사한 마음을 품고 적과 내통한 간민姦民은 몸을 수레에 매어 찢어 죽이는 거열형車裂刑에 처한다. 이장과 부로父老 및 부를 관리하는 관원이 간민을 적발 내지 포획하지 못하면 모두 참한다. 간민을 적발 내지 포획하면 사면하고 1인당 황금 2일鎰을 포상으로 내린다. 대장은 신임하는 부하를 각 수비지역에 파견해 수비 상황을 점검한다. 밤이 긴 겨울에는 하루 밤에 5번, 짧은 여름에는 3번 순찰케 한다. 사방을 지키는 장령들 역시 자신이 관할하는 수비지역을 대장과 마찬가지로 순찰한다. 이를 이행하지 않는 자는 참한다."

『손자병법』을 비롯한 모든 병서는 호령이 지켜지지 않을 경우 즉각 목을 벨 것을 역설하고 있다. 비록 수비를 위한 것이기는 하나 '묵자병법'도 호령을 어긴 자를 가차 없이 참형에 처한다는 점에서 별반 다를 게 없음을 알 수 있다. '묵자병법'을 '전투적 방어주의'로 규정하는 이유다. '묵자병법'은 성을 적의 공격으로부터 방어하기 위한 모든 전략전술을 집대성해 놓았다고 해도 과언이 아니다. 다른 병서에서는 찾아볼 길이 없는 '묵자병법'만의 특징이다. 말할 것도 없이 힘에 의지하지 않으면 호전적인 적의 침공으로부터 평화를 지켜낼 수 없다는 극히 현실적인 판단에 따른 것이다. '묵자병법'은 '겸애'와 '비공'이 상호 불가분의 관계를 맺게 된 배경을 짐작케 해준다.

'겸애'가 그렇듯이 '비공' 역시 정당성을 담보하는 판단의 기준을 하늘의 뜻인 '천지' 내지 '천의'에서 찾고 있다. 묵자의 하늘은 모든 인간을 인종 및 빈부귀천 등에 관계없이 사랑한다. 적국의 백성은 물론 먼 지역의 오랑캐도 하등 다를 게 없다. 모두 천자의 신민臣民에 해당하는 까닭에 '겸애'의 대상이 된다. 상대가 특별히 침공해 오지 않을 경우 먼저 무력을 동원해 정벌에 나서서는 안 되는 이유다. 후대인들은 '묵자병법'의 이런 특징을 이른 바 묵수墨守로 요약해 표현했다. '묵수'의 취지를 상징적으로 보여주는「잡수」의 해당 대목이다.

"성 밖의 모든 주요 도로에 있는 요해처要害處를 장악해 적의 진공을 저지하고 심대한 타격을 가한다. 이곳에는 3개의 전망대용 정자를 설치한다. 이들 3개 정자는 마치 직녀성의 삼성三星처럼 삼각형을 이루고 있어 유사시 서로 쉽게 도움을 줄 수 있다. 이때 각종 토산과 산림, 수로, 도랑, 구릉, 성곽이나 마을의 관문으로 이어지는 길의 요해처를 틀어막고 표지를 세운다. 이를 통해 적정을 대략 짐작할 수 있다. 적이 남긴 종적을 토대로 왕래한 적병의 규모와 매복지 등을 추론하는 게 그렇다. 적의 침공에 대비해 백성을 성 안으로 끌어들인 뒤 여러 궁실로 소산疏散시킬 때는 먼저 성안의 관부官府와 민택民宅, 내실內室, 외청外廳 등의 대소를 조사한 뒤 적절히 배치해야 한다. 혹여 형제 및 지인과 함께 있기를 원하는 자가 있으면 이를 허락한다. 성 밖의 민가가 보유한 곡식이나 가축 또는 재화 가운데 성의 수비를 도울 수 있는 것은 모두 성 안으로 들여온 뒤 위급할 때를 대비해 성문 안에 쌓아둔다. 백성이 바친 곡식이나 포백, 금전, 가축 등은 모두 공평하게 값을 따진 뒤 보관 증서를 담당하는 관원에게 이를 상세히 적어 교부하도록 한다. 사람들이 능력에 따라 일을 맡으면 천하사天下事가 합당해지고, 맡은 직분이 공평하면 천하사가 뜻대로 되고, 각자 좋아하는 일을 행하면 천하사가 갖춰지고, 강자와 약자가 분수를 지키면 천하사가 모두 이뤄지게 된다."

묵자는 여기서 철저한 수비를 뜻하는 '묵수'는 단순히 성을 지키는데 그치지 않고 '천하사'를 합당케 처리하는 최상의 방안임을 역설하고 있다. '비공' 역시 '겸애'에서 비롯된 것임을 뒷받침하는 대목이다. 묵자가 '겸애'를 전면에 내세운 것은 하늘의 뜻을 좇는 최상의 방안으로 간주한데 따른 것이다. 이는 맹자가 인의예지를 인간의 착한 본성의 실마리로 간주하는 이른 바 사단설四端說을 주장한 것과 취지를 같이한다. 원래 맹자는 인간의 착한 본성을 인간만이 지닌 고귀한 성질로 보았다. 「이루 하」에 나오는 다음과 같은 그의 언급이 이를 뒷받침한다.

"사람이 금수와 다른 점은 매우 적다. 서민들은 이를 버리고, 군자는 이를 보존한다. 순임금은 여러 사물에 밝은 덕분에 인륜을 잘 살피면서 인의를 좇아 행했을 뿐이다. 결코 인의를 억지로 행한 것은 아니다."

맹자는 인성의 어두운 측면인 악성惡性을 애써 외면했다. 이는 그가 출발부터 성선설을 예상하고 들어갔음을 의미한다. 인仁의 실마리인 측은지심惻隱之心과 의義의 실마리인 수오지심羞惡之心, 예禮의 실마리인 사양지심辭讓之心, 지智의 실마리인 시비지심是非之心으로 상징되는 사단설이 그 증거이다. 사단의 핵심은 측은지심이다. 맹자는 동정심과 유사한 의미를 지닌 측은지심을 인간이 인간일 수 있는 가장 뚜렷한 징표로 간주했다.

맹자의 주장에 따르면 인간은 선한 본성을 지니고 있음에도 불구하고 감각적 욕구에 휘둘려 마침내 악을 범하게 된다. 맹자는 이를 미연에 방지하기 위해 감각적 욕망을 스스로 억제하는 것이 필요하다고 주장했다. 이른 바 과욕설寡欲說이 그것이다. 「진심 하」의 해당 대목이다.

"선한 심성을 기르는 방법으로 욕심을 적게 하는 과욕寡欲보다 더 나은 게 없다. '과욕'하면 설령 마음이 보존되지 않았을지라도 그 보존되지 않은 바가 매우 적고, 정반대로 다욕多欲이면 설령 마음이 보존되었다 할지라도 그 보존된 바가 매우 적을 것이다."

'과욕설'은 사단설의 핵심인 '측은지심' 개념을 이해하는데 매우 중요하다. 맹자가 말한 '측은지심'은 고립된 나로부터 생기는 게 아니라 행위를 일으키는 현상 자체에서 비롯된다. 우물에 빠지려는 아이를 황급히 잡아 주는 것과 같이 자연발생적인 반응을 통해 드러나는 게 그렇다. 이는 인간이 본래 타고난 것으로 결코 종교적 신념의 소산도 아니고, 약자에 대한 애도의 산물도 아니다. 묵자가 말한 '겸애'는 맹자의 '측은지심'과 닮아 있다. 맹자가 '측은지심'을 본성으로 간주했듯이 '겸애'를 인간의 착한 본성에서 비롯된 것으로 간주한 게 그렇다.

묵자는 전쟁을 나쁜 습관에 물든 후과로 파악했다. 맹자가 인간의 악행을 먼지로 뒤덮인 거울에 비유한 것과 닮았다. 맹자는 그 어떤 악행을 저지른 자일지라도 먼지만 털어내면 원래의 착한 본성을 찾아낼 수 있다고 주장했다. 묵자가 전쟁을 일으키며 불의한 나라가 되는 것을 인민을 나쁘게 물들여 놓은 후과로 본 것과 취지를 같이한다. 이를 뒷받침하는 「소염」의 해당 대목이다.

"실은 파란 물감에 물들이면 파래지고, 노란 물감에 물들이면 노래진다. 넣는 물감이 변하면 그 색깔도 변한다."

묵자가 볼 때 전쟁 등의 잘못된 행동은 인간의 마음이 나쁘게 물들여진 탓이다. 이를 막기 위해서는 스스로 습관의 노예 상황으로부터 탈출할 필요가 있다. 스스로를 통제하는 게 관건이다. 이를 뒷받침하는 「경설 하」의 해당 대목이다.

"부린다는 것은 곧 명하여 시킨다는 뜻이다. 의에 입각해 시키는 것도 부리는 것이고, 의에 입각해 시키지 않는 것도 부리는 것이다. 그것이 의이다."

의에 입각해 스스로를 부리는 게 습관의 노예 상황에서 벗어나는 유일한 길이라는 지적이다. 스스로에 대한 통제는 자신은 물론 나라에도 이익이 된다. 그의 '비공' 주장은 바로 이런 논리 위에 서 있다. 「비공 하」의 해당 대목이다.

"지금 천하의 칭송을 받는 것은 어찌 해석해야 하는가? 위로는 하늘의 이익, 가운데로는 귀신의 이익, 아래로는 사람의 이익과 부합하기 때문에 칭송을 받는 것인가? 그게 아니라면 위로는 하늘의 이익, 가운데로는 귀신의 이익, 아래로는 사람의 이익과 부합하지 않기 때문에 칭송을 받는 것인가? 가장 어리석은 자일지라도 반드시 말하기를, '위로는 하늘의 이익, 가운데로는 귀신의 이익, 아래로는 사람의 이익과 부합하기 때문에 칭송한다.'고 대답할 것이다. 지금 천하가 공히 기르고자 하는 것은 성왕의 법도이다. 천하의 제후들이 아직도 남의 나라를 공벌해 병탄코자 하는 것을 두고 의롭다고 하니 이는 헛된 명성으로 그 실질을 살피지 않은 탓이다. 비유하면 장님이 눈 뜬 사람들과 함께 흑백의 명칭을 붙이면서도 분별하지 못하는 것과 같다. 어찌 장님이 능히 분별할 수 있다고 말할 수 있겠는가?"

'비공'의 논리가 모든 사람에게 두루 고른 이익을 나눠주는 '교리'의 결정체인 '겸애'와 불가분의 관계를 맺고 있음을 뒷받침하는 대목이다. 묵자가 사람들이 전쟁으로 인해 많은 사람이 죽는 것을 두고 의롭다고 생각하는 것도 나쁜 습관에 물들여진 탓으로 본 것은 바로 이 때문이다. 습관의 노예 상황에서 벗어나지 못하면 모든 사람에게 해가 되는 것을 오히려 이익이 된다고 착각하게 된다. 대표적인 사례가 바로 전쟁이다. 그는 「비공 상」에서 이같이 말했다.

"지금 어떤 사람이 남의 과수원에 들어가 그곳의 복숭아나 자두를 훔치면 이 얘기를 들은 사람들 모두 이를 비난할 것이고, 위정자 또한 그를 잡아 처벌할 것이다. 이는 무슨 까닭인가? 남을 해치면서 자신을 이롭게 했기 때문이다. 남의 개나 닭, 돼지를 훔친 자는 그 불의不義가 남의 과수원에 들어가 복숭아나 자두를 훔친 것보다 더 심하다. 이는 무슨 까닭인가? 남을 해롭게 한 게 더 많기 때문이다. 남을 해롭게 한 게 많을수록 불인不仁도 더 심해지고 그 죄 또한 더욱 많아진다. 적군으로 나온 무고한 사람을 죽여, 갑옷을 벗기고, 소지했던 무기까지 빼앗으면 그 불의가 남의 마구간에 들어가 말이나 소를 훔친 것보다 훨씬 심하다. 이는 무슨 까닭인가? 남을 해롭게 한 게 더 많기 때문이다. 남을 해롭게 한 게 많을수록 그 불인도 더 심해지고, 그 죄 또한 더욱 많아진다."

고금동서를 막론하고 전쟁은 정도의 차이만 있을 뿐 예외 없이 많은 사람을 죽게 만들고 심지어 나라까지 패망케 만든다. 실로 불인불의不仁不義한 일이다. 어떤 일이 있어도 전쟁만은 막아야 하는 이유다. 그런 의미에서 묵자는 철두철미한 평화주의자였다. 이를 뒷받침하는 「비공 하」의 해당 대목이다.

　　"사람 1명을 죽이면 불의하다는 지탄을 받고, 반드시 그에 따른 사죄死罪를 짊어진다. 이를 확장하면 10명을 죽일 경우 10배의 불의가 되고, 10명의 살인에 따른 사죄를 짊어지게 된다. 100명을 죽일 경우 100배의 불의가 되고, 100명의 살인에 따른 사죄를 짊어지게 된다. 이 경우 천하의 군자들 모두 이를 알면 크게 비난하며 '불의'라고 말한다. 지금 남의 나라를 공격하는 불의를 저지르면서 비난을 할 줄도 모른다. 실로 그것이 불의라는 사실조차 모르는 것이다. 지금 여기 어떤 사람이 검은 것을 보고 검다고 말하다가, 검은 것을 많이 보고는 문득 희다고 말하면 흑백黑白을 구별할 줄도 모른다고 비난할 것이다. 쓴 것을 맛보고 쓰다고 말하다가, 쓴 것을 많이 맛보고는 문득 달다고 말하면 감고甘苦를 구별할 줄도 모른다고 비난할 것이다. 지금 작은 불의를 저지르면 이를 비난하다가, 남의 나라를 공격하는 큰 불의를 두고 비난할 줄 모르고, 오히려 칭송하면서 '의'라고 말한다. 이를 두고 어찌 '의'와 '불의'를 분별할 줄 안다고 말할 수 있겠는가? 이로써 나는 천하의 군자들이 '의'와 '불의'의 분별에 커다란 혼동을 일으키고 있음을 알 수 있다."

　　전쟁은 그 어떤 경우일지라도 결코 합리화할 수 없다는 점을 분명히 하고 있는 것이다. 하늘의 뜻에 어긋나기 때문이다. 묵자는 이를 '불의불인'으로 낙인찍었다. 그의 '비공' 논리가 하늘의 뜻을 구현하는 '겸애' 위에 서 있음을 보여준다. 묵자는 「비공 중」에서 전쟁이 하늘의 뜻을 명백히 저버린 불의한 짓임을 분명히 하고 있다.

　　"지금 군사를 동원코자 할 경우 겨울에는 추위가 두렵고, 여름에는 더

위가 두렵다. 이는 겨울과 여름에 동원할 수 없음을 말한다. 그렇다고 봄에 동원하자니 백성들이 경작하는 농사를 망치고, 가을에 동원하자니 추수를 망치게 된다. 지금 한 철만 망쳐도 백성들이 굶주리고 헐벗어, 얼어 죽는 자가 부지기수이다. 가는 길이 매우 멀어 양식운반이 수시로 끊기는 바람에 굶어죽는 자가 얼마나 되는지 이루 다 헤아릴 수조차 없다. 거처가 불안하고, 밥을 제때 먹지 못해 굶주림과 포식이 반복되는 까닭에 길에서 병이 나 죽는 자 또한 이루 헤아릴 수 없을 정도로 많다. 싸우다 죽거나 몰살을 당한 군사가 얼마나 되는지도 알 길이 없다. 제사지내 줄 사람까지 잃은 귀신 또한 얼마나 되는지 알 길이 없다. 비록 4, 5국이 전쟁으로 이득을 보았을지라도 정도를 행했다고 말할 수는 없다. 이는 의원이 약으로 병자를 치료하는 것에 비유할 수 있다. 여기 어떤 의사가 약을 만들어 천하의 병자를 치료한다고 치자. 1만 명이 이를 복용해 4, 5명만이 효과를 보았을 경우 제대로 된 약을 만들었다고 말할 수는 없다. 효자가 이를 부모에게 권할 리 없고, 충신이 군주에게 권할 리 없다."

묵자의 입장에서 볼 때 전쟁은 백해무익한 일이다. 특히 서민의 피해가 막심하기에 더욱 그렇다. 설령 일부 국가가 전쟁을 통해 영토를 확장하는 등의 이익을 볼지라도 이는 수많은 장병의 희생 위에 얻은 것으로 크게 평가할 일이 못된다. 그 어떤 경우든 전쟁은 하늘을 섬기는 백성을 동원해 하늘이 지켜주는 성읍을 공격하는 것으로 반드시 많은 백성을 죽이게 된다. '비공' 입장에서 볼 때 이는 나라에 아무런 이익도 가져다주지 않고, 특히 애꿎은 서민이 가장 큰 피해를 당한다는 점에서 매우 망국적이다. '겸애'에서 도출된 '비공'은 묵자의 평화주의 이념을 상징한다.

3) 절용주의節用主義

노동과 이용후생

인간의 특징을 표현하는 말 가운데 '호모 라보란스'가 있다. 노동하는 사람이라는 뜻이다. 인간은 일을 하지 않으면 살아갈 수 없다. 제자백가 가운데 이를 통찰한 인물이 바로 묵자였다. 그는 노동을 인간이 지닌 특이한 품성으로 간주했다. 인간의 노동은 재화의 생산을 위한 것이다. 궁극적인 목적은 소비에 있다. 노동과 휴식이 그렇듯이 생산과 소비도 동전의 양면 관계를 이루고 있다. 균형을 찾는 일이 중요하다.

고금을 막론하고 소비는 크게 2가지 유형이 상존한다. 하나는 이용후생利用厚生과 직결된 실용소비이고, 다른 하나는 이용후생과 동떨어진 과시소비이다. 묵자는 실용소비는 필요하되, 과시소비는 사라져야 할 대상으로 보았다. 그가 과시소비의 예로 꼽은 것은 궁궐과 옷, 음식, 수레, 장례, 음악 등이다. 과시소비는 사치를 부추겨 백성들의 이용후생을 저해한다. 그 폐해가 전쟁 못지않다. 『묵자』가 「비공」 이외에도 「절용」과 「절장」, 「비악」 등을 편제해 사치스런 의식주 관행과 유가의 호화스런 예악 의식을 통렬하게 비판한 이유다. 이를 뒷받침하는 「절용 상」의 해당 대목이다.

"성인이 한 나라에서 정사를 펴면 나라의 부를 배로 늘릴 수 있다. 이를 천하 단위로 확대하면 천하의 부를 배로 늘릴 수 있다. 부를 배로 늘이는 것은 영토를 빼앗아 늘리는 게 아니다. 국가의 형편에 따라 쓸데없는 비용을 없애는 식으로 늘린다. 성왕은 정사를 펴면서 정령을 발동해 사업을 일으키고, 백성을 부려 재화를 사용할 때 하나같이 실용을 감안하지 않은 채 사업을 벌인 적이 없다. 재화의 사용에 낭비가 없고, 백성이 고생스럽게 수고하지 않고, 이익이 만들어내는 게 매우 많았던 이유다."

묵가의 '절용'이 실용에 기초해 있음을 알 수 있다. 객관적으로 볼 때 '절용'은 '겸애'에서 도출된 것이다. '겸애'는 천하의 이익을 두루 고루 나누는 '교리' 위에 서 있는 까닭에 '절용'이 뒷받침되지 않으면 실효를 거두기 어렵다. '절용'은 '겸애'를 이루기 위한 선결조건에 해당한다. 묵가는 '교리'와 '절용'이 결합한 게 특징이다. 이를 흔히 실리주의實利主義 내지 실용주의實用主義로 해석하고 있다. '실리주의'는 이익, '실용주의'는 사용에 방점을 찍고 있어 약간의 차이가 있기는 하나 모두 이용후생을 지향하고 있는 점에서 아무런 차이가 없다.

예나 지금이나 실용주의 내지 실리주의는 실사구시實事求是 정신에 입각해야 제대로 기능할 수 있다. '실사구시'는 사실에 기초해 진리를 탐구하는 자세를 일컫는다. 현실과 동떨어진 공허한 이론인 공리공론空理空論과 대비되는 말이다. 학문을 탐구할 때 나타나는 '실사구시' 정신은 정확한 고증을 바탕으로 하는 과학적이면서도 객관적인 학문태도를 말한다. 중국에서는 청나라 고증학의 학문태도에서 찾아볼 수 있다. 조선시대 실학파도 이런 자세를 견지했다.

현대 경제학의 관점에서 보면 실리주의 내지 실용주의가 마냥 옳은 것만은 아니다. 경제순환 과정에서 '소비가 미덕이다.'라는 격언이 통하는 국면이 존재하기 때문이다. 절용만이 능사가 아니라는 얘기다. 순자가 바로 그런 입장에 있었다. 이를 뒷받침하는 『순자』「해폐解蔽」의 해당 대목이다.

"묵자는 실용에 가려져 예문禮文을 알지 못했다. 실용만을 도道라고 하면 사람들은 모두 공리만을 추구할 것이다. 이는 도의 한 모퉁이일 뿐이다."

내용 못지않게 형식도 중요하다는 지적이다. 묵자의 실용주의에 대한 통렬한 지적에 해당한다. 순자가 예악을 중시한 유가의 입장에 서 있었던 만큼 이는 당연한 비판이기도 하다. 『순자』「부국」의 다음 대목은 더욱 통렬하다.

"묵자의 말은 천하를 위해 일상 물자의 부족을 우려한 데 그 취지가 있다. 그러나 그가 말한 '부족'은 천하의 공적인 우환이 아니라 단지 개인의 사적인 우려와 지나친 생각일 뿐이다."

사실 순자의 지적과 같이 묵자의 실용주의를 맹목적으로 좇을 경우 부민부국富民富國을 이루기가 쉽지 않다. 국가경제 차원에서 보면 과시소비도 실용소비 못지않게 필요하다. 대표적인 예가 과시소비의 일종인 문화소비이다. 예나 지금이나 여가 향유의 진수에 해당하는 문화소비는 일정한 경제력이 뒷받침돼야 가능하다. 먹고 사는 일이 고달프면 서민들은 설령 간절히 원할지라도 전혀 할 수 없는 게 바로 문화소비이다. 묵자가 '예악'으로 상징되는 유가의 문화소비를 질타한 이유다.

그러나 국부를 축적하는 과정에서 과시소비는 응당 멀리해야 한다. 소비와 생산의 선순환구조가 나타나기는커녕 오히려 이를 저해할 소지가 크다. 바로 과시소비가 내포하고 있는 사치 성향 때문이다. 이는 생산계층의 근로의욕을 저상케 만들어 서민의 상대적 박탈감을 자극하고, 계층 간 위화감을 조성한다. 역대 왕조 모두 사치를 수반하는 과시소비를 극력 억제한 이유다. 『상군서』「약민」은 과시소비를 강력 억제해야 하는 이유를 이같이 설명해 놓았다.

"백성들이 가난하면 힘써 부를 축적하고, 힘써 부를 축적하면 방탕해지고, 방탕하면 폐해가 나타난다. 백성들이 부유할 경우 그들을 사용하지 않을 때는 식량을 바쳐 작위를 얻도록 한다. 각자 반드시 자신의 역량으로 식량을 생산해 작위와 바꾸도록 하면 농민들이 게으름을 피우지 않는다."

상앙이 시행한 일련의 변법은 중농重農에 초점을 맞춘 것이다. 중농은 상업을 억제하는 억상抑商과 밀접한 관련이 있다. 이로 인해 21세기 현재까지 적잖은 사람들은 상앙이 추진한 '억상'을 '중농'과 반대되는 모든 조치로 해석하고 있다. 결론부터 말하면 그는 상업과 수공업의 필요성을 통찰하고 있었다. 결코 '중농'과 반대되는 개념으로 접근한 게 아니다. 보다 정확히 표현하면 상업과 수공업을 농업에 대한 보조 산업으로 파악했다고 보는 게 타당하다. '중농억상'보다는 중농경상重農輕商에 가깝다. 이를 뒷받침하는 대목이 『상군서』「외내」에 나온다.

"백성들이 행하는 대내적인 일로 농사보다 어려운 게 없다. 가벼운 조치로는 백성들을 농사에 전념케 만들 수 없는 이유다. 무엇을 가벼운 조치라고 하는가? 첫째, 농민은 가난한데 상인은 부유한 것을 말한다. 식량의 가격이 떨어지면 돈이 귀해지기 마련인데 식량의 가격이 떨어져 농민이 가난해지고, 돈이 귀해져 상인이 부유해지는 경우다. 둘째, 상업과 수공업을 금하지 않아 사치품을 만드는 수공업자가 이득을 보고, 사방을 돌아다니며 먹고사는 자가 많은 것 등이 바로 가벼운 조치이다. 가벼운 조치가 행해지면 농민들은 힘들여 일하며 고생을 가장 많이 하는데도 얻는 이득이 적어 상인이나 수공업자만도 못하다. 상인이나 수공업자가 늘어나지 못하도록 하는 것은 곧 나라를 부유하게 만들려는 생각을 포기한 것으로 불가능한 일이기도 하다. 그래서 말하기를, '농업에 의지해 나라를 부유하게 만들고자 하면 국내의 식량 가격이 반드시 치솟고, 농업에 종사하지 않는 자에게 부과하는 요역이 반드시 늘어나고, 시장 이익에 대한 조세 또한 반드시 가중된다.'고 하는 것이다. 그 경우 백성들은 농사를 짓지 않을 수 없고, 농사를 짓지 않는 사람은 식량을 구할 길이 없다. 식량 가격이 오르면 농사짓는 자들이 유리하고, 농사짓는 자들이 유리하면 농업에 종사하는 자들이 늘어난다. 식량 가격이 오르면 식량을 사들이는 게 불리하고, 부세와 요역을 가중시키면 백성들은 상업과 수공업을 버리고 농업에 종사하지 않을 수 없게 된다. 백성들 모두 농업생산에 심혈을 기울여 이익을 얻고자 할 것이다."

상앙의 '중농억상'이 시장의 기능에 대한 불신에서 비롯된 것임을 쉽게 알 수 있다. 주목할 것은 상앙이 '상인이나 수공업자가 늘어나지 못하도록 하는 것은 곧 나라를 부유하게 만들려는 생각을 포기한 것으로 불가능한 일이기도 하다.'고 언급한 대목이다. 그가 추진한 '억상'은 상인이나 수공업자를 없애는 게 목표가 아니다. 상인의 폭리와 사치 공예품의 횡행을 저지하는데 기본 취지가 있다. 한자도 같은 입장이다. 『한비자』 「오두」에 이를 뒷 받침하는 대목이 나온다.

"무릇 명군의 치국 정책을 보면 상공인과 놀고먹는 백성의 숫자를 줄 이면서 그 신분을 낮춘다. 극히 적은 사람만이 본업本業인 농사에 종사하려 하고, 대다수가 말업末業인 상공업으로 나아가려 하기 때문이다. 지금 세상 은 관작을 돈으로 살 수 있다. 관작을 돈으로 살 수 있게 되면 상공인의 신 분이 천하지 않게 된다. 상공업의 수익이 농사의 몇 배가 되는 까닭에 평소 농사를 짓다가 전쟁이 나면 전쟁터로 나가 공을 세우는 백성보다 더 존경 을 받게 된다. 그리되면 바르고 곧은 병사는 적어지고, 상공업에 종사하는 자만 많아지게 된다."

한자 역시 상앙의 '중농경상' 입장을 그대로 수용했다. 당시 상앙은 물 류를 담당하는 상인의 필요성을 정확히 인식하고 있었다. 다만 폭리를 취 해 농민의 근로의욕을 꺾어 필요 이상으로 그 숫자가 늘어나고, 그로 인해 기간산업인 농업이 피폐해질까 우려한 것이다. 전사戰士의 주축 세력이 농민 이고, 부국강병의 기본이 농산農産의 증대에 있었던 까닭에 중농에 방점을 찍었을 뿐이다. 이를 제대로 이해하지 못해 많은 사람들이 상앙을 극단적인 '농업지상주의자'로 오해하고 있는 것이다. 기존의 견해에 일정부분 수정이 필요한 대목이다.

묵자가 이용후생에 기초한 절용을 역설한 것도 상앙의 '중농경상' 입장 과 대동소이하다. 다만 공인 내지 장인들이 묵가를 대거 추종한 만큼 이들 에게는 매우 호의적이었다. 이를 뒷받침하는 「절용 상」의 해당 대목이다.

"무릇 갑옷과 방패 및 5가지 병기를 만들 때는 더욱 가벼우면서도 날 카롭고, 튼튼하면서도 잘 부러지지 않게 한다. 화려하기만 하고 편익에 도 움이 되지 않는 것은 곧바로 제거해야 한다. 배와 수레를 만드는 기본 이치 는 더욱 빠르면서도 편리하게 만드는데 있다. 화려하기만 하고 편익에 도움 이 되지 않는 것은 곧바로 제거해야 한다. 무릇 이런 물건을 만들 때 사용에 편리하도록 만들지 않은 게 없다. 재화의 사용에 낭비가 없고, 백성이 고생스럽게 수고하지 않고, 이익이 만들어내는 게 매우 많았던 이유다. 군주가 주옥珠玉과 조수鳥獸, 견마犬馬 등을 즐겨 수집하는 취향을 버리고 그것으로 옷과 집을 비롯해 갑옷과 방패 및 5가지 병기, 배와 수레 등의 물건을 늘리면 그 숫자가 거의 2배로 늘어날 것이다. 이는 어려운 일도 아니다."

의식주를 비롯해 무기 등의 군수물자를 마련할 때 실용주의에 입각해야만 관련 재화를 넉넉하게 비축할 수 있다고 지적한 것이다. '교리'에 기초한 겸애를 주장한 입장에서는 당연한 주문이기도 하다. 그가 백성들의 근면한 노동을 전제로 나라가 흥하기 위해서는 인구가 증가돼야 한다고 역설한 것도 이런 맥락에서 이해할 수 있다.

"사람만은 문득 2배로 늘리기 어렵다. 그러나 사람도 2배로 늘릴 방법이 있기는 하다. 옛 성왕의 법에서 이르기를, '남자는 20세가 되면 감히 장가가지 않는 일이 없고, 여자는 나이 15세가 되면 감히 시집가지 않는 일이 없어야 한다.'고 했다. 이것이 성왕의 법이다. 성왕이 서거한 뒤 백성들이 이를 멋대로 행하고 있다. 일찍 장가가고자 하는 자는 20세에 가기도 하나 늦게 가고자 하는 자는 40세에 가기도 한다. 빠른 것과 늦은 것을 평균하면 성왕의 법보다 10년이 늦다. 만일 모두 3년 만에 아이를 낳아 기르면 그 사이 모두 2, 3명의 자식을 낳을 수 있다. 이것이 일찍 장가가도록 해 인구를 2배로 늘리는 비결이다."

묵자처럼 생산을 위주로 한 실리주의 입장에서 인구 증가를 주장한 경우는 매우 드문 사례에 속한다. 인구증가를 통한 생산력의 증진 역시 천하의 이익을 두루 고루 나누고자 하는 '교리'와 불가분의 관계를 맺고 있다. '교리'가 전제되지 않은 증산은 소수의 부귀한 자에게만 혜택이 돌아갈 소지가 크기 때문이다. 이를 뒷받침하는 「상동 중」의 해당 대목이다.

"사람의 숫자가 불어날수록 뜻 역시 불어나게 된다. 사람들이 자신의 뜻만 옳고, 남의 뜻은 그르다며 서로 상대방을 비난하게 된 이유다. 그리되면 집안에서조차 부자지간이나 형제까지 서로 원수가 된 탓에 모두 뿔뿔이 헤어지려는 마음을 지니고 화합할 수 없게 된다. 심지어 여력이 있어도 버려두며 서로 돕지 않고, 좋은 도를 감춘 채 서로 가르쳐 주지 않고, 썩어나는 여분의 재물이 있어도 서로 나눠주지 않는다. 천하가 크게 어지러워져 심지어 금수처럼 된다. 군신, 상하, 노소 사이의 절도와 부자형제 사이의 예가 없어지는 까닭에 천하는 크게 어지러워진다."

묵자가 남는 힘이 있으면 서로 도와주고 남는 재물이 있으면 서로 나눠 줘야 한다고 역설한 이유다. 실제로 그는 천하를 이롭게 할 수만 있다면 자신을 과감히 희생시키는 쪽으로 나아갈 것을 강력 주문했다. 「대취」의 해당 대목이다.

"삶과 죽음이 이로운 점에서 서로 같다면 사람들은 틀림없이 죽음을 버리고 삶을 택할 것이다. 한 사람을 죽여 천하를 보전하는 것은 한 사람을 죽여 천하를 이롭게 하는 게 아니다. 자신을 죽여 천하를 보전하는 것이 바로 자신을 죽여 천하를 이롭게 하는 것이다."

천하를 이롭게 하기 위한 강고한 희생정신을 주문한 것이다. 제자를 비롯한 묵가집단은 그의 이런 가르침을 철저히 이행했다. 『사기』 「태사공자서」에 나오는 묵가집단에 대한 사마천의 평이 이를 증명한다.

"묵가 역시 유가와 마찬가지로 요순의 도를 숭상했다. 이들의 덕행과 관련해 사람들은 말하기를, '이들이 머무는 집의 높이는 3척이고, 흙 계단은 3단으로 되어 있었다. 지붕을 이은 풀도 가지런히 자르지 않고, 굽은 서까래도 가지런히 자르지 않았다. 흙으로 만든 밥그릇과 국그릇에 거친 곡식으로 만든 밥과 명아주 및 콩잎 국을 담아 먹었다. 여름에는 칡베 옷, 겨울에는 사슴 갖옷을 입었다.'고 했다. 이들은 장례를 치를 때 3촌 두께의 오동나무로 관을 만들어 사용했고, 곡도 간략히 했다. 또한 '절용'을 근본으로 삼아 백성들에게 집안이 넉넉해지는 비결을 전했다. 이는 묵가의 가장 큰 장점이다. 그 어떤 군주가 나올지라도 이를 바꾸지는 못할 것이다."

묵자의 사적에 대해서는 그토록 소략하게 기술한 사마천이 묵가집단에 대해서는 나름 상세하게 기록한 것은 '절용'에 관한 묵가의 신념이 얼마나 철저했는지를 반증한다. 묵가의 '절용'은 의식주를 포함해 배와 수레, 장례의식, 음악 등 모든 사안에 미쳐 있다. 『묵자』에 「절용」을 위시해 「절장」과 「비악」 등이 편제된 이유다. 사치를 억제해 서민의 의식주를 넉넉하게 만들고자 한 것이다.

비악과 비유

많은 사람들이 묵자의 기본 입장을 지극한 실리주의 내지 실용주의로 규정하고 있다. 그가 검소한 장례를 뜻하는 절장節葬 등을 역설하며 유가의 예악을 비판한 사실에 주목한 결과다. 원래 유가는 예악을 통해 치국평천하를 달성코자 했다. 그러나 묵자가 볼 때 이는 제후들에게 빌붙어 부귀를 누리고자 하는 속유의 변명에 지나지 않았다. 실제로 당시 제후들은 풍악을 울리며 밤새도록 퍼마시는 풍조에 휩싸여 있었다. 그 피해는 고스란히 서민의 몫이었다. 과다한 세금과 빈번한 노역이 그렇다. 서민의 편에 서 있던 묵자가 유가의 예악을 질타한 근본 배경이다. 『묵자』 「비악 상」은 백성에게는 크게 3가지 근심인 3환三患이 있다고 했다. 해당 대목이다.

"지금 왕공대인은 나라 안에서 악기의 제조와 연주를 일삼고 있다. 이는 단지 고여 있는 물을 푸거나 흙더미에서 그러모아 만드는 게 아니다. 반드시 백성들로부터 무겁게 징수해 대종大鐘과 명고鳴鼓 및 금슬琴瑟과 우생竽笙 등의 악기소리를 즐기는 것이다. 악기가 오히려 백성들의 이익에 부합하고, 그 연주가 마치 성왕이 수레나 배를 만드는 것과 같다면 나는 감히 이를 비난하지 않을 것이다. 백성에게는 3가지 우환이 있다. 첫째, 굶주리는 자가 먹을 것을 얻지 못하는 것이다. 둘째, 헐벗은 자가 옷을 구하지 못하는 것이다. 셋째, 수고로운 자가 쉬지 못하는 것이다. 이들 3가지가 바로 백성들의 큰 우환이다. 만일 위정자가 큰 종을 두드리며, 북을 치고, 거문고를 연주하며, 생황 등을 불고, 문무文舞와 무무武舞를 추는데 열중하면 백성들이 먹고 마시는 재화는 어디서 얻을 수 있겠는가?"

묵자는 위정자의 강도 높은 자기절제를 촉구한 것이다. 묵자도 예악의 기본 취지는 이해했다. 문제는 현실이다. 당시 위정자들은 백성들로부터 무거운 세금을 거둬 유흥을 일삼으며 이를 '예악'이라고 떠벌였다. 묵자가 볼 때 서민의 등골을 빼먹는 가증스런 짓거리에 지나지 않았다. 아무리 취지가 좋을지라도 결과가 엉뚱하게 나타나면 대대적인 혁신을 해야 한다. 「비악 상」의 다음 대목은 묵자가 '비악'을 주장하게 된 배경을 짐작케 해준다.

"지금 왕공대인처럼 높고 큰 누대에 거처하는 입장에서 바라보면 종과 같은 악기는 세발솥이나 다를 게 없다. 이를 두드리지 않으면 즐거움을 어디서 얻을 수 있겠는가? 이런 주장에 따르면 종은 반드시 두드려야만 할 것이다. 그러나 종을 두드리고자 하면 결코 노인이나 반응이 느린 자는 쓰지 않을 것이다. 노인과 반응이 느린 자는 귀와 눈이 어둡거나, 사지가 튼튼하지 않거나, 재주는 화음을 내기에 부족하고, 눈썰미 또한 민첩하지 못할 것이다. 그러면 반드시 장년을 쓸 것이다. 그들의 귀와 눈은 밝고, 사지는 튼튼하고, 기예는 화음을 내는데 족하고, 눈썰미는 민첩할 것이다. 이를 농부에게 시키면 밭 갈고 씨뿌리며 경작하는 시기를 잃게 하고, 여인에게 시키면 방적하고 길쌈하는 일을 폐하는 꼴이 된다. 지금 왕공대인은 한낱 자신들의 즐거움을 위해 백성들이 입고 먹는 재화를 손상시키고 빼앗으면서 이처럼 대규모로 음악연주를 감상하고 있는 셈이다."

객관적으로 볼 때 당시 위정자들이 보여준 무절제하며 사치스런 '예악' 행사는 묵가사상의 키워드인 '겸애'의 취지를 정면으로 거스르는 것이었다. 천하의 이익을 두루 고루 나눠야 하는데 그러기는커녕 위정자들이 무거운 세금으로 서민의 등골을 빼낸 뒤 자신들의 유흥을 위해 탕진하고 있었기 때문이다. 묵자가 이를 용인할 리 없었다. 묵자의 '비악'을 결코 반문화적인 행보로 이해해서는 안 되는 이유가 여기에 있다.

사상사적으로 보면 『맹자』의 키워드 가운데 하나인 이른바 여민동락與民同樂도 사실은 묵자의 '비악'에 뿌리를 두고 있는 것이다. 『맹자』「양혜왕 하」에 나오는 다음 일화를 보면 이를 쉽게 이해할 수 있을 것이다. 이에 따르면 하루는 제선왕齊宣王의 대신 장포莊暴가 맹자를 만나 이같이 물었다.

"제가 우리 대왕을 만났을 때 대왕이 저에게 음악을 좋아한다고 말했으나 저는 아무런 대답도 하지 못했습니다. 우리 대왕이 음악을 좋아하는 것을 어찌 생각합니까?"

맹자가 대답했다.

"제나라 대왕이 음악을 좋아한다고 하니 제나라는 거의 잘 다스려질 것이오."

다른 날에 맹자가 제선왕을 만나 이같이 물었다.

"대왕은 언젠가 장포에게 음악을 좋아한다고 말했는데 과연 그런 일이 있었습니까?"

제선왕이 얼굴을 붉히면서 대답했다.

"과인은 요순과 같은 선왕의 음악을 좋아하는 것이 아니라 그저 세속의 음악을 좋아할 뿐이오."

맹자가 말했다.

"대왕이 음악을 매우 좋아한다면 제나라는 거의 잘 다스려질 것입니다. 요즈음의 음악도 옛날의 음악과 같습니다."

제선왕이 청했다.

"그 이유를 들려 줄 수 있겠소?"

맹자가 물었다.

"혼자 음악을 즐기는 것과 다른 사람과 함께 음악을 즐기는 것 중 어느 쪽이 더 즐겁겠습니까?"

"다른 사람과 함께 즐기느니만 못하오."

맹자가 다시 물었다.

"몇몇 사람과 음악을 즐기는 것과 많은 사람과 함께 음악을 즐기는 것 중 어느 쪽이 더 즐겁겠습니까?"

"많은 사람과 함께 즐기느니만 못하오."

그러자 맹자가 이같이 말했다.

"신이 대왕에게 즐기는 것에 관해 한 말씀 드리겠습니다. 지금 대왕이 여기에서 음악을 연주하는데 백성들이 대왕의 종과 북, 생황, 피리 소리를 듣고 모두 머리 아파하며 콧마루를 찡그린 채 서로 말하기를, '우리 군왕은 음악 연주를 좋아하면서 어찌하여 우리들을 이토록 고생스럽게 만드는 것인가? 부자가 서로 만나보지 못하고 형제처자가 이산했는데!'라고 한다면 어떻겠습니까? 또 만일 대왕이 여기서 사냥하는데 백성들이 대왕의 거마車馬 소리를 듣고 깃털로 아름답게 장식한 깃발을 보고는 모두 머리 아파하며 콧마루를 찡그린 채 서로 말하기를, '우리 군왕은 사냥을 좋아하면서 어찌하여 우리들을 이토록 고생스럽게 만드는 것인가? 부자가 서로 만나지 못하고 형제처자는 이산했는데!'라고 한다면 어떻겠습니까? 이는 다름 아니라 대왕이 백성들과 함께 즐거워하는 '여민동락'을 행하지 않았기 때문입니다. 지금 대왕이 여기서 음악을 연주하는데 백성들이 대왕의 종과 북, 생황, 피리 소리를 듣고 모두 즐거운 마음으로 기쁜 낯빛을 하여 서로 말하기를, '우리 군왕은 거의 편찮은 데가 없는 모양이다. 그렇지 않다면 어찌 음악을 연주할 수 있겠는가!'라고 한다면 어떻겠습니까? 또 만일 대왕이 여기서 사냥하는데 백성들이 대왕의 거마 소리를 듣고 깃털로 아름답게 장식한 깃발을 보고는 모두 즐거운 마음으로 기쁜 낯빛을 하여 서로 말하기를, '우리 군왕은 거의 편찮은 데가 없는 모양이다. 그렇지 않다면 어찌 사냥 할 수 있겠는가!'라고 한다면 어떻겠습니까? 이는 다름 아니라 대왕이 '여민동락'했기 때문입니다. 지금 대왕이 '여민동락'할 수만 있다면 이내 천하를 호령하는 왕자王者가 될 수 있을 것입니다."

이 일화의 핵심어는 '여민동락'이다. 「비악 상」의 '지금 왕공대인은 한낱 자신들의 즐거움을 위해 백성들이 입고 먹는 재화를 손상시키고 빼앗으면서 이처럼 대규모로 음악연주를 감상하고 있는 셈이다.'라는 지적과 취지를 같이하는 것이다. 이를 통해 맹자의 '여민동락'사상이 묵자의 '비악'에서 흘러나온 것임을 쉽게 알 수 있다.

묵자가 유가의 후장厚葬 풍습을 통렬히 비판하면서 장례절차를 간소화하는 절장節葬을 역설한 것도 이런 맥락에서 이해할 수 있다. '후장'은 오랫동안 상례喪禮를 행하는 구상久喪과 더불어 허례허식의 전형에 해당했다. 일반 서민들은 주위의 눈치를 볼 수밖에 없었던 까닭에 파산을 무릅쓰며 울며 겨자 먹기 식으로 이런 폐풍을 답습하고 있었다. 묵자는 「절장 하」에서 '후장구상'의 폐풍을 이같이 비판했다.

"지금 '후장구상'을 주장하는 자들의 말을 좇아 나라를 다스린다고 생각해 보자. 왕공대인이 상을 당하면 그들은 말하기를, '관곽은 반드시 여러 겹으로 하고, 매장은 반드시 깊게 파는 식으로 하고, 수의壽衣와 금침衾枕도 반드시 많아야 하고, 무늬와 자수도 반드시 화려해야 하고, 봉분도 반드시 커야 한다.'고 할 것이다. 그러나 필부와 천민賤民이 상을 당하면 집안의 재물을 거의 다 써야 할 것이다. 제후가 상을 당하면 창고의 재물을 다 쓴 후 금옥과 여러 구슬로 사자의 몸을 두르고, 아름다운 실로 짠 새끼로 수레와 말을 잘 묶어 무덤 안에 묻을 것이다. 이때 반드시 장막과 포장, 솥과 북, 안석案席과 깔개, 술잔과 그릇, 창칼과 우모羽旄, 상아와 가죽제품 등을 부장품으로 묻어야 비로소 만족해할 것이다. 순장殉葬을 행할 경우 천자와 제후가 죽은 뒤 순장을 당하는 사람을 보면 많게는 수백 명에서, 적게는 수십명에 이른다. 장군과 대부의 경우 역시 많게는 수십 명, 적게는 수 명에 이른다. 거상居喪은 또한 어떠한가? 흔히 말하기를, '무시로 곡을 하며 남이 대신하지 못하게 하고, 거친 베옷과 삼베 띠를 머리와 허리에 두르고, 눈물을 흘리며 움막에 머물고, 거적자리 위에서 흙덩이를 베고 잔다. 또 먹지 않은 채 굶주리고, 얇은 옷을 입은 채 추위를 견디고, 얼굴이 크게 야위어 안색이 검푸르게 되고, 귀와 눈은 침침해지고, 수족에 힘이 빠져 사용치 못하도록 만드는 일을 서로 다퉈 행한다.'고 한다. 또 말하기를, '훌륭한 선비는 상을 당하면 반드시 부축해야 일어설 수 있고, 지팡이를 짚어야 다닐 수 있다.'고 한다. 이런 식으로 3년을 거상한다. 이런 식의 예법과 언행으로 예를 행하면 왕공대인의 경우는 반드시 일찍 조회에 나가고 늦게 퇴근하는 일을 할 수 없게 된다. 대부들 또한 5관6부五官六府에서 제대로 일을 보지 못해 황무지를 개간해 창고를 채우는 일이 불가능해진다. 농부들은 반드시 일찍 들로 나가 밤늦게 들어오면서 밭을 갈고 씨 뿌리는 일을 제대로 하지 못하게 된다. 공인들 역시 반드시 수레와 배를 건조하거나 그릇과 기물 등을 만드는 일을 할 수 없게 된다. 여인들 또한 반드시 일찍 일어나 밤늦게 잠자리에 들면서 방적과 길쌈을 하지 못하게 된다. '후장'은 세밀히 따지면 결국 모든 재화를 땅에 묻는 셈이고, '구상' 역시 따지고 보면 오랫동안 하던 일을 금하는 것이 된다. 애써 이룬 재화를 일거에 땅에 묻고, 살아 있는 자들은 하던 일을 금지당하는 꼴이다. 이같이 하고도 부유하기를 바란다면 이는 비유컨대 농사를 금하며 수확을 올리고자 하는 것과 같다. 부유해질 도리가 없다. '후장구상'을 행하고도 부자가 된다는 것은 애초부터 불가능한 일이다."

잘못된 관행은 과감히 혁파해야 한다. 더구나 서민을 파탄에 이르게 하는 경우는 더 말할 게 없다. 묵자가 생존할 당시 '후장구상'의 폐풍은 도를 넘고 있었다. 묵자가 이런 폐풍에 대한 일대 혁신을 주창하고 나선 이유다. 원래 유가도 장례의식을 과도하게 치르는 '후장구상'을 반대했다. 『논어』「선진」에 나오는 다음 일화가 이를 증명한다.

공자의 수제자 안연이 요절하자 공자의 제자들이 이를 안타까워하며 안연을 후장코자 했다. 공자가 반대했다.

"불가하다."

그러나 공자의 제자들이 결국 그를 후장했다. 공자가 이같이 질책했다.

"회回는 나 보기를 아버지처럼 했는데 이제 장례의 도리를 잃었으니 나는 그를 자식을 보듯이 대할 수 없게 되었다. 이는 내 탓이 아니라 몇몇 제자들 탓이다."

공자가 후장을 얼마나 반대했는지를 대략 짐작할 수 있다. 후장을 중시하는 풍조는 후대의 속유俗儒들로 인한 것이었다. 공자는 상례와 제례를 매우 중시했다. 그러나 그는 형식보다 애도하는 마음에 방점을 찍었다. 후대의 주희도 그같이 풀이했다.

"초상에 쓰이는 도구는 가세家勢의 유무에 맞춰야 한다. 가난하면서 후장하는 것은 이치에 맞지 않다. 공자가 안연의 후장을 만류한 이유다."

후대의 유자들은 왜 후장을 지지한 것일까? 바로 밥벌이 때문이었다. 예나 지금이나 장례와 상례는 다른 의식과 달리 상대적으로 매우 복잡하다. 이를 전문으로 하는 자들이 바로 유자들이었다. 이런 전례典禮와 관련된 대표적인 유가경전으로 『주례周禮』 및 『의례儀禮』와 더불어 3례三禮로 일컬어지는 『예기禮記』를 들 수 있다. 이는 유교 경전의 상징인 오경五經의 하나이다. 주나라 말기에서 진한秦漢시대까지 전해져온 예에 관한 학설을 수록한 것이다.

『예기』는 주로 생활 의식에 관한 내용을 기록해 놓았다. 당시 예의 영역은 국가 통치제도에서부터 사회적인 윤리와 개인의 수신修身에 이르기까지 매우 광범위했다. 『예기』가 유가의 예치禮治를 선양하기 위한 교재로 중시된 이유다. 3례 가운데 『예기』의 영향이 가장 컸다. 『예기』에 수록된 번잡하기 짝이 없는 규정을 통해 짐작할 수 있듯이 이는 일반인이 알 수 있는 게 아니었다. 묵자가 활약한 전국시대 초기에 이미 이를 습득해 밥벌이로 삼는 속유가 횡행하고 있었다. 묵자가 「비유 하」에서 속유들의 이런 속물 행각을 질타한 이유다. 해당 대목이다.

"유자들은 예악을 번거롭게 꾸미는 번식예악繁飾禮樂으로 사람들을 혼란스럽게 만들고, 오랫동안 상복을 입고 거짓으로 슬퍼하는 구상위애久喪僞哀로 돌아가신 부모를 기만한다. 운명론을 좇은 탓에 빈곤한 처지에 빠져 있는데도 고상한 체 허세를 부리고, 근본을 어긴 탓에 할 일을 내팽개치고 있는데도 안일하게 나태한 모습을 보이며 오만하게 군다. 굶주리고 헐벗어 얼어 죽을 위기에 처해 있는데도 피할 생각조차 없다. 거지 모습을 한 채 들쥐처럼 음식을 여기저기 숨겨놓고, 숫양처럼 눈에 불을 켜 먹을 것을 찾아 헤매다가 혹여 눈에라도 띄면 멧돼지처럼 뛰쳐나온다. 군자들이 이를 비웃으면 이들은 화를 내며 말하기를, '시원찮은 자들이 어찌 뛰어난 유자를 알아보겠는가?'라고 한다. 여름에는 보리나 벼를 동냥하다가 가을에 곡식이 거둬들여지면 크게 장례를 치르는 집을 찾아다닌다. 자식과 손자 등을 모두 이끌고 가 음식을 물릴 정도로 뱃속에 가득 채워 넣는다. 이처럼 상갓집을 몇 차례 돌면 대략 추운 겨울도 버텨낼 수 있다. 유자가 남의 집에 기대 목숨을 이어가고, 남의 곡식에 기대 체면을 유지하는 이유다. 이들은 부잣집에 초상이 나면 크게 기뻐하며 말하기를, '이야말로 입고 먹는 근원이다!'라고 한다."

묵자가 공자를 크게 존숭하면서도 속유에 대해 통렬한 비판을 가하며 '묵가'라는 독립된 학파를 창시한 배경이 바로 여기에 있다. 복잡하기 짝이 없는 '예악'에 관한 지식을 배경으로 공자의 이름을 팔아먹으며 밥벌이를 하는 유자들을 속물의 전형으로 간주한 결과다.

이를 통해 알 수 있듯이 묵자가 말한 '절장'은 예악에 관한 알량한 지식으로 서민들의 등골을 빼먹는 속유의 속물 행보에 대한 강고한 비판의식에서 나온 것이다. 「절장」과 「비악」이 「비유」와 유사한 내용을 다루고 있는 이유다. 많은 사람들이 묵자의 '절용' 이론이 크게 총론인 「절용」을 비롯해 각론인 「절장」과 「비악」 및 「비유」로 구성돼 있다고 파악하는 것도 바로 이 때문이다.

묵자논리학과 과학

묵자는 비록 인격신에 가까운 '천지'와 '천의'를 들먹였지만 여타 부분에 대해서는 매우 합리주의적인 입장을 취했다. 이는 그가 장인匠人 출신인 사실과 무관치 않을 것이다. 오늘날의 자동차공학이나 건축공학이 그렇듯이 수레를 만들거나 성을 쌓는 등의 작업을 할 때는 반드시 엄밀한 과학논리 위에 서 있어야만 소기의 성과를 거둘 수 있다. 『묵자』에 이른바 '묵가논리학'으로 불리는 「경 상」과 「경 하」, 「경설 상」, 「경설 하」, 「대취」, 「소취」 등의 6개편이 수록된 것도 이와 무관치 않을 것이다.

이들 6개편은 오랫동안 묵변墨辯 내지 묵경墨經으로 불렸다. '묵변' 용어를 처음으로 사용한 사람은 서진西晉 때 지금의 남경시장인 건강령建康令을 지낸 노승魯勝이다. 『진서』 「은일전隱逸傳」에 따르면 그는 만년에 저술에 전념하면서 『묵변주墨辯注』를 썼다. 여기서 '묵변' 용어가 나왔다. 당시 그가 다룬 것은 「경 상」과 「경 하」, 「경설 상」, 「경설 하」 등 4개편이었다. 이후 청대에 들어와 왕중汪中이 『술학述學』 「묵자서墨子序」에서 '묵경'이라는 용어를 사용하면서 '묵경' 용어가 보다 널리 사용되기 시작했다. 왕중은 노승과 달리 '묵변'에 나오는 4개편 외에 「대취」와 「소취」를 더해 모두 6개편을 '묵경'으로 지칭한 것이다. 내용상 왕중의 분류가 타당하다.

21세기에 들어와 '묵경'이 새삼 주목을 받은 것은 논리학을 위시해 광학과 물리학 등 과학기술에 관한 내용을 대거 수록하고 있기 때문이다. 여타 제자백가에서는 찾아볼 수 없는 묵가만의 특징이다. 지난 20세기 초 독일학자 포르케는 『중국고대철학사』에서 동양의 과학문명을 이같이 단정한 바 있다.

"중국에는 순수철학의 개념이 없다. 고대중국의 경우 철학과 종교의 구분이 불분명했고, 교의와 강력한 성직자 계급이 없었다. 중국인들의 관심은 극히 윤리적이고 사회정치적인 것에 집중돼 있었다. 형이상학과 과학철학은 거의 관심의 대상이 되지 않았다. 논리학과 인식론, 심리학 등에 대해서는 미약한 동기만이 존재했다."

그의 이런 지적이 동양문명을 얕잡아보는 '오리엔탈리즘'에 기초한 것임은 말할 것도 없다. 포르케의 이런 무모한 단정을 반격키에 가장 좋은 자료가 바로 '묵경'이다. 21세기에 들어와 중국 학계를 비롯해 많은 학자들이 새삼 '묵경'에 주목하는 이유다. '묵경'으로 상징되는 '묵가논리학'은 미신적인 운명론을 주도한 유가를 통렬히 비판하고 있다. 운명론을 비판한 「비명」이 내용상 「비유」와 통하는 이유다. 「비명 중」의 다음 대목이 이를 뒷받침한다.

"지금 천하의 사군자 가운데 혹자는 운명이 있다고 하고, 혹자는 없다고 한다. 운명의 존재 여부는 중인衆人이 보거나 들은 사실에 기초해야 정확히 알 수 있다. 중인은 견문한 바가 있으면 '있다.', 없으면 '없다.'고 말한다. 운명론을 주장하는 자들은 어찌하여 백성들이 견문한 사실을 토대로 존재 여부를 검토하지 않는 것인가? 옛 성왕은 효자孝子를 드러내 부모 봉양을 권하고, 현량賢良을 기려 선행을 권하고, 헌령憲令을 발포해 백성을 깨우치고, 상벌賞罰을 밝게 시행해 권선징악勸善懲惡을 행했다. 이같이 하면 어지러운 것을 다스리고, 위태로운 것을 편안히 할 수 있다. 탕왕과 무왕의 치세 때 다스려지고, 걸과 주의 치세 때 어지러웠다. 안위安危와 치란治亂은 군왕이 발포한 헌령에 달려 있다. 그러니 어찌 운명론을 얘기할 수 있겠는가?"

원래 '묵가논리학'을 비롯해 묵자의 과학적인 사고 및 학설은 거의 모두 '묵경'에 실려 있다. 객관적으로 볼 때 묵가사상과 이론을 학문적으로 정의한 묵학墨學은 21세기의 관점에서 보면 과학철학에 가장 가깝다. 정치사상의 정수인 공자의 공학孔學과 정치사상 내지 정치제도학에 가까운 순자의 순학荀學과 대비된다. 맹자의 맹학孟學은 후대의 주자학朱子學과 더불어 도덕철학으로 분류하는 게 타당하다. 노자의 노학老學은 정치철학, 한자의 한학韓學은 정치사상사 내지 정치과학에 비유할 수 있다. 장자의 장학莊學은 후대에 들어온 불학佛學과 더불어 종교철학으로 보는 게 진실에 가깝다. 관중의 관학管學을 시작으로 사마천의 「화식열전」으로 집대성된 상가商家의 이론은 현대의 재정학 내지 경제학을 방불케 한다. 손무와 오기를 위시한 역대 병가의 학문은 동서고금을 통틀어 군사학의 진수에 해당한다.

이를 통해 알 수 있듯이 묵학은 '묵경'으로 상징되는 논리학과 과학철학, '묵자병법'으로 불리는 군사학, '겸애'의 도덕철학, '절용'의 경제학, '상현' 및 '상동'의 정치철학, '천지' 및 '명귀'의 종교철학 등이 총망라된 종합학문의 성격을 띠고 있다. 여타 제자백가 학문에서는 찾아볼 수 없는 묵학만의 특징이자 자랑이다.

'묵가논리학'을 집대성해 놓은 '묵경'은 묵가의 다양한 학설 가운데 현대 논리학에 가장 가깝다. 물론 서양처럼 논리학의 체계가 완전히 갖춰진 것은 아니지만 나름 장점이 있다. 궤변으로 빠지기 쉬운 개념을 정확히 정의한 뒤 이를 토대로 연역법이나 귀납법 등의 추리방식을 도입하고 있는 게 그렇다. 대표적인 예로 「경설 상」의 다음 대목을 들 수 있다.

"원인 가운데 작은 원인은 그것이 있을지라도 반드시 그리 되는 것은 아니지만 그것이 없으면 반드시 그리 되지 않는다. 작은 원인은 전체의 일부분으로 마치 1척尺 길이에 끝이 있는 것과 같다. 큰 원인은 이와 달리 그것이 있으면 반드시 그렇게 되고, 없으면 반드시 그렇게 되지 않는다. 마치 그것을 얻으면 반드시 그 일이 이뤄지는 것과 같다."

큰 원인인 대고大故와 작은 원인인 소고小故의 차이를 마치 수학의 집합원리처럼 설명해 놓았다. 수학 자체가 과학체계에서 가장 논리적이라는 점을 감안할 때 기원전에 출현한 '묵가논리학'의 이런 논리체계는 매우 뛰어난 바가 있다. '묵가논리학'의 정수는 광학에 대한 뛰어난 관찰에 있다. 이를 뒷받침하는 「경설 하」의 해당 대목이다.

"거울 속의 영상影像은 물체가 거울에 가까워져도 함께하고, 멀어져도 함께한다. 거리의 비례에 따른다. 영상이 함께한다는 것은 곧 거울에 비치지 않는 게 없는 까닭에 영상도 함께한다는 의미이다. 영상이 아무리 많을지라도 반드시 거울 속에 투영된다. 영상은 물체와 함께 머무는 까닭에 늘 함께하지만 거울과의 거리 등에 의해 다양한 모습으로 나타난다. 거울의 중앙에 위치할 경우 영상의 위치가 거울의 중앙에 가까울수록 비춰지는 내용도 많아지고 영상 또한 덩달아 커진다. 반대로 멀어지면 비춰지는 내용도 적어지고 영상 또한 작아진다. 어느 경우든 영상은 반드시 똑바른 모습으로 나타난다. 이는 빛이 광원光源에서 나온 뒤 평행으로 진행해 물체를 길고 바르게 비춘 결과다. 볼록거울의 경우 중심에서 가까운 테두리에 위치하면 중심에 가까울수록 비춰지는 내용도 많고 영상 또한 커진다. 반대로 가운데서 멀어질수록 비춰지는 내용도 적고 영상 또한 작아진다. 이때 어느 경우든 그 모양이 찌그러져 나타난다. 이는 빛이 거울의 중심에 합쳐지기 위해 광선의 길이를 늘인 데 따른 것이다."

'묵경'에는 논리학과 광학 이외에도 현대 기하학과 물리학을 방불케 하는 언급이 매우 많다. 묵자가 기계를 직접 다루는 장인 출신이라는 사실이 기원전에 '묵가논리학'이라는 놀라운 업적을 만들어내는 동인으로 작용했을 것이다. 일각에서는 비록 진시황의 천하통일로 쇠멸키는 했으나 전국시대 말기 묵가가 유가를 압도한 배경을 묵자의 이런 과학적인 학문태도에서 찾기도 한다. 나름 일리 있는 분석이다.

제3절 묵자사상의 전개

묵가의 성립

묵자를 시조로 한 묵가 학단學團은 진시황의 천하통일을 즈음해 이내 사라지고 말았다. 그 이유는 무엇일까? 묵가를 깊숙이 연구한 일본학자 와타나베 다카시渡邊卓는 지난 2004년에 펴낸『고대중국사상의 연구古代中國思想の研究』에서 이같이 해석한 바 있다.

"묵자는 고대에 너무 일찍 근대를 지향했다. 묵가는 그로 인해 절멸했다. 동시에 그 때문에 오늘날 우리에게 다시금 상기되는 특이한 학단이다."

와타나베는 묵가가 가족윤리와 군신의 덕목을 중시한 여타 제자백가와 달리 보편적인 인류애와 합리적인 사회질서를 주창한 게 절멸의 가장 큰 이유가 됐다고 보았다. 한무제 때 활약한 사마천이『사기』를 저술하면서 묵자의 사적을 제대로 기록치 못한 것도 이런 맥락에서 이해할 수 있다.

주목할 것은 묵자가 유가의 '예학'에 만족치 않고 보다 보편적인 '예학'을 찾아 나선 점이다. 청나라 건륭제 때의 실학자 손성연孫星衍이 이를 최초로 지적한 바 있다. 그는 묵자를 주나라의 예를 전한 공자와 달리 하나라의 예를 전한 사람으로 간주했다. 그가 논거로 든 것은『회남자』「요략要略」의 다음 기록이다.

"묵자는 유가의 학업을 배우고 공자의 도술道術을 전수받았다. 그는 내심 유가의 예가 번거로워 쉽지 않은데다, 장례를 후하게 하여 재물을 낭비하면서 백성을 가난하게 만들고, 소매가 넓은 의복 등이 생활에 불편하며 일에 방해가 된다고 생각했다. 주나라의 도를 버리고 하나라의 정사를 받아들인 이유다."

묵자가 「절장」과 「비악」 등에서 장례의식을 검소하게 치르고, 음악을 멀리 할 것을 주문한 배경을 짐작케 해준다. 모두 사치스런 문화소비를 극력 저지코자 하는 취지에서 나온 것이다. 묵자가 역대 성왕 가운데 하나라의 우왕을 높이 평가하며 부단히 그의 행보를 좇고자 한 것도 이런 맥락에서 이해할 수 있다.

원래 묵자의 고국으로 추정되는 노나라는 공자가 자부했듯이 주나라 건국 초기부터 고대의 문물을 잘 보전한 나라로 명성이 높았다. 주나라 건국 원훈인 주공周公의 봉지로 존재한 게 결정적인 배경이다. 비록 나라는 작았지만 사실상 중원문화의 중심지에 해당했다. 공자가 노나라 출신인 것도 결코 우연으로 볼 수 없는 이유다. 묵자를 노나라 출신으로 간주하는 견해도 유사한 관점에 서 있다. 묵자가 공자사상의 유풍遺風이 짙게 남아 있는 노나라에서 『시경』 등의 고전을 공부하며 『주례』 등의 예학禮學을 깊숙이 익혔을 것으로 보는 게 그렇다. 이들은 묵자가 요순堯舜과 우왕禹王, 탕왕湯王, 무왕武王과 문왕文王 등 유가의 성왕을 숭상한 점을 논거로 들고 있다.

묵자가 유가의 성왕 가운데 유독 하나라의 우왕을 크게 존숭한 것도 대략 이런 맥락에서 이해할 수 있다. 우왕은 홍수를 다스리기 위해 집안도 돌보지 않은 채 정강이에 털이 날 겨를도 없이 동분서주한 전설적인 성왕이다. 『장자』 「천하」에 묵자가 우왕을 얼마나 숭상했는지를 뒷받침하는 대목이 나온다.

"묵자는 사람들을 향해 이같이 말하기를, '옛날 하나라의 우왕은 홍수를 막고, 장강과 황하의 물길을 터서 사방의 이적夷狄과 구주九州를 연결하는 길을 열었다. 당시 천하에는 커다란 하천이 3백 개, 지류가 3천 개나 되었다. 그 밖의 작은 내는 그 수를 셀 수 없을 정도로 많았다. 우왕이 친히 삼태기와 보습을 손에 들고 천하의 내를 소통케 할 때 우의 장딴지에는 살이 빠졌고, 정강이에는 털이 없어졌다. 장맛비에 얼굴을 씻고 모진 바람에

빗질한 덕분에 마침내 천하를 안정시켰다. 우왕은 큰 성인인데도 이처럼 천하를 위해 자기 몸을 혹사했다.'고 했다."

묵자가 죽을 때까지 전설적인 우왕의 행적을 좇기 위해 애쓴 것은 지상에 이상국을 세우고자 한 결과다. 이상은 늘 그렇듯이 현실과 동떨어진 것이기는 하되 사람들을 감동케 만든다. 묵자의 사상적 후계자인 맹자가 겉으로는 묵가를 금수禽獸와 같은 무리라고 욕하면서도 그의 희생정신만큼은 높이 평가한 이유다. 『맹자』「진심 상」의 해당 대목이다.

"묵자는 겸애를 주장하며 머리끝에서 발뒤꿈치까지 온몸이 다 닳도록 천하를 이롭게 할 수만 있다면 이를 실현키 위해 노력했다!"

맹자도 묵자 못지않은 이상주의자였다. 왕도를 역설한 게 그렇다. 사상사적으로 보면 이는 묵자가 역설한 의정義政을 살짝 돌려 표현한 것이다. 묵자의 희생정신이 어떠했는지를 짐작케 해주는 대목이다. 묵자가 '의정'을 언급한 것은 궁극적으로 '겸애'와 '비공'을 증명하기 위한 것이다. 그는 자신의 주장을 관철키 위해 동분서주했다. 이를 두고 『회남자』「수무훈修務訓」은 이같이 기록해 놓았다.

"너무 바삐 돌아다니는 바람에 공자는 밥을 짓기 위해 아궁이 불을 때 굴뚝이 검어질 짬이 없었고, 묵자는 앉은 자리가 따뜻해질 틈이 없었다."

공자를 묵자와 같은 반열에 올려놓고 칭송한 셈이다. 원문은 '공자무검돌孔子無黔突, 묵자무난석墨子無暖席'이다. 이것이 『한서』의 저자 반고의 「답빈희答賓戱」에서 '공석불난孔席不暖, 묵돌불검墨突不黔'으로 바뀌었다. 당나라 때 들어와 후대 문인에 의해 '당송팔대가'의 일원으로 칭송받은 한유韓愈가 「쟁신론爭臣論」에서 「답빈희」를 그대로 이어받아 '공석불가난孔席不暇暖, 묵돌부득검而墨突不得黔'으로 표현하면서 공석묵돌孔席墨突 성어가 만들어지게 됐다. 정신없이 바삐 돌아다니는 것을 비유할 때 사용한다.

여러 기록을 종합해 볼 때 당시 묵자가 자신의 주장을 널리 펼치기 위해 공자처럼 바삐 돌아다닌 게 확실하다. 『묵자』를 포함한 선진시대 문헌의 관련 기록이 이를 증명한다. '묵돌' 행보의 대표적인 사례로 강대국 초나라가 약소국인 송나라를 공격하려고 하자 황급히 초나라로 달려가 갖은 설득 끝에 마침내 초나라의 침공의도를 좌절시킨 것을 들 수 있다. 이후 그는 강대국 제나라가 이웃한 노나라를 치려고 했을 때도 급히 제나라 군주를 찾아가 설복시켰다. 당시 노나라는 제나라와 비교할 때 약소국에 해당했으나 그보다 못한 나라에 대해서는 강대국과 마찬가지로 위압적이었다. 이웃한 정나라를 공격코자 한 게 그렇다. 묵자는 이 또한 좌절시켰다. 그밖에도 여러 나라를 돌아다니며 유사한 유세를 펼쳐 소기의 성과를 거뒀다.

주목할 것은 그가 맹자와 다른 모습을 보인 점이다. 맹자는 많은 무리를 이끌고 다니며 열국 군주가 제공하는 향응을 당연시했다. 그러나 묵자는 맹자와 달리 특별한 보수나 대우를 전혀 바라지 않았다. 월나라 군주가 묵자의 제자 공상과의 유세를 듣고 크게 탄복한 나머지 수레 50승乘을 보내면서 옛 노나라 땅 사방 5백 리를 미끼로 내걸고 정중히 초빙했을 때 이를 일언지하에 거절한 게 그 증거다. 하늘의 뜻에 입각한 '겸애'와 '비공'은 결코 어떤 세속적인 명리와 바꿀 수 없다는 사실을 몸으로 보여준 셈이다. 무위자연無爲自然을 역설한 장자도 묵자에 대해 커다란 존경심을 표했다. 『장자』「천하」에 나오는 해당 대목이다.

"묵자는 널리 사랑하고 두루 이익을 나눠야 한다고 주장하면서 전쟁을 반대했다. 남이 모욕해도 성내지 않는 것을 도리로 여긴 이유다. 또 학문을 좋아해 널리 배우는 것만은 선왕의 도와 다르지 않았다. 그러나 그의 학문은 선왕의 도와 같지 않았다. 유가의 예악禮樂을 비방한 게 그렇다."

장자는 묵자가 유가의 예악을 질타한 것을 '옥의 티'로 거론했다. 그러나 묵자가 유가의 예악을 비판한 것은 그만한 이유가 있었기 때문이다. 당시 속유들은 번잡한 예악 의식儀式을 무기로 백성들의 등골을 빼먹고 있었다. 묵자는 크게 분개하며 이를 타파코자 했다. 유가의 후장구상厚葬久喪을 극력 반대한 이유다.

원래 '후장구상'은 주나라의 예법으로 적잖은 문제를 안고 있었다. 그 이전까지만 해도 장례와 상례의식은 매우 간단했다. 언덕에서 죽은 자는 언덕, 늪에서 죽은 자는 늪에 장사하는 게 원칙이었다. 따로 화려한 관곽을 마련해 호사스런 장례 의식을 치를 이유가 없었다. 상례도 크게 다르지 않았다. 3년상을 치르는 대신 3월상으로 상례를 마쳤다. 간략히 장례를 치르고 짧은 기간 내에 상례를 끝내는 묵가의 절장단상節葬短喪과 하등 다를 게 없다.

공자도 '후장구상'의 문제를 잘 알고 있었다. 묵자와 마찬가지로 '절장'을 주문한 게 그렇다. 그러나 '단상'에는 반대했다. 그런 점에서 묵자는 공자보다 뛰어난 바가 있다. 나아가 공자가 생존할 당시 예악은 거의 예외 없이 왕공대부와 귀족의 유흥 수단으로 전락해 있다. 일반 서민의 입장에서 볼 때 예악은 사치에 지나지 않았다. 묵자와 그의 제자들이 전통적인 예악을 옹호한 유가를 비판한 것은 나름 일리가 있다. '묵가' 출현의 근본 배경도 여기서 찾을 수 있다.

묵가의 전파

제자백가서에 나오는 묵가에 대한 평은 거의 단편적이다. 그러나 유일한 예외가 있다. 바로 『장자』이다. 『장자』「천하」는 제자백가의 장단점을 두루 논하면서 묵자 및 묵가 전반에 대한 평에 많은 지면을 할애하고 있다. 장자는 맹자와 비슷한 시기를 산 인물이다. 그는 '금수지도禽獸之道' 운운하며 맹비난을 퍼부은 맹자와 달리 나름 객관적인 평을 내리고 있다. 일면 비난하며 일면 칭송하는 일포일폄一褒一貶의 입장이 그렇다.

「천하」에 나오는 장자의 묵가에 대한 평은 약간 길기는 하나 전국시대 말기의 묵가 현황을 살피는 데 매우 긴요하다. 이를 그대로 옮기면 다음과 같다.

"후대 사람들에게 사치를 부리지 않고, 만물을 낭비하지 않고, 예법을 번드레하게 내걸지 않고, 엄격한 계율로 스스로를 규제하고, 세상의 위급에 대비토록 한 학술이 옛 도술 가운데 존재했다. 당초 묵자와 그의 제자 금활희禽滑釐는 이런 학풍이 있다는 소식을 듣고 크게 기뻐했다. 그러나 이들은 실천하기를 너무 과하게 하고, 절제하기를 너무 지나치게 했다. 「비악」을 짓고, 「절용」의 편명을 지은 게 그것이다. 이들 모두 살아서는 노래하는 일이 없고, 죽어서는 상복을 입는 일이 없었다.

묵자는 널리 사랑하고 두루 이익을 나눠야 한다고 주장하면서 전쟁을 반대했다. 남이 모욕해도 성내지 않는 것을 도리로 여긴 이유다. 또 학문을 좋아해 널리 배우는 것만은 선왕의 도와 다르지 않았다. 그러나 그의 학문은 선왕의 도와 같지 않았다. 옛날의 예악을 비방한 이유다.

원래 황제黃帝는 『함지咸池』, 요임금은 『대장大章』, 순임금은 『대소大韶』, 우왕은 『대하大夏』, 탕왕은 『대호大濩』의 음악이 있었다. 주문왕은 태학에서 연주하는 『벽옹지악辟雍之樂』이 있었고, 주나라 문왕 및 주공 단은 직접 『무武』를 작곡했다. 고대의 상례는 귀천에 따른 예의가 있어 상하 사이에 차등을 두었다. 천자는 관과 곽을 합쳐 7겹, 제후는 5겹, 대부는 3겹, 선비는 2겹이었다.

그런데도 유독 묵자만은 살아서는 노래하지 않고, 죽어서는 상복을 입지 않은 것이다. 그는 오동나무 관의 두께를 3촌으로 하고, 외곽은 만들지 않는 것을 법식으로 삼았다. 이런 기준으로 사람을 가르치면 아마 사람을 사랑하지 않게 될 것이고, 이런 기준으로 행동하면 실로 자신조차 사랑하지 않게 될 것이다.

묵자의 도를 비방하려는 것은 아니나 그렇다고 해도 노래하고 싶을 때 노래하지 못하고, 울고 싶을 때 울지 못하고, 음악을 연주하고 싶은데 연주하지 못하는 게 과연 인정에 가까운 것인가? 살아서는 노동에 지치고, 죽어서는 허술하게 떠나니 묵가의 도는 너무 각박하다. 이는 세인들을 걱정하게 하고 슬프게 만들 뿐이니 실행하기 어렵다. 가히 '성인의 도'라고 부르기 어려울 듯싶다. 천하인의 마음에 어긋나면 천하인은 이를 감내할 수 없다. 묵자가 비록 홀로 그리할 수 있을지라도 천하인의 경우는 과연 어찌할 것인가? 묵가의 도는 천하 사람들로부터 유리되어 있는 까닭에 왕자의 도에서 멀리 벗어나 있다. 묵자는 사람들을 향해 이같이 말했다.

'옛날 하나라 우왕은 홍수를 막고, 장강과 황하의 물길을 터서 사방의 이적夷狄과 구주九州를 연결하는 길을 열었다. 당시 천하에는 커다란 하천이 3백 개, 지류가 3천 개나 되었다. 그 밖의 작은 내는 그 수를 셀 수 없을 정도로 많았다. 우가 친히 삼태기와 보습을 손에 들고 천하의 내를 소통케 할 때 우의 장딴지에는 살이 빠졌고, 정강이에는 털이 없어졌다. 장맛비에 얼굴을 씻고 모진 바람에 빗질한 덕분에 마침내 만국을 안정시켰다. 우는 대성인인데도 이처럼 천하를 위해 자기 몸을 혹사했다.'

그는 또 후대의 묵가들로 하여금 거친 옷을 입고, 나막신이나 짚신을 신고, 밤낮으로 쉬지 않고 자기 몸을 혹사케 했다. 그는 이를 최고의 규율로 삼고는 이같이 말했다.

'능히 이처럼 하지 못하면 우의 도가 아니다. 묵가로 일컫기에 부족하다.'

오늘날 묵가의 제자로는 상리근相里勤의 제자, 오후五侯의 무리들은 남방의 묵가, 고획苦獲과 이치已齒 및 등릉자鄧陵子의 무리들이 있다. 이들 모두 『묵경墨經』을 독송하면서 그 해석이 서로 모순되고 대립하는 까닭에 상대 학파를 '별묵別墨'으로 부르며 비난한다. 마치 명가의 견백론堅白論 및 동이론同異論처럼 서로 비난하고, 홀수와 짝수처럼 짝이 맞지 않는 어긋난 말로 서로 헐뜯고, 우두머리인 이른바 거자巨子를 성인으로 여긴다. 모두 자신이 우두머리가 돼 묵자의 후계자를 자처하려고 하는 까닭에 지금까지도 후사 자리를 정하지 못하고 있다. 묵적과 금활희의 뜻은 옳았으나 실천 방법은 잘못되었다.

후대의 묵가들로 하여금 반드시 스스로를 괴롭히는 방법으로 장딴지에 살이 다 빠지고 정강이에 털이 모두 닳아 없어지도록 강제하는 것은 서로 생명의 소진을 재촉하는 것에 지나지 않는다. 이는 천하를 어지럽히는 계책으로는 상책인 동시에 천하를 편히 다스리는 계책으로는 하책에 해당한다. 비록 그렇기는 하나 묵자 자신은 참으로 천하를 좋아했다. 그는 자신이 구하는 것을 얻지 못하면 비록 몸이 말라비틀어질지라도 그만두지 않았으니 실로 천하의 재사才士라고 일컬을 만하다."

묵자의 주장에 동조하지는 않지만 천하를 위해 헌신하는 자세만큼은 높이 평가할 만하다고 언급한 것이다. 이는 전국시대 말기 장자가 활약할 당시 묵가가 매우 극성했음을 반증한다. 장자가 묵자 사후에 등장한 묵가의 여러 학파를 두루 언급한 게 그렇다.

객관적으로 볼 때『장자』「천하」의 묵가에 대한 비판은 같은 시기를 산 맹자가 유가의 수호자를 자처하며 묵가에 대해 맹비난을 퍼부은 것과 궤를 같이한다. 장자는 간접화법을 동원한데 반해 맹자는 직설화법으로 비난을 가한 게 다를 뿐이다.

주목할 것은 비록 장자가 완곡한 어법으로 묵가를 비판했으나 묵가의 접근방식으로는 결코 난세를 치세로 돌릴 수 없다고 지적한 점이다. 직설화법을 구사한 맹자와 별반 다를 바 없다. 취지는 인정하되 현실적인 존재필요성을 인정치 않은 점에서는 하등 차이가 없다. 묵가가 여타 제자백가의 집중 포화를 맞고 이내 사라진 근본 배경이 여기에 있다. 『열자』「양주」에 나오는 다음 일화를 보면 그 배경을 대략 짐작할 수 있다.

하루는 장자의 사상적 스승인 양주楊朱가 '옛 사람은 터럭 하나를 버려 천하를 이롭게 할 수 있을지라도 이를 허락하지 않았다.'고 하자 이 얘기를 들은 묵자의 수제자 금활희禽滑厘가 양주를 찾아가 이같이 물었다.

"그대는 자신의 몸에 난 터럭 하나를 버려 세상을 구할 수 있다고 할지라도 과연 이를 하지 않을 생각이오?"

양주가 대답했다.

"세상은 본래 터럭 하나로 구제할 수 있는 게 아니오."

금활희가 재차 물었다.

"가령 구제할 수 있다고 하면 할 의향이 있소?"

양자가 아무 대답도 하지 않았다. 금활희가 밖으로 나와 이를 양주의 제자인 맹손양孟孫陽에게 말하자 맹손양이 이같이 말했다.

"터럭 하나는 피부보다 미소微小하고, 피부는 관절 한마디보다 미소하오. 그러나 터럭 하나가 쌓여 피부가 되고, 피부가 쌓여 관절을 이루는 것이오. 그러니 어찌 터럭 하나일지라도 소홀히 다룰 수 있겠소?"

금활희가 말했다.

"나는 그대에게 응답할 말이 없소. 그대의 말을 노담老聃과 관윤關尹에게 묻는다면 그들은 그대의 말이 옳다고 할 것이오. 그러나 나의 말을 우왕이나 묵적에게 묻는다면 그들은 내 말이 옳다고 할 것이오."

노담은 노자, 관윤은 노자가 주나라의 쇠퇴를 보고 주나라를 떠나기 위해 함곡관에 이르렀을 때 만난 관문 담당자인 관령關令 윤희尹喜를 말한다. 그가 맡았던 관직의 이름을 따 '관윤'으로 부르기도 한다. 노자가 윤희의 부탁을 받아 『도덕경』 5천자를 저술해 전해주었다고 한다. 『여씨춘추』 「불이不二」에 따르면 윤희는 청淸을 귀히 여겼다고 한다. 당시 금활희가 노담과 관윤을 언급한 것은 양주를 노자를 추종하는 도가의 일원으로 간주했음을 의미한다.

그러나 양주의 행보는 노자보다는 장자에 가까웠다. 그의 기본 입장은 '세상은 본래 터럭 하나로 구제할 수 있는 게 아니다.'라는 주장에 잘 나타나 있다. 이를 가능한 것으로 가정한 금활희의 질문에 양주가 대답치 않은 것은 바로 이 때문이다. 그는 '겸애'에 입각해 이타주의의 삶을 살고 있는 금활희의 질문에 쓸데없이 응답해 논쟁을 위한 논쟁을 하고 싶지 않았던 것이다.

이 일화에서 구체적으로 나타나지는 않았으나 만일 세상을 터럭 하나로 구제하는 일이 가능했다면 양주 역시 이를 선택했을 것이다. 양주가 '위아주의'를 주장한 것은 세상이 모두 외물에 미혹되어 있다고 본데 따른 것이지 제세濟世 자체에 무관심했던 것은 아니다. 『열자』「주목왕」에 나오는 노자의 다음과 같은 언급이 이를 뒷받침한다.

"천하가 모두 미혹해 있으면 누가 이를 바로 잡을 수 있겠는가? 애락哀樂, 성색聲色, 취미臭味, 시비是非에 관한 미혹을 과연 누가 바로 잡을 수 있겠는가? 심지어 나의 말도 반드시 미혹되지 않았다고 말할 수 없다."

오랫동안 양주의 '위아주의'를 극단적인 이기주의 내지 퇴폐적인 향락주의로 해석했던 것이 잘못임을 보여준다. 훗날 『열자』를 주석한 장담長湛은 묵가를 이같이 평했다.

"우왕과 묵자의 가르침은 자신을 완전히 잊고 오직 남을 구제하는데 있다!"

묵자가 천하의 이익을 위해 온 몸을 내던진 우왕을 사상적 시조로 삼은 배경을 짐작케 해준다. 『묵자』「절용」이 시종 우왕처럼 절검節儉의 삶을 살 것을 역설한 게 그 증거다. 예나 지금이나 천하를 위해 헌신하는 자는 커다란 존경을 받기 마련이다. 묵가가 난세의 심도가 깊어진 전국시대 말기에 크게 발흥한 것도 이런 맥락에서 이해할 수 있다. 실제로 현재 학자들의 연구에 따르면 선진시대 및 진한시대의 전적에 등장하는 묵가의 인물은 매우 많다. 이들을 대략 정리하면 크게 3가지 부류로 나눌 수 있다.

첫째, 묵가의 직계直系 제자와 재전再傳 제자 등이다. 직계 제자인 금활희禽滑釐와 재전 제자인 허범許犯과 색로삼索盧參을 위시해 삼전三傳 제자인 전격田繫과 고석자高石子, 고하高何, 위월魏越, 수소자隨巢子, 현자석縣子碩, 공상과公尙過, 경주자耕柱子, 호비자胡非子 등이 있다. 이들의 제자인 굴장자屈將子와 관검오管黔傲, 질조공자曹公子, 승작勝綽, 팽생경자彭輕生子, 맹산孟山, 현당자弦唐子, 질비跌鼻, 고손자高孫子, 치도오治徒娛 등도 같은 부류에 넣을 수 있다. 이들 모두 고대 전적에서 묵자의 가르침을 전수받은 직계와 재전, 삼전, 사전 제자로 거론한 인물들이다.

둘째, 전수받은 계통은 알 수 없으나 묵가를 자처하며 활약한 인물들이 있다. 장자가 언급한 상리씨相里氏와 등릉씨鄧陵氏, 상부씨相夫氏, 전구자田俅子 등이 대표적이다. 『한비자』「현학顯學」에 따르면 묵자 사후 상리씨와 상부씨, 등릉씨가 이끄는 묵가 학파가 가장 극성했다. 이들을 3묵三墨이라고 한다. 이들 이외에도 상리씨와 등릉씨와 어깨를 나란히 하며 남방에서 크게 활약한 고획苦獲과 이치已齒를 비롯해 아자我子와 전자纏子, 맹승孟勝 등이 있다. 이들의 문하에는 서약徐弱과 전양자田襄子, 복돈腹䵍, 사자謝子, 이자夷子, 당고과唐姑果, 정인적鄭人翟 등이 활약했다.

셋째, 여타 학파에서 묵가로 분류하지 않았음에도 묵가와 유사한 행보를 보이며 독자적인 학문체계를 이룬 인물들이다. 가장 대표적인 인물이 『장자』에 송영자宋榮子로도 나오는 송나라 출신 송견宋鈃이다. 『맹자』에는 송경宋牼, 『한비자』에는 송영宋榮, 『순자』에는 자송자子宋子로 나온다. '자'가 붙은 점에서 여타 제자백가들로부터 존경을 받았음을 알 수 있다. 절용과 실리, 비공 등을 주장한 점에서 묵가의 일원으로 보는 게 옳다.

윤문尹文도 크게 보아 묵가의 일원으로 꼽을 수 있다. 그의 이름이 『장자』와 『공손룡자』, 『여씨춘추』 등에 두루 나온다. 그 또한 송견과 유사한 주장을 폈다. 그의 저서로 알려진 『윤문자尹文子』 2편이 전해지고 있으나 내용은 모두 유가와 묵가를 공격하는 것이다. 묵가에서 방향을 틀어 명가와 법가로 나아간 듯하다. 농가農家를 대표하는 허행許行도 묵가의 일원으로 볼수 있다. 『맹자』에 그의 행적이 소개돼 있다. 『장자』에 대거 등장하는 혜시惠施는 흔히 명가로 분류되나 크게 볼 때 묵가의 일원에 해당한다. 실제로 그는 묵가에서 출발했다. 명가를 대표하는 공손룡公孫龍도 묵가에서 시작했다. 위모魏牟도 명가로 분류되나 묵가로부터 출발했다는 게 통설이다.

이를 통해 대략 짐작할 수 있듯이 전국시대 말기 이름을 떨친 제자백가들 가운데 묵가사상의 세례를 받은 사람들이 매우 많다. 『한비자』「현학」이 "세상에서 가장 잘 알려진 학단으로 유가와 묵가가 있다."고 언급한데서 알 수 있듯이 당시 묵가는 유가와 더불어 사상계를 지배했다. 묵가는 유가에 대한 비난을 전담하다시피 했다. 그러나 열국의 군주들은 묵가를 크게 꺼렸다. 유가와 달리 묵가는 신분세습의 위정자에 대해 직접적이면서도 노골적인 비판을 퍼부었다. 진시황의 천하통일 이후 학맥이 끊어진 것도 그 후과로 보아야 한다. 학자들의 견해를 종합해 묵학의 학맥을 도식화하면 대략 다음과 같다.

〈전국시대 묵학 학맥 및 저서〉

정통파 ─── 직계 금활희, 경주자, 맹승 등

방계 『호비자』, 『수소자』, 『전구자』 등

추종파 ─── 잡가 송견 등

법가 『윤문자』 등

명가 혜시, 『공손룡자』 등

농가 허행 등

이단파 ─── 임협任俠

임협을 '이단파'로 분류한 것은 진시황 사후 천하를 횡행한 무리 가운데 묵가사상을 추종한 자들이 적지 않은 점에 주목한 것이다. 『사기』「유협열전遊俠列傳」에 나오는 인물들의 행보가 대개 그렇다. 진한시대로 들어오면서 묵가의 전통이 끊어진 탓에 묵가사상을 추종하는 자들이 대거 임협으로 변신한 듯하다. 한고조 유방의 치세 때 참모로 활약한 육가陸賈의 『신어新語』「사무思務」에 나오는 다음 구절이 이를 뒷받침한다.

"묵자의 문하에는 용사가 매우 많았다."

'용사' 운운은 진한시대 때 묵가의 전통이 끊어졌음에도 묵자사상을 추종하는 자들이 의외로 많았음을 방증하는 대목이다. 실제로 『묵자』에는 임협을 높이 평가한 대목이 많이 나온다. 「경 상」의 '임협'에 대한 해석이 대표적이다.

"임협은 선비 스스로 손해를 보면서 유익한 일을 행하는 것이다."

묵자가 '임협'을 매우 중시했음을 방증하는 대목이다. 무예를 닦은 무협武俠을 포함해 유가사상의 세례를 받은 유협儒俠은 물론 묵가사상의 세례를 받은 묵협墨俠 모두 임협 내지 유협의 일원에 해당한다. 임협은 「경 상」의 풀이에 나오듯이 '천하를 위해 자신을 희생해 의로운 행위를 행하는 자'를 말한다. 「경 상」을 풀이한 「경설 상」의 임협에 대한 해설은 보다 직설적이다.

"임협은 자신이 싫어하는 일까지 행하여 남이 다급해하는 일을 이뤄주는 것이다."

자신에게 이익이 될 것인지 여부를 따지지 않고 남의 어려움을 구제해주는 게 바로 임협이라고 정의한 것이다. 사마천이 『사기』 「유협열전」에 거론한 인물들이 모두 이런 자들이다. 전국시대 초기에 이미 임협의 무리가 등장했고, 진한시대까지 임협 정신이 면면히 이어졌음을 방증하는 대목이다. 사상사적으로 볼 때 모두 묵가의 무리에 해당한다.

사케미겐이치酒見賢一의 원작소설을 토대로 한 모리히데키森秀樹의 역사만화 『묵공墨攻』은 묵가사상의 세례를 받은 임협의 정신이 일본으로 건너가 사무라이 정신의 원형이 된 것으로 그려 놓았다. 문文보다 무武를 숭상한 일본의 역사문화 관점에서 보면 사무라이들 스스로 임협의 무리를 자처한 것을 탓할 수도 없다. 진시황의 천하통일로 문득 사라졌던 묵가사상이 2천여 년 만에 부활해 중국과 일본에서 새삼 각광을 받는 것도 이런 맥락에서 이해할 수 있다. 천하의 이익을 고루 나누며 천하인을 위해 온 몸을 내던진 묵도墨徒 및 그 후신인 임협들의 헌신적인 자세와 정신은 21세기 스마트혁명 시대에도 여전히 유효하다.

묵학의 부활과 재조명

묵자는 비록 유가의 '후장구상'을 비판하기는 했으나 장례와 상례를 소홀히 여긴 것은 아니다. 공자와 마찬가지로 애도하는 마음을 중시하며 형식이 내용을 압도하는 것을 용납지 않았을 뿐이다. 본말이 전도됐다고 간주한 결과다. 그런 점에서 『회남자』 「요략」에 나오듯이 묵자가 주나라의 전통 예제를 온통 거부하고 하나라의 예제를 적극 수용했다고 단정하는 것은 지나치다. 실제로 그같이 보는 것은 『묵자』의 내용과도 부합하지 않는다.

『묵자』를 보면 묵자가 흔히 『시』와 『서』를 인용해 자신의 주장을 밑받침하는 대목을 쉽게 만날 수 있다. 묵자도 공자를 적극 끌어들여 묵가 이론의 정당성을 확보코자 했다. 공자의 명성이 그만큼 높았다. 묵자사상이 기본적으로 공자사상과 맥을 같이하는 이유다. 다만 공자가 주나라 문화를 전폭 수용해 자신의 사상적 배경으로 삼았다면, 묵자는 일부만 자신의 사상적 근거로 삼았다고 할 수 있다. 공자는 전래의 『시』·『서』·『예』·『악』을 모두 취했다. 이에 대해 묵자는 『시』와 『서』만 취하고 『예』와 『악』을 취하지 않았다. 서민의 이익과 배치됐기 때문이다. 묵자가 주나라의 도를 버리고 하나라의 정사를 채택했다는 『회남자』의 주장은 반만 맞는다.

물론 묵자는 계승의 범위뿐만 아니라 방식에서 공자와 일정부분 차이를 보인다. 공자는 전통문화의 계승과 관련해 이른바 술이부작述而不作의 원칙을 지켰다. 선왕의 사적을 기술만 할 뿐 자의적인 개작은 하지 않는 것을 말한다. 그러나 묵자는 달랐다. 술이가작述而可作을 견지한 게 그렇다. 선왕의 사적을 기술하는데 그치지 않고 잘못된 내용을 과감히 수정했다. 후대에 올바른 가르침을 전하고자 한 것이다. 묵자가 유가의 '술이부작' 방식을 정면으로 비판하며 잘못된 것을 과감히 수정한 배경이다. 학문의 시대적 변용에 해당한다.

그러나 이는 묵가에 치명상을 안기는 부메랑으로 작용했다. 제자백가가 서로 치열한 논쟁을 벌이는 이른바 백가쟁명百家爭鳴의 와중에 묵가가 여타 제자백가의 집중포화를 맞게 된 게 그렇다. 당시 제자백가의 묵가에 대한 공격은 매우 신랄했다. 공격의 선봉에 선 대표적인 인물이 바로 공자사상을 집대성한 순자이다. 그가 묵가에 대해 신랄한 비판을 가한 데에는 맹자를 묵자의 사상적 후계자로 간주한 것과 밀접한 관련이 있다. 이를 뒷받침하는 『순자』「왕패」의 해당 대목이다.

"크게는 천하, 작게는 한 나라를 보유하면서 만일 묵가처럼 모든 일을 반드시 자신이 직접 챙겨 시행한다면 그 노고의 피로함과 초췌함이 막심할 것이다. 그렇다면 비록 남녀 노비라 할지라도 천자의 위세와 바꾸려 하지 않을 것이다. 천하를 다스리고 사해를 통일코자 하면서 어찌 반드시 자신만이 이를 해야 하는가? 군주가 친히 가서 하는 것은 일개 역부役夫의 일에 지나지 않는다. 묵자가 이런 주장을 폈다."

사농공상士農工商의 직분에 따른 분업을 통해 천하를 다스릴 것을 주장한 것이다. 군주가 묵가의 주장을 좇아 전설적인 우왕처럼 직접 농사를 짓고, 기물을 만드는 식으로 천하를 다스리고자 하면 이내 패망할 수밖에 없다고 본 결과다. 묵가의 무리를 잡역에 종사하는 일꾼 즉 '역부'에 비유한 게 통렬하다. 순자의 제자 한자는 스승의 이런 주장을 토대로 강력한 법치를 역설하며 법가사상을 집대성하고 나섰다. 진시황의 무력을 통한 천하통일을 이론적으로 뒷받침한 배경이다.

역사가 증명하듯이 한자의 법가사상과 정반대되는 묵가의 주장은 진시황이 보위에 오르는 전국시대 말기에 들어와 이미 설 곳을 잃고 말았다. 묵가가 급작스레 사라진 시대적 배경이다. 그럼에도 묵가사상은 21세기 스마트혁명 시대에 새로운 의미로 다가오고 있다. 비록 전설상의 인물이기는 하나 천하인을 위해 몸을 내던진 하나라의 창업주 우왕을 숭배한 게 그렇다. 우왕의 가장 큰 미덕은 '근면'과 '절검'에 있다. 묵자는 죽을 때까지 우왕을 좇기 위해 애썼다. 그의 제자들과 묵가도 마찬가지였다. 『논어』「태백」에 나오는 공자의 다음 언급이 이를 뒷받침한다.

"우왕에 대해서는 내가 흠잡을 데가 없다. 음식은 보잘 것 없이 하면서도 귀신에게는 정성을 다했고, 의복은 검소하게 입으면서도 관복에는 아름다움을 다했고, 궁실은 낮게 지으면서도 논도랑을 정비하는 데에는 온힘을 다했다. 우임금에 대해서는 내가 흠잡을 데가 없다."

묵자가 유가와 마찬가지로 요순과 탕왕, 무왕과 문왕 등을 똑같이 높이면서도 유독 우왕을 특별히 높이 숭배한데는 나름 이유가 있다. 묵자가 볼 때 유가의 '예학'은 일정한 한계가 있었다. 『예기』「곡례」에 나와 있듯이 유가는 예禮와 형刑을 엄히 구분하면서 왕공대부와 사인에게만 '예'를 적용하고, 그 밑의 서인에게는 '형'을 적용할 것을 주문하고 있다. 요순과 탕왕, 무왕과 문왕은 예와 형을 엄격히 구분하는 유가의 성인으로 추존하기에 알맞다. 노동자와 별반 다를 게 없는 삶을 산 우왕은 이와 성격이 다르다.

묵자는 이 점에 주목했다. 서민의 편에 서 있었던 그는 왕공대부는 물론 서민도 두루 존경할 수 있는 인물을 찾아내고자 한 이유다. 그가 궁극적으로 찾아낸 인물이 바로 우왕이었다. 우왕의 뛰어난 덕목은 '겸애'와 '비공'에 있다. 묵가가 전국시대 초기에 들어와 유가에 이어 두 번째 제자백가로 우뚝 선 배경이 여기에 있다. 이는 전국시대에 들어와 공자사상의 키워드인 '인'과 동떨어진 속유俗儒가 횡행하고, 난세의 심도가 훨씬 깊어졌음을 반증한다.

많은 학자들이 이구동성으로 얘기하듯이 '겸애'와 '비공'으로 표현된 묵자의 '사랑과 평화' 정신은 21세기 스마트혁명 시대에도 여전히 유효하다. 인류가 국가를 단위로 '자아실현'을 추구하는 한 '사랑과 평화'는 영원한 테제가 될 수밖에 없다. 묵자는 기원전에 이미 만민평등의 근대정신을 외친 인물이다. 그러나 당시 기준에서 볼 때 이는 시대를 너무 앞서나간 것이었다. 와타나베가 지적했듯이 이게 묵가에 치명타로 작용했다. 그럼에도 동시에 와타나베가 상기시켰듯이 묵자의 가르침은 21세기 스마트혁명 시대를 사는 모든 사람에게 오히려 더욱 큰 울림으로 다가온다. 그가 인류번영의 보편적인 가치를 그만큼 강도 높게 주창했음을 반증하는 대목이다.

이처럼 뛰어난 사상을 배경으로 전국시대 말까지 유학과 쌍벽을 이뤘던 묵학이 문득 사라진 것은 지금도 미스터리로 남아 있다. 일각에서는 전한 초까지 묵가가 번성했으나 한무제가 말년에 동중서의 건의를 받아들여 유학을 유일한 관학으로 인정하는 '독존유술'을 선포하면서 묵가에 대한 탄압을 시작해 묵가가 사라졌을 것으로 본다. 이들은 환관桓寬이 쓴『염철론鹽鐵論』「조조鼂錯」를 근거로 들고 있다. 여기에 전한 초기 회남왕과 형산왕이 사방에서 선비를 모았을 때 옛 노나라 땅 주변에서 많은 유가와 묵가가 강회江淮 일대로 모여들어 그들의 강론을 모아 수십 권의 책을 만들었다는 기록이 나온다. 이게 사실이라면 묵가가 전한 초까지 맥을 이어갔다는 얘기가 된다.

그러나 손이양은『묵자간고』부록에 실린「묵자전략墨子傳略」에서 묵학은 이미 진나라 때 없어졌다고 했다. 제자백가서와 사서의 기록을 종합해 볼 때 손이양의 주장이 역사적 사실에 가깝다. 객관적으로 볼 때 묵가는 진시황에게 유세를 하다가 옥사를 당한 한자가 활약하는 전국시대 말기까지만 해도 유가와 더불어 제자백가의 쌍벽을 이룬 게 확실하다.『한비자』「현학」의 기록이 이를 뒷받침한다. 이후 진시황의 천하통일 후 문득 사라지고 말았다. 예로부터 그 배경을 둘러싸고 여러 해석이 나왔다.

현재 가장 유력한 견해 가운데 하나는 묵가 자체의 분열을 드는 견해이다.『한비자』「현학」을 논거로 들고 있다. 이에 따르면 묵가는 묵자 사후 상리씨와 상부씨, 등릉씨 등의 3묵三墨으로 분열했다가 다시 더욱 잘게 쪼개져 서로 정통을 자처하며 치열한 논쟁을 벌였다. 나름 일리 있는 분석이기는 하나 유가를 비롯한 다른 학단도 유사한 모습을 보인 까닭에 이것만으로는 배경을 설명하기 부족하다.

한무제가 유학만을 유일한 관학으로 인정하는 이른바 독존유술獨尊儒術을 선포한데서 그 원인을 찾는 견해도 유력하다. 그러나 이 또한 일부만 타당하다. 도가와 법가 등은 비록 변형된 모습이기는 했으나 명맥을 계속 유지했기 때문이다. 여타 제자백가의 견제를 드는 견해도 있다. 전국시대 말기에 들어와 유가를 비롯한 여타 제자백가의 견제가 강화되면서 묵가는 점차 설 곳을 잃게 되었다는 것이다. 매우 그럴 듯하다.

그러나 무엇보다 가장 중요한 것은 묵가의 교리에서 찾는 게 타당하다. 법가사상을 추종한 진시황을 위시해 유학을 유일한 관학으로 내세운 역대 왕조의 제왕의 입장에서 볼 때 묵가사상은 매우 위험한 사상이었다. 천의天意로 간주되는 민의民意를 거스를 경우 하늘을 대신한 유덕자有德者에 의해 쫓겨나는 천벌天伐을 당하거나, 하늘이 직접 내리는 천벌天罰을 받거나 한다고 주장한 게 그렇다. 역대 왕조가 묵가사상을 좋아할 리 없다. 묵가가 진시황의 천하통일을 계기로 이들의 집중포화 속에 문득 사라지고 만 근본 배경을 여기서 찾는 게 타당할 것이다.

이는 묵자의 사상적 후계자인 맹자가 남송 때 주희에 의해 공자의 뒤를 잇는 아성亞聖으로 떠받들어지기 전까지만 해도 여러 제자백가 가운데 한 사람으로 취급받은 것과 맥을 같이한다. 당나라 때까지만 해도 '아성'은 맹자가 아닌 순자였다. 북송대의 사마광이『자치통감』을 쓰면서 오직 순자만 인용하고 맹자를 단 한 구절도 인용하지 않은 사실이 이를 증명한다. 이는 맹자가 극히 과격한 인물로 간주된 사실과 무관치 않았다.

객관적으로 볼지라도 묵자와 맹자는 현실과 동떨어진 이상국을 현세에 능히 세울 수 있다고 주장한 극단적인 이상주의자였다. 학설과 주장이 과격할 수밖에 없다. 역대 왕조의 제왕이 이를 모를 리 없다. 묵자의 폭군천벌론暴君天伐論을 차용한 폭군방벌론暴君放伐論을 역사상 최초로 주장한『맹자』

가 일본의 에도막부 시절 금서로 묶인 사실이 이를 증명한다. '공맹' 운운하며 맹자를 공자의 사상적 후계자로 승인한 중국의 역대 왕조도 별반 다를 게 없었다. 왕조의 유지와 백성들의 충성심을 촉구하는데 방해가 되는 '폭군방벌론' 부분 등을 삭제하고 『맹자』를 반포한 사실이 이를 뒷받침한다.

예나 지금이나 위정자들은 자신들을 '기득권세력'으로 몰아가며 비판을 가하는 무리를 꺼리기 마련이다. 전국시대 말기 열국의 군주 입장에서 볼 때 백성이 군주보다 더욱 중요하다고 설파한 맹자의 '폭군방벌론'은 말할 것도 없고, 원조에 해당하는 '폭군천벌론'을 최초로 주창한 묵자사상은 더욱 위험할 수밖에 없었다. 묵가는 스스로 자멸을 초래했다고 평할 수밖에 없다.

제2장 맹가와 『맹자』

제1절 인의와 왕도를 역설하다

맹자의 생애에 관한 기록 중 대표적인 것으로는 『사기』 「맹자순경열전」을 들 수 있다. 이는 맹자에 관한 최초의 기록이기도 하다. 그러나 「맹자순경열전」의 기록은 매우 간략하기 그지없다. 사마천이 『사기』를 저술할 때까지만 하더라도 맹자가 그다지 주목을 받지 못했음을 보여준다. 「맹자순경열전」의 전문全文은 다음과 같다.

"맹가孟軻는 추騶 땅 사람이다. 학업을 자사子思의 문인에게서 받았다. 도를 통한 다음 유력하여 제선왕을 섬겼다. 제선왕은 그를 쓰지 못했으므로 양梁(魏)나라로 갔다. 양혜왕도 맹자의 주장을 실행하지 않고 그의 주장은 우원迂遠하여 당시의 실정과는 거리가 있다고 생각했다. 당시 진秦나라는 상군商君(상앙商鞅)을 등용해 부국강병에 주력했고, 초나라와 위나라는 오기吳起를 등용해 전쟁에 이겨 적국의 세력을 약화시켰고, 제나라의 위왕과 선왕은 손자孫子와 전기田忌의 무리를 써서 병력이 강했으므로 제후들은 동쪽을 향해 제나라에 입조入朝했다. 천하는 합종연횡合縱連衡에 힘쓰고 공벌하는 것을 현명한 일로 알았다. 그런 정세 속에서 맹가는 당·우·삼대의 덕을 주장한 것이었다. 그래서 어디를 가도 용납되지 못했다. 은퇴해서는 제자인 만장萬章 등과 함께 『시경』과 『서경』을 차례에 따라 서술해 중니仲尼의 뜻을 계술繼述하고 『맹자』 7편을 지었다."

수천 년 동안 '공맹'으로 불린 맹자에 관한 기록치고는 소략하기 그지없다는 것을 단번에 알 수 있다. 맹자의 가계家系와 생몰연대는 말할 것도 없고 당시 누구나 갖고 있던 자字에 관한 기록도 없다. 활동상황 또한 소략하기 그지없다. 그 이유는 무엇일까?

『사기』가 편제되는 한나라 때만 하더라도 『맹자』는 큰 주목을 받지 못했다. 맹자 자신이 제자백가의 한 사람 정도로 취급되었던 까닭에 『맹자』가 중시될 이유도 없었다. 사마천이 『사기』에서 맹자를 극히 소략하게 다룬 이유가 바로 여기에 있다.

맹자는 대략 공자 사후 약 1백여 년 뒤에 노나라 근처의 추읍鄒邑에서 태어난 것으로 보인다. 그의 이름이 가軻인 것은 확실하나 자字는 현재까지 전혀 알려져 있지 않다. 한제국 때 나온 『공총자孔叢子』는 맹자의 자를 '자거子居'라고 기록해 놓았으나 믿을 수 없다. 삼국시대 위나라의 부현傅玄은 '자여子輿' 내지 '자거子車'라고 했으나 이 또한 무슨 근거가 있는 것이 아니다. 사마천의 『사기』와 반고班固의 『한서』, 최초의 『맹자』 주석서를 쓴 조기趙岐 등이 맹자의 자에 관해 아무런 언급도 하지 않은 점에 비춰 맹자의 자에 대한 후대의 설은 모두 위작이라고 보아도 대과는 없다.

현재 맹자가 산동성에 소재한 추鄒(騶) 땅에서 태어난 것에 이의를 제기하는 사람은 없다. 그러나 그의 가계에 대해서는 아무 것도 알려진 게 없다. 과거 맹자의 성에 주목해 이웃한 노나라의 세족인 맹손씨孟孫氏의 일원이 어떤 사정으로 추 땅으로 옮겨가서 맹자의 조상이 되었을 것으로 추정하는 견해가 있으나 믿을 바가 못 된다. 다만 여러 기록에 비춰 그는 부친이 누구인지조차 전혀 알려지지 않을 정도로 매우 빈한한 가문 출신인 것만은 거의 확실하다.

이는 그의 모친과 관련한 몇 가지 전설을 통해 어느 정도 추정할 수 있다. 전한제국 말기의 유향劉向이 지은 『열녀전烈女傳』에는 '맹모삼천孟母三遷'의 고사가 실려 있다. 이 고사는 어린 맹자의 교육을 위해 '맹모'가 세 번이나 집을 이사했다는 내용으로 구성되어 있다. 이를 액면 그대로 믿을 수는 없으나 최소한 이 설화는 맹자가 어렸을 때 편모 밑에서 생장했을 가능성을 강하게 시사하고 있다.

이밖에도 『열녀전』에는 맹자의 간단없는 면학을 독려하기 위해 학업 도중에 돌아온 아들 앞에서 자신이 애써 짠 천을 과감히 끊어버리는 내용으로 된 이른바 '맹모단기孟母斷機'의 전설이 실려 있다. 이 또한 믿을 게 못되나 맹자가 빈한한 환경 속에서도 어렸을 때부터 하급 사족에게 필요한 최소한의 교양인 육예六藝를 습득했을 가능성을 강하게 시사하고 있다. 이는 어렸을 때 가장이 된 공자가 집안을 돕기 위해 육예를 익힌 사실과 매우 닮아 있다. 이런 점 등을 종합해 볼 때 맹자 역시 공자와 마찬가지로 지방의 하급 사족士族 출신이었을 공산이 크다.

현재 맹자의 출생연도에 관해 정설이 없다. 후대의 맹자 연보年譜에 실린 출생연도는 모두 추정에 불과한 것이다. 출생연도 추정의 기준은 『사기』 「육국연표」에 실려 있는 맹자의 양혜왕 방문시점이다. 「육국연표」는 그 시점을 양혜왕 35년(기원전 335년)으로 잡고 있다. 그러나 「육국연표」의 이 기록을 액면 그대로 믿을 수 없다. 진제국의 성립 당시 각국에 전해오던 연대기가 모두 파기된 까닭에 사마천은 『사기』를 저술하면서 오직 진제국의 연대기를 참조할 수밖에 없었다. 사마천은 이를 기초로 각국 역사의 연대를 나름대로 추정해 「육국연표」를 작성한 것이다. 따라서 진나라 이외 나라의 연대에는 적잖은 오류가 있을 수밖에 없다.

다만 사마천이 죽은 지 4세기 후에 발견된 『죽서기년竹書紀年』에 의거해 대략 맹자가 양혜왕을 방문한 시기를 어느 정도 정확히 추정할 수 있다. 『죽서기년』은 양나라 애왕哀王의 능에서 발굴된 위나라의 연대기를 말한다. 『죽서기년』에 따르면 양혜왕은 즉위 36년(기원전 334년)에 후원後元 원년으로 개원改元하여 왕호를 쓰기 시작해 16년 후인 기원전 319년에 죽은 것으로 되어 있다.

결국 맹자는 유세하던 중 양혜왕의 죽음을 맞이한 셈이 된다. 그렇다면 맹자가 양나라를 방문한 시점은 양혜왕이 생존해 있던 기원전 319년 이전으로 보아야만 한다. 그러나 문제는 당시 맹자의 나이를 정확히 알 수 없다는 데 있다. 이와 관련해 주목할 것은 『맹자』의 기록이다. 「양혜왕 상」의 기록에 따르면 양혜왕은 맹자를 두고 '수叟'로 칭했다. 이는 50세 이상의 노인을 존경해 부를 때 쓰는 용어이다. 양혜왕을 만났을 때 맹자의 나이는 적어도 50세 이상이었다고 보아야만 한다. 이를 종합하면 맹자의 출생연도는 최소한 기원전 369년 이후는 아니라는 추정이 가능해진다.

그러나 과연 '수'를 기준으로 맹자의 출생연도를 추정하는 것이 타당한 것일까? 맹자가 양혜왕을 방문한 후원 15년은 그의 즉위 50년에 해당한다. 당시 양혜왕이 어려서 보위에 올랐다는 증거는 없는 만큼 만일 그가 20세에 즉위했다면 그의 나이는 이미 70세에 달했다고 보아야 한다. 이 경우 70세의 노왕이 50대의 맹자를 두고 과연 '수'라고 칭하는 것이 타당한 것일까? 이에 주목해 당시 맹자의 나이 또한 70세 전후로 보아야 한다는 주장이 제기되었다. 나름대로 일리가 있는 주장이다. 이 경우 맹자의 출생연도는 기원전 389년까지 다시 20년 이상 소급해 올라가야만 한다. 이는 공자가 죽은 지 꼭 90년 뒤에 해당한다.

청대의 정복심程復心과 적자기狄子奇는 기원전 369년과 389년 사이의 적당한 시점을 출생연도로 잡은 뒤 대략 80세 이상의 수명을 누렸을 것으로 간주해 『맹자연보孟子年譜』와 『맹자편년孟子編年』을 만들었다. 이들이 무슨 근거로 맹자의 사망연도를 추정한 것일까? 맹자의 출생연도는 그나마

『맹자』에 나오는 내용을 토대로 추정이 가능하지만 근거는 없다. 「양혜왕 상」에 나오는 '수'를 토대로 막연히 장수했을 것으로 추정한 것일 뿐이다. 한마디로 맹자의 생몰연대는 여전히 베일에 싸여 있는 셈이다.

그렇다면 맹자의 생장과정은 과연 어떠했을까? 「맹자순경열전」은 기본적으로 이에 대해 아무런 정보도 전해주지 않고 있다. 이는 그가 한미한 가문에서 태어난 탓도 있으나 당시로서는 그다지 주목받는 인물이 아니었음을 반증한다. 그러나 대략 '맹모삼천' 등의 전설을 통해 어렸을 때 육예 등의 기초 교양학문을 습득한 것으로 짐작된다. 과거 주희를 비롯한 성리학자들은 「맹자순경열전」에 나오는 '자사子思의 문인으로 배웠다.'는 구절을 근거로 맹자가 증자曾子와 자사로 이어지는 노학魯學 계통의 유학을 접한 것으로 간주했다. 그러나 「맹자순경열전」은 『맹자』의 기록을 토대로 한 것인만큼 이를 액면 그대로 믿을 수는 없는 일이다.

맹자는 「이루 하」에서 '나는 다행히 공문孔門의 학통을 이어받은 사람으로부터 공자를 사숙私淑할 수 있었다.'고 밝힌 바 있다. 여기의 '사숙'은 '특정인을 사적으로 앙모하여 그의 사상과 학문 등을 배우며 추종하다.'는 뜻으로 사용되는 말이다. 결코 맹자는 자신의 입으로 '자사의 문인으로부터 배웠다.'고 언급한 적이 없다. 그렇다면 이를 어떻게 해석하는 것이 좋은 것일까?

당초 공자 사후에 그의 직제자들은 고향을 찾아 각기 여러 나라로 흩어졌다. 이에 나라별로 여러 학파가 성립되었다. 당시 노나라에 그대로 남아 있던 직제자는 증자였다. 성경誠敬과 효행孝行을 토대로 한 실천을 중시하며 공자사상의 요체를 충서忠恕로 해석한 그는 치평治平보다 수제修齊를 중시한 노학魯學의 비조에 해당한다. 공자의 손자이기도 한 자사는 『중용』을 저술한 것으로 알려진 인물로 증자의 직제자였다. 공자의 후기 제자에 속하는 증자와 공자의 손자인 자사로 이어진 '노학'은 공자 사후에 공학의 적통을 이어받은 것으로 간주되었다.

그렇다면 당시 별다른 이목을 끌지 못한 한미한 하급 사족 출신인 맹자가 명망이 높았던 자사의 문인으로부터 공학을 전수받았을 가능성은 상대적으로 희소했다고 보는 것이 타당하다. 맹자가 자신의 입으로 '사숙'을 언급한 사실이 이를 뒷받침한다. 설령 '사숙'의 뒷받침으로 공문의 학통을 이어받은 사람이 있었다고 할지라도 「맹자순경열전」의 기사와 같이 그가 자사의 문인이라고 단정할 근거는 전혀 없다. 그럼에도 「맹자순경열전」의 기사는 맹자가 자사의 문인으로부터 증자의 '노학'을 전수받았다는 증거는 될 수 없으나 나름대로 맹자가 증자 계통의 '노학'을 접했다는 사실을 전하고 있다. 맹자의 학풍이 '노학'의 학풍과 밀접한 관련을 맺고 있는 사실이 이를 뒷받침한다.

사실 후대인들은 「맹자순경열전」의 기사를 액면 그대로 믿었다. 이 기사가 『열녀전』과 『한서』「예문지藝文志」 및 『풍속통風俗通』 등에 그대로 인용되고 있는 점에 주목한 결과다. 이런 점 등을 종합해 볼 때 공자와 자사의 생몰년과 맹자가 태어난 해를 비교할 경우 대략 『사기』의 기록을 사실로 보아도 대과는 없다.

그렇다면 자사의 문인으로부터 '노학'을 전수받은 맹자는 이후 어떤 행보를 보인 것일까? 맹자의 본격적인 정치활동은 『맹자』의 첫 편인 「양혜왕상」의 내용이 보여주듯이 천하유세를 계기로 시작되었다. 대략 맹자는 자사의 문인으로부터 '노학'을 접한 뒤 천하유세에 나서는 50세 이전까지 고향에서 주로 제자들을 가르치며 자신의 독특한 이론인 인의설과 왕도설 등을 다듬었을 공산이 크다.

맹자의 천하유세 도정은 14년간에 걸친 공자의 천하유세 만큼 복잡하지는 않다. 그러나 『맹자』의 기록을 토대로 보면 그 또한 나름대로 위魏·제齊·송宋·등滕·추鄒나라 등을 비롯해 여러 나라를 매우 분주하게 돌아다니며 자신의 주장을 설파하는 부지런함을 보였다. 그의 천하유세 기간은 대략 10년 정도에 걸친 것으로 짐작된다. 이는 그의 나이 50세에서 70세 사이에 이뤄진 것이다.

그가 최초로 유세한 나라는 위나라였다. 당시 맹자는 위혜왕을 만나 열심히 유세했으나 얼마 후 위혜왕이 죽고 뒤를 이은 위양왕魏襄王이 자신을 홀대하자 이내 위나라를 떠났다. 위나라를 떠난 맹자는 제나라로 가 제선왕齊宣王의 지우知遇로 객경客卿이 되었다. '객경'은 일종의 정치고문과 유사한 직책이었다.

당시 제선왕은 도성 임치臨淄 서쪽에 있는 직문稷門 근처에 커다란 학관學館을 지어놓고 천하의 인재들을 모으고 있었다. 여기에 모인 학자들을 흔히 '직문학사稷門學士'라고 했다. 맹자는 물론 맹자보다 반세기 뒤에 태어난 순자도 직문학사의 일원이었다. 순자는 특히 그의 뛰어난 능력을 인정받아 직문학사의 수장인 좨주祭酒의 자리를 3번이나 역임했다.

현재 임치는 산동반도 서쪽을 흐르는 치수淄水에 인접한 작은 도시에 불과하다. 별다른 특색이 없는 이 지방도시가 전국시대 당시에는 굴지의 대도시였다. 맹자가 직하에 머물 당시만 하더라도 이 도시의 인구는 수십만에 달했다. 제나라는 제위왕齊威王을 위시해 제선왕과 제민왕齊湣王에 이르기까지 '직문학사'들을 크게 우대했다. 당시 '직문학사'들은 특별히 맡은 일도 없이 왕의 자문에 응하는 것을 제외하고는 마음껏 사색하며 학문을 연마하는 자유를 누렸다. 맹자도 바로 이곳에서 여러 사상가들과 교유하며 자신의 사상을 정립했던 것이다. 『맹자』 전편을 통해 제나라에 체류할 당시의 기록이 가장 활기를 띠고 있는 것도 이와 무관치 않을 것이다. 맹자는 이곳에서 7-8년 가까이 체류했다.

그러나 제나라가 마침내 이웃 연나라를 공격해 점령하게 되면서 맹자는 제선왕과 갈등을 빚고 이내 제나라를 떠나고 말았다. 당시 연나라에서는 군주인 자쾌子噲가 집정대신인 자지子之에게 사실상 나라를 양도한 일로 인해 내란이 일어났다. 제나라는 물실호기勿失好機의 기회로 생각해 이내 불의를 징벌한다는 구실을 내세워 순식간에 연나라를 점령했다.

이때 제나라 대신이 맹자를 찾아와 연나라 공벌에 대한 가부를 묻자 맹자는 거침없이 고개를 끄덕였다. 그러나 얼마 후 제나라 군사가 연나라 백성들의 저항과 열국의 압력으로 인해 진퇴양난의 곤경에 처하게 되어 제자가 이를 추궁하자 맹자는 교묘한 논리로 책임을 회피하는 모습을 보였다. 자신은 당시 연나라 공벌 여부를 묻는 질문에 답했을 뿐이고 연나라를 칠 자격이 있는지를 묻지 않은 까닭에 결코 제나라의 연나라 공벌을 수긍한 적이 없다는 게 그의 논리였다. 교언巧言이다.

당시 맹자가 연나라 공벌의 전후 사정을 몰랐을 리 없다. 그가 이를 알고도 말렸다는 기록이 없는 점을 보면 맹자는 연나라 공벌을 적극 권유했을 가능성이 크다. 실제로『사기』와『자치통감』은 맹자가 연나라 공벌을 적극 권한 것으로 기록해 놓았다.『맹자』에도 당시의 정황이 제법 상세히 소개되어 있다.『맹자』를 편찬한 후대의 유자들이 맹자를 옹호하기 위해 맹자의 교언을 삽입시켜 놓았는지도 모를 일이다.

이때 맹자가 제선왕에게 연나라 점령군의 철병을 강력히 요구했으나 제선왕이 이를 거절하면서 둘 사이에 커다란 틈이 생기고 말았다. 결국 맹자는 소신을 굽혀 제나라에 머물기보다는 제나라를 떠나는 방안을 선택했다. 이에 놀란 제선왕은 맹자를 만류키 위해 사람을 보내 만종록萬鍾祿을 주겠다고 제안하기도 하고 친히 찾아가 만류키도 했다. 그러나 맹자는 기어코 이를 뿌리치고 제나라를 떠나고 말았다. 원칙을 존중하는 맹자의 강의剛毅한 기개가 타협을 용납지 않았던 것이다.

그러나 맹자는 막상 제나라를 떠나는 와중에 주畫땅에 머물며 공연히 지체하는 모습을 보였다. 제선왕이 사람을 보내 자신을 다시 불러주기를 기다렸던 것이다. 그는 자신에게 지우지은知遇之恩을 베푼 제선왕에 대한 미련을 버리지 못했던 것이다. 맹자는 권력자를 대할 때마다 유별나게 고오高傲한 자세를 취하지 않고는 스스로 견디지 못하는 인간적인 한계를 보였다. 맹자의 고질적인 병폐이다.

제나라를 떠난 맹자는 이후 송나라로 갔다가 다시 설나라와 노나라로 갔다. 그러나 이내 받아들여지지 않자 모든 것을 접고 고향인 추읍鄒邑으로 돌아가 제자 육성과 『맹자』 편찬에 매진하다가 생을 마감했다. 그의 삶은 공교롭게도 여러 면에서 공자와 매우 닮았다. 맹자가 고향에 돌아온 이후의 행적 역시 별로 알려진 게 없다. 그가 80세 전후로 세상을 떠났다는 주장이 있으나 추정에 불과할 뿐이다.

제2절 맹자사상의 특징

제1항 공자사상의 왜곡

맹자가 활약한 전국시대戰國時代 중엽은 주 왕실을 높이고 이적夷狄의 침공을 막는 '존왕양이尊王攘夷'의 명분론이 퇴색하고 힘을 배경으로 한 천하통일의 기운이 무르익는 시기였다. 이른바 '전국칠웅戰國七雄'으로 불리는 7대 강국의 군주는 왕호王號를 참칭하면서 자국을 중심으로 한 천하통일을 이루기 위해 한 치의 양보도 없는 치열한 패권다툼을 전개한 배경이다. 열국의 군주는 천하통일을 이루기 위해서는 부국강병富國强兵이 선결되어야한다는 사실을 확지確知하고 있었다. 이들이 자국을 부강하게 만들어줄 인재를 등용하는데 온 힘을 쏟은 것은 당연한 일이었다.

이런 상황에서 맹자는 비록 묵자의 '인의' 개념을 차용키는 했으나 공학의 요체인 인仁을 새롭게 해석한 '인의설仁義說'과 인정仁政으로 천하통일을 이룰 수 있다는 '왕도설王道說' 등을 내세우며 천하유세를 전개했다. 이는 기본적으로 자신만이 공학의 적통을 이을 자격이 있다고 생각한 맹자의 자부심과 확신에서 비롯된 것이었다. 그러나 이 또한 불행하게도 공자가 14년간에 걸친 천하유세에도 불구하고 아무런 성과도 얻지 못한 전철을 밟고 말았다. '인의설'과 '왕도설'로 상징되는 맹자의 주장은 부국강병을 추구하는 당시의 시대적 요구와 너무 동떨어져 있었던 것이다. 여기서 묵학의 사상적 후신인 맹학이 공학을 어떻게 오염시켰는지 간략히 살펴보기로 하자.

객관적으로 볼 때 송대에 성리학이 성립된 이래 유자들이 존숭한 것은 공학이 아니라 맹학이었다. 맹학은 내용면에서 볼 때 공학의 수제론修齊論에 방점을 찍고 공학을 이상주의로 몰아간 '공자좌파'에 해당한다. 이는 맹자가 공자의 '인'을 '의'와 결합시킨 묵자의 '인의' 개념을 멋대로 차용한 결과로 볼 수 있다.

공학은 기본적으로 치평론治平論에서 출발한 제왕학이었다. 치란治亂을 넘나들며 '치국평천하'의 치리治理를 추구한 공학이 개인적인 수양론에 불과한 일종의 '수제학修齊學'으로 함몰된 단초는 맹자가 제공했다. 맹자에 이어 일종의 미신적인 숙명론宿命論으로 공학을 더욱 왜곡하는데 결정적인 공헌한 인물로 전한제국 초기의 동중서董仲舒를 들 수 있다. 그는 맹자의 '천인합일설天人合一說'을 이른바 '천인감응설天人感應說'로 포장해 인도人道를 천도天道의 반응물로 폄하해 놓았다. 인간의 합리적인 이지理智에 의한 지극한 치리를 구현코자 한 공학의 근본 취지는 실종되고 공자의 언설 자체가 일종의 종교적인 도그마에 가까운 교설教說로 추락한 이유다. 공자가 '괴력난신'을 타기하며 천도와 인도의 분리를 시도한 후 순자에 의해 완성된 천인상분설天人相分說이 이단으로 몰리게 된 것도 이런 맥락에서 이해할 수 있다. 훗날 송대에 성리학이 등장하면서 맹학이 공학의 적통으로 미화되고 순학이 이단으로 간주된 것도 바로 이 때문이다.

당초 진시황이 천하통일을 이룬 데에는 순학이 커다란 영향을 미쳤다고 보아야 한다. 비록 순학에 나오는 법치이론을 극단화해서 유가와 대립되는 법가로 분류하기는 했으나 법가의 이론과 실천을 대표하는 한비자와 이사 모두 순자의 제자였다는 사실이 이를 뒷받침한다. 순자는 이로 인해 후대에 커다란 비판을 받아야만 했다. 당제국 때 육구몽陸龜蒙은 『대유평大儒評』에서 이같이 비판한 바 있다.

"이사는 공자의 도를 순자로부터 들었다. 그는 승상의 자리에서 그 도를 행하고 그 뜻을 얻어야 했음에도 오히려 『시』·『서』를 불사르고 유자를 살해했으니 그 불인不仁함이 심했다."

육구몽은 이를 근거로 순자가 이른바 '분서갱유焚書坑儒'의 패덕을 저지른 이사를 제자로 둔만큼 그를 맹자와 같은 반열에 둘 수 없다는 주장을 펼쳤다. 육구몽의 이런 관점은 후대에도 그래도 이어졌다. 북송대의 소동파蘇東坡는 이같이 말한 바 있다.

"일찍이 이사가 순자를 사사한 것을 괴이하게 생각했다. 지금 『순자』를 보니 이사가 진나라를 섬긴 것이 모두 순자로부터 비롯된 것임을 알아 괴이하게 생각지 않게 되었다."

사실 소동파의 지적과 같이 『순자』에는 비록 선례후법先禮後法의 입장에서 '예치'를 강조하기는 했으나 이른바 '중법애민重法愛民'에 입각한 패도를 매우 긍정적으로 평가해 놓았다. 소동파는 바로 이 점을 지목해 이렇게 말한 것으로 짐작된다. 20세기 초엽에 량치차오梁啓超 역시 중국학술의 변천과정을 논하는 글에는 이같이 말한 바 있다.

"일찍이 이사가 주도한 분서갱유의 화가 순자에게서 발단되었다고 하는 것은 잘못된 말이 아니다."

그러나 이들의 순자에 대한 평은 역사적 사실과 동떨어진 것이다. 순자는 비록 진나라의 패도를 긍정적으로 평가하기는 했으나 그의 기본 입장은 어디까지나 왕도를 우선시하는 이른바 선왕후패先王後覇에 입각해 있었다. 애초부터 빈천과 곤궁을 벗어나기 위한 출세의 발판으로 학문을 닦은 이사와는 차원이 달랐던 것이다. 후대에 이를 분명히 밝힌 사람은 명대 말기의 유학자 이탁오李卓吾였다. 그는 『분서焚書』에서 이같이 반문한 바 있다.

"송유宋儒들은 말하기를, '순자의 학문은 불순하였기에 한번 이사에게 전해지면서 분서갱유의 화가 있게 되었다.'고 했다. 무릇 제자가 악행을 했는데 죄가 스승에게 미치는 것이 과연 이치에 합당한 일인가?"

이탁오의 지적대로 순자가 제자인 이사로 인해 이런 부당한 평을 받는 것은 잘못이다. 이는 훗날 자식들이 진나라 공주에게 장가를 드는 등 영화가 극에 달해 문전에 수천 개의 기마가 줄을 설 정도로 성황을 이루자 이

사가 이를 보고 탄식한 대목이 뒷받침한다.

"나는 일찍이 스승으로부터 '사물은 지나치게 번성하는 것을 금기시해야 한다.'고 들었다. 나는 보잘 것 없는 시골출신으로 부귀가 극에 달했다고 할 수 있다. 사물은 극에 달하면 반드시 쇠하기 마련이다."

이사는 문득 자신이 정상에 올라갔다고 느끼는 순간 스승의 훈계를 떠올리며 불길한 조짐을 읽은 것이다. 실제로 이사는 진시황이 죽은 뒤 몇 년 뒤에 환관 출신 조고趙高의 회유에 빠져 맏아들 부소扶蘇 대신 호해胡亥를 보위에 앉히는데 결정적인 역할을 수행한 뒤 이내 멸문지화滅門之禍를 입었다. 훗날 사마천은『사기』「이사열전」의 마지막 부분에서 이사의 암우한 행보를 이같이 힐난했다.

"이사는 육경의 의미를 알면서도 정치를 밝게 하여 군주의 결점을 보충하는 일에 힘쓰지 않고 형벌을 혹독하게 하고 조고의 그릇된 말을 들어 적자를 폐하고 서자를 세우는 일을 저질렀다. 제후들의 마음이 이반된 뒤 비로소 간쟁코자 했으나 너무 때가 늦은 게 아니겠는가?"

전한제국 때 나온『염철론』「훼학」에 따르면 순자는 이사가 진나라에서 여러 제도개혁을 시행한다는 소식을 듣고 그것이 반드시 실패할 것을 예견하고 식음을 전폐했다고 한다. 이것이 사실이라면 순자는 비록 제자인 이사가 '치평'에 대해 자신과 다른 생각을 갖고 있었을지라도 그가 잘되기를 간절히 바라고 있었음에 틀림없다.

이사가 실행 면에서 진시황의 천하통일에 현혁한 공을 세웠다면 순자의 또 다른 제자인 한비자는 이론적인 면에서 진시황의 통일방략에 결정적인 역할을 수행했다고 볼 수 있다. 법가사상을 집대성한 한비자는 특이하게도 자신의 저서인『한비자』에서 스승인 순자에 대해 거의 아무런 언급도 하지 않고 있다. 약간 언급돼 있는 내용 또한 비판적인 내용 일색이다. 이는 유가의 덕치 주장에 극히 비판적이었던 그의 기본 입장에서 비롯된 것으로 짐작된다.

순자의 두 수제자가 '예치'를 강조한 스승의 주장을 버리고 철저한 '법치'를 주장한 것은 스승인 순자의 입장에서 볼 때 커다란 불행이 아닐 수 없다. 후대에 순자가 유자들로부터 배척을 받은 데에는 두 제자들에 대한 비판이 적잖은 영향을 미친 게 사실이다. 그보다는 이사와 한비자는 말할 것도 없고 후대의 학자들 모두 왕도와 패도는 물론 예치와 법치를 통합시킨 순자의 통일적인 통치사상을 제대로 파악치 못한데서 근본적인 이유를 찾을 수 있다.

원래 진시황은 법가사상을 철저하게 신봉한 사람이 아니었다. 그는 오히려 매일 1백 근에 달하는 공문서를 저녁 늦게까지 직접 검토한 뒤에야 비로소 잠을 잘 정도로 제국의 정사에 헌신적인 인물이었다. 그는 또 50세에 급서할 때까지 제국의 영역을 쉬지 않고 순수했다. 그의 이러한 행보는 법가가 말하는 제왕의 모습과는 분명 차이가 있는 것이다.

나아가 그는 반유교적인 인물도 아니었다. 『사기』「진시황본기 34년」조에는 진제국이 공인한 박사 순우월淳于越이 진시황에게 맹자가 얘기한 옛 성왕의 '고도古道'를 따를 것을 건의한 내용이 나온다. 이는 진시황이 언론을 무자비하게 탄압한 것도 아니었음을 보여준다. 당시 유생들은 진시황의 통치를 비판하며 백성들을 선동하고 있었다. 이에 이사가 법가사상 이외의 모든 사상을 금압할 것을 건의했다. 『한비자』「오두」에 나오는 다음 대목이 그 증거이다.

"지식을 숭상하는 자가 많으면 법은 시행될 길이 없고, 일을 할 사람이 적으면 나라는 가난케 된다. 이것이 바로 세상이 어지러운 이유이다. 그래서 밝은 군주가 다스리는 나라는 서책 대신 법으로 가르치고, 선왕의 말 대신 관리로써 스승을 삼게 하는 것이다."

당시 한비자와 이사 모두 유가가 봉건제를 미화하고 '복고'를 강조하는 반동적인 모습을 보이면서 국가를 부강케 해야 할 백성들의 의무를 방해하고 있다고 본 것이다. 그 결과 악명 높은 '분서갱유' 참극이 빚어졌다. 이는 본질적으로 제국의 질서를 비난한다고 의심되는 자들을 처형한 것에 불과했다.

기원전 213년에 이뤄진 분서사건은 기왕에 알려진 것과 같이 무자비하게 유가의 경전과 각국의 역사서 등을 불태워 버린 사건이 아니었다. 당초 이사와 진시황 모두 유가 서적을 비롯한 제자백가서와 통일 이전의 각국의 사서를 결코 '모조리' 불태우라고 명령한 적이 없다. 분서의 대상이 된 모든 책은 당시 수도였던 함양의 황실 서고와 함양에 거주하고 있던 70명의 박사들 개인 서고에 고스란히 보관되어 있었다. 이들 박사들이 분서의 대상이 된 서적을 보유할 수 있었다는 사실은 당시 학자들의 연구 작업만큼은 자유롭게 보장되었음을 의미한다. 정작 이러한 책들이 사라진 것은 진시황 사후 항우가 함양에 쳐들어온 뒤 옥석을 가리지 않고 분탕焚蕩한데서 비롯된 것이다.

역사적 사실이 왜곡되기는 분서사건 뿐만 아니라 이듬해에 벌어진 갱유사건 또한 마찬가지였다. 유생들을 산 채로 매장했다는 갱유사건은 분서 사건과는 전혀 다른 차원에서 이뤄진 것으로 결코 유생들만을 생매장한 것도 아니었다. 갱유사건도 우연히 유생들이 다수 연루된 까닭에 훗날 진시황이 마치 유생들을 탄압하기 위해 이러한 일을 저지른 것처럼 오해를 불러일으켰던 것이다.

진시황은 천하를 통일한 이후 오히려 유가를 이용하려는 생각을 지니고 있었다. 이는 그가 유가의 봉선의식을 거행한데서 뚜렷이 드러난다. 그는 봉선의식을 거행키에 앞서 옛 노나라의 유자들과 만나 자신의 송덕비에 담을 비문의 내용을 의논했다. 여기에는 『시경』이나 『서경』의 구절이 인용된 사실을 통해 알 수 있듯이 법가사상과 유가사상이 구별하기 어려울 정도로 뒤섞여 있다.

당시 진시황은 백성들 사이에서 유가서가 나도는 것을 금압한 이후에도 죽는 날까지 계속 유학자들을 궁정에 두었다. 그가 격분한 대상은 학문

그 자체가 아니라 백성을 부추겨 제국질서를 교란하는 불순한 복고주의자
였다. 이들 중에는 유가가 압도적으로 많았다. 이들 '속유'의 행태는 공자의
기본 취지에 어긋나는 것이었다. 이들 '속유'들은 중앙집권적 관료체제인 군
주정보다 지방분권적 세습체제인 봉건정을 더 선호했다. 이는 말할 것도 없
이 시대의 흐름에 역행하는 반동적인 행보가 아닐 수 없다.

'속유'들의 이런 행태로 인해 유가경전은 시대에 뒤떨어진 봉건제도를
찬양하는 것으로 비춰졌다. 천하가 통일된 상황에서 복고적인 봉건제도를
찬양하는 것은 제국의 통일성과 안전을 위협하는 것으로 비춰질 수밖에 없
었다. 이사가 진시황에게 옛 것을 숭상하거나 옛 것을 가지고 지금을 비난
하는 자는 일족을 주살하는 등의 강력한 처벌을 건의한 것은 바로 이 때문
이었다.

당시 이사는 불온서적을 소지한 사람이 분서령焚書令이 내려진 후 30
일 내에 책을 불태우지 않을 경우 몸에 문신을 하여 성을 쌓는 노역형에
처할 것을 건의했다. 이는 매우 가혹한 형벌이었다. 그러나 당시 법가사상가
들의 눈에는 당연한 조치였다. 『사기』「진시황본기」에 기록된 이사의 건의가
이를 뒷받침한다.

"어리석은 유생들이 천하통일의 의미도 모른 채 법을 배워 관리로 나
설 것은 생각지도 않고 사사로운 주장으로 비방을 일삼으며 백성들을 미혹
케 하고 있으니 장차 커다란 무리를 이룰 조짐이 있습니다."

진시황은 마침내 이사의 건의를 좇아 진나라 역사책 이외의 역사서와
박사가 아닌 자가 소유한 제자백가서를 몰수해 불태울 것을 명했다. 당시
진시황도 제국체제를 비난하는 유생들을 방치할 경우 황제의 권위가 실추
되는 것은 물론 제국체제가 뿌리채 흔들릴 것으로 판단했음에 틀림없다.

이로 인해 유가는 진제국 당시만 해도 커다란 위기감을 느껴야만 했다.
이는 법가사상에 기초해 천하를 통일한 진제국이 영토통일에 이어 사상분
야에 대한 통일작업을 강력히 추진한데 따른 것이었다. 당시 치평요술治平

要術에서 법가와 유가는 극단적으로 대립했다. 법가가 유일한 통치사상으로 채택된 상황에서 유가가 발붙일 여지는 거의 없었다. 특히 '분서갱유'의 참화가 빚어지면서 유가의 위기감은 더욱 증폭했다.

전국시대 말기부터 전한제국 초기에 유가가 커다란 위기를 맞은 반면 이른바 '잡가雜家'가 크게 성행했다. '잡가'는 전한제국 말기의 유향과 유흠劉歆이 사용한 말로 유가와 묵가, 명가, 법가 등의 제가사상을 종합한 사상체계를 말한다. '잡가'의 대표적인 작품으로 『여씨춘추呂氏春秋』를 들 수 있다. 『여씨춘추』는 여불위가 천하의 인재들을 두루 모아 그들의 학설을 집대성한 것으로 생전에 여불위는 『여씨춘추』에 대한 자부심이 커 이른바 '일자천금一字千金'을 내세우며 한 글자라도 고칠 게 있으면 1천금을 내겠다고 호언했다.

후대 학자들의 '잡가'에 대한 평은 크게 긍정과 부정의 양론으로 엇갈리고 있다. 허우와이루侯外廬와 펑여우란馮友蘭 등은 매우 비판적인데 반해 궈모뤄郭沫若와 임계유任繼愈 등은 긍정적인 입장을 보였다. 『여씨춘추』가 인의지병仁義之兵을 통한 천하통일과 덕법상보德法相輔의 입장을 보이고 있는 것은 순자사상의 요체를 그대로 수용한 결과로 볼 수 있다. 이런 면에서 순자사상은 '잡가'의 선구에 해당한다. 그러나 순학이 공학의 정맥을 잇기보다는 '잡가'의 선구로 인식된 것 또한 후대에 순학이 이단으로 몰리는 하나의 이유가 되었다.

당초 진시황이 천하를 통일했을 당시 진시황의 제왕정에 반감을 지닌 유가의 세력은 간단치 않았다. 이는 진시황의 태자 부소扶蘇가 부친에게 유가를 박해하는 것은 자칫 천하를 불안케 할 소지가 크다고 간한 사실을 통해 대략 짐작할 수 있다. 『사기』 「진시황본기」에 부소가 간한 내용이 실려 있다.

"천하가 평정된 지 얼마 안 돼 먼 곳의 백성들은 아직 안정되지 않았고 제생諸生들은 공자의 학문을 추종하고 있습니다. 그런데 지금 폐하는 매사에 엄법으로 이들을 다스리려고 합니다. 신은 천하가 장차 불안해질까 우려됩니다. 폐하가 이를 깊이 헤아리기 바랍니다."

부소는 이러한 간언으로 인해 북방 변경으로 사실상 유배되었다가 진시황이 급서한 후 환관 조고趙高와 승상 이사가 보낸 거짓 조서를 받고 이내 자진하고 말았다. 조고는 그의 유약한 동생을 2세 황제로 세웠다. 진제국이 15년 만에 속망速亡한 것은 기본적으로 진시황의 죽음에서 그 원인을 찾아야 한다.

만일 진시황이 좀 더 오래 생존하여 후덕한 태자 부소에게 성공적으로 보위를 넘겨주었다면 역사는 완전히 다른 방향으로 전개되었을 공산이 컸다. 그러나 진시황은 천하를 순수巡狩하던 중 급서하고 말았다. 이 와중에 부소가 간신 조고에 의해 죽임을 당하면서 천하는 걷잡을 수 없는 혼란 속으로 빠져 들고 말았다.

반란의 선봉은 농민 출신인 진섭陳涉이었다. 그는 요역을 나온 사람들을 부추겨 반기를 든 뒤 곧 '초왕楚王'을 자칭했다. 진섭은 일개 농민에 불과했으나 야심도 많고 현명한 인물이었다. 그는 자신이 지도자로 인정받기 어렵다는 것을 알고 미신을 이용해 추종자들로 하여금 자신이 귀신의 가호를 받고 있다고 믿게끔 만들었다.

그는 또 자신의 거사가 진시황의 장자 부소의 대의에 따른 것이라고 선전했다. 놀라운 선전술이 아닐 수 없다. 이는 그가 공자의 8대 직계손인 공갑孔甲을 정치고문으로 영입한데서도 잘 나타나고 있다. 진섭이 공갑을 영입한 것은 당시 유가가 백성들 사이에서 적잖은 인기를 얻고 있었음을 시사한다. 『염철론』「포현褒賢」에 나오는 다음 대목이 그 증거이다.

"제齊·로魯 땅의 유묵儒墨과 진신縉紳들이 옷소매를 떨치며 공자의 예기禮器와 시서詩書를 등에 지고 와 신하가 되었다. 공갑은 진섭의 박사가 되었다."

그러나 당시까지만 해도 동북지역의 제·로 일대를 제외하고는 유교가 큰 인기를 끌지 못했다. 이는 『사기』 「유림열전儒林列傳」에 나오는 다음 대목을 보면 대략 파악할 수 있다.

"천하가 어지럽게 나뉘어 다투게 되자 유술儒術은 이미 쓰이지 않게 되었다. 그러나 오직 제·로 일대에서만은 유학자들이 여전히 존재했다."

전한제국 이후 유가사상이 점차 크게 확산된 데에는 바로 제·로 지역의 유가의 공이 컸다. 당시 한고조 유방의 동생인 초원왕楚元王 유교劉交도 유가사상의 세례를 받았다. 그는 진제국 때만 하더라도 대단히 빈한한 가문 출신이었으나 오늘날 강소성 북부에서 순자의 제자인 부구백浮丘伯으로부터 『시경』을 배웠다. 『한서』 「초원왕전楚元王傳」에 나오는 다음 대목이 이를 뒷받침한다.

"유교는 자가 유游로 한고조 유방의 이복동생이었다. 그는 책을 좋아했고 재예材藝가 많았다. 어려서부터 일찍이 노목생魯穆生 및 백생白生, 신공申公 등과 더불어 부구백으로부터 『시경』을 배웠다. 부구백은 순자의 문인이었다."

이는 당시 유가사상이 상류층에만 한정돼 있었던 것이 아님을 보여주고 있다. 진시황에 의한 '분서갱유'가 오히려 유가의 평판만을 더욱 높여 놓았음을 간취할 수 있다. 진섭이 반란에 가담한 유학자들을 환영하고 공자의 후손 공갑에게 '박사'의 관직을 내린 것도 이와 무관치 않았을 것이다. 공갑은 얼마 후 진섭과 함께 죽었다.

진섭 사후에 등장한 가장 유력한 인물은 바로 항우項羽였다. 누대에 걸쳐 초나라의 장군을 지낸 명족 출신인 그는 유명무실한 왕호를 칭하지 않았다. 그는 자신이 지휘한 전투에서 결코 패한 적이 없을 정도로 무용이 뛰어났으나 매우 횡포했다. 결국 그는 지지자들이 모두 떨어져 나가 일개 농부 출신인 유방에게 패하고 말았다. 사마천은 『사기』 「항우본기」에서 항우의 패망을 이같이 진단했다.

"항우는 패왕의 업을 이룬다는 구실로 힘만으로 천하를 정복하여 지배하려고 했다."

　항우를 제압하고 천하를 차지한 유방은 소년시절에 별다른 주목을 받지 못했다. 몹시 게으르고 거만했던 그는 정장亭長으로 있다가 법을 어겨 처형을 당하게 되자 비적의 우두머리 노릇을 하다가 마침내 진섭의 반란이 일어나자 이에 호응해 반군의 우두머리가 되었다. 그는 항우와 달리 민심을 사는 방법을 잘 알고 있었다. 항우의 군사가 가는 곳마다 약탈을 일삼은 데 반해 그는 엄한 규율로 병사들을 다스리고 진제국의 금렵지구와 원지園池 등을 개방해 백성들의 광범위한 지지를 얻었다. 이는 그가 평민 출신이었다는 사실과 무관치 않았다.

　그는 진제국의 도성인 함양咸陽을 점거했을 때 장로들을 불러 놓고 법삼장法三章을 약속했다. 단 3개의 조항으로 이뤄진 '법삼장'은 진제국의 혹법酷法에 억눌려 있던 함양의 백성들에게는 해방선언이나 다름없었다. 유방은 결코 자비로운 인물만은 아니었으나 권력을 잡기 위해서는 민심을 잡는 것이 얼마나 중요한지를 익히 알고 있었다.

　그러나 유방은 천하를 거머쥔 뒤 현학자에 불과한 사람은 쓸모없다고 생각해 자신의 주변에 그런 사람은 한 사람도 두지 않았다. 그는 특히 유생을 경멸했다. 『사기』「고조본기」에는 유방이 건국공신인 역이기酈食其를 '우유愚儒'로 비난한 사실이 기록되어 있다. 유방은 유자들이 쓰는 유관儒冠에 방뇨키도 했다. 이는 '초한지제' 당시 속유俗儒들이 보여준 구태의연한 모습에 기인한 것이었다.

　한제국은 건국 초기만 해도 사실상 도가를 채택한 것이나 다름없었다. 이는 황실과 조정에서 잇단 전란으로 인한 백성들의 피폐를 구제하기 위해서는 도가사상에 따른 무위지치無爲之治가 필요하다고 판단해 이른바 황로지학黃老之學을 크게 숭상한데 따른 것이었다. 황로지학은 전설상의 3황5제의 일원인 황제黃帝와 노자를 추종하는 도가사상을 말한다. 이들의 이런 판단은 시세에 대한 정확한 이해에 기초한 것으로 나름대로 타당한 것이기도 했다. 이로 인해 건국 초기만 하더라도 유가는 크게 빛을 발하지 못했다. 이는 유가에 대한 유방의 비판적인 생각과 밀접한 관련이 있었다.

그러나 유방의 곁에는 육가陸賈를 포함해 순자의 문인인 부구백 밑에서 공부한 동생 유교 등이 있었다. 이들은 유방을 계도하기 위해 노력했다. 특히 육가는 12편에 달하는 책을 지어 시간을 두고 한 편씩 유방에게 헌상하며 유가사상의 효용을 적극 홍보했다. 유방은 이를 볼 때마다 탄성을 질렀다. 육가가 올린 헌책獻策 중 유방을 감복시킨 매우 유명한 구절이 있다.

"마상馬上에서 천하를 차지할 수는 있으나 천하를 다스릴 수는 없다."

유방은 이에 감복해 마침내 황제로서의 위엄을 갖추기 시작했다. 그는 천하를 다스리기 위해서는 유가사상을 적극 활용하는 것이 매우 유리하다는 사실을 처음으로 깨달은 것이다. 이후 유방은 유가사상에 충실한 모습을 보였다. 이에 육가의 책은 『신어新語』로 명명되었다. 유방이 육가의 주장을 받아들인 뒤 보여준 가장 극적인 행보는 옛날 노나라의 도성인 곡부曲阜로 가 공자에게 제사를 지내고 공자의 9대손을 '봉사군奉祠君'에 봉한 점이다. 이후 역대 제왕들은 거의 예외 없이 공학의 보호자를 자처하며 유방의 행보를 모방했다.

전한제국 초기에 위정자들이 유가에 대해 긍정적인 생각을 품게 된 데에는 순학의 영향이 지대했다. 육가가 『신어』에서 '문무병용文武竝用'과 '천인상분'을 강조한 것은 말할 것도 없이 순자사상을 적극 수용해 발전시킨 결과였다. 순자사상을 받아들인 사람은 비단 육가만이 아니었다.

육가와 더불어 전한제국 초기에 문명文名을 떨쳤던 가의賈誼는 어렸을 때 하남의 오공吳公 문하에서 배웠다. 오공은 원래 이사와 같은 고향출신으로 함께 공부한 것으로 전해진다. 가의가 순자사상의 세례를 받은 것은 거의 확실하다. 이는 그가 『신서新書』에서 '예는 나라를 견고히 하고, 사직을 안정시키고, 군주로 하여금 그 백성을 잃지 않게 하는 것이다.'라며 예치사상을 분명히 밝힌 사실을 통해 극명하게 확인할 수 있다. 그가 『신서』에서 제시한 「치안책治安策」은 『순자』의 「부국」과 「의병」 내용과 흡사하다. 이는 순학을 전파한 순자의 제자들이 매우 많았음을 반증한다. 『사기』 「여불위전」에 나오는 사마천의 다음과 같은 평이 이를 뒷받침한다.

"순자 제자의 저서가 천하에 퍼졌다."

당시 『시경』의 『노시魯詩』를 전한 부구백浮邱伯과 『모시毛詩』를 전한 대모공大毛公, 『춘추좌전』을 전한 장창張蒼 모두 순자의 직제자이거나 재전제자再傳弟子로 알려져 있다. 청대의 왕중汪中도 『순경자통론荀卿子通論』에서 『모시』와 『노시』를 비롯해 『한시韓詩』가 모두 순자의 손을 거쳤고, 『춘추좌전』과 『춘추곡량전』을 비롯해 『대대례기大戴禮記』와 『소대례기小戴禮記』, 현재의 『예기』 모두 순자와 그의 제자들에 의해 정리된 것으로 주장한 바 있다. 실제로 『대대례기』와 『소대례기』는 『순자』의 「예론」과 「권학」, 「수신」, 「대략」, 「악론」, 「법행」 등의 내용을 거의 그대로 수록해 놓았다.

이 때문인지는 몰라도 『한서』 「예문지」는 『순자』를 높이 평가해 공자의 72제자 이후의 대표작으로 『맹자』보다 앞서 기술해 놓기도 했다. 유향은 『순자』를 교수해 33편으로 정리하면서 '만일 군주가 순자를 등용했다면 가히 왕천하王天下를 행할 수 있었을 것이다.'라고 단언키도 했다. 한제국 때만해도 순자가 맹자보다 더 높은 평가를 받았음을 입증하는 대목이 아닐 수 없다. 이는 전한말기의 대유인 양웅揚雄을 비롯해 후한초기의 환담桓潭과 왕충王充 등이 순자사상의 세례를 받은 사실을 통해서도 분명히 확인할 수 있다.

양웅은 『법언法言』 등에서 순자의 '천인상분설'에 입각해 당시 유행하던 동중서의 미신적인 '천인감응설'에 입각한 이른바 '참위설讖緯說'을 비판했다. 『신론新論』에서 순자의 '왕패병용설'을 지지한 양웅의 제자 환담은 참위설에 빠진 광무제光武帝의 행보를 공개적으로 비판했다가 좌천되어 임지에 부임 차 가던 도중 객사하고 말았다. 환담의 제자 왕충도 『논형論衡』에서 순자사상에 입각해 참위설을 신랄하게 비판했다.

참위설이 이토록 횡행하게 된 것은 전한 초기에 동중서가 『춘추번로春秋繁露』를 통해 '천인감응설'을 크게 유포시킨데 따른 것이었다. 그렇다면 왜 '천인감응설'이 이토록 유행케 된 것일까? 이는 전한제국 건국 당시 유가가 상대적으로 위축되어 있었던 사실과 무관치 않았다. 당시 황실에서는 도가사상이 크게 유행했다. 대신들 중에도 법가가 많았다. 법가는 진제국의 속망速亡으로 광범위한 지지를 받은 것은 아니었지만 유가 못지않게 계속 현실정치에 많은 영향력을 행사했다. 이는 유방이 철폐를 공인했음에도 진제국의 법령이 대부분 그대로 시행된 사실을 통해 쉽게 알 수 있다.

당시 유가는 법가와 같이 거대한 중앙집권적 통치를 담당한 경험이 전혀 없었다. 전한제국의 고관들이 여전히 법가적인 모습을 보인 것은 바로 이 때문이었다. 당시 유가 중에는 법가와 달리 한미한 가문 출신이 매우 많았다. 『염철론』 「우변憂邊」과 「지광地廣」에 이를 뒷받침하는 대목이 산견된다. 한무제가 즉위한 직후에 개최된 토론에서 법가출신의 고관들이 유가들을 두고 '궁항벽촌窮巷僻村'에서 의식과 끼니조차 제대로 해결치 못하는 가난뱅이 출신으로 멸시한 대목이 그 실례이다. 그러나 이것이 오히려 백성들에게는 유가를 우호적으로 바라보게 하는데 유리하게 작용했다.

당초 한고조 유방이 죽자 부인 여후呂后가 수렴청정을 하며 전횡했다. 한제국이 사실상 외척세력인 여씨의 손에 농단되던 중 기원전 180년에 여후가 사망하자 여씨 외척세력과 유씨 종실세력간의 갈등이 드디어 폭발했다. 대신들이 이내 외척세력을 소탕한 뒤 유방의 아들 중 최연장자인 대왕代王 유항劉恒에게 보위에 오를 것을 청했다. 그러나 유항은 의구심을 떨치지 못했다. 이때 가신 한 사람이 이같이 설득했다.

"한조는 발흥 초에 진나라의 가혹한 정사와 남형濫刑을 제거하고, 진나라 법령을 축소하고, 은덕을 베풀었습니다. 이에 모든 사람이 만족했습니다. 그러니 그들의 충성심을 동요키는 어려울 것입니다. 설사 대신들이 변을 일으키려 해도 백성들은 결코 그들에게 이용당하려 하지 않을 것입니다. 대왕이 현성인효賢聖仁孝의 덕을 갖췄다는 것은 천하가 다 아는 바입니다. 그러니 대신들이 천하의 뜻을 좇아 대왕을 황제로 영입하려는 것입니다."

이에 마침내 유항이 한문제漢文帝로 즉위했다. 한문제는 역대 중국 황제 중 공자사상에 가장 심취한 인물이었다. 그는 군주란 신민의 복리를 위해 존재한다는 공자의 가르침을 진심으로 받아들여 이를 실천했다. 세금을 감면해 백성들의 부담을 경감시켰고, 사적인 경비를 절약해 검소함을 실천하고, 자신의 정치에 대한 백성들의 비판을 스스로 구하고, 정치를 보좌할 유능한 인재를 물색하고, 관고를 헐어 기민饑民을 구제하고, 노령자에게는 연금을 지급했다.

그는 조서에서 『맹자』의 구절을 무수히 인용했다. 그는 관노비를 해방시키는 조서를 내린데 이어 황제의 과오를 전해들을 수 없다는 이유로 황제와 정부에 대한 비판을 엄벌하는 기왕의 법률을 모두 폐지했다. 또 육형肉刑 (신체의 일부를 훼손하는 형벌)을 폐지하고 사형을 대거 축소하는 조치를 취하기도 했다.

그러나 가장 놀라운 것은 재위 중에 태자보다 가장 현명하다고 판단되는 사람에게 제위를 물려주겠다는 조서를 발표한 사실이다. 이는 단순히 시늉에 그친 것이 아니었다. 그는 고대 성왕의 선양전설을 진지하게 믿었다. 『한서』「문제본기文帝本紀」에는 그가 보위에 오른 이듬해 정월에 태자 건립을 청하는 유사의 건의를 받고 이를 물리치면서 내린 조서가 실려 있다. 그 골자는 다음과 같다.

"짐은 이미 부덕한 까닭에 상제의 신명이 제사를 흠향치 않고, 천하의 백성 또한 아직 협지愜志(통쾌한 뜻)를 지니지 못하고 있다. 지금 설령 널리 천하의 현성賢聖하고 유덕한 사람을 널리 구해 보위를 선양치 못할지라도 태자를 세우겠다고 말하는 것은 나의 부덕을 더하는 것이다. 천하에 대해 어찌 말해야 과연 이를 안정시킬 수 있겠는가?"

한문제의 선양에 관한 선지宣旨는 결국 대신들의 간곡한 만류로 철회되기는 했으나 그가 얼마나 유가사상에 경도되어 있었는지를 여실히 보여주고 있다. 그는 죽을 때 관원과 백성 모두 조서를 받은 지 3일 만에 상복을 벗을 것을 당부하는 유조遺詔를 남기기도 했다. 그는 유조에서 백성을 번거롭게 하지 않고 중대한 과실을 범하지 않고 천수를 다할 수 있다면 이는 슬퍼할 일이 아니라 오히려 기뻐할 일이라고 밝혔다.

이를 통해 짐작할 수 있듯이 한문제가 재위하는 동안 백성들은 오랜만에 찾아온 평화를 만끽했다. 당시 한제국은 크게 번성했고 인구도 증가했다. 그러나 한문제에게는 장점도 많았지만 동시에 단점도 있었다. 가장 큰 단점은 변방의 경계를 소홀히 하면서 맹자의 왕도를 묵수墨守한데 있었다. 후세의 유가들은 난세조차 덕의 힘으로 평정할 수 있다는 맹목적 평화주의자로 변해 있었던 것이다. 이는 맹자의 왕도를 맹목적으로 추종한 결과가 아닐 수 없다. 한문제 역시 맹자의 왕도를 맹종한 결과 평화와 절약을 지나치게 강조한 까닭에 국방문제를 소홀히 했다.

서북쪽의 흉노가 이를 틈 타 중국의 변경을 어지럽게 만들었다. 한문제가 죽자 태자가 한경제漢景帝로 즉위해 나라를 새롭게 정비했다. 그는 재위 16년 동안 태자시절의 스승인 조조鼂錯의 건의를 좇아 봉건제의 잔재를 모두 없애고 확고한 중앙집권적 관료국가를 만들어 냈다. 조조는 법가사상으로 무장하고 있었다. 한경제가 죽자 태자가 뒤를 이어 보위에 올랐다. 그가바로 전한과 후한을 통틀어 한제국 최고의 군주로 일컬어지는 한무제漢武帝이다.

그는 15세의 어린 나이에 즉위했다. 고전에 조예가 깊었던 그는 조서에서 『역경』과 『논어』 등을 자주 인용해 백성에 관한 관심을 거듭 표명하면서 예악과 학문의 중요성을 강조했다. 그가 즉위한 해에 승상 위관衛綰이 다음과 같은 상주문을 올렸다.

"각지에서 천거된 현량 가운데 혹 신불해申不害나 한비자韓非子, 소진蘇秦, 장의張儀의 언론을 공부한 사람은 국정을 어지럽히는 사람입니다. 청컨대 그들을 모두 파직키 바랍니다."

법가와 종횡가를 모두 숙청할 것을 건의한 것이다. 한무제는 이를 받아들여 유가경전을 전문으로 가르치는 이른바 '5경박사五經博士'를 설치했다. 5경박사는 각기 제자 50명씩을 두고 자신들의 전공을 가르치며 국가로부터 생활비를 지급받았다. 이것이 국가 차원에서 지원하는 국립대학의 기초가 되었다.

시간이 지나면서 대부분의 정부 관료가 여기서 배출되자 유가사상이 정부 내에 자연스럽게 침투했다. 한무제는 시험을 통과한 자들을 조정으로 끌어들이고 공자의 후예에게도 관직을 내렸다. 그는 유가의 조언을 좇아 관료로 추천된 법가 등을 배척키도 했다. 그러나 중도에 그는 생각을 바꾸었다. 그 이유는 무엇일까? 바로 '속유'의 행태에 실망했기 때문이다.

이는 당시 그들이 맹자사상에 경도된 사실과 무관치 않았다. 그들은 군주의 임무란 백성들의 복리를 도모하는 것이고 만일 이를 제대로 이행치 못하면 군주의 자격이 없다고 주장하고 다녔다. 이는 난세의 혁명가에게 유용할지는 몰라도 이미 보위에 오른 제왕의 입장에서 볼 때는 매우 위험천만한 이론이 아닐 수 없다.

일찍이 맹자는 천하를 주유하면서 군주는 재덕 있는 신하에게 행정을 위임하고 대신들은 일차적인 충성을 군주가 아닌 치도에 바쳐야 한다고 주장한 바 있다. '속유'들은 이를 그대로 답습했다. 이미 천하를 거머쥔 제왕들의 입장에서 볼 때 이는 군권君權을 위협하는 맹랑한 소리가 아닐 수 없었다. 당시 '속유'들은 제국을 다스릴 만한 실질적인 행정능력도 갖추지 못했다. 그들은 비현실적인 '수제'와 '내왕'에 함몰돼 있었던 것이다.

이로 인해 법가는 물론 유가 지지자들조차 그들이 거대한 제국을 운영하는데 필요한 실제적인 훈련을 받지 못했을 뿐 아니라 실무를 파악할 능력도 없는 편협한 현학자로 단정했다. 법가인 대부大夫가 유가인 문학文學을 질타하는 『염철론』「자복刺復」의 관련 대목이 그 증거이다.

"지금 여기에 모인 현량문학賢良文學이 모두 60여명에 달한다. 모두 6예의 지식을 지니고 있으니 각기 자신의 뜻을 숨김없이 밝혀 응당 좋은 도리로써 우리의 무지를 깨우쳐 주어야 할 것이다. 그럼에도 주워섬기는 말은 온통 과거뿐으로 현재와 괴리되어 있고, 고대 성왕에 관한 얘기는 세무世務와 부합치 않는다. 이는 우리가 현사賢士를 못 알아보았기 때문인가, 아니면 그대들이 고의로 재주를 감추고 그 진면목을 드러내지 않았기 때문인가? 어찌 이토록 현사를 만나기가 어려운 것인가?"

이 대목을 통해 당시의 유가들이 얼마나 옛 성왕을 들먹이는 맹자의 '왕도'사상에 빠져 있는지를 대략 짐작할 수 있다. 유생들 중 뛰어난 인물로 발탁된 현량문학이 기껏 하는 얘기는 온통 공허한 얘기뿐으로 법가가 볼 때 이들은 쓸모없는 인간에 불과했다. 사실 당시 유가들은 '왕도'사상에 경도된 나머지 이민족의 위협을 과소평가하면서 한무제의 정력적인 군사조처는 중국을 쓸모없이 피폐시킬 뿐이라고 비난했다. 이들은 한무제가 이적에게 은덕을 베풀기만 하면 이적들이 손을 들고 이내 귀의할 것이라고 주장했다.

한무제는 공허하기 짝이 없는 얘기만 늘어놓는 이들 유가들을 내심 경멸했다. 그러나 그는 진시황의 '분서갱유'가 어떤 결과를 초래했는지를 잘 알고 있었다. 이에 그는 『춘추공양전』에 해박한 동중서董重舒를 사유師儒로 우대하는 교책巧策을 구사했다. 원래 동중서는 전국 각지에서 조정으로 추천되어 황제 앞에서 치른 시험을 통과한 1백여 명의 학자 중 한 사람이었다.

그는 한무제 앞에서 하늘은 재난으로 군주를 경고하기 때문에 『춘추』속에서 그 유례를 찾아내 스스로 경계하기만 하면 족하다고 주장하면서 국립대학의 설치와 정치개혁의 필요성을 제기했다. 한무제가 회의적인 반응을 보이자 그는 대학 설립을 통한 학자 육성과 관원들의 승진심사를 위한 고과제考課制의 도입을 주장했다. 이에 한무제는 고대에 관한 지식이 풍부한 유가들이 시무를 제대로 이해치 못하는 이유를 엄중히 추궁하자 동중서는 황제의 총신들이 상업에 종사해 치부하고 백성을 괴롭히고 있는 현상을 열거한 뒤 유학 이외의 모든 학문을 억제해야 한다고 역설했다.

한무제는 동중서에게 크게 실망한 나머지 이내 그를 강도江都의 재상으로 내보냈다. 이는 폭군으로 알려진 역왕易王의 손을 빌려 동중서를 제거하려는 속셈에서 나온 것이었다. 그러나 동중서는 한무제의 예상과는 달리 역왕을 잘 길들여 재상의 직무를 충실히 수행했다. 한무제는 다시 동중서를 역왕보다 더욱 난폭한 제후왕에게 보내자 이번에는 위험을 감지한 동중서가 건강을 이유로 사임했다. 이후 동중서는 재야에 은거한 학자로서 여생을 보냈다. 그러자 한무제는 사자를 시켜 그에게 국사에 관한 의견을 듣는 모습을 보임으로써 그를 순교자로 만드는 일도 피하면서 저명한 학자의 후원자라는 명성을 얻었다. 절묘한 제신술制臣術이 아닐 수 없다.

원래 한무제가 좋아한 유가는 공손홍公孫弘이었다. 그는 어려서 옥리를 지내다가 잘못을 저질러 해임되었다. 이내 빈한한 가계를 돕기 위해 돼지치기를 하다가 40대에 이르러 비로소 『춘추』 등을 배워 60세가 되었을 때 현량으로 천거되어 박사가 된 특이한 인물이었다. 이후 그는 흉노 문제로 한무제의 노여움을 사게 되자 이내 칭병하여 낙향했다. 5년 뒤 다시 문학으로 천거되어 다시 시험을 보게 되었다.

한무제가 책문에서 옛 성왕의 치세에도 재난이 나타나고 인의예지의 유가적 덕목을 어떻게 구현할 수 있는지를 묻자 공손홍은 대책에서 먼저 '성誠'의 중요성을 강조함으로써 정통유가의 입장을 표명한 뒤 상벌의 효용을 논했다. 이어 그는 군주가 통치를 잘 하려면 '법法'을 널리 공포해 기강을 바로잡고, '술術'을 사용해 간사한 신하를 제압하고, '세勢'를 틀어쥐어 생사를 좌우하는 권한을 독점해야 한다고 말했다. 이는 한비자가 강조한 이른바 '법·술·세' 이론을 그대로 인용한 것이었다.

유가 시험관들이 이를 모를 리 없었다. 그들은 공손홍을 괘씸하게 여겨

1백여 편의 답안 중 최하위로 판정해 한무제에게 올렸다. 그러나 한무제는 오히려 공손홍의 대책문을 보고 크게 기뻐하며 1등으로 순위를 바꿔 놓았다. 당초 한무제는 동중서에게 책문을 내릴 때에도 『한비자』의 대목을 인용해 은나라 때 형벌이 크게 사용된 이유를 물은 적이 있었다. 한무제가 법가사상에 얼마나 정통했는지를 짐작케 해주는 대목이 아닐 수 없다. 그러나 그는 이를 전혀 내색하지 않았다. 그는 군주가 자신의 속내를 드러내 신하들이 이를 알아채게 해서는 안 된다고 강조한 『한비자』의 가르침을 철저히 따랐던 것이다.

마침내 한무제는 '속유'들을 발탁하되 일정한 거리를 둘 생각으로 유가 경전을 전문으로 연구하는 '오경박사五經博士'를 설치하면서 유가사상을 유일한 통치이념으로 삼는 이른바 '독존유술獨尊儒術'을 선포했다. 이로서 유가의 '경학經學'이 이른바 '치평학'의 정점에 자리 잡게 되었다. 한무제의 이 조치는 2천년 넘게 그대로 유지되었다. 이로써 유학은 20세기 초에 청조가 망할 때까지 유일한 관학官學으로 존재했다.

한무제의 '독존유술' 선언은 로마의 원수 콘스탄티누스가 313년에 기독교를 국교로 삼은 것에 비유할 만했다. 그러나 한무제의 행보를 통해 짐작할 수 있듯이 성리학이 출현할 때까지의 약 1천 년간의 시기는 유가와 법가 모두 공인받는 이른바 '외유내법外儒內法'의 시기로 보는 것이 옳다. 진정한 의미의 '독존유술'의 시기는 성리학이 성립된 이후 청조 말기까지 약 1천년 동안의 시기에만 해당한다고 보는 것이 사실에 부합한다.

이후 전한제국의 모든 황제는 한무제가 '독존유술'을 선포한 것을 계기로 유학의 보호자를 자처하며 유학의 확산을 국가 차원에서 적극 지원하고 나섰다. 대표적인 예로 한선제漢宣帝가 유가 경전의 표준이 되는 판본을 전국에 반포하고, 한원제漢元帝는 공자에게 작위와 봉록을 수여하면서 제사를 지내는 선례를 열고, 한평제漢平帝가 공자가 받은 봉록에 시호를 추서한 일을 들 수 있다. 후대의 역대 제왕들 역시 공자의 작호爵號를 계속 높여주는 방식으로 공자를 기렸다. 공자의 권위를 통치에 적극 활용했던 것이다.

'독존유술'이 선포될 당시 유가사상 내에는 법가사상을 비롯해 도가와 음양가 등 제자백가사상이 이미 깊숙이 침투해 있었다. 그러나 가장 큰 문제는 유가사상 내에 미신적인 음양가사상 등이 깊숙이 침투한데 있었다. 여기에는 동중서의 역할이 컸다. 당시 동중서가 정립한 '경학'은 미신적인 '참위설'이 가미된 것이었다. 흔히 '재이설災異說'로도 불리는 참위설은 훗날 송대에 들어와 '경학'이 '이학理學'으로 탈바꿈하면서 더욱 극성케 되었다. 주희는 제자백가서의 하나로 치부된 『맹자』를 비롯해 『예기』 중에서 철학적인 논변이 풍부한 「대학」과 「중용」을 적출해 돌연 『논어』와 같은 반열에 올려놓았고 점복占卜을 극히 좋아했다. 이는 '치평학'에서 출발한 유학에 대한 일대 왜곡을 초래했다.

우주의 원리를 포함해 공자와 순자가 그토록 타기했던 '괴력난신怪力亂神'까지 일관되게 해석해 놓은 송대의 '이학'은 사변론에서 출발한 서양의 철학과 많이 닮아 있었다. 동양은 송대 이후 '이학'에 침잠한 결과 마침내 19세기 말에 서양 제국주의자들의 침공에 속수무책으로 무너진 뒤 스스로 자신의 뿌리인 유학을 송두리 채 내던지는 우를 범했다. 이는 송대의 '이학'이 '치평학'의 본령인 '치국평천하'의 대원칙을 버리고 방법론에 불과한 '수신제가'의 수양론으로 치달았다가 궁극에는 이마저도 버리고 '정심성의正心誠意'의 사변론으로 침몰한데 따른 것이었다.

당초 순자사상의 세례를 받아 이른바 '성삼품설性三品說'을 주장키도 했던 동중서는 분서갱유의 참화를 다시 초래하지 않기 위해서는 제국질서에 순응하는 것이 유리하다고 판단했다. 동중서의 이론에 음양이론을 비롯한 미신적인 제가백가의 이론이 혼입된 이유가 여기에 있었다. 그가 『춘추공양전』을 근거로 하여 내세운 여러 이론 중 가장 미신적인 것은 이른바 '천인감응설'이었다. '천인감응설'은 제왕의 덕을 모든 자연현상과 결부시켜 해석하는 사고체계를 말한다. 이 설의 가장 큰 폐단은 군신君臣과 부자父子, 부부夫婦 등 일체의 인간관계를 불가역不可逆의 고정적인 상하관계로 파악한 데 있었다.

'천인감응설'은 천도를 본원적인 것으로 간주하고 인도를 지엽적인 것으로 파악한 까닭에 군신과 부자, 부부의 도리는 상통이 불가능한 상하관계의 철칙으로 고정되었다. 동중서는 이러한 입장에서 천지만물을 이원적인 상하질서로 파악했다. 이는 후대에 심대한 해독을 끼쳤다. 19세기 후기 이후 서구 열강의 물질문명에 경악한 중국의 지식인들이 공자사상을 낡은 봉건질서를 옹호한 반동사상으로 오인케 된 것도 따지고 보면 당초 동중서가 공학을 왜곡한 사실과 무관치 않았다. 맹자가 공학을 '치평'과 동떨어진 '형이상학'으로 이끄는 단초를 열었다면 동중서는 공학을 미신적인 '잡학'으로 이끄는 교량역할을 한 셈이다.

동중서의 '천인감응설'은 전한말기에 이르러 미신적인 참위설로 발전함으로써 끝내 전한제국 멸망의 결정적인 배경이 되었다. 신新나라를 세운 외척 왕망王莽은 사실 참위설을 이용해 전한제국을 탈취했다고 해도 과언이 아니다. 당시 참위설이 얼마나 극성했는지를 극명하게 보여주는 사례가 아닐 수 없다.

후한제국을 세운 광무제 유수劉秀 또한 젊었을 때 유자를 자처했음에도 불구하고 참위설에 침잠해 있었다. 그는 전한제국의 패망에 참위설이 결정적인 원인으로 작용했다는 사실을 망각한 채 왕망과 마찬가지로 미신적인 참위설을 이용해 제국의 기틀을 확고히 하고자 하는 모습을 보인 것이다.

그의 뒤를 이은 장제章帝는 참위설을 유가경전과 결합시키기도 했다. 그는 교서랑으로 있던 양종楊終의 건의를 받아들여 유자들을 모아 오경을 정리할 생각으로 친히 백호관白虎觀에서 경학토론회를 주재했다. 이 토론회에서 오간 얘기는 반고班固에 의해 『백호통白虎通』으로 정리되었다. 『백호통』은 기본적으로 '천인감응설'에 입각해 군권의 당위성을 논증한 내용으로 꾸며져 있다.

당시 왕충이 『논형』에서 순자의 '천인상분설'에 입각해 참위설로 오염된 유학을 신랄하게 비판하고 나선 것은 바로 이 때문이었다. 이는 「문공問孔」과 「자맹刺孟」, 「비한非韓」 등의 편명이 보여주듯이 공자와 맹자, 한비자를 비롯한 제자백가에 대한 비판으로 이어졌다. 왕충은 한제국 전 시기를 통틀어 참위설 등으로 오염된 유학에 대해 가장 체계적이면서도 통렬한 비판을 가한 인물이었다. 순학의 진면목이 왕충을 통해 새삼 빛을 발한 대목이 아닐 수 없다.

후한 말기에 정현鄭玄이 나타나 고전에 주석을 가함으로써 이른바 '정학鄭學'을 완성시켰다. 이후 1백여 년 간에 달하는 삼국시대의 말기에 위나라에 돌연 왕필王弼이 나타나 '정학'과 쌍벽을 이루는 '왕학王學'을 유행시켰다. 이후 근 4백년에 가까운 남북조시대에 왕학을 계승한 현학玄學이 유행하면서 노장사상이 크게 융성했다. 이때 인도에서 유입된 불교가 성행하기 시작해 남북조시대 후기에는 마침내 불교가 도가 위에 군림하면서 유·불·도 3교가 정립되는 양상이 빚어졌다.

당초 4백여 년 만에 남북조시대를 마무리 짓고 다시 천하를 통일한 수양제隋煬帝는 진시황의 전례를 좇아 모든 학문을 하나로 통일시키고자 했다. 이때 왕통王通이 나타나 큰 명성을 얻었다. 그러나 그는 동중서의 이론에서 크게 벗어나지 못했다. 이는 북송대의 정이천程伊川이 그를 두고 '은덕군자隱德君子'로 칭하면서 "중엄仲淹(왕통의 자)은 동중서와 더불어 식견이 높고 학문과 실용에 힘쓴 것은 물론 3대의 제도에 정통했다"고 극찬한 사실을 통해 대략 짐작할 수 있다.

수나라에 뒤이어 당제국이 들어서자 유·불·도 3교가 정립하면서 각축했으나 대체로 불교가 우위를 점했다. 크게 유행한 종파는 참선參禪을 강조한 선종禪宗이었다. 이때 선종이 도가와 결합되었다. 이른바 '도불습합道佛褶슴'에 성공한 선종은 이를 계기로 좌선坐禪 등과 같은 특이한 수양을 통해서만 '도'를 이해할 수 있다고 주장했다. 선가禪家는 지성적 접근인 점수漸修의 과정은 준비 작업에 불과할 뿐이고 문득 깨닫는 돈오頓悟의 방법을 통해야만 성불成佛할 수 있다고 본 것이다.

이는 유가에 커다란 영향을 미치면서 유학의 가장 큰 특징인 인간 이성에 대한 신뢰를 떨어뜨리는데 결정적인 역할을 수행했다. 불가와 도가의 세력이 커지면서 유가의 권위가 상대적으로 추락했다. 이때 당현종唐玄宗이 개원開元 27년(739년)에 공자를 문선왕文宣王으로 봉하는 조치를 취하자 유가가 크게 고무되었다. 이를 계기로 한유韓愈와 유종원柳宗元을 대표로 하는 일군의 유자들이 유가의 발흥을 꾀하고 나섰다. 한유는 유학의 기본정신을 강조하면서 불교 및 도교에 대한 사상투쟁을 통해 이단을 배척할 것을 주장했다. 이에 대해 유종원은 유학을 위주로 한 3교의 통합을 강조하면서 공자와 도를 같이 하는 모든 사상을 취합할 것을 주장했다.

유종원은 순학의 세례를 크게 받은 인물이었다. 그는 「천설天說」에서 순자의 '천인상분설'에 입각해 자신의 막역지우인 한유韓愈의 지론인 '천능상벌天能賞罰' 주장을 반박했다. 천지와 원기元氣, 음양 모두 의지를 지니지 않은 자연산물에 불과한 까닭에 인간에게 상벌을 시행할 수 없다는 것이 반박의 요지이다. 순학의 전통이 맥맥이 이어지고 있음을 여실히 보여주는 증거가 아닐 수 없다.

당시 유종원과 함께 문명을 떨쳤던 유우석劉友錫 역시 순자사상의 세례를 크게 받았다. 유종원의 「천설」이 미진하다고 생각한 그는 이내 「천론天論」을 통해 순자의 '천인상분설'과 '참천參天'사상을 결합시켜 이른바 '천인교상승설天人交相勝說'을 제시했다. 그는 「천론」에서 이같이 주장했다.

"하늘은 형체가 있는 것 중 가장 큰 것이고, 사람은 동물 중 우수한 것이다. 천도는 생식에 있고 그 쓰임은 강약에 있다. 인도는 법제에 있고 그 쓰임은 시비에 있다."

천도와 인도는 서로 다른 공능功能을 지니고 있어 서로 상승하고 쓰임이 된다는 게 그 요지이다. 그가 천리天理와 인리人理를 구분한 것도 같은 맥락에서 이해할 수 있다. 그가 말한 천리는 유력자有力者가 지배하는 자연의 법칙을 말하고, 인리는 유덕자有德者가 시비판단의 기준이 되는 인간집단의 준칙을 말한다. 치세에는 공인된 시비표준이 적용되는 까닭에 인리가 천리를 이기게 된다. 그러나 난세에는 시비표준이 상실하여 천리가 인리를 이기게 되어 사람들이 금수로 빠지게 된다는 것이 그의 주장이다. 이는 순자의 성악설을 발전시킨 그의 독특한 이론이라고 할 수 있다.

그러나 한유는 「원도原道」에서 불가에 대한 유가의 우위를 설파하면서 요·순 등으로부터 시작된 성학聖學의 전통이 주문왕과 주무왕, 주공, 공자 등을 거쳐 맹자로 이어졌다고 주장하고 나섰다. 맹자 사후에 성학의 전수가 끊어지는 바람에 유학이 피폐케 되었다고 진단한 그는 맹학을 높이 평가하면서 상대적으로 순학을 폄하했다. 비록 전국시대 말기의 순자와 전한제국 말기의 양웅揚雄이 존재하기는 했으나 그들의 선택은 정확치 못했고 설명 또한 상세치 못했다는 게 그 이유였다. 그는 『독순자讀荀子』에서 자신의 논거를 이같이 전개했다.

"처음 『맹자』를 읽었을 때 공자의 제자들이 없어지고 나서 성인을 높인 것은 맹자뿐이라고 생각했다. 『순자』를 읽고 순자를 알게 되었는데 그 글을 보니 잡박하고 요지가 공자와는 약간 차이가 있었다. 맹자는 순수하지만 순자는 크게는 순수하나 약간의 하자가 있는 대순소자大醇小疵에 해당한다."

'대순소자'는 큰 틀에서 볼 때 유학의 종지宗旨에 부합하나 순수치 못한 면이 있다는 지적인 것이다. 순자와 병칭되던 맹자가 사상 최초로 순자를 누르고 공학의 적자로 인정받고 순자에 대한 폄훼의 단초가 열리게 된 것은 바로 한유로부터 시작되었다고 해도 과언이 아니다.

불가의 법통法統 개념을 차용한 한유의 '도통설'은 이후 성리학의 기본 사관史觀인 이른바 '정윤론正閏論'에 지대한 영향을 끼쳤다. 당제국이 망한 뒤 이른바 '5대10국'의 혼란기를 거쳐 50여년 만에 북송제국이 다시 천하를 통일하자 한유의 주장에 기초한 새로운 유학이 등장하기 시작했다. 남송대의 주희에 의해 완성된 성리학의 맹아가 이때 발아하기 시작한 것이다.

북송대에 들어와 이른바 '북송이학4자北宋理學四子'로 불리는 일군의 학자들이 등장해 성리학의 기반을 다졌다. 주돈이周敦頤와 장재張載, 정호程顥, 정이천程伊川 등이 바로 그들이다. 이들은 자신들의 학문을 '도학道學', '이학理學', '성리학性理學', '성도학性道學', '심성의리학心性義理學' 등으로 부르면서 이전의 유학과 엄격한 구별을 시도했다.

당시 주희에게 가장 큰 영향을 미친 사람은 정이천이었다. 성리학을 주희와 정이천의 학문을 의미하는 이른바 '정주학程朱學'으로 부르는 것은 바로 이 때문이다. 정이천의 출현은 순학의 폄하에 결정적인 계기로 작용했다. 그는 순학을 이같이 폄하했다.

"한유가 순자와 양웅을 '대순소자'로 평한 것은 잘못이다. 순자는 지극히 편벽되어 '성악'이라는 한 구절만으로도 이미 근본을 상실했다. 순자는 재주는 높지만 학문은 고루하여 예를 인위로 여기고 성을 악하다 여겨 성현을 보지 못했다. 성인의 도는 순자에 이르러 전해지지 않게 되었다."

이를 계기로 순학은 마침내 이단으로 몰리는 결정적인 전기를 맞게 되었다. 주희는 도가와 불교사상을 가미한 성리학을 집대성함으로써 공학을 극히 사변적인 철학이론으로 변질시키는데 결정적인 공헌을 한 장본인이다. 그의 등장은 순학에 치명타였다. 그는 순학을 이같이 비판했다.

"순자는 완전히 신불해와 한비자와 같은 사람이라는 사실을 『순자』「성상」 하나만 보아도 쉽게 알 수 있다. 그 요지는 법제를 분명히 하고 상벌을 장악하는데 있다. 세인들은 분서갱유의 화가 순자에서 비롯되었다고 생각한다. 그러나 순자가 책을 저술하고 말을 하면서 어찌 분서갱유를 가르쳤겠는가? 다만 그는 경전을 보지 않고 감히 이론異論을 세웠기 때문에 그 말류들이 분서갱유를 저지른 것일 뿐이다."

주희는 표면상 분서갱유의 책임을 순자에게 두는 세론을 반박하면서 사실은 순자를 경전도 제대로 보지 못한 유학의 이단자로 낙인찍고 나선 것이다. 교묘한 논변이 아닐 수 없다. 주희가 성인이 전한 경전을 제대로 이해한 사람으로 간주한 사람은 말할 것도 맹자이다. 순자가 「비십이자」 등에서 맹자를 공학의 기본 취지를 제대로 파악치 못한 사람으로 비판한 내용을 완전히 뒤엎는 해석이 아닐 수 없다. 이는 성리학이 근본적으로 맹자가 주창한 성선설과 4단설, 왕도설 등에 뿌리를 둔데 따른 필연적인 귀결이기도 했다.

원래 성리학은 주희가 정호의 '천리론天理論'과 그의 아우 정이천의 '성즉리설性卽理說'을 기초로 하여 그 위에 주돈이와 장재 등의 학설을 가미해 만들어낸 것이다. 이론적인 면에서 볼 때 성리학은 나름대로 일정한 공을 세웠다. 우주의 생성과 구조, 인간 심성의 구조, 통치 문제 등을 통일적으로 해석함으로써 과거 한당대漢唐代의 훈고학訓詁學이 다루지 못한 형이상학적 분야에서 새로운 경지를 개척했다. 순수철학의 관점에서 볼 때 나름대로 높은 평점을 받을 만한 성과가 아닐 수 없다.

그러나 성리학은 맹자의 성선설을 토대로 공학의 근본취지를 크게 왜곡시켰다는 점에서 커다란 문제를 안고 있었다. 당시 주희는 맹자 및 동중서에 의해 저질러진 공자사상에 대한 왜곡을 이론적으로 뒷받침하고 나섰다. 그는 불가의 정밀한 이론을 끌어들여 이른바 '이기론理氣論'을 완성함으로써 공학을 공허하기 짝이 없는 '사변철학'으로 변질시키는데 결정적인 역할을 수행했다.

이기론은 '이理'는 천도인 까닭에 불변하는 선성善性 그 자체이고, '기氣'는 인도인 까닭에 반복무상하는 욕정欲情에 불과하다는 논리 위에 서 있다. 그러나 이는 불가의 이론을 원용해 맹자의 '성선설'과 동중서의 미신적인 '천인감응설'을 그럴듯하게 포장해 놓은 것에 지나지 않았다.

원래 '천인감응설'의 뿌리는 천도와 인도를 하나로 통합시킨 맹자의 이른바 '천인합일설天人合一說'에 있다. 맹자의 '천인합일설'은 천도와 인도의 준별峻別보다는 합일을 강조했다. 동중서는 천도와 인도를 각각 절대불변의 지선至善과 상대가변의 추선追善으로 해체한 뒤 다시 맹자의 '천인합일설'을 끌어들여 천도와 인도가 상호 감응하는 것으로 봉합했다. 훗날 주희는 다시 천도와 인도를 '이'와 '기'로 대체한 뒤 각각 절대불변의 '천리天理'와 상대가변의 '인욕人欲'으로 재정리했다. 이로써 '치평학'으로 출발한 공학의 본래 취지는 사실상 실종되고 말았다.

당초 공자와 순자는 '천'을 인간 존재의 이치, '도'를 인생 영위의 이치로 파악했다. 이는 '천'과 '도'를 모두 인간관계의 통상적인 문제로 해석한데 따른 것이었다. 그럼에도 동중서의 미신적인 '천인감응설'에 이어 주희의 형이상학적인 '천리인욕설'이 등장함으로써 마침내 인도로 상징된 통치는 절대불변의 천도에 부합해야만 했다. 이는 순자에 의해 거듭 확인된 인간의 자유의지와 자율적인 도덕실천을 부인하는 결과를 초래할 수밖에 없었다.

주희가 집대성한 성리학은 인간의 정욕을 모두 열악하고 추오醜汚한 것으로 치부한 까닭에 인간의 정욕을 극도로 억제하는 반인간적인 교설敎說로 전개되었다. 성리학이 인간의 정욕을 아예 제거하여 4단의 발현을 북돋우는 '멸욕滅欲' 이론으로 비화하면서 각박한 근엄주의와 형식주의에 함몰된 이유가 바로 여기에 있었다. 이는 부단한 학덕 연마에 의해서만 이상적인 통치자인 군자의 길로 나아갈 수 있다고 강조한 공자와 순자사상에 관한 일대 왜곡이 아닐 수 없다.

원래 성리학은 이론적으로 볼 때 크게 태극론太極論과 심성론心性論, 이기론理氣論 등의 이론체계로 나눌 수 있다. 태극은 원래 만물의 근원 내지 우주의 본체를 뜻하는 말로 『주역』 「계사전繫辭傳」에 처음으로 등장한 개념이다. 북송의 주돈이는 여기에 전래의 미신적인 오행설五行說을 가미해 새로운 우주론인 이른바 '태극도설太極圖說'을 만들어 냈다. 그는 '우주론'을 깊이 천착함으로써 공학이 이른바 '도학'으로 불리는데 결정적인 역할을 수행했다. 그는 도가의 비법을 전수받은 진단陳搏의 '무극도無極圖'에서 영감을 받아 『태극도설』을 펴내면서 이같이 주장했다.

"무극이 있어 태극이 존재케 된다. 태극이 움직여 양陽을 낳고, 움직임이 극에 달하면 고요해지고, 고요해지면 음陰을 낳는다. 고요함이 극에 달하면 다시 움직임으로 돌아간다. 한번 움직이고 한번 고요해져 서로 그 뿌리가 되어 음과 양으로 갈리면 양의兩儀(음양)가 성립한다. 양의 변화와 음의 결합으로 인해 수·화·목·금·토가 나타난다. 오기五氣가 순조롭게 퍼져 4계四季가 운행한다. 오행五行은 하나의 음양이고, 음양은 하나의 태극이다. 양의와 오행의 정수精髓가 묘합妙合하면 건도乾道는 남자가 되고, 곤도坤道는 여자가 된다. 만물 중 오직 사람만이 가장 영특하다. 오성五性이 감동感動해 선악의 분별이 생기고 만사萬事가 나타난다. 성인은 자신을 중정中正과 인의仁義로 규정하고 고요함을 기본으로 삼아 인극人極을 세운다."

'태극도설'은 만물 생성의 과정을 〈태극-음양-오행-만물〉로 보고 또 태극의 본체를 무극無極으로 간주한 데 그 특징이 있다. 주돈이는 도가와 음양가, 불가의 사상을 종합해 '태극도설'을 주창하면서 성인이 되는 방안으로 '무욕無欲'을 주장했다. 이는 부단히 학덕을 수련해야만 가능하다고 한 공학의 기본 입장과 배치되는 것으로 선종의 무위無爲 내지 무심無心을 변용한 것이다.

이에 대해 주희는 '태극도설'을 일부 수정해 태극 외에 무극이 따로 있는 것이 아니라고 주장했다. 유有와 무無가 구별되지 않은 상황에서 천지만물은 모두 태극에 해당한다는 그의 주장은 주돈이의 '태극도설'에 비해 간명하면서도 명쾌했다.

주희는 이어 인성론에 대해서도 정이천의 이론을 토대로 새로운 해석을 가했다. 원래 인성론은 맹자가 제기한 것으로 인간의 본성이 선한 것인지 여부를 놓고 전개된 논쟁을 말한다. 전국시대 당시 맹자는 성선설을 주장한데 반해 순자는 성악설을 주장했다. 두 사람의 이론은 오랫동안 병존해 왔으나 송대에 이르러 마침내 정이천이 맹자의 성선설을 토대로 한 이기설을 주장함으로써 순자는 이단으로 몰리고 말았다.

당시 정이천은 '이理'가 인간에 들어와 '성性'이 되고, '기氣'가 인간에 들어와 '재才'가 된다고 보았다. 그에 따르면 '성'은 '이'의 발현인 까닭에 순선純善인데 반해 '재'는 청탁淸濁과 정편正偏(바름과 기울어짐)이 있는 기가 발현된 까닭에 현우賢愚의 구별이 생기게 된다.

주희는 정이천의 이론을 토대로 인간의 심성을 본연지성本然之性과 기질지성氣質之性으로 양분해 인성론을 설명했다. '이'의 발현인 본연지성과 달리 흔히 '정情'으로 표현되는 기질지성은 '기'의 발현인 까닭에 선과 악이 동시에 나타나게 된다는 것이다. '정'은 반드시 악한 것만은 아니지만 때로는 선하지 못할 수도 있어 기질을 맑게 타고난 사람은 그 '정'이 선하게 되지만 이것을 탁하게 타고난 사람은 그 '정'이 악하게 된다.

주희는 여기서 한 발 더 나아가 종래의 이기론을 일부 수정해 새로운 이기론을 제시하고 나섰다. 원래 이기론은 천지만물을 음양 2기의 활동에서 비롯된 것으로 설명한 『주역』에서 나온 것으로 우주만물의 생성과 변화를 형이상의 '이'와 형이하의 '기' 개념을 통해 통일적으로 해석하는 일종의 우주론에 해당한다.

이를 통해 짐작할 수 있듯이 원래 주희의 성리학은 기본적으로 도가와 불가의 형이상학적 개념을 끌어들여 이른바 '북송이학4자'의 학설을 통합해 놓은 것이다. 개념정의도 쉽지 않을 뿐만 아니라 내용 또한 서로 모순되는 것이 많아 순수철학의 관점에서 볼지라도 적잖은 문제를 안고 있었다. 그럼에도 성리학자들은 공맹의 도와 상충된다는 이유로 불가와 도가는 물론 순학까지 이단으로 내몰았다.

성리학에서 말하는 이른바 '존천리存天理'는 사회규범을 통한 상하질서의 보존을 말한다. 이는 일체의 인간적 욕망을 제거하는 '멸인욕滅人欲'의 논리로 확장되었다. 성리학은 전래의 천명론 전통을 계승하면서도 인간이

만능이라고 여기지 않은 까닭에 천명을 인간의 능력 밖에 존재하는 초월적인 개념으로 파악했다. 이는 자발적인 도덕윤리를 수행하는 개인의 이성적 판단과 자유선택을 부인하는 결과를 낳았다. 형식적인 의리를 중시하고 실질적인 이익을 경시하는 경향이 만연한 것은 바로 이 때문이었다.

존천리·멸인욕의 논리는 맹자의 성선설 주장을 통해 알 수 있듯이 기본적으로 인간의 감성에 대한 편협한 사유에서 비롯된 것이다. 성리학은 여기서 한 발 더 나아가 존천리·멸인욕 논리를 확장해 이성적 사유에 기초한 순각적인 깨달음의 경지를 언급했다. 이는 선종에서 말한 이성의 직각直覺 개념을 차용한 것이다. 이런 논리 하에서는 감성과 자유를 구가하는 인간의 주체적인 순수한 이성은 존재할 길이 없게 된다.

당초 인종仁宗 때만 해도 공자의 35대손인 공도보孔道輔는 공묘에 맹자와 순자, 양웅, 왕통王通, 한유를 배향하는 '오현당五賢堂'을 세워 순자를 맹자 다음에 두었다. 그러나 신종神宗 때 들어와 순자의 신위를 설치했으나 잠시 동안만 유지되었을 뿐이다. 이후 성리학의 만연으로 이를 집대성한 주희는 문묘에 모셔지면서 공자와 맹자 다음의 세 번째 자리에 오르게 되고 순자는 마침내 명대 가정嘉靖 9년(1530년)에 문묘에서 축출되고 말았다. 훗날 일각에서 상소를 올려 순자의 위패를 설치할 것을 요구했지만 대세를 돌리기에는 역부족이었다. 이런 상황은 20세기 초까지 지속되었다.

성리학이 집대성될 당시 공개적으로 순학을 옹호한 학자가 전혀 없었던 것은 아니었다. 주희와 동시대 사람인 당중우唐仲友는 순자가 예의를 높이고, 인의지병仁義之兵을 논하고, 유술儒術로써 재부를 강론하고, 도덕의 위엄으로 무력을 해석한 까닭에 근본취지는 맹자와 같다고 변호했다. 그러나 그의 이런 주장은 별다른 호응을 얻지 못했다.

명분보다 실리를 주장하는 진량陳亮·섭적葉適 등도 이른바 '사공지학事功之學'을 표방하면서 성리학의 관점에 반발했으나 커다란 호응을 얻지 못했다. 성리학 내부에서도 이른바 육왕학陸王學에 의한 반발이 일어났으나 대세를 돌리기에는 역부족이었다.

이후 원나라를 거쳐 명나라가 건국되면서 명태조 주원장朱元璋은 자신의 재위 기간 중 강력한 황제권을 구축코자 했다. 이에 그는 재상자리를 폐지한 뒤 황제가 정무를 총괄하는 한편 건국 원훈元勳들을 차례로 제거한 뒤 이른바 문자옥文字獄으로 불리는 사상탄압을 통해 신민들을 강력히 통제코자 했다. 그는 주자가 편찬한 『사서집주四書集注』를 중시했다. 그러나 '귀민경군貴民輕君'을 강조한 『맹자』의 구절 등을 못마땅하게 생각한 나머지 공묘에서 맹자의 위패를 철폐토록 하는 영을 내리면서 이의를 제기하는 자는 불경죄로 다스릴 것을 선언했다. 이때 상소문을 올린 형부상서 전당錢唐에게 주원장이 불경죄로 다스리려고 하자 전당은 태연하게 '맹자를 위해 죽을 수 있다면 영광입니다.'라고 대답했다. 이에 주원장이 그의 의기를 가상히 여겨 죄를 묻지 않고 맹자를 다시 배향케 했다는 얘기가 전해오고 있다.

이는 대략 후대에 만들어진 전설로 보이나 일정부분 당시 명나라 초기의 조정 분위를 반영하고 있다. 대략 강력한 황제권을 추구한 주원장은 내심 『맹자』의 '귀민경군' 구절에 불만을 품고 있었으면서도 자신의 덕망을 높이는 수단으로 신민들을 통제키 위해 『맹자』를 허용했을 공산이 크다.

명청대의 군주들 모두 기본 입장에서는 주원장과 별반 차이가 없었다. 이들 모두 송대 이래 사대부들의 기본의식을 지배하고 있는 성리학을 보장해 주는 동시에 경전해석 및 이단판정의 권한을 유보함으로써 강력한 황제권을 뒷받침하는 수단으로 이들 학문을 적극 활용했다. 이런 상황에서 『순자』의 독특한 논리로 전개된 '비군非君'과 '비효非孝'사상이 비판의 도마 위에 오르게 되었다.

순자는 기본적으로 존군尊君사상에 입각해 있으나 군명君命과 부명父命에 대한 무조건적인 추종을 반대했다. 치도 및 치리에 어긋나는 군명과 부명은 과감히 거역할 것을 주문한 대목 등이 문제가 된 것이다. 특히 순자의 '천인상분설'과 「의병」에 언급된 이른바 '약주독부론若誅獨夫論' 등은 천명을 받아 천자의 자리에 오른 것으로 간주된 황제의 통치에 매우 불리한 것이었다. 성리학의 성행이 가장 큰 이유기기는 했으나 순학이 공묘에서 축출된 데에는 바로 이런 정치적인 이유도 크게 작용했던 것이다.

그러나 순학이 명청대 학자들에게 아무런 영향도 미치지 않은 것은 아니었다. 명대의 장거정張居正은 순자의 '법후왕' 주장을 높이 평가하면서 "시의에 어긋나고 백성의 이익에 거슬리면 비록 성철聖哲이 만든 것일지라도 따를 수 없다!"고 단언했다. 양명학의 창시자인 왕양명王陽明이 성리학의 '성즉리性卽理' 주장에 반발해 이른바 '심즉리心卽理'를 주장하면서 맹학 일변도로 구성된 성리학의 독주에 제동을 걸고 나선 데에도 순학이 적잖은 영향을 미쳤다고 보아야 한다.

그러나 육왕학의 흥기에 자극을 받아 성리학의 강상명교綱常名敎에 격렬한 비판을 가하면서 순학을 적극 옹호하고 나선 인물로는 단연 명대 말기의 이탁오李卓吾를 들 수 있다. 그의 본명은 이지李贄이다. 그는 향시에 합격해 거인擧人이 된 뒤 고위관원이 되는 필수코스인 진사시進士試에 불응한 채 지방의 교유敎諭를 시작으로 벼슬을 시작했다. 그는 남경과 북경의 국자감國子監 교관 등을 거쳐 운남성 요안부姚安府 지부知府를 끝으로 54세 때 관직을 사퇴했다. 당시 그는 유능한 관원으로 그 능력을 인정받았으나 진사급제자가 아닌 거인 출신이라는 제한과 상관과의 마찰 등으로 인해 34년 만에 관직생활을 접고 만 것이다.

이탁오는 퇴직 후 친구 경정리耿定理의 집에 기거하면서 본격적인 저술작업에 들어갔다. 그는 양명학의 입장에서 선승 등과 교유하며 성리학에 통렬한 비판을 가했다. 62세가 되던 해에 후원자인 경정리가 죽자 아예 삭발하고 호북성 마성麻城의 지불원芝佛院에 들어가 열띤 강학으로 동지를 모았다. 64세 때에 『분서焚書』라는 정치비평서를 냈고, 10년 뒤에는 성리학적 정통사관에 반대하는 『장서藏書』와 『속장서續藏書』를 펴냈다. 기존의 역사평을 완전히 뒤엎은 『장서』는 이탁오를 이단으로 모는데 결정적인 배경이 되었다.

본래 중국에서는 아무리 이단적인 사람이라도 죽이는 일은 별로 없었다. 그러나 이탁오만큼은 사정이 달랐다. 『분서』는 성리학의 기본 철학을 정면에서 공격한 것이고, 『장서』는 성리학의 기본사관인 정통사관을 완전히 뒤엎은 것이었다. 마침내 명나라 조정은 그에게 '혹세무민惑世誣民'의 사론邪論을 전개했다는 죄목을 씌워 수배령을 내렸다. 이에 잠시 몸을 피했던 그는 끝내 76세의 몸으로 영어의 몸이 된 후 구차하게 살고 싶지 않다는 생각에 삭발을 위해 찾아온 사람의 칼을 빼앗아 스스로 목을 찔러 자진했다. 만력萬曆 30년(1602년) 3월의 일이었다.

이후 그의 모든 저서는 그 자신이 예언한 바와 같이 불태워지게 되었다. 당초 이탁오는 자신의 책이 출판되면 불살라질 것으로 예언하면서 명명한 것이 바로 『분서』이다. 또한 자신의 책이 햇빛도 보지 못한 채 사장되고 말 것이라고 하여 명명한 것이 바로 『장서』이다. 자신의 예언이 절묘하게 맞아떨어진 셈이다. 그러나 이는 오히려 이탁오의 명성을 더해주는 결과를 낳았다. 이탁오의 이름을 가탁한 『이탁오평 삼국지』를 비롯한 수많은 위서僞書가 쏟아져 나온 것이 이를 뒷받침한다.

당시 이탁오의 주장은 '치평학'에서 출발한 공학의 본래 취지에 부합하는 것이었다. 비록 이탁오의 반기는 성리학의 거대한 장벽을 무너뜨리기에는 역부족이었으나 성리학의 정통성에 심대한 타격을 가하고 공학의 기본 취지를 새삼 부각시키는데 나름대로 적잖은 성공을 거두었다는 점에서 매우 특기할 만하다.

이탁오는 성리학이 지배하던 당시의 상황에서 볼 때 거의 파격에 가까운 주장들을 전개했다. 그의 이단적인 주장은 문학과 사학, 철학 등 전 분야에 걸친 것이었다. 그는 『장서』와 『분서』를 비롯해 주자의 경서주석을 날카롭게 비평한 『사서평四書評』 등에서 위선에 가득 찬 성리학의 관료세계를 통렬하게 비판했다. 이탁오 사상은 기본적으로 '인간주의'에 있다. 이는 사람들 모두 동심으로 돌아가 도의 본체를 깨달아야 한다는 그의 '동심설童心

說'에서 그 진면목을 드러내고 있다. 그는 동심설을 이같이 풀이해 놓았다.

"동심은 거짓 없고 순수하고 참된 최초의 본심으로 진심을 의미한다. 동심을 잃으면 진심을 잃고, 진심을 잃으면 진인眞人을 잃게 된다. 사람이 참되지 않으면 최초의 본심은 더 이상 존재치 않게 된다."

이탁오는 성리학자들이 입만 열면 늘 공맹과 주희를 들먹이며 대의를 절취하고 성현을 사칭하는 것을 보고 개탄했다. 그는 몇 마디 써먹기 위해 성인의 지혜를 주워 담고 장황하게 도덕을 떠벌이며 이름을 팔고 명예를 낚는다면 차라리 책을 읽지 않고 동심을 그대로 보존하느니만 못하다고 주장한 것이다. 그가 전통적으로 천시하던 상공업을 찬양하고 남녀의 평등을 주장하고, 유·불·도 3교일치를 주장한 것도 바로 '동심설'에 기초한 것이다.

그는 기본적으로 성리학자들의 위선 및 허위의식을 혐오했다. 그의 주희에 대한 비판은 성리학의 기본 명제에 대한 통렬한 비판에서 찬연히 빛을 발했다. 그는 친구에게 보내는 편지에서 이같이 주장한 바 있다.

"옷 입고 밥 먹는 것이 바로 인륜이고, 만물의 이치이다. 옷 입고 밥 먹는 것을 제외하면 인륜도 만물의 이치도 없다. 세상의 온갖 것이 모두 옷 입고 밥 먹는 것과 같은 것뿐이다. 옷과 밥 이외에 백성과 전혀 무관한 또 다른 것이 존재하는 게 아니다."

이는 주희가 내세운 '천리인욕설'에 대한 정면 도전이 아닐 수 없다. 주자는 '태극이 음양을 낳고 이가 기를 낳는다.'는 논리에 기초해 천리를 보존하고 인욕을 제거해야 한다고 주장한 바 있다. 이탁오는 이를 두고 이같이 비판했다.

"애초에 사람을 낳을 때 오직 음양 2기氣와 남녀 2명命이 있었을 뿐이다. 그러니 어떻게 태극이 존재했겠는가? 차라리 천·지·인과 더불어 모든 것이 남녀 부부 사이에서 시작하여 그 안에서 먹고 생활하고 쉬고 말하는 것이 어떻겠는가?"

그는 천지가 꺼져 내려도 천리는 존재한다고 한 도학자들의 주장을 사람들을 미혹케 하는 공론으로 치부했다. 그는 성색聲色을 밝히고, 부귀현달富貴顯達을 원하고, 삶에 연연하며 죽음을 두려워하고, 구속과 속박을 싫어하는 것은 모든 인간이 태어날 때부터 지닌 매우 자연스럽고도 정당한 것이어서 이를 억압하거나 숨길 필요가 없다고 보았다. 그의 이런 생각은 남녀에 관한 그의 다음과 같은 주장에 극명하게 나타나 있다.

"남자가 현명치 못하면 비록 성색에 빠지지 않는다 해도 나라가 있으면 필시 나라를 망칠 것이고, 가정이 있으면 필시 가정을 망칠 것이고, 몸이 있으면 필시 몸을 잃고 말 것이다. 이는 의심할 여지가 없다. 저들은 오로지 주색酒色을 좋아하는 것만 탓하고 비하하면서 근본적인 문제는 살피지 않으니 이런 속유俗儒들은 정치를 논할 수 없는 것이다."

그는 성리학자들이 말하는 '모든 악 중에서 음행이 으뜸이고 여색이 나라를 망쳤다.'는 등의 기존의 주장을 신랄하게 통박하고 나섰던 것이다. 그는 오히려 성색을 밝히는 등의 인욕은 영웅이 큰 업적을 이루는 추동력이 된다고 주장했다. 나라를 잃거나 패가망신 하는 것은 기본적으로 당사자가 본질적으로 어질지 못하거나 재능이 없기 때문이지 결코 색을 밝히는 등의 지엽적인 문제로 인한 것이 아니라는 것이 그의 주장인 것이다. 그는 식견이 크고 남자도 따라가지 못하는 많은 여인들을 이같이 칭송했다.

"사람에 남자와 여자의 차이가 있다고 하는 것은 가능하지만 보는 것에 남자와 여자의 차이가 있다고 할 수 있는가? 보는 것에 길고 짧음이 있다고 하는 것은 가능하지만 남자가 보는 것은 모두 길고 여자가 보는 것은 모두 짧다고 한다면 이 어찌 말이나 되는가?"

남녀평등을 강조한 그의 이런 주장은 당시의 기준에서 볼 때 가히 혁명적인 주장이 아닐 수 없다. 그의 이런 지론은 다른 저서에서도 유감없이 드러났다. 그는 사서를 풀이하면서 이른바 '광문선생廣文先生(청빈하면서도 별 볼 일 없는 딸깍발이 유학교관을 지칭)'의 고식적인 경전해석을 질타했다. 『논어』 「학이」에 나오는 '남이 자신을 알아주지 않는 것을 걱정하지 말고 자기가 남을 알아주지 않는 것을 걱정한다.'는 구절을 두고 그는 이같이 풀이해 놓았다.

"지금의 사람들 중에도 사람을 알아보지 못하는 것을 근심하는 사람이 있는가?"

실로 통렬한 지적이다. 이는 주자를 맹종하는 도학자들의 위선을 통찰한데 따른 것이었다. 그는 주희를 다음과 같은 풍자를 통해 신랄히 비판했다.

"어느 도학자가 굽 높은 큰 신발을 신고 긴 소매에 넓은 띠를 두른 채 3강5륜이라는 모자에 인륜이라는 겉옷을 입고 낡은 경전에서 한두 마디 주워 담고, 중니仲尼의 말에서 서너 마디를 훔쳐내어 입에 담고, 자신이 바로 진정한 중니의 제자라고 떠벌이고 다녔다. 이때 어떤 사람이 그를 두고 '이 사람은 아직 우리 중니 형님을 모른다.'고 비웃었다. 그러자 도학자가 벌컥 화를 내며 말하기를, '하늘이 중니를 이 세상에 태어나게 하지 않았다면 만고의 역사는 기나긴 밤과 같았을 것이다. 너는 도대체 어떤 자이기에 감히 중니를 형님이라고 부르느냐?'고 했다. 그러자 그 사람이 반문키를, '당신 말대로라면 중니가 태어나기 이전의 성인들은 날이면 날마다 촛불을 밝힌 채 길을 다닌 것이오?'라고 꼬집었다."

공자를 신격화한 주희의 소행을 딸깍발이 도학자의 풍자를 통해 통렬하게 조소한 것이다. 이탁오의 이런 풍자가 나온 배경은 무엇일까? 이탁오는 맹목적인 도학자들이 횡행케 된 이유를 다음과 같이 분석한 바 있다.

"이 세상에서 도학을 논하지 않고서도 부귀영화를 얻은 자가 적지 않은데 사람들은 왜 꼭 도학을 논한 후에 부귀해지려는 하는 것일까? 그것은 바로 도학을 논하지 않고도 스스로 부귀를 얻는 자는 대개 식견과 재능, 절조가 있는 자인데 반해 도학을 논하는 자는 재능이 없고 식견 없는 자이기 때문이다. 만일 재능과 식견이 없는 자가 성인이니 도학이니 하는 것을 논하면서 부귀를 추구하지 않으면 평생 빈천해질 수밖에 없다. 이들은 반드시 도학을 논하는 것으로 부귀를 취하는 밑천으로 삼는 것이다. 오늘날 재능과 식견도 없으면서 큰 부귀를 얻은 자가 반드시 도학을 논하는 이유가 바로 여기에 있는 것이다."

세상이 어지러울수록 이탁오가 지적한 바와 같이 식견이 짧고 무능한 자들이 입만 열면 무슨 이념 등을 떠들기 마련이다. 이는 말할 것도 없이 부귀를 구하기 위한 것이다. 이탁오는 기본적으로 사상의 절대적 권위를 인정치 않은 것은 물론 어느 하나에 집착치 않았다. 그의 이런 생각은 『장서』「덕업유신德業儒臣」에서 당시 이단으로 몰린 순자를 맹자의 앞에 배치한 데서 뚜렷이 드러난다. 그는 그 이유를 이같이 설명해 놓았다.

"순자와 맹자는 동시대 사람으로 그 재주가 모두 훌륭하고, 그 글 또한 찬란하고, 그 쓰임이 더욱 통달하여 우활迂闊(시의에 부합치 않음)하지 않았다. 당시에 어째서 유독 순자를 누르고 맹자를 선양했는지 모르겠다. 순자 또한 주공과 공자를 높이지만 세속을 좇아 그리 한 것이 아니다. 또한 묵자를 배척하고 12명의 사상가를 비판했지만 이 또한 세속을 좇아 그리 한 것이 아니다."

이는 맹자를 사상적 비조로 삼고 있는 성리학에 대한 정면도전이나 다름없었다. 그가 비명에 자진케 된 것도 이와 무관치 않았다. 이탁오 사후 그의 저서는 공식적으로는 모두 불태워졌지만 은밀히 유통돼 마침내 중국 및 일본의 근현대사 전개에 지대한 영향을 미쳤다. 20세기 초 중국의 지사들은 '5·4운동'을 일으킨 바 있다. 이는 이탁오를 재발견한 데 따른 것이었다. 당시 이탁오를 존경한 나머지 '스스로를 중심으로 삼는다.'는 취지에서 자신의 이름을 '쫑우宗吾'로 개명한 리쫑우李宗吾는 『후흑학厚黑學』을 통해 고루한 공맹사상에 함몰된 위정자들의 대오각성을 촉구한 바 있다.

그러나 이탁오에 대한 명청대 유학자들의 평가는 매우 다양했다. 이탁오와 같이 육왕학의 관점에서 정주학 비판에 치중하는 사람도 있었으나 대부분이 육왕학 비판에 가세하며 정주학을 옹호하는 사람도 있었다. 왕부지

王夫之와 고염무顧炎武, 황종희黃宗羲, 부산傅山, 이옹李顒, 안원顏元 등은 기본적으로 정주학의 기본논리에 반대하는 입장에 서 있었다. 경세치용經世致用을 중시한 이들은 도덕주의와 이성주의 원칙이 통일된 것이 공학의 본래 모습이라고 주장하면서 이전의 경학經學으로 돌아갈 것을 요구했다. 궁행실천躬行實踐의 실학을 중시한 안원은 특히 의리義理를 중시하면서 이사利事를 천시하는 성리학의 모순을 격렬히 비판하면서 의리義利와 이사理事의 결합을 촉구했다.

이들은 의義와 리利, 도道와 공功, 리理와 사事, 학學과 용用을 모두 하나로 통일시키고자 했다. 이를 통일시킨 사람이야말로 우유迂儒가 아닌 진유眞儒라고 주장했다. 이는 순학의 기본 취지와 맥을 같이 하는 것이었다. 그럼에도 이들의 주장에는 맹학의 기본 이념만이 선명하게 부각되어 있을 뿐 순학의 기본 취지는 거의 드러나지 않고 있다. 이는 '귀민경군'과 '일부가주론' 등과 같은 맹자의 주장은 선명한데 반해 순자의 '종도부종군從道不從君' 주장과 이른바 '약주독부론若誅獨夫論' 등은 그의 존군尊君사상에 가려져 제대로 드러나지 않은 사실과 무관치 않을 것이다.

한마디로 성리학이 '천리'와 '인욕' 개념을 동원해 도덕과 이성을 해체해 대립구도를 만들어낸 것을 다시 원래의 모습대로 하나로 통합시키고자 한 것이다. 이들은 성리학의 주장과 달리 인욕이야말로 주체의 현실 활동을 보장하는 추동력이라고 강조하면서 인도적 감성과 자발성을 말살하는 성리학의 이성만능주의를 거부했다.

이들은 동시에 공학의 본령인 '치평'에 관해서도 관심을 기울였다. 나라는 일개 군주의 것이나 천하는 만민의 것이라고 주장하면서 천하의 흥망은 보통 사람들을 나무라는데 있다고 외쳤다. 명청교체 과정을 목도한 고염무는 『일지록日知錄』에서 이같이 갈파한 바 있다.

"국가를 태평하게 하는 것은 군주나 신하와 같은 높은 사람들의 책무이다. 그러나 세상을 편안하게 하는 데에는 일반 서민에게도 책임이 있다."

그는 망국亡國과 망세亡世를 구분해 '망국'은 왕조의 교체에 지나지 않으나 '망세'는 세상의 도의가 무너진 경우로 파악한 것이다. '망세'의 상황에서는 애국심과 신의 등 국가공동체의 덕목은 말할 것도 없고 양심 등의 개인적 덕목조차 찾을 길이 없게 된다.

당시 고염무 등은 도덕윤리를 지나치게 강조함으로써 결과적으로 '지知'를 폄하하는 태도를 노정한 성리학자들과 달리 공학 본연의 '지知'를 원형에 가깝게 복원해 내는 성과를 이뤘다. 이는 이들이 서양의 근대과학을 깊이 흡인한 사실과 무관치 않았다. 이들이 의식한 근대과학의 특징은 실증에 있었다. 이들은 서양의 과학을 '질측지학質測之學'으로 부르며 유가의 격물치지格物致知와 상통시켰다. 왕부지 등은 서양이 수학적 방법으로 자연의 이치를 파악하는 것을 크게 칭송했다. 이들의 노력으로 유학의 이성주의 영역을 크게 확대되었다. 이는 근대의 과학적 이성주의의 전환에 중요한 단서를 제시했다.

그럼에도 청대에 들어와 오히려 성리학의 정통적 지위는 더욱 견고해졌다. 이는 만주족이 한족 지식인들을 회유하기 위한 교책巧策이었다. 이때 성리학의 공허한 사변론이 공학의 기본 취지와 거리가 멀다는 사실에 주목한 일군의 학자들이 성리학을 강력히 비판하고 나섰다. 후대에 이른바 고증학자考證學者로 통칭된 이들은 한제국 때의 경학으로 돌아갈 것을 강력히 주장했다.

한제국 때의 학자들이 공자의 시대에 더 가깝고 중국에 불교가 들어오기 이전이어서 경전에 대한 해석이 공자사상의 진수에 훨씬 가깝다는 게 그 이유였다. 이들은 성리학 등이 등한시했던 한제국 때의 학자들을 집중 연구했다. 이들의 연구방법을 일컬어 '한학漢學'이라고 했다. 이는 주희의 주석을 표준으로 삼지 않고 한제국의 주석을 표준으로 삼은 데서 나온 말이다. 이로 인해 '한학'과 대칭되는 성리학은 흔히 '송학宋學'으로 불렸다.

18세기에서 20세기 초까지 한학파와 송학파 간의 논쟁은 원전에 대한

'문자적 해석'과 '의리적 해석'을 둘러싼 논쟁으로 전개되었다. 문자적 해석은 원전을 풀이함에 문자 그대로의 사실적인 의미가 더 믿을 만하다고 주장한데 반해, 의리적 해석은 원전의 내용이 강조코자 한 당위적 의미를 중시했다. 당시 송학파는 과거시험에 필요한 '4서'에 모든 노력을 기울였던 까닭에 원전에 대한 고증학적인 지식이 크게 부족했다. 이런 상황에서 한학파는 원전에 대한 고증과 문자적인 해석을 강조함으로써 문헌학文獻學의 발전에 크게 기여했다. 한학파들은 이에 만족치 않고 유가의 경전에 대한 연구에서 제자백가 등에 관한 연구로 그 범위를 확대시켰다.

한학파들은 유가 경전을 비롯해 제자백가서에 나오는 수많은 자구의 착오를 고친 것은 물론 후대인들이 삽입시켜 놓은 위문僞文 등을 정밀하게 탐사를 통해 그 진위를 가려냈다. 이들의 이러한 노력으로 후대인들은 훨씬 쉽게 고전을 접할 수 있게 되었다. 결과적으로 한학파들이 이뤄놓은 문헌학과 고증학은 청대가 이룬 가장 위대한 문화적 업적이 되었다.

이 와중에 송명대의 성리학에 대한 비판의 기운이 높아지면서 순학에 대한 재평가가 시도되었다. 대표적인 인물로 청대 건륭제 때 활약한 고증학자 전대흔錢大昕을 들 수 있다. 그는 「발순자跋荀子」에서 이같이 말했다.

"공자 이후 유가에서 맹자와 순자가 가장 순수하다. 송유는 순자의 성악설을 비난하지만 내가 생각하기에 맹자의 성선은 진심盡心과 진성盡性으로 선을 행할 것을 요구하는 것이고, 순자의 성악은 사람들에게 그 본성을 변화시켜 선으로 나아가게 하고자 하는 것이다. 그들 두 사람의 설법이 비록 다르지만 사람들에게 선을 행하게 하는 점에서는 동일하다."

전대흔 이외에도 경학가 능정감淩廷堪은 「순경송荀卿頌」에서 순자의 예치사상을 높이 평가하면서 '후세인들이 맹자를 높이고 순자를 낮추는 것은 자신을 예법의 밖에 두는 것과 같다.'고 질타했다. 건륭제는 치법治法보다 치인治人의 중요성을 강조한 순자의 언급을 두고 "실로 천년 동안의 평화를 유지하는 대법이다!"라고 극찬했다. 이밖에도 유수옥鈕樹玉을 비롯해 엄가嚴可均, 요심姚諶, 피석서皮錫瑞 등은 순자를 맹자와 같은 반열에 두고 공묘에 순자의 위패를 설치할 것을 요구키도 했다.

『순자』에 대한 수많은 주석서가 우후죽순 격으로 쏟아져 나온 것도 바로 순자에 대한 재평가 분위기와 무관치 않았다. 왕중汪中은 『순경자통론』에서 새로운 주석서를 펴내게 된 동기를 이같이 밝혔다.

"순자의 학문은 공자에게서 비롯되었고 더욱 여러 경전의 정리에 공이 크다."

이는 바로 순학을 공학의 적통으로 보고자 하는 관점이 반영된 결과로 볼 수 있다. '육경六經은 모두 역사다.'라고 선언한 역사학자 장학성章學誠도 순자의 성악설을 후대인들이 잘못 알고 있는 점을 지적하면서 순자를 옹호했다. 이로써 순학에 대한 재평가의 기반이 마련되었다.

그러나 당시 순학을 타기하는 성리학의 위치는 요지부동이었다. 이로 인해 근대과학의 탐사로 이어질 수 있었던 자발적 노력에 의한 탐구를 중시한 유학 본래의 전통은 다시 살아나지 못했다. 이후 유학은 다시 고리타분한 훈고訓詁의 심연으로 빠져 들어가 마침내 19세기 말의 서양 제국주의자들의 침탈에 아무런 대응책도 제시하지 못한 채 지탄의 대상이 되고 말았다. 맹학에 뿌리를 둔 성리학의 병폐가 얼마나 심대했는지를 반증하는 대목이다. 거시적인 관점에서 보면 모두 '맹자의 죄'이다. 순자가 맹자를 두고 공자사상을 결정적으로 왜곡한 대표적인 '속유'로 비판한 것도 같은 맥락에서 이해할 수 있다.

제2항 맹자사상의 구성

1) 성선주의性善主義

맹자는 수제修齊를 중시하는 증자계열의 '노학魯學'에 뿌리를 두고 있는 까닭에 인간의 덕성 함양에 많은 관심을 기울였다. 언변에 뛰어났던 맹자는 당시 사상계에서 주요 논쟁으로 부상한 인간의 본성에 관해 탁월한 이론을 정립했다. 그것이 바로 인간의 본성은 본질적으로 선하다는 내용을 골자로 하는 '성선설性善說'이었다. 맹자사상의 출발점은 바로 '성선설'에 있다고 해도 과언이 아니다.

맹자의 생존 당시 사람의 본성에 대해 크게 세 가지 설이 존재했다. '무선무악설無善無惡說'과 '가선가악설可善可惡說', '유선유악설有善有惡說' 등이 그것이다. 이들 세 가지 설은 표현의 차이에도 불구하고 인성을 선악의 어느 한쪽으로 규정하지 않았다는 점에서 대동소이하다. 인간의 본성 문제를 놓고 맹자와 설전을 벌인 고자告子가 바로 이 입장에 서 있었다. 이름이 불해不害인 고자는 맹자와 같은 시대를 살았으나 입장은 정반대였다. 저술은 남아 있는 게 없고, 『맹자』에 성선설을 놓고 맹자와 문답을 펼친 일화가 실려 있을 뿐이다.

'무선무악설' 등에 입각한 고자의 이런 입장은 예치禮治를 통해 인간의 이욕利慾을 억제함으로써 인간을 군자로 만들 수 있다고 주장한 순자의 '성악설性惡說'과 맥을 같이 한다. 흔히 순자의 성악설은 맹자의 성선설과 대비되는 이론으로 알고 있으나 이는 잘못이다. 맹자의 성선설에 대비되는 인성론은 한자 등 법가의 '성악설'이다.

맹자의 성선설은 기본적으로 당시 유행한 '무선무악설' 등을 논파하기 위해 나온 것이었다. 고자는 사람의 본성은 선악의 어느 한쪽으로 단정할 수 없고 환경에 따라 선악이 구분된다고 주장했다. 이에 대해 맹자는 사람의 본성은 본래부터 선하고, 악하게 되는 것은 선한 본성이 주위의 환경에 의해 가려 있기 때문이라고 주장했다. 맹자는 어린아이가 물에 빠지려는 모습을 보게 되면 누구나 그 아이를 불쌍하게 여기는 측은지심惻隱之心이 일어나는 현상을 그 근거로 제시했다.

맹자는 이를 토대로 사람을 측은하게 여기는 마음에서 비롯되는 인仁과 부끄러움을 아는 마음에서 나오는 의義, 사양할 줄 아는 마음에서 나오는 예禮, 시비를 가리는 마음에서 비롯된 지知는 누구나 갖고 있는 기본 덕성이라고 주장했다. 따라서 누구든 원래 부여받은 이런 선한 마음을 잘 기르면 능히 성인과 같은 성품을 가질 수 있다고 주장했다. 이런 마음을 확충해 통치에 적용할 경우 그것이 바로 왕도王道의 실현이 된다는 게 맹자의 주장이다. 맹자의 이런 주장은 인간에 대한 확고한 신뢰와 애정에서 비롯된 것이라고 할 수 있다. 맹자가 후세에 널리 존중된 것은 바로 성선설과 왕도설을 주창한데 있다고 해도 과언이 아니다.

그렇다면 맹자와 마찬가지로 덕치德治를 강조한 공자는 왜 성선설과 왕도설을 주장하지 않았던 것일까? 공자는 치평治平의 요체를 인격수양을 통한 선성善性의 발현에서 찾은 맹자와 달리 군자지도君子之道에 입각한 학문의 연마에서 찾았다. 공자는 인격수양을 '군자지도'를 이루기 위한 두 가지 수단 중 하나인 학문 연마의 이론적 접근과 대비되는 실천적 접근방안으로 간주했던 것이다. 당시 공자는 인성에 대한 탐구 자체가 학문 연마는 물론이고 실천적 접근방안인 인격수양에도 도움이 되지 않는다고 보았음에 틀림없다. 이는 그가 의도적으로 인성에 관한 언급을 자제한 사실을 통해 대략 짐작할 수 있다.

그러나 전국시대에 들어오면서 인성에 대한 논의가 활발해지기 시작했다. 이는 하극상下剋上이 일상화되면서 유가를 비롯한 제자백가 내에 과연 인간은 얼마나 악해질 수 있는지에 대한 의구심이 강하게 일어났기 때문이었다. 악에 대한 관심의 고조는 선에 대한 탐구욕을 자극했다. 맹자가 성선설을 주창하기 이전까지만 하더라도 제자백가 내에서는 '무선무악설'과 '가선가악설' 등이 주류를 이뤘다. 맹자는 바로 이런 상황에서 인성은 원래 선하다는 단순명쾌한 주장을 들고 나온 것이다. 절대적인 진리를 찾을 수도 없고 이를 증명할 길도 없는 형이상의 문제에 대해 쾌도난마식의 해답을 제시하고 나선 셈이다. 맹자의 성선설 주창을 계기로 인성론은 전국시대 말기까지 왕패론王覇論과 더불어 제자백가 내에서 가장 뜨거운 논쟁거리가 되었다.

본래 '성性'이라는 글자는 '심心'과 '생生'의 조합으로 이뤄진데서 알 수 있듯이 천부의 재능이나 자질을 의미했다. 이는 기본적으로 인간의 본질에 관한 성찰에서 나온 것이라고 할 수 있다. 그러나 시간이 지나면서 사람들은 천부의 재능이나 자질 대신 선악을 '성'의 핵심내용으로 간주키 시작했다. 그러나 이는 소모적인 사변논쟁의 단초를 연 것이나 다름없었다.

선악 개념은 천부의 재능이나 자질과 달리 시공과 자신에게 주어진 상황에 따라 각기 상이한 판단이 내려질 수밖에 없다. 개념 자체가 극히 형이상적인 까닭에 이에 대한 절대적인 기준을 찾고자 하는 노력 자체가 무의미하다. 만일 천부의 재능이나 자질 등을 '성'의 핵심내용으로 삼았다면 후대에 인성을 둘러싼 소모적인 논쟁이 벌어지지는 않았을 것이다. 당시 맹자는 내심 어지럽게 전개되고 있는 당대의 인성론에 대해 최종적인 해답을 제시했다고 자부했는지 몰라도 결과적으로 볼 때 소모적인 사변논쟁을 더욱 부추기는 역할을 수행한 셈이다. 그렇다면 맹자 자신은 무엇을 근거로 성선설을 주장한 것일까? 크게 인의설仁義說과 사단설四端說에서 그 해답을 찾을 수 있다.

첫째, 맹자는 인간의 본성을 인간만이 지닌 고귀한 성질로 보았다. 그는 그 해답을 인의仁義에서 찾았다. 맹자는 성선설 주장을 통해 '인의' 개념을 찾아낸 것이 아니라 공자의 '인'에 '의'를 덧붙이는 독특한 발상을 통해 인간의 본성에 대한 고찰에 나선 것이다. 맹자는 '인의'가 내부에서 나온 것으로 간주해 본성 자체가 선하다는 결론을 내린 것이다. 이는 「이루 하」에 나오는 그의 다음과 같은 언급을 통해 쉽게 확인할 수 있다.

"사람이 금수와 다른 점은 거의 희소하다. 서민庶民들은 이를 버리고, 군자는 이를 보존한다. 순舜은 서물庶物(여러 사물)에 밝아 인륜을 잘 살피면서 인의仁義를 좇아 행했을 뿐, 인의를 억지로 행한 것은 아니었다."

둘째, 맹자는 처음부터 인성의 어두운 측면인 악성惡性을 외면했다. 이는 그가 출발부터 성선설을 예상하고 들어갔음을 의미한다. 측은지심과 수오지심, 사양지심, 시비지심으로 상징되는 사단설이 그 증거이다. 사단의 핵심은 측은지심이다. 동정심과 유사한 의미를 지닌 측은지심은 인간이 인간일 수 있는 가장 뚜렷한 징표라는 게 맹자의 주장이다. 그러나 그의 이런 주장은 인간이 범하는 악행惡行의 기원에 관한 논증이 취약하다. 만일 선성이 인간 내부에서 오는 것이라면 악성 또한 내부에 존재하는 것으로 보아야 할 것이다. 맹자도 이를 충분히 인식하고 있었다. 「진심 하」에 나오는 맹자의 다음 언급이 그 증거이다.

"구口·목目·이耳·비鼻·사지四肢가 미味·색色·성聲·취臭·안일安佚을 추구하는 것은 인성에 속한다. 그러나 그 실현은 운명에 달려 있다. 그래서 군자는 미·색·성·취·안일을 인성이라고 부르지 않는다. 부자父子·군신君臣·빈주賓主·현자賢者·성인聖人이 인仁·의義·예禮·지智·천도天道를 추구하는 것은 운명에 속한다. 그러나 그 실현은 인성에 달려 있다. 그래서 군자는 인·의·예·지·천도를 운명이라고 부르지 않는다."

맹자가 염두에 둔 인성의 악성은 미味·색色·성聲·취臭·안일安佚을 추구하는 심성을 말한다. 맹자는 분명한 어조로 이런 심성은 본성의 문제에 속한다고 했다. 그러나 그는 곧 이를 인간이 감각에 얽매이는데서 오는 과오로 단정해 본성에서 제외했다. 결국 맹자의 논리를 좇아 심성의 과오를 사상捨象하면 남는 것은 선성뿐이다. 맹자가 〈심心=성性=선善〉을 주장한 것은 바로 이 때문이었다.

그러나 미·색·성·취·안일을 추구하는 인간의 심성을 본성으로 간주하면서도 이를 감각에 얽매인 과오로 단정한 것은 논리상 모순이다. 맹자와 정반대로 순자가 이를 진정한 본성으로 간주한 '성악설'을 주장한 것은 바로 이 때문이었다. 그렇다면 맹자는 왜 이런 모순된 주장을 펼친 것일까?

사실 맹자 역시 미·색·성·취·안일을 추구하는 감각적인 욕망도 본성에서 나온다는 사실을 알고 있었다고 보아야 한다. 그럼에도 그는 굳이 감각적인 욕망을 본성으로 인정치 않고 도덕적 욕구만이 인성에 해당한다고 주장한 것이다. 이는 하극상이 만연한 난세를 덕정德政의 치세로 돌리고자 하는 그의 이상이 반영된 결과로 보아야 한다. 이는 그가 성선설을 주장하면서 동시에 수신修身과 교육의 필요성을 역설한 사실을 통해 쉽게 짐작할 수 있다.

그러나 이는 모순이다. 만일 맹자의 주장대로 인성이 본질적으로 선하다면 굳이 덕성을 함양하는 교육을 받을 필요가 없기 때문이다. 물론 맹자는 인간의 선성 위에 덮여 있는 미·색·성·취·안일의 먼지를 털어내기 위해 수신과 교육이 필요하다고 해명했다. 그러나 이런 해명은 어딘지 자연스럽지 못하다. 오히려 순자와 같이 미·색·성·취·안일을 추구하는 인간의 악성을 교정하기 위해 수신과 교육이 필요하다고 주장하는 것이 논리상 타당하다. 성선설을 액면 그대로 받아들일 수 없는 이유가 바로 여기에 있다. 현실에 대한 정밀한 진단을 마다하고 형이상의 도덕론을 통해 쾌도난마의 해법을 제시코자 한 맹자의 의도가 선명히 드러나는 대목이다.

순자의 성악설은 맹자와 달리 경험적이면서도 과학적인 분석을 토대로 하고 있다. 다만 순자의 성악설은 선행善行의 기원에 관한 논증이 상대적으로 취약하다는 약점을 안고 있다. 이에 대해 순자는 인성의 악성을 후천적으로 교정해 인간의 선행을 유도할 수 있다고 해명했다. 그러나 이런 해명은 어딘지 자연스럽지 못하다. 순자의 주장에 따를 경우 교육을 통한 감화나 예의의 지도가 어떻게 해서 가능한 것인지 분명치 않다. 교육과 예의라고 하는 선의 규범이 어디서 비롯된 것인지에 대한 확실한 설명이 없는 것이다.

결국 맹자는 도덕성을 지나치게 중시한 나머지 인간의 심성에 존재하고 있는 선성만을 본성으로 간주하고, 순자는 이욕을 추구하는 인간의 감각적 욕망을 지나치게 중시한 나머지 그것만을 본성으로 간주하는 잘못을 범한 셈이다. 두 사람의 이런 시각차는 왕패론王覇論에서 전혀 다른 결론을 도출케 했다. 맹자가 난세와 치세를 막론한 왕도를 강조한데 반해 순자가 치세의 왕도와 난세의 패도를 공히 인정한 것이 그 실례이다. 예치에 의한 악성의 교정 가능성을 전면 부인한 한자가 난세와 치세를 막론한 패도를 강조한 것은 순자의 성악설을 극단화한데 따른 논리적 필연으로 보아야 한다.

그러나 맹자와 순자는 각기 성선설과 성악설을 주장했음에도 불구하고 인간의 참모습을 도덕에서 찾고, 도덕적인 인간을 육성코자 했던 점에서는 동일하다. 이는 한자의 성악설과 뚜렷한 대조를 이루는 것이기도 하다. 맹자가 인의仁義에 입각한 덕치德治를 강조하고 순자가 예의禮義에 입각한 예치禮治를 주장한데 반해 한자가 엄법嚴法에 의한 법치法治를 주장한 것도 바로 이들의 상이한 인성관에서 비롯된 것이다. 맹자의 성선설과 한자의 성악설이 상호 대립적인 편향적 인성관이라면 순자의 성악설은 절충적인 인성관에 해당한다.

그렇다면 맹자의 성선설은 궁극적으로 무엇을 지향한 것일까? 먼저 성선설의 이론적 배경을 정밀하게 분석할 필요가 있다. 맹자의 이론에 따르면 인간은 선한 본성을 지니고 있음에도 불구하고 감각적 욕구에 휘둘려 마침내 악을 범하게 된다. 맹자는 이를 미연에 방지하기 위해 감각적 욕망을 스스로 억제하는 것이 필요하다고 주장했다. 이른바 과욕설寡欲說이 그것이다.

맹자는 「진심 하」 제35장에서 다음과 같이 주장했다.

"양심養心(선한 심성을 기름)의 방법으로 과욕寡欲(욕심을 적게 가짐)보다 더 나은 것은 없다. 그 사람됨이 '과욕'하면 설령 마음이 보존되지 않았다 할지라도 그 보존되지 않은 바가 매우 적고, 그 사람됨이 다욕多欲이면 설령 마음이 보존되었다 할지라도 그 보존된 바가 매우 적다."

맹자의 '과욕설'은 '사단설'을 뒷받침하기 위해 나온 것이다. '과욕'이 소극적 수양론이라면 '사단의 확충'은 적극적 수양론에 해당한다. 맹자는 이 두 가지 방안을 병행해야만 인격의 완성을 기할 수 있다고 주장했다. 맹자의 성선설은 바로 '과욕설'과 '사단설' 위에 서 있다고 해도 과언이 아니다.

남송대의 성리학자들은 맹자의 제안을 적극 수용해 유가 도덕철학의 핵심이론으로 삼았다. 후대에 이르러 맹자의 성선설이 순자 및 한자의 성악설을 누르고 각광을 받게 된 이유가 바로 여기에 있다. 성리학자들은 맹자의 성선설을 토대로 보다 정치精緻한 '천리인욕설天理人欲說'을 만들어냈다. 이는 맹자의 성선설을 기초로 천명을 '천리天理', 미·색·성·취·안일을 추구하는 인간의 심성을 '인욕人欲'으로 규정한데서 출발하고 있다. 성리학은 바로 '천리인욕설' 위에 성립한 수제修齊 차원의 도덕철학을 치평治平 차원의 정치철학으로 확장시킨 종교적 교설에 가까운 사변철학이라고 할 수 있다.

성리학은 '천리' 개념을 통해 우주의 삼라만상은 물론 군신과 부자, 형제관계 등 인륜에 관한 것까지 이분법적 상하관계로 해석해 놓았다. 이로 인해 극심한 남녀차별과 관존민비 등 공자가 개창한 유가의 본래 정신과는 거리가 먼 숱한 폐해가 발생했다. 청대의 대진戴震은 『맹자자의소증孟子字義疏證』에서 '천리'의 폐해를 이같이 지적했다.

"사람이 법을 어겨 죽으면 오히려 불쌍하게 여기는 사람이 있지만, '리理'에 걸려 죽으면 그 누가 불쌍하게 여기겠는가? 오호嗚呼, 노자와 불가의 말을 섞어 가지고 말하는 화禍가 신불해申不害와 한비자韓非子보다 심한 것이 이와 같다."

대진은 양명학에 대해서도 '천리' 개념의 폐해를 가중시키는데 일조했다고 비판했다. 성리학은 불가의 말을 유가에 잡되게 끌어들인데 반해 양명학은 유학을 이끌어 불가에 들어갔다는 것이다. 대진의 이런 비판은 형이상形而上과 형이하形而下를 '형形'을 기준으로 하여 형이전形以前과 형이후形以後로 해석한 데 따른 것이었다. 이는 천도와 인도를 확연히 구분한 순학荀學의 학풍과 맥을 같이 하는 것이기도 하다. 그러나 대진의 이런 주장은 당시 별다른 반응을 불러일으키지 못했다.

성리학과 양명학이 역사의 무대 뒤로 사라진 현재 맹자의 성선설을 인간 중심의 도덕철학으로 재해석하려는 움직임이 일고 있어 비상한 관심을 모으고 있다. 그 대표적인 인물이 바로 프랑스의 줄리앙이다. 그는 서양 전래의 도덕철학이 초월자에서 도덕적 근거를 찾으려고 한 점을 비판하면서 맹자가 인간 내부에서 그 근거를 찾으려 한 점을 극찬했다. 맹자의 성선설에서 동서양을 아우르는 새로운 도덕철학의 기초를 세우고자 하는 그의 노력은 충분히 주목을 받을 만한 것이다. 프랑스의 대표적인 중국학자 줄리앙François Julien은 1995년에 펴낸 『맹자와 계몽철학자의 대화Dialogue de Mencius avec un philosophe des Lumières』에서 멀리 동양의 맹자로부터 새로운 도덕철학의 가능성을 모색하는 이유를 이같이 설명해 놓았다.

"서양인들에게 중국은 너무 멀고 많은 차이를 느끼게 한다. 철학적으로 중국은 종교적 계시와 같은 것을 경험하지 않은 상태에서 결코 절대자로서의 신을 사변의 대상으로 삼지 않았다. 중국문명은 유럽문명 영향권 밖에 있는 문명 중 가장 오래되고 발전된 것이다. 중국문명의 여러 국면은 도덕 연구에서 매우 이상적이라고 할 수 있다. 이미 파스칼은 '모세가 아니면 중국이다.'라고 말한 바 있다. 이는 중국이 서양 도덕철학의 이론적 대안이 될 수 있음을 지적한 것이다."

사실 맹자는 줄리앙이 언급한 바와 같이 중국에서 처음으로 도덕의 기본논리를 제시한 최초의 사상가에 해당한다. 맹자가 말한 '불인不忍' 즉 '측

'은지심'은 서양 전통의 '동정pity'에 해당한다. 이는 인간에게 도덕성이 존재한다는 것을 보여주기 위해 루소가 핵심 연구과제로 다루었던 '동정심'과 매우 닮아 있다.

루소는 일찍이 『인간불평등기원론』에서 동정심은 너무 보편적이어서 인간의 모든 사고 작용에 앞서 나타나게 된다고 말한 바 있다. 이는 맹자가 우물에 빠지려는 아이를 보고 느끼는 '측은지심'과 유사하다. 루소는 『에밀』에서 동정심이 '나약함'으로 전락하지 않도록 하기 위해 정의를 실현하는 차원에서만 동정심을 전개해야 한다고 주장했다. 여기서 줄리앙은 동정심이 부정할 수 없는 도덕적 체험이라는 것이 분명하다면 서양은 왜 이를 이해하기 위해 루소가 나타날 때까지 기다려야 했는지 의문을 제기하면서 그 해답을 맹자의 성선설에서 찾고자 한 것이다.

줄리앙에 따르면 서양은 도덕을 절대자인 신의 계명으로 인식한 까닭에 정당화의 필요성을 전혀 느끼지 못했다. 이로 인해 서양에서는 왜 그렇게 행동해야 하는지에 대해서는 전혀 설명하지 않은 채 오로지 무조건 그렇게 해야만 한다고 강요했다. 이러한 독단주의는 이내 회의주의를 불러일으켰다. 그 선구자가 몽테뉴였다. 그는 『에세이』에서 서양 전래의 도덕적 기초가 너무 허약하다는 사실에 놀라움을 표시했다. 마키아벨리는 『군주론』에서 허약한 도덕적 기초로 인한 불안정한 국면을 제압하는 개인적인 능력을 '비르투virtù'로 규정했다. 이로써 신학에 기초한 도덕의 버팀대는 무참히 무너지고 말았다.

여기서 도덕 자체로부터 출발해 도덕을 구축코자 하는 움직임이 나타났다. 계몽철학자들이 주동이 되어 종교로부터 도덕의 해방을 시도했다. 인간 자체에서 도덕의 기초를 세우고자 하는 이런 노력은 18세기에 들어와 공개적으로 확인되었다. 이 작업의 지도자는 루소와 칸트였다.

루소는 일찍이 『에밀』에서 '사람들은 자신에게도 생길 수 있는 불행에 대해서만 타인의 입장이 되어 동정심을 느낄 수 있다.'고 주장했다. 타인에 대한 동정심은 그 사람이 겪는 비참한 일이 나에게도 일어날 수 있다고 믿는 경우에만 생길 수 있다는 것이다. 그러나 이런 동정심은 논리적으로 이기주의로 귀착하게 된다. 루소도 이를 인정해 '동정심의 달콤함'이라는 표현을 통해 이를 순화코자 했다. 이는 고통을 겪는 자의 입장이 되면서도 자신은 그 사람의 고통을 느끼지 않아도 되는 쾌감을 의미한다. 일종의 '사디즘적 쾌감'에 해당하는 셈이다.

여기서 루소의 동정심은 결국 이기주의의 포로로 남을 수밖에 없게 된다. 내가 타인에게 보이는 관심은 오로지 나 자신을 위한 것이 되기 때문이다. 루소의 동정심 개념으로부터는 결코 도덕의 기초가 될 만한 감정을 찾을 수가 없다. 줄리앙의 지적대로 루소는 가능한 모든 논증을 시도했지만 새로운 것을 찾지 못한 채 원점에서 맴돌기만 한 것이다. 루소처럼 인간을 자애심自愛心의 기초 위에서 인식하게 되면 동정심은 자애심의 변형에 지나지 않게 된다. 결국 루소는 자신의 주장과 달리 '진정한 인간'을 발견하지 못한 채 감성적 인간 내지 감수성이 예민한 인간만을 찾아냈을 뿐이다.

당초 칸트는 루소의 동정심 이론에 크게 매료되었다. 그러나 그는 곧 타인에 대한 뜨거운 연민의 정으로 탈바꿈하는 동정심은 아무리 아름답고 다정스러운 것일지라도 맹목적인 이끌림에 지나지 않고 거기에는 보편성이 결여되어 있다는 점을 파악했다. 이에 그는 결국 동정심을 통해서는 결코 도덕을 생각할 수 없다는 판단 아래 『도덕형이상학의 기초』에서 이같이 천명했다.

"도덕이 이해관계에 의존하거나 신과 자연, 과학집단의 이해 등 외부적인 원리에 의해 만들어진다면 그것은 더 이상 도덕일 수 없다."

이로써 도덕은 더 이상 형이상학에 기대지 않은 채 자신만의 힘으로 절대적 가치를 찾을 수 있게 되었다. 칸트의 선언을 계기로 종교와 도덕의 관계가 역전되어 종교가 도덕의 기초로 사용되기 보다는 도덕 자체가 형이상학적 신념의 기초가 되었다.

칸트의 장점은 도덕의 선험성 속에서 도덕이 요구하는 것이 무엇인지를 가장 엄격하게 정의했다는데 있다. 그러나 그는 도덕으로부터 모든 감성적인 면을 제거했기 때문에 도덕을 더 이상 인간의 경험 차원에 연결시킬 수 없게 되었다. 칸트는 억지로 인간 본성과 도덕을 연결시켜 보려고 노력했으나 실패하고 말았다. 결국 그는 『도덕형이상학의 기초』의 마지막 부분에서 도덕성의 동기는 우리가 이해할 수 없는 차원의 것이라는 애매한 말로 얼버무렸다.

원래 칸트와 같이 도덕을 인간의 경험으로부터 분리시키고 도덕 자체의 순수성을 기대하면서 오직 인간의 이성에만 집착한다면 다른 문제가 제기될 수밖에 있다. 어떻게 도덕법이 인간행위의 동기가 되어 인간의 의지를 결정할 수 있는가의 문제가 바로 그것이다. 칸트가 말하는 지상명령으로서의 도덕은 이해관계로부터 자유롭다고 하나 과연 무엇으로써 도덕이 나에게 유익하다는 것을 보장할 수 있는지를 설명치 못하고 있는 것이다.

루소는 도덕의 기초를 동정심에 두면서 도덕성을 인간의 본래 성향으로 인식한 까닭에 끝내 '자애심自愛心'의 관점에서 벗어나지 못했다. 루소는 도덕의 동기를 명확히 제시하지 못하고 도덕성을 확실히 보장하는 데에도 실패한 셈이다. 이와 반대로 칸트는 도덕을 선험적인 의무로 간주해 도덕성에 해가 되는 모든 요소들을 애초부터 제거한 까닭에 인간 자체에서 도덕성을 이끌어낼 수 있는 가능성을 스스로 봉쇄하고 말았다.

본래 도덕법은 인간의 본성에서 유래하는 것도 아니고 인간의 체험으로부터 나오는 것도 아니다. 그럼에도 칸트는 자신이 완전히 벗어났다고 생각하고 있었던 낡은 종교적 기초에서 그 원리를 찾은 까닭에 신의 계율을 세속화하는 수준에서 그치고 만 것이다. 결국 칸트는 도덕의 기초와 관련한 순수이성비판을 통해 기존의 사변적인 신학을 완전히 붕괴시켜 도덕을 명확히 정의하는 공을 세웠음에도 불구하고 도덕법을 만들기 위해 다시 신학자가 되고 만 셈이다.

칸트는 도덕을 이성적인 동시에 선험적인 것으로 본 까닭에 도덕이 이성을 통해 정언명령으로서의 보편성과 필연성을 갖는 규칙을 만들어내는 기능을 갖고 있다고 보았다. 그러나 도덕이 인류역사의 산물이라는 것을 깨닫게 되면서 칸트가 강조한 도덕의 절대성에 대한 강한 의문이 제기되었다.

이에 대한 대안을 제시코자 한 사람이 쇼펜하우어였다. 『도덕형이상학론』에서 칸트와는 전혀 다른 방법으로 도덕의 기초를 탐색한 쇼펜하우어가 찾아낸 것은 결국 루소의 동정심이었다. 물론 쇼펜하우어는 자아의 완성 등을 위해 선행을 하는 것은 이기주의에 지나지 않는다며 동정심이 인간의 상상력에서 비롯되었다는 루소의 주장을 부인했다. 그러나 그 또한 어떻게 남의 고통이 나에게 직접 영향을 미쳐 자신의 고통처럼 느끼게 되는지를 진지하게 자문했으나 이에 대한 명쾌한 해답을 찾아내지 못했다. 그가 이를 해결키 위해 내세운 것은 '도덕의 신비성'이었다.

그러나 이는 결국 동정심에 신비적인 면이 존재한다는 것을 인정하는 것에 지나지 않는다. 쇼펜하우어의 주장처럼 동정심을 철학적 개념이나 종교교리 등과 같은 외부 조건에 의존하지 않는 자연의 산물이라고 주장하면서도 나와 관련된 난문을 풀기 위해 나를 부정해야만 하는 모순을 안고 있는 것이다.

이에 대한 해답을 제시코자 한 사람이 바로 니체이다. 니체는 『도덕의 자연사에 관한 기고』에서 도덕주의자들에게 그들의 입장을 바꿀 것을 권유하면서 도덕의 기초를 세운다는 환상을 갖기보다는 차라리 도덕의 구원에 주의를 기울이는 편이 더 낫다고 주장했다. 실제로 '도덕의 계보학genealogy'에 대한 니체의 탐구 결과 도덕은 순수이성 등과는 거리가 먼 '권력의지'의 소산이라는 사실이 적나라하게 드러났다.

'도덕의 계보학'을 천착한 니체의 연구결과가 던진 충격은 막대했다. 이후 서양의 도덕철학자들은 각자 나름대로 도덕의 '탈신비화' 작업을 열성적으로 시도했다. 그 결과 마르크스는 지배계급이 종교라는 도구를 통해 기존질서를 공고히 하는데 도덕을 이용했다고 주장하면서 도덕에 내재해 있는 노예적 성격을 고발했다. 프로이트는 심리적 접근을 통해 도덕의식은 유년기에 부모나 그 대리자의 이상화된 형상이 투사작용을 하면서 나타나는 초자아surmoi 형성의 결과에 불과하다고 주장했다. 결국 이들의 노력에 의해 도덕의 문제는 니체가 주장했듯이 여러 상이한 도덕 간의 비교를 통해서만 해결이 가능하다는 사실이 확인되었다.

이를 통해 알 수 있듯이 결국 서양은 동정심 문제를 놓고 루소를 시작으로 칸트와 쇼펜하우어, 니체 등이 다양한 해답을 찾고자 노력했음에도 불구하고 여전히 해답을 찾지 못하고 있는 셈이다. 줄리앙은 바로 이 점에 주목해 맹자의 성선설을 통해 동서양을 아우르는 새로운 도덕철학의 기초를 찾고자 한 것이다. 그가 볼 때 동정심을 중심으로 전개된 서양 도덕철학의 가장 큰 잘못은 기본적으로 '비참'의 개념에 지나치게 사로잡힌데 있었다.

줄리앙에 따르면 루소가 『에밀』에서 '우리의 마음을 인간애로 이끌어 주는 것은 바로 우리가 공유하고 있는 비참함이다.'라고 언급한 데에는 고통에 대한 허무주의적 찬사를 내포하고 있다. 쇼펜하우어도 '고통은 좋은 것이다.'라고 말한 바 있다. 니체 역시 '비참'의 개념에서 벗어나지 못했다. 그는 '동정의 종교'가 폄하해 놓은 인간의 허약함에 강한 의문을 제기하면서 이타성을 강조한 종래의 도덕원리를 거부했다. 그는 『도덕의 계보학』 서문에서 '동정심의 실체에 대한 문제 제기를 누가 시작할지 모르지만 그 사람 앞에는 장차 새롭고도 방대한 시야가 열릴 것이다.'라고 단언하면서 새로운 도덕철학의 정립 필요성을 역설했다.

줄리앙은 바로 여기서 맹자의 '측은지심' 개념을 통해 새로운 도덕철학의 가능성을 찾고자 한 것이다. 사실 맹자의 '측은지심' 개념은 '동정심' 개념과 달리 '비참'의 논리를 가지고 있지 않다. 여기서는 인간의 불행을 전혀 운명적인 것으로 보지 않고 있다. 나아가 인간의 고뇌가 자신에게 유익할 수 있다는 입장을 취하지도 않는다. 줄리앙의 주장에 따르면 '측은지심'은 서양의 동정심 개념이 안고 있는 난문에 부딪칠 염려가 전혀 없다. 맹자의 '측은지심' 개념은 동정심의 특징인 자연발생설과 이해관계에 의존하지 않는 무조건성을 동시에 포용하고 있기 때문이라는 것이다. 사실 맹자의 '측은지심' 개념에서는 비록 동정심과 같이 개인은 존재하지만 그것은 주체로서의 자아라는 고립적인 차원이 아니라 관계의 일부로서만 인식된다. 줄리앙은 맹자의 '측은지심' 개념에서 서양 전래의 개인주의적 관점에서 완전히 자유로워질 수 있는 가능성을 본 셈이다.

맹자의 '측은지심' 개념은 자아와 타자를 엄격히 분리하지 않고 나를 포함한 만물의 변전을 음양의 상호작용에 따른 결과로 이해하는 시각 위에 있다는 점에서 서양의 동정심과 근원적인 차이가 있다. '측은지심'은 고립된 나로부터 생기는 것이 아니라 행위를 일으키는 현상 자체에서 비롯되는 까닭에 서양의 동정심과 같이 그 현상이 내 안에서 일어나는지 아니면 타인으로부터 발생하는 것인지 여부를 알아 볼 필요가 없다. 서양인들은 오랫동안 이를 전혀 이해하지 못했던 것이다.

'측은지심'은 우물에 빠지려는 아이를 황급히 잡아 주는 것과 같이 자연발생적인 반응을 통해 드러난다. 줄리앙에 따르면 이는 인간이 본래 타고난 것으로 결코 종교적 신념의 소산도 아니고, 니체가 주장한 것처럼 약자에 대한 애도의 산물도 아니고, 마르크스가 말한 것처럼 계급이익도 아니고, 프로이트의 주장처럼 아버지의 역할도 아니다. 줄리앙은 순수하며 결코 자기소외를 동반하지 않는 맹자의 사단四端을 도덕의 초석으로 쓸 것을 제안하고 있다. 맹자사상은 비록 난세의 치국평천하 방략으로는 커다란 한계를 노정하고 있기는 하지만 도덕철학 면에서는 나름 위대한 면모를 지니고 있다.

2) 왕도주의王道主義

국가공동체가 유지되는 한 바람직한 통치에 관한 논의는 끊임없이 지속될 수밖에 없다. 실제로 동서고금을 막론하고 이에 관한 논의가 중단된 적은 없다. 그러나 시공을 초월한 통용되는 절대적인 기준이 존재한 적은 없다. 현재 전 세계의 모든 나라에 통용되고 있는 민주주의 이념도 큰 틀에서 보면 하나의 시대적 사조에 불과할 뿐이다. 상황에 따른 다양한 변용이 불가피한 만큼 바람직한 통치유형을 하나의 고정된 이념으로 정립시키려는 것은 불필요할 뿐만 아니라 자칫 커다란 부작용을 초래할 소지가 크다는 점에서 주의를 요한다.

그러나 동양에서는 지난 19세기 말기까지 근 1천년 동안 바람직한 통치에 관한 고정된 이념이 존재했다. 그것이 바로 맹자가 주창한 '왕도' 이념이었다. 이는 맹학에 기초한 성리학이 유일무이한 관학으로 군림한데 따른 것이었다. 그렇다면 맹자는 왜 왕도를 주창하게 된 것일까?

맹자가 활약하는 전국시대 중기는 천하통일의 기운이 한창 무르익기 시작할 때였다. 열국의 군주들 모두 자국을 중심으로 한 천하통일의 대업을 이루기 위해 부국강병에 박차를 가했다. 이로 인해 백성들의 삶은 이루 형언할 수 없을 정도로 참혹했다. 맹자는 「양혜왕 하」 제12장에서 당시의 상황을 이같이 묘사해 놓았다.

"흉년으로 기근이 들자 군주의 백성들 중 굶어 죽어 구학溝壑에 나뒹구는 노약자들과 사방으로 도주한 장정들의 수만도 거의 수천 명이나 되었다. 그러나 군주의 창름倉廩은 가득 차 있었고, 부고府庫(재물창고) 또한 가득 차 있었다."

맹자는 바로 이런 상황을 극복하기 위해 인의에 기반을 둔 왕도를 펼쳐야 한다고 역설한 것이다. 천하유세에 나선 그는 전쟁을 즉시 중단해 백성들이 안심하고 생업에 종사할 수 있도록 하는 것이 바로 왕도의 시작이라고 강조하면서 왕도를 펼치는 자만이 천하를 통일할 수 있다고 주장했다. 그러나 부국강병에 여념이 없던 열국의 군주들은 이를 귀담아 듣지 않았다.

이에 맹자는 왕도를 시행치 않을 경우 백성들의 원망으로 인해 마침내 이성異姓의 유덕자有德者에 의해 패망하는 이른바 '역성혁명易姓革命'의 가능성을 들먹이며 열국의 군주들을 압박했다. 맹자는 자신이 동원할 수 있는 모든 수단을 이용해 자신의 왕도설을 설파했던 셈이다. 그럼에도 열국 군주들의 반응은 냉담했다.

열국의 군주들은 왜 맹자의 왕도설에 그토록 냉담한 반응을 보였던 것일까? 후대의 성리학자들은 맹자의 왕도설 자체에 문제가 있었다는 사실에는 눈을 감은 채 열국의 군주들에게 모든 책임을 물었다. 그들 모두가 무도했다는 것이다. 과연 성리학자들의 이런 주장이 타당한 것일까? 본래 왕도는 맹자가 사상 최초로 바람직한 통치의 이치를 의미하는 '치도治道'의 일환으로 거론한 것이다. 맹자 이전에는 치도에 관한 구체적인 논의가 없었다. 춘추시대에 처음으로 패업을 이룬 제나라 재상 관중管仲의 저술로 알려진 『관자』「대수大數」에는 치도가 다음과 같이 정리되어 있다.

"무위無爲로써 다스리는 것을 제도帝道, 유위有爲로써 다스리되 무위로 나아가려는 것을 왕도王道, 유위로써 다스리되 이를 존귀하게 생각지 않는 것을 패도覇道라고 한다. 스스로 존귀하게 여기지 않는 것이 군도君道, 존귀한 자리에 있으면서 지나치지 않는 것이 신도臣道이다."

이 대목은 맹자가 왕도라는 용어를 최초로 사용한 점 등에 비춰 볼 때 관중을 추종하는 후대 유자가 『관자』에 삽입시킨 것으로 보인다. 그럼에도 불구하고 이 대목은 맹자 이후의 제자백가 사이에 치열하게 전개된 이른바 '치도논쟁'에 관한 종합적인 평가의 성격을 띠고 있다는 점에서 커다란 관심을 끌고 있다. 도가사상의 핵심인 '무위지치'와 인·의·예·지로 상징되는 유가의 '유위지치'를 하나로 통합해 서열을 매긴 것은 이 대목이 최초의 것이라고 할 수 있다.

이 대목을 기준으로 보면 도가의 '무위지치'는 말 그대로 가장 높은 수준인 이른바 '제도帝道' 내지는 '황도皇道'의 수준에 해당한다. 그러나 치도 문제를 최초로 거론한 맹자는 패도를 폄하한 것은 물론 '무위지치'에 입각한 가장 높은 수준의 '제도'에 대해서도 전혀 언급한 바가 없다. 맹자는 오직 인의에 입각한 왕도만을 치도의 모든 것으로 간주했던 것이다.

맹자의 이런 주장에 가장 먼저 이의를 제기하고 나선 사람은 순자였다. 그는 맹자와 달리 왕도에 준하는 수준의 패도가 있음을 강조하면서 왕도와 패도를 모두 치도의 범주에 넣어야 한다고 역설했다. 순자는 왕도와 패도 이외에도 안도安道와 위도危道, 망도亡道 등의 유형을 찾아낸 뒤 패도를 왕도에 버금하는 것으로 평가했다. 이는 '왕패준별법'에 의거해 치도를 왕도와 패도로 양분한 맹자의 입장과 극명한 대조를 이루고 있다.

순자가 말하는 패자는 맹자의 주장처럼 무력을 기반으로 하면서 인의를 가장한 이른바 '이력가인以力假仁'의 인물이 아니다. '융례존현隆禮尊賢'에 입각한 왕자는 아니지만 최소한 '중법애민重法愛民'에 입각한 당당한 패자가 바로 순자가 말하는 패자인 것이다. 이는 맹자가 얘기하는 '이력가인'과는 거리가 멀다. 순자가 얘기한 '중법애민'의 패도는 비록 '융례존현'의 왕도에는 못 미치지만 현실적인 치도방안으로 적극 수용할만한 것이었다.

순자가 언급한 패도는 비록 이상적인 왕도는 아니지만 왕도실현이 불가능할 경우에 대비한 현실적인 차선책에 해당한다. 여기에는 난세 속에서 패도에 의해서라도 천하통일이 이루어지기를 고대한 순자의 염원이 담겨 있다. 순자가 맹자에 의해 일언지하에 타기된 패도를 긍정적으로 평가한 이유가 바로 여기에 있다. 순자의 패도는 왕도의 이상을 견지한 가운데 현실 속에서 구현할 수 있는 최상의 대안을 모색하는 과정에서 찾아낸 고뇌의 소산이라고 할 수 있다.

당초 공자는 치도에 관해 아무런 언급도 하지 않았다. 다만 그는 관중의 비례非禮를 비난하면서도 그가 이룬 패업을 높이 평가한 바 있다. 이는 대략 왕도를 최상의 방안으로 간주하면서 관중의 패업과 같이 특별한 경우에 한해 패도를 수용하는 입장을 취한 것으로 볼 수 있다. 공자는 자신이 제안한 군자정치의 이상이 현실의 벽 앞에서 좌절되는 과정을 거치면서 왕도만을 고집하기에는 현실적으로 문제가 있다고 느꼈을 공산이 크다. 공자의 이런 입장은 순자와 궤를 같이 하는 것이기도 하다.

관중의 패업은 공자의 평가를 통해 짐작할 수 있듯이 '존왕양이'의 혁혁한 공업功業에 기초한 것이었다.

그럼에도 불구하고 관중의 패업은 맹자에 의해 일언지하에 폄하되었다. 이는 관중의 패업을 높이 평가한 공자의 기본 취지와 사뭇 다른 것이다. 성리학자들의 관중의 패업에 대한 폄하 역시 맹자에서 비롯된 것이다. 맹자는 '왕패준별법'에 의거해 수신 차원의 '인仁'을 이루지 못한 사람은 설령 치평 차원의 뛰어난 공업을 이룰지라도 결코 '인'을 이룬 것으로 볼 수 없다는 주장을 펼쳤다. 맹자는 관중의 패업에 대한 평가를 묻는 제자 공손추公孫丑의 질문에 대해 이같이 힐난한 바 있다.

"관중은 그토록 오래 재상의 지위에 있었건만 그 업적인즉 저토록 보잘 것이 없었다. 나를 어찌 그따위 인물과 비교하는가?"

이를 통해 맹자가 관중의 패업을 얼마나 폄하하고 있는지를 확연히 파악할 수 있다. 맹자는 제환공의 공적을 묻는 제선왕의 질문에 대해서도 퉁명스런 어조로 "공자의 제자들은 제환공과 진문공 같은 패자의 공적에 관해 말하는 사람이 없기 때문에 후세에 전술된 것도 없습니다."라고 대답했다. 이는 기본적으로 패업 자체를 인정할 수 없다는 맹자의 확고한 신념에서 나온 것이었다. 맹자는 「공손추 상」에서 왕자와 패자를 이같이 대비시켰다.

"힘으로 '인'을 가장하는 자를 패자라 한다. 패자는 반드시 큰 영토를 가지고 있어야 한다. 덕으로 '인'을 행하는 자를 왕자라 한다. 왕자는 큰 나라를 보유하지 않아도 좋다."

이런 신념을 지닌 맹자에게 왕도의 원칙에서 벗어난 제환공과 관중의 업적이 용납될 여지는 애초부터 전무했다. 그러나 과연 관중의 패업을 일언지하에 폄하한 맹자의 평가가 타당한 것일까? 사실 관중은 춘추시대에 최초로 '존왕양이'의 위업을 이룬 인물이었다. 그럼에도 맹자는 제후는 반드시 천자의 대권인 '전토권專討權'에 의거해 정벌에 나서야 한다는 원칙만을 고집해 제환공과 관중을 폄하한 것이다. 맹자는 왕도를 지나치게 강조한 나머지 역사적 사실과 동떨어진 평가를 내렸다는 지적을 면키 어렵다. 그럼에도 후대에는 맹자를 추종하는 성리학자들에 의해 관중의 패업은 일언지하에 폄하되고 말았다.

사실 맹자의 왕도설은 당시의 시대적 상황에 비춰볼 때 매우 비현실적인 이론이었다. 그러나 맹자는 이에 아랑곳하지 않고 시종 자신의 소신을 굽히지 않았다. 열국의 군주들 역시 비록 그의 제안을 받아들이지는 않았으나 겉으로는 경청하는 태도를 보였다. 이는 제자백가의 자유로운 언론활동을 존중한 당시의 풍조에서 비롯된 것이었다. 당시는 열국간의 다면전쟁이 간단없이 지속되는 난세였음에도 불구하고 언론자유가 극도로 보장되어 중국의 전 역사를 통틀어 다양한 사상이 가장 활발하게 전개된 시기이기도 했다. 맹자는 바로 이런 시대적 흐름에 편승해 열국의 군주들 앞에서 시종 훈계하는 자세로 자신의 왕도설을 개진했던 것이다.

그렇다면 맹자는 무엇을 근거로 왕도설을 주창한 것일까? 당시는 맹자에 앞서 이미 두드러진 활약상을 보인 사상가들이 다수 존재했다. 대표적인 인물이 바로 묵자墨子와 양주楊朱의 무리였다. 묵자는 '겸애兼愛'를 기치로 박애주의와 실용주의를 주장한데 반해 양주는 '위아爲我'를 기치로 감각적 개인주의를 부르짖었다. 이런 속에서 맹자는 공자의 적통을 자처하며 묵자와 양주의 무리를 통렬하게 비판하고 나선 것이다. 맹자가 이들을 논파하기 위해 만들어낸 이론이 바로 묵자의 '인의' 개념에서 차용한 인의설仁義說

이었다.

　본래 의는 크게 인간의 고상한 품덕과 인간관계내의 질서라는 두 가지 의미를 지니고 있다. 전자는 『논어』에서 '의'가 '리利'에 대칭되는 개념으로 사용된 용례를 통해 쉽게 확인할 수 있다. 후자는 군신지의君臣之義 등의 용어에 그 의미가 잘 나타나 있다. 맹자는 바로 후자의 입장에서 '의'의 의미를 극대화시킨 것이다. 맹자의 인의설을 『논어』의 용례에 나오는 '의'의 개념으로 풀이해서는 안 되는 이유가 바로 여기에 있다. 『논어』에는 '인'과 '의'가 결합되어 사용된 용례가 전무하다.

　맹자가 '군신지의'와 같은 인간관계 내의 질서에 주목케 된 것은 당시의 시대상황과 밀접한 관련이 있었다. 당시는 부자간의 질서를 비롯해 부부간의 질서와 군신간의 질서 등 모든 인륜의 질서가 극도로 문란해져 있었다. 이는 기본적으로 약육강식과 하극상이 만연한 상황에서 빚어진 부작용이나 맹자는 전혀 다른 차원에서 이 문제에 접근했다. 맹자는 그 원인을 당시의 사상계를 지배하고 있는 묵자와 양주의 무리에서 찾은 것이다.

　묵자는 친소에 따른 차별적인 사랑인 이른바 '별애別愛'를 내세운 유가와 달리 친소를 떠난 무차별한 사랑인 이른바 '겸애'를 내세우며 범애주의汎愛主義 내지 박애주의博愛主義를 주창했다. 일종의 인류애人類愛에 해당하는 그의 이런 주장은 대부분의 세계종교가 내세우는 주장과 일맥상통하는 것이었다. 묵가가 끊임없는 전역戰役으로 고통 받고 있는 서민들로부터 폭발적인 지지를 얻은 이유다. 기댈 곳은 물로 하소연할 곳도 없는 서민들로서는 형제애fraternity를 통한 화목한 인간관계를 제일의第一義로 내세운 묵자의 주장에서 정신적인 안정을 찾고자 했던 것이다. 묵가의 주장은 일종의 종교적 교설로 치부하면 크게 문제 삼을 것도 없는 것이었다.

　그러나 맹자는 묵가의 교리야말로 인간관계의 핵심인 윤리질서를 파괴하는 근원이라고 판단했다. 당초 공자는 친소에 따른 차별적인 사랑을 인仁의 출발로 보았다. 그는 부모에 대한 사랑과 이웃을 대하는 사랑에는 차등이 있어야 하고, 이웃과 먼 곳의 사람 사이에도 차별이 있어야 한다는 생각을 한 것이다. 유가의 '친친형형親親兄兄'사상이 바로 이를 상징적으로 보여주고 있다. '친친형형'사상에 입각할 경우 묵가의 주장은 '무친무형無親無兄'의 반윤리적 독설로 오해될 소지가 크다. 실제로 맹자는 이런 입장에서 묵가를 바라보았다. 맹자가 묵가의 주장을 '무부무군無父無君'의 금수지도禽獸之道로 매도한 이유다. 비록 묵자의 '인의' 개념을 차용키는 했으나 나름 독자적인 '인의설'을 창안해 낸 근본배경이 바로 여기에 있다.

맹자는 대략 천하유세에 나서기 이전에 '인의설'을 완성한 것으로 보인다. 그가 첫 번째 유세부터 유세 상대인 양혜왕에게 오직 '인의'밖에 없다고 강조한 사실이 이를 뒷받침한다. 맹자의 이런 입장은 시종 견지되었다. 만년의 대부분을 제후에 대한 유세로 보낸 그가 늘 주장한 것은 바로 인의에 의한 정치였다. '인의'야말로 맹자가 어떤 상황에서도 변함없이 견지한 그의 기본신조라고 할 수 있다.

그러나 당시의 상황에서 부국강병을 추구하는 대신 인의에 입각한 덕정의 실시를 강조한 맹자의 주장은 확실히 비현실적이었다. 실제로 열국의 군주들은 맹자의 웅변에 압도되어 표면상 그의 주장을 수긍하는 모습을 보이면서도 막상 그 정책을 채택하지는 않았다. 이를 두고 그들만을 탓할 수는 없다. 아무리 뛰어난 주장일지라도 그것이 실행에 옮겨지기 위해서는 반드시 그에 따른 구체적인 정책프로그램이 뒷받침되어야만 한다. 그러나 맹자의 '인의설'에는 그런 것이 전혀 없었던 것이다.

물론 맹자도 이와 관련한 정책프로그램을 전혀 제시하지 않은 것은 아니었다. 그는 인의의 덕정을 실시하기 위한 구체적인 방안으로 정전제井田制 등을 제시했다. 이는 1리 사방의 땅을 정井자 모양으로 구획해 가운데의 토지를 공전公田, 나머지를 사전私田으로 삼은 뒤 농민들이 각기 사전을 경작하는 와중에 공전을 공동으로 경작해 그 소출을 현물세로 바치는 제도를 말한다. 맹자는 이 제도가 은나라 때부터 실시된 제도라고 했으나 무슨 근거가 있는 것은 아니다.

당시의 상황에서 모든 토지를 일률적으로 정#자 모양으로 구획할 수 있는 것도 아니었고 토지의 등급을 정하는 것 또한 간단치 않았던 점 등을 감안할 때 이는 극히 비현실적인 제안에 불과했다. 다만 경자유전耕者有田의 원칙에 입각해 식량과 세금조달 문제를 일거에 해결코자 한 정신만은 평가할 만하다. 당시 맹자는 세제에 대해서도 수입의 10분의 1을 세율로 정해야 한다고 주장했으나 이 또한 군비확장에 전념할 수밖에 없던 당시의 상황에서 볼 때 채택이 쉽지 않았다. 결국 맹자는 '인의설'을 내세워 나름대로 의미 있는 유세를 펼쳤다고 자부했음에도 불구하고 당시 열국의 군주들이 간절히 바란 부국강병의 계책은 하나도 제시하지 못한 셈이다. 맹자의 천하유세는 그 출발부터 이미 실패가 예고된 것이나 다름없었다.

그럼에도 맹자는 인의의 원칙에 입각해 열국의 정치를 통렬하게 비판했다. 이때 그가 원용한 것이 바로 왕도설王道說이었다. 이는 이른바 '왕패준별법王霸峻別法'에 근거해 인의에 입각한 왕도에 의해서만 천하통일의 대업을 이룰 수 있다는 이론이다. 맹자는 왕도설에 근거해 힘에 입각한 패도정치로는 결코 천하통일의 대업을 이루지 못할 뿐 아니라 궁극적으로는 보국保國조차 어렵다고 주장했다. 이는 부국강병을 추구할 수밖에 없었던 당시의 기본흐름과 정면으로 충돌하는 주장이다. 맹자는 왜 이처럼 현실적인 흐름과 정면으로 배치되는 주장을 펼친 것일까?

맹자가 볼 때 춘추시대는 전국시대에 비해 그나마 볼 만한 것이 있었다. 비록 왕도는 사라졌지만 '존왕양이尊王攘夷'를 내세운 패도가 인간관계의 기본질서만큼은 유지시킨 역할을 수행했다. 그러나 전국시대에 들어와 하극상의 만연으로 모든 윤리질서가 일거에 무너지게 되자 패도조차 사라지게 되었다는 게 맹자의 판단이었다. 그는 「고자 하」 제17장에서 이같이 주장했다.

"오패五霸는 삼왕三王의 죄인이고, 지금의 제후는 오패의 죄인이고, 지금의 대부는 지금 제후의 죄인이다. 천자는 토이불벌討而不伐 (명을 내려 성토하되 직접 정벌에 참여치는 않는다는 뜻)하고, 제후는 벌이불토伐而 不討(군사를 이끌고 가 치되 직접 명을 내려 대상을 성토하지는 않는다는 뜻)한다. 그런데 오패는 멋대로 제후들을 이끌고 가 제후를 친 자들이다. 그래서 오패는 삼왕의 죄인이라고 한 것이다. 규구葵丘의 회맹에서 제후들은 존현육재尊賢育才(현자를 높이고 인재를 육성함)과 경로자유敬老慈幼(노인을 공경하고 어린이를 보살핌), 무망빈려無忘賓旅(손님과 나그네 대접을 소홀히 하지 않음) 등을 맹서했으나 지금의 제후들은 모두 이를 어기고 있다. 그래서 지금의 제후들을 오패의 죄인이라고 한 것이다. 군주의 악을 돕는 것은 그 죄가 작고, 군주의 악을 앞장서 이끄는 것은 그 죄가 크다. 지금의 대부들은 모두 군주의 악을 앞장서 이끌고 있다. 그래서 지금의 대부들은 지금 제후들의 죄인이라고 한 것이다."

맹자는 과거 춘추시대의 패자들이 존현육재尊賢育才 등을 기치로 최소한 인의에 입각한 명분을 내세운 점을 나름대로 평가한 셈이다. 이는 그가 '왕패준별법'에 의거해 왕도와 패도를 엄별한 뒤 패도를 일언지하에 폄하한 기본 입장과 사뭇 다른 것이기도 하다. 이는 기본적으로 삼왕三王의 왕도를 강조하기 위한 편의적인 수긍에 불과한 것으로 보아야 한다. 이를 두고 맹자가 왕도를 높이고 패도를 폄척貶斥하는 이른바 '숭왕척패崇王斥覇'의 기본 입장과 배치되는 언급을 한 것으로 해석해서는 안 되는 것이다.

맹자의 '숭왕척패' 입장은 군주를 가볍게 보고 백성을 귀하게 보는 이른바 '귀민경군貴民輕君' 사상과 불가분의 관련을 맺고 있다. 이른바 '민본주의民本主義'로 해석되고 있는 그의 '귀민경군' 사상은 수천 년 동안 유지된 동양의 제왕정에 지대한 영향을 미쳤다. 맹자는 「진심 하」에 '귀민경군'의 의미를 이같이 풀이했다.

"백성이 귀하고, 사직社稷은 다음이고, 군주는 가볍다. 그래서 구민丘民(전야田野의 백성)의 마음을 얻는 자는 천자, 천자의 마음을 얻는 자는 제후,

제후의 마음을 얻는 자는 대부가 된다."

많은 사람들이 여기의 사직社稷을 두고 국가로 해석하고 있으나 이는 잘못이다. 맹자가 여기서 언급한 사직은 왕조를 상징한 것으로 현대의 공화국에 해당한다. 맹자는 왕조는 바뀔 수 있어도 백성이 근간이 된 나라는 바뀔 수 없다는 생각을 하고 있었다. 이는 중원에 수많은 이민족 정권이 세워졌음에도 불구하고 중국中國이라는 나라가 수천 년 동안 그대로 유지된 사실을 통해 쉽게 알 수 있다. 사직을 왕조로 해석해야만 맹자가 이 장에서 말하고자 하는 '귀민경군'의 취의에 부합할 수 있다.

나아가 맹자의 '군경민귀'사상을 '민본주의'로 칭하면서 서양에서 발전한 민주주의와 전혀 별개의 이념체계로 간주하는 것 또한 잘못이다. 맹자의 '군경민귀'사상은 서구 민주주의 이념의 결정적 배경이 된 프랑스혁명에 지대한 영향을 미쳤다. '민본주의'와 '민주주의' 모두 백성을 정치변혁의 주체로 상정한 점에서 하등 차이가 없다. 양자의 차이는 오직 권력 주체를 선정하는 과정에서의 방법론적 차이에 불과하다.

당시 맹자가 보기에 국가의 주인은 군주가 아닌 백성이고, 천명의 수명受命은 백성의 지지를 의미하는데 불과했다. 백성을 괴롭히는 폭군은 갈아치우는 것이 당연했다. 맹자는 자신의 이런 주장을 제선왕 앞에서 거리낌 없이 밝혔다. 맹자는 「양혜왕 하」 제8장에서 탕湯·무武의 역성혁명을 시군弑君으로 해석코자 하는 제선왕의 질문에 대해 이같이 반박했다.

"인仁을 해치는 자를 '적賊', 의義를 해치는 자를 '잔殘', '잔적殘賊'의 인물을 '일부一夫 일개 사내'라고 합니다. 나는 '일부'를 주벌誅罰했다는 얘기는 들었어도 '시군'했다는 얘기는 듣지 못했습니다."

여기서 바로 맹자의 그 유명한 '일부가주론一夫可誅論'이 나오게 되었다. 흔히 '폭군방벌론暴君放伐論'으로 불리는 이 이론은 백성을 괴롭히는 폭군은 일개 사내에 불과한 까닭에 가히 '주벌誅罰'할 수 있다는 과격한 내용으로 이뤄져 있다. '주벌'은 목숨을 빼앗는 '주살誅殺'을 포함하고 있다는 점에서 단지 보위에서 쫓아내는 '방벌'보다 훨씬 과격한 의미를 지니고 있다. 신분세습의 봉건정을 유지한 일본의 바쿠후幕府 정권이 메이지유신明治維新 이전까지 『맹자』의 구독을 금한 것도 바로 이 때문이었다.

진시황의 분서갱유焚書坑儒로 처참한 상황에 몰렸던 유가는 한제국이 성립된 후 법가의 존군尊君 이념을 도입해 유방의 천하통일을 '왕도에 준하는 패도'로 미화하고 나섰다. 이로써 이들은 마침내 유학을 유일무이한 관학官學으로 삼는데 성공했다. 그러나 이는 맹자의 '귀민경군'사상과 배치되는 것이었다. 그럼에도 중국에서는 원·명·청대를 거치면서 군주에 대한 무조건적인 충성이 강조되었다. 이는 후대의 유자들이 군권君權을 강화한 원·명·청조의 황실과 타협한데 따른 것이었다. 이는 맹자의 '귀민경군'사상에 일대 수정을 가한 셈이다.

이에 반해 성리학이 극성한 조선에서는 전혀 다른 양상이 나타났다. 정몽주鄭夢周와 길재吉再 등으로 이어지는 이른바 의리학義理學에 뿌리를 둔 조선성리학은 신권臣權의 우위를 확보하기 위해 군권과의 타협을 거부했다. 네 차례에 걸친 사화士禍와 두 차례에 걸친 반정反正이 그 증거이다. 반정은 신하가 주동이 되어 모시던 군주를 몰아낸 점에서 본질적으로 반역反逆에 해당한다. 맹자의 '귀민경군'사상이 중국과 일본 등지에서 배척된 것은 바로 '일부가주론'에 담겨 있는 반역성 때문이었다.

그러나 역설적으로 민주주의가 보편화된 현대의 관점에서 볼 때 그의 '귀민경군'사상은 커다란 호소력을 지니고 있다. 현대 헌법학에서 말하는 저항권抵抗權이 바로 맹자의 '일부가주론' 주장과 맥을 같이 하고 있다. '귀민경군'사상으로 요약되는 맹자의 민본주의사상이 서구에서 발전한 민주주의 정신과 일맥상통하는 이유가 바로 여기에 있다.

그럼에도 맹자가 그토록 역설한 왕도정치는 춘추천국시대의 시대적 상황에 비춰볼 때 애초부터 실현가능성이 전혀 없었다고 보는 것이 타당하다. 춘추시대에도 패자가 천자를 끼고 제후들을 호령하는 이른바 '협천자挾天

子'의 위력을 통해서만 그나마 천하질서를 어느 정도 유지할 수 있었다. 그러나 7웅七雄이 천하의 우이牛耳 장악을 놓고 한 치의 양보도 없는 혈전을 치른 전국시대에 들어와서는 왕도는커녕 제환공과 관중이 성취한 패도조차 사실상 자취를 감춰 버렸다. 전국시대에 7웅이 이상적으로 그린 인물은 왕도를 실현한 요·순·우·탕이 아니라 패도를 실현한 제환공과 관중이었다.

이를 통해 짐작할 수 있듯이 관중의 패업조차 일언지하에 폄하한 맹자의 왕도설은 기본적으로 실현가능성과는 거리가 먼 하나의 이념적 지표의 성격을 띠고 있었다. 당시의 시대적 흐름은 서주시대의 왕도와 춘추시대의 패도를 넘어 천하통일을 전제로 한 제도帝道의 시대로 진행되고 있었다. 이러한 때에 복고적인 왕도를 주장하는 것은 주왕조의 봉건체제를 옹호하는 시대퇴행적인 모습으로 비춰질 소지가 컸다.

이런 관점에서 볼 때 맹자의 왕도설은 '일부가주론'과 같은 혁명적인 이론의 뒷받침에도 불구하고 신분세습에 기초한 주왕조의 봉건정을 옹호한 것이 아닌가 하는 의심을 사기에 충분했다. 사실 이는 그의 '법선왕론法先王論'에서 더욱 극명하게 나타나고 있다. 그의 '법선왕론'은 요·순·우·탕 등 고대의 성왕이 만든 제도는 더 이상 고칠 데가 없는 만세의 전범인 까닭에 당연히 이를 좇아야 한다는 생각에서 나온 것이었다. 이는 순자의 '법후왕론法後王論'과 극명한 대조를 이루는 것으로 맹자의 회고적懷古的 성향을 여실히 보여주고 있다.

당시 맹자의 '법선왕론'은 정전제井田制와 세록제世祿制, 상서제庠序制 등의 실시 주장으로 구체화되었다. 맹자는 이런 제도가 이미 요·순의 삼왕三王 시대에 널리 시행되었다고 주장했으나 사실 이는 맹자 스스로 자신의 독창적인 구상을 고대 성왕에 가탁해 제시한 것에 지나지 않았다. 맹자가 역사적 사실과 동떨어진 이런 제안을 하게 된 것은 말할 것도 없이 자신의 왕도설을 이론적으로 뒷받침하기 위한 것이었다.

그러나 맹자는 결코 복고주의자는 아니었다. 이는 그가 인의를 체현한 새로운 왕자의 출현을 고대한 이른바 '신왕론新王論'을 제기한 사실을 통해 쉽게 알 수 있다. 그는 「양혜왕 상」에서 천하의 향후전망을 묻는 양혜왕의 질문에 이같이 대답한 바 있다.

"하나로 통일될 것입니다. 사람 죽이기를 좋아하지 않는 사람이 천하를 통일할 수 있을 것입니다."

맹자의 이런 주장은 왕도의 실현이 기존의 군주로는 불가능하다는 판단에서 나온 것이었다. 그가 대망待望한 '신왕'은 사람 죽이기를 좋아하지 않는 이른바 '불기살인자不嗜殺人者'였다. 물론 맹자가 상정한 '신왕'은 기본적으로 인의를 체현한 인물이어야 한다. 결국 평천하를 이룰 '신왕'은 '불기살인자'인 동시에 '인의를 체현한 인물'이어야만 했던 것이다. 이는 당시 맹자가 열국의 군주들을 사람 죽이기를 좋아하는 폭군에 불과한 것으로 간주했음을 시사한다.

이런 관점에서 볼 때 맹자의 왕도설은 복고와 혁신의 개념을 초월해 최상의 것을 추구한 이상주의적인 측면이 강하다고 할 수 있다. 일견 상호 모순적인 것으로 보이는 '법선왕론'과 '신왕론'이 동시에 개진된 것은 바로 지고지선을 추구하는 맹자의 이상주의적인 성향이 빚어낸 결과로 보아야 할 것이다. 맹자의 '신왕론'은 '일부가주론'과 불가분의 관계를 맺고 있다. 맹자가 '탕무혁명湯武革命'을 언급하면서 '일부가주론'을 피력한 것도 바로 왕도 실현을 적극 옹호하려는 의도에서 나온 것이었다.

그러나 법가는 맹자의 이런 주장을 통박하고 나섰다. 신하된 도리로 끝까지 '사군事君'에 헌신해야지 '시군弑君'은 어떤 식으로든 합리화할 수 없다는 게 법가의 주장이었다. 법가의 이런 주장은 그들의 '귀군론貴君論'에 따른 것으로 사실 공자의 입장과 상당부분 궤를 같이 하고 있다.

공자는 맹자가 '일부가주론'의 실례로 내세운 탕무혁명에 대해 맹자와 다른 입장에 서 있었다. 공자는 어디까지나 '군군신신君君臣臣'의 입장이었다. 그는 설령 '불인不仁'한 군주라고 할지라도 신하들이 마음대로 '시군'하는 것을 인정하지 않았던 것이다. 공자는 신하된 자로서는 오직 진퇴를 통해서만 의사를 표시해야 한다고 강조했다. '불인'한 군주를 만나 무도無道한 세상에 처하게 되면 오직 초야로 숨어드는 것만을 인정했을 뿐 '시군'이라는 적극적인 방안을 결코 인정하지 않았던 것이다. 그러나 공자는 동시에 은나라 및 주나라의 건국 자체를 부인하지는 않았다. 공자는 '시군탈위'의 혁명은 인정하지 않았지만 혁명정권의 수립 자체는 인정한 셈이다.

그러나 맹자는 공자와 달리 '불기살인자'에 의한 '신왕'의 등장을 염원한 나머지 폭군방벌을 적극 옹호하고 나섰다. 그의 이런 염원이 바로 일체의 패도를 폄척하고 오직 왕도만을 강조하게 된 근원적인 배경 되었다고 볼 수 있다. 맹자가 왕도지상주의로 흐르게 된 데에는 상당부분 그 자신이 왕도의 정당성과 실현가능성에 대해 남다른 확신을 가진 데에서 그 원인의 일단을 찾을 수 있다.

맹자의 왕도설은 비록 현대의 민주주의와 맥을 같이 하는 '귀민경군'의 민본주의를 그 이론적 바탕으로 삼고 있음에도 불구하고 치세와 난세를 불문하고 오직 인의에 의거한 덕정의 실시만을 주장했다는 점에서 대대적인 수정을 요한다. 그의 성선설이 줄리앙과 같은 서양의 철학자에 의해 21세기의 새로운 도덕철학의 대안으로 각광을 받고 있는 점에 비춰 그의 왕도설에 대해서도 본격적인 재해석이 절실하다.

제3절 맹자사상의 전개

『맹자』는 한문제漢文帝 때 처음으로 『논어』와 『효경』, 『이아爾雅』 등과 함께 학관學館의 공식 교과목이 되었으나 얼마 후 한무제漢武帝 때에 '5경박사五經博士'가 설치되면서 제자백가서의 하나로 격하되었다. 이로 인해 『맹자』는 유자들 내에게 별다른 주목을 받지 못했다. 이러한 흐름은 삼국시대와 남북조시대까지 그대로 유지되었다. 당제국 때에 이르러 한유韓愈 등이 맹자를 높이 평가하면서 『맹자』에 대한 재해석 움직임을 보였으나 전래의 흐름을 바꾸지는 못했다.

5대五代의 혼란기를 거쳐 한족漢族의 통일왕조인 송조가 들어서면서 맹자의 의리義理를 숭상하는 기운이 높게 일게 되었다. 이에 마침내 신종神宗 때에 이르러 왕안석王安石 등에 의해 『맹자』가 과거시험 과목으로 채택되는 등 『맹자』에 대한 전면적인 재평가가 전개되었다. 이로써 『맹자』는 여타 유가경전보다 한 단계 높게 평가하는 이른바 '겸경兼經'으로까지 격상되었다. 다시 남송대에 이르러 주희가 『맹자』를 『논어』와 함께 사서四書의 하나로 표창하면서 『맹자』는 거의 절대적인 권위를 누리게 되었다.

당초 공자가 유가儒家를 개창한 이래 전국시대에 들어와 묵가墨家와 병가兵家, 법가法家와 도가道家, 종횡가縱橫家 등의 제자백가가 우후죽순처럼 등장했다. 그야말로 '백화제방'의 시대가 활짝 열렸던 것이다. '백화제방'은 바로 공자로부터 시작되었다고 해도 과언이 아니다. 공학孔學은 한무제의 '독존유술' 선언으로 유일무이한 관학으로 우뚝 섰다. 이후 시대의 추이에 따라 한대의 훈고학訓詁學과 남북조시대의 현학玄學, 송대의 성리학性理學, 명대의 양명학陽明學, 청대의 공양학公羊學 등으로 전개되었다. 이 와중에 공학의 내용과 성격이 크게 변한 것은 말할 것도 없다. 그러나 송대의 성리학은 명대는 물론 청대 말기에 이르기까지 공학의 적통嫡統으로 인정받음으로써 양명학과 공양학의 등장에도 불구하고 정통 관학의 지위를 잃지 않았다. 송대 이후 〈공학 = 성리학〉의 등식이 성립된 것은 바로 이 때문이었다.

그러나 성리학의 뿌리는 공학이 아닌 맹학孟學이었다. 원래 전국시대 초기만 하더라도 공자의 직제자直弟子 모두 자신의 관점에서 공자의 언행에 대한 다양한 해석을 내림으로써 수많은 유가학파가 등장했다. 그러나 전국시대 말기로 들어오면서 크게 수신제가修身齊家를 중시한 맹자학파와 치국평천하治國平天下를 중시한 순자학파로 정리되었다. 당시 맹학과 순학荀學은 공학의 적통嫡統 문제를 놓고 한 치의 양보도 없는 치열한 논전을 전개했다. 한제국 때에는 이른바 고문학파古文學派와 금문학파今文學派 간의 논쟁이 불붙으면서 맹학과 순학 간의 논쟁은 크게 부각되지 못했다.

그러나 당제국 말기에 이르러 불가佛家와 도가道家의 흥성에 위기감을 느낀 한유韓愈가 공학의 수호자를 자처하면서 맹자를 순자보다 높이 평가한 것을 계기로 맹학의 우위현상이 점차 뚜렷해지기 시작했다. 이후 남송대에 이르러 주희朱熹에 의해 성리학이 정립되면서 맹학의 우위는 확고히 굳어졌다. 이를 계기로 이른바 '맹학독패孟學獨覇'의 시대가 열리게 되자 이내 순자는 문묘文廟에서 축출되고 순학은 이단으로 몰리고 말았다. 이러한 흐름은 청대 말기까지 아무런 변동 없이 그대로 지속되었다. 명청대에 나타난 양명학과 공양학이 맹학에 뿌리를 둔 성리학의 아류에 그친 이유가 바로 여기에 있었다.

맹학이 송대 이래 1천여 년 동안 공학의 적통으로 간주된 사실을 통해 짐작할 수 있듯이 동양 전래의 학문과 사상에서 맹자가 차지하고 있는 비중은 가히 공자에 버금하는 것이라고 해도 과언이 아니다. 그가 지성선사至聖先師로 숭앙된 공자에 버금하는 아성亞聖으로 존숭된 사실이 이를 뒷받침한다.

그러나 맹학의 기본텍스트에 해당하는 『맹자』가 사서의 하나로 평가받은 것은 송나라 이후의 일이다. 그때까지 맹자는 제자백가의 하나에 불과했다. 『노자』와 『장자』보다 존중받지 못했다. 『맹자』를 처음으로 높이 평가한 것은 당제국 때의 유종원柳宗元이었다. 한유韓愈 역시 『맹자』에 비상한 관심을 기울였다. 그러나 이들의 노력은 『맹자』를 여타 유가 경전의 수준으로까지 올려놓지는 못했다.

북송대에 들어와 신법新法을 주장한 왕안석王安石이 『맹자』를 과거 과목 속에 편입시키는 파격적인 조치를 취했다. 이는 『맹자』를 공적으로 승인한 첫 번째 사례에 해당한다. 그러나 이에 대한 반발이 만만치 않았다. 왕안석의 정적인 사마광司馬光이 이를 강력 비난하고 나선 게 그렇다.

그럼에도 왕안석은 신종神宗의 총임을 배경으로 『맹자』를 널리 전파하는데 진력했다. 남송대에 이르러 주희가 성리학을 집대성하면서 『맹자』를 『논어』 등과 함께 이른바 '사서四書'의 하나로 격상시킨 배경이 여기에 있다. 이로써 『맹자』는 사상 처음으로 유가경전의 하나로 편입되었다. 공학을 위시해 그 적통을 이은 순학의 왜곡은 여기서 비롯됐다고 해도 과언이 아니다.

역사적으로 볼 때 공학이 한무제의 '유술독존' 선언 이래 수천 년 간에 걸쳐 유일한 관학으로 존재케 된 데에는 역대 중국 정권이 모두 공학을 통치에 적극 활용코자 하는 취지에서 비롯된 것이다. 이는 공학의 세력을 크게 신장시키는 긍정적인 요인으로 작용했다.

주목할 것은 이런 흐름이 동시에 맹자를 추종하는 속유俗儒의 양산을 재촉함으로써 결국 공학을 타락시키는 부정적인 요인으로 작용한 점이다. 맹학에 기초한 성리학이 공학을 '치평학'에서 왜소한 '도덕철학'으로 변질시킴으로써 공학의 타락을 가속화한 사실이 이를 뒷받침한다. 형식적인 번문욕례繁文縟禮와 '치평'과 거리가 먼 사변론이 횡행하면서 민생은 더욱 피폐해졌고, 맹학 및 성리학에 대한 불만이 시간이 갈수록 쌓여 가면서 공자 자체에 대한 비판의 수위도 높아진 결과다. 19세기 중엽의 '태평천국太平天國의 난'과 20세기 중엽의 문화대혁명 때 공자가 비판의 도마 위에 오른 역사적 배경이 여기에 있다. 이를 간략히 살펴보기로 하자.

1840년대 벽두에 아편전쟁이 발발한 이후 서구 열강의 중국침략이 본격화하자 마침내 백성들의 불만이 한꺼번에 터져 나왔다. 그것이 바로 1851년에 터져 나온 '태평천국의 난'을 계기로 활화산처럼 분출하기 시작했다. 이를 계기로 1천여 년 넘게 신성시되던 공자가 처음으로 커다란 위기를 맞게 되었다. 현재 중국에서 '농민혁명'으로 평가받고 있는 '태평천국의 난'을 일으킨 사람들은 당시만 해도 장발적長髮賊 또는 월비粤匪 등으로 불렸다. 이는 만주족의 변발辮髮을 거부한 한족의 머리모양과 난이 일어난 광동성의 별칭을 따서 붙인 이름이다. 이 난의 지도자는 홍슈취안洪秀全이었다. 그는 기독교의 야훼를 번안한 상제上帝를 내세워 공자의 위패를 깨부수고 혁명의 기치를 높이 들어올렸다.

홍슈취안은 1843년에 광동성 화현花縣에서 창시한 배상제회拜上帝會를 기반으로 서서히 세력을 확대하기 시작했다. 당시 홍슈취안은 모세와 그리스도가 야훼로부터 구세救世의 사명을 받았듯이 자신이 바로 중국을 구제하라는 명을 상제로부터 받았다고 주장했다. 그는 모세의 10계를 흉내 내 금욕적인 계율을 지키고 유일신인 상제만을 믿으면 질병이나 재해에서 벗어나고 나날의 의식衣食이 보장된다고 혹세무민惑世誣民하면서 신도들을 모았다. 비록 기독교의 옷을 걸치기는 했으나 왕조 말기마다 민간에 널리 퍼져 있는 전래의 도교사상을 이용해 반란을 꾀한 전형적인 반도叛徒의 성격을 띠고 있었던 것이다. 그러나 유학과 공자에 대해 신랄한 비판을 가하면서 유일신을 강조한 것은 중국 역사상 처음 있는 일이었다.

이에 위기감을 느낀 향신鄕紳과 관헌들이 이들을 박해하고 나서자 이에 대항하는 무장투쟁이 빈발했다. 결국 홍슈취안은 광서성 계평현桂平縣 금전金田에 신도들을 결집시킨 뒤 마침내 1851년 초에 남녀노소 약 1만 명을 거느리고 봉기했다. 이들은 약 1년 이상 광서성 일대를 전전하다가 호남성에 진출한 이후 각지의 빈농과 유랑민, 수공업노동자 등이 대거 가담하자 1853년 3월에 마침내 수십만 명의 병력을 이끌고 남경에 입성해 이곳을 수도로 하는 '태평천국'을 건설했다. 이 명칭은 유일신인 상제의 가호를 받아 평화롭고 평등한 지상천국을 수립한다는 취지에서 나온 것이었다.

태평천국의 난은 기본적으로 공학의 옷을 빌려 입은 성리학이 강상명교綱常名敎를 내세워 백성들을 질식시킨데 따른 반발이었다. 당시 홍수취안은 남자는 모두 형제이고 여자는 모두 자매이고 남녀는 모두 상제의 자식이라고 설파하면서 신분의 귀천이 없는 지상천국의 건설을 약속했다. 태평천국은 농민들을 선동해 성리학의 강상명교를 파괴토록 했다. 이는 성리학의 강상명교를 맹신한 유자들에게 커다란 충격을 가했다. 태평천국의 강상명교에 대한 비판은 공자의 주요 사상 학설을 근본적으로 부인하는 것이었다.

당시 예부우시랑禮部右侍郎 청궈판曾國藩은 황제로부터 호남성 방위의 명을 받고 곧 농민과 병사로 구성된 지방의용군인 상군湘軍과 장강수군長江水軍을 편제해 태평천국의 북진을 차단했다. 그는 1860년에 양강총독兩江總督에 임명되어 장강 유역의 태평천국 토벌의 전권을 수여받은 뒤 곧 리훙장李鴻章에게 회군淮軍을 조직하도록 명한 뒤 이들을 이끌고 가 영국군과 프랑스군의 지원 하에 난징을 공격했다. 태평천국군은 비장한 각오로 싸웠으나 이내 궤멸상태에 이르자 성 안으로 들어가 농성전에 돌입했다. 결국 1864년 6월에 홍수취안이 자살하는 것을 끝으로 태평천국은 14년 만에 멸망하고 말았다.

태평천국을 진압하는데 결정적인 공을 세운 사람은 말할 것도 없이 청궈판이었다. 그는 태평천국의 난이 일어나자 2천여 년 이래의 강상명교에 대한 변란이 일어났다고 역설하면서 유생들에게 공학의 수호를 호소했다. 그는 태평천국 진압과정에서 서구 열강의 신식 무기체제에 크게 놀라 이내 최초의 유학생을 미국에 파견하고 서양 기술을 도입한 최초의 무기 공장을 설립하는 등 중국의 근대화에 선구자적인 역할을 수행했다. 그는 이로 인해 훗날 뛰어난 애국자로 평가받게 되었다.

태평천국의 난이 일어났을 당시 태평천국이 내걸었던 공자타도 구호에 놀란 사람들 내에서 공학을 새롭게 인식코자 하는 움직임이 일어났다. 중국 근대사상의 선구자인 공자진龔自珍과 위원魏源이 경학經學에 대한 새로운 해석의 필요성을 제기하고 나섰다. 마침내 광동성의 부유한 사족의 장남으로 태어나 성리학을 비롯해 육왕학과 불교 등을 두루 섭렵한 캉유웨이康有爲는 두 사람의 뒤를 이어 금문경학今文經學의 입장에서 공자를 새롭게 해석하고 나섰다.

원래 금문경학을 이끈 전한제국 초기의 동중서는 공자를 초자연적인 신으로까지 미화시킨 인물이었다. 캉유웨이가 동중서가 이끈 금문파의 견해를 지지하고 나선 것은 서양 열강에 의해 피폐해진 청조를 부흥시키기 위해서는 반드시 기독교에 대응하는 민족종교로서 이른바 '공자교'가 필요하다고 판단한데 따른 것이었다. 그는 『신학위경고新學僞經考』와 『공자개제고孔子改制考』, 『대동서大同書』 등을 지어 공자교의 개창을 주장했다.

당시 캉유웨이는 청조가 안팎으로 위기에 몰리자 이내 일본의 메이지 유신과 러시아 피터대제의 근대화정책을 모방해 청조를 구할 생각으로 잇달아 책을 저술했다. 첫 번째로 나온 책이 바로 『신학위경고』였다. 그는 이 책에서 개혁을 추진한 공자가 자신의 말에 신뢰성을 부여키 위해 이전부터 보존되어 온 전래의 문헌을 편찬했으나 현전하는 고문경전은 전한제국 말기의 유흠劉歆의 위작에 불과할 뿐이라고 주장했다. 이는 유가경전을 신성시해온 많은 사람들에게 적잖은 충격을 안겨 주었다.

이어 그는 얼마 후 다시 『공자개제고』에서 공자는 생전에 중국문화의 전반적인 개조를 계획적으로 완수했다고 주장했다. 이는 당시 엄청난 파문을 불러 일으켰다. 『신학위경고』는 단순히 기존의 유가경전에 대한 의구심을 불러일으킨데 불과했으나 『공자개제고』는 기존의 성리학에 대한 근본적인 문제제기에 해당했다. 그는 이 책에서 고문경전 뿐만 아니라 6경 자체가 공자가 고대에 가탁假託해 제도를 개혁하기 위해 저술한 것으로 공자는 성인이라기보다는 정치개혁의 선구자로 보는 것이 옳다고 주장했다. 그는 나아가 성리학이 경세치용經世致用의 '치평학'인 공학을 사변윤리의 '수제학修齊學'으로 왜곡시켜 놓았다고 비판하면서 광범위한 범위에 걸친 일련의 개혁방안을 제시했다.

그러나 캉유웨이의 주장 중에는 역사적 사실과 동떨어진 내용이 적지 않았다. 공자는 스스로 '술이부작述而不作'을 언급한 바 있다. 이는 공자가 유가경전의 원본이 된 전래의 고전을 스스로 만들지 않았다는 것을 의미한다. 공자는 고전을 정리하면서 확신할 수 없는 글을 공백으로 남겨 두고 후대인의 보완을 기대했다. 『논어』 「위령공」의 다음 대목이 그 증거이다.

"나는 오히려 사관들이 확실치 않은 일에 대해서는 기록치 않고 이를 잘 아는 사람이 나타나기를 기다리고, 말을 소유한 자가 제대로 조련할 수 없어 남에게 이를 타게 하여 길들이는 것을 본 적이 있다. 그러나 지금은 그것도 없어졌구나."

공자는 당시 사람들이 자세히 확인도 할 수 없는 상황에서 상상으로 칸을 메우는 것을 유감으로 여긴 것이다. 이는 '술이부작'의 원칙에 따른 것으로 볼 수 있다. 그러나 캉유웨이는 이에 대해 정반대의 해석을 내렸다. 그는 공자가 6경을 기본으로 한 '유교儒敎'를 만들기 위해 짐짓 그같이 말한 것에 불과하다고 주장했다. 그러나 캉유웨이의 이런 주장은 공자의 권위를 빌려 자신의 변법 구상을 합리화하기 위한 것에 불과할 뿐이다.

캉유웨이의 이런 주장은 많은 사람들의 반발을 불러왔다. 청나라 조정에서도 광서제光緒帝에게 난서亂書 유통의 엄금을 청하는 건의가 잇달았다. 그러나 이 책에 나온 광범위한 분야에 걸친 부국강병책은 어린 황제 광서제에게 적잖은 감명을 주었다. 이를 계기로 오히려 광서제의 호감을 산 캉유웨이는 애제자 량치차오梁啓超와 함께 보국회保國會 등의 단체를 만들어 변법유신을 위한 정치활동을 맹렬히 전개했다. 그는 1898년에 광서제의 발탁으로 총리아문의 고관이 되어 광서제의 후원 아래 변법유신을 강력히 시행케 되었다. 이것이 바로 '무술변법戊戌變法'이다.

무술변법은 처음에 성공적으로 진행되는 듯했으나 이내 보수적인 서태후西太后의 반대와 위안스카이袁世凱의 배반으로 정변이 일어나자 좌절되고 말았다. 캉유웨이는 애제자 탄쓰퉁譚嗣同 등을 잃고 량치차오와 함께 일본으로 망명했다. 이를 무술정변戊戌政變 또는 백일유신百日維新이라고 한다.

캉유웨이는 일본으로 망명한 후에도 보황당保皇黨을 만들어 혁명을 주장하는 쑨원孫文의 동맹회同盟會에 대항해 입헌군주제의 도입을 주장했다. 이때 그는 『대동서』를 펴내 이상사회 구현에 대한 열망을 드러냈다. 성리학이 '인'과 '지'를 통일적으로 결합시킨 공자의 '인지합일仁知合一'사상을 왜곡해 '선인후지先仁後知'로 나아갔다고 비판하면서 '선지후인'이 공학의 본의라고 강조했다. 이는 맹학과 성리학을 공학의 정맥으로 간주한 '수제파' 학통에 대한 반론에 해당한다. 사상사적으로 보면 '치평파'인 순학의 학통을 잇는 것이었다.

캉유웨이의 이러한 주장에는 비록 견강부회한 내용들이 적지 않으나 거기에는 근대화를 위한 변법의 이론적 근거를 공학의 고의古義에서 찾고자 하는 열망이 담겨져 있었다. 이는 성리학이 탄생한 이래 1천여 년 간 왜곡된 공학의 원의를 복원하는데 결정적인 단초를 제공했다. 그러나 그의 이런 주장은 별다른 반향을 일으키지 못했다. 캉유웨이는 신해혁명으로 민국정부가 들어선 뒤 복벽復辟운동을 나섰다가 이내 실패하자 상하이로 가 은거하다가 1927년에 청도靑島에서 사망했다.

캉유웨이의 파란만장한 삶은 청조 말기에서 민국 초기의 혼란상과 궤를 같이 하는 것이나 동시에 공자 및 공자사상이 극과 극을 오가며 포폄의 대상이 되었음을 웅변적으로 보여준 것이기도 하다. 캉유웨이의 실패는 공자가 혁명파를 비롯한 급진주의자들에게 타도 대상으로 전락하는 결정적인 분기점이 되었다.

캉유웨이의 애제자 량치차오도 공자를 개혁가로 전제하면서 순자를 소강세小康世의 전달자, 맹자를 대동세大同世의 전달자로 간주했다. 그는 이를 기초로 진한시대 이래 오직 소강만이 전해지고 대동은 전해지지 않은 까닭에 전래의 성리학은 본래의 공학이 아니라고 주장했다. 그러나 소강의 세월에 전해진 것은 량치차오의 주장과 달리 소강의 전달자인 순학이 아니라 대동의 전달자인 맹학이었다. 따라서 소강의 세월에 이에 걸맞지 않는 맹학을 이어받은 성리학은 본래의 공학이 아니라고 해야만 논리적으로 아무 모순이 없게 된다.

그러나 캉유웨이와 량치차오 모두 이를 간파하지 못했다. 이들은 결국 성리학이 본래의 공학이 아니라는 올바른 결론을 얻었음에도 불구하고 그 책임을 맹학이 아니라 순학에 씌우는 잘못을 범하고 말았다. 탄쓰퉁은 변법파 중에서 가장 과격한 방법론을 선택키는 했으나 그의 구국일념은 높이 살만했다. 이는 량치차오가 펴낸 『담사동전』에 나오는 다음과 같은 그의 언급을 보면 쉽게 확인할 수 있다.

"어느 나라이고 간에 유혈 없이 변법이 성공한 예가 없다. 오늘날 중국에서는 변법을 위해 피를 흘린 자가 있다는 얘기를 듣지 못했다. 그래서는 우리나라가 일어나지 못한다. 내가 먼저 피를 흘리는 사람이 되겠다."

그는 무술정변으로 변법이 실패로 돌아가게 되자 이내 일본으로 망명하는 량치차오에게 자신의 저작과 시문 등을 넘겨주고 죽음을 선택했다. 량치차오는 일본에서 발행한 잡지 『청의보淸議報』에 그의 저작 중 일부를 연재했다. 이후 이를 단행본으로 출간한 것이 바로 『인학仁學』이다. 그는 『인학』의 하권 첫머리에 다음과 같이 주장한 바 있다.

"황종희·왕부지와 나란히 병칭되면서 명실이 상반되고 득실이 배치되는 자가 있다. 그가 바로 고염무顧炎武이다. 고염무의 학문은 정주학에서 나왔고, 정주학은 순학의 말예末裔이다. 거기에는 오직 군주통치를 뜻하는 '군통君統'의 원리만 있을 뿐이다."

이를 통해 탄쓰퉁이 군주정에 대해 극도의 혐오감을 지니고 있었음을 쉽게 확인할 수 있다. 이는 기본적으로 만주족 정권에 대한 혐오에서 비롯된 것으로 볼 수 있다. 그가 명말청초에 등장한 3명의 거유 가운데 유독 고염무만을 비판한 것은 그의 저서에 '군통'에 대한 비판이 없다는 오직 한 가지 이유 때문이다. 논리적 타당성이 빈약한 것이다.

나아가 정주학을 순학의 예로 본 것은 큰 잘못이다. 정주학의 뿌리는 어디까지나 맹학이다. 그는 평등·자유·박애를 실현키 위해 '지知'를 귀하게 여겨야 한다고 주장했으나 그의 '지'는 영혼과 같은 비이성적 의지를 내포하고 있다. 사상적으로 원숙치 못한 청년 탄쓰퉁의 한계가 여실히 드러나는 대목이 아닐 수 없다. 그가 캉유웨이와 량치차오의 사상에서는 나타나지 않은 급진적인 모습을 띠게 된 것도 이와 무관치 않다고 보아야 한다.

당시 성리학의 강상명교를 깨뜨리고 공자의 개제改制정신을 따라야 한다는 변법파의 주장은 강상명교가 곧 공자의 가르침으로 인식되던 당시의 상황에서 볼 때 곧 공자의 해체를 촉구한 것이나 다름없었다. 특히 탄쓰퉁의 급진주의적인 주장은 젊은 지식인들에게 심대한 영향을 끼칠 수밖에 없었다. 공자타도를 외친 5·4운동이 탄쓰퉁의 사상적 세례를 받은 것으로 알려진 것도 바로 이 때문이다.

변법파의 쇠락은 정치무대에서 쑨원孫文을 중심으로 한 혁명파의 입지를 크게 넓혀주었다. 이들 혁명파는 아무런 거리낌 없이 공자에게 모든 책임을 전가해 가차 없는 공격을 가했다. 그들의 공자에 대한 기본 입장은 태평천국이 겉으로만 공자를 비판하고 변법파가 공자를 개혁가로 상정한 것과 현격한 차이가 있었다.

당시 혁명파의 입장에서 볼 때 만주족 정부를 무너뜨리고 혁명을 성사시키기 위해 모든 방안을 동원해야 하는 상황에서 공학이 성리학과 다르다는 사실 자체는 별로 중요치 않았다. 실제로 그들은 이를 애써 알려고도 하지 않았다. 오히려 공자와 주희 등을 싸잡아 공격하는 것이 새로운 공화국을 건국하는데 훨씬 유리하다고 판단했다. 그들의 주장이 변법파 가운데 가장 급진주의적이었던 탄쓰퉁의 수준을 훨씬 뛰어넘는 과격성을 보인 이유가 바로 여기에 있었다.

공자에 대한 혁명파의 기본 입장은 공자가 만들어놓은 봉건질서를 배척하고 공자는 결코 성인이 아니었다는 이른바 '배공무성排孔無聖'으로 요약된다. 이러한 구호를 만들어낸 사람이 다름 아닌 장빙린章炳麟이었다. 그는 『순자』에 대한 새로운 주석서를 쓴 유월俞樾의 제자였다. 유월은 늘 순자를 칭송했다. 장빙린이 순자와 경세치용의 실학을 주창한 청대 초기의 안원顔元을 중국역사상 최고의 유자로 손꼽은 데에는 유월의 영향이 지대했다고 보아야 한다. 그는 실제로『구서訄書』「정공訂孔」에서 '순자가 공자보다 낫다.'는 주장을 펼치기도 했다.

장빙린은 곧 중국의 사회진화 과정은 역사사료의 일종인 육경을 통해 확인할 수 있다면서 2천여 년 동안 지속된 공자 및 유가경전에 대한 신화는 허구에 불과할 뿐이라고 지적했다. 그는 이어 사료를 통해 살펴본 공자는 성인이 아닐 뿐만 아니라 중국사회의 진보를 저해한 중죄를 범한 인물임에 틀림없다고 결론을 내렸다. '치평학'의 진수는 순학에 있었음에도 역대 통치자는 시종 공학을 높이고 순학을 배척함으로써 중국사회가 발전을 못하게 되었다는 게 그 이유였다.

장빙린의 논리 역시 탄쓰퉁과 마찬가지로 타도공자라는 명백한 목적하에 전개된 까닭에 명백한 논리의 비약을 안고 있다. 그것은 바로 공학과 순학을 절연시켜 놓은데 있다. 이는 캉유웨이를 비롯한 변법파의 논리를 교묘히 뒤집어 놓은 것이다.

변법파는 장빙린과 마찬가지로 공학과 순학을 절연시켜 놓았다. 이는 공자를 '개제'를 통한 개혁가로 규정키 위한 억지논리였다. 공자와 순자는

'존군尊君'에서 하등 차이가 없었다. 두 사람의 '존군' 개념은 군주의 권력독점을 강조한 한비자의 '귀군貴君' 개념과는 차원이 다른 것이었다. 공자와 순자가 이구동성으로 '군군신신君君臣臣'을 언급한 이유가 여기에 있었다. 그럼에도 변법파는 탄쓰퉁이 『인학』에서 주장했듯이 공학과 순학을 절연시킨 뒤 성리학의 학통이 순학에서 흘러나온 것으로 단정하면서 모든 책임을 순자에게 뒤집어 씌웠던 것이다.

장빙린의 주장은 변법파와 달리 결론을 도출하는 과정에 모순은 없으나 결론부분에 중요한 모순을 안고 있다. 유가경전을 역사사료로 간주한 장빙린의 논리는 나름대로 일리가 있다. 경전에 나오는 수많은 주석 자체가 하나의 시대정신을 드러낸 것으로 볼 수 있는 것이다. 그러나 이러한 역사사료를 자세히 추적한 결과 공자가 중국사회의 진보를 저해한 중죄를 범한 사실이 드러났다고 주장한 것은 논리의 비약이 아닐 수 없다.

장빙린이 결론부분에서 역사사료에 대한 정밀 탐사 결과 공자가 성인이 아니라는 사실을 발견했다는 주장은 타당하다. 그는 성리학 등에 의해 덧씌워진 공자의 가면을 벗겨낸 셈이다. 그러나 공자가 사회진보를 가로막았다는 주장은 왜곡이다. 그는 '치평학'의 진수가 순학에 있었는데도 역대 통치자가 시종 공학을 높이고 순학을 배척했다고 주장했으나 역대 통치자들이 실제로 높인 대상은 공학이 아니라 맹학 내지 성리학이었다.

'수제치평修齊治平'으로 통합돼 있는 공자사상에서 '수제'를 분리시켜 지나치게 강조함으로써 '치평'을 낮게 평가하고 '인지합일仁知合一'의 공자사상에서 '인'을 지나치게 강조함으로써 '지'를 왜소화시킨 장본인은 맹자이다. 장빙린은 역대 통치자들이 맹학과 성리학을 높이고 공학과 순학을 배척한 까닭에 사회진보에 장애를 가져왔다고 얘기하는 것이 옳았다. 역사의 죄인은 공자가 아니라 맹자인 까닭에 공자를 이용해 '호가호위狐假虎威'한 맹자를 타도해야 한다고 주장하는 것이 논리상 타당하다.

혁명파의 대표적인 논객인 장빙린은 공자타도의 의도를 관철시키기 위해 맹학과 공학을 뒤바꿔 놓았다는 비난을 면키 어렵다. 그는 문제풀이 과정에는 오류가 없는데도 불구하고 마지막에 오답을 적어 넣어 결과적으로 문제풀이 과정에 오류를 범하고도 정답을 적어낸 변법파와 정반대의 잘못을 저지른 셈이다.

혁명파가 변법파와 정반대의 입장을 취한 가장 큰 이유는 청조정부에 대한 시각 차이에서 비롯된 것이다. 변법파는 만주족 정부를 그대로 존치시킨 채 입헌군주제를 통한 변법자강을 꾀한데 반해 혁명파는 만주족 정부를 무너뜨린 뒤 한족이 중심이 된 공화국체제를 구성코자 했다. 혁명파의 '배공무성' 구호는 만주족 정부도 공자를 높이 숭상한 데다 정적인 변법파가 공자를 지지하고 있는 만큼 차제에 모든 책임을 공자에게 씌워 모든 것을 일거에 청산코자 하는 속셈에서 나온 것이다. 정치적인 목적을 위해 공자를 희생양으로 삼았다는 지적을 면키 어렵다.

혁명파가 내건 '배공무성'의 구호 중 공자와 공학의 신화를 제거코자 한 '무성'은 나름대로 타당한 것이기는 했으나 이는 '배공'을 위한 하나의 구실에 지나지 않았다. 학술고변學術考辨의 옷을 뒤집어쓴 '무성'은 '배공'을 주장키 위한 도입부에 해당한다. 이는 마치 문화대혁명 당시 린뱌오林彪를 제거키 위해 내건 '비림비공批林批孔'의 구호에서 '비공'이 '비림'의 빌미로 작용한 것과 유사하다. 혁명파의 '배공'은 '무성'의 결론인데 반해 문화대혁명 당시의 '비공'은 '비림'의 전제로 도입된 것이 다를 뿐이다.

혁명파는 간명하면서 선동적인 '배공무성' 구호를 만들어냄으로써 안팎의 정세에 위기의식을 느끼고 있던 젊은 학도들을 비롯해 새 시대를 열망하는 백성대중을 격동시키는데 성공했다. 그들은 공학을 '군자학君子學'이 아닌 '군주학君主學'으로 규정한 뒤 공자를 역사퇴행적인 봉건체제의 지지자로 낙인찍었다. 이는 말할 것도 없이 자신들의 혁명을 정당화하고자 하는 속셈에서 나온 것이었다.

그러나 중국의 백성들은 이런 슬로건에 간단히 넘어갔다. 그들은 수천 년 동안 유지돼 온 군주정이 봉건정을 타도하고 성립한 뛰어난 통치체제라는 것을 알 수도 없었고 알려고 하지도 않았다. 혁명파가 이제야말로 백성이 주체가 된 민주혁명을 통해 백성을 우롱한 공학의 강상명교를 일거에 타파하고 봉건전제를 일소해야 한다고 떠들자 백성의 대다수를 차지하고 있던 한족은 혁명파의 이런 주장에 열광했다.

당시 혁명파가 내세운 논리는 서양 제국주의자들이 내세운 침략논리보다 더욱 파괴적이었다. 그들은 전래 최고의 미덕으로 간주된 충효를 노예근성을 조장하는 도그마로 매도했다. 이에 이른바 '3강5륜三綱五倫'으로 상징되는 성리학의 강상명교綱常名敎는 군주가 절대 권력을 휘둘러 백성을 파리 목숨처럼 죽이는 것을 합리화한 봉건전제의 도그마로 매도되었다. 이는 기본적으로 '치평학'을 창시한 공자를 역사에서 말살코자 한 속셈에서 나온 것이었다.

장빙린이 말한 새 공화국의 백성은 오직 자신에게만 의지하고 남에게 의지하지 않는 개별적이면서도 주체적인 백성을 의미했다. 그러나 이는 완전히 자아의 자유의지에만 의거해 어떠한 사회규범에도 복종하지 않는 별천지의 백성으로 탄쓰퉁이 주장한 백성상과 매우 유사하다. 단지 탄쓰퉁의 자유의지는 공자에 근거하고 있는데 반해 장빙린의 자유의지는 그 어떤 권위에도 의지하지 않는다는 것이 다를 뿐이다. 청조말기의 혼란스런 상황에서 중국의 지식인들이 얼마나 극심한 사상적 빈곤에 처해 있었는지를 단적으로 보여준다.

혁명파들의 과격하기 그지없는 이러한 움직임은 보수주의자들의 반발을 야기했다. 혁명파에 의해 '국수주의자'로 매도된 이들 보수주의자들은 중국 전래의 학술문화는 도덕을 중심으로 하는 '정신의 학문'인데 반해 서구의 그것은 '형질의 학문'이라고 주장했다. 이들 보수주의자들은 중국은 비록 서구의 물질문명에 뒤져 있는 것이 사실이나 정신적인 면에서는 서구보다 나은 까닭에 서구 열강을 이기는 비결 또한 그 안에 있다고 주장했다.

이들의 반발로 당시 혁명파의 '배공무성' 구호는 훗날 문화대혁명 때와 같은 극단으로 치닫지는 않았다. 만일 이들의 반발이 없었다면 혁명파의 급진주의적인 주장으로 인해 문화대혁명 때와 같은 극단적인 공자타도운동은 반세기나 앞서 일어났을 공산이 컸다.

이러한 우여곡절 끝에 혁명파가 주도한 신해혁명으로 청조정부가 무너지고 민국정부가 들어서면서 중국은 진시황 이래 수천 년 간에 걸쳐 지속된 군주정이 종식되고 사상 최초로 서양식의 공화정이 등장케 되었다. 민국정부가 공자에 대해 매우 부정적인 견해를 지닌 것은 당연한 일이었다. 민국정부는 출발부터 서구의 민주주의로 유가사상을 대체코자 했다. 이는 민국정부의 수립 과정에서 서구 제국주의자들로부터 결정적인 도움을 받은 사실과 무관치 않았다. 민국정부는 서구 열강의 지지를 얻기 위해 서구 민주주의 도입에 조급증을 보였다.

그러나 당시 혁명파의 영수로 일약 국부國父의 반열에 올라선 쑨원은 다른 생각을 갖고 있었다. 그는 장빙린과 달리 공자를 '민주주의자'로 부르면서 중국이 유럽이나 미국보다 수천 년 앞서 민주주의 철학을 발전시켰다고 생각했다. 이에 그는 마르크시즘을 비판할 때도 공동체의 조화를 강조한 유가사상을 원용했다. 당시 그는 잘못된 인간평등관 때문에 서구의 민주주의 성과가 기대보다 훨씬 못하다고 확신했다.

만일 민국정부가 내부의 혼란을 제대로 수습해 쑨원의 이러한 균형 잡힌 정신을 제대로 이어갔으면 중국의 역사는 다른 방향으로 전개되었을 공산이 컸다. 그러나 신해혁명 이후의 중국사정은 군벌들의 난립으로 인해 청조말기보다 오히려 더욱 혼란한 모습을 보일 수밖에 없었다. 더구나 집권당인 국민당의 극심한 부패와 군벌의 난립으로 인해 백성들의 피폐는 극에 달해 있었다. 서구 열강의 반식민지로 전락한 민국정부 하의 중국은 새로운 혁명의 도가니로 빠져들고 있었던 것이다.

중국의 근대는 격동의 시기였다. 서구 열강의 침탈 속에서 공학의 가면을 쓰고 사변론에 머물고 있던 성리학이 당면과제인 국가보위에 하등 쓸모가 없다는 사실이 명백해지면서 공자는 비판의 도마 위에 오를 수밖에 없었다. 당시 전통문화를 상징한 공자는 선진국인 서구가 이뤄놓은 물질문명을 배우는데 걸림돌로 인식되었다. 서구화를 겨냥한 당시 신문화운동新文化運動의 당사자들은 공자를 봉건전제사상의 원흉으로 매도하면서 공학을 일거에 매장코자 했다. 신문화운동의 확산으로 공자를 반대하고 공학을 비판하는 흐름이 점차 대세를 이뤄갔다.

마침내 황제로의 즉위를 꾀하며 복고적인 행보를 보인 위안스카이가 공자를 높이고 나서자 백성들의 공자에 대한 인상이 더욱 흐려지게 되었다. 이윽고 위안스카이의 행보에 반발하는 움직임이 곳곳에서 일어나자 이로 인한 혼란이 걷잡을 수 없을 정도로 확산되었다. 중국현대사의 신기원을 연 운동으로 평가되는 '5·4운동'은 바로 이런 와중에 터져 나온 사건이었다.

5·4운동은 일제가 제1차 세계대전의 와중에 중국정부에 무리한 내용을 담은 이른바 '21개조 요구'의 수락을 강요한데서 비롯되었다. 세계대전이 끝난 후 전승국들이 파리에서 강화회의를 개최하면서 독일이 중국의 산동성에 가지고 있던 권익을 일본에게 양보하라는 일본 측 요구를 수용하자 이에 격분한 베이징의 학생들이 들고 일어난 것이다. 당시 학생들은 이미 일제의 '21개조 요구'를 격렬히 반대하고 있었던 데다가 베이징대학을 중심으로 한 문학혁명文學革命 이후의 신문화운동도 경험한 바 있다. 5·4운동이 과학과 민주주의를 제창하는 문화운동의 성격을 띤 채 백성들의 폭넓은 지지를 얻은 이유가 바로 여기에 있었다.

5·4운동이 일어나기 전까지만 해도 근대화의 구호는 과학과 민주가 아니라 자유와 인권이었다. 이는 청일전쟁을 통해 근대화한 일본의 막강한 무력에 놀란 중국의 지식인들이 서구화의 필요성을 절감하자 옌푸嚴復가 이들을 위해 수많은 서구의 학술서를 번역해 출간한데 따른 것이었다. 그의 대표적인 번역서로는 동물학자인 헉슬리의 『진화와 윤리』와 몽테스키외의

『법의 정신』, 아담 스미스의『국부론』등이었다.

이중 중국의 지식인들에게 가장 큰 영향을 미친 것은 헉슬리의『진화와 윤리』였다. 원래 헉슬리는 해파리 등 강장동물의 해부학적 생태와 고등동물을 비교하여 발생학적 측면에서 서로 같은 점이 있음을 발견해 동물학자로서 명성을 떨쳤다. 그는 이후 다윈이 진화론을 발표하자 이에 크게 매료되어 이른바 '사회진화론'을 주창하고 나섰다. 그는 인간을 닮은 네안데르탈인의 화석연구를 기초로 인간이 진화의 과정에서 생겨난 것임을 밝혀낸 뒤 사회 또한 진화의 과정을 밟아왔다고 주장했다. 진화의 정점에 서구사회를 상정한 것은 말할 것도 없다. 옌푸의 번역서를 통해 그의 이런 주장을 접한 중국의 지식인들은 경악했다. 중국이 진화가 덜 된 미개사회에 머물고 있었기 때문이다.

이런 분위기 속에서 당시 옌푸는 자유를 체體로 삼고 민주를 용用으로 삼아야 한다고 주장하면서 자유와 인권으로 상징되는 조속한 서구화를 촉구했다. 헉슬리의 사회진화론에 충격을 받은 중국의 지식인들은 옌푸의 이런 주장에 크게 공명했다. 중국은 자유와 인권이 제대로 지켜지지 않은 까닭에 사회진화에 실패했다고 믿은 것이다. 자유와 인권은 중국이 사회진화를 이루기 위해 반드시 구현해야 할 최고의 가치로 떠올랐다.

그러나 5·4운동이 일어나면서 자유와 인권을 대신해 민주와 과학이 새로운 구호로 등장했다. 왜 갑자기 서구화의 이념적 지표가 바뀐 것일까? 지난 1980년대 이래 5·4운동의 성격과 관련해 민주와 과학을 인간의 해방운동으로 간주하는 견해 등 여러 견해가 제시되었다. 그러나 뚜렷한 결론을 찾지 못했다. 주목할 만한 것은 리쩌허우李澤厚의 분석이다. 그는 당시 자유와 인권을 상징하는 계몽과 민주와 과학으로 요약되는 서구화를 통한 구망救亡 가운데 구망이 계몽을 압도하는데 따른 것으로 분석했다. 현재의 학계에서는 대략 당시 5·4운동의 당사자들이 독립사상과 자유사상을 더 중시한데 따른 것으로 보고 있다.

5·4운동이 발발했을 당시 위안스카이의 군벌정부는 즉각 진압에 나섰다. 이에 학생들은 파업으로 대항하면서 일본상품의 불매운동을 전개했다. 이해 6월 3일에 군벌정부가 대규모 탄압을 감행하여 학생 1천 명을 체포하자 이에 격분한 백성들이 대규모 파업과 상점폐쇄 등으로 맞섰다. 이때 전국 각 단체를 망라한 통일전선조직이 구성되자 군벌정부도 파리평화회의 조인을 거부하지 않을 수 없었다. 당초 지식인을 중심으로 시작된 5·4운동은 러시아혁명과 조선의 3·1운동에 고무되어 일어난 반일반제운동으로 이후 노동운동과 농민운동 등 대중운동의 출발점이 되었다.

당시 5·4운동의 당사자들은 위안스카이의 반동이 공자의 망령에서 비롯된 것으로 간주해 '타도공가점打倒孔家店'을 구호로 내걸었다. '공가점'은 공자사상을 마치 낡은 사상을 팔아먹는 상점으로 폄하한 것이다. 이는 공학이 20세기의 현대사회에 어울리지 않는다고 판단한 데 따른 것이었다. 이들이 생각한 현대사회는 말할 것도 없이 구미 열강을 의미하는 것이었다. '타도공가점'의 구호는 미국의 존 듀이 밑에서 수학한 서구주의자 후스胡適가 쓴 『오우문록吳虞文錄』의 서문에 처음으로 등장한 것이다.

"2천여 년 동안 지속된 사람을 잡아먹는 예교와 법제의 뿌리를 뽑고, 공구의 위패를 걸고 있는 유학에 대해서는 그것이 대대로 전해 내려온 것이든 가짜든 모조리 끌어내 부수고 불살라 버리지 않으면 안 된다."

참으로 과격하기 그지없는 선동이 아닐 수 없다. 후스는 스승인 존 듀이로부터 깊은 사상적 세례를 받았다. 존 듀이는 중국에 대해 매우 부정적인 생각을 갖고 있었다. '중국에 대해서는 가르칠 것만 있을 뿐 배울 것은 없다.'는 것이 당시 그의 생각이었다. 후스는 훗날 자신의 철저한 서구주의 경향에 대해 자성하기는 했으나 그는 근본적으로 스승인 존 듀이의 왜곡된 중국관에서 벗어나지 못했다.

「오우문록」의 주인공 '우유吳虞'는 5·4운동 당시 사천성에서 선구적으로 '타도공가점'을 실천한 인물이었다. 당시 백성들은 이 구호에 솔깃했다.

시급히 서구화를 통해 그 뒤를 밟아가야 할 선진국의 표상인 구미 열강 중 단 한나라도 공자를 믿는 나라가 없다는 사실은 백성들을 격동시키기에 충분했다. 백성들 모두 하루속히 서구화를 위해서는 과학과 민주주의를 기치로 내건 신문화운동을 전개해야 한다는 주장에 공감했다. 그 목표를 조속히 달성키 위해서는 공자를 철저히 타도할 필요가 있었다. '타도공가점'을 부추기는 후스의 '격문'이 출현한 것을 계기로 '타도공가점'의 대세는 막을 길이 없게 되었다. 공자의 입장에서 볼 때 최악의 상황이 연출된 셈이다.

이런 상황에서 중국의 백성들이 공자를 배척하지 않고는 중국의 앞날은 없다는 확신을 갖게 되었다. 당시 '치평'과는 거리가 먼 공허한 성리학이 곧 공학의 전부인 것으로 알고 있던 백성들이 이러한 확신을 갖게 된 것은 불가피했다. 이로 인해 공자는 중국의 역사를 결정적으로 후퇴시켜 마침내 중국을 열강의 침탈대상으로 전락시킨 원흉으로 낙인찍히고 말았다.

원래 5·4운동은 서구 열강으로부터 조국을 지켜야 한다는 젊은 학생들의 뜨거운 열망에서 비롯된 것이다. 이들의 뇌리에는 당면한 안팎의 위기를 속히 벗어나기 위해서는 속히 서구의 민주제도와 과학기술문명을 도입해야 한다는 생각밖에 없었다. 새로운 중국을 건설키 위해서는 공학으로 상징되는 고래의 전통은 철저하면서도 신속히 제거할수록 좋았다.

이러한 발상은 혁명파의 '배공무성' 주장과 비교할 때 훨씬 급진적이었다. 5·4운동은 혁명파의 '배공무성' 논리보다 더욱 철저하게 공자를 봉건전제의 옹호자로 낙인찍었다. 이를 계기로 공자는 중국을 살릴 수 있는 유일한 길인 근대화와 양립될 수 없는 반동의 괴수로 전락하고 말았다.

이로써 '3강5륜'으로 상징되는 성리학의 강상명교는 개인의 자유와 인권을 억누른 반동이념으로 매도되어 쓰레기통에 집어던져졌다. 천두슈陳獨秀는 '3강'을 두고 군君·부父·부夫가 신臣·자子·부婦를 노예로 삼은 '노예도덕'에 불과하다고 질타했다. 루쉰魯迅도 이에 가담해 공학이 사람을 잡아먹는 이른바 '츠런吃人'을 자행했다고 거들었다. 이에 공학은 사상 면에서는 전제군주정의 사상적 뿌리로 전락하고, 과학기술 면에서는 반이성주의적인 독단론으로 추락하고 말았다. '타도공가점'에 나서지 않는 사람은 곧 새로운 시대에 부응하는 신 국가 건설에 참여키를 거부하는 반동으로 몰릴 수밖에 없었다.

민주주의와 과학은 '타도공가점'을 구호로 내세운 5·4운동의 가장 큰 이론적 지주였다. 이는 곧 서구화를 의미했다. 낡은 전통에 얽매어 있는 중국은 하루속히 서구화를 이뤄 민주주의와 과학을 생활화하지 않으면 안 되었다. 중국의 백성들은 이 구호에 고개를 끄덕였다. 마침내 백성들이 민주와 과학의 깃발을 들고 공문을 무참히 때려 부수기 시작했다.

그러나 공자유령과의 싸움에서 완승을 거둘 것처럼 보인 이 운동은 스스로 급진주의의 결함을 그대로 노출함으로써 이내 한계에 부딪치고 말았다. 치명적인 잘못은 공학이 민주 및 과학과 대립되는 측면에만 지나치게 매달린 나머지 공학의 높은 덕성마저도 일거에 매도 대상으로 몰아간데 있었다. 하늘을 찌를 듯이 치솟았던 '타도공가점'의 노도怒濤가 갑자기 주춤하는 사이에 은밀히 숨을 고르며 반격을 노리고 있던 공자 추종자들이 반격에 나섰다.

5·4운동이 격렬하게 전개되던 시기에 공개적으로 공학의 부흥을 외치고 나선 대표적인 인물로 량수밍梁漱溟을 들 수 있다. 그는 밀려드는 적군을 향해 필마단기로 영격에 나섰다. 량수밍은 『동서문화와 철학』에서 인류문명을 서양문명·인도문명·중국문명으로 나눈 뒤 서양문명은 진취進取 문명, 인도문명은 사리捨離 문명, 중국의 문명은 중화中和 문명으로 규정하며 중국문명의 특수성을 부각시켰다. 그의 뒤를 이어 장쥔마이張君勱와 슝스리熊十力, 펑여우란馬友蘭 등이 지원에 나섰다.

그러나 이들의 노력에도 불구하고 공학에 비판적인 사람들의 입장은 완고했다. 이로써 전통문화에 대한 '비판적 계승'이라는 과제는 미결과제로 남아 있게 되었다. 이러한 갈등은 마침내 중국이 공산화되어 정치투쟁이 전개되는 와중에 극히 파괴적인 문화혁명으로 폭발하고 말았다.

원래 공산주의자의 '타도공가점' 운동 가담은 리다자오李大釗로부터 시작되었다. 그는 신문화운동이 한창 진행될 당시 공자를 두고 역대 전제군주의 호신부護身符에 불과했다고 매도하면서 위안스카이의 행보를 지목해 전제봉건의 부활을 경고하고 나섰다. 이로써 공자는 민족주의자는 말할 것도 없고 후스와 같은 구미주의자와 리다자오와 같은 공산주의자들로부터 모두 배척받는 반동의 표상이 되고 말았다.

또 다른 공산주의자 천두슈는 서양사회의 본질은 민주와 과학에 있고, 중국과 서양의 차이는 바로 여기서 비롯되었다고 전제하면서 서구식 새 국가를 건설키 위해서는 '타도공가점'이 더욱 철저히 전개될 필요가 있다고 역설했다. 그는 또 공자사상은 민주주의 및 과학과 완전히 괴리된 일고의 가치도 없는 사상인 까닭에 이를 타도하는데 망설일 이유가 하등 없다고 부추겼다. 천두슈의 이러한 주장으로 5·4운동에서 비롯된 '타도공가점' 운동은 더욱 탄력을 받게 되었다. 5·4운동이 혁명파의 '배공무성' 운동보다 더욱 격렬하게 진행된 것은 이와 무관치 않았다.

천두슈 등은 '타도공가점' 운동이 최고조에 달하자 이를 적극 활용해 중국을 공산화하고자 했다. 그러나 천두슈 등의 무모한 행보로 중국공산당이 위기에 몰리자 돌연 리다자오로부터 깊은 영향을 받은 마오쩌둥이 나타나 공자부터 쑨원에 이르는 진귀한 사상적 유산을 발전적으로 계승할 것을 주장하고 나섰다.

마오쩌둥의 등장을 계기로 중국의 공산주의자들은 공자사상에서 민주성과 과학성을 발굴키 위해 노력했다. 이는 5·4운동의 이념적 기반인 과학과 민주를 대전제로 하여 중국 전래의 전통문화의 정수를 받아들여 마르크시즘의 중국화를 이루고자 한 마오쩌둥의 의지에서 비롯된 것이었다.

이러한 연구를 주도한 인물이 바로 궈모뤄郭沫若였다. 그는 『십비판서十批判書』에서 공학에 대해 완전히 새로운 평가를 내렸다. 그는 『논어』는 물론 제자백가서에서 공자의 인본주의적 색채가 짙은 구절을 모조리 찾아내 공자를 무장혁명을 주도한 혁명가로 변신시켜 놓았다. 그의 이런 노력으로 인해 공자는 일약 역사를 후퇴시킨 봉건전제 사상가에서 백성을 아낀 민주주의자인 동시에 실사구시를 숭상한 과학주의자로 거듭나게 되었다.

귀모뤄는 공자사상에 포함되어 있는 민주와 과학의 요소가 공학의 적통을 자처한 맹학과 성리학 등 전래의 정통유학에서는 전혀 발현되지 않고 이단으로 몰린 순학 등 비정통 유학에서 발현되었다고 주장했다. 이로 인해 순자를 위시해 왕충王充과 범진范縝, 유종원柳宗元, 황종희黃宗羲, 고염무顧炎武, 왕부지王夫之 등 비정통 유가에 대한 연구가 활발히 전개되었다. 이들은 마침내 순학을 비롯한 비정통 유학 내에 포함되어 있는 민주와 과학의 요소들을 대대적으로 발굴해냄으로써 공학이 '치평학'에서 출발했다는 사실을 분명히 확인시켜 주었다.

그러나 귀모뤄는 공학의 부흥을 새로운 중국문화 창출의 출발점으로 삼는 것에 반대하며 '공자의 시대는 이미 지나갔다!'고 단언했다. 그가 대안으로 내세운 것은 말할 것도 없이 마르크시즘이었다. 중국 고전에 대한 해박한 지식과 뛰어난 연구 성과에도 불구하고 그가 이런 한계를 보인 것은 말할 것도 없이 마르크스의 유물사관을 불변의 진리로 간주한데 따른 것이었다.

이에 반해 허우와이루侯外廬는 공자가 일정한 한계를 지닌 것은 사실이나 객관적으로 볼 때 인류의 창조정신을 고양한 것이 사실이라고 평가하면서 공자사상과 공학의 발전적 승계를 주장하고 나섰다. 그는 『중국사상통사中國思想通史』에서 성리학과 반대되는 순자의 탁월한 민주정신을 구체적으로 나열하면서 특히 명말청초의 황종희·고염무·왕부지 등이 봉건제를 비판한 내용을 집중 부각시켰다. 이는 말할 것도 없이 근대의 상징인 민주와 과학의 맹아가 바로 이들로부터 비롯된 것임을 드러내기 위한 것이었다.

이들은 순학 등 비정통 유학에서 발견된 민주성과 과학성에 주안점을 두었다. 비정통 유학 안에서 민주와 과학의 요소를 찾아낸 이들의 공헌은 마르크시즘의 중국화에 결정적인 공헌을 했다. 이들은 공자에게 변증법적 요소가 많이 있다고 밝힌 마오쩌둥의 말을 좇아 공학 내에 들어 있는 유물론적 요소를 찾아내 마르크시즘의 변증법과 결합시키는 작업을 진행시키기도 했다.

사실 공자사상에는 '문질文質'을 비롯해 '덕행德行' 등의 개념이 변증법적으로 통일되어 있는 것이 매우 많다. 단지 맹학과 성리학이 한쪽 측면만을 집중 부각시켜 공학을 왜곡함으로써 공자사상이 마치 민주 및 과학 등과 배치되는 것으로 여기게끔 만들었을 뿐이다. 궈모뤄와 허우와이루 등의 연구 성과에 힘입어 중국은 다른 나라와 달리 공학의 뛰어난 전통을 이어받은 새로운 마르크시즘을 창출해낸 것을 자랑케 되었다. 과거 중국이 세계관과 혁명론 등에서 소련 등의 여타 공산국가와 현격한 차이를 보이게 된 것은 바로 이 때문이었다.

그러나 이들은 맹학과 성리학으로 이어진 공학의 왜곡과정에 대한 비판을 소홀히 함으로써 이후 전개된 문화대혁명 과정에서의 '비공批孔'의 빌미를 제공했다. 1960년대에 들어와 공학이 실사구시의 과학정신을 저해하고 민주사상의 발전을 가로막았다는 비난이 다시 일어나기 시작했다. 이에 또다시 민주와 과학의 현대화를 추구하는 과정에서 공학과의 관계를 어떻게 정립해야 할 것인가 하는 문제가 '뜨거운 감자'로 등장했다.

이를 둘러싼 이견이 이내 마오쩌둥의 사후를 겨냥한 권력다툼과 연결되면서 '비림비공批林批孔' 운동으로 터져 나왔다. 이때 정적을 타도키 위한 정략적 발상에서 나온 '비공'이 '비림'에 매우 효과적인 도구로 활용되면서 급기야 문화대혁명 과정에서 이론투쟁으로 전개된 '비유비공批儒批孔' 운동으로 나타나고 만 것이다.

1960년대 중반의 문화대혁명 와중에 전개된 '비유비공' 운동은 신해혁명 당시의 '배공무성' 운동 및 5·4운동 당시의 '타도공가점' 운동과는 비교할 수 없을 정도로 매우 격렬하면서도 파괴적이었다. '비유비공' 운동은 공자와 공학의 존재 자체를 말살시키는 방향으로 전개되었다. 이 와중에 마오쩌둥이 보여준 입장은 매우 복잡했다.『공자, 인간과 신화』를 쓴 크릴의 분석에 따르면 당시 마오쩌둥의 마음속 깊은 곳에는 공학의 전통에서 비롯된 권위의식과 농민의 자식들이 흔히 지니고 있는 반란의식이 이중적으로 자리잡고 있었다. 그가 반대파 제거의 뜻을 암시한 이른바 '조반유리造反有理'를 주장한 것은 바로 그의 모순적인 의식구조에서 비롯되었다는 게 크릴의 지적이다. '조반유리'는 반란을 일으키는 데에는 모두 이유가 있다는 뜻이다.

당시 마오쩌둥은 왜 '조반유리'를 언급한 것일까? 크릴은 새 왕조의 건립을 꿈꾸며 반역을 꾀하는 농민은 언젠가는 다시 농민들 위에 올라서려는 생각을 갖고 있었고, 마오쩌둥 역시 예외가 아니었다고 보았다. 그는 '조반유리'가 언급될 당시 마오쩌둥에 대한 개인숭배가 조장되고 있었던 사실을 그 증거로 제시했다. 공학의 전통에서 비롯된 마오쩌둥의 권위의식이 농민 출신의 반란의식이라는 여과장치를 통해 '조반유리'사상으로 표출되었다는 게 그의 주장이다.

크릴의 분석은 나름대로 일리가 있으나 굳이 '조반유리'를 이처럼 복잡하게 해석할 필요는 없다. 당시 마오쩌둥이 정적을 제압키 위해 자신의 내부에 있는 권위와 반란의 모순적인 의식구조를 인식하며 이런 주장을 펼쳤을 가능성은 희박하다. 마오쩌둥은 비록 호학好學의 인물이기는 했으나 학자이기 이전에 정치인이었다. 당시의 상황에서 나름대로 젊은 홍위병을 동원해 정적을 제거하는 것이 가장 효과적이라고 생각해 이런 주장을 펼쳤다고 보는 게 옳다.

그러나 '조반유리'가 몰고 온 폐해는 상상을 초월했다. 이로 인해 문화대혁명의 광풍 속에서 진행된 '비유비공' 운동 역시 매우 파괴적이었다. 공자 및 공학과 관련된 모든 것이 처참할 정도로 산산조각 나고 말았다. 이로 인해 중국에서는 문화대혁명 이래 1980년대까지만 하더라도 급진주의 문화사조가 대세를 이뤘다. 공학 역시 현대화의 도정에 들어선 중국의 장래에 걸림돌이 되는 시대퇴행적인 학문으로 인식되었다. '문화대혁명'의 광풍에 휩싸인 중국 인민들은 주저 없이 공자와 공학을 타도 대상으로 삼았다. 이런 상황에서 공자와 공학이 모든 영역에서 가차 없이 추방된 것은 불가피했다. 모두 묵학의 아류인 맹학과 이에 기초한 성리학이 공학의 적통으로 간주된 결과다. 공학과 순학을 왜곡한 맹학과 이에 기초한 성리학의 폐해가 이토록 컸다.

고전으로 분석한 춘추전국의 제자백가⑤

발행일 1쇄 2020년 10월 20일
지은이 신동준
펴낸이 여국동

펴낸곳 도서출판 인간사랑
출판등록 1983. 1. 26. 제일 – 3호
주소 경기도 고양시 일산동구 백석로 108번길 60-5 2층
전화 031)901 – 8144(대표) | 977 – 3073(영업부) | 031)907 – 2003(편집부)
팩스 031)905 – 5815
전자우편 igsr@naver.com
페이스북 http://www.facebook.com/igsrpub
블로그 http://blog.naver.com/igsr
인쇄 성연인쇄 **출력** 현대미디어 **종이** 세원지업사

ISBN 978 – 89 – 7418 – 791 – 0 04150
　　　　 978 – 89 – 7418 – 790 – 3 04150(세트)

이 도서의 국립중앙도서관 출판시도서목록(CIP)은 서지정보유통지원시스템 홈페이지(http://seoji.nl.go.kr)와 국가자료공동목록시스템(http://www.nl.go.kr/kolisnet)에서 이용하실 수 있습니다.(CIP제어번호: CIP2020040046)